AF497715

~~[illegible]~~

Gewidmet laut Zuschrift des k. k. Graf Clerfait 9. Inftr. Regimentes ~~[illegible]~~ N. 241. [illegible]
vom 3/6 897 dem [illegible] [illegible] meinem freundlichen [illegible]

Wien am 8/6 897.

[illegible]

GESCHICHTE

DES

K. u. K. INFANTERIE-REGIMENTES

FELDMARSCHALL

CARL JOSEPH GRAF CLERFAYT DE CROIX.

BEARBEITET

VON SEINER ERRICHTUNG BIS ZUM JAHRE 1865 VON HAUPTMANN AUGUST NETOLICZKA; FORTGESETZT BIS ZUM JAHRE 1866 VON MAJOR GUSTAV FREIHERR DE VICQ DE CUMPTICH; DURCHGESEHEN UND BIS AUF DIE GEGENWART ERGÄNZT

VON

ALFRED RITTER VON SYPNIEWSKI

K. U. K. OBERSTLIEUTENANT DES REGIMENTES.

JAROSLAU 1894.

VERLAG DES K. U. K. INFANTERIE-REGIMENTES No. 9.

Druck von Bruno Bartelt, Wien, IX., Maximilianplatz 10.

VORREDE

ZUR ERSTEN AUFLAGE.

Die glänzenden Thaten und den Ruhm eines braven Regimentes, den es sich durch 140 Jahre auf den verschiedensten Kriegsschauplätzen Europas, in mehr als 170 Schlachten und Gefechten blutig errungen — der Vergessenheit zu entreißen und als erhebendes, nachahmungswürdiges Beispiel für Gegenwart und Zukunft zu bewahren; dies ist der Zweck dieses Buches, dessen Verfassung ich im Auftrage des Regiments-Commandos übernahm.

Diese Absicht vor Augen, habe ich in jedem Feldzuge und in jeder Affaire die Actionen des Regimentes in den Vordergrund gestellt und sie möglichst en détail durchgeführt. Wo das nicht geschehen konnte, liegt die Schuld nicht an mir, sondern an der Mangelhaftigkeit der Quelle, aus der ich geschöpft.

Vom Allgemeinen erwähnte ich nur so viel, als unumgänglich nöthig war; denn ich wollte keine Kriegsgeschichte von 1725 bis zur Gegenwart, sondern die Geschichte des 9. Infanterie-Regimentes schreiben.

Die authentischen Quellen, auf welche sich meine Arbeit basiert, sind folgende:

1. Die Acten des k. k. Kriegs-Archives;
2. die ältere österreichische Militär-Zeitschrift;
3. ein unvollständiges Tagebuch des Regimentes von 1820 bis 1842;
4. das Regiments-Archiv zu Stryj.

Es stand mir keine beim Regimente geführte Geschichte zu Gebote, die mir hätte einen Anhaltspunkt bieten können; denn dasselbe besaß, außer dem vorerwähnten Tagebuche, welches nur 22 Friedensjahre umfasste, keinerlei Vormerkungen, daher wohl jeder geneigte Leser die großen

Schwierigkeiten nicht verkennen wird, welche sich der Durchführung eines Unternehmens in den Weg stellten, welches schon einmal im Jahre 1840 erfolglos versucht worden war.

Somit übergebe ich nun diese Blätter der beschränkten Öffentlichkeit, d. i. den Kameraden des Regimentes, und werde mich für meine Mühe reich belohnt fühlen, wenn mir nur einigermaßen deren Befriedigung zutheil wird.

Komorn, im November 1865.

Der Verfasser.

VORREDE

ZUR ZWEITEN AUFLAGE.

Da die Geschichte des Infanterie-Regimentes Nr. 9 aus zwei unzusammenhängenden Theilen bestand und nur bis zum Jahre 1866 reichte, fand sich der gewesene Regiments-Commandant Oberst Leopold Ritter von Grivičić bewogen, die Geschichte des Regimentes zu einem Ganzen zusammenfassen, bis auf die Gegenwart fortführen und das schon vorhandene Material einer eingehenden Durchsicht und Ergänzung unterziehen zu lassen, und nach solch einheitlicher Gestaltung das Werk durch Drucklegung allen betheiligten Kreisen zugänglich zu machen.

Zu dieser Arbeit, mit welcher ich betraut wurde, habe ich nebst den vorhandenen Regimentsbefehlen, die Documente des k. u. k. Kriegs-Archives benützt.

Die eingelegten Portraits und Adjustierungsbilder wurden von dem k. u. k. militär-geographischen Institute ausgeführt.

Eine bedeutende Unterstützung und sehr schätzenswerte Quellen boten mir aber der größte Theil der activen Officiere und viele dereinstige Regiments-Kameraden, welche mir ihre Erlebnisse, insoweit sie sich mit der Geschichte des Regimentes deckten, als Behelfe freundlichst zur Kenntnis brachten.

Nach fast vierjähriger Arbeit war es mir vergönnt, das Manuscript zu vollenden, und die Opferwilligkeit des Officiers-Corps hat es ermöglicht, das Unternehmen seinem endgiltigen Abschlusse zuzuführen, das heißt, das Werk durch Drucklegung der Öffentlichkeit zu übergeben.

Außerdem erfordert es die Pflicht, der mir sehr erwünschten Hilfe zu gedenken, welche mir Major Béla Kuderna des Armeestandes, Lehrer an der Theresianischen Militär-Akademie zu Wr.-Neustadt, zutheil werden ließ. Als eines der ältesten Mitglieder des Regimentes hatte er die Güte, viele Daten zu präcisieren und mit ebensoviel Verständnis als anerkennenswerter Ausdauer mir in vielfacher Beziehung wesentliche Dienste zu leisten.

Somit ist durch vereinte Kräfte dieses Werk entstanden, gewidmet den Todten zum Gedächtnisse, den Lebenden zur Anerkennung und den kommenden Geschlechtern zur Aneiferung.

Allen, welche durch ihre Mitwirkung die Ausführung der mühevollen Arbeit ermöglicht haben, möge den Lohn hiefür das Bewusstsein abgeben, für künftige Mitglieder des Regimentes ein Denkmal geschaffen zu haben, welches die ruhmreichen Thaten unserer Vorfahren der Vergangenheit für immer entreißt.

Gott halte seine schirmende Hand über dem Regimente auch in weiter Zukunft. Eingedenk seines heldenmüthigen Inhabers, möge unter dessen Namen das Regiment nach wie vor der Hüter des Thrones, der Schirmer des Vaterlandes bleiben!

Jaroslau, 1. Juli 1894.

INHALTS-VERZEICHNIS.

I. THEIL 1725—1802.

Seite

I. Periode: Von der Errichtung des Regimentes bis zum ersten schlesischen Krieg 1725—1740 3
II. Periode: Die schlesischen Kriege 1740—1763 18
III. Periode: Ereignisse bis zum Ausbruche der französischen Revolution 85
IV. Periode: Revolutionskriege bis 1799 101
V. Periode: Vom Jahre 1799 bis zur Umwandlung des Regimentes in ein galizisches 1802 161

II. THEIL 1802—1893.

VI. Periode: Von der Umwandlung des Regimentes in ein galizisches bis zum zweiten Pariser Frieden 189
VII. Periode: Vom zweiten Pariser Frieden bis zum Jahre 1848 . 274
VIII. Periode: Das Jahr 1848 und 1849 318
IX. Periode: Die Friedensjahre 1850—1859 397
X. Periode: Der Feldzug 1859 in Italien 420
XI. Periode: Ereignisse vom Jahre 1860—1866 466
XII. Periode: Das Jahr 1866:
Der Feldzug im Norden 489
Der Kampf im Süden 549
XIII. Periode: Friedens-Epoche bis zu den Kämpfen des Jahres 1882 657
XIV. Periode: Das Jahr 1882 740
XV. Periode: Die Friedensjahre 1883—1893 755
Schlusswort 825

I. THEIL.

1725—1802.

I. PERIODE.

VON DER ERRICHTUNG DES REGIMENTES BIS ZUM ERSTEN SCHLESISCHEN KRIEG, 1725—1740.

Die Errichtung des Infanterie-Regimentes Nr. 9 fällt in eine der bedeutungsvollsten Epochen unserer glorreichen Geschichte. Der langjährige blutige Successionskrieg, in welchem die kaiserliche Armee unter der Führung des großen Eugen in Italien und in den Niederlanden glänzendste Siege errang, fand in einer Reihe von Friedensschlüssen sein Ende. Die Heerführer selbst, Eugen und Villars, waren die Unterhändler dieses Friedens, welcher zu Rastadt am 6. März 1714 für Österreich und am 7. September zu Baden im Aargau für das Deutsche Reich unterzeichnet wurde. Österreich gelangte hiedurch in den Besitz der ehemaligen spanischen Niederlande. Zu deren Schutze nahm Kaiser Carl VI. den sogenannten Barrièren-Tractat an. Laut desselben hatte der Kaiser 21.000, die Holländer 14.000 Mann in den Niederlanden zu halten; sechs Festungen erhielten holländische, Dendermond gemeinschaftliche Besatzung. England garantierte den Vertrag.

Infolge dieses Friedens wurden auch die National-Truppen dieser neu erworbenen Provinz ein integrierender Theil der österreichischen Armee, blieben jedoch bis zum Jahre 1725 auf ihrem bisherigen Fuße organisiert. Erst nach dem im Jahre 1725 zu Wien zwischen dem Kaiser und dem Könige von Spanien geschlossenen Frieden befahl Carl VI. die Reorganisierung sämmtlicher National-Truppen, respective deren Auflösung und Neuformierung auf deutschem Fuß. Von dieser Epoche an werden dieselben in den Feldacten des k. u. k. Kriegs-Archives auch genannt.

Bei der Einverleibung der Niederlande an Österreich bestanden die National-Truppen aus folgenden Regimentern:

Infanterie:

1. Marquis Villalta, später de Los Rios.
2. Bournonville.
3. Prince de Ligne.

4. Pancaliere.
5. Comte de Gand.
6. Comte de Lannoy.
7. Maldeghem.

Cavallerie:

1. Westerloo.
2. d'Audigne, später Prinz Holstein.
3. Palcotti, später Prinz de Ligne.

Aus diesen Truppentheilen wurden im August 1725 auf Allerhöchsten Befehl nachbenannte Regimenter neu aufgestellt:

Infanterie:

1. Marchese de Los Rios (jetzt Nr. 9).
2. Prince de Ligne (wurde 1809 aufgelöst).
3. Marchese de Pancaliere (jetzt Nr. 30).

Cavallerie:

Das Dragoner-Regiment Philipp Marquis de Westerloo (jetzt Fürst Windisch-Graetz Dragoner).

ERRICHTUNG DES REGIMENTES.

1725. Das gegenwärtige 9. Infanterie-Regiment wurde aus der noch vorhandenen Mannschaft der beiden Regimenter Marchese de Los Rios und Graf Bournonville errichtet und mittelst nachfolgenden Allerhöchsten Handbillets am 1. August 1725 dem General-Feldwachtmeister Franz Marchese de Los Rios verliehen:

»Gehorsamb Patent auf ein Niederländisches national Regiment zu Fuß für den Don Francesco Marchesen de Los Rios.

Wür Carl VI. von Gottes Gnaden erwählter römischer Kaiser etc. etc. Waßgestalten wür aus denen in Unseren Ö: Niederlanden bißhero gestandenen Siben dasigen National-Regimentern zu Fuß drey formiren lassen und solche auf den Teutschen Fuß gleich andern Unserer Kays. Regimenter zu sezen gnädigst befohln, darunter auch eines und zwar dassjenige, wobei dermahls Unserer Obrister Franz de Barela als Commandant sich befindet, Unserem General Feldwachtmeister Don Francesco Marchesen de Los Rios in mildester Ansehung seiner Uns und Unserem durchlauchtigsten Erzhauß mit beständig conservirter unversehrter Threue, und an Tag gelegten sondbahren Eyfer geleisteten auch annoch continuirenden so langwührig als nuz- und ersprießlichen Dienste in denen obgewesten schweren Kriegsjahren und dabey vorgefallenen verschiedenen occasionen jedesmahls erwisenen tapferen bravour, vigilanz und Vorsichtigkeit, dadurch in Militaribus erlangten vortrefflichen experienz und anderen stattlichen eigenschafften, besonders aber aus dem besondern Verthrauen, so Wür in seine Persohn tragen, gnädigst verlihn und ihn darüber alss Unseren würklichen und Kayserlichen Obristen gesetzt, geordnet und bestellet haben.

Alss, wirdt Ihme solches zur nachricht und seines orths verfügung des weithern hiemit bedeuthet«.

CARL m. p.

Don Francesco Gutierez, Marquis de Los Rios, kais. Feldmarschall, entstammt einem alten spanischen Geschlechte und wurde dessen Adel im Jahre 1714 in Österreich anerkannt. Im Jahre 1689 zu Brüssel geboren, wurde er als Commandant des Castell zu Gent mit Bestallungspatent vom 10. Jänner 1718 zum Oberst-Feldwachtmeister in dem vacat gestandenen Villatischen National-Regimente bestellt.

Mit Bestallungspatent vom 1. August 1725 zum Inhaber des aus der vorhandenen Mannschaft der beiden nationalen Niederländischen Regimenter Marchese de Los Rios und Bournonville ernannt, erfolgte vor 1729 seine Ernennung zum Feldmarschall-Lieutenant, im Jahre 1735 zum Feldzeugmeister und 1745 zum Feldmarschall. Er bekleidete ferner die Stelle eines Gouverneurs von Alt und starb den 20. März 1775 dortselbst.

Gleichzeitig erließ der Kaiser auch an den Commandanten des Regimentes Oberst Franz de Barela folgenden Ah. Befehl:

»Nachdem Wür Unserem General-Feldwachtmeister Don Francesco Marchesen de Los Rios in consideration seiner Uns und Unserem durchlauchtigsten Erzhauß mit beständig conservirter Threue, und an Tag gelegten sondbahren Eyfer geleisteten, auch annoch continuirender so langwührig, als nuz- und ersprießlichen Dienste in denen obgewesten schweren Kriegsjahren und dabey vorgefallenen verschiedenen occasionen jedesmahls erwisenen tapferen bravour, vigilanz und Vorsichtigkeit, dadurch in Militaribus erlangten vortrefflichen experienz und andern besitzenden stattlichen eigenschafften, besonders aber aus dem besonderen Verthrauen, so Wür in Seine Persohn tragen, von denen auss denen bißhero in Unseren Ö. Niederlanden gestandenen siben nunmehro formirten und auf den teutschen Fuss gesetzten dreien Infanterie-Regimentern Einß und zwar dassjenige, wobey Du dermahls alss Commandant dich befindest, gnädigst verlihn, und Ihn darüber alss Unseren würklichen Kays. Obristen bestellet und verordnet haben.

Alsso thun Wür Dir solches zur nachricht und dem Ende hiemit gnädigst bedeuthen, auf das nicht allein Du für Dich selbsten, sondern auch die übrigen, bei obgemelten Regiment befindlichen Staabs-, Ober- und Unter-Officiers auch Gemeine obgesagten Marchesen de Los Rios für Eueren vorgesetzten würklichen Obristen gebührend zu erkennen und zu respectiren, folgsamb dessen in Unserem Dienst und Zeit zu abgebenden Befehle und ordren mit dem schuldig gehorsamb und punctualität behörig nachzuleben wissen möget«.

CARL m. p.

Die Aufstellung des Regimentes geschah zu Ostende, wo es auch während der Ereignisse des folgenden Decenniums verblieb. Noch im Jahre 1725 wurde bei demselben die erste Musterung abgehalten und die kaiserlichen Kriegsartikel vorgelesen, so auch der Fahneneid geleistet.

HEERES-EINRICHTUNGEN IN DER EPOCHE DER ERRICHTUNG DES REGIMENTES.

Das Regiment formierte, wie die übrigen Regimenter unter der Regierung Kaiser Carl VI., 3 Bataillone zu 5 Compagnien und 2 Grenadier-Compagnien.

Der Stab bestand aus: 1 Obrist und Inhaber, 1 zeitlichen Obrist, 1 Obristlieutenant, 1 Obristwachtmeister, 1 Quartiermeister, 1 Auditor, 1 Caplan, 1 Wachtmeister-Lieutenant (Adjutant), 1 Regiments-Feldscher, 1 Profoß.

Der Stand einer Compagnie wurde gebildet durch: 1 Hauptmann, 1 Lieutenant, 1 Fähnrich, 1 Feldwebel, 1 Führer, 1 Fourier, 1 Musterschreiber, 1 Feldscher, 6 Corporale, 4 Fourierschützen, 4 Spielleute, 12 Gefreite, 106 Gemeine.

Die Gesammtstärke des Regimentes betrug 2390 Köpfe.

Das erste Bataillon hieß das Leib-, das zweite das Obristens-, das dritte das Obristlieutenants-Bataillon.

Die Compagnien wurden nach den Namen ihrer Hauptleute benannt, nur die erste Compagnie hieß die Leib-, die zweite die Obristens-, die dritte die Obristlieutenants- und die vierte die Majors-Compagnie. Der Inhaber und die Stabsofficiere waren zwar die Eigenthümer ihrer Compagnien, commandierten sie aber nicht selbst, sondern deren Lieutenante. Diese vier ersten Compagnien hießen auch Stabs-Compagnien.

Jede Füsilier-Compagnie hatte ihre eigene Fahne. Die Bewaffnung bestand aus einer Flinte mit Feuersteinschloss und Bajonnett, welches nur beim Angriffe gepflanzt wurde, einer ledernen Patrontasche auf 40 Patronen und einem Pulverhorn.

Jede Compagnie führte im Felde auf Wagen »Balckhen« behufs Anfertigung spanischer Reiter mit sich, die in der Schlacht, vor die Front gelegt, das Fußvolk gegen das Eindringen der Reiter schützten. Nach der Schlacht wurden diese spanischen Reiter wieder auseinander gelegt.

Die Grenadiere führten lange Degen.

Nach einer »Specification, wie ein kaiserlicher Musketier zu mundieren gepflegt wurde«, war ein Infanterist damaliger Zeit nachstehend gekleidet und ausgerüstet:

1. Mit einem guten, durch und durch ausgefütterten Rockh von weißem Tuch, so etwas über die Knüe gehet, und wohl weith ist, auf das der Mann dass Gewehr darunter bedecken könne, sambt einem Camisol von beliebiger Farb.
2. Mit einem paar Hosen von gutem Tuch.
3. Ein paar starkh und gute Sockhen.
4. Ein gutes paar Schuch von iuchten.
5. Einen guten Hueth.
6. Zwei Hemmeter.
7. Zwei Halsdücher.
8. Ein währgehäng mit Bajoneth.
9. Ein Patrontaschen und Pulverflaschen.
10. Ein ranzen oder Zwergsackh.
11. Eine gute Flinthen mit schweinsfedern.
12. Auf 4—5 Mann Baräckhen.

Die Officiere hatten bei Ausrückungen reich verzierte und mit Chargenabzeichen versehene Partisanen und goldene Feldbinden, nur die Stabsofficiere, Adjutanten und Fähnriche waren bloß mit Degen bewaffnet, die Grenadier-Officiere statt der Partisanen mit Flinte und Bajonnett.

Die Adjustierung hing größtentheils von der Laune des Inhabers oder Obersten ab, doch trug das Regiment seit seiner Errichtung bis auf den heutigen Tag stets grüne Aufschläge.

Die österreichischen Regimenter hatten, wie die Regimenter aller europäischen Staaten, Bataillons- oder Regimentskanonen, welche bei denselben lagerten, ihnen auf dem Marsche unmittelbar folgten und im Gefechte auf den Flügeln standen. Sie wurden von der Mannschaft gezogen, von Officieren oder Unterofficieren commandiert. Die vielen Nachtheile dieser Geschütze hatten zur Folge, dass sie in den Revolutionskriegen abgeschafft wurden.

Aus den vorhandenen Acten und Gefechtsrelationen geht aber nirgends hervor, ob diese Geschütze nur für die Kriegsdauer oder für bleibend den Regimentern zugetheilt wurden. Dagegen ist die Aufstellung derselben im Kampfe zunächst den Regimentern aus den Schlachtenplänen des Kriegs-Archives deutlich ersichtlich.

Die Bezahlung der Officiere und der Mannschaft bestand bei Errichtung des Regimentes in chargenweise bemessenen Mund- und Pferdportionen, die in Geld reluiert wurden.

Die Stabsofficiere bezogen nebstbei die Gebüren als Hauptleute ihrer innehabenden Compagnien.

Nach einem aus jener Zeit vorhandenen Entwurfe über den Geldaufwand eines Infanterie-Regimentes entfiel jährlich der Betrag von 167.138 Gulden. Hievon waren für die Montur jährlich 6 Gulden per Mann, für Medicamente und Regimentsunkosten 2000 Gulden, der Rest für Mund-, Pferd- und Brotportionen bestimmt.

Die Monatsgebüren waren wie folgt festgesetzt: Hauptmann 45, Lieutenant 21, Fähnrich 18, Auditor und Secretarius 28½, Caplan 19½, Regiments-Feldscherer 21, Feldscherer-Geselle 9 Gulden. Die täglichen Gebüren betrugen: Feldwebel 15, Führer 8, Fourier 14, Korporal 8, Fourierschütz und Gemeine 5, Spielmann 4 Kreuzer.

Außer den Wagen der Officiere hatte ein Regiment 4 Zelter- und 20 Proviantwagen.

Das Reglement vom Jahre 1737 bestimmt, dass die Compagnien jedes Bataillons nach ihrem Range derart rangieren, dass, wenn das Regiment auf dem rechten Flügel einer Armee eingetheilt war, die 1. Compagnie auf dem rechten, die 2. auf dem linken Flügel, die 3. rechts, die 4. links von der Mitte, die 5. endlich in der Mitte des Bataillons stand. Befand sich das Regiment auf dem linken Flügel einer Armee, so rangierten die Compagnien in umgekehrter Ordnung. Auf beiden Flügeln des Regimentes stand je eine der beiden Grenadier-Compagnien.

Jedes Bataillon wurde, sobald es vereinigt war, in drei gleiche taktische Theile, die man Divisionen nannte, getheilt.

Jede Division bildete zwei halbe Divisionen, die letzteren zwei Pelotons oder Züge.

Die Aufstellung erfolgte in 4 Gliedern, die Glieder standen 3 Schritte, die Reihen aber so weit voneinander, dass ein Mann mit dem Ellbogen jenen des anderen erreichen konnte.

Gleich hohe Männer sollten zusammen gestellt, die Gefreiten und ältesten Gemeinen ins erste, die kleinsten in das zweite, die mittleren ins dritte und die größten ins vierte Glied eingetheilt werden.

Jeder Handgriff wurde in »Drey Tempi« ausgeführt. Die Officiere waren verpflichtet, jeden neugeworbenen Soldaten in den Handgriffen besonders zu unterweisen. Schon damals wurde die Wichtigkeit des Scheibenschießens betont. Die Recruten sollten »so lange nach der Scheibe schießen, bis sie treffen«.

Das Laden erfolgte in 11 Griffen und 33 Tempos. Das Reglement vom Jahre 1737 enthielt im ganzen 41 Handgriffe mit der Flinte und 11 mit derselben sammt ergriffener »Schweinsfeder«.

Das Exercieren mit ergriffener Schweinsfeder geschah deshalb, damit der Mann mit derselben umzugehen wisse, wenn es nöthig werden sollte, »eine mouvement vor dem Feinde zu machen«, ehe die Balken vorhanden waren.

Zum Gebrauche der Granaten wurde die Flinte über die linke Schulter gebracht, die Granate mit der rechten Hand ergriffen, das Brandrohr geöffnet, mit der Lunte gezündet und dann die Granate geworfen. Zur Vollführung der »Evolutionen« mussten die Reihen geöffnet werden.

Die »Dopplierungen« wurden verschieden ausgeführt. So konnten mittelst Dopplierung links oder rechts vorwärts aus 4 Gliedern 2 oder 3, oder durch die Reihendopplierung aus 4 Gliedern 8 formiert werden. Das Carré konnte auf der Stelle und während des Marsches gebildet werden. Die Chargierungen erfolgten glieder-, zugs- und divisionsweise und zwar auf der Stelle, im Avancieren oder Retirieren. Hiebei wurden die Glieder geschlossen, das erste Glied pflanzte das Bajonnett und alle anderen Glieder, welche nicht zum Feuern commandiert wurden, knieten nieder. Im Avancieren eilte die Abtheilung, welche schießen sollte, so weit vor, dass ihr letztes Glied in die Höhe des ersten der übrigen Front kam. Sollte aber mit dem ganzen Bataillon chargiert werden, so fielen die ersten drei Glieder nieder, sobald für das letzte Glied

»Macht Euch fertig« commandiert wurde. Das Reglement enthielt noch die Chargierung hinter einer Schanze, in einem Hohlwege, bei Passierung einer Brücke, und das »Häckenfeuer«.

Bei einer Schanze sollte in der Regel zunächst von jedem Zuge eine Reihe, dann das ganze erste Glied an die Brustwehr treten, die übrigen Glieder, sowie die Grenadiere in Reserve bleiben. In einem Hohlwege feuerten zuerst der vordere Zug, dann die übrigen der Reihe nach. Jeder Zug, der gefeuert hatte, fiel rechts und links ab und schloss sich rückwärts wieder an. Zur Passierung einer Brücke marschierte das Bataillon in Front, mit der Mitte gegen dieselbe. Während beide Flügel feuerten, ging zuerst der Zug rechts, dann jener links der Fahne über die Brücke, wo dieselben sogleich die Chargierung begannen, es folgten dann der Reihe nach die nächsten Züge von der Mitte gegen beide Flügel des Bataillons. Beim »Häckenfeuer« traten 1 oder 2 Reihen jedes Zuges heraus gegen die Hecke, feuerten und gingen sodann wieder in ihre Eintheilung, worauf die nebenstehenden Reihen in derselben Weise vorgingen.

Die Märsche, für welche die »Marsch-Zettuls« die Weisungen enthielten, wurden, nach abgehaltenem Gebete, in Zügen, halben oder ganzen Divisionen, mit geschlossenen Gliedern und scharfgeschultertem Gewehre angetreten. Der Obrist marschierte vor, der Obristlieutenant hinter dem Regimente zu Fuß, der Obristwachtmeister war jederzeit zu Pferd.

Die Marschordnung war folgende:

Reit- und Handpferde der Officiere der vordern Division, Feldprediger, Auditor, Regiments-Feldscherer zu Pferd, Zimmerleute, dann die 1. Grenadier-Compagnie, die Fouriere, Feldscherer, Fourierschützen, dann die Hautboisten. Unmittelbar hinter diesen der Obrist, dann der Hauptmann, Lieutenant und die Tambours 2 Schritte vor dem ersten Gliede, worauf die Bataillone, dann die 2. Grenadier-Compagnie und endlich die Pferde der rückwärtigen Divisionen folgten. Bei einem allein marschierenden Regimente sollte der Profoß mit den Arrestanten unmittelbar hinter den Bataillonen marschieren. Sobald abgeschlagen wurde, traten Erleichterungen ein; es wurden die Gewehre verkehrt geschultert, die Fähnriche übergaben die Fahnen den Führern, die Glieder schlossen sich auf halbe Distanz, die Officiere stiegen zu Pferd und konnten vor oder, »damit sie die Leuthe durch Staub oder sonsten nicht allzusehr beschwähren«, neben der Division reiten.

Jeder zum Regiments-Commandanten ernannte Obrist wurde durch einen General, die neu »bestallten« Stabsofficiere durch den Regiments-Commandanten dem ganzen Regimente, das mit fliegenden Fahnen ausrückte und einen Kreis zu bilden hatte, vorgestellt.

Die Vorstellung der Hauptleute, Lieutenante und Fähnriche bei den Compagnien, bei welchen sie »bestallt« worden, fand durch den Obristwachtmeister statt, wozu die ganze Compagnie zwar mit fliegender Fahne ausrückte, jedoch keinen Kreis, sondern nur die Glieder vorwärts schloss; derselbe Gebrauch herrschte bei der Quittierung der Officiere.

Nach den Bestimmungen des Reglements vom Jahre 1737 wurde das Jus gladii una cum aggratiandi den Obristen und Regiments-Commandanten verliehen. Ferner wurde die militärische Strafgewalt auch auf die »Marquetanten und was bei den Compagnien befindlich, ingleichen über ihre Weiber, Kinder, Knecht und was für Bediente es sonst wären«, ausgedehnt.

Die Bestrafung durch Stockstreiche wurde damals fast täglich gegen Unterofficiere und Mannschaft angewendet.

Um jedoch in dieser Hinsicht eine Grenze zu ziehen, bestimmte das Reglement, dass Verbrechen, »welche eine Strafe von hundert Prügeln oder Gassenlaufen verschulden«, als »Kapital-Sachen« betrachtet werden sollen, mithin diese Strafen nicht im Disciplinarwege, sondern nur durch ein Kriegsrechtsurtheil verhängt werden dürfen.

Über das Leben und die Verhältnisse der Regimenter aus jener Zeit sind nur spärliche Quellen vorhanden. So äußert sich der damalige Hofkriegsraths-Präsident Prinz Eugen in einem Schreiben vom 25. Mai 1728: »Man solle ohne Ursache den gemeinen Mann nicht zu sehr anstrengen und die Schärfe nur gebrauchen, wo die Güte, wie öfter geschieht, nicht verfängt«.

Im Jahre 1728 war das Reglement über ein kaiserliches Regiment zu Fuß vom General-Feldmarschall-Lieutenant Regal in Nürnberg erschienen; es ist dies das erste seiner Art, welches über die innere Einrichtung eines Regimentes Aufschlüsse giebt.

Die Ausbildung des Regimentes war insbesonders dem Obristwachtmeister übertragen. Der Obristlieutenant hatte auf die Sauberkeit der Montur fleißig Acht zu haben. Die Uniform nebst dem kaiserlichen Feldzeichen hatten die Officiere jedesmal zu tragen. Um die Compagnien zu erkennen, hatte jeder Mann einen Knopf am Hute, der bei jeder Compagnie von einer besonderen Farbe war. Das rothe Halstuch musste zweimal um den Hals gehen, und von dem Gefreiten ab nach rückwärts gebunden sein und anderthalb Spannen über den Rücken hängen; die Corporale trugen die Enden des Tuches nach vorwärts.

Auch dürfte es von Interesse sein, wie man damals in der Armee über religiöse Verhältnisse dachte;

Regal schreibt:

»Alle Todten bis auf den geringsten Füsilier hat der Regimentscaplan mit allen gebräuchlichen Kirchenceremonien zu begraben, stirbt aber der eine oder der andere von differenter Religion, so kann er ihn als eine Privatperson, doch nicht im Kirchenornat, bis auf einen ungeweihten Ort begleiten, da die Todten begraben, eines von den vornehmsten guten Werken ist.

Ein Officier, welcher der römisch-katholischen Kirche nicht zugethan ist, ist mit eben derselben Pünktlichkeit zu begraben, denn die Erde und alles was darinnen ist, dem Herrn aller Herren gehört. Überdies gilt es dem Todten gleich und bekümmert er sich auch im Leben wenig darum, ob er hieher oder dorthin gelegt wird, im Gegentheil, die Erben haben dabei den Vortheil, dass sie das sonst auszulegende Geld ersparen können. Einem Feldprediger oder Regimentspater ist in dergleichen Fällen zugelassen und freigestellt, ohne Kirchenornat, Stola und Weihbrunnen mitzugehen.

Der vornehmste Trost ist, dass so viele von den wackeren Soldaten, von den Oberen bis auf den Geringsten, bloß auf der Wahlstatt begraben oder gar unbegraben geblieben, da solche Erde von der geistlichen Kirche weder vorher, noch zu der Zeit des Begräbnis geweiht worden ist und dennoch denselben Weg gegangen sind, den wir zu gewärtigen haben, wenn wir und die unseren Lebenslauf darnach angestellt haben, welcher wohl einzig und allein zur Seligkeit hilft«.

Bei Errichtung des Regimentes befanden sich nachbenannte Stabsofficiere in dessen Stand:

Obrist Franz de Barela,

Obristlieutenant Conte di Nava,

Major Sigismund Br. Luzan.

Im Jahre 1729 wurde Chevalier de Copons auf be- 1729.
sondere Verwendung des Inhabers und des commandierenden Generals in Brüssel FM. Baron von und Zum Jungen als Obristlieutenant in das Regiment eingetheilt, während Obristlieutenant Conte di Nava außer Stand desselben kam.

In diesem Jahre wurde der Stand des Regimentes um 300 Mann erhöht, doch da es mehr durch Werbung, als durch niederländische Recruten sich zu ergänzen angewiesen war, und die erforderlichen Werbegelder fehlten, war diese Standeserhöhung vielen Schwierigkeiten unterworfen, und es ist aus zahlreichen Berichten des Feldmarschalls Baron von und Zum Jungen an den Prinzen Eugen zu ersehen, wie sehr es sich der mittlerweile zum Feldmarschall-Lieutenant avancierte Inhaber angelegen sein ließ, sein Regiment zu completieren. Überhaupt litten die Regimenter damaliger Zeit nicht nur an Recruten, sondern auch an Geld, Montur u. s. w. sehr häufig Mangel.

Laut Bericht vom 8. Mai an den Prinzen Eugen, erfolgte im Mai eine größere Truppenverschiebung und es kam das Regiment mit drei Bataillonen nach Mons, zwei Grenadier-Compagnien nach Brüssel, 92 Mann nach Nieuport.

Den 30. April 1734 stellt FML. Graf Wurmbrand, Com- 1734.
mandierender zu Brüssel, einen Antrag an Prinzen Eugen, damit die drei National-Regimenter Los Rios, Claude und Prié auf je 2300 Mann durch Recrutierung zu setzen seien. Laut einer Summar-Tabella vom letzten April war der Effectivstand des Regimentes 2000 Mann. In demselben Jahre wurde das ganze Regiment, mit Ausschluss der beiden Grenadier-Compagnien nach Luxemburg verlegt. Aus dieser Ursache bittet der Commandant von Luxemburg, Sigmund von Jungen, im Berichte vom 5. Juli den Prinzen Eugen, »nachdem der Commandant von den anher kommenden Los Riosischen Regiment, weit älter Obrister als ich, ist; Nachdem aber bei sothanen Umständen ich nun seith 1. July ganz ohne Gage stehe, so gelangt an Euere Hochfürstliche Durchlaucht meine unterthänigste Bitte, Selbige Gnädigst Befehlen möchten, das mir die General-Feld-Wachtmeisters-Gage irgendswo an-

gewiesen werde, zumahl, Weilen ja dahier verbleiben muss, mir als Interimer-Commandant mehrliche Depensen zu bestritten seien.« Den 19. Mai rückte das Regiment in Luxemburg ein.

Aus dem Berichte des FML. Graf Wurmbrand an den Prinzen Eugen vom 24. Mai geht hervor, dass laut vertrauten Mittheilungen des kaiserlichen Botschafters Graf Kinsky aus London, noch in diesem Jahre eine Belagerung der Festung Luxemburg zu befürchten stand. Aus Ursache dessen wurden Verstärkungen herangezogen und die 2 Grenadier-Compagnien gleichfalls von Brüssel dahin verlegt, wo sie den 11. August eintreffen.

1735. Im Jahre 1735 erscheint das Regiment in der Armee des FZM. Seckendorf mit 3 Bataillonen, 1005 Mann, in der Garnison Luxemburg, 2 Grenadier-Compagnien in den österreichischen Niederlanden — Standort nicht zu eruieren — und 150 Mann in Brüssel. Das Regiment im Verbande mit 6 Infanterie- und 3 Cavallerie-Regimentern bewachten die Niederlande.

1736. Am 21. April 1736 starb zu Wien Österreichs größter Feldherr und Staatsmann, Prinz Eugen von Savoyen. Die Trauer um seinen Verlust war eine allgemeine. Auf Befehl des Kaisers wurde sein Leichenbegängnis in einer nie gesehenen Pracht veranstaltet. 14 Feldmarschall-Lieutenants trugen die Zipfel des Bahrtuches, der Kaiser selbst wohnte der Einsegnung in der Stephanskirche bei, worauf die Leiche in der Kreuzkapelle in die Gruft gesenkt wurde.

Im Anfange des 18. Jahrhunderts verdankte die Armee ihre Organisation der Thätigkeit des Prinzen Eugen. Früher verdankte der Soldat sein Fortkommen der Gunst und dem Gelde. Unter Eugen galt nur das Verdienst. Er schuf die Käuflichkeit der Officiersstellen ab. Die Sitte, dass der Inhaber einem Kinde bei der Geburt ein Officiers-Patent in die Wiege legen konnte, hörte auf. Er sorgte für die Invaliden, damit dieselben nicht dem Elende preisgegeben wurden.

In jener Zeit wurden die Recruten in allen Ländern geworben. Die Regimenter formierten drei oder vier Bataillone und zwei Grenadier-Compagnien. Das österreichische Heer war noch ein buntes Gemisch von den Gebräuchen des Heerbannes, des Söldnerwesens und den Regeln für das stehende Heer. In steten Kämpfen, hielt man die Details für geringfügig, war an eine leichte Disciplin und freieres Leben gewöhnt.

Da die Dienstzeit meist lebenslänglich war, so wurde dem Heiraten der Mannschaft wenig Schwierigkeiten entgegengesetzt, wodurch manche Compagnien fast die gleiche Anzahl Soldaten und Weiber hatte. Kinderlose Weiber durften neben den Compagnien marschieren. Die Soldaten waren zerstreut bequartiert, oft nur einige Mann in einem Orte.

Die Folgen dieser Zustände konnten nicht ausbleiben, und
der Feldzug gegen die Türken 1737 entsprach demnach den ge- 1737.
hegten Erwartungen nicht. Kaiser Carl VI., hievon überrascht,
ordnet deshalb 1738 eine commissionelle Untersuchung an, »um 1738.
den üblen Stand der Armee, insbesondere aber jenen der Infanterie wieder zu heben«. In dem von dieser Commission abgegebenen Gutachten wird die gesunkene Disciplin auf folgende Weise besprochen:

»Die Militär-Disciplin anlangend, hat man in so vielen Friedensjahren den gemeinen Mann und Officier wenig oder gar nicht exerziert, dergestallt, dass manche Regimenter nicht einmal gewusst, das Lager zu schlagen, sondern man ihnen bis auf die geringsten Kleinigkeiten Instructionen geben müssen, der gemeine Mann ist wenig mit Pulfer exerziert worden, woraus entstanden ist, dass in den Aktionen ganze Bataillone von alten Regimentern auf einmal Salve gegeben, viele Officiers und Kameraden einander selbst Todt geschossen haben. Die Herren Officiers wussten nicht, wohin sie sich zu stellen hatten, die wenigsten blieben in den Gliedern und Divisionen, wodurch der gemeine Mann sogleich in Confusion gerathen, und mancher Officier, der vorausgegangen, auf solche Art von unsern eigenen Leuthen erschossen worden ist«.

»Der beständige Handel und Wandel der Chargen bei denen Regimentern, die Aggregation und dass die meisten Officiere mehr ihr Glück in Wien, als durch ihren Fleiß und Application bei denen Regimentern zu machen suchen, verursachet, dass die tüchtigen Officiere verdrießlich werden, diesen jungen Subjectis hingegen, welche ihre meiste Application und Aufwarttung gemachet haben, die Visitirung der Compagnien, dess Spitals, dess Nachsehens aufs Kochen, Kameradschaft und Mondirung nicht anstehen, und, da sie mit Dames sich zu unterhalten gewohnt, können sie die Conversation des Soldaten ohnmöglich vertragen, woraus folgt, dass man lauter Raisonneurs bei dem Regimente bekömmet, und solche Officiers schon von denen Dispositionen der HH. Generalen zu raisonieren sich angewöhnet, ohne sie noch wissen, wie viel Nägel der Mousquetier im Schuh hat, oder wie sich derselbe waschen, kampeln und kochen soll«.

»Wenn solchemnach die wenige Anzahl tüchtiger Officiere und das kleine Häuflein alter Mannschaft mit der beständig schlechten Rekrutirung, üblen Aufsicht im Spital und Kranken, wenigen und nachläßiger Kriegsübungen, der erlittenen großen Miserie, Abgang der Mondur und Gelder, nebst der völlig erloschenen Disciplin und Subordination combiniret wird, läßet sich der schlechte Zustand der Infanterie leicht beurtheilen«.

Aus dem Berichte des FM. Zum Jungen an den Prinzen Eugen ddo. Brüssel vom 13. Mai geht hervor, dass es den niederländischen Regimentern an Leuten zur Ergänzung der Regimenter fehlte, welche »bei so weit avancierter Zeit nit wohl mehr aufbringen können«.

ORIGINAL-EINTHEILUNGS-LISTE

DES OFFICIERS-CORPS DES INFANTERIE-REGIMENTS DE LOS RIOS AUS DEM JAHRE 1740.

1740. Regiments-Stab: Obrister le Comte François de Barela, Obristlieutenant le Marquis de Copons, Obristwachtmeister Charles de Puteanus.

1. Grenadier-Compagnie: Hauptmann Charles Louis de Taxe, Oberlieutenant Josef de Pastel, Unterlieutenant Charles d'Harbonier.

2. Grenadier-Compagnie: Hauptmann Josef Marquis Laspieux, Oberlieutenant Carl Figuerra, Unterlieutenant Jean van Fitters.

Leib-Compagnie: Lieutenant Jean de Vianna, Fähndrich le Marquis François de Los Rios.

Obristens-Compagnie: Lieutenant Jean Roland, Fähndrich le Baron de Spangen.

Obristlieutenants-Compagnie: Lieutenant Jean Jacques Poussel, Fähndrich Carl Anguiano.

Obristwachtmeister-Compagnie: Lieutenant Guillaume Scanel, Fähndrich Antoine Carbon.

De Pozo Compagnie: Hauptmann André de Pozo, Lieutenant Bartholome Taxina, Fähndrich Simon Gonzales.

De Leon-Compagnie: Hauptmann Emanuel de Leon, Lieutenant Caspar de Saxtos, Fähndrich Peter Soudaux.

D' Arraga-Compagnie: Hauptmann Josef d'Arraga, Lieutenant van Villers, Fähndrich Etienne Parys.

De Baxeras-Compagnie: Hauptmann François de Baxeras, Lieutenant Thomas de Cabrera, Fähndrich Jean Garces.

Des Bergeries-Compagnie: Hauptmann Michael Jacques des Bergeries, Lieutenant Charles Duson, Fähnrich Francois de Cobril.

De Marsal-Compagnie: Hauptmann Jean de Marsal, Lieutenant François d'Azevedo, Fähndrich Pierre Charles Domoisy.

De Siggueyra-Compagnie: Hauptmann Joseph de Siggueyra, Lieutenant von Hiellen, Fähndrich Jean Bessers.

D'Andrea-Compagnie: Hauptmann Nicolas d'Andrea, Lieutenant Piernas, Fähndrich Bernhard Ingenbramel.

De Meurs-Compagnie: Hauptmann Charles de Meurs, Lieutenant Emanuel Figuerra, Fähndrich Jacques Troyano.

D'Hermandes-Compagnie: Hauptmann Jean d'Hermandes, Lieutenant Etienne de Navarro, Fähndrich François Mostermons.

De Faytos-Compagnie: Hauptmann François de Faytos, Lieutenant Julien Poulinan, Fähndrich Joseph des Bergeries.

Prince d'Arhemberg-Compagnie: Hauptmann Prince d'Arhemberg, Lieutenant Louis Bertherand, Fähndrich Paul Pompret.

Comte de Lignes-Compagnie: Hauptmann le Comte André de Lignes, Lieutenant Albert Morian, Fähndrich Guillaume van dem Brouck.

Comte de la Laing-Compagnie: Hauptmann le Comte Eugène de la Laing, Lieutenant Jean Tauber, Fähndrich Albert de Cabillau.

Marquis Deynse-Compagnie: Hauptmann le Marquis Deynse, Lieutenant Antoine Targuij, Fähndrich Guillaume de Gillon.

Duc d'Ursel-Compagnie: Hauptmann le Duc Charles d'Ursel, Lieutenant Louis Tenier, Fähndrich Antoine de Camusel.

II. PERIODE.

DIE SCHLESISCHEN KRIEGE 1740—1763.

1740. Am 20. October 1740 starb Kaiser Carl VI., der letzte des Habsburgischen Mannesstammes, welcher, seitdem der Ahnherr Graf Rudolf den deutschen Thron bestiegen, vierhundert sieben und sechzig Jahre geblüht und dem Reiche sechzehn Kaiser gegeben hatte.

Unter den Mächten Europas herrschte Frieden und die allgemeine Lage der Dinge schien der Fortdauer des Friedens günstig. Aber das Verderbnis des öffentlichen Rechtszustandes in Europa wurde bald auf traurige Weise kund. Maria Theresia, welche vermöge des klarsten und vielfach gewährleisteten Gesetzes von dem Throne ihres Vaters Besitz genommen, auch sofort die Anerkennung der meisten Mächte erhalten hatte, sah sich in Jahresfrist von halb Europa angegriffen und, trotz alles geschriebenen und beschworenen Rechtes, in die Gefahr der völligsten Beraubung gesetzt.

Der innere Zustand der österreichischen Monarchie lud zu Raubversuchen ein, und der alte Rivale Habsburgs, das stolze Frankreich, freute sich der guten Gelegenheit zur Zerstückelung von dessen oft gefürchteter Macht.

Auch schien Maria Theresia, nach dem Missverhältnisse ihrer Kräfte zu jenen ihrer Feinde, unrettbar verloren.

Seit Eugens Tode war der Kriegsstand und jener der Finanzen vernachlässigt und herabgesunken. Man befürchtete den Zusammenbruch der Monarchie beim ersten nachdrücklichen Stoße. Aber die politischen Rechner, welche wohl die Regimenter und die Kroneinkünfte zählten, brachten nicht in Anschlag die unsichtbare Macht des allzu frech verhöhnten Rechtes und die Furchtbarkeit einer zur Vertheidigung selbsteigener und geliebter Interessen aufgeregten Volkskraft. Mit Maria Theresia war ihr eigener Geist und Muth und durch des Volkes Liebe gebot sie über Gut und Blut der Nation. In keinem Kriege hat Österreich so heldenkühn, so glorreich gestritten, als in demjenigen, der es verderben zu müssen schien. Der Arm der Völker rächte einmal die Untreue der Kabinette und rettete noch für einige Zeit das öffentliche Recht.

Halb Europa stand unter den Waffen gegen Maria Theresia. An dem sogenannten ersten schlesischen Kriege nahm das Regiment keinen Antheil.

Im Jahre 1741 starb der Obrist Franz de Barela 1741.
und Obristlieutenant Ramos Chevalier Copons de Boxadores avancierte zum Obristen und Regiments-Commandanten, der Sohn des Inhabers, Hauptmann Thomas Marquis de Los Rios, zum Obristlieutenant.

MUSTER-LISTE 1742.

vermög untern 17ten July 1742: von dem Feld-Kriegs-Commißario Weygandt gefertigten sommer Musterung, ware der standt deren H. Staabs und Ober Officiers

Alss:

Regiments-Stab: Obrister Le Marquis de Copons de la Manresana, Ausländer aus Barcelona. Obristlieutenant Le Marquis Thomas de Los Rios, Innländer aus Bruxelles. Obristwachtmeister Maximilio Charles de Pateanus aus Bruxelles.

1. Grend.-Compagnie: Haubtmann Charles Louis de Taxe. Oberlieut. Joseph Pastels. Unterlieut. Joh. Carl d'Harbonier.

2. Grend.-Comp.: Haubtm. Joseph de Laspius. Oberlieut. Joh. Carl Figuerra aus Luxemburg. Unterlieut. Jean Bapt. van Fitters.

Leib.-Comp. Lieut. de Viana aus Bruxelles. Fähndrich Marquis de Los Rios aus Bruxelles.

Obristens-Comp. Lieut. Jean Bap. Roland. Fähndrich le Baron d'Espangen.

Obristwachtmeister-Comp.: Lieut. Guillaume Scanel. Fähndrich Antoine Carbon aus Luxemburg.

Bozo-Comp.: Haubtm. André de Bozo. Lieut. Bartholome Texina. Fähndrich Simon Gonzales aus Mons.

De Leon-Comp.: Haubtm. Sebastien Emanuel de Leon aus Castilien. Lieut. Caspar de Saxtos aus Milan. Fähndrich Peter Soudaux aus Fort de la Margueritte.

d'Arraga-Comp.: Haubtm. Joseph de Arraga aus Gand. Lieut. Van Sillers. Fähndrich Etienne Parys aus Bruxelles.

Baxeros-Comp.: Haubtm. Michel Jaques Baxeros des Bergeries aus Mons. Lieut. Charles Joseph Duson. Fähndrich Joseph François de Cobrill aus Bruges.

Marsal-Comp.: Haubtm. Jean Friedrich de Marsal aus Deuxponts. Lieut. François Joseph de Azevedo aus Bruxelles. Fähndrich Peterl Carl Domoisy aus Namur.

Siggueyra-Comp.: Haubtm. Joseph de Siggueyra aus Gand. Lieut. van Hiellen aus Bruxelles. Fähndrich Jean Joseph Bessers aus Mons.

d'Andrea-Comp.: Haubtm. Nicolas d'Andrea aus d'Anvers. Lieut. Biernas aus Mons. Fähndrich: Bernhard Ingenbramel aus d'Anvers.

Meurs- Comp.: Haubtm. Carl de Meurs. Lieut. Emanuel Figuerra. Fähndrich: Jacques Joseph Troyano aus Mons.

d'Hermandes-Comp.: Haubtm. Jean d'Hermandes. Lieut. Etienne de Navarro. Fähndrich François Mostermons aus Bruxelles.

Faytos-Comp.: Haubtm. François de Faytos. Lieut. Julien Boulinan. Fähndrich Joseph des Bergeries aus Bruxelles.

Prince d'Arhemberg-Comp.: Haubtm. Prince d'Arhemberg aus Enghien. Lieut. Louis Bertherand. Fähndrich Paul Bonpret.

Comte de Lignes-Comp.: Haubtm. Le Comte André de Lignes. Lieut. Albert Morian. Fähndrich Guillaume Van dem Crouex.

La Laing-Comp.: Haubtm. le Comte Eugène de la Laing. Lieut. Jean Bapt. Tauber. Fähndrich Albert Carl de Cabillau aus Gand.

Deynse-Comp.: Hauptm. Le Marquis de Deynse. Lieut. Antoine Targny aus Charleroy. Fähndrich: Guillaume de Gillon.

Duc d'Ursel-Comp.: Haubtm. Le Duc d'Ursel. Lieut. Louis Ignatz Terrier aus d'Ath. Fähndrich: Antoine de Camusel aus Bruxelles.

Summa 31 Innländer, 4 Ausländer, 30 ohnbekannt.

De Los Rios.

1743. Das Regiment blieb bis zum Jahre 1743 im Armeecorps des Feldmarschalls Prinz Arhemberg in den Niederlanden, deren Grenze die Franzosen besetzten. Das Regiment wurde nur auf den Stand von 4 Bataillonen und 2 Grenadier-Compagnien gebracht.

Die zwei zu Brüssel und Termonde gestandenen Bataillone nebst 2 Grenadier-Compagnien und dem Augmentations-Bataillone wurden nach Mons verlegt. Auch wurde jedes Bataillon um eine Compagnie vermehrt.

Die Hochherzigkeit Maria Theresias brachte die öffentliche Meinung ganz Europas auf ihre Seite und ermuthigte mehrere Mächte zum engeren Bunde mit der Verfolgten.

Auch trat König Georg II. persönlich mit einem englisch-hannoverschen und sogenannten pragmatischen Heere, wozu auch Hessen und Österreicher stießen, in Deutschland auf.

Das Regiment focht mit 2 Bataillons nebst den beiden Grenadier-Compagnien in der pragmatischen Armee, welche sich anfangs Mai am Main bildete.

Herzog von Arhemberg hatte das Commando über das österreichische, aus 9000 Mann bestehende Corps übernommen, welches zur pragmatischen Armee bestimmt war. Das Regiment de Los Rios rangierte nach der Ordre de bataille in der Division des Feldmarschall-Lieutenants Prinz Wolfenbüttel und in der Brigade General-Major Constant.

Der Stand des Regiments betrug nach vorliegenden Ausweisen:

22 Hauptleute, 22 Lieutenants, 22 Fähnriche, 22 Feldwebels, 19 Führer, 22 Fouriere, 17 Feldscherer, 108 Corporale, 64 Spielleute, 43 Fourierschützen, 200 Gefreite, 1228 Gemeine. 1211 Köpfe waren abgängig. Die beiden nicht ausmarschierten Bataillone garnisonierten in Antwerpen und Dendermonde.

DER ÖSTERREICHISCHE ERBFOLGEKRIEG.

Am 5. März 1743 brach das Corps aus dem Luxem- 1743.
burgischen, wo es sich concentriert hatte, auf, überschritt am 2. April den Rhein und bezog, um die nachrückenden Engländer zu erwarten, bei Ems, Dausenau und Nassau an der Lahn Cantonierungen.

Erst anfangs Mai waren alle Truppen der Verbündeten am rechten Rheinufer concentriert und am 8. Mai bezog das österreichische Corps das Lager bei Wiesbaden.

Indessen rüsteten auch die Franzosen mit aller Energie und schon am 4. und 5. Juni führte sie Marschall Noailles bei Worms über den Rhein, in Folge dessen Arhemberg am 9. Juni den Engländern auf das linke Mainufer folgte, welches diese schon am 3. Juni besetzt hatten.

Die Nacht vom 9. auf den 10. Juni sowie den folgenden Tag stand das Regiment, gleich den übrigen Truppen, in voller Kampfbereitschaft unter Gewehr, da man eine Schlacht erwartete, und erst abends wurde wieder über den Main zurückgegangen. Am 16. Juni lagerte das Regiment mit dem Arhemberg'schen Corps bei Bornheim, am 19. bei Welmersheim und am 20. zwischen Klein-Ostheim und Aschaffenburg, wo der König von England den Oberbefehl über die verbündete Armee übernahm und am 26. nachts deren Abmarsch gegen Hanau anordnete, was Noailles noch in derselben Nacht erfuhr, weshalb er bei Tagesanbruch einen Theil seines Heeres gegen Aschaffenburg vorrücken, den anderen mainabwärts ziehen ließ. 7 Brigaden und 4000 Pferde überschritten bei Seligenstadt den Main und verlegten der alliierten Armee den Weg gegen Hanau; Aschaffenburg wurde besetzt und ein anderer Theil des französischen Heeres unterhalb Stockstadt aufgestellt.

Schlacht bei Dettingen.

Am 27. Juni um 8 Uhr früh begannen die feindlichen Batterien bei Stockstadt auf die bei Klein-Ostheim vorbeiziehenden Verbündeten zu feuern, so dass sich diese rechts ziehen mussten und nun, in Flanke und Rücken beschossen, in dem zwischen Klein-Ostheim und Dettingen gelegenen lichten Walde die Schlachtordnung annahmen.

Eingeengt zwischen dem Maine und einem Sumpfe musste sich die Infanterie in 3 Treffen aufstellen, ebenso hinter derselben die Cavallerie; am Main wurden drei Batterien aufgeführt.

Um 11 Uhr vormittags erfolgte der Angriff der Franzosen auf diese ungünstige Stellung und es gelang ihrer Cavallerie auch anfangs, die Infanterie der Alliierten zu durchbrechen, doch musste sie sich bald mit großem Verluste wieder zurückziehen.

Ein erneuerter Angriff des Feindes auf den linken Flügel der Armee scheiterte an der Tapferkeit der österreichischen Regimenter, welche daselbst standen, darunter auch das Infanterie-Regiment de Los Rios, welches an diesem Tage zum erstenmale unter dem k. k. Doppelaar für seinen neuen Kriegsherrn kämpfte.

Schnell bildeten die unerschrockenen Truppen auf Befehl des Feldmarschall-Lieutenants Salm einen Hacken, rückten, von einigen englischen und hannoverischen Abtheilungen unterstützt, den französischen Garden entgegen und warfen sie bis an den Main zurück, wo sie, vor sich ohne Ausweg, hinter sich den Fluss, den verzweifelten Entschluss fassten, sich in den Strom zu werfen, wobei sehr viele zugrunde giengen.

Marschall Noailles ward hiedurch zum Rückzug gezwungen, gieng bei Seligenstadt über den Fluss und bezog da ein Lager hinter dem Orte.

Der König von England belobte sehr die Tapferkeit der österreichischen Truppen in dieser Schlacht, an der sie einen so rühmlichen Antheil genommen. Sie hatten einen General und mehrere feindliche Officiere zu Gefangenen gemacht und sechs Fahnen erobert, worunter eine durch das Infanterie-Regiment Los Rios, welches die königliche Belobung mit den anderen österreichischen Truppen theilte.

In dieser Schlacht hatte das Regiment zwei Regimentsgeschütze im eigenen Verbande.

Der Totalverlust des österreichischen Hilfscorps an Todten, Verwundeten und Vermissten betrug 975 Mann, der Detailverlust des Regimentes ist nirgends ersichtlich.

Nach der Schlacht lagerte die alliierte Armee bei Dettingen und bezog am 28. ein Lager bei Hanau. Als die französische Armee am 2. Juli die Stellung bei Seligenstadt verließ und endlich am 11. bei Rhein-Türckheim über den Rhein zurückwich, setzte sich auch das österreichische Corps am 5. August wieder in Bewegung, überschritt am 8. bei Biberich den Rhein und nahm Quartiere in Mombach, woselbst sich später die ganze alliierte Armee concentrierte.

Am 27. August brach das Corps auf und rückte am 30. nach Worms vor, wo der von seiner, in der Schlacht bei Dettingen erhaltenen Wunde genesene Herzog von Arhemberg wieder das Commando übernahm.

Das Regiment blieb in Worms bis 25. September, an welchem Tage es, gleich den anderen österreichischen Truppen, nach Frankenthal marschierte, sodann am 26. nach Mutterstadt und am 27. nach Speyer.

Der Feldzug war beendet. Am 11. October begann der Aufbruch in die Winterquartiere nach Brabant, Flandern, Luxemburg und in die Niederlande.

Die Dislocation des Regimentes Ende 1743 war:

1 Bataillon, Grenadierdivision und Regimentsstab in Brüssel,

1 Bataillon in Mons,

1 » » Antwerpen,

1 » » Dendermonde.

Nach einigen vergeblichen Friedensanträgen entbrannte 1744.
der Kampf im Jahre 1744 mit verstärkter Heftigkeit. Der Prinz Carl von Lothringen ging im Angesichte der Franzosen und Bayern am 1. Juni 1744 bei Schröck mit 80.000 Mann über den Rhein, drang in das Elsass ein und bedrohte Lothringen.

Auf diese Nachricht eilte König Ludwig XV. Mitte August an die lothringische Grenze.

Am 10. August war indessen Friedrich II. mit 100.000 Mann in Böhmen eingefallen; Prag fiel in seine Gewalt, weshalb Prinz Carl von Lothringen gezwungen war nach Böhmen zu eilen.

Das Regiment blieb beim Wiederausbruch des Krieges 1744 größtentheils in seinen vorausgewiesenen Stationen, nur das Bataillon aus Dendermonde und die Grenadiere wurden zum Felddienste bestimmt und in die Division Feldmarschall-Lieutenant Geiszugg, Brigade Generalmajor Ariosti eingetheilt.

Herzog von Arhemberg übernahm das Commando über das österreichische Corps, welches einen Theil der alliierten Armee bildete, die jedoch wegen der bedeutenden Übermacht der Franzosen sich nur auf defensive Operationen beschränken und nicht verhindern konnte, dass die von den Holländern besetzten festen Plätze Menin, Ypern, Knocke und Furnes in Feindeshände fielen. Erst als Prinz Carl am 1. Juli den Rhein übersetzte und die Franzosen sich in Folge dessen, mit Ausnahme eines vom Marschall von Sachsen befehligten Corps, welches zur Behauptung der gemachten Eroberungen zurückblieb, zurückziehen mussten, überschritten die Alliierten am 31. Juli die Schelde, das Bataillon Los Rios bei Oudenarde, und rückten über die Marque auf französischen Boden, wo sie zwischen Sainghin und Freteun das Lager bezogen.

Der Zweck, die Armee einige Zeit auf feindliche Unkosten leben zu lassen, war erreicht; so blieb es bis zum 29. September, an welchem Tage wieder der Rückmarsch über die Marque angetreten wurde.

Am 13. October traf das Bataillon in Gent ein, worauf die Winterquartiere bezogen wurden.

Das Bataillon, welches in Brüssel garnisoniert hatte, marschierte nach Antwerpen, woselbst sich nun zwei Bataillone mit dem Regimentsstabe befanden, jenes in Mons blieb und das aus dem Felde heimkehrende Bataillon sammt den zwei Grenadier-Compagnien wurde als Besatzung in die Festung Oudenarde verlegt.

1745. Den Feldzug 1745 eröffneten die Franzosen mit der Vorrückung gegen den Mittelrhein, wo ein österreichisches Corps unter dem Commando des Herzogs von Arhemberg aufgestellt worden war.

Schon am 1. Jänner 1745 begann der Abmarsch des österreichischen Corps aus den Niederlanden zur alliierten Armee an den Mittelrhein.

Die ausmarschierenden Bataillone wurden auf 700 Mann completiert und nahmen jedes zwei kleine Kanonen mit sich.

Vom Regimente Los Rios marschierte der Stab mit zwei Bataillonen und der Grenadierdivision aus, die anderen zwei Bataillone bildeten, nebst einem Bataillon und zwei Escadronen Hannoveranern, die Besatzung der Citadelle von Antwerpen.

Am 22. Jänner war das Corps zu Sittard nächst Mastricht concentriert, und Ende Februar stand es mit der verbündeten Armee, welche die Eroberung Bayerns durch Feldmarschall Graf Batthyányi abwarten musste, an der Lahn, um Verstärkungen zu erhalten.

Als Batthyányi die Eroberung Bayerns vollendet, geschah die Vereinigung des verbündeten Heeres mit dem bayerischen Corps am 23. Juni bei Saalmünster, wo am nämlichen Tage die erste Colonne vom Feldmarschall Traun eintraf.

Am 1. Juli war die Vereinigung im Lager bei Gellnhausen vollständig durchgeführt, woselbst nun eine neue Ordre de bataille erschien, nach welcher das Regiment Los Rios in die Division Bärnklau, Brigade Starhemberg eingetheilt wurde.

Am 5. Juli setzte sich die Armee nach Langen Selbold in Bewegung, wo der Großherzog von Toscana eintraf und den Oberbefehl übernahm; am 12. Juli wurde Schwalbach bei Höchst erreicht, aus welchem Lager Feldmarschall-Lieutenant Bärnklau mit seinen Truppen, also auch dem Regimente Los Rios, zur Bedrohung des Feindes an den Main entsendet wurde.

Die Franzosen räumten bei seiner Annäherung Hochheim und giengen über den Main zurück, wodurch die Verbindung mit Mainz hergestellt wurde.

Während das Heer am 13. nach Hofheim und am 15. nach Hörsheim vorrückte und den Feind veranlasste, sich gegen Darmstadt zurückzuziehen, setzte Feldmarschall-Lieutenant Bärnklau mit seiner Abtheilung bei Biberich über den Rhein, griff am 16. das verschanzte Oppenheim an und erstürmte es, wobei alles, was nicht niedergehauen oder in den Rhein gesprengt, gefangen wurde.

Einnahme von Oppenheim.

Inzwischen starb am 20. Jänner 1745 Carl VII. Sein einziger Sohn Maximilian Joseph schloss jetzt Frieden mit Maria Theresia zu Füßen, entsagte allen Ansprüchen auf das österreichische Erbe und trat der pragmatischen Sanction bei. Die Franzosen räumten das bayerische Land.

Tod Carl VII.

Am 18. marschierte die Armee gegen Wolfskehl, am 19. nach Bibisheim, worauf das französische Heer bei

Türkheim auf das linke Rheinufer zurückwich; am 23. nach Lorsch, am 28. nach Weinheim und am 30. nach Heidelberg, woselbst sie zum Schutze Frankfurts, wo die deutsche Kaiserwahl vor sich gehen sollte, Stellung nahm. Das Regiment Los Rios lagerte bei Oppenheim.

Am 14. September endlich erfolgte die Wahl des Großherzogs Franz von Toscana, Gemahl Maria Theresiens, zum römisch-deutschen Kaiser.

Am 17. trafen Ihre Majestäten zu Heidelberg ein und am 18. rückte das Regiment zu der vor der Allerhöchsten Herrschaft stattfindenden Revue aus.

Die Botschaft von der Ankunft des Monarchen verursachte im Lager der kaiserlichen Truppen die freudigste Erregung; am 19. wurde anlässig derselben ein feierliches Hochamt abgehalten, zu welchem die ganze Armee in Parade ausrückte.

Der Kaiser und die Kaiserin luden nach der Heerschau die höhere Generalität zur Hoftafel, welche in einem Zelte vor der Front des Lagers stattfand.

Die Generalmajore und Stabsofficiere speisten an 9 besonderen Tafeln. Jeder Mann erhielt einen Gulden, ein Pfund Fleisch und eine Maß Wein.

Am 4. October reisten Ihre Majestäten zur Kaiserkrönung nach Frankfurt ab, wobei die ausgerückten Truppen das vorüberfahrende Herrscherpaar mit drei Freudensalven begrüßten. Die Standquartiere, welche das Regiment bei Heidelberg bezog, wurden bis Ende December nicht verändert; denn obschon die Franzosen bereits anfangs November sich bis hinter die Linie der Queich zurückgezogen hatten und auch das verbündete Heer in den ersten Decembertagen auseinander gieng, rückten die österreichischen Regimenter erst Ende December in die Winterquartiere ab.

Alle Truppen, die mit dem Herzog von Arhemberg aus den Niederlanden gekommen waren, mussten unter Führung des Feldmarschall-Lieutenants Baranyai dahin zurückkehren.

Dem Regimente Los Rios wurden die Winterquartiere im Limburgischen angewiesen. Oberst Marquis de Copons ward in diesem Jahre Generalmajor und Oberstlieutenant Carl Graf Merode Marquis d'Aynse Oberst und Regiments-Commandant.

Ramos Chevalier Copons de Boxadores entstammt einer niederländischen Adelsfamilie. Er wurde mittelst Bestallung vom 13. März 1741 zum Obersten und Commandanten des Regimentes und den

13. October 1745 zum Obristfeldwachtmeister ernannt. Weitere Daten sind weder im Kriegs- noch Adels-Archive vorzufinden.

Merode, eine ansehnliche gräfliche Familie in den spanischen Niederlanden, deren Stammhaus Merode im Herzogthum Jülich gelegen ist. Die Familie wird von Berengario, dem 3. Sohne Königs Raimundi Beringarri in Arragonien ums Jahr 1160 hergeführt, dessen Sohn Werner sich zuerst zu Merode genannt, nachdem seine Mutter von Rode geheißen und ihr Stammgut im Jülichischen gehabt. Carl Graf Merode, Sohn des Joachim Maximilian und der Gräfin von Vehlen, geboren 1719 (Universal-Lexicon v. Zedler, 1739, Seite 1022).

Die Waffenruhe war nicht von langer Dauer. Nach den Niederlagen in Bayern und am Rhein erwählte sich Frankreich die Niederlande, als ihm günstiger gelegen, zum Kriegsschauplatze. 1746.

Im Monate Jänner 1746 eröffneten die Franzosen die Feindseligkeiten wieder. Schon am 20. Februar capitulierte Brüssel, bei welcher Gelegenheit der Regiments-Inhaber Feldmarschall Marquis de Los Rios, welcher in dieser Stadt domicilierte, in Kriegsgefangenschaft gerieth. Überfall von Brüssel.

18 Bataillone, 7 Escadronen, 17 österreichische und holländische Generale wurden gefangen. Auch Mons, Charleroy und das starke Namur fielen; überall nahm man die Besatzung gefangen.

Der Verlust von Brüssel war ein harter Schlag, die Gefangennahme so vieler Truppen und Generale um so empfindlicher, als kurz vorher die englischen Hilfstruppen in ihre Heimat abgezogen waren.

Mitte April 1746 verfügte Feldmarschall Batthyányi, nunmehriger Oberbefehlshaber, die Verlegung der Truppen in mehrere Feldlager, welche in dem Raume zwischen Antwerpen, Mecheln und Löwen aufgeschlagen wurden.

Am 16. Mai verlegte Batthyányi ein unter das Commando des Feldmarschall-Lieutenants Graf Wied gestelltes und aus 11 Infanterie-Regimentern zusammengesetztes Detachement von 1700 Mann, zu welchem das Regiment 1 Hauptmann, 1 Lieutenant, 1 Feldwebel, 1 Fourier, 1 Feldscherer, 2 Corporale, 3 Tambours, 2 Fourierschützen, 3 Gefreite, und 62 Gemeine abgab, in die Citadelle von Antwerpen, hingegen rückten ein Bataillon des Regimentes und noch zwei andere Infanterie-Bataillone, die bisher die Besatzung daselbst gebildet hatten, zur Armee ein.

Am 18. rückte das Heer in das Lager bei Groß-Sundert, am 19. in das bei Ypelaar ein und am 22. bezog es die alten holländischen Verschanzungen bei Terheyden, um daselbst die englischen Verstärkungen abzuwarten.

Das französische Heer rückte mittlerweile gegen Antwerpen vor und schon am 20. Mai besetzte Marquis de Brezé die Stadt, umschloss die Citadelle und bemächtigte sich der Forts Austerweel und St. Philipp, die nur mit 5 Mann besetzt waren.

Belagerung der Citadelle von Antwerpen.

Zur Belagerung der Citadelle waren mit Einschluss der Truppen de Brezés 28 Bataillone, 30 Grenadier-Compagnien und 16 Escadronen bestimmt, die am 21. unter dem Befehle des Grafen Clermont concentriert waren.

Währenddes hatte Feldmarschall-Lieutenant Graf Wied nur drei Tage Zeit gehabt, um in aller Eile die Citadelle in vertheidigungsfähigen Zustand zu setzen. Schon am 21. begannen die Franzosen ihre Belagerungsarbeiten, eröffneten am 24. ihre erste Parallele und am 27. das Bombardement, welches zwar am 28. durch die Geschütze der Citadelle theilweise zum Schweigen gebracht wurde, jedoch am 29. wieder die Oberhand gewann, indem der Feind sehr viele Bomben warf. Durch dieses heftige Feuer wurden die Geschütze demontiert, die Brustwehren zerstört und in der Face der Bastion Baziotto begann sich ein Wallbruch zu bilden.

In der Nacht vom 29. auf den 30. kam der Feind trotz des heftigsten Kleingewehrfeuers der Besatzung bis an die Pallisaden des bedeckten Weges, dessen Verbindungen fast alle zerstört waren und Feldmarschall-Lieutenant Graf Wied war genöthigt, ihn um Mitternacht zu räumen.

Am 30. demontierte das heftige Feuer der Belagerer alle in die Flanken gebrachten Geschütze, der Wallbruch erweiterte sich und die Besatzung blieb auf die Vertheidigung durch Flintenschüsse und Steinwürfe beschränkt.

Am 31. früh war alles zum Sturm bereit, die Bresche vollkommen gangbar, die Munition zu Ende und die schwache Besatzung erschöpft.

Unter diesen Umständen berief Feldmarschall-Lieutenant Wied alle Officiere zu einem Kriegsrathe, dessen einstimmige Meinung war, dass man sich nicht mehr 48 Stunden halten könne, und da diese Frist für die Armee von keinem Nutzen sei, man eine ehrenvolle Capitulation zu erhalten suchen müsse.

Am selben Tage begannen die diesfälligen Unterhandlungen und nach wiederholten Versuchen, die Standhaftigkeit der tapferen Besatzung zu beugen, die sich eher bis auf den letzten Mann wehren, als kriegsgefangen ergeben wollte, willigte General Clermont in den freien Abzug, der, nachdem die Capitulation am 1. Juni unterzeichnet worden war, am 3. mit Waffen und Gepäck, 2 Kanonen und einem Mörser stattfand.

Der Verlust des Detachements von Los Rios während der Belagerung betrug 7 Mann, hingegen wurden während des Durchmarsches durch die Stadt Antwerpen 30 Mann vermisst.

Die Armee stand während dieser Vorgänge noch im Lager bei Therheyden und war nicht in der Lage, die Citadelle von Antwerpen zu entsetzen.

Der Mangel an Geld war empfindlicher als der an Truppen, denn bei mehreren Regimentern hatten die Officiere durch 19, bei allen übrigen aber durch 12 Monate keinen Kreuzer an Gage erhalten und lebten nothdürftig von verkauften Pferd- und Brotportionen; viele hatten gar keine Pferde mehr und mussten zu Fuß marschieren.

Am 17. Juli, nach dem Falle von Mons (10. Juli) brach die Armee endlich aus dem Lager bei Therheyden auf und marschierte nach Ypelaar, am 19. nach Diessen und am 21. nach Werkemweert, wo der Prinz Carl von Lothringen eintraf und den Oberbefehl übernahm; am 22. in's Lager nach Peer und am 25. nach Zonhoven, woselbst eine Grenadier-Compagnie des Regimentes die Wache beim Prinzen Carl bezog.

Nach einer Ordre de bataille von diesem Tage rangierte das Regiment im 2. Treffen unter dem Feldmarschall-Lieutenant Graf Grünne in der Brigade des General-Majors Prinz Durlach.

In diesem Lager wurde unter dem Feldzeugmeister Graf Daun eine 10.000 Mann starke Avantgarde zusammengesetzt, welche stets zwei Stunden vor der Armee marschieren sollte und zu welcher auch das Regiment Los Rios die Bestimmung erhielt.

Am 26. setzte sich diese Vorhut in Marsch und gieng bis Borchloen, am 29. nach Hannut, am 30. nach Geandrin, stand am 1. und 2. August bei St. Germain und vom 3. bis 16. bei d'Huy.

Am 17. August rückte sie im Lager von Longchamp zur Hauptarmee wieder ein, indem das Reservecorps die Functionen der Avantgarde übernahm.

Als am 19. August im Lager bei Montigni 6 Bataillone zur Verstärkung dieses Corps bestimmt wurden, war darunter auch ein Bataillon des Regiments.

Am 21. August bezog die Armee das Lager bei Bouerding, blieb daselbst bis 28. abends und überschritt dann, nachdem die vorerwähnten 6 Bataillone, worunter eines von Los Rios, am 26. unter Commando des General-Majors Ujváry dahin abgerückt waren, in der Gegend von Seilles die Maas.

Das Reservecorps bildete nun die Arrièregarde und passierte, vom Feinde unbelästigt, den Fluss, hinter der Armee, die am 29. in der Gegend von Ohey das Lager bezog, wohin General Pálffy mit allen Grenadier-Compagnien vorausmarschiert war.

Der Feind hatte 25.000 Mann gegen Lüttich detachiert, weshalb die Armee am 1. September nach bewirkter Verstärkung der Besatzung von Namur nach Hoquier im Luxemburg'schen dirigiert wurde, am 2. bei Harze, am 4. bei Baneux, am 5. bei Somaigne les moines lagerte.

Das Reservecorps des Feldmarschall-Lieutenants Mercy, bei welchem sich bekanntlich 1 Bataillon des Regiments zugetheilt befand, hatte bisher stets einen Marsch voraus gemacht, so dass die Armee in dessen verlassenes Lager rückte.

Am 5. stand dieses in der Gegend von Vieset, wohin die Armee am 9. folgte und bei Bombaye das Lager bezog.

Nachdem das beim Corps de reserve detachierte Bataillon am 13. wieder zum Regimente eingerückt war, folgte dieses der Hauptarmee, welche am 14. um 3 Uhr morgens aufbrach, unterhalb Mastricht die Maas übersetzte und über Lonaken in die Stellung bei Herdeeren rückte, welche am 16. erreicht wurde.

Gefecht bei Sluse u. Malle.

Am 22. September mit Tagesanbruch griff Feldmarschall-Lieutenant Graf Kollowrat mit sämmtlichen Grenadier-Compagnien, 400 Pferden, 100 Panduren und 8 Kanonen die vom Feinde besetzten Dörfer Sluse und Malle an und nahm sie ohne vielen Widerstand, denn der Feind zog sich nach einer Decharge zurück.

Die eigenen Grenadier-Compagnien erlitten bei diesem Gefechte keinen Verlust.

Bis 7. October fand keine Veränderung statt, an diesem Tage verließ die Armee das Lager bei Herdeeren, ging über die Jaar und bezog ein neues Lager zwischen Lüttich und Huttain.

Ein Corps von 10.000 Mann unter dem Feldmarschall-Lieutenant Druchtleben, bei welchem sich auch das Regiment befand, bildete auf diesem Marsche die Nachhut und marschierte in der rechten Flanke der Armee. Der Marschall von Sachsen griff dieses Corps um 1 Uhr nachmittags mit einigen Brigaden an und beschoss es so heftig, dass es gezwungen war, sich gegen die Armee zu ziehen. Gefecht an der Jaar.

Bei dieser Affaire wurden zwei Officiere des Regimentes verwundet.

Am 8. October bezogen die Franzosen ein Lager zwischen Tongres und Orey und die Verbündeten benützten den Tag, um die Dörfer vor ihrer Front zu besetzen und vertheidigungsfähig herzurichten, denn ein Zusammenstoß der beiden Armeen war nahe bevorstehend.

Am 10. giengen die Franzosen über die Jaar und nahmen zwischen Hognoul und Vihogne in drei Treffen Stellung, während der Kriegsrath der Verbündeten, ungeachtet der bedeutenden feindlichen Übermacht, voll Kampfbegier den Angriff zu erwarten beschloss.

Stürmisch und regnerisch war die Nacht vom 10. auf den 11. October, ein dichter Nebel hüllte am Morgen die Gegend ein. Schlacht bei Recour.

Die Verbündeten waren 74.000, die Franzosen 111.000 Mann stark.

Am rechten Flügel standen die österreichischen Truppen, im Centrum waren die Hannoveraner, Hessen und Engländer, den linken Flügel bildeten die Holländer unter dem Fürsten von Waldeck.

Das Dorf Ans wurde durch zwei bayerische und vier holländische Bataillone besetzt, eine Abtheilung Cavallerie deckte den linken Flügel, eine holländische Batterie von 10 Geschützen fuhr rechts von Ans, eine andere zwischen Liers und Eniche auf, Rocour und Woiroux wurden gleichfalls mit Geschützen besetzt.

Um 8 Uhr morgens rückten die Franzosen gegen die von den Alliierten besetzten Dörfer Villers, Longtin und Alleur vor, entwickelten sich und griffen um 1 Uhr das Dorf Ans mit 22 Bataillonen an, das nach tapferer Gegenwehr von den Holländern geräumt werden musste, die nun den linken Flügel der Armee bildeten, in dessen zweitem Treffen die Regimenter

Los Rios und Königsegg die Brigade Prinz Durlach am rechten Flügel formierten.

Gleich nach der Wegnahme von Ans erfolgte der feindliche Angriff auf die Dörfer Rocour und Woiroux, welche nach einer dreistündigen Vertheidigung ebenfalls in Feindeshände fielen.

Generalmajor Prinz Durlach eilte nun mit seiner Brigade zur Unterstützung des linken Flügels, doch ehe er ankam, hatte dieser Flügel seine Position schon verändert und so konnte die Brigade nur mehr die Flanke der hessischen Truppen decken.

Der Verlust von Rocour war entscheidend, er zwang die Holländer, den Rückzug gegen Mastricht anzutreten, und da auch die Nacht anzubrechen begann, erfolgte um 6 Uhr abends der Befehl zum Rückzuge.

Das Corps des holländischen Generals Schwarzemberg, die Abtheilung des General Trips und die Regimenter Los Rios und Königsegg deckten den Rückzug.

Die österreichischen Truppen, die fast nicht ins Gefecht gekommen waren, räumten den Ort Liers, ließen die Alliierten durch ihre Stellung durchziehen und traten dann auch den Rückzug an.

Ihre Arrièregarde nahm, den linken Flügel beim Schlosse Fromont, den rechten gegen die Jaar zu, Stellung, die Armee lagerte hinter derselben.

Die Franzosen blieben zwischen Millemont und Eniche stehen.

Der Verlust der österreichischen Truppen in dieser Affaire, welche die Schlacht bei Rocour genannt wird, war an Todten: 2 Officiere, 74 Mann; Verwundeten: 3 Officiere, 54 Mann; Vermissten: 2 Officiere, 186 Mann. Das Regiment verlor bloß 4 Mann an Todten und Verwundeten.

Am 12. October gieng die alliierte Armee in und bei Mastricht über die Maas und nahm Stellung hinter Mastricht. Die Arrièregarde und mit ihr das Regiment Los Rios rückte ein, und nur Generalmajor Trips mit seinem Detachement blieb als Nachhut stehen.

Die Franzosen verzichteten auf alle Vortheile ihres Sieges und der Marschall von Sachsen führte sie in das alte Lager von Tongres zurück.

Am 25. October war das französische Heer bereits in die Winterquartiere abgegangen und die Verbündeten folgten seinem Beispiele.

Am 25. erhielt das Regiment, welches seit 12. im Lager bei Amby hinter Mastricht stand, den Befehl, sich marschfertig zu halten, und am 1. November rückte es in die Garnison Fauquemont ab.

Ein Bataillon wurde aufgelöst und das Regiment formierte demnach Ende 1746 3 Bataillone und 2 Grenadier-Compagnien.

Die misslichen Erfolge des vorigen Jahres riefen Verhandlungen der Verbündeten im Haag hervor und es wurde beschlossen, im Frühjahre 1747 an die Wiedereroberung der Niederlande zu schreiten. Die Armee wurde auf 140.000 Mann verstärkt. An Stelle des Prinzen von Lothringen wurde die Armee dem Herzoge von Cumberland anvertraut und die Gegend von Mastricht zum Sammelplatze des österreichischen Corps bestimmt, welches in Abwesenheit des Feldmarschalls Graf Batthyányi vorläufig Feldzeugmeister Graf Daun commandierte. 1747.

Das Regiment Los Rios brach am 4. April aus seiner Winterstation Fauquemont auf und rückte am 6. in Styphout bei Eyndhofen ein, wo gleichzeitig Feldmarschall Graf Batthyányi mit dem Hauptquartier eintraf.

Bei Eyndhofen und Concurrenz cantonierte die Armee bis 20., am 21. wurde aufgebrochen und am 23. in das Lager bei Poppel eingerückt, wo am folgenden Tage die Eintheilung in Brigaden erfolgte.

Das Regiment bildete nebst Lothringen-Infanterie die Brigade Puebla in der Division Feldmarschall-Lieutenant Graf Mercy und war nach einem Standes-Ausweise von jenem Tage bloß 781 Köpfe stark.

Am 29. marschierte das Corps nach Hoogstraten und am 30. war die ganze verbündete Armee im Lager bei Brecht concentriert.

Am 26. Mai wurde die Nelle überschritten und das österreichische Corps lagerte bei Lier.

Fünf Regimenter, darunter auch Los Rios, bildeten an diesem Tage unter Feldzeugmeister Daun die Arrièregarde.

Am 17. Juni lagerte das Heer bei Kessel, welche Stellung aber in Folge der Bewegungen der französischen Armee gegen St. Tron und Lonaken am 24. Juni aufgegeben wurde. An diesem Tage marschierten die Verbündeten nach

Westerloo, am 25. nach Diest, wo das Regiment bei Schaffen lagerte, und am 27. nach Hassett.

Schon am 29. überschritt die Avantgarde der Armee die Demer und rückte am 30. sammt dem Reservecorps nach Bilsen, während die Armee das Lager zwischen Ghenk und Gellik bezog.

Die Franzosen standen zwischen Tongern und Mecheln und rückten am 1. Juli in die Stellung von Herderen vor. Die Alliierten marschierten nach Rosmeer und beschlossen für den folgenden Tag den Angriff auf die feindliche Armee. Die Avantgarde hatte Bilsen, das Reservecorps Groß- und Klein-Spauwen besetzt, das Heer lagerte zwischen letzterem Orte, Rosmeer und Kessel in Linie bis Wilre bei Mastricht.

Das Regiment Los Rios stand zwischen Klein-Spauwen und Rosmeer.

Schlacht bei Lawfeld.

Am 2. Juli um 9 Uhr morgens griffen die Franzosen Lawfeld, den Mittelpunkt der Stellung, mit aller Macht an, wurden jedoch von den heldenmüthigen Vertheidigern dreimal zurückgeschlagen, bis es den Franzosen endlich gelang, durch Vorrückung starker Colonnen rechts und links des Dorfes und nachdem die Cavallerie bei Montenaken in Unordnung gerathen war, Meister dieses Brennpunktes der Schlacht zu werden, was auch das Schicksal derselben entschied.

Es war 2 Uhr nachmittags, als der Herzog von Cumberland den Rückzug befahl, der vom General Pálffy mit vier Cavallerie-Regimentern und 17 Grenadier-Compagnien, worunter auch jene des Regimentes, gedeckt wurde.

Das Regiment selbst befand sich während der Schlacht in einer solchen Position, dass es weder dem Feinde einen Anlass zum Angriffe gab, noch auch, nach dem Zeugnisse der alliierten Generalität, gegen denselben hätte offensiv vorgehen können, welches Schicksal auch die übrige österreichische Infanterie zum größten Theile hatte.

Um 7 Uhr abends war die Armee zwischen Mastricht und Lonaken vollkommen geordnet, gieng in der Nacht über die Maas und bezog das Lager bei Amby.

Das Regiment hatte in der Schlacht bei Lawfeld keinen Verlust erlitten.

Am 7. Juli kam es nach der neuen Ordre de bataille wieder mit Königsegg-Infanterie in die Brigade Prinz Durlach.

Als die feindliche Armee am 14. August die Gegend von Mastricht verließ, sich nach Tongern zurückzog und an der Jaar Stellung nahm, bezog auch die alliierte Armee am 19. August ein neues Lager bei Viset.

Anfangs October rückte die französische Armee in die Winterquartiere und auch das Heer der Verbündeten begann sich in diesem Monate aufzulösen.

Das ganze Regiment Los Rios rückte am 4. November mit 3 Bataillonen und 2 Grenadier-Compagnien als Besatzung in Mastricht ein, an dessen Vertheidigung es im kommenden Feldzuge rühmlichen Antheil nahm.

Im Frühjahr 1748 sammelten sich die österreichischen Truppen um Mastricht. Ende März concentrierten sich die zur Einschließung dieser Festung bestimmten Truppen und am 8. April erschien der Marschall von Sachsen mit seinem Heere zu Smermaes bei Mastricht, nachdem die aus 5000 Verbündeten und 8 österreichischen Bataillonen bestehende Besatzung noch Tags vorher durch vier österreichische Bataillone verstärkt worden war. 1748.

Am 10. April war die Einschließung der Festung auf dem linken Maasufer und am 13. auch am rechten Ufer gänzlich bewirkt. Belagerung von Mastricht.

Das schwache österreichische, vom Feldmarschall Graf Batthyányi befehligte Corps hatte sich nach Ruremonde zurückgezogen, wo es sich mit den Verbündeten unter dem Herzog von Cumberland vereinte.

Mastricht, das nun belagert werden sollte, war zu jener Zeit von einer durch Thürme flankierten Mauer umgeben, vor der selbständige Bastionen, Hornwerke, Lunetten, Flechen, nebst mehreren hintereinander liegenden bedeckten Wegen die eigentliche Vertheidigung bildeten.

Der dienstbare Stand der Garnison betrug 4458 Österreicher, 5258 Holländer und 515 Pferde. Der holländische General Baron d'Aylva war Gouverneur der Festung, die österreichischen Truppen befehligte Feldmarschall-Lieutenant Marschall und Generalmajor Prinz Arhemberg.

Das Belagerungs-Corps bestand aus 143 Bataillonen und 77 Escadronen.

In der Nacht vom 15. auf den 16. April wurde die erste große Parallele auf beiden Ufern eröffnet und in der folgenden die zweite in Angriff genommen, der gleich eine dritte vor der Bastion de Roi folgte.

Zur Störung dieser schnell vorrückenden Arbeiten unternahm Generalmajor Prinz Arhemberg am 17. zwischen 11 und 12 Uhr nachts mit 2000 Mann und 300 Arbeitern, unter ersteren beide Grenadier-Compagnien des Regimentes, einen Ausfall und zerstörte die zweite Parallele des linken Ufers größtentheils, bei welcher Gelegenheit die Grenadiere besondere Bravour an den Tag legten.

Am 21. begannen die Belagerer um 8 Uhr morgens das Feuer, arbeiteten nachts wieder sehr stätig und vom 26. auf den 27. konnten sie bereits die 4. Parallele eröffnen.

Am 28. mit Tagesanbruch unternahm Oberst d'Eskallar mit 1000 Mann einen Ausfall und vernagelte 20 Kanonen in den Belagerungs-Batterien am rechten Maasufer.

Am 29. um 4 Uhr früh stürmten 7 feindliche Grenadier-Compagnien den bedeckten Weg der Bastion de Roi, wurden jedoch durch die Tapferkeit der österreichischen Infanterie zurückgeschlagen. Ebenso verunglückte der in der Nacht vom 1. auf den 2. Mai unternommene Angriff auf die Bastion de la Reine durch die Tapferkeit und Umsicht des Obersten Marquis d'Aynse, Commandanten des Infanterie-Regiments Los Rios.

Doch trotz aller Versuche der tapferen Garnison, die Belagerungsarbeiten möglichst zu erschweren, waren diese dennoch so weit vorgeschritten, dass die Franzosen am 3. Mai alles zur gleichzeitigen Erstürmung der Bastionen und Hornwerke bereit hatten, als am selben Tage ein Adjutant des Herzogs von Cumberland im feindlichen Hauptquartiere eintraf und dem Marschall von Sachsen bekannt machte, dass bereits die Friedens-Präliminarien am 30. April zu Aachen unterzeichnet worden seien und ihm zugleich die Übergabe von Mastricht gegen ehrenvolle Bedingnisse anbot.

Es wurde sofort ein Waffenstillstand abgeschlossen und am 4. der Oberstlieutenant Marquis de Los Rios des Regimentes an den Feldmarschall Batthyányi abgeschickt, der am 5. zurückkehrte.

Am 7. trat die Commission zusammen, um die Übergabsbedingungen zu entwerfen, bei welcher auch Oberst Marquis d'Aynse fungierte, und die Capitulation wurde abgeschlossen, nach welcher die Garnison am 10. Mai mit Waffen und Gepäck, die Österreicher mit ihrem sämmtlichen Feldgeschütz abzogen. Die Holländer marschierten nach Herzogenbusch, die kaiserlichen Truppen nach Maseyk.

Die Besatzung hatte während der Belagerung 204 Todte und 564 Verwundete, unter letzteren befanden sich vom Regimente Hauptmann de Vianna und Fähnrich Dava.

Der Marschall von Sachsen selbst gab den kaiserlichen Truppen der Besatzung das ehrenvollste Zeugnis über ihr tapferes Benehmen und sagte, dass er beim Ausmarsche der Besatzung nur die Grünen defilieren sehen wolle, von den Gelben (Holländer) sei er kein Liebhaber, indem die französischen Truppen bei den Ausfällen nur Kaiserliche, aber niemals Holländer gesehen.

Am 11. Mai trat auch für beide Armeen ein Waffenstillstand in Wirksamkeit. In Folge dessen verließen die Verbündeten ihre Stellung hinter der Roer und bezogen zwischen Baexem und Nunum ein Lager.

In den folgenden Tagen wurde der Marsch gegen Herzogenbusch fortgesetzt und am 17. bezog das österreichische Corps eine Stunde von der Festung bei Boxelt das Lager, nachdem am 14. im Lager bei Wörth das ganze Regiment Los Rios sammt den übrigen kaiserlichen Truppen der Mastrichter Besatzung zum Corps eingerückt war, jedoch in Oirschott cantonieren musste, da es, so wie das Damnitz'sche Regiment, mit keinen Zelten versehen war.

Nach einem Standesausweise von jenem Tage bestand der dienstbare Stand der drei Feldbataillone nur in: 1 Oberst, 1 Oberstlieutenant, 1 Major, 8 Hauptleuten, 10 Lieutenanten, 10 Fähnrichen, 13 Feldwebeln, 9 Führern, 68 Corporalen, 33 Spielleuten, 130 Gefreiten und 393 Gemeinen, zusammen 677 Köpfen; jener der Grenadier-Division in: 2 Hauptleuten, 2 Oberlieutenanten, 2 Unterlieutenanten, 2 Feldwebeln, 2 Corporalen, 4 Tambouren, 103 Grenadieren, zusammen 117 Köpfen. 1274 Mann waren dem Regimente abgängig.

Am 18. Juni verließ das österreichische Corps das Lager bei Boxelt und marschierte nach Eyndhofen, am 19. nach Wörth und am 20. nach Ruremonde.

Am 21. erhielt das Regiment Marschbefehl, bezog am 22. die Dörfer Horn und Hallem bei Ruremonde und am 25. Ober- und Nieder-Grüchten.

Am 28. brach es mit dem Corps des Feldzeugmeisters Chanclos nach Luxemburg auf und als nach dem Artikel des am 23. October 1748 zu Aachen geschlossenen Friedens die Niederlande von den Franzosen geräumt werden mussten, befand sich das Regiment auch unter jenen Truppen, die zu deren Besetzung die Bestimmung erhielten.

In dem Vertrage von Aachen wurde die Garantie der pragmatischen Sanction bestätigt und der Besitzstand der Mächte, wie er vor ausgebrochenem Kriege war, zur Grundlage des Friedens bestimmt.

Das Regiment rückte Ende October in seine neue Garnison Brüssel ab und detachierte eine Abtheilung von 2 Hauptleuten, 3 Lieutenanten und 200 Mann nach Phillipsburg, welche Dislocation es bis Ende December 1756 beibehielt, nur wurde im Jahre 1751 das Detachement in Phillipsburg eingezogen.

Am 25. Mai 1748 ward der Oberst Carl Herzog von Ursel vom Infanterie-Regimente Prinz de Ligne in das Regiment eingetheilt, jedoch schon im Monate August desselben Jahres zum Infanterie-Regimente Marquis de Prie transferirt.

Ursel. Dieses Geschlecht, so in Brabant im großen Ansehen florierte, soll erst am Rhein gewohnt und daselbst das Städtchen Ursel zum Stammgut gehabt haben. Anno 1638 vom Kaiser den reichsgräflichen Charakter erhalten. Albert Ursel wurde zum Reichsfürsten im Anfang des vorigen Jahrhunderts erhoben; er starb 1738. Carl Herzog Ursel dürfte der Sohn dieses Herzoges sein. (Adels-Lex. II. Tom. 2713.)

Ende des Jahres 1748 fand eine neue Organisierung der Infanterie statt. Das Regiment Los Rios gehörte in den folgenden Friedensjahren nebst den Regimentern Lothringen (3), Prie (30), Arhemberg (18), Salm (14), Platz (43 alt) und Damnitz (40) zu den Besatzungs-Truppen der Niederlande; es scheint ganz oder zum großen Theil in Ostende in Garnison geblieben zu sein, da es nach den Musterlisten dieser Jahre dortselbst die üblichen Musterungen passiert.

Das im Jahre 1748 erschienene neue Reglement verordnet: »was Nation oder Namens des Fußvolk seyn mag, sich nach dem neuen Exercitii- und Verhaltungs-Regulament zu richten habe«. — Die taktischen Bewegungen eines Bataillons oder Regimentes, welche der Obristwachtmeister stets zu Pferd und mit gezogenem Degen zu commandieren hatte, gründen sich auf die zu jener Zeit vorherrschende Kampfweise mittels des Feuerns aus geschlossener Front.

Das viele Prügeln wurde als Ursache der Desertion abgestellt; es durfte der Unterofficier nicht mehr als drei, höchstens vier Streiche, »in der ersten Hitze der verdienenden Bestrafung« geben. Die Unter- und Oberlieutenante sollten auch nur »in flagranti« mit sechs, höchstens sieben Streichen abstrafen können. Das Ausmaß der Compagniestrafe wurde auf 25 Streiche festgesetzt und angeordnet, dass »das niederträchtige prügeln nach aller Möglichkeit zu vermeiden sei. Erfordert es aber die äußerste Noth, so solle doch ein Feldwebel, Führer und Fourier niemals öffentlich mit dem Stocke bestraft werden. Derjenige Officier oder Unterofficier, so einen gemeinen Mann mit Fußstoßen, Ohrfeigen oder anderen schimpflichen Strafen begegnet, oder mit Füßen schlägt, solle auf das schärfste angesehen werden«.

Die Marsch- und Bagageordnung enthält:

»Unser Dienst erheischt es, dass die Officiers sich stets bey den Truppen befinden, mithin keiner bey der Bagage, außer welcher nach Erfordernuß deren Umständen darzu commandieret wird. So solle auch keinem Generalen oder Stabsofficier erlaubet sein, seine Ehe-Consortin wehrendem Feldzug mitzuführen; auf den Fall aber, dass ja ein oder anderer Ober-Officier, von Hauptleuten oder Rittmeister anzufangen, aus besonderen erheblichen Ursachen gedrungen wäre, solche eine Ehegattin mitzunehmen, hätte selbige sich zum Reyten zu bequemen, folgsam die sich äußerden Marchen zu Pferdt zu machen«.

»Jede Marsch-Station wird zu zwei Meil Wegs de ordinario ausgemessen und wo es die Station nicht anders zulasst, endlich auf drei Meile, nicht aber weiter extendiret«.

In diesem Jahre erschien ferner eine Art Gefechts-Instruction.

Sie bespricht die Rangierung der Truppen nach der Ordre de bataille, fordert Distanzen, geschlossene gerade Linien, pflanzen der Bajonnette bei den ersten zwei Gliedern, Treffendistanz 500 Schritte, Überwachen der Mannschaft durch das beständige Abreiten der Generale und Officiere vor der Front und Flügeln; duldet kein Plaudern, dagegen Auffrischen zum Muthe und verpflichtet jeden, »so sich umsehe um die Flucht zu nehmen, mithin aus seiner Distanz trittet, durch den zunächst stehenden Ober- oder Unterofficier der Deegen durch den Leib gerennet werden, worauf jeder Obere bei seiner Ehre und Reputation genau halten solle«.

Das Regiment gliederte sich nunmehr in 4 Stabs- und 12 ordinari Compagnien, durchgehends »Fouseliere« in 4 Bataillone getheilt und in 2 Grenadier-Compagnien.

Wie die Bataillone des Regimentes Leib-, Obristens-, Obristlieutenants- und Obristwachtmeisters-Bataillon hießen, so nahmen auch die beim Leib- und Obristlieutenant-Bataillon am rechten, beim Obrist- und Obristwachtmeister-Bataillon am linken Flügel stehenden Stabscompagnien analog diese Bezeichnung an, weil die Stabsofficiere eines Regimentes inclusive des Inhabers, gleichzeitig Hauptmann-Inhaber dieser Compagnien waren.

Sie wurden durch »Capitain-Lieutenants« commandiert, während die »Fouselier«-Compagnien Hauptleute befehligten und deren Namen trugen.

Jedes Bataillon führte zwei Fahnen, war in zwei Divisionen, eine jede in Halb-Divisionen, diese wieder in zwei Züge eingetheilt.

Die Grenadier-Compagnien behielten ihre Numerierung und standen getrennt an den Flügeln des Regimentes.

Alle Compagnien rangierten statt in 4 in 3 Gliedern.

Auch wurde die Stelle des »Oberlieutenants« errichtet, und die Musikbanden mit 36 Mann vorgeschrieben.

Der Stand eines Infanterie-Regimentes betrug 2408 Mann, und zwar vom Stabe: 4 Stabsofficiere mit Einschluss des Regiments-Inhabers, 1 Regiments-Quartiermeister, 1 Auditor-Secretarius, 8 Fähnriche, 1 Kaplan, 1 Wachtmeister-Lieutenant (Adjutant), 1 Regiments-Feldscherer, 10 Unter-Feldscherer, 8 Führer, 1 Profoß, zusammen 36 prima plana. Von den Compagnien: 14 Hauptleute, 4 Capitain-Lieutenante, 18 Ober-, 18 Unterlieutenante, 18 Feldwebel, 18 Fouriere, 88 Corporale, 36 Fourierschützen, 72 Spielleute, 18 Zimmerleute, 160 Gefreite, 1908 »Gemeine«. Nebst diesen 1 Proviant-, 1 Wagenmeister, der Artillerie-Büchsenmacher mit Handlangern zur Bedienung der zwei beim Regimente befindlichen leichten Geschütze und gleicher Anzahl Karren.

Die Officiere mussten sich nun wie die Mannschaft kleiden, wenn sie beim Regimente erschienen; außer Dienst konnten sie die reich mit Gold- und Silberborden besetzten Röcke und Kamisole tragen. Die Feldbinden waren durchgehends von Gold. Die Chargengrade bezeichnete wie früher der verschiedenartige Stock und die Partisane. Die Grenadiere und gemeinen »Fouseliere« führten Gewehre mit Bajonnett und Säbel.

Als Waffe behielten die Officiere die Partisane, Grenadier-Officiere die Flinten; die Unterofficiere der »Fouseliere« »Kurzgewöhre«, d. i. 2·3 Meter lange Piken.

Die Monatsgage eines Hauptmannes betrug 45 fl., Lieutenants 21 fl., Fähnrichs 18 fl., Auditor-Secretarius 28 fl. 30 kr.,

Kaplans 19 fl. 30 kr., Feldscherers 21 fl., Feldscherergesellen 9 fl.; die tägliche Löhnung eines Feldwebels war 15 kr., Führers 8 kr., Fouriers 14 kr., Corporals 8 kr., Fourierschützen, Gefreiten und Gemeinen 5 kr., Spielmanns 4 kr.

Sold und Service betrug beim Regimente monatlich 17.439 fl. 45 kr.

Das Werbegeld der erbländischen Rekruten betrug für den Mann 27 fl., für den ausländischen steigerte es sich bis auf 49 fl. ö. W.

1750 ergieng das Verbot des Heiratens der Officiere ohne Bewilligung, auch erschien ein neues, von Feldzeugmeister Daun verfasstes Exercier-, wie auch ein Dienst-Reglement. 1750.

Letzteres bildete einen Abschnitt für die Armee. »Das sind nicht mehr die alten Österreicher«, sagten die preußischen Veteranen bei Lobositz, welche so manche Narbe an die Tapferkeit derselben erinnern konnte, aber sie waren überrascht, sich in den gerühmten Exercierplatz- und Manövrierkünsten so früh eingeholt zu sehen.

RANGS-LISTE

DER OFFICIERE DES REGIMENTES, NACH DER MUSTER-LISTE PRO 26. AUGUST 1750.

Oberst-Regiments-Commandant: Carl Graf Merode Marquis d'Aynse.
Lieutenant-Colonel: Francesco de Los Rios.
Major: Carl Louis de Tax.
Auditor und Secretär: Johann August Levelin.
Adjutant: Nicolaus de Zagre. Louis Huette.
Quartiermeister: du Rieux.
Capellan: Nicolaus Pezagre.
Capitains: 1. Grenadier-Compagnie: Johann de Vianna. 2. Grenadier-Compagnie: Josef de Pastreles.
Capitains: General-Comp.: Br. Norbert v. Spangen. Obristens-Comp.: Franz Josef Pessers. Obristlieutenants-Comp.: Charles de Fabian. Major-Comp.: Jose Le Hunetie.
Hauptleute: Josef d'Arraga, Michael des Bergeries, Demeures, Caspar de Saxtos, Vangrave, Miraumont, Etienne de Navarro, François D'Arevedo, Louis Teniere, L'Etailles, Roland.
Lieutenants: Diego Hannes, Jean v. Vansitters, Jean de Rouiz, Felix Navarro, Franz Ferré, François Julien Boulmann, Jos. Marquis Deynse, Jean Gazzes, François Cobrisse, François Medao, Antoine Carbon, Charles de Reinhard, Louis Brisson, Engelbert Reinartz, Andreas Manuel de Pacheau, François Moestermanns, François de Zadeller, Guill. Mesurer, Jean de Los Reyes.

Sous-Lieutenants: Martin Gervais, Jean del Vallée, Jean Charles Demaskan, Jos. Tribolet, Charles Debrene, Antoine de Chapui, Jean Jos. Taza, Louis Du Bois, Henry Paulus, Jacques Jos. Troyano, Louis Fr. Vicomte de Damm, Charles Benoit, Melchior de Perer, Jean Daubignie, Charles Degemimany, Georg de Vaernoi, Jacques Le Brun de Miraumont, Jean Alex. Lorent.

Die Musterung ward am 26. August und im December zu Ostende abgehalten. Die Musterliste weist einen Stand von 2408 Mann nach. Weiters erscheint nachgewiesen: Abgängig auf den Stand 907, Kranke 28 und endlich Verheiratete 231 Mann sammt den Officieren.

1751. 1751 avancierte Oberst Carl Graf Merode Marquis d'Aynse zum Generalmajor und der Oberstlieutenant Don Francesco Gutierez, Marchese de Los Rios rückte zum Obersten und Regiments-Commandanten vor.

Don Francesco Marchese de Los Rios, Oberst 1751—1757, Sohn des im Jahre 1775 verstorbenen Feldmarschalls gleichen Namens, war zu Brüssel 1725 geboren. Er erhielt im 9. des Vaters Infanterie-Regiment, im 23. Lebensjahre eine Hauptmannsstelle und am 8. März 1750 die Würde eines k. k. Kämmerers. Im Jänner 1751 zum Obersten und Regiments-Commandanten und 1757 zum Generalmajor vorgerückt, errang sich Los Rios in der Schlacht bei Kolin das Kleinkreuz des Militär-Maria Theresien-Ordens. An allen Bewegungen des Reserve-Corps unter dem Generalmajor Wied hatte er an diesem entscheidenden Tage thätigen Antheil genommen und das Infanterie-Regiment Los Rios persönlich in's Feuer geführt. Feldmarschall Graf Daun konnte nicht umhin, ihn wegen seiner Bravour, Entschlossenheit und bei allen Gelegenheiten bewiesenen Klugheit und Einsicht besonders anzuempfehlen. 1760 zum Feldmarschall-Lieutenant und Gouverneur zu Nieuport befördert, starb Los Rios zu Wien am 18. Juni 1772.

1752. 1752 erhielten die Regiments-Feldscherer die Benennung Regiments-Chirurgen, die Quartiermeister den Titel Rechnungsführer und die Regiments-Adjutanten wurden »vom Stocke des Obersten« befreit.

Es erschien ein sehr strenges Duellmandat. Nicht nur die Duellanten und Secundanten, sondern auch die Hilf-, Rath- und Vorschubgeber, sowie auch jene, welche durch Hinterbringung von Schmähreden zum Duell aufhetzten, sind mit dem Tode durch das Schwert zu bestrafen.

1753. Da sich das bisherige System der freiwilligen Werbung als unzulänglich erwiesen hatte, ergieng ein kaiserliches Patent »wegen Einführung einer ordentlichen Recrutierung und Ergänzung der Miliz«. — Es erschien ein Patent über das Schuldenmachen der Officiere und Mannschaft. Selbstverstümmler hatten in loco delicti auf einer Bühne ausgestellt und sodann zur 10jährigen Festungsarbeit abgegeben zu werden.

Es wurde weiters eine Diäten-Norm eingeführt und nach dieser die täglichen Diäten wie nachstehend festgesetzt:

Oberst	6 fl.	40 kr.
Oberstlieutenant	5 »	20 »
Major	4 »	— »
Hauptmann	3 »	— »
Lieutenant	2 »	— »
Fähnrich	1 »	20 »

Der Unkostenfonds eines Infanterie-Regimentes wurde mit 5299 fl. systemisiert.

1754 bekamen die Inhaber die Jurisdiction über alle zum Regimente gehörigen Individuen, doch übte sie meistens der zeitliche Oberst aus. 1754.

TABELLE DE REVUE
PASSÉ A BRUSSEL LE 17. JUIN 1754.

Colonel-Commandant: Le Marquis François De Los Rios.
Lieutenant-Colonel: Charles Louis de Tax.
Major: Jean Joseph de Vianna.
Aumoine (Prediger): Henry de Hazagre.
Quartier maître: George Du Rieux.
Auditeur et Secretair: Pierre Joseph Rasquine.
Enseignes (Fähnrichs): Josef Baudry, Charles Costales, Max Vivero, Charles Louis Dankriel, Leopold Galet, Lervy, Lecoille, Lunden.
Adjutant: Louis Huette.
Chirurgien-Major: Guillaume Brust.
» Subalternes: Jos. Liboul, Terasco, Michael Rodrigue, Franz de Roudan, Maturin Nicola, Franz Demeling, Dominic Pilesius, François Berens, Jean Gausze.
1. Grenadier-Comp.: Capitaine de Santos; Lieutenant Diego Hanies; Sous-Lieutenant Casimir Baron de Spangen.
2. Grenadier-Comp.: Capitaine de Pasteles; Lieutenant B. Vansitter; Sous-Lieutenant Louis Franç. Vicomte De Damm.
Comp. du général: Cap.-Lieut. Le comte Joseph de Maldeghom; Lieut. Jean de Ruiz; Sous-Lieutenant Jean Charles Wakow.
Comp. du Colonel: Cap.-Lieut. Le prince François de Gavre; Lieut. Jean Boulmann; Sous-Lieut. Charles de Brenne.
Comp. Lieut.-Colonel: Cap.-Lieut. Anton Carbon; Lieut. Josef Denaier; Sous-Lieut. Conrad Demeling.
Major-Comp.: Cap.-Lieut. Franç. Le Flerek; Lieut. Felix Navaro; Sous-Lieut. Etienne Dement.
Arrago-Comp.: Lieut. Engelbert Zeynard; Sous-Lieut. Jean Taxa.
Miraumont-Comp.: Lieut. Jaques Lebrune de Miraumont; Sous-Lieut. Jean Baptist Colin.
Lafetier-Comp.: Lieut. Guill. Mesureur; Sous-Lieut. Michel Sansis.

Navara-Comp.: Lieut. Melchior Lerez; Sous-Lieut. Hipolid des enfant de Faux.

Dezevedo-Comp.: Lieut. Martin Servais; Sous-Lieut. Charles Gemiany.

Tonieze-Comp.: Lieut. Joseph Zadeller; Sous-Lieut. George Varkovich.

Spangen-Comp.: Lieut. Jean Joseph de Tribolet de Miraumont; Sous-Lieut. Baudius Chenemoit.

Roland-Comp.: Lieut. Sigbert Martille; Sous-Lieut. Simon Couvier.

Le Sers-Comp.: Lieut. Jean Ignaz Du Rieux; Sous-Lieut. Marcel Chapuy.

Cabilian-Comp.: Lieut. Jean Franç. Medo; Sous-Lieut. Fr. D'Hubignie.

Dalsace-Comp.: Lieut. Jean Franç. Cobuso; Sous-Lieut. Louis du Bois.

Vanderstegen-Comp.: Lieut. Charles de Reinhart; Sous-Lieut. Henry Paulus.

Die Compagnien zählen durchschnittlich 111 Mann, und beträgt der Gesammtstand 2376 Köpfe. Abgängig erscheinen 391 Mann, Kranke 67, invalide 6, verheiratet 357 Mann mit Einschluss der Officiere. Die Liste ist am 28. December 1754 datiert und vom Kriegs-Commissär Lougon gefertigt.

1756. Nur langsam zog sich nach dem Aachener Frieden das Ungewitter zusammen und Europa genoss acht Friedensjahre, bezeichnet fast in allen Staaten durch das Aufblühen manches Schönen und Guten, durch wetteifernde Bestrebungen der Regierungen zur Heilung der Kriegswunden, Emporhebung des Ackerbaues, der Gewerbe und des Handels, zur Verbesserung des bürgerlichen, kirchlichen und wissenschaftlichen Zustandes.

Österreich zumal bemühte sich, seine Streitkräfte zu erheben. Es ordnete die Finanzen, das Heer und die wichtigeren Zweige der Administration auf sehr wohlthätige Weise. Maria Theresia übertraf hierin, wie überhaupt an Regentengaben, an Einsicht und Volksliebe fast alle ihre männlichen Vorfahren.

Zu den wichtigsten Verbesserungen im Kriegswesen gehörte die Einführung eines einheitlichen Reglements. Bis dahin gab jeder Regimentsinhaber oder Oberst für sein Regiment eigene Rechts-, Dienst- und Exercier-Vorschriften heraus. Das neue Reglement wurde unter der Aufsicht des Feldmarschall-Lieutenant Daun entworfen und durch nach Wien berufene Officiere aller Regimenter eingeübt.

Die Schlacht bei Lobositz im folgenden Kriege war die erste, in welcher die österreichische Armee nach einheitlichen taktischen Grundsätzen geleitet wurde.

Bei diesen Friedensarbeiten vergaß die Kaiserin jedoch der Rüstung gegen Preußen nicht. Ihr wohlbegründeter Hass gegen Frankreich wich dem leidenschaftlicheren gegen Friedrich. Schon auf dem Aachener Congresse hatte ihr Minister, der in den Annalen der österreichischen Diplomatie als Stern erster Größe hervorleuchtende Graf von Kaunitz-Rittberg, dem französischen Gesandten vertrauliche Worte von dem Wunsche Österreichs gesagt, mit Frankreich sich zu verbinden.

Kaunitz gieng als Gesandter nach Paris und gewann die Marquise von Pompadour, welche den König für die Allianz mit Österreich stimmte.

Schon früher hatte Österreich mit Russland sich verbündet. Auch Sachsen war völlig gewonnen und erwartete bloß, dass ein günstiger Augenblick zum Angriff eintreten werde. Alles dieses wusste Friedrich wohl. Er rüstete sich demnach zur Vertheidigung; wohl auch zum Angriff.

Friedrich war lüstern nach Sachsen und der Lausitz; ihr Besitzer sollte auf Unkosten Österreichs durch Böhmen entschädigt werden. Bei so gespannter Lage bedurfte es nur noch eines Anlasses zum Ausbruche.

Solchen Anlass hatte das Verhängnis vorbereitet in den Wäldern Nordamerikas.

In dem Utrechter Frieden 1713 hatte Frankreich Akadien an England abgetreten »nach seinen alten Grenzen«.

Aber Akadien hatte keine bestimmten Grenzen. Es entstanden Streitigkeiten und Frankreich erkannte sein Unvermögen, England zur See zu bekämpfen. Es wurden nun diplomatische Künste angewendet.

England erwartete Hilfe von Österreich. Aber Maria Theresia, auf Frankreichs Allianz die meiste Hoffnung des Gelingens bauend, durfte dem Feinde Frankreichs keinen Beistand geben; auch war sie Georg II. darüber gram, dass derselbe die Bedingungen des Aachener Friedens ohne ihre Theilnahme geregelt hatte. Also lehnte man das Ansuchen Englands ab. Es erfolgte jetzt ein Bund Englands mit Preußen und Frankreich schloss zu Versailles das Bündnis mit Österreich. Beide Mächte garantierten sich dadurch wechselseitig ihre gesammten Staaten und verhießen einander für den Fall des Angriffes ein Hilfsheer von 24.000 Mann. Die Österreicher stellten zwei Armeen auf und zwar: unter Feldmarschall-Lieutenant Grafen Browne in Böhmen und unter dem Feldzeugmeister Grafen Piccolomini in Mähren.

König Friedrich beschloss, den Entwurf der Verbündeten zu vereiteln, er ließ demnach in Wien anfragen, ob die Kriegsrüstungen ihm gälten. Da eine ausweichende Antwort erfolgte, drang er ohne jede Kriegserklärung mit seinem Heere über Sachsen in Böhmen ein, kehrte jedoch am 1. October nach der dem Feldmarschall Browne bei Lobositz gelieferten Schlacht, ungeachtet er einige Vortheile erfocht, gegen Ende desselben Monats wieder nach Schlesien und Sachsen zurück.

Infolge dieser Ereignisse, welche den Anfang des siebenjährigen Krieges bildeten, ward auch das Regiment Los Rios auf den Stand von 4 Bataillonen à 4 Compagnien nebst 2 Grenadier-Compagnien gesetzt und im December mit 2 Bataillonen und beiden Grenadier-Compagnien zum österreichischen Heere nach Böhmen beordert, während die in den Niederlanden zurückbleibenden 2 Bataillone nach Ostende, später wieder nach Brüssel verlegt wurden.

Am 18. December traf das Regiment nach 10 Märschen in Oppenheim, dann wieder nach 20 Märschen in Tirschenreuth ein und bezog nach seinem Eintreffen in Böhmen, woselbst es in die Brigade Fürst Stollberg eingetheilt wurde, nachfolgende Dislocationen:

Regimentsstab und 3 Compagnien in Beneschau, je eine Compagnie in Wetworschitz, Wlaschin, Domaschin, Diewischau, Sazawa, Stiepanow und Zastlawitz.

Die Stärke des Regiments betrug 1200 Mann.

1757. Am 26. März 1757 kam Feldmarschall Browne bei der Armee an, die sich um diese Zeit bei Budin concentrierte; gegen Ende April aber, nachdem der König von Preußen, welcher in diesem Monate mit 4 Colonnen in Böhmen eingerückt war, seine Richtung gegen Prag genommen hatte, eilte auch Feldmarschall Browne über Welwarn und Tuchomieřitz in die Gegend von Prag, wo sich die Mehrzahl der österreichischen Truppen sammelte und Prinz Carl von Lothringen commandierte.

Am 5. Mai waren die Preußen um Mitternacht bei Selz über die Moldau gegangen, nachdem sich alle ihre Corps vereinigt hatten.

Am 6. rückte König Friedrich mit 64.000 Mann gegen Prossek vor, um die kaiserliche Armee anzugreifen. Prinz Carl von Lothringen ließ folgende Stellung nehmen:

Schlacht bei Prag. Den an Prag gelehnten linken Flügel vom Žižkaberg bis zur Schlucht bei Hrdlořez; das Centrum vor dem Dorfe

Malešic; den rechten Flügel von da bis zum Dorfe Key; den sumpfigen Roketnicerbach und mehrere Teiche vor der Front.

Die kaiserliche Armee war 60.000 Mann stark; Prinz Carl übergab dem Feldmarschall Browne den Befehl über den rechten Flügel, während er sich am linken aufhielt.

Das Regiment Los Rios war in der Division Feldmarschall-Lieutenant Herzog von Arhemberg, Brigade Baron Reisach eingetheilt, welche im 2. Treffen am rechten Flügel hinter der Division Durlach des 1. Treffens stand, welch' letztere mit zurückgenommenem rechten Flügel die Höhen zwischen Maleschitz und Kyge besetzt hatte. Der preußische Angriff schien zuerst auf den rechten Flügel gerichtet zu sein, demzufolge Feldmarschall Graf Browne mit diesem eine Frontveränderung rechts ausführte, so dass sich sein linker Flügel an den Teich von Kyge, der rechte an jenen von Miecholup anlehnte. Das 2. Treffen nahm seine Aufstellung analog dem ersten.

Die Grenadier-Compagnien des ganzen 2. Treffens, daher auch jene des Regiments, 22 an der Zahl, wurden unter Commando des 2. Obersten Graf Guasco des Regimentes, am rechten Flügel des 1. Treffens concentriert und die Division Arhemberg als deren Reserve aufgestellt.

Peter Alexander Graf Guasco, Feldzeugmeister und Ritter des Maria Theresien-Ordens, aus Piemont stammend, trat 1742 in kaiserliche Dienste und hatte sich sowohl in dem Erbfolge- wie auch im siebenjährigen Kriege durch erfolgreiche Verwendung hervorgethan. 1752 zum Obersten bei Wied Infanterie-Regiment Nr. 28 ernannt, befehligte er bei Kolin als Brigadier die Grenadiere und eiferte diese Truppen durch eigenes Beispiel zur Ausdauer an; ein Gleiches that er bei Moys am Holzberge. Bei Breslau wurde er kriegsgefangen, jedoch bald rancioniert und 1758 zum Generalmajor befördert. Am 4. März lieferte er das glückliche Gefecht bei Frauenwalde. 1759 wurde ihm der Maria Theresien-Orden verliehen und er zum Feldmarschall-Lieutenant ernannt. 1771 Feldzeugmeister, wurde er während des bayerischen Erbfolgekrieges zum Commandanten Böhmens ernannt. Er starb 1780 im 66. Lebensjahre.

Es war 10 Uhr vormittags, als der feindliche Angriff auf den rechten Flügel erfolgte, welcher vom Grenadiercorps muthvoll zurückgewiesen wurde. Oberst Graf Guasco warf sich mit seinen 22 Compagnien den anrückenden preußischen Grenadieren entgegen. In einer Entfernung von 300 Schritt gaben diese mehrere Dechargen ab, doch die braven k. k. Grenadiere rückten, ohne einen Schuss zu thun, trotz des heftigsten Geschütz- und Kleingewehr-Feuers unerschrocken vorwärts, Feldmarschall Browne an ihrer Spitze, wo er auch schwer verwundet fiel. Indes hatte dieser Unfall keinen Einfluss auf die gute Stimmung der Truppen; die Grenadiere begannen wie auf dem Exercierplatze im Vorrücken zu feuern, während das auf der Anhöhe von Homoly placierte Geschütz ihren Angriff unterstützte.

Bei dieser Gelegenheit war es, wo Prinz Xavier von Sachsen den Grenadieren von Los Rios und Wied zurief: »Zeiget, dass Ihr keine Invaliden seid«!

Murrend vernahmen die Veteranen diesen Vorwurf, zähneknirschend giengen sie mit dem Bajonnette auf den Feind los und die preußischen Grenadiere konnten ihrem wüthenden Angriff nicht widerstehen; sie kehrten um und eilten bis hinter Sterboholy zurück. Das österreichische Grenadiercorps folgte ihnen über das mit Leichen und Verwundeten besäete Feld und eroberte 12 Kanonen und mehrere Fahnen. Der Herzog von Arhemberg schickte ihm die zwei Regimenter Los Rios und Harrach als Unterstützung nach.

Doch während der Zeit, als das Grenadiercorps einen vollständigen Sieg errang, hatte am rechten Flügel ein für die österreichische Cavallerie ungünstiges Gefecht stattgefunden und Marschall Schwerin wiederholte nun mit der preußischen Infanterie den Angriff auf das Grenadiercorps. Allein die österreichischen Grenadiere waren nicht gesonnen, den mit ihrem Blute erkauften Boden so leicht wieder zu verlassen. Sie empfingen, von den braven Regimentern Los Rios und Harrach unterstützt, die stürmenden Preußen mit einigen gut angebrachten Dechargen und nöthigten sie abermals Halt zu machen, worauf sich nun von beiden Seiten ein mörderisches Gewehrfeuer entspann.

Standhaft behaupteten sich die vorgenannten tapferen Truppen, obschon durch bedeutende Verluste sehr geschwächt, gegen eine überlegene Anzahl frischer feindlicher Bataillone, an deren Spitze der tapfere Schwerin fiel. Doch schon fieng die Munition zu mangeln an, es wurden zwar den gefallenen Preußen die Patrontaschen geöffnet, doch auch diese Aushilfe währte nicht lange.

Jetzt sah auch noch der Oberst Graf Guasco den Rest der Division Arhemberg links abmarschieren und somit verschwand für ihn die letzte Hoffnung auf Unterstützung.

Sein tapferes Häuflein war bereits sehr zusammengeschmolzen, die meisten Grenadier-Officiere todt oder verwundet, nun erschien auch noch eine feindliche Cavallerie-Abtheilung in seinem Rücken, während eine starke Infanterie-Colonne sich in seiner linken Flanke näherte und zu gleicher Zeit die beiden feindlichen Treffen sich gegen seine Front in Bewegung setzten.

In dieser augenscheinlichen Gefahr, vollständig umzingelt zu werden, blieb kein anderer Ausweg als der Rückzug, bei welchem sich das Regiment Los Rios rühmlichst auszeichnete, indem es gegen die attaquierende feindliche Cavallerie schnell eine Flanke formierte und ihren Angriff mit besonderer Tapferkeit zurückwies.

Dies begünstigte den Rückzug der Grenadiere und des Infanterie-Regimentes Harrach, den diese in ihre vor dem Gefechte innegehabte Aufstellung antraten.

Indessen hatte aber das Gefecht am linken Flügel der Armee einen unglücklichen Ausgang genommen und als das Grenadiercorps und das Regiment Los Rios ihre erste Aufstellung erreichten, sahen sie sich ringsumher von Fliehenden und Feinden umgeben; mehrmals machten sie gegen die ungestüm drängenden feindlichen Reiter Front, schlugen ihre Angriffe ab und setzten ihren Rückzug fort.

In dieser Zeit gieng die preußische Cavallerie gegen die unsere vor, wurde aber zurückgeschlagen. Als General Ziethen dies bemerkte, folgte er mit der ganzen Reserve-Reiterei sofort nach. Unsere Cavallerie wurde nun geworfen; ein Theil derselben eilte nach Prag, ein zweiter durch Zabiĕlitz an die Sazawa und ein dritter Theil nach dem standhaltenden rechten Flügel, wo das Regiment sich befand.

Prinz Carl konnte diesem Rückzug selbst nicht mehr Einhalt thun und es gelang ihm, sich vor den verfolgenden preußischen Husaren nach Prag zu retten.

Dem Regimente Los Rios und einem Theile der Grenadiere gelang es, sich über Nusle und Jessenitz gegen die Sazawa nach Beneschau zurückzuziehen, während vom Regimente folgende Anzahl Versprengter gleich dem größten Theile der Armee sich nach Prag warf, als: 1 Hauptmann, 3 Lieutenante, 3 Feldwebel, 1 Führer, 19 Corporale, 11 Spielleute, 30 Gefreite, 6 Zimmerleute, 25 Grenadiere, 297 Füsiliere.

Dieses Detachement machte nun auch die Vertheidigung Prags vom 7. Mai bis 20. Juni 1757 mit und vereinte sich erst nach dem Entsatze von Prag wieder mit dem Regimente.

In Beneschau sammelte General der Cavallerie Baron Pretlack die Versprengten.

Die Stärke des Regimentes betrug am Tage nach der Schlacht: 1 Oberst, 1 Major, 6 Hauptleute, 7 Oberlieutenante, 5 Unterlieutenante, 3 Fähnriche, 28 Unterofficiere, 508 Gemeine etc.; zusammen 559 Köpfe.

Dessen Verlust betrug an Todten: Capitain-Lieutenant Jean de Fitters und 19 Mann; — Verwundeten: Hauptmann: Josef de Pastel, Prinz de Gavre; Oberlieutenant: Damm, Br. Spangen; Unterlieutenant: Mayer, Sadeler; Fähnrich: de Boudrie und 111 Mann; Kriegsgefangenen: 28 Mann; Vermissten 9 Mann. Totalverlust: 8 Officiere und 167 Mann.

Die Relation über die Schlacht, welche das Benehmen der Grenadier-Division Los Rios als vorzüglich rühmt, belobt auch das Regiment, welches noch im letzten Augenblicke der Schlacht durch Formierung einer Flanke den geordneten Rückzug des Grenadier-Corps mit besonderer Entschlossenheit deckte.

Die Kaiserin Maria Theresia bewilligte sowohl den Officieren als auch der gesammten Mannschaft des Grenadier-Corps als Belohnung für ihr heldenmüthiges Benehmen in der Schlacht bei Prag eine 18monatliche doppelte Gage, beziehungsweise Löhnung, d. i. bis inclusive October 1758, welcher ehrenhaften Begünstigung sich auch die Grenadiere des Regimentes zu erfreuen hatten.

Wie bereits erwähnt, hatte General der Cavallerie Baron Pretlack das Commando über jenen Theil der Armee übernommen, der sich bei Beneschau gesammelt hatte, wo er jene Regimenter, die am meisten gelitten hatten, zur Completierung nach Mähren abschickte.

Das Regiment Los Rios befand sich auch unter letzteren und marschierte am 10. Mai nach Iglau ab, von wo es am 31. Mai unter dem Feldmarschall-Lieutenant Grafen Wied in das Lager der vom Feldmarschall Grafen Daun befehligten Armee bei Czaslau wieder einrückte.

Zu den im Lager bestimmten Truppen gehörten von der Infanterie: Kaiser (1), Lothringen (3), Harrach (47), Wolfenbüttel (10), Esterházy (32), Marschall (18), Los Rios (9), Bayreuth (41) und Bethlen (42).

Einschließung von Prag.

Noch am Abende des 6. Mai ließ König Friedrich II. alle nach Prag führenden Communicationen besetzen. Er wusste, dass in der Stadt reiche Lebensmittel angesammelt waren Um die Besatzung auszuhungern, ließ er die Magazine mit

Granaten bewerfen. Gegen $8^1/_2$ Uhr abends desselben Tages erschien ein General-Adjutant des Königs Friedrich II. mit einem Trompeter vor Prag, um die Stadt zur Übergabe aufzufordern. Er erhielt zur Antwort: »Der Commandant hoffe, durch die gute Vertheidigung der Stadt sich die Achtung der Königin zu verdienen«.

Nach der Ankunft des Belagerungsparkes begann die Beschießung der Stadt und wurden in einigen Tagen 900 Gebäude zerstört.

Indessen hatte sich das in Prag eingeschlossene Heer wieder erholt, geordnet und vertheidigte diese Stadt auf das hartnäckigste gegen die Preußen unter dem persönlichen Befehle ihres kriegerischen Königs, während der Herzog von Bevern die Daun'sche Armee von Prag fernzuhalten suchte.

Am 5. Juni rückte der Herzog von Kolin gegen Kuttenberg vor und Feldmarschall Graf Daun, der die Weisung hatte, sich in nichts einzulassen, beschloss, sich nach Deutsch-Brod zurückzuziehen.

Das im Reserve-Corps, Division Feldmarschall-Lieutenant Graf Wied, Brigade Generalmajor Reichlin eingestellte Regiment Los Rios folgte dem Heere, als es am 6. Juni aufbrach und sich bei G.-Jenikau verschanzte.

Inzwischen war vom Herzog Carl von Lothringen aus Prag die Meldung in Wien eingetroffen, dass er sich wegen Mangel an Lebensmitteln nicht länger als bis zum 20. Juni werde halten können. Diese unerwartete Nachricht hatte zur Folge, dass dem Feldmarschall Daun aufgetragen wurde: »mit der Armee dem Feinde entgegenzugehen und eine Schlacht zu wagen«.

Am 12. Juni brach die Armee von G.-Jenikau auf und rückte bis Janowitzky, am 13. gerade gegen die feindliche Stellung bei Kuttenberg los, welche die Preußen räumten, um sich gegen Kolin zurückzuziehen, während die Armee bei Malleschau das Lager bezog.

Am 14. rückte Daun mit 60.000 Mann nach Gintiz, am 16. nach Swoyschitz, woselbst er lagerte.

Der rechte Flügel lehnte sich an Hradenin, der linke an den Neudorfer Wald, das Reservecorps bildete am rechten Flügel eine Flanke rückwärts, die Cavallerie desselben stand bei Hradenin, die Infanterie-Brigaden Reichlin und Müfling rechts von ihr, theils in der Ebene, theils auf dem Kamhajeker-Berge.

Die Preußen, deren König von Prag herbeigeeilt war, blieben an diesem Tage unbeweglich in ihrem Lager bei Kaurzim und erst am 17. nachmittags rückten sie gegen Planian und stellten sich auf den Höhen zwischen diesem Orte und Kaurzim auf.

Feldmarschall Graf Daun, der durch diese Bewegung für seine rechte Flanke besorgt wurde, nahm bei einbrechender Nacht eine veränderte Aufstellung, den rechten Flügel an den Kamhajeker-, den linken an den Boschitzer Berg gelehnt.

Die vom Feldmarschall-Lieutenant Graf Wied befehligte Division bildete auf dem rechten Flügel eine Flanke, die sich bis Swoyschitz erstreckte.

Schlacht bei Kolin.

Der 18. Juni, ewig denkwürdig in den Annalen Österreichs, begann mit einem Geplänkel der beiderseitigen Vorposten bei Planian. In beiden Lagern herrschte die größte Bewegung und in einem Augenblicke stand alles zum Schlagen bereit.

In drei Colonnen rückten die Preußen über Planian vor, und als sie um 8 Uhr früh beim Wirtshause »zur goldenen Sonne« Halt machten und hiedurch das Centrum bedrohten, erhielt die Division Feldmarschall-Lieutenant Graf Wied den Befehl, die nun entbehrlich gewordene Aufstellung in der rechten Flanke zu verlassen und hinter der Mitte der Armee aufzumarschieren. Diese Bewegung wurde mit bewundernswerter Schnelligkeit ausgeführt.

Um halb 1 Uhr setzte sich das ganze preußische Heer in Bewegung und rückte in drei Colonnen längs der Kaiserstraße vor. Wieder wurde der rechte Flügel bedroht und die Division Wied musste ihre Aufstellung hinter der Mitte verlassen und im Laufschritt nach Krzehorz eilen, um die Flanke zu decken. Die Armee marschierte gleichzeitig rechts ab und rückte in gleicher Höhe mit dem Feinde in der Richtung gegen Krzehorz vor.

Es war halb 2 Uhr nachmittags. Die Division Wied war bei Krzehorz angelangt und stellte sich mit dem rechten Flügel an das Wäldchen, das durch leichte Truppen besetzte Krzehorz vor der Front, als Flanke auf. Um dieselbe Zeit waren die Spitzen der feindlichen Colonnen vor Krzehorz angelangt, der König selbst führte das Commando und ließ sofort Krzehorz durch eine Brigade angreifen, welcher Ort auch nach tapferem Widerstande genommen wurde.

Diese feindliche Brigade wollte nun zum Angriffe des Wäldchens übergehen; als sie dasselbe aber durch eine so bedeutende Truppenmacht, wie die Division Wied, besetzt sah, beschränkte sie sich auf die Behauptung von Krzehorz.

Inzwischen wüthete der Kampf zwischen der österreichischen und preußischen Cavallerie bei Kutlirz und Radoswenitz; das 2. Treffen des rechten Flügels wurde zur Unterstützung der Division Wied herangezogen und auch die Infanterie des linken Flügels zog sich rechts von den Höhen herab und gegen Brzezan vor. Um 2 Uhr nachmittags entbrannte das Gefecht bei Brzistwy und bald wüthete längs der Schlachtlinie des österreichischen rechten Flügels bis zum Centrum der Kampf allgemein. Trotz ihrer heldenmüthigen Ausdauer wurden die Preußen auf allen Punkten geschlagen und zogen sich nach ungeheuerem Verluste auf der Chaussée zurück.

Inzwischen hatten aber jene feindlichen Truppen, die Krzehorz genommen hatten, bedeutende Verstärkungen erhalten, giengen zum Angriff über, warfen anfangs auch einige Croaten-Compagnien, wurden aber bald durch die zur Unterstützung voreilenden Bataillone von Los Rios-, Salm- und Platz-Infanterie zurückgetrieben.

Der hier commandierende feindliche General Hülsen wurde jedoch durch diesen Unfall keineswegs abgeschreckt, sondern setzte seine Angriffe mit größter Beharrlichkeit fort, die aber ebenso hartnäckig durch die Tapferkeit der Truppen der Division Wied zurückgewiesen wurden.

Das Gefecht dauerte schon mehrere Stunden und beide Theile behaupteten ihre Stellung, noch war nichts entschieden.

Da fieng die in erster Linie der Flanke stehende Cavallerie, die durch das feindliche Feuer hart mitgenommen wurde, zu wanken an, eben als frische preußische Bataillone, von überlegener Cavallerie unterstützt, den Angriff erneuerten und mit gefälltem Bajonnette gegen den rechten Flügel der Division vorrückten.

Dieser Angriff geschah mit solcher Übermacht und solchem Ungestüm, dass die österreichische Linie ungeachtet der tapfersten Gegenwehr wirklich durchbrochen wurde. Los Rios-, Salm- und Platz-Infanterie mussten sich zurückziehen und hatten von der verfolgenden feindlichen Cavallerie viel zu leiden.

Das ungarische Infanterie-Regiment Haller, welches sich aus der zweiten Linie zur Deckung des Rückzuges der ersten Linie mit dem Säbel in der Faust dem stürmenden Feinde entgegenstürzte, musste der Übermacht ebenfalls weichen und zurückgehen. Als nun die Truppen des rechten Flügels, in ihrem Rücken ganze Regimenter vom Feinde verfolgt, im Rückzuge begriffen sahen, stutzten sie; in diesem kritischen Augenblicke sprengte die Cavallerie im Galopp heran, fiel der preußischen Infanterie in den Rücken und brachte sie zum Weichen.

Mittlerweile hatte sich die Infanterie wieder formiert. Der Oberst Marquis de Los Rios führte sein Regiment mit vorzüglicher Tapferkeit gegen den Feind und trug wesentlich dazu bei, dass dieser endlich ganz in die Flucht geschlagen wurde.

Bei der Wiedereroberung des Dorfes Krzehorz hatte Fähnrich d'Angrie des Regimentes an der Spitze von 50 Freiwilligen eine Kanone, mit welcher der Feind der stürmenden Truppe im letzten Augenblicke Widerstand zu leisten versuchte, mit Sturm genommen.

Die österreichische Cavallerie vollendete die gänzliche Niederlage des Feindes, und als gegen Abend noch die frischen Truppen der Division Sincere bei der Flanke anlangten, wurde alles, was von den Preußen noch Stand gehalten hatte, auseinander gejagt. Schrecken und Verwirrung wurden nun unter dem Feinde allgemein. Der König selbst, nur von 30 Husaren begleitet, eilte vor Prag, seine vollständig geschlagene Armee zog sich nach Nimburg zurück.

Die Niederlage bei Kolin war für die preußische Armee so hart, dass Friedrich, wie König Franz in Frankreich nach jener von Pavia, schreiben durfte: »Alles ist verloren, nur die Ehre nicht«!

22 Fahnen, 45 Kanonen waren die Trophäen des Tages, 5580 Gefangene fielen in die Hände der Sieger, doch auch der beiderseitige Verlust in dieser mörderischen Schlacht war bedeutend.

Vom Regimente blieben: Todt: 43 Mann. Verwundet: Hauptmann Br. Spangen, und Comte de Maldeghem, Oberlieutenant de Martile, Lieutenant de Faux, Fähnrich Lieuille und 67 Mann. Vermisst: 64 Mann. Totalverlust: 5 Officiere, 174 Mann.

Auch in dieser Schlacht hatte das Regiment zwei eigene Geschütze.

Außer dem bereits genannten Fähnrich d'Angrie hatte sich noch der Grenadier-Hauptmann de Pasteles besonders hervorgethan. Obschon von seinen in der Schlacht bei Prag erhaltenen Wunden noch nicht gänzlich hergestellt, wohnte er dennoch freiwillig zu Pferde der Schlacht bei, führte seine Grenadier-Compagnie mit besonderer Bravour vor und erwarb sich die ehrenvollste Belobung seines ausgezeichneten Benehmens. Ganz besondere Belohnung aber erntete Oberst Marquis de Los Rios für die wesentlichen Verdienste, welche er sich mit dem Regimente an diesem für die österreichische Armee unvergesslichen ruhmvollen Tage erworben hatte.

Die Kaiserin Maria Theresia stiftete zum Andenken an den glorreichen Sieg bei Kolin, und um der Armee einen denkwürdigen Beweis ihrer Erkenntlichkeit zu geben, den nach ihr benannten militärischen Orden, welcher nur an jene Officiere verliehen wird, die sich durch ganz besonders hervorragende Thaten im Felde auszeichnen.

Der 18. Juni 1757 wurde als Stiftungstag bestimmt und FM. Graf Daun zum ersten Großkreuz ernannt.

Dem Obersten Marquis de Los Rios wurde durch die Verleihung des Ritterkreuzes des Maria Theresien-Ordens das Glück zu theil, seine Verdienste glänzend anerkannt und belohnt zu sehen. Weiters bewilligte die Kaiserin allen Officieren und Soldaten von Kolin, den ersteren eine Gratisgage, den letzteren eine dreitägige Löhnung. Den verwundeten Officieren und Soldaten wurde ein doppelter Monatssold ausbezahlt und den Officieren die verlorenen Pferde ersetzt.

Nach zwei Ruhetagen rückte Daun mit der Armee gegen Prag, dessen Belagerung die Preußen aufgaben, sowie sie ganz Böhmen räumten.

Am 26. Juni vereinigten sich die Heere des FM. Grafen Daun und des Herzogs Carl von Lothringen im Lager bei Kolodez unweit Prag. Das Ziel war erreicht, Jubel herrschte in der Armee. Das Regiment wohnte nun allen Operationen dieser vereinigten, 100.000 Mann starken Haupt-Armee bei, als diese den nach der Lausitz gehenden Theil des Feindes verfolgte.

Es behielt seine Eintheilung im Reserve-Corps.

Im Juli wurden beide Bataillone, mit welchen das Regiment bei der Armee in der Lausitz stand, in ein Bataillon zu

6 Compagnien vereinigt, denn es war dem Obersten unmöglich, nach der ihm ertheilten Vorschrift sich durch Werbung und Annahme von Deserteurs zu ergänzen, und eine Aushilfe durch niederländische Recruten war nicht in Aussicht.

Diese Formation der Regimenter, wenn sie sehr viel gelitten, war damaliger Zeit sehr üblich.

Der Stand dieses combinierten Bataillons sammt den Grenadier-Compagnien betrug: 1 Major, 8 Hauptleute, 5 Lieutenante, 6 Unterlieutenante, 3 Fähnriche, 7 Feldwebel, 4 Führer, 39 Corporale, 28 Spielleute, 67 Gefreite, 113 Grenadiere, 590 Füsiliere. Zusammen 871 Köpfe.

Am 4. Juli avancierte Oberst Franz Marquis de Los Rios zum Generalmajor und am 3. August im Lager bei Klein-Schönau Oberstlieutenant Josef Baron Murray de Melgum von Arberg-Infanterie zum Obersten und Regiments-Commandanten, Major de Vianna zum Oberstlieutenant und Hauptmann de Pasteles zum aggregierten Oberstlieutenant. Oberstlieutenant de Tax wurde pensioniert.

In diesem Monate erfolgte auch die Creierung der Capitän-Lieutenante bei den Stabs-Compagnien.

Am 25. Juli bezog die Armee das Lager bei Eckartsberg, welches auf die Nachricht, dass der König von Preußen heranmarschiere, stark verschanzt wurde. Friedrich II. zog jedoch, da der Anmarsch der Reichstruppen gemeldet wurde, nach Dresden ab und ließ den Prinzen von Bevern bei Görlitz zurück. Nun brach die Armee gegen Görlitz vor.

Überfall auf das verschanzte Lager bei Görlitz.

Am 7. September machten die Grenadiere des Regiments den Angriff mit, welchen General der Cavallerie Graf Nádasdy auf das verschanzte feindliche Lager auf dem sogenannten Holzberge bei Moys unweit Görlitz mit dem günstigsten Erfolge unternahm, indem er dieses Lager eroberte und 7 Fahnen, 5 Kanonen nebst vielem Lagergeräthe erbeutete. Bei dieser Gelegenheit zeichnete sich der Oberstlieutenant de Pasteles mit der Grenadier-Division des Regiments rühmlichst aus. Als nämlich FML. Herzog von Arhemberg den Holzberg mit dem Grenadier-Corps in 3 Colonnen angriff, wobei nach Ersteigung desselben die dortige Fläche mit dem Bajonnett genommen und der Feind über den Berg herabgeworfen wurde, trug der genannte Stabsofficier mit den unter seinem Befehle gestandenen 4 Grenadier-Compagnien, worunter auch jene des Regiments, wesentlich zum Siege bei, indem er den Feind, ungeachtet des tapfersten Widerstandes, zum Weichen brachte.

Seine Grenadiere griffen herzhaft an und drangen mit aufgepflanzten Bajonnetten, links und rechts alles niederwerfend, unaufhaltsam vorwärts.

Für diese Waffenthat und in Rücksicht auf sein rühmliches Benehmen in der Schlacht bei Kolin am 18. Juni wurde Oberstlieutenant de Pasteles mit dem Ritterkreuze des Maria Theresien-Ordens belohnt.

Oberst Johann Josef Pasteles (Bastelle), Niederländer von Geburt, war 1702 geboren. Nach dreißig Dienstjahren hatte es Pasteles beim Regimente 1750 zum Hauptmann gebracht und war in der Schlacht bei Prag mit seiner Grenadier-Compagnie unter jener tapferen Truppe, welche den feindlichen linken Flügel schlug. Daselbst schwer verwundet, eilte er, noch nicht hergestellt, zur Armee des Feldmarschall Daun und commandierte bei Kolin eine Grenadier-Compagnie zu Pferd. Sein tapferes Betragen brachte ihm mit Übergehung der Majors-Charge die Beförderung zum Oberstlieutenant. Bei Görlitz führte er 4 Grenadier-Compagnien zum Angriffe auf den Moysberg, drang, einer der Ersten, in die Verschanzungen und behauptete seine Stellung. Er erhielt dafür das Kleinkreuz, trat dann als Oberst in den Ruhestand und starb zu Brüssel am 31. December 1766.

Der Verlust der Grenadier-Division an diesem Tage betrug: Todt: 3 Mann. Verwundet: Hauptmann Dufetier, Lieutenant de Faux, Anckarhilm und 38 Mann. Vermisst: 3 Mann. Totalverlust: 3 Officiere und 44 Mann.

Wenden wir uns nun, das Regiment bei der Hauptarmee in der Lausitz zurücklassend, zu jenen 2 Bataillonen, die in den Niederlanden geblieben waren.

Bereits im April 1757 wurde Major Baron Longhin mit dem 3. Bataillon zur alliierten französischen Armee, das 4. nur 3 Compagnien starke Bataillon nach Brüssel bestimmt.

Das 3. Bataillon bestand, wie die übrigen drei Wallonen-Bataillone, welche die gleiche Bestimmung erhielten, aus 4 Füsilier- und einer neu gebildeten Grenadier-Compagnie, welch' letztere, als die 3., nur ausnahmsweise auf die Dauer dieses Feldzuges errichtet wurde.

Es wurde der Brigade des Generalmajors Baron Dombasle und diese wieder der alliierten französischen Armee des Marschalls d'Estrées zugewiesen, ward anfangs bei der Belagerung von Geldern verwendet und wohnte hierauf dem Zuge dieses Marschalls an die Weser gegen das verbündete norddeutsche Heer unter dem Herzog von Cumberland bei.

Schlacht bei Hastenbeck.

Am 26. Juli focht es in der Schlacht bei Hastenbeck, einem Dorfe unweit Hameln, in welcher das norddeutsche Heer besiegt und nach Hameln geworfen wurde.

Generalmajor Baron Dombasle wirkte hiebei mit seinen 4 Wallonen-Bataillonen, Los Rios, de Ligne, Sachsen-Gotha und Arberg in dem Corps des französischen Generals d'Amentières bei der Wegnahme der Waldhöhe bei Hastenbeck, am linken Flügel des Feindes, mit.

Bei dieser Gelegenheit wurde eine feindliche Batterie erobert, wozu das Bataillon Los Rios am wesentlichsten beitrug.

Dessen Verlust in dieser Schlacht ist nirgends ersichtlich.

Als hierauf der Herzog von Cumberland durch die Operationen der alliierten französischen Armee unter ihrem neuen Befehlshaber, dem Marschall Richelieu, am 8. September zur Capitulation von Kloster Seven und zur Auflösung der norddeutschen Armee genöthigt wurde, folgte das Bataillon der Vorrückung Richelieus gegen das Magdeburg'sche nach Halberstadt.

Inzwischen nahm das Regiment bei der österreichischen Hauptarmee, welche dem Bevern'schen Corps aus der Lausitz nach Schlesien gefolgt war, am 22. November an der Schlacht und der damit verbundenen Eroberung des preußischen verschanzten Lagers bei Breslau theil.

Es war noch immer im Reserve-Corps, und zwar in der Brigade Generalmajor von Otterwolf eingetheilt.

Prinz Bevern hatte noch am 1. October das Lager bei Breslau bezogen, während die kaiserliche Armee das ihrige bei Lissa nahm.

Schlacht bei Breslau.

In ihren guten Stellungen waren sich die Heere 2 Monate gegenüber gestanden, ohne etwas zu unternehmen. Erst nach der Eroberung von Schweidnitz durch General der Cavallerie Graf Nádasdy wurde zum Angriff auf das vor Breslau verschanzte Heer geschritten.

Die Schlacht begann am 22. mit dem Übergang über die Lohe und dem Angriffe auf die preußische Stellung vor Breslau.

Obschon die Preußen standhaft fochten und hinter vielen mit dreifacher Vertheidigung aufgeführten Schanzen gesichert standen, so mussten sie doch der überwiegenden Tapferkeit der österreichischen Truppen und namentlich der 35 Grenadier-Compagnien, die den Kampf eröffneten, weichen, und wurden nach Breslau zurückgeworfen.

36 Kanonen und 600 Gefangene fielen in die Hände der Sieger.

Das Regiment Los Rios hatte, gleich dem übrigen Reserve-Corps, den Angriff der Grenadiere unterstützt und fand auch da Gelegenheit zur Auszeichnung.

Nach dem Wortlaute der Relation, welche die Tapferkeit sämmtlicher Truppen belobt, hatte Oberst Baron Murray nicht nur alle feindlichen Angriffe standhaft ausgehalten, sondern er führte auch das Regiment, durch sein Beispiel ermuthigend, mit einem immer steigendem Erfolge gegen den Feind, wodurch er viel zum Siege beitrug.

In dieser Relation des Prinzen Carl von Lothringen über die Schlacht bei Breslau wird die Kaltblütigkeit und Todesverachtung der Befehlshaber sowohl als der Truppen mit den schmeichelhaftesten Ausdrücken hervorgehoben. Der Schluss der Relation lautet: »Die k. k. Armee blieb die nämliche Nacht im feindlichen Lager unter Gewehr. Gleichwie bei dieser wichtigen Feldschlacht und feindlichen Delogierung des en chef commandierenden Herzogs Carl von Lothringen königliche Hoheit, und des Feldmarschalls Grafen Daun, Excellenz, nach vorhergemachten vollkommenen Anstalten, mit ihrer Anwesenheit die Armee angefrischt und aller Orten, wo es nöthig gewesen, Rath geschafft, so hat gleichergestalten die Generalität, welche nur immer zum Treffen gekommen, Beispiel der Klugheit und Tapferkeit abgelegt, so fort die Stabs- und Oberofficiere bei Anführung ihrer unterhabenden Truppen viele Geschicklichkeit, im Streiten einen besonderen Muth bewährt, dann der Gemeine Mann bestätigt, dass, um zum Siege zu gelangen, ihm keine Beschwerlichkeit unüberwindlich und keine Gefahr zu groß gewesen sei; weshalb, da ein Jeder gethan, was man nur immer von Bravour und warmen Eifer fordern könne, die namentliche Anführung allhier übergangen wird«.

Der Verlust des Regimentes an diesem Tage war nur gering, u. zw.:

2 Todte, 14 Verwundete und 2 Vermisste vom Feldwebel abwärts.

Bis 4. December blieb die Armee bei Breslau, welche Stadt noch am 25. November an die k. k. Truppen übergeben worden war, und rückte dann, durch das Vorrücken der bedeutend verstärkten preußischen Heeresmacht genöthigt, in die unvortheilhafte Stellung bei Leuthen, zwischen Nypern und Sagschitz, wo es am 5. December zur Schlacht kam.

Schlacht bei Leuthen.

Die Preußen hatten bald die dominierenden Höhen genommen, den linken Flügel umgangen und daselbst eine bedeutende Artillerie postiert, die verheerend wirkte.

Die Cavallerie, hiedurch in Unordnung gebracht, warf sich auf die Infanterie und diese war gezwungen, sich zurückzuziehen, wornach, als der dreimal geleistete Widerstand des linken Flügels nicht mehr ausreichte, der unglückliche Ausgang der Schlacht nicht mehr zu vermeiden war.

Dennoch erwarb sich das brave Regiment Los Rios auch an diesem Tage unvergängliche Lorbeern.

Oberst Baron Murray ralliierte das Regiment viermal und führte es eben so oft zum Sturme vor. Erst nachdem er der Cavallerie den Rückzug über den Schweidnitzbach gedeckt hatte, zog er sich mit dem Reste seiner tapferen Schar über jenes Gewässer zurück.

Der Verlust des Regimentes war groß, denn von den in's Feld gerückten 600 Köpfen blieb fast die Hälfte, und zwar an Todten: Capitain-Lieutenant Damm, Lieutenant Du Bois und 15 Mann. An Verwundeten: Hauptmann Van der Streegen, de Miraumont, Prinz de Gavre, Lieutenant Varnowitz, ein Adjutant, dessen Name nicht verzeichnet ist, und 100 Mann. Vermisst: 144 Mann. Totalverlust: 7 Officiere und 259 Mann.

Die Gefechtsrelation belobt die Leistungen der wackeren Wallonen, welche nach viermaligem vergeblichen Sturme dennoch den Muth nicht sinken ließen, noch im letzten Augenblicke mit Entschlossenheit dem Feinde die Stirne boten und den Rückzug der Cavallerie deckten.

Nach der Schlacht bezog die Armee ihr altes Lager auf dem rechten Ufer der Lohe und begann den 13. den Rückmarsch nach Böhmen.

Wegen des bedeutenden Verlustes, den sowohl Los Rios, als auch die übrigen Wallonen-Regimenter in den verschiedenen Schlachten und Gefechten des Feldzuges erlitten hatten, wurden die Grenadier-Divisionen derselben provisorisch auf Compagnien herabgesetzt, aus den Füsilieren sämmtlicher Wallonen-Bataillone aber ein Bataillon formiert.

Dieses combinierte Wallonen-Bataillon bezog seine Winterquartiere zu Czernilow und Concurrenz in Böhmen und wurde in die Brigade des Generalmajors Marquis de Los Rios eingetheilt.

Die Stärke des Bataillons betrug:

Los Rios	361	Mann
Arberg	265	»
Sachsen-Gotha . . .	221	»
Ligne	254	»
Summa .	1101	Mann

Der Regimentsstab mit der Grenadier-Compagnie wurde nach Czernilow verlegt.

Der 2. Oberst Peter Graf Guasco wurde in diesem Jahre Generalmajor.

Inzwischen wohnte das 3. Bataillon, welches wir bei der alliierten französischen Armee in Nord-Deutschland zurückgelassen, seit November dem Winterfeldzuge gegen den Prinzen Ferdinand von Braunschweig bei, als dieser die aufgelöste norddeutsche Armee wieder sammelte und ungeachtet der Capitulation von Kloster Seven die Feindseligkeiten neuerdings begonnen hatte.

In diesem Jahre traf die Kaiserin Maria Theresia die Verfügung, dass jedem Officier nach 30jähriger tadelloser Dienstzeit der Anspruch auf Erhebung in den Adelsstand zustehe.

Der Stand des Regimentes zu Beginn des Jahres 1758 1758.
ist aus nachfolgender Tabelle de revue ersichtlich.

TABELLE DE REVUE

LAUN AM 11. FEBRUAR 1758.

Colonel-Commandant: Jos. Baron Murray.
Lieutenant-Colonel: Jean Josef de Vianna.
Major: François Jos. Le Brum de Miraumont.
Quartier maître: Nicol. Ackermann.
Auditeur-Secretair: Hendrich Masset.
Chirurg. major: Guillaume Brust.
Adjutant: Fontaine De Trock.
Proviant maître: Jean Klette.
Wague maître: Renier Minnet.
Chirurgien subalt.: Taovas, Rodniek, Pidersen, Rousan, Richters, Hernich, Legay, Gozevero.
Chirurgien-Bat.: Langrand, Mayerhover.
1. Grenadier-Comp.: Spangen. Premier-Lieutenant: Charles de Brun. Second-Lieutenant: Henry le Caille.
2. Grenadier-Comp.: Maldeghem.
General-Comp.: Premier-Lieutenant: Louis Danenhelm. Sous-Lieutenant: Louis Toires.
Colonel-Comp.: Premier-Lieutenant: Georg du Rieux. Sous-Lieutenant: Endely Mesurer.

Lieutenant-Colonel-Comp.: Premier-Lieutenant: Josef Costefe. Second-Lieutenant: Dobigny.

Major-Comp.: Premier-Lieutenant: Collin. Sous-Lieutenant: Jos. Carpet.

Navaro-Comp.: Premier-Lieutenant: Jos. Paul. Sous-Lieutenant: Leopold Gallet.

Cabillean-Comp.: Premier-Lieutenant: Meledeodor. Sous-Lieutenant: Pierre de Cavalle.

Gavre ante Pasteles-Comp.: Premier-Lieutenant: Franz Jul. Boulman. Sous-Lieutenant: Jean de Obirne.

De Loo-Comp.: Premier-Lieutenant: Marquis de l'Asjoieux. Sous-Lieutenant: Josef de Pessir.

Alsere-Comp.: Premier-Lieutenant: Martin Gervay. Sous-Lieutenant: Jean Lot.

Lunden-Comp.: Premier-Lieutenant: Michael Jansen. Sous-Lieutenant: Jaques Taxa.

Chapuy-Comp.: Premier-Lieutenant: Charles de Reynard. Sous-Lieutenant: Chev. Solar.

Spangen et Maldeg-Comp.: Premier-Lieutenant: Jos. Bocadry. Sous-Lieutenant: Carl Taubert.

Miraumont und Prinz Gavre hatten keine Compagnie.

Der Stand des Regimentes beträgt 1880 Mann. Abwesend 147. Major Joseph Le Huvetier erscheint als seit dem 8. Jänner 1758 in Wien. 4 Proviant- und 1 Munitions-Wagen. Die Hauptleute Miraumont und Prinz Gavre sind supernumerär. Die Revue wurde den 28. Februar in Laun abgehalten.

Im Monate März 1758 ward endlich Graf Clermont, der die französische Armee befehligte, gezwungen, über die Weser und den Niederrhein zurückzugehen; das Bataillon Los Rios cantonierte hierauf bei Cleve und folgte erst im Mai dem Corps des Feldmarschall-Lieutenants Baron Dombasle, welches sich zu Würzburg mit dem Corps der Reichsarmee des Generals von Rosenfeld vereinigte und nun über Bamberg in's Bayreuth'sche rückte, wo es im Juni beauftragt wurde, die combinierte Reichsarmee unter dem Prinzen von Zweibrücken zur Eröffnung des Feldzuges aus Bayreuth gegen die in Sachsen stehenden Preußen zu begleiten.

Belagerung von Pirna.

Vom 3. bis 6. September war dieses Bataillon bei der Belagerung von Pirna und der Feste Sonnenstein, wo es sich mit Auszeichnung verwenden ließ.

Die preußische Besatzung, welche aus dem Obersten Grapp nebst 1442 Mann bestand, musste sich am letztgenannten Tage kriegsgefangen ergeben, wobei 10 Fahnen, 44 Geschütze, dann ein beträchtlicher Vorrath von Munition, Montur und Lebensmitteln in die Hände der Kaiserlichen gerieth. Das Bataillon Los Rios theilte die den Wallonen gezollte Anerkennung, welche sich nach dem Wortlaute der Relation des Prinzen von Zweibrücken bei dieser Gelegenheit ganz ausnehmend hervorgethan hatten.

Bis 2. October stand dieses Bataillon, welches mit Zuziehung der überzähligen 3 Grenadier-Compagnien und den für das Regiment bestimmten niederländischen Recruten auf 6 Compagnien completiert worden war, im Lager der Reichsarmee bei Pirna, worauf es nebst noch anderen 4 Bataillonen auf Befehl des Feldmarschalls Grafen Daun zur k. k. Hauptarmee einrückte, u. zw. im Lager bei Stolpe am 4. October, wo auch das Regiment stand, mit dem es sich nun vereinte und dessen Schicksale seit Anfang des Jahres 1758 nun nachgeholt werden müssen.

Bereits im Monate März hatten die Wallonen einige Verstärkungen erhalten, so dass aus je zwei Regimentern ein Bataillon formiert werden konnte. Los Rios und Sachsen-Gotha bildeten zusammen ein Bataillon, jedes für sich eine Grenadier-Compagnie.

Der dienstbare Stand von Los Rios war: 1 Oberst, 1 Oberstlieutenant, 6 Hauptleute, 7 Oberlieutenante, 7 Unterlieutenante, 3 Fähnriche und 466 Mann vom Feldwebel abwärts.

Es wurde mit Sachsen-Gotha nach Stöscher bei Königgrätz verlegt und rangierte nach der am 12. März hinausgebenen Ordre de bataille in der Hauptarmee im 2. Treffen, in der Division des Feldmarschall-Lieutenant d'Aynse, Brigade Generalmajor Vitelesky.

Mit Allerhöchster Entschließung vom 3. Jänner war angeordnet worden, dass der Stand der Officiere bei jeder Compagnie aus 1 Hauptmann, 1 Ober-, 1 Unterlieutenant und 1 Fähnrich bestehen solle, und dass die 9. Divisionen errichtet werden; doch hatte letzteres auf das Regiment vorläufig keine Anwendung.

Der supernumeräre Oberstlieutenant de Pastelcs wurde zum Dépôt nach Brüssel beordert, wo Oberstlieutenant Chevalier de Saint Remy Commandant war.

Zum Regiments-Feld-Dépôt, wo die Recruten einexerciert wurden und die Reconvalescenten sich sammelten, wurde Kuttenberg bestimmt.

Am 20. April wurde die Dislocation geändert und in Folge dessen das combinierte Bataillon Los Rios-Sachsen-Gotha nach Ober-Radekau verlegt, von wo es am 29. April in das Lager bei Skalitz marschierte.

Mittlerweile war am 19. April die Festung Schweidnitz in Feindeshände gefallen und die Preußen rückten gegen Mähren vor, weshalb die Armee zum Schutze der bedrohten Festung Olmütz dahin eilen musste.

Feldmarschall Daun entschloss sich zum Entsatze von Olmütz. Er brach am 23. von Leitomischl auf und vereinigte sich in Gewitsch mit dem Reserve-Corps. Hier blieb er bis Mitte Juni und marschierte dann an die March. Am 30. Juni traf Feldmarschall Daun bei Prerau ein. Am selben Tage hat Loudon bei Domstadtl einen aus 3000 Wagen bestehenden Munitionstransport überfallen und vernichtet. Friedrich II. war demnach gezwungen, am 2. Juli die Belagerung von Olmütz aufzuheben und Mähren schleunigst zu räumen. Er zog sich über Müglitz bis Königgrätz.

Sowie das Regiment bisher alle Märsche der Daun'schen Armee mitgemacht hatte, so folgte es derselben auch zur Verfolgung des sich nach Böhmen ziehenden Feindes über Olschau, Konitz, Gewitsch, Policzka, Sebranitz, Hohenmauth, Hrochow-Teinitz, Pardubitz, Dobrženitz und stand am 22. Juli auf den Anhöhen bei Stöscher vor Königgrätz, wo der Feind seit 14. lagerte und nun am 26. den Rückzug nach Schlesien antrat, um seine eigenen Länder gegen die russische und schwedische Armee zu decken.

Die Vorrückung eines russischen Heeres unter Fermow an die Oder, bewog König Friedrich II. Mitte August an diesen Fluss zu marschieren.

Daun beschloss nun, nach der Ober-Lausitz aufzubrechen, um sich mit den Russen zu vereinen, und war in Verfolgung dieses Planes am 20. August bei Görlitz angekommen, als er erfuhr, dass die Absicht der Russen auf eine Vereinigung mit den Schweden gerichtet sei, daher er seinen Plan änderte und zur Eroberung von Sachsen schreiten wollte.

Die Armee verließ demnach am 26. August die Stellung bei Görlitz und bezog am 5. September das feste Lager Stolpen.

Während dieser Hin- und Hermärsche musste das Regiment wieder einige Verstärkung erhalten haben, denn in der Ordre de bataille der Hauptarmee pro September erscheint es bereits als ein 635 Köpfe starkes Bataillon mit 2, 187 Köpfe zählenden Grenadier-Compagnien ausgewiesen, und als am 4. October das bei der Reichs-Armee detachiert gewesene Bataillon in das Lager bei Stolpen einrückte, formierte es endlich wieder 2 Bataillone und 2 Grenadier-Compagnien, mit denen es in die Division Feldmarschall-Lieutenant Forgács, Brigade Generalmajor Herberstein, eingetheilt wurde.

Am 7. October rückte die Armee nach zwei Märschen in das Lager bei Kitlitz ein, während Friedrich II., der, nachdem er die Russen bei Zorndorf geschlagen, wieder in die Lausitz geeilt war, jenes bei Hochkirch bezog.

Hier kam es am 14. October endlich zur Schlacht, in welcher das Regiment am linken Flügel in der 2. Colonne, die Feldmarschall-Lieutenant Forgács commandierte, focht und mit dem Infanterie-Regimente Daun die Brigade Herberstein bildete. Überfall von Hochkirch.

Diese Colonne, sowie alle zum Hauptangriffe auf Hochkirch bestimmten Truppen marschierten noch am 13. nach dem Zapfenstreiche aus dem Lager, welches sich in 2 Treffen über Breitendorf und Spittel bis Druschwitz erstreckte, links rückwärts ab, ließen Groß-Dese links und betraten sodann den für sie bestimmten, durch den vor dem linken Flügel befindlichen Wald gehauenen Colonnenweg.

Von jeder Compagnie blieben 2 Mann bei den Zelten zurück, sowie vom Regimente 2 Tamboure und 1 Pfeifer, um am 14. zur Täuschung des Feindes die Tagwache zu schlagen.

Nach einem beschwerlichen Nachtmarsche stand das Regiment, gleich den übrigen Angriffs-Colonnen, am 14. morgens 4 Uhr an den Abhängen des Waldes zwischen Wuiske und Sornsig. Noch lag die Nacht und ein dichter Nebel auf der Gegend, die Entfernung von dem nichtsahnenden Feinde betrug kaum eine Flintenschussweite. Da gab — der Verabredung gemäß — der Schlag der 5. Stunde von der Dorfkirche Hochkirchs das Zeichen zum Angriffe.

Schnell waren die preußischen Feldwachen vertrieben, die feindlichen Bataillone geworfen und mit dem Grauen des Tages rangierten sich die Angriffs-Colonnen schon auf den Anhöhen Hochkirchs und in des Feindes Lager.

Das Regiment und namentlich dessen Grenadiere waren unter den ersten der Stürmenden und machten alle Greuel dieses Kampfes, wo Mann gegen Mann focht, wo nur Bajonnett und Gewehrkolben thätig waren, ruhmvoll mit.

Nun folgten, unter den Augen des Feldmarschalls, die hartnäckigsten Gefechte um den Besitz des Dorfes Hochkirch, den Stützpunkt der feindlichen Stellung, wo sich Oberst Baron Murray gleich anfangs durch eine entschlossene Vorrückung des ganzen Regimentes, welche unter dem heftigsten feindlichen Feuer ausgeführt wurde, auszeichnete und hiedurch dem Generalmajor Baron Siskowits die Möglichkeit verschaffte, die bei dem ersten Angriffe in Unordnung gerathenen Grenadiere der Avantgarde zu sammeln und neuerdings gegen den Feind zu führen, welcher Hochkirch mit seinen besten Truppen wieder zu nehmen suchte.

Das Feuer aus Geschütz und Kleingewehr war ungemein heftig und es gelang dem Feinde abermals einen Theil des Dorfes in seinen Besitz zu bringen. Gleichwie aber die Behauptung dieses Ortes den Ausschlag geben musste, so wurde auch der Hartnäckigkeit der preußischen Angriffe aller Widerstand entgegengesetzt. Mit hervorragender persönlicher Tapferkeit trug Oberst Baron Murray an der Spitze seiner braven Wallonen zur Vertheidigung dieser Position bei.

Die Standhaftigkeit der k. k. Truppen benahm dem Feinde endlich jede Hoffnung, Hochkirch wieder zu nehmen, und nach einem dritten, vom Könige selbst commandierten Sturme, der ebenfalls erfolglos blieb, zog er sich unter dem Schutze seiner Batterien auf die Höhen von Pomeritz zurück.

Während dieser heldenmüthigen Kämpfe am linken Flügel hatte auch der rechte, der über Koditz und Laussig vorgerückt war, seine Aufgabe gleichfalls glänzend gelöst und die Folge hievon war der Rückzug der vollständig geschlagenen Preußen nach Klein-Bautzen und die Eroberung des ganzen feindlichen Lagers nebst 28 Fahnen, 2 Standarten, 101 Kanonen, 70 Munitionskarren und fast der ganzen Bagage.

Die Preußen hatten in dieser Schlacht enorme Verluste erlitten: 246 Officiere und 9000 Mann lagen todt oder verwundet auf dem Schlachtfelde; eine große Anzahl der besten Generale Friedrichs, darunter der Fürst von Dessau, Prinz von Braunschweig und Feldmarschall Keith, wurde theils getödtet, theils verwundet und gefangen; dem Könige war das Pferd unter dem Leibe erschossen worden und er selbst rettete sich mit knapper Noth vor seinem Verfolger, dem Oberstlieutenant Ledrun, der bereits den Fürsten von Dessau verwundet und gefangen genommen hatte.

Der Verlust der österreichischen Armee betrug: an Todten und Verwundeten: 314 Officiere, 5314 Mann; an Gefangenen 11 Officiere, 300 Mann. Zusammen 325 Officiere, 5614 Mann.

Die in dieser Schlacht vom Regimente, welches auch eine Fahne erobert hatte, an den Tag gelegte besondere Ausdauer und Tapferkeit fand die rühmlichste Anerkennung in der Relation und in der seinem Commandanten Oberst Baron Murray zutheil gewordenen Auszeichnung durch die Verleihung des Maria Theresien-Ordens, dessen sich derselbe sowohl in Bezug auf sein muthvolles und umsichtiges Benehmen an diesem Tage, als auch seiner im Feldzuge 1757 erworbenen Verdienste wegen würdig gemacht hatte.

Joseph Jakob Baron Murray de Melgum, aus altem schottischen Adel, dessen Ahnen das Tullbardinische Volk beherrschten, zu Tournai 1718 geboren, war mit 15 Jahren Fähnrich beim Alt Ligne-Infanterie-Regimente Nr. 38 und hatte sich schon im Erbfolgekriege bemerkbar gemacht. 1752 wurde Murray Major beim Arberg-Infanterie-Regimente, das ihn 16 Jahre später zum Inhaber erhielt. Im zweiten Feldzuge des siebenjährigen Krieges zum Obersten beim Regimente befördert, ward ihm für Breslau und Hochkirch das Kleinkreuz des Maria Theresien-Ordens zu Theil.

Bei Breslau hielt Murray das Dorf Effingen besetzt und schlug alle Angriffe des Feindes mit dem Regimente, unterstützt durch 6 Feldstücke, muthig zurück; bei Hochkirch dagegen nahm er eine so vortheilhafte Aufstellung, und wirkte durch ein geschicktes Manöver seines Regimentes derart, dass die glückliche Entscheidung des Tages hievon die wesentlichen Folgen waren. Murray wurde 1760 in den Grafenstand erhoben und 1761 in Ulm Generalmajor, 1766 Unter-Inspector der gesammten in den Niederlanden gestandenen Infanterie, später Feldmarschall-Lieutenant; er gelangte 1780 zum Commandierenden der gesammten Truppen in jener Provinz und zur geheimen Rathswürde. 1784 avancierte Murray zum Feldzeugmeister und im Juli 1785 zum ad interim Gouverneur und General-Capitän-Lieutenant in den Niederlanden. Endlich ward er nach Beilegung der Unruhen in diesem Lande in den Ruhestand versetzt und starb zu Wien den 5. Juni 1802.

Doch diese Auszeichnungen hatte sich das Regiment durch den Verlust von 15 Officieren und 238 Mann theuer errungen.

Es blieben bei Hochkirch: Todt: Hauptmann de Zalha, Oberlieutenant d'Herqueline, und le Roi nebst 78 Mann. Verwundet: Major le Hauvetier, Oberlieutenant: de Bondri, Perres, de Braine, Lieutenant: Ankarhilm, Daubegnie, Paulus, Taurer, Bessers, Fähnrich: Perremans, de Loitz, l'Escallier und 134 Mann. Vermisst: 26 Mann.

Beide Theile waren durch die erlittenen Verluste so erschüttert, dass sie Erholung benöthigten. Die österreichische Armee blieb bis 17. October im Lager bei Kitlitz. An diesem Tage brach sie auf und bezog, dem preußischen Heere gegenüber, ein neues Lager bei Wurschen.

Erst am 25. October, nachdem die Preußen sich gegen Görlitz gewendet hatten, folgten ihnen die Kaiserlichen und bezogen am folgenden Tage das Lager vor Görlitz. Hier stand das Regiment bis 4. November und machte hierauf sammt der Grenadier-Division den abermaligen Zug des Feldmarschalls Graf Daun aus der Lausitz nach Sachsen und die Belagerung von Dresden mit.

Als sich jedoch König Friedrich mit bedeutender Heeresmacht durch die Lausitz nahte, zog Daun am 16. November von Dresden ab und über Pirna und Gieshübel nach Böhmen, wo seine Armee die Winterquartiere bezog.

Das Regiment de Los Rios wurde nach Laun und Concurrenz dislociert und rückte daselbst mit einem dienstbaren Stande von 2 Stabs-, 46 Oberofficieren und 1228 Mann ein.

Am 29. December avancierte Oberstlieutenant de Vianna zum 2. Obersten und Hauptmann Franz Prinz de Gavre zum überzähligen Oberstlieutenant, beide mit Beibehalt ihrer bisherigen Compagnien.

1759. Im Jahre 1759 sollte ein Armeecorps unter Loudon und Hadik gegen Frankfurt vorrücken. Loudon mit 70.000 Mann sollte die böhmisch-sächsischen Gebirge festhalten und sich mit der bei Eger und Bamberg stehenden Truppe in Verbindung halten. Feldmarschall Daun hatte sein Hauptquartier in Münchengrätz. Das Regiment, welches zu Laun in Cantonierungen überwinterte, marschierte nach Lobositz und kam unter die Befehle des Feldmarschall-Lieutenants Angern, blieb daselbst bis 12. April, an welchem Tage es nach Turnau marschierte und am 18. April zur Verstärkung des vom Feinde bedrohten Feldmarschall-Lieutenants Gemmingen nach Jung-Bunzlau beordert wurde, von wo es am 20. nach Brandeis abrückte, am 25. April die Cantonierungs-Stationen Wiskerz, Skokow, Luschan und Schetelow bezog und seine Eintheilung bei der Hauptarmee im 2. Treffen unter Feldmarschall-Lieutenant Marquis d'Aynse, Brigade Generalmajor Weichs erhielt. Am 2. Mai rückte das Regiment in das Lager der Hauptarmee zwischen Schurz und Jaromiř ein. Sein Felddépôt hatte es in Prag zurückgelassen, wo auch der von seinen bei Hochkirch erhaltenen Wunden noch nicht genesene Oberstlieutenant d'Hauvetier blieb.

Der streitbare Stand des Regimentes bei dessen Einrücken ins Lager bestand in:

2 Obersten, 1 Oberstlieutenant, 1 Major, 10 Hauptleuten, 11 Oberlieutenanten, 14 Unterlieutenanten, 11 Fähnrichen, 15 Feldwebeln, 11 Führern, 75 Corporalen, 41 Spielleuten, 131

Gefreiten, 156 Grenadieren, 948 Füsilieren, zusammen 1427 Köpfen.

Am 13. Jänner war Major d'Hauvetier in Anbetracht seiner Verdienste vor dem Feinde zum überzähligen Oberstlieutenant befördert worden, so dass das Regiment bei den im Felde stehenden 2 Bataillonen 2 Oberste, 2 Oberstlieutenante und 1 Major zählte.

Nun vergiengen beinahe zwei Monate, ohne ein besonderes Ereignis. Die feindliche Hauptmacht stand bei Landshut.

Daun musste das Erscheinen der verbündeten Russen an der Oder abwarten, um das Zeichen zum Aufbruche aus Böhmen geben zu können, was erst Ende Juni möglich wurde. Die Russen rückten gegen die Oder und Daun beschloss nun ebenfalls, sich mit der Hauptarmee an die Ursprünge der Queiß nach Schlesien zu ziehen.

Am 28. Juni brach die Armee in 2 Colonnen aus dem Lager bei Schurz auf und war am 3. Juli in jenem bei Reichenberg wieder vereint.

Hier erschien eine neue Ordre de bataille, der zufolge die Grenadier-Compagnien auf die Dauer dieses Feldzuges eigene Bataillone formierten; über jenes combinierte Grenadier-Bataillon, in welchem sich auch die Grenadier-Division des Regimentes befand, übernahm Oberstlieutenant Prinz Gavre das Commando.

Sowohl dieses Bataillon als auch das Regiment erhielten ihre Eintheilung im Reservecorps, ersteres in der Brigade Siskowits, letzteres in der Brigade de Bielow. Während die Armee am 5. Juli in das Lager nach Friedland vorrückte, blieb das Regiment im Reservecorps bei Reichenberg stehen, rückte erst am 6. nach und vereinigte sich am 7. im Lager bei Marklissa wieder mit der Hauptarmee.

Am 17. Juli marschierte das ganze Reservecorps in das Lager bei Lauban und von hier wurden die Infanterie-Regimenter Los Rios und Baden nebst einem Dragoner-Regimente zum Corps des Feldmarschall-Lieutenants Loudon beordert, welches bei Rothenburg stand.

Am 26. Juli marschierten diese Truppen unter Commando des Generalmajors Weichs von Lauban ab und trafen am folgenden Tage im Lager bei Rothenburg ein.

Schlacht bei Kunnersdorf.

Nun folgte das Regiment dem Loudon'schen Corps, welches sich sofort über Muskau und Guben in Bewegung setzte und am 3. August mit dem mittlerweile siegreich an die Oder vorgedrungenen russischen Heere des Feldmarschalls Soltikoff bei Frankfurt an der Oder vereinte, wo am 12. August der Zusammenstoß der feindlichen Heere erfolgte, indem der König von Preußen, welcher tags vorher bei Göritz und Reuthwein oberhalb Küstrin über die Oder gegangen war, das russisch-österreichische Heer in seiner verschanzten Stellung zu Kunnersdorf a. d. Oder angriff. Das Regiment focht in dieser Schlacht anfangs hinter dem rechten Flügel des 2. Treffens der russischen Armee; doch als es dem Könige von Preußen gelungen war, um 11 Uhr vormittags die Verschanzungen am Mühlberge auf dem linken Flügel der Alliierten stürmend zu nehmen und diese Linie der Russen zu wanken anfieng, da waren es die Grenadiere von Los Rios, welche gleich den übrigen Grenadier-Compagnien des österreichischen Hilfs-Corps unter dem FML. Campitelli herbei eilten, um die Russen zu unterstützen.

Der kräftigste Widerstand wurde geleistet, obgleich im engen Raume auf nahe Distanz die Wirkung der Geschütze von beiden Seiten verheerend war.

Der König von Preußen führte selbst seine Truppen vor und es entspann sich nun auch ein Kleingewehrfeuer, welches beide Theile mit gleicher Lebhaftigkeit, jedoch ohne Entscheidung unterhielten.

Treffen um Treffen löste sich ab, alle preußischen Linien kamen nach und nach ins Gefecht — umsonst; die Kämpfenden hielten den Boden fest, niemand wich, aber auch niemand schritt vor.

Endlich, als ein preußisches Corps den Rücken der Verbündeten bedrohte und diese sich vom Mühlberge zurückzuziehen genöthigt waren, in diesem Augenblicke, von welchem die Entscheidung abhieng, stürmte Loudon mit allen seinen Truppen, worunter auch die Wallonen von Los Rios, zur Unterstützung heran und stellte das Gefecht wieder her.

Vergebens versuchte der Feind, mit seiner Cavallerie gegen den rechten Flügel der Alliierten vorzudringen; die österreichischen Dragoner trieben sie in die Flucht.

Am linken Flügel wüthete der Kampf um den Besitz des sogenannten Kuhgrundes. Die tapferen k. k. Grenadiere vertheidigten kaltblütig den steilen Rand — alle Anstrengungen des Feindes waren vergebens; der König selbst trieb die Zurückziehenden immer wieder zum Sturme vor, bis Tausende dem blutigen Zwecke geopfert waren.

Allenthalben wendete sich die Schlacht zum Nachtheile der Preußen, ein panischer Schrecken ergriff sie, alles floh und mit genauer Noth entgieng der König der Gefangenschaft.

Die österreichischen Grenadiere hatten sich an diesem Tage mit Ruhm bedeckt und die ehrenvollste Belobung in den Relationen der Generale Soltikoff und Loudon errungen.

5 feindliche Fahnen wurden von denselben erbeutet; doch war auch ihr Verlust, wie es bei einem so mörderischen Kampfe nicht anders sein konnte, sehr bedeutend. Derselbe belief sich bei den Preußen auf 20.000 Mann, darunter viele Generale und höhere Officiere; überdies fielen 172 Geschütze in die Hände der Verbündeten.

Die brave Grenadier-Division von Los Rios verlor alle Officiere und von einem Mannschaftsstande von 150 Köpfen 83 Mann, also mehr als die Hälfte.

Es blieben todt: Oberlieutenant Collin, Lieutenant de Torres und 4 Mann. Verwundet: Hauptmann Baron Spangen, Oberlieutenant Bouriez, Lieutenant Baron Rodan und 68 Mann. Vermisst: Capitän-Lieutenant Reinhardt und 11 Mann.

Die Füsiliere erlitten nur einen Verlust von 1 Todten und 1 Verwundeten.

Die Preußen zogen sich gegen Küstrin zurück.

Nach der Schlacht von Kunnersdorf folgte das Regiment den Operationen des verbündeten österreichisch-russischen Heeres in die Lausitz und nach Schlesien zur beabsichtigten Vereinigung mit der österreichischen Haupt-Armee unter Feldzeugmeister Graf Daun, welche jedoch nicht erfolgte.

Am 29. August verließ das Heer die Gegend von Frankfurt a. d. Oder, um am folgenden Tage ein Lager bei Lieberose zu beziehen, wo es bis 15. September blieb, um dann nach Schlesien aufzubrechen.

Am 28. September wurde die Oder überschritten und der Weitermarsch gegen Polen fortgesetzt, ohne dass Soltikoff gegen den ihm folgenden Feind etwas unternehmen wollte. Das Loudon'sche Corps folgte der russischen Armee und als diese am 1. November die polnische Grenze überschritt, trennte es sich von demselben und rückte über Krakau, Bielitz und Teschen nach Mähren, wo es die Winterquartiere bezog. Das Regiment de Los Rios kam in die Brigade des Generalmajors Vogelsang, bezog am 20. December die Cantonierungs-

Stationen Friedeck, Leschkowitz, Sedlitz und Bruswitz und zog sein Felddépôt aus Böhmen an sich.

Major Baron Longhin war noch im März desselben Jahres zum Oberstlieutenant avanciert und in den Ruhestand vesetzt.

Ende December erhielt das 2. Bataillon den Befehl, sich zum Abmarsche in die Niederlande bereit zu halten und das bei der Armee zurückbleibende 1. Bataillon, sowie die Grenadier-Division, welche nun wieder aus dem Grenadier-Bataillons-Verbande geschieden war, completierten ihren Stand aus der Mannschaft des 2. Bataillons, welches in den ersten
1760. Tagen des Monats Jänner 1760 unter dem 2. Obersten de Vianna nach den Niederlanden abmarschierte, wo dieser das Commando über die in Brüssel garnisonierenden zwei Bataillone à 6 Compagnien übernahm. Das Regiment blieb in Schlesien.

Oberstlieutenant Franz d'Hauvetier wurde zum Platz-Oberstlieutenant in Gent ernannt, Hauptmann Baron Spangen zum Major im Regimente befördert und Oberst Baron Murray in den Grafenstand erhoben.

Das mit dem Regimentsstabe und der Grenadier-Division bei der Armee zurückgebliebene Leib-Bataillon cantonierte nun gänzlich theils in Friedeck, theils in Waagstadt, woselbst es den 17. Jänner die Musterung hielt, und erhielt seine Eintheilung für den kommenden Feldzug beim Corps des Feldzeugmeisters Baron Loudon, welches wieder selbständig zu operieren bestimmt war.

TABELLE DE REVUE

VOM 17. JÄNNER 1760.

Colonel-Commandant: Joseph Baron Murray de Melgum.
Lieutenant-Colonel: Prince de Gavre.
2 me Major: Norbert Baron de Spangen.
Aumonier: Constantin Van der Scheid.
Quartier maitre: Nicolan Ackermann.
Auditeur-Secretair: Vacat.
Chirurgien-Major: Guillaume Brûst.
Adjutant: Pierre Buggenhat.
Proviant maitre: Jean Klett.
Chirurgiens de Bataillon: Hornich. Les Aggregé:
Lieutenant-Colonel: Joseph Le Huvetier.
Capitain-Lieutenant: Alexandre Comte de Looz malade en loco. Les Annexés de deux Bataillons:
Premier-Lieutenant: Leop. Gallet.
Sous-Lieutenant: Pierre Jeoffroy L'Ange de Laval.

1. Grenadier-Comp.: Comte d'Alsace. Premier-Lieutenant: Taza. Second. Lieutenant: Franstere, Desaudroint.

2. Grenadier-Comp.: Baron de Spangen. Premier-Lieutenant: Bouoviez. Second-Lieutenant: Baron de Fontaine.

1. Bataillon.

General-Comp.: Capitain Reinart. Premier-Lieutenant: Du Rieux. Second-Lieutenant: Com a Chop et: Obernes.

Colonel-Comp.: Capitain: Mackau. Premier-Lieutenant: Costales. Second-Lieutenant: Daubeignies.

Lieutenant-Colonel-Comp.: Capitain: De Braine. Premier-Lieutenant: Laspiur. Second-Lieutenant: Pessera.

Lunden-antée: 2. Major-Comp.. Premier-Lieutenant: Lescailles. Second-Lieutenant: Grenes (command. a l'hospital).

Chapuy-Compagnie: Premier-Lieutenant: Solares. Second-Lieutenant: Laubert.

Du Rieux-Comp.: Premier-Lieutenant: Bondry. Second-Lieutenant: Detrveck.

2. Bataillon.

Colonel en Second.:

1. Major:

2. Major antée Lunden:

Cabilliau. Comte de Loos. Tribolet anté Du Rieux.

Gesammtstand 1724, commandiert 41, krank in Locò 90, krank im Spitale 182, invalide 3 und verheiratet 84 Mann.

Ferner erscheinen nachgewiesen: per Bataillon 6 Proviantwagen, 1 Munitionswagen zu je 4 Pferden, 2 mit je 4 Pferden bespannte Geschütze, 1 Corporal und 10 Kanoniere, woraus hervorgeht, dass die Regimentskanonen sich zeitweise im Stande des Regimentes befanden und von zugetheilter Artillerie-Mannschaft bedient wurden. Die Tabelle ist in Waagstadt in Schlesien verfasst und von einem Kriegs-Commissär — dessen Name unleserlich ist — gefertigt.

Vermöge einer mit dem Feinde abgeschlossenen Convention war die Ruhe der Winterquartiere in Ober-Schlesien bis 15. März gesichert; jedoch schon der erste Tag nach deren Ablauf zu einer feindlichen Unternehmung bestimmt.

Die Operationen des Jahres 1760 brachten neue Leichenhügel und gleich wenig Entscheidung herbei. Jedes Jahr in diesem bis dahin beispiellosen Kriege ist überreich an Waffenthaten.

In diesem Jahre sollte Daun den König nach Brandenburg drängen, während Loudon und die Russen unter Soltikoff Schlesien zu erobern hatten.

Am 10. März traf Loudon in Mähren ein und ließ sogleich 10 Bataillone, worunter auch das Regiment, und 20 Escadronen bis Jägerndorf vorrücken, von wo in der Nacht vom 14. auf den 15. März in 4 Colonnen der Einmarsch in das feindliche Gebiet zum Überfall von Schlesisch-Neustadt erfolgte.

Das Regiment war in der 4. Colonne eingetheilt, welche Generalmajor Vogelsang commandierte und die zum Angriffe auf Leobschütz bestimmt war.

Diese Colonne marschierte die ganze Nacht; allein ein heftiger Regen und grundlose Wege erschwerten ihren Marsch ungemein, so dass sie erst um 3 Uhr morgens bei Neunkirchen ankam. Dort hatte das Wasser die Brücke abgerissen und es musste eine neue hergestellt werden, die aber, als erst zwei Compagnien sie passiert hatten, einstürzte. Die Truppen setzten jedoch ihren Weg fort, obgleich ihnen das Wasser bis zur Schulter gieng.

Aus Ursache dieser Beschwerlichkeiten langte Generalmajor Vogelsang erst am 15. mittags zu Leobschütz an, nachdem sich die Preußen zwei Stunden früher zurückgezogen hatten.

Ungeachtet des angestrengten Nachtmarsches verfolgte diese Colonne die Preußen 4 Meilen weiter bis Hotzenplotz, wobei wieder mehrmals bis an den halben Leib durchs Wasser gewatet werden musste. Um 11 Uhr nachts, nach einem 24stündigen Marsche, langte Generalmajor Vogelsang mit seinen Truppen in Hotzenplotz ein, doch der Feind hatte auch dieses geräumt.

Die gleichen Schwierigkeiten, mit welchen diese Colonne zu kämpfen hatte, hinderten auch die übrigen rechtzeitig vor Neustadt zu erscheinen, wodurch der Feind Zeit gewann, sich auch von da zurückzuziehen; doch wurde noch seine Arrièregarde von der nachsetzenden Cavallerie erreicht, größtentheils niedergehauen und ein Theil der Bagage erbeutet.

Die Preußen zogen sich gegen Neisse zurück, das Loudon'sche Hauptquartier kam nach Jägerndorf, das Feld-Dépôt desselben wurde nach Heidenpiltsch in Mähren verlegt.

Hier blieb das Regiment bis 27. April ruhig in seinen Quartieren, an welchem Tage es gleich den übrigen Truppen in das Lager bei Pomerschitz bei Hotzenplotz abrückte. Nach der Ordre de bataille rangierte das Leib-Bataillon im 1. Treffen in der Brigade Generalmajor Weichs, die Grenadier-Division, mit jener von Pálffy Infanterie vereint, bildete ein Bataillon im Reserve-Corps unter Generalmajor Zanini, welchem Oberst Graf Murray als ad latus beigegeben war.

Am 1. Mai erfolgte der Aufbruch nach Böhmen über Jägerndorf, Freudenthal, Littau, Leitomischl und Hohenmauth und am 10. stand das Corps bei Königgrätz.

Am 29. Mai vereinigte Feldzeugmeister Baron Loudon alle seine Truppen in einem Lager bei Kosteletz und noch in derselben Nacht erfolgte der Einfall in das feindliche Gebiet durch die Pässe bei Warthe und Silberberg. Am 1. Juni rückte das Armee-Corps in das Lager bei Frankenstein.

Durch die Bewegungen des feindlichen Generals Fouqué war Loudon veranlasst, sich von da nach der Grafschaft Glatz zu wenden, nachdem er das von den Preußen verlassene Lager bei Landshut besetzt hatte, und lagerte am 7. Juni bei Pischwitz.

Aber am 17. Juni nahm Fouqué das schwach besetzte Lager bei Landshut wieder ein und setzte sich darin fest; der Augenblick war nun gekommen, den Feind mit Vortheil anzugreifen und zu schlagen. Das verschanzte Lager bei Landshut bildete kein geschlossenes Ganzes, sondern bestand aus mehreren einzelnen Redouten, welche auf den die Stadt von Osten nach Südwesten umgebenden Bergen angebracht und unter welchen jene auf dem Doctors-, Mumel- und Kirchberge die bedeutendsten waren.

Am 18. Juni brach das Gros des Armee-Corps, bei dem sich auch das Regiment befand, aus dem Lager bei Pischwitz auf und marschierte über Waldenburg und Schwarzwalde bis auf die Anhöhen bei Forste, wo es am 20. eintraf.

Erstürmung des verschanzten Lagers bei Landshut.

Durch zweckmäßige Dispositionen wurde der General Fouqué fast gänzlich von jeder Verbindung abgeschnitten, und nachdem alle Truppen die bestimmten Plätze erreicht hatten, erfolgte am 23. Juni morgens 2 Uhr der Angriff, zu welchem Behufe 4 Colonnen gebildet worden waren. Das Leibbataillon Los Rios befand sich in der 1. Colonne, welche unter Generalmajor Naselli die Bestimmung hatte, den verschanzten Doctorberg zu erstürmen, und die Grenadier-Division war im 1. Treffen der 3. Colonne zugetheilt, welche unter Feldmarschall-Lieutenant Campitelli bestimmt war, die Mumelschanze und die verschanzte Linie zu nehmen.

4 Haubitzen gaben das Zeichen zum Angriffe, die Batterien auf den Anhöhen begannen ihr Feuer und unter ihrer Begünstigung rückten die Colonnen, welche sich bereits um 1 Uhr nach Mitternacht formiert hatten, zum Sturme gegen die ihnen angewiesenen Objecte vor.

Generalmajor Naselli mit der 1. Colonne erstürmte sofort den Doctorberg in Front und Flanken, während die 3. Colonne sich des Mumelberges und der neu angelegten verschanzten Linie bemächtigte.

Ungeachtet der großen Beschwerlichkeiten bei Erstürmung der Berge und der tapferen Gegenwehr des Feindes in den wohlbefestigten Stellungen, waren diese Eroberungen in drei Viertelstunden vollzogen.

Auch die übrigen Angriffs-Colonnen siegten vollständig und der Feind flüchtete nach dem Kirchberge, wo er sich neuerdings zu behaupten versuchte.

Nach einer kurzen Rast schritt man zum weiteren Angriffe vor.

Das Bataillon Los Rios mit der 1. Colonne rückte durch die Stadt und griff die Verschanzungen des Kirchberges im Rücken an, während die 2. Colonne in der Front stürmte.

Auch diese Position wurde mit besonderer Bravour genommen und der Feind auf den Galgenberg verdrängt, von wo er sich ohne weitere Gegenwehr zurückziehen wollte.

Doch kaum hatten die Preußen Bober passiert, so fiel die österreichische Cavallerie über sie her und vollendete ihre Niederlage.

3 Generale, worunter Fouqué selbst, 235 Stabs- und Oberofficiere, 8410 Mann, 34 Fahnen, 2 Standarten, 1 Paar silberne Heerpauken, 67 Kanonen und 38 Munitionskarren fielen in die Hände der Sieger, nur bei 300 Mann retteten sich durch die Flucht.

Die Wallonen von Los Rios waren an diesem Tage tapfer wie immer und ihre Bravour bei Erstürmung der Verschanzungen trug ihnen die ehrenvollste Anerkennung ein, namentlich aber wurde in der Relation das tapfere Benehmen des Bataillons-Commandanten Oberstlieutenant Prinz de Gavre besonders hervorgehoben.

Der Verlust an diesem Tage bestand in: Todten: 31 Mann vom Feldwebel abwärts. Verwundeten: Hauptmann: Lunden und Chapuy, Oberlieutenant les Cailles und 33 Mann. Totalverlust: 3 Officiere, 64 Mann.

Nach der Action bei Landshut blieb das Corps noch einige Zeit in dieser Gegend stehen und marschierte erst am 4. Juli nach Hochkirch, wo es am 8. Juli eintraf.

Am 10. Juli rückten aus diesem Lager unter Commando des Feldmarschall-Lieutenants Baron Unruhe 8 Bataillone, worunter das Leibbataillon des Regimentes, zur Verstärkung des Belagerungs-Corps von Glatz ab.

Einnahme von Glatz.

Glatz bestand aus zwei Festungen, der alten und der neuen, welche durch die Neisse von einander geschieden werden; die eigentliche Stadt liegt in der Tiefe und ist auch etwas befestigt. Loudons Angriff war gegen die alte Festung gerichtet. In der Nacht vom 20. auf den 21. Juli eröffnete Feldzeugmeister Harsch die Laufgräben, bei welcher Gelegenheit das Leibbataillon des Regimentes, welches nunmehr vom Major Baron Spangen commandiert wurde, zur Deckung der Arbeiten auf dem linken Flügel eingetheilt war. Das Belagerungs-Journal belobt die Leistungen dieses braven Stabsofficiers und sein ruhiges, aneiferndes Benehmen mitten im heftigsten feindlichen Geschützfeuer.

Schon am 26. Juli erfolgte unter Loudons persönlichem Befehle die Erstürmung der Festung. Es wurden hiebei 30 Fahnen, 203 Kanonen erobert und die ganze aus 1600 Mann bestehende preußische Besatzung unter dem Obersten d'O gefangen genommen.

Der Verlust des Leibbataillons beim Sturme bestand in 1 Todten und 5 Verwundeten vom Feldwebel abwärts.

Die Grenadier-Division war während dieser Zeit im Reservecorps im Lager bei Hochkirch gestanden.

Nach der Einnahme von Glatz wendete sich Loudon gegen Breslau. Das Regiment folgte auch hiebei seinen Operationen.

Am 31. Juli stand es, mit seinen Grenadieren wieder vereint, vor Breslau, dessen Einschließung und Beschießung nunmehr erfolgte, jedoch am 5. August wegen Nicht-Eintreffens der verbündeten Russen und wegen des Anmarsches der zum Entsatze dieses Platzes unter dem Prinzen Heinrich herbeieilenden Truppen wieder aufgegeben wurde.

Loudon zog sich hierauf gegen Striegau, wo er am 7. August eintraf und nun gemeinsam mit dem Feldmarschall Daun operieren sollte, welcher indessen mit der österreichischen Hauptarmee dem Könige von Preußen auf dem Zuge nach Schlesien einen Vorsprung abgewonnen und das Lager bei Ottendorf bezogen hatte.

Am 9. August bezog Loudon die Stellung bei Seichau, Dauns Hauptquartier kam nach Geiersdorf und die Vereinigung war bewirkt. Die Absicht des Feldmarschalls war nun ein allgemeiner Angriff auf die bei Liegnitz unter dem Könige Friedrich II. stehenden Preußen, wozu auch das alliierte russische Corps mitwirken sollte. Leider wurde am 15. August Feldzeugmeister Baron Loudon mit seinem Corps allein in einen ungleichen Kampf mit dem dreifach stärkeren Feind verwickelt. Der Disposition gemäß war Loudon noch am 14. mit Einbruch der Nacht aus seinem Lager über den Katzbach gegangen und stieß am 15. um 3 Uhr morgens auf die gesammte preußische Heeresmacht bei Pfaffendorf, welche Stellung sie abends vorher eingenommen hatte.

Schlacht bei Liegnitz.

Bis zum Anbruche des Tages fochten die österreichischen Truppen einen heldenmüthigen Kampf; doch als es vollkommen Tag geworden, überzeugte sich Loudon, dass er es mit der ganzen feindlichen Armee zu thun habe und zog sich in der vollsten Ordnung über den Katzbach zurück. Zur Erringung des ehrenvollen Zeugnisses, welches der Feldzeugmeister den Truppen über ihren an diesem Tage bewiesenen Muth, über ihre Ordnung und Ausdauer in dem so ungleichen Kampfe ertheilte, hatte auch das Regiment, besonders aber die Grenadier-Division, welche im Reservecorps die Anhöhen von Pfaffendorf erstürmen half, auf das thätigste mitgewirkt.

Die Grenadier-Division verlor an diesem Tage 11 Todte, 6 Verwundete und 6 Vermisste vom Feldwebel abwärts. Die Füsiliere erlitten keinen Verlust. Nach der Schlacht von Liegnitz zog sich das ganze österreichische Heer nach Striegau und nahm, durch die Bewegung der Preußen gegen das Schweidnitz'sche veranlasst, am 31. August die Position bei Kunzendorf; das Loudon'sche Corps lagerte bei Freiburg, welche Stellung bis 11. September unverändert blieb.

Als an diesem Tage das preußische Heer sich gegen Landshut in Bewegung setzte, folgte das Regiment dem Corps Loudons, welches gleich dem Lascy'schen die Absichten des Feindes vereitelte, indem ersteres bis Neu-Reichenau, letzteres bis Landshut vorrückte. Die Hauptarmee folgte um die Mittagszeit und es wurde bei Adelsbach zwischen Freiburg und Landshut ein Lager bezogen.

Am 7. October, als die preußische Armee nach Sachsen abrückte und Feldmarschall Daun mit der österreichischen Armee ihr folgte, nahm Loudon, der nun wieder selbständig geworden war, seine Position auf den Höhen bei Kunzendorf.

Einschließung der Festung Kosel.

Seine Absichten waren gegen die Festung Kosel gerichtet, welche er zu belagern willens war. Das Regiment de Los Rios folgte seinen diesfälligen Operationen, als er am 13.

October gegen diese Festung aufbrach und am 21. mit deren Einschließung begann.

Da jedoch die eingetretene regnerische Witterung die von Morästen durchzogene Gegend in dieser Jahreszeit zur Anlegung von förmlichen Belagerungswerken ganz unbrauchbar gemacht hatte, so wurde die Cernierung am 29. October aufgegeben und am 2. November stand das Corps wieder bei Kunzendorf, woselbst es sich, infolge der Schlacht bei Torgau, die den Rückzug der österreichischen Hauptarmee über die Elbe zur Folge hatte, nur mehr auf die Defensive gegen das preußische Corps des Generals Gotz beschränken konnte.

Am 20. November wurden die Cantonierungen bei Warthe bezogen, das Leibbataillon Los Rios kam nach Johnsbach, seine Grenadiere nach Frankenberg, maschierte von da über Weidenau nach Ludwigsdorf und bezog am 16. die Cantonierungs-Stationen Piterna und Arnsdorf, wohin auch die Grenadier-Division verlegt wurde. Das Regiment erhielt seine Eintheilung in der Brigade des Generalmajors Noselli, sein Felddépôt wurde nach Bransdorf dislociert.

Die Stärke des Regimentes beim Einrücken in die Winterquartiere bestand in:

1 Oberst, 1 Oberstlieutenant, 1 Major, 7 Hauptleuten, 7 Ober-, 8 Unterlieutenanten, 5 Fähnrichen, 7 Feldwebeln, 4 Führern, 41 Corporalen, 17 Spielleuten, 63 Gefreiten, 136 Grenadieren, 615 Füsilieren, zusammen 907 Köpfen. Oberst Graf Murray war schon am 30. Juni dieses Jahres zum Generalmajor befördert worden, jedoch mit dem Vorbehalte, dass er das Regiments-Commando bis zur Publicierung seiner Ernennung fortführe, welche erst am 6. März 1761 erfolgte. 1761.

In diesem Jahre erfolgte die Normierung der Sterbe-Quartale.

Oberstlieutenant Franz Fürst Gavre d'Aiseau avancierte zum Obersten und übernahm das Regiments-Commando, während der zweite Oberst Johann von Vianna am 7. April in den Ruhestand versetzt wurde.

Auch während des Feldzuges 1761 blieb das Regiment mit dem Leibbataillon und der Grenadier-Division bei der Armee des Feldzeugmeisters Loudon, welcher nach einer am 23. April erfolgten Vorrückung aus den Winterquartieren bei Waldenburg in Schlesien am 13. Mai in der Nähe von Schweidnitz das feste Lager bei Hauptmannsdorf unweit Braunau bezogen hatte. Im Monate August folgte das Regiment den

Operationen **Loudons** zu seiner Vereinigung mit der alliierten russischen Armee des Feldmarschalls Grafen **Buturlin**, welche am 19. August bei Striegau in Schlesien erfolgte.

Nach der denkwürdigen Eroberung von Schweidnitz am 1. October lagerten **Loudon** und **Czernitscheff** bei Kunnersdorf und giengen im December in Winterquartiere.

Das Corps **Loudons** nahm dieselben in der Ausdehnung von Wartha, links über Reichenbach, Schweidnitz und Striegau bis Hirschberg, wobei das Regiment de **Los Rios** in Forste und Conradswalde cantonierte.

Am 23. November erschien eine allerhöchste Resolution, infolge welcher die Standesverhältnisse der Armee auf den Status quo vom Jahre 1748 herabgesetzt wurden. Diesemnach hatte jedes Regiment aus 3 Bataillonen und 2 Grenadier-Compagnien zu bestehen, wovon die beiden ersten Bataillone, zu je 6 Compagnien formiert, nebst der Grenadier-Division zu Kriegsdiensten im Felde, dagegen die 3. Bataillone, welche von 6 auf 4 Compagnien reduciert wurden, bloß als Besatzungs- und Garnisons-Truppen verwendet werden sollten.

Im Sinne dieser Verordnung wurden bei jedem Infanterie-Regimente zwei Füsilier-Compagnien aufgelöst und die überzählig entfallenden Officiere in den supernumerären Stand versetzt. Diese Verminderung der Armee um 500 Officiere und 20.000 Mann war in der Voraussetzung beschlossen worden, dass in Anbetracht der Abnahme der Hilfsquellen König Friedrichs zu seiner Niederwerfung weniger Truppen genügen werden.

1762. Während sich Österreich im Frühjahre 1762 zur Fortsetzung des Kampfes in Schlesien und Sachsen rüstete, hatten Russland und Schweden mit Preußen Frieden geschlossen.

König **Friedrich** stand bei Breslau, wo er vom Feldmarschall Graf **Daun**, welcher aus Sachsen nach Schlesien gezogen war und am 15. Mai mit der Haupt-Armee bei Kratzkau eine Stellung genommen hatte, beobachtet wurde.

In dieses Lager rückte am 15. Mai auch das Regiment ein und wurde nach der Ordre de bataille mit dem Leibbataillon in die Brigade des Generalmajors **Browne** des 2. Treffens mit den Grenadieren in das Grenadier-Corps des Generalmajors **Ferraris**, Bataillon Major von Keyl eingetheilt.

Der dienstbare Stand betrug 971 Köpfe. Das Feld-Dépôt stand in Brünn.

Nachdem die Preußen, mit welchen sich indessen das russische Corps des General-Lieutenants Czernitscheff vereinigt hatte, am 1. Juli gegen Schweidnitz vorrückten und auch Böhmen mit mehreren bedeutenden Streifcorps bedrohten, zog sich Daun, auf die Defensive beschränkt, in der Nacht vom 1. auf den 2. Juli nach Kunzendorf, später in die böhmischen Gebirge und in die Grafschaft Glatz zurück, nachdem er noch die Garnison von Schweidnitz am 9. Juni aus dem Lager bei Kratzkau bedeutend verstärkt hatte.

Das Regiment gab zu dieser Verstärkung eine Grenadier- und eine Füsilier-Compagnie ab, erstere commandierte Hauptmann Linden, letztere Hauptmann Solares.

Hierauf wohnte das Regiment, den Bewegungen der Hauptarmee folgend, Mitte August den Offensiv-Operationen des Feldmarschalls Daun zum Entsatze von Schweidnitz und am 16. August dem Gefechte mit dem Corps des Prinzen von Bevern bei Peyle nächst Reichenbach bei, wo es jedoch nicht unmittelbar zur Action kam. **Gefecht bei Peyle.**

Das Gefecht wurde, nachdem der König mit bedeutenden Streitkräften zur Unterstützung des Prinzen herbeigeeilt war, von den Österreichern abgebrochen, welche nun wieder in der Nacht vom 17. zum 18. August in die Gegend von Scharfeneck der Grafschaft Glatz zurückkehrten.

Die Festung Schweidnitz, mittlerweile seit 21. Juli von den Preußen eingeschlossen und anfangs vom General-Lieutenant Tauenzien, zuletzt unter König Friedrichs eigener Leitung belagert, wurde von den österreichischen Truppen unter Commando des Feldmarschall-Lieutenants Graf Guasco heldenmüthig vertheidigt, bis endlich am 9. October der eingetretene Mangel an Munition und die bereits gangbar gewordenen Breschen am Jauerniker Fort den ferneren Widerstand unmöglich machten. **Vertheidigung der Festung Schweidnitz.**

Die Abtheilungen des Regimentes theilten den ausdauernden Muth der Besatzung, welchen diese durch häufige Ausfälle und Zurückschlagung mehrerer feindlichen Stürme so glänzend bethätigte.

So hatten sich der Oberlieutenant Marquis Laspieux bei den Ausfällen am 8. und 17. August, durch welche die begonnenen Laufgräben des Feindes zerstört und demselben viel Schaden zugefügt wurde, besonders hervorgethan.

Laspieux, welcher sich auch nebstdem durch seine freiwillige Verwendung bei Vertheidigung der Redoute Nr. 9 vorzüglich verdient gemacht hatte, ward hiefür außer der Tour zum Capitain-Lieutenant befördert.

Ebenso hatte sich Fähnrich La Croix für sein ausgezeichnetes Benehmen bei verschiedenen Ausfällen der Beförderung zum Unterlieutenant zu erfreuen.

Hauptmann de Solares that sich bei mehreren vergeblichen Angriffen des Feindes auf die sogenannte Jauerniker Flesche, vorwärts des gleichgenannten Forts gelegen, rühmlichst hervor und erwarb sich, nebst dem Hauptmanne Linden, welcher mit seiner Compagnie bei dem Ausfalle in der Nacht vom 18. auf den 19. August wesentliche Dienste leistete, ehrenvolle Belobung in der Relation.

Über den Hauptmann de Solares heißt es in einem Promemoria des Generalmajors Grafen Gianini wörtlich: »Dürfte vermuthlich um den Theresien-Orden einkommen, den er auch vorzüglich verdient«.

Weiters kommt im Tagebuche der Festung wörtlich vor: »Die Wallonen hatten beständig den Ton angegeben und waren der Besatzung mit gutem Beispiele vorangegangen«.

Noch am letzten Tage der Belagerung, dem 9. October, als die Breschen an dem Jauerniker Fort für den Feind bereits gangbar waren und dieser vor Tagesanbruch zum Sturme schritt, nahm die Grenadier-Compagnie des Regimentes an dem heldenmäßigen Widerstande theil, mit dem die Besatzung die stürmenden feindlichen Abtheilungen unter den Augen des Königs von Preußen zum Rückzuge zwang.

Diese zwei Compagnien des Regimentes theilten das Missgeschick der Besatzung, welche bei der hierauf erfolgten Capitulation in feindliche Kriegsgefangenschaft gerieth, hatten sich jedoch des Allerhöchsten Beifalls, sowie der Gratification zu erfreuen, womit die Kaiserin Maria Theresia das tapfere Benehmen der gesammten Garnison von Schweidnitz belohnte.

Sämmtlichen Stabsofficieren und Hauptleuten wurde eine sechsmonatliche, den subalternen Officieren aber eine zwölfmonatliche Gratisgage huldreichst verliehen und an die Mannschaft vom Feldwebel abwärts eine einmonatliche Gratislöhnung erfolgt.

Der Verlust der Compagnie während der ganzen Dauer der Vertheidigung betrug: Todt: 27 Mann vom Feldwebel abwärts. Verwundet: Hauptmann Linden, Solares, Lieutenant La Croix und 17 Mann.

Infolge des Präliminar-Vertrages zwischen England, Spanien und Frankreich, welcher am 3. November zu Fontainebleau geschlossen worden war, trennte sich letztere Macht von der Allianz gegen Preußen und dies war auch die Ursache, dass am 24. desselben Monats zwischen Österreich und Preußen ebenfalls ein Waffenstillstand für Schlesien und Sachsen zu Stande kam, während Preußen die Feindseligkeiten gegen das deutsche Reich fortsetzte.

Das Regiment de Los Rios kam nun zu dem Corps des Feldzeugmeisters Graf Lascy, welcher in der ersten Hälfte des Monates November von der Hauptarmee in die Gegend von Reichenberg in Böhmen entsendet worden war.

Dort cantonierte das Regiment bei Gabel und Wartenberg, später bei Königswartha.

TABELLE DE REVUE

VOM 22. AUGUST 1762.

Colonel-Propriétaire: Maréchal Marquis Los Rios.
Colonel-Commandant: François Prince de Gavre.
Lieutenant-Colonel: Joseph de Huvetiers (actualité le 24 fbr.).
Aumonier: Constantin Vanderscheidt.
Quart.-maître: Nicol. Ackermann.
Aud.-Secret.: vacat.
Chirurg.-Major: Guillaume Brûst.
Enseigne: Dumont, Billeck.
Adjutant: Pierre Buggenhaut.
Proviant-maître: Jean Klett.
Wague-maître: Renier Minnet.
Chirurgiens subalternes: Rodrigues, Rousseau, Retersens, Hornich, Legay.
Capitaine-Lieutenant: Le Comte de Looz, Bousier, Solares.
Sous-Lieut.: Rumingas.
Enseigne: Goes, Dussart, Levage, La Croix.
1. Gren.-Comp.: Comte D'Alsace, Prem.-Lieut. Tara, Sous-Lieut. Boysier et Savanée.
2. Gren.-Comp.: Baron de Spangen, Prem.-Lieut. Marquis de Laspieux, Sous-Lieut. Osullivan.
General-Comp.: Capitaine Rainhard, Prem.-Lieut. Costala, Sous-Lieut. Maringh.
Colonel-Comp.: Capit. vacat, Prem.-Lieut. Baron de Fontaine, Sous-Lieut. Pesera.
Capit. Lunden: Prem.-Lieut. Galler, Sous-Lieut. Grenet.
Capit. Chajruj: Prem.-Lieut. vacat, Sous-Lieut. Laubert.
Capit. De Braine anté Du Rieux: Prem.-Lieut. De Boudrij, Sous-Lieut. Detroche.
Capit. Dason: Prem.-Lieut. Du Rieux, Sous-Lieut. Daubeignies.

In diesem Jahre sind keine Geschütze nachgewiesen. Der gesammte Stand beträgt 1321 Mann.

Ferner erscheinen Commandierte in Kremsier 93, in Teschen 10, bei Generalen 23, in Wien 2, in Böhmen 2. Krank in Prag 15, Neuschloss 1, Schönberg 1, Nachod 13, in Loco 22. Die Tabelle ist in Conradswalde in Schlesien den 22. Jänner verfasst und vom Ignatz Schreiber, Kriegs-Commissär, gefertigt.

1763. Nach dem Hubertsburger Frieden vom 15. Februar 1763 kam das Regiment in die Standquartiere nach den Niederlanden zurück und vereinigte sich dort mit den daselbst verbliebenen 2 Bataillonen.

Es endete der schreckliche Krieg, welcher Europa um mehr als eine Million seiner kräftigsten Männer gebracht, Verwüstung, Noth und Leiden ohne Zahl fast über den ganzen Erdtheil gehäuft hatte. Zwischen Österreich und Preußen wurden die früheren Verträge erneuert und Preußen versprach, seine Stimme dem Erzherzoge Joseph zur bevorstehenden römischen Königswahl, nicht minder einem jüngeren Erzherzoge, welcher mit der Prinzessin von Modena sich vermählen sollte, seine reichsständische Einwilligung zur Nachfolge in diesem italienischen Reichslande.

In den Niederlanden wurde das Regiment wieder auf vier complete Bataillone organisiert, von welchen zwei und die Grenadier-Division mit dem Regimentsstabe nach Mons verlegt wurden, während die anderen zwei in Ath detachiert blieben.

Noch zu Ende des vorigen Jahres war Hauptmann Graf d'Alsace zum Major im Regimente befördert worden.

In der Folge jedoch wurde der Stand des Regimentes wieder auf drei Bataillone herabgesetzt, demnach in Ath nur ein Bataillon verblieb.

In diesem Jahre erfolgte die Systemisierung von zwei Fahnen-Cadetten per Regiment, welche später auch Officiersrang erhielten.

III. PERIODE.

EREIGNISSE BIS ZUM AUSBRUCHE DER FRANZÖSISCHEN REVOLUTION.

Die dem Hubertsburger Frieden gefolgte langjährige Friedensepoche benützte Maria Theresia zur Verbesserung der Organisation und Verwaltung ihrer Länder. Insbesondere hat sie für die Armee sehr viel gethan. Die Ingenieur- und Theresianische Militär-Akademie wurden gestiftet, die Sappeur-, Mineur-, Pontonier- und Tschaikisten-Corps errichtet. Die Artillerie hat Fürst Wenzel Liechtenstein zur ersten der Welt erhoben. Das Invalidenwesen wurde von ihr organisiert. Sie errichtete die Militärgrenze und erhöhte die Armee von 60.000 auf 300.000 Mann. Sie stiftete den Maria Theresien-Orden und erneuerte den von ihrer Mutter gestifteten Elisabeth-Orden.

In der Armee wurden, nach den Erfahrungen der langen Kriegszeit, zeitgemäße Reformen durchgeführt.

Es erschien ein neues, vom Feldmarschall Graf Lascy verfasstes Exercier-Reglement und auch in der Adjustierung und Bewaffnung wurden Veränderungen vorgenommen.

1765 erhielt die gesammte Infanterie zu ihrer Bewaffnung den leichten Säbel. Die Officiere erhielten Degen, welche »in einem vergoldeten messingenen Gefäß mit einem dergleichen gedrehten Gewinde und mit einer einem Soldaten anständigen Klingen bestehen sollen und werden in Zukunft die üblichen Modeklingen nicht mehr gestattet werden«. 1765.

Röcke, Westen und Beinkleider mussten unbedingt von weißem Tuche sein, nur die Auswahl der Egalisierungsfarben, sowie die Adjustierung der Spielleute blieb noch den Regimentern überlassen.

Statt der gestulpten Hüte erhielt die Infanterie Casquets.

Es wurde die Kriegswerbung geregelt und dem Regimente Werbeplätze in den Niederlanden zugewiesen, ferner auch Modalitäten bezüglich des Verkaufes der Officiersstellen festgesetzt, um den dabei stattgefundenen Missbräuchen zu steuern; auch erschien die Verordnung, dass bei Besetzung der k. k. Cadetten nur Officierssöhne angestellt werden dürfen, endlich wurde angeordnet, dass die in Erledigung kommenden Fähnrichsstellen folgendermaßen zu besetzen seien: die erste durch einen Fahnen-Cadetten, die zweite nach Willkür des Inhabers, die dritte dem tüchtigsten ordinären k. k. Cadetten, die vierte ebenfalls durch den Inhaber.

Es trat ein neues Wirtschafts- und Verrechnungssystem ins Leben; die Selbstbeschaffung der Montur und Feldrequisiten wurde aufgehoben und Montur-Ökonomie-Commissionen errichtet. Die mit dem Rechnungswesen betrauten Quartiermeister wurden »Rechnungsführer« genannt.

Am 18. August starb zu Innsbruck Kaiser Franz I. Am 23. September ernannte Maria Theresia ihren erstgeborenen Sohn Josef zum Mitregenten. Kaiser Josef übernahm die oberste Leitung des Heerwesens und das Großmeisterthum des Militär-Maria-Theresien-Ordens.

TABELLE DE REVUE
VOM 22. MAI 1765.

Colonel-Propriétaire: M. Los Rios.
Colonel-Commandant: Le Prince de Gavre.
Lieut.-Colonel: Josef Le Huvetier.
Major: François Jos. Comte D'Alsace.
Aumonier: Const. Vanderscheidt.
Quart.-maître: Nicolaus Ackermann.
Auditeur-Secretär: Jaques Meurice.
Chirurgien-Major: Charles Le Roux.
Adjutant: Pierre van Buggenhaut.
Chirurgiens: Dominique Rousseau, Nicolas, Rodrigues, Hornich, Mercher, Legay, Rechteres, Michel.
Capitaines: Denayer, Warnewick, Marquis de Laspin. }
Capit.-Lieutenants: Simon Bouvier, Baron Rodoan. } Surnumeraires.
Prem.-Lieut.: Gemmrani, Dewittes. }
Grenadiers 1. De Lunden: Prem.-Lieut. Taza le Hils, Sous-Lieutenant Houssiez.
Grenadiers 2. Baron de Spangen: Prem.-Lieut. Du Rieux, Sous.-Lieut. Grenett.
General-Comp.: Capitaine Comte de Loos, Prem.-Lieut. Galler, Sous-Lieut. Mesurer.
Colonel-Comp.: Capit. Reinhard, Prem.-Lieut. Daubeignier, Sous-Lieut. Pessers.
Lieut.-Colonel-Comp.: Capit. Jansens, Prem.-Lieut. Bezo, Sous-Lieut. Demling.
Capit. Cabillian: Prem.-Lieut. Lawat, Sous-Lieut. Mahy.

Capit. Looz: Prem.-Lieut. Viverz, Sous-Lieut. Galambier comte de Beux.
Capit. Ibanes: Prem.-Lieut. Demling, Sous-Lieut. Fontaine en Revue.
Capit. Miraumond: Prem.-Lieut. Fauconvat, Sous-Lieut. De Wolff.
Capit. Ruiz: Prem.-Lieut. Taza Lepere, Sous-Lieut. Cools.
Capit. Chapuy: Prem.-Lieut. Perzemans, Sous-Lieut. Taubert.
Capit. Du Rieux: Prem.-Lieut. Gervais, Sous-Lieut. Carben.
Capit. Reinhartz: Prem.-Lieut. Costales, Sous-Lieut. Le Febvre.
Capit. de Haine: Prem.-Lieut. Boudry, Sous-Lieut. Troch.
Capit. van Kerheibm: Prem.-Lieut. Franquen, Sous-Lieut. Robmet.
Capit. Dason: Prem.-Lieut. Chenemont, Sous-Lieut. Roumingas.
Capit. Alares: Prem.-Lieut. Taulet, Sous-Lieut- Gignoux.
Capit. Vertegans: Prem.-Lieut. Paulus, Sous-Lieut. L'Esurilles.

Der Stand betrug 2080 Mann, abgängig 428. Das Regiment weist keine Fuhrwerke und Geschütze nach und hielt die Revue den 21. Mai in Mons, den 22. in Ath ab. Der Stab, die ersten vier, die Cabillian- und die letzten sechs Compagnien befanden sich in Mons, der Rest in Ath.

Die Regimenter erhielten im Jahre 1767 unabänderliche 1767.
Egalisierungsfarben, die durch das Los bestimmt wurden. Knöpfe von weißem oder gelbem Metall sollten zur Unterscheidung der gleich egalisierten Regimenter dienen.

Dem Regimente Los Rios fielen gelbe Knöpfe und die apfelgrüne Farbe zu.

Die Montur- und Rüstungsstücke eines Soldaten bestanden damals in:

1 Casquet, welches beim Gemeinen mit leinenen, beim Unterofficir mit silbernen Borden versehen war, 1 Bärenmütze beim Grenadier, 1 weißen Rock, 1 weißen Camisol, 1 weißen Hose, 1 Paar wollenen Strümpfen, 1 Paar leinwandenen und 1 Paar schwarztuchenen Kamaschen, 1 Paar Schuhen mit Schnallen, 2 Hemden, 1 schwarzen und 1 rothen Halsbinde, 1 Tornister, 1 Säbel sammt Kuppel, 1 Patrontasche sammt Riemen, 1 Flinte sammt Bajonnett und Riemen und einen grauen Mantel, welch' letzteres Monturstück erst in diesem Jahre neu eingeführt worden war.

Die Compagniefahnen wurden 1768 abgeschafft und es 1768.
erhielt jedes Bataillon 2 Fahnen, welche in der Mitte desselben standen und von Cadetten getragen wurden.

Auch wurde die Stockstreichstrafe über Unterparteien, Cadetten und Feldwebel abgestellt und die Benennung »Wachtmeister-Lieutenant« in »Regiments-Adjutant« umgewandelt.

Die bedeutendsten Neuerungen brachte jedoch das Jahr 1769.
1769. Die Errichtung selbständiger Grenadier-Bataillone in

der k. k. Armee ward angeordnet, infolge dessen die Grenadier-Division des Regimentes mit jenen der Infanterie-Regimenter Marquis d'Aynse und Baron Vierset in ein Bataillon unter Commando des Oberstlieutenants Chevalier Ham vom Infanterie-Regimente Murray vereinigt wurde, welches nach Brüssel in Garnison kam.

Die Regimenter wurden numeriert und der Rang der Regiments-Inhaber als Basis angenommen, wodurch das Regiment die Nummer 9 erhielt.

Die Officiere legten die Partisanen ab und commandierten nunmehr mit dem Degen. Die Unterofficiere erhielten durchgehends Flinten, sämmtliche Officiere, Stabsparteien und Feldwebel das spanische Rohr, die Corporale den Haselstock.

Es kam ferner das vom Feldmarschall Grafen Lascy verfasste Reglement im Drucke heraus. Dieses bestimmte den Stand der Regimenter, welcher im ganzen 2071 Mann betrug; hiezu noch 13 vierspännige Proviantwagen. Es erfolgte die Rangierung in 3 Glieder. Das erschienene Dienstreglement enthielt die Verhaltungsvorschriften für die Chargen.

»Der Gemeine hat mit seinem ganzen Thun und Lassen die Wohlanständigkeit zu bewahren und das ungeschliffene Wesen vermeiden. . . . Auf der Straßen darf er weder Tabak rauchen, noch essen und trinken, vielweniger kälbern, schreien und ungebührlich laufen. Er darf sich zu keiner Zeit, auch außer dem Dienst, betrunken finden lassen. . . . . Vor jedem Höheren muss er den Hut mit der linken Hand und einer gewissen Art ohne Geräusch abnehmen . . . vor Generalen, Stabs- und Oberofficieren Front machen«.

Der Gefreite führt die Schildwache auf. »Es ist sehr nöthig, dass er lesen und schreiben könne, wozu jedoch eben keine Zierlichkeit, sondern nur so viel erforderlich wird, dass er das von ihm Geschriebene vollständig zu lesen im Stande seie«.

Der Corporal stand einer Corporalschaft vor und hat bei der Compagnie das »Aufpassen«. »Er muss die Leute nicht allein nach der Gestalt und dem Namen, sondern auch nach ihren guten und bösen Eigenschaften bestmöglichst kennen lernen, um zu wissen, wer zum Spielen, zum Saufen, zum Raisonnieren, zu Raufhändeln, zum Stehlen oder zu anderen Lastern geneigt ist«.

Der Führer trug die Fahne und wurde zur Aufsicht im Spitale verwendet.

Der Feldwebel rangierte die Compagnie, commandierte den Dienst, holte die Befehle ab und publicierte sie der Compagnie.

»Während dem Marsche sollte er bei Passierung von Wäldern, Sträuchern, hohen Früchten Seitenpatrouillen benennen und zur rechten Zeit abschicken«.

Der Fähnrich war der jüngste Officier. »Wenn ein Mann vom Regimente zum Tode verurtheilt worden, so ist deren Fähnrichs Schuldigkeit, dass zwei vor Ausrückung des Executionscommandos sich bei dem Regiments-Commandanten einfinden und für den Deliquenten um Gnade bitten«.

In der Vorschrift für den Unterlieutenant war speciell das Benehmen des Ordonnanz-Officiers vorgezeichnet. »In diesem Dienst erscheint er in vorgeschriebener Adjustierung, jedoch mit Stiefel und Sporn zu Pferd. An der Tafel bey dem Generalen hat er sich ehrbar aufzuführen, und stets in den Schranken des schuldigen Respectes zu halten, jedoch keineswegs eine unanständige Blödigkeit, sondern in seinen Geberden ein freies Wesen hervorblicken zu lassen«.

Der Oberlieutenant war die »zweite Person bei der Compagnie«. Er hat die Protokolle zu visitieren.

Der Hauptmann ist der Compagnie-Commandant und von dem wird alles begehrt. Alle Theile der Exercitii muss er aus dem Grunde verstehen.

Dem Profoß war die Sittlichkeit im allgemeinen vertraut. »Wenn er wahrnimmt, dass ein Officier ein Weibsbild unter dem Vorwand einer Köchin, Wirtschafterin, Wäscherin etc. bei sich hält, solle er es dem Regiments-Pater melden; das übrige lüderliche Weibsgesindel aber ist unverzüglich vom Regiment zu schaffen und im Falle sie wieder kommen, lass er solche durch den Steckenknecht hinwegpeitschen und ihnen die Augenbrauen abscheren, die Haare kurz schneiden und wieder wegpeitschen«.

Der Regiments-Adjutant, Unterofficier, musste ein besonders activer Mann sein. Gegen die Hauptleute und subalternen Officiere hatte er jederzeit den gebürenden Respect zu beobachten, unter ihnen den Hut nicht aufsetzen und keinen »Kameraden« machen.

»Das Exercitium ist eine der Hauptbeschäftigungen, welche einem Major obliegen, dasselbe hat er aus dem Grunde zu verstehen, dass es der übrigen Mannschaft auf das sorgfältigste beygebracht werde. Der Obristlieutenant ist nach dem Obristen die erste Person beym Regimente, er rapportieret täglich in der Frühe dem Obristen, wohin er sich ebenmäßig an den angesetzten Tagen in Begleitung beider Majors verfügt, um den Rapport abzustatten«.

»Der Obriste ist der Commandant des Regiments und gleichsam die Haupttriebfeder, wodurch die anderen in Bewegung gebracht werden und solchergestalten dieser ganze Körper in die bestimmte Ordnung versetzt wie auch darinnen erhalten wird, wessenhalben er nicht nur von allem die vollkommenste Wissenschaft haben, sondern sich bestreben muss, dass bemeldete Ordnung eifrigst angewendet werde«.

Zum ersten Male begegnen wir im Reglement vom Jahre 1769 der Anführung der moralischen Factoren, deren Pflege allein tüchtige Soldaten heranzubilden geeignet ist. Unter den »Verhaltungen überhaupt« werden Gottesfurcht, Subordination, Mannszucht, Harmonie und Esprit de Corps erläutert und die zur Förderung dieser soldatischen Tugenden dienlichen Mittel angeführt. Bei Beschwerden wider den Obristen, auf welche dieser keine Abhilfe traf, stand es dem Officierscorps frei, beim Inhaber um die »Remedur« einzuschreiten.

1771. Das Regiment dislocierte mit dem Stabe und allen Bataillonen in Gent.

Im Jahre 1771 avancierte Oberst Franz Fürst Gavre zum Generalmajor und die Oberstenstelle blieb im Regimente, welches vom Oberstlieutenant Fassignies commandiert wurde, unbesetzt.

Mit hofkriegsräthlicher Verordnung, Wien, 15. April 1771, wurde das Invaliden-Versorgungs-System publiciert und der Stand für die Invalidenhäuser, und zwar Wien inclusive des Van Ypen'schen Gebäudes für 835 Mann, Pest 1715 Mann, Prag inclusive der Schlösser Poděbrad, Brandeis, Pardubitz für 832, Ruremond für 410 Mann und Pettau für 93 Mann festgesetzt.

Am 19. November erneuerte und vermehrte Maria Theresia die von ihrer Mutter, der Kaiserin Elisabeth Christine im Jahre 1750 ins Leben gerufene Stiftung, jetzt »Elisabeth-Theresien-Stiftung« genannt, auf 21 Mitglieder.

1772. Am 5. August 1772 wurde zu Petersburg der definitive Tractat über die erste Theilung Polens zwischen Russland, Preußen und Österreich unterzeichnet, wodurch Österreich die Zipser Städte, die Herzogthümer Auschwitz und Zator nebst einigen anderen Bezirken unter dem Namen Galizien und Lodomerien erhielt.

Das Regiment lag in Brüssel und ward vom Oberstlieutenant Fassignies commandiert. Erst nach dessen zwei Jahre später erfolgtem Tode rückte der zweite Oberstlieutenant Eduard Chevalier d'Alton zum Obersten und Regiments-Commandanten, Major Linden zum Oberstlieutenant und Hauptmann Vogelsang von Lothringen-Infanterie zum Major vor.

d'Alton Eduard Graf, Feldmarschall-Lieutenant und 1790 Inhaber des Infanterie-Regimentes Nr. 15, geboren zu Grenanstown in Irland 1737, gestorben den Tod der Ehre bei Dünkirchen den 24. Mai 1793, trat als Cadet in's 28. Infanterie-Regiment Wied ein, wurde nach einem Jahre Officier und avancierte bis 1759 zum Hauptmann in dem vom Feldmarschall-Lieutenant Lascy errichteten Stabsregimente, wo er sich 1760 vor Dresden, bei Torgau, insbesonders aber am 2. Februar 1762 vor Großpartha auszeichnete; da griff er nämlich das feindliche Bataillon Labadie muthig an, zersprengte es und nahm den Commandanten mit 98 Mann gefangen. d'Alton avancierte bis 1773 zum Obersten des Regiments Los Rios Nr. 9, 1783 rückte er zum Generalmajor vor, commandierte im Türkenkriege eine Brigade und wurde während des Feldzuges Feldmarschall-Lieutenant. Zur Armee in die Niederlande berufen, wurde er mit seinen Truppen dem Herzog von York zugetheilt und fiel vor dem Feinde.

MUSTER-TABELLE
DES REGIMENTES VOM 23. MAI 1772.

Obrist: vacat.

Obristlieutenant: Fassignies.

Obristwachtmeister: erster: Jakob von Lunden, zweiter: Philipp Jos. Graf D'Asson.

Rgts.-Caplan: Peter Gambier.

Auditor-Secretär: Jakob Meurisse.

Rechnungsführer: Nicolaus Ackermann.

Fahnen-Cadetten: Michael van Duggat, Ernst Zuolfinger.

Rgts.-Chirurgus: Dominik Rousseau.

Adjutant: Peter Van Buggenhaut.

Ordin. Cadetten: Josef Bojanus, Carl Ruiz, Franz Paulus, Ferd. Bonkowski, Sigmund Wesser, Felix Carpet.

Bat.-Feldscherer: Mathurin Nicolaus.

1. Grend.-Comp.: Hptm. Debraine, Oblt. Taza, Unterlt. Xhenemont.

2. Grend.-Comp.: Hptm. Baron de Spangen, Oberlieut. Vogelsang, Unterlieut. Malfait, Fähnrich Hacard.

Leib-Comp.: Hauptm. Rousseau, Oberlieut. Romingas, Unterlieut. Zadeler, Fähnrich Kletten.

Obristens- vacat Comp.: Hptm. Bozo, Oberlt. D'Aubegni, Unterlieut. Tux, Fähnrich Kayser.

Obristlieut.-Comp. vacat: Hptm. Galler, Oberlieut. Geminiani, Unterlt. Ghys, Fähnrich Bugenhaut.
Obristwachtmeiter-Comp.: Hptm. Durieux, Oberlieut. Kellerman, Unterlieut. Billeck.
Dejardin-Comp.: Oberlieut. Houssies, Unterlieut. L'Oliviers, Fähnrich Baton.
Tribolet-Comp.: Oberlt. Laval, Unterlt. Manissaut, Fähnrich Tribolet.
D'Harlebeck-Comp.: Oberlt. Robinel, Unterlt. Duxy, Fähnrich Bouvier.
Cabilliau-Comp.: Oberlt. Hannes, Unterlt. Paulus, Fähnrich L'Olivier.
Bauvier-Comp.: Oberlt. Perremanns, Unterlt. Lefevre.
Du Rieux-Comp.: Oberlt. Zaplethal, Unterlt. Carbon.
Rodvan-Comp.: Oberlt. Carpentier, Unterlt. Vanropem.
Ruiz-Comp.: Oberlt. Paulus, Unterlt. Sulambier.
Dauckershielm-Comp.: Oberlt. Mesureur, Unterlt. Taubert.
Franequeu-Comp.: Oberlt. Taulet, Unterlt. D'Aspre.
Vertegans-Comp.: Oberlt. Taubert, Unterlt. Lualdy.

Der Gesammtstand beträgt 2347 Mann, hievon abgängig 328, verbleibt der Effectivstand 2019 Mann. Die Tabelle ist in Gent den 23. Mai verfasst und geht aus derselben hervor, dass der Stab in Brüssel, die anderen Theile in Dendermonde und Bend disllociert waren. Eine genaue Dislocation ist aus den sehr wenigen und unvollständigen Acten nicht zu ersehen.

1774. 1774 schaffte der Kaiser die Seitenlocken in der Armee ab, während der Zopf noch 30 Jahre lang sich erhielt. Das Regiment blieb in Brüssel.

1775. 1775 starb der Inhaber des Regiments Feldmarschall Don Francesco de Gutierez, Marchese de Los Rios, nachdem er durch ein halbes Jahrhundert die Inhaberstelle bekleidete. Das Regiment wurde dem Generalmajor Carl Graf von Clerfayt verliehen.

Carl Josef Graf Clerfayt war am 14. October 1733 auf dem Schlosse Bruille im Hennegau geboren. Einer der größten unermüdlichsten Feldherren Österreichs, wusste er schon während des siebenjährigen Krieges in den Schlachten von Prag, Lissa, Liegnitz, sowie bei dem Überfalle von Hochkirch derartig Bedeutendes zu leisten, dass er nach dem Hubertsburger Frieden 1763 zum Obersten befördert und mit dem Theresienorden ausgezeichnet wurde.

Vorübergehend an dem bayerischen Erbfolgekriege betheiligt, fand er im Türkenkriege von 1788—1789 Gelegenheit zu erfolgreichem Wirken und schlug als selbständiger Corps-Commandant die Türken bei Mehadia. Nach der Eroberung Belgrads, bei welcher sich Clerfayt an Loudons Hauptarmee angeschlossen hatte, führte er den Oberbefehl in der kleinen Walachei und in der Kraina, siegte über die Türken bei Selya und Kalafat und sicherte hiedurch jene Länder bis zum erfolgten Frieden. Seine glänzendste Thätigkeit entwickelte er in dem 1792 ausgebrochenen französischen Revolutionskriege. Hervorragend betheiligt an der Einnahme von Longwy und Verdun, bemächtigte er sich am 1. September 1792 des wichtigsten Postens bei Stenai und des Überganges bei La Croix de Bois, deckte hierauf mit großer Umsicht den Rückzug des Herzogs von Braunschweig mit geringen Kräften gegen den heftig nachdringenden Feind, leitete den ewig denkwürdigen Rückzug nach der unglücklichen Schlacht von Jemappes, erfocht den Sieg bei Herve und hielt sich in so achtunggebietender Verfassung, dass er im Stande war, aus seiner gesicherten Stellung, die er bei Bergen genommen hatte, den Feind wiederholt beunruhigen zu können.

In dem glorreichen Feldzuge 1793 unter dem Ober-Commando des Prinzen von Coburg überfiel er die Franzosen bei Aldenhoven, nöthigte die Gegner, die Belagerung von Mastricht aufzugeben, entschied durch seine unerschütterliche Ausdauer den Sieg in der mörderischen Schlacht bei Neerwinden und entwickelte Tapferkeit und Feldherrnumsicht in den Gefechten von Quievrain, Nanson und Famars. Um die Belagerung von Valanciennes zu decken, drückte Clerfayt eine französische Truppe von Bois de Rheims hinweg und nahm trotz hartnäckigen Widerstandes Quesnoy. In dem Feldzuge 1794 als Commandant eines Beobachtungs-Corps in Westphalen den Franzosen energischen Widerstand leistend, übernahm er nach der Schlacht von Fleurus den Oberbefehl, schlug Jourdan bei Höchst 1795 aufs Haupt und erstürmte die auf das verzweifeltste vertheidigten starken Linien von Mainz.

Nach geschlossenem Waffenstillstande mit dem Minister Thugut entzweit, legte der von seinem Monarchen hochgeehrte Clerfayt den Oberbefehl nieder und übergab ihn an Erzherzog Carl.

Clerfayt verband mit den ausgezeichnetsten Eigenschaften eines Feldherrn den unerschütterlichen Muth des Kriegers und die schönsten Tugenden des Bürgers.

Die Stadt Wien ließ ihm ein schönes Grabmal errichten. Clerfayt war ein vortrefflicher Mensch. In der Armee nannte man ihn den »Soldatenvater«; thatsächlich schlug er auch alle Heiratsanträge aus. »Hab ich denn nicht eine genug große

Familie? Meine Soldaten, sind sie nicht alle meine Kinder«? waren seine Worte, wenn man an ihn solch ein Ansinnen stellte. Sein Beutel stand für die Officiere, die unter ihm dienten, immer offen, und den Tag vor seinem Tode verbrannte er alle Schuldscheine mit der Äußerung: »er könne sich mit größerer Zuversicht auf sich selbst als auf seine Erben verlassen«. Im Felde setzte er sich selbst oft Gefahren aus, um seine Truppen zu schonen.

Die Spitäler überwachte er sorgfältig und war stets darauf bedacht, dass es den kranken Soldaten an nichts gebrach. Gewöhnlich sehr schlicht in seiner Kleidung, machte er doch davon stets eine Ausnahme, wenn es gegen den Feind gieng. Dem zeigte er sich in glänzender Uniform und mit allen seinen Orden. »Der Tag der Schlacht«, sagte er, »ist des Kriegers Ehrentag«.

Er starb am 21. Juli 1798 zu Wien und wurde seiner letztwilligen Anordnung gemäß, ohne allen Leichengepränges auf dem Währinger Friedhofe zur ewigen Ruhe bestattet.

1776. 1776 wurde die Gage-Carrenz eingeführt; die Vorschrift über das Frisieren der Kopfhaare der Mannschaft wurde aufgehoben.

Mit 1. Jänner wurde auch die bei gemeinen Verbrechen in Anwendung gebrachte Tortur und das Verschärfen der Todesstrafe (z. B. Stutzen der Glieder, Zwicken mit glühenden Zangen, Schleifen auf die Richtstätte durch ein Thier) aufgehoben.

1777. Auch im Jahre 1777 blieb die Dislocation des Regimentes ungeändert. Es erschien das Cadetten-Normale. Dasselbe scheidet die Cadetten in Fahnen-, Ordinäre und Regiments-Cadetten. Erstere meist Theresianische Akademiker. Ordinäre, gleichfalls Akademiker minderer Kategorie und Regiments-Cadetten aus den assentierten Gemeinen hervorgegangen.

Nach dem Tode des Kurfürsten Maximilian Josef von Bayern am 13. December 1777 bedrohte die österreichischen Staaten eine neue Kriegsgefahr.

Österreich nahm sofort von Niederbayern Besitz, aber das bayerische Volk erklärte sich dagegen, ebenso der Herzog von Zweibrücken, des Kurfürsten Erbe. Der letztere rief die Hilfe von Preußen an. Der Kurfürst von Sachsen hielt es auch mit ihm. Die Kaiserlichen hatten zwei Lager, das eine bei Königgrätz unter Kaiser Josef und Lascy, das andere an der sächsischen Grenze unter Loudon. Ihnen gegenüber stand der König und sein Bruder Heinrich. Das Regiment marschierte mit dem Leibbataillon, welches 977, und der Grenadier-Division, die 220 Köpfe stark war, in der Colonne des Generalmajors Graf Rindsmaul aus den Niederlanden ab, wo die anderen 2 Bataillone zu Mons in Garnison verblieben, gleichfalls zur Armee nach Böhmen.

Am 23. Juli traf das Regiment zu Günzburg ein, wurde daselbst eingeschifft, am 27. Juli zu Straubing ausbarkiert und rückte nach sieben Märschen in Pilsen ein, woselbst sowohl das Leib-Bataillon, als auch das Grenadier-Bataillon Fuhrmann, in dem die Grenadier-Division rangierte, bei der Armee des Feldmarschalls Baron Loudon eingetheilt wurden.

Das Leib-Bataillon kam in die Division Feldmarschall-Lieutenant Graf d'Alton, Brigade Generalmajor Graf Blankenstein, und nahm an allen jenen Operationen theil, mit welchen das Vordringen des Feindes gehemmt und derselbe zum Rückzuge nach Schlesien gezwungen wurde, ohne jedoch in ein Gefecht verwickelt worden zu sein.

Am 27. December, als die Cordonstrecken von den Truppen bezogen wurden, erhielt das Leib-Bataillon mit dem Regimentsstabe folgende Dislocation:

Oberst d'Alton mit einer Compagnie zu Dörfel,
Major Solares mit einer Compagnie zu Aichigt,
zwei Compagnien zu Langenbruck,
eine Compagnie » Treschmanitz,
» » » Fibich.

Die Grenadiere wurden nach Prag verlegt, jedoch schon anfangs Jänner 1779 zum Armeecorps des Feldzeugmeisters 1779.
Baron Ellrichshausen nach Mähren beordert, wo sie am 28. Februar dem Streifzuge des Feldmarschall-Lieutenants Graf Wallis nach Neustadt in Schlesien beiwohnten und dann Cantonierungsquartiere zu Trübau in Mähren bezogen. Das Leib-Bataillon blieb bei der Armee in Böhmen.

Wechselseitige Scheu und wetteifernde Kunst der Heerführer, welche weder Blößen geben, noch vermessen anzugreifen geneigt waren, hielten von entscheidenden Schlägen ab; auch in Stellungen und Märschen, dann im kleinen Kriege ward gleicher Ruhm erworben. Maria Theresia sandte, ohne Kaiser Josef und Kaunitz davon zu unterrichten, den Freiherrn Thugut in das preußische Lager, um eine Ausgleichung herbeizuführen. Am 13. Mai 1779 wurde zu Teschen Frieden geschlossen; durch denselben fiel das Innviertel an Österreich.

Die Abtheilungen des Regimentes kehrten in die Niederlande zurück, woselbst sie ihre früheren Stationen wieder bezogen, nämlich zwei Bataillone Mons, eines Ath und die Grenadiere Brüssel.

Obschon das Regiment keiner feindlichen Unternehmung beigewohnt, hatte es dennoch einen großen Verlust erlitten, denn es starben in diesem Jahre an Krankheiten, die in der Armee epidemisch herrschten, 2 Officiere und 225 Mann.

Der Inhaber, Generalmajor Graf Clerfayt, hatte in diesem Feldzuge eine Brigade beim Corps Ellrichshausen commandiert.

1780. Den 29. November 1780 starb Kaiserin Maria Theresia und Josef II. übernahm die Regierung.

Die große, beim Heere und Volke unvergessliche Kaiserin vermachte in ihrem Testamente dem Heere »vom Höchsten bis zum Letzten« einen einmonatlichen Gehalt oder Sold.

1782. Auf Josefs Befehl wurden im Jahre 1782 die Regiments-Erziehungshäuser für Soldatenknaben errichtet. Aus den Acten des k. und k. Kriegs-Archives geht hervor, dass im Herbste dieses Jahres 50 Erziehungshäuser für je 48 Knaben zur Aufstellung gelangten. Zur Bestreitung der Erhaltungskosten wurden jedem Regimente 2000 fl. zugewiesen. In diese Anstalten wurden nur Söhne der Mannschaft, zur Heranbildung tüchtiger Unterofficiere aufgenommen. Die Knaben trugen graue oder braune Monturen mit dem Kragen von der Farbe des Regimentes und kleine Casquets. Das Erziehungshaus des Regimentes wurde im November in Gent aufgestellt; ferner wurde in diesem Jahre ein Officiers-Töchter-Institut in St. Pölten errichtet.

MUSTER-TABELLE

DES REGIMENTES ÜBER 2 FELD- UND 1 GARNISONS-BATAILLON, DANN 1 GRENADIER-DIVISION DDO. MUSTERPLATZ GENT DEN 8., ANTWERPEN DEN 10. UND BRÜSSEL DEN 16. AUGUST 1782.

Obrist und Regiments-Commandant: Eduard Graf D'Alton.
Obristlieutenant: Jakob Heinrich Baron de Lünden.
1. Major: Alphons de Solares.
Rgts.-Caplan: Illuminatus Simonart.
Rgts.-Auditor und Secretair: Mathias Ritter v. Hohenstoig.
Rgts.-Rechnungsführer: Caspar Berg.
Fahnen-Cadetten: Franz Desermek, Anton Duchapuy.
Rgts.-Adjutant: Leopold Scheible.
Rgts.-Chirurgus: Dominik Rousseau.

Cadetten: August Desoubleau, Franz Donaues, Josef Heinz.
Bataillons-Chirurgen: Bartolomé De Mellery.
Regimentsstab zu Gent.

1. Gren.-Comp. zu Brüssel: Capitain George du Rieux, Oberlieut. Anselm Mesurere, Unterlieut. Philipp Rudolph.

2. Gren.-Comp. zu Gent: Capitain Franz Rousseau, Oberlieut. Natalis de Romingas, Unterlieut. Peter Naegle.

Leib-Comp.: Capitain Dionis Mulrian, zu Gent, Oberlieut. Peter Sommers, Unterlieut. Franz de Jardin.

Obristens-Comp.: Capitain Franz Lualdi, zu Gent, Oberlieut. Norbert Hanes, Unterlieut. Johann Buckard.

Obristlieutenants-Comp.: Capitain Carl Taubert, zu Antwerpen, Oberlieut. Andreas Zapletal, Unterlieut. Sigismund Wesser.

1. Major-Comp.: Capitain Franz D'Aubegnie zu Antwerpen, Oberlieut. Johann Baston, Unterlieut. Joseph Weismantel, Fähndrich Carl von Werlinghoven.

2. Major-Comp.: Heinrich de Jardin, zu Gent, Oberlieut. Carl Marquis de Gavre, Unterlieut. Franz Feiler, Fähndrich Josef Schuster.

Leopold Galler-Comp. zu Antwerpen, Oberlieut. Ernst Sergeant, Unterlieut. Joh. Wilh. Bouvur, Fähndrich Nicolaus Ruiz.

Carl Graf D'Harlebeck-Comp. zu Gent: Oberlieut. Louis L'Olivier, Unterlieut. Franz de Paulus, Fähndrich Casimir Br. de Plotz.

Franz Bozo d'Arbres-Comp. zu Gent: Oberlieut. Carl Du Ry, Unter-Lieut. Fried. v. Katzner, Fähndrich Caspar Strauß.

Leopold Franequin de Boquet-Comp. zu Antwerpen: Oberlieut. Johann Salambur, Unterlieut. Rudolf Kayser.

Franz Baron d'Aspre-Comp. zu Gent: Oberlieut. Maurice de Robinel, Unterlieut. Pascal Crocz.

Louis von Vogelsang-Comp. zu Gent: Oberlieut. Laurent de Bamelrod. Unterlieut. Peter D'Ashondeville.

Nicolaus de Ruix-Comp., Antwerpen: Oberlieut. Louis Baron de Kossius. Unterlieut. Louis de Taubert.

Franz Carpentier-Comp. zu Gent: Oberlieut. Johann Baron L'Olivier. Unterlieut. Josef Bojanus.

Franz Wouwremanns-Comp. zu Gent: Oberlieut. Joseph v. Rayd. Unterlieut. Albert Couoreux.

Emanuel Graf D'Hush-Comp. zu Gent: Oberlieut. Nicolaus Monelergeon, Unterlieut. Michel Dedugat.

Nicolaus Baron de Bilamourt-Comp. zu Gent: Oberlieut. Johann Bernauer, Unterlieut. Remigius Goubeau.

Der complete Stand des Regimentes betrug 2215 Mann, hievon abgängig 517 Mann u. zw. erscheinen ausgewiesen: Commandierte 400, beurlaubt 14, Kranke 147. Unter den Gemeinen befinden sich 404 Ausländer, 46 Officiers- und 403 Mannschafts-Kinder.

1783 avancierte Oberst Eduard Chevalier d'Alton zum 1783.
Generalmajor und nachdem seine Stelle ein Jahr lang unbe-

setzt geblieben, ward Oberstlieutenant Josef von Lünden zum Obersten und Regiments-Commandanten befördert.

In diesem Jahre erhielten 37 Infanterie-Regimenter beständige Aushilfs-Werbebezirke in Galizien. Es wurde die k. k. Josefs-Akademie errichtet, in welche jedes Regiment einen Arzt abgab.

Der Streit über die freie Beschiffung der Schelde, welche Holland den benachbarten Ländern verweigerte, veranlasste Österreich, sich in diesem Jahre zum Kriege zu rüsten.

Auch das Infanterie-Regiment Graf Clerfayt ward auf Kriegsfuß gestellt und stand bei dem Observations-Corps, welches an der holländischen Grenze concentriert wurde.

Es kam jedoch nicht zum Kampfe, denn durch Vermittelung Frankreichs wurden die Differenzen am 8. November
1784. 1784 im Tractate von Fontainebleau beigelegt.

Das Regiment kam nach Gent zurück.

1785. Im Jahre 1785 stiftete Kaiser Josef II. als sichtbares Zeichen der Belohnung besonderer Tapferkeit für die Mannschaft eine goldene und silberne Medaille. Beide Medaillen konnten sich damals nie auf einer Brust vereinen, denn wenn ein Soldat, der bereits mit der silbernen Tapferkeits-Medaille geziert war, die goldene erhielt, musste er erstere abgeben.

Bis zu jener Zeit bestand die Belohnung tapferer Thaten der Mannschaft nur in Geld, oder, wenn zulässig, in Beförderung.

Eine weitere Anordnung Kaiser Josef II. betraf die Zuziehung der Juden zum Militärdienste und Befähigung derselben zu Ober- und Unterofficiers-Stellen.

1786. Im Monate Februar 1786 besetzte das 3. Bataillon des Regimentes die beiden Forts Lille und Liefkanskock, welche Holland an Österreich abgetreten hatte.

Die goldenen Feldbinden der Stabs- und Oberofficiere, und bei der Infanterie auch die goldenen, respective silbernen Hutborten wurden abgeschafft und seidene Feldbinden eingeführt. Bei den Feuergewehren der Infanterie wurde das schiefe Zündloch und am Schlosse der Feuerschirm, endlich der Cylinderladstock eingeführt.

MUSTER-LISTE

1787. DER ZWEI FELD- UND EINES GARNISONS-BATAILLONS, DANN ZWEIER GRENADIER-COMPAGNIEN VOM JAHRE 1787.

Obrist und Regiments-Inhaber: Carl Joseph Graf Clerfayt.
Obrist, Regiments-Commandant: Jakob Freih. von Lünden.
Obristlieutenant: Alphonse de Solares.

Obristwachtmeister: Heinrich de Jardin.
Regiments-Caplan: Johann Vanmochten.
Auditor und Secretair: Math. Ritter von Hohenstöger.
Rechnungsführer: Caspar Berg.
Fahnen-Cadet: Johann Baron von Wimpfen.
Regiments-Adjutant: Johann Hubner.
Regiments-Chirurgus: Ignaz Keller.
Ord.-Cadetten: Josef Heinz, Johann Mitzke, Hypolit Ruiz, Lud. Werremanns, Lud. de Tauber.
Bataillons-Chirurgen: Albert Roulet, Josef Born.
Unter-Chirurgen: Nicol. Dindal, Franz Wotgain, Franz Hofrich, Josef Axmann, Jos. Engelbert, Franz Catus, Jos. Hermann, Josef Merrie, Georg Haniesern zu Brüssel.
1. Grenadier- Georg Durieux-Comp. zu Gent. Oberlieut. Nicolaus Monclergeon, Unterlieut. Nicolaus de Quizlom.
2. Grenadier Ludwig- Vogelsang-Comp. zu Brüssel seit 9. August 1787, Oberlieut. Ernest Sergent, Unterlieut. Joseph Goubeau.
Leib-Comp.: Capt. Joseph Rayd zu Gent seit 3. August 1787, Oberlieut. Sigismund Weser, Unterlieut. Josef Graf Weißenwolf, Fähnrich August Franz v. Lederer.
Obristens-Comp.: Capt. Carl Marquis de Gavre, Oberlieut. Franz de Jardin, Unterlieut. Leopold Scheible, Fähnrich Alphons de Robaux.
Obristlieutenants-Comp.: Capt. Natalis Romengas zu Antwerpen seit 1. August 1787, Oberlieut. Carl Dury, Unterlieut. Philipp Danneau, Fähnrich Jos. Marechal de Perelat.
1. Majors-Comp.: Capt. Anselm Mesurer zu Gent, Oberlieut. Fried. de Katzener, Unterlieut. Johann Menersdorf, Fähnrich Josef Ritter v. Quabeck.
2. Majors- Franz v. Rousseau-Comp. zu Gent, Oberlieut. Ludw. L'Olivier, Unterlieut. Carl Freih. v. Spangen, Fähnrich Ferd. Arnold v. Radzisky.
Hauptm. Leopold Galler-Comp. in Antwerpen, Oberlieut. Johann Graf Gaston, Unterlieut. Anton Chapuy, Fähnrich Philipp Pfluger.
Hauptm. Carl Vicomte D'Harlebeck-Comp. zu Gent, Oberlieut. Franz de Paulus, Unterlieut. Caspar Strang, Fähnrich Anton Galler.
Hauptm. Franz Bozo Darbres-Comp. zu Gent, Oberlieut. Wilhelm Bouvier, Unterlieut. Wilhelm Chapuy, Fähnrich Franz Royer.
Hauptm. Andreas Zapletal-Comp. zu Antwerpen, Oberlieut. Johann Baron Bernauer, Unterlieut. Franz Desermet.
Hauptm. Dyonisius Mulzyan-Comp. zu Gent, Oberlieut. Joh. Baron L'Olivier, Unterlieut. Cos. Freih. von Ploto.
Hauptm. Mauritius Rabinel-Comp. zu Gent, Oberlieut. Pascal Crocs, Unterlieut. Friedr. von Amendi.
Hauptm. Franz Lualdy-Comp. zu Antwerpen, Oberlieut. Philipp Rudolph, Unterlieut. Maxim. Couvreur.
Hauptm. Franç. de Carpentiere-Comp. zu Gent, Oberlieut. Peter Jos. Dassonleville, Lieut. Wilhelm de Leveling.

Hauptm. Franz Wouvermanns-Comp. zu Gent, Oberlieut. Peter de Sommers, Unterlieut. Alexander de Taubert.

Hauptm. Franz Daubegnie-Comp. zu Gent, erscheint kein Sub.-Officier ausgewiesen.

Hauptm. Nicolaus Br. de Ribaucourt-Comp. zu Gent, gleichfalls ohne Sub.-Officier.

Die beiden Grenadier-Compagnien haben einen Stand von je 111, die anderen Compagnien 170—180 Mann. Die Tabelle weist nach: einen Stand von 3907, Abgang von 754, demnach einen Präsenzstand von 3153 Mann, darunter 567 Ausländer.

Verheirathete Oberofficiere 15, Mannschaft 214, männliche Officiers-Kinder 21, weibliche 23, männliche Mannschafts-Kinder 152, weibliche 136, in Summa 332 Regimentskinder.

Der Musterungstag war Antwerpen den 1., Gent den 3. und Brüssel den 9. August, und ist die Tabelle vom Feld-Kriegscommissär Gruber unterfertigt.

1788. An dem österreichisch-russischen Türkenkriege vom Jahre 1788—1790 nahm das Regiment keinen Antheil. Es blieb die ganze Zeit in seinen Garnisonen Brüssel und in den Forts Lille und Liefkanskock.

IV. PERIODE.

REVOLUTIONSKRIEGE BIS 1799.

Mit dem Jahre 1789 beginnen alle jene großartigen Ereignisse, welche die denkwürdigen Revolutionskriege hervorriefen. Josef II., welcher in den Niederlanden Justiz, Kirche und Schule zeitgemäß einzurichten beflissen war, stieß dortselbst auf harten Widerstand. Die Stände von Brabant verweigerten die verlangten Subsidien. In den meisten Städten entstanden blutige Empörungen, die Generalstatthalter verließen die Niederlande und die Provinzen alle mit Ausnahme Luxemburgs geriethen in die Gewalt der Stände. Vergebens nahm Josef seine Decrete zurück. 1789.

In der Nacht vom 23. auf den 24. October lief die Nachricht ein, dass die zu Breda versammelten »Patrioten«, verstärkt durch viele Deserteure wallonischer Regimenter, in der Zahl von einigen Tausenden, an die Grenze vorrückten. Da nebst dieser Nachricht auch die Meldung von den zwischen den kaiserlichen Patrouillen und den Insurgenten bereits vorgefallenen Thätlichkeiten einlief, so verfügte sich Oberst Du Jardin mit einem Bataillon des Regimentes nebst einem Bataillon 41 und 55, ferner einer Escadron, zufolge eines vom commandierenden General erhaltenen Befehles nach Lierre, um den Übergang der Insurgenten über die Nethe zu hindern. Von Brüssel wurde ein combiniertes Bataillon nachgeschickt. Es war aus der eigenen Grenadier-Division, De Ligne (30) und Murray (55) zusammengestellt.

Inzwischen wurden an die Stelle der abgerückten Grenadiere aus Flandern zwei Divisionen vom Regimente nach Brüssel gezogen. Die Insurgenten theilten sich in drei Colonnen; jede beiläufig 3000 Mann; ein Theil davon bemächtigte sich des Schelde-Sperrforts Lille, ein anderer drang in das Fort Liefkanskock; die Scheldemündung war in ihrer Gewalt. Generalmajor Baron Schröder hatte den Auftrag, vor Lierre die wahre Lage der Dinge zu recognoscieren. In seiner Colonne waren 3 Divisionen des Regimentes eingetheilt. Am 27. October kam es vor Turnhout zu einem Gefechte. Die Kaiserlichen hatten zwar die von den Insurgenten und den Einwohnern verbarrikadierten Straßen geöffnet, drangen, ein heftiges Feuer unterhaltend, auf die Rebellen und machten viele derselben nieder, mussten sich jedoch, nach einem heftigen fünfstündigen Straßenkampfe gegen die bedeutende Übermacht, zurückziehen.

Die Treue und Disciplin der wallonischen Truppen hatte sich bei diesem ersten ernsten Anlasse nicht von einer günstigen Seite gezeigt.

Feldzeugmeister Graf d'Alton, befürchtend, dass die Insurgenten einen Anfall auf Gent machen dürften, entsendete den Obersten Linden mit zwei Divisionen des Regimentes unverzüglich nach Gent. Oberst Linden mit 4 Compagnien des Regimentes und 2 von Vierset Nr. 58 hatte bei seiner Ankunft in Gent die Caserne, welche weit vom Castell entfernt, daher ohne Verbindung mit demselben war, bezogen. Die Insurgenten, deren Zahl bis 4000 Mann anwuchs, sind in die Stadt Gent eingedrungen, bemächtigten sich der von den Truppen entblößten Stadt, bewaffneten die Bürger und schossen auf die hin und wieder aufgestellten Posten der schwachen Garnison aus Kanonen und Kleingewehr. Der commandierende Feldzeugmeister Graf d'Alton, welcher von dem früheren Eintreffen der Insurgenten und der Lage der Dinge in Gent Nachricht erhalten hatte, detachierte den Obersten Keim mit dem Leib-Bataillon Bender und einer Division Murray nach Gent, um die Communication zwischen der Caserne und dem Castell zu eröffnen. Oberst Linden aber hatte noch vor der Ankunft des Obersten Keim, mangels an Munition, capituliert und sich mit seinen sechs Compagnien kriegsgefangen ergeben. Infolge dessen trat Feldmarschall-Lieutenant Graf D'Arberg den Rückzug von Gent über Termonde nach Aalst und Brüssel an.

Am 9. December brach der offene Aufstand in Brüssel aus, wo sich die Grenadier-Division befand. Die Besatzung, nach einem heftigen Kampfe der Übermacht weichend, räumte am 12. die Stadt.

Am 24. December erklärten sich die niederländischen Provinzen unabhängig und die schwachen österreichischen Besatzungen zogen sich nach der treugebliebenen Provinz Luxemburg zurück, wo sie sich unter dem Befehle des Feldzeugmeisters Baron Bender vereinigten.

Vom Regimente Clerfayt war bei dieser Gelegenheit nebst den Grenadieren das 2. Bataillon unter Major von Vogelsang daselbst eingerückt und nach Nassogne und Concurrenz in die Cantonierung verlegt worden.

Oberst Linden mit dem 1. Bataillon hatte das Missgeschick der Besatzung von Gent getheilt, welche sich wegen Mangel an Munition in der ersten Hälfte des Monates November zur Capitulation genöthigt sah. Das dritte Bataillon war noch vor Ausbruch der Revolution als Besatzung in die Festung Luxemburg verlegt worden.

Die Vorposten des Corps des Generals Baron Bender standen an den Grenzen Luxemburgs und es kam zwischen ihnen und den Insurgenten, als diese die Grenzen zu verletzen wagten, zu mehreren Gefechten, in denen die Angriffe der Rebellen stets zurückgewiesen wurden.

An diesen Ereignissen nahm auch das 2. Bataillon des Regimentes, sowie die beim Grenadier-Bataillon Rayniac eingetheilte Grenadier-Division mehrfach thätigen Antheil.

Das Jahr 1790 begann gleich am ersten Tage mit einem jener häufigen Vorpostengefechte, welche die bei Nassogne stehenden Truppen fortwährend mit den Insurgentenbanden zu bestehen hatten und in welchem sich das Regiment stets hervorthat, welches Verdienst dadurch erhöht wird, dass es ein National-Regiment war und gegen seine eigenen Landsleute kämpfte. 1790.

Am 1. Jänner früh morgens griff Oberst Baron Beaulieu mit dem 2. Bataillon Graf Clerfayt und dem Grenadier-Bataillon Rayniac die vorwärts von Nassogne stehenden Rebellenhaufen an, brachte zuerst durch ein heftiges Geschützfeuer Verwirrung in ihre Reihen, worauf die Wallonen stürmten und den Feind gänzlich zersprengten. Gefecht bei Nassogne.

Der Verlust von Clerfayt bestand nur in einem Verwundeten.

Am 17. Jänner versuchte der Feind sich bei l'Etoile festzusetzen. Um dies zu verhindern, entsendete Generalmajor d'Alton den Oberst Baron Beaulieu mit 1 Bataillon de Ligne, 3 Compagnien Clerfayt und 3 Escadronen über Humain gegen Sinay, während er selbst mit 2 Bataillonen de Ligne, 3 Compagnien Clerfayt und 3 Escadronen auf der Straße nach Emptinnes vorrückte.

Bei Sinsin stieß die Avantgarde auf den Feind und wurde von demselben heftig angegriffen, doch die nach- Gefecht bei Sinsin.

rückende Haupt-Colonne zwang ihn bald zur Flucht. Die Insurgenten suchten sich hierauf auf einer Anhöhe von l'Etoile zu behaupten, mussten aber auch hier dem vereinten Sturme beider Colonnen unterliegen und sich in wilder Flucht zurückziehen.

Der Verlust von Clerfayt in dieser Affaire betrug 3 Verwundete.

Der Aufstand in den Niederlanden verbitterte dem Kaiser Josef die letzten Lebenstage und beschleunigte seinen Tod. Mit männlicher Entschlossenheit, den körperlichen, wie den Seelenschmerzen trotzend, und bis zum letzten Hauche sein menschenliebendes Gemüth in vielen rührenden Zügen entfaltend, starb Josef II. am 21. Februar 1790. Sein Bruder Leopold II. bot den Insurgenten vollständige Amnestie an, welche sie aber trotzig zurückwiesen, die Feindseligkeiten hartnäckig fortsetzend.

Sie wurden täglich kühner und beunruhigten die Vorposten unausgesetzt, weshalb Feldmarschall-Lieutenant Graf Latour deren Züchtigung beschloss und am 18. Mai mit 3 Compagnien Bender und 1 Escadron über Haversin gegen Ychippe aufbrach.

Gefecht bei Ychippe.

Auf der Anhöhe von Haversin stieß er auf den über 1000 Mann starken Feind, welcher aber trotz seiner Überzahl mit Hilfe des zur Verstärkung herbeigezogenen Grenadier-Bataillons Rayniac auch aus seiner zweiten Position bei Ychippe geworfen wurde.

Während der Zeit, als Feldmarschall-Lieutenant Graf Latour die Rebellen bei Ychippe bekämpfte, verfolgte Major Vogelsang mit seinem Bataillon einen anderen Haufen über Sinsin bei Janée und hielt ihn bei l'Etoile, ungeachtet des heftigsten feindlichen Geschützfeuers, durch 6 Stunden in Schach. Diese Standhaftigkeit trug sehr viel zum Siege bei Ychippe bei, indem dadurch die Rebellen-Abtheilung bei Sinsin verhindert ward, der anderen zu Hilfe zu eilen, wofür auch Major Vogelsang in der Relation besonders belobt wurde.

Weiters hatte sich in diesem Gefechte noch Lieutenant Marschall durch seine Bravour, mit der er die Freiwilligen der Avantgarde anführte, ausgezeichnet.

Der Verlust des Bataillons bestand in 5 Todten und 11 Blessierten.

Gefecht bei Hogue.

Bei dem allgemeinen Angriffe, den die Insurgenten fünf Tage später auf die ganze österreichische Stellung von Huncain rechts bis Marche unternahmen, erlitten sie ebenfalls eine totale Niederlage.

Gegen 2 Uhr nachmittags rückten sie in drei Colonnen an; die 1. über Haversin, die 2. über Sinsin und die 3. über Heure, welch' letztere sich links zog, um sich mit der zweiten zu verbinden.

Ihr Hauptangriff war gegen Hogue gerichtet, welches vom Grenadier-Bataillon Rayniac nebst 40 Jägern besetzt war. Dorthin eilte nun auch Major Vogelsang mit seinem Bataillon und einer Compagnie von Bender und hemmte mit diesen Truppen durch seine Herzhaftigkeit und Entschlossenheit das Vorrücken des 9000 Mann starken Feindes durch anderthalb Stunden, bis Feldmarschall-Lieutenant Graf Latour und Generalmajor Baron Beaulieu den linken Flügel erreichten, worauf er sich an diese anschloss und den Sturm mitmachte.

Mit dem Siegesrufe: Victoire! stürmten die tapferen Wallonen trotz ihrer kleinen Anzahl (das Bataillon Clerfayt war nur 300 Mann stark) auf die Rebellen los, jagten dieselben, ungeachtet dass sie heftig mit Kartätschen begrüßt wurden, in die Flucht und zersprengten sie in die Wälder.

Nach diesem glänzenden Gefechte rückte Feldmarschall-Lieutenant Graf Latour bis Assesses vor.

In der Originalrelation dieses Generals kann der Muth und die Standhaftigkeit des Majors Vogelsang nicht genug belobt und gerühmt werden.

Der Verlust in dieser Affaire bestand in 17 Todten und 3 Blessierten.

In der zweiten Hälfte des Monats Mai rückten ungefähr 15.000 Mann der vom Feldmarschall Bender im Herzogthume Luxemburg gesammelten k. k. Truppen an die Maas und nahmen zwischen Blaimont und Florée Stellung. Die Rebellen postierten sich ihnen gegenüber zwischen Namur und Dinant.

Während der Feldmarschall in dieser Stellung die aus den Erblanden heranziehenden Verstärkungen erwartete, schlugen sich seine Vortruppen auf mehreren Punkten mit den Rebellen, meistens mit entschiedenem Vortheile.

Fast in allen diesen Gefechten finden wir das brave 2. Bataillon Graf Clerfayt unter seinem umsichtigen tapferen Commandanten mit dem besten Erfolge wirken.

Gefecht bei Marchain.

So vertrieb Major Vogelsang am 24. Juni mit seinem schwachen Bataillon und einer halben Escadron Wurmser Husaren die Insurgenten aus ihren Verschanzungen bei Marchain nur mit dem Verluste von 3 Todten und 2 Blessierten und mit derselben Umsicht schlug er am 28. Juni den feindlichen Angriff auf den Posten Nallomont durch seine guten Dispositionen und ohne einen Mann zu opfern, zurück.

Gefecht bei Coutisse.

Am 11. Juli um 6 Uhr früh beobachteten die Vorposten, dass sich die Rebellen in großer Anzahl in die vorwärts des Dorfes Coutisse gelegenen Gestrüppe einschlichen und gleich darauf schritten sie auch schon zum Angriffe auf das Dorf.

Da eilte Major Vogelsang mit 4 Compagnien seines Bataillons und 4 Compagnien de Ligne sammt einer halben Escadron Wurmser Husaren herbei und vertheidigte Coutisse gegen die feindliche Übermacht bis 4 Uhr nachmittags, um welche Zeit der Feind zu weichen anfieng.

Doch die Truppen ließen sich in ihrer Verwegenheit zu weit in die Verfolgung ein; die Rebellen benützten diesen Fehler, drangen von allen Seiten aus den Wäldern hervor, zwangen sie zum Rückzuge, welcher aber in voller Ordnung geschah, und bemächtigten sich des ersten Bauernhofes. Zwei junge unerschrockene Officiere, der Oberlieutenant Weiser und Fähnrich Dumont mit 20 Mann hielten die Wuth des Feindes auf und Lieutenant Perremans eilte ihnen mit einem Peloton zu Hilfe, welchem bald darauf eine Compagnie des Regimentes und zwei Compagnien von Ligne folgten, die nun den Feind aus dem Dorfe vertrieben.

Das Vorrücken der Husaren in die Flanke vollendete die feindliche Niederlage. Die Rebellen verloren bei 200 Mann an Todten und Verwundeten, während der diesseitige Verlust bloß in 9 Todten und 13 Verwundeten bestand.

Major Vogelsang gab allen Officieren, sowohl von Clerfayt- als de Ligne-Infanterie, das Zeugnis ihres heldenmäßigen Benehmens, insbesondere aber rühmte er die Tapferkeit des Oberlieutenants Weiser, Lieutenants Perremans und Fähnrichs Dumont.

Am 27. Juli wurde Hauptmann d'Aspre von de Ligne-Infanterie mit einem zusammengesetzten Streifcommando in das Lüttich'sche entsendet, wobei sich auch eine Abtheilung des Regimentes mit den Lieutenanten Tauber und Weeber befand, und an dem Überfalle und der Eroberung des Insurgentenlagers bei Aulne am 3. August rühmlichen Antheil

Überfall von Aulne.

nahm, bei welcher Gelegenheit sich die beiden vorgenannten Officiere durch ihre Tapferkeit auszeichneten und die schönste Belobung in dem Berichte über dieses Gefecht ernteten.

Am 8. August wirkte die Grenadier-Division Clerfayt bei dem Überfalle des feindlichen Lagers bei Solieres mit, welchen Generalmajor Baron Beaulieu unternahm. Sie bildete eine Angriffscolonne für sich und fiel dem Feinde in den Rücken, während Beaulieu ihn mit 7 Grenadier-Compagnien in der Front angriff. Überfall von Solieres.

Die Insurgenten wurden gänzlich zersprengt und ihr Lager erbeutet. Generalmajor Baron Beaulieu belobte alle Officiere und die Mannschaft wegen der in dieser Affaire an den Tag gelegten Bravour und Ordnung, insbesondere aber den Hauptmann Vinchant, welcher die Grenadier-Division von Clerfayt in des Feindes Rücken geführt hatte.

Der Verlust betrug nur 3 Verwundete.

In dem Vorpostengefechte bei Haltine am 21. August vertrieb der Oberstlieutenant Vogelsang, der seit wenig Tagen hiezu befördert worden war, nur mit einer Compagnie seines Bataillons den Feind aus Froidbise, welches er erstürmte, bei welcher Affaire sich die Lieutenante Gallet, Royer und Roubaux durch ihre Bravour auszeichneten, wie nicht minder Feldmarschall-Lieutenant Graf Latour vor allem die guten Vorkehrungen des Oberstlieutenants Vogelsang rühmte. Vorposten-gefecht bei Haltine.

Am folgenden Tage wagte der Feind abermals eine Attaque auf Coutisse, allein das Kartätschenfeuer aus diesem Dorfe vertrieb ihn bald aus dem gegenüber liegenden Wäldchen. Da er nun seine Absicht auf Coutisse vereitelt sah, wendete er sich gegen den rechten Flügel, wo Oberstlieutenant Vogelsang commandierte und wollte eine die Stellung dominierende Anhöhe gewinnen, allein Vogelsang kam ihm zuvor und besetzte die Höhe mit der 1. Grenadier-Compagnie. 2. Gefecht bei Coutisse.

Hierauf zogen sich die Rebellen zurück und Lieutenant Dumont verfolgte sie mit einem Peloton, wobei sich Feldwebel Godron und Corporal Discart durch ihre Verwegenheit auszeichneten.

Die Compagnie hatte 3 Verwundete.

Abermals wurde Oberstlieutenant Vogelsang besonders belobt; aber die glänzendste Anerkennung seiner Verdienste, seine schönste Waffenthat in diesen Kämpfen war ihm noch vorbehalten.

Überfall von Andennes.

Die Rebellen hatten gegenüber von Haltine, Nallomont und Coutisse vier neue Batterien errichtet und da sie hiedurch die Vorposten sehr beunruhigten, so beschloss Generalmajor Baron Beaulieu diese Batterien nebst dem feindlichen Lager, welches sich bei Andennes befand, in der Nacht des 30. August zu überfallen.

Zu diesem Zwecke formierte er zwei Colonnen, von denen eine Oberstlieutenant Vogelsang führte, die nebst seinem Bataillon aus der eigenen Grenadier-Division und 70 Wurmser Husaren bestand.

Geschütze waren dieser Colonne keine beigegeben.

Oberstlieutenant Vogelsang hatte die Weisung, den feindlichen linken Flügel zu überfallen, während die zweite Colonne unter Generalmajor Beaulieu das Lager in der rechten Flanke und im Rücken angreifen sollte.

Vogelsang brach am 31. August um 10 Uhr nachts auf. Lieutenant Dumont bildete mit 40 Mann und den Zimmerleuten die Avantgarde, hierauf folgten die Grenadier-Lieutenante Ponti und Gallet mit 50 Grenadieren, dann wieder 50 Grenadiere mit den Lieutenanten Chapuy und Baron Lederer und nach diesen das schwache Bataillon mit 20 Husaren. 50 Husaren bildeten die Arrièregarde.

Lieutenant Dumont stieß bald zwischen Nallomont und Andennes auf den Feind, warf sich sofort mit seinem Häuflein auf die rechts gelegene Batterie mit solchem Muthe und so schnell, dass der Feind nur 2 Schüsse machen konnte und sich eiligst zurückziehen musste.

Hierauf eilte Dumont nach der Ceuse de Leumont, nahm den Platz ein und tödtete 27 Feinde.

Mittlerweile hatten sich die Lieutenante Baron Ponti und Gallet gleichzeitig mit derselben Bravour der links gelegenen Batterie bemächtigt, wobei sie von den Lieutenanten de Chapuy und Baron Lederer unterstützt wurden, während Lieutenant Chevalier Ruiz mit 30 Mann dem Bataillon den Weg durch den Wald bahnte, welches zur bestimmten Stunde über das feindliche Lager herfiel, wo alles in panischem Schrecken die Flucht ergriff und Kanonen, Zelte und die ganze Bagage im Stiche ließ. Als die 2. Colonne, welche sich etwas verspätet hatte, ankam, war die vollständige Niederlage des Feindes bereits beendet.

10 Kanonen, 98 Munitionskisten, 1235 Geschütz- und 542 Kartäschen-Patronen nebst der ganzen Bagage, welche

der Mannschaft zur Plünderung überlassen wurde, fielen in die Hände der Sieger, welche nur einen Verlust von 5 Todten und 12 Verwundeten erlitten hatten. Unter letzteren befand sich auch Lieutenant Perremans.

Der verdiente Lohn für diese schöne Waffenthat, für ein bei jedem Gefechte überhaupt bewiesenes besonders kluges und immer erfolgreiches Benehmen blieb dem braven Oberstlieutenant Vogelsang nicht aus, denn er erhielt das Ritterkreuz des Maria Theresien-Ordens.

Vogelsang Ludwig Freiherr von, Feldzeugmeister, Inhaber des 47. Infanterie-Regimentes, stammte aus einem mecklenburgischen Rittergeschlechte und wurde zu Brüssel am 12. December 1748 geboren. Vogelsangs Voreltern waren tapfere Soldaten, sein Großvater Oberst und General-Adjutant des Fürsten Waldeck, zeichnete sich in den Kriegen gegen Frankreich zu Anfang des vorigen Jahrhundertes so rühmlich aus, dass er 1720 in den Reichsritterstand erhoben wurde; der Vater Christian starb 1765 als Feldzeugmeister nach 60 erfolgreichen Dienstjahren.

Ludwig Vogelsang trat aus der Theresianischen Ritterakademie als Officier in das Regiment und erwarb sich schon in den ersten Jahren die Zufriedenheit der Monarchin so sehr, dass er eine Dose, mit dem Bildnis der Kaiserin geschmückt und mit Brillanten geziert, aus ihren Händen erhielt.

Im Kriege gegen die Niederlande that sich Vogelsang als Major in den Gefechten bei Nassogne, Ichippe bei Hogue, bei Bellemaison und Coutisse, dann bei Andennes mit so viel Einsicht hervor, dass er das Ritterkreuz des Maria Theresien-Ordens erhielt, zum Oberstlieutenant befördert und 1790 in den Freiherrnstand erhoben wurde. 1791 war Vogelsang Oberst im Regimente; in dem Scharmützel bei Tournay zeichnete er sich durch Muth, bei Marchiennes durch große Entschlossenheit aus. 1796 zum Generalmajor vorgerückt, befehligte er eine Grenadier-Brigade, bei Würzburg erstürmte er den Gromschatzer Wald und trug zum siegreichen Ausgang der Schlacht bei. 1799 stand Vogelsang als Feldmarschall-Lieutenant in Italien. Die Wiedereinnahme des Castells Ceriola bei Marengo war lediglich seiner Tapferkeit zu danken.

Vogelsang erhielt nach dem Kriege eine Division in Hermannstadt und 1805 eine Grenadier-Division bei der Armee des Erzherzogs Carl. In der Schlacht bei Caldiero ward er öffentlich belobt, denn Vogelsangs Grenadiere waren es, welche den noch unentschiedenen Sieg an die Fahnen Österreichs knüpften. Der Monarch verlieh ihm das 47. Infanterie-Regiment.

Nach eingetretenem Frieden wurde er Divisionär in Prag und befehligte 1809 das 1. Corps bis zur Ankunft Bellegardens. Bei Aspern gab er seiner Truppe durch besonnenen Muth und kaltblütige Tapferkeit das schönste Beispiel und wurden seine Verdienste durch Beförderung zum Feldzeugmeister außer dem Range gewürdigt. Kurze Zeit darauf in den Ruhestand versetzt, wurde er bald darnach zum Festungs-Commandanten, und im Jahre 1813 zum Gouverneur von Josefstadt ernannt. Kaiser Alexander I. von Russland verlieh ihm bei einer Besichtigung dieser Festung einen kostbaren Brillantring mit seinem Bildnisse. Am 1. Mai 1817 feierte der würdige Veteran sein 50jähriges Dienstjubelfest, bei welcher Gelegenheit ihm Beweise lohnender Hochachtung zu Theil wurden. Vielseitige Bildung und eine immer heitere Laune machten seinen Umgang äußerst angenehm, und diese Vorzüge bewahrte er bis zu seinem in der Nacht vom 27. auf den 28. Juni 1822 erfolgten Ableben.

Der tapfere Lieutenant Dumont avancierte gleich zum Oberlieutenant, Grenadier-Feldwebel Godron, der sich bei der Erstürmung der Ceuse de Leumont besonders hervorgethan hatte, mit Übergehung der Fähnrichs-Charge zum Lieutenant und Grenadier-Corporal Harrichs erhielt aus gleichem Anlasse die silberne Tapferkeits-Medaille.

Die Lieutenante Baron Ponti, Gallet, de Chapuy, Baron Lederer und Chevalier de Ruiz, welche durch ihren Eifer und Muth ebenfalls viel zum glücklichen Ausgange des Unternehmens beigetragen hatten, wurden öffentlich belobt.

Der feindliche Oberfeldherr Schönfeld selbst äußerte sich über diese Affaire: Les batteries d'Andennes ont eté priser d'une manière incroyable.

3. Gefecht bei Coutisse.

Als die Insurgenten am 2. September die österreichischen Posten bei Coutisse und Nallomont abermals angegriffen, setzte Oberstlieutenant Vogelsang mit seinem Bataillon dem bei 4000 Mann starken Feinde den ganzen Tag hindurch den kaltblütigsten Widerstand entgegen und wich erst gegen Abend kämpfend nach Ohey zurück, um der erschöpften Truppe, die 21 Mann an Todten und Verwundeten eingebüßt hatte, die nöthige Erholung zu gönnen.

Diesen verschiedenen kleinen Gefechten, welche auf der ganzen Linie fast täglich vorfielen, folgte am 22. September ein allgemeiner Angriff der Rebellen auf die österreichische Stellung an der Maas.

Gefecht bei Assesses.

Die Hauptmacht des Feindes, circa 5000 Mann stark, griff den Posten Florée an, wo Feldmarschall-Lieutenant Graf Latour selbst commandierte, drängte die Vorposten zurück und drohte, den Posten, welcher aus 2 Grenadier-Compagnien Würzburg und 70 Reitern bestand, ganz zu umringen und aufzuheben.

Feldmarschall-Lieutenant Graf Latour schickte zwar eine Grenadier-Compagnie Clerfayt und eine Compagnie Vierset dem zu Florée commandierenden Obersten Vanier zum Succurse, allein die Rebellen warfen sich in so überlegener Anzahl und in so grimmiger Wuth auf das Dorf, dass diese weichen mussten und Latour sich veranlasst sah, auch die übrigen Posten zu räumen und seine ganze Macht zu einem Angriffe auf den Anhöhen hinter Assesses zu concentrieren. Hier erklärte er seinen Truppen, worunter sich die Grenadiere und das 2. Bataillon Clerfayt befanden, den festen Willen, alle vom Feinde errungenen Vortheile, koste es, was es wolle, demselben wieder zu entreißen.

Mit einem allgemeinen Freudenschrei wurde diese Anrede beantwortet und alles setzte sich mit klingendem Spiele in Marsch.

Der Feind, welcher die Kaiserlichen im Rückzuge und geschlagen wähnte, war auf diesen entschlossenen Angriff nicht gefasst und so überrascht, dass er überall geworfen wurde und sich mit einem Verluste von 600 Mann nach Briosard zurückziehen musste.

Der Verlust der Abtheilungen des Regimentes bestand in 4 Todten und 3 Verwundeten.

Unter den Ausgezeichneten wurden die beiden Lieutenante Baron Ponti und Gallet genannt, welche sich beim Sturme auf Florée abermals besonders hervorgethan hatten, sowie Feldwebel Rasquin, welcher mit 6 Grenadieren die weit überlegenen feindlichen Jäger in einer Mühle angriff und sie vertrieb.

Unter den feindlichen Todten fand man auch Weltpriester und Mönche, ein Beweis, mit welchem Fanatismus sich in dem empörten Lande alles zu den Waffen drängte. Im Gefechte ward kein Pardon gesucht und auch keiner gegeben; nie wurden Gefangene gemacht.

Diversion bei Maffe.

An demselben Tage, wo das Gefecht bei Assesses stattfand, machte Oberstlieutenant Vogelsang für seine Person die glänzende Diversion des Generalmajors und General-Quartiermeisters Baron Beaulieu gegen die Insurgenten bei Maffe mit, wo diese mit dem Verluste einer Fahne, vieler Munition und des sämmtlichen Gepäckes geschlagen wurden. Derselbe erwarb sich, als dem General-Quartiermeister-Stabe zugetheilt, die rühmliche Anerkennung seiner bei diesem Unternehmen, durch seine zweckmäßigen Dispositionen geleisteten wesentlichen Dienste.

In den noch folgenden Gefechten, an welchen das Regiment aber keinen Antheil nahm, wurden die Insurgentenbanden stets zurückgetrieben und nach dem Übergange der österreichischen Truppen über die Maas, am 25. November, begannen sie sich aufzulösen und die niederländischen Provinzen wurden wieder besetzt.

Das 2. Bataillon des Regimentes mit dem Stabe kam nach Tournay in Garnison und wurde in die Division des Feldmarschall-Lieutenant Graf Latour, Brigade Generalmajor Biela, eingetheilt.

Die Grenadiere wurden nach Gent verlegt. Das 3. Bataillon blieb in der Festung Luxemburg, wo es während des ganzen Jahres garnisoniert hatte.

Oberstlieutenant Vogelsang übernahm das Regiments-Commando, das 1. Bataillon wurde neu aufgestellt und nach Luxemburg verlegt.

1791. Im folgenden Jahre 1791 nahm Oberst Linden seine Entlassung durch Quittierung seiner Charge und Oberstlieutenant Vogelsang, der mittlerweile in den Freiherrnstand erhoben worden war, rückte zum Obersten und Regiments-Commandanten vor.

Als in Frankreich das königliche Ansehen immer tiefer sank, die Revolution von Tag zu Tag stieg, schloss Leopold II. mit Preußen ein Bündnis. Beide Staaten verpflichteten sich, einstimmig an der Erhaltung des Friedens zu arbeiten und wenn es nicht gelingen sollte, sich wechselseitig mit 20.000 Mann beizustehen und nach Umständen diese Truppenzahl zu erhöhen. Kaunitz beschuldigte Frankreich der verderblichsten Grundsätze und des Planes, alle gesetzliche Ordnung umzustürzen.

Die Unterstützung der nach Deutschland geflohenen Emigranten und die Bemühung Österreichs und Preußens zur Rettung des bedrohten Königthums in Frankreich führten zu ernsten Zerwürfnissen zwischen beiden Staaten. Der preußische Gesandte in Paris erklärte sich mit den Anschauungen des Wiener Cabinets vollkommen einverstanden und wenn Frankreich behaupte, das Recht zu haben, die Emigranten mit bewaffneter Macht von der Grenze zu vertreiben, so erkläre Preußen, dass es jeden Einbruch französischer Truppen in das Reichsgebiet als Kriegserklärung betrachten und in Verbindung mit dem Kaiser sich mit bewaffneter Hand widersetzen werde.

1792. So war die Sachlage, als Kaiser Leopold II., 45 Jahre alt, plötzlich nach zweitägiger Krankheit 1792 am 1. März starb.

Der rasche Tod ließ ihm nicht Zeit, sein Regierungssystem in der Monarchie geltend zu machen. In Toscana hatte er 25 Jahre so weise geherrscht, dass seine Regierung als Muster aller Regierungen allgemein bewundert und gepriesen wurde.

Leopolds Nachfolger, Franz, war 24 Jahre alt, als er die Regierung ühernahm.

Die Note Kaunitz' führte eine lebhafte, immer schärfer werdende Verhandlung herbei, und als Österreich die Wiederherstellung der französischen Monarchie forderte, gelang es der Umsturzpartei der Jacobiner am 20. April 1792 im Convente die Kriegserklärung an Österreich durchzusetzen.

Da der König von Preußen mit einer mit Österreich übereinstimmenden Erklärung auftrat, gerieth auch er in Krieg mit Frankreich. Zu Mainz sahen sich Kaiser Franz und der König von Preußen. Österreich und Preußen stellten zwei Armeen auf, und zwar in den österreichischen Niederlanden unter dem Herzog von Sachsen-Teschen und am Mittelrhein unter dem Herzog Ferdinand von Braunschweig. Das zu dieser Armee gehörige österreichische Corps stand unter dem General Clerfayt.

Aus Coblenz erließ der Obercommandant Herzog von Braunschweig ein drohendes Manifest, rückte über die französische Grenze, eroberte die Festungen Longwy und Verdun und besetzte die Argonnenpässe. Trotz des Sieges von Valmy musste Herzog von Braunschweig wegen Mangel an Lebensmitteln und wegen Krankheiten den Rückmarsch nach Luxemburg antreten. Während der Herzog von Braunschweig denRückzug nach Coblenz fortsetzte, rückte Clerfayt in die Niederlande, um sich dort mit dem Herzog von Sachsen-Teschen zu vereinigen. Dieser beschloss, die k. k. Truppen zwischen Mons und Tournay zu concentrieren. Demzufolge marschierte das 1. Bataillon von Luxemburg nach Tournay, wo sich der Regimentsstab mit dem 2. Bataillon befand und das Grenadier-Bataillon Graf Briey von Brüssel nach Gallaix und Concurrenz.

Das 3. Bataillon verblieb auch in diesem Jahre in Luxemburg und wurde von Major Charpentier commandiert, während sich bei den Feld-Bataillonen nebst dem Obersten Baron Vogelsang, der Oberstlieutenant de la Marseille und Major Graf Ribeaucourt befanden.

Die ersten zwei Bataillone waren 1659, das dritte 522 Köpfe stark.

Nach der Ordre de bataille rangierte das Regiment im ersten Treffen, Division Feldmarschall-Lieutenant Graf Latour, Brigade Generalmajor von Mikowini; die Grenadiere in der Reserve unter Generalmajor Jordis.

Gegen Ende April begann die Vorrückung der französischen Armee unter dem Marschall Rochambeau gegen die Niederlande in drei Colonnen auf Mons, Tournay und Furnes.

Gefecht bei Lamain.

Am 29. April stieß die zweite dieser Colonnen unter General Dillon um 6 Uhr morgens auf die Vorposten des Regimentes auf den Höhen zwischen Lamain und Marquin, über welche der Weg nach Tournay führt.

Die Vorposten zogen sich kämpfend in bester Ordnung auf diese Stadt zurück, von wo Generalmajor Graf Happancourt den Obersten Baron Vogelsang mit 10 Compagnien Infanterie, worunter 6 von Clerfayt, und den Obersten Pforzheim mit 4 Escadronen Latour-Chevauxlegers beorderte, dem bei 3000 Mann starken Feinde entgegenzugehen und ihn zu werfen.

Einige Kanonenschüsse reichten hin, die feindliche Cavallerie, welche die Mehrzahl der feindlichen Truppe ausmachte, in völlige Verwirrung zu bringen. Sie warf sich auf die Infanterie, riss diese mit sich fort und eilte in wilder Unordnung bis nach Lille, wo man aus Schrecken die Thore verschloss und sich zur Vertheidigung der Stadt und Citadelle bereit machte.

Dillon fiel auf der Flucht als ein Opfer der unverständigen Wuth seiner zügellosen Soldaten und mit ihm einige auf den Vorposten gefangene Österreicher.

Die k. k. Truppen hatten, ohne einen Mann zu verlieren, 4 Kanonen erobert, 37 Gefangene gemacht und rückten um 2 Uhr nachmittags, nachdem die Vorposten zwischen Lamain und Marquin wieder aufgestellt worden waren, in Tournay ein.

Oberst Baron Vogelsang wurde in der bezüglichen Gefechtsrelation rühmlichst genannt. Unterdessen hatte Seine königliche Hoheit der Herzog Albert zu Sachsen-Teschen ein Corps bei Leuze zusammengezogen, wohin auch die Grenadiere abrückten, während das Regiment als Besatzung in Tournay verblieb.

Die geringe Zahl der k. k. Truppen in den Niederlanden machte es noch immer nicht möglich, die Offensive zu ergreifen, und man musste sich begnügen, den Feind durch einzelne Postengefechte zu beschäftigen.

Es wurde jede Gelegenheit benützt, wo der Feind Blößen gab, um durch unerwartete Operationen die Schwäche zu verbergen, das Zutrauen der Truppe zu erhöhen und das Gleichgewicht gegen eine so große feindliche Überzahl durch Unternehmungsgeist und Bravour zu ersetzen.

So ließ der Feldmarschall-Lieutenant Graf Latour am 18. Mai die feindlichen Vorposten bei Rumegies und Mouchin um 5 Uhr nachmittags durch eine Compagnie des Regimentes angreifen. Gefecht bei Rumegies.

Diesen Befehl führte der brave, in diesen Blättern schon mehrmals genannte Oberlieutenant Gallet, welcher die Vorposten bei Bruille commandierte, mit Geschicklichkeit und Bravour aus, trieb die feindlichen Vorposten in ihr Retranchement zurück, bei welcher Gelegenheit mehrere französische Vedetten niedergemacht wurden, und rückte gegen Sonnenuntergang ohne Verlust in seine frühere Position ein, ohne dass der Feind es gewagt hätte, ihn zu verfolgen.

Dieser Officier wurde deshalb vom Feldmarschall-Lieutenant Latour im Tagesbefehle vom 19. Mai öffentlich belobt.

Zur Verbindung zwischen Mons und Tournay, sowie zur Beobachtung des Lagers von Maulde wurde Oberst Freiherr von Vogelsang des Regimentes mit 3 Bataillonen, einer Jäger-Compagnie und einer Escadron bei Bury aufgestellt.

Am 31. Mai übernahm der Regiments-Inhaber Graf Clerfayt, unter dem Oberbefehl des Herzogs Albert zu Sachsen-Teschen, das Commando der niederländischen Armee und Oberst Vogelsang führte sein Commando bis in die ersten Julitage, wo es Feldmarschall-Lieutenant Baron Beaulieu, der mit seiner Division diese Position verstärkte, übernahm.

Bei der am 15. Juli durch den Feldmarschall-Lieutenant Graf Latour bewirkten Eroberung von Orchies wirkte das zu Tournay stehende 1. Bataillon des Regiments zwar nicht mit, da es als Besatzung zurückblieb; aber der beim Divisionär als Ordonnanz-Officier zugetheilte Lieutenant Hennersdorf repräsentierte es auf das ehrenvollste durch seine besondere Bravour und Tapferkeit, die er in dieser Affaire bewies.

Inzwischen hatte sich Preußen mit Österreich alliiert, am 26. Juni an Frankreich den Krieg erklärt und ein preußisches Heer unter dem Befehle des Herzogs von Braunschweig, bei welchem sich König Friedrich Wilhelm II. selbst befand, rückte um die Mitte des Monats August in Lothringen ein, nachdem sich mit demselben im Luxemburg'schen die beiden Armee-Corps des Feldmarschall-Lieutenants Graf Clerfayt und des Feldmarschall-Lieutenants Fürst Hohenlohe-Kirchberg vereinigt hatten.

Belagerung von Longwy.

Beim Corps des Regiments-Inhabers befand sich auch das 3. Bataillon des Regimentes, welches aus Luxemburg ausmarschiert war und sich am 20. August vor Longwy mit den Preußen vereinigt hatte.

Nach Einnahme dieser Festung, welche am 23. August mittelst Capitulation erfolgte, wurde dieses Bataillon nach Marville detachiert, um die Verbindung der Festungen Longwy und Luxemburg zu unterhalten.

Der Herzog Albert zu Sachsen-Teschen hatte nach dem Abmarsche des Clerfayt'schen Corps seine Truppen in die zwei Hauptlager von Mons und Tournay zusammengezogen. In letzteres rückte am 17. August das 2. Bataillon des Regimentes von Bury ein, so dass die ersten zwei Bataillone wieder vereint waren. Die Grenadiere blieben bei Bury.

Bis zum 5. September fielen nur wenige unbedeutende Neckereien der Vorposten vor.

An diesem Tage vertrieb der Feldmarschall-Lieutenant Graf Latour die feindlichen Posten von Lanoy und Roubaix vor Lille und besetzte am 8. September das feindliche Lager bei Saint-Amand, wo ein bedeutendes französisches Magazin erbeutet wurde.

Gefecht bei Roubaix.

An diesem Unternehmen hatte das 2. Bataillon des Regimentes in dem Detachement des Obersten von Keim rühmlichst theilgenommen, während das 1. zu Tournay geblieben war.

Die k. k. Truppen besetzten nebst St. Amand auch Saméon und Orchies. Das 1. Bataillon kam nach Orchies und unterhielt die Vorposten bei Coutiche auf der Straße von Douay.

Gefecht bei Coutiche.

In dieser Stellung wurde am 15. September der Oberlieutenant Gallet mit seiner Compagnie durch eine bedeutende feindliche Übermacht überfallen, vor der er sich nach mehrstündiger tapferer Vertheidigung mit dem Verluste von drei Todten nach Bouvignes zurückziehen musste.

Am 17. September vereinte sich das Corps des Feldmarschall-Lieutenants Baron Beaulieu mit jenem Latours zu Tournay und die Grenadiere rückten in die Division des Feldmarschall-Lieutenants Lilien nach Mons ab.

Herzog Albert zu Sachsen-Teschen, dessen Waffen nun überall vom Glücke begünstigt wurden, konnte seine Offensiv-Operationen bis Lille ausdehnen.

Am 24. September setzte er sich mit der Armee von Tournay, wo nur das 1. Bataillon des Regimentes blieb, nach Lille in Bewegung. Berennung von Lille.

Die Avantgarde stieß bei Hellemmes auf feindliche Cavallerie, die sich schnell in die Vorstadt Five zurückzog.

Am 25. wurde Lille recognosciert. Hiezu versammelte der mit der Ausführung betraute Generalmajor Graf Sztáray seine Truppen, bestehend aus dem 2. Bataillon Graf Clerfayt, 1 Bataillon d'Alton, 2 Compagnien Jäger und 1 Escadron Blankenstein-Husaren nebst einem Grenadier-Bataillon, um 4 Uhr früh bei Hellemmes.

Zum Hauptangriffe auf die Vorstadt Five wurden zwei Compagnien des Regimentes unter dem persönlichen Befehle des Obersten Baron Vogelsang bestimmt, 2 Compagnien hatten links durch die Gärten vorzudringen und zwei blieben bei der Reserve in Hellemmes.

Gleich beim Anlangen in der Vorstadt fand man die Chaussée mit dreifachen Verhauen verlegt und wohl besetzt, allein dessenungeachtet drang Oberst Baron Vogelsang vor und zwang die hinter den Verhauen befindlichen 2 National-Bataillone und 1 Bataillon Brabanter zum Rückzuge.

Unter dem heftigsten feindlichen Geschütz- und Kleingewehrfeuer wurde weiter vorgerückt, und schon um 6 Uhr morgens fassten die Truppen auf dem höchsten Punkte der Vorstadt circa 500 Schritte vor der Esplanade Stellung, woselbst sie standhaft ausharrten, trotzdem der Feind fortwährend aus mehreren längs der Esplanade angebrachten Kanonen heftig mit Kartätschen feuerte.

Um 9 Uhr vormittags wagten die Franzosen den ersten Ausfall; allein Major Ribeaucourt und Hauptmann Weser des Regimentes mit ihren Abtheilungen, von d'Alton-Infanterie und den Jägern unterstützt, wiesen ihn mit großem Verluste feindlicherseits muthvoll zurück.

Ein heftiges und mörderisches Feuergefecht, welches ununterbrochen bis 1 Uhr nachmittags anhielt, folgte diesem verunglückten Ausfalle, worauf der Feind einen zweiten unternahm.

2000 Franzosen stürzten sich in drei Colonnen auf die Vorstadt, doch nur die mittlere konnte auf der Chaussée Fortschritte machen, indem sie die längs des Pavés aufgestellten Compagnien anfangs zum Weichen brachte. Aber das Beispiel des tapferen Majors Graf Ribeaucourt, der seine Truppe am ersten stellte und den Feind aus den Regimentsgeschützen mit Kartätschen begrüßte, dann eine Compagnie durch die Gärten in die Flanke des Feindes disponierte und hierauf mit dem Bajonnette angreifen ließ, entschied das Gefecht bald zu Gunsten der kaiserlichen Waffen und die feindlichen Colonnen mussten sich in die Festung zurückziehen, worauf wieder die frühere Position eingenommen wurde und die Ingenieure mit den Belagerungsarbeiten begannen.

Die Wirksamkeit, Tapferkeit, ausgezeichnete Bravour und seltene Kaltblütigkeit des Majors Graf Ribeaucourt konnten durch Generalmajor Graf Sztáray in der Relation nicht genug hervorgehoben werden.

Weiters hatten sich an diesem Tage noch besonders ausgezeichnet:

Hauptmann Rabinet, der den Feind am rechten, und Hauptmann Weser, der ihn am linken Flügel zurückgeworfen.

Die Hauptleute Rayd und du Jardin, welche in dem Momente, als der Feind durch seine Übermacht und das heftigste Kartätschenfeuer ihre Compagnien zum Rückzuge zwang, mit allen Kräften dazu beigetragen, die Mannschaft zu sammeln und wieder vorzuführen, wodurch der Feind zum letztenmale aus der Vorstadt verjagt wurde.

Der Oberlieutenant Perremans, welcher einen Munitionswagen sozusagen aus den Händen der Franzosen riss.

Lieutenant Baron Vogelsang, welcher im Momente der größten Gefahr beim zweiten feindlichen Ausfalle mit einigen Freiwilligen der Oberstens-Compagnie sich auf den Feind stürzte und nach dessen Rückzug ihn bis auf das Glacis verfolgte und ihm durch ein gut unterhaltenes Musketenfeuer bis 5 Uhr nachmittags vielen Schaden zufügte.

Die Fähnriche Baron Diemart und von Wouwermanns, beide kaum dem Knabenalter entwachsen, welche unter dem heftigsten feindlichen Geschützfeuer bei den Regimentskanonen als Handlanger gedient hatten. (Die Kanonen wurden so zerschossen, dass sie ausgetauscht werden mussten); endlich die Oberlieutenante Strauch, Desermetz, Schuster und Gallet; die Lieutenante Bless, d'Haiseau, Wassimont und Fähnrich Noël durch ihren persönlichen Muth. Die beiden Cadetten Soutemoustier und Boisier hatten sich durch ihre verwegene Tapferkeit den ganzen Tag hindurch so brav benommen, dass sie mit der goldenen Tapferkeits-Medaille ausgezeichnet wurden.

Corporal Morelle und Gemeiner Anseau, die sich durch ihren Muth und ihre Kaltblütigkeit bei Bedienung der Regimentsgeschütze hervorgethan hatten, wurden mit der silbernen Tapferkeits-Medaille decoriert.

Corporal Scherer, Gemeine Rippel, Koun, Vandenbrand und Casaky erhielten Gratificationen, ebenso der Unter-Feldscherer Moreus, der während des größten Feuers kaltblütig seinem Berufe oblag.

Endlich muss noch des tapferen Benehmens des Gemeinen Freiherrn von Leuze Erwähnung gemacht werden, welcher der wohlverdienten Decoration dadurch verlustig wurde, dass er den Heldentod starb.

Baron de Leuze hatte in dem niederländischen Aufstande von 1790 bei den Insurgenten gedient und um diese Schmach zu tilgen und die Ehre seines Familiennamens wieder herzustellen, ließ er sich beim Ausbruch des Krieges als Gemeiner zum Regimente assentieren, war stets unter den Freiwilligen und auch da immer unter den Ersten, bis er beim letzten Sturme den ehrenvollen Tod fand.

Der Verlust des 2. Bataillons an diesem Tage betrug: Todt: 6 Mann vom Feldwebel abwärts; Verwundet: Hauptmann du Jardin, Fähnrich Baron Diemart, die Cadetten de Soutemoustier und Boisier, letztere zwei sehr schwer, und 19 Mann.

Die Belagerung von Lille nahm nunmehr ihren Fortschritt und am 29. September begann die Beschießung, die bis zum 6. October währte.

Da trafen erschütternde und folgenschwere Ereignisse aus der Champagne ein.

Der Herzog von Braunschweig, welcher zur Wiederherstellung und Rettung der Ordnung rasch gegen Paris vordringen sollte, trat den Rückzug an. So geschah es, dass in Frankreich die Königswürde abgeschafft und die Republik proclamiert wurde. Unter solchen Umständen blieb nichts übrig, als die Belagerung aufzuheben und sich nach Tournay zurückzuziehen, was in der Nacht vom 8. October geschah.

Am 16. October vereinte sich das von Lille zurückkehrende 2. Bataillon zu Tournay mit dem 1., welches daselbst die Besatzung gebildet hatte, und letzteres bezog noch am selben Tage die Vorposten bei Templeure.

Gefecht bei La Croix au bois.

Wenden wir uns nun zum 3. Bataillon, welches wir nach der Capitulation von Longwy zu Marville zurückgelassen. Dasselbe war auf diesem Verbindungsposten bis 13. September verblieben, an welchem Tage es bei La Croix au bois wieder zum Corps des Regiments-Inhabers einrückte und gleich am folgenden Tage bei Vertheidigung dieses Postens unter seinen Augen glänzende Beweise für den Ruhm des Regimentes an den Tag legte, indem es alle Versuche der Franzosen, sich des Postens zu bemeistern, heldenmüthig zurückwies. Das Bataillon wurde wegen seiner bei dieser Gelegenheit bewiesenen Standhaftigkeit in der Relation des Feldmarschall-Lieutenants Graf Clerfayt besonders belobt.

Dasselbe hatte in dieser Affaire 1 todten und 2 verwundete Officiere, deren Namen ebensowenig angegeben sind, wie der Verlust an Mannschaft.

Nach dem Rückzuge der Alliierten aus der Champagne, wozu dieselben durch die eingetretene schlechte Witterung und den Mangel an den nöthigsten Subsistenzmitteln genöthigt wurden, kehrte das 3. Bataillon am 18. October wieder nach Luxemburg zurück.

Mittlerweile richteten die Franzosen ihre ganze Stärke gegen Mons, wohin das österreichische Hauptquartier kam, während am 30. October der Feldmarschall-Lieutenant Herzog von Württemberg das Commando über das verstärkte Corps bei Tournay, in dessen Nähe, zu Vasmes, auch die Grenadiere des Regimentes standen, übernahm.

80.000 republikanische Streiter, deren Hauptstärke gegen Mons rückte, während links und rechts besondere Heerscharen gegen Flandern zogen, überfielen das seit der Schleifung der Barrièreplätze dem Lose einer Feldschlacht preisgegebene Land. Die Österreicher umspannten die ausgedehnte Grenze, nach dem Cordonsystem, mit einem wohl ansehnlichen, doch durch solche Vertheilung geschwächten Heere. Vorwärts Mons,

Schlacht bei Jemappes.

bei dem Flecken Jemappes stand in stark verschanzter Stellung unter dem Herzoge von Sachsen-Teschen und Beaulieu die Hauptmacht, über 20.000 Mann.

Da stürzten die Neufranken kühn über sie her, erstürmten die dreifachen Verschanzungen und erfochten einen vollkommenen, wenn auch blutig erkauften Sieg.

In Folge dieser Schlacht erhielt der Prinz von Württemberg noch am selben Tage den Befehl, Tournay zu räumen und über Leuze zurückzugehen. Er vereinigte sich am 9. bei Tubize mit der Hauptarmee, welche nun nicht mehr im Stande war, die Niederlande gegen die bedeutende Übermacht der Franzosen zu behaupten, die mit drei Armeen vorrückten.

Am 10. bezog der Herzog von Sachsen-Teschen die Position bei Hall und von da wurde Feldmarschall-Lieutenant Baron Beaulieu mit einem Corps, in welches auch das Regiment eingetheilt wurde, gegen die Maas detachiert.

Am 12. zog sich die Armee hinter Brüssel zurück und in der Nacht vom 13. auf dem 14. nach Löwen.

Am 16. übernahm der Regiments-Inhaber, da die Kränklichkeit des Herzogs bedenklich zunahm, das Armee-Commando.

Während die Hauptarmee bis hinter die Jaar zurückmarschierte, stand das Corps Beaulieu zwischen Vierset und Strée, dessen Arrièregarde am 30. November, als es sich ebenfalls in das Luxemburg'sche zurückzog, in der Gegend von Corrière durch die Franzosen angegriffen wurde. Gefecht bei Corrière.

Auch in diesem letzten Gefechte des Feldzuges wurde der Ruhm des Regimentes durch die Tapferkeit der Officiere und Mannschaft auf seiner Höhe erhalten, aber leider mit dem Verluste des braven Majors Grafen Ribeaucourt, dem eine Kanonenkugel den Schenkel zerschmetterte, in Folge dessen er nach wenigen Stunden verschied.

Aus dem Berichte des Oberstlieutenant Chevalier de Lusignan des Regimentes Bender geht hervor, dass das Bataillon Ribeaucourt, trotzdem es dem größten feindlichen Geschützfeuer ausgesetzt war, seinen Posten dennoch bis zur einbrechenden Nacht muthig vertheidigte.

Hierauf setzte Feldmarschall-Lieutenant Baron Beaulieu seinen Weitermarsch nach Arlon bei Luxemburg fort, wo das Regiment im December die Winterquartiere bezog, während Feldzeugmeister Graf Clerfayt die Hauptarmee Cantonierungen an der Erft und Roer beziehen ließ.

Die Grenadier-Division wurde nach Köln verlegt.

1793. Die Hinrichtung König Ludwig XVI. am 21. Jänner 1793 verursachte in ganz Europa Entsetzen. Österreich, Preußen, das deutsche Reich, Sardinien, Neapel, Toscana, Portugal, Spanien, England und Holland verbündeten sich gegen Frankreich.

Die Österreicher standen in den Niederlanden unter den Befehlen des Prinzen Josias Coburg. Wurmser befehligte am Oberrhein. Die Preußen führte wieder der Herzog von Braunschweig.

Für die beiden Kriegsschauplätze am Rhein und in den Niederlanden war von den Alliierten folgender Operationsplan entworfen worden:

»Anfangs März dringt die preußische Armee, durch einen Theil der Reichstruppen verstärkt, über Mainz, Trier und Luxemburg nach Lothringen ein; gleichzeitig überschreitet das österreichische Hauptheer unter dem Prinzen von Coburg, welchem der General Clerfayt und der jugendliche Erzherzog Carl beigegeben werden, bei Mastricht die Maas und rückt gegen Brüssel vor. Die vereinigten Hilfstruppen der Engländer und Holländer trachten längs der flandrischen Küste die Grenze von Frankreich zu erreichen und vereinigen sich mit dem Prinzen Coburg«.

Schon am 28. Februar ließ Feldmarschall Prinz Coburg die Truppen in eine Cantonierung an der Roer zusammenrücken und überschritt diese am 1. März bei Düren und Jülich.

Die Grenadier-Division des Regimentes befand sich im Bataillon Graf Briey bei der Hauptarmee. Hier begann in diesem merkwürdigen Jahre der erlauchte Erzherzog Carl als Divisions-General seine Heldenlaufbahn. Die Grenadier-Division war bei der Avantgarde eingetheilt und hatte die besondere Ehre, unter dem Commando des Erzherzogs zu stehen.

Der Regiments-Stab mit dem 1. und 2. Bataillon stand noch immer im Corps Beaulieu zu Arlon und das 3. Bataillon in der Festung Luxemburg.

Schlacht bei Aldenhoven. Nachdem die Hauptarmee am 1. März die Roer überschritten, stieß die Avantgarde nach einem halbstündigen Marsche auf feindliche Truppen, welche sich auf den Roerberg zurückzogen, der verschanzt und mit Geschütz besetzt war.

Hierauf rückte der Erzherzog bis Wisweiler vor und marschierte endlich in Kanonenschussweite vor den feindlichen

Verschanzungen auf, von wo er, nach dem Eintreffen des Corps Prinz Württemberg, gegen Hönnigen rückte, um dem Roerberge in den Rücken zu kommen.

Um 2 Uhr nachmittags traf die Colonne daselbst ein und der Erzherzog schritt, nach einer kurzen Kanonade, zum Angriffe auf die feindlichen Verschanzungen, welcher mit einer solchen Entschlossenheit ausgeführt wurde, dass die Franzosen gleich in Unordnung geriethen und sich in ein hinter ihrer Stellung gelegenes Wäldchen zurückziehen wollten.

Allein da warf sich die Cavallerie auf den Feind, hieb einen großen Theil nieder und zwang ihn zum gänzlichen Rückzuge.

Mittlerweile war auch Feldmarschall Graf Clerfayt mit dem anderen Theile der Armee auf der Chaussée von Aldenhoven vorgedrungen und trieb die Franzosen überall zurück, so dass die Hauptarmee noch am selben Tage bei Aldenhoven concentriert werden konnte, wo Prinz Coburg sein Hauptquartier aufschlug.

Am 2. März rückte Erzherzog Carl mit der Avantgarde bis Herle und warf den Feind von den Anhöhen bei Fauquemont, welchen Ort die Franzosen ebenfalls räumen mussten. Die Hauptarmee marschierte nach Rolduc und am 3. gegen Mastricht, welche Festung dadurch entsetzt wurde. Gefecht bei Fauquemont.

Das Grenadier-Bataillon Graf Briey wurde nach Mastricht selbst verlegt, wohin auch das Hauptquartier kam, am 13. nach Leau, und am 18. März wohnte es dem glänzenden Siege bei, den Prinz Coburg über die Franzosen bei Nerwinden erfocht. Schlacht bei Nerwinden.

Die Grenadiere waren an diesem Tage in der Colonne des Feldmarschall-Lieutenants Benjowski eingetheilt, welche auf der Chaussée zwischen Dourmael und Orsmael vorrückte und den geschlagenen Feind am folgenden Tage in der Richtung gegen Tirlemont verfolgte.

Unter demselben General fochten sie auch am 22. März bei Löwen, wo sie alle Angriffe desselben auf den französischen General Champorin auf der Höhe von Pellenberg mitmachten. Gefecht bei Löwen.

Nun wichen die bestürzten Franzosen auf allen Punkten zurück, räumten am 25. Brüssel, hierauf alle übrigen Plätze und am 29. März verließ die feindliche Armee die Niederlande vollends.

Durch die zwei blutigen Tage von Nerwinden und Löwen gingen die Niederlande, welche durch den Sieg von Jemappes für Frankreich gewonnen wurden, wieder verloren.

Die österreichische Hauptarmee bezog Cantonierungen um Mons und das Grenadier-Bataillon Briey wurde in diese Festung verlegt.

Sein Verlust in allen bisher stattgefundenen Affairen dieses Feldzuges bestand in 1 Todten und 47 Verwundeten vom Feldwebel abwärts.

Bis zum 9. April blieben die Truppen ruhig in ihren Cantonierungen, worauf die Offensiv-Operationen gegen Frankreich begannen, wie auch die Einschließung der Festung Condé durch österreichische Truppen bewirkt wurde.

Die Grenadiere rückten mit der Hauptarmee am 13. bis Onnaing und blieben in dieser Stellung den ganzen Monat hindurch, während welcher Zeit fast ununterbrochen Vorpostengefechte stattfanden.

Gefecht bei Onnaing.

Am 1. Mai erfolgte ein allgemeiner Angriff der Franzosen auf die österreichische Stellung, welcher aber kräftig zurückgewiesen wurde. Das Grenadier-Bataillon Graf Briey, welches an diesem Tage einen Verlust von 6 Todten und 3 Verwundeten erlitt, focht unter dem Feldzeugmeister Graf Ferraris, der den feindlichen Flügel bei St. Sauve angriff und bis auf die letzten Höhen vor der Festung zurücktrieb.

In der Relation wurde die außerordentliche Tapferkeit, mit welcher die Wallonen, ungeachtet ihrer schwachen Zahl, gekämpft hatten, besonders hervorgehoben.

Dumouriez knüpfte nach diesen Ereignissen mit Coburg Verhandlungen an. Kraft diesen sollte das französische Heer nach Paris ziehen und das Königthum wieder herstellen, die Österreicher dagegen die französische Grenze nicht überschreiten. Aber in der Masse des Heeres wehte der republikanische Geist. Dumouriez erfuhr fast allgemeinen Abfall, gerieth persönlich in die äußerste Gefahr und brachte den Österreichern, zu welchen er flüchtete, nur seine Person und seinen Generalstab. Den Oberbefehl über das der Auflösung nahe französische Heer übernahm jetzt der General Dampierre, ein vaterlandsliebender und vorsichtiger Mann. Theils hinter den Wällen der starken Grenzfestungen, theils in dem wohlverschanzten Lager bei Famars vor augenblicklichem Feindesangriff gesichert, ließ er die Scharen sich von der Bestürzung erholen.

Der Waffenstillstand, welchen die Österreicher früher eingegangen, wurde indessen aufgekündet und mit Übermacht rückten die Österreicher in's französische Land ein.

Gefecht bei Famars.

Das Grenadier-Bataillon machte den Angriff auf das verschanzte französische Lager bei Famars am 23. Mai in der 4. Colonne unter dem Feldmarschall-Lieutenant Benjowski in der Brigade Generalmajor Fürst Auersperg mit.

Diese Colonne marschierte in der Tiefe, vom Feinde unbemerkt, gegen den rechten Flügel der feindlichen Schanzen und erschien plötzlich und unerwartet vor dem Retranchement bei Aulnoit.

Sobald der Feind sie gewahr wurde, überschüttete er sie zwar mit einem Hagel von Kartätschen, aber zu spät, denn die Truppen hatten schon so viel Terrain gewonnen, dass sie unter seinen Kanonen waren, und der außerordentliche Muth, mit welchem die Grenadiere sowohl auf die rechte Flanke, als den Rücken der Verschanzungen losbrachen, vereitelte jede Gegenwehr.

Die ganze Besatzung des Retranchements wurde theils niedergemacht, theils gefangen; 1 Fahne, 7 Kanonen und 10 Munitionskarren fielen den Siegern in die Hände.

Oberstlieutenant Graf Briey half mit seinem Grenadier-Bataillon das schöne Werk fördern und er sowie das ganze Bataillon wurden in der Gefechtsrelation des Feldzeugmeisters Graf Ferraris ehrenvoll belobt.

Feldwebel Anton Prinz der Division Graf Clerfayt, welcher sich bei Erstürmung der Schanzen durch seine Verwegenheit ganz besonders hervorgethan hatte, erhielt die silberne Tapferkeits-Medaille.

Der Verlust des Bataillons in diesem Gefechte bestand in 1 Todten, 12 Verwundeten und 1 Vermissten vom Feldwebel abwärts.

Durch den Sieg bei Famars war die Berennung von Valenciennes bewirkt und die Armee wurde nun in eine Belagerungs- und Observations-Armee getheilt. Die Grenadiere kamen zur letzteren unter den Befehl des Regiments-Inhabers, und bezogen am 27. Mai das Lager zwischen St. Legers und Vallers.

Am 28. Juli capitulierte Valenciennes.

Nun erhielt auch das Regiment den Befehl, zur Hauptarmee abzurücken und bezog anfangs die Stellung bei Namur, von wo dasselbe mit dem Feldmarschall-Lieutenant Baron

Beaulieu am 15. August nach Cysoing marschierte und auf dem Vorposten-Cordon über Orchies bis Marchiennes verwendet wurde.

Die Stellung bei Cysoing war verschanzt und mit Kanonen wohl versehen.

Gefecht bei Cysoing.

Am 26. August ließ sich der Feind zum erstenmale wieder in dieser Gegend sehen und am 27. griff er mit 6000 Mann Beaulieus Vorposten zwischen Louvil und Genech an der Marque an.

Der feindliche Angriff geschah bei anbrechendem Tage mit solcher Heftigkeit, dass die Vorposten weichen mussten, worauf die Franzosen ihre Hauptstärke auf die Waldspitze von Cysoing und die daselbst erbaute Fleche richteten.

Während ihnen die k. k. Artillerie sehr wirksam antwortete, rückten die Infanterie-Regimenter Graf Clerfayt und Prinz Württemberg nebst dem Cürassier-Regimente Kavanagh vor und fielen den Feind so unerwartet und schnell an, dass der durch die besondere Bravour dieser Truppen, welche 4 Kanonen eroberten, zum Weichen gezwungen wurde.

Das ganze Regiment, namentlich aber die Hauptleute de Chapuy und Desoute, die Lieutenante Conti, Dehack und Depaix wurden ihres ausgezeichneten Benehmens wegen belobt.

Hauptmann de Chapuy und Oberlieutenant Perremans nebst 7 Mann wurden verwundet, 3 Mann vermisst.

Erstürmung von Annapes.

Am 9. September unternahm Feldmarschall-Lieutenant Baron Beaulieu aus dem Lager von Cysoing einen Streifzug über die Marque, wobei 3 Compagnien des Regimentes mitverwendet wurden.

Die Streifcolonne rückte über Aseq gegen Annapes vor und wurde eine Zeit lang durch die feindlichen Plänkler in Aseq aufgehalten, doch die Jäger, vereint mit einer Compagnie des Regimentes, verjagten sie bald aus dem Dorfe.

Hierauf wurde weiter gegen das Dorf Annapes vorgerückt, welches vom Feinde stark besetzt und durch ein großes Retranchement verschanzt war. Feldmarschall-Lieutenant Baron Beaulieu ließ diese Verschanzung durch die 3 Compagnien des Regimentes und eine von Kheul-Infanterie angreifen, welche sie auch, trotz der tapferen Gegenwehr des Feindes, mit Sturm nahmen.

Der Rückzug der Streifcolonne erfolgte erst dann, als der Feind mit einer starken Truppenmacht und schwerem

Geschütze aus Lille vorrückte. Um 4 Uhr nachmittags trafen die Truppen wieder im Lager ein.

Die 3 Compagnien des Regimentes hatten bei dieser Expedition einen Verlust von 5 Todten, 9 Verwundeten und 22 Vermissten erlitten.

Am 11. September brach das Regiment nebst Kheul- und Kaunitz-Infanterie und 6 Escadronen, infolge Armeebefehles, von Cysoing auf und marschierte über Lannoy den vom Feinde hart bedrängten Holländern zu Hilfe, welche aber Menin, wohin das Regiment bestimmt war, räumen mussten, ehe es sich mit ihnen hatte vereinen können.

Das Regiment kam hierauf zur Besatzung nach Courtrai und erhielt am 20. September seine Eintheilung in das Corps des Feldmarschall-Lieutenants Baron Alvintzi, Brigade Generalmajor Kray, worauf es wieder in die Gegend von Cysoing marschierte, während die Grenadiere wie bisher bei der Hauptarmee blieben, welche am 29. September von Bavay aufbrach, die Sambre überschritt und zur Belagerung von Maubeuge vorrückte.

Bei Erzwingung des Überganges über die Sambre verlor die Grenadier-Division 5 Mann, zeichnete sich jedoch abermals durch ihre Bravour aus, mit der sie in der Colonne des Feldmarschall-Lieutenants Graf Colloredo die Franzosen aus ihrem Lager bei Hautmont vertreiben half. Gefecht an der Sambre.

Bei dieser Gelegenheit erwarb sich der Grenadier-Lieutenant Baron Lederer durch einen mit Freiwilligen unternommenen gelungenen Angriff auf die Franzosen nächst Bois de Beaufort eine ehrenvolle Belobung.

Am 30. September begann die Blockade von Maubeuge. Leider giengen jetzt alle Vortheile verloren. Die Engländer unter York trennten sich vom kaiserlichen Heere und wurden bei Wattigny durch Jourdan geschlagen, worauf Prinz Coburg sich über die Sambre in die Stellung zwischen Landrey und le Quesnoi zurückzog, wo sich die Verbündeten auf die Defensive ihrer Eroberungen diesseits der Sambre beschränkten. Blockade von Maubeuge.

Das Regiment stand mittlerweile seit 7. October in der Brigade des Generalmajors Kray in der Gegend von Orchies und Marchiennes bei Cysoing und in dieser Stellung wies es am 21. October einen jener hartnäckigen feindlichen Angriffe zurück, welche die Franzosen auf die ausgedehnte Linie der Verbündeten so häufig unternahmen.

Gefecht bei Denain.

Um 9 Uhr morgens rückte der Feind gegen den Generalmajor Oth, der bei Denain stand, vor, drang kühn bis vor Abson und beschoss den Ort.

Der hier die Vorposten befehligende Oberst Dévay von Esterházy-Husaren rückte nun mit 6 Escadronen seines Regimentes, 1 Division Clerfayt und 1 Division Erbach-Infanterie muthvoll dem Feinde entgegen und warf ihn nach kurzem Gefechte bis Bouchain zurück, worauf Oberst Spiegel von Erbach-Infanterie mit den vorgenannten 2 Infanterie-Divisionen und 2 Geschützen Mastaing angriff, welches der Feind durch die Geschicklichkeit der Artillerie und die guten Dispositionen des Majors Baron Spangen des Regimentes Clerfayt ebenfalls zu räumen gezwungen wurde und sich gänzlich zurückziehen musste.

In der Original-Relation heißt er wörtlich, dass Major Baron Spangen sich in diesem Gefechte besonders unerschrocken, thätig und einsichtsvoll bewiesen habe.

Gefecht bei Orchies.

In den folgenden zwei Tagen erneuerte der Feind seine Angriffe auf Orchies selbst, welches Generalmajor Kray heldenmüthig vertheidigte, wobei er durch den Obersten Baron Vogelsang auf das wirksamste unterstützt wurde, indem dieser am 23. October mit 2 Bataillonen, worunter auch das 2. Bataillon des Regimentes, 4 Kanonen und einer halben Escadron von St. Amand auf der Straße vorrückte und durch einen glänzenden Sturm den Feind aus dem Walde von Marchiennes vertrieb.

Das Bataillon mit dem gesammten Officiers-Corps, insbesondere aber dessen tapferer Commandant Major von Wouwermanns wurden für diese Waffenthat vom Generalmajor Kray vorzüglich belobt.

Der Verlust des Regimentes in den beiden Gefechten vom 22. und 23. October bestand in 3 Todten und 7 Verwundeten, unter letzteren befand sich auch Lieutenant Coekeberghe.

Überfall von Marchiennes.

Alle Angriffe, die der Feind in diesen Tagen auf die österreichische Linie unternommen hatte, waren glänzend zurückgewiesen worden, nur Marchiennes allein war dem überlegenen Angriffe unterlegen; es galt nun diesen Posten dem Feinde wieder zu entreißen.

Am 30. October geschah der Angriff auf die zwischen Morästen und Canälen am Scarpeflusse gelegene, mit Mauern umgebene und mit Thoren und Aufzugbrücken versehene Stadt, die durch 2000 Mann besetzt war.

Die zum Angriffe bestimmten Truppen wurden in 3 Colonnen getheilt, von denen eine Oberst Baron Vogelsang mit dem Regimente bildete. Der Aufbruch geschah den Abend zuvor und der Angriff, ungeachtet dessen, dass die 3. Colonne nicht zeitgerecht eintreffen konnte, um 2 Uhr nach Mitternacht.

Die feindlichen Vorposten wurden vollständig überrascht, niedergehauen und sämmtliche Piquets in die Stadt zurückgedrängt. Gleichzeitig mit ihnen drangen aber auch die Stürmenden ein, tödteten alles, was sich zur Wehr stellte, besetzten den Platz und die Gassen und zwangen den Feind, sich in die verschanzte und mit Geschütz besetzte Abtei zurückzuziehen, von wo er nun ein heftiges Kartätschenfeuer eröffnete.

Die Truppen besetzten die anstoßenden Häuser und unterhielten so lange ein unausgesetztes Gewehrfeuer, bis die Geschütze herbeikamen und die Abtei zu beschießen begannen.

Nach dreistündigem Kampfe versuchte Generalmajor Kray den Weg der Unterhandlung und ließ, um den Feind aufmerksam zu machen, Signale blasen. Der Feind nahm jedoch das Signal als ein Zeichen zum Rückzug auf und unternahm mit ganzer Macht einen heftigen Ausfall. Aber die Truppen warfen sich mit dem Bajonnette auf ihn, zwangen ihn zum Rückzug in die Abtei und die Beschießung begann aufs neue.

Da erst capitulierte die Besatzung und gab sich kriegsgefangen. 14 Kanonen und 36 Munitionswagen wurden erbeutet. Nur Fähnrich Nellis war verwundet worden, sonst hatte das Regiment keinen Verlust.

Unter den Ausgezeichneten in diesem Gefechte werden genannt:

Vor allen Oberst Baron Vogelsang, welcher mit seinem Regimente schon im Anmarsche enorme Hindernisse, vom Feinde besetzte Terrainabschnitte, Wassergräben, Sümpfe etc. zu überwinden hatte, jedoch »durch seine Kriegserfahrenheit und Klugheit« alle überwand, seinen Auftrag mit größter Tapferkeit ausführte, einige hundert Feinde gefangen nahm und 2 Kanonen erbeutete; nächst ihm Major Spangen, die Hauptleute Saivinger, du Jardin und Vernicourt, der Oberlieutenant Baillou und Lieutenant Duchesne, welche durch ihre Tapferkeit der Mannschaft das schönste Beispiel gaben.

Oberst Baron Vogelsang mit dem 1. Bataillon seines Regimentes und einem von Wartensleben blieben als Besatzung in Marchiennes.

9

Die eintretende schlechte Witterung veranlasste den Prinzen Coburg, die Armee in Winterquartiere zu verlegen.

Die Wallonen-Regimenter wurden auf ausdrücklichen Befehl in Städte verlegt; das Regiment Clerfayt kam nach Courtrai und erhielt seine Eintheilung in die Division Feldmarschall-Lieutenant Ehrbach, Brigade Generalmajor Lützow; die Grenadiere in die Brigade Generalmajor Degenschild und kamen nach Mons.

Das 3. Bataillon blieb wie bisher in Luxemburg.

Die Feld-Bataillone hatten einen Standesabgang von 1245 Mann.

Der durch die Wiedereroberung der Niederlande gekrönte Feldzug, in welchem sich die Truppen durch ihre Tapferkeit und Ausdauer neuen Ruhm erkämpft hatten, war nun geschlossen und der Geschichte des Regimentes ein neues Blatt heldenhafter Thaten zugefügt.

Die zahllosen kleinen Gefechte und Unternehmungen, Überfälle und Streifungen führten fast immer zu glänzenden Resultaten, wenn sie auf Überraschung und Tapferkeit begründet waren. Die glänzenden Erfolge des Obersten Baron Vogelsang, die Erstürmung des Lagers bei Andennes, das überraschende Auftreten bei Famars, der Überfall von Marchiennes, all' dies spricht von dem seltenen Muthe dieser Braven, belehren aber gleichzeitig, dass selbst unter den schwierigsten Kriegslagen ein entschlossenes Vorgehen bei consequenter Durchführung des gefassten Entschlusses fast unbedingt zum Siege führt.

Es sei an dieser Stelle folgenden General-Befehles gedacht, welcher aus dem Hauptquartiere Bermerain den 24. October erlassen wurde.

»Ich kann nicht umhin, der Armee die höchstbetrübende Nachricht von der unerhörten und grausamen Hinrichtung der würdigen Königin von Frankreich, welche den 17. d. M. auf die schrecklichste Art durch des Henkers Schwert in Paris vollzogen worden, bekannt zu machen. Ich bin überzeugt, dass jeder kaiserliche Unterthan, noch mehr jeder Soldat tief die lasterhafte Ermordung fühlt und gewiss bei der ersten Gelegenheit, die, wie ich hoffe, sich bald darbieten wird, das auf dem Schaffote vergossene Blut der Tochter unserer im unvergesslichen Andenken stehenden großen Kaiserin Maria Theresia mit Aufopferung seines eigenen Lebens zu rächen trachten werde. Dies ist der ganzen Armee in allen Sprachen recht verständlich zu erklären«.

Im Jahre 1794 waren die Haupt-Kriegsschauplätze wieder Nordfrankreich und Westdeutschland. Kaiser Franz nahm persönlich an der Eröffnung des Feldzuges in Nordfrankreich theil, doch führte Herzog von Coburg den Oberbefehl. Frankreich stellte vier Armeen auf. 1794.

Gleich in den ersten Tagen dieses Jahres begann der Feind vor dem Centrum der k. k. Armee, in der Gegend von Cambrai, Bouchain und Arleux, Truppen zu sammeln und diese beunruhigenden Concentrierungen dauerten mehrere Wochen hindurch, so dass auch die Alliierten es für nöthig erachteten, ihre Truppen in engere Cantonierungen zusammenzuziehen.

Diese Veränderung der Winterquartiere wurde am 20. und 21. Februar ausgeführt und hatte zur Folge, dass das für den kommenden Feldzug in die Brigade Generalmajor Spork des Corps Clerfayt eingetheilte Regiment nach Tournay verlegt wurde.

Die im Reserve-Corps Kaunitz, Brigade Generalmajor Werneck eingetheilten Grenadiere wurden nach Foret und Croix verlegt.

Der Stand des Regimentes betrug 1210 Mann.

Am 14. April begannen die Operationen, das Corps Clerfayt concentrierte sich in den Dörfern vor Tournay und das Reserve-Corps Kaunitz vor Bettignies.

Während das Regiment in dem bald hierauf bezogenen Lager von Tournay blieb, wohnte die Grenadier-Division den Offensiv-Operationen der Alliierten im Reserve-Corps, welches nun Feldmarschall-Lieutenant Baron Alvintzi befehligte, bei. Dieselbe nahm bei der Vorrückung der Alliierten zur Berennung von Landrecy am 17. April, welche die Schlacht bei Cateau herbeiführte, und an der Eroberung des verschanzten Dorfes Chatillon rühmlichst theil. Schlacht bei Cateau.

Nach der glänzend gewonnenen Schlacht wurde zur Belagerung von Landrecy geschritten und alle Anstrengungen des Feindes, diese Festung zu entsetzen, blieben erfolglos, ebenso dessen allgemeiner Angriff bei Nouvion am 21. April. Gefecht bei Nouvion.

Feldmarschall-Lieutenant Baron Alvintzi, welcher anfangs mit dem Reserve-Corps von Nouvion, wo es zur Deckung der Belagerungsarbeiten gegen feindliche Störungen postiert war, nach Bergue über die Sambre zurückwich, behauptete sich dort mit Nachdruck und zwang endlich den Feind zum Rückzuge.

Das Grenadier-Bataillon Graf Briey hatte in diesem Gefechte die specielle Aufgabe, das Vordringen der Franzosen aus dem Gehölze bei Nouvion auf der Straße nach l'Echelles zu hemmen, welche es so schön löste, dass der Corps-Commandant nicht umhin konnte, in der Relation dasselbe wegen seines herzhaften Benehmens besonders zu rühmen.

Das Corps nahm noch in der Nacht seine Aufstellung zwischen Priches und Favrill.

Gefecht bei Pesan.

Ebenso wacker benahmen sich die Grenadiere in dem Gefechte vom folgenden Tage, wo Feldmarschall-Lieutenant Baron Alvintzi den Feind von Pesan in das Gehölz von Cartigny und bis gegen Fontenelle jagte. Am 26. April kämpften sie in dem siegreichen Gefechte bei Cateau und Chatillon in der Colonne des Erzherzogs Carl bei Marvilles und Priches.

Gefecht bei Cateau.

Die Grenadier-Division Clerfayt und namentlich ihre beiden Hauptleute Leerbusch und Rayd wurden wegen ihres hiebei bewiesenen Muthes in der Relation Sr. kaiserlichen Hoheit belobt.

Dieser Sieg bei Cateau entschied das Schicksal der Festung Landrecy, welche am 30. April capitulieren musste.

Mittlerweile war aber Pichegru am 25. April in Flandern, wo bekanntlich das Regiment im Corps Clerfayt stand, eingedrungen und griff auf mehreren Punkten die Alliierten lebhaft an; doch wurde er überall zurückgewiesen, nur Moescron gieng verloren.

Gefecht bei Moescron.

Der Wiedereinnahme dieser Position galten die Anstrengungen der Alliierten in dem Gefechte vom 28. April, die auch mit Erfolg gekrönt wurden, und der Behauptung dieses Postens jene vom 29. April, an welch letzterem Gefechte das Regiment theilnahm.

Feldzeugmeister Graf Clerfayt ließ, um Moescron, welches auf allen Seiten von den Franzosen bedroht wurde, etwas Luft zu machen, am 29. mit Tagesanbruch die Dörfer Aelbecke und Belleghem durch sein Regiment und 1 Escadron Blankenstein-Husaren angreifen. Belleghem wurde sogleich mit besonderer Bravour erstürmt, aber bei Aelbecke war der Feind so stark, dass das Regiment, ungeachtet aller Tapferkeit, nicht reussieren konnte. Es zog sich hierauf in Ordnung auf die Höhen hinter Belleghem zurück, wo 4 Bataillone und

2 Escadronen zu seiner Verstärkung eintrafen. Inzwischen griff der dreifach überlegene Feind in 6 Colonnen die Stellung bei Moescron an, welche mit bewunderswerther Entschlossenheit behauptet wurde. Der ungleiche Kampf währte mit beispielloser Heftigkeit bis 4 Uhr nachmittags, doch musste endlich der Überzahl gewichen werden.

Das Regiment zog sich mit der Colonne, welche die Straße nach Dottignies einschlug, zurück und um halb 7 Uhr abends stand das Corps bei Dottignies versammelt. Am folgenden Tage marschierte es in das Lager bei Espierre. Das Regiment erlitt in dem Gefechte bei Moescron einen Verlust von 16 Todten und 21 Verwundeten, unter letzteren befand sich Hauptmann l'Olivier.

Am 4. Mai marschierte das Clerfayt'sche Corps in das Lager von Vichte, am 8. in jenes bei Hulste an der Lys und am 9., ohne dass es der Feind zu verhindern wagte, in jenes zwischen Lendelede und St. Eloy, von wo es am 10. gegen Courtrai, Waeter-Meulen und Heule vorrückte.

Die Brigade Spork war bis an den Bach Heule marschiert und als sie keinen Feind vor sich fand, über den Bach in die offene Gegend zwischen der Heule und Nederbecke vorgedrungen.

Das Corps folgte und lagerte vor Courtrai.

Dreitägiges Gefecht bei Courtrai.

Der Feind zog unterdessen von allen Seiten Verstärkungen an sich, drang aus Courtrai vor, wurde aber zurückgewiesen.

Am folgenden Tage begann das Gefecht schon mit dem frühesten Morgen und das Kleingewehr- und Geschützfeuer währte ununterbrochen bis 3 Uhr nachmittags, um welche Zeit der Feind mit 18.000 Mann aus Courtrai herausbrach.

Sein Angriff wurde zwar durch die Tapferkeit der Infanterie und die vortreffliche Bedienung der Artillerie abermals abgewiesen, um 5 Uhr nachmittags aber durch eine überlegene Cavallerie unterstützt, erneuert.

Heldenmüthig hielten die braven Truppen auch diesen Stoß aus und drängten die weit überlegenen Franzosen wieder von der Heule hinweg und auf mehreren Punkten sogar bis an die Stadt zurück, doch Waeter-Meulen blieb in deren Macht.

Bis um 11 Uhr nachts währte noch das Gefecht, dann trat das Corps den Rückzug in die ursprüngliche Stellung von Lendelede an.

Das Regiment hatte an diesem Tage an Todten den Lieutenant Wassimont und 1 Mann, an Verwundeten 2 Mann.

Am folgenden Tage kam es nicht ins Gefecht und folgte in der Nacht vom 12. auf den 13. Mai dem Feldzeugmeister Graf Clerfayt, als dieser mit seinem Corps den Marsch über Ardoye und Thielt fortsetzte, um sich der Lys zu versichern.

Inzwischen war aus dem großen Hauptquartier der Befehl eingetroffen, dass die beiden Corps des Herzogs von York und des Feldzeugmeisters Graf Clerfayt, von denen ersteres gleich nach dem Falle Landrecys nach Tournay entsendet worden war, die in Flandern stehende feindliche Macht von zwei Seiten durch gleichzeitige Operationen angreifen sollten. Demnach rückte der Feldzeugmeister am 15. Mai abermals gegen Courtrai vor und bezog das Lager bei Oyghem.

Doch wurde der Operationsplan neuerdings geändert und der Entschluss gefasst, mit einem einzigen Streiche ganz Flandern zu befreien. Zu diesem Zwecke wurde die alliierte Armee in 6 Corps getheilt, von welchen jenem des Regiments-Inhabers die Aufgabe zufiel, die Lys mit Gewalt zu überschreiten und sich sodann mit den übrigen in Verbindung zu setzen.

Einnahme von Werwick.

Das Corps brach am 16. Mai mittags aus dem Lager bei Oyghem auf, traf am 17. um 2 Uhr nachmittags vor Werwick ein und schritt sofort zum Angriff auf den diesseits der Lys gelegenen Stadttheil, welchen die Franzosen räumten, worauf sie sich auf das andere Ufer zurückzogen und die Brücke abbrachen.

Nach Ankunft der Pontons ward unterhalb der Stadt eine neue Brücke geschlagen und noch in der Nacht um ein Uhr rückte eine Brigade über den Fluss und zwang die Franzosen, Werwick zu räumen.

Gefecht bei Lincelles.

Am 18. Mai passierte das ganze Corps die Lys und nachdem alle feindlichen Posten bis über die Position von Lincelles, welche der Feind ebenfalls verließ, zurückgetrieben worden waren, marschierte Feldzeugmeister Graf Clerfayt mit der ersten Colonne, in der auch sein Regiment sich befand, dahin, während die zweite Colonne von dem von Menin gegen Werwick vorrückenden Feinde ins Gefecht verwickelt wurde; doch sie behauptete sich standhaft und der Feind wurde zum Rückzuge gezwungen, als ihn die erste Colonne in die Flanke nahm.

Um 10 Uhr vormittags hatte das Gefecht begonnen und um 2 Uhr nachmittags war es zum Nachtheile der Franzosen entschieden. Sie suchten sich zwar noch in Rousbeque zu behaupten, allein auch dieser Ort wurde, und zwar durch das Regiment, mit Sturm genommen und mit größter Standhaftigkeit bis in die Nacht behauptet, wo das Regiment den Ort auf Befehl räumte, da der Corps-Commandant durch die von Lille vorrückende feindliche Übermacht sich veranlasst sah, sich der Brücke zu nähern. Er nahm Position auf der verschanzten Höhe von le Blaton.

Am anderen Tage sollte wieder vorgerückt werden, doch die Vortheile des Corps Clerfayt wurden durch die Unfälle der beiden mittleren Corps fruchtlos und die am 19. früh eingelangten Befehle ordneten den Rückzug hinter die Lys an, welcher in bester Ordnung ausgeführt wurde.

Das Corps lagerte hierauf bei Iseghem.

In der Relation über dieses Gefecht wurde das ganze Regiment, namentlich aber der umsichtige und tapfere Oberst Baron Vogelsang besonders belobt.

Von der wackeren Mannschaft erhielten Feldwebel Schmidt, Corporal Bergibaud und Bayer, welche sich beim Sturme auf Rousbeque durch ihre Verwegenheit besonders hervorgethan hatten, die silberne Tapferkeits-Medaille.

Oberlieutenant Perremans wurde verwundet, 1 Mann blieb todt, 31 wurden verwundet und 4 vermisst.

Am 21. Mai bezog das Corps das Lager bei Thielt, von wo es am 6. Juni nach Hoghlede vorrückte.

Diese Zwischenzeit müssen wir benützen, um die Ereignisse bei der Grenadier-Division seit der Schlacht von Cateau nachzuholen.

Die Division war am 3. Mai zum Kaunitz'schen Corps an die Sambre abgerückt und machte am 24. Mai das Gefecht bei Erquellines mit, in welchem Feldzeugmeister Kaunitz die Franzosen über die Sambre zurückdrängte und hiedurch Charleroi entsetzte. Gefecht bei Erquellines.

Die Grenadiere fochten in der zweiten Colonne unter Feldmarschall-Lieutenant Quosdanowich, welcher den Feind aus seiner verschanzten Position bei Erquellines delogierte, ihm 5 Kanonen abnahm und bis in die Wälder verfolgte.

Das muthvolle Betragen der ganzen Colonne wurde gerühmt und der Bataillons-Commandant Oberstlieutenant Graf Briey unter den Ausgezeichneten genannt.

Das Bataillon verlor 1 Todten, 12 Verwundete und 5 Vermisste.

Gefecht bei Charleroi.

Am 3. Juni fochten die Grenadiere wieder unter dem Feldzeugmeister Alvintzi in dem Treffen bei Charleroi, durch welches diese Festung zum zweiten Male entsetzt wurde.

Sie stürmten, vereint mit den Grenadier-Bataillonen Adorján und Büdöskúty, unter dem heftigsten feindlichen Feuer mit bewundernswerter Herzhaftigkeit die feindliche Stellung bei Pont à migne loup und nahmen die jenseitigen dominierenden Anhöhen.

Am 13. Juni verließ Kaiser Franz die Armee und kehrte nach Wien zurück.

Schlacht bei Fleurus.

Durch den Sieg der Alliierten bei Fleurus am 16. Juni wurde Charleroi zum dritten Male entsetzt, wobei die Grenadiere, wieder in der Colonne des Feldmarschall-Lieutenants Baron Werneck, auf das tapferste mitwirkten, an der Erstürmung von Fleurus theilnahmen und das Vordringen der feindlichen Übermacht auf diesem Punkte hemmen halfen.

Als hierauf weiter vorgerückt wurde, drang diese Colonne über Benite fontaine gegen die französischen Verschanzungen von Ransart vor, vertrieb den Feind von da und von den Höhen von Jumet und zwang ihn zum Rückzug auf Marchiennes au pont.

Bei der Verfolgung des Feindes zeichnete sich Oberlieutenant Baron Collenbach der eigenen Grenadier-Division aus und wurde hiefür belobt. Feldwebel Pardolf seines Detachements wurde für seine besondere Kühnheit mit der silbernen Tapferkeits-Medaille decoriert.

Nach der Schlacht marschierten die Grenadiere mit dem Feldmarschall-Lieutenant Baron Alvintzi gegen Chapelle Herlaimont.

Während dieser Vorfälle wurde das Clerfayt'sche Corps in Flandern bedeutend verstärkt und sollte am 18. Juni zum Entsatze von Ypern schreiten; aber der Feind kam diesem Plane durch den Angriff zuvor, den er am 10. Juni nachmittags in mehreren Colonnen gegen Rousselaire und Hoghlede unternahm.

Gefecht bei Hoghlede.

Bei letzterem Orte, wo das Regiment unter den Augen seines Inhabers focht, gieng den ganzen Tag über kein Zoll breit Terrain verloren; aber der Verlust von Rousselaire zwang auch diesen Theil des Corps zum Rückzuge, welcher nun um 11 Uhr nachts in das Lager von Coolscamp erfolgte.

Der Verlust des Regimentes in dieser Affaire bestand in 5 Todten und 10 Verwundeten.

Am folgenden Tage, wo die Franzosen Orchies angriffen, aber zurückgeschlagen wurden, kam das Regiment nicht ins Gefecht; hingegen nahm es an dem Versuche vom 13. Juni Ypern zu entsetzen, theil, und zwar in der 4. Angriffscolonne unter Generalmajor Kerpen.

Gefecht bei Rousselaire.

Diese warf die feindlichen Posten gegen Rousselaire und besetzte diesen Ort nach einem mörderischen Gefechte, in dem das Regiment durch das heftige feindliche Feuer sehr litt, um 12 Uhr mittags.

Die übrigen 3 Colonnen waren zwar anfangs auch siegreich vorgedrungen, hatten den Feind bis hart an Hoghlede gedrängt und das Dorf Beveren eingenommen, allein der feindlichen Übermacht gelang es, die 3. Colonne nach dem tapfersten Widerstande aus ihrer Stellung bei Hoghlede nachmittags zu delogieren, wodurch die 2. Colonne wesentlich bedroht wurde, weshalb Feldzeugmeister Graf Clerfayt den Rückzug in das Lager bei Thielt anordnete, wo abends alle Colonnen eintrafen.

Das Regiment erlitt in diesem Treffen nachstehenden Verlust:

Todt: 12 Mann; Verwundet: Hauptmann Chevalier de Ruiz, Oberlieutenant Revelard, Lieutenant Baron Ponti, Fähnrich Poederle, Regiments-Adjutant Cordier und 28 Mann; Gefangen: Oberlieutenant und Inhabers-Adjutant Ansalone und 9 Mann.

Am 18. Juni fiel Ypern und gleichzeitig wiederholten die Franzosen die außerordentlichsten Anstrengungen an der Sambre, wo die Grenadiere bei Chapelle Herlaimont standen und der alliierten Armee folgten, als diese vor der enormen feindlichen Übermacht zu rückgängigen Bewegungen genöthigt wurde.

Doch Prinz Coburg rückte am 21. mit bedeutenden Verstärkungen aus Flandern heran und Chapelle Herlaimont wurde wieder besetzt.

Schlacht bei Fleurus.

Am 26. Juni wurde die Entscheidungsschlacht bei Fleurus geschlagen, wozu die Armee in 5 Colonnen getheilt wurde.

Die Grenadiere wurden zur Colonne des Feldmarschall-Lieutenants Quosdanowich bestimmt, welche sich am 25. abends vor Frasnes sammelte, mit Tagesanbruch dieses Dorf eroberte, dann auch die Meierei Grand champ, und nachdem sie den ihr entgegenkommenden, links über Thumeon in ihre Flanke manövrierenden Feind durch raschen Angriff geworfen, auch das Dorf Mellet und den Meierhof Brunehaud mit Sturm nahm.

Hierauf wurde die Verbindung rechts mit der 1. Colonne hergestellt und bei Fortsetzung des Gefechtes die Anhöhe von Brunehaud, der Ort Thumeon und nach einem stundenlangen Widerstande auch Gosselies erobert.

Eben ertheilte Feldmarschall-Lieutenant Quosdanowich den Grenadier-Bataillonen den Befehl, dem in Unordnung retirierenden Feinde in die linke Flanke zu fallen, als der so unerwartete Befehl zum Rückzuge eintraf; denn Prinz Coburg erhielt auf dem Schlachtfelde die Nachricht, dass Charleroi am Abend vorher gefallen sei.

Dessen Entsatz war daher nicht mehr durchführbar und er befahl das zweifelhafte Gefecht abzubrechen, worauf sich die unbesiegte 2. Colonne in das Lager bei Quatrebras zurückzog.

Nun verließ auch Feldzeugmeister Graf Clerfayt seine bedrohte Stellung bei Thielt und zog sich nach Deynse, von da über Gent, Alost, Anderlecht, Bromerbecke nach Tirlemont zurück, wo er sich am 11. Juli mit der Hauptarmee vereinigte.

Von hier führte Prinz Coburg am 17. Juli die Armee gegen Mastricht, wo sie am 22. eintraf.

Das Regiment wurde nun aus dem Corps Clerfayt ausgeschieden und erhielt seine Eintheilung beim großen Reserve-Corps, welches unter dem Feldmarschall-Lieutenant Graf Latour bei Lüttich stand.

Bald aber entwickelten die Franzosen eine derartige Übermacht in den Niederlanden, dass auch diese letzten Stellungen aufgegeben werden mussten.

Jourdan wendete sich mit 80.000 Mann gegen das kaiserliche Heer, dessen Oberbefehl Feldzeugmeister Graf Clerfayt am 28. August übernommen hatte und verdrängte zuerst den linken Flügel aus den Stellungen an der Ourte bei Lüttich.

Gefechte bei Sprimont etc.

Bei diesem Rückzuge zeigte sich das Regiment in den Gefechten bei Sprimont, Herve und Clermont vom 18. bis 20. September, in denen es 3 Todte und 6 Verwundete verlor, der muthvollen Standhaftigkeit und Hingebung den anderen Truppen des Feldmarschall-Lieutenants Graf Latour gegen einen dreifach stärkeren Feind gleichwertig.

In der Nacht vom 20. auf den 21. September marschierte Latour nach Aachen und die Hauptarmee zog sich hinter die Roer zurück.

Das Corps Latour folgte am 23. und bezog das Lager bei Merzenich, während die Hauptarmee bei Hambach lagerte.

Am 2. October führte Feldzeugmeister Graf Clerfayt das Heer hinter die Erft und in der Nacht vom 5. auf den 6. October hinter den Rhein zurück, woselbst das Lager bei Mehrheim bezogen wurde.

Von hier rückten die Truppen am 2. November in die Winterquartiere ab. Das Regiment wurde nach Siegen und Concurrenz (Provinz Westphalen), die Grenadiere nach Neunkirchen, später nach Weilmünster verlegt.

Oberstlieutenant de la Marseille des Regimentes erhielt das Commando über das Grenadier-Bataillon, da Oberstlieutenant Graf Briey zum Obersten befördert worden war.

Jenseits des Rheins dauerte der Kampf im Luxemburg'schen auch während des Winters, so wie in der ersten Hälfte des folgenden Jahres ohne Unterbrechung fort.

Vertheidigung von Luxemburg.

Die Festung Luxemburg, in welcher schon seit Jahren das damals vom Hauptmann Messurer befehligte 3. Bataillon des Regimentes in Besatzung lag, von den Franzosen seit 21. November 1794 strenge blockiert, wurde vom Feldmarschall Baron Bender mit vieler Umsicht ruhmvoll vertheidigt, bis der letzte Hoffnungsschimmer auf einen Entsatz gänzlich verschwunden war und er durch die eingetretene Hungersnoth am 7. Juni 1795 zur Capitulation genöthigt wurde. 1795.

Schon am 6. August 1794 waren die kaiserlichen Vortruppen durch die längs der Mosel vordringenden Franzosen von Remich und anderen Orten hinweggedrängt worden und zahlreiche kleinere Gefechte fanden statt, an welchen aber das nur 393 Mann starke dritte Bataillon des Regimentes sich eben so wenig betheiligte, als an den folgenden, da es ausschließlich nur innerhalb der Festung verwendet wurde.

Bis Ende October beschränkte sich der Feind nur auf eine strenge Beobachtung der Festung, im November übernahm Moreau das Commando über die Blockadetruppen und beendete bis 21. November die vollständige Blockade.

Eine französische Armee-Division hatte die Stellung von den Höhen bei Dummeldange über die Straßen von Lüttich, Arlon und Longwy bis an die Alzette, die andere jene vom rechten Ufer dieses Flusses über die Straßen von Thionville, Remich und Trier eingenommen.

In den nächsten Tagen traf noch eine 3. Armee-Division zur Verstärkung des Blockade-Corps ein. Die Besatzung bestand nur aus 14 Bataillonen.

Unter zahlreichen kleineren Gefechten und Ausfällen vergieng die Zeit bis 31. December, an welchem Tage der Feind von der Zessinger Höhe einige Kanonenschüsse auf die Festung abfeuerte und wirklich eine Kugel — die erste — in die Stadt brachte, welcher am 12. Februar die zweite und am 12. März die dritte folgte.

Ende April aber schossen die Franzosen mit einer solchen Elevation, dass es ihnen gelang, mehrere Kugeln in die Festung zu bringen.

Von den Festungswerken wurde dieses Feuer zwar lebhaft beantwortet, aber die große Entfernung der feindlichen Batterien machte es beinahe unmöglich, die Geschütze derselben zu demontieren.

Am 30. April wurde die Brotportion auf 1 Pfund herabgesetzt. Alle 5 Tage sollten dem Manne auch noch 1 Pfund Fleisch und eine Portion Reis unentgeltlich verabfolgt werden. Bereits wurden einige hundert Pferde geschlachtet und das Fleisch eingesalzen.

Am 3. Mai war der Brotmangel schon so groß, dass ein Laib Commisbrot von den Einwohnern mit 36 Kreuzer bezahlt wurde.

Auch Krankheiten begannen in der Garnison einzureißen.

Am 1. Juni wurde die Brotportion auf ein halbes Pfund herabgesetzt, also bis auf den vierten Theil vermindert.

Der Officier erhielt von diesem Tage an 1 Pfund eingesalzenes Rindfleisch, ein Viertel Pfund Reis und eine halbe Maß Wein täglich, ferners jeden fünften Tag 2 Pfund Mehl und 1 Pfund Speck; der gemeine Mann 1 Pfund Pferdefleisch, 1 Schoppen Wein und die gewöhnlichen Portionen Salz, Essig und Branntwein.

Die Beschießung der Stadt währte in dieser bedrängten Zeit mit Heftigkeit fort. Ausfall hatte seit dem 8. März keiner mehr stattgefunden.

Unter diesen misslichen Umständen sah sich der Gouverneur genöthigt, am 1. Juni Unterhandlungen anzuknüpfen.

Nun wurden alle Feindseligkeiten eingestellt und am 7. Juni kam die Capitulation zu stande.

Die Besatzung ergab sich kriegsgefangen, durfte jedoch, gegen die Verpflichtung, vor ihrer Auswechslung nicht gegen Frankreich und dessen Alliierte zu dienen, nach den österreichischen Staaten abrücken.

Am 10. Juni marschierte die Besatzung mit allen militärischen Ehren aus der Festung über Grävemachern nach Koblenz ab, wo sie den Rhein überschritt. Das 3. Bataillon des Regimentes, welches alle diese Schicksale theilte, erhielt seine Bestimmung nach Königgrätz in Böhmen und wurde nun mit der Nummer 2. Bataillon bezeichnet, da dieses letztere wegen Mangel an der erforderlichen Ergänzung beim Regimente aufgelöst worden war.

Das Bataillon hatte während der Belagerung von Luxemburg einschließlich der an Krankheiten Verstorbenen 22 Mann verloren, 3 Officiere, worunter Oberlieutenant Graf Orlandini, wurden verwundet.

Wenn das Bataillon auch aus Ursache seines geringen Standes an keiner Action außerhalb der Festung theilnahm, so hatte es doch durch die gewissenhafte Versehung des Festungsdienstes während des strengen Winters und durch die standhafte Ausdauer in allen Mühseligkeiten einer so langen Belagerung seine Treue und Hingebung hinlänglich bewährt.

Die unentschiedenen Kämpfe zwischen Frankreich einerseits, Spanien und Portugal anderseits, wurden durch den Frieden zu Basel geendet. Auf dem Kampfplatze blieben also Österreich, England, Sardinien und ein Theil des deutschen Reiches auf der einen, Frankreich auf der anderen Seite.

Die österreichische Armee cantonierte bei Mehrheim. Seit August 1794 führte der Regiments-Inhaber, welcher für seine hervorragenden Leistungen zum Feldmarschall befördert worden war, das Commando der Armee und erreichte in diesem Feldzuge die Höhe seiner Feldherrnlaufbahn.

Die Franzosen eroberten Luxemburg. Jourdan mit 70.000 Mann rückte gegen den Rhein vor.

Schon Ende Jänner wurde aus den Winterquartieren theilweise aufgebrochen. Die Grenadiere marschierten am 24. dieses Monats aus ihren Winterquartieren bei Weilmünster über Selters und Hambach nach Holzappel und kamen in die Brigade des Generalmajors Fürst Reuss XV., während der Regimentsstab mit dem 1. Bataillon am 13. Februar in das zwischen der Sieg und Lahn stehende Corps des Feldmarschall-Lieutenants Quosdanowich, Brigade Generalmajor Monfrault eingetheilt und nach Neuwied an den Rhein verlegt wurde.

Der Stand des Bataillons sammt Regimentsstab betrug nur 774 Mann.

Der mächtige Strom, welcher die beiden feindlichen Heere schied, verhinderte auf der langen Linie von Basel bis Wesel durch 8 Monate fast jede Berührung; nur Mainz wurde am linken Rheinufer von einem französischen Heere blockiert.

Der Feldmarschall musste sich nur auf die Defensive beschränken.

Ende März wurde das Grenadier-Bataillon de la Marseille nach Frankfurt am Main verlegt, wo es bis zum 15. April blieb und dann nach Östringen und Edenheim abmarschierte.

Über die Truppen zwischen der Lahn und Sieg übernahm um diese Zeit Feldmarschall-Lieutenant Lilien das Commando, später Feldmarschall-Lieutenant Baron Brugglach.

Am 20. April kamen die Grenadiere in das Corps des Generals der Cavallerie Graf Blankenstein im Lager bei Krumstadt und am 29. Mai in jenes bei Königsstädten, von wo sie am 12. Juni in das Lager bei Schwetzingen abmarschierten, wo der Armee-Commandant eine bedeutende Truppenmacht zusammenzog.

Am 11. August marschierten die Grenadiere nach Kuppenheim, wo sie die Bestimmung zur Oberrhein-Armee des Generals der Cavallerie Graf Wurmser erhielten, am 15. aufbrachen und am 22. August bei Freiburg eintrafen.

Um diese Zeit begannen die Franzosen Anstalten zu treffen, den Rhein zu überschreiten, demzufolge Feldzeugmeister Graf Wartensleben am rechten Rheinufer Schanzen anlegen ließ, welche Arbeiten der Feind durch heftiges Geschützfeuer vom linken Ufer zu stören versuchte, jedoch nicht verhindern konnte, dass sie am 20. August beendet wurden.

Nach dem Übergange der Franzosen über den Rhein bei Urdingen und Düsseldorf am 6. September und infolge ihres Vorrückens wurde in der Nacht am 14. auf den 15. das Lager bei Neuwied verlassen und der Rückzug über die Lahn angetreten.

Den Rückmarsch gegen den Main in der Nacht vom 19. auf den 20. September führte das 1. Bataillon in der 4. Colonne unter Feldmarschall-Lieutenant Brugglach aus, kam in der folgenden Nacht nach Bernstadt und am 22. September bei Rüsselheim über den Main, wo auch das Lager bezogen wurde.

Von hier aus ergriff nun Feldmarschall Graf Clerfayt die Offensive und brach am 23. September zum Entsatze von Mainz auf. Das 1. Bataillon seines Regimentes folgte ihm im 1. Treffen unter Feldzeugmeister Wartensleben, Division Lilien, Brigade Baillet nach Arheiligen bei Darmstadt.

Am anderen Tage marschierte die Armee auf der Bergstraße nach Zwingenberg, kehrte jedoch infolge des Sieges bei Handschuhsheim, den Feldmarschall-Lieutenant Quosdanowich über die Franzosen erfocht, am 26. wieder nach Arheiligen zurück.

General der Cavallerie Graf Wurmser war am 24. mit einem Corps, in dem sich auch das Grenadier-Bataillon de la Marseille befand, von Freiburg nach Offenburg vorgerückt.

Anfangs October erschien eine neue Ordre de bataille, nach welcher das 1. Bataillon seine Eintheilung in der 1. Abtheilung der Avantgarde unter Generalmajor Baron Kray erhielt, welche sich am 9. October bei Ditzenbach postierte. Die Armee stand bei Babenhausen.

Am 10. October gieng Kray bei Seligenstadt über den Main und rückte bis an die Kinzig vor, während die Armee an der Kahl lagerte.

Am 11. October überschritt er die Kinzig, die übrigen zwei Abtheilungen der Avantgarde den Main und drängten die französischen Patrouillen bis hinter die Nidda zurück.

Kray besetzte sodann mit seinen Truppen alle Orte längs der Nidda von Berkersheim bis zur Mündung. Die Armee bezog das Lager zwischen der Berger und Friedberger Warte.

Am folgenden Tage ließ Jourdan beide Flügel der Avantgarde an der Nidda angreifen, die im Centrum stehende 1. Abtheilung, bei der sich das 1. Bataillon befand, wurde jedoch nicht beunruhigt.

Mittlerweile war im feindlichen Kriegsrathe der Rückzug beschlossen worden, wozu Jourdan durch die kühnen Offensivbewegungen Clerfayts gezwungen wurde. Diesen Beschluss führten die Franzosen in der Nacht vom 12. auf den 13. October mit so großer Eile aus, dass Generalmajor Kray, als er mit der 1. Abtheilung der Avantgarde am 13. October die Nidda überschritt, Kronenburg und die Feste Königstein vom Feinde gänzlich geräumt fand.

Er lagerte bei Ober-Ursel und brach von da am 14. nach dem Abkochen auf, zwang bei Camberg, durch seine Cavallerie allein, die französische Nachhut zum Rückzuge und rückte bis Nieder-Brechen vor.

Die Armee bezog an diesem Tage das Lager bei Wehrheim.

Am 15. zog Kray mit seiner Abtheilung nach Nieder-Selters und beunruhigte neuerdings die feindliche Nachhut. Feldmarschall Graf Clerfayt führte die beiden Treffen der operierenden Armee in das Lager bei Weilmünster.

Am 16. rückte die Avantgarde auf die Anhöhe zwischen dem Zollhause und Lindholzhausen und schob die Vorposten bis vor Dietz und Limburg, welche Orte der Feind am folgenden Tage räumte, worauf ihm die Avantgarde bis Groß-Hollbach folgte und am 20. bis Rengsdorf unweit Altwied vorrückte.

Am 21. vereinigte sich Generalmajor Kray mit dem Generalmajor Seckendorf an der unteren Sieg und lagerte am 22. bei Siegberg.

Die überall zurückweichenden Fransosen waren auch schon bei Köln über den Rhein zurückgegangen; es galt nun, ihnen über diesen Strom zu folgen und vor allem Mainz zu entsetzen.

Zu diesem Behufe brach die Armee aus ihrem Lager hinter der Else am 25. October auf. Generalmajor Kray folgte ihr am 27. und langte am 31. zu Mainz an, wo sich Feldmarschall Graf Clerfayt mittlerweile am 29. October den Übergang über den Rhein erzwungen, Mainz nach einjähriger Blockade befreit und das feindliche Heer in die Flucht geschlagen hatte.

Das nun wieder mit der Hauptarmee vereinte 1. Bataillon des Regimentes erhielt seine frühere Eintheilung in der Division Lilien, Brigade Baillet und folgte den Operationen Clerfayts zur Vertreibung der Franzosen von der Pfriem, wo Pichegru seine geschlagenen Truppen gesammelt hatte. Schon am 5. November wurden die feindlichen Vorposten durch die Avantgarde der offensiven Armee bis nahe an die Pfriem gedrängt und die Armee bezog das Lager auf den Höhen zwischen Ost- und Westhofen.

Schlacht an der Pfriem.

Von hier aus griff der Feldmarschall am 10. November, nach bewirkter Vereinigung mit dem Corps Latour, den Feind in seiner Position bei Kirchheim an der Pfriem an.

Das 1. Bataillon war zwar an diesem Tage in der 2. Colonne des Feldmarschall-Lieutenants Zehentner eingetheilt, welche nebst den übrigen zwei Colonnen der offensiven Armee in Bereitschaft stand, während vom Observations-Corps der größte Theil der Avantgarde und der kleinere Theil der beiden Treffen zum Angriffe auf Kirchheim bestimmt wurden — erhielt jedoch die specielle Weisung, zur Avantgarde des Generals Kray zu stoßen, welcher schon seit 8 Uhr morgens den französischen General Desaix in der Gegend von Merstatt und Hernsheim beschäftigte und dadurch abhielt, irgend eine Bewegung zu Gunsten der links stehenden französischen Divisionen auszuführen.

Endlich ward dem Bataillon die ersehnte Gelegenheit geboten, auch in diesem Feldzuge Beweise der erprobten Tapferkeit des Regimentes zu geben.

Nachdem die Vorrückung der Colonne des Observationscorps vollkommen gelungen und der Feind aus Kirchheim und den an der oberen Pfriem gelegenen Dörfern vertrieben war, ließ der Feldmarschall auch die vier Colonnen der offensiven Armee an die Pfriem marschieren; aber noch bevor sie am Kampfplatze anlangten, unternahm der Feind einen heftigen Angriff gegen den linken Flügel der Avantgarde und besonders auf das 1. Bataillon des Regimentes.

Dieses ließ ihn mit einer bewundernswerten Ruhe und Entschlossenheit bis auf Schussweite heranrücken, empfing ihn mit einem gut angebrachten Bataillonsfeuer und warf sich dann mit gefälltem Bajonnette der französischen Angriffscolonne ungestüm entgegen, welche hiedurch zum eiligen Rückzuge gezwungen wurde.

Das Bataillon wurde hiefür in der Relation belobt.

Während dieses Gefechtes langten die Hauptcolonnen an der Pfriem an und das Bataillon rückte mit dem Generalmajor Kray gegen Leiselnheim vor.

Die Tapferkeit der Franzosen musste endlich den hartnäckigen Angriffen der Österreicher unterliegen, welche sie, nachdem sie alle Orte am Flusse genommen hatten, auch aus ihrer letzten Position zwischen der Pfriem und Eis vertrieben.

Um 8 Uhr abends trat Pichegru den völligen Rückzug an.

Das 1. Bataillon, welches einen Verlust von 2 Todten und 8 Verwundeten erlitten hatte, rückte noch am selben Abende in Worms ein, woselbst ein beträchtlicher feindlicher Munitionsvorrath erbeutet wurde.

Da dieses Bataillon in Worms blieb und den weiteren siegreichen Operationen des Feldmarschalls nicht mehr folgte, so gehört auch deren weitere Verfolgung nicht hieher und wir können nun unser Interesse den Schicksalen des Grenadier-Bataillons de la Marseille zuwenden, welches sich, wie schon erwähnt wurde, seit dem Monate August bei der Oberrhein-Armee des General der Cavallerie Graf Wurmser befand, der bei Freiburg die französische Rhein- und Mosel-Armee beobachtete.

Wir hatten die Grenadiere Ende September zu Offenburg zurückgelassen, wo die Brigade Generalmajor Fürst Reuss XV. einen Theil des Reservecorps des linken Flügels der Oberrhein-Armee bildete.

Von hier marschierten die Grenadiere am 6. November als Ersatz für die unter Feldmarschall-Lieutenant Graf Latour zur Verstärkung der offensiven Hauptarmee abgegangenen Truppen zum Belagerungscorps von Mannheim ab, welches vom General der Cavallerie Graf Wurmser schon am 18. October berannt worden war und seit 29. October am rechten Rheinufer eng umschlossen wurde.

Das Grenadier-Bataillon de la Marseille erhielt seine Aufstellung am linken Neckarufer zwischen den von Heidelberg und Schwetzingen führenden Straßen.

Am rechten Neckarufer waren die gesammten Batterien schon am 4. November beendet. Um nun auch am rechten Ufer die Laufgräben eröffnen zu können, wurden am 10. November abends die zwischen der Schwetzinger und Heidelberger Straße weit vorgeschobenen feindlichen Posten und die dieselben deckenden Schanzen angegriffen.

Es waren unter Leitung des Feldmarschall-Lieutenant Graf Sztarray 3 Angriffs-Colonnen formiert worden. Das Grenadier-Bataillon de la Marseille befand sich in der 3. Colonne, welche Oberstlieutenant Retz commandierte und die aus 2 Grenadier-Bataillonen und 2 Escadronen bestand.

Sie war bestimmt, auf der Schwetzinger Straße über Neckerau vorzurücken und die an der Straße liegende Grappmühle zu nehmen, welche Aufgabe sie vollkommen löste, indem sie die feindlichen Posten angriff und in die Stadt jagte, die Häuser an den Chausséen von Schwetzingen und Heidelberg mit dem Bajonnette eroberte und die Grappmühle mit Sturm nahm.

In diesem Gefechte wurde Hauptmann l'Olivier und Oberlieutenant Baron Lederer der Division Clerfayt verwundet, nebstdem hatte das Bataillon einen Verlust von 5 Todten und 13 Blessierten.

Der General der Cavallerie Graf Wurmser sagt in der bezüglichen Relation wörtlich:

»Ich kann nicht unterlassen, den beiden Grenadier-Bataillonen Retz und la Marseille das glänzendste Zeugnis ihrer ausgezeichneten Tapferkeit zu geben«.

Besonders aber rühmte der General die vorzügliche Bravour, sowie die geleisteten wesentlichen Dienste des Grenadier-Oberlieutenants Baron Collenbach des Regimentes, welcher an der Spitze einer Freiwilligen-Abtheilung »wahre Heldenthaten« ausführte.

Nachdem dieser brave Officier sich auch schon früher, namentlich aber in der Schlacht von Fleurus am 16. Juni 1794 besonders hervorgethan hatte, wurde er mit dem Ritterkreuze des Maria Theresien-Ordens belohnt, welcher Auszeichnung auch bald darauf die außertourliche Beförderung zum Hauptmann bei Hohenlohe-Infanterie folgte.

Collenbach Gabriel Freiherr von, Feldmarschall-Lieutenant, Kämmerer, Inhaber des 22. Infanterie-Regimentes, Sohn des im Jahre 1763 in den Freiherrnstand erhobenen Hofrathes Heinrich Gabriel, war zu Aachen 1772 geboren und trat mit 16 Jahren als ex propriis in das 9. Infanterie-Regiment ein. Als Grenadier-Oberlieutenant vollführte Collenbach vor Mannheim, in der Nacht vom 11. auf den 12. November 1795, eine jener heroischen Thaten, welche selbst dem Feinde Bewunderung abringen müssen. Die Eröffnung der Laufgräben zur Belagerung jener Festung war an jenem Tage festgesetzt. Collenbach bildete mit 20 Grenadieren und 20 Jägern die Vorhut einer Colonne der 8. Compagnie, welche den von 3 französischen Bataillonen vertheidigten verschanzten Holzhof angreifen sollte. Mit gefälltem Bajonnette drang Collenbach vor, machte alles nieder, eroberte im Fluge 6 Kanonen und 2 Haubitzen und glaubte gegen den Feind den letzten Streich führen zu können, als er die Wahrnehmung machte, dass die zum Angriffe bestimmten Truppen ihm nicht nachgefolgt waren. Sich selbst überlassen war seine Lage eine kritische; der Feind drang von allen Seiten auf das kleine Häuflein heran und was sich nicht gefangen geben wollte, musste der Übermacht weichen. Aber Collenbach, fest entschlossen alles zu wagen ehe er sich ergeben wollte, stieß einem feindlichen Soldaten, der ihn festzuhalten suchte, den Säbel durch den Leib und gewann so viel Zeit, um durch eine Schießscharte in den pallisadierten Graben zu springen. Auch hier war der Feind bereits eingedrungen und nur seiner Geistesgegenwart verdankte Collenbach die Rettung, da er dem Zurufe: »Qui vive« mit »Citoyen« antwortete und dadurch unbehindert die Flucht fortsetzen konnte. Diese heldenmüthige Handlung erwarb Collenbach das Ritterkreuz des Theresien-Ordens und 1796 die Hauptmanns-Charge beim 17. Infanterie-Regimente.

Nachdem Collenbach der Belagerung von Kehl und dem Feldzuge 1799 in Italien beigewohnt hatte, wurde er vor Eröffnung des Krieges im Jahre 1805 Major im Infanterie-Regimente Nr. 55 und mit diesem bei Ulm gefangen. Im Jahre 1808 erhielt Collenbach die Ernennung zum Oberstlieutenant beim Erzherzog Carl Infanterie-Regimente und kam 1809 zur Armee nach Italien. Hier zum Obersten befördert, nahm er an dem Treffen bei San Danielo und an jenem bei Tarvis theil, wo er das Missgeschick hatte, abermals gefangen zu werden.

Die Feldzüge 1813 und 1814 machte er in Italien mit, kämpfte bei Parma und rückte im Juli 1815 zum Generalmajor vor. Nach dem allgemeinen Frieden erhielt Collenbach den Brigadier-Posten in Belovar, bei seiner Ernennung zum Feldmarschall-Lieutenant im Jahre 1830 ein Divisions-Commando in Agram und bald darauf die Inhaberstelle des Infanterie-Regimentes Nr. 22. Nach 45 ehrenvollen Dienstjahren trat Collenbach in den Ruhestand. Er verschied auf seiner Besitzung Besanez in Croatien am 23. Februar 1840.

Am 22. November capitulierte Mannheim und Oberstlieutenant de la Marseille rückte mit seinem Grenadier-Bataillon zur Hauptarmee ab, welche die Franzosen bereits hinter die Mosel und Queich zurückgedrängt hatte und zwischen Alzei und Ober-Ingelheim stand.

Das Bataillon wurde in das Reservecorps des Feldmarschall-Lieutenants Baron Werneck eingetheilt.

Inzwischen hatte Graf Clerfayt nach seinen glänzenden Thaten bei Mainz alles Land zwischen der Nahe und dem Speierbach erobert.

Mitte December begannen die Unterhandlungen der Franzosen wegen eines Waffenstillstandes; die Feindseligkeiten wurden eingestellt und Ende December für die am linken Ufer des Rheins befindlichen Truppen, sowie für das an der Sieg aufgestellte Corps ein Waffenstillstand abgeschlossen, infolge dessen die Truppen die Winterquartiere bezogen.

Der Regimentsstab mit dem 1. Bataillon blieb in Worms, das Grenadier-Bataillon de la Marseille bezog Quartiere in Rödelsheim und Höchst, von wo es später nach Frankfurt am Main verlegt wurde.

Das 2. Bataillon stand noch in Königgrätz.

REVISIONS-TABELLE

DES 2. BATAILLONS DDO. KÖNIGGRÄTZ 7. SEPTEMBER 1795.

Obristlieutenant: Ludwig Wolff de la Marseille.
Cadetten: Carl Alex. Durieux, Cyprian Zapletal.
Bataillons-Chirurg: Albert Rulet.
Unter-Chirurg: Thomas Cehart, Anton Sollich.

Obristlieutenant-Comp.: Oberlieut. Sylvester v. Elvenick, Unterlieut. J. Baron de Bozo.
D'Aubegnie-Comp.: Oberlieut. Graf Orlandini, Unterlieut. Marie Hermes, Fähndrich Franz Nillis.
Rodolphe-Comp.: Oberlieut. Jos. de Schuster, Unterlieut. Ludw. Berlare.
Mesurer-Comp.: Oberlieut. Fried. Rentrop, Unterlieut. J. Baron de La Croix.

Der complete Stand besteht in 736 Mann. Abgängig 592.

Mit diesem siegreichen Feldzuge beschloss der Regiments-Inhaber seine lange ehrenvolle kriegerische Laufbahn. Er verließ den activen Dienst und begab sich nach Wien, wo ihn der Kaiser mit der Verleihung des Ordens vom goldenen Vließe belohnte, nachdem ihm schon im Jahre 1789 wegen Mehadia das Commandeur- und 1790 wegen Kalafat das Großkreuz des Maria Theresien-Ordens verliehen worden war.

Sein damaliger Inhabers-Adjutant, Oberlieutenant Bar, hatte sich bei Kalafat so ausgezeichnet, dass er zum Hauptmann außer der Tour befördert wurde.

Der Feldzug 1796 ist der interessanteste und merk- 1796.
würdigste während des ganzen blutigen Kampfes gegen die Republik.

Zwei neue mit großen und seltenen Geistesgaben ausgestattete Feldherren traten fast gleichzeitig auf: Erzherzog Carl und Napoleon Bonaparte.

Der Winter 1795 auf 1796 war in den Rheingegenden in Ruhe vorübergegangen. Während dieses Stillstandes wurden auf den Höhen von Hechtsheim vor Mainz und vor der ehemaligen Rheinschanze von Mannheim verschanzte Lager angelegt, theils um eine künftige Annäherung des Feindes zu erschweren, theils um die Entwicklung von Truppen aus diesen Débouchéen zu begünstigen, oder um Replipunkte zur Deckung eines Rückzuges über den Rhein vorzubereiten.

Am 9. Februar 1796 hatte Se. kaiserliche Hoheit der Feldmarschall Erzherzog Carl das Ober-Commando über die Nieder-Rhein-Armee, sowie über das an der Sieg stehende Corps übernommen und am 21. Mai wurde von Seite Österreichs der Waffenstillstand gekündigt, wornach die Feindseligkeiten, da eine zehntägige Kündigungsfrist bedungen war, erst am 31. Mai beginnen konnten.

Am 25. Mai zog sich die k. k. Armee in die für die nächsten Operationen angemessenen Stellungen zusammen und die Grenadiere marschierten von Frankfurt am Main in das Lager bei Ober-Muschel, von wo sie am 29. in jenes bei Baumholder abrückten.

Dieselben bildeten jetzt das Grenadier-Bataillon Baron Zeegraedt, da Oberstlieutenant Wolff de la Marseille an die Stelle des am 4. März zum Generalmajor avancierten Baron Vogelsang zum Obersten und Regiments-Commandanten befördert worden war.

Das Grenadier-Bataillon Baron Zeegraedt erhielt seine Eintheilung in der Brigade Generalmajor Graf Kolowrat des Reserve-Corps und das nur 618 Mann starke 1. Bataillon des Regimentes kam in die Brigade Generalmajor Gontreul, welche zur Avantgarde der Hauptarmee unter Feldmarschall-Lieutenant Baron Kray gehörte, die Ende Mai eine Stellung von Biblisheim bis Kirn bezog.

Kaum war der Waffenstillstand am 31. Mai abgelaufen, so wurden auch die Feindseligkeiten von den Franzosen eröffnet und am 1. Juni wurde auf der ganzen Vorpostenlinie geplänkelt.

Gleich darauf begann die Nieder-Rhein-Armee, in die gewählte Vertheidigungslinie zurück zu marschieren, die Avantgarde folgte ihr am 3. Juni und zog sich am 4. hinter das Défilé von Lautereck.

Erzherzog Carl nahm seine Stellung bei Planig; als jedoch die Meldung eintraf, dass der französische General Kleber von Düsseldorf gegen die Lahn vorrücke, fand es der Erzherzog nicht angezeigt, mit dem auf dem linken Rhein-Ufer befindlichen Theile der Armee in der eben genommenen Position zu verweilen, führte am 5. Juni den linken Flügel und das Centrum zurück, das Reserve-Corps nach Wohnheim, von wo das Grenadier-Bataillon Baron Zeegraedt mit einem Theile dieses Corps am 6. nach Homburg an der Höhe marschierte.

Am 8. und 9. Juni gieng die Hauptarmee bei Mainz über den Rhein und bezog das Lager bei Wicker, von wo sie ihren Marsch über Homburg nach Gräven-Wiesbach fortsetzte, wo der Erzherzog am 13. eintraf, während das Reserve-Corps auf den Höhen bei Butzbach Stellung nahm. Die Avantgarde mit dem 1. Bataillon des Regimentes war der Armee über Homburg, Usingen und Weilmünster vorausgegangen und hatte Braunfels besetzt.

Der Erzherzog hatte beschlossen, seine Operationen gegen die linke Flanke der französischen Sambre- und Maas-

Armee unter Jourdan zu richten und die Lahn zwischen Wetzlar und Lein zu überschreiten, was er sich auch durch das Gefecht vom 15. Juni erzwang.

An diesem Tage morgens überschritt das Reserve-Corps bei Wetzlar die Lahn, bei welchem Vorrücken es auf die Division Lefèbvre stieß, welche Jourdan abgeschickt hatte, um die Unsrigen über die Lahn zurück zu werfen. Gefecht bei Wetzlar.

Der Zusammenstoß erfolgte mittags, und es gelang dem Feinde zwar, die leichten Truppen zurück zu drängen, die dominierenden Anhöhen zu besetzen und das Dorf Altenburg nach dreimaligem Sturme zu nehmen, aber den Übergang über die Lahn konnte er sich nicht erzwingen.

Um 4 Uhr nachmittags erschien der Erzherzog persönlich auf dem Kampfplatze, stellte sich an die Spitze der Grenadiere und begeisterte sie durch das erhabene Beispiel seiner eigenen Entschlossenheit.

Die dominierende Anhöhe von Altstädten, auf welcher die linke französische Colonne mit dem Geschütze aufgestellt war, wurde durch die tapferen Grenadiere wieder genommen und der Feind auch aus dem angrenzenden Walde vertrieben, wodurch der siegreiche Ausgang des Treffens wesentlich vorbereitet wurde.

Die Grenadiere waren trotz des heftigen Kartätschenfeuers mit gefälltem Bajonnette in den Wald gedrungen und verjagten die Franzosen von da auf einen hinter dem Walde in der offenen Gegend bei Berghausen gelegenen Hügel, wo sie neuerdings Stellung nahmen.

Der Erzherzog befahl abermals den Angriff. Die sächsische Reiterei eilte den Grenadieren voraus und warf den feindlichen linken Flügel gegen Ober-Hadamar zurück.

Kaum war der Kampf hier glücklich beendet, so eilte der Erzherzog auf seinen linken Flügel und erstürmte mit dem sächsischen Regimente von der Hayden auch Altenburg, worauf sich General Lefèbvre gänzlich zurückzog.

Die Truppen, welche nach der Relation alle mit ausnehmender Tapferkeit gefochten hatten, bivouakierten auf dem Schlachtfelde.

Der Verlust des Grenadier-Bataillons Baron Zeegraedt, welches alle vorbeschriebenen Kämpfe der Grenadiere mitgemacht hatte, bestand in 10 Verwundeten.

Am folgenden Tage rückte es mit dem Reserve-Corps bis Greifenstein, woselbst sich dieses mit der Avantgarde des

Feldmarschall-Lieutenants Baron Kray vereinigte, welche bei Lein ohne Widerstand die Lahn überschritten hatte.

Beide Corps rückten nun vereint nach Mehrenberg und am 17. bis Emerichshain, von wo der Erzherzog in der Nacht vom 17. auf den 18. die Avantgarde persönlich nach Hachenburg führte.

Am 18. drang Kray schon mit Tagesanbruch von da gegen Altenkirchen, um wenigstens die Arrièregarde des retirierenden Feindes im dortigen Défilé einzuholen; allein dessen Rückzug war so übereilt, dass er das Défilé bereits passiert hatte, als die erschöpften Truppen Krays ankamen. Altenkirchen räumten die Franzosen ohne Widerstand.

Der Erzherzog war mit den übrigen Truppen, worunter auch die Grenadiere, bei Hachenburg stehen geblieben.

Am 19. drängte Feldmarschall-Lieutenant Baron Kray mit der durch einige nachgesendete Truppen bis auf 15.000 Mann verstärkten Avantgarde die französische Nachhut bis auf die Höhen von Ukerad zurück, wo General Kleber mit dem linken Flügel der französischen Armee sie aufnahm.

Gefecht bei Kircheip.

Die österreichischen Truppen vertrieben die feindliche Nachhut aus dem Dorfe Kircheip, welches sogleich durch leichte Truppen besetzt ward, während das 1. Bataillon des Regimentes im Gros der Avantgarde auf den rückwärtigen Höhen Stellung nahm.

Um 10 Uhr vormittags schritt der weit überlegene Kleber in 3 Colonnen zum Angriffe auf diese Position, drängte die Cavallerie und die leichten Truppen zurück, sah jedoch vor Kircheip seine Anstrengungen scheitern.

Das Bataillon Clerfayt veränderte bis dahin seine erste Aufstellung nicht. Um 12 Uhr mittags erfolgte der Angriff. Drei Cavallerie-Colonnen stürzten sich, durch lebhaftes Geschützfeuer unterstützt, auf Kircheip und die Anhöhen hinter dem Dorfe, sowie auch auf die beiden Flügel der österreichischen Stellung. Aber Oberst Brady von Murray-Infanterie, Qua-Brigadier des Regimentes, der mit 2 Bataillonen Kircheip besetzt hielt, empfieng die feindlichen Reiter mit solcher Entschlossenheit, dass sie im Centrum in ihrem Vorrücken aufgehalten wurden, während Oberst de la Marseille mit dem 1. Bataillon am linken Flügel die feindliche Cavallerie mit der größten Tapferkeit aufhielt. Er hatte sich auf einem Ravin postiert und empfieng den Feind mit einem verheerenden Gewehrfeuer.

Erst als unter dem Schirme der vorne fechtenden Reiterei 7 französische Infanterie-Bataillone vorrückten, wurde Kircheip geräumt und der feindliche Hauptangriff auf den Höhen erwartet.

Kleber selbst stellte sich an die Spitze seiner Grenadiere, die Infanterie folgte; aber die Tapferkeit der österreichischen Infanterie war überwiegend. Es kam zu einem hartnäckigen Handgemenge, welches mit dem Rückzuge der Franzosen nach Ukerad endete.

Die Frucht des Sieges war, dass sich der Feind am 20. bei Siegburg über die Sieg in das verschanzte Lager bei Düsseldorf zurückzog, während Kray mit der Avantgarde am 21. Juni bei Siegburg lagerte.

Das 1. Bataillon des Regimentes erlitt in dem Treffen bei Kircheip einen Verlust von 7 Todten, 19 Verwundeten und 4 Vermissten, aber es wurde ihm auch für seine Tapferkeit bei Abweisung des feindlichen Cavallerie-Angriffes auf dem linken Flügel der Avantgarde die ehrenvollste Belobung in der Relation zutheil, welche Erzherzog Carl einreichte.

Dieses Lob galt vor allem dem tapferen Obersten la Marseille.

Die Grenadiere waren noch während des Gefechtes bei Kircheip zur allenfallsigen Unterstützung von Hachenburg nach Attenkirchen vorgerückt und blieben, ebenso wie das 1. Bataillon, beim Corps des Feldzeugmeisters Graf Wartensleben an der Sieg zurück, als der Erzherzog mit dem anderen Theile der Armee am 21. Juni den Marsch an den Neckar antrat, um der bedrängten Ober-Rhein-Armee zu Hilfe zu eilen.

Dieses, nur 36.000 Mann starke Armee-Corps konnte sich jedoch in seiner Stellung an der Sieg nicht behaupten, als Jourdan am 1., 2. und 3. Juli mit 60.000 Mann bei Köln und Neuwied neuerdings den Rhein überschritt.

Am 5. zogen sich die Vortruppen Wartenslebens hinter die Lahn zurück, verließen am 7. auch den Fluss und bezogen ein Lager zwischen Wildstadt und Rossbach.

Gefecht bei Friedberg.

Nach dem am 10. Juli bei Friedberg stattgefundenen ungünstigen Treffen zog sich das Corps am 11. über den Main und lagerte zwischen Frankfurt und Neusenburg, während die Grenadiere mit dem Feldmarschall-Lieutenant Werneck zur Deckung der Würzburger Straße nach Aschaffenburg detachiert wurden.

Jourdan nahte sich am 11. und 12. Juli dieser Stellung und begann in der Nacht auf den 13. Frankfurt einzuschließen.

Am 14. wurde ein 48 stündiger Waffenstillstand geschlossen und am 15. trat das Corps den weiteren Rückmarsch gegen Würzburg an, welche Stadt es am 19. Juli erreichte.

Die Franzosen besetzten Frankfurt.

Am 21. Juli hatte Feldzeugmeister Graf Wartensleben seine Hauptmacht bei Würzburg vereinigt, von wo er in der Nacht vom 22. auf den 23. den Rückzug über den Main begann und am 24. bei Zeil Stellung nahm.

Am 1. August zog er sich nach Bamberg, in der Nacht vom 3. auf den 4. hinter Forchheim, am 8. nach Neunkirchen zurück, von wo er über Lauf an die Pegnitz zwischen Rottenberg und Reichenschwand marschierte.

Vorposten-gefecht bei Sulzbach.

Am 10. rückte das Corps über Sulzbach nach Amberg und lagerte am 11. daselbst, indes Feldmarschall-Lieutenant Baron Kray mit der Arrièregarde, bei welcher sich auch das 1. Bataillon des Regimentes befand, zu Sulzbach verblieb, wo er sich in dem Vorpostengefechte vom 17. und am folgenden Tage bei Amberg gegen einen vielfach stärkeren Feind mit unerschütterlicher Tapferkeit vertheidigte.

Das 1. Bataillon erlitt in diesen Gefechten einen Verlust von 3 Todten und 15 Verwundeten.

Erst auf Befehl räumte Kray die Position bei Sulzbach und Amberg und zog sich nach Wolfingen, wo er abends sich mit den Truppen des Generalmajors Graf Hadik vereinte.

Feldzeugmeister Graf Wartensleben marschierte nun mit dem Gros des Corps nach Schwarzenfeld zurück und disponierte den Feldmarschall-Lieutenant Kray zur Deckung seiner rechten Flanke bei Affaltern an den Schwarzbach.

Schlacht bei Amberg.

Während so Jourdan das Corps Wartensleben immer mehr zum Weichen zwang und bereits die böhmischen Grenzen bedrohte, verließ Erzherzog Carl die Donau, eilte rettend herbei, schlug die Franzosen am 24. August bei Amberg, so dass sie nach Sulzbach zurückweichen mussten, ergriff wieder die Offensive und bewirkte durch diesen Tag die glückliche Vereinigung mit Wartensleben, dessen Corps an dieser Schlacht schon insoferne theilnahm, als es mit Tagesanbruch aus seinen Positionen bei Schwarzenfeld und Schwandorf aufbrach und zur nämlichen Zeit bis Amberg vorgedrungen war, als sich Jourdan nicht mehr länger gegen den Erzherzog halten konnte.

Mitten im Schlachtgewühle geschah die Vereinigung des Corps mit der Armee.

Feldzeugmeister Graf Wartensleben hatte sich in drei Colonnen formiert, von welchen die rechte, bei der das 1. Bataillon des Regimentes eingetheilt war, unter dem Feldmarschall-Lieutenant Kray den Mariahilferberg in der linken Flanke des Feindes angreifen sollte, während er selbst mit dem Centrum, wo die Grenadiere unter dem Feldmarschall-Lieutenant Werneck standen, und der linken Colonne gegen die Front der feindlichen Linie anrückte.

Alle Colonnen führten die angeordnete Attaque mit dem größten Muthe aus, obwohl der Feind den hartnäckigsten Widerstand leistete.

Als endlich die Franzosen ihre letzte Position auf den Anhöhen hinter Amberg nahmen, führte Feldmarschall-Lieutenant Werneck die Grenadiere mit klingendem Spiele gegen den linken Flügel der feindlichen Stellung und erstieg dieselbe gleichzeitig mit der Cavallerie, worauf die Franzosen nach Sulzbach retirierten.

Der Verlust des Regimentes in dieser Schlacht ist nicht bekannt.

Am 27. August rückte der Erzherzog mit der Armee über Lauf, Heroldsberg, Rinsberg und Hirschheit weiter vor, am 31. gegen Bamberg. Da sich der Feind jedoch in der Nacht eilig gegen Schweinfurt zurückzog, so dass er ihn nicht mehr hätte erreichen können, so wendete sich Erzherzog Carl mit der Hauptmacht, bei der sich sowohl das 1. Bataillon, als auch die Grenadier-Division des Regimentes befanden, über Burg Erbach gegen Würzburg, woselbst er am 3. September Jourdan neuerdings schlug, so dass dieser hinter die Sieg und Agger retirieren musste. Schlacht bei Würzburg.

Die Grenadier-Division focht in dieser Schlacht in der Colonne des Feldmarschall-Lieutenants Baron Werneck, die um 3 Uhr nachmittags am Schlachtfelde eintraf.

Das Bataillon Baron Zeegraedt unterstützte den Angriff der Grenadier-Bataillone Paulus, Ghenevegg und Kraysern auf den Wald, der beide Flügel trennte, was wesentlich zum Siege beitrug.

Das 1. Bataillon kam nicht ins Gefecht.

Unaufhaltsam rückte Erzherzog Carl nun über Aschaffenburg, Dettingen und Usingen gegen die Lahn vor, erzwang sich am 16. September abends bei Weilburg und Limburg den Übergang über diesen Fluss und vereinte am 21. seine Gesammtmacht in dem Lager bei Altenkirchen im Westerwalde.

Der gänzliche Rückzug des feindlichen Heeres hinter den Rhein war unzweifelhaft, demzufolge der Erzherzog in der Nacht vom 21. auf den 22. September Dispositionen traf, um auch die Rhein- und Mosel-Armee vom deutschen Boden zu verdrängen.

Während er selbst rheinaufwärts zog und den Feind auch am Ober-Rhein besiegte, ließ er den Feldmarschall-Lieutenant Baron Werneck mit 33.000 Mann zwischen Neuwied und Ukerad hinter der Sieg zurück, um die Sambre- und Maas-Armee zu beobachten.

Bei diesem Corps blieb auch das 1. Bataillon sammt der Grenadier-Division zurück, bis es Mitte December, wo durch mündliche Verabredung ein Waffenstillstand für den Nieder-Rhein zustande kam, die Winterquartiere bezog.

Der Regimentsstab mit dem 1. Bataillon wurde nach Montabaur, das Grenadier-Bataillon Baron Zeegraedt nach Groß-Linden verlegt. Das 2. Bataillon kam von Königgrätz nach Josefstadt.

REVISIONS-TABELLE

DES REGIMENTES VOM 19. FEBRUAR 1796,

betrifft das 1. Bataillon und die Grenadier-Division, datiert von Worms, gefertigt vom Rechnungs-Commissär Felix Contzler.

Oberst und Regiments-Inhaber: Feldmarschall Graf Clerfayt.
Oberst und Regiments-Commandant: Lud. Freiherr v. Vogelsang.
Oberstlieutenant: Ludwig Wolff de La Marseille.
Erster Major: Franz de Wouwermans.
Zweiter Major: Carl Freiherr v. Spangen.
Regiments-Caplan: Franz Ludwig Arweiler.
Regiments-Auditor: Math. Ritter v. Hohenstöger.
Rechnungsführer: Martin Jansurek.
Regiments-Adjutant: Andreas Cordier.
Regiments-Chirurg: Ignaz Keller.
Bataillons-Chirurg: Franz Hoffrichter.

1. Grenadier-Comp.: Hauptmann von Rayd. Oberlieutenant Lederer. Unterlieutenant Koukelberg.
2. Grenadier-Comp.: Hauptmann Lahrbusch. Oberlieutenant Collenbach. Unterlieutenant Vogelsang.

Leib-Comp.: Capitain Wilhelm Chapuis, Freih. von Vernier. Oberlieutenant Gallez, Class. Unterlieutenant Ansalone, d'Ardenne. Fähnrich Tourmel.

Oberst-Comp.: wahrscheinlich aufgelöst, weil keine Officiere und Mannschaft nachgewiesen erscheinen.

Oberstlieutenant-Comp. — gleich Oberst-Compagnie.

1. Major-Comp.: Capitaines Strauch, Scheible. Oberlieutenant Gonty. Unterlieutenant Duchesne, Furth. Fähnrich Prince.

d'Aubergnie-Comp.: aufgelöst.

Couvreus-Comp.: Hauptmann de Jardin. Oberlieutenant Mennerstorff, Rasquin, Bless. Unterlieutenant Wouwermans, Langmatel, Trazegnies.

Comp. Veser }
Comp. Rodolph } aufgelöst.

Comp. Le Sergeant Vesez: Hauptleute Vesez, Le Sergeant, Oberlieutenant Perremans, Schutnaire. Unterlieutenant de Souslemoustier.

Comp. Sommer }
Comp. Mesurere } aufgelöst.

Comp. L'Olivier. Hauptleute L'Olivier, Ruiz. Oberlieutenant d'Herrissem, Roze. Fähnrich Lanse, Gallez.

Comp. d'Assonleville aufgelöst.

Comp. Ruiz modo Sommer: Oberlieutenant Baillou, Revelard. Unterlieutenant Debette, Dagrado. Fähnrich Leininger.

Comp. De Jardin aufgelöst.

Der Stand des Bataillons sammt der Grenadier-Division inclusive des Stabes und der Artillerie-Handlanger 1448 Mann. Abgängig 262.

Das 1. Bataillon bildete in seiner Cantonierungsstation 1797
Montabaur einen Theil der Unterstützungslinie des vom Corps Werneck vom Ausflusse des Wildbaches über Neustadt, Altenkirchen bis Wiesen und weiter längs der Sieg bis Siegen aufgestellten Vorposten-Cordons.

Die Feindseligkeiten durften, dem geschlossenen Vertrage gemäß, 1797 erst nach dreimal 24 stündiger Aufkündigung wieder eröffnet werden.

Am 2. Februar übernahm Feldzeugmeister Graf Latour über das gesammte Heer in Deutschland provisorisch den Oberbefehl, da sich Erzherzog Carl nach Italien begeben hatte, und ließ in den ersten Tagen des Monates April die Armee in engere Cantonierungs-Quartiere verlegen.

Feldmarschall-Lieutenant Baron Werneck erhielt den Befehl, den rechten Flügel der Armee in der Stellung bei Neunkirchen zusammenzuziehen.

Kaum waren die engeren Cantonierungen bezogen, als auch schon von Seite der Franzosen am 13. April der Waffenstillstand gekündigt wurde.

Nun nahmen die Truppen eilends die ihnen für diesen Fall angewiesenen Stellungen ein, und zwar das 1. Bataillon unter Feldmarschall-Lieutenant Riesch vor Dierdorf unweit Neuwied, die Grenadiere im Gros des Corps bei Neunkirchen.

Am 16. April hob Feldmarschall-Lieutenant Werneck das Lager bei Neunkirchen auf, bezog die Stellung bei Marienberg und in der Nacht vom 17. auf den 18. mit seiner Hauptstärke das Lager bei Crobach.

Die Truppen-Abtheilung des Feldmarschall-Lieutenants Riesch bildete bei Dierdorf den Rest der Division Kray, welcher beschlossen hatte, seine verschanzte Stellung bei Neuwied auf das hartnäckigste zu vertheidigen.

Gefecht bei Neuwied.

Am 18. April um 8 Uhr morgens setzten sich die feindlichen Colonnen zum Angriffe in Bewegung. Eine volle Stunde hindurch wurde dem Feinde Widerstand entgegengesetzt, bis endlich die Franzosen 30 Kanonen concentrierten und durch ihr überlegenes Feuer Krays Rückzug gegen Dierdorf entschieden.

Von hier aus zog sich Kray gegen Hachenburg zurück.

In der Nacht vereinte sich hier Feldmarschall-Lieutenant Riesch mit dem Gros des Corps, welches den Rückzug bis Neunkirchen fortsetzte, während Feldmarschall - Lieutenant Kray die Nachhut bildete und sich bei Kirberg aufstellte.

Während nun Feldzeugmeister Graf Latour hinter die Murg und den Rench zurückgedrängt wurde, musste auch Feldmarschall-Lieutenant Werneck mit dem rechten Flügel der Armee dem überlegenen Drucke der französischen Sambre- und Maas-Armee weichen und sich über Wetzlar nach Frankfurt a. M. zurückziehen.

Der Rückzug wurde am 19. April fortgesetzt, indes Feldmarschall-Lieutenant Kray mit der Nachhut bei Kirberg die feindliche Avantgarde unter General Ney aufhielt.

Am 20. wurde die Lahn überschritten und Wetzlar, am 21. Münzenberg und am 22. April Windecken erreicht, wo die Nachricht des zu Leoben abgeschlossenen Friedenspräliminar-Vertrages allen weiteren Feindseligkeiten Einhalt that.

Ende April traf Erzherzog Carl bei der Armee in Deutschland ein und ordnete zur bequemen Unterkunft der Truppen eine ausgedehntere Dislocation derselben an. Infolge dessen wurde der Regimentsstab mit dem 1. Bataillon nach Freudenthal am Neckar, die Grenadiere nach Nussdorf verlegt.

Gegen Ende des Jahres erfolgte die Auflösung der Grenadier-Bataillone in der österreichischen Armee und die Grenadier-Division rückte sammt dem Oberstlieutenant Baron Spangen, welchem das erledigte Grenadier-Bataillon Baron Zeegraedt verliehen worden war, zum Regimente ein.

Hauptmann Chevalier Ruiz de Roxas wurde zum Major im Jägercorps le Loup befördert.

REVISIONS-TABELLE

DES 1. BATAILLONS NEBST DER GRENADIER-DIVISION DDO. WETZLAR DEN 20. FEBRUAR 1797. REVISIONSPLATZ MONTABAUR.

Oberst und Regiments-Commandant: Ludwig Wolff de La Marseille.
Erster Major: Franz de Wouwermans.
Regiments-Caplan: Franz Ludwig Arweiler.
Regiments-Auditor: Math. Ritter v. Hohenstöger.
Rechnungsführer: Martin Jawurek.
Regiments-Adjutant: Andreas Cordier.
Regiments-Arzt: Ignaz Keller.
Bataillons-Arzt: Franz Hoffrichter.
Unter-Ärzte: Mart. Germann, Jos. Morrens, Joh. Mandle, Frz. Sellinger, Casp. Rimbeaux, Franz Vranks, Johann Monart, Ferd. Brauer.
1. Grenadier-Comp.: Hauptmann von Rayd. Oberlieutenant Lederer. Unterlieutenant Koukelberg.
2. Grenadier-Comp.: Hauptmann von L'Olivier. Oberlieutenant: Mennerstorff. Unterlieutenant: Wouwermans.
Leib-Comp.: Capitain Chapuis. Oberlieutenant Gallez. Unterlieutenant Ansalone, d'Ardenne. Fähnrich Tourmel.
1. Major-Comp.: Capitaines Strauch, Scheible. Oberlieutenant Gonty. Unterlieutenant Duchesne. Fähnrich Prince.
Couvreus-Comp.: Oberlieutenant Rentrop, Bless. Unterlieutenant Dagrado. Fähnrich Poederlo.
Le Sergeant ante Veser-Comp.: Oberlieutenant Perremans, Schutnaire. Unterlieutenant Souslemoustier. Fähnrich Galler.
De Jardin ante L'Olivier-Comp.: Unterlieutenant d'Herrisem, Schutnaire. Unterlieutenant Rore. Fähnrich Lonse.
Sommere-Comp.: Oberlieutenant Baillou. Unterlieutenant Debette. Fähnrich Leiningen.

Der complete Stand des Bataillons sammt der Grenadier-Division und 32 Mann Artillerie-Handlanger beträgt 1446 Mann. Abgängig 628. Die Grenadier-Division sammt dem Stabe lagen in Wetzlar, das 1. Major-Bataillon in Montabaur.

Am 17. October 1797 war zu Campo formio der Friede zwischen Österreich und Frankreich abgeschlossen worden. Österreich leistete Verzicht auf Belgien und Mailand gegen das Versprechen, durch venetianische Provinzen entschädigt zu werden.

Während der Verhandlungen des Congresses zu Rastatt, welcher dies bewerkstelligen sollte, blieb das Regiment bei dem am Lech aufgestellten kaiserlichen Reichscontingente unter dem Feldmarschall-Lieutenant Baron Stander eingetheilt und cantonierte in Holzkirchen und Concurrenz.

In diesem Jahre begann eine neue Epoche für die niederländischen Infanterie-Regimenter. Dieselben wurden wegen fortwährendem Mangel an Zuwachs aus dem Stande der übrigen österreichischen Infanterie-Regimenter auf 3 Bataillone ergänzt, und zwar geschah diese Ergänzung, beziehungsweise Neuformierung des 2. und 3. Bataillons in der Festung Josefstadt, wo diese Bataillone auch vorläufig in Garnison verblieben.

Oberstlieutenant Baron Spangen gieng zur Übernahme des Commandos über dieselben dahin ab.

Am 21. Juli hatte das Regiment den Verlust seines Inhabers, des Feldmarschalls Graf Clerfayt, zu beklagen, der an diesem Tage sein bewegtes, thatenreiches und ruhmvolles Soldatenleben zu Wien auf der Wieden in der Favoritenstraße an der Lungensucht im Alter von 65 Jahren beschloss.

Die Regiments-Inhaberstelle blieb vorläufig unbesetzt.

In diesem Jahre wurden bei der Infanterie Helme statt der Casquets eingeführt und die kurzen Säbel, mit Ausnahme jener der Unterofficiere, Grenadiere und Spielleute abgeschafft.

Im November rückte der Regimentsstab mit dem 1. Bataillon und der Grenadier-Division in das Vorarlberg'sche ab und wurde nach Heimkirchen und Concurrenz verlegt.

Der Friede von Campo formio war nicht von langer Dauer, er enthielt in seinen geheimen Artikeln den Samen vermehrter Feindschaft und vielfachen Haders. Dies alles gab hinlängliche Ursache zum Kriege.

Die Gelegenheit hiezu war günstig, denn die französische Regierung hatte ihren besten Feldherrn Bonaparte zur Eroberung von Egypten abgesandt. Bonaparte war glücklich gelandet, aber die Flotte, die ihn hinbrachte, war auf der Rhede von Abukir durch die Engländer vernichtet worden und so war Bonaparte von Europa abgeschnitten.

Diese Niederlage war gleichsam das Signal zum neuen Kriege. Die Türken erklärten denselben an Frankreich. Österreich verbündete sich mit Neapel, Russland und England gegen Frankreich.

So begann der Kampf von neuem.

V. PERIODE.

VOM JAHRE 1799 BIS ZUR UMWANDLUNG DES REGIMENTES IN EIN GALIZISCHES 1802.

Bei dem Wiederausbruche des Krieges zwischen Österreich und Frankreich im Jahre 1799 wurde das Regiment aus Vorarlberg zu dem Corps des Feldmarschall-Lieutenants Graf Bellegarde nach Tirol bestimmt, wohin es am 2. März aufbrach und am 12. nach Innsbruck einrückte, wo es seine Eintheilung in die Division des Feldmarschall-Lieutenants Graf Hadik, Brigade Generalmajor Graf Bellegarde (Bruder des Corps-Commandanten) erhielt und nach Schluderns verlegt wurde. 1799.

Der Stand des Regimentsstabes sammt dem 1. Bataillon und der Grenadier-Division betrug 955 Köpfe.

Bereits hatten sich die Franzosen, welche anfangs März in Deutschland den Rhein überschritten, Graubündtens und Engadins bemächtigt und suchten nun, unter den Generalen Le Courbe und Dessolles, von dieser Seite in Tirol einzudringen.

Letzterer errang auch am 25. März bei Taufers einige Vortheile, wurde jedoch am 26. und 27. bei Schluderns durch die Truppen der Brigade Bellegarde kräftig zurückgeworfen.

Gefecht bei Schluderns.

Vom 1. Bataillon hatte am Abende des 25. März der Hauptmann Baron Ponti mit seiner Compagnie, von einigen Husaren unterstützt, den in Schluderns selbst eingedrungenen Feind daraus vertrieben und zeichnete sich auch am folgenden Tage mit seiner Compagnie abermals vortheilhaft aus, indem er, vereint mit 3 Compagnien des leichten Bataillons Trauttenberg, den Hauptangriff der Franzosen auf Schluderns herzhaft abwies und dieselben auf der Straße von Tartsch lebhaft verfolgte.

Indessen hatten auch die übrigen Compagnien des Regimentes auf anderen Punkten der Vorpostenlinie wacker gekämpft, wie dies aus nachfolgendem Bruchstücke der Gefechts-Relation des Feldmarschall-Lieutenants Graf Bellegarde an den Erzherzog Carl zu entnehmen ist:

Ddo. 27. März.

»Gestern hat der Feind meine vor Schluderns stehenden Vorposten angegriffen, ist aber von selben bald zurückgewiesen worden. In der darüber erhaltenen Meldung rühmt der Brigadier Generalmajor Graf Bellegarde die Bravour des Clerfayt'schen Bataillons, welches sich unter Anführung seines Obersten de la Marseille ganz besonders ausgezeichnet hat«.

Hauptmann Baron Ponti wurde für sein tapferes Benehmen noch insbesonders belobt.

Der Verlust des Bataillons bestand in 3 Todten, 7 Blessierten und 4 Gefangenen.

Unter den letzteren befand sich Hauptmann Billek.

Mittlerweile wurden die Grenadier-Bataillone in der Armee wieder theilweise errichtet, wobei die Grenadier-Division des Regimentes mit jenen von Prinz de Ligne Nr. 30 und Baron Beaulieu Nr. 58 ein Bataillon bildete, zu dessen Commandanten der zum Oberstlieutenant beförderte Major Wouwermanns des Regimentes ernannt wurde. Das Bataillon erhielt seine Eintheilung in der Brigade Bellegarde.

Gefecht bei Taufers und Santa Maria.

Der französische General Dessolles hatte sich nach den Gefechten bei Schluderns von Malz und Glurns in eine neue Stellung bei Taufers und Santa Maria zurückgezogen, woselbst ihn Feldmarschall-Lieutenant Graf Bellegarde am 4. April mit der Division Hadik in drei Colonnen angriff.

Die Hauptcolonne rückte auf der Straße gegen Taufers vor, während die 2 Nebencolonnen rechts und links am Fuße der Gebirge gegen die beiden Flügel des Feindes dirigiert wurden.

Das 1. Bataillon des Regimentes war bei den 3 Colonnen divisionsweise vertheilt. Das Grenadier-Bataillon Wouwermanns befand sich bei der Hauptcolonne.

Der Angriff begann um halb 5 Uhr morgens und es wurde der Feind zuerst aus Taufers, dann aus Münster, endlich aus Santa Maria vertrieben und bis Zernetz zurückgeworfen.

3 Kanonen, 14 Munitionswagen und 3000 Gewehre, nebst vielen Feldrequisiten wurden von den Siegern erbeutet und mehrere 100 Gefangene gemacht.

Sowohl das 1. Bataillon des Regimentes, als auch Oberstlieutenant Wouwermanns mit seinem Grenadier-Bataillon hatten sich an diesem Tage durch heldenmüthige Tapferkeit hervorgethan.

In der Gefechts-Relation wurden namentlich das 1. Bataillon Clerfayt, die Bataillone de Ligne und Anton Esterházy, die leichten Jäger von le Loup und Trauttenberg und die Erdödy'schen Husaren als diejenigen Truppen bezeichnet, durch deren Bravour und Entschlossenheit der Sieg auf unsere Seite gewendet wurde.

Als besonders Ausgezeichnete wurden belobt: Die Hauptleute Mennersdorf und Ponti, dann Oberlieutenant Baderle. Letzterer hatte zur Eroberung der angeführten 3 französischen Kanonen wesentlich beigetragen und dieselben, da keine Artilleristen in der Nähe waren, mit 2 Officieren vom 30. Infanterie-Regimente de Ligne sogleich gegen den Feind bedient.

Von der Mannschaft hatte sich Corporal Bergibaud besonders hervorgethan. Derselbe warf gleich bei Beginn des Gefechtes an der Spitze seines Zuges die feindlichen Vorposten am linken Flügel bei Taufers mit außerordentlicher Tapferkeit zurück und im weiteren Verlaufe des Gefechtes, als bereits alle 4 Officiere der Compagnie verwundet waren, übernahm der wackere Corporal das Compagnie-Commando und führte die Compagnie während des noch volle 5 Stunden fortwährenden Gefechtes mehrmals, unter dem stärksten feindlichen Kanonen- und Musketenfeuer, durch seine eigene Verwegenheit die Leute begeisternd, zum Sturme vor.

Dieser brave Unterofficier, welcher sich bereits am 18. Mai 1794 bei der Erstürmung von Rousbeque die silberne Tapferkeits-Medaille errungen, wurde nun mit der gewiss wohlverdienten goldenen Tapferkeits-Medaille belohnt.

Möge das Andenken dieses Tapferen durch diese Aufzeichnung seiner That für immer dem Reiche der Vergessenheit entrissen sein!

Das Regiment hatte sich an diesem Tage unvergänglichen Ruhm erworben, aber auch schwere Opfer hiefür gebracht; denn es zählte bei seinem schwachen Stande von 900 Mann (inclusive der Grenadier-Division) einen Verlust von 112 Köpfen, und zwar:

Todt 9 Mann; Verwundet: die Hauptleute Losergeant, Mennersdorf, Baron Ponti; die Oberlieutenante Duchesne, de Soutmoustier, Lieutenant Hellauer; die Fähnriche Messurer, Linden, Zapletal und 88 Mann. Vermisst: 6 Mann.

Noch hielten die rauhe Jahreszeit und die unbeschreiblichen Schwierigkeiten des Terrains die Feldmarschall-Lieutenante Hotze und Bellegarde ab, einen vereinten Angriff auf den rechten Flügel von Massena zu unternehmen; aber am 30. April drang Bellegarde dennoch über Nauders und Engadin und schlug den französischen General Le Courbe

Gefecht bei Lavin.

am 2. Mai bei Lavin, so dass er über Zernetz in das Ober-Engadin entfliehen musste.

Das 1. Bataillon nebst den Grenadieren machte dieses Treffen in der Hauptcolonne mit, welche Feldmarschall-Lieutenant Graf Bellegarde selbst führte.

Das 1. Bataillon bildete unter Commando des Obersten de la Marseille die Avantgarde, in welcher Verwendung es zur Eroberung der feindlichen Position bei Remiss wesentlich beitrug und den Feind auch aus seiner letzten Stellung bei Lavin warf, wo der französische General en chef Le Courbe selbst verwundet und General Demmont gefangen wurde.

Das Bataillon und namentlich der Oberst wurden in der Relation für ihr tapferes Benehmen besonders belobt und letzterer auch unter denjenigen Stabsofficieren genannt, welche sich durch besondere Thätigkeit, Einsicht und Bravour vorzüglich bemerkbar und verdient gemacht hatten.

Feldwebel Hallienne Villefort erhielt für seine Tapferkeit die silberne Tapferkeits-Medaille. Derselbe hatte beim Angriffe auf Remiss mit der von ihm geführten Plänklerkette den Feind zum Weichen gebracht, durch seine persönliche Tapferkeit zur Eroberung des Dorfes viel beigetragen, den gefangenen Gemeinen Louis Duquin kühn dem Feinde entrissen und endlich bei Erstürmung der französischen Verschanzungen, obwohl er bereits verwundet war, noch tapfer mitgekämpft.

Der Verlust des Regimentes in dieser Affaire bestand in 6 Todten, 22 Verwundeten und 4 Vermissten vom Feldwebel abwärts.

Am 14. Mai unterstützte das Corps Bellegarde den Angriff und die Eroberung des St. Luciensteiges, welcher durch Feldmarschall-Lieutenant Hotze bewirkt wurde.

Gefecht auf dem Julierberge.

Bellegarde rückte an diesem Tage aus dem Innthale über den Albulaberg bis Lenz vor und entsendete den Obersten de la Marseille mit seinem Bataillon über den Julierberg, von wo dieser in das Obersteinthal vordrang und den Feind von Nalank über Rutna bis Tiefenkasten zurücktrieb.

Diese Operation wurde unter den größten Schwierigkeiten des Terrains in kürzester Zeit ausgeführt. Wo Touristen es kaum wagen, sich hindurch zu arbeiten, da verfolgte die brave Truppe den Feind und trieb ihn vor sich her, wobei viele Franzosen in den Felsenklüften ihren Tod fanden.

Am 17. Mai war die Eroberung Graubündtens vollendet, und Feldmarschall Graf Bellegarde konnte nun mit seinem entbehrlichen Corps zur Armee nach Italien abrücken, welchen Marsch er sofort über die höchsten Alpen antrat und am 21. Mai in Chiavenna eintraf.

Um über den Lago di Como zu schiffen, wurden bei Riva über 200 Schiffe zusammengebracht, mit welchen die Fahrt glücklich bewerkstelligt wurde.

Den 28. Mai war das ganze Corps bei Como concentriert.

Hier erschien eine neue Ordre de bataille, nach welcher das 1. Bataillon in die Brigade des Obersten de la Marseille, das Grenadier-Bataillon Wouwermanns in die Brigade Generalmajor Baron Loudon eingetheilt wurde.

Bellegarde setzte nun den Weitermarsch nach Tortona fort, nachdem er die Division Hadik, zu welcher das Regiment nicht mehr gehörte, in die Schweiz disponiert hatte. Sein Corps erhielt die Bestimmung, die Citadellen von Tortona und Allessandria zu blockieren und den Feind, der sich hinter dem Apennin sammelte, zu beobachten. Er bildete einen Theil des alliierten österreichisch-russischen Heeres, welches vom russischen Feldmarschall Graf Suwarow befehligt wurde.

Suwarow hatte bereits den Po und Ticino siegreich überschritten, als das Corps Bellegarde zur Armee stieß, und am 10. Juni setzte er sich von Turin in Bewegung, um die Vereinigung der feindlichen Armee zu hindern.

Am 12. Juni bei Allessandria angelangt, ließ der Armeecommandant daselbst den Feldmarschall-Lieutenant Bellegarde mit seinem Corps, bei welchem auch das 1. Bataillon des Regimentes blieb, zur Belagerung der Citadelle zurück, während das Grenadier-Bataillon Wouwermanns aus der Brigade Baron Loudon ausgeschieden und in die Brigade Lusignan, Division Fröhlich der Hauptarmee, eingetheilt wurde, welche sich am 15. Juni gegen Piacenza in Bewegung setzte.

Am 16. wurde zwischen Casteggio und Casa Tisma gelagert und am 17. Juni sehr früh der Marsch gegen Piacenza angetreten.

Schlacht an der Trebbia.

Kaum war die Spitze der Armee in der Gegend von S. Giovanni angekommen, so wurde das Grenadier-Bataillon Wouwermanns nebst drei k. k. Cavallerie-Regimentern, allen Kosaken der russischen Avantgarde und dem Infanterie-Regimente Fröhlich zwischen die Orte Fontana pradosa und Caramel postiert, da die Division Ott, welche sich Tags vorher vor dem anrückenden Heere Macdonalds von Piacenza auf die Höhen von S. Giovanni zurückgezogen hatte, bei Sermet bereits in lebhaftem Kampfe mit den Franzosen begriffen war.

Das Grenadier-Bataillon Wouwermanns und das Regiment Fröhlich standen im Centrum der vorgenannten Truppen à cheval der Chaussée.

Mittlerweile drangen bereits 3 französische Infanterie-Colonnen zu beiden Seiten der Straße von Verato über la Mottaziana vor, während die feindliche Cavallerie auf der Straße vorrückte.

Sermet war schon nach langem tapferen Widerstande geräumt worden, 8 Kanonen in des Feindes Hände gefallen und die polnische Division auf die offene Fläche von Caramel heraus debouchiert, als Suwarow den Kosaken das Zeichen zum Angriffe auf die Polen gab.

Während sich diese auf die polnische Division stürzten, drangen die übrigen vorgenannten Truppen mit klingendem Spiele vorwärts. In diesem Augenblicke eilte eine französische Halbbrigade zur Unterstützung der Polen herbei, aber das Grenadier-Bataillon Wouwermanns und das Regiment Fröhlich warfen sich ihr mit Entschlossenheit entgegen und trieben sie in die Flucht, während die übrigen Truppen den Feind auch am linken Flügel zurückschlugen und die Division Ott auf der Straße vorrückte.

Sermet wurde wieder genommen und die verlorenen 8 Kanonen zurückerobert.

Bei Ca del Bosco wurde die Niederlage der französischen Infanterie vollendet, die sich nun, von der österreichischen Cavallerie verfolgt, gegen die Trebbia zurückzog.

Die Österreicher und Russen lagerten auf dem Schlachtfelde hinter dem Tidone und es wurde die Nacht dazu benützt, um die durch das Gefecht in Unordnung gerathenen Truppen in Schlachtordnung zu bringen.

Die Divison Fröhlich, zu welcher Oberstlieutenant Wouwermanns mit seinen Grenadieren gehörte, wurde zwischen Sermet und dem Po aufgestellt.

Am zweiten Schlachttage war um 10 Uhr morgens Alles auf seinem Platze und sämmtliche Colonnen zum Angriffe in Bewegung. Die Division Fröhlich folgte, unter Commando des Generalmajors Fürst Johann Liechtenstein, der Division Ott, welche auf der Straße von Piacenza vorrückte, in angemessener Entfernung, um dahin, wo es nöthig werden sollte, zu Hilfe zu eilen.

Um 6 Uhr abends stieß Feldmarschall-Lieutenant Ott bei Lemento auf den Feind, welcher bis an die Trebbia gedrückt wurde.

Indes die Division Ott gegen die rechte Flanke des am linken Flussufer aufgestellten feindlichen Corps manövrierte, griff die Division Liechtenstein dasselbe in der Front an, wodurch die Franzosen mit enormem Verluste über den Fluss geworfen wurden.

Der Tag neigte sich bereits seinem Ende zu und das neue Lager war schon hart an der Trebbia bezogen, als plötzlich 3 feindliche Bataillone das Flussbett betraten und Miene machten, herüber zu brechen.

Ein heftiges Kanonenfeuer nöthigte sie zwar bald, von ihrem tollkühnen Vorhaben abzustehen, aber die längs der Trebbia aufgestellten österreichischen und russischen Bataillone ergriffen ihre Gewehre und liefen haufenweise den Franzosen nach.

Auch Cavallerie eilte von beiden Seiten herbei und bald entspann sich im Flussbette ein wohl noch nie dagewesenes Getümmel. Alle Waffengattungen, Freund und Feind waren vermischt, man hieb und stach in der Dunkelheit auf einander los und sowohl die alliierte als die französische Artillerie feuerten von beiden Ufern in die regellosen Klumpen.

Erst um Mitternacht gelang es den Truppen-Commandanten, diesem zwecklosen Gemetzel ein Ende zu machen.

Am folgenden Tage, dem 19. Juni, bedingten die Gefechte des vorigen Tages, namentlich aber das nächtliche Handgemenge, eine längere Ruhe.

Die Österreicher bildeten den linken Flügel und lagerten auf beiden Seiten der Heerstraße nach Piacenza, hart an dem linken Ufer der Trebbia. Sie waren eben im Abkochen begriffen, als der Feind um 10 Uhr vormittags den Kampf neuerdings begann.

Auf dem rechten Flügel der Verbündeten, von den Russen nach hartem Kampfe zurückgeworfen, warf sich Macdonald an der Spitze seiner besten Truppen nun auf den linken Flügel, wo die Österreicher standen, und suchte auf dieser Seite das Geschick des Tages zu seinen Gunsten zu entscheiden.

Er rückte in 2 Colonnen vor, von denen eine den Po überschritt, die zweite die Trebbia unweit ihrer Mündung passierte und sich gegen la Pernica in die linke Flanke der Division Ott in größter Geschwindigkeit und Stille bewegte.

Die erste Colonne drang über S. Nicolò vor und drückte die kaiserlichen Vorposten bis an die Haupttruppe zurück, ehe letztere Zeit gewann, die feindliche Bewegung zu hindern.

In diesem kritischen Augenblicke wurde das Grenadier-Bataillon Wouwermanns, dessen tapferer Commandant schon am ersten Schlachttage verwundet worden war, durch den Vorposten-Commandanten Oberst Baron D'Aspre zum Vorrücken beordert.

Und nun erfolgte eine Handlung, welche als ein hervorragender Glanzpunkt des Regimentes mit goldenen Lettern für alle Zeiten in der Geschichte verzeichnet zu werden verdient.

Grenadier-Hauptmann l'Olivier des eigenen Regimentes führte das Bataillon mit ganzer Front und klingendem Spiele, Hecken und Weingärten durchbrechend, im Eilschritte gegen den linken Flügel der feindlichen Infanterie, die Hauptmann l'Olivier des coupierten Terrains wegen erst dann ansichtig wurde, als ihn nur mehr eine Distanz von 60 Schritten vom Feinde trennte.

Ohne die Franzosen zur Besinnung kommen zu lassen, warf sich das tapfere Bataillon mit Todesverachtung ihnen entgegen, zwang sie zum eiligen Rückzuge über den linken Arm der Trebbia und eroberte 2 von ihnen bei den Vorposten erbeutete österreichische Kanonen.

Auch der Fluss war für die brave Truppe kein Hindernis für das weitere Vorrücken.

Bis an den halben Leib im Wasser watend, verfolgten sie den fliehenden Feind auch über den Flussarm und trieben ihn gänzlich auf das rechte Ufer der Trebbia zurück, wo er sich hinter einem Erdwalle postierte.

Ungeachtet dessen, dass der Feind aus dieser Position das Bataillon mit einem verheerenden Musketen- und Kartätschenfeuer aus 6 Geschützen auf das empfindlichste beschoss, drang das Bataillon doch unerschüttert mit einem beispiellosen Heldenmuthe, und wie die Relation des Brigadiers sagt, »Den Löwen gleich kämpfend« vorwärts und zwang die Franzosen zum Rückzuge.

Eben ordnete Hauptmann l'Olivier die stark gelichteten Reihen seiner Grenadiere, als sich der durch sein kühnes Vordringen von der Haupttruppe abgeschnittene rechte Flügel der feindlichen Colonne mit Ungestüm gegen dessen linke Flanke stürzte, um sich den Rückzug zu erzwingen.

Hiedurch gerieth das tapfere Bataillon selbst in Gefahr, gefangen oder aufgerieben zu werden; doch da formierte die linke Flügel-Division unter dem Hauptmann Fusco von de Ligne Nr. 30 mit größter Ordnung und Unerschrockenheit schnell einen Haken und leistete so gewaltigen Widerstand, dass mit Hilfe der herbeigeeilten Husaren eine große Anzahl Gefangener gemacht und der Rest des Feindes zerstreut werden konnte.

Gleich darauf versuchte der Feind, dessen Cavallerie sich inzwischen wieder gesammelt hatte, einen erneuerten Angriff und Hauptmann l'Olivier gewahrte eine französische Cavallerie-Colonne, welche sich gegen die Front des Bataillons bewegte.

Mit Geistesgegenwart die Terrainhindernisse benützend, welche ein rasches Anrücken der feindlichen Reiter erschwerten, ließ er die Division de Ligne aus der Flanke in die Front rücken und marschierte unter Trommelschlag dem Feinde kühn entgegen. In angemessener Entfernung sandte er gut unterhaltene Dechargen aus Halb-Compagnien in die feindlichen Reihen und unterstützte den Angriff des gleichzeitig heransprengenden Dragoner-Regimentes Lobkowitz so wirksam, dass sich die Franzosen, trotz ihres tapferen Widerstandes, auch jetzt gezwungen sahen, mit Zurücklassung vieler Todten und Verwundeten das Feld zu räumen.

Die Dragoner verfolgten sie bis unter ihre Batterien; dort aber nöthigte ein mörderisches Kartätschenfeuer den Fürsten Johann Liechtenstein, seine Cavallerie zurückzuziehen.

In dieser rückgängigen Bewegung stieß er auf das Grenadier-Bataillon Wouwermanns, welches die Reiter durch seine geöffneten Rotten durchbrechen ließ, sich augenblicklich wieder schloss und mit heroischem Muthe mit gefälltem Bajonnette der verfolgenden französischen Colonne sich im Sturmschritte entgegenstürzte. Lobkowitz-Dragoner unterstützten den Angriff.

Die französische Colonne wurde durchbrochen und mit enormem Verluste gänzlich über die Trebbia zurückgeworfen.

Wahrlich eine seltene Waffenthat! Die braven Grenadiere von Wouwermanns und das Dragoner-Regiment Lobkowitz vollendeten die feindliche Niederlage im Flussbette der Trebbia selbst. Ihre Tapferkeit bildete um 9 Uhr abends den glänzenden Schluss der dreitägigen Feldschlacht an der Trebbia; denn die andere Colonne war schon früher vom Feldmarschall-Lieutenant Ott bei la Pernica zurückgeschlagen worden.

6000 Todte ließen die Franzosen am Schlachtfelde, 12.000 Gefangene, 7 Kanonen und 8 Fahnen fielen in die Hände der Sieger.

Die unerschütterliche Tapferkeit und seltene Ausdauer des Grenadier-Bataillons Wouwermanns, welche die Grenadier-Divison Clerfayt rühmlichst mit den Divisionen de Ligne Nr. 30 und Beaulieu Nr. 58 theilte, sowie der Heldenmuth und die besondere Umsicht des Hauptmanns l'Olivier des Infanterie-Regimentes Graf Clerfayt Nr. 9, trugen nach dem aus eigenem Antriebe ausgestellten Zeugnisse des qua Divisionärs Generalmajor Fürst Johann Liechtenstein sehr viel zu dem erfochtenen entscheidenden Vortheile dieses Tages bei, an welchem der Feind durch seine oft wiederholten kühnen Angriffe und durch die Entfaltung seiner äußersten Kräfte den Sieg vergebens zu erringen suchte.

Die Gefechts-Relation sagt wörtlich: »dass die Armee allgemein für das Verdienst des Grenadier-Bataillons Wouwermanns spreche. Dasselbe hat unter Anführung des Hauptmanns Olivier von Clerfayt in jenem Augenblicke den glänzendsten Beweis von Tapferkeit gegeben, da es nach Durchlassung der österreichischen, zum Rückzuge genöthigten Cavallerie bloß durch seinen, jede Gefahr überwiegenden Muth, bis auf halben Leib durch die Trebbia watend, dem sich auf dasselbe werfenden Feind entgegenstürmte und ihn zum Weichen brachte«.

Weiters sagt der qua Brigadier Oberst von Hartenstein in dem dem Bataillon ausgestellten Atteste: »Selbst des Feindes Cavallerie musste ihr Schlachtfeld diesen braven

Kriegern überlassen, und ich muss gestehen, dass ich noch nie eine Truppe so muthig, so entschlossen, so bestimmt, rasch, kühn, so ausdauernd und mit so wüthender Freude und Lebhaftigkeit den Feind angreifen, der überall entgegen eilenden Gefahr trotzen und dem augenscheinlichen Verderben entgegengehen — ja mit Kriegerwürde entgegengehen sah.

Alle Individuen des Bataillons bewiesen sich wie Helden, im engsten Verstande genommen, denn so viel ich zu beurtheilen weiß, entschied bloß einzig und allein dieses brave Bataillon das Meiste für den glücklichen Aus- und Fortgang der k. k. Waffen und der schönste und glücklichste der Tage meines Lebens würde jener sein, an welchem ich erblickte, dass diese ruhmwürdige Handlung zur Genugthuung, als auch Aufforderung und Aneiferung dieses so braven Bataillons ausgezeichnet und belohnt würde«.

Der tapfere Hauptmann l'Olivier wurde gleich nach der Schlacht zum Major im Regimente befördert und erhielt das Ritterkreuz des Maria Theresien-Ordens.

L'Olivier de la Trebbia Ludwig Freiherr, Major, zu Ath im Hennegau 1751 geboren, war einer alten Patricierfamilie entsprossen. Er trat 1768 als Fähnrich in das Regiment und wurde 1790 zum Hauptmann ernannt. Seine Handlungen an der Trebbia sind bereits geschildert. Er starb bald darauf am 24. Juni 1802 zu Sanok.

Der Verlust des Bataillons bestand in: Todt: 5 Mann; Verwundet: Oberstlieutenant Wouwermanns, Oberlieutenant Posson und 93 Mann; Vermisst: 4 Mann.

Während die alliierte Armee an der Trebbia siegreich kämpfte, war Feldmarschall-Lieutenant Graf Bellegarde, bei dem wir den Regimentsstab mit dem 1. Bataillon bei Alessandria zurückgelassen, durch das Vorrücken des Generals Moreau aus der genuesischen Riviera gezwungen worden, die Blockade von Tortona aufzuheben und alle seine verfügbaren Truppen da, wo die beiden Straßen von Novi und Tortona zusammentreffen, bei Spinetta und Cantalupo, zu concentrieren.

Auch das 1. Bataillon des Regimentes rückte dahin ab und nur einige Bataillone blieben zur Beobachtung von Allessandria zurück.

Am 19. Juni war bereits ein Theil der feindlichen Armee bis Voghera vorgerückt und am 20. griff die Division Grouchy die österreichischen Vortruppen an und drückte sie bis nach S. Giuliano zurück. **Gefecht bei Spinetta.**

Feldmarschall-Lieutenant Graf Bellegarde rückte zwar der feindlichen Division entgegen und es gelang ihm auch, deren rechten Flügel zurückzuschlagen, als aber um 4 Uhr nachmittags Moreau mit der Reserve von Tortona am Kampfplatze eintraf, musste Bellegarde nach einem heldenmüthigen Widerstande der Übermacht weichen und sich mit einbrechender Nacht hinter die Bormida zurückziehen.

Nach der bezüglichen Gefechts-Relation befehligte Oberst la Marseille in dieser Affaire eine Brigade, in der sich auch das 1. Bataillon des Regimentes befand.

Er unterstützte mit derselben Tags vorher am 19. Juni durch eine Vorrückung von Marengo nach Spinetta die Vereinigung der detachierten Truppen-Abtheilungen des Generalmajors Graf Alcaini mit dem Corps.

In dem Gefechte vom 20. Juni aber führte Oberst la Marseille gleich anfangs einen glänzenden Angriff aus, wobei er ein französisches Bataillon gefangen nahm, so dass er in der Relation unter den Brigadieren genannt wurde, »welche an diesem Tage ihre Brigaden auf das wirksamste und mit ausgezeichneter Tapferkeit angeführt haben«.

Besonders ausgezeichnet hatten sich an diesem Tage vom Regimente:

Der zugetheilte Artillerie-Corporal Nikolaus Messung, welcher bei Spinetta das Feuer der Regiments-Geschütze mit der besten Wirkung gegen den Feind leitete. Beim Vordringen des Feindes vertheidigte er die Kanonen mit der Bedienungsmannschaft gegen die feindliche Infanterie und rettete sie bei dem erfolgenden Rückzuge aus der augenscheinlichsten Gefahr, indem er sie hinter die Bormida in Sicherheit brachte.

Da dieser wackere Unterofficier schon mit der goldenen Tapferkeits-Medaille, die er sich bei seinem Artillerie-Regimente verdient hatte, decoriert war, so erbat er sich statt der ihm zugedachten Gratification die künftige Beförderung.

Der Gemeine Gregor Hofwirth sah in dem Gefechte bei Spinetta, wie einige Franzosen den Hauptmann Desomain gefangen nahmen. Er gieng mit gefälltem Bajonnette auf diese Feinde los, schoss einen nieder und überwältigte die anderen mit dem Bajonnette, so dass ihm die Befreiung des Hauptmanns gelang. Er erhielt hiefür die silberne Tapferkeits-Medaille.

Der Verlust des Bataillons an diesem Tage war sehr bedeutend. Es blieben:

Todt: Lieutenant de la Marseille und 32 Mann. Verwundet: Oberlieutenant Graf Orlandini und 31 Mann. Gefangen: Hauptmann Lesergeant, Strauch; Oberlieutenant Delaroi, Graf Orlandini, de Souremoustier; Lieutenant Peterle, Malus, Furmel und 297 Mann.

Das Gefecht war zwar verloren, aber Bellegarde hielt die Armee Moreaus doch von jeder anderen Unternehmung ab. Volle 14 Tage blieb sie unthätig, bis die alliierte Armee nahte.

Diese war am 23. Juni, nachdem sie die Niederlage Macdonalds vollendet, von Fiorenzuola aufgebrochen, bezog am 25. Juni abends das Lager bei Castel nuovo di Scrivia und nahm die Einschließung der Citadelle von Tortona wieder auf.

Moreau zog sich nun über Novi und die Bocchetta in die genuesische Riviera zurück.

Während die Hauptarmee am 27. Juni das Lager unweit Spinetta an der Orba bezog, marschierte das 1. Bataillon des Regimentes mit dem Generalmajor Vukassowich nach Turin, woselbst es in die Division des Feldmarschall-Lieutenants Kaim eingetheilt wurde und in der Umgebung cantonierte.

Das Grenadier-Bataillon Wouwermanns kam zum Belagerungs-Corps von Allessandria, wo es bis 21. Juli, an welchem Tage die Citadelle capitulierte, verwendet wurde, um dann zum Belagerungscorps der Citadelle von Tortona abzurücken.

Nach dem Falle der Citadelle marschierte das Bataillon am 11. September abends in das Lager bei Bra zwischen der Stura und dem Tanaro und wurde in die Division Zoph, Brigade Lattermann, eingetheilt.

Hier concentrierte sich nun die österreichische Armee, nachdem die Russen in die Schweiz aufgebrochen waren. General der Cavallerie Melas führte den Oberbefehl. Das 1. Bataillon des Regimentes war während dieser Vorgänge seit Ende Juni in der Division Kaim bei Turin gestanden und bestand mit derselben am 16. September das Gefecht bei Rivoli.

Gefecht bei Rivoli.

An diesem Tage griff der Feind mit 6000 Mann in 4 Abtheilungen die österreichische Vorpostenkette vor Rivoli an. Sobald Feldmarschall-Lieutenant Kaim hievon benachrichtigt wurde, setzte er sich mit einigen Infanterie-Bataillonen, worunter das von Clerfayt, 1 Escadron und 6 Kanonen auf der Straße von Turin nach Rivoli in Marsch, während das

Regiment Gyulai die Vorposten verstärkte. Um 5 Uhr nachmittags geschah der Angriff auf die Franzosen und das zweistündige Gefecht, in welchem das 1. Bataillon keinen Verlust erlitt, endigte mit dem Rückzuge des Feindes in die Gebirge.

Hierauf wurde der Regimentsstab mit dem 1. Bataillon nach Susa detachiert, wo Oberst de la Marseille am 26. September zum Generalmajor avancierte.

Anfangs October marschierte das 1. Bataillon nach Turin, woselbst es mit einem dienstbaren Stande von 571 Köpfen einrückte. Daselbst wurde aus diesem und dem 1. Bataillon der übrigen vier niederländischen Infanterie-Regimenter das Erzherzog Josef-Infanterie-Regiment Nr. 55 errichtet, worauf der Stab des vacanten Infanterie-Regimentes Nr. 9 mit allen Officieren, welche nicht ihre Eintheilung bei Erzherzog Josef erhielten, nach Deutschland abgieng und nur die Grenadier-Division in Italien zurückblieb.

Wir müssen uns nun zu jenen 2 Bataillonen wenden, die wir Ende 1798 in Josefstadt verließen. Deren Completierung war bis Jänner 1799 insoweit bewirkt, dass sie zusammen 1427 Köpfe formierten.

Das 2. Bataillon, unter Commando des Majors Rosenhain, war am 10. Februar von Josefstadt aufgebrochen und marschierte über Prag, Pilsen, Waldmünster nach Retz, wo es am 7. März eintraf, da die schlechte Witterung seinen Marsch verzögert hatte. Hier erhielt es die Bestimmung in die Festung Ingolstadt und rückte daselbst am 16. März ein.

Am 3. Juni wurde es in die Festung Ulm beordert, während das 3. Bataillon unter Oberstlieutenant Baron Spangen an diesem Tage in Ingolstadt eintraf, wohin es am 15. Mai aufgebrochen war.

Im October übernahm Oberstlieutenant Baron Spangen das Regiments-Commando, avancierte jedoch erst am 25. December zum Obersten.

Nun wurde das Regiment durch galizische Rekruten ergänzt und die Bataillone erhielten die entsprechenden Nummern.

Die Lage des Regimentes in Deutschland blieb in diesem Jahre unverändert; es nahm in seinen Garnisonen an keinen Operationen theil, und es bleiben uns daher nur die Schicksale der Grenadier-Division in Italien zu verfolgen übrig, wo

General der Cavallerie Melas die Operationen mit günstigem Erfolge fortsetzte.

Hier traten wesentliche Änderungen ein. Es wurde bestimmt, dass die Österreicher in Italien und Deutschland allein und ebenso die Russen in der Schweiz allein kämpfen sollten. Französischerseits übernahm Championnet die Führung des Heeres in Italien. Auch er ward bei Savigliano und Fossano geschlagen.

Gefecht bei Savigliano.

Die Grenadiere nahmen an diesem Gefechte am 4. und 5. November, und zwar in der zweiten Colonne unter Feldzeugmeister Kray theil, welcher um 11 Uhr vormittags gleich der 1. Colonne aus dem Lager bei Bra aufgebrochen war und auf den Höhen von Fossano auf den Feind stieß. Er gieng sogleich zum Angriffe in zwei Abtheilungen über, welche mit einem lebhaften Musketenfeuer aus den Gebüschen und mit Kartätschen von den Höhen empfangen wurden. Aber dem wohl angebrachten Feuer der eigenen Artillerie und dem tapferen Angriffe der Bataillone konnten die Franzosen nicht widerstehen. Sie wurden in ihrer ganzen Stellung erschüttert und gezwungen, sich mit Einbruch der Nacht nach Fossano zurückzuziehen, welches sie um Mitternacht ebenfalls räumten.

Der Verlust der eigenen Grenadier-Division an diesem Tage bestand in 1 Todten.

Am 1. November marschierte das Grenadier-Bataillon mit Generalmajor Lattermann aus dem Lager an der Stura zur Unterstützung des Feldzeugmeisters Kray gegen Turin nach Raconigo. Der Übergang des Generals der Cavallerie Baron Melas auf das linke Ufer der Stura hatte am 4. November die Schlacht bei Genola herbeigeführt, welche zum Nachtheile der Franzosen endete. Melas wollte den möglichsten Vortheil aus diesem Siege ziehen und ordnete daher eine allgemeine Verfolgung des Feindes an, wobei der Brigade Lattermann, welche als detachiert an der Schlacht keinen Antheil genommen hatte, die Aufgabe zufiel, über Bosco und Dronero ins Mairathal zu dringen und die etwaige Vereinigung des Generals Duchesne durch das Vraitathal zu hindern.

Gefecht bei Dronero.

Bei dieser Gelegenheit fand das Grenadier-Bataillon, welches der von seiner Wunde hergestellte Oberstlieutenant Wouwermanns nun wieder selbst commandierte, erneuert Gelegenheit zur Auszeichnung.

Generalmajor Lattermann war nämlich am 6. November über Bosco vorgedrungen und schlug den Feind bei Dronero.

Da suchte eine französische Colonne den Kaiserlichen in die rechte Flanke zu fallen, wurde aber von dem Oberstlieutenant Wouwermanns so herzhaft empfangen, dass sie den Kampfplatz räumen musste.

Der Verlust der eigenen Grenadier-Division bestand in 1 Todten.

Gefecht bei Mondovi. Ebenso enschlossen benahm sich dieses Grenadier-Bataillon am 13. November bei Mondovi, wo die österreichischen Truppen nach Überschreitung des Ellero die Vorstädte dieser Stadt erstürmten, wodurch der Feind gezwungen wurde, in der folgenden Nacht die Citadelle zu räumen.

Die Grenadier-Division Clerfayt hatte hiebei die Avantgarde der rechts gegen Mondovi vorgedrungenen Angriffs-Colonne gebildet. Diese bestand aus den beiden Grenadier-Bataillonen Wouwermanns und Soudains und bemächtigte sich des zur oberen Stadt und zur Citadelle führenden Thores, trotz des heftigsten Kanonenfeuers mit Sturm, woselbst sich die wackeren Grenadiere, ungeachtet sie mit Bomben und Granaten beworfen wurden, mit aller Entschlossenheit behaupteten.

Oberstlieutenant Wouwermanns mit seinem Bataillon wurde deshalb in der Gefechts-Relation besonders belobt.

Nach der Einnahme von Mondovi stand die Grenadier-Brigade Lattermann in Ceve und später bei delle Torette, und als Melas, nach der am 4. December stattgefundenen Einnahme von Cuneo und nachdem die französische Armee ganz nach Genua zurückgedrängt worden war, die Hauptarmee am 8. December enge Cantonierungen beziehen ließ, kam das Grenadier-Bataillon Wouwermanns nach Turin.

1800. In Deutschland übernahm an Stelle des erkrankten Erzherzogs Carl General Kray das Commando der Armee. Ihm gegenüber stand Moreau.

Der Regimentsstab mit dem 1. Bataillon wurde im März von Ulm auf die Erdzunge zwischen dem Zeller und Überlinger See verlegt und bezog die Vorposten bei Petershausen. Seine Eintheilung war in der Division Kolowrat, Brigade Gavasini.

Im April übernahm Kolowrat das Commando über das Reservecorps und das 1. Bataillon kam sonach unter die Befehle des Feldmarschall-Lieutenants Prinz Josef von Lothringen zu Singen, wohin sich auch das 2. Bataillon von Ingolstadt in Marsch setzte.

Mittlerweile rückten die feindlichen Heere, welche am 25. April bei Kehl und Breisach den Rhein überschritten, immer näher und bedrohten schon ernstlich die österreichische Stellung.

Am 30. April drängten die Franzosen die Vorposten des Prinzen Josef von Lothringen mit Übermacht in die Position von Stockach zurück, wo sie unter dem General le Courbe den Prinzen am 3. Mai zur selben Zeit angriffen, als die Hauptarmee die Schlacht bei Engen schlug. Treffen bei Stockach.

Vergebens suchte der Prinz des Feindes Vordringen zu hemmen. Das 1. Bataillon Clerfayt stand auf dem linken Flügel bei Wahlwies, welcher von der Division Vandamme angegriffen wurde.

Die Vortruppen hatten die feindliche Übermacht von früh 7 Uhr bis mittag aufgehalten, dann wichen sie gegen Stockach zurück, wo sich der Kampf erneuerte.

Lange wurde das Vordringen der Franzosen auf den Höhen bei Wahlwies gehemmt, doch gelang es endlich ihren wiederholten Angriffen, den linken Flügel zu erschüttern und Vandamme bedrohte die Stellung im Rücken.

Generalmajor Gavasini, der den linken Flügel commandierte, wurde hiedurch von Stockach getrennt und schlug den Weg nach Überlingen ein.

Prinz Lothringen führte den anderen Theil seiner Truppen, nachdem die Stellung bei Stockach unhaltbar geworden, über Möskirch zurück.

Der Verlust des 1. Bataillons in diesem Treffen bestand in 7 Todten, 26 Verwundeten, worunter der Fähnrich Durst, und 8 Gefangenen.

Durch diesen Unfall war auch die Hauptarmee veranlasst worden, sich nach der Schlacht bei Engen, am 4. Mai nach Möskirch zurückzuziehen, woselbst das Grenadier-Bataillon Wouwermanns aus Italien zum Heere einrückte, in die Brigade Spannochi des Reserve-Corps eingetheilt wurde und gleich am folgenden Tage an der Schlacht bei Möskirch theilnahm.

Über die specielle Verwendung des Grenadier-Bataillons in dieser Schlacht ist zwar nichts ersichtlich, doch dass es ins Feuer kam, ist aus der Verlust-Eingabe erwiesen, nach welcher es einen Verlust von 25 Todten und 57 Verwundeten erlitt. Schlacht bei Möskirch.

Unter den Todten befand sich Hauptmann Decouvreur der Division Clerfayt.

Die schwache Brigade Gavasini, die an dem ungünstigen Schicksale des Tages nicht theilgenommen hatte, indem sie Pfullendorf besetzt hielt, gieng nach der Schlacht über Mengen nach Plochingen zurück.

Noch in der Nacht und mit dem frühesten Morgen des 6. Mai setzte sich die Hauptarmee nach Sigmaringen in Marsch; am folgenden Tage führte sie Kray nach Langen-Enslingen und von da nach Biberach. In diesen Tagen war auch das 2. Bataillon des Regimentes zur Armee gestoßen und gleichfalls zur Brigade Gavasini eingetheilt worden.

Treffen bei Biberach.

Nach dem Treffen bei Biberach am 9. Mai, in welchem dem Regimente keine besondere Aufgabe zugewiesen war und in dem es nur 2 Todte und 7 Verwundete einbüßte, marschierte die Armee nach Memmingen und am 11. Mai in die Stellung bei Ulm, wo das Regiment abwechselnd zum Vorpostendienste verwendet wurde, bis es anfangs Juni als Besatzung in die Festung Ulm kam.

Gefecht an der Iller.

Das Grenadier-Bataillon Wouwermanns wohnte noch am 5. Juni dem Gefechte an der Iller bei, wo Feldzeugmeister Kray den linken Flügel Moreaus angriff.

Es war in der Reserve eingetheilt und an die 2. Hauptcolonne des Prinzen Carl von Lothringen gewiesen, welche bis Schwendi und Guggenlaub vorrückte und sich mit einbrechender Dämmerung gegen Ulm zurückzog, ohne etwas Wesentliches gegen den Feind unternommen zu haben.

Am 22. Juni verließ Kray mit der Hauptarmee die Gegend von Ulm, dessen Besatzung er auf 10.000 Mann verstärkt hatte, und zog sich gegen Nördlingen zurück.

Vertheidigung von Ulm.

Die Festung Ulm, welche der Feldmarschall-Lieutenant Baron Petrasch commandierte, blieb nun der Tapferkeit ihrer Besatzung überlassen. Noch am 22. wurde das bei Thalfingen zur Vermittelung der Communication mit dem Corps des Erzherzogs Ferdinand aufgestellte 2. Bataillon des Regimentes in die Festung gezogen und schon an demselben Tage nachmittags 4 Uhr rückte der Feind, meistens mit Cavallerie, so rasch vor, dass sich die Vorposten bis unter die Kanonen der Festung zurückziehen mussten.

Nach einigen Kanonenschüssen von den Werken zog sich der Feind zwar nach Pfuhl zurück, setzte aber die Blockade Ulms sofort ins Werk.

Bis zum 15. Juli commandierte der französische General Richepanse das Blockade-Corps, an welchem Tage die Nachricht eines zwischen beiden Armeen zu Parsdorf abgeschlossenen Waffenstillstandes in Ulm eintraf, jedoch erst am 22. die officielle Bestätigung erhielt. Am 28. August wurde der Waffenstillstand gekündigt und Ulm geräumt.

Infolge dessen begann der Abmarsch der k. k. Truppen aus Ulm am 4. October und am 6. October war die Festung übergeben.

Das Regiment marschierte mit dem Generalmajor Gavasini nach Eger, wo es in die Division Feldmarschall-Lieutenant Fürst Schwarzenberg eingetheilt wurde.

Das Grenadier-Bataillon Wouwermanns, welches seit dem Abmarsche der Hauptarmee von Ulm dieser fortwährend gefolgt war, als sie sich hinter die Isar und den Inn zurückzog, wurde nach Schärding verlegt.

Am 8. September hatte Erzherzog Johann das Ober-Commando über die Armee in Deutschland übernommen und am 13. November wurde ihm der Waffenstillstand gekündigt, wodurch der Anfang der Feindseligkeiten auf den 28. November festgesetzt ward.

Schon anfangs November hatte das Regiment seine Cantonierungsstation Eger mit Strakonitz gewechselt und als Erzherzog Johann in der Zeit vom 21. bis 25. November seine Truppen concentrierte, rückte es an das linke Innufer zwischen Passau und Fürstenzell ab, während sich die Grenadiere im Reserve-Corps am rechten Innufer bei Schärding sammelten.

Am 26. November rückte die Armee vor und zwar der rechte Flügel, zu welchem das Regiment gehörte, nach Prombach, das Centrum sammt dem Reserve-Corps nach Anzenkirchen.

Am folgenden Tage sollte die Armee in der Linie zwischen Elkofen und Gerersdorf aufmarschieren und den 28. nach Landshut vorrücken; allein der Eintritt höchst ungünstiger Witterung machte dies unausführbar. Es trat Thauwetter und anhaltender Regen ein, was schon den ersten Marsch verzögerte, den zweiten aber so sehr verspätete, dass abends um 8 Uhr noch keine Truppe an Ort und Stelle war. Der Erzherzog widerrief nothgedrungen die Vorrückung gegen Landshut und befahl den Truppen-Commandanten, ihre Mannschaft zu sammeln und sie durch Zelte, Stroh und Benützung der Waldungen zu schützen.

Am 28. bezogen die Truppen die angewiesenen Plätze und zwar das Regiment Clerfayt bei Gerersdorf, die Grenadiere in Massing. Doch schon am 26. folgte es dem Feldmarschall-Lieutenant Kienmayer nach Vilsbiburg, während das Reserve-Corps von Massing nach Neumarkt vorgezogen wurde.

Am 30. November setzte sich alles gegen Ampfing in Marsch, wo die Spitze der Colonne in demselben Augenblicke eintraf, als Ney mit 7 Halbbrigaden im Anzuge dahin begriffen war; beim Anblicke der Österreicher kehrte er um.

Da der Erzherzog den Feind schon in dieser Gegend fand, beschloss er, ihn den folgenden Tag anzugreifen, wozu den beiden Corps, in welchen sich das Regiment und die Grenadiere befanden, folgende Aufgabe zufiel.

Das Corps de reserve hatte in der Ebene von Ampfing aufzumarschieren, theils zur Unterstützung, theils zum Rückhalt für den Fall des Misslingens.

Feldmarschall-Lieutenant Kienmayer erhielt Befehl, am 1. December in dem Vilsthale gegen Erding vorzugehen und am 2. sich bei Hohenlinden mit dem Heere zu vereinigen.

Am 1. December erfolgte das siegreiche Treffen bei Ampfing, in welchem die beiden Divisionen Risch und Baillet allein die Franzosen zum Rückzuge gegen Haag zwangen. Von der Reserve kamen nur 4 Grenadier-Bataillone ins Gefecht.

Schlacht bei Hohenlinden.

Am 2. December lagerte das Heer bei Haag, das Corps Kienmayer zwischen Langdorf und Kopfsburg. Am folgenden Tage sollte es Anzing erreichen, wo die Wiedervereinigung mit Kienmayer bewirkt werden sollte, stieß aber auf dem Vormarsche dahin bei Hohenlinden auf die ganze Macht Moreaus.

Das Regiment war bei der beabsichtigten Vorrückung gegen Anzing in der 1. oder rechten Flügel-Colonne des Feldmarschall-Lieutenants Kienmayer, das Grenadier-Bataillon Wouwermanns in der 3. oder Straßen-Colonne des Feldmarschall-Lieutenants Kolowrat eingetheilt.

Um 5 Uhr früh wurde das Lager bei Haag abgebrochen, während Kienmayer schon eine Stunde früher über Riedbach und Isen gegen Buch abmarschiert war.

Die 3. Colonne rückte auf der Hauptstraße gerade gegen Hohenlinden vor.

Feldmarschall-Lieutenant Fürst Carl Schwarzenberg, der Divisionär des Regimentes, hatte vom Feldmarschall-Lieutenant Kienmayer den Befehl erhalten, über Isen gegen Hohenlinden vorzudringen und dort die Vereinigung mit der Armee zu bewirken.

Er detachierte eine Brigade gegen Pietlbach, welche den Feind mit leichter Mühe vertrieb und gegen Buch vorrückte, während er selbst gegen Isen marschierte, das durch das 2. Bataillon des Regimentes und 1 Escadron Mészáros-Husaren vom Feinde gereinigt wurde.

Dieses Bataillon verfolgte hierauf sammt den Husaren den Feind bis Buch, wo es sich an die Division des Erzherzogs Ferdinand in demselben Augenblicke anschloss, als diese vor dem Walde bei Buch im Aufmarsche begriffen war.

Bei dem hierauf erfolgenden Angriffe des Feindes mit Massen wurde das 2. Bataillon sogleich auf den am meisten bedrängten rechten Flügel beordert und wirkte mit besonderer Tapferkeit mit, den feindlichen Angriff abzuschlagen.

Indessen hatte Fürst Schwarzenberg den Isenbach übersetzt und nahm seinen Marsch auf Loipfingen, wo er ein Bataillon und 2 Escadronen der 2. Colonne des Feldmarschall-Lieutenants Baillet im Gefechte begriffen fand.

Er formierte sich sogleich in 2 Treffen, jedes zu 2 Bataillonen, das 1. Bataillon Clerfayt und eines von Gemmingen im ersten Treffen, und so wurde mit klingendem Spiele die Höhe von Wetting erreicht, worauf das 1. Bataillon des Regimentes den dortigen Wald erstürmte und den Feind vertrieb, bei welcher Gelegenheit es 50 Gefangene machte.

Schon hatte sich Schwarzenberg der Dörfer Kronacker, Forstern und Wetting bemächtigt und sich auch in dieser Stellung gegen die wiederholten Angriffe des Feindes unerschütterlich behauptet, als die ungünstige Wendung des Gefechtes bei Mattenbet im Centrum das Schicksal der Schlacht zum Nachtheile unserer Waffen entschied.

Wie schon früher gesagt, war die 3. Colonne des Feldmarschall-Lieutenants Kolowrat mit den Grenadieren auf der Straße gegen Hohenlinden vorgerückt und erreichte um 7 Uhr früh den Punkt, wo der Weg von Schützen die Straße durchschneidet. Seine Avantgarde-Brigade griff sofort den Feind bei Kreut und Birbach an und die halbe Grenadier-Brigade Spanochi folgte als Unterstützung, den Feind durch eine Umgehung zum Rückzuge zwingend.

Das Gefecht wurde nun in der Strecke von Kreut bis Kronacker bis 12 Uhr mittags ohne Entscheidung fortgesetzt.

Da ward plötzlich die 3. Colonne in ihrer Aufstellung am Kreuzwege im Rücken durch eine französische Brigade angegriffen. Ein Bataillon bayerischer Infanterie wurde zwar sogleich auf der Straße gegen Mattenbet zurückgeschickt, erhielt aber eine unerwartete Decharge, verlor die Besinnung und warf sich in den Wald. Auch das 2. bayerische Bataillon konnte nichts Wesentliches leisten.

Noch stand Kolowrat mit dem Reste seiner Colonne am Kreuzwege und seine verstärkte Avantgarde-Brigade focht am Waldrande, als die Colonnen der Generale Ney und Grouchy von beiden Seiten der Straße gegen sie vordrangen.

Umzingelt von allen Seiten, konnten die Bataillone ihren Standpunkt nun nicht länger halten. Mann gegen Mann fechtend, begann ein ungleicher Kampf, der mit der Zersprengung der 3. Colonne endete.

Die Division Fürst Schwarzenberg erhielt gegen Abend die Nachricht von diesem großen Unfalle und musste sich nun ebenfalls über Isen nach Dorfen zurückziehen, wobei die Brigade Gavasini die Arrièregarde bildete.

Dieser Rückzug geschah in der vollkommensten Ordnung.

Das 2. Bataillon, welches im Verlaufe der Schlacht zur Division Erzherzog Ferdinand gekommen war, langte erst am 4. December zu Dorfen an.

Das Regiment hatte auch an diesem verhängnisvollen Tage seinen alten Ruhm, seine Tapferkeit bewährt. Oberst Baron Spangen war als aneiferndes Beispiel stets an seiner Spitze. Die alten Wallonen und die neueingereihten Polen fochten, einander überbietend an Muth und Ausdauer, so dass man ihnen und namentlich dem Obersten das gerechte Lob in der Relation nicht versagen konnte. Aber auch der Verlust, den das Regiment an diesem Tage erlitten, war ein sehr großer.

Beide Bataillone waren nach einem Standesausweise vom 3. December morgens 971, das Grenadier-Bataillon Wouwermanns bei 600 Mann stark, und von diesem kleinen Stande blieben:

Beim Grenadier-Bataillon: Todt: Oberlieutenant Colignon und 25 Mann. Verwundet: Lieutenant Furmel, Montfleury und 5 Mann. Vermisst: Hauptmann Precht, Nicol; Oberlieutenant Duchesne; Lieutenant Reul, Pirquet und 155 Mann.

Beim Regimente: Todt 12 Mann. Verwundet 27 Mann. Vermisst: Fähnrich Schönfeld und 132 Mann.

Gleich nach der Schlacht wurden die Wallonen-Regimenter, ihres sehr herabgekommenen Standes wegen, auf ein Bataillon herabgesetzt und das aus dem Regimente formierte Bataillon in die Festung Braunau als Besatzung verlegt, während der Regimentsstab mit den Chargen des 2. Bataillons zur Completierung nach Böhmen abgieng.

Erzherzog Johann hatte sich nach der Schlacht bei Hohenlinden hinter den Inn zurückgezogen und die Grenadiere folgten ihm in das Lager bei Hohenwart.

Die Grenadier-Bataillone waren in ihrem Stande ebenfalls so herabgekommen, dass die Reste der Division Clerfayt, welche noch bei der Armee geblieben waren, mit den übrigen 2 Divisionen des Bataillons und den Grenadier-Bataillonen de Ligne und Schulz nur 1 Bataillon bildeten.

Dieses aus 9 Regimentern combinierte Bataillon folgte der Armee, die sich hinter die Traun und die Enns zurückzog und am 25. December bei Mölk anlangte.

An diesem Tage kam ein einmonatlicher Waffenstillstand zu Stande.

REVISIONS-TABELLE

DES VAC. CLERFAYT'SCHEN REGIMENTES, ZWEI FELD-BATAILLONE UND EINE GRENADIER-DIVISION.

Regiments-Inhaber: vacat.

Obrist und Regiments-Commandant: Carl Freiherr von Spangen.

Obristlieutenant: Franz von Wouwermanns.

Majors: Ludwig L'Olivier, Pierre de Sommere.

Regiments-Caplan: Franz Ludwig Arweiler.

Regiments-Auditor: Dominik Vanatty.

Rechnungsführer: Martin Jawurek.

Regiments-Adjutant: Melchior Damer, Josef Kehl.

Regiments-Arzt: Andreas Schilling.

Bataillons-Arzt: Albert Roalles, Ignaz Hofrichter, Joh. Plenk.

Unter-Ärzte: Bart. Brunn, Stef. Storch, Anton Schaps, Fried. Metsch, Konnbrust, Anton Heitz, Ludwig Rudmüller, Fr. Wrabetz, Joh. Hürbe, Joh. Hötinger, Ant. Sollig, Xav. Kratochwill.

Supernumeräre: Oberstlieutenant Gustav Ludwig Rosenheim. Major Franz Ernst von Koller.

1. Grenadier-Comp. zu Alessandria seit 15. Februar 1800: Hauptmann Pouvreux. Oberlieutenant Duchesnes. Unterlieutenant Furmel.

2. Grenadier-Comp. zu Allessandria: Hauptmann Porty. Oberlieutenant Wouwermanns. Unterlieutenant Louis Furmel.

Leib-Comp. erscheinen keine Officiere ausgewiesen.

Oberstens-Comp. zu Ingolstadt: Capitain Kendy. Oberlieutenant Schlim. Unterlieutenant Zaplethal. Fähnrich Kaim.

Oberstlieutenants-Comp. zu Ingolstadt: Capitain Baillou. Oberlieutenant Anters und Lanz. Unterlieutenant Louis Dubois.

1. Major-Comp. erscheinen keine Officiere ausgewiesen.

2. Major-Comp.: modo 1. Majors-Comp. zu Ulm. Capitain Schutner. Oberlieutenant Knail. Unterlieutenant Mesureur. Fähnrich Savaris.

2. Major-ante Hauptmann Resch-Comp. zu Ingolstadt: Capitain Rentrop. Oberlieutenant Roze et Prince. Unterlieutenant Weigenegerea, Nexriner. Fähnrich Mosung.

Hauptmann Strauch-Comp. erscheinen keine Officiere.

Hauptmann Mesureure-Comp. zu Ingolstadt: Oberlieutenant Langnett und La Croix. Unterlieutenant Zeneg. Fähnrich Mesureur.

Hauptmann Gneth-Comp. zu Ingolstadt: Oberlieutenant Nilro. Unterlieutenant Romen und Tijntij. Fähnrich Serret.

Hauptmann Lesergeant-Comp. erscheinen keine Officiere.

Hauptmann Lahrbusch-Comp. zu Ulm: Oberlieutenant Schuster. Unterlieutenant Nillis. Fähnrich Bath. Dubois.

3. Majors ante Scheible modo Resch in Ingolstadt: Hauptmann Resch. Capitaine Hohenstager. Oberlieutenant Braun. Unterlieutenant Strahl. Fähnrich Debette und Fleschner.

Hauptmann Billek-Comp. erscheint ohne Officiere.

Hauptmann Chapuis-Comp. in Ulm: Oberlieutenant Cordier. Unterlieutenant Lünden. Fähnrich Presignie.

Hauptmann Daimovich-Comp. in Ingolstadt: Hauptmann Lesergeant. Capitain Orlandini. Oberlieutenant Wlatkovicz. Unterlieutenant Milanes et Wouwermanns. Fänrich Hohenstager.

Hauptmann Menersdorff-Comp. erscheint ohne Officiere.

Hauptmann Paller-Comp. in Ulm: Oberlieutenant Beauregard. Unterlieutenant Dugnillon. Fähnrich Durst.

2. Obristlieutentenants modo Sermetz-Comp. in Ingolstadt: Capitain Ernst. Oberlieutenant Sous Lemoustier, Anzelone. Unterlieutenant Galler. Fähnrich Duchesnes.

Abrichtungs-Depôt seit 19. Februar 1800 zu Josefstadt: Oberlieutenant Hermes. Unterlieutenant Deller. Fähnrich Neudouchelle.

Der complete Stand 2299 Mann, darunter 19 Artillerie-Handlanger. Der Übergang auf den vorgeschriebenen Stand beläuft sich auf 2805, unter den Abgängigen sind 609 als gestorben, 233 Deserteure, 296 Mann als in Kriegsgefangenschaft nachgewiesen. Im Präsenzstande dienten 128 Ausländer, 205 Inländer und 1966 Mann Galizier. Verheiratet waren 11 Officiere und 164 Mann — Officierskinder 14, Mannschaftskinder 188.

Die Revision wurde am 20. Jänner zu Ingolstadt, den 23. Jänner zu Ulm, den 15. Februar zu Alessandria und den

19. Februar zu Josefstadt vorgenommen. Die Revisions-Tabelle ist zu Josefstadt den 29. Juli 1800 verfasst und vom Feldkriegs-Commissär Mayer und Hauptmann Rentrop gefertigt.

Gegen Ende Jänner 1801 wurde der Waffenstillstand auf einen Monat verlängert, bis den Kampf am 9. Februar 1801 der Friede von Luneville beschloss, in welchem die schon im Tractate von Campo formio festgesetzte Trennung der Niederlande von Österreich gegen anderweitige Entschädigung neuerdings bestätigt wurde. 1801.

Nach langem blutigen Streite bezogen die Truppen die Friedensgarnisonen.

Noch am 25. December 1800 hatte die Garnison Braunaus die Weisung erhalten, diesen Platz am 6. Jänner 1801 zu räumen und das 1. Bataillon des Regimentes marschierte nun in den dem Regimente neu zugewiesenen Werbbezirk nach Ost-Galizien ab, woselbst der Stab nach Przemysl verlegt wurde.

Daselbst wurde das Regiment auf 3 Bataillone ergänzt und nachdem die Auflösung der Grenadier-Bataillone im österreichischen Heere abermals erfolgte, rückte auch die Grenadier-Division zum Regimente ein.

II. THEIL.

1802—1893.

VI. PERIODE.

VON DER UMWANDLUNG DES REGIMENTES IN EIN GALIZISCHES BIS ZUM ZWEITEN PARISER FRIEDEN.

Am 1. Jänner 1802 wurde die Inhabersstelle des nunmehr galizischen Regimentes besetzt und dasselbe dem Feldmarschall Adam Fürst Czartoryski-Sangusco verliehen. 1802.

Adam Kasimir Fürst Czartoryski auf Klewan und Żukow, k. k. Feldmarschall, Ritter des goldenen Vließes, war am 1. December 1734 zu Danzig, während der Belagerung dieser Stadt durch den General Münich, geboren. Durch Geburt, Reichthum und bedeutende Kenntnisse war er zu einer wichtigen Rolle in den Ereignissen seines Vaterlandes berufen. Da seine Bemühungen nach dem polnischen Throne fruchtlos blieben, lebte er theils in Wien, theils auf seinen Gütern, zurückgezogen von allen politischen Geschäften. Im Jahre 1812 ernannte ihn Napoleon zum Marschall. Vom Jahre 1815 lebte Czartoryski in Sieniawa. Czartoryski hatte die vorzüglichsten Institute Europas bereist und eine segensvolle Liebe für die Wissenschaft und ihre Vertreter in seinem Herzen bewahrt. Als er Warschau zu seinem Aufenthalt gewählt, öffnete er seinen Salon allen, die sich durch Wissenschaft und Künste auszeichneten. So wurde sein Haus zu einer Schule der feinen Sitte und des veredelten Geschmackes für den jungen polnischen Adel. In seiner Großmuth für die Gelehrten und Schriftsteller ließ er die besten Werke auf seine Kosten drucken. Durch sein ganzes Leben stand er im innigen Verkehre mit den hervorragenden Vertretern des Geistes und der Wissenschaft. Er schrieb Lustspiele. Im Jahre 1812 verfasste er einen »sittlichen Katechismus für die Zöglinge des Cadetten-Institutes«, Erklärung verschiedener geselliger Tugenden, und Vorschriften der inneren Disciplin. Er war niemals Soldat, doch hatte ihn Kaiser Joseph II. 1782 zum Feldmarschall-Lieutenant ernannt. Im Jahre 1805 erfolgte seine Ernennung zum Feldzeugmeister, später — unbekannt — zum Feldmarschall und Ritter des goldenen Vließes. Auch verlieh ihm Kaiser Joseph II. das Commando einer Garde-Compagnie, welche in Galizien aus dem Landes-Adel zur Errichtung gelangte. Im Jahre 1802 zum Inhaber des Infanterie-Regimentes Nr. 9 ernannt, hat er in hervorragender Weise für das Regiment gesorgt. Er war nicht nur Inhaber, sondern ein Patriarch für die Officiere und deren Familien. Er spendete bedeutende Summen zur Förderung des Wohles eines jeden Einzelnen und widmete im Jahre 1808 den Betrag von 10.000 fl. C.-M. zur Errichtung einer Militärschule in Pest. Während der Garnisonierung des Regimentes in Jaroslau nahm er wiederholt Gelegenheit, das Officier-Corps auf sein Schloss Sieniawa zu ziehen. Als im November 1820 das Regiment in Jaroslau den Marschbefehl nach Italien erhielt, verursachte der 86jährige Feldmarschall dem Regiments-Commandanten einige Schwierigkeiten, da er sein Regiment nicht ziehen lassen wollte. Er starb am 20. März 1823, 89 Jahre alt, in Sieniawa.

Die lebenslängliche Dienstzeit ward aufgehoben und eine 16jährige Capitulation bei der Infanterie eingeführt.

1803. Die Regiments-Adjutanten, welche bis nun zum Mannschaftsstande zählten, erhielten in diesem Jahre den Fähnrichsrang. Auch wurde der Kauf der Officiers-Chargen, wegen der großen Anzahl supernumerärer Officiere bei dem sistierten Avancement gestattet.

MUSTER-TABELLE

DES CZARTORYSKI'SCHEN INFANTERIE-REGIMENTS — DREI FELD-BATAILLONE UND EINE GRENADIER-DIVISION*).

Oberst und Regiments-Inhaber: Adam Fürst Czartoryski.

Oberst- und Regiments-Commandant: Carl Freiherr von Spangen.

Oberstlieutenant: Franz von Wouwermanns.

Majore: 1. Peter de Sommere. 2. August von Steigentesch.

Regiments-Caplan: Ludwig Arweiler, Weltpriester.

Regiments-Auditor: Dominik Vanatty.

Rechnungsführer: Martin Jawurek.

Regiments-Adjutant: Melchior Damer.

Feldarzt: Andreas Schilling.

Ordin. Cadetten: Joseph de Lottore, Johann Fabian, Joh. Baron Söldenhoffen.

Supernumerär: Oberstlieutenant Gustav Lud. Moriz v. Rosenheim.

1. Grenadier-Comp. seit 4. August 1803 zu Przemysl: Hauptmann Franz Greth. Oberlieutenant Franz Duchesnes. Unterlieutenant Fortune und Wouwermanns. Oberarzt Jos. Morens.

2. Grenadier-Comp. zu Przemysl: Hauptmann Fried. Porty. Oberlieutenant Fr. Lens. Unterlieutenant Lud. Furmel, beurlaubt. Unterarzt Joh. Stoiber.

Leib-Comp. zu Przemysl: Hauptmann Carl Wouwermanns. Oberlieutenant Gottlieb Weizenegger. Unterlieutenant Joh. Pirner. Fähnrich Alian Nikls. Oberarzt Anton Solich.

Oberstens-Comp. zu Przemysl: Capitain Carl Hermes. Oberlieutenant Gottlieb Weizenegger. Unterlieutenant Joh. Pirner. Fähnrich Nikls. Oberarzt Anton Sollich.

Oberstlieutenants-Comp. vom 6. August zu Duhlo: Capitain Ferd. d'Utschany. Oberlieutenant Cyprian Zaplethal. Unterlieutenant Lud. Dubois. Fähnrich Wilh. Sawary. Oberarzt Jos. Mark.

---

*) In den Original-Revisions- und Muster-Tabellen erscheinen die Namen wiederholt in einer ganz verschiedenen Schreibart ausgewiesen.

1. Majors-Comp. in Przemysl: Capitain Jos. Schustern. Oberlieutenant Mich. Krail. Unterlieutenant Franz Denek (beurlaubt) Fried. Hlow. Fähnrich J. Baron Weiß. Oberarzt Franz Hoffrichter.

2. Majors-Comp. in Przemysl: Capitain Max Debette. Oberlieutenant Carl Peschery. Unterlieutenant Nicol. Mosung. Fähnrich Wenzel Kalitzky. Oberarzt Ant. Ludwig.

Hauptmann Nuppenau-Comp. in Jaroslau: Oberlieutenant Beauregard. Unterlieutenant Wenzel Hohenstöger. Fähnrich Ludw. Schönfeld. Unterarzt Anton Schöps.

Hauptmann Mesureure-Comp. in Jaroslau: Capitain Frz. Gaudron (commandiert). Oberlieutenant Josef Mesureur (commandiert). Unterlieutenant August Mesureur. Fähnrich Des Mesureur. Unterarzt Simon Gossé.

Hauptmann Schüttner-Comp. zu Przemysl: Oberlieutenant Ludw. Jose. Unterlieutenant Ber. Duchesnes. Fähnrich Carl Turlot. Unterarzt Bern. Brauer.

Hauptmann Heinr. Orlandini-Comp. zu Dukla: Oberlieutenant J. Baron Croix. Unterlieutenant Ludwig Gaspard, Heinrich Desontaine. Fähnrich And. Durst. Unterarzt Jos. Linhard.

Hauptmann Boileux-Comp. zu Przemysl: Oberlieutenant Andreas Cordier. Unterlieutenant Jos. Debetta. Fähnrich Carl Mesureur. Unterarzt Joh. Zeisenbach.

Hauptmann Resch-Comp. zu Przemysl. Oberlieutenant Valentin Braun. Unterlieutenant Phil. Fleschner und D'Antony. Fähnrich Onuf. Zagorsky. Unterarzt Sam. Brodhag.

Hauptmann Friedr. Baillou-Comp. zu Jaroslau: Oberlieutenant Thomas Milanes. Unterlieutenant Bal. Dubois (commandiert). Fähnrich Johann Winkler. Oberarzt Math. Germann.

Hauptmann Joh. Bayerweck-Comp. in Jaroslau: Oberlieutenant St. Wladhovier. Unterlieutenant Franz Somaine. Fähnrich Wenzl Hietel. Unterarzt Xav. Kratochwill.

Hauptmann Lad. Daimovich-Comp. in Przemysl. Oberlieutenant Philipp Galler. Unterlieutenant Gottlieb Beyer (absent.) Fähnrich Alexander Monsen. Unterarzt Anton Margrax.

Hauptmann Friedr. Rentrop-Comp. zu Przemysl: Oberlieutenant Gottlieb Deller und Joh. Francoliny. Unterlieutenant Wilh. Mong. Fähnrich Jos. Roland. Unterlieutenant Fr. Wrabetz.

Hauptmann Clem. Wenz-Comp. zu Przemysl: Oberlieutenant Phil. Zenegg. Unterlieutenant And. Benkerl. Fähnrich Felix Debetta. Oberarzt Peter Mikolisch.

Hauptmann Franz Sermer-Comp. zu Przemysl: Oberlieutenant Ignatz Desoulemoustier, Ignatz Kaim (krank). Jus. Montaleur. Carl Robiguer. Oberarzt Joh. Plenk.

Hauptmann Ferany-Dagrado-Comp. zu Przemysl: Capitain August Krajewski. Oberlieutenant Heinrich Korz. Unterlieutenant Raph. Bourbon. Fähnrich Conr. Dujardin. Oberarzt Caspar Cimbaux.

Der Stand des Regimentes beträgt 2574 Mann. Abgängig 731 Mann; weiter erscheinen ausgewiesen: auf Mappierung 2 Officiere, krank in Przemysl 74, Ausländer 429, verheiratete Officiere 24, verheiratete Mannschaft 190, Officierskinder 44, Mannschaftskinder 138. Die Musterung wurde zu Przemysl den 4., zu Dukla den 6. August, zu Jaroslau den 20. Juli 1803 abgehalten. Die Muster-Tabelle ist vom Kriegs-Commissär Eberan gefertigt.

In diesem Jahre wurden große Lager in allen Ländern abgehalten.

Schon am 27. März 1802 schloss England mit Frankreich den Frieden zu Amiens, aber bereits im folgenden Jahre verwickelte es sich in einen Kampf mit Frankreich und schloss mit Österreich, Russland und Preußen eine neue Coalition.

1804. Napoleon setzte sich inzwischen den 2. December 1804 die Krone Frankreichs auf's Haupt, täuschte die Mächte unter dem Vorwande einer beabsichtigten Landung in England und concentrierte eine Armee von 200.000 Mann im Lager bei Boulogne.

Am 16. November wurde der Zögling August Marquis Boilleux aus der Ingenieur-Academie zum Fähnrich im Regimente ernannt.

1805. Als Österreich der großen Allianz beitrat, brach Napoleon aus Boulogne auf, zog die deutschen Reichsstaaten Bayern, Württemberg, Baden und Hessen an sich und rückte gegen die Donau.

Um Bayern für die Coalition zu zwingen, eilte Mack mit 80.000 Österreichern dahin, kam aber zu spät.

Die Russen unter Kutusow und Buxhövden waren noch in Mähren und Polen in der Vorrückung. Die österreichische Hauptmacht unter Erzherzog Carl stand an der Etsch. Zwischen dieser und der Donauarmee stand Erzherzog Johann in Tirol. Diesen Truppen gegenüber befand sich Massena in Oberitalien und Napoleon am Rhein. Letzterer drang gegen Ulm, nahm die Armee theilweise kriegsgefangen und drang gegen das Innthal vor.

Nun eilte Erzherzog Carl aus Italien der bedrohten Hauptstadt zu Hilfe, nachdem er Massena zuvor am 29. October bei Caldiero schlug. Allein er kam zu spät. Während des Rückmarsches erfuhr er, dass die Hauptstadt an die Franzosen übergeben worden war. Von Wien abgeschnitten, sah sich der Erzherzog gezwungen, über Ungarn die Donau zu gewinnen. Am 7. December erhielt er die Trauerkunde von dem unglücklichen Ausgange der Schlacht bei Austerlitz und dem hierauf erfolgten Abschlusse eines Waffenstillstandes.

Das Regiment, seit 1802 in Przemysl dislociert, erhielt im April 1805 den Befehl, über Kaschau nach Pest abzurücken.

Dortselbst fand auch im Monate Juli die neue Formation des Regimentes statt, indem die 20 Compagnien desselben, welche bisher 3 Bataillone à 6 Compagnien und eine Grenadier-Division gebildet hatten, in 5 Bataillone à 4 Compagnien eingetheilt wurden, und zwar 1 Grenadier-Bataillon und 4 Füsilier-Bataillone.

Ersteres entstand dadurch, dass nebst der bestandenen Grenadier-Division die vom Regiments-Commando als am geeignetsten befundene Füsilier-Division zu selben abgegeben wurde. Diese rangierte in der Mitte zwischen den 2 eigentlichen Grenadier-Compagnien, und deren Mannschaft wurde auch nicht mit Grenadier-Mützen adjustiert, sondern behielt die Helme. Man hieß dieselbe »Jung-Grenadiere«.

Gelegentlich dieser Organisation wurde die bisherige Bezeichnung Leib-, Obrist- und Oristlieutenants-Bataillon, sowie die analoge Benennung der Stabs-Compagnien nach ihrem Inhaber aufgehoben; Füsilier-Bataillone nahmen die fortlaufenden Nummern 1., 2., 3., und 4. Bataillon an; doch die Divisionen und Compagnien führten aber nebstdem die Namen ihrer Commandanten fort. Ferner wurden die Bataillons-Adjutanten creiert. Das bisher üblich gewesene Schmieren und Pudern der Haare bei der Mannschaft wurde abgestellt, die Zöpfe wurden durchgehends abgeschnitten und angeordnet, dass die Kopfhaare fernerhin in der Länge eines halben Zolles getragen zu werden haben.

MUSTER-TABELLE

VOM JAHRE 1805.

Oberst-Inhaber: Feldmarschall Adam Fürst Czartoryski.

Oberst und Regiments-Commandant: Carl Baron Spangen.

Oberstlieutenant: Franz Wouwermanns.

Majore: Peter de Sommère, August Baron Steigentesch.

Hauptleute: August Nuppenau, Anselm Mesureur, Franz Dermetz, Franz Greth, Ladislaus Duimovich v. Ehrenheim, Vincenz Resch v. Schienfeld, Friedrich Rentrop, Stephan Schulnaire, Heinrich Graf Orlandini Delbeccuto, Caspar Ferrari da Grado, Johann Winicki, Clemens Baron Wenz, Heinrich Boileux du Farrau, Franz Graf Lenz, Wilhelm Tielke.

Capitän-Lieutenants: Joseph Schustern, Max Baron de Belle, Ferdinand d'Ulschany, Franz Gaudron, Carl Hermes, Carl Wouwermanns, Franz Duchesne.

Oberlieutenants: Carl de Beauregard, Carl Pescheny, Johann Anselone, Andreas Cordier, Ludwig Rozé, Valentin Braun, Michael Krail, Stephan Wlatkovich, Peter Cronenshold, Philipp Hallez, Ciprian Zaplethal, Heinrich Kortz, Philipp Zenegg v. Scharfenstein, Johann Hausegger, Gottieb Waitzenegger, Joseph Neurirer, Johann Francolino, Bernhard Duchesne, Christian Nikelz, Carl Speicher.

Unterlieutenants: Albert Riegersperger, Raphael Bourbon, Fortunatus Wouwermanns, August Mesureur, Ludwig Dubois, Anton Benkert, Heinrich Chevalier Desfontaines, Franz Romain, Philipp Fleschner, Friedrich Schranth, Barth. Dubois, Gottlieb Beyer, Ignaz Kaim, Wilhelm Mono, Just. Montallier, Stephan Baron Illow, Wenzel d'Antony, Johann Baptist Weiß, Johann Reindl, Franz Preindl.

Fähnriche: Desire Mesureur, Andreas Durst, Wilhelm Chev. Savany, Carl Rodriquez, Carl Baron Schönfeld, Wenzel Balicki, Wenzel Hietel, Jul. de Bella, Carl Turlot, Carl Mesureur, Johann Winkler v. Ketrzynski, Joseph Benda, Franz Lueger v. Thurmfeld, Theophil Lentowski, Wilhelm Pickl, Peter Pilchowski, Franz Kucharski, August Boileux, Franz Schilling.

Regiments-Caplan: Franz Arweiler.

Hauptmann-Auditor: Dominik Vanoli.

Rechnungsführer: Martin Jawurek.

Adjutant: Melchior Damer.

Feldarzt: Andreas Schilling.

Als im Monate August die Truppenbewegungen nach Italien begannen, wurde das Regiment mit dem Grenadier-, 1., 3. und 4. Bataillon dahin in Marsch gesetzt, während das 2. Bataillon unter dem Commando des Hauptmanns Graf Orlandini in Ofen als Besatzung zurückblieb.

Während des Marsches avancierte infolge Allerhöchster Entschließung vom 27. August 1805 der Oberst Carl Baron Spangen zum Generalmajor; der Oberstlieutenant Franz von Wouwermanns zum Obersten und Regiments-Commandanten; der Major Somere zum Oberstlieutenant und die Hauptleute Sermet und Greth zu Majoren.

Generalmajor Baron Spangen blieb Brigadier des Regimentes, welches bis Villach instradiert war, jedoch ehe es noch diese Stadt erreichte, am 8. September eine veränderte Marschrichtung nach Tirol erhielt, der am 17. September die Weisung folgte, nach Brixen abzurücken, von wo es, kaum angelangt, zur Armee nach Deutschland beordert wurde, welche unter dem Oberbefehle des Erzherzogs Ferdinand am

8. September den Inn überschritten hatte und bis Ulm vorgerückt war.

Anfangs October traf das Regiment in Innsbruck ein und marschierte von da unverweilt mit dem Infanterie-Regimente Mittrowski Nr. 10, 1 Bataillon Beaulieu Nr. 58 und einer halben Escadron Blankenstein-Husaren unter Commando des Generalmajors Baron Spangen nach Memmingen, wo die genannten Truppen die Besatzung dieser nothdürftig befestigten Stadt bildeten.

Während dieser Zeit hatte sich die deutsche Hauptmacht bei Ulm concentriert, als der Armee-Commandant die Gewissheit erhielt, dass der Feind, welcher bei Wertingen die Donau überschritten hatte, gegen die Iller heranrücke.

Es wurde also am 13. October der Feldmarschall-Lieutenant Jellačić in Eilmärschen von Ulm an Vorarlbergs Grenzen in Marsch gesetzt, und die Garnison von Memmingen, welche er nebst allen gegen Ulm in Marsch befindlichen Truppen aufzunehmen hatte, in seine Division eingetheilt.

Jellačić entsendete zwar noch am nämlichen Tage den Generalmajor Maier längs der Iller, welcher die Besatzung von Memmingen aufnehmen sollte, aber dieser konnte die Stadt ebensowenig erreichen, als die einzeln abgeschickten Boten, denn ein Theil des Soult'schen Corps hatte bereits die Iller passiert, ihm hiedurch alle Verbindung mit Memmingen abgeschnitten und bedrohte auch jene mit Jellačić. Er musste sich also zurückziehen, ohne seine Aufgabe gelöst zu haben.

Mittlerweile war Memmingen, bereits am 13. von zahlreicher feindlicher Cavallerie umschwärmt, am Morgen des 14. October vom Corps des Marschalls Soult vollständig umringt.

Mittags begann der Feind die Beschießung der Stadt und setzte sie bis halb 4 Uhr nachmittags fort, worauf Soult die Aufforderung zur Capitulation ergehen ließ und die Kanonade einstellte.

Das wenige Geschütz der Besatzung, das nur aus den dreipfündigen Regiments-Kanonen bestand, war schon durch diese Beschießung demontiert, auch an Munition großer Mangel und Generalmajor Baron Spangen demnach außer Stande, eine folgende Kanonade zu erwidern. Zu diesen Übelständen gesellte sich auch noch jener, dass die Befestigung der Stadt an den meisten Punkten nicht so weit vollendet war, um einen ernstlichen Sturm aushalten zu können.

Auf einen möglichen Entsatz konnte man auch gar nicht hoffen, weil alle Communication mit der Hauptarmee abgeschnitten war und weil diese auch infolge des dem Feldmarschall-Lieutenant Jellačić ertheilten Befehls die Stadt als geräumt betrachten musste.

Unter diesen misslichen Umständen blieb denn nichts übrig, als die vom Marschall Soult vorgeschlagene Capitulation abends anzunehmen, vermöge welcher die Mannschaft vom Feldwebel abwärts als kriegsgefangen nach Frankreich abgeführt wurde, während die Officiere sammt ihren Waffen, Pferden und Bagagen, gegen ihr Ehrenwort, nicht eher, als nach erfolgter Auswechslung, gegen Frankreich und dessen Alliierte zu dienen, nach Böhmen abgehen konnten, von wo sie in die Werbbezirks-Station Przemysl abgeschickt wurden.

75 Mann des Regimentes gelang es, sich selbst zu ranzionieren.

In Przemysl war inzwischen anfangs September das 5. Bataillon, 4 Compagnien stark, als Reserve errichtet worden und blieb daselbst in Besatzung, während das 2. Bataillon im Monate October von Ofen nach Wien marschiert war, von wo es sich bei dem Vorrücken Napoleons gegen die Reichshauptstadt mit dem schwachen Armee-Corps des Feldmarschall-Lieutenants Fürst Auersperg am 12. November zurückzog, nachdem es noch den Tag früher nebst 4 Grenz-Bataillonen zur Beobachtung der Donau oberhalb Wien verwendet worden war.

Das Bataillon hatte seine Eintheilung in der Brigade des Generalmajors Jurczek, Division Feldmarschall-Lieutenant Kolowrat und war 551 Mann stark.

Nach dem Abmarsche von Wien vereinigte sich dieses Corps, welches Feldmarschall-Lieutenant Fürst Liechtenstein übernahm, am 17. November bei Porlitz mit den Russen und zog nun vereint mit diesen gegen Olmütz, um sich dem in forcierten Märschen herbeieilenden Heere Buxhövdens anzuschließen. Die Vereinigung mit der 1. Colonne dieses russischen Heeres erfolgte am 19. in Wischau und am 22. November bezog die alliierte Armee die Stellung bei Olschan nächst Olmütz.

Am 24. November wurde beschlossen, Napoleon in seiner Stellung bei Brünn anzugreifen und am 27. November um 8 Uhr früh verließ das alliierte Heer die Stellung bei Olmütz in 5 Colonnen.

Das 2. Bataillon Fürst Czartoryski befand sich bei der das Centrum bildenden 3. Colonne, welche unter Commando des Feldmarschall-Lieutenants Graf Kolowrat auf der Hauptstraße marschierte und in gleicher Höhe mit den ersten zwei Colonnen lagerte, deren erste nach Kobelniczek, die zweite nach Ottaslawitz marschiert war.

An der Spitze der 3. Colonne befand sich auch das große Hauptquartier.

Am 28. rückte die 3. Colonne auf der Chaussée über Wischau vor und schloss sich in zwei Treffen hinter die ersten zwei Colonnen bei Nosalowitz.

Am 29. machte das Heer eine Flankenbewegung und demgemäß marschierten die ersten 4 Colonnen um 7 Uhr früh in vier Treffen links ab; die 3. Colonne oder das 3. Treffen über Mels, Rosternitz weit rechts lassend, zwischen Hobitschau und Kutscherau, in die Stellung zwischen Kutscherau, Bochdalitz und Kozlan.

Am 30. um 9 Uhr brach die Armee wie früher in fünf Colonnen auf, von welcher sich die 3. über Deutsch-Malkowitz, Butschowitz links lassend, stets auf der rechten Seite des Thales, welches sich von Butschowitz gegen Hodiegitz erstreckt, bewegte und sich endlich in 2 Treffen hinter der 1. Colonne, zwischen Hodiegitz und Niemczan, aufstellte.

Am 1. December früh marschierte die alliierte Armee nach einer veränderten Colonnen-Eintheilung (die 3. Colonne wurde nunmehr die 4.) neuerdings ab.

Die 4. Colonne ließ Niemczan rechts, gieng über die von Austerlitz nach Ungarn führende Straße und stellte sich hinter der 3. Colonne, welche auf den Höhen rechts vom Dorfe Pratzen Stellung genommen hatte, bei Sbedczow in zwei Treffen auf.

Links vorwärts von ihr, gleichfalls hinter Pratzen, stand die 5. Colonne. Beide feindlichen Armeen waren sich nun unmittelbar gegenüber.

Schlacht bei Austerlitz.

Ein dichter Nebel bedeckte am Morgen des 2. Decembers die Gegend und entzog die feindlichen Stellungen gänzlich dem Blicke, obgleich beide Armeen nur auf Kanonenschussweite von einander entfernt waren und nun ihren offensiven Vormarsch beiderseitig begannen.

Die 4. Colonne, bei der sich bekanntlich das 2. Bataillon des Regimentes befand, bildete die Mitte der Schlachtlinie. Bei derselben befand sich auch der Kaiser Alexander von Russland und der Oberfeldherr Kutusow.

Sie brach, um den ersten 3 Colonnen Zeit zur Erreichung ihrer Stellungen zu lassen, um halb 8 Uhr morgens auf, während die vor ihr stehende 3. Colonne gegen Schloss Sokolnitz links und die 5. Colonne rechts gegen Blasowitz abrückten.

Ihre Bestimmung war, über Pratzen gegen Pontowitz vorzurücken.

An ihrer Spitze marschierte die russische Infanterie, dann die 2 österreichischen Infanterie-Brigaden Jurczek und Rottermund. 2 russische Bataillone und 2 Escadronen Erzherzog Johann Dragoner bildeten die Avantgarde.

Kaum hatte die Spitze der Colonne die Höhen rechts von Pratzen erreicht, welche die Arrièregarde der 3. Colonne eben verlassen, als man schon das Heranrücken zweier feindlicher Colonnen jenseits Pratzen bemerkte. Die Avantgarde beschleunigte demnach ihren Marsch durch das Dorf, gewann die Brücke jenseits desselben noch vor den feindlichen Tirailleurs, überschritt dieselbe und besetzte nebst dem Dorfe auch die auf einer jenseitigen Anhöhe gelegene Kirche.

Sich der Höhen links von Pratzen um jeden Preis zu versichern, war nun der Vorsatz Kutusows. Er ließ sonach die Colonne eben links schwenken, als er rechts von Pratzen einer dritten feindlichen Colonne, der Division Drouet vom Corps Bernadotte, in der Vorrückung gegen die rechts vom Dorfe liegenden Höhen begriffen, ansichtig wurde. Während sich nun die russische Infanterie entwickelte, um dieser letztern die Stirne zu bieten, hatte schon der Feind die Höhen links von Pratzen erstiegen und das Dorf genommen.

Da befahl Kutusow den österreichischen Brigaden Jurczek und Rottermund, die Höhen zu nehmen, von welchen die Franzosen eben die russischen Bataillone der Vorhut geworfen hatten; denn hier lag die Entscheidung der Schlacht.

Wenige Erwartungen ruhten auf diesen meist aus Invaliden oder Recruten zusammengesetzten Bataillonen, die noch dazu durch die in strenger Kälte vorangegangenen Märsche erschöpft waren; aber sie ließen durch ihre Tapferkeit und Entschlossenheit alle Besorgnisse hinter sich.

Mit einer der besten Truppen würdigen Bravour erfolgte der Angriff. Der Feind ward zurückgeworfen und der Gipfel der Höhe erreicht; — eines seiner vordersten Regimenter, umringt, verlangte bereits zu capitulieren, als neue Verstärkungen ankamen und die braven österreichischen Brigaden zum Weichen brachten.

Dreier Divisionen des Marschalls Soult hatte es bedurft, um die Höhen zu erobern. Doch nochmals folgte, selbst gegen diese enorme Übermacht, ein Versuch, die verlorene Position wieder zu gewinnen.

Mit unvergleichlichem Muthe und wahrer Todesverachtung stürzten sich die zwei genannten Brigaden und die russische Brigade Kamenskoi auf den Feind und erstiegen neuerdings die Höhen; doch jetzt wurden die Stürmenden auf kurze Entfernung mit einem mörderischen Feuer empfangen, welches ganze Reihen niederstreckte. Die Truppen schlugen sich mit ausgezeichneter Tapferkeit, der Brigadier Generalmajor Jurczek wurde schwer verwundet, dem Bataillons-Commandanten Hauptmann Graf Orlandini das Pferd unter dem Leibe erschossen; — doch aller Heldenmuth war vergebens, denn die Colonne blieb ohne alle Unterstützung, während der Feind immer neue Verstärkungen gegen diesen wichtigen Punkt dirigierte, so dass sie endlich der Übermacht erlag und die Höhen verloren giengen.

Indessen hatte der General Miloradovich mit der russischen Infanterie der 4. Colonne gegen die feindliche Division Drouet rechts von Pratzen Stand gehalten; nun musste auch er sich zurückziehen.

Der Rückzug der 4. Colonne erfolgte in Ordnung gegen Wazan und von da in die Stellung bei Hodiegitz.

Der Verlust des 2. Bataillons in dieser Schlacht betrug 42 Tode und 130 Verwundete, die in Feindeshände geriethen. Unter letzteren befand sich auch ein Officier, dessen Name nicht verzeichnet ist.

Über die Leistungen des Bataillons spricht sich der Divisionär Feldmarschall-Lieutenant Graf Kolowrat folgendermaßen aus:

»Ich bestätige zur Steuer der Wahrheit, dass der Herr Grenadier-Hauptmann Graf Delbeccuto Orlandini, als Commandant des Czartoryski'schen 2. Bataillons, den ganzen Zeitraum hindurch, als derselbe unter meinem Commando gestanden hatte, sich bei jeder Gelegenheit, sowohl wegen der bei seinem Bataillone beobachteten guten Ordnung und Mannszucht, als Präcision im Dienste selbst, zu meiner besonderen Zufriedenheit gut betragen hat, vorzüglich aber um desswillen anempfohlen zu werden verdient, weil derselbe bei der am 2. December 1805 bei Austerlitz vorgefallenen Schlacht, sein unterhabtes Bataillon mit all' der guten Ordnung vor den Feind führte, und sich überhaupt in dieser Gelegenheit, — ohngeachtet des ihm, unterm Leibe erschossenen Pferdes — durch seine beispielvolle weiter fortgesetzte Anführung so betragen hat, als es sich nur immer von einem einsichtsvollen und tapfern Anführer erwarten lässt; ferner, weil er seine vorgezeichnete Vorrückung während der Schlacht so gut zu behaupten wusste, dass derselbe nach einem erlittenen Verlust eines blessierten Officiers, dann 42 Todter und 130 Blessirter als Gefangene vom Feldwebel abwärts, erst dann das Schlachtfeld zu verlassen genöthigt war, als schon der gänzliche Rückzug des ganzen österreichischen Corps d'armée anbefohlen worden war.

Graf Kolowrat m. p. FML.«

Noch in der Nacht zog sich die 4. Colonne, gleich dem ganzen verbündeten Heere, auf der Straße gegen Ungarn zurück und lagerte am 3. December vor Czeitsch, wohin auch das Hauptquartier Ihrer Majestäten der Kaiser von Österreich und Russland verlegt wurde.

In der Nacht vom 3. auf den 4. December marschierte die Armee in das Lager bei Göding und am folgenden Tage kam ein Waffenstillstand zu Stande, während dessen die Armee abends den Marchfluss passierte und ein Lager rechts von Holitsch bezog.

Am 6. December wurde zu Austerlitz der Waffenstillstand bis zum Zustandekommen des Definitiv-Friedens formell abgeschlossen und die Demarcationslinie für beide Armeen festgesetzt, welche am 7. und 8. von den k. k. Truppen besetzt wurde, während die Russen den Rückmarsch in ihre Heimat antraten.

Das in der Brigade Rottermund eingetheilte 2. Bataillon Fürst Czartoryski cantonierte in Verpocz und blieb daselbst bis zum Abschlusse des Friedens, welcher am 27. December zu Pressburg unterzeichnet wurde und dessen Ratificierung
1806. am 1. Jänner 1806 zu Wien stattfand.

Am 16. Jänner begannen die Truppen in ihre Friedensstationen abzurücken. Das 2. Bataillon marschierte nach Komorn, wohin auch das ganze Regiment, nachdem es in den Städten Przemysl, Jaroslau und Bochnia auf den Stand von 3 Bataillonen und 2 Grenadier-Compagnien, nach der vor dem Kriege eingeführten Norm neu formiert worden war, in die Garnison verlegt wurde.

RANGS-LISTE

VOM 1. JÄNNER 1806.

Regiments-Commandant: Obrist Franz von Wouwermanns.

Obristlieutenant: Peter von Somer.

Majors: August Baron Steigentesch. Franz v. Sermetz. Franz v. Greth. Ladislaus Duimovich v. Ehrenheim.

Regiments-Caplan: Franz Ludwig Arweiler.

Regiments-Adjutant: Oberlieutenant Melchior Damer.

Regiments-Arzt: Andreas Schilling.

Oberärzte: Hofrichter. Blenk. Marck. Ludwig. Morens. Rimbeaux. Mikolasz.

Unterärzte: Schöps, Wrabetz, Marggraf, Linhard, Langer, Lorber.

Hauptleute: August Nuppenau, Anselm Mesureur, Vincenz Resch v. Schienfeld, Friedrich Rentrop, Heinrich Graf Delbeccuto Orlandini, Joseph de Schustern, Kasimir August Baron De Bette, Franz Gaudron, Clemens Baron Wenz, Carl Hermes, Heinrich Boileux, Carl Wouwermanns, Franz Graf de Lens, Wilhelm von Tielke.

Capitaine: Franz Duchesne, Martin Jawurek, Carl Peschery, Dominik Vanoti, Johann Anselone, Andreas Cordier, Ludwig Rozé.

Oberlieutenants: Carl de Beauregard, Valentin Braun, Michael Krail, Stephan Wlatkovich, Philipp Gallez, Ciprian Zaplethal, Heinrich Kortz, Philipp Zenegg v. Scharfenstein, Gottlieb Waizenegger, Joseph Neurierer, Carl Speicher, Johann Francolino, Melchior Damer, Regiments-Adjutant, Bernhard Duchesne, Christian Nikelz, Felix Debetta, Fortuné Wouwermanns, August Mesureur, Franz Romain, Raphael Bourbon, Johann Reindl, Philipp Fleschner, Friedrich Schraudt.

Unterlieutenants: Bartholome Dubois, Georg Hamer, Ignaz Kaim, Wilhelm Mono, Friedrich Stephan Baron Illow, Bataillons-Adjutant, Wenzel d'Antony, Johann Baptist Weiß, Casimir Gorszkowski, Georg Seel, Bataillons-Adjutant, Desire Mesureur, Andreas Durs, Carl Ernst Rodriguez, Carl Baron Schönfeld, Wenzel Balicki, Bataillons-Adjutant, Wenzel Hietel, Carl Mesureur, Johann Winkler v. Jixtrzyski, Bataillons-Adjutant, Joseph Benda, Franz Lueger v. Thurmfeld, Theophil Lentowski, Wilh. Pickel, Peter de Pilchowski, Franz Kucharski, August Marquis Bollieux, Franz Schilling, Felix v. Geisdorf, Bataillons-Adjutant, Franz Söldenhof.

Fähnrichs: Anton Dubenitzki, Ferdinand Edler v. Sieber, Joseph Mostpöck, Franz Hermes, Johann Fabian, Adam de Chronscinski, Ludwig Clerij, Joseph de Latorre, Joseph Marx, Benjamin Mayer, Heinrich Bittermann, Christian Baron Wenz, Johann Zamborij, Ignaz Aron Papp, Stephan Edler v. Przescianski, Philipp Graf de Protij, Alois Bucher, Alois Watruba, Carl Hüttenbach, Carl Eberan, Carl Schmidt, Bronislaus Junkermann.

Ordinäre Cadetten: Franz Staetten, Carl Frankenbusch, Carl Schutnarek, Johann Mossung.
Regiments-Cadet: Franz Schüttenhof.
Fouriers: Roland, Hild, Vangarze, Marechal, Beckers, Tauber, Hrdliczka, Achleitner, Mettelka, Winter.
Regiments-Tambour: Jakob Schmidt.
Profos: Joseph Fonis.

1807. Im Jahre 1807 stand das Regiment in Neutra und mar-
1808. schierte 1808 nach Krakau.

Am 23. Februar d. J. wurde Oberst Franz von Wouwermanns qua talis pensioniert und der Oberstlieutenant Wenzel Freiherr von Wattlet des Infanterie-Regimentes Baillet zum Obersten und Regiments-Commandanten befördert.

In diesem Jahre wurde am 3. Juni Oberstlieutenant Peter von Somer mit dem Oberstens-Charakter ad honores in den Ruhestand versetzt, der 1. Major Mac-Elligot zum Oberstlieutenant und Oberarzt Franz Weber zum Regimentsarzt, beide im Regimente, ernannt.

Bei den Bataillonen wurden die zweiten Fahnen abgeschafft; die Compagniepfeifer waren bereits 1806 reduciert worden.

Die Stockstreich-Strafe über Unterofficiere ward aufgehoben.

Endlich wurde Major Ladislaus Duimovich von Ehrenheim in den Ruhestand versetzt.

In diesem Jahre wurde Hauptmann Kasimir August Barod de Bette wegen Insubordination und Unverträglichkeit mit der Pension von 400 fl. entlassen.

RANGS-LISTE

DER HERREN OFFICIERE DES INFANTERIE-REGIMENTES NR. 9 VON 1808 (CZARTORYSKI-INFANTERIE-REGIMENT).

Stab: Przemysl.

Obrist: Wenzel Freiherr v. Wattlet.
Obristlieutenant: Baron Carl Mac-Elligot.
Majors: Franz Greth, Christian Kolb.
Hauptmann: Vincenz Resch v. Schienfeld, Friedrich Rentrop, Graf Heinr. Orlandini Delbeccuto, Kaspar Ferrari Dagrado, Franz Gaudron, Baron Clem. Wenz, Carl Hermes, Heinr. Boilleux St. Farrau, Carl Wouwermanns, Graf Franz de Leus, Wilhelm Tielke, Jos. Ringelsheim.
Capitaine-Lieutenants: Franz Duchesne, Mart. Jawurek, Dominik Vanoti, Johann Anselone, Andreas Cordier, Joh. Hausegger, Ludwig Rozé.

Oberlieutenants: Carl de Beauregard, Mich. Krail, Stephan Wlatkovich, Phil. Gallez, Phil. Zenegg v. Scharfenstein, Gottl. Waizenegger, Joh. Francolino, Melch. Damer, Bernh. Duchesne, Christian Nickels, Felix de Betta, Fort. Wouwermanns, Aug. Mesureur, Franz Romain, Joh. Reindl, Phil. Fleschner, Anton Altersheim, Carl Wohlleben, Joh. Tonglet v. Bailoy, Kiss.

Unterlieutenants: Georg Hammer, Ign. Kaim, Wilh. Mono, Wenzl D'Antony, Joh. Weiss, Georg Seel, Des. Mesureur, Carl Rodriquez, Baron Carl Schönfeld, Wenzl Balicki, Wenzl Hietl, Carl Mesureur, Franz Egger v. Eggstein, Joh. Winkler v. Kentrzinski, Jos. Benda, Franz Lueger v. Thurnfeld, Wilh. Pickl, Pet. Pilchowsky, Aug. Boileux, Franz Schilling, Baron Joh. Söldenhof.

Fähnriche: Ferd. Siber, Jos. Mostpök, Franz Hermes, Joh. Fabian, Adam de Chroscinski, Ludwig Clerij, Jos. de Latorre, Jos. Marx, Benj. Mayer, Heinr. Bittermann, Carl Stupparth v. Löwenthal, Christian Baron Wenz, Joh. Zamborij, Phil. Graf de Protij, Alois Bucher, Jos. Watruba, Alex. Eberan, Jos. Schmidt.

Vom Stabe:

Regiments-Caplan: Franz Przonakiewicz.
Regiments-Auditor: Ant. Tollowitz.
Regiments-Rechnungsführer: ?
Regiments-Adjutant: Melch. Damer.
Regiments-Feldarzt: Dr. Franz Weber.
Regiments-Agent: Ign. Dembsher in Wien.

CLERFAYT CARL.
1802 ADAM CZARTORYSKI.

Aufschläge und Kragen apfelgrün mit Nr. 54 (g. Kn.)

Im Verlaufe des Winters von 1808 auf 1809 bereitete sich ein neuer Krieg mit Frankreich vor, weshalb in rascher Aufeinanderfolge der Mannschaftsstand bei den Regimentern completiert, die neu ausgehobenen Recruten in Reserve-Bataillone zusammengestellt und außerdem in der ganzen Monarchie eine Landwehr ins Leben gerufen wurde. 1809

Die österreichische Armee durchwehte seit dem letzten Feldzuge ein neuer frischer Geist. Erzherzog Carl hatte als Generalissimus und Hofkriegsraths-Präsident während der verflossenen drei Friedensjahre auf allen Gebieten der Heeresverwaltung, Organisation und Ausbildung der Truppen die weitgreifendsten Reformen durchgeführt; die Werbung war abgeschafft und statt derselben eine regelmäßige Aushebung der Recruten zum Gesetz erhoben worden; ein neues Dienst-Reglement, dessen Grundsätze noch heute fortleben, hatte jene erhabenen Gesinnungen in die Armee gepflanzt, welche sich seitdem schon so oft auf das glänzendste bewährt und durch ihren veredelnden Einfluss das österreichische Heer in den Stand gesetzt haben, die schwierigsten Wandlungen der Zeit mit unversiegbarer Lebenskraft zu überdauern.

Die Rücksichtslosigkeit und die Usurpationen, welche sich Kaiser Napoleon seit der Niederwerfung Preußens 1807 und 1808 in Europa erlaubte, veranlassten im Jahre 1809 den Wiederausbruch des Krieges. Die Organisation der österreichischen Armee war Napoleon ein Dorn im Auge und Fürst Metternich wurde mit verletzenden Worten aufgefordert, sich hierüber zu rechtfertigen. Die Stimmung war demnach schon anfangs 1809 erbittert und es musste zum Kampfe kommen. Österreich hatte nur England zum Alliierten. Frankreich zählte die Rheinbundstaaten und Russland zu seinen Verbündeten.

Den Oberbefehl der österreichischen Heeresmacht führte Erzherzog Carl, welcher seine Armee bei Braunau concentrierte.

Außerdem standen verschiedene Corps an der italienischen und böhmischen Grenze, in Tirol, in Ungarn und Galizien.

Die französische Hauptmacht stand in Süddeutschland, außerdem befanden sich Corps in Italien und Dalmatien.

Anfangs April rückte Erzherzog Carl nach Bayern ein und besetzte München. Hierauf drang er, den Marschall Davoust besiegend, nach Regensburg, welche Stadt er erstürmte.

Nun wandte sich Napoleon gegen Regensburg, schlug Erzherzog Carl am 28. Mai bei Eckmühl und zwang ihn zum Rückzuge, welchen der Erzherzog nach Böhmen einschlug.

Bald darauf capitulierte Wien zum zweitenmale. Der Erzherzog konnte trotz Beschleunigung seines Marsches durch den südlichen Theil Böhmens die Residenz nicht mehr schützen.

Infolge des siegreichen Vordringens Napoleons gegen Wien sah sich Erzherzog Johann trotz seiner bisherigen Erfolge und gemäß den erhaltenen Weisungen genöthigt, den Rückzug gegen das Innere der Monarchie anzutreten.

Bevor der Erzherzog an die Donau kam, fand am 21. und 22. Mai die denkwürdige Schlacht bei Aspern statt.

Nach der bald darauf folgenden unglücklichen Schlacht bei Wagram zog sich der Erzherzog nach Znaim zurück, worauf der Waffenstillstand abgeschlossen wurde.

Den 14. October erfolgte der Friedensschluss zu Schönbrunn, in welchem Österreich bedeutende Gebiete mit 3½ Millionen Einwohnern abtreten musste.

Das Regiment erhielt am 24. Februar den Befehl, sich auf den Kriegsfuß zu setzen, brach am 26. mit dem 1. und 2. Bataillon und der Grenadier-Division aus Krakau nach Böhmen auf.

Es wurde in die Brigade Generalmajor Neustädter, Divisionär Freiherr Somariva, zum 4. Armee-Corps des Feldmarschall-Lieutenants Fürst Rosenberg eingetheilt, welches sich in der Gegend von Pisek sammelte, während die Grenadier-Division bei der wieder erfolgten Zusammenstellung der Grenadier-Bataillone mit Reuss-Greiz und Wenzel Colloredo ein Bataillon unter dem Commando des Majors Legrand von Czartoryski bildete und in die Grenadier-Brigade General Prinz Rohan des ersten vom General der Cavallerie Fürst Johann Liechtenstein befehligten Reserve-Corps eingetheilt wurde, das sich bei Iglau und Neuhaus concentrierte.

Noch vor dem Eintreffen des Regimentes hatte sich das 4. Armee-Corps am 26. März in Bewegung gesetzt und das Regiment rückte zu demselben am 28. März in der Marschstation Budweis ein.

Am 8. April war diese Bewegung beendet, das Regiment stand bei Schärding, die Grenadiere bei Taufkirchen.

Nach erfolgter Kriegserklärung gieng das 4. Corps um 2 Uhr morgens bei Schärding über den Inn. Noch in derselben Nacht hatte Lieutenant Reindl des Regimentes, welcher mit 30 Mann die Brücke bei Schärding besetzt gehalten, auf Befehl des Corps-Commandanten die jenseitige feindliche Vedette aufheben lassen, welche That durch einen Corporal und einen Gemeinen der Hauptmann Godron-Compagnie um Mitternacht ausgeführt wurde und wofür diese zwei Mann, deren Namen aber nicht verzeichnet sind, Gratificationen erhielten.

Am 9. April wurde den Truppen folgender Armee-Befehl des Erzherzogs Carl verlautbart:

Wien, den 6. April 1809.

»Soldaten! Der Schutz des Vaterlandes ruft uns zu neuen Thaten. So lange es möglich war, den Frieden durch Aufopferungen zu erhalten und so lange diese Aufopferungen verträglich waren mit der Ehre des Thrones, mit der Sicherheit des Staates und mit der Wohlfahrt der Völker, so lange schwieg jede schmerzliche Empfindung in dem Herzen unseres gütigen Monarchen. Aber wenn alle Versuche fruchtlos sind, unsere glückliche Selbständigkeit gegen den unersättlichen Ehrgeiz eines fremden Eroberers zu bewahren, wenn Nationen um uns fallen und rechtmäßige Regenten von den Herzen ihrer Unterthanen losgerissen werden; wenn endlich die Gefahr der allgemeinen Unterjochung auch Österreichs gesegneten Staaten und ihren ruhigen, glücklichen Bewohnern droht, so fordert das Vaterland von uns seine Rettung und wir stehen zu seinem Schutze bereit.

Auf Euch, meine theuren Waffengefährten, ruhen die Augen der Welt und Aller, die noch Sinn für National-Ehre und National-Eigenthum haben. Ihr sollt die Schmach nicht theilen, Werkzeuge der Unterdrückung zu werden. Ihr sollt nicht unter entfernten Himmelsstrichen die endlosen Kriege eines zerstörenden Ehrgeizes führen; Ihr werdet nie für fremdes Interesse und fremde Habsucht bluten; Euch wird der Fluch nie treffen, schuldlose Völker zu vernichten und auf den Leichen erschlagener Vaterlandsvertheidiger den Weg zum geraubten Throne einem Fremdling zu bahnen. Auf Euch wartet ein schöneres Los! Die Freiheit Europas hat sich unter unsere Fahnen geflüchtet; Eure Siege werden ihre Fesseln lösen und Eure deutschen Brüder — jetzt noch in feindlichen Reihen — harren auf ihre Erlösung. Ihr gehet in rechtlichen Kampf, sonst stünde ich nicht an Eurer Spitze!

»Wir werden auf den Feldern von Ulm und Marengo, an die uns der Feind so prahlend erinnert, die glorreichen Thaten von Würzburg und Ostrach, von Liptingen und Zürich, von Verona, der Trebbia und Novi erneuern. Wir wollen unserem theueren Vaterlande einen dauerhaften Frieden erkämpfen; aber wir können das hohe Ziel nur durch große Tugenden erreichen. Unbedingte Folgsamkeit, strenge Disciplin, ausharrender Muth und unerschütterliche Standhaftigkeit in der Gefahr, sind die Begleiter der wahren Tapferkeit. Nur Einheit des Willens, Zusammenwirken des Ganzen führen zum Siege.

»Seine Majestät, mein Monarch und Bruder, hat mir ausgedehnte Vollmacht zum Belohnen und zum Strafen gegeben; ich werde überall in Eurer Mitte sein und den ersten Dank des Vaterlandes sollt Ihr von Eurem Feldherrn auf dem Schlachtfelde erhalten. Der Patriotismus vieler Edlen Österreichs ist Euren Bedürfnissen zuvorgekommen; er verbürgt Euch das höchste Maß der allgemeinen Erkenntlichkeit.

Aber auch die Strafe wird unnachsichtig jeder Pflichtverletzung folgen. Das Verdienst wird Belohnung, das Vergehen Ahndung treffen, ohne Rücksicht der Person und des Ranges. Mit Schande gebrandmarkt, soll der Unwürdige ausgestoßen werden, dem sein Leben theuerer ist, als seine und unsere Ehre; mit den Merkmalen der öffentlichen Achtung geziert, werde ich unserem Souverain und der Welt jene Tapferen vorstellen, die sich um das Vaterland verdient gemacht haben und deren Namen ich ewig in meinem Herzen tragen werde.

»Noch bleibt mir eine Erinnerung übrig: der wahre Soldat ist nur dem bewaffneten Feinde furchtbar; ihm dürfen die bürgerlichen Tugenden nicht fremd sein. Außer dem Schlachtfelde, gegen den wehrlosen Bürger und Landmann ist er bescheiden, mitleidig und menschlich. Ich werde jeden muthwilligen Frevel um so strenger ahnden, als die Absicht unseres Monarchen nicht dahin geht, benachbarte Völker zu bedrücken, sondern sie von ihren Bedrückern zu befreien und mit ihren Regenten ein festes Band zur Entwickelung einer dauerhaften Ruhe und zur Handhabung allgemeiner Wohlfahrt und Sicherheit zu knüpfen.

»Bald werden fremde Truppen im innigen Vereine mit uns den gemeinschaftlichen Feind bekämpfen; dann, tapfere Waffengefährten, ehret und unterstützt sie als Eure Brüder. Nicht Ruhmredigkeit, sondern männliche Thaten ehren den Krieger; durch Kühnheit vor dem Feinde müsst Ihr zeigen, dass Ihr die ersten Soldaten seid!

»So führe ich Euch dann einst, begleitet von der Achtung der Feinde und von dem Dankgefühle fremder Nationen, nach erkämpftem rühmlichen Frieden in das Vaterland zurück, wo Euch die Zufriedenheit unseres Monarchen, der Beifall der Welt, die Belohnung der Tapferkeit, die Segenswünsche Eurer Mitbürger und das Selbstgefühl verdienter Ruhe erwarten.

Erzherzog Carl m. p., Generalissimus.«

Diese erhabenen Worte riefen in der Armee große Begeisterung hervor.

Am 15. April hatte die kaiserliche Armee die Isar erreicht, das 4. Corps stand zwischen Görzen und Reisbach an der Vils, das Regiment Czartoryski cantonierte in Fronthausen. Am 16., nachdem es um 10 Uhr vormittags bei Dingolfing die Isar überschritten hatte, setzte es den Marsch auf der Straße gegen Landshut fort und kam abends bei Wörth an, nachdem es noch am Marsche den Kanonendonner von Landshut vernommen hatte, wo sich der Erzherzog an diesem Tage mit dem 3. und 5. Armee- und dem 1. Reserve-Corps den Übergang über die Isar erzwang.

Bei der nun folgenden Vorrückung gegen die Laber marschierte das 4. Armee-Corps am 17. bis Essebach und am 18. bis Rohr, wo es sich bei einbrechender Nacht mit dem 3. Armee-, dem 1. Reserve-Corps und einer Division des 5. Armee-Corps vereinte.

Dieser Theil der Armee erhielt nachts die Angriffsdisposition gegen den Marschall Davoust, der vor Regensburg stehen sollte; denn der Erzherzog hatte beschlossen, sich mit vereinter Kraft gegen diesen Punkt zu wenden, um sich den Weg zur Vereinigung mit dem aus Böhmen im Anzuge begiffenen 1. und 2. Armee-Corps zu bahnen.

Infolge dieser Disposition wurde das 4. Armee-Corps am 19. um 5 Uhr gegen Dinzlingen in Bewegung gesetzt.

Das Regiment Czartoryski folgte in der Marschordnung hinter dem Regimente Reuß-Greiz, welches an der Tête marschierte. Die Grenadier-Brigade Rohan schloss unmittelbar hinter dem Corps an.

Gefecht bei Dinzlingen.

Der Feind hatte den Wald zwischen Schneidert und Dinzlingen besetzt und jenseits des ersteren Ortes stieß die Avantgarde auch auf dessen Vorposten, nach deren Vertreibung das Corps weiter gegen Dinzlingen vorrückte. Die dortigen Anhöhen und der Wald, der in der linken Flanke lag, waren stark und vortheilhaft besetzt. Feldmarschall-Lieutenant Fürst Rosenberg ließ nun die Regimenter Coburg und Erzherzog Ludwig sich gegen den Wald entwickeln und befahl ihnen, den Feind von da zu vertreiben, während er die Regimenter Czartoryski und Reuß-Greiz zum Angriffe des Feindes im offenen Terrain bestimmte.

Dieser wurde hier zwar ohne Mühe geworfen und die Höhen von Dinzlingen erreicht, aber um desto hartnäckiger vertheidigte er sich im Walde und blieb dadurch während der Vorrückung des Corps in dessen Flanke.

Während daselbst die Regimenter Erzherzog Ludwig und Coburg mit abwechselndem Glücke kämpften, brach eine feindliche Grenadier-Colonne zwischen dem linken Flügel und den beiden Regimentern Czartoryski und Reuß-Greiz durch und schien die Absicht zu haben, sich auf die Communication des Corps zu setzen. Ein Bataillon Reuß-Greiz und das 1. Bataillon des Regimentes unter Commando des Oberstlieutenants Baron Mac-Elligot wurden dieser Colonne entgegengestellt und es gelang ihnen, sowie den Regimentern Coburg und Erzherzog Ludwig, den Feind zurückzuwerfen, die Höhen von Dinzlingen zu behaupten und den Feind aus dem offenen Terrain zu vertreiben; aber im Walde zwischen Dinzlingen und Hausen behaupteten sich die Franzosen hartnäckig und widerstanden allen Angriffen sowohl des 4. als des 3. Armee-Corps, zu dessen letzteren Unterstützung die Grenadier-Brigade Rohan, welche zur Deckung des Rückens auf den Höhen bei Schneidert stehen geblieben war, gegen Abend abrückte. Ein starkes Gewitter hatte jedoch das Gefecht schon beendet.

Das 4. Corps bezog spät abends ein Lager vor Dinzlingen.

Vom Verluste des Regimentes in diesem Gefechte ist nur so viel bekannt, dass Oberstlieutenant Baron Mac-Elligot verwundet wurde.

Am 20. blieb das Corps in seiner Aufstellung und auch der Feind behielt den Wald sowohl gegen Abach, als gegen Hausen besetzt. Die Grenadiere marschierten auf die Höhen zwischen Höheburg und Eglofsheim ab.

Gefechte bei Schneidert und Ober-Leuchling.

Am 21. April rückte mit Tagesanbruch der Feind in beträchtlicher Stärke aus der Gegend von Buch und Tengen gegen die Höhen von Schneidert vor, und da daselbst nur 1 Bataillon Chasteler nebst 1 Escadron stand, wurden die Regimenter Czartoryski und Reuß-Greiz, 1 Bataillon Chasteler, 1 Grenz-Bataillon und Vincent Chevauxlegers auf diesen bedrohten Punkt zur Deckung der linken Flanke und zur Verbindung mit dem 3. Armee-Corps beordert.

Der Feind rückte indessen mit Übermacht und Schnelligkeit heran, und nachdem er die Avantgarde des 3. Armee-Corps zurückgedrückt hatte, wandte er seine ganze Macht gegen die linke Flanke des 4. Armee-Corps und bemächtigte sich so schnell des von Päring nach Dinzlingen führenden Weges, dass die Höhen von Schneidert geräumt werden mussten.

Das Corps zog sich nun nach Ober-Leuchling zurück und nahm daselbst Stellung. Die Regimenter Czartoryski und Reuß-Greiz besetzten auf dem linken Flügel die Waldspitze bei Ober-Leuchling und den Kirchhof des Ortes, in welcher Position sich behauptet und dadurch auch der Disposition des Tages entsprochen wurde, nach welcher das 4. Armee-Corps angewiesen war, die Straße von Eckmühl nach Eglofsheim zu decken.

Die Grenadiere im Reserve-Corps, welches seiner großen Entfernung wegen zu spät ankam, nahmen an diesem Tage am Gefechte keinen Antheil.

Gefecht bei Echmühl.

Am 22. April herrschte bis 1 Uhr nachmittags beiderseits die vollkommenste Ruhe, und erst um diese Zeit erfolgte von feindlicher Seite auf allen Punkten mit großer Übermacht der Angriff. Das 4. Corps musste sowohl gegen Eckmühl, als den Leuchlinger Wald Front machen und wehrte sich heldenmüthig durch 3 Stunden, bloß auf sich allein angewiesen, gegen eine ganze feindliche Armee.

Aber nicht allein das rechte Laberufer, sondern auch Eckmühl und der dahinter an der Regensburger Straße liegende Wald mussten von der Division Vukassovich des 3. Armee-Corps verlassen werden, wodurch die linke Flanke und der Rücken des 4. Armee-Corps ganz bloßgestellt wurden, das sich nun vor dem überlegenen Feinde, welcher insbesondere den linken Flügel, wo das Regiment Czartoryski stand, hart drängte, zum Rückzuge genöthigt sah, welchen es gegen Eglofsheim antrat.

Als Erzherzog Carl diese Lage der Dinge vernahm, beorderte er alle 3 in der Vorrückung gegen Abach begriffenen Colonnen des 2. und 3. Armee-Corps und das Reserve-Corps zur Aufnahme des retirierenden 4. Corps, welches sich nun über Regensburg bis Burg Weiting zurückzog, zwischen welchen Orten die ganze Armee Stellung nahm.

In der Relation über dieses Gefecht werden unter jenen Officieren, welche jede Gelegenheit benützten, ihre Tapferkeit und Umsicht an den Tag zu legen, der Oberst Baron Watlet und Oberstlieutenant Baron Mac-Elligot genannt, welcher, obschon verwundet, die Affaire dennoch mitgemacht hatte.

Corporal Franz Lothringer wurde mit der silbernen Tapferkeits-Medaille decoriert. Dieser Brave rettete den schwer verwundeten Hauptmann Graf de Lens vor feindlicher Gefangenschaft, indem er ihn den Händen von zwei französischen Infanteristen entriss, auf ein Pferd setzte und dadurch der drohenden Gefahr entzog. Kaum hatte er dies bewerkstelligt, als eine feindliche Cavallerie-Abtheilung heransprengte und ihm jeden Ausweg versperrte, so dass ihm nichts übrig blieb, als sich gefangen zu geben.

Der Verlust des Regimentes in den Gefechten vom 21. und 22. April war ein sehr beträchtlicher und betraf namentlich die 3. und 4. Compagnie, welche, mit Ausnahme von 29 Mann, die in feindliche Gefangenschaft fielen, vollständig vernichtet wurden.

Unter den Verwundeten befanden sich:

Oberst Baron Watlet; Major Greth, Melchior; Hauptmann Graf de Lens, Ringelsheim; Oberlieutenant Wohlleben.

In Kriegsgefangenschaft fielen:

Major Greth; Hauptmann Ringelsheim, Wouwermanns; Oberlieutenant Wohlleben, Reitschuster; Unterlieutenant Sobolewski, Sieber, Reindl.

Der Verlust an Mannschaft ist nicht bekannt.

Die Grenadiere hatten sich an diesem Tage über Eglofsheim zurückgezogen und bei Köffering Stellung genommen.

Am 13. erfolgte der Rückzug über die Donau. Das 4. Corps passierte um 5 Uhr morgens über die steinerne Brücke den Strom und marschierte bis Kirn, am 24. bis Bruck und am 25. bis Cham an der böhmischen Grenze, wo sich das 4. Armee- und das 1. Reserve-Corps vereinten und auch Major Mesmacre mit dem 3. Bataillon zum Regimente einrückte.

Das 4. Corps bildete den linken Flügel an der Fürther Straße.

Bei dem weiteren Rückzuge der Armee durch Böhmen, welcher zur Cotoyierung des linken Donauufers angetreten wurde, ward dem 4. Armee-Corps in Verbindung mit den andern die Route über Bistritz, Welhartitz, Berg, Reichenstein, Winterberg, Prachatitz, Ochsbrunn, Krumau, Kaplitz nach Gratzen angewiesen, wo sich das 1., 2., 3., 4. Armee- und das 1. Reserve-Corps am 8. Mai wieder vereinigten und sodann am 9. nach Schützenberg, am 10. nach Zwettl marschierten.

Von hier aus erfolgte nun die weitere Vorrückung gegen Wien, welches am 14. Mai in Feindeshände fiel. Die Kaiserstadt sollte Zeuge des bevorstehenden Riesenkampfes zwischen Österreichs todesmuthigem Heere und Frankreich sammt dessen Verbündeten sein.

Am 16. Mai, wo sich die Armee ganz vereinigte, rückte das 4. Armee-Corps in das Lager zwischen Enzesfeld und Groß-Ebersdorf, die Grenadiere in jenes bei Pillichsdorf. Das

Regiment Czartoryski wurde in die Division Dedovich eingetheilt.

Die Armee stand in 2 Treffen zwischen dem Bisamberge und dem Russbache auf den Höhen von Gerasdorf.

Das Hauptquartier des Erzherzogs Carl befand sich seit 16. Mai in Groß-Ebersdorf.

Die Kette unserer Vorposten dehnte sich, das linke Donau-Ufer entlang, einerseits bis an die March, anderseits bis gegen Krems aus.

Am 19. Mai meldeten die Vorposten, dass der Feind die Lobau unterhalb Wien besetzt habe, sich daselbst stündlich verstärke und dass es den Anschein habe, als ob, gedeckt durch die Au, an einer Brücke über den Hauptarm der Donau gearbeitet würde. Von den Höhen des Bisamberges sah man das ganze rechte Donauufer in eine endlose Staubwolke gehüllt, das Blitzen der Gewehre verrieth eine allgemeine Truppenbewegung von Wien über Simmering gegen Kaiser-Ebersdorf.

Um über die Absicht des Gegners ins Klare zu kommen, ließ Erzherzog Carl am Morgen des 20. Mai durch einen Theil der Vortruppen eine Recognoscierung gegen die Lobau vornehmen, infolge welcher man bald zur Überzeugung kam, dass der Feind sich zu einem ernstlichen Angriffe vorbereite.

Erzherzog Carl beschloss, den Donau-Übergang nicht zu stören, sondern den Gegner erst nach erfolgtem Debouchieren auf dem Marchfelde anzugreifen. Demgemäß erhielten auch die Vortruppen den Befehl, sich nach Maßgabe der Ausbreitung des Gegners am linken Donauufer, gegen den Russbach zurückzuziehen.

Schlacht bei Aspern.

Mit Tagesanbruch des 21. Mai ließ der Erzherzog die Armee ins Gewehr treten und formierte dieselbe zwischen dem Bisamberge und dem Russbache auf der sanften Höhe nördlich Gerasdorf in zwei Treffen.

Das Corps Feldmarschall-Lieutenant Hiller bildete den rechten Flügel der Armee bei Stammersdorf; neben ihm marschierte das 1. Corps General der Cavallerie Graf Bellegarde, dann das Corps des Feldmarschall-Lieutenants Fürsten von Hohenzollern in der Höhe von Deutsch-Wagram auf. Das Corps des Feldmarschall-Lieutenants Fürsten Rosenberg stand am Russbache und hielt Deutsch-Wagram stark besetzt. Das Cavallerie-Corps unter Commando des Generals der Cavallerie Fürsten von Liechtenstein stand in zwei Treffen zwischen den Corps Hohenzollern und Rosenberg; das Grenadier-Corps als Armee-Reserve bei Zeyring. Das Corps des Feldzeugmeisters Fürsten von Reuß, welches an der bevorstehenden Schlacht keinen Antheil nehmen sollte, hielt den Bisamberg und die Auen aufwärts der Donau besetzt.

Um 9 Uhr vormittags ließ Erzherzog Carl die Gewehre in Pyramiden stellen und abkochen; bald darauf meldeten die Beobachtungsposten auf dem Bisamberge, dass die Brücke über den Donaustrom hinter der Lobau, wie deutlich erkennbar, nunmehr ganz vollendet sei und Truppen die große Donau sowohl über jene Brücke, als auch auf zahlreichen Fahrzeugen fortwährend passieren. Auch die Truppen meldeten die allmähliche Ausbreitung des Feindes in Stadl Enzersdorf, Esslingen und Aspern, sowie seine Vorrückung gegen Hirschstetten.

Erzherzog Carl eilte nun nach Gerasdorf und erließ folgende, vom Chef seines General-Quartiermeisterstabes Baron Wimpffen entworfene Schlacht-Disposition:

»Der Angriff wird in fünf Colonnen unternommen.

»Die 1. oder rechte Flügel-Colonne bildet das Corps des Feldmarschall-Lieutenants Hiller. Dieses rückt aus seiner gegenwärtigen Stellung in der Richtung zwischen dem »Spitz« und Leopoldau längs der nächsten Donauarme vor, longiert das linke Ufer abwärts gegen Stadlau und Aspern, hält sich immer zunächst der Donau und hat den Feind, der ihm vermuthlich auf dem nämlichen Wege begegnen wird, mit allem Nachdrucke zurückzuwerfen und vom linken Ufer abzudrängen.

Die 2. Colonne bildet das Corps des Feldmarschall-Lieutenants Hiller. Dieses rückt, Gerasdorf links lassend, gegen Leopoldau, sucht die Verbindung rechts und links mit der 1. und 3. Colonne und rückt über Kagran gegen Hirschstetten vor.

»Die 3. Colonne bildet das Corps des Feldmarschall-Lieutenants Fürsten von Hohenzollern. Dasselbe marschiert über Süßenbrunn auf Breitenlee und von da nach Aspern.

»Die 4. Colonne unter Anführung des Feldmarschall-Lieutenants Fürsten Rosenberg bildet der auf dem rechten Ufer des Russbaches stehende Theil des Rosenberg'schen Corps. Dieser rückt über Aderklaa und Raasdorf gegen Esslingen vor.

»Die 5. Colonne wird von dem am linken Ufer des Russbaches zwischen Deutsch-Wagram und Baumersdorf stehenden Theile des Rosenberg'schen Corps formiert. Dieser passiert bei Baumersdorf den Russbach, lässt Raasdorf und Bischdorf rechts liegen, sucht Stadl-Enzersdorf links zu umgehen und sichert die eigene linke Flanke durch das Husaren-Regiment Erzherzog Ferdinand.

»Die Cavallerie-Reserve unter dem General der Cavallerie Fürsten von Liechtenstein marschiert über Aderklaa und hält sich stets in einer solchen Entfernung zwischen den Têten der 3. und 4. Colonne, um erforderlichenfalls bei der Hand zu sein, das Gros der feindlichen Cavallerie zurückwerfen zu können.

»Das Reserve-Corps der Grenadiere endlich marschiert von Seyling in die Position, welche vorher das Bellegarde'sche Corps hinter Gerasdorf eingenommen hat.

»Alle Colonnen und Corps brechen um 12 Uhr mittags auf. Jede Colonne bildet ihre eigene Avantgarde. Von dem Cavallerie-Corps wird die Brigade Vecsey der 2. Colonne und das Regiment O'Reilly der 3. beigegeben.

»Die Hauptsache ist, den Feind ganz über die ersten Donauarme zurückzuschlagen, seine Brücke über dieselbe zu zerstören und das Ufer der Lobau mit einer zahlreichen Artillerie, besonders Haubitzen, zu besetzen.

»Die Infanterie hat sich auf der Plaine in Bataillonsmassen mit halben Divisionen aus der Mitte zu formieren.

»Seine kaiserliche Hoheit der Generalissimus empfehlen Ordnung, geschlossenes Vorgehen und den zweckmäßigsten Gebrauch jeder Waffengattung; Höchstdieselben werden sich bei der 2. Colonne aufhalten.

Gerasdorf, am 21. Mai 1809.«

Die zur Schlacht formierte Streitmacht bestand aus 103 Bataillonen Infanterie, 148 Escadronen Cavallerie und 18 Brigade-, 13 Positions-, dann 11 Cavallerie-Batterien, zusammen circa 75.000 Mann und 238 Geschütze.

Napoleon hatte die größtentheils aus massiven Häusern bestehenden Ortschaften Aspern und Esslingen, welche überdies von Erdaufwürfen umgeben und durch eine doppelte Linie natürlicher Gräben verbunden waren, als natürlichen Brückenkopf benützt, um das Debouchieren seiner Armee zu ermöglichen.

In Esslingen befand sich überdies ein crenelierter Speicher mit drei Stockwerken, welchen mehrere hundert Mann vertheidigten; in Aspern ein Friedhof, dessen starke Einfriedungsmauer den hartnäckigsten Widerstand zuließ. Die Westseite Asperns lehnt sich an einen Nebenarm der Donau und beide Dörfer hatten gesicherte Verbindung mit den hochstämmigen Auen, welche die gedeckte Ansammlung der debouchierenden Truppen ermöglichten.

Die Divisionen Molitor, Boudet, Nansouty, Legrand, Espagne, Lasalle und Ferrand, die Garden, die württembergischen, hessen-darmstädtischen und badischen Hilfstruppen hatten sich in dem durch die genannten Ortschaften gedeckten Raume bereits entwickelt und waren im Vormarsche gegen Hirschstetten begriffen, als der Zusammenstoß mit unseren Vortruppen erfolgte.

Wenn jemals eine Armee mit Begeisterung in den Kampf zog, so war es die österreichische an diesem Tage! Allgemeiner Enthusiasmus hatte sich der Truppen bemächtigt, jubelnde Kriegslieder, von den Musikbanden begleitet, ertönten weithin durch die Lüfte und wurden nur beim Anblicke des Feldherrn, der sich an die Spitze der 2. Colonne gestellt hatte, von dem tausendstimmigen Rufe unterbrochen: »Es lebe unser Kaiser! Es lebe Erzherzog Carl!« Hohe Zuversicht schwellte die Brust jedes Einzelnen und aus Aller Augen leuchtete edle Kampfbegier.

Das Regiment war in der 4. Colonne des Feldmarschall-Lieutenants Fürsten Rosenberg, Division Dedovich, welche mittags über Raasdorf abmarschierte und zur Vorrückung gegen Esslingen beordert wurde, was unter den Klängen der Regimentsmusik mit Massen aus der Mitte bataillonsweise, der Oberst Baron Watlet an der Spitze des Regiments, geschah.

Durch fünfmaliges Vordringen warf die Colonne den Feind ganz bis Esslingen zurück, bei welcher Gelegenheit der tapfere Oberst verwundet wurde und das Schlachtfeld verlassen musste, desgleichen Major Melchior, dem das Pferd unter dem Leibe erschossen wurde. In Absein des Oberstlieutenants übernahm Major de Mesemacre das Regiments-Commando.

Die Franzosen waren zwar bis Esslingen zurückgeworfen worden, das Dorf selbst aber hielten sie besetzt und fügten durch ihr heftiges Kanonenfeuer, welches sie von da unterhielten, den Truppen sehr viel Schaden bei.

Das 1. Bataillon des Regimentes unter Commando des Hauptmannes Dagrado, 1 Bataillon Reuß-Greiz, 1 Grenz-Bataillon und die mährischen Freiwilligen wurden nun vom linken Flügel der 4. Colonne in Gemeinschaft mit der 5. Colonne zum Sturme auf das Dorf beordert.

Mit besonderer Bravour und Todesverachtung rückten diese braven Truppen unter dem heftigsten feindlichen Kanonenfeuer zweimal vor; da versuchte Napoleon, während der Kampf um Aspern noch unentschieden war, das österreichische Centrum zu durchbrechen.

44 feindliche Escadronen, die Elite der französischen Cavallerie, brachen zu diesem Zwecke auf und deren rechter Flügel links von Esslingen hervor, zur selben Zeit, als der zweite Sturm auf das Dorf von der 5. und den vorgenannten 4 Bataillonen der 4. Colonne unternommen wurde.

Hiedurch wurde der rechte Flügel der 4. Colonne auf das Äußerste bedroht, doch hier standen die Infanterie-Regimenter Czartoryski, Erzherzog Ludwig und Coburg in Bataillonsmassen, mit echt militärischer Haltung und Entschlossenheit den Angriff der Eisenreiter abwartend; die Cürassier-Regimenter Fürst Moritz Liechtenstein und Erzherzog Franz hielten sich zu ihrer Unterstützung bereit.

Die feindliche Reiterei wurde hiedurch einigermaßen aus der Fassung gebracht, endlich attaquierte sie zweimal die Massen, konnte sie aber nicht berühren und wurde beidemale durch das verheerende Gewehrfeuer und durch die Gegenangriffe der österreichischen Cürassiere zurückgeschlagen. Das 2. Bataillon des Regimentes, bei welchem sich der Interims-Regiments-Commandant Major Mesemacre befand, war bei dieser Gelegenheit ganz von einem französischen Cürassier-Regimente umringt worden, wies aber alle seine Attaquen hartnäckig zurück und stürzte sich endlich mit dem Bajonnette auf den fliehenden Feind, der nun von der Reserve-Cavallerie des Fürsten Liechtenstein verfolgt und auf der Flucht durch alle seine Batterien beschossen wurde.

Kaiser Napoleon hatte diese Reiterangriffe in eigener Person geleitet.

Seine k. k. Hoheit der Generalissimus erschien wenige Augenblicke nach diesem glänzenden Gefechte beim Regimente und trug dem Major Mesemacre auf, dem ganzen Regimente nicht allein die besondere Zufriedenheit bekanntzugeben, sondern auch allen Individuen desselben für die bewiesene

Standhaftigkeit und Tapferkeit in seinem Namen zu danken, bei welcher gnädigen Ansprache der Erzherzog dem Major Mesemacre die Hand drückte.

Der Sturm auf Esslingen musste aufgegeben werden, weil der Feind sich in dem Schüttkasten, dann hinter einer Gartenmauer sehr stark verschanzt hatte. Das Regiment hatte diese Position trotz des mörderischen Feuers noch nach dem Reiterangriffe der Franzosen zweimal gestürmt. Gegen Abend wurde es aus der Schussdistanz zurückgezogen und lagerte auf dem durch die Flammen der brennenden Dörfer erleuchteten Schlachtfelde.

Nur in Aspern wüthete ein erbitterter Kampf bis nach Mitternacht.

Die Grenadiere waren an diesem Tage nicht in's Gefecht gekommen, sondern nur um 5 Uhr nachmittags von Gerasdorf noch Breitenlee vorgezogen worden.

Am 22. Mai setzte sich mit Tagesanbruch der linke Flügel der österreichischen Armee zum neuen Angriffe auf Esslingen in Bewegung. Die 4. Colonne unter Commando des Feldmarschall-Lieutenants Dedovich rückte gegen die Front des Dorfes, der wieder dienstbare Major Melchior führte das Regiment zum Sturme vor.

Schon war das Regiment Erzherzog Carl bis an das Dorf gelangt und die Vertheidiger desselben begannen zu weichen, da rückte französische Cavallerie in der Fläche links neben dem Dorfe vor und ihre sehr gut bediente Artillerie schmetterte ganze Reihen der Österreicher nieder. Das Regiment litt enorm, manche Compagnie wurde bereits durch Unterofficiere commandiert, aber dessen vielbewährte Tapferkeit und sein Muth wurden dennoch nicht gebrochen.

Die Übermacht des Feindes und die kraftvoll vereinte Wirkung aller seiner Waffengattungen vereitelten den Erfolg, des von der 4. und 5. Colonne heldenmüthig geführten Kampfes, welche sich nun darauf beschränkten, die oft wiederholten Ausfälle der Franzosen aus Esslingen zurückzuweisen, wodurch deren Absicht, sich in der Fläche auszubreiten, vollkommen vereitelt wurde.

Die Divisionen Boudet und St. Hilaire und einige Regimenter der jungen Garde waren die Truppen, die der 4. und 5. Colonne gegenüber standen.

Gegen 8 Uhr morgens, als Kaiser Napoleon den letzten vergeblichen Versuch machte, das österreichische Centrum zu durchbrechen, rückte die junge Garde von Esslingen gegen die 4. und 5. Colonne vor, aber alle ihre Angriffe wurden blutig zurückgeschlagen.

Die Infanterie-Regimenter Czartoryski, Erzherzog Ludwig und Coburg zeichneteten sich in diesem wüthenden Kampfe besonders aus.

Der ganze linke Flügel behauptete seine Stellungen ruhmvoll, ebenso auch das Centrum, zu dessen Unterstützung die Grenadiere von Breitenlee, wo sie als Reserve standen, herangezogen worden waren.

Der Feind wurde vollständig in die Linie zwischen Aspern und Esslingen zurückgedrängt und Aspern erobert. Das eigene hohe Beispiel des Helden Erzherzog Carl hatte die Truppen bis auf das äußerste begeistert.

Nach der Eroberung von Aspern rückten die Grenadiere zur 4. und 5. Colonne ab und unterstützten gegen Mittag deren abermaligen Angriff auf Esslingen.

Das Regiment Czartoryski stürmte mit der 4. Colonne den Schüttkasten auf der Nordseite. Bis um 1 Uhr währte der Kampf, als um diese Zeit der Erzherzog die Angriffe einzustellen befahl, um nutzloses Blutvergießen zu vermeiden; denn der bereits auf allen anderen Punkten im Rückzuge begriffene Feind musste ja diese Position ohnehin räumen.

Die Nacht wurde vom Regimente in der Aufstellung vor Esslingen zugebracht und als am folgenden Tage um 3 Uhr morgens die Franzosen sich auf die Lobau zurückzogen, besetzte das 4. Armee-Corps die Linie hinter Esslingen bis gegen die Stadt Enzersdorf; seine Vorposten standen an der Donau.

Zum erstenmale war Napoleon besiegt worden und zwar durch die österreichischen Waffen allein, ohne einen Verbündeten. Staunend vernahmen die Völker Europas diese Nachricht.

Die diesfällige Gefechts-Relation sagt auszugsweise:

»Die Infanterie hat eine neue glänzende Laufbahn betreten und durch das bezeugte feste Vertrauen in ihre Selbständigkeit sich den Weg zu neuen Siegen gebahnt.

Seine k. k. Hoheit der Generalissimus haben zwar die Ihrem Herzen theuere Verbindlichkeit übernommen, dem Monarchen und dem Vaterlande die Namen jener Männer bekannt zu machen, die an diesem ruhmvollen Tage den thätigsten Antheil genommen, aber Höchstdieselben bekennen mit gerührter Empfindung, dass es bei dem allgemeinen Wettstreite der höchsten militärischen Tugenden kaum möglich sei, die Tapfersten zu sondern, und erklären alle Soldaten von Aspern der öffentlichen Dankbarkeit würdig.«

Weiters nennt die Relation unter den Ausgezeichneten den Obersten Baron Watlet, der am Tage nach der Schlacht zum Generalmajor avancierte, den Hauptmann und Bataillons-Commandanten Caspar Dagrado und den schwer verwundeten Oberlieutenant Franz Romain.

Von der Mannschaft erhielten die silberne Tapferkeits-Medaille: die Feldwebel de Lorang und Lucas; die Corporale Schiska, Wagner und Schlered.

Das Regiment hatte an diesem zweitägigen Kampfe folgenden Verlust erlitten:

Todt: Fähnrich Wasilewski und 324 Mann.

Verwundet: Oberst Baron Watlet: Oberlieutenant Romain nebst noch 21 Officieren, deren Namen nicht verzeichnet sind und 372 Mann.

Vermisst: 228 Mann.

Die Grenadiere hatten 3 Todte und 2 Verwundete.

Das 4. Armee-Corps hatte überhaupt den größten Verlust mit 1459 Todten, 3269 Verwundeten und 813 Gefangenen und Vermissten.

An die Stelle des zum Generalmajor avancierten Obersten Baron Watlet wurde der Oberstlieutenant Carl Baron Mac-Elligot zum Obersten und Regiments-Commandanten, Major Jakob von Melchior zum Oberstlieutenant und Hauptmann Heinrich Graf Orlandini zum Major befördert.

Statt des als verwundet in feindliche Kriegsgefangenschaft gerathenen Majors Greth war schon am 1. Mai der Hauptmann Vincenz Resch von Rehimfeld zum Major vorgerückt.

Der Verlust des Feindes war ungeheuer und kann nur durch die mörderische Wirkung unseres concentrischen Feuers auf einem verhältnismäßig beschränkten Raume erklärt werden. Die Generale Lannes, d'Espagne, St. Hilaire und Albuquerque blieben todt auf dem Schlachtfelde; Massena, Bessières, Molitor, Legrand, Lasalle und zwei Brüder Lagragne wurden verwundet; Durosnel und Fouler geriethen in Gefangenschaft. Mehr als 7000 Mann und eine noch größere Anzahl Pferde wurden auf dem Schlachtfelde begraben, fünftausend und einige hundert Blessierte in unsere Verbandhäuser gebracht. In Wien und den Vorstädten befanden sich 30.000 Verwundete. Hunderte von Leichen schwammen auf der Donau; viele fanden den Tod in dem schwer zugänglichen Buschwerk der Auen und als später der Wasserstand fiel, kamen noch unzählige Leichname zu Tage.

Napoleon war nach der Schlacht bei Aspern bemüht, die Insel Lobau in besten Vertheidigungszustand zu setzen. Die schon vor der Schlacht angelegten Verschanzungen wurden erweitert, neue Werke errichtet und alle Mittel der Befestigungskunst aufgeboten, um die Insel in einen Waffenplatz zu verwandeln, welchem man nur durch förmliche Belagerung hätte beikommen können. Geschütze von dem schwersten Caliber wurden eingeführt. Zwei Joch-, eine Schiff- und eine Floßbrücke wurden über die große Donau geschlagen.

Alle diese Vorbereitungen gestatteten die Vermuthung, dass das Marchfeld abermals zum Schauplatze eines Schlachtendramas ausersehen sei. Erzherzog Carl traf seine Gegenmaßregeln, um dem Gegner gewachsen zu sein. Die Dörfer Aspern, Esslingen und deren Verbindung wurden durch Verschanzungen verstärkt und diese derart angelegt, dass ihre Besatzungen imstande waren, einen Angriff so lange in Schranken zu halten, bis das Gros sich aus seiner rückwärtigen Stellung zwischen Stammersdorf und Markgraf-Neusiedl entwickelt hatte.

Am 14. Juni erließ Erzherzog Carl folgenden Armee-Befehl:

»Die Armee hat in den Schlachten vom 21. und 22. Mai den alten Ruhm der österreichischen Tapferkeit aufs neue begründet; sie hat den Zauber der Unüberwindlichkeit gelöst, der die französischen Waffen zu umgeben schien, und sie hat diesem stolzen, prahlenden Feinde Ehrfurcht abgenöthigt.

»Allein, noch ist die Monarchie und die Existenz jedes einzelnen nicht gesichert. Die Lage des Feindes nöthigt ihn zu einer neuen Schlacht; er wird seine Versuche diesmal mit weniger gewagter Kühnheit, aber mit desto mehr Kraft, Anstrengung und Vorsicht unternehmen.

»Aber auch wir müssen ihm erhöhte Anstrengung und die Kraft unseres Willens, zu siegen oder zu sterben, entgegenstellen; dann ist alles gewonnen und diesmal sind die Folgen des Sieges entscheidender. Wir befreien unsere unglücklichen Brüder, unsere Angehörigen jenseits der Donau von dem Drucke eines übermüthigen Feindes und von den namenlosen Übeln, die nur im Gefolge dieses Feindes so verheerend sind.

»Mit erwartungsvollen Blicken wird man jenseits unsere Schritte beobachten, aber wir wollen und werden sie zu Zeugen unseres Ruhmes machen. Der Monarch und das Vaterland erwarten von uns den Sieg; das Gefühl unserer Überlegenheit an Muth wird uns bestimmen, dieses Vertrauen zu rechtfertigen; denn es ist keiner unter uns, der nicht eher die Freiheit des Vaterlandes durch jedes Opfer erkaufen, als sein Unglück überleben möchte.

»Die Herren Corps-Commandanten, die Herren Generale und Stabsofficiere wollen diesen Entschluss noch ihrerseits bestärken und dem Soldaten — mit der Erinnerung an die letzte Schlacht — das Vertrauen in seine Waffen und in die erprobten Vortheile der Schlachtordnung erneuern. Ich zähle, wie damals, auf ihre Aufführung und da ich nicht allenthalben Zeuge der rühmlichen Thaten sein kann, so fordere ich die Herren Corps-Commandanten auf, mir die tapferen Handlungen ihrer Untergebenen sogleich bekannt zu machen. Ich will sie belohnen; ich werde Wort halten!

»Die feindliche Armee unter dem Marschall Soult ist in Portugal zum Capitulieren gezwungen worden; der Feldmarschall-Lieutenant Chasteler hat die Franzosen und Bayern aus Tirol verjagt und diese Provinz behauptet; General Bianchi hat alle Versuche des Feindes gegen Pressburg vereitelt; unsere italienische Armee hat sich mit der Insurrection vereinigt und bildet ein starkes Heer in der rechten Flanke des Feindes.

»Sollte der Aberglaube an der Unfehlbarkeit des 14. Juni den Feind zu einem kühnen Wagnis verleiten, so müssen wir die Manen unserer bei Marengo gefallenen Brüder rächen und das Andenken jenes Tages aus dem Buche der Geschichte auf immer vertilgen.

Erzherzog Carl m. p.«

Indessen fand der erwartete Kampf an diesem Tage nicht statt. Laut eingelaufenen Nachrichten concentrierte Napoleon gegen Ende Juni 150.000 Mann bei Kaiser-Ebersdorf.

Die Vortruppen erhielten den Befehl, sich näher an die Hauptstellung der Armee zurückzuziehen. Erzherzog Johann der in Pressburg stand, sollte über Marchegg zur Armee stoßen und hierauf im Vereine mit ihr vorgehen. Der Courier mit dieser Ordre gieng am 4. Juli abends aus dem Hauptquartiere ab, traf am 5. um 5 Uhr morgens in Pressburg ein und es schien demnach die Mitwirkung des Erzherzogs Johann am Tage der Schlacht, welche am 6. erwartet wurde, gesichert.

In der Nacht vom 4. auf den 5. Juli, bei einem furchtbaren Gewitter, eröffneten die Franzosen das Feuer und begannen, den schmalen Donauarm, welcher die Lobau vom Marchfelde trennt, zu übersetzen.

Den 5. Juli gegen 6 Uhr morgens hatte der Feind die Verschanzungen zwischen Esslingen und Enzersdorf genommen und sich gegen Raasdorf in Bewegung gesetzt. Um 4 Uhr nachmittags drang er in der Richtung von Aderklaa und Großhofen vor.

Jetzt traten die Corps Rosenberg, Hohenzollern und Bellegarde in's Gewehr und erwiderten aus ihren Positions-Batterien das lebhafteste Feuer, welches gegen unsere Stellung hinter dem Russbache gerichtet war.

Das Regiment nahm an dieser denkwürdigen Schlacht keinen unmittelbaren Antheil, indem es sich seit 26. Juni beim 5. Armee-Corps Fürst Reuß befand, welches an der schwarzen Lacken stand. Es gehörte zur Brigade Neustädter und das 4. Brünner Landwehr-Bataillon war ihm zugetheilt.

Die Grenadier-Division jedoch konnte wenigstens am zweiten Schlachttage dazu beitragen, dass auch der Name »Wagram« in der Regiments-Geschichte glänze.

Schlacht bei Wagram.

Am 5. Juli, dem ersten Schlachttage, stand das Grenadier-Bataillon Legrand im Grenadier-Corps vor Seyring, welches für den folgenden Tag nebst dem 3. und 6. Armee-Corps die Bestimmung hatte, den feindlichen linken Flügel anzugreifen.

Demgemäß rückte das Grenadier-Corps am 6. über Gerasdorf nach Süßenbrunn und nahm, nachdem Aderklaa durch das 1. Armee-Corps besetzt worden war, zwischen diesem Orte und Süßenbrunn Stellung, woselbst es den

Sturm der französischen Angriffs-Colonne St. Cyr auf Aderkaa abweisen half, indem es diese in die Flanke nahm.

Später rückte die Division des Feldmarschall-Lieutenants Prohaska, in der das Bataillon Legrand in der Brigade Steyerer eingetheilt war, gegen Breitenlee vor, um da den Zwischenraum zwischen dem Grenadier- und 3. Armee-Corps auszufüllen.

Obschon nur in einem Treffen formiert, wies diese tapfere Division alle Angriffe der Franzosen, welche hier, als an einem der schwächsten Punkte der österreichischen Stellung, durchbrechen wollten, standhaft zurück und erst nachmittags 1 Uhr, als das Schicksal der Schlacht durch die äußerste Bedrohung des österreichischen rechten Flügels bei Markgraf-Neusiedl und das Nichterscheinen des Pressburger Armee-Corps in dieser Richtung, entschieden war, zogen sich die Grenadiere über Aderklaa und Süßenbrunn auf die Höhen von Gerasdorf zurück und nahmen später bei Korneuburg Stellung.

Der Verlust des Grenadier-Bataillons Legrand bestand an diesem Tage in 17 Todten, 32 Verwundeten und 1 Vermissten.

Das 5. Armee-Corps hatte keinen Antheil an der Schlacht genommen, indem es den Bisamberg, die schwarzen Lacken und die obere Donau bei Krems besetzt hielt.

Am 7. Juli bezogen das 1., 3., 5., dann das Grenadier- und Reserve-Corps eine Stellung auf den Höhen bei Kreuzenstein, von wo das 5. Armee-Corps mit einbrechender Nacht seinen anbefohlenen Rückzug über Stockerau bis auf die Höhen von Gollersdorf fortsetzte, wo à cheval der Straße gelagert wurde.

Am 8. Juli lief im Hauptquartier zu Guntersdorf die Meldung ein, dass eine feindliche Colonne unter Marschall Davoust über Saar und Laa gegen Znaim im Anmarsche sei und ihre Avantgarde bereits Erdberg, am linken Ufer der Thaya, erreicht habe.

Diese Nachricht wurde bald darauf bestätiget. Es war demnach dringend geboten, das Défilé noch vor Ankunft des Feindes zu erreichen und sich der Straße nach Prag zu versichern. Das ganze Grenadier- und Cavallerie-Reserve-Corps brach sofort auf, um die Höhen bei Znaim beiderseits der Thaya zu besetzen.

Die Armee folgte am 10. mit Tagesanbruch und nur das 5. Armee-Corps blieb als Arrièregarde bei Schöngraben stehen.

Treffen bei Znaim.

Das Grenadier-Corps langte an diesem Tage zeitlich früh bei Znaim an und war eben im Begriffe, Stellung zu nehmen, als Marmont auf der Lechwitzer Straße schon gegen die Stadt heranrückte. Es galt nun den ganzen Armeetrain zu retten, der vor Znaim aufgefahren war.

Die Grenadier-Brigade Steyerer rückte daher rasch über das Dorf Teswitz hinaus und drückte die Bayern zurück.

20 feindliche Geschütze donnerten ihr bald entgegen und demontierten ihre wenigen Dreipfünder; aber dennoch behauptete sich die tapfere Brigade gegen eine bedeutende Überzahl so lange, bis sie sich nach einer fünfstündigen Vertheidigung der Höhen endlich auch im Rücken bedroht sah; nun erst zog sie sich fechtend auf die in den Weingärten vor Znaim stehende Grenadier-Brigade Murray zurück und besetzte die den Ausgang des Dorfes Teswitz dominierenden Höhen.

Teswitz selbst wurde sofort vom Feinde besetzt und das Geplänkel dauerte bis spät in die Nacht. Noch abends wiesen die Grenadiere einen Angriff der bayerischen Cavallerie herzhaft zurück.

Inzwischen hatte noch in später Nachmittagsstunde das 3. und 6. Corps den Thayaübergang vollendet. Mit Tagesanbruch des 11. Juli hatten alle Corps den Aufmarsch vollendet. Das 5. Corps, welches in der Nacht zur Armee gestoßen war, bildete den rechten Flügel; es hielt die Stadt Znaim, die Anhöhen südlich Klosterbruck und diesseits Teswitz besetzt, hatte die Brücke über die Thaya stark verrammelt und hielt links über eine tiefe Schlucht Verbindung mit dem 1. Corps.

Das Gros des 5. Corps und in demselben das Infanterie-Regiment Czartoryski stand in zwei Treffen hinter dem Ravin von Grund aufmarschiert, die leichten Truppen in und vor Schöngrabern.

Das Gefecht begann damit, dass eine französische Infanterie-Abtheilung über Hollabrunn hinausrückte und die Vorposten etwas zurückdrückte. Bald folgte ihr eine starke feindliche Cavallerie-Colonne mit 16 Kanonen und auch der größte Theil des feindlichen Corps, welches ohne Zögern zum Angriffe auf Schöngrabern schritt, das von den Jägern heldenmüthig vertheidigt und erst dann geräumt wurde, als es in Brand gerieth.

Nun verließ auch das Gros des 5. Armeecorps seine Position bei Grund, welches noch von der Arrièregarde so lange vertheidigt wurde, bis das Corps das Défilé von Guntersdorf zurückgelegt hatte und Jetzelsdorf nahte.

Um 11 Uhr nachts überschritt das 5. Armeecorps die Brücke bei Znaim und marschierte auf dem äußersten rechten Flügel an der Thaya vorwärts der Stadt auf.

Am 11. Juli früh besetzte das 5. Corps die Stadt Znaim und die vorliegenden Abhänge, der großen Armee als Stützpunkt des rechten Flügels dienend. Die Brigade Neustädter, bestehend aus den Infanterie-Regimentern Czartoryski und Reuß-Greiz, nebst den zugetheilten 3. und 4. mährischen Landwehr-Bataillonen, besetzte den Abhang vor der Stadt gegen das Dorf Teswitz.

Das Grenadier-Corps stand in zwei Treffen zwischen Brendlitz und der Straße nach Iglau.

Die feindliche Armee hatte auf den Höhen hinter Teswitz und Zuckerkandl, das Corps Massena bei Neu-Schallersdorf Stellung genommen.

Schon mit Tagesanbruch begann der Kampf. Feindliche Tirailleurs umgaben um diese Zeit die Position bei Teswitz und um 7 Uhr morgens war der Angriff derselben bereits sehr heftig; doch gelang es dem überlegenen Feinde erst dann vorzudringen, als das Corps unter dem heftigsten Kartätschenfeuer die vordersten Truppen zurückgeworfen und die Thayabrücke passiert hatte.

Zweimal wurde die steinerne Brücke wieder genommen; doch konnte sie auf die Dauer nicht mehr behauptet werden, da der Feind durch sein auf den dominierenden Höhen placiertes zahlreiches Geschütz zu sehr begünstigt war und sowohl hier wie von Teswitz und Zuckerkandl immer frische Colonnen zum Angriffe vorrücken ließ, gegen welch' letztere die Truppen der Brigade Neustädter mit ausdauernder Tapferkeit bis 4 Uhr nachmittags fochten. Um diese Zeit mussten sie endlich der Übermacht weichen und es gelang dem Feinde, bis nahe an das Wiener-Thor vorzurücken. Aber da eilte die Brigade Murray zur Unterstützung der erschöpften Truppen des Generalmajors Neustädter herbei und trieb die Franzosen, die in gedrängter Colonne auf der Chaussée standen, bis zur Brücke zurück.

Dieser gelungene Angriff begeisterte alle Truppen, sie waren nicht zurückzuhalten — alles lief vorwärts und wollte am Kampfe theilnehmen. Da sprengte eine Colonne französischer

Cürassiere in die Flanke; nachdem aber wegen des heftigen Regens kein Gewehr mehr losgieng, mussten sich die Truppen wieder nach Znaim zurückziehen.

Erst am Abende machte das Erscheinen des Marschalls Berthier mit Waffenstillstands-Anträgen diesen Kämpfen zwischen Klosterbruck und Znaim ein Ende.

Am ersten Tage betrug der Verlust: 2 Officiere und 61 Mann an Todten, Verwundeten und Vermissten. Unter den Verwundeten befand sich Unterlieutenant Grouvineck der eigenen Grenadier-Division.

Am zweiten Tage: 3 Officiere und 50 Mann an Todten und Verwundeten, 86 Vermisste und 81 Gefangene.

Unter den besonders Ausgezeichneten wird in der Relation der Major Josef Mesemacre Vicomte de Lardenosi des Regimentes ehrenvoll genannt.

Der Corporal Martin Lothringer wurde mit der silbernen Tapferkeits-Medaille decoriert.

Am folgenden Tage wurde die Stadt auf Befehl an den Marschall Massena übergeben und der Erzherzog führte die Armee gegen Budwitz, bei welchem Städtchen auch das Grenadier-Corps ein Lager bezog. Das 5. Armee-Corps marschierte in jenes bei Gröschelmauth. An diesem Tage kam auch der Waffenstillstand zustande.

Am 14. marschierte das 5. Armee-Corps nach Schelletau und bezog dort und in der Concurrenz Cantonierungen, u. zw. das Regiment Czartoryski zu Sedlatitz und Markwartitz.

An der festgesetzten Demarcationslinie, d. i. gegen den Znaimer Kreis, wurden Vorposten aufgestellt.

Am 18. marschierte das Corps nach Stannern und am 19. nach Iglau, woselbst das Regiment am 21. wegen der Schwäche des ausrückenden Standes in 2 Bataillone formiert wurde, wodurch der jüngste Major Heinrich Graf Orlandini supernumerär entfiel.

Das dem Regimente seit dem Tage von Aspern zugetheilt gewesene 4. mährische Landwehr-Bataillon marschierte nach Tabor in Böhmen ab, woselbst die österreichische Hauptarmee mit 20. Juli bei Leitomischl concentriert war.

Die eigene Grenadier-Division cantonierte zu Pardubitz.

Gegen Ende Juli wurde die Armee, deren Commando der General der Cavallerie Fürst Liechtenstein erhielt, an die March und von da in das Waagthal nach Ungarn gezogen.

Am 27. Juli setzte sich das 5. Armee-Corps von Iglau in Marsch und rückte über Strassnitz, Skalitz, Nádas nach Tyrnau, wo Cantonierungen zwischen dem Gebirge und der Waag bezogen wurden. Das Regiment rückte am 16. August in die ihm zugewiesenen Stationen Rosenthal, Istvánfalva, Porowa und Pudmeritz ein, welche es am 19. September mit Modern, Czukard, Königsdorf und Dubova in derselben Gegend verwechselte.

Die Grenadiere cantonierten anfangs zu Neutra, später zu Ságh.

Den 31. Juli langte die Nachricht ein, dass Erzherzog Carl seine Stelle niedergelegt und das Armee-Commando an den General der Cavallerie Fürst Liechtenstein übergeben habe.

Der Erzherzog verabschiedete sich mit nachstehendem Befehl:

ARMEE-BEFEHL!

Hauptquartier Littau, 30. Juli 1809.

»Höchst wichtige Ursachen haben mich bewogen, Se. Majestät um Enthebung des mir anvertrauten Armee-Commandos zu bitten.

»Ich verlasse die Armee mit gerührter Empfindung; die regste Theilnahme an ihren Schicksalen, die vollste Würdigung ihres Wertes, Vertrauen auf sie und persönliche Neigung erschweren mir meine Trennung von ihr und ich schmeichle mir, dass auch sie dieses Gefühl theilen wird.

»Mein Nachfolger ist ihres ganzen Zutrauens würdig; Fürst Liechtenstein hat sich als Soldat gleich große Verdienste um den Staat gesammelt. Beseelt von seinem Geiste wird sich die Armee neuen Ruhm erwerben und jede ihrer Thaten wird eine dankbare Erinnerung in meinem Herzen erwecken«.

Erzherzog Carl m. p., Generalissimus.

Am 14. October wurde zu Schönbrunn der Friede zwischen Österreich und Frankreich unterzeichnet, worauf von Sr. Majestät dem Kaiser Franz nachstehender Armeebefehl erlassen wurde:

ARMEE-BEFEHL!

Totis, den 24. October 1809.

»Ich habe den Krieg beendet, um meinen Völkern die Segnungen der Ruhe wieder zu geben, ihr Wohl nicht länger den Zufälligkeiten ungewisser Ereignisse auszusetzen. Sie haben ihre Treue, ihre warme Anhänglichkeit in allen Gefahren bewährt und somit das Band fester und unauflöslicher geknüpft, welches den Fürsten an ein gutes Volk bindet.

»Ich erkenne in meiner Armee, an deren Thaten ich immer mit inniger Rührung zurückdenken werde, die Stütze meines Thrones, den Schutz und die Bürgschaft der künftigen Ruhe meiner Unterthanen. Sie hat in den drei letzten blutigen Schlachten die Achtung und Bewunderung der Welt erworben; die zahllosen Beweise unerschütterlicher Treue und Anhänglichkeit an meine Person geben ihr den höchsten Anspruch an meine Liebe, sind ihr der sicherste Bürge meiner Dankbarkeit. Ihr Wohl, ihre Auszeichnung wird auch ferner meine angelegentliche Sorge sein.

»Die Verdienste jedes Einzelnen nach dem Wunsche meines Herzens zu belohnen, ist jetzt, wo auch das Wohl ihrer Heimats-Angehörigen mir ebenso nahe liegt, unmöglich; doch werde meinem tapferen Heere der höchste Beweis der Dankbarkeit und Zufriedenheit, den ich unter diesen Umständen ihm zu geben vermag. Außer den bereits zahlreich erfolgten Beförderungen und den der Mannschaft zugeflossenen Gratificationen habe ich die Vertheilung der für jedes Armee-Corps resolvirenden Theresien-Ordens-Kreuzen, goldenen und silbernen Tapferkeits-Medaillen, — verbunden mit besonderen Geschenken — verfügt. Ich verordne zugleich die Abhaltung eines Ordens-Capitels und der Medaillen-Commission, damit Jeder, der durch ausgezeichnet tapfere Handlungen Verdienste erworben zu haben glaubt, seine Ansprüche geltend machen könne. Jedem soll volle Gerechtigkeit widerfahren.

»Der Friede führt nun die Armee aus dem Felde wieder zurück. Ich erwarte mit Zuversicht, dass sie den mit echter Tapferkeit verbundenen Geist der Disciplin, der Vaterlandsliebe und der Eintracht mit dem Bürger, der bis jetzt sie beseelte, aufrechterhalten, dass das wohlerworbene Gefühl ihres Wertes in ihr nicht erlöschen und jeder ihrer Vorgesetzten mit mir nach dem hohen Ziele streben werde, den Geist der Ordnung und die innere Verfassung zu erhalten, die allein uns dauernde Ruhe bei unseren Nachbarn sichern können.«

Franz m. p.

Am 2. November brach das 5. Corps aus der Gegend von Tyrnau auf und bezog am 3. neue Quartiere in und bei Neutra zwischen der Waag und Zsitva. Das Regiment wurde nach Radosna verlegt.

Am 19. November wurden endlich die Friedensgarnisonen bestimmt, aber das Regiment blieb noch bis 1. December zu Radosna, concentrierte sich erst an diesem Tage zu Neutra und rückte nun in die ihm zugewiesene Garnison Kaschau ab.

Die Grenadier-Division war am 2. November von Ságh nach Bőrösöny marschiert.

Am 20. November folgte eine neue Zusammensetzung der Grenadier-Bataillone, infolge deren die Division des Regimentes mit jenen der Infanterie-Regimenter Bellegarde und Strauch ein Bataillon unter Commando des Oberstlieutenants Portner von Bellegarde formierte, Major Legrand dagegen zum Regimente einrückte.

Dieses Bataillon kam am 30. November nach Neograd und rückte am 22. December in seine neue Garnison Pest ab.

Die infolge der Kriegsereignisse in Galizien von Przemysl abmarschierte und zu Denta im Temesvarer Comitate dislociert gewesene Dépôt-Division, welche im Laufe dieses Jahres errichtet worden war, marschierte gegen das Ende des Jahres wieder in die Werbbezirks-Station zurück und wurde daselbst aufgelöst, hingegen das 3. Bataillon neu formiert.

Die Helme bei der Infanterie wurden abgeschafft und die Csakos eingeführt.

Mit Beginn des Jahres 1810 wurden 8 Linien- und 6 1810.
Grenz-Infanterie-Regimenter aufgelöst, ferner jedes der übrigen Regimenter um zwei Füsilier-Compagnien vermindert. Die bestandenen Dépôt-Divisionen wurden aufgelassen, die Jäger-Bataillone auf je eine Division herabgesetzt, sämmtliche Landwehren und Frei-Corps aufgelöst.

Der Mannschaftsstand wurde bei dem 1. und 2. Bataillon der Infanterie-Regimenter auf 50 Mann per Compagnie herabgesetzt. Die 3. Bataillone behielten nur einen Chargen-Cadre.

Somit hatte das Regiment 16 Füsilier- und 2 Grenadier-Compagnien.

In diesem Jahre garnisonierte das Regiment in Kaschau.

Den 2. August erfolgte die Pensionierung des Hauptmannes Boileux St. Farrou und wurde ihm der Majors-Charakter ad honores verliehen.

Weiters gestattete Se. Majestät Kaiser Franz, dass der Major Freiherr von Greth, da er im letzten Kriege während seiner Gefangenschaft durch viele jüngere Kameraden übergangen wurde und einer der ältesten Majore in der Armee war, in Rücksicht seiner 30jährigen sehr belobten Dienstleistung und seines Wohlverhaltens vor dem Feinde mit dem Oberstlieutenants-Charakter, sammt der damit verbundenen Pension von 1000 fl. in den Ruhestand übernommen wurde.

Endlich wurde Hauptmann Carl Wouwermanns mit dem Majors-Charakter ad honores in den Ruhestand versetzt.

Aus den Feldacten des Kriegs-Archives ist zu ersehen, dass schon in diesem Jahre Vorbereitungen für eine allgemeine Landesbewaffnung getroffen wurden.

Das am 28. Mai vom Kaiser Franz an den Generalissimus Erzherzog Carl erlassene Cabinetsschreiben ordnete zur schnellen Organisierung und Einführung derselben, in allen Kronländern die Zusammentretung der commandierenden Generale und der Landes-Chefs an.

In Galizien wurde der General der Cavallerie Graf Bellegarde mit der Ausarbeitung dieser Projecte, sowie mit der Aufstellung der Reserve-Anstalten und der Bewaffnung betraut und sollte das Regiment ein 3. Bataillon in Sanok aufstellen, was jedoch nicht erfolgte.

Im Juni wurde Hauptmann Wilhelm von Tilke zum Generalstabe transferiert.

Aus den im k. und k. Kriegsarchiv erliegenden Akten geht hervor, dass in Kaschau von einigen Officieren des Regimentes im Gasthofe zum Adler derbe Excesse verübt wurden.

Welche Wichtigkeit auf das ehrenhafte Benehmen der Officiere gelegt wurde, ist aus dem Umstande zu ersehen, dass Kaiser Franz in einem Handschreiben an den Feldmarschall-Lieutenant Graf Bellegarde sich folgendermaßen äußert: »Der Hofkriegsrath muss sogleich das Nöthige einleiten um sowohl von der Thatbeschaffenheit eine vollständige und genaue Kenntnis zu erlangen, als die gegen die Schuldigen verhängte Strafe zu erfahren und zu sehen, ob hierinfalls mit gesetzlicher Strenge verfahren worden ist. Überhaupt gebe Ich demselben Meine Willensmeinung auf das Bestimmteste dahin zu erkennen, dass, da Mir ungemein daran liegt, die dem ehrwürdigen Militärstande gebührende Achtung aufrecht zu halten, Ich diejenigen, welche ihn durch excessive Handlungen entehren und friedliche Bürger misshandeln, nach aller Strenge bestraft und auch diejenigen Vorgesetzten scharf geahndet wissen will, die bei dergleichen Anlässen Schwäche und unzeitige Schonung äußern. Persenbeug, 11. September 1810. Franz.«

Die Dienstzeit wurde bei allen in den Erbländern Conscribierten ohne Rücksicht auf die Waffengattung mit 14 Jahren festgesetzt. Von nun an durften keine Ausländer bei der Cavallerie, Artillerie und den Jägern angenommen werden.

RANGS-LISTE

DER HERREN OFFICIERE DES INFANTERIE-REGIMENTES NR. 9 VON 1810 (CARL CLERFAYT. 1802) ADAM CZARTORYSKI.

Regiments-Stab: Kaschau in Ungarn.

Oberst: Mac-Elligot, Baron Carl.

Oberstlieutenant: Jac. Melchior.

Majore: Franz Greth (Vincenz Resch v. Rehinfeld wurde befördert), Jos. v. Mesemacre (Orlandini Delbeccuto, Graf Heinrich wurde befördert).

Hauptleute: Casp. Ferrari Dagrado, (Franz Gaudron), Baron Clem. Wenz, (Carl Hermes), Heinrich Boilleux St. Farrau, (Carl Wouwermanns), Graf Franz de Lenz, (Franz Duchesne), Wilh. Tielke, (Jos. Ringelsheim), Dom. Vanoti, (Martin Jawurek), Joh. Ansalone, (Andr. Cordier), Mich. Krail, (Steph. Wlatkovich), Melch. Damer, (Gottl. Waizenegger), Christian Nickels, (Fort. Wouwermanns), Ant. Drescher, (Joh. Baruki), Graf Tauli-gnan, Baron Trauttenberg, (D'Agier), Bernh. Duchesne.

Capitaine-Lieutenants: Felix de Betta. (Joh. Tonglet v. Bailoy), Emanuel Fabry, (Aug. Mesureur), Franz Romain, (Johann Kramich), Joh. Ballaux.

Oberlieutenants: Carl de Beauregard, (Ludwig Reitschuster), Carl Wohlleben, (Joh. Reindl), Joh. Altersheim, (Ign. Kaim), Wilhelm Mono, (Wenzel D'Antoin), Jos. Kaim, (Carl Rodriquez), Baron Carl Schönfeld, (Jac. Schott), Joh. Winkler v. Kentrzinski, (Franz Vanderstadt), Franz Lueger v. Thurnfeld, (Wilhelm Pickl), Pet. Pilchowsky, (Joh. Ostermann), Joh. Söldenhof, Baron Franz Hermes, Jos. Mostpöck, Ad. Chronscinski, Jac. Marx, Jos. Raimund, Joh. Bonjean, Joh. Fabian, Postienski, Pet. Dietrich v. Hormanstein.

Unterlieutenants: Des. Mesureur, Benj. Meyer, Heinrich Bittermann, Christian Baron Wenz, Joh. Zamberg, Felix Groenvink, Alois Pucher, Jos. Watruba, Joh. Fallaux, Alex. Eberau, Jos. Schmidt, Theod. Lilien, Joh. Sobolewski, Nic. Engerlein, Franz Stätter, Math. Christmann, Baron Vincenz Stahrenfeld, Veit Burger, Ant. Hoffmann, Sigmd. Kästner, Aug. Tempis, Ant. Schmidt, Chevl. Frz. Massa, Stanisl. Górsky, Martin Czarnecki, Theoph. Lodynski, Franz Pisker, Carl Hampe, Ant. Stuasgy, Joh. Hafner, Joh. Gulfinger v. Steinsberg, Carl Stupperth v. Löwenthal, Jos. Brucker, Spallek, Murmal, Carl Rigaut, Joh. Mastay, Jos. Vanderstadt.

Fähnriche: Ludw. Tempis, Alois Kältz v. Fuletines, Joh. Cywinski de Puchala, Joh. Georgievits, Thom. Stamirowski, Dom. Trzinski, Carl Herzberg, Carl Clemens, Carl Beczegh, Alex. Todt, Joh. Jakanowski, Math. Seidl, Alex. Kostecki, Jos. Mannert, Carl Rozwoda, Andr. Riessl, Jos. Hrdliczka, Joh. Blumenstein, Joh. Schneider, Max Maettig, Alex. Troskolawski, Joh. Senkowski, Joh. Nickl, Eman. Wirth, Wilh. Pilz, Mart. Puchals, Ant. Turczynski, Jac. Sieber, Jos. Lindenberg.

Vom Stabe:

Regiments-Caplan: Carl Sczurek.
Regiments-Auditor: Franz Mitlacher.
Regiments-Rechnungsführer: Carl Roland.
Regiments-Adjutant: Veit Burger.
Bataillons-Adjutanten: Joh. Fallaux, Alex. Eberan, Joh. Schneider.
Regiments-Feldarzt: Dr. Franz Weber.
Regiments-Agent: ?

Aufschläge und Kragen apfelgrün mit Nr. 54 (g. Kn.)

1811. Es erschien eine neue Adjustierungs-Vorschrift für die k. k. Armee. Das Regiment garnisonierte weiter in Kaschau.

Aus den Feldacten des Kriegs-Archives ist zu ersehen, dass das Regiment in diesem Jahre in Kaschau lag und in der Division des Feldmarschall-Lieutenants Prinzen Hessen-Homburg eingetheilt war.

In diesem Jahre wurden kriegsrechtliche Untersuchungen gegen mehrere Officiere wegen Trunkenheit eingeleitet und wurde Unterlieutenant Christian Baron Wenz die Ablegung des Charakters bewilligt.

Dem Oberlieutenant Wenzel d'Antoin wurde, da er als ein geborener Venetianer quittieren musste, in Rücksicht seiner durch 10 Jahre geleisteten Dienste, seines ausgezeichneten Betragens vor dem Feinde, und dass er schon der 6. im Range war, der erbetene Capitain-Lieutenants-Charakter bewilligt.

Oberlieutenant Bonjean wurde in der Festung Munkacs beim Platz-Commando verwendet.

Dem Hauptmann Grafen de Lenz wurde gelegentlich seiner Versetzung in den Ruhestand, da er 9 Feldzügen beigewohnt hat, der 5. im Range war und durch mehrere vor dem Feinde erhaltene Wunden invalid geworden ist, der Majors-Charakter ad honores verliehen.

1812. Mit Beginn des Jahres 1812 erhielt das Regiment die Weisung, nach Galizien abzurücken. Das Grenadier-Bataillon blieb in Pest.

Mittlerweile hatte Österreich am 14. März 1812 einen Vertrag mit Frankreich geschlossen, demzufolge es bei dessen neuen Kriege gegen Russland ein Armee-Corps von 30.000 Mann zur französischen Armee stoßen lassen sollte.

Fürst Schwarzenberg erhielt das Commando über dieses Auxiliar-Corps und der Feldzeugmeister Fürst Reuß jenes über das in Galizien zurückbleibende Reserve-Corps.

Das Regiment Fürst Czartoryski war mit allen 3 Bataillonen für das Reserve-Corps bestimmt, das 1. und 2. Bataillon desselben wurden in Cantonierungen um Lemberg verlegt, das 3. stand in Jaroslau.

Anfangs Juni jedoch wurde das 2. Bataillon unter Commando des Majors de Mesemacre zum Auxiliar-Corps in die Division Feldmarschall-Lieutenant Siegenthal, Brigade Generalmajor Mayer eingetheilt.

Auf die am 9. Juni vom Kaiser Napoleon erhaltene Weisung, das österreichische Auxiliar-Corps in Marsch zu setzen und Lublin baldmöglichst zu erreichen, concentrierte sich dasselbe aus seinen Quartieren bei Lemberg in 3 Märschen bei Lubica und überschritt am 15. Juni um 3 Uhr morgens die Grenze des Herzogthums Warschau. Die Division Siegenthal bildete die Tête.

Der Marsch des Armee-Corps gieng nun über Tomaszow, Labuska, Zamosc, Krasnistaw, Piaski nach Lublin, welches am 20. Juni erreicht wurde.

Nach einem Rasttage wurde der Marsch nach Siedlce fortgesetzt, wo das Armee-Corps am 25. Juni eintraf.

Inzwischen hatte die große französische Armee den Niemen überschritten und um die weiteren Ereignisse daselbst abzuwarten, cantonierte das Auxiliar-Corps bis 30. Juni in der Gegend von Siedlce. An diesem Tage erhielt es die Nachricht, die französische Armee hätte sich gegen Grodno in Bewegung gesetzt und das 7. Armee-Corps derselben werde nach Bialistok vorrücken.

Um sich an dieses anzuschließen, marschierte das Corps am 1. Juli nach Sokolow, überschritt am 3. den Bug und drang, den rechten Flügel der französischen gegen Minsk vorrückenden Haupt-Armee deckend, bis Pruszana vor, wo es am 10. Contonierungen bezog.

Das 2. Bataillon des Regimentes, welches auf besondere Verwendung des Generalmajors Baron Mohr zu dessen Avantgarde-Brigade zugetheilt worden war, kam nach Wielki selo.

Die Brigade hatte die Verbindung mit den das 7. Armee-Corps formierenden Sachsen, welche bis Slonin vorgerückt waren, zu unterhalten.

Am 14. erhielt Generalmajor Mohr den Befehl, bis an den Oginskischen Canal vorzugehen und durch Streif-Commanden die Straßen nach Neswitz zu beunruhigen.

Am 17. traf die Brigade zu Swiet Wola ein, und das Auxiliar-Corps erhielt gleichzeitig die Bestimmung, nach Neswitz vorzurücken und das Herzogthum Warschau zu decken.

Demzufolge wurde die Brigade Baron Mohr angewiesen, nach Maßgabe der Bewegungen des Corps, ebenfalls gegen Neswitz vorzugehen.

Die Vorrückung begann am 19. Juli in zwei Haupt-Colonnen, und am 28. traf das Corps bei Neswitz ein, während sich die Brigade Mohr an diesem Tage bei Timkovitz aufstellte und durch ihre Vorposten die Cantonierungs-Quartiere des Auxiliar-Corps deckte.

In der Nacht vom 30. auf den 31. Juli wurde von Neswitz aufgebrochen und gegen Snow marschiert.

Am 1. August rückte das Corps in 3 Märschen nach Jakimovice unweit Slonin, am 4. nach Dziwialkowice und am 5. nach Kossow, auf welchen Märschen sich das 2. Bataillon stets bei der Avantgarde befand.

Gefecht bei Kartusza Bereza.

Am 6. wurde die Avantgarde-Brigade Mohr gegen das von den Russen besetzte Défilé von Kartusza Bereza vorpoussirt, da das schon am 5. abends dahin dirigierte 2. Bataillon des Regimentes daselbst auf den Feind gestoßen war.

Die ganze Division Siegenthal folgte nach; doch der Feind räumte schon beim Vorrücken der Brigade Mohr das Défilé nach einigen Schüssen.

Am 7. erhielt das Bataillon wieder die Eintheilung in die Brigade Mayer und folgte am 8. dem Corps, als dieses zur Delogierung des an der Jasiolda stehenden Feindes über Kartusza Bereza vorrückte und diesen Fluss überschritt. Bei dem Edelhofe Bluden stieß die Avantgarde auf den Feind.

Die Division Siegenthal und die Cavallerie-Division wurden zum Angriffe bestimmt, rückten vor und marschierten bei Horetz und Bluden auf. Indessen hatte aber Generalmajor Fröhlich mit 2 Husaren-Regimentern die ihm bei Horetz gegenüber gestandene feindliche Cavallerie angegriffen und bis Sechnewitze zurückgeworfen.

Die Division Siegenthal war bestimmt, dieses Städtchen auf der linken Seite anzugreifen, sie musste aber, der vielen Sümpfe wegen, einen bedeutenden Umweg machen und konnte aus dieser Ursache nicht zeitgerecht eintreffen, denn die Russen räumten Sechnewitze nach einer zweistündigen Beschießung durch die, mit der Cavallerie-Division vorgerückten Batterien.

Gefecht bei Sechnewitze.

Durch dieses Gefecht war die linke Flanke des Auxiliar-Corps vollkommen gesichert und die Division Siegenthal konnte sich nun auf den Dämmen gegen Chomsk und Antopol, auf welche die Russen zurückgedrängt worden waren, festsetzen.

Sie blieb, als das Corps am 9. August gegen Pruszana vorrückte, zur Deckung dieses Marsches bei Sechnewitze zurück und rückte erst am 11. in das Lager bei Horodeczka ein, welches das Corps, nachdem es den Feind am 10. von den Höhen bei Koschibrod vertrieben, bezogen hatte.

Das 2. Bataillon des Regimentes hatte auf diesem Marsche die Nachhut der Division Siegenthal gebildet und das Défilé bei Sechnewitze bis zum letzten Augenblicke besetzt gehalten.

Schlacht bei Podubnie.

Am 12. August nahm es an dem neuerlichen Angriffe theil, welcher auf die feindliche Stellung bei Horodeczka und Podubnie unternommen wurde. Diese war vor der Front durch einen undurchdringlichen Morast gedeckt, über welchen man nur auf zwei Dämmen im Centrum der Stellung vordringen konnte, die jedoch von zahlreichem feindlichem Geschütz bestrichen wurden.

Eine Unternehmung war demnach hier nur mit enormen Verlusten ausführbar. Zum Glücke hatte der Feind einen Wald links von Podubnie zu besetzen vernachlässigt, was eine Vorrückung von dieser Seite her sehr begünstigte.

Das sächsische, durch einige österreichische Regimenter verstärkte Corps Reynier rückte auf der diesen Wald durchschneidenden Straße den Russen in die Flanke, während die Division Siegenthal die von demselben innegehabte Stellung vor Podubnie besetzte und die Bestimmung erhielt, die Dämme über den Morast zu vertheidigen.

Indessen konnte dem Feinde der Marsch des Corps Reynier nicht lange verborgen bleiben, er ließ seine 2. Linie rasch vorrücken und in die bedrohte Flanke aufmarschieren, so dass das Herausdebouchieren der österreichisch-sächsischen Angriffs-Colonne aus dem Walde und deren Aufmarsch, was um 10 Uhr vormittags geschah, nur unter dem heftigsten feindlichen Feuer bewirkt werden konnte.

Das Gefecht wurde bald allgemein, die Russen richteten ihre Hauptangriffe auf den linken Flügel, um den Wald in ihren Besitz zu bekommen; aber alle ihre Anstrengungen wurden blutig zurückgewiesen und sie endlich bis auf die Höhen hinter Podubnie zurückgeworfen.

Die Nacht machte diesem Treffen ein Ende, welches die Schlacht bei Podubnie genannt wird und in der das 2. Bataillon weder eine Gelegenheit hatte, activ vorzugehen, noch einen Verlust erlitt.

Bei Tagesanbruch fand man, dass sich der Feind gegen Kobryn zurückgezogen hatte, welche Stellung er am 13. nach einer heftigen Beschießung ebenfalls räumte, um über die Muchawice zurückzuweichen.

Während die Cavallerie den Feind verfolgte, lagerte das Corps am 14. August bei Kobryn und setzte am 15. den Marsch gegen Ploski fort.

Schon am folgenden Tage, an dem Fürst Schwarzenberg den Feind zwischen Ur und Divin zurückdrängte, wurde die Division Siegenthal gegen Starawies detachiert und besetzte das von den Russen geräumte Ruda, rückte am 17. mit der Avantgarde bis Mokrany und am 18. mit dem Gros bis zu diesem Orte, mit der Avantgarde über denselben hinaus, vor.

Gefecht bei Mokrany.

Am 21. August wurde das 2. Bataillon des Regimentes zur Unterstützung der Vorposten vorgezogen und besetzte mit 4 Compagnien das Dorf Seletz, mit 2 Compagnien den Rand des anstoßenden Waldes.

Es unterstützte noch am selben Tage den Angriff der Avantgarde auf die feindliche Stellung vor Mokrany, wodurch die Russen aus dem dortigen Verhau delogiert wurden.

Da sich dieselben am 22. gänzlich nach Radno auf das jenseitige Ufer des Przipatflusses zurückzogen, so rückte nun die Division Siegenthal bis Knienza Gura vor, während das Gros des Corps bei Ottusch und Orehowo stand.

Den Przipat zu überschreiten, war nun die nächste Absicht des Corps. Nachdem dies aber wegen der breiten Moräste, die diesen Fluss begrenzten, im Angesichte des Feindes nicht zu bewirken war, so erhielt Feldmarschall-Lieutenant Siegenthal den Auftrag, mit seiner Division einen Flankenmarsch rechts gegen Salesje auszuführen.

Dies wurde auch bewirkt, Salesje besetzt und die Avantgarde bis hart an den Fluss vorpoussiert, woselbst sie sich des Dammes und der Brücke von Krasna Wola bemeisterte.

Am 24. rückte die Avantgarde der Division Siegenthal bei Krasna Wola über den Fluss, während sich der Feind gegen Wüschwa zurückzog. Die Division folgte und lagerte bei Dubetschno, die anderen Theile des Corps bei Krasna Wola und Kusnitschi.

Gefecht bei Stara Wüschwa.

Um die Russen aus ihrer Stellung bei Wüschwa zu verdrängen, war für den 25. ein allgemeiner Angriff bestimmt.

Schon mit Tagesanbruch rückte der Vortrab der Division Siegenthal gegen Stczawel vor und besetzte diesen Ort, welchen die feindlichen Vorposten ohne Widerstand verließen.

Vorwärts längs des Waldrandes stand der Feind mit Infanterie aufmarschiert, das Gros seiner Truppen hinter dem Walde, Cavallerie-Detachements in der Direction von Krimno.

Feldmarschall-Lieutenant Siegenthal ließ die Avantgarde den Wald sofort angreifen, was vollkommen gelang, indem der Feind von den Höhen und aus dem Walde delogiert wurde.

Die Avantgarde verfolgte ihn bis zum andern Waldrande, während das 2. Bataillon des Regimentes und 1 Bataillon Kottulinski demselben geschlossen nachrückten.

Nach der Original-Relation hatte das 2. Bataillon Czartoryski, dem 4 Kanonen beigegeben waren, durch ein gut angebrachtes Kartätschenfeuer sehr viel dazu beigetragen, den Feind aus dem Walde zu vertreiben.

Als dieser beide Flügel der Avantgarde mit Heftigkeit angriff, wurde das Bataillon in die am meisten bedrängte linke Flanke beordert und durch die schnelle Vorrückung desselben der Feind daselbst zurückgeworfen, so dass es dem Generalmajor Fröhlich gelang, das Debouché vor dem Walde zu erreichen.

Die Russen wendeten alles an, um dies zu verhindern; aber im gefahrvollsten Momente, wo schon die zwei vordersten Geschütze äußerst bedroht waren, eilte das 2. Bataillon des Regimentes und das 7. Jäger-Bataillon vor und stellten das Gefecht wieder her, so dass die Cavallerie und Artillerie aus dem Debouché hervorbrechen konnten.

Nun begann auf ganz kurze Distanz eine lebhafte Kanonade, bis endlich der überlegene Feind den rechten Flügel neuerdings angriff.

Die 6. Division wurde derart gedrückt, dass sie sich, ungeachtet aller Tapferkeit, nicht mehr lange hätte halten können. Da eilte Major von Mesemacre mit der en reserve gestandenen 4. Division rasch vor, fiel dem Feinde mit gefälltem Bajonnette in die rechte Flanke und zwang ihn zum Rückzuge.

Der Kampf um den Besitz des Waldes währte bis zum Abende, zahlreiche Beweise von Tapferkeit wurden von beiden Seiten an den Tag gelegt, doch jene der Österreicher war den Russen überlegen. Einer Compagnie Warasdiner-Kreuzer-Grenzer, einer des 7. Jäger-Bataillons und der 5. Division des Regimentes, die geschlossen unter Anführung ihres braven Hauptmanns Josef Ringelsheim mit besonderem Muthe dem Feinde mit gefälltem Bajonnette mehrmals entgegengieng und ihn ebenso oft warf, gelang es endlich doch, den Rand des Waldes zu behaupten.

Indessen war der Feldmarschall-Lieutenant Baron Bianchi mit 5 Bataillonen zur Unterstützung der im ungleichen Kampfe befindlichen Truppen der Division Siegenthal vorgerückt, fasste den Feind in der linken Flanke und zwang ihn hiedurch zum Rückzuge über den Wüschwabach.

Die Gefechts-Relation belobt die Infanterie, welche durch ihre Chefs: Oberstlieutenant Weyder, Benczek und Major Mesemacre so tapfer angeführt wurde und sich auf eine Art benahm, die nicht allein dem Geiste und der Bravour der Truppe sehr viel Ehre machte, sondern, wenn diese Affaire zu einem Zwecke gedient hat, dessen Erreichung auch nur solcher allein zu verdanken ist.

Nächst dem Major Mesemacre wurde Hauptmann Ringelsheim am meisten gerühmt, sowie das ganze 2. Bataillon Czartoryski, das 7. Jäger- und das Warasdiner-Kreuzer-Grenz-Bataillon, welche Truppen sich an diesem Tage vereinigt unvergänglichen Ruhm erwarben.

Endlich muss noch eines schönen Zuges militärischer Entschlossenheit Erwähnung gethan werden: Die 4. Division, welche im Verlaufe des Gefechtes eine Diversion in des Feindes Flanke ausführen sollte, musste zu diesem Zwecke an einem circa 2500 Schritte langen und 200 Schritte breiten Teiche vorüber, von dessen jenseitigem Ufer, hinter Bäumen gedeckt, ein russisches Jäger-Detachement die Colonne mit ihrem Feuer verfolgte.

Da warfen sich, der Aufforderung des Oberlieutenants Johann Reindl und seinem Beispiele folgend, ungefähr

30 Mann der 7. Compagnie, Gewehr und Patronentasche mit beiden Händen über den Kopf haltend, beherzt in das Wasser, das ihnen bis zur Brust reichte, säuberten das Ufer von den feindlichen Jägern und cotoyierten den Marsch der Division.

In diesem Gefechte wurden die Oberlieutenante Carl Baron Schönfeld und Carl Hermes, die Unlerlieutenante Alexander Eberan und Siegmund Kästner, dann die Fähnriche Ludwig Tempis und Mathias Seidl verwundet.

Die Zahl der Todten und Verwundeten vom Feldwebel abwärts kann nur zusammen mit jenen des Warasdiner-Kreuzer-Grenz- und des 7. Jäger-Bataillons angegeben werden, sie betrug 170 Köpfe von allen 3 Bataillonen.

Nach dem Siege bei Wüschwa sah sich die russische Armee in Volhynien genöthigt, den Theil dieser Provinz bis an den Styrfluss zu verlassen.

Das seit dem 10. August mit dem sächsischen Corps vereinigte österreichische Auxiliar-Corps folgte ihr, nachdem den ermüdeten Truppen nach dem letzten Gefechte einige Ruhetage gegönnt worden waren, bis an den Styr.

Aber schon während der ersten Tage, nach der Ankunft am Styr, erhielt Fürst Schwarzenberg die wiederholt bestätigte Nachricht, dass die ersten Colonnen der russischen Donau-Armee bereits am Dniester angekommen seien und durch Volhynien vorrückten.

Es trafen auch richtig bereits am 20. September 2 Infanterie- und 2 Cavallerie-Armee-Divisionen im russischen Lager bei Lutzk ein, wodurch die Übermacht des Feindes in allen Waffengattungen bedeutend wurde und derselbe nun in die Lage versetzt war, zur Offensive schreiten zu können.

Nach dem Übergange einer feindlichen Colonne bei Berestecko zog sich das Auxiliar-Corps hinter die Turia, am 28. September bis Lubomel und in der Nacht vom 29. auf den 30. bis Schatzk zurück.

Am folgenden Tage wurde der Bug überschritten und die Stellung hinter den Muhawicebach, welcher bei Bresz in den Bug fällt, zwischen Bresz und Wizolky bezogen.

Der auf dem Fuße folgende Feind hatte schon am 4. October, am Tage nach der Ankunft des Corps, einen vergeblichen Angriff auf Bresz versucht und übersetzte am 6. mit einem großen Theile seiner Cavallerie die Muhawice, wodurch er, sich in der Ebene ausbreitend, die linke Flanke bedrohte.

Demnach veränderte Fürst Schwarzenberg am 7. seine Stellung, so dass sich das Centrum hinter dem Dorfe Spanowice brach und einen Haken mit dem linken Flügel bildete.

Gefecht bei Wizolky.

Der Wald von Wizolky blieb durch die Brigade Andrássy besetzt, zu welcher das 2. Bataillon des Regimentes seit kurzem gehörte.

In dieser Stellung wurde die Brigade am 8. October angegriffen. Eine russische Infanterie-Colonne rückte auf der Hauptstraße von Bulkov vor, während die Cavallerie den Wald umgieng.

Die nur aus 2 Bataillonen Kottulinski und dem 2. Bataillon Fürst Czartoryski bestehende Brigade Andrássy konnte der feindlichen Übermacht nicht widerstehen und zog sich, mit Kaltblütigkeit fechtend, in die Stellung des Corps zurück, bei welcher Gelegenheit sich das Bataillon nachfolgende ehrenvolle Belobung erwarb:

»Das 2. Bataillon von Kottulinski und jenes von Czartoryski formierten Bataillonsmassen, das 1. Bataillon Kottulinski aber 3 Divisionsmassen und schlugen sich so mitten durch die russische Cavallerie, welche mich auch schon im Rücken mit Kanonen beschoss, durch.

Ich bin zur Steuer der Wahrheit schuldigst verpflichtet, die Unerschrockenheit und Standhaftigkeit dieser Truppen und die militärische Umsicht der betreffenden Massen-Commandanten hohen Ortes anzurühmen.

Andrássy m. p., Generalmajor.«

Die Brigade besetzte hierauf Brody, das 2. Bataillon des Regimentes speciell den Wald rechts von Brody. Das Infanterie-Regiment Hiller bildete seine Unterstützung.

Der Verlust des Bataillons in diesem Gefechte bestand in 40 Todten und Verwundeten vom Feldwebel abwärts, weiters fielen der Lieutenant Pospischill und Fähnrich Carl Herzberg in feindliche Kriegsgefangenschaft.

Am 10. October verließ das Corps die Stellung bei Bresz, die immer mehr bedroht wurde, und zog sich über die Lisna und den Bug in die Position zwischen Ostrowice und Olubla zurück, welche am 25. October erreicht wurde.

In diesem Lager trafen am 27. October die durch den Generalmajor Zechmeister aus Lemberg herbeigeführten Verstärkungen ein, worunter sich auch der Regiments-Stab mit dem 1. Bataillon, welches Major Vincenz von Resch commandierte, befanden.

Das 3. Bataillon war auf dem Friedensfuße zu Krosno in Galizien geblieben.

Nach der neuen Ordre de bataille übernahm der Oberst Baron Mac-Elligot eine Brigade, in der sich auch sein Regiment befand. Feldmarschall-Lieutenant Siegenthal blieb Divisonär.

Nochmals rückte Fürst Schwarzenberg, infolge des Zurückweichens der Russen, über den Bug und bis Slonin vor.

Als er am 15. November von da aufbrach, um das Corps des Generals Sacken anzugreifen, ließ er die Division Siegenthal und die Brigade Zechmeister daselbst zurück.

Das Regiment blieb, ohne an Operationen theilzunehmen, bis 17. December bei Slonin, an welchem Tage die ganze Division nach Zelwa marschierte. Inzwischen hatte die große französische Armee, welche, durch den Brand von Moskau hiezu gezwungen, seit dem 19. October auf dem Rückzuge aus dem Innern Russlands begriffen und nach dem schauervollen Übergange über die Berezina in voller Auflösung war, bereits den Niemen überschritten.

Der grässlichste Hunger, der härteste Frost und die nimmer ruhenden Lanzen der Kosaken rieben Tag für Tag ganze Scharen auf.

Napoleon selbst, die gänzliche Vernichtung aller seiner ehrgeizigen Pläne einsehend, hatte schon am 5. December das Heer verlassen und dessen Oberbefehl dem Könige von Neapel übergeben. Unter solchen Umständen war auch die Lage des Auxiliar-Corps eine unhaltbare geworden. Dessen Rückzug war unvermeidlich und wurde am 18. December angetreten.

Am 21. wurde Zaplatow erreicht.

Fürst Schwarzenberg beschloss nun, sich der Weichsel zu nähern, Cantonierungen zwischen dem Bug und Narew zu beziehen, sich hiedurch mit dem sächsischen Corps in Verbindung zu setzen und, wenn es die Umstände erheischen sollten, Warschau zu vertheidigen.

Am 24. begannen die diesfälligen Bewegungen und am 29. December rückte das Regiment in die Cantonierungen in und bei Wiskow ein.

RANGS-LISTE

DER HERREN OFFICIERE DES INFANTERIE-REGIMENTES NR. 9. VON 1812:

Oberst-Inhaber: Feldmarschall Fürst Czartoryski.

Oberst Regiments-Commandant: Carl Baron Mac-Elligot.

Oberstlieutenant: Christian Kolb.

Majore: Vincenz Resch v. Rehinfeld, Josef Mesemacre, Heinrich Graf Orlandini Delbeccuto.

Hauptleute: Caspar Ferrari Dagrado, Clemens Baron Wenz, Carl Hermes, Carl Graf Tanlignan, Franz Duchesne, Josef Ringelsheim, Martin Jawurek, Johann Ansalone, Andreas Cordier, Michael Krail, Stefan Wialkovich, Louis Graf de Lenz, Melchior Damer, Franz Drescher, Bernhard Duchesne, Peter Dagier, Christian Nickels, Fortune Wouwermanns, Gottfried Chev. Böhm, Laurenz Rau, Frz. Chev. Fichtel.

Capitaine-Lieutenante: Felix de Betta, Johann Tonglet v. Bailloy, Samuel Storch, Johann Wranicz, August Keislern.

Oberlieutenante: Ludw. Reitschuster, Carl Wohlleben, Johann Reindl, Anton Altersheim, Ignaz Kaim, Wilhelm Monc, Josef Kaim, Carl Baron Schönfeld, Sebastian Landsberger, Joh. Winkler v. Kentrzinski, Franz Vanderstädts, Franz Lueger v. Thurnfeld, Wenzl Becker, Peter Pilchowsky, Peter Dietrich v. Hermannsberg, Johann Ostermann, Franz Baron Söldenhofen, Carl Hermes, Josef Mostpöck, Anton Bauer, Josef Raymond, Joh. Bonjean, Christian Weillner, Carl Sonntag, Carl Donner, Johann Fabian, Carl Calzada, Josef Haaber.

Unterlieutenante: Friedrich Müller, Alois Pucher, Josef Watruba, Alexander Eberan, Johann Hassner, Johann Fallaux, Felix Groensinti, Theodor Lilien, Franz Sobolewski, Nicolaus Engerlein, Peter Czarnetzki, Josef Vanderstädts, Franz Steller, Mathias Christmann, Peter Mourmal, Carl Rigeaut, Vincenz Baron Starenfeld, Veit Burger, Sigmund Karstner, August Tempis, Anton Schmidt, Stanislaus Gorski, Martin Czarnecki, Franz Prambök, Ferdinand Krauppa, Sebastian Leitner, Anton Halamiczek, Ludwig Feder, Franz Pisker, Johann Scoda, Franz Kriegsch, Josef Martin, Friedrich Kellner, Philipp Heinrich, Anton Czerny.

Fähnriche: Ludwig Tempis, Johann Ciwinski de Puhala, Ignaz Pospischel v. Freyenfeld, Dominik Trzinski, Carl Herzberg, Carl Bezegh, Josef Haidenberg, Josef Chev. Lindenberg, Alexander Tödt, Alois Dörfler, Franz Jawurowski, Mathias Seidl, Alexander Kostecki, Josef Manner, Josef Hrdliczka, Johann Schneider, Alexander Troskolaski, Johann Senkoski, Josef Krzmann Johann Schramets, Carl Rzerzabek, Philipp Allbach, Johann Rosner, Josef Klima, Martin Puchhas, Adam Küstner, Johann Masatsch, Johann Wirth, Egydius Dollersch, Anton Turczynski, Jacob Sieber.

Caplan: Carl Sczurek.

Auditor: Wilhelm Mitlacher.

Feldarzt: Dr. Franz Weber.
Rechnungsführer: Carl Roland, Franz Silla.
Regiments-Adjutant: Veit Burger.

Das Hauptquartier kam nach Pultusk, dem Centralpunkte der Aufstellung, welche bis Jänner 1813 dieselbe blieb. 1813.

Auch die ersten Veränderungen in der Stellung des Auxiliar-Corps anfangs Jänner 1813 nahmen auf das Regiment keinen Einfluss, und erst nachdem die Position bei Pultusk durch die allgemeine Vorrückung der russischen Haupt-Armee völlig unhaltbar geworden und der Rückzug hinter die Weichsel beschlossen war, verließ es am 27. Jänner seine Quartiere und marschierte mit der Division Siegenthal nach Praga, woselbst es am 31. Jänner einrückte, nachdem es noch Tags bevor, bei einer eisigen Kälte, auf den äußersten Vorposten gestanden war.

Am 2. Februar wurde es nach Warschau verlegt, welche Stadt die ganze Division Siegenthal besetzt hielt, als sich das Auxiliar-Corps am 4. Februar gegen die Bielica in Marsch setzte.

Feldmarschall-Lieutenant Siegenthal war mit seinen Truppen bestimmt, Warschau so lange als möglich besetzt zu halten, um es bis zum Einrücken der Russen vor Unordnung zu schützen. Doch schon am 6. war die Lage der Besatzung und ihre Rückzugslinie derart bedroht, dass Feldmarschall-Lieutenant Siegenthal angewiesen wurde, die Stadt an den General Korff zu übergeben.

Am 7. Februar räumten die österreichischen Truppen Warschau und marschierten am selben Tage nach Nadaszin, am 8. nach Mszczonow.

Am 9. übergab Fürst Schwarzenberg das Corps-Commando an den Feldmarschall-Lieutenant Baron Frimont und reiste nach Wien ab, während das Armee-Corps seinen Rückzug gegen die österreichischen Grenzen weiter fortsetzte; denn da bei der gänzlichen Entfernung der Überreste der alliierten französischen Armee an eine Offensivbewegung nicht mehr zu denken war, konnte nur der Zweck im Auge behalten werden, die Truppen in die Winterquartiere zu führen und ihnen jene Ruhe zu verschaffen, deren sie nach einem achtmonatlichen, so fatiguanten Feldzuge dringend bedurften.

Endlich, am 26. Februar, rückte das Regiment in die ihm angewiesene Cantonierungsstation Kielce ein und das Drama der russischen Campagne war beendet.

Die Strapazen, welche das Regiment in diesem Feldzuge erlitten, sind unbeschreiblich. Bei der grimmigsten Kälte und gegen dieselbe nur mangelhaft verwahrt, Hunger und Durst leidend und einige Zeit sogar der vorgeschriebenen Bezahlung entbehrend, hatte es stets seine Pflicht, ohne den geringsten Unwillen zu zeigen, gewissenhaft erfüllt, und wo es in die Gelegenheit kam, im Gefechte mitzuwirken, stets nur Lob geerntet.

Sowie es beim Vorrücken sich bei der Avantgarde befand, so war auch beim Rückzuge seine Eintheilung bei der Arrièregarde, was wohl deutlich für die Tapferkeit und Disciplin des Regimentes spricht.

Es hatte bewiesen, dass der österreichische Soldat überall, unter den ungünstigsten Verhältnissen und gegen wen immer, nur den Willen seines Allerhöchsten Kriegsherrn im Auge, stets bestrebt ist, den Ruhm seiner Waffen und das Wohl des Vaterlandes aufrecht zu erhalten, und dass keine Fatiguen zu groß sind, um ihn hieran zu hindern.

Das Andenken an die Tapfern, welche diesen Ruhm des Regimentes, theils im Gefechte mit dem Tode bezahlt, theils vor Erschöpfung auf den Schneefeldern Russlands erlagen, wird gewiss ewig fortleben und ein mächtiger Sporn für das Regiment bleiben, in ähnlichen oder selbst noch ärgeren Lagen alle, auch die ärgsten Fatiguen mit eben derselben Seelenstärke und Pflichttreue zu ertragen.

In Kielce erhielt das Regiment den Allerhöchsten Armee-Befehl vom 1. Februar, wornach Oberst Carl Baron Mac-Elligot mit Generalmajors-Charakter pensioniert wurde, Oberstlieutenant Christian Kolb von Frankenheld zum Obersten und Regiments-Commandanten, Major Graf Laugier von Kottulinski-Infanterie zum Oberstlieutenant im diesseitigen Regimente und Major Josef Vicomte de Mesemacre zum Oberstlieutenant bei Kottulinski avancierte.

Der supernumeräre Major Heinrich Graf Orlandini wurde in die Wirklichkeit eingebracht.

Am 1. Mai langte die hofkriegsräthliche Verordnung an, dass das bisherige Auxiliar-Corps aufzulösen und die Truppen, aus welchen dasselbe bestand, nach Böhmen in Marsch zu setzen seien.

Demzufolge brach das Regiment in den ersten Maitagen von Kielce auf und marschierte über Krakau und Mähren nach Böhmen, wo es am 27. Mai Cantonierungs-Stationen in Alt- und Neu-Bidžow und Concurrenz bezog.

Es blieb in der Division Siegenthal und formierte nebst 2 Bataillonen de Ligne, 1 Bataillon Warasdiner-Kreuzer-Grenzer, dem 7. Jäger-Bataillon und O Reilly Chevauxlegers die Brigade Andrássy.

Indessen hatte sich die politische Situation in Europa bedeutend verändert.

Das Unglück, welches die französische Armee im Winter 1812 ereilte, rief ein Erwachen der Völker Europas aus ihrer Lethargie hervor, welche die Befreiung von dem Joche und dem eisernen Drucke Napoleons beschlossen.

Zuerst verband sich Preußen mit Russland zur gemeinsamen Bekämpfung Napoleons. Die Russen besetzten das Königreich Hannover und der Vicekönig von Italien musste Dresden räumen. Mittlerweile zog Napoleon mit einem neuen Heere gegen Leipzig und schlug die vereinigten russisch-preußischen Truppen am 2. Mai bei Groß-Görschen. Am 29. siegte Napoleon bei Bautzen, worauf ein sechswöchentlicher Waffenstillstand abgeschlossen wurde. Im Juni trat England der Allianz gegen Frankreich bei. Österreich suchte den Frieden zwischen diesen Staaten zu vermitteln, doch da die diesfälligen Unterhandlungen zu Prag zu keinem Ziele führten, erklärte es sich ebenfalls am 10. August für die russisch-preußisch-englische Allianz und den Krieg für die Befreiung Europas.

Schon am 1. Juni hatte Se. Majestät der Kaiser angeordnet, dass in Böhmen eine Observations-Armee aufgestellt werde und betraute den Feldmarschall Fürst Schwarzenberg mit deren Ober-Commando.

Nach der infolge dessen erschienenen Ordre de bataille erhielt das Regiment die Eintheilung in die 4. Linien-Division Mesko und das Grenadier-Bataillon Portner, welches mittlerweile aus Pest ebenfalls nach Böhmen marschiert war, in die Reserve-Division Chasteler, Brigade Renner.

Am 2. August wurde die Brigade Andrássy der 1. Linien-Division Colloredo-Mannsfeld zugewiesen, welche sich am 10. August im Lager bei Weißwässer concentrierte, wohin das Regiment, mit dem sich das aus Galizien herangezogene 3. Bataillon vereint hatte, am 8. August von Neu-Bidžow aufgebrochen war.

Beim Werbbezirke wurde ein 4. Bataillon errichtet.

Am 15. verließ die erste Linien-Division das Lager bei Weißwasser und rückte in jenes bei Wranay, wo sich die österreichische Hauptarmee concentrierte.

Am 17. August erschien jener denkwürdige Armee-Befehl des Fürsten Schwarzenberg, welcher den nahen Kampf verkündete:

ARMEE-BEFEHL,

gegeben am 17. August 1813.

»Ein großer Tag ist gekommen! Wackere Krieger! Das Vaterland rechnet auf Euch. Noch jedesmal, so oft sein Ruf an Euch ergieng, habt Ihr sein Vertrauen gerechtfertigt. Alle Bemühungen unseres Kaisers, den lang entbehrten Frieden in Europa wieder herzustellen, die Ruhe und Wohlfahrt der Monarchie, von der Ruhe und Wohlfahrt unserer Nachbarn unzertrennlich, auf einer dauerhaften Grundlage zu befestigen, waren umsonst. Weder ausharrende Geduld, noch versöhnende Vorstellung, noch die vertrauensvolle Hingebung der übrigen kriegführenden Mächte in des Kaisers Rathschläge und Maßregeln, nichts konnte den Sinn der französischen Regierung zur Mäßigung und Billigkeit neigen. An dem Tage, wo Österreich sich laut für die Sache des Rechtes und der Ordnung erklärte, übernahm es auch die Verbindlichkeit, für diese größten aller Güter zu kämpfen. Wir unternehmen den Kampf nicht allein. Wir stehen in einer Reihe mit Allem, was Europa dem mächtigen Widersacher seiner Freiheit und Ruhe, Großes und Wirksames entgegenzustellen hat.

»Österreich, Russland, Preußen, Schweden, England, Spanien, alle richten ihre vereinten Anstrengungen auf einen gemeinschaftlichen Zweck, auf einen wohlgegründeten, dauerhaften Friedensstand, eine billige Vertheilung der Kräfte unter den Staaten, die Unabhängigkeit jeder einzelnen Macht. Nicht gegen Frankreich, nur gegen französische Obergewalt außerhalb der Grenzen Frankreichs erhebt sich dieser große Bund. Was Festigkeit und Ausdauer der Völker vermögen, haben Spanien und Russland an den Tag gelegt; was die vereinte Kraft so vieler mächtiger Staaten auszurichten vermag, wird das Jahr 1813 beweisen.

»In einem so heiligen Kriege müssen wir mehr als jemals die Tugenden bewahren, durch welche unsere Armee in so manchen früheren Feldzügen und Kriegen geglänzt hat. Unbedingte Bereitwilligkeit, für Monarchen und Vaterland Alles aufzuopfern, hoher Gleichmuth in guten und bösen Tagen — Entschlossenheit und Ausdauer auf dem Schlachtfelde — Mäßigung und Schonung gegen Wehrlose, diese müssen allenthalben einheimisch unter uns sein.

»Waffenbrüder! In Euren Reihen habe ich die Jahre verlebt, welche ich dem Dienste des Vaterlandes weihte; ich erkenne, ich ehre in Euch die Tapferen, die in rühmlichen Schlachten kämpften, und die, die ihnen nachstreben; — ich vertraue Euch! Mich wählte aus Eurer Mitte der Monarch. Seine Huld stellte mich an Eure Spitze, sein Vertrauen, mit dem Eurigen vereint, sind meine Stärke.

»Wie jeder Einzelne dem Ganzen dienen soll, wird durch den ihm vorgeschriebenen Wirkungskreis bestimmt, aber in jeder Bestimmung, aus jedem Standpunkte, in jeder entscheidenden Stunde immer das Beste und Größte zu thun — das ist der Entschluss, der uns alle verbinden und alle gleich machen, uns alle zu demselben glorreichen Ziele erheben muss.

»Der Kaiser bleibt unter uns, denn uns hat er das Höchste vertraut: die Ehre der Nation, den Schutz des Vaterlandes, die Sicherheit und Wohlfahrt der Nachkommen. Denkt, Krieger, dass Ihr vor Gott, der die gerechte Sache nicht verlassen wird, unter den Augen eines väterlich fühlenden Monarchen, unter den Augen Eurer dankbaren Mitbürger, im Angesicht von Europa, das große Thaten und großes Heil nach langen Leiden von Euch erwartet, in den Kampf geht! Denkt, dass Ihr siegen müsset, um diese Erwartung zu rechtfertigen; kämpft, wie es Österreichs Kriegern ziemt und Ihr werdet siegen!«

Carl Fürst zu Schwarzenberg, FM.

Am 18. August passierte die Armee vor den alliierten Monarchen die Revue.

Hiebei waren 80.000 Mann ausgerückt. Die Armee war in drei Treffen aufgestellt. Nach der Besichtigung defilierten die Truppen in vorzüglichster Haltung.

Gleich nach der Parade wurde in 3 Colonnen nach Drahomischl und Postelberg abmarschiert.

Die Division Colloredo, welche zum rechten Flügel der Armee gehörte, langte erst am 20. August morgens bei Postelberg an und setzte nach einigen Ruhestunden ihren Marsch bis Komotau fort, wo sie nachmittags 3 Uhr eintraf.

Hier erhielt das 1. Bataillon des Regimentes den Befehl, unter Commando des Majors Graf Orlandini in 2 Märschen nach Theresienstadt abzurücken.

Da die Geschichte dieses Bataillons bis 14. Mai 1814 eine vom Regimente ganz getrennte ist, so wollen wir sie auch erst am Schlusse des Feldzuges 1814 behandeln, um den Faden der Begebenheiten beim Regimente nicht so oft zerreißen zu müssen.

Bei dem nun folgenden Einmarsche der Alliierten in Sachsen rückte der österreichische rechte Flügel am 21. August auf der Straße von Komotau nach Marienberg vor, überschritt am 22. die Grenze und traf am 24. im Lager bei Dippoldiswalde ein.

Am 25. geschah die allgemeine Vorrückung gegen Dresden, welches die Franzosen besetzt hielten, zu welchem Behufe die alliierte Armee in 5 Colonnen getheilt worden war.

Die Divisionen Graf Colloredo und Fürst Moritz Liechtenstein bildeten die 3. vom Feldmarschall-Lieutenant Graf Colloredo befehligte Colonne, welche die Bestimmung hatte, auf der Straße über Possendorf gegen Dresden vorzugehen.

Der Marsch gieng ungehindert vor sich und vor Dresden angelangt, nahm die Colonne auf den Höhen zwischen Recknitz und Kainz à cheval der Chaussée Stellung.

Der Angriff auf Dresden unterblieb jedoch, weil die Division Civalart um 4 Uhr nachmittags noch nicht eingetroffen war und es wurde die Beschießung der Stadt auf den folgenden Tag festgesetzt.

Schlacht bei Dresden.

Am 26. August um 5 Uhr morgens begann die Schlacht mit dem Angriffe der preußischen Avantgarde, während sich gleichzeitig alle Colonnen in Bewegung setzten.

Die 3. Colonne schritt zum Angriffe auf die links vom Moschinski'schen Garten erbaute Schanze, ohne deren Besitz jede Annäherung an die Stadt, von dieser Seite her, sehr erschwert wurde. Es entspann sich ein wüthender Kampf, der mit der Eroberung der Schanze endete.

Um beiläufig 6 Uhr abends standen die heldenmüthig kämpfenden Verbündeten dicht vor Dresden; aber ein weiteres Vordringen war nicht möglich, denn die Franzosen erhielten unausgesetzt Verstärkungen, so dass sie selbst schließlich zur Offensive übergehen konnten.

Napoleon selbst war, an der Spitze seiner Garden, gegen 10 Uhr vormittags in Dresden eingetroffen.

Erst der Einbruch der Nacht machte dem Kampfe für diesen Tag ein Ende und die Colonne bezog ihr altes Lager auf den Höhen hinter Recknitz.

Der Regen fiel in Strömen, die Truppen lagerten im Kothe und die Wachfeuer erloschen.

Das Wetter hatte sich nicht geändert, als am 27. mit grauendem Morgen der Kampf aufs neue begann und von den Franzosen mit einem heftigen Geschützfeuer eröffnet wurde.

Die Aufstellung der Division Colloredo war am linken Flügel des preußischen Corps Kleist zwischen Recknitz und Plauen. Die Grenadier-Division Chasteler lehnte sich mit ihrem linken Flügel an die Höhen bei Plauen.

Das Regiment blieb in seiner Stellung den ganzen Tag hindurch dem heftigsten Kanonenfeuer ausgesetzt; der Brigadier Generalmajor Andrássy wurde vor der Front durch eine Kanonenkugel getödtet und Oberst Kolb übernahm das Brigade-Commando.

Ungünstige Ereignisse auf den Flügeln der Verbündeten, die Napoleon nacheinander mit Übermacht bedrängte, namentlich aber der Umstand, dass das 1. französische Armee-Corps Vandamme bei Königstein die Elbe überschritten hatte und die Rückzugslinie ernstlich bedrohte, zwangen endlich die Verbündeten, sich um 7 Uhr abends zurückzuziehen.

Die Division Colloredo folgte unmittelbar hinter den Grenadieren, das Regiment Czartoryski bildete die Arrièregarde.

Dessen Verlust an beiden Schlachttagen bestand in 7 Todten und 20 Verwundeten vom Feldwebel abwärts.

Nur schwach vom Feinde verfolgt, aber vom schlechten Wetter viel leidend, wurde am 29. Dux erreicht, an welchem Tage sich das über Nollendorf und Sachsen zurückgezogene russische Corps Ostermann-Tolstoi in der Stellung bei Hundsstein und Priesten rühmlichst behauptete.

Fürst Schwarzenberg beschloss demnach, die Franzosen durch die Russen angreifen zu lassen, und wies zu ihrer Verstärkung die Divisionen Colloredo und Bianchi dem russischen General en Chef Barclay de Tolly zu. Schlacht bei Kulm.

Demzufolge brach die Division am 30. August um 5 Uhr früh aus dem Lager bei Dux auf und rückte über Teplitz und Sobochleben gegen Karwitz vor.

Der Feind hatte die vortheilhafte Stellung bei Kulm inne und stützte seinen linken Flügel an die Anhöhe von Strisowitz. Die rechts von Kulm gegen Bad Neudorf sich erstreckende sanfte Anhöhe war mit zahlreicher Infanterie und 8 Kanonen besetzt.

Die Division Colloredo wurde bestimmt, den feindlichen linken Flügel anzugreifen. Das Regiment Fürst Czartoryski nahm sofort Karwitz, während das Regiment de Ligne den Berg bei Strisowitz erstieg.

Beide Regimenter rückten nun nach Auschine, und von da gegen das Dorf Arbesau vor. Die Brigade Chiesa folgte als Reserve.

Arbesau wurde von Czartoryski und de Ligne, ungeachtet des heftigsten Widerstandes der Franzosen, mit dem Bajonnette erobert, der Feind bis auf die rückwärtigen Höhen geworfen und dadurch seine Verbindung mit Nollendorf abgeschnitten.

Diese glänzende Waffenthat hatte auch die das Schicksal des Tages wesentlich entscheidende Folge, dass das preußische Corps des Generals Kleist, welches im Rücken des Feindes bei Nieder-Teinitz vorrückte, dort aber mit bedeutender feindlicher Übermacht in einen ungleichen Kampf verwickelt worden war, aus seiner bedrängten Lage befreit wurde.

Die Niederlage des Corps Vandamme war die vollständigste, er selbst gerieth in Kriegsgefangenschaft.

Die Gefechts-Relation sagt wörtlich:

»Die Division H. Colloredo, welche das schöne Los traf, durch die Erstürmung von Arbesau in einem so entscheidenden Momente das Meiste zum Siege beigetragen zu haben, eroberte das gesammte Geschütz des französischen Corps: 81 Kanonen, 2 Adler, 2 Fahnen, alle Equipagen und Fuhrwerke. Die Zahl der Gefangenen betrug mehr als 10.000, unter welchen sich die Generale Vandamme, Haxo und Quiot befanden; 5000 Franzosen bedeckten das Schlachtfeld«.

2 feindliche Kanonen waren durch den tapferen Feldwebel Ribarž des Regimentes erobert worden, wofür der Brave mit der goldenen Tapferkeits-Medaille und von Seiner Majestät dem Kaiser von Russland, noch auf dem Schlachtfelde, mit dem St. Georgs-Orden 5. Classe ausgezeichnet wurde.

Nebst diesem hatten sich besonders hervorgethan:

Oberlieutenant Johann Sobolewski, welcher beim Sturme auf Arbesau sich in der Plänklerkette befand und unter den ersten der Eindringenden war, sowie auch bei Verfolgung des Feindes mit seinen Plänklern rasch voraneilte und den Franzosen großen Schaden zufügte.

Oberlieutenant Martin Czarnetzki, der sich ebenfalls bei den Plänklern befand, und besonders viele Gefangene machte.

Das Regiment erlitt an diesem Tage einen Verlust von 13 Todten, 45 Verwundeten und 29 Vermissten vom Feldwebel abwärts.

Feldmarschall-Lieutenant Colloredo erreichte noch am nämlichen Tage mit den Regimentern Czartoryski und Ligne die Höhen von Nollendorf und beobachtete die nach Peterswalde und Schönwalde führenden Straßen.

Am 31. August marschierte die Brigade des Obersten Kolb über Teplitz nach Hundorf, wo sich die Division wieder vereinte, da die Preußen die Stellung bei Nollendorf übernommen hatten.

In diesem Lager erfolgte am 1. September eine neue Eintheilung der Armee in Armee-Corps.

Das Regiment Fürst Czartoryski kam in die Brigade Mumb, Division Greth des 1. Corps H. Colloredo; das Grenadier-Bataillon Portner in die Brigade Gaselkhoven, Division Weißenwolf des Reserve-Corps Erbprinz zu Hessen-Homburg.

Als Fürst Schwarzenberg am 6. September mit 60.000 Österreichern gegen Rumburg vorrückte, um die schlesische Armee, gegen welche Napoleon im Anzuge begriffen war, zu unterstützen, marschierte das 1. Corps gegen Leitmeritz, überschritt daselbst am 11. die Elbe und bezog am linken Ufer ein Lager. Beim Rückmarsche der Armee, welcher durch Napoleons Rückkehr nach Dresden bedingt wurde, ward das Corps in die Stellung bei Kulm bestimmt, welche es am 13. erreichte und von wo es gleich am 14. die Recognoscierung, die der russische General Wittgenstein auf der Straße über Peterswalde gegen Sachsen unternahm, mitmachte.

Das Corps hatte die specielle Bestimmung, die linke Flanke der Russsen zu decken, demnach über Nollendorf und Schönwalde gegen Breitenau vorzugehen. Außerhalb Schönwalde stieß die Avantgarde auf den herwärts Breitenau im

Walde stehenden Feind, vertrieb ihn nach kurzem Widerstande und drückte ihn in die Stellung von Breitenau zurück.

Die Brigade Mumb kam nicht ins Gefecht, sie blieb theils zur Deckung der aufgefahrenen Positionsbatterien, theils als Reserve für die über Peterswalde vorgerückte russische Colonne bei Nollendorf stehen, von wo das Regiment am 15. zur Escortierung von Batterien nach Kulm beordert wurde, wo es am 16. einrückte.

Napoleon selbst war in der Vorrückung gegen Nollendorf begriffen.

Schlacht bei Arbesau.

Am 17. September morgens stand die alliierte Hauptarmee concentriert und zum Schlagen bereit in ihren Stellungen.

Das Regiment Fürst Czartoryski war gleich nach seinem Eintreffen in Kulm noch in der Nacht vom 16. auf den 17. nach Deutsch-Neudorf abmarschiert und zur Division Greth eingerückt, die den Strisowitzer Berg besetzt hatte.

Im übrigen hatte das 1. Corps folgende Stellung inne:

Die leichte Division hielt die Dörfer Johnsdorf, Dilisch, Auschina und den Tanichberg besetzt.

Die Cavallerie stand in der Vertiefung zwischen Schebnitz Deutsch-Neudorf, die Division Wimpffen en reserve links von Böhmisch-Neudorf.

Links war die Verbindung mit dem russischen Corps Wittgenstein, rechts mit dem 2. österreichischen Corps. Um die Mittagsstunde begann der Feind aus dem Défilé bei Nollendorf zu debouchieren und seinen Angriff gegen Eisdorf und Arbesau zu richten, welche Orte durch preußische Truppen schwach besetzt waren.

Daraufhin wurden die Regimenter Czartoryski und Ligne vom Strisowitzer Berge auf die letzten vortheilhaften Abhänge dieser Höhen gegen Auschina vorgezogen: doch da sich der Feind bald der Dörfer Eisdorf, Ober- und Unter-Arbesau bemeisterte und hauptsächlich seine Angriffe gegen die Stellung von Kulm richtete, so ließ Feldzeugmeister Graf Colloredo die ganze Division Greth über Auschina und Dilisch vorrücken und auf der Anhöhe aufmarschieren, sowie das Dorf Arbesau heftig beschießen.

Es währte nicht lange, so waren die auf der Anhöhe von Schanda aufgestellten feindlichen Batterien zum Schweigen gebracht und die Division Greth schritt zum Sturme auf Arbesau. Die tapferen Infanterie-Regimenter Albert Gyulai, Reuß-Plauen, Czartoryski, Ligne und Erbach rückten vor, entrissen dem Feinde durch die Gewalt ihrer Bajonnette Arbesau und drückten ihn auf der Straße gegen Nollendorf zurück, auf der die Franzosen nach dem Verluste von Arbesau und durch die gemeinschaftlichen Angriffe der russischen und preußischen Truppen hart gedrängt, in größter Unordnung retirierten.

Die alliierten Truppen lagerten auf dem Schlachtfelde.

Zum zweiten Male hatte sich das Regiment auf den Feldern bei Arbesau die schönsten Lorbeern erkämpft; alles hatte mit der bewundernswertesten Bravour und Tapferkeit gefochten; doch hebt die Relation noch besonders das tapfere und kluge Benehmen nachbenannter Officiere hervor:

Oberstlieutenant Carl Graf Laugier, Hauptmann Josef Ringelsheim, Monc, Franz Kaiser, Michael Krail und Fortun. de Wouwermanns.

Von der Mannschaft hatten sich besonders ausgezeichnet und wurden mit der silbernen Tapferkeits-Medaille decoriert: Feldwebel Knapowski und Tambour Papst.

Der Verlust des Regimentes in der Schlacht bei Arbesau betrug: Todt: 10 Mann vom Feldwebel abwärts. Verwundet: Hauptmann Michael Krail, Oberlieutenant Johann Sobolewski und 27 Mann. Vermisst: 29 Mann.

Am folgenden Tage wollte der Feind das Gefecht erneuern, aber erfolglos. Es war der letzte Versuch Napoleons, in Böhmen einzudringen.

Am 19. wurden Cantonierungs-Stationen bezogen, die Brigade Mumb wurde nach Kleische, Tirmitz und Predlitz verlegt. Abtheilungen derselben wurden zum Schanzenbau am Fuße des Strisowitzer Berges verwendet.

Vom 27. September, als das Corps vom russischen Corps Wittgenstein den Vorpostendienst auf der Strecke von Nollendorf bis Mückenthürmel übernahm, bis zum 4. October befand sich das Regiment auf Vorposten.

An diesem Tage wurde das Corps Colloredo durch die 26. russische Infanterie-Division abgelöst und bezog Quartiere bei Hierbitz und Tirmitz. Das Regiment wurde nach Schönfeld verlegt. Gleichzeitig erfolgte auch die Zutheilung des Corps zur russischen Reserve des Generals der Cavallerie Graf Bennigsen, welcher sein Hauptquartier zu Teplitz hatte. Seine Bestimmung war, mit diesen Truppen die böhmischen Engpässe und namentlich die wichtige Flankenstellung bei Kulm besetzt zu halten, während die alliierte Hauptarmee sich gegen Sachsen in Bewegung setzte.

Bis 9. October weilte das Regiment in der Gegend von Kulm, an welchem Tage Bennigsen die Weisung erhielt, über Freiberg und Chemnitz zur Hauptarmee zu stoßen, welche in voller Vorrückung gegen die bei Leipzig concentrierte französische Hauptmacht begriffen war.

Völkerschlacht bei Leipzig.

Hier kam es am 16. October zur ewig denkwürdigen Schlacht, welche über die Geschicke des Welttheils entschied und den Glücksstern Napoleons, der seit dem Rückzuge von Moskau im Erbleichen war, vollständig zum Untergange brachte.

500.000 Mann standen am Morgen dieses verhängnisvollen Tages unter den Waffen und vernahmen voll heiliger Begeisterung und Kampfesungeduld den Aufruf des Feldmarschalls Fürsten Schwarzenberg zum gerechtesten Kampfe.

Das Regiment konnte zwar am ersten Schlachttage nicht mitkämpfen, da es mit Bennigsen noch im Anmarsche begriffen war: doch der Grenadier-Division wurde dieses Glück zutheil.

Das Grenadier-Bataillon Portner befand sich in der 2. der drei Hauptcolonnen, in welchen die alliierte Armee zum Angriffe auf die Stellung Napoleons, die sich vor Leipzig, mit dem rechten Flügel an die Pleiße gelehnt, halbmondförmig bis gegen Libertwolkwitz ausdehnte, getheilt worden war. General der Cavallerie Erbprinz von Hessen-Homburg war Commandant dieser Colonne, welche die Bestimmung hatte, das vom Fürsten Poniatowski mit den Polen besetzte Dorf Connewitz am französischen rechten Flügel anzugreifen.

Der Angriff begann auf allen Punkten mit einer sehr heftigen Kanonade um 8 Uhr morgens.

Das 2. zur zweiten Haupt-Colonne gehörende Corps Graf Merweldt drang, der Disposition gemäß, von Zwickau gegen Connewitz vor, aber man überzeugte sich bald, dass die stark besetzte Brücke von Connewitz in der Front nicht zu nehmen sei.

Der Feldmarschall beauftragte sonach das 2. Corps, den Übergang weiter aufwärts der Pleiße bei Dölitz zu erzwingen und ließ das Reserve-Corps über Gaschwitz und Dauben nach Gröbern auf das rechte Pleiße-Ufer marschieren.

Hier um 1 Uhr nachmittags angelangt, warf die aus Cavallerie bestehende Spitze des Reserve-Corps die bis dahin vorgedrungene feindliche Reiterei zurück, die Division Bianchi rückte zur Ablösung der Preußen nach Markkleeberg, und die Grenadier-Division Weißenwolf, zu welcher das Bataillon Portner gehörte, marschierte hinter Gröbern en reserve auf.

Bis um 5 Uhr nachmittags veränderten die Grenadiere diese Stellung nicht, währenddessen ein wüthender Kampf im Centrum fortdauerte. Napoleons Truppen waren zwar durch die Tapferkeit der alliierten Streitkräfte endlich auf allen Punkten zurückgeworfen worden, doch blieben sie Meister des Meierhofes Auenhain, des wichtigsten Punktes des Centrums. Diesen anzugreifen wurde das Infanterie-Regiment Simbschen bestimmt, welchem die ganze Grenadier-Division Weißenwolf in Bataillons-Massen en échiquier folgte.

Der Hof wurde erstürmt, der Feind gezwungen, das Plateau zu verlassen und sich ganz in seine ursprüngliche Stellung zurückzuziehen. Die Nacht machte dem Gefechte ein Ende.

Die Grenadiere lagerten bei dem brennenden Dorfe Gröbern.

Am 17. October um 10 Uhr vormittags traf das Armee-Corps Graf Colloredo auf dem Schlachtfelde ein.

Um diesem und den Truppen des Generals Bennigsen, die durch die zurückgelegten forcierten Märsche sehr ermüdet waren, einige Erholung zu gönnen, sowie um die gänzliche Vereinigung der alliierten Streitkräfte abzuwarten, wurde der neuerliche Angriff auf den 18. bestimmt.

Das Heer war hiezu in sechs Angriffs-Colonnen formiert. Sowohl das Regiment, als auch die Grenadiere gehörten zur 1. vom Erbprinzen von Hessen-Homburg befehligten Colonne, welche aus dem Corps Colloredo, dem österreichischen Reserve-Corps und der Division Alois Liechtenstein bestand.

Mit Tagesanbruch begaben sich die drei verbündeten Monarchen nebst dem Feldmarschall auf das Schlachtfeld, und letzterer gab um 7 Uhr das Zeichen zum Angriffe.

Erbprinz von Hessen-Homburg formierte seine Colonnen links des Meierhofes Auenhain und sollte sowohl zum Angriffe auf Wachau mitwirken, als auch gegen die Dörfer Dölitz, Lösnig und Connewitz vordringen, um den Fürsten Poniatowski von der Pleiße zu vertreiben.

Um 8 Uhr morgens hatten sich alle Colonnen in Bewegung gesetzt. Die Avantgarden des Feindes wurden überall zurückgeworfen und die Colonnen folgten ihnen über die leichenbedeckten Felder von Wachau.

Die Divisionen Bianchi, Wimpffen, Nostitz, Greth und Weißenwolf drangen gegen Dölitz vor, eroberten dieses und Lösnig, und nun entspann sich da ein fürchterlicher Kampf.

Lösnig ging verloren und wurde wieder genommen. Der Feind wiederholte mit der größten Hartnäckigkeit seine Angriffe auf diese Dörfer, aber die braven Truppen, die sie vertheidigten, worunter auch das Grenadier-Bataillon Portner, vereitelten alle seine Anstrengungen.

Auf diesem Flügel währte das mörderischeste Infanterie-Gefecht und eine ununterbrochene Kanonade bis zur Nacht. Mit unerschütterlicher Standhaftigkeit standen die österreichischen Infanteriemassen durch so viele Stunden im verheerendsten Feuer der bei Probstheyda aufgefahrenen französischen Batterien.

Gegen Abend beorderte Feldzeugmeister Graf Colloredo das Regiment Czartoryski, welches bis dahin en reserve gestanden war, zur Ablösung der Grenadier-Bataillone in Dölitz und Lösnig, sowie des 3. Bataillons Wenzel Colloredo.

4 Compagnien des 2. Bataillons unter Commando des Majors Baron Wenz besetzten die Gärten von Dölitz, der Rest bildete ihre Reserve.

Dieses brave Bataillon behauptete trotz der wüthendsten Angriffe der Polen und der französischen Garden seine Position standhaft, insbesondere zeichnete sich die 9. und 10. Compagnie aus.

Der Kampf endigte erst mit dem Einbruche völliger Dunkelheit. Die Alliierten standen vor Leipzig und lagerten die Nacht über unter den Waffen. Das 2. Bataillon des Regimentes bezog die Vorposten.

In der Nacht vom 18. auf den 19. zog sich die auf allen Punkten geschlagene französische Armee in Eile und Verwirrung durch Leipzig über die Elster zurück. Nur die Arrièregarde blieb noch auf dem Schlachtfelde, die Corps Poniatowski und Macdonald zur Vertheidigung Leipzigs zurück.

Am Morgen des 19. October, bei der allgemeinen Vorrückung der Alliierten gegen Leipzig, folgte die Brigade Mumb den sich zurückziehenden feindlichen Arrièregarden, bei welcher Gelegenheit das Regiment viele Gefangene machte, und rückte bis nahe an das Thor von Leipzig, wo sie rechts von der Straße in 2 Treffen aufmarschierte.

Nach beendigtem Gefechte auf dem rechten Flügel setzte die Brigade mit fliegenden Fahnen und klingendem Spiele den Marsch durch Leipzig fort und rückte ins Lager bei Pegau.

Vom Regimente blieben in der Schlacht bei Leipzig: Todt: Lieutenant Röszner und 9 Mann. Verwundet: Fähnrich Ribařz und 96 Mann. Gefangen und vermisst: 33 Mann.

Der brave, mit der goldenen Tapferkeits-Medaille decorierte Fähnrich Ribařz starb Tags darauf an seinen Wunden.

Unter den besonders Ausgezeichneten nennt die Relation den Hauptmann Josef Ringelsheim, welcher gleich nach der Schlacht zum überzähligen Major im Regimente befördert und beim Regimente Jordis in die Wirklichkeit eingebracht wurde, dann den Lieutenant Röszner.

Der Oberlieutenant Sobolewski und Fähnrich Knapowski hatten sich am 3. Schlachttage dadurch hervorgethan, dass sie, bei der äußersten Spitze der Avantgarde eingetheilt, bei 80 Gefangene machten.

Am 22. October setzte sich die bei Eisenberg gelagerte Armee in 2 Colonnen in Marsch. Das 1. Armee-Corps rückte über Jena, Weimar, Fulda, Hanau, Frankfurt am Main nach Rödelsheim, wo es am 9. November eintraf.

Es wurden die Cantonierungen am rechten Ufer der Nidda bezogen, das Hauptquartier des Corps wurde nach Höchst, das nunmehr zur Brigade Jakordofsky gehörige Regiment Fürst Czartoryski nach Rödelsheim verlegt.

Das Grenadier-Bataillon Portner war zu Frankfurt am Main als Besatzung zurückgeblieben und paradierte daselbst schon am 6. November bei dem feierlichen Einzuge der alliierten Monarchen.

Am 14. November wurde regimenterweise aus der Cantonierung bei Höchst aufgebrochen und jene bei Darmstadt bezogen. Das Regiment kam nach Weilerstadt.

Bei der weiteren Vorrückung gegen den Rhein marschierte das Regiment am 15. nach Alsbach, am 16. nach Hoch-Sachsen und am 17. nach Sandhausen bei Heidelberg, woselbst am folgenden Rasttage mehrere Georgs-Kreuze an die Mannschaft vertheilt wurden, am 19. nach Bruchsal, am 20. nach Sollingen, wo es zwei Tage blieb, am 23. nach Bischweier, am 24. nach Lauf, am 25. nach Griesheim, am 26. nach Ettenheim und am 28. nach Lehen, woselbst es die jährliche Musterung passierte.

Am 6. December wurden die Truppen in ausgebreitete Cantonierungen verlegt. Dem 1. Armee-Corps wurde die neue Dislocation zwischen Freiburg, Mühlheim und Alt-Breisach zugewiesen, doch schon am 9. brach es von da auf und marschierte regimenterweise, Freiburg links lassend, ab, und zwar das Regiment nach Ettenweiler, Kappel und Gintersthal, am 10. nach Neustadt, am 11. nach Brunnader und Lambach.

Am 20. December concentrierte sich das 1. Armee-Corps bei Thiengen, woselbst das Regiment in die Brigade Salins, Division Prinz zu Wied-Runkel eingetheilt wurde.

Alle Anzeichen deuteten auf ein baldiges Einrücken in die Schweiz. Diese hatte sich zwar am 18. November 1813 neutral erklärt, aber die Anerkennung ihrer Neutralität von den Großmächten nicht erlangt, deren Plan darin bestand, mit drei Armeen gegen Frankreichs östliche und nordöstliche Grenzen vorzurücken, die sich dann auf den Feldern der Champagne vereinigen sollten.

Das Hauptheer unter dem Feldmarschall Fürst Schwarzenberg hatte die Bestimmung, über die Schweiz in Frankreichs Ostprovinzen einzudringen. In der Nacht auf den 21. December erfolgte bei Basel, Schaffhausen und Lauffenburg der Übergang über den Rhein in drei Colonnen.

Das 1. Armee-Corps bildete die 3. Colonne der in die Schweiz einrückenden Armee und überschritt bei Lauffenburg den Rhein.

Das Regiment cantonierte am 21. in Unter-Keischen, marschierte am 22. nach Aarau, am 23. nach Aarburg, am 24. nach Aarwangen, am 25. nach Kirchberg und am 26. nach Bern.

Beide Bataillone wurden in der Stadt selbst bequartiert und rückten am 27. daselbst in Parade aus, bei welcher Gelegenheit der Tambour Papst, der sich bekanntlich in der Schlacht bei Arbesau ausgezeichnet hatte, mit der silbernen Tapferkeits-Medaille decoriert und mehrere Leute mit Geldgeschenken bedacht wurden.

Am 28. December marschierte das Regiment nach Aarberg, am 29. nach Bienne, am 30. nach Sombeval und am 31. nach Moutier, woselbst auch das Corps-Hauptquartier war.

RANGS-LISTE

DER HERREN OFFICIERE DES INFANTERIE-REGIMENTES NR. 9 VON 1813 (CZARTORYSKI-INFANTERIE-REGIMENT).

Obrist-Inhaber: Feldmarschall Adam Fürst Czartoryski.
Obrist, Regiments-Commandant: Christian v. Kolb.
Obristlieutenant: Carl Graf Laugier.
Majore: Heinrich Graf Orlandini Delbeccuto, Kaspar Ferrari Dagrado.
Hauptleute: Clemens Baron Wenz, Jacob Hermes, Carl Graf Tanlignan, Josef Ringelsheim, Martin Jawurek, Johann Ansalone Andreas Cordier, Michael Krail, Stefan Wlaskovitz, Melchior Damer, Franz Drescher, Bernhard Duchesne, Christian Nikels, Fort. Wouwermanns, Laurenz Rau, Franz Chev. Fichtl.
Capitaine-Lieutenants: Ludwig Reitschuster, Johann Tonglet v. Bailloy, Samuel Storch, Johann Wranicz, Hubert Stoyden, Mathias Fischer, August Keislern.
Oberlieutenants: Carl Wohlleben, Ignaz Kaim, Wilhelm Mono, Josef Kaim, Sebastian Landsberger, Johann Winkler v. Kentrzinski, Franz Vanderstädts, Franz Lueger v. Thurnfeld, Wenzel Becher, Anton Pilchowski, Anton Dietrich v. Hermansberg, Johann Ostermann, Josef Mostpöck, Anton Bauer, Josef Raymond, Johann Bonjean, Carl Sontag, Carl Calzada, Josef Haaber, Friedrich Müller, Josef Hanstin, Johann Muharski.
Unterlieutenants: Alois Pucher, Josef Vetruba, Alexander Eberan, Carl Haffner, Felix Grünrink, Theodor Lilien, Johann Fallaux, Franz Sobolewski, Anton Czarnecki, Josef Vanderstädts, Nikolaus Engerlein, Franz Stetter, Mathias Christmann, Cajetan Chev. Fichtl, Vincenz Baron Starenfeld, Veit Burger, Sigmund Kastner, August Tempis, Anton Schmidt, Stanislaus Gorski, Martin Czernecki, Franz Prambök, Sebastian Leitner, Johann Scoda, Josef Martin, Philipp Heinrich, Anton Czerny.
Fähnriche: Ludwig Tempis, Johann Ciwinski de Puhala, Carl Bezegh, Josef Haidenberg, Josef Chev. Lindenberg, Alexander Toth, Alois Dörfler, Franz Jaranowski, Mathias Seidl, Alexander Kostecki, Josef Mannert, Josef Hrdliczka, Josef Schneider, Josef Krzmann, Johann Senkowski, Johann Schramek, Philipp Albach, Johann Rösner, Josef Klima, Martin Pachhar, Johann Mahsatsch, Johann Wirth, Egydius Dolleisch, Anton Turczynski, Jacob Sieber, Gotthard Winkler, Johann Rath, Ludwig Hermes.
Regiments-Caplan: Carl Sczurek.
Auditor-Hauptmann: Wilhelm Millacher.
Feldarzt: Dr. Wilhelm Becker.
Rechnungsführer: Hauptmann Carl Roland, Franz Sylla.
Adjutant: Unterlieutenant Veit Burger.

Am 1. Jänner 1814 wurde der Marsch nach Delmont fortgesetzt, am 2. nach Porentrui, am 4. nach Delle und am 6. Cantonierungen zwischen Montbelliard und Arzey bezogen. 1814.

Das Regiment war in den Ortschaften Echenans, Descandans und Marvelise bequartiert.

Am 8. Jänner erhielt das Armeecorps die Weisung, den Marsch bis an die Saône fortzusetzen, wo es am 11. eintreffen und das linke Ufer von Seveux bis Traves besetzen sollte.

Es wurde regimenterweise dahin abgerückt, das Regiment cantonierte am 8. in Villers la ville, S. Sulpice und Longeville, am 10. in Vesoul und als am 11. das Corps am Orte seiner Bestimmung eintraf, sein Hauptquartier nach Grandvelle verlegte und aufwärts mit dem 3. Armeecorps Verbindung herstellte, besetzte das Regiment die Orte Vezet, Pont de blanche la Charité und Neuvelle la Charité.

Der Feldmarschall Fürst Schwarzenberg hatte einen concentrierten Angriff auf Langres, wo sich der Feind stark sammelte, zu unternehmen beschlossen und bestimmte das Armee-Corps, zur Unterstützung dieses Angriffes auf der Straße nach Seveux über Pierrecourt vorzugehen, was aber wegen der schlechten Wege dahin geändert wurde, so dass das Corps am 13. die Marschrichtung über Scey sur Saône nahm, am 14. bei Maloilliers cantonierte und am 17. concentrierte Quartiere hinter Faylbillat bezog. Das Regiment kam nach Orneau.

Der Angriff auf Langres sollte am 18. Jänner um 1 Uhr nachmittags in 3 Colonnen stattfinden.

Das 1. und 3. Armee-Corps, die Division Bianchi und die 3. russische Cürassier-Division bildeten die zweite Angriffs-Colonne.

Das 1. Armee-Corps sammelte sich zu diesem Zwecke um 7 Uhr früh bei Faylbillat en colonne und wollte eben aufbrechen; aber alle Dispositionen wurden dadurch unnöthig, dass der Feind Langres ohne jeden Widerstand räumte.

Das 1. Armee-Corps bezog nun Quartiere bei St. Maurice, das Regiment in Corlée und Balesme, und erhielt am 19. die Bestimmung gegen Dijon, woselbst es am 22., gleichzeitig mit dem Gros des Reserve-Corps einrückte und Cantonierungen bezog. Das Regiment erhielt die Ortschaften Longville und Quetigny zugewiesen.

Am 24. wurde es nach Dijon selbst verlegt und folgte am 25. der Colonne des Feldzeugmeisters Graf Colloredo, als diese den Marsch nach Chatillon antrat, woselbst am 29. eingetroffen wurde.

Die Brigade Salins bildete an diesem Tage die Unterstützung der Division Fürst Moritz Liechtenstein, welche bei Bar sur Seine stand.

Am 31. Jänner concentrierte sich das ganze Corps, um der Hauptarmee näher zu sein, bei Bar sur Seine und marschierte am 1. Februar nach Vendoeuvres, wo bivouakiert wurde; denn an diesem Tage wurde der Feind in seiner zwischen Dieuville und Brienne innegehabten Position vom 3., 4. und 5. Corps in der ganzen Linie angegriffen und auf allen Punkten zurückgedrängt, nur Dieuville behauptete er.

Am 2. wurde das 1. Armee-Corps zum Angriffe auf Dieuville bestimmt; doch dieses war mittlerweile schon in der Nacht genommen worden, weshalb das Corps wieder nach Vendoeuvres zurückkehrte und am 3. gegen Troyes en ordre de bataille vorrückte.

Bei Pont de la Quillotière zwischen Courteranges und Ruoignis, zwei Stunden von Troyes, stieß die Avantgarde auf den Feind, welcher sein Gros auf den Höhen von Laubressel aufgestellt hatte.

Bei dem Umstande, dass der Feind bei Piney in der rechten Flanke des 1. Armee-Corps sehr stark war und die Queue der Colonne erst spät abends Lusigny erreichen konnte, wurde der Angriff auf den folgenden Tag verschoben.

Das Armee-Corps bivouakierte über Nacht. Die Regimenter Czartoryski und de Ligne besetzten zur Sicherung der rechten Flanke la Rivour.

Gefecht bei Maisons blanches.

Am 4. Februar musste der Angriff abermals verschoben werden, weil die Brücke bei Lesmont erst in der Nacht fertig werden konnte und dadurch die Vorrückung des 3. und 4. Corps, welche mitzuwirken bestimmt waren, verspätet wurde.

Außer einigen Plänkeleien im Walde von la Rivour zwischen französischen und Patrouillen des Regimentes, blieb alles ruhig.

Erst um die Mittagsstunde ergriff Marschall Mortier selbst die Offensive und rückte über Maisons blanches vor, drückte die Vorposten zurück und bemeisterte sich der Brücke und des Ortes Clairoi, wurde aber bald wieder durch die Division Liechtenstein zurückgeworfen.

Bei der am 5. gegen Troyes unternommenen Recognoscierung wurde das Regiment von la Rivour nicht bewegt.

An diesem Tage wurde der Feldzeugmeister Graf Colloredo, welcher bis zur äußersten Plänklerkette vorgesprengt war, verwundet und Feldmarschall-Lieutenant Graf Nostitz übernahm das Corps-Commando. Nachmittags zwischen 2 und 3 Uhr wurde das Corps in seiner Stellung durch das 4. Armee-Corps abgelöst und marschierte über Montreuil, Marolles und Bourguignon nach Bar sur Seine.

Die Division Prinz Wied-Runkel erreichte erst andern Morgens die ihr zugewiesenen Cantonierungs-Stationen Virey und Courtenôt auf der Straße gegen Troyes.

Feldmarschall-Lieutenant Bianchi wurde mit dem Commando über das 1. Armee-Corps betraut.

Zum neuerlichen Angriff auf Troyes setzte sich das Corps am 7. Februar auf der Straße gegen Maisons blanches derart in Bewegung, dass es um 10 Uhr vormittags vor la Vacherie aufmarschieren konnte, aber schon bei St. Parre erfuhr man, dass die Franzosen Troyes geräumt hätten und die Stadt bereits durch das 4. Corps besetzt sei.

Bei diesem Umstande rückte das Corps in die zugewiesenen Cantonierungen, die Division Prinz Wied-Runkel nach Lirey.

Am 10. wurde nach Ville neuve au chemin, am 11. nach Arce, am 12. nach Cerisiers, am 13. in die Gegend von Sens, am 14. nach Ville neuve la Guiard marschiert und am 15. gegen Moret vorgerückt, welches nach einem kurzen Vorpostengefechte besetzt und die äußersten Vorposten bis gegen Fontainebleau vorpoussiert wurden.

Das Regiment cantonierte in Montereau, woselbst sich auch die Hauptquartiere des 1. und 4. Armee-Corps befanden.

Als am 18. das 4. Armee-Corps die Vertheidigung des äußerst wichtigen Postens Montereau übernahm, folgte das Regiment dem 1. Corps in die Cantonierung zwischen Ville neuve und Pont sur Yonne und setzte nach dem ungünstigen Ausgange des vom 4. Corps bei Montereau bestandenen Gefechtes mit der Division Prinz Wied-Runkel um Mitternacht den Marsch bis Sens fort, von wo am 19. auf der Straße gegen Ville neuve l'archeveque bis Bagneaux und am 20. bis Fontvannes marschiert wurde.

Hier erhielt Feldmarschall-Lieutenant Bianchi die Weisung, mit dem 1. Armee-Corps und seiner Divison dem Marschall Augereau, der mit einem neu formierten Corps von Lyon aus gegen die linke Flanke der Haupt-Armee zu operieren drohte, entgegenzurücken. Bianchi hatte seinen Marsch möglichst zu beschleunigen, um baldigst Dijon zu erreichen, demzufolge das Armee-Corps noch am 21. Februar aus seiner Cantonierung von St. Libault und Fontvannes nach St. Germain und St. Jean de Bonneval in eine engere Cantonierung aufbrach, am 22. nach Avreuil, am 23. nach Tonnères und am 24. nach Nuis und Aisy rückte.

Am 25. wurde Ville neuve le Convers, am 26. St. Seine erreicht und am 27. rückte das Regiment mit der Division Prinz Wied-Runkel in Dijon ein, von wo am folgenden Tage die Regimenter Czartoryski und de Ligne zur Unterstützung der Division Lederer nach Beaunne beordert wurden.

Der Feind stand bei Maçon, und bei Tournus lagerten einige Tausend bewaffnete Bauern.

Das Regiment hielt Beaunne bis 5. März besetzt, an welchem Tage es sich bei Châlons wieder mit dem Gros des Corps vereinte und zur Unterstützung der Avantgarde nach St. Acubreuil und Buxy vorpoussiert wurde.

Bianchis Absicht war, bis Lyon vorzugehen, hiedurch des Feindes Flanke und Rücken zu bedrohen und ihn entweder zum Rückzuge oder zu einem entscheidenden Gefechte zu zwingen.

Am 9. setzte das Armee-Corps seinen Marsch nach Maçon fort, woselbst es am 10. März eintraf und Cantonierungen bezog. Das Regiment rückte mit der Division Prinz Wied-Runkel auf den rechten Flügel der Stellung nach Cluny.

Der Feind hatte sich zurückgezogen.

Der bereits in Dole mit der Reserve-Armee eingetroffene Erbprinz von Hessen-Homburg übernahm an diesem Tage das Commando über die Süd-Armee, zu welcher nunmehr auch das 1. Armee-Corps gehörte.

Gefecht bei Maçon.

Am 11. März wurde die bei Maisons blanches stehende Avantgarde, die Generalmajor Scheither befehligte, von einem überlegenen Feinde angegriffen und zog sich gegen Maçon zurück. Der Feind folgte ihr und General Meunier griff die Stellung mit beiläufig 8000 Mann in 2 Colonnen an, von denen eine auf der Hauptstraße vorrückte, die andere über Vincelles und Charney den rechten Flügel zu umgehen drohte. Doch in diesem Augenblicke eilte die Division Wied-Runkel von Cluny auf den äußerst wichtigen Punkt Charney, das von 1 Bataillon Hiller, 1 Escadron Kaiser-Husaren und 3 Kanonen besetzt war.

Die gegen Charney dirigierte feindliche Colonne drang zwar bis dahin vor; allein kaum hatte sie die Berglehne erstiegen, so wurde sie durch 3 Schwadronen in den Flanken angegriffen und gleichzeitig durch die im Centrum stehende Infanterie so gedrückt, dass sie ebenso wie die erste gegen Maçon selbst vorgerückte Colonne, vollständig zum Weichen gebracht wurde,

Das Regiment hatte in dieser Affaire keinen Verlust.

Am 12. März wurden, da kein feindlicher Angriff zu befürchten war, wieder die Cantonierungen bezogen. Das Regiment blieb in Charney, woselbst auch das Reserve-Bataillon, welches noch im Herbste verflossenen Jahres errichtet worden war, zu demselben stieß; nachdem es bis zu dieser Zeit nur mit kurzen Unterbrechungen als Besatzung verwendet, auf dem Marsche gegen Frankreich begriffen gewesen war. Es bestand fast nur aus Recruten.

Am 15. März brach das Corps von Maçon auf, um gegen Lyon vorzurücken.

Das Corps Bianchi bildete bei der Vorrückung gegen Lyon die rechte Colonne, die Division Wied-Runkel marschierte über Chenas und Fleurie nach Villie und vereinte sich da mit der Division Bianchi. Von da folgten nun beide Divisionen der Avantgarde, welche ihren Marsch über Cercie und St. Leger gegen Odenas antrat, sich da aufstellte und Patrouillen vorschickte, die bei Marsengues auf den Feind stießen.

Die Division Prinz Wied-Runkel wurde nun vorwärts St. Leger à cheval des Weges gegen Odenas bei Bussieres und Pillomières aufgestellt und Beaujeu durch das 3. Bataillon des Regimentes besetzt.

Den folgenden Tag, am 18. März, sollte der Feind in seiner Stellung bei St. Georges angegriffen werden und der 1. Colonne, zu welcher die Division Prinz Wied-Runkel gehörte, fiel nach der Disposition die Aufgabe zu, sich um 6 Uhr früh bei Odenas zu formieren und den linken Flügel des Feindes, der seine Hauptstellung hinter dem Vauzonnebach bei St. Georges hatte, zu umgehen.

Gefecht bei St. Georges und Villefranche.

Bei Marsengues stieß die Colonne, welche mit Tagesanbruch den Bach überschritten hatte, auf den Feind und fand, dass er Lagé-Longsard und den Wald hinter Chambelly besetzt hielt.

Während ihn nun hier die Avantgarde, unterstützt durch die Regimenter Czartoryski, Ligne und Hiller, in der Front festhielt, und das Husaren-Regiment Esterházy eine Zwischen-

Colonne zur Verbindung mit der Division Wimpffen über Gandoger bildete, führte Feldmarschall-Lieutenant Wied-Runkel die andere Brigade seiner Division im Umkreise auf die Höhe bei les Rues und nahm hiedurch die Franzosen dergestalt in die linke Flanke, dass sie auf allen Punkten weichen mussten.

Der Prinz erreichte mit einem Theile seiner Division Ouilly und die Vorstädte von Ville franche in dem Momente, als sich die zweite Colonne bei St. Georges schlug und der Feind noch das Wäldchen bei Lagé vertheidigte und Arnas besetzt hielt.

Der nun auf allen Punkten erfolgte Angriff hatte den besten Erfolg und bewirkte den gänzlichen Rückzug der Franzosen.

Das Regiment Fürst Czartoryski, eigentlich dessen Tirailleur-Kette, war anfangs durch einen heftigen feindlichen Cavallerie-Angriff zurückgedrängt worden, welcher Rückzug in Klumpen und Massen in bester Ordnung und unter fortwährendem Kampfe bis in ein hinter der Front befindliches Gehölz bewirkt wurde; da aber die feindlichen Reiter durch das Vorrücken des 1. westphälischen Husaren-Regimentes nicht nur veranlasst wurden, von der Verfolgung des Regimentes abzugehen, sondern sich schleunigst weit über ihre früher innegehabte Stellung zurückzuziehen, so rückte das Regiment bald wieder im vollen Laufe vor und alles schrie: »Tambours, Sturmstreich!«

Diese gehorchten dem einstimmigen Rufe, die Trommeln wirbelten, die Gewehre wurden an die Seite herabgerissen und mit einem allgemeinen Hurrah! stürzte sich das Regiment auf den nicht gefassten Feind, das 2. und 4. Bataillon voran, das 3. en reserve. Der Feind wurde vollständig geworfen und noch bis an die Höhen vorgerückt; gleichzeitig hatte auch das Gefecht auf allen Punkten sein Ende erreicht.

Das Regiment ralliierte sich auf dem Schlachtfelde und blieb auf Befehl so lange stehen, bis alle en reserve gestandenen Regimenter es passiert hatten.

Unzählige Male riefen die vorbeimarschierenden Truppen: Vivat Czartoryski!

Das Regiment hatte an diesem Tage seinen alten Ruhm bewährt und insbesondere das Reserve-Bataillon, obwohl noch aus jungen und kriegsunerfahrenen Soldaten bestehend, mit ausgezeichneter Bravour gefochten. Es wurde nicht nur in der Relation, sondern auch in den französischen Zeitungen seiner Leistungen wegen rühmlichst erwähnt.

Besonders ausgezeichnet hatten sich:

Hauptmannn Hayden. Als demselben der rechte Unterarm durch eine Gewehrkugel zerschmettert wurde, zog er gelassen sein Sacktuch heraus, ließ sich ungeachtet des in Strömen fließenden Blutes nur nothdürftig durch einen Corporal verbinden und verblieb, seine Leute ermuthigend, noch so lange bei der Compagnie, bis er, vom Blutverluste erschöpft, zusammensank. Dann erst ließ er sich zum Commandanten des 4. Bataillons Major von Kepich tragen, um ihm zu melden, dass er kampfunfähig sei und das Schlachtfeld verlasse. Kurz darauf war er eine Leiche.

Feldwebel Rumel. Obschon in Jahren bereits vorgerückt, war dieser wackere Unterofficier doch den ganzen Tag über der jungen Mannschaft als das schönste Beispiel des Muthes und der Todesverachtung vorangegangen und hatte sie sowohl hiedurch, als durch seine Zurufe zur Ausdauer im schweren, ungewohnten Kampfe angespornt. Er avancierte hiefür zum Fähnrich.

Feldwebel Josef Knapp. Bei dem Angriffe der feindlichen Cavallerie auf die Plänkler-Kette des Regimentes formierte er rasch seine Leute in Klumpen und hielt sich so lange standhaft, bis der Feind endlich in die Flucht geschlagen wurde. Später commandierte er die Compagnie, nachdem alle Officiere kampfunfähig geworden waren. Er erhielt die silberne Tapferkeits-Medaille.

Corporal Odorowski. Dieser trug durch sein muthiges Betragen, sowie durch seine animierenden Zurufe sehr viel dazu bei, dass die bereits abgeschnittene halbe 2. Compagnie noch glücklich das 2. Bataillon erreichen konnte. Kaum zu demselben eingerückt, wurde er durch eine Kanonenkugel getödtet.

Gemeiner Ivan Boruszak. Obschon erst einige Monate Soldat, commandierte er in der Plänkler-Kette einige Mann, die sich an ihn anschlossen, ging stets entschlossen voran und brachte durch sein herzhaftes Benehmen einen Theil der feindlichen Plänkler zum Weichen. Er wurde mit zwei Dukaten beschenkt.

Der Verlust des Regimentes an diesem Tage betrug an:
Todten: Hauptmann Hayden, Oberlieutenant Stro-

bach, Fähnrich Lorenz und 6 Mann. Verwundeten: Oberlieutenant Muhr, 44 Mann und 42 Vermissten.

Das 1. Armee-Corps, welches noch am Abende des Gefechtstages eine concentrierte Stellung bei Pommiers bezogen hatte, lagerte am 19. März bei Belmont und Lozanne.

An diesem Tage erschien der Brigadier Generalmajor Josef Graf Salins vor der Front des Regimentes, stellte sich vor die Mitte des 4. Bataillons, entblößte sein Haupt und hielt mit sehr bewegter Stimme folgende Anrede in böhmischer Sprache:

»Soldaten! Ich habe graue Haare, bin schon ein alter Diener, der vielen Kriegsscenen beiwohnte, aber so junge und doch so brave, unerschrockene Soldaten, als welche Ihr Euch gestern in diesem siebenstündigen hartnäckigen Kampfe gezeigt, habe ich nie gesehen und diese schöne Waffenthat ist ein unvergessliches theuerstes Angebinde zu meinem heutigen Namenstag. Hoch das brave Regiment Czartoryski!«

Ein tausendstimmiges Vivat! unser Herr General! war die Antwort des Regimentes auf diese schöne Ansprache des geliebten Brigadiers, mit der er demselben das glänzendste Tapferkeits-Zeugnis ausstellte.

Am 20. März wurde gegen Lyon vorgerückt, wobei das 1. Armee-Corps bestimmt wurde, den linken Flügel des Feindes zu umgehen.

Dieser Disposition gemäß passierte es mit Tagesanbruch das Défilé bei Dorieux und formierte sich bei Dumartin, von wo es bis rechts von l'Arbresle vorrückte.

Gefecht bei Limonest.

Um 1 Uhr nachmittags geschah der Angriff auf die feindliche Stellung bei Dardilly, das Regiment war en reserve. Der Feind wurde sowohl von den Höhen bei Dardilly, als auch von jenen bei Limonest geworfen. Aber plötzlich erhielt er bedeutende Verstärkungen, griff Dardilly an und ließ eine Colonne auf der Straße von Lyon über Grange blanche vorrücken. Da eilte Feldmarschall-Lieutenant Prinz Wied-Runkel mit einem Theile seiner Division, worunter das ganze Regiment Fürst Czartoryski, in die linke Flanke des angreifenden Feindes auf den letzten Abhang von Dardilly und hielt ihn in seinem weiteren Vordringen auf.

Das Gefecht dauerte bis tief in die Nacht, endlich zogen sich die Franzosen über Lyon auf das linke Ufer der Rhône zurück.

Das Regiment verlor an diesem Tage 8 Todte, worunter der Hauptmann Duchaine. 20 Verwundete und 10 Vermisste.

Am 21. März rückte das Regiment in Lyon ein und blieb daselbst mit dem Regimentsstabe und dem Reserve-Bataillon bis 25. April als Besatzung, während das 2. Bataillon am 29. März nach Brignais und am 30. nach St. Etienne, das 3. Bataillon am 30. März, wegen ausgebrochener Unruhen, nach Aulun und Charolles detachiert, später nach Chatillon verlegt wurde.

Am 26. April brach der Regimentsstab mit dem Reserve-Bataillon von Lyon auf und rückte über Anse, Belleville, Maçon und Tournus nach Châlons sur Saône, woselbst sich am 1. Mai das 2., 3. und (4.) Reserve-Bataillon wieder vereinten und folgende Dislocation bezogen: der Regimentsstab und das Reserve-Bataillon Châlons sur Saône, das 2 Bataillon Fragne und das 3. Bataillon Sienne.

Am 3. Mai zog Ludwig der XVIII. in das durch die Schlacht von Montmartre eroberte Paris ein und übernahm die Regierung des auf seine früheren Grenzen zurückgeführten Frankreichs, nachdem Napoleon am 12. April zu Fontainebleau abdiciert hatte.

Der langjährige Kampf schien beendet, ein Congress zu Wien sollte die weiteren Angelegenheiten Europas schlichten — die Truppen kehrten in die Heimat zurück.

Das Regiment begann seinen Rückmarsch am 5. Mai und rückte über Verdun, St. Jean de Losne, Dole, Besançon, Clerval, Blamont, Porentruy, Ligsdorf, Märkt nach Sickingen, woselbst es sich am 21. Mai mit dem seit August 1813 detachiert gewesenen 1. Bataillon vereinte, dessen Schicksale wir nun nachholen müssen.

Das Bataillon war bekanntlich, als die Hauptarmee von Böhmen nach Sachsen vorrückte, zu Theresienstadt in Garnison verblieben, von wo es später zum Belagerungs-Corps von Hüningen bestimmt wurde und am 3. Februar 1814 daselbst eintraf. Der Commandant des Belagerungs-Corps, der bayrische General-Lieutenant Baron Zoller wies ihm die Stellung hinter Bourglibre an.

Belagerung von Hüningen.

Durch das außerordentlich heftige Feuer verlor das 1. Bataillon am 9. Februar in seinem Lager 2 Mann, welche von den feindlichen Kanonenkugeln, die selbst Bourglibre erreichten, getödtet wurden.

Am 5. April nahm es an der Erstürmung der Sternschanze vor Hüningen ruhmvollen Antheil und theilte mit den übrigen Truppen die Mühseligkeiten eines Belagerungsdienstes im Winter bis 16. April, an welchem Tage, nach vorher abgeschlossener Capitulation, Hüningen von den alliierten Truppen im Namen des Königs Ludwig XVIII. in Besitz genommen wurde.

General-Lieutenant Baron Zoller wurde provisorischer Gouverneur der Festung, in der das 1. Bataillon auch vorläufig in Garnison verblieb.

Unter jenen Officieren, welche sich während der Belagerung besonders auszeichneten, wurden nächst dem Bataillons-Commandanten, Major Heinrich Graf Orlandini, die Hauptleute Andreas Cordier und Franz Baron Fichtl genannt.

Von der Mannschaft hatten sich besonders hervorgethan und wurden mit der silbernen Tapferkeits-Medaille decoriert:

Corporal Franz Graf. Derselbe hatte sich bei der Erstürmung der Sternschanze sehr tapfer und mannhaft benommen und mehrere Freiwillige mit bestem Erfolge zum Sturme angeführt.

Gefreiter Peter Malinowski. Eine sehr starke französische Patrouille überfiel diesen mit 4 Mann auf dem äußersten Piquet stehenden Gefreiten bei finsterer Nacht, nahm 2 Mann gefangen und wollte weiter vordringen. Da warf sich Malinowski mit den anderen 2 Mann auf die feindliche Patrouille, befreite und bewaffnete die 2 Gefangenen und trieb den Feind in die Flucht.

Gefreiter Ivan Pawliszyn. Dieser zeichnete sich durch seine ausnehmende Todesverachtung und Tapferkeit bei der Erstürmung der Sternschanze, bei welcher Gelegenheit er sich unter den Freiwilligen befand, auffallend aus.

Dass übrigens das ganze 1. Bataillon seine Pflicht redlich erfüllt hatte, ist aus nachfolgendem ehrenvollen Zeugnisse zu entnehmen, welches der General-Lieutenant Baron Zoller vor dem Abmarsche des Bataillons am 12. Mai, demselben auszustellen, sich verpfichtet fühlte:

»An den kais. öst. Herrn Major Grafen Orlandini, Commandeur des 1. Bataillons vom Infanterie-Regiment Fürst Czartoryski Nro. 9.

»Durch die Ausdauer, Thätigkeit, Entschlossenheit und den besten Willen, mit welchem das Bataillon vom 4. Februar an bis auf den heutigen Tag den vielfachen

Beschwerden eines durch den harten Winter sehr erschwerten Tranchéedienstes, dem Feinde stets mit größter Entschlossenheit trotzend, den mühevollen Belagerungsdienst mit aller Auszeichnung und Ausdauer, die so sehr den Geist des braven Soldaten charakterisiert, — ertrug, — veranlasst mich Euer Hochgeboren für die so ausgezeichnete Art, mit welcher Hochdieselben, dann sämmtliche Herren Officiers, Unterofficiers und Soldaten dero unterhabenden Bataillons bei allen diesen Gelegenheiten dienten, meines innigsten Dankes und der ausgezeichnetsten Hochachtung zu versichern.

Der königl. bayrische Divisions-General

Baron Zoller m. p.«

Nun bleibt uns nur noch übrig, den Faden der Begebenheiten beim Grenadier-Bataillon Portner wieder aufzunehmen, welches mittlerweile Major Majus übernommen hatte.

Dieses in Frankfurt a. M. zurückgebliebene Bataillon war am 10. März 1814 wieder zur Hauptarmee eingerückt und die eigene Grenadier-Division nach Vendoeuvres, später das ganze Bataillon zur Dienstleistung in das große Hauptquartier bestimmt, mit dem es am 31. März in Paris einrückte.

Am 2. April marschierte das Grenadier-Bataillon in das Lager bei Chevilin, am 18. in die Cantonierung von Sèvres und nach dem am 30. Mai abgeschlossenen und am 1. Juni ratificierten Frieden von Paris, trat es an diesem Tage den Rückmarsch nach Österreich an und kam nach Brünn in Garnison.

Das Regiment war mittlerweile am 21. Mai von Sickingen mit allen 4 Bataillonen aufgebrochen. Es bildete, nebst dem Infanterie-Regimente de Ligne, die 4. Marsch-Colonne unter Commando des Obersten Kolb. Der Marsch gieng über Lauffenburg, Thiengen, Neukirch, Singen, Stockach, Pfulendorf, Saulgau nach Biberach, welches am 31. Mai erreicht wurde.

Hier erhielt die Colonne die Weiterinstradierung über Memingen, Augsburg, Landshut und Straubing nach Klattau in Böhmen, woselbst sie am 23. Juni eintraf.

Die Befreiungskämpfe 1813 und 1814 fanden ihren Abschluss durch nachstehenden Befehl, welchen Feldmarschall Carl Fürst zu Schwarzenberg an seine Truppen erließ:

ARMEE-BEFEHL!

Hauptquartier St. Cloud, am 31. Mai 1814.

»Die Tapferkeit und Ausdauer des verbündeten Heeres haben das große Ziel, für das wir kämpften, glücklich erreicht. Die verschiedenen Theile dieses Heeres kehren in ihr Vaterland zurück; dort erwartet sie der Dank ihrer Mitbürger. Der Geschichte bleibt die Erzählung der Thaten vorbehalten, welche ihnen den Dank der Welt verbürgen.

»Als mich die hohen verbündeten Monarchen des Oberbefehls über die schönsten und bravsten Truppen würdigten, übernahm ich dieses ehrenvolle Geschäft mit Erwartungen, die nur der Geist derselben, ihr Muth, ihre Liebe zum Monarchen und Vaterlande, endlich das Gefühl der Nothwendigkeit, in diesem Kampfe zu siegen oder zu sterben, rechtfertigen konnte.

»Die Tage von Kulm, Leipzig, Hanau, Brienne, Arcis, Fère champenoise und Paris haben die kühnsten Anforderungen übertroffen. Die Freiheit Europas und die Unabhängigkeit der Völker sind an diesen Tagen errungen worden.

»Heute spreche ich zum letzten Male zu diesen braven Truppen, an deren Spitze ich zu stehen die Ehre hatte. Der Dank des Monarchen, des Vaterlandes und das eigene Bewusstsein sei ihr schönster Lohn. Ich erfülle jedoch die angenehme Pflicht, indem ich ihnen für die unzähligen Beweise von Vertrauen, für ihren Muth, ihre Anstrengungen und ihre Ausdauer hiemit danke.

»Das erhabenste Gefühl meines Lebens wird es stets sein, vereint mit ihnen den Weltfrieden erkämpft zu haben«.

Carl Fürst zu Schwarzenberg m. p.
Feldmarschall.

Von Klattau wurde das Regiment nach Galizien dirigiert; doch in Teschen angelangt, erhielt es Gegenbefehl und marschierte nach Siebenbürgen. Am 8. October rückte es in Klausenburg ein, nachdem es seit dem Monate August 1813 nie auf längere Zeit in eine Station gekommen war, sondern stets entweder im Felde stand oder marschierte.

Der Regimentsstab blieb in Klausenburg mit dem 1. Bataillon, die anderen drei Bataillone wurden nach Kronstadt, Hermannstadt, Carlsburg und Maros-Vásárhely vertheilt.

Im Monate November fand die Betheilung der Officiere und Mannschaft des Regimentes mit dem von Sr. Majestät dem

Kaiser Franz I. zur Erinnerung an die glorreichen Kämpfe der Armee in den Jahren 1813 und 1814 gestifteten Armeekreuze statt.

Die Capitulation bei der Infanterie wurde von 6 auf 14 Jahre verlängert.

RANGS-LISTE

DER HERREN OFFICIERE DES INFANTERIE-REGIMENTES NR. 9 VON 1814: CARL CLERFAYT. 1802 ADAM CZARTORYSKI.

Obrist: Christian Kolb v. Frankenheld.

Obristlieutenant: Graf Carl Laugier.

Major: Graf Heinrich Orlandini Delbeccuto, Nestor Kepich, Baron Clemens Wenz.

Hauptleute: Franz Hermes, Mart. Jawurek, Joh. Ansalone, And. Cordier, Mich. Krail, Steph. Wlatkovich, Melch. Damer, Frz. Drescher, Jos. Felber, Fortune Wouwermanns, Ludw. Reitschuster, Frz. Tonglet v. Bailoy, Sam. Storch, Laur. Rauh, Chevl. Franz Fichtel, Wladim. Gibaczynski, Carl Wohlleben, Sebast. Landsberger, Ignatz Kaim, Jos. Kaim, Frz. Vanderstädts, Joh. Winkler v. Ketrzinski, Joh. Baron Söldenhoffen, Jos. Mostpöck, Wenzl Becker, Joh. Ostermann, Joh. Schmelzern, Ant. Bauer, Jos. Raymond, Joh. Bonjean, Jos. Haaber, Friedr. Miller.

Capitaine-Lieutenante: Carl Sonntag, Alois Pucher, Jos. Watruba, Alexander Eberan, Wraniecz, Veit Burger, Franz Kolb von Frankenheld, Joh. Schleichert.

Oberlieutenante: Leopold Kaberger, Joh. Muharski, Carl Morelle, Johann Haffner, Felix Groenvink, Theod. Lilien, Joh. Tallaux, Heinr. Muhr, Frz. Sobolewski, Pet. Czarnotzki, Jos. Vanderstädts, Nic. Engerlein, Frz. Stetter, Math. Christmann, Vincenz Baron Starenfeld, Sigm. Kästner, Aug. Tempis, Ant. Schmidt, Stanisl. Gorski, Frz. Pramböck, Sebast. Leitner, Joh. Scoda, Josef Martin, Anton Czerny, Phil. Heinrich, Ludw. Cywinski de Puchala, Ignaz Pospieschl v. Freyenfeld, And. Simon, Joseph Matschek, Carl Herzberg, Alex. Kepich, Carl Bezegh, Joh. Tonglet v. Bailloy, Joh. Heidenberg, Jac. Wischigowski.

Unterlieutenante: Chev. Josef Lindenberg, Alex. Todt, Math. Saidl, Alois Dörfler, Alex. Kostecki, Jos. Manner, Jos. Herdliczka, Joh. Schneider, Jos. Krzmann, Joh. Senkowski, Joh. Schramek, Phil. Allbach, Ant. Schmidt, Mich. Hoffmann, Jos. Klima, Mart. Puchas, Gottf. Winkler, Baron Carl Godard, Josef Massatsch, Ludw. Hermes, Vinc. Durdik, Andr. Baron Drak, Alex. Drost, Wilh. Spervin, Ant. Cordier, Lud. Engerlein, Val. Krzyzanowski, Frz. Mayer, Eng. Dürelle, Josef Baron Ritterstein, Adalb. Dammer, Wilh. Rummel, Carl Hechler.

Fähnriche: Carl Aichlechner, Carl Mokosziny, Lud. Mayer, Wenzl Rybaroch, Ferd. Beckers, Friedr. Sternberg, Josef Widtmann, Carl Baron Reichlin, Mart. Schreiberger, Jos. Kirschner, Dom. Messina, Wilh. Kolbe, Andr. Kletwieg, Adalb. Tarnowski, Heinr. Knapowski, Friedr. Binder, Joh. Hirnschal, Franz

Krammer, Frz. Schuerer, Joh. Niedribit, Nic. Rummel, Rob. Rösner. Paul Sied, Andr. Schmidsfelden, Jos. Roza, Josef Haisinger, Jos. Kruetz, Cordier, Bern. Jegg, Casp. Ostrowski.

Cadetten Ordin.: Carl Fischer. Expropr.: Carl Waldberger, Josef Jacobi, Clemens Andres, Chev. Carl Polzki.

Vom Stabe:

Caplan: Carl Sczurek.
Auditor: Hauptmann Mitlacher.
Feldarzt: Dr. Wilh. Recker.
Rechnungsführer: Carl Roland, Ant. Sylla.
Regiments-Adjutant: Oberlieutenant Joh. Tonglet v. Bailloy.
Regiments-Agent: Ign. Dembsher in Wien.

Aufschläge und Kragen apfelgrün mit Nr. 54 (gelbe Knöpfe).

VII. PERIODE.

VOM ZWEITEN PARISER FRIEDEN BIS ZUM JAHRE 1848.

Nicht lange Ruhe war dem braven Regimente, welches innerhalb zwei Jahren halb Europa, von den Ufern des Styrflusses bis an jene der Rhône durchmarschiert, beschieden.

Noch tagte der Congress zu Wien, als Napoleon plötzlich die Insel Elba verließ, in Frankreich landete und am 20. März 1815 in Paris einzog. Der kaum beendete Kampf sollte nochmals beginnen.

1815. Anfangs April 1815 setzte sich das Regiment nach Pest in Marsch, woselbst es am 6. Mai eintraf.

Der Regiments-Stab mit dem 1. Feld-Bataillon verblieb daselbst, das 2. wurde nach Ofen, das 3. nach Gran und das 4. nach Komorn verlegt.

Am 5. Juni marschierte der Regiments-Stab mit dem 1. und 2. Bataillon nach Wien, wo es am 22. Juni einrückte. Das 3. Feld-Bataillon wurde von Gran nach Ofen beordert.

Die Grenadier-Division des Regimentes, im Bataillon Major Majus, war gleichfalls anfangs April ausmarschiert und erhielt ihre Eintheilung beim Reserve-Corps des Erzherzogs Ferdinand, Division Erzherzog Ludwig, Brigade Generalmajor Trapp.

Am 10. Mai traf das Reserve-Corps in der Gegend von Cannstadt ein, wo es Cantonierungen bezog, am 15. Juni über Ludwigsburg nach dem Ober-Rhein aufbrach, diesen bei Basel am 26. Juni überschritt und über die Schweiz in Frankreich einrückte, wo ihm jedoch keine Theilnahme an kriegerischen Ereignissen beschieden war; denn Napoleons Thron war mittlerweile am 18. Juni auf den Gefilden bei Waterloo neuerdings und für immer zertrümmert worden.

Schon am 7. Juli zogen die siegreichen Alliierten zum zweiten Male in Paris ein, während das Reserve-Corps an diesem Tage bei Neufchateau eintraf und seinen Marsch nun über Joinville, Brienne, Troyes bis Sens fortsetzte, wo es bis 16. Juli bivouakierte. An diesem Tage bezog es Quartiere bei Courtenay und anfangs August bei Dijon.

Am 30. September rückte das Corps in das Paradelager bei Dijon und am 7. October, nachdem Seine Majestät der Kaiser dortselbst eine große Revue abgehalten und das Lager aufgehoben worden war, setzten sich die Truppen in drei Colonnen nach Österreich in Marsch.

Das Grenadier-Bataillon Majus marschierte über Auxonne, Hünigen, Freiburg, Ulm und Regensburg in die Erblande, wo es die Bestimmung nach Lemberg erhielt. Die rasche Beendigung des Krieges hatte bewirkt, dass das Regiment nicht weiter vorrückte, sondern in Wien verblieb.

Daselbst wurden nachträglich nachbenannte Stabs- nnd Oberofficiere für ihre Verdienste in den Feldzügen 1813 und 1814 mit kaiserlich russischen Orden decoriert und zwar: Mit dem russischen St. Annen-Orden 2. Classe: Oberstlieutenant Carl Graf Laugier; die Majore Nestor Keppich, Clemens Baron Wenz.

Mit dem russischen Wladimir-Orden 4. Classe die Hauptleute: Fortunatus von Wouwermanns, Franz Tonglet von Bailloy, Franz Vanderstädts, Veit Burger und Josef Lueger. Letzterer hatte sich 1813 in der Schlacht bei Dresden als Ordonnanz-Officier beim Feldzeugmeister Colloredo durch seine Thätigkeit und Unerschrockenheit, mit der er alle Befehle vollzog, hervorgethan und wurde dieserwegen von demselben anempfohlen.

Am 1. November erhielt das Regiment den Befehl, nach Siebenbürgen zurückzukehren, marschierte am 11. desselben Monates von Wien ab, vereinte sich auf dem Marsche durch Ungarn mit dem 3. und 4. Bataillon und rückte am 29. December in Hermannstadt ein.

Der Regimentsstab mit dem 2. Bataillon blieb daselbst, während die anderen 3 Bataillone nachstehende Garnisonen bezogen: Kronstadt, Klausenburg, Maros-Vásárhely, Mediasch, Carlsburg, Mühlbach und Déva.

RANGS-LISTE

DER HERREN OFFICIERE DES INFANTERIE-REGIMENTES NR. 9 VON 1815 (CARL CLERFAIT 1802). FELDMARSCHALL FÜRST ADAM CZARTORYSKI.

Werbbezirks-Station: Przemysl.

Obrist: Christian Kolb v. Frankenheld.

Obristlieutenant: Carl Graf Laugier (R. A.-O. 2. Cl.).

Majore: Nestor Keppich (R. A.-O. 2. Cl.), Clemens Freiherr Wenz, Franz v. Dekin (Reserve-Bataillons-Commandant, F. E. L. R.).

Hauptleute: Johann Ansalone, Andreas Cordier, Michael Krail, Stephan Wlatkovich, Melchior Damer, Franz Drescher, Josef Felber, Fortunatus Wouwermanns (R. W.-O.-R. 4. Cl.), Ludwig Reitschuster, Franz Chev. Tonglet du Bailloy (R. W.-O.-R. 4. Cl.) Samuel Storch, Franz Edler v. Fichtl, Ignaz Kaim, Josef Kaim, Wenzel Becker v. Wallensee, Johann Ostermann, Franz Freiherr Söldenhoffen, Josef Mostpöck, Anton Bauer, Josef Raymond, Johann Bapt. Bonjean, Josef Haber, Friedrich Müller.

Capitain-Lieutenant: Alois Pucher, Josef Watruba, Alexander Eberan, Veit Burger (R. W.-O.-R. 4. Cl.), Franz Kolb v. Frankenheld, Lorenz Schleichert, Leopold Kaberger, Johann Mucharski.

Oberlieutenants: Carl Morelle, Johann Haffner, Felix Grönvink, Theodor Lilien, Johann Bapt. Fallaux, Heinrich Muhr, Franz Sobolewski, Peter Czarnocki, Josef Vanderstädts, Nicolaus Engerlein, Franz Stetter, Mathias Christmann, Vincenz Freiherr Starnfeld, Sigmund Kästner, August Tempis, Anton Schmidt, Stanislaus Górski, Franz Pramböck, Sebastian Leitner, Johann Scoda, Josef Martin, Philipp Heinrich, Ludwig Cywinski de Puchalla, Ignaz Pospischl v. Treyenfeld, Georg Simon, Franz Matschek, Carl Herzberg, Alexander Kepich, Carl Bezegh, Josef Haidenberg, Jacob Wizikowski, Johann Schneider.

Unterlieutenants: Josef Edler v. Lindenberg, Alois Dörffler, Alexander Kostecki, Josef Manner, Josef Hrdliczka, Josef Krezmann, Benedict Johann Senkowski, Johann Schramek, Philipp Albach, Anton Schmidt, Josef Klima, Michael Hoffmann, Martin Puchas, Gottfried Winkler, Carl Freiherr Godart, Johann Massatsch, Ludwig Hermes, Anton Engerlein, Franz Gärtner, Franz Hermes, Vincenz Durdik, Andreas Freiherr Drak, Alexander Drost, Friedrich Franz Mayer, Wilhelm Spervin, Anton Cordier, Ludwig Engerlein, Valentin Krzyzanowski, Wilhelm Freiherr Ritterstein, Adalbert Damer, Wilhelm Rummel, Carl Hechler, Eugen Dürelle, Carl Aichlehner.

Fähnriche: Carl Mokosziny, Ferdinand Beckers, Friedrich Johann Sternberg v. Unger, Josef Wiedtman, Carl Freiherr Reichlin, Martin Schreiberger, Josef Kirschner, Dominik Messina, Wilhelm Kolha, Anton Kletwieg, Adalbert Tarnawski, Heinrich Knapowski, Gottlieb Friedrich Binder, Jacob Hirnschal, Georg Krammer, Franz Scherer, Johann Niedrybith, Nicolaus Rummel, Paul Sied, Jacob Schmidt v. Schmidsfelden, Ernest Rosa, Casimir Haisinger, Lucas Kruitz, Franz Cordier, Bernhard Gegg, Caspar Ostrowski, Anton Schneider, Johann Butta.

Cadetten Ordin.: Carl Fischer, Johann Janda, Mathias Klyucsarich, Peter Durelle. **Ex propr.:** Carl Waldberger, Josef Jacobi, Carl Bayer, Thomas Singer, Ferdinand Dillmont, Carl Chinetti, Stanislaus Csechy, Andreas Freiherr Apor.

Vom Stabe:

Regiments-Caplan: Sczurek Carl.

Regiments-Auditor: Hauptmann Wilhelm Mitlacher.
Regiments-Feldarzt: Dr. Wilhelm Becker.
Regiments-Rechnungsführer: Hauptmann Carl Roland.
Regiments-Adjutant: Oberlieutenant Johann Schneider.
Bataillons-Adjutanten: Unterlieutenant Josef Klima, Unterlieutenant Josef Krezman, Unterlieutenant Wilhelm Rummel, Fähnrich Caspar Haisinger.
Regiments-Agent: Ign. Dembsher in Wien.

Aufschläge und Kragen apfelgrün, wie Nr. 54 (goldene Knöpfe).

Im Jahre 1816 wurde das 4. Bataillon aufgelöst und das 3. Bataillon marschierte nach Jaroslau ab. 1816

Mit Allerhöchstem Decret vom 1. Jänner 1816 stiftete Se. Majestät Kaiser Franz I., um für ewige Zeiten das Andenken an jene Epoche zu bewahren, in der die lombardisch-venetianischen Provinzen unter seinem Scepter vereinigt wurden, während seiner Anwesenheit in diesen Ländern den österreichischen Orden der eisernen Krone, statt des von Kaiser Napoleon im Jahre 1805 gestifteten und 1814 erloschenen Ordens gleichen Namens unter veränderter Form und Einrichtung.

Am 17. Juli 1817 erhielt das Regiment den Marschbefehl nach Galizien und trat den Marsch in 2 Colonnen an. 1817.

Das 1. Bataillon brach am 3. August von Carlsburg auf, blieb bis 15. October in Großwardein, setzte dann den Marsch weiter fort und traf am 13. November in seiner neuen Garnison Rzeszow ein.

Der Regimentsstab mit dem 2. Bataillon verließ am 28. August Hermannstadt und rückte nach ununterbrochen zurückgelegtem Marsche am 25. October in der Stabsstation Jaroslau ein, von wo das 3. Bataillon am 21. nach Radymno und Concurrenz abgerückt war.

Das ganze Regiment wurde in die Division Feldmarschall-Lieutenant von Steininger, Brigade Generalmajor Baron Lauer eingetheilt.

Am 6. November wurde das 3. Bataillon en cadre aufgelöst, die 7. Division nach Łancut, die 15. Compagnie nach Staromiesce, die 16. und 17. zum Stabe nach Jaroslau und die 18. nach Witlin verlegt.

Am 29. December fand die Übergabe des Regimentes von dem in den Ruhestand versetzten Obersten Christian Kolb von Frankenheld an den Obersten Ferdinand Graf

Ceccopieri, der vom Oberstlieutenant des Regimentes Baron Prohaska No. 38 hiezu befördert worden war, statt.

Oberstlieutenant Carl Graf Laugier war noch am 6. Mai d. J. zu Jaroslau gestorben.

Die Oberstlieutenants-Stelle blieb unbesetzt.

1818. Oberstlieutenant Heinrich Graf Orlandini, der nach dem Feldzuge von 1814 beim Infanterie-Regimente Strauch hiezu avancierte, ward am 1. April 1818 beim Regimente in die Wirklichkeit eingebracht und mit dem Commando des 3. Bataillons betraut.

In diesem Jahre fand auch eine neue Zusammensetzung der Grenadier-Bataillone statt, derzufolge die eigene Grenadier-Division mit jenen von Mazzucheli und Württemberg das Bataillon Major Siegler formierte, und in die Garnison Brünn versetzt wurde. Die Grenadier-Division brach sonach am 1. April von Lemberg auf und rückte am 12. Mai in Brünn ein.

Im Monate Mai wurde das 3. Bataillon nach Dobromil, das 1. mit dem Stabe und 4 Compagnien nach Sambor und die Mittel-Division nach Drohobycz, der Regimentsstab mit dem 2. Bataillon nach Przemysl verlegt.

Zur herbstlichen Waffenübung concentrierte sich das 3. Bataillon zu Starasol, das 1. in Sambor und das 2. blieb zu Przemysl.

Nach beendeten Übungen wurden die früheren Garnisonen wieder bezogen, von wo das 1. Bataillon am 5. November auf Pestcordon in die Bukowina abrückte, wo es am
1819. 4. December zu Suczawa eintraf und am 18. Jänner 1819
nachfolgende Stationen in der 1. Cordonstrecke bezog:

Bataillonsstab mit der 5. Compagnie in Gura Humora.

Die 1. Compagnie in Wama.
» 2. » » Woronitz.
» 3. » » Bokszoja.
» 4. » » Kapu Kodrului.
» 6. » » Wallasaka.

Später wurde der Stab mit der 2. nach Wama, die 1. nach Watra Dorna, die 3. nach Kimpolung, die 4. nach Stulpikany verlegt, die anderen 2 Compagnien blieben.

Jede Compagnie hatte eine Anzahl von Posten an der moldauischen Grenze, die theils in Czardaken, theils in elenden Erdhütten untergebracht waren, zu unterhalten.

Diesen anstrengenden Dienst verrichtete das Bataillon bis zum Frühjahre, wo es den Befehl erhielt, den Rückmarsch in seine früheren Stationen Sambor und Drohobycz am 7. April anzutreten.

Am 28. und 29. April wurde daselbst eingerückt.

Am 12. September concentrierte sich das Regiment zur vierwöchentlichen brigadeweisen Waffenübung zu Przemysl, nach deren Beendigung das 2. Bataillon nach Sambor und Drohobycz dislociert wurde, während das 1. beim Regimentsstabe zu Przemysl verblieb.

In diesem Jahre wurde auch in Galizien das Institut der Landwehr, ganz so wie in den deutsch conscribierten Erbländern, organisiert.

Die Totalstärke der Landwehr in allen Erbländern ward auf 76.220 Mann festgesetzt, von welcher Summe 22.931 Mann auf Galizien entfielen. Aus dieser Mannschaft wurden in jedem Regiments-Bezirke 2 Bataillone aufgestellt, die aus 6 Compagnien bestanden, deren jede beim 1. Landwehr-Bataillon 210 und beim zweiten 168 Köpfe vom Feldwebel abwärts, stark sein sollte.

In die Landwehr wurden alle mit Reservekarten nach Hause entlassenen Leute der aufgelösten galizischen Reserve- und Garnisons-Bataillone, dann die ausgedienten, vermöge ihres Abschiedes hiezu classificierten Capitulanten und als Compagnie-Commandanten Officiere des Pensionsstandes eingetheilt.

Das Commando des 1. Landwehr-Bataillons erhielt der Oberstlieutenant Baron Steinmetz von Froon-Infanterie unter gleichzeitiger Versetzung in den Ruhestand, und jenes des 2. Major Marek von Marchthal von der Landwehr des Regimentes Mazzucheli.

Der Stab des 1. Landwehr-Bataillons befand sich zu Sambor, die Divisions-Depositorien zu Sambor, Staremiasto und Jaworow, der Stab des 2. zu Przemysl, die Divisions-Depositorien zu Komarno, Starasol und Mosciska.

Die Mannschaft des 1. Bataillons wurde im October 14 Tage in den Waffen geübt, jene des 2. aber gleich nach erfolgter Musterung nach Hause entlassen.

In diesem Jahre wurde das Erziehungshaus von Bartfeld vom Regimente übernommen und führte bis zum Jahre 1852 den Titel: »6. Galizisches Soldaten-Knaben-Erziehungshaus«. Die Anstalt zählte fünf Classen und erfolgte die Ausmusterung der Zöglinge zur Truppe. Nach Angabe des Major August Koch, gewesenen Commandanten dieser Anstalt in der Zeit vom November 1849 bis 1852, fand er keine Schriften oder Vormerkungen bei seiner Ankunft dortselbst vor. Die Anstalt wurde 1848 und 1849 wiederholt geplündert, deren Schriften vernichtet.

Der damalige Commandant Oberlieutenant Willmouth, sowie die Lehrer und commandierte Mannschaft flüchteten nach Galizien, die Zöglinge blieben sich selbst überlassen und wurden von der Apothekersgattin Krinner in humanster Weise verköstiget. Für diese opfervolle patriotische Handlung wurde Frau Krinner im Jahre 1849 mit der goldenen Verdienst-Medaille decoriert.

Im Jahre 1852 erfolgte die Auflösung des Knaben-Erziehungshauses und sind die Zöglinge in die neu aufgestellten Ober- und Unter-Erziehungshäuser eingetheilt worden.

Als Commandanten waren: vom Jahre 1819—1825 Unterlieutenant Philipp Albach; vom Jahre 1826—1833 Oberlieutenant Gegg; vom Jahre 1833—1839 Franz de Verette (1849 als Hauptmann zur Gendarmerie transferiert, starb als activer Oberst); vom Jahre 1839—1844 Lieutenant Johann Nenntwich (starb als Major des Ruhestandes); vom Jahre 1845—1847 Lieutenant Johann Syrbu (starb als Oberst des Ruhestandes); vom Jahre 1848 bis November 1849 Oberlieutenant Johann Willmouth (starb als Hauptmann zu Kronstadt); vom November 1849—1852 Hauptmann August Koch (lebt im Ruhestand als Titular-Major in Przemysl).

Von den aus dieser Anstalt hervorgegangenen Zöglingen avancierten zu Hauptleuten:

Johann Lanko, Eduard Schaller, Adolf Dillner, Josef Rosbarek, Sylvester Schütz, Carl Rosenberg, Johann Semanek, Carl Duthak, Franz Brendl, Heinrich Schubik, Friedrich Lachner, Ferdinand Biller, Franz Nahorniak, Carl Grigar, Josef Ott, Anton Wassinger, Josef Beck, Johann Hrdina, Basil Biatowolski.

Zum Major: Josef Schütz, 1854 in Ruhestand.

Zum Obersten: Carl Hubatschek, erlag seiner Verwundung bei Magenta 1859.

Endlich war der dermalige Corps-Commandant von Josefstadt, Seine Excellenz Feldmarschall-Lieutenant Emanuel Merta, Zögling dieses Soldaten-Knaben-Erziehungshauses, von wo er nach der Auflösung nach Graz in die bestandene Schul-Compagnie kam.

Mit der Allerhöchsten Entschließung vom 5. Jänner 1820 wurde dem Oberstlieutenant Graf Orlandini das erledigte Grenadier-Bataillon Siegler verliehen. 1820.

Am 14. August wurde der 2. Bataillonsstab mit 4 Compagnien nach Jaroslau, hingegen die 4. Division nach Sambor verlegt, von welchen Stationen am 11. September zur vierwöchentlichen Regiments-Concentrierung nach Przemysl abgerückt wurde, nach deren Schluss alle früheren Garnisonen wieder bezogen wurden.

Der supernumeräre Oberlieutenant Carl Gaus*) von Marschall-Infanterie ward mit 1. October dieses Jahres beim Regimente in die Wirklichkeit eingebracht.

Am 1. November fing die Zahlung der Militär-Löhnungen in Conventions-Münze an.

RANGS-LISTE

DER HERREN OFFICIERE DES INFANTERIE-REGIMENTES NR. 9 VON 1820 (CARL CLERFAYT 1802.) FELDMARSCHALL FÜRST ADAM CZARTORYSKI.

Hauptwerbebezirks-Station: Sambor. — Stab: Przemysl.

(1725 errichtet, Los Rios; 1757 Clerfayt Carl, Graf; 1802 Fürst Adam Czartoryski, Feldmarschall.)

Oberst: Graf Frd. Ceccopieri (E. K.-O.-R. 3. Cl., F. E. L.-R.).

Oberstlieutenant: Graf Heinrich Orlandini Delbeccuto.

Majore: Clem. Frh. Wenz (R. A.-O.-R. 2. Cl.). Franz de Kin (F. E. L.-R.). Ig. Hugo v. Wallau (Professor an der Militär-Akademie Wiener-Neustadt).

Landwehr-Bataillons-Commandanten: I. Bataillon Oberstlieutenant Frz. Freiherr v. Steinmetz. II. Bataillon: Major Joh. Marek v. Marchthal.

Hauptleute: Joh. d'Ansalone, Andr. Cordier v. Löwenhaupt, Michael Krail, Steph. v. Wlatkovich, Frz. Drescher, Jos. Felber, Ig. Kaim, Fort. Wouwermanns (R. W.-O.-R. 4. Cl.), Ludw. Reitschuster, Chev. Frz. Tonglet du Bailloy (R. W.-O.-R. 4. Cl.), Franz Freiherr v. Fichtl, Wenzel Becker v. Wallensee, Johann v. Ostermann, Josef Mostpöck, Josef Raymond, Johann Bapt. Bonjean, Joh. Mucharski, Josef Haber.

Capitain-Lieutenants: Georg Schenk, Josef Watruba, Alex. Eberan, Veit Burger (R. W.-O.-R. 4. Cl.), Leop. Kaberger, Jos. Haffner.

Oberlieutenants: Felix Gronwink v. Kronenhayn, Theod. Lilien, Joh. Bapt. Fallaux, Joh. Sobolewski de Pietek, Peter Czarnocki,

*) 1849 Oberst und Regiments-Commandant.

Josef Vanderstädts, Nic. Engerlein, Frz. Stetter, Mathias Christmann, Sigm. Kästner, Aug. Tempis, Stanislaus Górski, Franz Pramböck, Josef Martin, Philipp Heinrich, Jacob Wizikowski, Ludwig Cywinski de Puchalla, Ignaz Pospischl v. Treyenfeld, Franz Maschek, Joh. Gustav Schneider, David de la Morte (E. K.-O.-R. 3. Cl.), Josef Edler v. Lindenberg.

Unterlieutenants: Alois Dörfler, Alex. Kostecki, Josef Manner, Josef Hrdliczka, Josef Kerezmann, Joh. Benedict Senkowski, Moriz Schramek, Philipp Albach, Ant. Schmidt, Friedrich Wanner, Martin Buchhas, Anton Szastray von Esztelnek, Gottfried Winkler, Joh. Massatsch, Anton Engerlein, Franz Gärtner, Franz Hermes, Vincenz Durdik, Alex. Drosd, Wilh. Spervin, Anton Cordier v. Löwenhaupt, Ludwig Engerlein, Valentin Krzyzanowski, Wilhelm Rummel, Carl Hechler, Eugen Durelle.

Fähnriche: Jos. Wiedtmann, Carl Freiherr Reichlin, Mart. Schreiberger, Andr. Kletwig, Adalbert Tarnawsky, Heinrich Knapowski, Gottlieb Friedr. v. Binder, Franz Edler v. Schmelte, Carl Hirnschal, Franz Scherer, Nicolaus Rummel, Paul Sied, Jacob Schmid v. Schmidsfelden, Cas. Haisinger, Bern. Gegg, Anton Schneider, Carl Bayer, Ferd. Emerling, Wenzel Freiherr de Taux v. Wardin.

Cadetten ordin.: Carl Fischer, Joh. Janda, Peter Durelle, Georg Durelle, Ludwig Rozé, Martin Dubois. — Ex propr.: Carl v. Chiutti, Stanislaus Csehy, Frz. Edler v. Zambory, Adalb. Czornecki, Franz Seny, Franz Fellner, Balth. Baktsi, Daniel Petke, Anton Hubatschek, Heinrich Fink, Joh. Macudinski, Alex. Kowinski, Ludw. Schutnaire, Ant. Edler v. Probitzer, Engelbert Miksche, Carl Resch v. Rehinfeld.

Vom Stabe:

Regiments-Caplan: Carl Sczurek.

Regiments-Auditor: Hauptmann Ig. v. Macielinski.

Regiments-Arzt: Dr. Wilhelm Becker.

Regiments-Rechnungsführer: Hauptmann Constantin Reymann.

Regiments-Adjutant: Oberlieutenant Joh. Schneider.

Bataillons-Adjutanten: Unterlieutenant Josef Kerezman, Unterlieut. Wilhelm Rummel, Fähnrich Martin Schreiberger.

Das Regiments-Knaben-Erziehungsinstitut befindet sich in Bartfeld, Ungarn. Commandant desselben: Unterlieutenant Philipp Albach.

Regiments-Agent: Ignaz Dembsher in Wien.

Aufschläge und Kragen apfelgrün wie Nr. 54 (goldene Knöpfe).

Am 15. November 1820 erhielt das Regiment den Befehl, die Compagnien der ersten 2 Feld-Bataillone auf den Stand von 140 Gemeinen zu setzen, und das bisher nur aus dem Cadre bestandene 3. Bataillon mit 60 Gemeinen per Compagnie zu formieren.

Diesem Befehle folgte die Marsch-Ordre nach Italien, wo die Revolution ausgebrochen war, so rasch auf dem Fuße, dass das Regiment die Einberufung seiner Ergänzungsmannschaft nicht abwarten konnte und schon am 23. von Sambor, am 27. November von Przemysl aufbrach. Das 3. Bataillon wurde nach Sambor verlegt.

Der Marsch des Regimentes ging über Rzeszow, Tarnow,
Biala, Teschen, Neutitschein, Olmütz, Brünn, Nikolsburg,
Wien, (8. und 9. Jänner 1821), Wiener-Neustadt, Mürz- 1821.
zuschlag, Bruck a. d. Mur, Graz, Marburg, Cilli, Laibach,*)
Görz, Palma nuova, Codroipo, Pordenone, Conegliano, Treviso, Castel franco, Vicenza, S. Bonifacio, Verona, Castelnuovo, Lonato nach Brescia, welches nach einem ununterbrochenen Marsche von drei Monaten am 24. Februar 1821 erreicht wurde, nachdem das 2. Bataillon, am Durchmarsche durch Verona, als einstweilige Garnison zurückgelassen worden war.

Der Regimentsstab mit dem 1. Bataillon wurde zu Brescia in der Kaserne S. Julia untergebracht.

Am 8. Jänner war der in den Ruhestand versetzte Major Baron Wenz in Abgang gekommen, hingegen avancierte der Hauptmann Andreas Cordier von Löwenhaupt zum zweiten Major und Hauptmann Chiolich von Palombini-Infanterie zum dritten Major.

Hauptmann d'Ansalone wurde mit Majors-Charakter pensioniert.

Am 20. Februar wurde Oberlieutenant Cywinski mit einem Detachement von 92 Mann zur Besatzung des Forts Rocca d'Anfo beordert.

Am 16. März setzte sich das 2. Bataillon von Verona und am 20. März der Regimentsstab mit dem 1. Bataillon von Brescia ohne Rasttag nach Mailand in Marsch, woselbst am 23. März eingerückt wurde.

Das Regiment erhielt seine Eintheilung in die Division Feldmarschall-Lieutenant Graf Vetter von Lilienberg, später Feldmarschall-Lieutenant Graf Vecsey, Brigade Generalmajor Benzek.

Bei der nunmehr erfolgten Vorrückung gegen Piemont, wo der Aufruhr gegen die königliche Macht bereits in hellen Flammen loderte, marschierte der Regimentsstab mit dem 1. Bataillon von Mailand und das 2. Bataillon von Binasco, wohin es am 29. März dislociert worden war, am 7. April

*) Daselbst wurde es durch Ihre Majestäten die Kaiser von Österreich und Russland und den König von Neapel besichtigt und erntete die Allerhöchste Zufriedenheit.

nach Magenta, passierte in der Nacht vom 7. auf den 8. die Brücke bei Buffalora und kam mit der Division Feldmarschall-Lieutenant Graf Lilienberg in dem Augenblicke vor Novara an, als die Insurgenten die dem Könige treu gebliebenen Truppen, welche in genannter Stadt eingeschlossen waren, angriffen. Das kurze Gefecht endigte mit der Niederlage der Rebellen, die sich auf der Straße nach Vercelli zurückzogen.

Gefecht bei Novara.

Das Regiment erhielt seine Aufstellung an vorbesagter Straße und war an die Befehle des Generalmajors Graf Mengen gewiesen, in dessen Brigade, die zur Division Lilienberg gehörte, es auch am folgenden Tage eingetheilt wurde.

Mit dem Tage des Überschreitens der piemontesischen Grenze traten die Truppen in den Genuss der Kriegsgebür und die Officiere erhielten die systemmäßige Gratisgage.

Am 9. April marschierte das Regiment nach Mortara, am 11. über Candia nach Casale di Monferrato und am 12. nach Alessandria, woselbst es in die Brigade Generalmajor Baron Veyder eingetheilt wurde.

Am 14. gieng Hauptmann Eberan als Courier nach Neapel ab, am 16. April rückte der Ergänzungs-Transport unter Commando des Majors de Kin beim Regimente ein.

Am 26. April marschierte das Regiment nach Casale di Monferrato, wo es bis 15. Juli blieb, an welchem Tage der Regimentsstab mit dem 2. Bataillon nach Alessandria zurückmarschierte, während das 1. nach Valenza dislociert wurde.

Im Monate August fand eine Ablösung der in Piemont gestandenen k. k. Truppen statt und es wurde dem Regimente Mailand als neue Garnison angewiesen, wohin es am 16. August aufbrach, über Tortona, Voghera, Pavia und Binasco marschierte und am 20. August in die Kaserne San Francesco zu Mailand einrückte.

Das 3. Bataillon stand mit dem Stabe und 3 Compagnien in Sambor, die 14. Compagnie in Drohobycz und die 8. Division in Przemysl.

RANGS-LISTE

DER HERREN OFFICIERE DES INFANTERIE-REGIMENTES NR. 9 VON 1821 (CARL CLERFAYT 1802) FELDMARSCHALL FÜRST ADAM CZARTORYSKI.

Haupt-Werbbezirks-Station: Sambor.

Obrist: Graf Ferdinand Ceccopieri (E. K.-O.-R. 3. Cl., F. E.-L.-R.).

Obristlieutenant: Graf Heinrich Orlandini Delbeccuto (Grenadier-Bataillons-Commandant).

Majore: Franz de Kin (F. E.-L.-R.), Ignatz Hugo v. Wallau (Professor an der Militär-Academie Wiener-Neustadt), Andreas Cordier v. Löwenhaupt, Carl Chiolich v. Löwensberg.

Landwehr-Bataillons-Commandanten: Obristlieutenant Franz Freiherr v. Steinmetz, Major Franz Marek v. Marchthal.

Hauptleute: Michael Krail, Anton Drescher, Fortunatus Wouwermanns (R. W.-O.-R. 4. Cl.), Ludwig Reitschuster, Chev. Franz Tonglet du Bailloy (R. W.-O.-R. 4. Cl.), Franz Freiherr v. Fichtl, Anton Schmidt, Ignatz Kaim, Wenzel Becker v. Wallensee, Josef Mostpöck, Johann Mucharski, Josef Haber.

Capitain-Lieutenants: Georg Schenk, Josef Watruba, Alexander Eberan, Veit Burger (R. W.-O.-R. 4. Cl.). Leopold Kaberger, Anton Joweschi.

Oberlieutenants: Felix Gronwink v. Kronenhayn, Theodor Lilien, Johann Bapt. Fallaux, Johann Sobolewski de Pietek, Peter Czarnocki, Josef Vanderstädts, Nicolaus Engerlein, Franz Stetter, Mathias Christmann, Sigmund Kästner, Stanislaus Górski, Franz Pramböck, Philipp Heinrich, Jacob Wicikowski, Ludwig Cywinski de Puchalla, Ignaz Pospischl v. Freyenfeld, Franz Maschek, Josef Gustav Schneider, Josef Edler v. Lindenberg.

Unterlieutenants: Alois Dörfler, Alexander Kostecki, Josef Manner, Josef Kerezmann, Moriz Schramek, Philipp Albach, Anton Schmidt, Friedrich Wenner, Martin Buchhas, Anton Szastvay v. Esztelnek, Gottfried Winkler, Anton Engerlein, Franz Gertner, Franz Hermes, Vincenz Durdik, Wilhelm Spervin, Anton Cordier v. Löwenhaupt, Valentin Krzyzanowski, Wilhelm Rummel, Carl Hechter, Eugen Durelle.

Fähnriche: Josef Widtmann, Carl Freiherr Reichlin, Martin Schreiberger, Andreas Kletwig, Adalbert Tarnawski, Gottlieb Friedrich v. Binder, Franz Edler v. Schmelte, Carl Hirnschal, Nicolaus Rummel, Paul Sied, Jacob Schmid v. Schmidsfelden, Casimir Haisinger, Bernard Gegg, Anton Schneider, Friedrich Emerling, Wenzel Freiherr de Taux v. Wardin, Eduard Giesendorf.

Cadetten: Ordin.: Carl Fischer, Johann Janda, Peter Durelle, Georg Rummel, Ludwig Rozé, Martin Dubois. Ex propr.: Carl v. Chinetti, Stanislaus Csehy, Albert Czernocki, Franz v. Seny, Franz Fellner, Balthasar Baktsi, Daniel Petke, Anton Hubatschek, Heinrich Fink, Johann Macudinski, Alexander Kowinski, Ludwig Schutnaire, Anton Edler v. Probitzer, Engelbert Mikscbe, Carl Resch v. Rehinfeld, Adam Funk, Adam Siadetzki.

Vom Stabe:

Regiments-Caplan: Carl Sczurek.
Regiments-Auditor: Hauptmann Ignaz v. Macielinski.
Regiments-Arzt: Dr. Wilhelm Becker.
Regiments-Rechnungsführer: Hauptmann Constantin Reymann.
Regiments-Adjutant: Oberlieutenant Johann Schneider.

Bataillons-Adjutanten: Unterlieutenant Franz Hermes, Unterlieutenant Wilhelm Rummel, Fähnrich Martin Schreiberger.

Regiments-Knaben-Erziehungshaus in Bartfeld, Ungarn. **Commandant** desselben: Unterlieutenant Filipp Albach.

Regiments-Agent: Ignaz Dembsher.

Aufschläge und Kragen apfelgrün, wie Nr. 54 (goldene Knöpfe).

1822. Gleich zu Anfang des Jahres 1822 erhielt das Regiment die Bestimmung nach Brescia mit der gleichzeitigen Eintheilung in die Division Feldmarschall-Lieutenant L'Espine, Brigade Generalmajor Pausch.

Das 1. Bataillon mit dem Regimentsstabe marschierte am 14., das 2. am 18. Jänner von Mailand ab und am 17., beziehungsweise 21. wurde in Brescia eingerückt, die 5. Division wurde nach Peschiera und ein Commando von 1 Officier und 85 Mann nach Rocca d'Anfo detachiert.

Diese Dislocation behielt das Regiment bis Ende Mai, wo abermals eine Ablösung des in Piemont stehenden österreichischen Occupations-Corps stattfand.

Schon am 18. Mai wurde die Division aus Peschiera und das Detachement von Rocca d'Anfo eingezogen und am 26. Mai marschierte das Regiment von Brescia ab, über Orci, Novi, Crema, Lodi, S. Angelo, Pavia, Voghera, Tortona wieder nach Alessandria, wo der Regimentsstab mit dem 1. Bataillon am 3. Juni und das 2. Bataillon am 6. als Besatzung in die Citadelle einrückten.

Doch schon im Monate Juli desselben Jahres wurde das Regiment wieder in die Lombardie und zwar nach Bergamo beordert.

Am 27. Juli verließ es die Citadelle von Alessandria und nahm die Route über S. Salvatore, Casale, Vercelli, Novara, Magenta, Mailand und Vaprio. Am 5. August rückte es in Bergamo ein.

Vom 3. Bataillon war die 7. Division am 13. October vom Grenz-Cordon in die Bukowina abgerückt, wo sie am 4. November zu Suczava eintraf und am 5. die Grenzstationen Ryusienic und Udiste bezog.

1823. Am 6. Jänner 1823 verließ das Regiment Bergamo und marschierte über Palazuolo, Brescia, Castiglione und Goito nach Mantua, wo es am 12. einrückte, in Garnison verblieb und anfangs April die Nachricht von dem am 23. März zu Sieniawa in Galizien erfolgten Ableben des Regiments-Inhabers Feldmarschall Fürsten Czartoryski erhielt.

Am 1. Juli wurde das 1. Bataillon nach Verona und je eine Compagnie des 2. Bataillons nach Goito, Volta und Guidizzolo detachiert, 3 Compagnien mit dem Stabe blieben in Mantua.

Diese Detachierung währte bis 26. September, wo alle Abtheilungen wieder in Mantua concentriert waren, von wo das Regiment am 28. September nach Mailand abzurücken begann und am 6. und 7. October daselbst einrückte.

Am 1. October hatte sich das Regiment auf den Friedensfuß herabgesetzt, jedoch 120 Gemeine per Compagnie beibehalten.

Die auf Pestcordon in der Bukowina gestandene 7. Division war zwar am 4. August wieder zu Sambor eingerückt, aber schon am 26. December musste die 8. Division zu gleichem Zwecke nach Gura Humora abmarschieren, wo sie
am 20. Jänner 1824 eintraf und die 16. Compagnie nach 1824.
Kimpolung detachierte. Einige Tage später wurde die 15. nach Kapu Kodrului verlegt.

Am 25. Jänner starb Major Andreas Cordier von Löwenhaupt zu Mailand.

Nach mehr als dreijährigem Absein vom heimatlichen Werbbezirke erhielt das Regiment Mitte April 1824 den Befehl zum Rückmarsche nach Galizien, welcher am 26. April, unter Einhaltung derselben Marschroute wie am Hinmarsche, angetreten wurde.

Am 11. und 13. Juni passierten die Bataillone Wien und am 29. Juli rückte das 1. Bataillon in seine Garnison Drohobycz, das 2. in Sambor ein, wo der Regimentsstab blieb.

Die 3. Division kam nach Staremiasto, die 2. nach Komarno, von wo letztere am 18. November nach Sambor abrückte. Alle Compagnien wurden auf 50 Gemeine und die 9. Division des wieder nach Dobromil verlegten 3. Bataillons bis auf den Cadre herabgesetzt.

Am 19. November avancierte Hauptmann von Innerhofer zum Major beim Infanterie-Regimente Radivojevich.

Am 20. December rückte die 8. Division vom Pestcordon in Dobromil ein.

Zufolge Reskriptes ddo. 31. December 1824 Nr. 4333 wurden die Soldatenknaben-Erziehungshäuser der galizischen Infanterie-Regimenter auf die Hälfte ihrer bisherigen Anzahl herabgesetzt, respective die Erziehungshäuser von je 2 Regimentern in Eines zusammengezogen.

Den 17. September dieses Jahres wurde dem verstorbenen Feldzeugmeister Grafen Colloredo-Mannsfeld ein Denkmal nächst Arbesau in Böhmen aufgestellt. Bei dieser Gelegenheit hielt der Generalmajor Fürst zu Bentheim, welcher an den denkwürdigen Schlachten vor zwölf Jahren selbst thätigen und rühmlichen Antheil nahm, an die ausgerückten Truppen eine zündende Ansprache.

1825. Mit Allerhöchstem Handschreiben vom 26. Juni 1825 wurde der Generalmajor Wilhelm Fürst Bentheim zum Inhaber des Regimentes ernannt.

Bentheim-Steinfurt Friedrich Wilhelm, Belgicus Fürst zu, Feldmarschall-Lieutenant, Ritter des Maria Theresien-Ordens, geboren zu Burg Steinfurt am 17. April 1782, gestorben zu Villafranca am 12. October 1839. Als Sohn der Herzogin von Holstein-Glücksburg erhielt er schon in seinem 6. Jahre den Titel eines dänischen Oberlieutenants und ward später zum Capitän-Lieutenant in der Armee ernannt. Im Jahre 1805 zum Major ernannt, that er sich bei Aspern in glänzender Weise hervor. Freiwillig stellte er sich an die Spitze der Sturmcolonnen und rückte im heftigsten Feuer vor. Die Ernennung zum Obersten und Commandanten des Infanterie-Regimentes Vogelsang war die nächste Folge dieser Thaten. Nach der Schlacht bei Wagram, in der er sich mitten in das in Unordnung gebrachte, schon wankende Regiment stürzte, und es mit der Fahne in der Hand selbst dem Feinde entgegenführte, und die verlorene Stellung wieder gewann, erhielt er den Maria Theresien-Orden (1810). Im Jahre 1813 erstürmte er den Wald von Tellnitz, machte 400 Gefangene und erbeutete einen Adler. 1814 zeichnete er sich abermals bei Montmeilant aus. 1823 ward er in den Fürstenstand erhoben, 1825 zum Oberst-Inhaber des Infanterie-Regimentes Nr. 9 und 1829 zum Feldmarschall-Lieutenant ernannt. Im Jahre 1839 als Adlatus des commandierenden Generals von Österreich starb er plötzlich. Unerschrocken im Felde scheute er im Gefühle seiner Pflicht keine, auch nicht die furchtbarste Gefahr, und als die Cholera 1836 so furchtbar in seinem Corps wüthete, besuchte er fleißig alle Spitäler, Trost und Hilfe spendend und durch sein Beispiel den Muth belebend, wo er zu sinken begann.

Zur angeordneten 4wöchentlichen Waffenübung concentrierten sich im Monate September alle 3 Bataillone zu Sambor und nach deren Beendigung rückten alle Abtheilungen in die früheren Stationen wieder ein. Die 9. Division ward aufgelöst. Die Grenadier-Division war am 26. August zur Krönungsfeier nach Pressburg abmarschiert, wo sie am 6. September eintraf, am 30. wieder den Rückmarsch nach Brünn antrat und am 7. October daselbst einrückte.

DIE ERSTEN HUNDERT JAHRE.

Den 1. August 1825 waren es hundert Jahre, seitdem Kaiser Karl VI. das Regiment errichten ließ.

Ein Rückblick auf diese lange Epoche, bietet ein Bild reich an Abwechslung, reich an glorreichen Ereignissen im Leben der Völker und des Regimentes.

Im Jahre 1725 als ein niederländisches Regiment errichtet, wurde es im Jahre 1802 zu einem galizischen umgewandelt.

In diesem ersten Säculum hat das Regiment in 36 Feldzügen 32 große Schlachten, 66 Gefechte, 19 Belagerungen und 7 Überfälle mitgemacht.

Es hatte in dieser Zeit nur vier Inhaber und wurde von 16 Regiments-Commandanten befehligt.

Mit dem Maria Theresien-Orden wurden in dieser Epoche ausgezeichnet:

Oberst Don Francesco de Guiterez, Marquis de Los Rios für sein hervorragendes Benehmen in der Schlacht bei Kolin; Oberst Josef Baron Murray für sein standhaftes Benehmen in der Schlacht bei Hochkirch am 14. October 1758, wobei er zum Siege wesentlich beitrug und an der Spitze des Regimentes eine feindliche Fahne eroberte. — Nach der Schlacht bei Kunersdorf wurde er für seine hervorragenden Verdienste in den Grafenstand erhoben; Oberstlieutenant de Pastel für sein tapferes Benehmen an der Spitze seiner Grenadiere, bei der Erstürmung des Lagers bei Görlitz am 7. November 1757 sowie für sein rühmliches Benehmen in der Schlacht bei Kolin.

Die goldene Tapferkeits-Medaille erhielt ein Mann im Jahre 1813.

Die silberne Tapferkeits-Medaille im Jahre 1799 ein Mann, 1809 sieben Mann, 1813 vier Mann, 1814 zwei Mann.

Ferner wurde im Jahre 1809 und 1814 eine größere Anzahl russischer Georgs-Kreuze vertheilt. Die Anzahl ist nicht zu eruieren.

VERZEICHNIS

DER OBERST-INHABER DES INFANTERIE-REGIMENTES NR. 9 IN DEN ERSTEN HUNDERT JAHREN.

1725—1757. Don Francesco de Guiterez Marchese de Los Rios, Ritter des Ordens vom goldenen Vließe; k. k. Feldmarschall.

1757—1798 Carl Josef Graf **Clerfayt de Croix** Großkreuz des Militär-Maria Theresien-Ordens und Ritter des Ordens vom goldenen Vließe, k.·k. Feldmarschall.

1802—1823 Adam Fürst **Czartoryski-Sangusco**, Feldmarschall.

1825—1839 Wilhelm Fürst **Bentheim-Steinfurt**, Feldmarschall-Lieutenant.

1826. Am 12. Jänner 1826 setzte sich das 1. Bataillon auf Pestcordon in die Bukowina in Marsch, wo es in den ersten Tagen des Februar folgende Grenzstationen bezog:

Bataillonsstab und 3. Division **Gura Humora**.

1. Compagnie Watra Dorna.

2. » Wama.

Die 2. und 4. besetzten die Czardaken und Erdhütten.

Am 14. Mai concentrierte sich das ganze Bataillon in und bei Gura Humora und marschierte in seine früheren Garnisonen Drohobycz und Staramiasto zurück, wo es am 4. resp. 8. Juni einrückte.

Im September war Regiments-Concentrierung zu Sambor.

RANGS-LISTE

DER HERREN OFFICIERE DES INFANTERIE-REGIMENTES NR. 9 VON 1825.

Hauptwerbe-Station und Stab: Sambor.

Generalmajor: Fürst Wilh. Bentheim-Steinfurt.

Obrist: Graf Frd. Ceccopieri (E. K.-O.-R. 3. Cl. F. E. L.-R.).

Obristlieutenant: Graf Heinrich Orlandini Delbeccuto (Grenadier-Bataillons-Commandant).

Majore: Franz De Kin v. Kinthal (F. E. L.-R.). Carl Chiolich v. Löwensberg.

Landwehr-Bataillons-Commandanten: I. Bataillon Major Franz Marek v. Marchthal. II. Bataillon nicht besetzt.

Hauptleute: Michael Krail, Anton Drescher, Fort. v. Wouwermanns, (R. W.-O.-R. 4. Cl.), Frz. Tonglet (R. W.-O.-R. 4. Cl.), Franz Freiherr v. Fichtl, Ig. Kaim, Joh. Sartori, Jos. Mostpöck, Ig. Mucharski, Jos. Haber, Jos. Wotruba, Alex. Eberan, Veit Burger (R. W.-O.-R. 4. Cl.), Frz. Reindl.

Capitain-Lieutenants: Leop. Kaberger, Ant. Toweschi, Felix Gronwink v. Kronenhayn, Joh. Bapt. Fallaux, Joh. Sobolewski de Pietek, Peter Czarnocki.

Oberlieutenants: Jos. v. Vanderstädts, Nic. Engerlein, Frz. Stetter, Math. Christmann, Sigm. Kästner, Carl Gaus, Stanisl. Górski, Frz. Pramböck, Frz. v. Deutschmann, Jac. Wizikowski, Joh. Ludw. Cywinski de Puchalla, Ign. Pospischl v. Freyenfeld, Franz Maschek, Jos. Czech, Joh. Gustav Schneider, David Delamorte (E. K. O.-R. 3. Cl.), Alois Dörfler, Alex. v. Kostecki, Jos. Manner, Jos. Kerczmann, Johann Moriz Schramek.

Unterlieutenants: Phil. Albach, Anton Schmidt, Ferdinand Wenner, Martin Buchhas, Ant. Czastvay v. Esztelnek, Gottfried Winkler-Anton Engerlein, Franz Gertner, Franz Hermes, Wilhelm Sperwin, Anton Cordier v. Löwenhaupt, Valentin Krzyzanowski, Wilhelm Rummel v. Ruhmburg, Joseph Widtmann, Carl Freiherr Reichlin, Martin Schreiberger, Andreas Kletwig, Adalbert Tarnowski, Heinrich Knopowski, Gottlieb Ferdinand v. Binder, Franz Edler v. Schmelte, Carl Jacob Hirnschal, Paul Sied.

Fähnriche: Jacob Schmied v. Schmiedsfelden, Cas. Haisinger, Bern. Gegg, Joh. Janda, Gustav Jäger, Ludwig Schutnaire, Johann Wischotta, Alexander Kowieski, Felix Ostoia v. Niezwicki, Sam. Kulziczki, Carl v. Chinetti, Abdon v. Rienczevski, Daniel Petke, Carl Resch v. Rehinfeld, Graf Carl Joh. Bapt. Castiglione, Michael Czysne, Lorenz Hyazinth Giberti, Caspar D'Albertas.

Cadetten ordin.: Peter Durelle, Georg Rummel v. Ruhmburg, Martin Dubois, Maxim. Kallaus, Jakob Wyzykowski, Gottfr. Winkler, Joseph Reg. Beckers, Felix Bonjean, Albert Czernecki, Adolf Düllner v. Düllnersdorf, Josef Durelle, Ferdinand Funk, Anton Hubatschek, Carl Kaufler, Carl v. Kobielski, Val. v. Koziecki, Carl Krug, Josef v. Matczynski, Gustav Ritter v. Mayerberg, Josef Niemetz, Josef Freiherr v. Palm, Wilhelm Pindt, Anton Edler v. Probitzer, Martin Schmid v. Schmidsfelden, Moriz Schott v. Scharfenstein, Josef Schütz, Sylv. Schütz, Franz v. Seng, Ignaz v. Splawski, Gustav Tonglet v. Bailloy, Peter Winkler, Emanuel v. Winnicki.

Vom Stabe.

Regiments-Caplan: Carl Sczurek.

Regiments-Auditor: Oberlieutenant Josef Schindler.

Regiments-Arzt: Dr. Carl Ochtczin.

Regiments-Rechnungsführer: Hauptmann Constantin Reymann.

Regiments-Adjutant: Oberlieutenant Johann Schneider.

Die Regiments-Soldaten-Knaben befinden sich im 6. galizischen Soldaten-Knaben-Erziehungs-Hause in Bartfeld, Ungarn. Commandant desselben: Fähnrich Bern. Gegg.

Regiments-Agent: Ignaz Dembsher in Wien.

Aufschläge und Kragen apfelgrün wie Nr. 54 (goldene Knöpfe).

Im Jahre 1827 fand eine Concentrierung des Regimentes zu Sambor statt; sonst ereignete sich nichts Bemerkenswertes. 1827.

Das Jahr 1828 begann für die Armee unter günstigen Auspicien, indem das seit 1. November 1825 gesperrte Officiers-Avancement mit 1. Jänner wieder eröffnet wurde. 1828.

Mit Allerhöchster Entschließung vom 9. März 1828 wurde Oberst Ferdinand Graf Ceccopieri zum Generalmajor und mit jener vom 9. April Oberstlieutenant und Grenadier-Bataillons-Commandant Heinrich Graf Orlandini zum Obersten

Regiments-Commandanten, Major de Kin zum Oberstlieutenant, Hauptmann Wouwermanns zum Major befördert.

Am 27. April starb der Major und Commandant des 2. Landwehr-Bataillons Marek von Marchthal und es wurde an dessen Stelle der pensionierte Major Klingenthal mit diesem Commando betraut, dem am 25. October der Titular-Major von Adlerschwung nachfolgte, da ersterer resignierte.

Im Monate Juni marschierte das 2. Bataillon auf Pest-Cordon in die Bukowina und am 27. November der Regimentsstab mit dem 1. Bataillon zu gleichem Zwecke nach Czortkow, woselbst der Stab verblieb und am 12. December alle 6 Compagnien längs der Grenze aufgestellt wurden.

Am 17. December verließ das 2. Bataillon die Bukowina und marschierte ebenfalls an die russische Grenze in den Czortkower Kreis.

29. Zufolge Allerhöchster Entschließung Sr. Majestät des Kaisers vom 28. December wurde angeordnet, dass die italienischen Adelsgrade nicht in die deutsche Sprache übersetzt werden dürfen, wenn der Betreffende nicht auch den österreichischen Adel erworben hat, es durfte demnach der italienische »Conte« den Grafentitel nicht führen.

30. Der Regimentsstab mit dem 1. Bataillon kam Ende April, das 2. Bataillon Ende Mai 1830 in den Werbbezirk zurück, worauf im September zu Sambor die Regiments-Concentrierung stattfand. Hierauf wurden die früheren Stationen wieder bezogen, nämlich 1. Bataillon beim Stabe in Sambor, 2. in Dobromil, 3. in Drohobycz.

Am 8. November marschierte die Werbbezirks-Kanzlei nach Stry ab, und es wurde die westliche Hälfte des Zolkiewer Kreises an das Infanterie-Regiment Mazzucheli abgetreten.

Das Regiment trat in den Verband der Division Feldmarschall-Lieutenant Graf Piccard zu Lemberg; commandierender General in Galizien war Feldmarschall-Lieutenant Baron Stutterheim.

Der Ausbruch der Revolution in Frankreich war die Veranlassung, dass im November die Compagnien der 2 Bataillone auf 100 Mann completiert wurden und sich am 1. December nach Böhmen in Marsch setzten, während das 3. Bataillon, mit Zurücklassung der 16. Compagnie in Drohobycz, nach Sambor abrückte.

Am 24. December erhielt das Regiment Haltbefehl und bezog in den nächsten Tagen folgende Garnisonen:

Regimentsstab und 1. Bataillon Bochnia und Concurrenz. — 2. Bataillon Wieliczka und Concurrenz, die 4. Divison Podgorze.

Im Monate April 1831 wurde der Stand aller 16 Feld-Compagnien auf 180 Gemeine erhöht und der 3. Bataillonsstab sammt Rechnungs-Kanzlei und Regiments-Magazin in die neue Werbbezirks-Station Stry mit der 7. Division dislociert. Die 15. Compagnie blieb in Sambor, die 16. in Drohobycz. 1831.

Gleichzeitig erfolgte auch die Aufstellung der 1. Landwehr-Bataillone mit 6 Compagnien. Zu Stry wurde die 1., zu Kalusz die 2. und zu Drohobycz die 3. Division errichtet, worauf dem Bataillon mit dem Stabe und 4 Compagnien Sambor, mit 2 Compagnien Drohobycz als Garnison angewiesen wurden, welche es Ende Juli bezog, während sich das 3. Bataillon zu Stry concentrierte. Der neuavancierte Major Baron Fichtl erhielt das Landwehr-Bataillon.

Im Monate Juni wurde das Regiment zu dem aus Anlass des Ausbruches der Cholera längs der polnischen Grenze aufgestellten Cordon beordert, welcher jedoch nebst dem Sanitäts- auch noch den politischen Zweck hatte, die Bewegungen der polnischen Insurgenten zu beobachten.

Das 1. Bataillon, dessen Stab nach Dombrawa verlegt wurde, übernahm die Cordonstrecke von der Wisloka bis zum Dunajec, das 2. jene von da bis Podgorze.

Der Regiments- und 2. Bataillonsstab blieben zu Bochnia.

Am 27. August wurde das Regiment im Cordondienste durch andere Truppen abgelöst und befehligt, in forcierten Märschen nach Ober-Ungarn abzurücken, wo infolge der ausgebrochenen Cholera ein Bauern-Aufstand sich entwickelt hatte. Vor dem Abmarsche dahin wurde dem Regimente von dem vorgesetzten Brigade- und Divisions-Commando die vollkommene Zufriedenheit über den unter so schwierigen Umständen bewährten guten Geist und Diensteifer bezeigt. Es wurde anerkannt und von den vorgesetzten Behörden in ihren Berichten an die höchste Militärstelle ausgesprochen, dass selbst unter den schwierigsten Verhältnissen, unter allen Umständen mit Zuversicht und vollem Vertrauen auf die Treue, Ergebenheit und Hingebung des Regimentes für das Allerhöchste Kaiserhaus gezählt werden könne. Dieses dem Regimente zum Ruhm gereichende Lob war ein verdientes. Mitten im Regiments-Bezirke wüthete mit furchtbarer Heftigkeit die Cholera, von der sehr viele Leute hingerafft wurden und deren bloßer Name zu jener Zeit alle Gemüther mit Furcht und Schrecken erfüllte. Der Dienst war sehr strenge und wurde, der vielen Kranken wegen, immer beschwerlicher, die Theuerung enorm und daher auch der Lebensunterhalt der Mannschaft sehr karg. Täglich kamen die Leute an der Grenze mit polnischen Insurgenten zusammen, die 4. in Podgorze dislocierte Division besorgte ihren Handeinkauf täglich in Krakau, dem Herde der Revolution, zahlreiche Emissaire versuchten auf den guten Geist des Regimentes nachtheilig einzuwirken und die Leute zum Treubruche zu verleiten; aber alle diese Versuche scheiterten, trotz der verlockendsten Versprechungen, an dem richtigen Gefühle der braven Mannschaft.

Infolge dessen ward auch das Regiment zur Dämpfung der Unruhen nach Ober-Ungarn und zu den hiedurch bedingten beschwerlichen Dienstleistungen berufen.

Das 1. Bataillon war schon am 23. August abmarschiert, während der Regimentsstab mit dem 2. am 28. folgte. Jeder dritte Marsch wurde zu Wagen hinterlegt.

Am 28. August traf das 1. Bataillon in Bartfeld ein, von wo am 30. der Stab nach Czemernye abgieng, während die Compagnien in der Umgebung eine Art mobiler Colonnen bildeten.

Die Einrückung des Regiments- und 2. Bataillonsstabes zu Käsmark erfolgte am 7. September, die Compagnien wurden in die Concurrenz verlegt und wechselten je nach Bedarf die Stationen. Gleichzeitig mit dem Abmarsche des Regimentes nach Ungarn trat das 3. Bataillon den Marsch an die polnische Grenze an und wurde der mobilen Division Feldmarschall-Lieutenant Baron Bertoletti einverleibt.

Nachdem das polnische Corps des Generals Romarino, dem getroffenen Übereinkommen gemäß, bei Chwalowice die Waffen gestreckt hatte und demselben der Übertritt nach Galizien bewilligt worden war, wurde das 3. Bataillon zu dessen Bewachung und Escortierung verwendet.

Dieser Dienst legte dem Regimente viele Beschwerlichkeiten auf. Das Insurgenten-Corps zählte circa 8000 Mann, welche so lange cerniert gehalten werden mussten, bis die Übernahme derselben von Seite Russlands geschah. Dies erfolgte erst Ende November und das 3. Bataillon musste daher wochenlang, in der rauhen Jahreszeit bivouakierend, den strengen Bewachungsdienst versehen, bis die Auslieferung der Insurgenten vollständig durchgeführt war.

Zur Besatzung der Werbbezirks-Station Stry, welche durch den Abmarsch des 3. Bataillons ohne Garnison war, wurde der Stab und 5 Compagnien des 1. Landwehr-Bataillons bestimmt.

Nach Beendigung der polnischen Revolution wurden in Galizien die mobilen Colonnen aufgelöst und die dabei verwendeten Truppen in ihre früheren Stationen einrückend gemacht.

Infolge dessen brach das 3. Bataillon am 6. December aus Sieniawa auf und traf am 10. zu Stry ein, dagegen vereinte sich daselbst am 15. December das ganze Landwehr-Bataillon und bezog folgende Dislocationen:

Bataillonsstab mit der 3. Division Bolechow, 2. Division Dolina, 1. Kalusz.

Am 17. November dieses Jahres war der Unterlieutenant Franz Graf Folliot de Crenneville von Kaiser-Jäger zum Oberlieutenant im Regimente befördert worden.

Nachdem bereits im Monate November 1831 der 1. Bataillonsstab mit der 1. Compagnie nach Rosenau, die 2. nach Csetnek, die 3. und 4. nach Erlau, die 5. nach Dobschan und
die 6. nach Kokowa verlegt worden, ward anfangs März 1832 1832.
auch noch die 1. Division mit dem Stabe nach Erlau bestimmt und die 3. nach Rosenau dislociert, von wo das Bataillon am 28. Juni nach Pest abmarschierte, woselbst es am 4. Juli einrückte und in Garnison verblieb.

Der Regimentsstab mit dem 2. Bataillon kam nach Erlau, die 4. Division nach Rosenau.

Zur Regiments-Concentrierung rückte auch der Stab und das 2. Bataillon nach Pest, woselbst beide Bataillone am 23. September nächst dem Lagerspitale das Lager bezogen.

Nach beendeten Waffenübungen verblieb das ganze Regiment zu Pest-Ofen in Garnison und zwar der Regimentsstab, das 1. Bataillon und die 4. Division in Ofen, das 2. Bataillon zu Pest im Lagerspitale.

Bei den in Galizien dislocierten 2 Bataillonen waren ebenfalls Garnisonsveränderungen eingetreten.

Im Monate Mai wurde die Station Dolina geräumt und infolge dessen die 3. Landwehr-Compagnie nach Kalusz, die 4. nach Bolechow verlegt.

Am 10. Juni concentrierte sich das ganze Landwehr-Bataillon zu Bolechow, wo am folgenden Tage die Fahnenweihe stattfand. Fahnenpathin war die Gemalin des Stryer

Kreishauptmanns von Kratter, die dem Bataillon ein Fahnenband verehrte.

Wenige Tage hierauf marschierte das Landwehr-Bataillon nach Stry, das 3. Bataillon nach Bolechow ab, von wo letzteres schon am 27. August wieder nach Stry gezogen wurde, da das Landwehr-Bataillon zur Contraction nach Lemberg abrückte.

Nach beendeter Concentrierung wurde das Landwehr-Bataillon am 29. September nach Sczerzec und Concurrenz und Ende November wieder mit dem Stabe, der 2., 3. und 4. Compagnie nach Bolechow, der 1. und 5. nach Kalusz und der 6. nach Dolina verlegt.

Am 2. August erhielt Unterlieutenant Carl Hubatschek die Allerhöchste Bewilligung, den kaiserlich russischen Sanct Annen-Orden 3. Classe annehmen und tragen zu dürfen.

Am 12. August wurde Oberstlieutenant De Kin von Kinthal in den Ruhestand versetzt und ihm bei dieser Gelegenheit der Oberstens-Charakter ad honores verliehen.

An dessen Stelle avancierte Major Chiolich von Löwensberg zum Oberstlieutenant und Hauptmann Eberan zum Major.

1833. Im Monate Mai 1833 wechselten die Bataillone, das 2. kam nach Ofen, hingegen zwei Divisionen nach Pest.

Das Landwehr-Bataillon erhielt anfangs Juni die Bestimmung, die seit der polnischen Revolution vom Jahre 1831 im Lande herumstreifenden polnischen Flüchtlinge aufzuheben und zu escortieren, zu welchem Zwecke es folgende Dislocation bezog:

Bataillonsstab mit der 1. und 2. Division Drohobycz.

5. Compagnie Turka.

6. Compagnie Staremiasto.

Mit Allerhöchster Entschließung vom 26. Mai 1833 wurde Oberst Heinrich Graf Orlandini als Generalmajor, und mit jener vom 17. Juni Major Fortunatus von Wouwermanns als Oberstlieutenant ad honores pensioniert.

An deren Stelle avancierten infolge Allerhöchster Entschließung vom 8. Juli der Oberstlieutenant und Commandant des 4. Feldjäger-Bataillons Christoph Schmiedl von Seeberg zum Obersten und Regiments-Commandaten und Hauptmann Victor Burger zum Major.

Zur Waffenübung in größeren Körpern bezog das 2. Bataillon am 25. September das Lager nächst dem Lagerspitale, das 3. und Landwehr-Bataillon marschierte am 14. September zu gleichem Zwecke nach Lemberg.

Nach dem Schlusse der Contraction im October marschierte das 2. Bataillon und die 1. Division nach Ofen, die 2. und 3. Division blieben im Lagerspitale, das 3. Bataillon wurde wieder nach Stry, das Landwehr-Bataillon mit dem Stabe, der 1., 5. und 6. Compagnie nach Bolechow, der 2. nach Dolina, der 3. und 4. nach Kalusz verlegt.

Am 5. Jänner 1834 starb Major Victor Burger zu Mezökövesd. 1834.

Der Hauptmann und Inhabers-Adjutant Baron Handel erhielt am 10. Jänner die Bewilligung, das ihm verliehene Ritterkreuz des päpstlichen St. Gregor-Ordens annehmen und tragen zu dürfen.

Handel Heinrich Freiherr von. Geboren am 6. Jänner 1806 zu Mergentheim, trat aus der Ingenieur-Akademie am 19. October 1824 als Fähnrich beim Infanterie-Regimente Nr. 49, wurde 16. Mai 1827 Lieutenant im 1. Uhlanen-Regimente, am 1. September 1829 Oberlieutenant im Infanterie-Regimente Nr. 9, am 16. April 1832 Capitän-Lieutenant, am 8. Juli Hauptmann, erhielt am 10. Jänner 1834 den päpstlichen St. Gregor-Orden und kam mit 1. Mai 1837 zum 1. Infanterie-Regimente, ward 1841 Major, kam am 16. Juni dieses Jahres zum Infanterie-Regiment Nr. 21, wurde 1845 Commandant eines Grenzbataillons, 1846 Oberstlieutenant, 1848 Oberst, 1849 Generalmajor. Nach mehrjähriger Verwendung beim Hofstaate des Erzherzogs Maximilian wurde er Brigadier, 1854 Feldmarschall-Lieutenant, machte 1859 den Feldzug mit, erhielt das Ritterkreuz des Leopold-Ordens und war 1865 bis 1873 Präsident des Militär-Appellationsgerichtes, 1873—1875 des Obersten Militärjustizsenates und trat sodann in den Ruhestand.

Handel wurde 1862 Geheimrath, 1867 Feldzeugmeister und Herrenhaus-Mitglied, 1869 Inhaber des 10. Infanterie-Regimentes. 1872 erhielt er den Orden der eisernen Krone 1. Classe. Er starb am 1. Mai 1887 zu Wien.

Ende Februar wurde zur Beobachtung der nach Ungarn führenden Straßen die 1. Landwehr-Compagnie nach Turka und die 5. nach Skole detachiert, die übrigen 4 Compagnien concentrierten sich in Bolechow, von wo anfangs April der Stab mit der 2., 3. und 4. nach Sambor, die 6. nach Drohobycz marschierte.

Der Locostand wurde auf 130 Gemeine per Compagnie erhöht.

Am 17. April avancierte Hauptmann Graf Pergen zum Major bei Langenau-Infanterie, hingegen Hauptmann Pöltinger von Langenau zum Major im diesseitigen Regimente.

Hauptmann Sartori wurde als Major ad honores pensionirt.

Im Monate August vereinigte sich das ganze Landwehr-Bataillon zu Sambor.

Zu den jährlichen Waffenübungen concentrierte sich das Regiment am 9. September zu Pest, das 3. und Landwehr-Bataillon am 22. desselben Monats im Lager bei Kiselka nächst Lemberg.

Am 13. October, nach dem Schlusse der Übung, rückte das 3. Bataillon nach Drohobycz, die 1. Landwehr-Division nach Bolechow ab.

Das Regiment war schon am 30. September nach Beendigung der Contraction nach Ofen zurückmarschiert, die 4. und 5. Division war im Lagerspitale geblieben.

Mit 8. October wurde Oberstlieutenant Chiolich von Löwensberg pensioniert und an dessen Stelle Major Franz Baron Fichtl zum Oberstlieutenant und der Hauptmann von Stark von Rothkirch-Infanterie zum Major befördert.

Ende October wurde der Landwehr-Bataillonsstab mit der 2. Division nach Bolechow, die 1. nach Kalusz und die 3. nach Zurawno in Garnison verlegt.

1835. Am 1. Tage des Jahres 1835 erhielt das Regiment den Befehl, am 12. Jänner nach Agram aufzubrechen. Nachdem es mehr als 2 Jahre in Pest-Ofen garnisoniert hatte, verließ der Regimentsstab mit dem 2. Bataillon die Hauptstadt am 12. Jänner, das 1. Bataillon am 15. März, da es das Regiment bei Seidenhofen abwarten musste.

Vor dem Ausmarsche wurde dem Regimente in den Abschiedsbefehlen des Commandierenden G. d. C. Baron Lederer, des Divisionärs Feldmarschall-Lieutenant Baron Trapp und des Brigadiers Generalmajor Flette das schönste Lob über seine bewährte musterhafte Ordnung, sowie über die feine Bildung und Harmonie des Officiers-Corps zutheil.

»Das schöne Regiment aus meinem General-Commando zu verlieren, ist mir — ich gestehe es offen — sehr schmerzlich«, sagte G. d. C. Baron Lederer wörtlich.

Der Marsch des Regimentes gieng über Stuhlweißenburg, Veszprim, Groß-Kanizsa, Warasdin nach Agram, woselbst der Regimentsstab mit dem 2. Bataillon am 3. Februar einrückte, während das 1. Bataillon erst am 9. April seine Garnison Carlstadt erreichte.

Das Regiment wurde in die Division Feldmarschall-Lieutenant Tazza, Brigade Generalmajor Kussevich eingetheilt. Feldmarschall-Lieutenant Baron Vlasits war damals Banus und commandierender General.

Am 21. Februar wurde dem Major Eberan das erledigte Grenadier-Bataillon Eiberg verliehen und es avancierte an dessen Stelle Hauptmann Vanderstädts zum Major und Commandanten des Landwehr-Bataillons.

Es war dies die letzte Allerhöchste Entschließung Sr. Majestät Kaiser Franz I., welche das Regiment speciell betraf, — denn am 2. März ½1 Uhr morgens starb der erhabene Monarch und Ferdinand I. bestieg den Thron seiner Ahnen.

Die erschütternde Nachricht verbreitete sich mit Blitzesschnelle über alle Länder der österreichischen Monarchie und erfüllte namentlich die Armee mit tiefer Trauer. In dem Testamente, welches der verblichene Monarch am 1. März seinem Hofkanzler Fürst Metternich durch 2 Stunden dictierte und, als seine Stimme schon unvernehmbar wurde, noch selbst mit Bleistift ergänzt hatte, kommt folgende ergreifende Stelle vor: »Meine Liebe vermache ich meinen Unterthanen. Ich hoffe, dass ich für sie bei Gott werde beten können und ich fordere sie auf zur Treue und Anhänglichkeit gegen meinen legitimen Nachfolger, sowie sie mir dieselbe in guten und schlimmen Tagen bewiesen haben. Ich sage meiner treuen Armee meinen herzlichen Dank für die Dienste, welche sie mir erwiesen und durch welche sie meinen Thron erhalten hat. Ich fordere sie auf, meinem Nachfolger dieselbe Treue und Anhänglichkeit immerfort zu beweisen, allen Staatsdienern die mir gut dienten, bezeige ich hiermit meinen Dank«.

Am 25. April wurde die im Szluiner Grenz-Regiments-Bezirke an der türkischen Grenze liegende Veste Csettin durch eine zusammengesetzte Compagnie des 1. Bataillons gegen monatliche Ablösung bezogen und am 1. Juni die 3. Compagnie nach Samobor verlegt.

Gefecht bei Türkisch-Kladusz.

Am 14. October ward Unterlieutenant Sylvester Schütz mit einer halben Compagnie als Geschützbedeckung und 10 Gemeinen als Geschützbedienung nach Maljevatz auf den Szluiner Cordon beordert, wo es dieser Abtheilung des Regimentes vergönnt war, am 17. desselben Monats das blutige Gefecht mitzumachen, welches bei Türkisch-Kladusz zwischen den vom Generalmajor Rukavina befehligten Grenztruppen und den Bosniern stattfand und zum Nachtheile der letzteren endete.

Lieutenant Schütz und die ihm beigegebene Mannschaft wurden für ihr bei dieser Gelegenheit bewiesenes gutes und tapferes Benehmen mit dem Tagesbefehle vom 25. October belobt.

Das Detachement erlitt keinen Verlust.

Das 3. und Landwehr-Bataillon hatten im Monate September die Contraction im Lager bei Lemberg mitgemacht und sodann ihre früheren Stationen wieder bezogen.

Hauptmann Ladislaus Nagy von Alsó-Szopor wurde in diesem Jahre zum General-Quartiermeister-Stabe transferiert.

Nagy de Alsó-Szopor, Ladislaus Freiherr, wurde am 23. Juni 1803 zu Vukovar in Syrmien geboren, kam 1816 in die Theresianische Militär-Akademie zu Wr.-Neustadt, wurde am 19. September 1823, als Erster seiner Classe, Lieutenant beim 11. Jäger-Bataillon, im Februar 1828 zum Infanterie-Regimente Radossevich Nr. 53 transferiert, am 15. April 1831 Oberlieutenant, am 16. November 1832 Capitän-Lieutenant beim Infanterie-Regimente Fürst Bentheim Nr. 9, am 17. April 1834 daselbst Hauptmann und am 2. Mai 1835 in den General-Quartiermeister-Stab übersetzt, in welchem Corps er am 1. April 1839 Major, am 8. Februar 1847 Oberstlieutenant und am 18. August 1848 Oberst wurde.

Vorübergehend war Nagy 1824 beim Hauptquartier in Neapel, 1828 bei der Landesbeschreibung in Dalmatien und Croatien, 1831 bei der Person des Hofkriegsraths-Präsidenten Grafen Gyulai, 1832 bei den militärisch-diplomatischen Verhandlungen zu Berlin als Adjutant des Generals Clam-Martinitz in Verwendung.

Als Generalstabs-Hauptmann befand sich Nagy 1837 und 1838 bei dem Occupations-Corps des Generals Puchner in der Romagna, welche Dienstesstellung er zu Recognoscierungsreisen nach Livorno, Florenz, Rom und Ancona ausnützte. — Als Major leitete er 1841 und 1842 die Militäraufnahme im Kirchenstaate, in Toscana und Lucca.

Als Generalsstabs-Chef des 2., später des 1. Armee-Corps erwarb sich Nagy das volle Vertrauen des Feldmarschalls Radetzky. Im Jahre 1848 nahm Nagy theil an den Straßenkämpfen von Mailand und Melegnano, an den Gefechten am Mincio, an der Schlacht von Sta. Lucia, an dem Gefecht bei Curtatone, Goito, Vicenza und Somma Campagna und an der Schlacht von Custoza. Seine Energie entfaltete sich am meisten bei Sta. Lucia, wofür er den Leopold-Orden erhielt. — Auch im Feldzuge 1849 wusste sich Nagy an der Seite seines Corps-Commandanten hervorzuthun, so dass ihm die Allerhöchste Anerkennung — später das Militär-Verdienstkreuz — zutheil wurde.

Für seine vorzüglichen Dienste während der Belagerung von Ancona erhielt Oberst Nagy den Orden der eisernen Krone 2. Classe.

Nach Beendigung des Feldzuges ward Nagy Generalstabs-Chef in Wien, an welcher Stelle er auch als Generalmajor verblieb.

Am 23. April 1852 wurde Nagy Director der neuerrichteten Kriegsschule, kam am 10. Februar 1853 als Adlatus zum General-Quartiermeister FZM. Hess und 1854 als Generalstabs-Chef beim Obercommandanten FZM. Hess der gegen Russland aufgestellten Armee, 1855 wurde Nagy dessen Stellvertreter und in den Freiherrnstand erhoben, 1857 Feldmarschall-Lieutenant und Chef der II. Section beim Armee-Obercommando. 1859 kam Nagy als Stellvertreter des Civil- und Militär-Gouverneurs nach Dalmatien, worauf er die Würde eines Geheimen Rathes erhielt und nach dem Feldzuge wieder die II. Section übernahm. 1860 wurde ihm das 70. Infanterie-Regiment verliehen und er 1861 mit der Leitung des General-Quartiermeister-Stabes betraut, die er bis 1864 fortführte, worauf er das Festungs-Commando von Theresienstadt übernahm, bei welchem Anlasse ihn Se. Majestät mit dem Orden der eisernen Krone 1. Classe auszeichnete. Nach 9 Monaten wurde Nagy über seine Bitte pensioniert und ihm der Feldzeugmeisters-Charakter verliehen.

Am 13. September 1872 starb Feldzeugmeister von Nagy. Er war ein ungemein reger Geist. Viele seiner Schriften sowie seine Thaten vor dem Feinde sichern ihm ein treues Andenken in der k. u. k. Armee.

Die blauen Pantalons bei der Infanterie wurden eingeführt.

RANGS-LISTE

DER HERREN OFFICIERE DES INFANTERIE-REGIMENTES NR. 9 VON 1835:

Haupt-Werbbezirks-Station: Stry. — Stab: Ofen in Ungarn.

Oberst: Christ. Schmidl v. Seeberg.

Oberstlieutenant: Frz. Freiherr v. Fichtl.

Majore: Alex. Eberan, Jos. Pöltinger, Adolph Edler v. Stark (Commandant des I. Landwehr-Bataillons. Commandant des II. Landwehr-Bataillons unbesetzt).

Hauptleute: Joh. Sobolewski de Pietek, Jos. v. Vanderstädts, Graf Frdr. Isenburg-Büdingen, Carl Gaus, Frdr. Freiherr Hacke, Frdr. v. Piatolli, Lorenz Piedieri, Frz. Maschek, Jos. Czech, Alois Dörfler, Joh. Zaufal, Heinr. Freiherr Handel (P. S. G.-O.-R. supern. Adjutant beim Regiments-Inhaber), Ant. Schmidt, Mart. Buchhas, Friedr. Wenner, Ladisl. Nagy v. Alsó-Szopor, Anton Szastvay v. Esztelnek.

Capitain-Lieutenants: Frz. Gertner. Wilh. Sperwin, Ant. Cordier v. Löwenhaupt, Wenzl v. Zacharski, Jos. Widtmann, Heinr. Knapowski, Graf Edmund Coudenhove, Jos. Hopf.

Oberlieutenants: Frdr. Gottl. Binder, Jac. Carl Hirnschal, Jac. Schmid v. Schmidsfelden, Berh. Gegg, Joh. Janda, Joh. Wischotta, Graf. Frz. Crenneville, Alex. Kowienski, Carl Resch v. Rehinfeld, Ant. Borowiczka, Gust. Jäger, Lor. Hyaz. Giberti, Florian Zvanetti, Lor. Barboglio, Max. Kallaus, Carl Hubatschek (R. A.-O.-R. 3. Cl.), Fürst Wilh. Bentheim-Steinfurt, Julius Freiherr L'Estocq, Graf Carl Castiglioni, Jac. Sied, Jos. Schütz,

Herm. De Kin v. Kinthal, Friedr. Herm. Freiherr v. Brandenstein, Graf Ant. Radetzky, Wilh. Jos. Thomasius.

Unterlieutenants: Ludw. Arnholdt, Casp. D'Albertas, Felix Bonjean, Gust. Ritter v. Mayerberg, Alois Washara, Jos. Beckers, Val. v. Kozieki. Eduard Schaller (Bataillons-Adjutant), Adolf Dillner v. Dillnersdorf, Eman. Janczalek, Frz. v. Verette, Joh. Wersak, Frdr. Freiherr v. Bussek, Joh. Kempski v. Rakoszyn, Sylvest. Schütz (Bataillons-Adjutant), Heinr. Dumont, Graf Frd. Pergen, Eug. Galeteo, Ant. Budischowski, Carl Karátsónyi v. Hodos, Joh. Schütz, Mart. Schmid v. Schmidsfelden, Lud. v. Oswald (Bataillons-Adjutant), Otto Freiherr Préen, Carl v. Kobielski, Rud. Gaus, Mich. Lanko (Bataillons-Adjutant).

Fähnriche: Carl Spelta, Jos. Freiherr Maasburg, Frdr. Eisenbach, Const. Boscichkovich, Jos. Kurzweil, Jos. Larisch, Carl Knorek, Joh. Ruppert, Frz. Rumpelmayer, Joh. Lasowski, Julius Mendius, Ferd. Lüerwaldt, Jacob Matausch, Frdr. Frantz, August Nejedly, Carl Krzyzanowski, Carl Frd. v. Wohlleben, Wilh. Freiherr v. Hornstein, Joh. Zink, Joh. Syrbú.

Cadetten: (kais. kgl.): Jos. Taffelmayer, Gottfr. Bonjean, Frz. Czermak, Jos. Karan, Ign. Melzer v. Tapferheim, Pet. Alois Maurer, (Regiments-Cad.): Daniel Thom v. Cornides, Frz. Ritter v. Des Loges, Ant. Halfinger, Adolf Herget, Frz. v. Hillenbrand, Ludwig Konczek de Dvorecz, Adolf de Kubiny, Joh. Lazar, Gaud. v. Mogielnicki, Jos. Niemetz, August v. Pósta, Stephan v. Prokopowicz, Jos. Prokowsky v. Adlerskron, Carl v. Ratz, Petr. Regalie, Wilh. Reizenstein, Hugo Werner, Georg Wrehorfsky, Joh. Edler v. Zakrzewski.

Vom Stabe.

Regiments-Caplan: Stan. Neronowitz.

Regiments-Auditor: Hauptmann Wenzl Gustav Schopf.

Regiments-Arzt: Dr. Jos. Kretschmer.

Regiments-Rechnungsführer: Hauptmann Const. Reymann.

Regiments-Adjutant: Oberlieutenant May. Kallaus.

Bataillons-Adjutanten (in der Rangsliste bezeichnet).

Die Regiments-Soldaten-Knaben befinden sich im 6. galizischen Soldaten-Knaben-Erziehungshause in Bartfeld, Ungarn. Commandant desselben: Oberlieutenant Georg Gegg.

Aufschläge und Kragen apfelgrün Nr. 54 (goldene Knöpfe).

1836. Im Februar 1836 rückte die detachierte 3. Compagnie aus Samobor in Carlstadt ein, hingegen marschierte Oberlieutenant Resch mit einem Commando von 248 Mann zum Festungsbau nach Brixen in Süd-Tirol ab.

Oberlieutenant Franz Graf Folliot de Crenneville wurde im April zum Capitainlieutenant bei Prohaska-Infanterie befördert.

Franz Graf Folliot de Crenneville-Poutet entstammt einer altadeligen normannischen Familie; er war zu Ödenburg 1815 geboren, trat in das Marinecollegium zu Venedig ein, ward 1831 Lieutenant beim Kaiser-Jäger-Regimente und wurde im November desselben Jahres zum Oberlieutenant im Regimente ernannt. Hier diente er bis zum Jahre 1836, in welchem seine Beförderung zum Capitain-Lieutenant bei gleichzeitiger Transferierung zum Prohaska-Infanterie-Regimente erfolgte. Im Jahre 1841 ward er zum Dienstkämmerer des Kaisers Ferdinand und im Jahre 1848 zum Obersten und Flügeladjutanten ernannt. 1849 machte er den Feldzug in Italien, sowie die Streifzüge in der Romagna gegen Garibaldi mit, ward 1850 Generalmajor und Brigadier, wurde 1855 nach Paris gesandt und 1857 zum Feldmarschall-Lieutenant und Divisionär ernannt; 1859 zeichnete er sich bei Montebello und Solferino aus, wurde im October desselben Jahres zum ersten Generaladjutanten des Kaisers und 1867 zum Oberstkämmerer und Feldzeugmeister ernannt. Im Jahre 1882 erfolgte dessen Versetzung in den Ruhestand. Feldzeugmeister Graf Crenneville war Ritter des Ordens vom goldenen Vließe, Großkreuz des St. Stephan-Ordens und des Leopold-Ordens, Ritter des Ordens der eisernen Krone II. Classe, Großkreuz des Johanniter-Ordens, Ehren-Bailli, Geheimer Rath, Kämmerer, lebenslängliches Herrenhaus-Mitglied des Reichsrathes und Inhaber des Infanterie-Regimentes Nr. 75. Er starb im Jahre 1888 zu Wien.

Im Monate Mai wurden die 3. Landwehr-Divisionen aufgelöst.

Am 13. Juni fand zu Agram das Fest der Weihe der den ersten 2 Bataillonen ertheilten neuen Fahnen statt, wozu das 2. Bataillon und eine zusammengesetzte Division des 1. in Carlstadt garnisonierenden Bataillons am Capitel-Platze ausrückten.

Unter den hohen Persönlichkeiten, welche die schöne Feier durch ihre Anwesenheit verherrlichten, befand sich der Landes-Commandierende Feldmarschall-Lieutenant Baron Vlasits, Banus von Croatien und Slavonien, in Begleitung der Generalität und des pensionierten Feldmarschall-Lieutenants Gabriel Freiherrn von Collenbach, als ältesten anwesenden Soldaten des Regimentes, der sich noch als Grenadier-Oberlieutenant im Jahre 1795 bei Mannheim den Maria Theresien-Orden errungen. Nach einem feierlichen Hochamte erfolgte in Gegenwart aller Gäste und einer unabsehbaren Menge Zuschauer die Weihe der Fahne. Hierauf wurde diese vor die Mitte der Truppe getragen, woselbst die Nägel eingeschlagen wurden. Zuerst schlug der Hochwürdige Domherr Schrott drei Nägel ein im Namen der heiligen Dreifaltigkeit, sodann Se. Excellenz der Banus von Croatien einen Nagel im Namen Sr. Majestät des Kaisers Ferdinand I., den 2. im Namen des Regiments-Inhabers Wilhelm Fürsten zu Bentheim-Steinfurt und den 3. im eigenen Namen, dann für seine Frau Gemahlin Franciska und seine drei Kinder. Hierauf folgte Feldmarschall-Lieutenant Gabriel Freiherr von Collenbach mit einem Nagel für sich und einen für seine Tochter, die Gräfin Emilie Keglevich. Diesem folgten die übrigen Gäste mit deren Familien, das Officiers-Corps, Profoß Amand Dejoucht als ältester Soldat (da er 53 Jahre im Regimente diente), dann sämmtliche Feldwebel nach ihrem Range, endlich die Führer und von jeder Compagnie 2 Corporale, 2 Gefreite und 2 Gemeine, jeder je einen Nagel.

Hierauf setzten sich die Stabsofficiere zu Pferde und Oberst Schmidl Ritter von Seeberg hielt folgende Ansprache:

»Die feierliche Handlung, welche wir jetzt zu begehen im Begriffe sind, umfasst die Erneuerung der Paniere unseres Ruhmes und unserer Ehre. An sie kettet sich der geleistete Eid unverbrüchlicher Treue; sie wird als das Pfand des Vertrauens unseres geliebten und gnädigsten Monarchen unserem Muthe und unserer Tapferkeit übergeben — um darunter zu siegen oder sterbend sie noch zu vertheidigen, wie es durch mehr als hundert Jahre von den Helden muthig geschah, die vor uns in diesen Reihen stritten, welchen seit der Errichtung des Regimentes im Jahre 1725 keine Fahne vom Feinde im Kampfe entrissen wurde. Die Ehre ist das Element, in welchem unser Stand nur gedeihen kann. Unser Leben sei demnach der Aufrechthaltung des guten Rufes unserer Fahnen geweiht. Von diesen Gefühlen durchdrungen, übergebe ich dem Bataillone die neue Fahne und schwöre, dass ich nach dem Augenblicke geize, wo mir als Oberst und Commandanten dieses ausgezeichneten Regimentes das Glück zutheil wird, frische Lorbeern auf unser erneuertes Panier zu pflanzen, und mit mir wolle jedes Mitglied des Regimentes in seinem Innern geloben, stets nach seinen Kräften zu streben, nicht nur durch Muth und Tapferkeit die Großthaten unserer Vorfahren, wovon die alten ehrwürdigen Fahnen bei so vielen denkwürdigen Schlachten Augenzeugen waren, zu vermehren, sondern auch durch Mannszucht, Ordnung und treue Anhänglichkeit an unseren geliebten Monarchen und das durchlauchtigste Kaiserhaus sich auszuzeichnen. Diese Gefühle theilt mit mir gewiss das ganze Officiers-Corps, alle Unterofficiere und die ganze Mannschaft.

»Mit dieser vollen und beruhigenden Überzeugung werde ich, wenn wir einst zum Kampfe gegen den Feind rücken, die Fahnen in Ihrer Mitte erblicken; unter denselben werden wir gewiss alle für die Sache des besten Landesvaters unser Leben freudig opfern und im begeisternden Gefühle treuer Anhänglichkeit den sichersten Führer auf dem Wege der Ehre zum Siege finden«.

Nachdem Hauptmann Sobolewski diese Rede auch in polnischer Sprache gehalten, die Kriegsartikel vorgelesen und der Eid zur Fahne erneuert war, gab der Domherr dem Regimente den heiligen Segen.

Zum Schlusse dieser denkwürdigen Feierlichkeit gab der Commandierende Freiherr von Vlasits dem ganzen Officiers-Corps und allen Gästen ein glänzendes Bankett.

Besondere Erwähnung verdient das von der durchlauchtigen Fahnenmutter, der Fürstin Wilhelmine zu Bentheim, geborenen Prinzessin zu Solms-Braunfels, gespendete prachtvolle Fahnenband mit der Devise: »Gott führt die Tapfern«.

Kurze Zeit nach der Fahnenweihe war es wenigstens einer Abtheilung des Regimentes vergönnt, zu beweisen, dass jedes Mitglied desselben stets bestrebt sei, zum Ruhme des ganzen Körpers nach Kräften beizutragen.

Oberlieutenant Carl Hubatschek war am 25. Juni mit einer halben Compagnie als Bedeckung einer halben Fuß- und zweier Raketen-Batterien in doppelten Märschen nach Petrovoselo auf den Ottochaner Cordon abgegangen, wo mit Inbegriff der bewaffneten Population 11.000 Mann concentriert wurden.

Gefecht bei Izachich.

Nachdem die am 30. Juni stattgefundene Besprechung des Generalmajors Waldstädten mit den bosnischen Capitäns die verlangte Genugthuung für die Ermordung eines Grenzers nicht herbeiführte, wurde am 2. Juli nach Mitternacht eine militärische Aufstellung an der türkischen Grenze genommen und bei Tagesanbruch das Dorf Izachich, nachdem es früher durch Granaten in Brand gesteckt worden war, angegriffen.

Die Türken vertheidigten sowohl das Dorf, als die dasselbe dominierende Verschanzung hartnäckig, dessen ungeachtet wurde es gegen 6 Uhr mit Sturm genommen und eine Kanone erbeutet.

Der linke Flügel, welchen Generalmajor Waldstädten persönlich commandierte, verfolgte hierauf die fliehenden Türken bis Turia, wo dieselben noch einmal Stand zu halten versuchten, aber bald zersprengt wurden.

Der rechte Flügel unter Generalmajor Bogovich senkte sich bis in die Ebene der Unna im Angesichte der Festung Bihač herab. Alle Dörfer in beiden Thälern, nämlich von Izachich nach Turia und von der Klottot bis an die Unna wurden niedergebrannt, und nachdem kein Feind mehr zu sehen war, um die Mittagszeit in die vor dem Gefechte innegehabte Stellung längs der Grenze eingerückt.

Der österreichische Verlust bestand in 23 Todten und 130 Verwundeten, jener der Bosnier war viel stärker, doch konnte derselbe, sowie ihre Anzahl überhaupt nicht ermittelt werden.

Von der Mannschaft des Regimentes, welche anfangs als Verbindungsposten zwischen dem Centrum und rechten Flügel, dann als Geschützbedeckung an diesem Gefechte theilgenommen, wurde niemand verwundet.

Diese Züchtigung und die Drohung, auch die Festung Bihač anzugreifen, hatte das gewünschte Resultat; die Bosnier giengen auf alle Bedingungen ein und die Truppen bezogen am 5. Juli das Bivouak bei Petrovoselo, von wo Oberlieutenant Hubatschek am folgenden Tage mit dem Geschütze nach Carlstadt zurückgesendet wurde, wo ihm die vollste Zufriedenheit bekanntgegeben wurde.

Anfangs August erhielt das Regiment den Marschbefehl nach Galizien. Das 1. Bataillon verließ Carlstadt am 4., der Regimentsstab mit dem 2. Bataillon Agram am 9. August.

Der Marsch gieng über Warasdin, Nagy-Kanizsa, Veszprim, Stuhlweißenburg, Pest, Hatvan, Nyiregyháza, Munkács, Skole in den Werbbezirk, wo der Regiments-Stab mit dem 1. Bataillon am 27. September in Stryj, das 2. am 1. October in Bolechow einrückte.

Der 4. Bataillonsstab wurde mit 2 Compagnien nach Kalusz, mit 2. Compagnien nach Dolina, der 1. Landwehr-Bataillonsstab mit einer Division nach Zurawno, der 3. nach Woynilow dislociert.

Das nunmehr ganz vereinte Regiment erhielt seine Eintheilung in der Division Feldmarschall-Lieutenant Csorich, Brigade Generalmajor Graf Ludolf.

1837. Am 17. Jänner 1837 starb zu Stryj der älteste Veteran des Regimentes, der Profoß Dejoucht nach einer 53jährigen ausgezeichneten Dienstleistung.

Am 1. Juli marschierte das Landwehr-Bataillon nach Brzezan und eine Division des 3. Bataillons wurde von Dolina nach Zurawno verlegt.

Die ersten 2 Feld-Bataillone concentrierten sich am 25. August zum Regiments-Exercieren in Stryj, von wo sie am 4. September in das Lager bei Malechow unweit Lemberg marschierten.

Das 3. Bataillon besetzte während dieser Zeit Stryj, wo es am 24. September Fahnenweihe hielt.

Nach dem Schlusse der großen Waffenübungen bei Lemberg Ende September rückten die Bataillone in die früher innegehabten Garnisonen wieder ab.

Bereits Ende November hatte das Regiment die Weisung erhalten, die Compagnien des 3. und Landwehr-Bataillons auf den Stand von 140 Gemeinen zu setzen. Bald hierauf erfolgte auch der Befehl zum Abmarsch dieser Bataillone auf Pest-Cordon an die russische Grenze.

Der Stab des 3. Bataillons kam nach Podkamien im Złoczower Kreise, jener des 1. Landwehr-Bataillons nach Zbaracz im Tarnopoler Kreise.

Erst Mitte März 1838 wurde der Pestcordon aufgelöst und 1838.
in die früheren Garnisonen Kalusz und Brzezan zurückmarschiert.

Am 27. Mai erfolgte die Transferierung des Majors Pöltinger zu Michailovich-Infanterie, von wo der Major Pelikan von Plauenwald zum Regimente transferiert wurde.

Mit der Allerhöchsten Entschließung Sr. Majestät des Kaisers vom 22. Juli hörte die Benennung »Fähnrich« auf und ward sämmtlichen dienenden und pensionierten Fähnrichen der Titel »Unterlieutenant« verliehen.

Bezüglich des Gehaltes unterschieden sich die Unterlieutenante in jene der höheren und minderen Gebür.

Sowie im verflossenen, fand auch im Jahre 1838 im Herbste die Regiments-Concentrierung zu Stryj und jene in größeren Körpern im Lager bei Malechow statt.

RANGS-LISTE

DER HERREN OFFICIERE DES INFANTERIE-REGIMENTES NR. 9. VOM JAHRE 1838.

Haupt-Werbbezirks-Station und Stab: Stryj

Oberst: Christof Ritter Schmidl v. Seeberg.

Oberstlieutenant: Franz Freiherr v. Fichtl.

Majore: Alexander Eberan v. Eberhorst. (Grenadier-Bataillons-Commandant), Jos. Pöltinger, Adolf Edler v. Stark, Jos. v. Vanderstädts (Commandant des I. Landwehr-Bataillons), Commandant des II. Landwehr-Bataillons nicht besetzt.

Hauptleute: Carl Horvatovich, Chev. Agathon Colins de Tarsiennes, Carl Gaus, Friedrich v. Piatoli, Alois Dörfler, Joh. Zaufal, Anton Schmidt, Martin Buchhas, Anton Szastvay v. Esztelnek, Franz Gertner, Wilhelm Speruin, Anton Cordier v. Löwenhaupt, Wenzel v. Zacharski, Josef Widtmann, Graf Edmund Coudenhove.

Capitän-Lieutenants: Josef Hopf, Jacob Carl Hirnschal, Friedrich v. Loziczky, Jakob Schmid v. Schmidsfelden, Bern. Gegg, Johann Janda.

Oberlieutenants: Gustav Jäger, Johann Wischotta, Alexander Kowienski, Carl Resch v. Rehinfeld, Ant. Borowiczka, Graf Carl Castiglione, Lorenz Hyacinth Giberti, Florian Zvanetti, Lorenz Barboglio, Max. Kallaus, Carl Hubatschek (R. A.-O.-R. 3. Cl.), Fürst Wilh. Bentheim-Steinfurt (Adjutant beim Regiments-Inhaber), Julius Freiherr L'Estocq, Jacob Sied, Hermann De Kin v. Kinthal, Josef Schütz, Josef v. Janicki, Ludwig Arnholdt, Wilh. Freiherr Lederer, Caspar D'Albertas, Felix Bonjean v. Mondenheim, Gustav Ritter v. Mayerberg, Alois Washara, Josef Beckers.

Unterlieutenants: Valentin Kozicki, Eduard Schaller, Adolf Dillner v. Dillnersdorf, Emanuel Janczalek, Franz v. Verrette, Johann Wersak, Friedrich Freiherr v. Bussek (Grenadier-Bataillons-Adjutant), Johann Kempski v. Rakoszyn, Sylvester Schütz, Graf Ferdinand Pergen, Eugen Galateo, Anton Budischowski, Carl Karatsónyi v. Hodos (Bataillons-Adjutant), Joh. Schütz. Otto Freiherr Préen, Carl v. Kobielski, Rudolf Gaus, Michael Lanko, Ludwig Freiherr Vogelsang, Friedr. Eisenbach (Bataillons-Adjutant), Josef Larisch, Constantin Boxichkovich, Carl Knorek (Bataillons-Adjutant), Joh. Ruppert (Bataillons-Adjutant), Franz Rumpelmayer, Johann Lassowski, Fürst Ferdinand Bentheim-Steinfurt, Franz Maschka.

Fähnriche: Stefan Schimatovich, Julius Mendius, Ferd. v. Luerwaldt, Friedrich Frantz, August Nejedly, Carl Krzyzanowski, Carl Ferdinand v. Wohlleben, Johann Zink, Johann Syrbú, Albert Wrchowszky, Albin Mauler, Josef Nenntvich, Eduard Freiherr Pletzger, Hugo Cavet, Wilhelm Reitzenstein, Franz Hrobony, Graf Ant. Khuen v. Belassi, Leop. Weiß, Emil v. Meisrimmel, Carl Slawecki, Peter Alois Maurer, Carl Chiolich.

Cadetten (k. k.): Josef Taffelmayer, Franz Czermak, Josef Karan, Ignaz Melzer v. Tapferheim, Johann Grubischich. (Regiments): Carl v. Czesnak, Daniel v. Cornides, Anton Halfinger, Adolf Herget, Ferdinand Jüttner, Adolf Klemp, Ludwig Kouczek de Dvorecz, Onufrius v. Kulczycki, Alexander v. Lucki, Peter v. Lucki, Gustav v. Moll, Johann v. Petheö, Johann Pollak, Stephan Preschl, Stephan v. Prokopowicz, Jos. Proszkowski v. Adlerskron, Carl v. Ratz, Carl Rigelle, Georg Syrbú, Hugo v. Werner, Johann Edler v. Zakrzewski.

Vom Stabe:

Regiments-Caplan: Stan. Nerowicz.

Regiments-Auditor: Hauptmann Wenzel Gustav Schopf.

Regiments-Arzt: (Vacat).
Rechnungsführer: Unterlieutenant Alois Willmann.
Regiments-Adjutant: Unterlieutenant Otto Freiherr Préen.
Die Regiments-Soldaten-Knaben befinden sich im 6. galizischen Soldaten-Knaben-Erziehungshause in Bartfeld, Ungarn.
Commandant desselben: Unterlieutenant Franz v. Verette.
Röcke weiß, Aufschläge und Kragen apfelgrün wie Nr. 54, Pantalon lichtblau (goldene Knöpfe).

Mit 15. Februar 1839 ward der realinvalide Major von Stark mit Oberstlieutenants-Charakter ad honores in den Ruhestand versetzt. 1839.

An dessen Stelle avancierte Hauptmann Agathon Chevalier de Colins-Tarsiennes zum Major, ward jedoch mit dem Major Alois Gayer von Gayersfeld des Infanterie-Regimentes Großherzog von Baden Nr. 59 verwechselt.

Das Grenadier-Bataillon Major Eberan marschierte im Monate Mai zur Eröffnung des ungarischen Landtages nach Pressburg und blieb daselbst während der ganzen Dauer desselben.

Während der im Monate September stattgefundenen Regiments-Concentrierung ward das Regiment am 7. durch Ihre k. k. Hoheiten die durchlauchtigsten Herren Erzherzoge Franz Carl und Ferdinand d'Este besichtigt, deren höchste Zufriedenheit ihm auch im Monate October im Übungslager bei Malechow zutheil wurde.

Am 12. October verschied in seinem Hauptquartier zu Villafranca der Regiments-Inhaber Feldmarschall-Lieutenant und Armeecorps-Commandant Wilhelm Fürst zu Bentheim-Steinfurt plötzlich am Schlagflusse.

Das hiedurch erledigte Regiment verliehen Se. Majestät der Kaiser dem Feldmarschall-Lieutenant Prokop Graf Hartmann-Klarstein mit dem Allerhöchsten Handbillete vom 28. October 1839.

Hochderselbe erließ an den Obersten Ritter Schmidl von Seeberg nachstehendes Schreiben:

»Mit dem an mich gelangten hohen Rescripte dato 1. November d. J. des hochlöblichen Hofkriegsraths-Präsidiums haben Se. Majestät der Kaiser und König allergnädigst geruht, mir das unter Euer Hochwohlgeboren stehende vacante Infanterie-Regiment Fürst Bentheim Nr. 9 zu verleihen und mich sonach zum Inhaber desselben zu ernennen.

»Wenn schon diese Allergnädigste Auszeichnung mich nicht anders als hoch erfreuen konnte, so muss ich mir insbesonders Glück wünschen, dass die Allerhöchste Auswahl auf ein Regiment gefallen ist, welches als Clerfayt und Czartoryski seinen Wert auf dem Schlachtfelde rühmlichst bewährt und durch seine treffliche Verfassung, musterhafte Ordnung, guten militärischen Geist und vortheilhafte Bildung des Officierscorps sich einen guten Ruf und die Zufriedenheit dessen hoher Vorgesetzten zu erwerben gewusst hat.

»Was das Regiment unter Euer Hochwohlgeboren umsichtiger Leitung im Einklange und unter kräftiger Mitwirkung der Herren Stabsofficiere, der Leistungen eines vom besten Geiste beseelten Officierscorps ist, lässt nicht bezweifeln, dass es stets seinen Ruf zu behaupten und sich stets des Allergnädigsten Beifalls unseres Allerdurchlauchtigsten Kaisers und Herrn würdig erhalten wird.

»In dieser Zuversicht begrüße ich als treuer Waffengefährte das ausgezeichnete Regiment freundlichst und bin stolz auf die mir zutheil gewordene Ehre, an seine Spitze gestellt zu sein, wonach ich Euer Hochwohlgeboren bitte, mich in diesen freundschaftlichen Gesinnungen bei demselben und zwar vom ersten Officier bis zum jüngsten Gemeinen vertreten zu wollen.

Graf Hartmann, Feldmarschall-Lieutenant.

Wien, am 13. November 1839«.

Prokop Graf Hartmann-Klarstein war den 11. August 1787 zu Prag geboren. Er entstammte einer deutschen Familie, welche im Jahre 1702 in den Reichsgrafenstand erhoben wurde und war der Sohn des k. k. Oberst Johann Grafen Hartmann-Klarstein und der Gräfin Victoria, geborenen Kaunitz. Prokop Hartmann trat den 27. Mai 1804 in das Klenau Chevauxlegers-Regiment Nr. 5 ein, wurde 1805 Oberlieutenant bei Schwarzenberg-Uhlanen Nr. 2 und machte den Feldzug 1805 mit. 1809 quittierte er aus Gesundheitsrücksichten seine Charge mit Beibehalt des Charakters, trat jedoch in demselben Jahre beim 1. Kauřimer Landwehr-Bataillon als Hauptmann ein und kämpfte bei Aspern und Wagram. Nach dem Friedensschlusse in das 2. Prachiner Landwehr-Bataillon eingetheilt, wurde er 1810 zum Major und Commandanten dieses Bataillons ernannt, und bald darauf zum Wenzel Colloredo Infanterie-Regiment Nr. 56, 1812 zum Infanterie-Regimente Reuß-Greiz Nr. 18 transferiert. Er machte den Feldzug 1813 und 1814 mit, wurde bei Leipzig verwundet und durch den Corporal Lorenz Ulrich vor der Gefangenschaft gerettet. Feldmarschall-Lieutenant Fürst Alois Liechtenstein rühmte in der Gefechts-Relation seine Bravour, wofür Hartmann zum zweiten Oberstlieutenant ernannt wurde. Er machte ferner den Feldzug 1815 mit und wurde 1821 zum Obersten beim Infanterie-Regimente Froon Nr. 54 ernannt. Sein Regiment brachte Hartmann auf eine hohe Stufe der Ausbildung, so dass dasselbe, nach einer Besichtigung im Jahre 1828 durch den Kaiser Franz im Lager von Traiskirchen als Ideal einer Infanterie hingestellt wurde. — Im October 1830 wurde Oberst Hartmann zur Dienstleistung beim Herzog vom Reichstadt befohlen, 1831 Generalmajor und 1832, nach dem Tode seines Zöglings mit dem Commandeurkreuze des Leopold-Ordens und von der Kaiserin Maria Louise mit jenem des Parma'schen Constantin St. Georgs-Ordens decoriert. Hartmann kam nun als Brigadier nach Pilsen, wurde 1834 dem Hofkriegsrathe zugetheilt, 1835 überdies zum Präsidenten der Militär-Justiz-Normalien-Commission, 1838 zum Feldmarschall-Lieutenant, 1839 zum Oberst-Inhaber des k. k. Infanterie-Regimentes Nr. 9, 1842 zum Präsidenten des Allgemeinen Militär-Appellationsgerichtes und gleichzeitig zum Geheimrath ernannt. Nach 55jähriger Dienstzeit trat Hartmann 1859 als Feldzeugmeister ad honores in den Ruhestand, bei welchem Anlasse er das Großkreuz des Leopold-Ordens erhielt.

Nach kurzer Krankheit starb Feldzeugmeister Graf Hartmann am 21. December 1868 im 82. Lebensjahre.*)

Dem 9. Infanterie-Regimente war er ein wahrer Vater.

Am 6. März 1840 avancierte der Major und Grenadier-Bataillons-Commandant Eberan zum Oberstlieutenant bei Kinsky-Infanterie und mit der Allerhöchsten Entschließung vom 8. Mai der Oberst und Regiments-Commandant Christoph Schmidl Ritter von Seeberg zum Generalmajor und Truppen-Brigadier. 1840.

Dieser Allerhöchsten Entschließung folgte jene vom 29. Mai, mittelst welcher der Oberstlieutenant Franz Freiherr von Fichtl zum Obersten und Regiments-Commandanten, Major Johann Pelikan von Plauenwald zum Oberstlieutenant und der Hauptmann Carl Gaus zum Major befördert wurde.

Nach beendigtem Regiments-Exercieren marschierte das Regiment am 17. September in die Brigade-Concentrierung nach Nawaria und wurde zu Zubrza und Concurrenz bequartiert, von wo am 2. October in die verlassenen Garnisonen wieder abgerückt wurde.

Am 1. August 1841 ward der Hauptmann Carl Horvatovich mit Majors-Charakter ad honores pensioniert. 1841.

Auch in diesem Jahre fanden größere Waffenübungen bei Lemberg statt, zu welchen das Regiment gezogen wurde.

*) Nach dem in der »Streffleur'schen Österreichischen militärischen Zeitschrift« 1869, II. Bd. veröffentlichten Nekrologe.

Nach Schluss derselben am 28. September ward das 1. Bataillon nach Drohobycz, das 2. nach Stryj, das 3. nach Bolechow und das 1. Landwehr-Bataillon mit dem Stabe und 2 Compagnien gleichfalls nach Bolechow, mit der 1. nach Dolina und mit der 2. nach Kalusz dislociert.

1842. Die Concentrierung der ersten 2 Feld-Bataillone behufs gemeinsamer Waffenübungen währte im Jahre 1842 nur 14 Tage und zwar vom 16. Juli bis 1. August.

Das Regiment cantonierte während dieser Zeit in und bei Stryj und nach Beendigung der Übungen marschierte das 1. Bataillon wieder nach Drohobycz zurück. Das 3. und Landwehr-Bataillon wurden nebst dem Regimentsstabe im September den größeren Übungen bei Lemberg beigezogen und sodann wieder nach Bolechow, Dolina und Kalusz verlegt.

Das 3. Bataillon kam ganz nach Bolechow, der Landwehr-Bataillonsstab mit der 1. und 2. Compagnie nach Kalusz, die 3. und 4. nach Dolina.

Noch am 6. August war die 5. Division nach Kolomea verlegt worden, am 27. desselben Monats marschierte das 1. Bataillon mit Zurücklassung der Mittel-Division von Drohobycz nach Brzezan, wo es am 6. September eintraf, jedoch ebenso wie die 5. Division noch in den letzten Tagen des Monats wieder in die verlassene Garnison einrückte.

Nach der Concentrierung des Regimentes bei Tyśmienice (vom 6. September bis 12. October) fand in diesem Jahre ein Dislocationswechsel statt, indem das 1. Bataillon zum Regimentsstabe nach Stryj, das 2. nach Bolechow und das 3. nach Drohobycz verlegt wurde. Das Landwehr-Bataillon blieb in Kalusz und Dolina.

RANGS-LISTE

DER HERREN OFFICIERE DES INFANTERIE-REGIMENTES NR. 9 VOM JAHRE 1842.

Oberst: Frz. Freiherr v. Fichtl.

Oberstlieutenant: Josef Pelikan Edler v. Plauenwald.

Majore: Jos. v. Vanderstädts (Commandant des I. Landwehr-Bataillons), Alois Gayer v. Gayersfeld, Carl Gaus, (Commandant des II. Landwehr-Bataillons nicht besetzt).

Hauptleute: Frdr. v. Piatolli, Joh. Zaufal, Ant. Szastvay v. Esztelnek, Frz. Gertner, Ant. Cordier v. Löwenhaupt, Wenzl v. Zacharski, Jos. Widtmann, Graf Edmund Coudenhove, Jos. Hopf v. Hopfenstern, Jac. Carl Hirnschal, Friedr. v. Loziczky, Joh. Janda, Carl Resch v. Rehinfeld, Anton Borowiczka, Graf Carl Castiglione, Lor. Hyazinth Giberti.

Capitän-Lieutenants: Florian Zvanetti, Carl Hubatschek (R. A.-O.-R. 3. Cl.), Julius Freiherr L'Estocq, Jac. Sied, Herm. De Kin v. Kinthal, Jos. Schütz.

Oberlieutenants: Alex. Kowienski, Jos. v. Janicki, Casp. D'Albertas, Wilh. Freiherr Lederer, Felix Bonjean v. Mondenheim, Gustav Ritter v. Mayerberg, Alois Washara, Jos. Beckers, Valerian v. Kozicki, Eduard Schaller, Adolf Dillner v. Dillnersdorf, Emanuel Janczalek, Frz. v. Verrette, Joh. Warsak, Friedrich Freiherr v. Bussek, Jos. Langnider (zugetheilt dem General-Quartiermeister-Stabe in Wien), Joh. Kempski v. Rakoszyn, Sylv. Schütz, Graf Frd. Pergen, Ant. Budischowski, Carl Karátsónyi v. Hodos, Joh. Schütz, Otto Freiherr Préen.

Unterlieutenants: Carl v. Kobielski, Rud. Gaus, Mich. Lanko, Rud. Freiherr Vernier de Rougemont et Orchamp, Frdr. Eisenbach, Jos. Larisch, Carl Edler v. Knorek, Joh. Ruppert (Bataillons-Adjutant), Joh. Lassowski, Frz. Maschka, Jos. Edler Bechel v. Bechesheim, Steph. Schimatovich, Jul. Mendius, Ferd. Ritter v. Luerwaldt, Friedrich Frantz, August Nejedly, Carl Krzyzanowski, Carl Ferd. v. Wohlleben, Joh. Zink, Joh. Syrbú (Bataillons-Adjutant), Jos. Nenntwich, Eduard Freiherr Pletzger, Hugo Cavet, Wil. Reitzenstein, Franz Hrobony (Bataillons-Adjutant).

Fähnriche: Leop. Weiß (Bataillons-Adjutant), Emil v. Meisrimmel (zugetheilt dem General-Quartiermeister-Stabe in Wien), Carl Slavecki (Adjutant beim Regiments-Inhaber), Peter Alois Maurer, Carl Chiolich v. Löwenberg, Ferd. Bonjean v. Mondenheim, Ernest Augustin, Frz. Hawerda, Jos. Taffelmayer, Carl v. Rátz, Joh. Blum, Carl Freiherr Braun, Jos. Proskowski v. Adlerskron, Adolf Herget, Ignaz Melzer v. Tapferheim, Anton Nagy de Alsó-Szópor, Georg Syrbú, Frz. Gammel, Joh. Grubischich, Leop. v. Steinmetz.

Cadetten: Franz Zaufal, August Koch, Adolf Beer v. Bärenberg, Gustav Adolf Begg v. Albensberg, Eduard v. Bob, Ig. v. Dzbanski, Anton Halfinger, Heinr. Heunn, Adolph Klemp, Onufrius v. Kulczycki, Marcell Ritter v. Niewiadomski, Carl Ochtzim, Carl Rigerle, Eduard Willmann.

Vom Stabe.

Regiments-Caplan: Gust. Grenso.

Regiments-Auditor: Hauptmann Martin Damianitsch.

Regiments-Arzt: Dr. Anton Weber.

Regiments-Rechnungsführer: Oberlieutenant Alois Willmann.

Regiments-Adjutant: Oberlieutenant Frz. v. Verrette.

Bataillons-Adjutanten: (in der Rangsliste angegeben).

Die Regiments-Soldaten-Knaben befinden sich im 6. galizischen Soldaten-Knaben-Erziehungshause in Bartfeld, Ungarn.

Commandant desselben: Unterlieutenant Jos. Nenntwich.

Regiments-Agent: Frz. Dembsher in Wien.

Röcke weiß, Aufschläge und Kragen apfelgrün wie Nr. 54; Pantalons lichtblau (goldene Knöpfe).

1843. Diese Garnisonen wurden auch im folgenden Jahre nach
1845. der Contraction nicht verändert und erst das Jahr 1845 rief einen Wechsel hervor.

Ende April erhielt nämlich das 2. Bataillon Marschbefehl nach Ungarn, wohin es am 6., 7, und 8. Mai divisionsweise aufbrach.

Am 24. Mai rückte der Bataillonsstab in Szigeth ein, wo die 8. Compagnie verblieb, während die 7. nach Raho, die 9. nach Huszth, die 10. nach Izá, die 11. nach Visku und die 12. nach Szabolonca, sämmtliche im Marmaroser Comitate, detachiert wurden.

Im October wurde die 10. Compagnie von Izá nach Teise verlegt.

Infolge des Abmarsches dieses Bataillons wurde das Landwehr-Bataillon noch am 6. Mai mit allen 4 Compagnien nach Bolechow dislociert, von wo es am 30. August gleich dem 3. Bataillon aus Drohobycz zur Regiments-Concentrierung nach Stryj marschierte, nach deren Beendigung am 23. September das 3. und Landwehr-Bataillon die Garnisonen wechselten.

Die Dienstzeit wurde von 14 auf 8 Jahre herabgesetzt, die Landwehrpflicht jedoch aufrecht erhalten.

1846. Mit der Allerhöchsten Entschließung vom 31. März 1846 erhielt Major Carl Gaus das Commando des Grenadier-Bataillons, in dem die eigene Grenadier-Division eingetheilt war und das noch immer zu Brünn garnisonierte.

Gleichzeitig wurde Hauptmann Friedrich Freiherr von Piatolli-Treuenstein zum Major im Regimente befördert und mit dem Commando des 2. Bataillons betraut.

Die Ereignisse des Jahres 1846, die in Galizien und namentlich in und bei Krakau stattfanden, blieben nicht ohne Einfluss auf das Regiment.

Der Aufstand hätte eigentlich bereits am 29. November 1845, dem Jahrestage der Revolution von 1830, losbrechen sollen. Ein Zufall bewirkte einen Aufschub und die Verschwörung wurde entdeckt.

Durch Übermacht und raschen Angriff hofften die Verschworenen die wenigen zerstreut dislocierten Truppen zu überwältigen. Sie wollten zuerst die Officiere beseitigen und dann die ihrer Führer beraubte Truppe für sich gewinnen.

Den Unterofficiren ward Beförderung, den Gemeinen eine bedeutende Löhnung und allen nach Beendigung der Revolution Grund und Boden versprochen.

Schon am 23. Februar hatte sich das 1. Feld-Bataillon nach Lemberg in Marsch gesetzt, woselbst es am 26. einrückte, während das 3. Bataillon nach Stryj gezogen wurde, und am 3. März wurde das 1. Bataillon nach Przemysl beordert, von wo es die 5. Compagnie nach Dobromil und die 6. nach Jaroslau detachierte.

Am 7. März marschierte das Landwehr-Bataillon von Drohobycz nach Stryj und wurde gleich dem 3. Bataillon zur Bildung kleiner mobiler Colonnen verwendet, welche die Umgebung durchstreiften. Am 22. April wurde der Landwehr-Bataillonsstab mit der 1. Compagnie wieder nach Drohobycz zurück verlegt, doch erst am 11. Mai finden wir daselbst wieder das ganze Landwehr-Bataillon vereint.

Der Aufstand war zwar schon am 3. März durch die Wiederbesetzung Krakaus durch österreichische und russische Truppen vollständig niedergeworfen worden, doch blieb das 1. Bataillon noch bis 4. zu Przemysl, an welchem Tage es mit Zurücklassung der 3. Division nach Stryj aufbrach und am 10. daselbst einrückte, von wo nun das 3. Bataillon wieder nach Bolechow und Kalusz verlegt wurde.

Am 2. Juli marschierte die 5. Feld-Compagnie von Dobromil nach Sambor, wohin auch die 6. Compagnie, die am 8. Mai von Jaroslau nach Rybotycze und am 23. Mai nach Dubjecko im Samborer Kreise stationiert worden war, einrückte.

Erst am 27. Juli traf auch diese detachierte Division beim Regimentsstabe in Stryj ein, von wo nun die 3. Feld-Compagnie nach Dolina, die 4. nach Zurawna detachiert und die 7. Division nach Kalusz verlegt wurde.

Die 3. Landwehr-Compagnie war noch am 2. Juli nach Komarno und die 4. nach Rudki marschiert.

Im Monate October fand abermals ein Dislocationswechsel statt, indem die 3. Feld-Compagnie nach Skole, die 14. von Kalusz nach Dolina, das Landwehr-Bataillon aber nach Neu-Sandec marschierte, endlich wurde am 21. December die 13. Compagnie von Kalusz nach Woynilow verlegt.

Auch bei dem im Marmaroser Comitate liegenden 2. Bataillon waren im Frühjahre Änderungen in der Dislocation eingetreten, indem die 12. Compagnie nach Huszth, die 9.

nach Munkács, die 10. nach Alsó-Vereczke und später auch nach Munkács beordert ward.

Das Grenadier-Bataillon Gaus hatte im September das Übungslager bei Olmütz mitgemacht und war sodann wieder nach Brünn rückgekehrt.

1847. Am 13. April dieses Jahres erfolgte die Pensionierung des Majors Josef von Vanderstädts mit Oberstlieutenants-Charakter und -Pension und es avancierte an dessen Stelle Hauptmann Franz Gertner zum Major und Commandanten des Landwehr-Bataillons.

Als Regimentsstabs-Station wurde nunmehr die Stadt Sambor bestimmt, während Stryj die Werbbezirks-Station blieb.

Am 28. Mai verließ der Stab mit der 1. und 3. Division Stry und rückte am 30. in Sambor ein, wohin am 3. Juni auch die 2. Division nachfolgte. Nach Stryj wurde der 3. Bataillonsstab mit der 7. Division, die 15. Compagnie nach Żurawno, die 16. nach Skole verlegt, jedoch schon am 8. August auch die 15. Compagnie nach Stryj gezogen und von da im October nach Turka zur Ablösung der seit 10. August dastehenden 1. Feld-Compagnie dislociert.

Das Grenadier-Bataillon Gaus wurde anlässlich der Eröffnung des ungarischen Landtages am 23. October nach Pressburg in Marsch gesetzt, woselbst es am 1. November einrückte.

RANGS-LISTE

DER HERREN OFFICIERE DES INFANTERIE-REGIMENTES NR. 9

VOM JAHRE 1847.

Oberst: Frz. Freiherr v. Fichtl.

Oberstlieutenant: Jos. Pelikan v. Plauenwald.

Majore: Jos. v. Vanderstädts (Commandant des I. Landwehr-Bataillons), Alois Gayer v. Gayersfeld, Carl Gaus (Grenadier-Bataillons-Commandant), Friedrich Freiherr v. Piatolli; Commandant des II. Landwehr-Bataillons nicht besetzt.

Hauptleute: Frz. Gertner, Ant. Cordier v. Löwenhaupt, Jos. Widtmann, Graf Edm. Coudenhove, Jos. Hopf v. Hopfenstern, Jac. Carl Hirnschall, Joh. Janda, Carl Resch v. Rehinfeld, Lor. Hyacinth Giberti, Florian Zvanetti, Carl Hubatschek (R. A.-O.-R. 3. Cl.), Julius Freiherr l'Estocq, Jacob Sied, Hermann de Kin v. Kinthal, Jos. Schütz, Jos. v. Janicki.

Capitän-Lieutenante: Wilh. Freiherr Lederer, Felix Bonjean v. Mondenheim, Gust. Ritter v. Mayerberg, Alois Washara, Val. v. Kozicki, Eduard Schaller.

Oberlieutenante: Jos. Beckers, Ad. Dillner v. Dillnersdorf, Em. Janczalek, Frz. v. Verrette (G.-T.-B.), Joh. Wersak, Friedrich Freiherr v. Bussek, Joh. Kempski v. Rakoszyn, Sylvester Schütz, Ant. Budischowski, Carl Karátsónyi v. Hodos, Joh. Schütz, Emil v. Vanderstädts, Rud. Gaus, Mich. Lanko, Jos. Larisch, Carl Edler v. Knorek, Joh. Lassowski, Julius Mendius, Ferdinand Ritter v. Luerwaldt, Friedr. Frantz, August Nejedly, Carl v. Wohlleben, Eduard Merl, Emil Oeppinger.

Unterlieutenante: Johann Syrbú (Professor an der Militär-Akademie in Wr. Neustadt), Josef Nenntwich, Hugo Cavet, Wilhelm Reitzenstein, Frz. Hrobony (Bataillons-Adjutant), Leop. Weiß, Carl Slawecki (Professor an der Cadetten-Compagnie zu Graz), Alois Maurer, Carl Chiolich v. Löwenberg, Ferd. Bonjean v. Mondenheim, Frz. Hawerda, Jos. Taffelmayer, Joh. Blum, Ludw. v. Littrow, Adolf Herget (Grenadier-Bataillons-Adjutant), Ign. Melzer v. Tapferheim, Anton Nagy de Alsó-Szópor, Georg Syrbú, Jos. Veigl, Frz. Gammel, Joh. Grubisich, Carl Rosenberg, Carl Ochtzim (Bataillons-Adjutant), Frz. Grenso, Jaroslav Freiherr Puteany, Proc. Pokorny.

Fähnriche: Frz. Zaufal, Gustav Adolf Begg v. Albensberg, Jos. Freiherr v. Saamen, Alois Ortwein v. Molitor, Ant. Watternaux, Franz Dobrostánski, Cornel Robikiewicz, Leopold Bergmüller (Bataillons-Adjutant), Jos. Kornberger, Joh. Willmóth, Josef Hippmann, Ign. v. Dzbanski, Carl Muschinski, Leop. Kaim v. Kaimthal (Bataillons-Adjutant), Frz. Grigar, Ernst Reindl, Joh. v. Hrdina, Jos. Resbarek, Alex. Kiszlink, Frz. Kozubski, Aug. Koch.

Cadetten (k. k.): Nic. Gyurgievich, Carl Rigerle, Adolf Beer v. Beerenberg, Georg Lindenhofer, Andr. Szybinski (Regiments-): Ant. Cordier v. Löwenhaupt, Aug. Cyvinski de Puchala, Carl Doroszulich, Gust. Freiherr v. Fichtl, Heinr. Heunn, Carl Theodor Hirnschall, Friedr. v. Huber, Eugen Jarich, Victor v. Kéler, Adolf Klemp, Onufrius v. Kulczycki, Carl Martinitz, Georg Pawetz, Eugen Pelikan v. Plauenwald, Graf Alex. Schmiedegg, Franz v. Tempis, Eduard Willmann.

Vom Stabe:

Regiments-Caplan: Joh. Pissary.

Regiments-Auditor: Hauptmann Mart. Damianitsch.

Regiments-Arzt: Dr. Ant. Weeber.

Regiment-Rechnungsführer: Oberlieutenant Alois Willmann.

Regiments-Adjutant: Franz v. Verrette (G.-T.-B.)

Bataillons-Adjutanten: In der Rangs-Liste bezeichnet.

Regiments-Soldaten-Knaben-Erziehungshaus in Bartfeld, Ungarn. Commandant desselben: Unterlieutenant Georg Syrbú.

Regiments-Agent: Franz Dembsher in Wien.

Röcke weiß, Aufschläge und Kragen apfelgrün wie 54, Pantalon lichtblau (gelbe Knöpfe.)

VIII. PERIODE.

DAS JAHR 1848 UND 1849.

Mit dem Beginne dieses ereignisvollen Jahres finden wir das 1. und 3. Bataillon im heimatlichen Werbbezirke, das 2. Bataillon in der Marmaros, das Landwehr-Bataillon in und bei Neu-Sandec und die Grenadiere zu Pressburg, wo der ungarische Landtag den gesetzlichen Boden nur zu bald verlassen sollte.

Am 18. Jänner avancierte Oberst Freiherr von Fichtl zum Generalmajor, doch wurde seine Stelle erst am 16. April durch die Beförderung des Oberstlieutenants Alois von Howiger des Infanterie-Regimentes Erzherzog Ludwig Nr. 8 zum Obersten und Regiments-Commandanten besetzt.

Schon mit der Allerhöchsten Entschließung vom 20. November 1847 war Oberstlieutenant Anton Graf Porcia, Dienstkämmerer bei Sr. k. k. Hoheit dem Erzherzog Rainer, Vicekönig in Italien, vom Infanterie-Regimente Erzherzog Victor d'Este, als überzähliger Oberst in das Regiment eingetheilt worden, mit der Allerhöchsten Entschließung vom 18. Februar wurde auch der bei Sr. k. k. Hoheit dem Erzherzog Ferdinand Maximilian commandierte Oberstlieutenant Heinrich Baron Handel des Infanterie-Regimentes Baron Paumgarten Nr. 21 zum überzähligen Obersten im Regimente befördert, welches nun drei Oberste zählte, von denen Oberst Howiger Regiments-Commandant und berufen war, dasselbe in dieser verhängnisvollen Zeit zu führen.

Endlich wurde mit der Allerhöchsten Entschließung vom 29. April der Major Vincenz Collo des Baron Geppert 43. Infanterie-Regimentes zum überzähligen Oberstlieutenant im Regimente befördert, blieb jedoch als Adjutant beim niederösterreichischen General-Commando commandiert.

Am 22. Februar war zu Paris die lange drohende Revolution ausgebrochen, die mit rasender Schnelligkeit sich bald auf die meisten Staaten Europas ausbreitete und in den österreichischen Provinzen zuerst im lombardisch-venetianischen Königreiche den glimmenden Funken der Empörung zu hellen Flammen anfachte.

Vergebens war die am 15. März erfolgte Verleihung einer constitutionellen Verfassung, sie vermochte die erregten Gemüther nicht mehr zu beruhigen; — die wohlgemeinten Absichten Kaiser Ferdinand I. wurden verkannt und vermehrten nur das eifrigste Streben der Revolutions-Partei, welche die Völker nicht zur Erkenntnis kommen lassen wollte.

Auch in Galizien drohte der Aufstand jeden Augenblick auszubrechen, mobile Colonnen mussten dies zu verhindern trachten, zu welchem Zwecke wiederholt Abtheilungen des Regimentes verwendet wurden.

Das Landwehr-Bataillon war noch am 8. März von Neu-Sandec nach Wadowice und Concurrenz beordert worden, am 22. marschierte die 3. Division von Sambor zur mobilen Colonne des Majors Bukowski von Kaiser Chevauxlegers nach Chirow und Ende März die 1. und 3. Landwehr-Compagnie zu jener des Oberstlieutenants Sztankovits von Leiningen-Infanterie nach Myslenice ab.

Das Grenadier-Bataillon Gaus, welches aus der eigenen Grenadier-Division mit den Grenadier-Divisionen der Infanterie-Regimenter Nr. 10 und 40 gebildet wurde, verließ am 16. April nach der Schließung des Landtages Pressburg, woselbst es wiederholt und bei stürmischen Sessionen des Landtages selbst bei Nacht auf der dortigen Promenade campiert hatte. Es erwarb sich durch sein gutes und imponierendes Verhalten die Allerhöchste Zufriedenheit Sr. Majestät des Kaisers Ferdinand I., welche dem Bataillon auch mittelst eines Allerhöchsten Handschreibens ausgesprochen wurde.

Das Bataillon kehrte nicht mehr nach Brünn zurück, sondern erhielt die Bestimmung nach Wien, wo es in die Brigade Generalmajor von Bredy, Division Feldmarschall-Lieutenant Prinz Wasa eingetheilt wurde.

Am 14. April ergieng die Verordnung zur Errichtung der 17. und 18. Feld- und der 5. und 6. Landwehr-Compagnie, deren Aufstellung in kürzester Zeit zu Stryj durchgeführt wurde, wo sie auch vorläufig in Garnison verblieben.

Am 29. April wurde die 1. Division nach Drohobycz dislociert, während die 3. aus Chirow nach Sambor einrückte.

Am 1. Mai setzte sich die 7. Division nach Lemberg in Marsch und als Ersatz für dieselbe wurde die 15. Compagnie von Turka und die 16. von Skole nach Stryj einberufen.

Das Landwehr-Bataillon wurde anfangs Juni von Wadowice nach Myslenice und Concurrenz verlegt.

Bald genügten die im Monate April stattgefundenen Rüstungen nicht mehr, der Krieg in Italien und die fast überall drohende Revolution erforderten die riesigsten Anstrengungen, um durch Waffengewalt das zu erreichen, was auf andere Art nicht mehr möglich war. Am 28. Mai erfloss das Kriegsministerial-Rescript, welches die Errichtung der Reserve-Bataillone mit 6 Compagnien verfügte.

Die Aufstellung dieses Bataillons geschah zu Stryj; im Monate August erhielt dasselbe die Benennung »4. Bataillon« und dessen Compagnien die fortlaufenden Nummern von 19 bis 24.

Das Bataillon blieb theils in Stryj, theils in andern Orten des Werbbezirkes, die es häufig wechselte, in Garnison, das Commando über dasselbe übernahm der mit der Allerhöchsten Entschließung vom 5. Juli neu beförderte Major Anton Cordier von Löwenhaupt.

Mit der Allerhöchsten Entschließung vom gleichen Tage wurde der älteste Major Alois Gayer von Gayersfeld zum Oberstlieutenant, mit jener vom 24. Juli der Hauptmann Alois Schaffner des Graf Mazzucheli 10. Infanterie-Regiments zum Major im Regimente befördert und mit jener vom 5. August der Oberstlieutenant Johann Pelikan von Plauenwald mit Oberstens-Charakter pensioniert.

Oberstlieutenant Gayersfeld übernahm nun das Commando des 1., Major Cordier des 3. und Major Schaffner des 4. Bataillons.

32 Compagnien stark stand das Regiment vollkommen completiert da, ungeduldig des Zeitpunktes harrend, der es auf das Feld der Ehre rufen sollte.

Das Landwehr-Bataillon war das erste, dem diese Bestimmung zutheil wurde. Am 2., 3. und 4. Juli brach es aus seinen Quartieren in und bei Myslenice auf und marschierte über Mähren, Niederösterreich, Steiermark, Krain in das Venetianische, wo es am 2. August in Verona eintraf, in das 3. Armee-Corps Feldmarschall-Lieutenant Baron Haynau eingetheilt wurde und vorläufig in Verona als Besatzung blieb.

Die 3. Division dieses Bataillons, welche von Stryj aus für sich abmarschiert war, rückte am 4. August in Treviso ein.

Da sich bis zum Monate December dieses Jahres beim Landwehr-Bataillon nichts Bemerkenswertes zutrug, so kehren wir wieder zum Regimente nach Galizien zurück.

Am 24. Juni war die 15. und 16. Compagnie von Stryj nach Drohobycz, hingegen die 1. Division von da nach Sambor marschiert, während in Stryj der Stab des 3. Bataillons mit der 9. Division und das 4. Bataillon verblieb, von welch' letzterem die 10. Division in Bolechow detachiert war.

Am 13. August marschierte die 16. Compagnie von Drohobycz abermals nach Stryj, hingegen von da die 22. nach Dolina, die 23. und 24. nach Bolechow.

Diese Dislocation wurde nun bis 10. October beibehalten, was wir benützen wollen, um die Ereignisse bei der Grenadier-Division nachzuholen.

Als am 15. Mai das Revolutions-Comité das Volk unter die Waffen rief, wurde die Garnison von Wien alarmiert; das Grenadier-Bataillon Gaus mit einer halben Batterie besetzte den äußeren Burgplatz. Die Truppen hatten jedoch die Weisung, ohne ausdrücklichen Befehl Sr. Majestät nicht einzuschreiten.

Bei der plötzlichen Abreise des Hofes aus Wien am 17. Mai rückte die Garnison aus; das Grenadier-Bataillon mit einer halben Batterie hatte Aufstellung am äußeren Burgplatz.

Am 26. Mai rückte die Garnison am Josefstädter Glacis aus; das Grenadier-Bataillon Gaus stand beim Franzensthor. Sofort entstanden in der Stadt Barrikaden. Die Truppen blieben den ganzen Tag stumme Zuseher des Treibens der Studenten und des Volkes. Am 27. Mai wurde das Grenadier-Bataillon Gaus in die Heumarkt-Kaserne verlegt. Am 22. Juli wurde die constituierende National-Versammlung durch den Erzherzog Johann in Wien eröffnet und Se. Majestät ließ sich bewegen, am 12. August seine Residenz nach Wien zu verlegen.

Am 28. September wurde der kaiserliche Commissär Feldmarschall-Lieutenant Graf Lamberg in Pest ermordet. Infolge dessen sollte ein Theil der Wiener Garnison am 6. October nach Ungarn abrücken. Als das Volk den Abmarsch des Bataillons Richter nicht gestatten wollte, erhielt die Brigade Bredy den Auftrag, dieses Bataillon hinter die Taborlinie zu begleiten. Hier angelangt, fand man die Nationalgarde, die

Studentenlegion und eine unübersehbare Volksmenge, welche den Truppen Halt geboten. Es entspann sich ein Kampf, in welchem Generalmajor Bredy fiel. Von hier verbreitete sich der Kampf in die Stadt, das Volk drang in das Kriegsministerium ein, ermordete den greisen Kriegsminister Graf Latour auf eine grausame Weise und knüpfte seinen Leichnam an einen Laternenpfahl gegenüber der Hauptwache »Am Hof«.

Der Kaiser verließ Tags darauf Wien, um sein Hoflager in die Festung Olmütz zu verlegen. Er begab sich in sichere Obhut, in jene seiner stets getreuen Armee.

Als die innere Stadt geräumt wurde, hatte die 2. Grenadier-Compagnie des Regimentes unter Commando des Hauptmanns von Resch die schmerzliche Aufgabe, die Hofburgwache, welche sie zuletzt bezogen, an die Nationalgarde zu übergeben. Hauptmann von Resch wies das kecke Ansinnen derselben, die Fahne des Bataillons am Schranken zu belassen, mit Energie zurück und marschierte mit seiner Compagnie mit fliegender Fahne und klingendem Spiele mitten durch die aufgeregten Volksmassen zu seinem Bataillon.

Feldmarschall-Lieutenant Graf Auersperg, damals Commandierender in Wien, sah sich durch die Ereignisse des 6. October veranlasst, die ihm zu Gebote stehenden Streitkräfte im Schwarzenberg'schen Garten und in der Heumarkt-Kaserne zu concentrieren und erst am 12. wurde Wien gänzlich geräumt und die Garnison bezog Concentrierungen in und bei Inzersdorf, wo das Hauptquartier war.

Das Grenadier-Bataillon Gaus wurde nach Inzersdorf verlegt, wo es bis zum 16. blieb, an welchem Tage es das Bivouak beim Neugebäude nächst Simmering bezog.

Inzwischen rückten von allen Seiten zur Unterwerfung Ungarns Truppen heran. Und zwar rückte Jellačić längs des rechten, Wrbna längs des linken Donauufers vor, Simunić sollte über Tyrnau durch das Waagthal, Schlick über Kaschau aus Galizien, Puchner aus Siebenbürgen, Nugent aus der Steiermark gegen das Innere dringen. Am 22. traf der Feldmarschall Fürst Windisch-Grätz in Stammersdorf ein.

Schon am 23. begannen die Operationen und der erste Kampf fand an der Nussdorfer Linie statt, woselbst die Insurgenten zurückgetrieben wurden; am 24. nahmen die Truppen der Division Ramberg die Brigittenau und die Insurgenten zogen sich in die Leopoldstadt zurück.

Das Grenadier-Bataillon Gaus war bis zu dieser Zeit noch immer im Bivouak beim Neugebäude, am 25. jedoch marschierte es wieder auf den Laaerberg, am 26. nach Inzersdorf und am 27., an welchem Tage Fürst Windisch-Grätz die Dispositionen zum allgemeinen Angriffe auf die Stadt erließ, welcher den folgenden Tag stattfinden sollte, marschierte es in den Prater.

Erstürmung der Jägerzeile.

Am 28. October um 10 Uhr vormittags erfolgte der Angriff; die Brigade Frank, welche aus den Grenadier-Bataillonen Gaus, Schwarzel und Strasdil bestand, hatte die Aufgabe, vom Prater aus die Jägerzeile mit Sturm zu nehmen.

Major Gaus beorderte die 1. Grenadier-Compagnie Hartmann unter Commando des Hauptmannes Baron Lederer in die Häuser und Gärten der Alleegasse, von wo der in den gegenüberliegenden Gebäuden befindliche Feind nun beschossen wurde, während die anderen 5 Compagnien vereint mit dem Grenadier-Bataillon Strasdil, unterstützt durch das Feuer einer im Nordbahnhofe placierten Batterie, zum Sturme auf die die Jägerzeile deckende sogenannte Stern-Barrikade schritten, welche auch im ersten Anlaufe genommen wurde. Ein heftiges Kartätschenfeuer von der Sophienbrücke machte zwar dem weiteren Vordringen der wackeren Grenadier-Brigade Einhalt, aber nur momentan, denn gleich darauf drang dieselbe entschlossen in die Jägerzeile ein, räumte auch die zweite, unweit des Carltheaters errichtete Barrikade und bald die ganze Jägerzeile.

Die Division Mazzucheli besetzte die Häuser rechts und links der Ferdinands-Brücke, während die Divisionen Hartmann und Koudelka als Reserve hinter dem Kaffeehause aufgestellt wurden.

Indessen war die Nachricht eingelangt, dass noch das Odeon-Gebäude von Proletariern besetzt sei, worauf Major Gaus den Hauptmann von Resch mit der 2. Grenadier-Compagnie Hartmann beorderte, dasselbe zu säubern. Trotz der heftigsten Gegenwehr wurde das Gebäude von Hauptmann Resch und seinen Grenadieren mit Sturm genommen, wobei es aber in Flammen aufgieng, welche die Umgebung düster erleuchteten, denn es war bereits Abend geworden, welcher dem Kampfe für diesen Tag ein Ziel setzte. Die tapferen k. k. Truppen hatten überall gesiegt, die Vorstädte Landstraße und Leopoldstadt waren vollständig geräumt worden.

Das Grenadier-Bataillon Gaus hatte bei der Erstürmung der Barrikaden in der Jägerzeile einen Verlust von 1 Todten und 13 größtentheils Schwerverwundeten erlitten.

Bei dieser Gelegenheit hatten sich von der eigenen Grenadier-Division besonders ausgezeichnet:

Feldwebel Josef Balicki, Tambour Tymko Kost, Corporal Hnat Furczyn, Ilko Hwozdák und Georg Widziak.

Mittelst Allerhöchster Entschließung vom 19. August war schon für die Mannschaft vom Feldwebel und Wachtmeister abwärts die silberne Tapferkeits-Medaille 2. Classe gestiftet worden; diese Decoration hatte in Hinkunft für solche Thaten verliehen zu werden, für welche nach dem bisherigen Usus der Mannschaft Geldbelohnungen zuerkannt worden waren.

Demgemäß erhielten für ihr tapferes Benehmen bei der Erstürmung der Barrikaden der Jägerzeile Feldwebel Josef Balicki und Tambour Tymko Kost die Tapferkeits-Medaille 1., Corporal Hnat Furczyn, Ilko Hwozdák und Georg Widziak die Tapferkeits-Medaille 2. Classe.

An den weiteren Ereignissen in Wien nahmen die eigenen Grenadiere keinen weiteren Antheil, denn am 29. abends erhielt die Brigade Frank die Bestimmung, zu der gegen Wien heranziehenden Armee des Banus Feldmarschall-Lieutenant Baron Jellačić zu stoßen, und marschierte in das Bivouak auf den Laaerberg.

An der am folgenden Tage bei Schwechat stattgehabten Schlacht zwischen der Armee des Banus und den Ungarn nahm die Brigade Frank insoferne theil, als sie als Reserve verwendet wurde, ohne jedoch ins Gefecht zu kommen.

Die Grenadiere campierten auf dem Schlachtfelde und bezogen am 31. October Cantonierungen zu Rauhenwarth, wo sie bis 11. November verblieben und am 12. nach Wien, wo bereits am 1. Feldmarschall Fürst Windisch-Grätz als Sieger eingezogen war, in Garnison verlegt wurden.

Während dieser Vorgänge war beim Regimente am 7. October 1848 der Befehl eingelangt, das 1. Feld-Bataillon zur Colonne des Feldmarschall-Lieutenants Baron Simunić gegen Dukla in Marsch zu setzen und da von diesem Tage angefangen eine Geschichtsperiode beginnt, in der einzelne Bataillone des Regimentes auf verschiedenen Kriegs-Schauplätzen und in verschiedenen Abtheilungen der Armee activ aufgetreten sind, so haben wir der leichteren Übersicht wegen die Beschreibung der Begebenheiten jener Zeit bis zur Vereinigung der ersten 3 Feldbataillone in drei Abschnitte getheilt, welche die Bataillone in der Reihenfolge umfassen, als sie vor den Feind rückten.

DAS 1. BATAILLON.

Im Monate October 1848 hatte bereits die herrschende Partei in Ungarn den gesetzlichen Boden gänzlich verlassen und befand sich im offenen Aufstande gegen ihren rechtmäßigen Kaiser und König. Nur die Gewalt der Waffen konnte zur Erhaltung der Integrität der Monarchie den gesetzlichen Zustand wieder herstellen; doch erforderte dies bedeutende Anstrengungen, denn die größte Masse des Heeres war in Italien unumgänglich nothwendig.

Aus allen an Ungarn grenzenden Generalaten wurden die disponiblen Truppen in Bewegung gesetzt und auch das galizische Landes-General-Commando erhielt mittelst Kriegsministerial-Rescriptes vom 2. October den Auftrag, die in Galizien entbehrlichen Militärkräfte mit möglichster Beschleunigung unter den Befehlen des Feldmarschall-Lieutenants Baron Simunić nach Ungarn abrücken zu lassen.

Unter den vom commandierenden General Feldmarschall-Lieutenant Baron Hammerstein hiezu bestimmten Truppen befand sich auch das vom Oberstlieutenant Gayer von Gayersfeld commandierte 1. Feld-Bataillon des Regimentes.

Es verließ am 10. October mit dem Stande von 21 Officieren und 1119 Mann seine Garnison Sambor, von wo der Regimentsstab nach Stryj abgieng, und marschierte in Doppelmärschen, von denen die Hälfte mittelst Vorspannswagen zurückgelegt wurde, nach Saybusch.

Hier wurde die mobile Colonne in zwei Abtheilungen getheilt. Die 1. Abtheilung formierten die Bataillone von Nugent, Wilhelm, Hohenegg mit der Fuß-Batterie Nr. 15, die 2. das eigene 1. Bataillon, das 3. Bataillon Haynau, eine Division Erzherzog Carl Chevauxlegers und die Fuß-Batterie Nr. 16.

Am 21. October 7 Uhr morgens wurde von Saybusch aufgebrochen und nach Skalita, am 22. nach Lissowitz und am 24. nach Alsó-Hryczo marschiert. Gleich nach dem Einrücken daselbst erhielt die Colonnen-Abtheilung den Befehl, nach Predmier einzurücken und dort das Lager zu beziehen.

Am 25. wurde bei Waag-Bistritz gelagert, die 1. Compagnie ward zur Begleitung der Flöße bestimmt, welche in der Waag gesammelt und nach Belusz gebracht werden mussten, um zum Flussübergange bei Trencsin verwendet zu werden, falls die dortige Brücke von den ungarischen Insurgenten zerstört worden wäre.

Die 2. und 3. Compagnie hatten die Vorposten bezogen.

Bei der am 26. weiter gegen Trencsin erfolgten Vorrückung cantonierte der Bataillonsstab mit der 4. Compagnie in Ilawa, die 3. Division bezog die Vorposten und die 2. und 3. Compagnie waren zur Bewachung der Flöße bei Belusz zurückgeblieben.

Am 27. rückte die Colonne in Trencsin ein. Die 1. und 2. Compagnie waren auf den Flößen eingeschifft worden, die 3. Compagnie hatte ihre Fahrt, die bei dem geringen Wasserstande sehr beschwerlich war, am linken Waagufer cotoyiert.

Nachmittags griffen die Insurgenten die äußersten Vorposten an, zogen sich aber nach Wechslung einiger Gewehrschüsse zurück.

Bei der am 28. weiter erfolgten Vorrückung bildete das 1. Bataillon die Arrièregarde. Die Avantgarde von Nugent-Infanterie bestand ein Gefecht bei Kostelna, welchen Ort die Rebellen, nachdem sie ihn in Brand gesteckt hatten, nach einer kurzen Kanonade eiligst räumten.

Die Colonne bezog am selben Tage das Lager bei Groß-Koholna, marschierte am 29. nach Bohuslawica, am 30. nach Neustadtl, am 31. nach Kostolna und rückte am 1. November in Tyrnau ein.

Das 1. Bataillon war in der Stadt selbst bequartiert, die 1. und 3. Division hatten die Vorposten gegen Leopoldstadt, Nádas und beim Bahnhofe bezogen, wurden am folgenden Tage durch Hohenegg abgelöst und die 2. Division bezog die Vorposten gegen Leopoldstadt.

Am 3. November sah sich Feldmarschall-Lieutenant Baron Simunić veranlasst, auf der mährischen Straße bis Nádas zurückzugehen, wo er am 4. November, eben als die Colonne im Abmarsche begriffen war, von den nachrückenden Insurgenten angegriffen wurde.

Der Aufbruch aus dem Lager war um 6 Uhr früh erfolgt, sämmtliche Bagagen befanden sich bei der Avantgarde. Das 1. Bataillon des Regimentes hatte die Bestimmung zur Arrièregarde erhalten. Gefecht bei Nádas.*)

Gleich bei dem Abrücken verkündete ein lebhaftes Feuer der Vorposten, dass der Feind sie angegriffen habe. Die 3. Division wurde sofort zur Unterstützung des Bataillons Haynau vorgesendet und löste sich in Plänkler auf, während das Bataillon Haynau das Dorf passierte.

Die von den feindlichen Husaren angegriffene 3. Division zog sich fechtend bis in den rechts von der Straße liegenden Wald zurück, während das eigene 1. Bataillon am Galgenberge Stellung genommen hatte. Rechts von demselben waren beide Batterien aufgefahren, mussten jedoch dem überlegenen feindlichen Kanonenfeuer weichen.

Das Bataillon zog sich nun ebenfalls in den Wald zurück und vereinte sich mit der 3. Division auf den Höhen bei Jablonitz.

Trotz des heftigen feindlichen Geschützfeuers, welchem das Bataillon durch mehr als eine halbe Stunde ausgesetzt war, erlitt es bei diesem Rückzuge nur einen Verlust von 2 Schwerverwundeten.

Auf den Höhen von Jablonitz angelangt, erhielt es den Befehl, den Ort in der rechten Flanke zu umgehen und musste aus diesem Anlasse die Miava durchwaten.

Das Bataillon Erzherzog Wilhelm übernahm hier den Dienst der Arrièregarde.

Die Colonne zog sich bis Göding zurück, welches nach einem 17stündigen Marsche um 1 Uhr nach Mitternacht erreicht wurde und woselbst das Bataillon auch einquartiert ward.

Der Totalverlust des Bataillons an diesem Tage betrug 2 Todte, 6 Verwundete und 16 Vermisste vom Feldwebel abwärts.

Corporal Josef Hodossy der 6. Compagnie zeichnete sich besonders aus. Derselbe hatte sich beim Rückzuge aus Nádas mit einigen Mann freiwillig auf einen exponierten Posten zur Beobachtung der Straße gemeldet. Hier von den Husaren angegriffen, hielt sich dieser brave Unterofficier, obwohl er gleich bei Beginn des Gefechtes durch einen Säbel-

*) Die Benennung der Gefechte stimmt mit der Circular-Verordnung vom 6. December 1864 C.-K. Nr. 4889 genau überein, da sie im Sinne derselben rectificiert wurde.

hieb am Kopfe verwundet worden war, mit seinen wenigen Leuten so tapfer, dass endlich die Husaren die Flucht ergreifen mussten und er seinen Rückzug ungefährdet bewirken konnte. Er wurde hiefür mit der silbernen Tapferkeits-Medaille 2. Classe ausgezeichnet.

Am folgenden Tage, dem 5. November, bezogen die 2. und 3. Division die Vorposten längs der March, während die 1. Division beim Mauthhause an der Straße nach Holitsch als Reserve aufgestellt wurde.

Die über die March führende Brücke war abgetragen und rückwärts derselben waren 2 Geschütze zur Deckung des Überganges postiert.

Die 3. Division wurde vom Feldmarschall-Lieutenant Baron Simunić beauftragt, auch die Brücke bei der sogenannten Neumühle abzutragen, welches Gebäude von den feindlichen Vorposten besetzt war.

Vorpostengefecht bei Göding.

Hauptmann Vanderstädts ließ zu diesem Behufe den Cadeten Krasnianski mit 12 Mann bei einbrechender Dunkelheit sich bis an die Mühle anschleichen, woselbst dieser 2 Husaren bemerkte, auf die er sich stürzte und die er gefangen nahm. Hierauf nahm die Patrouille hinter der Mühle Stellung und unter dem Schutze eines unter Commando des Unterlieutenants Kiszling in Plänkler aufgelösten Zuges wurde die Abtragung der Brücke begonnen.

Während der Dauer der Arbeit bemerkte Hauptmann Vanderstädts, dass sich eine feindliche Abtheilung der Mühle nähere, worauf er sich mit Lieutenant Kiszling und einem halben Zug vorschlich, über den Rebellenhaufen herfiel und 11 Mann gefangen nahm. Bei einem zweiten Versuche der Insurgenten, die Arbeiten zu hindern, wurde ein feindlicher Artillerist getödtet und einer gefangen. Hierauf wurde die Abtragung der Brücke ungeachtet dessen, dass die ungarischen Vorposten nur 100 Schritte entfernt waren und die ganze Nacht feuerten, ohne Verlust beendet.

Cadet Theodor Krasnianski wurde für seinen an diesem Tage bewiesenen Muth mit dem Erlasse des Feldmarschalls Fürst Windisch-Grätz vom 20. December 1848 öffentlich belobt.

Am 6. November wurde das 1. Bataillon durch Erzherzog Wilhelm Infanterie abgelöst und zu Göding bequartiert, von wo es am 7. mit dem Bataillon Hohenegg und der 6pfündigen Fußbatterie Nr. 16 abends nach Rohatec abmarschierte und daselbst die Cantonierung bezog.

In der Nacht vom 8. zum 9. wurde das Bataillon wieder nach Göding gezogen und rückte, im Vereine mit der ganzen Truppen-Division, nach Ripki und am 10. nach Jablonitz.

Angriff der Mühle bei Jablonitz.

An diesem und dem folgenden Tage versahen die Divisionen des Bataillons abwechselnd den Vorpostensdienst und am 12. führte das Bataillon mit 1 Zug Chevauxlegers und 2 Geschützen eine Recognoscierung gegen die Fajtak'sche Mühle aus. Der Feind verließ dieselbe beim Anrücken der Colonne und begnügte sich, sie von den Höhen mit Kanonen zu beschießen, was jedoch keinen Schaden anrichtete.

Nachdem man die Stärke des Feindes in Erfahrung gebracht, rückte Oberstlieutenant Gayersfeld wieder in Jablonitz ein.

Scharmützel bei Brezowa.

Bei Gelegenheit einer am 16. in dem 2 Meilen von Jablonitz entfernten Brezowa ausgeführten Requisition wurden 7 Mann des Bataillons gefangen, von welchen sich der Gemeine Maxymow am folgenden Tage selbst ranzionierte.

Angriff auf Hradistye.

Am 18. gieng die 3. Compagnie des Bataillons mit der 16. Compagnie Hohenegg nach Hradistye ab, um den Verrath der dortigen Bauern, welchen sie am 16. an dem Requisitions-Commando begangen hatten, zu bestrafen. Die Colonne wurde zwar von den Insurgenten durch Kleingewehrfeuer beunruhigt, führte aber die anbefohlene bedeutendere Requisition durch und brachte Geißeln mit.

Die 1. und 4. Compagnie waren an diesem Tage auf Vorposten, die 5. und 6. im Lager, die 2. und 3. im Schlosse bequartiert.

Gefecht bei der Fajtak-Mühle.

In der Nacht vom 19. November wurde eine Recognoscierung der feindlichen Linie beabsichtigt und diese daher alarmiert.

Hauptmann Verette, welcher mit der 1. und 4. Compagnie beim Windisch-Grätz'schen Meierhofe auf Vorposten stand, verabredete mit seinen Officieren zu diesem Zwecke einen Überfall auf die Fajtak'sche Mühle durch 3 größere Patrouillen, zu deren Führern er den Oberlieutenant von Chiolich, Lieutenant Palmarin und Feldwebel Franz Brendl bestimmte.

Die mittlere, unter Oberlieutenant Chiolich, wurde gerade gegen die Mühle dirigiert, jene in den beiden Flanken hatten die Bestimmung, die Aufmerksamkeit des Feindes auf sich zu ziehen und seine Concentrierung bei der Mühle zu verhindern.

Sämmtlichen 3 Patrouillen gelang es, unbemerkt die feindliche Vedettenlinie zu durchschleichen. Oberlieutenant Chiolich drang bis auf ungefähr 40 Schritte unaufgehalten gegen die Mühle vor, wo er erst mit Schüssen begrüßt wurde, zwang jedoch die Insurgenten bald, die Mühle zu räumen und sich hinter den Mühlgraben zurückzuziehen.

Es wurden dem Feinde bei diesem Gefechte 3 Mann getödtet und vom 7. Honvéd-Bataillon 3 Gefangene gemacht.

Da Oberlieutenant Chiolich die Verbindung mit den Seitenpatrouillen verloren hatte, sah er sich veranlasst, einige 100 Schritte zurückzugehen. Als es sich jedoch bald mit der Patrouille des Feldwebels Brendl, der auf das Feuern sich gegen die Mühle zog, und mit dem unter Lieutenant Wuzelich vorgeeilten Unterstützungszuge vereint hatte, zögerte er nicht, nochmals gegen die Mühle vorzurücken, welche der Feind schon wieder besetzt hatte. Die Aufständischen wurden abermals vertrieben, noch 3 Gefangene gemacht und 2 Pferde erbeutet.

Wegen der anbrechenden Morgendämmerung zog sich die Abtheilung auf den Unterstützungsposten zurück, wo kurz vorher auch Lieutenant Palmarin eingetroffen war. Diesem war es ebenfalls gelungen, ungehindert bis auf eine rechts seitwärts der Mühle gelegene Anhöhe vorzurücken und eine dastehende feindliche ½ Compagnie zu vertreiben. Erst auf das Vorrücken größerer Streitkräfte der Insurgenten sah sich die Abtheilung zum Rückzuge genöthigt, nachdem sie ihren Zweck erfüllt hatte.

Der Verlust in diesem Gefechte bestand in 1 Todten.

Sämmtliche vorgenannten 3 Officiere hatten sich bei dieser Gelegenheit durch ihr tapferes und umsichtiges Benehmen ausgezeichnet und von der Mannschaft Nachbenannte besonders hervorgethan:

Feldwebel Franz Brendl durch seine Tapferkeit beim Angriffe der Mühle. Er erhielt die silberne Tapferkeits-Medaille 2. Classe.

Dem Corporal Franz Grzybowicz gelang es, den Auftrag des Lieutenants Palmarin, Oberlieutenant Chiolich in Kenntnis zu setzen, dass er sich zurückziehe, zu realisieren und durch die feindlichen Posten durchzuschleichen. Er wurde mit dem Armeebefehle vom 20. December 1848 öffentlich belobt.

Endlich zeichneten sich besonders aus: Corporal Urbánski, Gemeiner Dobrzánski, Pristay und Spitczak.

Am 21. November wurde das Bataillon durch Erzherzog Wilhelm Infanterie abgelöst und marschierte nach Szenitz, wo es bis 4. December den Garnisonsdienst bestritt.

Am 5. rückte es wieder nach Jablonitz und bezog am frühen Morgen des 6. folgende Stellung:

Die 1. Division im fürstlich Windisch-Grätz'schen Schlosse Lieszko nebst 2 Compagnien Nugent. Die 3. Compagnie im Mauthhause, die 4. im fürstlichen Meierhofe, die 6. längs der Miawe auf Vorposten und die 5. im Lager en reserve.

Der Marsch nach dem Schlosse Lieszko musste mit größter Vorsicht geschehen, weil er längs eines Theiles der feindlichen Stellung bewirkt wurde.

Kaum war die Ablösung der um das Schloss aufgestellten Piquets vor sich gegangen, die Division Nugent aber noch nicht abmarschiert, als um 7½ Uhr morgens der Angriff des Feindes, dessen Stärke sich auf 6 Compagnien Infanterie (Honvéds und Linientruppen), 2 Escadronen Hunyady-Husaren mit 4 Geschützen belief, auf das Schloss erfolgte.

Scharmützel bei Lieszko.

Die Piquets zogen sich feuernd in dasselbe zurück, worauf die Insurgenten aus ihren Geschützen die Beschießung des Schlosses begannen.

Hauptmann de Kin des Regimentes übernahm als der Rangsälteste das Commando über die 4 Compagnien Hartmann und Nugent, ließ den äußeren Umfang des Schlosses durch die 1. und 2. Compagnie besetzen und stellte die Division Nugent im Hofe als Reserve auf.

Nachdem das feindliche Geschützfeuer einige Zeit gewährt hatte, ohne jedoch, außer an den Gebäuden, irgend einen Schaden zu bewirken, obwohl einige Granaten im Hofe sprangen, rückten die Aufständischen mit dichten Plänklerketten von drei Seiten zugleich vor. Es entspann sich ein lebhaftes Feuergefecht, als dessen erstes Ofer Hauptmann Budischovski, Commandant der 1. Compagnie, fiel. Doch auch der Feind erlitt großen Schaden, zog sich zurück und begann auf's neue die Beschießung. Bald stand ein Theil der Nebengebäude in Flammen und der Hof füllte sich mit Schutt und Trümmern.

Nach einem einstündigen Bombardement wiederholte der Feind seinen Angriff, doch mit ebenso wenig Erfolg als früher.

Seine Hauptabsicht war auf ein kleines Pförtchen gerichtet, das durch Leute der 2. Compagnie wacker vertheidigt wurde. Gefreiter Ignaz Iwaniuk, Nicol Ilkow und Simon Kalapun unterhielten ein so mörderisches Feuer aus einem dieses Pförtchen bestreichenden Fenster, dass sich der Feind veranlasst sah, dieses Fenster mit Kanonen zu beschießen.

Vier Stunden wehrte sich schon die tapfere Besatzung, als es den eigenen 2 Raketengeschützen gelang, eine feindliche Abtheilung zur wilden Flucht zu bringen, während gleichzeitig die 5. Compagnie des Regimentes, 1 Escadron Erzherzog Carl-Chevauxlegers mit einer halben Batterie in die linke Flanke der Insurgenten vorrückten, wodurch das Schloss entsetzt wurde.

Dass der Entsatz so spät anrückte, lag in der Ursache, weil der Feind an diesem Morgen auf der ganzen Linie angegriffen hatte, um seinen Hauptangriff auf Schloss Lieszko zu maskieren.

Gleich nachdem die 2. Division die Vorposten bezogen hatte, war auch sie angegriffen worden; doch gelang es ihr, die Insurgenten bis auf die Bialy hori zurückzudrängen, wo diese ein heftiges Geschützfeuer eröffneten.

Doch auch diese Höhen wurden von der braven Division unter Anführung des Hauptmanns Verette und 1 Zug von Nugent, den Lieutenant van der Busch commandierte, stürmend genommen, wobei 7 Insurgenten gefangen wurden. Später zog sich die Division wieder in ihre vorige Aufstellung zurück, da die Höhe ohne Unterstützung auf die Länge der Zeit unhaltbar war.

Vom 1. Bataillone blieben an diesem Tage:

Todt: Hauptmann Budischovski. Verwundet: 6 Mann.

Besonders ausgezeichnet hatten sich: die beiden Hauptleute de Kin und Verette, Oberlieutenant Silv. Schütz und Chiolich, welch letzterer beim Sturme der Höhen die Plänkler der 2. Division mit besonderer Umsicht leitete, dann die Unterlieutenante Koch und Semanek.

Von der Mannschaft:

Die bereits in der Beschreibung des Gefechtes genannten Gefreiten Ignaz Iwaniuk, Nicol. Ilkow und Simon Kalapun der 2. Compagnie. Dieselben erhielten die silberne Tapferkeits-Medaille 2. Classe.

Gemeiner Fedio Kullik der 3. Füsilier-Compagnie, welcher dem Feinde durch seine wohlgezielten Schüsse bedeutenden

Schaden zufügte und 3 Gefangene machte, wurde mit der silbernen Tapferkeits-Medaille 1. Classe decoriert.

Corporal Nicolaus Wielgosz und Gefreiter Fedio Sawuta der 5. Compagnie erhielten für ihre bei dem Entsatze des Schlosses Lieszko bewiesene Bravour die silberne Tapferkeits-Medaille 2. Classe.

Corporal Bartko Ohlabin der 4. Compagnie, der durch sein kühnes Vordringen der übrigen Mannschaft als schönes Beispiel diente, wurde mit Armee-Befehl vom 20. December 1848 belobt.

Endlich die Feldwebels Franz Brendl, Cilinski, Szybinski, Cadet Leon Müller, Corporal Kruszynski, Tambour Stolarz und die Gemeinen Ardel, Kyris, Panko, Seniow, Lang, Feiler, Skodyn, Kurywczak, Stich und Majewicz.

Die 1. Division behielt nach dem Ausgange des Gefechtes das Schloss Lieszko bis 8. besetzt, wo sie durch Nugent-Infanterie abgelöst wurde.

Überfall auf Sandorf.

Am 11. December wurden unter Commando des Majors Graf Neipperg von Erzherzog Carl-Chevauxlegers die 4. und 5. Compagnie des Regimentes, 1 Division Haynau und 3 Raketengeschütze gegen das vom Feinde besetzte Sandorf beordert.

Oberlieutenant von Chiolich mit der halben 4. Compagnie bildete die Avantgarde.

Vor Sandorf angelangt, befahl Major Graf Neipperg der 4. Compagnie, das Dorf zu stürmen. Sie rückte unaufhaltsam bis zur Kirche vor, wo sich der Feind sammelte und sie mit 2 Dechargen empfieng; doch da auch gleichzeitig die 5. Compagnie und die Division Haynau in das Dorf eindrangen, so ergriffen die Ungarn baldigst die Flucht.

Oberlieutenant von Chiolich nahm einen berittenen Csikós, die 4. Compagnie 7 und die 5. 31 Insurgenten gefangen.

Verlust war bei diesem Gefechte keiner zu beklagen.

Gefecht bei Nádas.

Bis 14. December weilte die Truppen-Division Simunić bei Jablonitz, an welchem Tage sie nach Nádas vorrückte. Das 1. Bataillon war in 3 Colonnen getheilt worden.

Die erste, bestehend aus der 2. Division und einem Zug Jäger, hatte die Bestimmung, die rechte Flanke des Feindes zu umgehen. Demnach brach sie um 4 Uhr früh von Jablonitz auf und es gelang ihr, die Umgehung rechtzeitig und vollständig zu bewirken.

Hauptmann Verette besetzte die steilen Höhen hinter der rechten Flanke des vor Nádas aufgestellten Feindes.

Die äußersten Avantgardespitzen der Haupt-Colonne waren gerade sichtbar geworden und der Feind bereitete sich schon vor, aus den hinter aufgeworfenen Verschanzungen placierten Geschützen die Colonnen zu beschießen und ihr Debouchieren aus dem Walde zu erschweren, als einige durch die besten Schützen des Jägerzuges trotz der bedeutenden Entfernung wirksam angebrachte Schüsse ihm die Gefahr einsehen ließen und er sich eiligst über Nádas gegen Tyrnau zurückzog.

Hauptmann Verette verfolgte nun, ohne Befehl hiezu gehabt zu haben, mit seiner Division und 1 Escadron Erzherzog Carl Chevauxlegers den 5 Bataillone, 4 bis 6 Escadronen und 12 Geschütze starken Feind, fortwährend in seiner rechten Flanke, bis eine Stunde vor Tyrnau, wo er die Weisung erhielt, zurückzugehen, während die übrigen Truppen längst hinter Nádas lagerten.

Die 2. Colonne, bestehend aus der 3. Division, welche Oberstlieutenant von Gayersfeld selbst leitete, sollte den feindlichen rechten Flügel, der sich an die Fajtak'sche Mühle anlehnte, angreifen und zurücktreiben. Der Feind verließ jedoch seine Stellung gleich beim Ansichtigwerden der Colonne, die nur im Walde in ein unbedeutendes Tirailleur-Gefecht verwickelt wurde, welches nicht lange dauerte, da die 2. Division im Rücken des Feindes erschien und auch die 3. Colonne, nämlich die 1. Division, am Kampfplatze eintraf.

Das Bataillon hatte nur 1 Verwundeten.

Die 2. Division erntete nachstehende Belobung:

»Bei der gestern erfolgten Vorrückung haben sich die unterstehenden Truppen neuerdings durch Entschlossenheit und muthvollen Angriff auf den Gegner hervorgethan, besonders aber die 1. Division Erzherzog Wilhelm Infanterie, die 2. Division Graf Hartmann Infanterie, die bei der Avantgarde verwendeten Jäger-Abtheilungen und die Raketen-Batterie durch Herzhaftigkeit und Tapferkeit ausgezeichnet, sowie die 1. Majors-Division Erzherzog Carl Chevauxlegers mit Energie und Muth mit vielem Vortheil auf den Feind gewirkt hat.

Ich finde mich verpflichtet, diesen braven Truppen hiefür im Namen des Dienstes das verdiente Lob auszusprechen.

Nádas, am 15. December 1848.

Simunić m. p., Feldmarschall-Lieutenant«.

Die 2. Division hatte 11 Gefangene gemacht.

Von der Mannschaft wurden die Feldwebels Zdrahal, Pelka und der Cadet Wilhelm Schmidt unter den Ausgezeichneten genannt.

Am 15. war Rasttag, am 16. um 11 Uhr vormittags rückte die Truppen-Division gegen Tyrnau vor.

Die eigene 1. Division kam erst später nach, da dieselbe früh die Vorposten gegen Jablonitz bezogen hatte.

Unterwegs erhielt Feldmarschall-Lieutenant Baron Simunić die Nachricht, dass Tyrnau von den Ungarn besetzt sei, er ließ demnach 1 Stunde vor der Stadt bei dem Orte Boleras in Gefechtsform übergehen. Das eigene 1. Bataillon stand im 2. Treffen rechts von der Straße. Einnahme von Tyrnau.

Ein dichter Nebel bedeckte die Gegend, so dass die Truppen vor Tyrnau gelangten, ohne es zu sehen. Der Feind begrüßte sie sogleich mit einem heftigen Geschützfeuer, welches von den eigenen Batterien lebhaft erwidert wurde.

Feldmarschall-Lieutenant Baron Simunić beorderte nun das Bataillon Erzherzog Wilhelm die Vorstadt zu stürmen, welches aber in seiner Vorrückung durch das Auffahren der Geschütze an der Brücke verhindert ward.

Als das Feuer der Kanonen eingestellt worden war, erhielt Oberstlieutenant von Gayersfeld den Befehl, mit der Division die beim Badhause den Eingang der Hauptstraße in die Stadt versperrende Schanze zu stürmen, was unter persönlichem Commando dieses tapferen und unerschrockenen Stabsofficiers mit besonderer Bravour ausgeführt wurde, bei welcher Gelegenheit 2 Pferde bei den verlassenen Geschützen erbeutet wurden.

Die 2. und 3. Division rückten nach und das Bataillon verfolgte nun den Feind durch die Hauptstraße bis an die Eisenbahn, nahm 1 Officier und 32 Mann gefangen und erbeutete viele Waffen.

Der glänzende Erfolg, den die Division Simunić an diesem Tage errungen, bestand in dem Besitze der erstürmten Stadt, der Gefangennahme von 780 Mann, der Erbeutung von 66 Pferden und der Eroberung von 5 Kanonen.

Im Truppen-Divisions-Befehle vom 17. wurden alle Truppen für ihre ausgezeichnete Tapferkeit belobt und die erbeuteten Pferde an die Officiere vertheilt. Das eigene 1. Bataillon erhielt 5.

Besonders ausgezeichnet hatten sich:

Corporal Nicolaus Kruszynski der 1. Compagnie durch seine verwegene Tapferkeit bei Erstürmung der Schanze. Da dieser muthige Unterofficier sich bereits in dem Gefechte vom 6. December hervorgethan hatte, so erhielt er die goldene Tapferkeits-Medaille.

Die Gemeinen Johann Kyris und Michael Ardel der 1. Compagnie, die sich gleichfalls schon am 6. December ausgezeichnet, und bei der Erstürmung der Schanze wieder besonderen Muth bewiesen hatten, wurden, ebenso wie der wackere Corporal Johann Mielnik der 2. mit der silbernen Tapferkeits-Medaille 1. Classe decoriert.

Weiters erhielt noch der Tambour Nikol Odliwany der 2. Compagnie die silberne Tapferkeits-Medaille 2. Classe und Nachbenannte wurden mit dem Armee-Befehle vom 20. December 1848 öffentlich belobt:

Corporal Theodor Barabás, Gemeiner Sarko Psiuk, Andri Maniow, Iwan Bodnarow der 1.; Corporal Andreas Nikolowski der 4. und Cadet-Feldwebel Eduard Zdrahal der 5. Compagnie.

Endlich nennt noch das Bataillon unter den besonders Braven die Feldwebel Szybinski und Smikalik der 1., Franz Brendl der 4. und den Cadeten Wilhelm Schmidt der 5. Compagnie.

Der Verlust des Bataillons ist nicht bekannt.

Die Nacht über bivouakierte die ganze Division, mit Ausnahme der auf Vorposten stehenden Abtheilungen, in den Straßen der Stadt und am folgenden Tage wurde ein Lager an der gegen Nádas führenden Straße bezogen.

Am 20. December rückte das Bataillon in die Stadt und wurde im alten Invalidenhaus-Spitale und im Seminar untergebracht, woselbst es bis 26. December blieb.

ießung n dstadt.

An diesem Tage rückte es um 5 Uhr früh, nebst 1 Zug Kress Chevauxlegers und einer halben Raketenbatterie, zur Cernierung der Festung Leopoldstadt ab und langte um 10 Uhr vormittags in Bereghség an, von wo der rechte Flügel zur Aufstellung der Vorposten am linken Waagufer nach

Szt. Péter beordert wurde, während der linke Flügel die gleiche Aufgabe am rechten Ufer hatte.

Am 30. wurde Leopoldstadt bombardiert und am 1. Jänner 1849 wagten die Insurgenten einen Ausfall, der aber von den Vorposten kräftig zurückgewiesen wurde. 1849.

An diesem Tage wurde der Armee-Befehl vom 30. December 1848 publiciert, wornach Feldmarschall Fürst Windisch-Grätz unter jenen Officieren, welche wegen ihres tapfern Benehmens in den letzten Gefechten angerühmt wurden, den Oberstlieutenant von Gayersfeld und den Hauptmann de Kin öffentlich belobte und ihre Namen zur Kenntnis Sr. Majestät des Kaisers brachte.

Bis 11. Jänner bezogen die eigenen Compagnien, abwechselnd mit Erzherzog Wilhelm-Infanterie, die Vorposten, bei Bereghség, Szt. Péter und Freistadtl.

Am 12. erhielt Oberstlieutenant Gayersfeld den Befehl, mit der 1., 4. und 6. Compagnie nach Neutra abzurücken, wohin Fürst Lobkowitz bereits am frühen Morgen mit den Bataillonen Erzherzog Wilhelm, Hohenegg, 1 Division Nugent, 1 Division Kress-Chevauxlegers, 1 Escadron Erzherzog Carl-Chevauxlegers, 2 Fuß- und einer halben Raketen-Batterie um 4 Uhr morgens abmarschiert war.

Nachdem sich diese ganze Colonne am 12. zu Neutra concentriert hatte, rückte sie am 13. bis Szered vor, zog sich zwar ebenso wie die Beobachtungstruppen vor Leopoldstadt auf die Nachricht, dass ein starkes feindliches Corps im Anzuge begriffen sei, gegen Tyrnau zurück, besetzte jedoch noch am selben Tage die verlassenen Ortschaften.

Am 14. kehrten die nach Neutra abgerückten 3 Compagnien mit einem Theile der vorgenannten Truppen nach Tyrnau zurück und besetzten am 17. Bucsány mit einer halben Batterie.

Am 18. übernahm Oberstlieutenant von Gayersfeld das Commando der Cernierungstruppen von Leopoldstadt vom Generalmajor Sossai und rückte mit der 1., 4. und 6. Compagnie nach Bereghség, wo diese Haynau-Infanterie ablösten.

Am 20. übernahm Oberstlieutenant Mutravich vom Szluiner Grenz-Regimente das Commando vor Leopoldstadt, das eigene 1. Bataillon concentrierte sich zu Freistadtl und marschierte am 21. Jänner, vereint mit 1 Division Ceccopieri-Infanterie, nach Neutra, wo sich bereits das Bataillon Erzherzog Wilhelm, 2 Compagnien Ceccopieri und 2½ Batterien sich befanden.

Bis 8. Februar stand das Bataillon ruhig zu Neutra. Doch war während dieser Zeit, und zwar am 1. die 2. Division mit einen Zug Erzherzog Carl-Chevauxlegers in das Barcser Comitat marschiert, um dessen Entwaffnung vorzunehmen und die etwa nöthigen Arretierungen zu bewirken.

Am 8. marschierte das Bataillon mit der Raketen-Batterie und einer Escadron Erzherzog Carl-Chevauxlegers nach Neuhäusel, wo am folgenden Tage die Medaillen-Vertheilung durch den Brigadier Generalmajor von Sossai stattfand.

Belagerung von Komorn.

Schon in der Nacht vom 10. auf den 11. war die 1. Division mit der halben Raketen-Batterie nach Bajcs beordert worden, wohin am 12. Generalmajor Sossai mit der eigenen 3. Division, 1 Escadron Kress-Chevauxlegers, 1 Zug Jäger und 2 Kanonen zur Verstärkung der dortigen Besatzung folgte, welche durch die Insurgenten bedroht wurde, und von diesem Tage an können wir das Bataillon als zu den Cernierungs-Truppen von Komorn gehörig betrachten.*)

Die 1. Division war zur Unterstützung des Bataillons Erzherzog Wilhelm bis Bagotta vorgerückt, welches vom Feinde angegriffen wurde; doch wurde dieser geworfen und musste sich wieder nach Komorn zurückziehen.

Als hierauf Generalmajor Sossai mit seinen Truppen nach Neuhäusel zurückkehrte, folgte ihm vom eigenen 1. Bataillon bloß die 6. Compagnie, da die 5. zur Bewachung der Brücke in Bajcs zurückblieb, die 1. Division Ó-Gyalla besetzte und die 2. von der Streifung noch nicht eingerückt war.

Am 13. besetzte die 1. Division Szt. Péter, von wo sie unausgesetzt nach allen Seiten zu patrouillieren hatte. Eine dieser Patrouillen, welche Hauptmann Larisch commandierte, stieß am 15. in der Richtung gegen Hetény plötzlich auf sehr überlegene feindliche Streitkräfte mit Geschütz und Reiterei.

Das Detachement zog sich nun in zwei Massen und Staffeln gegen Bagotta zurück, von wo Major Baron Boxberg von Kress-Chevauxlegers mit 3 Zügen seiner Division, 3 Compagnien Erzherzog Wilhelm und einer halben Batterie in Gefechtsform vorrückte, es aufnahm und bis eine halbe Stunde

*) Feldmarschall Fürst Windisch-Grätz war während der Zeit, als die Division Simunić im nordwestlichen Theile Ungarns operiert hatte, mit der Hauptarmee in Ungarn eingerückt, hatte am 16. December 1848 die Offensive ergriffen und konnte schon am 5. Jänner 1849 mit dem 1. und 2. Armee-Corps in Pest-Ofen einziehen. — Dem Feldmarschall-Lieutenant Simunić hatte er die Cernierung Komorns übertragen.

vor Szt. Péter marschierte, von wo er den Rückmarsch nach Bagotta antrat, Hauptmann Larisch aber nach Szt. Péter einrückte.

Am 16. wurde die schon sehr bedrohte Position in Szt. Péter verlassen, die 1. Division marschierte nachts nach Bagotta und von da vereint mit der 5. Compagnie, welche nur 1 Zug zur Bewachung der Brücke bei Bajcs zurückließ, nach Neuhäusel, von wo die 6. Compagnie nach Ó-Gyalla abmarschiert war, wohin ihr am 17. die 5. folgte.

Am 19. wurde die 3. Division nach Bagotta zurückgezogen und am 22. auch der Stab mit der 1. Division dahin verlegt.

Bei der am 23. im Vereine mit 1 Escadron Erzherzog Carl-Chevauxlegers, 1 Compagnie des 12. Jäger-Bataillons, 2 Compagnien Hess, 4 Geschützen der Fuß-Batterie Nr. 16 und der halben Raketen-Batterie ausgeführten Recognoscierung gegen Hetény bildete das Bataillon die Arrièregarde. Der Feind räumte Hetény gleich beim Ansichtigwerden der Colonne und zog sich gegen die Donau zurück.

Bei Hetény bezog die Colonne ein Lager, die 2. Compagnie die Vorposten gegen Komorn.

Am 26. wurde das Bataillon durch Welden-Infanterie abgelöst und in den Ortschaften Kurtakeszi und Marczelháza bequartiert.

Am 1. März rückte das Bataillon gegen Léva; da jedoch daselbst vom Feinde nichts zu besorgen war, so trat es am 4. wieder den Rückmarsch in die früheren Stationen an, von wo es nun den Vorpostensdienst gegen Komorn abwechselnd bestritt.

Am 31. März nahm es an dem Angriffe theil, welchen die Brigade Generalmajor Veigl, zu der es in jüngster Zeit die Eintheilung erhalten hatte, auf den Waag-Brückenkopf unternahm. Angriff auf den Waag-Brückenkopf.

Nach der Disposition war der Oberstlieutenant von Gayersfeld beauftragt, mit seinem Bataillon, 1 Division Haynau-Infanterie, 1 halbe Compagnie Jäger, 1 Escadron Wrbna-Chevauxlegers, der Fuß-Batterie Nr. 16 und 2 Raketen-Geschützen den Brückenkopf anzugreifen und, wenn es ohne großen Verlust möglich sei, zu besetzen.

Obwohl es den Truppen nicht gelang, sich in den Besitz des Brückenkopfes zu setzen, da das feindliche Geschützfeuer zu verheerend war, so hatten sie dennoch Tapferkeit bewiesen.

Oerstlieutenant Gayersfeld war, trotz des heftigen Feuers der feindlichen Geschütze, bis auf 900 Schritte an den Brückenkopf vorgerückt, wo die Colonne anderthalb Stunden aushielt, bis der eigenen Artillerie die Munition zu mangeln anfieng, worauf erst in größter Ordnung der Rückmarsch angetreten und das Lager bezogen wurde.

Der Verlust des Bataillons bestand in 3 Todten und 9 Verwundeten vom Feldwebel abwärts.

Generalmajor Veigl belobte im Brigadebefehl vom folgenden Tage die Truppen über ihre Ruhe und Tapferkeit, mit der sie im heftigsten Geschützfeuer standgehalten, vor allen aber den Oberstlieutenant von Gayersfeld für seine seltene Kaltblütigkeit und Entschlossenheit, sowie für sein richtiges und umsichtiges Benehmen, mit welchem er die Truppe geordnet und im größten feindlichen Kanonenfeuer zurückgeführt hatte.

Bis 10. April ereignete sich nichts Bemerkenswertes; an diesem Tage, 4 Uhr, rückte die 1. Division nach Ó-Szöny, wohin sie mit einer halben Jäger-Compagnie am 12. gelangte, nachdem sie mittelst Dampfschiff nach Almás übersetzt worden war.

Die Brigade Veigl marschierte am gleichen Tage nach Gran zur Verstärkung der dortigen Besatzung, da Waitzen nach einem heftigen Kampfe von den Ungarn besetzt worden war.

Am 13. April ½9 Uhr früh wurde in Gran eingerückt, wo bereits die 1. Division eingetroffen war.

Indessen war auch die Stellung in Gran nicht mehr lange haltbar. Überhaupt hatte Feldzeugmeister Baron Welden *) die Ordre zum allgemeinen Rückzug erlassen, um nach den ungünstigen Ereignissen der letzten Zeit die Armee an der Grenze zu concentrieren, da in jenen Tagen der Gefahr die Sicherung Wiens von hervorragender Wichtigkeit war.

Am 18. April trat die Brigade Veigl den Rückmarsch von Gran an, marschierte nach Köbölkút und am 19. nach Neuhäusel, von wo das eigene 1. Bataillon mit 3 Raketengeschützen und 1 Flügel Fiquelmont-Dragoner nach Udvard detachiert wurde.

Am 20. folgte das Bataillon, nachdem es die beiden Brücken gegen Neuhäusel verbrannt hatte, der Brigade nach

*) Der das Ober-Commando in Ungarn übernommen hatte.

Sellye und am 21. marschierte es, mit dieser vereint, nach Eperjes, von wo es neuerdings mit 1 Escadron Fiquelmont-Dragoner nach Nádszeg detachiert wurde.

Am 22. vereinte sich das Bataillon zu Vásárút auf der großen Schütt-Insel mit der Brigade und rückte noch am selben Tage gegen Abend mit 1 Escadron und 1 Batterie zur Unterstützung der Brigade Sossai nach Nyárasd.

Am 23. zog sich die Brigade nach Szerdahély, Oberstlieutenant Gayersfeld mit seinen Truppen folgte ihr jedoch erst am 24. und erreichte sie zu Vajka an der großen Donau.

Nach dem am 25. und 26. stattgefundenen Vorrücken gegen Megyer zog sich die Brigade am 27. abermals nach Vajka und am 28. nach Schiltern zurück, wo das Bataillon die Vorposten bezog.

Am 30. wurde Oberstlieutenant Gayersfeld beauftragt, mit seinem Bataillon, 1 Bataillon Haynau, dem Grenadier-Bataillon Fischer, 1 Jäger-Compagnie und 1½ Batterien nach St. Anton vorzurücken, während der Brigadier mit dem Reste der Brigade nach Szerdahély abgieng, wo sich am folgenden Tage, mit Ausnahme des 1. Bataillons, welches in St. Anton blieb, alle Truppen derselben concentrierten.

Am 2. Mai zogen sich die Truppen nach Schiltern, am 3. nach Bischdorf zurück, wo das Bataillon die Vorposten bestritt; am 5. wurden Quartiere zu Waltersdorf (unweit Pressburg) bezogen.

Die Armee hatte jene Aufstellung erreicht, die Feldzeugmeister Baron Welden bezweckt hatte. Ihr rechter Flügel lehnte sich an Hochstrass, der linke an Freistadtl an der Waag, in welcher Stellung den Truppen einige Wochen der Ruhe gegönnt waren, da die Insurrections-Armee ihre Zeit damit versplitterte, die vom Generalmajor Hentzi heldenmüthig vertheidigte Festung Ofen *) zu belagern.

Während jener Zeit, als das 1. Bataillon bei der Cernierung Komorns in Verwendung war, und dann den Rückzug in die vorbeschriebene Stellung der Armee ausführte, befand sich die 2. Division bekanntlich auf Streifung in der Gegend der Bergstädte, die sich bis Neusohl und an die obere Waag ausdehnte.

Sie bestand bei dieser Gelegenheit mehrere Gefechte, und zwar am 18. April bei Schemnitz, am 23. April bei Kostyan

Gefechte bei Schemnitz, Kostyan und Varin.

*) Bei der Vertheidigung Ofens fand Lieutenant Eduard Müller, welcher daselbst krank gelegen war, und obschon Reconvalescent, an den Kämpfen dennoch theilnahm, am Tage der Erstürmung den Heldentod.

und am 1. Mai bei Varin, in welchen sich ihr Verlust auf 9 Verwundete, 15 Gefangene und 18 Vermisste belief.

Bei dem Überfalle auf Schemnitz, den der Insurgenten-Major Görgey mit ungefähr 400 Mann Infanterie und 200 Husaren unternahm, hatten sich Feldwebel Franz Brendl, Gefreiter Iwan Jurczak, Gemeiner Wasil Moroszkaniec und Olexa Pristay ausgezeichnet.

Feldwebel Brendl deckte nämlich den Rückzug des Detachements aus Schemnitz mit einem Zuge mit besonderer Umsicht und Tapferkeit und ermöglichte es, dass Hauptmann Verette den Weg nach Eisenbach, den einzigen, der vom Feinde noch nicht verlegt war, erreichen konnte. Er erhielt die silberne Tapferkeits-Medaille 1. Classe.

Die übrigen vorgenannten Leute trugen durch ihr Beispiel von Unerschrockenheit sehr viel dazu bei, dass die Mannschaft ausharrte und Hauptmann Verette seine Absicht, die Truppe zu retten, durchführen konnte. Sie wurden mit der silbernen Medaille 2. Classe decoriert.

Am 2. Mai erreichte die Division Jablunka und vereinte sich erst auf der großen Schütt-Insel wieder mit dem Bataillon.

DAS 2. BATAILLON.

Obschon das 2. Bataillon um einige Wochen später als das 1. auf das Feld der Ehre folgte, wurde es doch von dem Ausbruche der ungarischen Wirren früher direct berührt, da es, wie bekannt, in Ungarn garnisonierte.

1848. Am 13. October 1848 erhielt Major Baron Piatolli-Treuenstein mittelst Courier vom Feldmarschall-Lieutenant Baron Simunić den Befehl, binnen 24 Stunden mit dem Bataillon von Munkács und Szigeth in forcierten Märschen nach Kaschau abzurücken.

Bei Erhalt dieses Befehles befand sich die 11. Compagnie 10 Meilen vom Bataillonsstabe zu Nagy-Bánya detachiert, die 10. in Boczko und nebstbei 122 Mann im Umkreise von 9—12 Meilen auf Wach-Commanden.

Unter den damaligen, schon äußerst kritischen Verhältnissen wäre es unmöglich gewesen, ohne das Einrücken der auswärtigen Assistenzen abzuwarten, sogleich und in einzelne Abtheilungen zersplittert, nach Kaschau abzumarschieren, da ein Abschneiden und Entwaffnen kleinerer Truppentheile befürchtet werden musste.

Es wurde demnach das Einziehen sämmtlicher auswärtigen Commanden sogleich verfügt, die 12. Compagnie nach Huszth, zur Vereinigung mit der 5. Division nach Munkács in Marsch gesetzt, überhaupt alles so eingeleitet, dass das Bataillon am 27. in Kaschau eingetroffen wäre; aber dieser Absicht traten verschiedene Hindernisse entgegen.

Grundlose Wege, verspätete Vorspannsbeistellung und gänzliche Verweigerung derselben bewirkten, dass die drei von Szigeth abmarschierten Compagnien den Marschplan nicht einhalten konnten.

In Olvész bekam Major Baron Piatolli vom Flügel-Commando aus Munkács die Meldung, dass dort beträchtliche ungarische Streitkräfte zusammengezogen würden und man die Brücken abzureißen beabsichtige, um das Bataillon in seinem Marsche nach Kaschau zu hemmen. Auch erhielt das Bataillon die traurige Kunde von den Ereignissen in Wien und der Erhebung der Insurrection in Ober-Ungarn.

Unter diesen Umständen schien ein Marsch nach Kaschau unausführbar und zwar umsomehr, als in dem kaum möglichen Falle des Eintreffens daselbst mittlerweile neue Dispositionen getroffen worden sein konnten, und das Bataillon allein und abgeschnitten dort stünde.

Major Baron Piatolli fasste sonach den klugen Entschluss, den Marsch nach Stryj anzuordnen und von da aus in Doppelmärschen zum Feldmarschall-Lieutenant Baron Simunić abzurücken, noch ehe ihm die galizische General-Commando-Verordnung vom 24. October, welche dasselbe verfügte, zugekommen war.

Die 9., 10. und 12. Compagnie räumten Munkács am 21. October, der Bataillonsstab mit den anderen 3 Compagnien traf am 22. in dem eine halbe Stunde von der Stadt entfernten Dorfe Podhering ein.

Hier erhielt Major Baron Piatolli vom Comitats-Ausschusse die Einladung, mit einigen Officieren zu einer Besprechung nach Munkács zu kommen, woselbst auch der vom ungarischen Mininisterium eigens dahin abgeschickte Landwehr-Husaren-Major Graf Török eingetroffen war. Es wurde bei dieser Zusammenkunft dem Bataillons-Commando versichert, dass das Comitat durchaus keine feindlichen Maßregeln zur Hemmung des Marsches nach Galizien oder zur Entwaffnung des Bataillons hege, wenn Major Baron Piatolli das Versprechen abgebe, als Freund an die Grenze zu ziehen und nicht ohne gründliche Veranlassung zurückzukehren. Erstere Erklärung konnte der Major ohne weiters abgeben; da er keinen Befehl hatte, feindlich aufzutreten; was den zweiten Punkt anbelangt, sprach er sich dahin aus, dass er als Soldat unbedingt den ihm von seinen competenten Militär-Behörden zukommenden Weisungen gehorchen werde.

Einem Marsche nach Kaschau erklärte der Insurgenten-Major Graf Török sich mit dem ihm zu Gebote stehenden Streitkräften mit Waffengewalt zu widersetzen.

Das Abrücken des Bataillons nach Galizien wurde nun ohne weiteren Anstand bewirkt und am 23. October war es zu Kliemiec concentriert, wo es die Weisung erhielt, nach Sambor zu marschieren und die 6. Division in Stryj zurückzulassen.

Das Einrücken in Sambor erfolgte am 4. November.

Trotzdem das Bataillon auf seinem Marsche in Ungarn in allen Ortschaften durch Emissäre mit Versprechungen der Beförderung und dreifacher Löhnung verlockt wurde, zu der ungarischen Fahne überzutreten, zählte es bei seinem Einrücken in Sambor nur 4 Vermisste.

Am 22. November brach die 6. Division von Stryj auf und am 25. das ganze Bataillon von Sambor. Am 1. December traf es in Zmigrod bei Dukla ein, wo sich das Corps concentrierte, mit dessen Oberbefehl der Feldmarschall-Lieutenant Graf Schlick betraut wurde.

Mit nur 7 Bataillonen, 8 Escadronen und 3 Batterien begann Schlick seinen denkwürdigen Winterfeldzug, in dem Sieg auf Sieg folgte.

Das eigene 2. Bataillon war in der Brigade Generalmajor Fiedler eingetheilt worden, welche am 5. von Zmigrod aufbrach und bis Cichanie unweit Grab marschierte, am 6. die ungarische Grenze überschritt und bis Zborró, am 7. bis Bartfeld vorrückte, von wo das 2. Bataillon auf eine Meile vorwärts auf Vorposten entsendet wurde.

Vor Bartfeld war dem Bataillon das eigene Regiments-Knaben-Erziehungshaus, welches sich in dieser Stadt befand, mit dem Commandanten Lieutenant Willmouth entgegen gekommen und wurde mit lautem Jubelrufe begrüßt.

Am 8. gieng der Marsch weiter nach Raslawice, am 9. nach Eperjes, wo das Bataillon wieder die Vorposten bezog. In allen Orten, welche die k. k. Truppen bis jetzt passiert hatten, waren sie mit Freude und als Befreier begrüßt und besonders in Eperjes gastlich bewirtet worden.

Am 10. nachts 12 Uhr rückte das Corps in größter Stille von Eperjes ab. Das 3. Bataillon Erzherzog Wilhelm bildete die Avantgarde, dann folgte eine halbe Raketen-Batterie, das 2. Bataillon Hartmann und 1 Division Chevauxlegers. An die Brigade Fiedler schloss jene des Generalmajors Graf Pergen und endlich die Reserve-Brigade Generalmajor Deym an.

Der Feind hatte sich vor dem heranrückenden schwachen Corps von der Grenze an fortwährend in der Entfernung eines Tagmarsches zurückgezogen, vor Kaschau jedoch auf den Höhen Stellung genommen, Schanzen aufgeworfen und diese mit Geschütz besetzt.

Diese Position nützte aber den Ungarn wenig, denn das Corps nahm sie in Flanke und Rücken und zwang die Ungarn bald zur wilden Flucht. **Gefecht bei Budamér.**

Die Brigade Fiedler war noch in der Nacht über Kisfalu dirigiert worden, um längs des Hernád die Stellung von Budamér zu umgehen und den Übergang über diesen Fluss bei Kaschau zu sichern.

Am 11. gegen 11 Uhr vormittags erschien die Spitze der Colonne, bestehend aus den Brigaden Pergen und Deym vor der Stellung des Feindes; sie wurde mit einem heftigen und gut gezielten Kanonenfeuer empfangen; doch bald wurden die feindlichen Geschütze durch die 6pfündige Fuß-Batterie zum Schweigen gebracht und die beiden Bataillone Parma und Mazzucheli rückten auf die Anhöhe rechts gegen den Wald vor.

Gleichzeitig mit dem Angriffe in der Front erschien die Brigade Fiedler in des Feindes Flanke und Rücken und machte so seine Position völlig unhaltbar. Das Bataillon, beim Vorrücken im zweiten Treffen stehend, konnte am Gefechte keinen directen Antheil nehmen, nur bei der Verfolgung und Umzingelung des Feindes wurde die 7. und ein Theil der 8. Compagnie als Tirailleurs in die rechte Flanke entsendet, wo sie mit dem fliehenden Feinde zusammentrafen und 40 Gefangene machten.

Bei dieser Gelegenheit zeichneten sich die beiden Feldwebel Wartha der 7. und Obersheimer der 8. Compagnie durch ihre besondere Bravour aus und erhielten hiefür die silberne Tapferkeits-Medaille 2. Classe.

Verlust erlitt das Bataillon keinen.

Beim Anrücken gegen Kaschau wurde das Corps von der Stadt aus zwar mit Geschütz beschossen, aber zum Glücke giengen die Kugeln alle viel zu hoch, ohne Schaden anzurichten.

Gegen Abend, als die feindlichen Geschütze zum Schweigen gebracht worden und der Gegner, von unserer Cavallerie verfolgt, im vollen Rückzuge gegen Miskolcz begriffen war, zog das Corps in die Stadt ein, woselbst das Bataillon nun bis 26. blieb.

An diesem Tage brach es mit der Brigade Graf Pergen, deren Arrièregarde es formierte, auf der Straße gegen Miskolcz auf und erreichte Tornyos-Némethi, wo es mit 1 Escadron Kaiser-Chevauxlegers und der Batterie blieb, während der andere Theil der Brigade eine halbe Stunde weiter bis Hidas-Némethi rückte. Die Brigade Graf Deym war an diesem Tage bis Enyicske marschiert.

Am 27. wurde gegen Forró weiter vorgerückt, welches der Gegner beim Ansichtigwerden der Brigade sogleich räumte. Die daselbst angehäuften Vorräthe an Brod und Fourage wurden als gute Beute mitgenommen.

Überall zeigten sich die Landbewohner, sowohl Ungarn als Slaven, vom besten Geiste beseelt und froh, von den Aufständischen befreit zu werden.

Gefecht bei Szikszó.

Am 28. lenkte die Brigade eine Stunde über Forró rechts von der Straße ab, um als Umgehungs-Colonne über Vadász gegen Szikszó vorzurücken und letzteren Ort gemeinschaftlich mit einer von Forró direct vorrückenden Brigade anzugreifen.

Das 2. Bataillon des Regimentes bildete die Avantgarde.

Vor Vadász waren die feindlichen Vorposten aufgestellt, welche sich gleich zurückzogen; dennoch gelang es den Chevauxlegers, eine Abtheilung von 84 Honvéds, die zu weit vorgeschoben war, zu umzingeln und gefangen zu nehmen.

In dem Orte selbst war ein Honvéd-Bataillon und mehrere Husaren-Abtheilungen gestanden, deren Rückzug man noch auf der Straße gegen Szikszó sehen konnte.

Vor Szikszó angelangt, wurde die 8. Compagnie links in den Graben und gegen die Anhöhe als Plänkler entsendet, während das Bataillon auf den Feldern links seitwärts der Straße vorrückte, die Cavallerie rechts derselben und die Artillerie auf der Straße selbst. Es ergab sich jedoch bald, dass auch dieser Ort vom Feinde geräumt sei.

Die Brigade Pergen wurde nun ebenso wie die andere, von Forró direct vorgerückte Brigade daselbst einquartiert, und die 5. Division bezog die Vorposten.

Plötzlich um 3 Uhr nachmittags wurde Vergatterung geschlagen und Kanonendonner erscholl. In 15 Minuten war das Bataillon ralliiert und auf dem Kampfplatze gestellt.

Man sah den Feind auf ungefähr 1000 Schritte in der Ebene und auf der Anhöhe rechts von der Straße.

Die Brigade Pergen erhielt nun den Befehl, mit dem 2. Bataillon Hartmann, 2 Compagnien Erzherzog Wilhelm und der Raketen-Batterie die Anhöhen rechts von der Straße, welche die Insurgenten mit ungefähr 2000 Mann besetzt hielten, zu nehmen. Die steilen Weinberge wurden von den genannten Truppen mit besonderer Bravour erstiegen.

Nach der Relation griff das 2. Bataillon Hartmann, Major Baron Piatolli an der Spitze, der es sehr brav und energisch vorführte, den Feind, welcher den Saum der Höhe mit seiner ganzen Stärke besetzt hielt, mit einer dichten Plänklerkette, welcher die 8. Compagnie formierte, muthvoll an. Die Raketen-Batterie hatte sich zu Fuß formiert und die Höhe miterstiegen.

Der Feind hielt in seiner vortheilhaften Stellung lange Stand und nur dem entschlossenen Vorrücken der Tirailleurs, die noch durch die halbe 11. Compagnie verstärkt worden waren, sowie der folgenden Abtheilungen von Hartmann und Wilhelm, wie auch dem Feuer der Raketen-Batterie war es möglich, ihn endlich zum Rückzuge zu zwingen.

Von der Höhe aus sah man die vorwärts liegende, weit ausgedehnte Ebene mit fliehenden Feinden bedeckt, die nach allen Richtungen auseinanderstoben.

Der eintretenden Dunkelheit wegen wurde auf Befehl des Corps-Commandanten die Verfolgung aufgegeben und der Rückmarsch nach Szikszó angeordnet.

Der Verlust des Bataillons in diesem Gefechte bestand in 1 Verwundeten und 3 Vermissten, hingegen hatte es 5 Gefangene gemacht.

Die Relation nennt folgende Namen mit Auszeichnung:

Major Baron Piatolli und dessen Adjutanten Oberlieutenant Pokorny. Letzterer hatte sich aus eigenem Antriebe zur Versehung des Adjutantendienstes beritten gemacht und bei der Plänklerkette sehr thätig und muthvoll benommen. Die Hauptleute Hubatschek und Lanko, die ihre in Tirailleurs aufgelösten Compagnien mit besonderer Einsicht geleitet, die Unterlieutenante Anton Schubik und Wassinger, dann den Feldwebel Obersheimer, welche die Plänklerkette muthvoll vorgeführt haben. Die vorgenannten Officiere wurden mit der Allerhöchsten Entschließung vom 21. Februar 1849 belobt.

Endlich den Corporal Leiner der 11. Compagnie, der die gegenüberstehenden Feinde mit einem Schwarme muthvoll mit dem Bajonnette angriff. Er wurde mit der silbernen Tapferkeits-Medaille 2. Classe decoriert.

Die Bataillons-Relation erwähnt auch noch das tapfere Benehmen des Corporals Kacillak, des Cadeten Mahr, der Gefreiten Palczynski und Feitenhansel und des Gemeinen Osredczuk, sämmtliche der 8. Compagnie.

Am 29. versah das Bataillon wieder den Vorpostendienst, bis abends der Rückmarsch nach Forró angetreten und daselbst bei einer eisigen Kälte bivouakiert wurde. Viele Leute erfroren sich Ohren, Finger oder Füße.

Am 30. wurde bis Tornyos-Némethi marschiert, daselbst
1849. am 31. Rasttag gehalten und am 1. Jänner 1849 rückte das Corps in Kaschau ein, wo das Bataillon wieder zur Brigade Fiedler eingetheilt wurde.

Treffen bei Kaschau.

Am 4. Jänner hielt das Bataillon eben Bereitschaft, als um 2 Uhr nachmittags das Alarmsignal erscholl, da beträchtliche feindliche Streitkräfte im Anzuge waren. Das Bataillon war gleich versammelt, die 8. und 12. Compagnie wurden als Geschützbedeckung bestimmt, während Major Baron Piatolli mit den andern 4 Compagnien und 2 Haubitzen gegen den südwestlich gelegenen Calvarienberg abgeschickt wurde.

Von da wurde er durch den Major Baron Gablenz des General-Quartiermeister-Stabes gegen die linke Flanke des auf der Miskolczer Straße vorrückenden Feindes dirigiert. Einige gut angebrachte Schüsse der mitgeführten 2 Geschütze bewogen die Insurgenten bald zum eiligen Rückzuge.

Das Bataillon, welches die äußerste rechte Flanke des Corps bildete, gieng nun zur Verfolgung des Feindes über und stieß bei einem lichten Eichenwald auf ein im Anrücken begriffenes Honvéd-Bataillon, während von der andern Seite ein Bataillon und eine Escadron Husaren sichtbar wurden. Major Baron Piatolli ließ die halbe 11. Compagnie in der rechten Flanke eine Plänklerkette formieren, das Bataillon rechts schwenken und gegen das erstgenannte Honvéd-Bataillon anrücken.

Es entspann sich ein heftiges Plänkler-Gefecht, die Kette wurde durch einen Zug der 10. Compagnie verstärkt; endlich wichen die Ungarn. Nun wurde die Verfolgung wieder kräftig fortgesetzt; über eine Meile folgte das Bataillon dem fliehenden Feinde, erbeutete 1 Munitionskarren, viele Waffen und machte 39 Gefangene, worunter 1 Officier.

Nur die Nacht schützte die Flüchtigen vor der Vernichtung.

Die 8. und 12. Compagnie, die auf Geschützbedeckung waren, erhielten vom Corps-Commandanten persönlich den Befehl, eine Anhöhe zu nehmen. Die 8. Compagnie erstieg die Höhe in der Front, während die 12. den Feind in der Flanke fassen sollte. Bei 600 Mann mit 3 Kanonen hielten die Höhe besetzt, welche die 8. Compagnie so kühn angriff. Schon schickte sich der Feind zum Sturme an, als das unerwartete Erscheinen der 12. Compagnie in seiner Flanke ihm den Muth benahm und er die Flucht ergriff.

Nur das beherzte, entschlossene Vorgehen dieser beiden Compagnien hatte diese Wirkung hervorgebracht.

Von den 3 Geschützen fanden 2 noch gerade Zeit, davon zu fahren, das dritte wurde von der 12. Compagnie mit Sturm genommen und in die Stadt gebracht.

Der Feind wurde ohne Rast bis zur eintretenden Dunkelheit verfolgt. Die Niederlage, welche die Insurgenten unter Anführung ihres Kriegsministers Mészáros erlitten, war eine vollständige.

Dem 2. Bataillon hatte dieser so ruhmvolle Kampf nur 4 Verwundete gekostet, worunter sich auch Unterlieutenant Anton Ingerl befand.

Unter den Ausgezeichneten nennt die Relation vor allen den Major Baron Piatolli. Es heißt in derselben wörtlich: »Major Piatolli verdient eine ganz besondere Anerkennung. Wie bei jeder Gelegenheit, so auch diesmal verstand er es, durch ausgezeichnete Benützung und Verwendung seiner Streitkräfte mit dem besten Erfolge den Feind aufzurollen«.

Er erhielt mit Allerhöchster Entschließung vom 21. Februar den Orden der eisernen Krone 3. Classe.

Sodann die Hauptleute Lanko, Janczalek, der Oberlieutenant Pokorny, die Unterlieutenante Gugenmoss und Wassinger.

Sämmtliche Vorgenannten ernteten hiefür die Allerhöchste Belobung.

Unterarzt Mayer, der sich sowohl bei Kaschau als Szikszó sehr brav benommen und immer in der Plänkler-Kette gewesen war, erhielt mit derselben Allerhöchsten Entschließung die kleine goldene Civil-Verdienst-Medaille.

Von der Mannschaft:

Feldwebel Albert Bayer der 12. Compagnie, der sich bei der Eroberung der Kanone besonders hervorgethan, erhielt die silberne Tapferkeits-Medaille 1. Classe.

Corporal Michael Pawliscyn und Gefreiter Jaz Kuzmyszynicz der 8. Compagnie wurden mit der silbernen Tapferkeits-Medaille 2. Classe decoriert.

Weiters hatten sich ausgezeichnet und kommen in der Relation des Corps vor:

Corporal Wasil Kurilec, Gemeiner Stefan Schlaban, Majer, Schmidt der 10., Gemeiner Naftali Süssmann, Olexa Kokotaylo der 11., Stefan Chomin, Wasil Kottalo und Paul Jureczko der 12. Compagnie.

Nach dem Siege bei Kaschau, welcher die Auflösung des größten Theiles des geschlagenen Corps zur Folge hatte, wurde das Zipser Comitat von mobilen Colonnen durchzogen, die revolutionären Behörden verjagt, die Bevölkerung entwaffnet, neue Regierungs-Organe eingesetzt und alles Weitere veranlasst, was zur Herstellung der Ruhe, Ordnung und Sicherheit nothwendig war.

Zu einer derartigen Streifung rückte am 7. Jänner die Brigade Fiedler nach Moldova; da jedoch von den Insurgenten nichts zu sehen war, so kehrte sie am 8. wieder nach Kaschau zurück und entsendete bloß unter Commando des Hauptmanns Giberti die 4. Division, nebst 2 Compagnien Erzherzog Wilhelm, 3 Züge Cavallerie und 2 Kanonen nach Torna, um daselbst Proclamationen zu vertheilen und Waffen oder sonstige Vorräthe aufzugreifen.

Am 9. rückte Hauptmann Giberti ein und brachte einige Gefangene, Waffen, Brot etc. mit.

Am 11. Jänner unternahm Major Baron Piatolli mit der 9., 10. und 11. Compagnie, einer Escadron Kaiser-Cheveauxlegers und 3 Kanonen einen Streifzug nach Hidas-Némethi und entsendete von da Cavallerie- und Infanterie-Patrouillen, die jedoch nichts Neues meldeten. In Tornyos-Némethi wurden 3000 Brotportionen, 13 Säcke Hafer, 60

Heuportionen und 10 Centner Fleisch, welche Vorräthe für die Insurgenten bestimmt waren, erbeutet, 2 Honvéds gefangen und am 12. in Kaschau eingerückt.

Den 14. von Leutschau nach Kaschau zurückgekehrt, traf Feldmarschall-Lieutenant Graf Schlick die nöthigen Vorbereitungen, um auch in dem Zempliner Comitate, wohin sich nach den früheren Ereignissen mehrere Insurgentenhorden zurückgezogen hatten, wieder einen gesetzlichen Zustand einzuführen.

Den 18. und 19. giengen von Kaschau 3 Colonnen nach Forró, Szántó und Dargó. Gefecht bei Szántó.

Das eigene 2. Bataillon, nebst 1 Escadron Kaiser-Chevauxlegers und zwei eroberten Cavallerie-Geschützen, bildete die Vorhut der gegen Szántó detachierten, aus den Brigaden Fiedler und Graf Pergen bestehenden Haupt-Colonne.

Major Baron Piatolli war mit dieser Vorhut noch am 17. bis Hidas-Némethi gerückt, am 18. bis Ruszka und am 19., wo die Haupt-Colonne in Hidas-Némethi stand und bis Vizsoly vorgehen sollte, marschierte er gegen Szántó, welcher Ort laut sicheren Nachrichten mit 2000—3000 Mann, meist Polen, und mit 4 Geschützen besetzt war.

Eine Stunde vor Szántó stieß die Avantgarde auf eine Husaren-Patrouille, die sich jedoch ebenso, wie die Abtheilungen, welche in dem Dorfe Kér vor Szántó standen, zurückzog. Dagegen besetzten die Insurgenten die rechts von der Straße liegenden Höhen mit Infanterie und Geschütz. Sie hatten eine sehr vortheilhafte Stellung inne; denn von dem von der vorderen Seite unzugänglichen Berge beherrschten sie die ganze Straße und das enge Thal sperrten sie mit Infanterie- und Cavallerie-Abtheilungen ab.

Major Baron Piatolli entsendete nun die 6. Division, 1 Zug Chevauxlegers und die 2 Geschütze zur Umgehung des Berges in die rechte Flanke. Als 3 Raketengeschütze zum Succurse eintrafen, wurden diese zu der Umgehungs-Colonne bestimmt und die 2 Kanonen eröffneten von der Straße ihr Feuer auf die vom Feinde besetzten Anhöhen.

Während die 6. Division mit Auflösung der halben 12. Compagnie in Plänkler langsam in die Flanke des Feindes vorrückte, wurde rechts und links der Straße die halbe 10. Compagnie unter Commando des Unterlieutenants Gugenmoss, in eine Tirailleurkette formiert, gegen die Höhen vorgeschoben die andere Hälfte der 10. folgte als Unterstützung. Die 8. und 9. blieb bei den Kanonen, die 7. bildete die Arrièregarde.

Die Cavallerie wurde bei den Abtheilungen vertheilt.

Das wohl angebrachte Feuer der Artillerie, besonders aber die eingeleitete Flankenbewegung hatten die Wirkung, dass die Höhe bald vom Feinde geräumt wurde. Derselbe hatte die vorrückenden Plänkler der 10. Compagnie mit ganzen Dechargen und Kanonenschüssen empfangen, dieselben warfen sich aber in die vorliegende Schlucht und unterhielten von da ein anhaltendes Feuer, welches durch die 2 Cavallerie-Geschütze, die rasch vorgerückt waren, wesentlich unterstützt wurde.

Die feindlichen Kanonen hielten nun nicht mehr Stand, ergriffen die Flucht und ihrem Beispiele folgte auch die Infanterie.

Die Chevauxlegers verfolgten sie tollkühn bis in den Ort, von wo sie sich den Rückweg bahnen mussten.

Major Baron Piatolli traf nun Anstalten, um mit aller Vorsicht gegen Szántó vorzugehen; doch bald kam ihm eine Deputation mit weißer Fahne entgegen, denn die Ungarn hatten die Stadt geräumt, die nun besetzt wurde.

Nachdem der Gegner die Höhe geräumt hatte, wurde sie durch die Tirailleurs der 12. Compagnie rechts erstiegen, die ganz erstaunt waren, keinen Feind mehr vor sich zu sehen. Sie zogen sich nun zur Verfolgung des Feindes in die Weinberge und machten daselbst 5 Husaren und 18 Honvéds gefangen. Weiters fanden an diesem Tage keine Feindseligkeiten mehr statt und es wurde am Platze die Ankunft der Brigade erwartet, welche zwei Stunden später eintraf. Die 8. Compagnie bezog die Vorposten. Der Verlust des Bataillons bestand in 2 Verwundeten.

Besonders ausgezeichnet hatten sich:

Unterlieutenant Gugenmoss durch muthvolle Vorführung der Plänkler.

Dann die Corporale Gerber, Sycz, Gefreiter Turbenczuk, die Gemeinen Sawczuk, Seniow, Skulicz und Maday der 10. und der zugetheilte Gemeine Zahryniak der 3. Compagnie, welche mit besonderer Bravour eine in einem Graben befindliche Abtheilung Honvéds angriffen und hinauswarfen.

Lieutenant Gugenmoss erhielt hiefür die Allerhöchste Belobung.

Der folgende Tag vergieng mit Neckereien der Vorposten durch die Husaren, welche endlich durch die 6. Division und 1 Flügel Chevauxlegers vertrieben wurden.

Die Truppen standen fast den ganzen Tag unter Gewehr.

Um die Mittagsstunde kam Feldmarschall-Lieutenant Graf Schlick zu Szántó an und ertheilte dem »braven Bataillon Hartmann«, indem er dem Major Baron Piatolli die Hand reichte, das schönste Lob für die bewiesene Tapferkeit.

Erstürmung der Stellung bei Tarczal.

Am 22. früh 3 Uhr brach die Brigade Fiedler, bestehend aus dem 2. Bataillon Hartmann, dem 3. Bataillon Erzherzog Wilhelm, der Raketen-Batterie, 2 Cavallerie-Geschützen und der 1. Majors-Division Kaiser-Chevauxlegers über Tályа und Maad gegen Tarczal auf. Das Bataillon Erzherzog Wilhelm formierte nebst den 2 Cavallerie-Geschützen und anderthalb Escadronen die Avantgarde.

Eine zwölfpfündige Batterie ward der Colonne noch nachgeschickt.

Im Orte Tályа, von dessen Thurme die schwarzgelbe Fahne wehte, fand man keinen Feind, ebenso wenig in Maad.

Ein dichter Nebel, welcher die ganze Gegend bedeckte und kaum auf 100 Schritte einen Überblick gewährte, ließ die Nähe des Feindes nicht wahrnehmen.

Eine Viertelmeile vor Tarczal stieß endlich die Spitze der Vorhut auf feindliche Husaren, die sich plänkelnd auf eine Infanterie-Tirailleurkette zurückzogen. Die Ausdehnung des Feuers der letzteren ließ erkennen, dass ein feindliches Corps vorhanden sei, welches Stand halten wolle.

Feldmarschall-Lieutenant Graf Schlick traf nun die Angriffsdispositionen. Es wurden Plänkler vorgeschoben und die Gefechtsform angenommen.

Das eigene 2. Bataillon stand im 2. Treffen hinter dem 3. Bataillon Erzherzog Wilhelm in geschlossenen Divisions-Colonnen, welche rechts von der Straße vorrückten. Die 6. Division, die am weitesten zurück war, erhielt die Bestimmung als Bedeckung der 12pfündigen Batterie.

Bald erkannte der Corps-Commandant eine links an der Straße gegen Tokaj befindliche Anhöhe als den Schlüssel der feindlichen Position Das 3. Bataillon Erzherzog Wilhelm wurde beordert, die Anhöhe zu nehmen, musste aber der feindlichen Übermacht weichen.

Während dieser Zeit war das eigene 2. Bataillon in das 1. Treffen des Centrums vorgerückt und entsendete die halbe

7. Compagnie als Plänkler nach vorwärts, die rasch vorgieng und unterstützt von der andern halben Compagnie den Feind zurückdrückte, während rechts vom Bataillon die Raketen-Batterie den Feind zu delogieren versuchte, was jedoch, wegen der vortheilhaften Stellung desselben und wegen Undeutlichkeit der Objecte, nicht gelang. Es musste dem Vorrücken Einhalt gethan werden, da das 3. Bataillon Erzherzog Wilhelm zum zweiten Male die Anhöhe zu räumen gezwungen war und sich links hinter das Bataillon zurückzog, welches nun durch fast eine Stunde einem wahren Kugelregen ausgesetzt war, bei welcher Gelegenheit Hauptmann Giberti schwer verwundet wurde.

Der Feind brachte gegenüber den Divisions-Colonnen des Bataillons sieben Geschütze ins Gefecht, welche zwar mit Kartätschen unausgesetzt feuerten, jedoch bei dem dichten Nebel keinen Schaden verursachten und durch die auf der Straße aufgefahrene 12pfündige Batterie bald zum Schweigen gebracht wurden.

Die Wichtigkeit des vorbesagten Hügels links von der Straße im Auge behaltend, führte Feldmarschall-Lieutenant Graf Schlick das 3. Bataillon Erzherzog Wilhelm selbst zum Sturme vor. Die 5. Division Hartmann sollte die Unterstützung bilden. Hauptmann Mayerberg ließ in Front aufmarschieren und rückte im »Avancieren chargierend« vor.

Die gedrängten Feinde gebrauchten in diesem Momente die List, Signale zu machen, dass sie sich ergeben wollten. Es wurde hierauf das Feuer eingestellt, zur Sicherheit aber ein Zug unter Commando des Lieutenants Hahn vorgeschickt. Der Feind gab aber bei Annäherung von allen Seiten Feuer, welches nun auch erwidert wurde. Der Kampf begann von neuem, die Sturmcolonne musste sich aber wieder vor der Übermacht zurückziehen.

Nun ließ Feldmarschall-Lieutenant Graf Schlick die Cürassiere vorgehen, welche zwei feindliche Infanterie-Massen sprengten und alles, was sich nicht in die Weingärten flüchtete, niederhieben, worauf die Brigade Pergen die Anhöhe besetzte.

Hierauf trat der Feind den Rückzug an, der dichte Nebel und die eingetretene Nacht gestatteten jedoch nicht, ihm zu folgen. Mit dem Einbruche der Nacht gieng das Armee-Corps nach Maad zurück, wo einquartiert wurde. Vom Feinde war nirgends etwas zu sehen.

Der Verlust des 2. Bataillons in diesem Gefechte betrug:

Todt: 2 Gemeine. Verwundet: Hauptmann Giberti und 13 Mann.

Dem Major Baron Piatolli und Oberlieutenant Pokorny wurden die Pferde unter dem Leibe verwundet.

Im Corpsbefehl vom 25. erhielt das Bataillon das ehrenvollste Lob für sein heldenmüthiges, standhaftes Ausharren im feindlichen Kugelregen.

Besonders ausgezeichnet hatten sich:

Unterlieutenant Hahn, welcher wegen Krankheit den ganzen Marsch zu Wagen machen musste, bei Beginn des Gefechtes jedoch rasch zu seiner Compagnie voreilte und seine Abtheilung mit Kühnheit an den Feind führte. Er wurde hiefür mit dem Armee-Obercommando-Erlasse ddo. Ofen am 8. März 1849 belobt und sein Name zur Allerhöchsten Kenntnis gebracht.

Feldwebel Trojanowicz der 9. Compagnie. Dieser eilte bei der Vorrückung der 5. Division gegen die vom Feinde besetzte Anhöhe mit zwei Gewehren auf 50 Schritte allein vorwärts, erlegte als geübter Schütze mit den 2 Schüssen 2 Mann und kehrte dann in seine Eintheilung zurück. Er erhielt die silberne Tapferkeits-Medaille 2. Classe.

Cadet Mahr und Gefreiter Martinyszyn der 8. Compagnie durch ihre Kühnheit in der Plänklerkette.

Den 23. kam die über Dargó gegangene Colonne nach Keresztur, vertrieb den Feind, wurde aber durch eine schändliche List, unter dem Vorwande einer beabsichtigten Niederlegung der Waffen, getäuscht und umrungen. Gefecht bei Keresztur.

Major Baron Piatolli erhielt vom Corps-Commando den Befehl, mit seinem Bataillon, 1 Escadron Kaiser-Chevauxlegers und 2 Geschützen gegen Keresztur dem hart bedrängten 3. Bataillon Erzherzog Stephan zur Hilfe entgegen zu rücken. Dieses Bataillon hatte sich jedoch, unterstützt durch 4 Geschütze der 36. Fuß-Batterie, mit dem Bajonnette durch den sehr überlegenen Feind Bahn gebrochen und vereinte sich, mit Beute beladen, zu Maad mit der Haupt-Colonne.

Major Baron Piatolli nahm nun gegen den Feind Stellung. Ungefähr um 3 Uhr wurden durch den leichten Nebel eine lang ausgedehnte Plänklerkette und hinter derselben dunkle Massen des Feindes bemerkt, die sich aber beim Anblicke der Truppen langsam gegen Tarczal zurückzogen und nur zum Angriffe locken zu wollen schienen. Der plötzlich aufsteigende Nebel ließ fast die ganze feindliche Macht übersehen, deren Stärke sich auf 8—10 Infanterie-Bataillone, bei 14 Kanonen und große Cavallerie-Massen belief, die sich noch mit von Keresztur kommenden Abtheilungen vereinten.

Nach erlangter Überzeugung, dass der Feind über 15000 Mann meist regulärer Truppen besitze, beschloss Feldmarschall-Lieutenant Graf Schlick, nach Szántó, Kér und Boldogkö-Váralja zurückzugehen und in dieser Stellung das von Pest anrückende, zu seiner Verstärkung bestimmte Corps Schulzig zu erwarten, was auch ausgeführt wurde, ohne dass der Feind es gewagt hätte, sich wieder zu nähern, wozu außer den bereits erlittenen Verlusten und Demüthigungen die Kunde von dem Anrücken der bedeutenden Verstärkung wesentlich beigetragen haben mag.

Die Brigade Fiedler wurde in Kér einquartiert, das Hauptquartier kam nach Boldogkö-Váralja.

Am 24. wurde das 2. Bataillon des Regimentes mit 1 Zug Cavallerie und 2 Cavallerie-Geschützen nach Szántó vorgeschoben, woselbst diese Truppen am 25. durch die Insurgenten alarmiert wurden, ohne dass es jedoch zum Gefechte kam. Die Patrouillen streiften bis zu dem von den Ungarn besetzten Orte Tályа, welches jedoch von ihnen am 26., ebenso wie Maad, verlassen wurde.

Am 27. früh 7 Uhr gieng die eigene 4. Division und 1 Flügel Chevauxlegers zu einer Recognoscierung nach Maad ab. Eine Viertelstunde über dem Orte stießen die Eclaireurs auf ein Husaren-Piquet, welches die Carabiner abfeuerte und nach Tarczal zurücksprengte, von wo, in Erwartung eines Angriffes mehrere Abtheilungen herausrückten.

Nachdem sich das Recognoscierungs-Detachement die nöthige Überzeugung von der Stellung des Feindes verschafft und in Maad abgegessen hatte, wurde, vom Feinde unbelästigt, der Rückmarsch nach Szántó angetreten.

Am 29. wurde auf die Nachricht, dass sich der Feind gänzlich über die Theiß gezogen habe, gegen Tokay vorgerückt. Um 2 Uhr nachmittags traf die Brigade Fiedler in Szántó ein und marschierte bis Maad, von wo am 30. das 3. Bataillon Erzherzog Stephan, 1 Escadron Chevauxlegers, die Raketen-Batterie und 2 Cavallerie-Geschütze eine Recognoscierung gegen Tokay unternahmen und in der That erst vor diesem Orte auf den Feind stießen, worauf sie wieder zurückgiengen.

Am 31. Jänner erfolgte die Vorrückung gegen Tokay, die Brigade Pergen von Liszka, die Brigade Fiedler von Maad aus. Die Avantgarde der letzteren bildeten 1 Compagnie Erzherzog Stephan, 1½ Escadronen Kaiser-Chevauxlegers und 2 Cavallerie-Geschütze, die Arrièregarde die halbe 7. Compagnie des Regimentes und eine halbe Escadron Kaiser-Chevauxlegers. Gefecht bei Tokay.

In Tarczal wurde die 4. Division zurückgelassen, um die dortigen Höhen zu besetzen, die 5. war zu Maad geblieben. Der Feind hatte Tokay gänzlich verlassen, die Theißbrücke abgebrannt und sich am jenseitigen Ufer aufgestellt.

Als die Brigade Fiedler an dem Vororte Kis-Tokay anlangte, rückte sogleich die Raketen-Batterie mit 1 Compagnie Erzherzog Stephan gegen den Uferdamm vor und begann ihr Feuer, die Brigade Pergen besetzte Tokay.

Nach einigen Kanonenschüssen zog sich der Feind zurück und die Raketen-Batterie mit 1 Division Erzherzog Stephan übersetzte die gefrorene Theiß, von deren linkem Ufer die Insurgenten nun gänzlich verjagt wurden.

Mittlerweile kamen aber aus dem jenseitigen Orte Rakamaz bedeutende Verstärkungen angerückt und es mussten jene Abtheilungen, welche die Theiß bereits überschritten hatten, schleunigst eingezogen werden.

Es entspann sich nun von beiden Ufern ein heftiger Geschütz- und Kleingewehrkampf, welcher erst eingestellt wurde, als es vollends Nacht geworden war. Mehrere Häuser in Tokay standen in Flammen.

Die eigene 6. Division betheiligte sich an dem Kampfe insoferne, als ein Zug der 12. Compagnie anfangs als Plänkler längs des Ufers aufgelöst worden war. Später stand diese Compagnie als Bedeckung bei den Geschützen.

Die 11. wurde rechts von der Brücke hinter den Salzhütten aufgestellt, von wo sie den Feind beschoss.

Über Nacht blieben alle Truppen unter Gewehr und sendeten unausgesetzt Patrouillen längs des Ufers aus, um das Herüberschleichen des Feindes zu verhindern.

Die 6. Division zählte an diesem Tage bloß 1 leicht Verwundeten, dem Major Baron Piatolli wurde das Pferd erschossen. Am anderen Tage früh 6 Uhr verließen beide Brigaden Tokay. Generalmajor Fiedler zog sich nach Tarczal, Generalmajor Graf Pergen nach Keresztur zurück, wo einquartiert wurde.

Die Vorposten wurden abwechslend mit Erzherzog Stephan bezogen.

Am 3. Februar führte Oberlieutenant Bataillons-Adjutant Pokorny mit einem Flügel Kaiser-Chevauxlegers, den Rittmeister Riefel commandierte, eine Recognoscierung nach Tokay aus. Diese Officiere fanden das jenseitige Ufer noch immer vom Feinde stark besetzt und begaben sich in das Salz-Amt, um Geld zu erheben. Mittlerweile waren jenseits die Truppen alarmiert worden, längs des Ufers stellten sich Plänkler auf und einzelne Abtheilungen überschritten schon den gefrorenen Fluss. Nun war es höchste Zeit eiligst aufzusitzen, und mit dem Gelde sprengte die Abtheilung, von einem Kugelregen begrüßt, im Galopp davon.

Kossuth gab inzwischen Görgey den Befehl, dem aus Galizien gegen Pest marschierenden General Schlick in den Rücken zu fallen, während Georg Klapka ihn in der Front zu bedrohen hatte.

Infolge dessen sah sich Feldmarschall-Lieutenant Graf Schlick veranlasst, zur Deckung von Kaschau eine concentrierte Stellung bei Hidas-Némethi zu nehmen und zog demnach am 5. seine am weitesten vorgeschobenen Truppen in der beabsichtigten Richtung zurück.

Die Brigade Fiedler marschierte von Tarczal nach Maad, die Brigade Pergen von Keresztur nach Tálya.

In Maad vereinte sich die bei der Vorrückung gegen Tokay daselbst zurückgebliebene 5. Division wieder mit der Brigade.

Der Feind folgte auf dem Fuße und um 6 Uhr abends entspann sich ein ziemlich heftiges Vorpostengefecht, worauf sich die Brigade außerhalb des Ortes an der Straße nach Tálya sammelte und, ohne in einen Kampf einzugehen, sich bis Szántó zurückzog. Das eigene 2. Bataillon bildete die Arrièregarde und die 8. und 9. Compagnie bezogen vor Szánto die Vorposten.

Am 6. wurde der Rückmarsch vom Feinde unangefochten über Vizsoly nach Hidas-Némethi fortgesetzt, während die Brigade Pergen bis Kaschau marschieren musste, wohin das Hauptquartier mit der zum Corps neu eingerückten Division Schulzig schon zwei Tage früher abgegangen war.

Die 10. und 12. Compagnie bezogen die Vorposten.

Am 8. um 10 Uhr vormittags marschierte die Brigade gegen Kaschau ab und ließ das eigene 2. Bataillon nebst einem Flügel Chevauxlegers und 4 Geschützen zur Besetzung der Brücke über den Hernad bei Hidas-Némethi zurück, die nun verbarrikadiert und zu einer kräftigen Vertheidigung hergerichtet wurde. Gefecht bei Hidas-Némethi.

Schon um 11 Uhr meldeten die auf der Straße gegen Miskolcz stehenden Vorposten das Heranrücken feindlicher Abtheilungen, die sich aber wieder zurückzogen. Um 3 Uhr nachmittags wurde der Feind wieder sichtbar und zwar in großen Colonnen, die sich von Vizsoly gegen Hidas-Némethi bewegten.

Sogleich stand die Truppe unter den Waffen, die Brücke und die Häuser am Ufer wurden besetzt, 2 Kanonen an der Brücke und 2 links derselben postiert und die Bagagen zur Brigade nach Enyicske in Marsch gesetzt.

Gegen halb 6 Uhr abends erfolgte der Angriff der aus dem Walde herausdebouchierenden feindlichen Plänkler auf die Vorposten des Bataillons, die sich gleichfalls in eine Tirailleurkette auflösten und unter Führung des Unterlieutenants Mayern langsam und in größter Ordnung zurückgezogen, die Brücke unter dem heftigsten Feuer überschritten und am jenseitigen Ufer Stellung nahmen.

Hierauf eröffneten unsere Geschütze ihr Feuer; da sie jedoch bald von 8—10 feindlichen Kanonen beschossen wurden, ganz ungedeckt dastanden und auch der eingetretenen Dunkelheit wegen nicht mehr sicher zielen konnten, zogen sie sich auf der Straße gegen Tornyos-Némethi zurück. Nun entspann sich ein heftiges Kleingewehr-Feuergefecht von beiden Ufern. Die 7., 9. und 10. Compagnie waren längs des Ufers als Plänkler aufgelöst, die 8. Compagnie stand als Unterstützung bei der Brücke, welche durch die 7. vertheidigt wurde, die 11. und eine halbe 12. Compagnie befanden sich en reserve im Orte. Die andere Hälfte der 12. Compagnie bildete die Geschützbedeckung.

Das Gefecht mochte ungefähr eine Stunde mit der größten Lebhaftigkeit gewährt haben, als plötzlich im Rücken der Position bei Tornyos-Némethi feindliche Infanterie- und Cavallerie-Abtheilungen über den gefrorenen Hernad setzten, um die vorbeiziehenden Bagagen wegzunehmen und die Rückzugslinie des Bataillons zu bedrohen.

Es genügte jedoch ein Zug Chevauxlegers, der im Galopp zurücksprengte, die Husaren in die Flucht zu jagen und die Infanterie zur Aufgabe des begonnenen Überganges zu bewegen. Die halbe 8. Compagnie wurde zur Unterstützung nachgesendet und escortierte dann die Bagagen nach Enyicske.

Um 8 Uhr abends ertönte bei den Ungarn der Sturmstreich und sie rückten zum Angriffe gegen die Brücke vor, wurden jedoch von dem tapferen Bataillon derart empfangen, dass ihnen die Lust zu einem abermaligen Sturme vergieng, worauf sie den Ort mit Granaten zu bewerfen anfiengen.

Major Baron Piatolli ließ nun die Brücke in Brand setzen und ordnete den Rückzug nach Enyicske an, wo er, ohne vom Feinde beunruhigt worden zu sein, zur Brigade einrückte.

Das Bataillon zählte 3 Verwundete. Unterlieutenant Mayern hatte sich durch seinen persönlichen Muth und die gute Leitung der Plänkler ausgezeichnet.

Am folgenden Tage traf Feldmarschall-Lieutenant Graf Schlick im Bivouak bei Enyicske ein, wohin auch die Brigaden Pergen und Deym abrückten, während die Division Schulzig von Kaschau nach Moldova und Torna marschierte.

Die Stellung bei Kaschau war für das Armee-Corps eine völlig unhaltbare geworden; im Rücken wurde es von Görgey und in der Front von dem über die Theiß gedrungenen Klapka bedroht. Um einer allgemeinen Umzinglung zu entgehen, entschloss sich demnach Feldmarschall-Lieutenant Graf Schlick, diese Position zu räumen und sich über die Agteleker Gebirge gegen Rima-Szombat zurückzuziehen.

Der Rückzug von Kaschau am 9. Februar über Torna und Rima-Szombat, durch den sich Graf Schlick bei Schneegestöber und Glatteis aus der Schlinge zog, wird in der Kriegsgeschichte einen ruhmwürdigen Platz einnehmen.

Am folgenden Rasttage erschien eine neue Ordre de bataille. Das eigene 2. Bataillon blieb in der Brigade Fiedler, welche nebst diesem aus dem 3. Bataillon Mazzucheli, dem 3. Bataillon Erzherzog Stephan, der 1. Majors-, 2. Escadron Kaiser-Chevauxlegers und der zwölfpfündigen Fußbatterie Nr. 5 formiert wurde.

Am 11. gieng der Marsch bei Schneegestöber und strenger Kälte über Torna nach Agtelek, woselbst erst um Mitternacht eingetroffen wurde. Der linke Flügel des Bataillons war in Józsafő zurückgeblieben, da die Batterie wegen des fürchterlichen Weges und gänzlicher Ermattung der Pferde von da nicht mehr weiter konnte.

Am 12. marschierte die Brigade nach Füge. Das eigene 2. Bataillon bildete die Arrièregarde und kam seitwärts von Füge nach Runya zu liegen, von wo es Sicherheitsposten und Patrouillen gegen die Miskolczer Straße zu unterhalten hatte.

Am 13. war Rasttag und am 14. erreichte die Brigade Rima-Szombat und die 8. und 9. Compagnie bezogen die Vorposten.

Abends wurden in der Richtung von Tornalja her Kanonenschüsse vernommen, es wurde Alarm geschlagen und sich auf einen Angriff vorbereitet, welche Maßregeln sich aber bald als überflüssig herausstellten, da vom Hauptquartier aus Tornalja die Nachricht einlief, dass der Feind zwar einen Angriff gewagt habe, aber gänzlich zurückgeworfen worden sei.

Erst um Mitternacht konnte die ermattete Mannschaft ihre Quartiere beziehen.

Am 15. rückte die Brigade nach Apafalu bei Losoncz, wo bereits die Brigade Parrot stand und hiedurch die Verbindung des Schlick'schen Corps mit der Hauptarmee des Feldmarschall Fürsten Windisch-Grätz über Balassa-Gyarmarth hergestellt hatte.

Jubel erfüllte das ganze Corps, als am 17. der Corpsbefehl erschien, worin Feldmarschall-Lieutenant Graf Schlick seinen tapfern Truppen mittheilte, dass er, in Übereinstimmung mit den vom Armee-Obercommando erhaltenen Weisungen, nun wieder vorwärts gehen und den Feind bei Miskolcz oder Erlau angreifen werde.

Alle Mühseligkeiten waren vergessen, als am 18. die Brigade Fiedler mit der Musikbande von Parma-Infanterie an der Tête den Vormarsch nach Rima-Szombat antrat und es nun wieder gegen den Feind gieng. Vor dem Orte ließ Graf Schlick die Truppen defilieren, welche bei dem Anblicke des geliebten Corps-Commandanten in nicht endenwollende Vivatrufe ausbrachen.

Am 19. und 20. verblieb die Brigade in Rima-Szombat, rückte am 21. gegen Putnok und am 22. nach Pétervására.

Der Feind hatte Miskolcz verlassen, seine ganze Streitmacht bei Erlau concentriert und bedrohte die über Gyöngyös nach Pest führende Straße, weshalb Feldmarschall Fürst Windisch-Grätz das 2. Armee-Corps in jener Gegend zu concentrieren beschloss und den Feldmarschall-Lieutenant Graf Schlick anwies, sich mit diesem Corps zu vereinigen.

Am 26. um 1 Uhr nachmittags setzte sich das Schlick'sche Corps von Pétervására in Bewegung und rückte am 27. früh 6 Uhr gegen Verpeléth vor.

Schlacht bei Kapolna.

Das 2. Armee-Corps war schon am 26. auf die bei Verpeléth und Kapolna stehende Armee Dembinskis gestoßen; die Nacht hatte den blutigen, unentschiedenen Kampf beendet, der nun mit vereinten Kräften fortgesetzt werden sollte.

Die Bestimmung des Schlick'schen Corps war, des Feindes rechte Flanke anzugreifen, während die Haupt-Armee auf die Front des Gegners vorgehen sollte.

Während die Truppen des 2. Armee-Corps Kapolna erstürmten, nahm Feldmarschall-Lieutenant Graf Schlick Verpeléth und verdrängte den Feind bis auf die jenseitigen Anhöhen.

Bis zu diesem Augenblicke hatte die Brigade Fiedler keinen unmittelbaren Antheil am Kampfe genommen, nun erhielt sie den ehrenvollen Auftrag, die von 3 Honvéd-Bataillonen, 1 Grenadier-Bataillon, einer Abtheilung Husaren und 4 Kanonen besetzte, ziemlich steile Anhöhe zu nehmen. Nach kurzem Kanonenfeuer rückte das Bataillon Latour, links seitwärts an eine Schlucht gelehnt, in einer musterhaften Ordnung gegen die Höhe und drängte auch die feindlichen Tirailleurs zurück, wurde aber von den auf der Höhe postierten Truppen mit einem so mörderischen Kartätschen- und Kleingewehrfeuer empfangen, dass es weichen musste.

Hierauf erhielt das eigene 2. Bataillon den Befehl zum Sturme. Mit der größten Begeisterung rückte das brave Bataillon, trotz des heftigsten Kugelregens, vor, erstieg die Höhe in gerader Richtung, und kaum ertönte der Sturmstreich, als es sich mit Siegesgeschrei und derart unaufhaltsam auf den Feind stürzte, dass derselbe in wilder Flucht auseinanderstob.

Das Bataillon Latour war muthig wieder vorgegangen und hatte links vom eigenen 2. Bataillon gemeinschaftlich mit demselben gestürmt.

Der Verfolgung des Feindes musste aus der Ursache Einhalt gethan werden, da die ganze Anhöhe noch nicht vollständig vom Feinde geräumt war und die Flanke des Bataillons hiedurch gefährdet schien. Als aber eine 6pfündige Batterie mit einem Grenzer-Bataillon als Bedeckung zur Unterstützung vorrückte, zogen sich auch die letzten noch in der Flanke stehenden ungarischen Truppen bis auf die äußersten Endpunkte der Höhen zurück.

Das Grenzer - Bataillon und die Batterie, welcher die eigene 4. Division als Bedeckung beigegeben wurde, folgten dem Feinde und es entwickelte sich nun ein heftiges Artilleriegefecht.

Ein feindliches Grenadier-Bataillon hatte den daselbst befindlichen Wald besetzt. Feldmarschall-Lieutenant Schulzig befahl dem Grenzer-Bataillon, diese Position zu stürmen, dasselbe wurde aber geworfen; nun wurde der gleiche Auftrag der eigenen 4. Division zu Theil.

Unter Anführung des vortrefflichen Hauptmanns Hubatschek, der mit kalter Einsicht und ausgezeichnetem Muthe vorangieng, stürzte sich die Division in den Wald, warf das Grenadier-Bataillon, machte 3 Officiere und 23 Grenadiere zu Gefangenen und nöthigte hiedurch auch die feindlichen Geschütze, den Rückzug anzutreten.

Das Armee-Corps drängte den Feind nun bis Kerecsend zurück und setzte sich hiedurch mit der Brigade Colloredo des 2. Armee-Corps zur selben Zeit in Verbindung, als die letzten ungarischen Infanterie-Abtheilungen die dortige Brücke passiert hatten und schon die Dunkelheit eingebrochen war. Ungefähr zur selben Zeit hatte auch die Division Fürst Schwarzenberg den Feind aus Kál geworfen, der sich nun auf allen Punkten gegen die Theiß zurückzog.

Der Verlust des 2. Bataillons in der Schlacht bei Kapolna bestand in 2 Todten, 5 Verwundeten und 6 Vermissten vom Feldwebel abwärts.

Unter den besonders Ausgezeichneten nennt die Relation:

Den Hauptmann Hubatschek, welcher nicht nur beim ersten Sturme auf die Höhe sich rühmlichst benommen und stets an der Spitze seiner Abtheilung war, sondern auch bei der Erstürmung des Waldes glänzende Proben seiner Unerschrockenheit, Einsicht und Tapferkeit ablegte.

Den Unterlieutenant Gugenmoss. Derselbe war der erste auf der Höhe, woselbst er einen Officier und einen Feldwebel niederstreckte.

Beide Vorgenannten erhielten den Orden der eisernen Krone 3. Classe.

Unterlieutenant Grigar hatte sich ebenfalls durch muthvolle Anführung seiner Abtheilung hervorgethan.

Diesem wurde, ebenso wie dem tapfern Major Baron Piatolli, die Allerhöchste Belobung zutheil.

Von der Mannschaft hatten sich durch besondere Bravour bemerkbar gemacht: Gemeiner Ludwig Perfler der 7., Corporal Olexa Danilkow, Gefreiter Hrin Martinyszyn, Christian Feitenhansel, Gemeiner Michael Warzalla der 8., Corporal Chodacznik, Czyryk, Kurylec, Sylvester, Gefreiter Puchalski, Kobielnik, Gemeiner Bilanski, Sloboda, Sorochan, Hirschhorn der 10. und Corporal Johann Krupa der 12. Compagnie. Von den Vorgenannten wurden decoriert:

Gemeiner Ludwig Perfler und Corporal Johann Krupa mit der silbernen Tapferkeits-Medaille 1. Classe, Gefreiter Hrin Martinyszyn, Christian Feitenhansel, Corporal Olexa Danilkow und Gemeiner Michael Warzalla mit der silbernen Tapferkeits-Medaille 2. Classe.

Dies sind die Namen der Bravsten unter den Braven; denn das ganze Bataillon hatte sich in diesem Kampfe glänzend benommen, wofür ihm auch am andern Tage die Anerkennung zutheil ward, dass der Feldmarschall-Lieutenant Graf Schlick, als er unter unendlichem Jubel durch das Lager ritt, auf Major Piatolli zueilte, ihm mit Wärme die Hand drückte und sagte: »Ich danke dem Bataillon für sein vorzügliches Verhalten am gestrigen Tage«.

Am 1. März wurde nach Maklár vorgerückt, der Feind zog sich gegen Poroszló zurück und von da gänzlich hinter die Theiß. Das Schlick'sche Corps blieb im Lager bei Maklár und marschierte am folgenden Tage nach Kapolna, von wo am 3. die Brigaden Fiedler und Kriegern nach Turmány rückten und da ein Lager bezogen.

Gefecht bei Poroszló.

Am 6. März nahm das Bataillon an der Vorrückung gegen Poroszló theil, welche Feldmarschall-Lieutenant Fürst Liechtenstein mit den Cavallerie-Brigaden Graf Deym und Graf Montenuovo, dann den Infanterie-Brigaden Fiedler und Kriegern unternahm, kam jedoch nicht ins Gefecht.

Der Feind hatte sich überall zurückgezogen.

Am 8. wurde nach Jász-Apáti, am 9. nach Jászberény, am 10. nach Tápio-Szele marschiert und am 11. erreichte die Brigade Fiedler Pilis, von wo sie am 12. mittelst der Eisenbahn nach Czegléd befördert wurde, wo sich das Corps-Hauptquartier befand.

Die Armee hatte jene Aufstellung erreicht, welche Fürst Windisch-Grätz annehmen zu müssen glaubte. Das 1. Corps stand in Kecskemét, das 2. in Nagy-Körös und das 3. (Schlick) in Czegléd.

Die am 15. erschienene neue Ordre de bataille beließ das 2. Bataillon in der Division Fürst Liechtenstein, Brigade Fiedler, welch' letztere nebst diesem aus den 3. Bataillons von Erzherzog Stephan-, Mazzucheli-Infanterie und des Ottoćaner Grenz-Regimentes und der 6pfd. Fußbatterie Nr. 3 bestand. Die Grenzer wurden jedoch am 19. durch ein aus 2 Compagnien Hess und 2 Compagnien Prochaska zusammengesetztes Bataillon ersetzt.

Mittlerweile war von dem bei Heves stehenden Feldmarschall-Lieutenant Baron Ramberg im großen Hauptquartier die Meldung eingetroffen, dass ein bedeutendes ungarisches Corps von Miskolcz auf Mezö-Kövesd in Anmarsch begriffen sei. Auf diese Nachricht wurde die Division Csorich sogleich nach Czegléd abgeschickt, von wo sie am 21. vereint mit dem 3. Armee-Corps nach Tápio-Szele marschierte, jedoch von da weiter nach Jászberény abrückte.

Am 22. marschierten die Divisionen Ramberg und Csorich nach Hatvan und das 3. Armee-Corps nach Jászberény, denn die Absichten des Feindes, auf der Gyöngyöser Straße gegen Pest vordringen zu wollen, schienen außer allem Zweifel.

Am 24. rückte das Corps nach Nagy-Káta und am 25. nach Alberti, die Division Fürst Liechtenstein nach Izsa, am 27. nach Tápio-Bicske, von wo die Division Fürst Liechtenstein am 29. nach Kóka und am 1. April nach Tura bei Gödöllö marschierte.

Gefecht bei Hatvan.

Um einige Gewissheit über die Stellung und Stärke der bei Tokay, Tisza-Füred und Czibakháza über die Theiß gegangenen ungarischen Armee zu erhalten, wurde Feldmarschall-Lieutenant Graf Schlick mit seinem Armee-Corps, behufs einer Recognoscierung, von Gödöllö gegen Hatvan in Marsch gesetzt, wohin auch das eigene 2. Bataillon mit der Cavallerie-Brigade von Hewicz, wohin es noch am 1. detachiert worden war, am 2. April vorrückte.

Um 11 Uhr vormittags wurden die ersten Kanonenschüsse vernommen, es war Feldmarschall-Lieutenant Graf Schlick, der bei Hatvan auf bedeutende feindliche Streitkräfte gestoßen war.

Im Orte selbst angelangt, wurde das Bataillon beordert, in die linke Flanke und über die Höhen in die Weingärten abzurücken, woselbst es sich auf der letzten Anhöhe in Divisionsmassen neben der 12pfündigen Batterie Nr. 5 aufstellte und längere Zeit in dieser Position verblieb.

Später wurde die 6. Division auf den äußersten linken Flügel abgeschickt, die anderen 2 Divisionen gänzlich in die Weingärten zurückgezogen und deren Rand mit einer dichten Plänklerkette besetzt.

Der Feind hatte eine ungeheuere Übermacht sowohl an Geschütz, als auch an Truppen entfaltet, daher der Corps-Commandant Anstalten zum Rückzuge und zur ordnungsmäßigen leichteren Übersetzung der Zagyva treffen ließ.

Gleich nachdem die eigenen Geschütze den Rückmarsch angetreten hatten, avancierten die feindlichen, das Bataillon wurde in seiner Aufstellung mit Kanonenkugeln überschüttet und zog sich in gleicher Höhe mit den übrigen Abtheilungen durch den Ort, wo die 6. Division wieder einrückte, über die Brücke links von der Straße zurück, wo es sich mit der Brigade Fiedler vereinte, die unter fortwährendem feindlichen Kanonenfeuer in Divisionsstaffeln und gleich den übrigen Truppen in schönster Ordnung den weiteren Rückzug nach Bágh und Aszód fortsetzte. Die Brigade bivouakierte bei Bágh und gieng am 3. nach Gödöllö zurück.

Der Verlust des Bataillons in dem Gefechte bei Hatvan bestand in 5 Verwundeten vom Feldwebel abwärts.

Am 4. wurde wieder nach Bágh vorgerückt und das Lager bezogen, der Feldmarschall hatte daselbst und bei Aszód das 2. und 3., bei Dány und Kóka das 1. Armee-Corps um sich concentriert. Am 6. wurde diese zu ausgedehnte Stellung geändert und das 3. Armee-Corps wieder nach Gödöllö beordert, woselbst der Brigade Fiedler die Position außerhalb des Ortes hinter dem Schlosse auf dem Wege nach Izsaszög zugewiesen wurde. Kaum daselbst angelangt, ertönte um 1 Uhr nachmittags das Alarmsignal, denn der Feind hatte die Vorposten angegriffen. Er zog sich zwar nach kurzem Kampfe zurück, warf sich aber mit seiner Hauptmacht auf das bei Izsaszög stehende 1. Armee-Corps und es gelang ihm nach blutigem Kampfe, dasselbe aus dieser Stellung zu verdrängen.

Gefecht bei Gödöllö.

Die Brigade Fiedler und die Cavallerie-Brigade waren beordert worden, den Ungarn in die Flanke zu fallen. Erstere rückte in geschlossenen Bataillons-Colonnen in Staffeln vom rechten Flügel vor, zuerst das Bataillon Erzherzog Stephan, dann Hartmann.

Bei den Weingärten angelangt, wurden Divisions-Colonnen formiert und in die Gärten eingedrungen, die 6. Division aber schwenkte links in den durch eine schmale Hutweide von den Gärten getrennten Wald, in den auch feindliche Infanterie-Massen vorrückten, was zur Folge hatte, dass das ganze Bataillon angewiesen wurde, der 6. Division zu folgen und den Gegner wieder aus dem Walde zu vertreiben.

Die 5. Division stieß beim Vordringen zuerst auf den Feind und es gelang ihr auch glücklich, diesen zurückzuwerfen. Bald aber zeigten sich so starke feindliche Abtheilungen, dass die Plänklerkette der Division sich zum Rückzuge gezwungen sah. Da stellte sich der tapfere Major Baron Piatolli, wie immer der Erste im Kampfe, kühn an die Spitze der Plänkler, um sie erneuert zum Sturme vorzuführen, als ihn eine feindliche Kugel am Fuße und eine zweite in die Brust traf, so dass er todt vom Pferde sank. Gleichzeitig blieb auch der Unterlieutenant Hahn todt am Platze. Auf Befehl des Oberlieutenants von Begg sprang der brave Corporal Chodacznik, dann die Gemeinen Krzyczkiewicz und Hnatow zur Leiche ihres ritterlichen Führers und trugen sie eine Strecke weit, aber der übermächtige Feind drängte so heftig, dass sie beinahe umringt wurden und die Leiche liegen lassen mussten, jedoch Hut und Säbel retteten.

In demselben Augenblicke rückte, zur rechten Zeit, die 4. Division vor, warf sich mit wahrer Wuth auf den Punkt, wo Major Piatollis Leiche lag, drängte den Gegner zurück und gelangte glücklich in den Besitz derselben, die nun durch die Corporale Koturbacz, Janczur, Gemeine Rybak, Zaczka, Kucznirz und Krasowski im heftigsten Kugelregen nach Gödöllö zurückgetragen wurde.

Ein heftiger Kampf, der sich nun entspann, bewirkte nichts als ein wechselweises Vor- und Zurückgehen; denn die feindliche Übermacht war zu groß und auch das zur Unterstützung herbeieilende Bataillon Erzherzog Stephan konnte gegen dieselbe nichts ausrichten und wich. Ein gleiches Schicksal hatten Mazzucheli und das combinierte Bataillon Eckert.

Endlich beim fünften Sturme, wo das Bataillon die glänzendste Bravour entfaltete, gelang es der Brigade, die Insurgenten zu werfen und gänzlich aus dem Walde zu vertreiben.

An diesen, sowie überhaupt an den letzten Stürmen hatte sich auch die 6. Division betheiligt, die anfangs eine falsche Marschdirection genommen hatte und um eine Viertelstunde links abgekommen war, jedoch durch den deshalb abgeschickten Bataillons-Adjutanten Oberlieutenant Pokorny auf den richtigen Weg geleitet wurde.

Als die Brigade den Wald genommen hatte, war auch schon die Nacht eingetreten, weshalb das Bataillon sich in seiner Stellung mit Sicherheitsposten umgab, bis ihm der Befehl zukam, zurückzumarschieren und außer dem Walde zu halten, woselbst die Brigade bis Mitternacht stehen blieb und dann in das Lager bei Gödöllö abrückte. Dieses Gefecht kostete dem Bataillon nebst dem Major Baron Piatolli und dem Unterlieutenant Hahn an Todten: 16 Mann vom Feldwebel abwärts; Verwundeten: Hauptmann Lanko, Oberlieutenant von Begg, Unterlieutenant Mayern und 22 Mann.

Hingegen wurden 17 Gefangene gemacht.

Die Brigade-Relation erwähnt lobend: Vor allen den tapferen Major Baron Piatolli, der an der Spitze seines braven Bataillons den Heldentod starb. Nur all' zu früh wurde dieser echt ritterliche Stabsofficier seinem Wirkungskreise entrissen, die Liebe seines Bataillons, die Hochachtung und Anerkennung seiner Kriegertugenden durch das ganze Armee-Corps folgten ihm nebst dem tiefsten Bedauern ins Grab.

Den Oberlieutenant von Begg, der bei einem der letzten Stürme die Fahne ergriff und seine Leute kühn vorwärts führte, und den Oberlieutenant Pokorny, der sich bei der Plänklerkette besonders thätig benommen.

Die Lieutenante Gugenmoss und Makowski, die die Tirailleurs mit gleicher Tapferkeit wie Umsicht leiteten.

Von der Mannschaft hatten sich besonders ausgezeichnet:

Feldwebel Trojanovicz. Dieser übernahm nach dem Falle des Unterlieutenants Hahn das Commando der Plänkler-Abtheilung, führte sie, durch sein eigenes Beispiel die Leute ermuthigend, mit besonderer Bravour vorwärts und war bei jedem Sturme unter den Ersten.

»Das Bataillon ist stolz auf diesen tapferen Veteran«, sagt die Relation wörtlich. Da bereits die silberne Tapferkeits-Medaille 2. Classe seine Brust zierte, so erhielt er jene der 1. Classe und avancierte zum Officier.

Gemeiner Kott der 9. Compagnie, obschon gleich bei Beginn der Affaire verwundet, gieng dennoch nicht zurück, sondern ermuthigte noch seine Kameraden und gieng ihnen beim Sturme muthig voran. Er erlag seinen Wunden, bevor er einer Belohnung theilhaftig werden konnte.

Tambour Skramko der 9. Compagnie. Derselbe befand sich fortwährend bei den Plänklern, und schlug im größten Kugelregen kaltblütig den Sturmstreich, bis er schwer verwundet wurde und weggetragen werden musste. Die silberne Tapferkeits-Medaille 2. Classe ward ihm als verdiente Auszeichnung.

Corporal Chodacznik, sowie die übrigen vorbenannten Leute der 7. und 10. Compagnie, welche die Leiche des Major wegtrugen. Chodacznik hatte sich noch insbesondere bei allen Stürmen durch ausgezeichnete Tapferkeit bemerkbar gemacht, und wurde daher mit der silbernen Tapferkeits-Medaille 2. Classe ausgezeichnet. Endlich verdienen ihrer Tapferkeit wegen genannt zu werden:

Feldwebel Wartha, Corporal Halewicz, Gefreiter Homczak der 7., Gefreiter Feitenhansel, Martinyszyn, Gemeiner Gresczuk der 8., Corporal Czyryk und Müller der 10., Feldwebel Perfler und Corporal Glaudot der 12. Compagnie.

Hauptmann Hubatschek hatte das Bataillons-Commando übernommen.

Nach den unglücklichen Ereignissen bei Hatvan und Gödöllö beschloss Fürst Windisch-Grätz den Rückzug bis unter die Mauern von Pest, wo er die Armee am 7. April auf dem Rakosfelde lagern ließ.

Noch war die Leiche des geliebten Commandanten Major Baron Piatolli nicht dem Schoße der Erde übergeben worden, das Bataillon hatte sie nach Pest mitgeführt und wollte sie selbst mit allen militärischen Ehren zur Ruhe bestatten, aber die diesfällige Bitte konnte vom Armee-Obercommando nicht gewährt werden, da wegen der Nähe des Feindes alle Truppen im Lager bleiben mussten. So begleiteten also am 9. um 3 Uhr nachmittags die Officiere des Bataillons und von jeder Compagnie einige Chargen die Überreste des Tapfern zu ihrer Ruhestätte auf dem Pester Militär-Friedhofe.

Keine Dechargen donnerten über dem Grabe, aber manche Thräne benetzte die schlachtengebräunten Antlitze jener, die es umstanden.

Während der Zeit, als das Bataillon im Lager bei Pest stand, wurden die Truppen häufig alarmirt, da der Feind sehr oft Miene machte, gegen die Hauptstadt vorrücken zu wollen; indes waren dies nur Scheinangriffe, die er unternahm, um seine Bewegungen behufs des Entsatzes von Komorn zu maskieren.

Am 10., 12., 16., 18. und 23. rückte das Bataillon zum Kampfe vor, an dem es sich aber nur am 16. unmittelbar betheiligen konnte.

Gefecht am Rákos.

Der Feind hatte an diesem Tage nachmittags 3 Uhr die Vorposten der Brigade Parrot aus dem Walde an der Kerepeser Straße und über die Brücke zurückgedrückt und den Rakosbach besetzt, während er gleichzeitig das 1. Armee-Corps am rechten Flügel beschäftigte.

Die Brigade Fiedler wurde gegen den Rakosbach dirigiert und schickte das eigene 2. Bataillon in Divisionsmassen in gerader Richtung bis auf 1000 Schritte vom Bache zur Unterstützung des die Plänklerkette bildenden halben Bataillons Mazzucheli vor. Die 4. Division war beordert, die Plänklerkette rechts zu verlängern.

Ohne lange zu zögern, wurde zum Sturme geschritten, der Rakosbach übersetzt, der Wald wieder genommen und die vorwärts der daselbst befindlichen Meierei gelegene Baumreihe besetzt, worauf 2 Raketen- und 2 Fuß-Batterien die Insurgenten zum gänzlichen Rückzuge zwangen. Hierauf wurde wieder in das Lager eingerückt.

Das Bataillon hatte in diesem Gefechte, in welchem sich die 7. Compagnie durch ihr äußerst muthvolles Vorgehen bei Erstürmung des Waldes besonders hervorgethan hatte, keinen Verlust erlitten.

Indes war die Lage der Armee vor Pest schon eine sehr bedenkliche geworden; denn Görgey hatte mit seiner Hauptmacht am 10. die Division Götz bei Waitzen durchbrochen. überschritt bei Kálna die Gran und nöthigte das 4. Armee-Corps in dem Treffen bei Nagy-Sarló am 19. zum Rückzuge gegen Neuhäusel. Hiedurch ward nicht nur Komorn entsetzt, sondern auch die Verbindung der k. k. Armee mit Wien sehr gefährdet, demnach sich Feldzeugmeister Baron Welden, der nach Abberufung des Feldmarschalls Fürsten Windisch-Grätz das Armee-Obercommando übernommen hatte, bewogen fand, die Stellung bei Pest aufzugeben und die Armee in jene Position zurückzuführen, die uns von der Schilderung der Ereignisse beim 1. Bataillon bekannt ist.

Am 24. April erfolgte die gänzliche Räumung Pest's. Das 2. Bataillon marschierte an der Tête der Brigade Fiedler durch Pest-Ofen und langte am 25. vormittags 10 Uhr in Bia an, wo durch 6 Stunden gerastet und nach dem Abkochen der Marsch nach Bicske fortgesetzt wurde.

Am 26. ward bis Igmánd, am 27. bis Raab, am 28. bis Abda, am 29. bis Hochstraß und am 30. nach Wieselburg marschiert.

Das bisherige Schlick'sche (3.) Armee-Corps erhielt nun die Benennung »1. Armee-Corps«. Das 2. Bataillon blieb in der Brigade Fiedler, welche nebst der Brigade Schütte die Division Fürst Schwarzenberg bildete und damals aus dem 2. Bataillon Hartmann, den 3. Bataillonen Erzherzog Stephan und Mazzucheli, den Landwehr-Bataillonen Parma und Wocher, einer Division Wrbna-Chevauxlegers und einer 6pfündigen Fuß-Batterie bestand.

EREIGNISSE BEI DEN ÜBRIGEN ABTHEILUNGEN DES REGIMENTS BIS ZUR VEREINIGUNG DES 3. MIT DEN ERSTEN 2 FELD-BATAILLONEN.

Die in Galizien ebenfalls noch immer drohende Revolution, namentlich aber die Vorgänge in Lemberg bewogen das dortige Landes-General-Commando die Garnison dieser Hauptstadt zu verstärken, und infolge dessen marschierte am 21. October 1848 der 3. Batailonsstab mit der 16., 17. und 1848.
18. Compagnie nach der Hauptstadt Galiziens, wo sich die 7. Division bekanntlich schon seit dem Monate Mai in Garnison befand. Die 15. Compagnie folgte am 26. October nach, hiemit war das 3. Bataillon wieder vereint.

Indessen wurden die Verhältnisse in Lemberg immer drohender, die elendesten Mittel wurden angewendet, um die Soldaten, namentlich jene der galizischen Regimenter, in ihrer Treue wankend zu machen und zur revolutionären Partei herüberzuziehen; doch alle Versuche waren damals ebenso vergebens, wie bei allen früheren ähnlichen Gelegenheiten. Sie scheiterten an der felsenfesten Treue und Anhänglichkeit des galizischen Soldaten an sein Kaiserhaus, an das schwarzgelbe Panier!

Da der angestrebte Zweck auf diese Art nicht erreicht werden konnte, so begegnete man dem Soldaten bei jeder Gelegenheit mit Spott und Hohn, und einzelne Officiere und Soldaten waren ihres Lebens nicht sicher.

Auch dies ertrug die brave Garnison Lembergs zwar mit Ingrimm, aber ohne der erbitterten Stimmung Luft zu machen. Der angestrengte Dienst wurde mit dem besten Willen, mit aller Aufopferung versehen und möglichst jeder Conflict mit dem Civile vermieden.

Endlich wurde das Maß voll!

Beschießung von Lemberg.

Ein unbedeutender Excess zwischen Nationalgarden und Soldaten in einem Wirtshause am 1. November abends halb 8 Uhr war der Beginn der offenen Empörung der in Lemberg herrschenden Umsturzpartei gegen die legitime Regierung. In kurzer Zeit stand die ganze Nationalgarde unter den Waffen.

Um 10 Uhr abends donnerten 3 Kanonenschüsse vom Sandberge, das Alarmsignal für die Garnison, welche sich auf ihren Alarmplätzen formierte. Das eigene 3. Bataillon stand am Fuße des Sandberges am rechten Flügel, die übrigen Truppen längs der oberen Promenade, bis zum General-Commando-Gebäude.

Indessen wurde in allen Gassen der inneren Stadt das Pflaster aufgerissen, Barrikaden errichtet und durch die Nationalgarde zwecklos gefeuert. Die Truppen blieben in ihrer Aufstellung die ganze Nacht vom 1. auf den 2. November, ohne einen Schuss zu thun; denn der Commandierende General der Cavallerie Baron Hammerstein versuchte noch immer die Empörer auf gütlichem Wege, ohne Blutvergießen, zur Besinnung zu bringen. Erst als die letzte Frist, welche er zur Abtragung der Barrikaden und zur Niederlegung der Waffen gestellt hatte, am Morgen des 2. November verstrichen war, erklärte er die Stadt in Belagerungszustand, und um 9 Uhr vormittags begann das Bombardement, welches durch 2 Stunden währte. Das Rathhaus und die Universität waren die ersten Gebäude, welche in hellen Flammen standen.

Um 12 Uhr mittags hörte die Beschießung auf und die Verhandlungen begannen auf's neue, welche endlich um 2 Uhr nachmittags zu folgendem Resultate führten:

Abtragung der Barrikaden — Entwaffnung der Nationalgarde — Ablieferung aller Waffen — Auslieferung der Anführer — Reorganisierung einer neuen Garde.

Was auf die wohlgemeinten Aufforderungen nicht erfolgte, war nun durch die Gewalt der Waffen erreicht worden.

Nebst dem Rathhause wurde noch eine Seite des Ringplatzes, die Krakauer und ein Theil der Haliczer Gasse eine Beute der Flammen.

Das eigene 3. Bataillon war mit den aufständigen Massen nicht in Berührung gekommen und sein Verlust beschränkte sich auf den verwundeten Gemeinen Harasiewicz der 16. Compagnie.

Die energischen Maßregeln, die nun getroffen wurden, verhinderten jeden neuen Aufstandsversuch.

Am 29. November wurde der Regimentsstab von Stryj nach Lemberg verlegt.

Die Ermordung des Kriegs-Ministers Graf Latour am 6. October 1848 veranlasste den Kaiser Ferdinand I. am morgen des 7. Wien zu verlassen.

»Da die Anarchie ihr Äußerstes vollbracht hat«, sagte er in dem hinterlassenen Manifest, »verlasse ich die Nähe meiner Hauptstadt, um Mittel zu finden, dem unterjochten Volke Hilfe zu bringen«.

Unter militärischer Bedeckung reiste er nach Olmütz, während der Reichstag in Kremsier eröffnet wurde.

Durch den Sturm der wechselnden Ereignisse ermüdet, legte Kaiser Ferdinand am 2. December 1848 zu Gunsten seines Bruders, des Erzherzogs Franz Carl, die Krone nieder, da die Durchführung der begonnenen Reformen jüngere Kräfte erheischte. Dieser Prinz leistete jedoch zu Gunsten seines erstgeborenen Sohnes, des Erzherzogs Franz Joseph, auf die Krone Österreichs Verzicht und letzterer bestieg als Franz Joseph I. den Habsburg'schen Thron.

Am 8. Jänner 1849 erhielt das 3. Bataillon und der Re- 1849.
gimentsstab die Weisung, am folgenden Tage zum Corps des Feldmarschall-Lieutenants von Malkowski nach Czernowitz aufzubrechen.

Doch schon am 10., in der Marschstation Stryj, erfolgte der Haltbefehl, da die Ungarn, welche unter dem Insurgenten-General Bem in die Bukowina eingedrungen, bereits wieder nach Siebenbürgen zurückgedrängt worden waren.

Gleichzeitig ordnete das galizische General-Commando die Formierung einer Brigade zu Stryj an, welche aus dem 3. und 4. Bataillon des Regimentes, dem 1. Bataillon Hoch- und Deutschmeister Nr. 4, der 2. Majors-Division Kaiser

Franz Joseph Chevauxlegers und einer 6pfündigen Fuß-Batterie zusammengesetzt wurde.

Deren Befehl übernahm Generalmajor von Fischer, der jedoch bald durch Generalmajor Baron Barco ersetzt wurde.

Der Zweck der Aufstellung dieser Brigade war die Beobachtung und Sicherung der Landesgrenze des Stryjer Kreises gegen Ungarn, und hauptsächlich die Deckung des Skoler Passes gegen einen Einfall der ungarischen Insurgenten, dem entsprechend auch die Truppenvertheilung stattfand.

Die 9. Division wurde nach Bolechow, die 16. Compagnie nach Dolina und Weldzisz, die 15. mit dem Bataillonsstabe nach Skole und die 7. Division an die äußerste Grenze nach Kliemetz verlegt.

Hingegen wurde die 12. Division von Bolechow nach Stryj gezogen, so dass das 4. Bataillon nachstehende Dislocation einnahm:

Der Stab mit der 20. Compagnie in Sambor; die 21. in Turka; die 22. in Borynia; die 19., 23. und 24. in Stryj, wo auch der Brigade- und Regimentsstab verblieb.

Am 15. Februar wurde der rechte Flügel des 3. Bataillons in dem äußerst beschwerlichen Grenzdienste durch das 1. Bataillon Deutschmeister abgelöst und nach Stryj eingezogen, während der linke Flügel in seinen Stationen blieb und auch Wyszkow besetzte.

Vom 4. Bataillon wurde die 22. Compagnie nach Krywka, die 21. nach Wysocko wyszne verlegt.

Die Aufgabe der Brigade Barco wurde bei den geringen Streitkräften, aus welchen sie bestand, bald eine sehr schwierige. Große Insurgenten-Massen concentreirten sich in Munkacs, durchstreiften die Marmaros, und ihre Absichten, die Karpathen zu überschreiten und den revolutionären Boden auch nach Galizien zu verlegen, traten immer deutlicher hervor.

Namentlich von den Vorposten des linken Flügels des 3. Bataillons liefen fortwährend Rapporte ein, welche einen Überfall der Insurgenten in den Stryjer Kreis in Aussicht stellten. Infolge dessen wurde anfangs März die ganze 16. Compagnie nach Ludwikówka vorgezogen, von wo sie die Vorposten unterhielt und später ein Detachement bis in das ungarische Grenzdorf Toronya verschob.

Die 17. Compagnie besetzte Weldzisz, die 18. Dolina.

Ein auf den 16. März verabredeter Angriffsplan auf die immer kecker werdenden Insurgenten, zu dessen Ausführung sich am 15. März die 16. und 17. Compagnie zu Toronya concentriert hatten, musste unterbleiben, da das Brigade-Commando eine neue Grenzbesetzung verfügte, der zufolge diese Compagnien nach Wyszkow marschieren mussten, während am 19. auch die 7. Division mittelst Vorspannswagen aus Stryj an die Grenze nach Wolosanka einrückte.

Es hatte sich eine feindliche, meistens aus Polen unter dem Fürsten Woroniecki zusammengesetzte, bei 3000 Mann starke Colonne gegen Nowo sielica und Toronya gewendet und ihre Vorposten bis an den Gebirgsfuß der Beskiden gegen die Truppen der Brigade Barco vorgeschoben.

Die Absicht des Generalmajor Barco war nun, den Feind anzugreifen und zurückzuwerfen, bevor letzterer noch weiter verstärkt wurde.

Dieser Angriff wurde in der Nacht vom 20. auf den 21. März gleichzeitig gegen Toronya und Nowo sielica ausgeführt und endete mit dem glücklichsten Resultate. Überfall von Toronya und Nowo sielica.

Die zu Wyszkow unter Commando des Hauptmanns Sied stehende 16. und 17. Compagnie, die noch durch einen Zug der 18. Compagnie und 50 Mann von Deutschmeister-Infanterie verstärkt worden waren, wurden zum Angriffe auf Toronya bestimmt.

Hauptmann Sied brach mit dieser Colonne am 20. um 7 Uhr abends in der Richtung gegen Toronya auf; es gelang ihm, die feindlichen Vorposten gänzlich zu umgehen, und um 1 Uhr nachts erschien er plötzlich und unerwartet im Orte, wo nun Schrecken und Verwirrung im höchsten Grade herrschten.

Nur die Bauart dieses Gebirgsdorfes, dessen Häuser mehrere hundert Schritte von einander liegen, machte es möglich, dass ein Theil der Insurgenten, der in den entfernteren Hütten lag, entkommen konnte, die anderen fielen todt oder lebend, manche noch im Bette in die Hände der Sieger.

Die Zahl der Gefangenen betrug: 1 Bataillons-Chef, 4 Officiere und 146 Mann, welche unverwundet waren und nach Stryj transportiert wurden. Nebstbei fielen noch eine Menge Verwundete in Gefangenschaft, konnten aber nicht mitgenommen werden.

Der Feind ließ 32 Todte am Kampfplatze, während der Verlust der eigenen Colonne nur 1 Todten und 4 Verwundete vom Feldwebel abwärts betrug.

Weiters wurden viele Gewehre und eine Masse Munition erbeutet.

Die Cadet-Corporale Kirchhof und Prorok der 16., die Feldwebel Wollak und Rambousek, die Corporale Ruszynia und Suchy der 17. Compagnie hatten sich durch ihr tapferes und aneiferndes Benehmen bemerkbar gemacht und wurden in der Relation unter den Ausgezeichneten genannt; Nachbenannte wurden jedoch für ihre besondere Bravour und Tapferkeit später decoriert: Gemeiner Jurko Andrysczyn der 17. Compagnie mit der goldenen Tapferkeits-Medaille.

Zimmermann Iwan Hawrylyszyn der 17. und Gemeiner Gugla der 16. Compagnie mit der silbernen Tapferkeits-Medaille 2. Classe, Hauptmann Jocob Sied und die Lieutenante von Cordier und Julian Merunowicz ernteten die Allerhöchste Belobung.

Nach diesem so gelungenen Überfalle wendete sich Hauptmann Sied, der Disposition gemäß, gegen Nowo sielica, welches Generalmajor Baron Barco mit der zweiten Colonne, die aus der eigenen 7. Division und 2 Compagnien Deutschmeister bestand, von Woloszanka aus gleichzeitig angriff, um den Aufständischen in die Flanke zu fallen.

Hauptmann Sied wurde ihrer zwar noch ansichtig, konnte sie aber nicht mehr erreichen, da sie sich durch den tiefsten Schnee über die höchsten Gebirge in der Richtung gegen Majdan zurückzogen und einen bedeutenden Vorsprung hatten.

Mittlerweile kamen dieser Colonne die sichersten Nachrichten zu, dass eine starke Abtheilung auf einem Gebirgswege, der Toronya nicht berührt, im Vorrücken gegen Wyszkow begriffen sei. So müde auch die Mannschaft durch das Gefecht und das viele Bergsteigen im tiefen Schnee und auf ungebahnten Wegen war, wurde dennoch sogleich der Marsch nach Wyszkow angetreten, wo die Colonne, ohne an diesem Tage abgekocht zu haben, am 21. spät abends einrückte und die nöthigen Vorsichtsmaßregeln gegen einen feindlichen Angriff, der aber nicht erfolgte, traf.

Während dieser Vorgänge bei einer Colonne war die andere am 20. um 5 Uhr abends von Woloszanka aufgebrochen, überstieg nachts auf unwirtbaren Pfaden die Gebirge, zog in der größten Stille durch das Dorf Lachowice, wo ein sorgloses feindliches Piquet aufgehoben wurde, und langte um

2 Uhr morgens unbemerkt im Rücken der feindlichen Stellung von Nowo sielica an.

Der fast gleichzeitige Angriff auf diese Position in Front und Rücken, der ohne Zögern stattfand, wurde von dem vollständigsten Erfolge gekrönt, Nowo sielica stürmend genommen und die ganze Insurgenten-Abtheilung bis auf einen geringen Theil gefangen.

Der Verlust der eigenen 7. Division bestand nur in 3 Verwundeten.

Um 8 Uhr früh trat die Colonne wieder den Rückmarsch nach Woloszanka an und die eigene 7. Division blieb an der Grenze bei Jelenkowate zur Versehung des Vorpostendienstes zurück.

Ein Generalsbefehl ddo. Lemberg am 22. März spendete in den anerkennendsten Worten sowohl dem Generalmajor Baron Barco,*) als auch den Officieren und der Mannschaft, welche diese Überfälle mitgemacht hatten, das verdiente Lob.

Nebst den bei der Schilderung des Überfalls auf Toronya bereits genannten Ausgezeichneten wurden auch von der 2. Colonne der Corporal Julius Dobrzànski, welcher einen Mann in dem Augenblicke niedermachte, als er sein Gewehr auf den General in Anschlag brachte, sowie der Gemeine Iwan Zabeskidski, beide der 14. Compagnie, mit der silbernen Tapferkeits-Medaille 2. Classe nachträglich decoriert.

Beide Colonnen hatten Außerordentliches geleistet. Die Truppen hatten einen Marsch von 18, beziehungsweise 24 Stunden bei einem furchtbaren Sturmwinde und Schneegestöber, bis über die Knie im Schnee watend, über die 4000' hohen Beskiden, theilweise auf Strecken, durch welche gar kein Weg führte, zurückgelegt; Generalmajor Barco zu Fuß an ihrer Spitze.

Der Gegner war vollständig zersprengt worden, ein großer Theil gefangen und auf 10 Meilen in der Runde war kein Feind zu sehen.

Am 24. März wurde auch die 18. Compagnie nach Wiszkow beordert, wo nun der linke Flügel des 3. Bataillons concentriert war, während der rechte sich am 27. sammt dem Bataillonsstabe in und bei Woloszanka vereinigte und durch die 24. Compagnie verstärkt wurde.

Die 21. und 22. Compagnie waren noch am 16. März nach Sambor, die 23. nach Stryj, die 20. nach Skole marschiert.

*) Erhielt für diese That das Ritterkreuz des Maria Theresien-Ordens.

Zu Stryj war das 5. Bataillon mit 6 Compagnien, welche die Nummern 25—30 erhielten, und 200 Gemeine stark waren, errichtet worden.

Der neubeförderte Major Josef Hopf von Hopfenstern wurde mit dem Commando dieses Bataillons betraut, welches vorläufig zu Stryj verblieb.

Gleichzeitig erfolgte die Transferierung des überzähligen Oberstlieutenants Vincenz Colle zu Zanini-Infanterie Nr. 16 und die Ernennung des Majors und Grenadier-Bataillons-Commandanten Carl Gaus zum überzähligen Oberstlieutenant im Regimente.

Am 16. April vereinigte sich das 3. Bataillon in Kliemetz, wo Generalmajor Baron Barco mit Ausnahme des eigenen 4. Bataillons seine Brigade concentrierte. Dieselbe sollte offensiv vorgehen und über Munkács und Ungvár mit dem mittlerweile direct nach Kaschau in der Vorrückung begriffenen Armee-Corps des Feldmarschall-Lieutenant Vogel in Verbindung treten.

Tiefe, überschwemmte Thäler, unwegsame Schluchten, zerstörte Brücken, überhaupt alle erdenklichen Marschhindernisse machten diese Vorrückung bei dem gänzlichen Mangel an Brückenmateriale und Pionnieren und den vermehrten Streitkräften des Feindes nicht nur äußerst beschwerlich, sondern auch sehr gefährlich.

Der Abmarsch der Brigade von Kliemetz begann am 19. April. Das eigene 3. Bataillon bildete die Avantgarde und rückte bis an die Grenze geschlossen vor; hier aber theilte es sich in 2 Colonnen.

Der rechte Flügel blieb als Avantgarde auf der Hauptstraße, während der linke die Umgehungs-Colonne bildete, die sich über die Gebirge zog und Veretzke im Rücken anzugreifen bestimmt war. Aber der Feind, von jeder Bewegung der k. k. Truppen vortrefflich unterrichtet, beeilte sich, Veretzke zu räumen, und als der linke Flügel daselbst eintraf, war schon die Brigade in dem Orte eingerückt und bezog das Lager. Das eigene 3. Bataillon wurde auf Vorposten beordert.

Am 20. wurde um 5 Uhr morgens gegen Munkács aufgebrochen, das 3. Bataillon formierte die Geschützbedeckung, die 8. Division die Arrièregarde.

Die Insurgenten räumten alle ihre Stellungen, selbst die starke Verschanzung am Rozdieler Berge ohne Schwertstreich, so dass die Brigade an diesem Tage ungehindert bis Polena gelangte, wo um 11 Uhr nachts das Bivouak bezogen und von wo am 21. über Holubina bis Pasicka vorgerückt wurde.

Gefecht bei Munkács.

Der 22. April war zum Angriff auf Munkács bestimmt, in dessen Besitz der sehr überlegene Feind eine außerordentliche Widerstandsfähigkeit entwickeln konnte.

Wieder bildete das 3. Bataillon Graf Hartmann die Avantgarde und gelangte, ohne auf den Feind zu stoßen, um 9 Uhr morgens bis in die Nähe der Stadt. Die Insurgenten hatten die Brücke über die Latorcza abgetragen, mit Geschütz besetzt und hinter dem Flusse Stellung genommen, hielten aber auch diesseits das Dorf Rolczyn und die dortige Alaunhütte fest.

Die Avantgarde marschierte nun in Gefechtsformation auf, Generalmajor Baron Barco ließ die Haubitzen der Batterie vorrücken und auf die hinter der abgetragenen Brücke placierten feindlichen Geschütze das Feuer eröffnen, während er das eigene 3. Bataillon zum Sturme auf die Alaunhütte bestimmte.

Die 16. Compagnie wurde in Plänkler aufgelöst, die 15. bildete die Unterstützung und die 9. Division die Reserve; die 7. Division war im Dorfe Szt. Miklós zur Requisition zurückgelassen worden.

Nach einem kurzen, aber heftigen Kampfe gelang es der 16. Compagnie, die Alaunhütte zu nehmen und auch das Dorf Rolczyn vom Feinde zu säubern, während die in die rechte Flanke beorderte 18. Compagnie jene Tirailleurschwärme, die sich da zeigten, gleichfalls über die Latorcza zurücktrieb, so dass diesseits des Flusses kein Feind mehr stand.

Ein heftiges Feuergefecht entspann sich nun zwischen beiden Ufern.

Leider war die Brigade mit keiner Brücken-Equipage versehen und den braven Pionnieren, unter Anführung des Oberlieutenants Kornberger des eigenen Regiments, konnte es trotz ihrer Todesverachtung bei dem mörderischen Geschützfeuer des Feindes und dem Mangel an Material nicht gelingen, einen Übergang herzustellen.

Ein durch Hauptmann Washara mit 30 Mann unternommener Versuch, den Fluss zu durchwaten, scheiterte ebenfalls an der Tiefe des Wassers, und so blieb endlich der

Brigade nichts übrig, als sich dem nun zwecklosen Ausharren im feindlichen Feuer zu entziehen und das Gefecht abzubrechen.

Abermals wurde das eigene 3. Bataillon, obschon es 6½ Stunden im Feuer gewesen war, zur Deckung des Rückmarsches bestimmt, so dass es erst um 3 Uhr nachts das Lager bei Polena erreichen konnte.

Der Verlust desselben bestand in 4 Todten, 8 Verwundeten, worunter Hauptmann Washara schwer, und 11 Vermissten.

Unter den Ausgezeichneten nennt die Relation nächst dem Bataillons-Commandanten Hauptmann Sied, die Hauptleute Washara und Mendius, den Oberlieutenant Kornberger, die Lieutenante Cordier und Emperl.

Von der Mannschaft: den Tambour Schwarz der 14., Corporal Pich, Gemeinen Foryniec und Schneidler der 15., Feldwebel Lomnicki und Corporal Andrzejow der 16., Feldwebel Wollak, Cadet Abraham, Corporal Holimczuk, Tambour Skliniarz und Gemeinen Gaza der 17., Feldwebel Schwarzer, Corporal Soltysczak, Gefreiten Gylowski und Polatayka, dann die Gemeinen Lachowolski, Toftyn und Kohut der 18. Compagnie, welche sich alle durch ihre besondere Bravour und Tapferkeit bemerkbar gemacht hatten.

Doch wurde auch dem ganzen Bataillon für den an den Tag gelegten Muth und das so standhafte Ausharren durch mehrere Stunden im heftigsten feindlichen Kanonenfeuer die öffentliche Belobung im Brigade-Tagesbefehl als wohlverdiente Anerkennung zutheil.

Am 23. wurde der Rückmarsch bis Verbiász, am 24. bis Tucholka, am 26. bis Skole, am 27. bis Synowuzko fortgesetzt und am 28. April in Stryj eingerückt, von wo das 3. Bataillon mit der Brigade Barco am folgenden Tage über Galizien und Mähren den Marsch zur Haupt-Armee nach Ungarn antrat und sich am 16. Juni mit dem Regimente bei Hédervár vereinte.

Nach dem Abmarsche des 3. Bataillons hatte das 4. allein den Grenzdienst übernommen, der Regimentsstab mit dem 5. Bataillon marschierten am 24. Mai nach Lemberg.

Das Commando des 4. Bataillons übernahm der vom Baron Welden 20. Infanterie-Regimente zutransferierte Major Friedrich Wussin, während Major Alois Schaffner zum 2. Bataillon transferiert wurde und nach Ungarn abgieng.

DIE VEREINIGTEN DREI FELD-BATAILLONE.

Die Epoche vom Anfang des Monates Mai bis Mitte Juni ward an der oberen Donau durch kein kriegerisches Ereignis von Bedeutung ausgefüllt.

Nach den ungünstigen Ereignissen, welche die in Ungarn operierende k. k. Armee im April 1849 getroffen hatten, ordnete Feldzeugmeister Baron Welden den Rückzug der verschiedenen Heerestheile aus dem Innern nach den Grenzen des Landes an. Nach der Schlacht bei Gödöllö concentrierte sich das 1., 2. und 3. Armee-Corps.

Das 1. Armee-Corps stand mit der Division Liechtenstein bei Wieselburg, die Avantgarde gegen Hochstraß vorgeschoben. Von der Division Wallmoden hielt die Brigade Fiedler die kleine Schütt bei Hédervár besetzt, die Cavallerie-Brigade Ludwig stand bei Ungarisch-Altenburg in Reserve, wo sich das Corps-Hauptquartier befand.

Das Armee-Ober-Commando führte später Feldzeugmeister Baron Haynau. Das Regiment war im 1. Armee-Corps Feldmarschall-Lieutenant Graf Schlick, Division Feldmarschall-Lieutenant Graf Wallmoden, Brigade Fiedler eingetheilt.

Am 3. Juni vereinigten sich die ersten 2 Feld-Bataillone zu Hédervár, woselbst das 2. Bataillon blieb, während das 1. nach Ráro verlegt wurde. Infolge dessen wurde auch der Regimentsstab zur Armee gezogen, wo der voraneilende Oberst von Howiger am 6. eintraf.

Am 7. Juni rückte die Brigade Fiedler, in der das Regiment geblieben war, von Hédervár ab, vertrieb die feindlichen Vorposten und besetzte das Dorf Zámoly. Am folgenden Tage wurde wieder in Hédervár eingerückt, wo am 16. Juni auch das 3. Bataillon unter Commando des Hauptmannes Sied eintraf und nach Halassi dislociert ward.

Am 19. Juni begannen die Bewegungen zur Concentrierung der Armee bei Ungarisch-Altenburg, die am 26. beendet waren.

Das 1. Armee-Corps war in seiner Stellung bei Wieselburg geblieben.

Das Armee-Hauptquartier wurde von Pressburg am 26. nach Ungarisch-Altenburg verlegt, wohin sich Seine Majestät der Kaiser Franz Joseph selbst begab, um Zeuge der glänzenden Eröffnung der Offensiv-Operationen zu sein und durch seine Gegenwart die Begeisterung der Truppen zu erhöhen.

Am 27. Juni geschah die Vorrückung gegen die feindliche Stellung bei Raab, das 1. Armee-Corps rückte an diesem Tage bis Barátföld. Am 28. erfolgte der Angriff auf Raab.

Einnahme von Raab.

Das 1. Armee-Corps sollte der Disposition gemäß am Morgen des 28. den übrigen Corps einen Vorsprung gewinnen lassen, sodann Abda angreifen, daselbst den Fluss überschreiten und den Feind in der Front beschäftigen.

Demnach rückte es auf der Chaussée gegen Abda vor, die Brigade Bianchi formierte die Avantgarde, ihr folgte die Brigade Sartori auf der Straße; — die Brigade Reischach bildete den linken Flügel und marchierte um 11 Uhr vormittags von Dünaszeg und Zámoly über Ujalu gegen Révfalu ab.

An der Rabnitz wurde die Haupt-Colonne mit einem lebhaften Feuer aus den dortigen feindlichen Verschanzungen empfangen, welche jedoch nach einer halbstündigen Vertheidigung von den Insurgenten geräumt wurden, die sich, nachdem sie die Abda-Brücke in Brand gesteckt, in die Hauptverschanzung zurückzogen; nun setzte das 6. Jägerbataillon auf das jenseitige Ufer über, stellte die Verbindung mit der Brigade Benedek in der rechten Flanke her und es begann der Brückenschlag über die Rabnitz, der um 3 Uhr nachmittags beendet war.

Hierauf wurde in gleicher Höhe mit dem 4. Armee-Corps gegen die zweite Linie der feindlichen Verschanzungen vorgegangen und durch die vereinte Wirkung der Artilleriekräfte beider Corps der Feind auch zur Räumung dieser Position gezwungen.

Um den Insurgenten keine Zeit zu lassen, sich in den Vorstädten von Raab festzusetzen, ließ Feldmarschall-Lieutenant Graf Schlick gleich nach Einnahme der verschanzten Linie eine zwölfpfündige Batterie vorrücken, und die Stadt, sowie die Wiener Vorstadt beschießen. Ein Gleiches thaten die Brigaden Bianchi und Reischach. Letztere war ohne namhaften Widerstand in Révfalu eingedrungen, hatte die abgebrochene Brücke über den Donauarm hergestellt, den äußersten linken Flügel der Schlachtlinie gebildet und rückte bei dem Sturme auf die Stadt, über die Barrikade des Wasserthores, gleichzeitig mit der Brigade Bianchi in Raab ein. Die Division Wallmoden, zu der bekanntlich das Regiment gehörte, welches in dieser Affaire keinen Verlust erlitt, rückte nun auf der Komorner Straße, den Feind stets vor sich hertreibend, bis Gönyő vor, wo sie um Mitternacht anlangte und das Lager bezog.

Nach dem Verluste von Raab hatten sich die Insurgenten hinter den Czonczo-Bach zurückgezogen, die Armee folgte ihnen am 29., und zwar das 1. Armee-Corps bis Sz. János, die Brigade Reischach bis Gönyő als linker Flügel.

Am 30. rückte das 1. Corps mit dem linken Flügel bis Lovad, mit dem Gros nach Ács, um auf den Höhen hinter dem Czonczo-Bache Stellung zu nehmen.

Dem Feldzeugmeister Baron Haynau war es nicht unbekannt, dass die Insurgenten bei Komorn eine bedeutende Streitmacht mit zahlreichem Geschütz concentriert hatten; es war demnach anzunehmen, dass ihr Anführer Görgey unter den schützenden Wällen des verschanzten Lagers eine Schlacht annehmen werde, wonach Haynau strebte.

Er ordnete demnach für den 2. Juli eine allgemeine Vorrückung gegen Komorn an.

Das 1. Armee-Corps verließ mit Tagesanbruch seinen Lagerplatz und rückte, ohne auf ernstlichen Widerstand zu stoßen, vor. Die Brigade Reischach war beordert worden, die Brücke über den Czonczo-Bach herzustellen und nach dem Übergange über den Bach den jenseitigen Weingarten und Wald zu besetzen. **Schlacht bei Komorn.**

Als das 4. Corps seinen Aufmarsch bewirkt hatte, ließ Feldmarschall-Lieutenant Graf Schlick alle seine Colonnen vorrücken, um den Feind, welcher mehrere Husaren-Abtheilungen und einige Batterien außerhalb des Lagers stehen gelassen hatte, vollständig in seine Verschanzungen zu werfen.

Es war 8 Uhr morgens.

Das Gefecht entspann sich zuerst auf dem linken Flügel bei der Brigade Reischach. Der Feind richtete gegen dieselbe ein mörderisches Feuer aus den Schanzen am Sandberge; um dies abzulenken, beorderte Feldmarschall-Lieutenant Graf Wallmoden eine halbe Raketen-Batterie gegen die Verschanzungen, die ein so wirksames Feuer eröffnete, dass der Feind den Entschluss fasste, sie mittelst eines Ausfalles zu vertreiben.

Dieser Ausfall, durch die Weingärten gegen die linke Flanke der Brigade Reischach unternommen, wurde unter persönlicher Leitung des Brigadiers durch eine Division Kaiser-

Jäger und das Landwehr-Bataillon Parma glänzend zurückgeschlagen und der Feind auf das heftigste verfolgt.

Die Hitze der Verfolgung, die Kampfbegierde der Truppen und die Bravour des Generalmajors Baron Reischach, der sich an diesem Tage das Maria-Theresienkreuz erwarb, brachte die Brigade, ungeachtet des heftigsten Kartätschenfeuers, bis an die Verschanzungen, von denen auch, unterstützt durch den linken Flügel der Brigade Sartori, drei nacheinander erstürmt wurden.

»Die Besatzung der Schanzen wurde durch die Stürmenden niedergemacht, doch erlitten auch die braven Regimenter Parma und Hartmann einen namhaften Verlust«, sagt das Bulletin.

Bei dieser Gelegenheit wurden 2 Zwölfpfünder, 2 Achtzehnpfünder, 1 Bombenmörser und 1 Pulverkarren erbeutet, und zwar der Mörser durch den Unterlieutenant Makowski des Regimentes.

Die Brigade Reischach suchte sich, trotz des mörderischen Kartätschen- und Kleingewehrfeuers, welches der Feind von den nächsten dominierenden Verschanzungen auf sie richtete, zu behaupten. Es war halb 11 Uhr morgens.

Um diese Zeit erhielt Feldmarschall-Lieutenant Schlick den Befehl, mit seinem Corps die Einschließung Komorns auf dem rechten Donauufer zu bewirken. Während er die diesbezüglichen Dispositionen traf, wurde jedoch die Brigade Reischach durch ein dreifaches Kreuzfeuer so hart mitgenommen, dass sie außer stande war, sich im Besitze der eroberten Schanzen zu behaupten. Feldmarschall-Lieutenant Graf Wallmoden wurde sonach beauftragt, die Schanzen, deren Eroberung ohnehin gegen die erlassenen Dispositionen war, räumen zu lassen, die Brigade Reischach langsam zurückzuziehen und sie in das Lager am linken Ufer des Czonczo-Baches zu führen, wie es die Disposition vorschrieb. Dieser Befehl wurde ausgeführt; doch das Verlassen der Schanzen bewog den Feind mit 10—12 Bataillonen zu folgen und die Brigade derart zu drängen, dass noch ein Theil der Brigade Sartori herbeigezogen werden musste, um den Rückzug zu decken.

Um 2 Uhr nachmittags, nach Passierung des Megyfawaldes, übernahm die Brigade Sartori gänzlich das Gefecht und löste die Brigade Reischach ab, welcher nun die Möglichkeit geboten wurde, sich zu formieren und in Ordnung die Stellung, am linken Czonczoufer zu beziehen. Der erbeutete Mörser wurde vom Regimente mitgeschleppt, um einen Beweis mitzubringen, dass dasselbe in den Schanzen war.

Feldmarschall-Lieutenant Graf Schlick führte sein Corps, Schritt für Schritt fechtend, eine Brigade um die andere, ein Bataillon um das andere ablösend, zurück.

Nun entwickelte sich der Kampf um den Ácser Wald, bei welchem aber die Brigade Reischach nicht mehr ins Gefecht kam, und der bei einbrechender Dunkelheit damit endete, dass der Feind endlich überall mit großem Verluste in seine Verschanzungen zurückgeworfen wurde.

Der Verlust des Regimentes an diesem Tage betrug an Todten: Hauptmann Keller, Oberlieutenant Regiments-Adjutant Weiss, Unterlieutenant von Cordier und 18 Mann. Verwundeten: Hauptmann Vanderstädts (seinen Wunden erlegen), und Lanko, Oberlieutenant von Begg, von Chiolich, Pokorny, Koch, Unterlieutenant Hoberger (seinen Wunden erlegen) und 118 Mann vom Feldwebel abwärts.

Unter den besonders Ausgezeichneten nennt die Relation: den Unterlieutenant Makowski. Derselbe war einer der Ersten in den Schanzen, erbeutete einen Bombenmörser und brachte ihn glücklich zurück, wofür er mit dem Orden der eisernen Krone 3. Classe ausgezeichnet wurde.

Die Hauptleute Lanko und Vanderstädts, den Oberlieutenant Pokorny und den Oberarzt Dr. Moser. Letzterer befand sich während des ganzen Gefechtes stets in den vordersten Reihen und erfüllte nicht nur seine ärztliche Pflicht, sondern eiferte auch durch Worte die Mannschaft an.

Er wurde hiefür mit der goldenen Civil-Verdienst-Medaille ausgezeichnet und fand hiedurch und in der Hochachtung des ganzen Regimentes den verdienten Lohn.

Von der Mannschaft hatten sich besonders die Fahnenführer Jakim Motrycz und Stas Rosziniez durch Kaltblütigkeit und Bravour hervorgethan, beide waren mit den Fahnen, die zahlreiche Kugelspuren davontrugen, stets voran, und pflanzten sie auf die erstürmten Wälle.

Sie wurden mit der silbernen Tapferkeits-Medaille 1. Classe decoriert.

Weiters zeichneten sich sowohl während des Gefechtes in den Weingärten, als auch bei der Erstürmung der Schanzen durch Tapferkeit und wahre Todesverachtung aus, und erhielten die silberne Tapferkeits-Medaille 2. Classe: Feldwebel Emil Halewicz, Gemeiner Ilko Miniow der 7., Corporal Johann Palczynski, Gemeiner Sen Piskowicz der 8., Feldwebel Franz Ehm, Gefreiter Fed. Kolinko der 9., Gemeiner Timko Feifer, der 10., ex propriis-Corporal Wilhelm Wolf der 14., Feldwebel Zacharias Lomnicki der 16., Feldwebel Johann Wollak und Gemeiner Iwan Sochan der 17., Feldwebel Wild, Corporal Georg Böhm, Hrin Soltyscak der 18., Corporal Adalbert Dabrowski und Bernhard Plischek unbekannter Compagnien; endlich der Gemeine und Bandagenträger Fanger der 7. Compagnie, welcher stets an der Seite des braven Oberarztes Dr. Moser, sich sowohl durch seine Kaltblütigkeit, als liebevolle Behandlung der Verwundeten verdient gemacht hatte.

Schließlich sind noch einer ehrenvollen Erwähnung würdig Feldwebel Anton Lisiewicz der 8. und Corporal Leon Chodacznik der 10. Compagnie.

Obwohl nur diese Braven genannt wurden, hatte sich die ganze Brigade Reischach mit ihrem heldenmüthigen Führer, welcher das Ritterkreuz des Maria Theresien-Ordens erhielt, am 2. Juli besonders hervorgethan.

Die Stellung des 1. Armee-Corps nach der Schlacht war folgende:

Brigade Sartori im Ácser Walde,

Cavallerie-Brigade Ludwig bei Puszta Herkály,

die Brigaden Schneider und Bianchi bei Ács und

die Brigade Reischach hinter dem Czonczobache, mit dem linken Flügel an die Donau gestützt.

Vom 3. bis 10. war das Regiment theils auf Vorposten, theils im Lager, und es fiel in diesen Tagen nichts von Bedeutung vor, aber am 11. Juli gegen Mittag vollführte der Feind, unter Begünstigung eines dichten Nebels und Regens, einen Ausfall aus Komorn und dem verschanzten Lager, dessen Hauptstärke auf den Ácser Wald, auf Puszta Herkály und Puszta Csém, also auf das 1. Armee-Corps gerichtet war.

Schlacht bei Komorn.

Die Brigade Schneider, welche die Vorposten im Ácser Walde unterhielt, wurde sofort durch 2 Bataillone der Brigade Reischach, worunter das 2. Bataillon des Regimentes unter Major Schaffner, verstärkt, und auf diese erfolgte der erste feindliche Angriff mit solcher Übermacht, dass die Plänklerkette an mehreren Stellen durchbrochen wurde und sich auf die Reserven zurückzuziehen genöthigt war. Aber

Oberst Baron Schneider sammelte seine Brigade und trieb die Insurgenten durch mehrere kühne Bajonnettangriffe wieder aus dem Walde, der jedoch später abermals verloren gieng.

Während sich die Brigade Schneider nun hinter dem Walde concentrierte, war bereits das ganze 1. Armee-Corps aus seinen Lagerstellungen vorgerückt und die Brigaden Bianchi und Reischach stellten das Gefecht wieder her. Letztere ließ Feldmarschall-Lieutenant Graf Schlick zur Verstärkung des linken Flügels den Czonczobach überschreiten und längs der Donau vorrücken.

Die Hauptanstrengungen der Insurgenten waren unausgesetzt dahin gerichtet, vollständig in den Besitz des Ácser Waldes zu gelangen, um gegen Ács selbst vorzudringen.

Generalmajor Baron Reischach bewegte sich längs der Donau vor, ließ die Batterie auf der großen Waldblöße zwischen dem Ácser- und Megyfa-Walde auffahren und empfieng den aus den an der Donau gelegenen Weingärten vorrückenden Feind mit einem so heftigen Kartätschenfeuer, dass dessen Bewegung sogleich eine Grenze fand. Gleichzeitig entsendete er das 3. Bataillon des Regimentes rechts in den Ácser Wald, um die vorrückende feindliche Tirailleurkette in die Flanke zu fassen und den Sturm der Division Liechtenstein zu unterstützen. Nun stürzten sich die Brigaden Reischach, Schneider und Bianchi gleichzeitig auf den Feind und warfen ihn aus dem Walde, den wieder zu erobern ihm nicht mehr gelang. Feldmarschall-Lieutenant Graf Schlick hatte indessen sein Corps zur weiteren Vorrückung formiert und eröffnete mit seinen Batterien ein so heftiges Feuer auf die Reihen der Insurgenten, dass sie sich zum eiligsten Rückzuge in ihre Verschanzungen wendeten.

Um 5 Uhr nachmittags war die Schlacht beendet; denn nicht nur die Angriffe des Feindes auf den Ácser Wald, sondern auch auf das Centrum der österreichischen Stellung waren vollkommen misslungen und die Gegner auf allen Punkten in die Festung Komorn zurückgeworfen.

Die Palme des Sieges hatten, nach dem Generalmajor Benedek, das 1. Bataillon Nassau und alle Truppen des 1. Armee-Corps unter Führung des tapferen Feldmarschall-Lieutenants Grafen Schlick errungen.

Vom Regimente nennt die Relation folgende Namen mit Auszeichnung: Fahnenführer Motrycz. Derselbe that sich sowohl durch seinen persönlichen Muth, als auch durch sein rastloses Aneifern der Mannschaft glänzend hervor und war mit der Fahne in der Hand stets an der Tête des 2. Bataillons.

Feldwebel Halewicz der 7. Compagnie; obschon am linken Arm verwundet, wich er dennoch nicht aus den Reihen der Kämpfenden und trug viel dazu bei, dass die 7. Compagnie rasch gegen den Feind vordrang.

Beide waren schon für den 2. Juli zur Auszeichnung eingegeben.

Feldwebel Lisiewicz der 8., welcher sich mit kühnem Muthe immer voran befand, bei jedem Sturme mit dem schönsten Beispiele vorgieng, machte mit dem Corporal Chodacznik der 10. Compagnie bei einem raschen Angriffe einen feindlichen Officier gefangen. Da sich die braven Unterofficiere überhaupt bei jeder Gelegenheit durch ihre besondere Bravour und Herzhaftigkeit hervorthaten, so war diesmal die silberne Tapferkeits-Medaille 1. Classe ihr wohlverdienter Lohn.

Endlich den Corporal Ludwig Sebastian, die Gemeinen Dobenczuk, Kusznirz und Staresz der 7., denen es gelang, mehrere Gefangene zu machen, sowie den Corporal Palczynski, Martinyszyn, die Gemeinen Mellen, Stec, Szulik, Lewandowski und Matyiow der 8., Gefreiten Lotut und Gemeinen Kott der 9. und Corporal Plischek der 10. Compagnie, welch letztere sich sehr muthig benommen.

Der Verlust in dieser Schlacht betrug beim 2. Bataillon: Todt: 1 Mann. Verwundet: Die Unterlieutenante Mayern und Willmann und 6 Mann. Vermisst: 5 Mann.

Das 3. Bataillon zählte nur 3 Verwundete, das 1. erlitt gar keinen Verlust.

Nach der verlorenen Schlacht bei Komorn sah sich Görgey veranlasst, mit dem größten Theile seines Heeres Komorn zu verlassen und am linken Donauufer gegen Waitzen abzuziehen, demnach auch Feldzeugmeister Baron Haynau, der gleichzeitig das Vorrücken der russischen Haupt-Armee gegen Waitzen und Pest erfuhr, gegen Ofen aufbrach, nachdem er das 2. Corps zur Cernierung Komorns bestimmt hatte. Doch musste vorläufig auch das 1. Corps noch bei Ács stehen bleiben, da es noch ungewiss war, wie viele Truppen der Feind in Komorn zurückgelassen hatte.

Erst am 23. Juli brach es in forcierten Märschen aus der Gegend von Ács nach Pest auf, rückte am 27. vom Lager am Rákos ab und ohne Rasttag über Czegléd nach Makó an der Maros, so dass nach diesem Gewaltmarsche Feldmarschall-Lieutenant Graf Schlick am 5. August, während der von der Haupt-Armee den Isurgenten gelieferten siegreichen Schlacht bei Szöreg, schon auf der Rückzugslinie des Feindes stand.

In Makó wurden große Vorräthe an Lebensmitteln und 53 Wagen erbeutet.

Die Leistung des 1. Armee-Corps, welches bei einem durch die Cholerazeit herabgekommenen Gesundheitszustande die Strecke von Ács über Pest, Czegléd, Alpár, Vásárhely bis Makó — über 40 deutsche Meilen — bei der enormen Hitze und bei großem Mangel an Trinkwasser in dem tiefen heißen Sande dieser öden Gegenden ohne Rasttag in 13 Märschen zurücklegte, gehört unstreitig zu den hervorragendsten und rechtfertigte die ungewöhnliche Aufforderung des Armee-Ober-Commandanten.

Am 6. gieng das Corps weiter über Csanád, Rácz, Szt. Péter und Perjámos, schob noch am 8. abends seine Avantgarde gegen Majláthfalva vor und am 9., dem Schlachttage von Temesvár, wurde das aus den Brigaden Reischach und Schneider bestehende Gros des Corps nach Vinga dirigiert, um der Haupt-Armee näher zu sein, wo große Magazine erbeutet wurden.

Am 10. erhielt das Corps die Bestimmung, die Einschließung der Festung Arad auf dem linken Marosufer zu bewirken. Es wurde um 10 Uhr vormittags von Vinga abmarschiert, die Brigade Reischach bildete mit 1 Escadron die Avantgarde, dann folgten die Brigaden Schneider und Ludwig mit der Corps-Geschützreserve. Gefecht bei Dreispitz.

Vor dem Orte Dreispitz wurde, da die Gegend vom Feinde besetzt war, die Gefechtsordnung formiert und in dieser weiter vorgerückt. 1 Escadron Cavallerie formierte die Avantgarde, rechts der Straße marschierte die Brigade Reischach, links die Brigade Schneider.

Gegen 1 Uhr nachmittags setzten sich alle Truppen in Marsch. Einzelne Husaren-Abtheilungen, die sich hie und da sehen ließen, wurden durch einige wohl gezielte Kanonenschüsse bald vertrieben und zogen sich zurück.

Um die Insurgenten (1. Corps Nagy Sándor) zur Entwickelung ihrer Streitkräfte zu zwingen, beorderte der Corps-Commandant die Avantgarde-Escadron mit 3 Geschützen rasch vorzudringen und sie anzugreifen.

Generalmajor Baron Reischach setzte sich an die Spitze dieser Abtheilung, während seine Brigade zur Unterstützung nachfolgte, und eröffnete ein lebhaftes Geschützfeuer, welches der Feind unter Entfaltung seiner Streitkräfte mit großer Überlegenheit erwiderte.

Die feindliche Stellung war sehr günstig. Der rechte Flügel hielt mit Geschütz und Infanterie die auf einer Höhe gelegenen Weingärten besetzt, sein Centrum beherrschte die Straße und die ganze freie Terrainstrecke, auf welcher das Corps aus dem Dorfe Dreispitz debouchieren musste; der linke Flügel lehnte sich an einen vertheidigungsfähigen Meierhof, war ürigens durch einen besetzten vorliegenden Wald verstärkt, vorzüglich haltbar aber dadurch, dass mehrere Geschütze auf einer dominierenden Höhe hinter dem Walde placiert waren, die sowohl diesen, als die vorliegende Terrainstrecke wirksam bestrichen.

Ohne zu zögern, ließ Feldmarschall-Lieutenant Graf Schlick die 12-Pfünder-Fußbatterie Nr. 11 auf der Straße, das 1. Bataillon Kaiser-Jäger und das 3. Bataillon des Regimentes gegen den Wald, 2 Bataillone Parma gegen die Weingärten, die Raketen- und die Schlick-Batterie (aus eroberten Geschützen bestehend) unter Cavalleriebedeckung zur Umgehung des Feindes in seiner linken Flanke vorrücken und zum Angriffe schreiten. Die den Truppen gegebene Aufgabe wurde mit Pünktlichkeit gelöst, der Wald und die Weingärten im ersten Anlaufe mit dem Bajonnette genommen und auch die rückwärts gelegene, mit Kanonen besetzte Höhe nach einem kaum dreiviertelstündigen Gefechte erstürmt.

Generalmajor Baron Reischach befand sich selbst an der Spitze des eigenen 3. Bataillons und der Jäger, die den Wald stürmten.

Die Truppen folgten dem sich in Ordnung zurückziehenden Feinde bis auf die Felder von Neu-Arad, wo die Gefechtsstellung beibehalten und bei einbrechender Dunkelheit die Vorpostenaufstellung und vollständige Cernierung von Arad auf dem diesseitigen Ufer bewirkt wurde.

Der Verlust des 3. Bataillons, welches Hauptmann Sied mit Bravour vorgeführt hatte, bestand in 1 Todten und 4 Verwundeten, die übrigen 2 Bataillone erlitten keinen Verlust.

Gegen Abend des 11. verschwanden die feindlichen Vorposten gänzlich und das 2. Bataillon des Regimentes und eines von Schönhals besetzten Neu-Arad und Sz. Miklos, um auf diese Art die engere Cernierung der Festung zu bewerkstelligen.

Görgey hatte bereits am Morgen des 11. die Festung verlassen, gieng am rechten Ufer der Maros aufwärts bis Radna, wo er eine Brücke schlagen ließ, um über Lippa nach Lugos zu entkommen, allein Feldzeugmeister Baron Haynau hatte in der Voraussicht dieses Versuches schon am 10. dem 1. Armee-Corps die Besetzung dieses Übergangs-Punktes aufgetragen.

Scharmützel bei Lippa.

Infolge dessen wurde in der Nacht vom 11. auf den 12. Oberst von Howiger mit dem 1. und 3. Bataillon des Regimentes, 1 Escadron und 1 12-Pfünder-Batterie nach Lippa entsendet, wo er am 12. um 1 Uhr nachmittags in dem Augenblicke eintraf, als bereits eine feindliche Truppen-Abtheilung auf das linke Maros-Ufer debouchiert war, um, wie es schien, das Übersetzen größerer Truppenmassen und eines Bagagetrains zu decken. Das Erscheinen des Detachements brachte sogleich die größte Verwirrung hervor, alles eilte in wilder Flucht über die Schiffbrücke, welche der Feind unter dem Schutze einiger am jenseitigen Ufer placierten Geschütze abbrannte.

Oberst von Howiger vertrieb die Insurgenten durch einige Kanonenschüsse auch vom rechten Ufer vollends und nahm nun Lippa in Besitz, wo er eine Gewehr- und Säbelfabrik, ein Montur-Dépôt und überhaupt sehr große ärarische Güter, endlich sieben mit Ökonomie-Gegenständen beladene Schiffe erbeutete, gegen 200 Gefangene machte und eine große Anzahl gefangener k. k. Officiere und Militärbeamten befreite.

So scheiterte der letzte Versuch Görgeys, über die Maros zu entkommen. Diese letzten Manöver bei Dreispitz und Lippa waren entscheidend und führten den Tag von Vilagos herbei.

Am Abende des 12. bezog der Oberst ein Lager auf den Höhen von Neudorf und am 13. wieder bei Lippa.

Mittlerweile hatte Feldmarschall-Lieutenant Graf Schlick Neu- und Alt-Arad am 12. besetzt und bewirkte bis 15. die vollständige Einschließung der Festung auf beiden Ufern.

Streif-Commanden zogen nach Vilagos und Radna, um sich der dort angehäuften Vorräthe zu versichern. Nach Radna gieng auch das eigene 2. Bataillon ab.

Eine Aufforderung des Feldmarschall-Lieutenants Grafen Schlick an die Festung zur unbedingten Übergabe wurde von Damjanich, dem Commandanten derselben, abschlägig beantwortet; jedoch ergab sich dieselbe am 17. August nachmittags auf Gnade und Ungnade an die Russen, und noch denselben Tag um 8 Uhr abends rückte Oberst Howiger mit dem 1. und 3. Bataillon Hartmann mit klingendem Spiele in der Festung ein, von deren Wällen schon am andern Morgen, dem 18. August, zur Feier des Geburtsfestes Seiner Majestät des Kaisers 101 Kanonenschüsse ertönten. Oberst Howiger hatte bereits am 17. das Brigade-Commando übernommen, am 22. wurde er auch provisorisch mit dem Festungs-Commando betraut.

Er fand in Arad 200 Geschütze, außerdem alle gesammelten Kriegsvorräthe der Insurgenten, besonders an Monturs- und Ausrüstungs-Gegenständen und Munition, ferner Kossuths Banknotenpresse, sowie auch tief in den Kasematten vergraben mehrere Kisten mit Maschinen-Bestandtheilen von Dampfschiffen und Locomotiven.

Der Wert dieser Vorräthe belief sich auf mehrere Millionen, in allen Magazinen herrschte heillose Unordnung und Verwirrung, und es bedurfte der Energie, rastlosen Thätigkeit und Umsicht eines Mannes, wie Oberst Howiger, um Ordnung in dieses Chaos zu bringen und das Ärar sicherzustellen.

Anfangs September avancierte Oberst Alois von Howiger, unter Belassung als provisorischer Festungs-Commandant zu Arad, mit dem Range vom 22. Juli zum Generalmajor und Truppenbrigadier, und Oberstlieutenant Gayersfeld, der das Regiments-Commando schon am 17. August übernommen hatte, führte das Regiment in die Winterquartiere nach Ober-Ungarn, denn der Aufstand war vollständig niedergeworfen. Es gab keine ungarische Armee mehr.

Am 9. September marschierte das 3. Bataillon nach Miskolcz, am 12. das 1. und 2. Bataillon, welch' letzteres Tags vorher von Radna eingetroffen war, mit dem Regimentsstabe nach Erlau ab. Die 9. Division ward nach Tokay detachiert.

Am 27. und 29. September ward in die neuen Stationen eingerückt, wo dem Regimente jene Erholung zutheil ward, welche es nach den ausgestandenen Fatiguen eines Winterfeldzuges, der Gefechte, Bivouaks und der forcierten Märsche auf den ungarischen Sandwüsten so sehr bedurfte.

Ehe wir die ereignisvolle Epoche der Jahre 1848 und 1849 ihrem Ende zuführen, müssen wir noch die Vorfälle bei den anderen Abtheilungen des Regimentes nachholen.

Das Grenadier-Bataillon Gaus hatte im Jahre 1849 seine Garnison Wien nicht verlassen.

Hingegen marschierte das 5. Bataillon am 12. Juli 1849 von Lemberg nach Stryj und detachierte die 14. Division nach Bolechow.

Das 4. Bataillon marschierte um diese Zeit aus Stryj und Concurrenz nach Dukla, wurde daselbst in die Brigade Bordolo eingetheilt und nach Kaschau verlegt, wo es am 4. August eintraf und zu Streifzügen in die Umgegend verwendet wurde.

Am 27. August rückte das Bataillon nach Tokay, die 12. Division nach Munkács und am 8. October begann der Rückmarsch über Munkács und Stryj in die Friedensgarnison Lemberg, wo am 29. October eingerückt wurde.

Das Landwehr-Bataillon, welches wir im August 1848 zu Verona verlassen, war am 4. December 1848 nach Süd-Tirol abgerückt, wo es folgende Stationen bezog: der Bataillonsstab mit der 1. Division Trient, die 3. Landwehr-Compagnie Belinzano, die 4. Male, die 5. Tiene, die 6. Rocca d'Anfo.

Am 16. März 1849 ward auch die 2. Landwehr-Division nach Trient gezogen und die 3. in Rocca d'Anfo concentriert, von welchen Stationen das Landwehr-Bataillon mit Zurücklassung der 1. Division zu Trient, am 15. April nach Brescia abrückte.

Doch auch hier war des Bleibens nicht lange; schon am 30. Mai wurde Brescia und Trient verlassen und das Bataillon marschierte nach Vorarlberg, wo es Ende Juni eintraf und in und bei Dornbirn Cantonierungsquartiere bezog.

Am 15. August wurde der Bataillonsstab mit der 1. Division nach Bregenz, die 2. und 3. Division nach Meran verlegt, am 25. September concentrierte sich das ganze Landwehr-Bataillon zu Bregenz und marschierte am folgenden Tage nach Innsbruck, wo es am 4. October eintraf.

Die 3. Landwehr-Compagnie wurde in die Franzensfeste, die 4. nach Kufstein, die 5. nach Brixen und die 6. nach

Bozen detachiert, in welch' letztere Stadt am 18. November auch der Bataillonsstab mit der 1. Division dislociert wurde.

Am 17. December waren alle detachierten Abtheilungen in Bozen eingerückt, von wo am 20. December der Rückmarsch in die Heimat angetreten wurde.

Seine Majestät der Kaiser Franz Joseph I. erließ, als kaum der Schlachtendonner in Italien und Ungarn verhallt, und der äußere und innere Feind überall durch die tapferen Truppen niedergeworfen war, nachstehenden, ewig denkwürdigen Armee-Befehl:

»Mein tapferes Heer hat sich neue und unvergängliche Verdienste um Mein Haus und um das Vaterland erworben.

Die Gefahren, womit Aufruhr und Verrath den Bestand des Reiches bedrohten, sind besiegt, und Eueren muthigen Thaten, Euerer heldenmüthigen Ausdauer wird es die Wiederkehr des Friedens und der Eintracht im Innern, die Kräftigung seiner Macht nach Außen zu danken haben. Söhne aller Stämme des Reiches haben den Bruderbund, der sie umschlingt, in den Reihen Meines glorreichen Heeres mit ihrem Blute neu besiegelt, und in edlem Wetteifer Österreichs alten Kriegsruhm — äußeren und inneren Feinden gegenüber glänzend bewährt.

»Soldaten! Euer Kaiser dankt Euch im Namen des Vaterlandes; Ihr werdet Euch stets gleich bleiben, der Stolz und die Zierde Österreichs, die unerschütterliche Stütze des Thrones und der gesellschaftlichen Ordnung«.

Welch' schöneren Lohn konnte das Heer finden, als diese Dankesworte seines kaiserlichen Kriegsherrn, die jeden, dem sie galten, mit unvergänglichem Stolze, mit größter Begeisterung erfüllten.

RANGS-LISTE

DER HERREN OFFICIERE DES INFANTERIE-REGIMENTES NR. 9 VOM JAHRE 1848.

Haupt-Werbbezirks-Station: Stryj. — Stab: Sambor.

Oberst: Frz. Freiherr v. Fichtl.
Oberstlieutenant: Jos. Pelikan v. Plauenwald.

Majore: Alois Gayer v. Gayersfeld, Carl Gaus (Grenadier-Bataillons-Commandant), Friedr. Freiherr v. Piatolli-Treuenstein, Frz. Gertner (Commandant des I. Landwehr-Bataillons), Commandant des II. Landwehr-Bataillons nicht besetzt.

Hauptleute: Ant. Cordier v. Löwenhaupt, Jos. Widtmann, Graf Edm. Coudenhove, Jos. Hopf v. Hopfenstern, Jac. Carl Hirnschall, Joh. Janda, Carl Resch v. Rehinfeld, Lor. Hyazinth Giberti, Flor. Zvanetti, Carl Hubatschek (R. A.-O.-R. 3. Cl.), Julius Freiherr L'Estocq, Jac. Sied, Herm. de Kin v. Kinthal, Jos. Schütz, Jos. v. Janicki, Wilh. Freiherr Lederer.

Capitän-Lieutenante: Felix Bonjean von Mondenheim, Gust. Ritter v. Mayerberg, Alois Washara, Val. v. Kozicki, Eduard Schaller, Josef Beckers.

Oberlieutenante: Ad. Dillner v. Dillnersdorf, Emanuel Janczalek, Frz. v. Verrette (G. T. B.), Joh. Wersak, Friedr. Freiherr v. Bussek (G. T. B.), Joh. Kempski v. Rakoszyn, Sylv. Schütz, Ant. Budischowski, Carl Karátsónyi v. Hodos (G. T. B.), Joh. Schütz, Emil v. Vanderstädts, Rud. Gaus, Mich. Lanko, Jos. Larisch, Carl Edler v. Knoreck, Joh. Lassowski, Julius Mendius, Ferd. Ritter v. Luerwaldt, Friedr. Frantz, Aug. Nejedly, Carl v. Wohlleben, Emil Oeppinger, Joh. Syrbú (Prof. Mil. Akad. Wr.-Neustadt), Jos. Nenntwich.

Unterlieutenante: Wilh. Reizenstein, Frz. Hrobony, Leop. Weiß, Carl Slawecki (Prof. Cadet.-Comp. zu Graz), Alois Maurer, Carl Chiolich v. Löwensberg, Ferd. Bonjean v. Mondenheim, Frz. Hawerda (Brigade-Adjutant), Jos. Taffelmayer, Joh. Blum, Ludw. v. Littrow, Adolf Herget (Grenadier-Bataillons-Adjutant), Ig. Melzer v. Tapferheim, Anton Nagy de Alsó-Szópor, Georg Syrbú, Jos. Veigl, Frz. Gammel, Joh. Grubisich, Carl Rosenberg, Carl Ochtzim (Bataillons-Adjutant), Frz. Grenso, Proc. Pokorny (Bataillons-Adjutant), Frz. Zaufall, Gustav Adolf Begg v. Albensberg, Frz. Dobrostanski, Corn. Bobikiewicz, Leop. Bergmüller (Bataillons-Adjutant), Josef Kornberger.

Fähnriche: Ant. Watternaux, Joh. Willmóth, Jos. Hippmann, Ig. v. Dzbanski, Carl Muschinski, Leop. Kaim Edler v. Kaimthal (Bataillons-Adjutant), Frz. Grigar, Ernst Reindl, Joh. v. Hrdina, Jos. Resbarek, Aug. Koch, Alex. Kiszling, Frz. Kozubski, Heinr. Schubik, Jos. Janusiewicz, Ant. Ingerl, Nic. Gyurgiewich, Gust. Freiherr v. Fichtl, Joh. Gerkowich, Rom-Lazarewicz, Ferd. Schaub, Jos. Ammerling (Prof. Stellvertreter in der Mil.-Akad. zu Wr.-Neustadt).

Cadetten: k. k.: Carl Rigerle, Carl v. Michalotzy, Ad. Beer v. Beerenberg, Caspar Pavichich, (Regiments-): Ant. Cordier v. Löwenhaupt, Aug. Cywinski de Buchala, Carl Doroszulich, Gustav Esch, Frz. Hermany v. Heldenberg, Heinr. Heunn, Carl Theod. Hirnschall, Friedr. v. Huber, Eugen Jarich, Vict. v. Kéler, Adolf Klemp, Onufrius v. Kulczycki, Carl Martinitz, Georg Pawetz, Eugen Pelikan v. Plauenwald, Adam Priljeva, Joh. Roskowicz, Graf Alex. Schmiedegg, Const. v. Sokolowski, Andreas v. Szybinski, Frz. v. Tempis, Eduard Willmann.

Vom Stabe.

Regiments-Capläne: Jos. Pissary, An. Zelechovsky.
Regiments-Auditor: Oberlieutenant Alex. Nowak.
Regiments-Arzt: Dr. Ant. Weber.
Regiments-Rechnungsführer: Oberlieutenant Alois Willmann.
Regiments-Adjutant: Unterlieutenant Leop. Weiß.
Regiments-Soldaten-Knaben-Erziehungshaus in Bartfeld, Ungarn.
Commandant desselben: Unterlieutenant Georg Syrbú.
Regiments-Agent: Franz Dembsher in Wien.
Röcke weiß, Aufschläge und Kragen apfelgrün wie Nr. 54; Pantalons lichtblau (gelbe Knöpfe).

IX. PERIODE.

DIE FRIEDENSJAHRE 1850—1859.

Am 18. Jänner 1850 traf das 5. Bataillon in Wien ein, blieb daselbst bis 31. und rückte nach Fortsetzung des Marsches am 6. März 1850 in Stryj ein, wo nun sogleich die Auflösung desselben erfolgte. 1850.

Der Oberstlieutenant und Grenadier-Bataillons-Commandant Carl Gaus avancierte zufolge Allerhöchster Entschließung vom 10. December 1849 zum Obersten und Regiments-Commandanten und Oberstlieutenant Alois Gayer von Gayersfeld wurde als Oberst pensioniert.

Letzterem, sowie nachbenannten Officieren ward das von Sr. Majestät dem Kaiser Franz Joseph I. im October 1849 neu gestiftete Militär-Verdienstkreuz für ihr ausgezeichnetes Benehmen während des ungarischen Feldzuges verliehen: dem zum Major im Baron Welden 20. Infanterie-Regimente avancierten Hauptmann Carl Hubatschek, ferner den Hauptleuten Jacob Sied, Hermann de Kin, Michael Lanko und Emanuel Janczalek; den Oberlieutenanten Procop Pokorny, Franz Grigar und Gustav von Begg; den Lieutenanten Johann Gugenmoss, Julian Merunowicz und Anton Wassinger.

Die Pensionierung des überzähligen Obersten Anton Graf Porcia war schon im Juli 1849 erfolgt, ebenso im October 1849 jene des Majors und Landwehr-Bataillons-Commandanten Franz Gertner.

Der Commandant des aufgelösten 5. Bataillons Major Josef Hopf von Hopfenstern übernahm das Landwehr-Bataillon und das Werbbezirks-Commando.

Endlich avancierte Major Anton Cordier von Löwenhaupt zufolge Allerhöchster Entschließung vom 5. Mai 1850 zum Oberstlieutenant und Major Wilhelm Probst des Baron Koudelka 40. Infanterie-Regimentes wurde zum Regimente transferiert.

Die Eintheilung der Stabsofficiere war folgende:

Oberstlieutenant Cordier . 3. Bataillon
Major Schaffner . . . . 2. »
» Hopf . . . . Landwehr- »
» Wussin . . . . . 4. »
» Probst . . . . . 1. »

Am 25. März marschierte das 1. Bataillon von Gyöngyös, wohin es noch am 22. October 1849 verlegt worden war, nach Debreczin und von da am 14. Juni nach Szolnok.

Die 2. Division wurde nach Szent Miklos, die 3. nach Kis Uj-Szallás detachiert.

Diese Dislocation behielt das 1. Bataillon bis 14. August, an welchem Tage es sich zu Szolnok concentrierte und am folgenden den Marsch nach Arad antrat, wo es am 26. einrückte, jedoch schon am 14. November wieder nach Szegedin verlegt wurde.

Während dieser Zeit war das 3. Bataillon aus seinen Stationen Miskolcz und Tokay am 11. August nach Erlau marschiert, von wo es am 25. August sammt dem Regimentsstabe und dem 2. Feld-Bataillon nach Temesvár beordert wurde, wo das Regiment am 10. September eintraf.

Auch in Galizien hatten sich Garnisonsveränderungen ergeben.

Am 22. August war das 4. Bataillon von Lemberg nach Bolechow marschiert und detachierte die 12. Division nach Dolina.

Jedoch schon am 19. November kehrte es wieder nach Lemberg zurück.

Im Mai 1849 waren wegen der beabsichtigten Änderung der deutschen Bundesverfassung Differenzen zwischen Preußen und Österreich ausgebrochen. Da sich die beiden Staaten nicht zu einigen wussten, wandten sie sich an Russland. Preußen jedoch protestierte gegen die Warschauer Beschlüsse und zog seine Truppen zusammen. Auch Österreich machte Vorbereitungen zum Kriege. Hiezu gehörte die Zusammenziehung größerer Streitkräfte in Böhmen, Mähren und Schlesien. Demgemäß rückte das Landwehr-Bataillon nach Mährisch-Ostrau in forcierten Märschen ab, und traf am 12. December dortselbst ein.

Inzwischen nahmen die in Warschau begonnenen und in Olmütz beendeten Conferenzen einen günstigen Verlauf, worauf die Truppen wieder in die Friedens-Garnisonen verlegt wurden.

Bei dieser Gelegenheit erschien nachstehender Armee-Befehl:

»Mein Heer hat allen beschwerlichen Anforderungen kriegerischer Vorbereitungen in kürzester Zeit vollkommen entsprochen; dieses verdanke Ich seinem vortrefflichen Geiste, seiner Hingebung und Disciplin. Ein großer Theil desselben, die vierten und Landwehr-, sowie die zweiten Grenz-Bataillone, kehren zu ihrem häuslichen Herde zurück; Meine dankbare Erinnerung wird sie begleiten und ich vertraue ebenso, dass sie nun, fern von ihren glorreichen Fahnen, durch das Beispiel genauer Befolgung der Gesetze die öffentliche Ordnung wahren und befördern werden, als ich die Erwartung hege, sie auf Meinen ersten Ruf ebenso gerüstet und kampfmuthig auf dem Schlachtfelde zu erblicken«.

Wien, am 12. December 1850.

Franz Joseph m. p.

Mit Allerhöchster Entschließung vom 17. November wurde der Major Wilhelm Probst zum Fürst von Warschau 37. Infanterie-Regimente transferiert, und es avancierte an dessen Stelle der Hauptmann Carl Fürst zu Windisch-Grätz des Infanterie-Regimentes Prinz von Preußen Nr. 34 zum Major im Regimente.

Major Fürst Windisch-Grätz erhielt das Commando des 2., Major Schaffner jenes des 1. Bataillons.

In diesem Jahre sind noch nachstehende Änderungen zu verzeichnen:

Bei den Generalen, Stabs- und Oberofficieren wurden goldene und silberne Sterne — bei der Mannschaft ebensolche von Tuch eingeführt. Die Mäntel erhielten eine zweite Reihe Knöpfe.

Es erfolgte die Errichtung von Disciplinar-Compagnien für jene Mannschaft, welche schon wiederholt kriegsrechtlich behandelt war.

Die Vorschrift, schlecht conduisierte Mannschaft der Cavallerie und Artillerie zur Infanterie abzugeben, wurde aufgehoben.

Schließlich wurde die Dienstzeit auf 8 Jahre herabgesetzt.

RANGS-LISTE

DER HERREN OFFICIERE DES INFANTERIE-REGIMENTES NR. 9 VOM JAHRE 1850.

Oberst und Regiments-Commandant: Carl Gaus.

Oberstlieutenant: Anton Cordier v. Löwenhaupt.

Majore: Anton Schaffner, Jos. Hopf v. Hopfenstern, Friedrich Wussin, Wilh. Probst; Commandant des II. Landwehr-Bataillons nicht besetzt.

Hauptleute I. Classe: Wilh. Miorini, Ant. Borowiczka, Flor. Zvanetti, Julius Freiherr L'Estocq, Jac. Sied (M.-V.-K.), Hermann de Kin v. Kinthal (M.-V.-K.), Jos. Schütz, Alex. Kowinski, Wilh. Freiherr Lederer, Felix Bonjean v. Mondenheim, Alois Washara, Val. v. Kozicki, Adolf Dillner v. Dillnersdorf, Joh. Wersak, Carl Karátsónyi v. Hodos, Joh. Schütz, Wilh. Biedermann, Rud. Gaus, Mich. Lanko (M.-V.-K.), Josef Larisch, Sylvester Schütz, Johann Lassowski, Julius Mendius, Ferdinand Ritter v. Luerwaldt.

Hauptleute II. Classe: Friedrich Frantz, Aug. Negedly, Carl v. Wohlleben, Emil Oeppinger, Friedr. Freiherr Bussek, Jos. Nenntwich, Wilh. Reitzenstein, Alois Maurer, Carl Chiolich v. Löwenberg, Ferdinand Bonjean v. Mondenheim, Franz Hawerda, Josef Taffelmayer.

Oberlieutenante: Joh. Blum, Ludw. v. Littrow, Adolf Herget, Ant. Nagy de Alsó-Szópor, Georg Syrbú, Jos. Weigl (Professor an der Cadetten-Compagnie zu Olmütz), Franz Pammel, Joh. Grubisch, Carl Rosenberg, Carl Ochtzim, Franz Grenso, Proc. Pokorny (M.-V.-K.), Franz Zaufal, Gust. Adam Begg v. Albensberg (M.-V.-K., R. W.-O.-R. 4. Cl. m. d. S.), Ant. Vatternaux, Franz Dobrostánski, Cornel Bobikiewicz, Leop. Bergmüller, Josef Kornberger (M.-V.-K., zugetheilt dem General-Quartiermeister-Stabe), Joh. Willmóth, Jos. Hippmann, Ign. v. Dzbanski, Carl Muschinski (Professor in der Cadetten-Compagnie zu Olmütz), Leopold Steinmetz (Professor in der Militär-Akademie zu Wr.-Neustadt), Franz Grigar (M.-V.-K.), Joh. v. Hrdina, Jos. Resparek, Aug. Koch, Alex. Kiszling, Heinrich Schubik, Ant. Ingerl, Joh. Gerkovich, Rom. Lazarewicz, Ferd. Schaub, Joh. Gugenmos (Ö. E.-K.-O.-R. 3. Cl., M.-V.-K.), Carl Hirnschall, Frz. v. Tempis, Friedr. Lachner, Rud. Rzehorz, Carl Rigerle, Friedr. Huber, Ant. Wassinger (M.-V.-K.), Carl Fischer, Franz Semanek, Heinr. Heuen.

Unterlieutenante I. Classe: Vincenz Dolleczek, Ant. Möraus, Ladisl. Dydynski, Ed. Willmann, Wilh. Schmidt (Bataillons-Adjutant), Wilh. Krebs, Andr. Nowak, Eugen Pelikan v. Plauenwald, Joh. Brendl, Ign. Bodynski (Bataillons-Adjutant), Adolf Klemp, Wilh. Palmariu (Bataillons-Adjutant), Adolf Beer v. Beerenberg, August Cywinski de Puchalla, Jos. Rewakowicz, Nic. Zulkowski, Leop. Semanek, Joh. Pirosynski, Jul. Merunowicz (M.-V.-K.), Jos. Kardos, Ferd. Winterle (Bataillons-Adjutant), Ferd. Bernaczek, Joh. Mayer, Ant. Buchler, Victor v. Keler,

Ant. Kunzdorfer, Anton Drak (Bataillons-Adjutant), Ludwig Bodnar, Franz Makowski (Ö. E.-K.-O.-R. 3. Cl.), Ant. Schmidt, Wenzel Niemetz (Brigade-Adjutant), Michael Obersheimer (S. T.-M. 2. Cl.), Albert Bayer (S. T.-M. 1. Cl.), Eduard Makuszynski (Bataillons-Adjutant), Leo Ferdinand Müller, Carl Hawerda, Jos. Vocats, Eduard Zdrahal, Andreas Lachner, Jos. Mossakowski, Andr. Szybinski, Jos. Urbaschek.

Unterlieutenante II. Classe: Nic. Gyurgyevich, Franz Mayern, August Netoliczka, Ferdinand Retzbach, Aug. Mahr, Johann Wartha (S. T.-M. 2. Cl.), Theod. Krasnianski, Leop. Makuszynski, Pius v. Stelzer, Carl Drdatzki Ritter v. Ostrow, Vinc. Juswinski, Franz Kramosto, Ant. Geisler, Joh. Pintner, Jos. Rambausek, Carl Sandr, Jos. Fischer v. See, Paul Gärtler v. Blumenfeld, Wenzel Kochanczyk, Ferd. Piroszynski, Adolf Pappik, Gedeon Bogdanovich, Ludw. Lindes, Robert Födrich, Const. Wraubek, Fr. Brendl (S. T.-M. 1. u. 2. Cl.), Carl v. Swistelnicki, Franz Jagielowicz, Jos. Semanek, Sylv. Pelka, Carl Bugarin, Jos. Krükel, Luk. Trojanowicz (S. T.-M. 1. u. 2. Cl.), Carl Uhle, Ferd. Suchanek, Joh. Schindelasch, Wilh. Wolf, Camillo Walzl.

Cadetten (k. k.): Vacat (Regmts.-): Lad. Ritter v. Augustinowicz, Emerich v. Dunay, Carl v. Dzbanski, Julius Ebenführer v. Elfenberg, Franz Gusmann, Frz. Hermany v. Heldenberg, Moritz Höhenrieder, Math. Kratki, Vinc. Lehnert, Eduard Makay, Carl Martinitz, Eduard Freiherr Pilati, Adolf Schimkowski, Const. v. Sokolowski, Johann Tomicsich, Marcus Turcic, Jos. Tychi, Oscar Ullmann.

Vom Stabe:

Regiments-Caplan: kathol.: Vacat.

Regiments-Caplan: griech.: Ant. Zelechowski.

Regiments-Auditor: Oberlieutenant Alex. Nowak.

Regiments-Arzt: Dr. Ant. Weeber.

Regiments-Rechnungsführer: Jos. Pozechnany.

Regiments-Adjutant: Oberlieutenant Leop. Bergmüller.

Die Regiments-Soldaten-Knaben befinden sich im 6. galizischen Soldaten-Knaben-Erziehungshause in Bartfeld, Ungarn.

Commandant desselben: Oberlieutenant Joh. Willmoth.

Regiments-Agent: Franz Dembsher (Wien).

Röcke weiß, Aufschläge und Kragen apfelgrün wie 54, Pantalon lichtblau, gelbe Knöpfe.

Am 1. März 1851 erschien ein neues »Abrichtungs- und 1851.
Exercier-Reglement«. Ersteres enthielt die Vorschriften über die Ausbildung des Mannes »in der geschlossenen und in der geöffneten Ordnung«, dann im Bajonnettfechten. Dem Scheibenschießen, sowie dem Tiraillieren wurde eine besondere Aufmerksamkeit zugewendet; es wurden Schussprämien eingeführt. Jede Compagnie erhielt 16 mit Kammerbüchsen bewaffnete Schützen und zwei Hornisten; erstere hatten ihre Aufstellung

im dritten Gliede. Das Gewehr wurde nicht mehr senkrecht an die linke Schulter gelehnt, sondern auf der linken Schulter getragen; der gewöhnliche »Schritt« und »Laufschritt« und der »Generalmarsch« beim Empfange der höheren Vorgesetzten wurde eingeführt.

Der Czako wurde statt aus Tuch, aus Filz erzeugt und erhielt statt der Cocarde einen Adler. Statt der wollenen Czakorosen führte man solche aus Messing ein. Infanterie-Stabsofficiere erhielten Czako statt Hüten.

Die Ernennung zum Cadeten wurde von einer Prüfung abhängig gemacht.

Zur Vermeidung von Unregelmäßigkeiten wurde die Systemisierung der Militär-Musikbanden angeordnet. Es hatte nunmehr bei jedem Regimente die Musik aus 48 Mann zu bestehen.

Infolge Allerhöchsten Armee-Befehles vom 9. Juli wurden die Officiersgagen wie folgt festgestellt:

Die jährliche Gage des Obersten betrug 1800 fl.; des Oberstlieutenants 1500 fl.; des Majors 1200 fl.; des Hauptmannes 1. Classe 900 fl.; des Hauptmannes 2. Classe 700 fl.; des Oberlieutenants 550 fl.; des Unterlieutenants 1. Classe 450 fl. und des Unterlieutenants 2. Classe 400 fl.

Die in Siebenbürgen bestandenen vier Grenz-Infanterie-Regimenter wurden in diesem Jahre in Linien-Regimenter umgewandelt. Die neuen Regimenter erhielten die Nummern 5, 6, 46, 50.

Auch brachte dieses Jahr bedeutendere Veränderungen unter den Stabs-Officieren mit sich.

Oberstlieutenant Anton Cordier von Löwenhaupt wurde mit 25. Juni pensioniert, und an dessen Stelle mit der Allerhöchsten Entschließung vom 16. Juli der Major Alois Schaffner zum Oberstlieutenant, und der Hauptmann Jacob Sied zum Major befördert.

Weiters wurde mit der Allerhöchsten Entschließung vom 2. August der Major Friedrich Wussin zum Oberstlieutenant beim Kaiser Alexander I. von Russland 2. Infanterie-Regimente außer der Tour befördert, von diesem Regimente der Major Graf Vecsey de Hajnácskeö zum eigenen Regimente transferiert, der Major Jacob Sied zum Grenadier-Bataillons-Commandanten ernannt und endlich an dessen Stelle der Hauptmann de Kin von Kinthal zum Major befördert. Major Graf Vecsey erhielt das 3., Major de Kin das 4. Bataillon.

Am 16. Jänner war das Landwehr-Bataillon wieder von Ostrau nach Stryj eingerückt, am 22. marschierte die Grenadier-Division von Wien nach Brünn.

Am 6. Februar detachierte das 1. Bataillon die 6. Compagnie nach Szentes, die 5. nach Topilia, am 10. und 13. brach es in zwei Colonnen nach Szegedin auf und am 24. rückte der Stab mit der 1. Division in Semlin, die 2. Division in Pancsova ein.

Das Einrücken der 3. Division nach Semlin erfolgte erst am 9. März, einen Tag früher, ehe sich das Bataillon nach Temesvár in Marsch setzte, wo es am 16. eintraf und wo nun der Regimentsstab mit den ersten 3 Feld-Bataillonen nach langer Zeit wieder in einer Garnison vereint war.

Leider wurde dies frohe Ereignis schon nach sehr kurzer Zeit durch einen traurigen Zwischenfall getrübt.

Am 3. April um 7 Uhr 45 Minuten morgens explodierte aus bisher unbekannter Ursache das im Hofe der Siebenbürger-Kaserne gelegene Kriegs-Pulvermagazin und begrub 14 Mann unter seinen Trümmern.

Von den im unmittelbar gegenüberliegenden Officiers-Tracte wohnenden Officieren blieb Hauptmann Reitzenstein auf der Stelle todt; die Lieutenante Szybinski, Netoliczka, Kraszianski und Sletzer wurden durch die umhergeschleuderten Trümmer mehr oder weniger verletzt und entrannen nur auf wunderbare Weise dem fast sicheren Tode.

Hätte die Katastrophe um eine Viertelstunde später stattgefunden, so wäre das Unglück ein namenloses gewesen, denn um diese Zeit formierten sich täglich die Bataillone im Hofe, der nun schuhhoch mit Trümmern bedeckt war, zum Exercieren.

Die Beerdigung der in 6 Särgen gesammelten Überreste der grässlich verstümmelten Verunglückten erfolgte am 3., unter Anwesenheit der Generalität, der Stabs- und Oberofficiere und der Manschaft der Garnison, begleitet von einer unabsehbaren theilnehmenden Volksmenge.

Doch auch mit anderen Widerwärtigkeiten hatte das Regiment in diesem Jahre zu kämpfen. Die bösartigen Fieber wütheten in seinen Reihen und manche Compagnie hatte bei 60 Kranke.

Infolgedessen wurde vom Commandierenden, Feldmarschall-Lieutenant Graf Coronini, die Verfügung getroffen, dass stets ein Drittheil des Regimentes auf die umliegenden Ortschaften Szt. András, Freidorf, Szakálháza, Kis Becskerek, Beschenova, ja selbst bis Verschetz verlegt und in diesem Rayon den ganzen Sommer hindurch gewechselt werde.

Diese Anordnung erwies sich als eine vortreffliche, denn der Krankenstand nahm bald ab.

Am 31. October war die 6. Division nach Lugos dislociert und hiemit die Reihe der Dislocations-Veränderungen bei den ersten 3 Feld-Bataillonen in diesem Jahre geschlossen.

Das 4. Bataillon war noch am 16. März von Lemberg nach Stryj, das Landwehr-Bataillon mit dem Stabe und der 5. Compagnie nach Bolechow, die 3. Compagnie nach Dolina verlegt worden.

Am 15. Mai marschierte der Stab, die 1. und 3. Landwehr-Division nach Drohobycz, am selben Tage die 3. Landwehr-Compagnie von Dolina und am 4. August die 4. von Bolechow nach Stryj, von wo am 5. die Division vereint nach Drohobycz abrückte.

Endlich wurde am 3. November die 12. Division nach Sambor und das ganze Landwehr-Bataillon nach Stryj dislociert, wo zufolge der Allerhöchsten Entschließung vom 12. October die Auflösung der 3. Landwehr-Division erfolgte.

RANGS-LISTE

DER HERREN OFFICIERE DES INFANTERIE-REGIMENTES NR. 9 VOM JAHRE 1851.

Oberst: Carl Gaus.

Oberstlieutenant: Ant. Cordier v. Löwenhaupt.

Majore: Anton Schaffner, Jos. Hopf v. Hopfenstern (Commandant des I. Landwehr-Bataillons), Friedr. Wussin, Carl Fürst Windisch-Grätz; Commandant des II. Landwehr-Bataillons nicht besetzt.

Hauptleute I. Classe: Julius Freiherr L'Estocq, Jac. Sied (M.-V.-K.), Herm. de Kin v. Kinthal (M.-V.-K.), Jos. Schütz, Alex. Kowinski, Wilh. Freiherr Lederer, Gust Ritter v. Mayerberg, Alois Washara, Val. v. Kozicki, Joh. Wersak, Carl Karátsónyi v. Hodos, Joh. Schütz, Wil. Biedermann, Rud. Gaus, Mich. Lanko (M.-V.-K.), Carl Freiherr Stillfried v. Ratenitz, Joh. Larisch, Sylv. Schütz, Joh. Lassowski, Ferd. Ritter v. Luerwaldt, Friedr. Frantz, Aug. Nejedly.

Hauptleute II. Classe: Carl v. Wohlleben, Emil Oeppinger, Jos. Nenntwich, Alois Maurer, Joh. Blum, Adolf Herget, Georg Syrbú, Carl Chiolich v. Löwenberg, Ferd. Bonjean v. Mondenheim.

Oberlieutenante: Ludw. v. Littrow, Jos. Veigl (zugetheilt dem Milit.-geogr. Institut), Joh. Grubisich, Carl Rosenberg, Carl Ochtzim, Frz. Grenso, Proc. Pokorny (M.-V.-K., Adjutant beim Regiments-Inhaber), Frz. Zaufall, Ant. Vatternaux, Frz. Dobrostánski, Cornel Boblikiewicz, Leop. Bergmüller, Jos. Kornberger, (M.-V.-K., zugetheilt dem General-Quartiermeister-

Stabe), Joh. Willmóth, Jos. Hippmann, Carl Mischinski, Leop. Steinmetz (Prof. Mil.-Akad. Wr.-Neustadt), Frz. Grigar (M.-V.-K.), Joh. v. Hrdina, Aug. Koch, Heinr. Schulik, Ant. Ingerl, Joh. Grkovich, Rom. Lazarewicz, Ferd. Schaub, Joh. Gugenmoss (Ö. E. K.-O.-R. 3. Cl., M.-V.-K.), Carl Hirnschall, Frz. v. Tempis, Frdr. Lachner, Rud. Rzehorz, Vinz. Dolleczek, Theod. Siebeneicher, Ant. Möraus (zugetheilt dem General-Quartiermeister-Stabe), Ladis. Dydynski, Wil. Schmidt, Wilh. Krebs, Andreas Nowak.

Unterlieutenante I. Classe: Ed. Willmann, Eug. Pelikan v. Plauenwald, Joh. Brendl, Ig. Bodynski, Adolf Klemp, Wilh. Palmarin (Bataillons-Adjutant), Adolf Beer v. Berenberg, Aug. Cywinski de Puchalla, Jos. Rewakowicz, Nic. Zultkowski, Julian Merunowicz (M.-V.K.), Jos. Kardos, Ferd. Winterle, Ferd. Bernaczek, Joh. Mayer, Ant. Buchler, Vic. v. Kéler, Anton Kunzdorfer, Ant. Drak (Brigade-Adjutant), Frz. Makowski (Ö. E. K.-O.-R. 3. Cl.), Ant. Schmidt, Wenz. Niemetz (Brigade-Adjutant), Mich. Obersheimer (S. T.-M. 2. Cl.), Albert Bayer (S. T.-M. 1. Cl.), Eduard Makuszynski, Leo Ferd. Müller, Jos. Beck (Bataillons-Adjutant), Carl Hawerda, Ferd. Biller, Andr. Lachner (Bataillons-Adjutant), Jos. Mossakowski, Andr. v. Szybinski, Jos. Urbaschek, Aug. Netoliczka, Aug. Mahr, Theod. Krasnianski.

Unterlieutenante 2. Classe. Nic. Gyurgyevich, Frz. Mayern, Leop. Makuszynski, Pius v. Stelzer, Karl Drdatzki Ritter v. Ostrow, Frz. Kramosta, Ant. Geisler, Joh. Pintner, Carl Sandr, Jos. Fischer v. See, Paul Gärtler v. Blumenfeld, Wenzl Kochanczyk, Adolf Pappik, Gedeon Bogdanovich, Ludw. Lindes, Rob. Födrich, Const. Wraubek, Frz. Brendl (S. T.-M. 1. und 2. Cl.), Carl v. Swistelnicki (Bataillons-Adjutant), Frz. Jagielowicz, Jos. Semanek, Sylv. Pelka, Carl Bugarin, Jos. Krükel, Luc. Trojanowicz (S. T.-M. 1. und 2. Cl.), Ferd. Suchanek, Joh. Schindelasch, Wilh. Wolf (S. T.-M. 2. Cl.), Camillo Walzl, Ant. Sippel, Vincenz Lehnert, Adolf Schimkowski.

Cadetten: (k. k.): (Vacat); (Regiments-): Carl Begg v. Albensberg, Emerich v. Dunay, Carl v. Dzbanski, Julius Ebenführer v. Elfenburg, Frz. Gusmann, Frz. Hermany v. Heldenberg, Mor. Höhenrieder, Math. Kratki, Rob. Los, Ed. Makay, Steph. Milenkovich, Jos. v. Nowyna-Ujejski, Vict. Piotrowicz, Joh. Quiquerecz, Ladis. v. Somogyi, Const. v. Sokolowski, Joh. Tomičić, Marcus Turcic, Jos. Tychi.

Vom Stabe:

Regiments-Caplan: kathol.: Ant. Tworkiewicz.

Regiments-Caplan: griech.: Ant. Zelechowski.

Regiments-Auditor: Hauptmann Alex. Nowak.

Regiments-Arzt: Dr. Egyd. Worischek.

Regiments-Rechnungsführer: Oberlieutenant Jos. Pozehnany.

Regiments-Adjutant: Oberlieutenant Leop. Bergmüller.

Regiments-Soldaten-Knaben-Erziehungshaus in Bartfeld, Ungarn.

Commandant desselben: Oberlieutenant Aug. Koch.

1852. Mit Allerhöchster Entschließung vom 27. Jänner 1852 wurde Major Eduard Graf Vecsey de Hajnácskeö zum Ritter von Benedek 28. Infanterie-Regimente transferiert und es avancierte an dessen Stelle der Hauptmann Ignatz Baron Pidoll zu Quintenbach des Baron Haynau 57. Infanterie-Regimentes zum Major im Regimente und erhielt das Commando des 3. Bataillons, welches am 28. März von Temesvár nach Arad verlegt, wogegen die 6. Division von Lugos nach Temesvár rückberufen wurde.

Mit Ende August rückte der Regimentsstab sammt dem 1. und 3. Bataillon, nach Zurücklassung der Mittel-Divisionen in den betreffenden Stationen, zu den großen vor Sr. Majestät dem Kaiser stattgehabten Waffenübungen in das Lager bei Pest, von wo am 30. September wieder in die früher innegehabten Garnisonen zurückgekehrt wurde.

In diesem Jahre erfolgte durch das kaiserliche Patent vom 31. Juli die Aufhebung des Landwehr-Institutes und an dessen Stelle die Creierung der Reserve, wonach in Hinkunft jeder Soldat nach vollstrecktem Liniendienste von acht Jahren noch eine zweijährige Reservepflicht zu erfüllen hatte. Gleichzeitig trat am 1. August eine neue Organisation der gesammten Linien-Infanterie ins Leben.

Hiernach hatte jedes Regiment von nun an aus 4 Feld-Bataillonen und 1 Dépôt-Bataillon zu bestehen; jedes Feld-Bataillon war aus 1 Grenadier- und 5 Füsilier-, das Dépôt-Bataillon aus 4 Füsilier-Compagnien zusammengesetzt.

Infolge dessen wurden die bisherigen Grenadier-Bataillone aufgelöst und die einzelnen Divisionen rückten zu ihren Regimentern ein, wo sie den Stamm für die zu creierenden Grenadier-Compagnien zu bilden hatten.

Anstatt der Grenadier-Mützen aus Bärenfell erhielten die Grenadiere die Filz-Csakos der Füsiliere als Kopfbedeckung und waren bloß durch die Unterofficierssäbel, dann die Granaten am Riemenzeug und auf der Patrontasche kenntlich.

Zur Durchführung dieser Organisierung rückte die eigene Grenadier-Division am 9. September von Brünn ab, u. zw. die 1. Grenadier-Compagnie zu den ersten 2 Bataillonen nach Temesvár, die eine Hälfte der 2. zum 3. Bataillon nach Arad und die andere zum 4. nach Stryj.

Das Dépôt-Bataillon blieb in der Werbbezirksstation, die 10. Division wurde nach Sambor, die 12. nach Bolechow detachiert.

Am 9. November rückte das 3. Bataillon von Arad auf Räuber-Commando in die Gegend am linken Maros-Ufer, von letzterem Orte bis Szegedin ab.

Der Stab wurde nach Gr. Szt. Miklós, am 27. December nach Ung.-Kanizsa an der Theiß verlegt.

Der Commandant dieses Bataillons Major Baron Pidoll war noch mit der Allerhöchsten Entschließung vom 27. October zum Fürst von Warschau 37. Infanterie-Regimente transferiert worden und es übernahm der infolge der Auflösung des Grenadier-Bataillons supernumeräre Major Jakob Sied das Commando des 3. Bataillons.

Mit 1. Juni 1853 wurde das Kriegs-Ministerium zum Armee- 1853.
Ober-Commando umgewandelt; die Dienstestaxen eingeführt und bei jeder Compagnie ein zweispänniger Karren eingeführt. Ferner wurde der Übertritt der Unterofficiere in Civilstaatsdienste geregelt.

Zur Durchführung des neu aufgestellten Grundsatzes: »Vereinigung der 4 Feld-Bataillone eines Regimentes in einer Brigade« verließ das 4. Feld-Bataillon am 8. März Stryj, wo es sich Tags vorher concentriert hatte, und marschierte nach Szathmár, wo es am 21. eintraf, von da schon am 11. Mai nach Siebenbürgen, in welches Kronland das ganze Regiment die Bestimmung erhielt.

Das 4. Bataillon rückte am 18. Mai in György Szt. Miklós ein, wo der Stab mit 3 Compagnien blieb, während die anderen zum Cordondienst an die Grenze bei Szt. Domokos und Marpatak abrückten und alle 3 Monate abgelöst wurden.

Am 12. Mai setzte sich auch das 2. Bataillon nach Siebenbürgen in Marsch und traf am 25. in Carlsburg ein. Die 4. Division wurde nach Mühlenbach detachiert.

Der Regimentsstab mit dem 1. Bataillon folgte am 23. Mai und rückte am 9. Juni in Hermannstadt ein, von wo am 22. in die definitive Garnison Maros-Vásárhely abgerückt wurde.

Das 3. Bataillon concentrierte sich am 12. August zu György Szt. Miklós und marschierte über Temesvár und Carlsburg vorläufig nach Hermannstadt, von da nach kürzester Zeit der Stab mit 4 Compagnien nach Schässburg, die 9. Division nach Udvarhely, wo diese Abtheilungen am 26. September eintrafen.

Endlich ward in diesem Jahre das 2. Bataillon am 30. Juli von Carlsburg und Mühlenbach in die Csík beordert. Es rückte am 18. August in Csík-Szereda ein, von wo 3 Compagnien stets zum Cordondienste an der Grenze bei Bankfalva, Czik-Szépvis und Kászonféltiz detachiert waren.

1854. Mit den ersten Frühlingsstrahlen des Jahres 1854 feierte ganz Österreich das Fest der Vermählung des Monarchen. Unter den zahllosen Schöpfungen, welche die Liebe des Volkes seinem Fürsten geweiht, hatte der Kaiser das von Johann Gabriel Seidl verfasste und von Haydn in Musik gesetzte sogenannte Kaiserlied in den Tagen seines größten Glückes mittelst Handbilletes zur Volkshymne erklärt.

Der authentische Text der Hymne lautet:

Gott erhalte, Gott beschütze
Unsern Kaiser, unser Land!
Mächtig durch des Glaubens Stütze
Führ' er uns mit weiser Hand!
Lasst uns seiner Väter Krone
Schirmen wider jeden Feind,
Innig bleibt mit Habsburgs Throne
Österreichs Geschick vereint.

Fromm und bieder, wahr und offen
Lasst für Recht und Pflicht uns steh'n,
Lasst, wenn's gilt, mit frohem Hoffen
Muthvoll in den Kampf uns geh'n!
Eingedenk der Lorbeerreiser,
Die das Heer so oft sich wand.
Gut und Blut für unsern Kaiser
Gut und Blut für's Vaterland!

Was des Bürgers Fleiß geschaffen,
Schütze treu des Kriegers Kraft;
Mit des Geistes heit'ren Waffen
Siege Kunst und Wissenschaft.
Segen sei dem Land beschieden
Und sein Ruhm dem Segen gleich;
Gottes Sonne strahl im Frieden
Auf ein glücklich Österreich!

Lasst uns fest zusammenhalten,
In der Eintracht liegt die Macht;
Mit vereinter Kräfte Walten
Wird das Schwerste leicht vollbracht.
Lasst uns, eins durch Bruderbande,
Gleichem Ziel entgegengeh'n!
Heil dem Kaiser, heil dem Lande,
Österreich wird ewig steh'n!

An des Kaisers Seite waltet,
Ihm verwandt durch Stamm und Sinn,
Reich an Reiz, der nie veraltet,
Uns're holde Kaiserin!
Was als Glück zu höchst gepriesen,
Ström' auf Sie der Himmel aus!
Heil Franz Joseph, Heil Elisen,
Segen Habsburgs ganzem Haus!

Die einzelnen Strophen des Gedichtes heben abgeschlossene und passende Ideen hervor und sind der Ausdruck tiefliegender Empfindung. Die Worte des »Gott erhalte« sind der Wiederhall, der reinste Ausdruck des von der Glaubensmacht getragenen dynastischen Gefühles, welches das Heil, die Größe und die Macht Österreichs mit der erhabenen Persönlichkeit des Kaisers verbindet.

Die zweite Strophe drückt in ebenso kräftiger als bescheiden schlichter Weise das Gefühl der Pflichten des Unterthans im Frieden und Kriege aus, während die dritte den Segnungen des Friedens melodische Klänge weiht.

Treffend und zeitgemäß enthält die vierte Strophe eine Erinnerung an den erhabenen Wahlspruch unseres Kaisers: »Mit vereinten Kräften«, ein Wahlspruch, welcher, in der Vergangenheit keimend, für alle Zukunft Österreich angehört, somit der lebendigen Verherrlichung durch ein für lange Zeit bestimmtes Volkslied im hohen Grade würdig ist, im Zusammenhang mit dem Wahlspruche eines großen Ahnherrn des Kaisers, den jeder treue Unterthan von jeher als Segenswunsch gewählt hat und wählen wird:

Austria erit in orbe ultima.

Die fünfte Strophe sollte bei Gelegenheit der Vermählungsfeier das erhabene Fest auch durch Worte im Liede feiern.

In diesem Jahre brach der ewig denkwürdige Krimkrieg aus. Fast ganz Europa stand in Waffen.

Da Russland durch Überschreiten des Pruth seine Verbindlichkeit vom Jahre 1853 nicht einhielt, sah sich Österreich veranlasst, im Juni eine Armee von 300.000 Mann durch theilweise Mobilisierung seiner Wehrkraft in Siebenbürgen und der Bukowina aufzustellen.

Auch das Regiment setzte sich Ende Juni auf den vollen Kriegsstand, und wurde der Stab desselben am 19. Juni nach Schässburg verlegt.

Am 20. Juli concentrierten sich die ersten 3 Bataillone in Maros-Vásárhely, um am folgenden Tage brigadeweise, gleich dem ganzen 12. Armee-Corps, den Marsch in die Bukowina anzutreten.

Oberst Carl Gaus war noch mit der Allerhöchsten Entschließung vom 17. Mai zum Generalmajor und Truppen-Brigadier avanciert und es wurde an dessen Stelle der Oberstlieutenant Carl Edler von Cornelius des Baron Bianchi Infanterie-Regimentes Nr. 55 zum Obersten und Regiments-Commandanten und der beim Kriegsministerium commandierte Oberst Friedrich Freiherr von Weigelsperg als überzähliger Oberst in das Regiment eingetheilt.

Major Hopf von Hopfenstern rückte zum Oberstlieutenant vor und übernahm das 1., der vom Baron Bianchi Infanterie-Regimente Nr. 55 zutransferierte Major Sertich das 4. Bataillon, dessen Commandant Major Kin von Kinthal pensioniert wurde.

Endlich avancierte Hauptmann Schütz zum Major im Regimente und übernahm das Werbbezirks- und Dépôt-Bataillons-Commando.

Kaum war das Regiment einige Tage am Marsche, als der Befehl ergieng, die 1., 7., 13. und 19. Feld-Compagnie neu zu errichten und nach deren Eintreffen bei den betreffenden Bataillonen die 4 Grenadier-Compagnien in ein Bataillon zusammenzustellen.

Major Jacob Sied wurde zum Grenadier-Bataillons-Commandanten und der mit der Allerhöchsten Entschließung vom 7. August vom Erzherzog Ludwig 8. Infanterie-Regimente neu beförderte Major Anton Janicki zum Commandanten des 3. Bataillons ernannt.

Hauptmann Carl Karácsónyi von Hodos avancierte zum Major beim Feldmarschall-Lieutenant von Schönhals 29. Infanterie-Regimente.

Beim Eintreffen in der Bukowina erhielt das Regiment seine Cantonierungen nördlich von Czernowitz angewiesen, in welche es am 14. August einrückte.

Der Regimentsstab kam nach Kotzmann, der 1. Bataillonsstab nach Kuczurnik, der 2. nach Zastawna, der 3. nach Kadubestie. Die Compagnien lagen in den umliegenden Dörfern.

Diese Dislocation war aber von keiner langen Dauer, denn schon im künftigen Monate marschierte der Regimentsstab nach Sereth, wohin auch das mittlerweile bereits zusammengestellte Grenadier-Bataillon dislociert wurde, das 1. Bataillon nach Suczawa und das 2. und 3. in die zahlreichen Dörfer der Umgegend Sereths. Der 2. Bataillonsstab kam nach Waskoutz, der 3. nach Tereblestie.

Am 19. November wurde auch das 1. Bataillon in die Nähe von Sereth befehligt und der Stab desselben nach Ober-Wikow verlegt.

Das 4. Bataillon war in der Csík verblieben, versah dortselbst den Cordondienst gegen die Moldau und wechselte die Compagnie-Stationen häufig, der Stab blieb jedoch stets in Csík-Szereda.

RANGS-LISTE

DER HERREN OFFICIERE DES INFANTERIE-REGIMENTES NR. 9 VOM JAHRE 1854.

Haupt-Werbbezirks- dann Dépôt- und Rechnungskanzlei-Station: Stryj.

Oberst und Regiments-Commandant: Vacat.

Oberst: Friedrich Freiherr Weigelsperg (R. A.-O.-R. 2. Cl., T. M.-V.-O.-R. 1. Cl, G. H.-P.-O.-C. 2. Cl. m. d. Schw., C.-G.-O.-R., Vorstand der 1. Abtheilung der III. Sect. des Armee-Ober-Commandos, sup.).

Oberstlieutenant: Alois Schaffner.

Majore: Jos. Hopf v. Hopfenstern (Commandant des Dépôt-Bataillons), Carl Fürst Windisch-Grätz, Jac. Sied (M.-V.-K.), Jos. Schütz.

Hauptleute I. Classe: Jul. Freiherr L'Estocq, Wilh. Freiherr Lederer, Gust. Ritter v. Mayerberg, Alois Washara, Joh. Wersak, Carl Karátsónyi v. Hodos, Joh. Schütz, Wilhelm Biedermann, Rud. Gaus, Mich. Lanko (M.-V.-K.), Jos. Larisch, Ferdinand Ritter v. Luerwaldt, Friedrich Frantz (Commandant der Disciplinar-Compagnie zu Carlsburg, sup.), Aug. Negedly, Jos. Nenntwich, Alois Maurer, Ferd. Bonjean v. Mondenheim, Joh. Blum.

Hauptleute II. Classe: Adolf Herget, Carl Zelbr (Commandant der Grenz-Schul-Compagnie zu Weißkirchen), Joh. Grubisich, Carl Rosenberg, Carl Ochtzim, Frz. Grenso, Proc. Pokorny (M.-V.-K., Adjutant beim Regiments-Inhaber), Frz. Dobrostánski, Cornel Bobikiewicz.

Oberlieutenante: Leop. Bergmüller, Jos. Willmóth, Johann v. Hrdina (Lehrer an dem Militär-Ober-Erziehungshaus zu Teschen), Aug. Koch (Commandant des Militär-Unter-Erziehungshauses zu Lemberg, sup.), Heinrich Schubik, Anton Ingerl, Johann Grkovich, Rom. Lazarewicz, Ferd. Schaub, Joh. Gugenmoss (Ö E.-K.-O.-R. 3. Cl., M.-V.-K.), Carl Hirnschall, Friedrich v. Lachner, Ign. Csicserić, Ant. Möraus, Ladisl. v. Dydinski, Wilh. Schmidt (Regiments-Adjutant), Wilh. Krebs, Andr. Nowak, Heinr. Spallensky v. Minnenthal, Eugen Pelikan v. Plauenwald, Ign. Bodynsky, Wilh. Palmarin, Nic. Gyurgyevich, Adolf Klemp, Aug. Cywinski de Puchalla, Jos. Rewakowicz, Nic. Zultkowski, Julian Merunowicz (M.-V.-K.), Ferd. Winterle, Joh. Mayer, Ant. Buchler, Vict. v. Kéler.

Unterlieutenante I. Classe: Ant. Kunzdorfer, Ant. Drak (Divisions-Adjutant), Frz. Makowski (Ö. E. K.-O.-R. 3. Cl.), Ant. Schmid, Mich. Obersheimer (S. T.-M. 2. Cl.), Eduard Makuszynski, Leo Müller, Jos. Beck (Bataillons-Adjutant), Carl Hawerda, Ferd. Biller (Bataillons-Adjutant), Andr. Lachner, Jos. Urbaschek, Aug. Netoliczka (Bataillons-Adjutant), Rupt. Mahr, August Mahr, Theodor Krasnianski, Pius v. Stelzer, Carl Drdacki Ritter v. Ostrow, Johann Pintner, Carl Sandr, Jos. Fischer v. See, Paul Gärtler v. Blumenfeld (Bataillons-Adjutant), Adolf Pappik, Rob. Födrich (Bataillons-Adjutant), Const. Wraubek, Franz Brendl (S. T.-M. 1. u. 2. Cl.), Franz Jagiełłowicz, Josef Semanek, Sylv. Pelka, Carl Bugarin, Uroš Dorič, Ant. Sippel.

Unterlieutenante II. Classe: Josef Krückel, Joh. Schindelasch, Camillo Walzl, Eduard Makay, Jos. Adamczik, Alois Hackhofer, Rob. Reitzenstein, Ernst Kuliczka, Wenzel Dall'Aglio, Otto Freiherr Dungern, Emil Abraham, Eduard Mazur, Carl v. Dzbanski, Nic. Macukiewicz, Alfred Jonas, Ladisl. v. Somogyi, Alfred Laugner, Johann Tomičič, Johann Borzke, Zachar Lomnicki (S. T.-M. 2. Cl.), Georg Mathievič, Jos. Freiherr Ehrenburg, Leop. Kirchhof, Ignaz Obst, Const. v. Sokołowski, Anton Urbanski, Carl Begg v. Albensberg.

Cadetten (k. k.): Nic. Sliwowarzky; (Regmts.-): Jul. Ebenführer v. Elfenberg, Math. Kratki, Moriz Höhenrieder, Julius Pacor v. Karstenfels, Victor Pietrowicz, Ludwig Perfler (S. T.-M. 1. Cl.), Joh. Quiquerez, Carl Blaschke, Adolf Amort, Carl Nernd, Bernhard Schaffel, Joh. Friedel, Joh. Stipek, Ant. Köhler, Carl Prochazka, Jos. Mahrle, Jos. Herzog, Stanisl. Zatwarnicki, Alois Lipold, Leop. Fischer, Ant. Blaim, Hyacynt v. Samsfeld, Joh. Gruber, Sophron Witószynski, Felix v. Barański, Severin Graf Bielski, Johann Mathievič, Adolf v. Baranski, Wilhelm Schröder.

Vom Stabe:

Regiments-Caplan: kathol.: Anton Tworkiewicz.
Regiments-Caplan: griech.: Ant. Zelechowski.
Regiments-Auditor: Hauptmann Alex. Nowak.
Regiments-Arzt: Dr. Joh. Bridling.
Regiments-Adjutant: Oberlieutenant Wilh. Schmidt.
Bataillons-Adjutanten: sind angegeben.
Rechnungs-Official: Josef Pozehnany.
Regiments-Agent: Vacat.

1855. Im Monate Juni des Jahres 1855 erfolgte mit Armee-Obercommando-Rescript vom 18. die Auflösung des Grenadier-Bataillons, die Grenadiere rückten zu ihren betreffenden Bataillonen ein, und die 1., 7., 13. und 19. Compagnie wurden nach Stryj in Marsch gesetzt, woselbst deren Auflösung erfolgte.

Nachdem Se. Majestät der Kaiser die Truppen der Armee in Galizien und der Bukowina vor ihrer Reducierung besichtigt, und zwar das Regiment in Radautz, wo es sich für einen Tag concentrierte, setzten sie sich auf den Friedensstand und brachen Ende Juli in die ihnen zugewiesenen Garnisonen auf.

Das Regiment wurde abermals nach Siebenbürgen und zwar nach Kronstadt und Umgebung bestimmt.

Das 1. Bataillon concentrierte sich zu Radautz und begann den Rückmarsch am 18., der Regimentsstab mit dem 2. Bataillone am 19. und das 3. Bataillon am 20. Juli.

Das 1. Bataillon rückte am 18. August in Kézdi-Vásárhely ein, von wo die 1. Division nach Bereczk detachiert wurde, der Regimentsstab mit dem 2. Bataillone am 20. August in Kronstadt, die 6. Division in Szepsi-Szentgyörgy, das 3. Bataillon am 21. in Kronstadt, die 9. Division in Fogaras.

Das 4. Bataillon concentrierte sich sogleich nach dem Einrücken des Regimentes in die Garnisonen in und um Akosfalva und brach am 3. September nach Stryj auf, woselbst es am 14. October eintraf und an die Stelle des Dépôt-Bataillons trat, welch letzteres aufgelöst wurde.

Major Fürst Windisch-Grätz wurde auf ein Jahr beurlaubt und in den supernumerären Stand versetzt — Major Sertich übernahm das 2., Major Sied das 3., Major Schütz das 4. Bataillon. Major Janicki entfiel überzählig.

Am 20. September wurde die 6. Division von Szepsi-Szentgyörgy nach Kronstadt eingezogen, hingegen nachbenannte Abtheilungen zur Versehung des Cordondienstes an die walachische Grenze detachiert:

Die 12. Compagnie nach Bodzan, die 7. Division nach Törzburg, die 8. Division nach Hosszúfalu, die 18. Compagnie nach Vajda Recse, die 6. von K. Vásárhely nach Zagon.

Am 14. October rückte die 12. Compagnie nach Kronstadt ein und es übernahm die 17. Compagnie die Besetzung des Bodzaner Passes.

In diesem Jahre wurde die Strafe des Spießruthen- oder sogenannten Gassenlaufens abgeschafft, die Disciplinar-Strafbefugnisse, die Stockstreiche betreffend, beschränkt: der Regiments-Commandant durfte 40, der Bataillons-Commandant 30, der Compagnie-Commandant 20 Stockstreiche verhängen.

Ein neues Pensions-Normale für Generale, Stabs- und Ober-Officiere, ein Militär-Strafgesetzbuch und neue Kriegs-Artikel wurden eingeführt.

Anfangs Jänner 1856 erfolgte die Ablösung der am 1856.
Cordon stehenden Abtheilungen durch das 2. Bataillon, und

im Juni concentrierte sich das Regiment in Kronstadt und dessen nächster Umgebung zu größeren Waffenübungen.

Nach deren Beendigung am 2. Juli rückte das 2. Bataillon nach Kézdi-Vásárhely, der 3. Bataillonsstab mit der 7. und 9. Division nach Fogaras ab.

Die Grenzpässe wurden nicht mehr durch ganze Compagnien, sondern nur durch kleinere Detachements besetzt.

Mit der Allerhöchsten Entschließung vom 3. Mai dieses Jahres erfolgte die Pensionierung des Majors Josef Schütz, mit solcher vom 8. September jene des Majors Jacob Sied.

Major Janicki übernahm das Ergänzungs-Bezirks- und 4. Bataillons-Commando, Major Fürst Windisch-Grätz das 3. Bataillon, Oberst Friedrich Baron Weigelsberg war noch am 30. April l. J. zum neuerrichteten Adjutanten-Corps transferiert worden.

RANGS-LISTE

DER HERREN OFFICIERE DES INFANTERIE-REGIMENTES Nr. 9 VOM JAHRE 1856.

Haupt-Werbbezirks- dann Dépôt- und Rechnungskanzlei-Station: Stryj.

Oberste: Carl Edler v. Cornelius, Regiments-Commandant. Frdr. Freiherr v. Weigelsperg (R. A.-O.-R. 2 Cl., T. M.-V.-O.-R. 1 Cl., G. H. P.-O.-C. 2 Cl. [m. d. Schw.], C. G.-O.-R. 1 Cl., Vorstand des Präsidial-Bureau des Armee-Obercommando).

Oberstlieutenant: Jos. Hopf v. Hopfenstern.

Majore: Fürst Carl Windisch-Grätz*) (sup. beurlaubt), Jacob Sied (M.-V.-K.), Jos. Schütz (Werbbezirks-Commandant), Jos. Sertich. Ant. Janicki.

Hauptleute I. Classe: Wilh. Freiherr Lederer, Gust. Ritter v. Mayerberg, Alois Washara, Joh. Schütz, Wilh. Biedermann, Rud. Gaus, Mich. Lanko (M.-V.-K.), Jos. Larisch, Carl v. Bussi, Ferd. Ritter v. Luerwaldt, Jos. Nenntwich, Alois Maurer, Carl Chiolich v. Löwensberg, Ferd. Bonjean v. Mondenheim, Adolf Hergeth, Carl Zeller, Joh. Grubisich, Carl Rosenberg, Carl Ochtzim, Frz. Grenso, Prok. Pokorny (M.-V.-K., Adjutant beim Regiments-Inhaber), Frz. Dobrostański.

Hauptleute II. Classe: Cor. Bobikiewicz, Leop. Bergmüller, Joh. Willmóth, Joh. v. Hrdina, Aug. Koch, Heinr. Schubik, Ant. Ingerl, Joh. Grkowich, Roman Lazarewicz, Joh. Gugenmoss (Ö. E.-K.-R. 3 Cl., M.-V.-K.).

Oberlieutenante: Carl Hirnschall, Frdr. Lachner, Philipp Goldmayer, Ig. Csicserić, Ant. Möraus, Lad. v. Dydynski, Wilh. Schmidt,

*) Avancierte 1858 zum Oberstlieutenant im Infanterie-Regiment Nr. 35, im Jahre 1859 zum Obersten und Commandanten dieses Regimentes und fiel am 24. Juni in der Schlacht bei Solferino.

Wilh. Krebs, Andr. Nowak, Hein. Spallensky v. Minnenthal, Eug. Pelikan v. Plauenwald, Ig. Bodyński (sup.), Wilh. Palmarin, Nic. Gyurgyević, Adolf Klemp, Aug. Cywinski de Puchalla, Jos. Rewakowicz (M.-V.-K.), Ferd. Winterle, Joh. Mayer, Vic. v. Kéler, Frz. Makowski (Ö. E.-K.-O.-R. 3 Cl.), Ant. Schmid, Mich. Obersheimer (S. T.-M. 2 Cl.), Eduard Makuszynski, Leon Müller (Regiments-Adjutant), Jos. Beck, Carl Hawerda, Ferd. Biller, Andreas Lachner, Jos. Urbaschek (in der Kriegsschule), Aug. Netoliczka, Aug. Mahr, Theodor Krasniański, Carl Nahorniak (M.-V.-K.), Pius v. Stelzer, Carl Drdacki Ritter v. Ostrow, Joh. Pintner (sup.) Paul Gärtler v. Blumenfeld, Adolf Pappik.

Unterlieutenante I. Classe: Rob. Födrich, Const. Wraubek, Frz. Brendl (S. T.-M. 1. und 2. Cl., sup.), Frz. Jagiełłowicz, Jos. Semanek, Sylv. Pelka, Carl Bugarin, Ant. Sippel, Ed. Makay, Jos. Adamczyk (Bataillons-Adjutant), Alois Hackhofer, Rob. Reitzenstein, Ernst Kuliczka (Bataillons-Adjutant), Wenzl Dall'Aglio, Emil Abraham, Eduard Mazur, Carl v. Dzbański, Nic. Mazurkiewicz, Alf. Jonas, Ladisl. v. Somogyi, Alf. Laugner, Joh. Thomocić, Joh. Borzke, Georg Mathjević, Jos. Freiherr Ehrenburg, Leop. Kirchhof, Ig. Obst, Const. v. Sokołowski, Ant. Urbański, Carl Begg v. Albensberg, Carl Nernd, Wenzl Rautczek.

Unterlieutenante II. Classe: Jos. Krückel, Jos. Straboditz, Jos. Kraft, Ant. Laforé, Mich. Boykiewicz, Asmond Christophe v. Lauenfels, Bernh. Schaffel (Bataillons-Adjutant), Leon Ikalowicz, Joh. Quiquerez, Agnilin Pöschl (Bataillons-Adjutant), Wilh. v. Ferentheil und Gruppenberg, Jos. Herzog, Joh. Friedl, Ludw. Terfler (S. T.-M. 1 Cl.), Adolf Amort, Adolf Makowiczka, Alois Wiesner, Felix v. Baranski, Moriz Bordolo v. Abondi, Adolf v. Baranski, Alois Ingerl, Gust. Deagaro, Carl Balas, Leop. Ihl, Emil Medycki, Friedr. Purt, Frz. Unzeitig, Julius Butterweck, Joh. Licini, Jos. Kosinski, Nic. Kłodnicki, Edm. Riel, Carl Hoffman, Jos. Mahrle, Leon Grohmann.

Cadetten: Julius Ebenführer v. Elfenberg, Math. Kratki, Moriz Höhenrieder, Vict. Pietrowicz, Carl Peterka, Carl Blaschke, Ant. Köhler, Carl Prohaska, Ant. Rispler, Stanis. Zatwarnicki, Alois Lipold, Ant. Bleim, Hiac. v. Zurowski, Joh. Gruber, Joh. Mathiević, Sever. Graf Bielski, Jos. Oberkamp, Dom. Bubeniczek, Wilh. Schröder, Leon Kulczycki, Ant. Funiak, Albert Doskoczil, Christoph Battek, Aug. Leop. Caspar, Gust. Kraft, Adalb. Ebert, Rud. Schneider, Ferd. Müller, Carl Wenzl, Eduard Obst, Ign. Schindler, Jul. Brosenbach, Alfr. Rispler, Ferd. Reiss, Carl Müller, Ernst Wilh. Freiherr v. Bothmer, Jos. Antoniewicz, Rud. Bausnern, Rud. Wolfshofer, Joh. Mieczuk, Sigm. Dubelowski, Joh. Wittek, Joh. Kobryn, Ig. Rössel, Basil Sawicki, Adolf Kohmann, Cyprian Pawlikiewicz, Lad. Macieszkiewicz, Bronisl. Macieszkiewicz, Bolesl. Przestrzelski, Gust. Tworowski, Ferd. Skwarczek, Jos. Michailowicz, Gabriel Marcalo, Nikol. Kossinski, Emil Wittmann, Victor Zdanowicz,

Sig. Oleszkiewicz, Pet. Duszynski, Jul. Spachholz, Lud. Roszner, Joh. Steiner.

Vom Stabe:

Regiments-Caplan: kathol.: Ant. Tworkiewicz.
Regiments-Caplan: griech.: Joh. v. Zelechowski.
Regiments-Auditor: Oberlieutenant Frz. Schibal.
Regiments-Ärzte: Dr. Joh. Bridling, Dr. Hermann Grund.
Regiments-Adjutant: Oberlieutenant Leon Müller.
Bataillons-Adjutanten bezeichnet.
Rechnungs-Official: Josef Pozehnany.
Regiments-Agent: (Vacat).

1857. Im Jahre 1857 fanden vom 23. April bis 26. Mai neuerdings größere Waffenübungen in der Umgebung Kronstadts statt und es cantonierten der Stab und die 3 Bataillone in den sogenannten »7 Dörfern«.

Nach der Contraction marschierte der 2. Bataillonsstab mit der 5. und 6. Division nach Fogaras, die 3. Division nach Csík-Szereda, der Rest des Regimentes blieb in Kronstadt.

Am 10. Juni marschierte das 2. Bataillon von Fogaras nach Carlsburg, das 3. von Kronstadt nach Hermannstadt; letzteres rückte jedoch schon in den ersten Tagen des September wieder in Kronstadt ein, wo beide Bataillone in Garnison blieben, während das 1. nach Kézdi-Vásárhely, die 3. Division von Csík-Szereda nach Beretzk verlegt wurde.

Mit 1. März war das neue Organisationsstatut in Kraft getreten. Hiernach hatte jedes Infanterie-Regiment aus dem Regimentsstabe und 4 Bataillonen zu je 1 Grenadier- und 5 Füsilier-Compagnien zu bestehen; im Kriege war 1 Bataillon zu 4 Compagnien und auf besonderen Befehl noch 1 Grenadier-Bataillon aufzustellen. Bei jeder Compagnie giengen 4 Corporalstellen ein und wurden 4 Zugsführer systemisiert, welche die Distinction der Feldwebel erhielten, wogegen letztere zum Unterschied noch ein gelbseidenes Bördchen am Kragen des Waffenrockes bekamen.

Die bisherigen »Werbbezirke« der Regimenter wurden »Ergänzungsbezirke« benannt.

Die Kriegs-Commissäre hatten gleich den Auditoren zu den Militär-Parteien zu zählen und erhielten die Officiers-Abzeichen; die Auditore verloren den Officiers-Charakter.

Am 18. Juni fand zu Wien die Säcular-Feier der Stiftung des Militär-Maria-Theresien-Ordens statt.

1858. Im September des Jahres 1858 wechselten das 1. und 3. Bataillon ihre Garnisonen.

Oberstlieutenant Hopf von Hopfenstern wurde mit der Allerhöchsten Entschließung vom 24. October pensioniert und der Oberstlieutenant Carl Hubatschek des Graf Khevenhüller-Infanterie-Regiments Nr. 35 in das eigene eingetheilt.

Hingegen avancierte Major Carl Fürst zu Windisch-Grätz zum Oberstlieutenant bei Khevenhüller-Infanterie; Major Adolf Eduard Baumbach des Herzog von Nassau-Infanterie-Regimentes Nr. 15 wurde zutransferiert und Hauptmann Wilhelm Biedermann zum Major beim Infanterie-Regimente Kaiser Alexander von Russland Nr. 2 befördert. Oberstlieutenant Hubatschek übernahm das 1. Bataillon, Major Baumbach das 4. und das Ergänzungs-Bezirks-Commando, Major Janicki wurde zum 3. Bataillon transferiert.

In diesem Jahre starb am 5. Jänner in der Villa Reale zu Mailand der 92jährige Feldmarschall Graf Radetzky von Radetz.

Das Leichenbegängnis fand zu Mailand statt, worauf die irdische Hülle des Verblichenen, geleitet von der mit Tapferkeits-Medaillen decorierten Mannschaft sämmtlicher Truppen der 2. Armee, nach Wien überführt und dort am 19. unter großartigem Gepränge vom Süd- zum Nordwestbahnhofe geleitet wurde.

Es war ein feierlicher Moment, als die Kanonen von den Bastionen donnerten, die Musikbanden den Radetzky-Trauermarsch spielten, als sich die Fahnen senkten und die Truppen präsentierten; aber noch bedeutungsvoller wurde dieser Moment, da alle Blicke an der hohen Gestalt des jungen ritterlichen Kaisers hafteten, der nun den Säbel zog, vor der Leiche seines Generals salutierte und damit das Zeichen gab, er wolle dem Verewigten die höchste Ehre dadurch erweisen, dass er dessen Leichenbegängnis commandiere.

Die Leiche wurde über Stockerau nach Wetzdorf befördert, wo der Verewigte in einer von Freundeshand für ihn bereiteten Gruft auf dem Heldenberge beigesetzt wurde.

Am 21. August wurde die Kaiserin um 10 Uhr abends zu Laxenburg von einem Prinzen entbunden. So war denn die lange und sehnsüchtig gehegte Hoffnung der Völker Österreichs in Erfüllung gegangen.

Montag, den 23. August nachmittags fand die Taufe des neugeborenen Kronprinzen zu Laxenburg statt, in welcher ihm die Namen Rudolph, Franz Joseph beigelegt wurden.

Gleichzeitig verfügte der Monarch, dass der durch Gottes Gnade ihm geschenkte Sohn von seinem Eintritte in diese Welt der braven Armee angehöre und ernannte ihn zum Obersten des 19. Infanterie-Regimentes.

In diesem Jahre wurde den Officieren das Tragen von Segeltuch-Kitteln im Lager, ferner die Anbringung des Trauerflores in Fällen von Privattrauer bewilligt.

RANGS-LISTE

DER HERREN OFFICIERE DES INFANTERIE-REGIMENTES NR. 9 VOM JAHRE 1858.

Oberst und Regiments-Commandant: Carl Edler v. Cornelius.

Oberstlieutenant: Josef Hopf v. Hopfenstern.

Majore: Carl Fürst Windisch-Grätz, Josef Sertich, Anton Janicki (Ergänzungs-Bezirks-Commandant).

Hauptleute I. Classe: Wilhelm Freiherr Lederer, Gustav Ritter v. Mayerberg, Wilhelm Biedermann,*) Josef Larisch, Ferd. Ritter v. Luerwald (Waffeninspector beim Landes-General-Commando in Hermannstadt), Jos. Nentwich, Alois Maurer, Carl Chiolich v. Löwensberg, Ferdinand Bonjean v. Mondenheim, Adolf Hergeth, Carl Zelber, Johann Grubisich, Carl Rosenberg, Carl Ochtzim, Franz Grenso, Prokop Pokorny (Adjutant beim Regiments-Inhaber), Franz Dobrostanski, Cornel Bobikiewicz, Leopold Bergmüller.

Hauptleute II. Classe: Johann v. Hrdina, August Koch, Heinrich Schubik, Anton Ingerl, Johann Grkovich, Roman Lazarewicz, Johann Gugenmoss, Carl Hirnschall, Ferdinand Lachner, Philipp Goldmayer.

Oberlieutenante: Ignaz Csicserics, Anton Möraus, Wilhelm Schmidt, Wilh. Krebs, Heinrich Spalensky v. Minnenthal, Eug. Pelikan von Plauenwald, Ignaz Bodyński, Nicolaus Gyurgyević, Adolf Klauss, August Cywinski de Buchala, Josef Rewakowicz, Julian Merunowicz, Ferd. Winterle, Johann Mayer, Victor v. Kéler, Franz Makowski, Anton Schmidt, Eduard Makuszynski, Leon Müller, Josef Beck, Ferd. Biller, Josef Urbaschek, August Netoliczka (Regiments-Adjutant), Carl Nahorniak, Pius v. Stelzer, Carl Drdacki Ritter v. Ostrow, Johann Pintner, Paul Gärtler v. Blumenfeld, Adolf Pappik, Franz Berndt, Franz Jagiełłowicz, Sylvester Pełka.

Unterlieutenante I. Classe: Carl Bugarin, Anton Sippel, Eduard v. Makai, Jos. Adamczyk (Bataillons-Adjutant), Alois Hackhofer, Robert Reitzenstein, Ernst Kuliczka (Bataillons-Adjutant), Eduard Mazur, Carl v. Dzbanski, Nicolaus Macukiewicz, Alfred Jonas, Alfred Langner, Johann Tomičić, Johann Boržke, Josef

*) Wilhelm Biedermann kam 1849, nachdem er bei Husaren gedient, ins Regiment und wurde 1859 von diesem abtransferiert. Er starb 1893 als Feldmarschall-Lieutenant und Besitzer des Leopold- und des Ordens der eisernen Krone.

Freiherr v. Ehrenburg, Leop. Kirchhof, (beim Milit.-geog. Institute), Ignaz Obst, Constantin v. Sokolowski, Anton Urbanski, Carl Begg v. Albensberg, Carl Nernd, Wenzel Bautczek (Bataillons-Adjutant), Ant. Laforé, Mich. Boykiewicz, Leon Ikałowicz, Johann Quiquerez, Josef Herzog, Aquilin Pöschl (Bataillons-Adjutant).

Unterlieutenante II. Classe: Ludwig Perfler, Adolf Amort, Alois Wisner, Felix v. Baranski, Moriz Bordolo v. Abondi, Alois Ingerl, Gustav Deagaro, Leop. Ihl, Emil Medycki, Friedrich Purt, Franz Unzeitig, Julius Butterweck, Johann Licini, Josef Kosinski, Nicolaus Kłodnicki, Eduard Riel, Leon Grohmann, Julius Oberkamp, Heinrich Ritter v. Dydynski, Carl Peterka, Rud. Schneyder. Leon Bilecki, Carl Kalita, Anton Rispler, Moritz Höhenrieder.

Cadetten: Julius Ebenfuhrer v. Elfenberg, Anton Köhler, Carl Prohaska, Alois Lipold, Anton Bleim, Johann Grüber, Johann Mathievič, Dominik Bubeniczek, Wilhelm Schröder, Anton Funiak, Albert Doskoczil, Christian Batteck, August Caspar, Adalbert Ebert, Ferdinand Müller, Ferdinand Reiß, Josef Antoniewicz, Rudolf Bausnern, Rudolf Wolfshofer, Johann Mierczuk, Sigmund Dubelowski, Joh. Kobryn, Nicol. Rudnicki, Ign. Rössel, Joh. Witteck, Adolf Kohrmann, Ladisl. Macieszkiewicz, Bronis. Macieszkiewicz, Cypr. Pawlikiewicz, Gustav Tworowski, Bolesl. Przestrzelski, Ferd. Skwarczek, Thad. Bobikiewicz, Nicolaus Kosinski, Gabriel Marcało, Victor Zdanowicz, Emil Wittmann, Patapius Tomink, Sigm. Oleszkiewicz, Ludw. Röszner, Jul. Spachholz, Joh. Labowski, Lubin Grodzki, Johann Siss, Joh. Steiner, Octav Ritter v. Trzcinski, Steph. Maciurek, Const. Korolowicz, Ignaz Mrazek, Maryan Sroczynski, Clemens Kobak, Marcell Rozwadowski, Moriz Bummel, Johann Łagodziec, Ferd. Tötössy, Carl Fuß, Julius v. Mathowski, Josef Jaworski, Johann Medycki. Carl Thelen, Anton Rezek.

Vom Stabe:

Regiments-Caplan: kathol.: Anton Tworkiewicz.
Regiments-Caplan: griech.: Clemens Lityński.
Regiments-Auditor: Franz Schibal.
Regiments-Ärzte: Dr. Johann Brilling, Dr. Hermann Grand.
Regiments-Adjutant: Oberlieutenant August Netoliczka.
Rechnungs-Officiale: Josef Požehnany, Johann Kolitscher.

X. PERIODE.

DER FELDZUG 1859 IN ITALIEN.

Die politischen Beziehungen zu Sardinien und Frankreich hatten Österreich veranlasst, schon in den ersten Tagen des Jahres 1859 die Armee im lombardisch-venetianischen Königreiche zu verstärken, wozu auch die Garnison von Wien verwendet wurde.

Um diesen Abgang von Truppen in der Reichshauptstadt zu ersetzen, wurden Regimenter aus den Provinzen herangezogen, worunter sich auch das eigene befand.

Am 6. Jänner abends langte die telegraphische Depesche ein, welche den Abmarsch des Regimentes nach Wien verfügte, der am 12. Jänner bei eisiger Kälte, unter der regsten Theilnahme der Bevölkerung Kronstadts angetreten wurde.

Am 6. Februar erreichte das Regiment Temesvár, von wo es am 7. mittelst Eisenbahn nach Wien weiter befördert wurde, wo es am 9. morgens eintraf.

Das Regiment wurde in die Brigade Baron Puffer, Division Herdy des 2. Armee-Corps (Fürst Eduard Liechtenstein) eingetheilt.

Es erfolgte nach der Allerhöchsten Entschließung vom 30. Jänner die Pensionierung des Obersten Carl Edler von Cornelius, mit jener vom 21. Februar die Beförderung des Oberstlieutenants Carl Hubatschek zum Obersten und Regiments-Commandanten.

Gleichzeitig wurde Major Josef Sertich zum Oberstlieutenant, Hauptmann Friedrich Ritter von Merkl des Graf Khevenhüller-Infanterie-Regimentes Nr. 35 zum Major im Regimente und Hauptmann Josef Larisch zum Major im Erzherzog Leopold-Infanterie-Regimente Nr. 53 ernannt.

Ende Februar wurden die Urlauber einberufen, um das Regiment auf den Kriegsstand zu completieren.

Am 1. März wurde nebst der Armee in Italien auch das 2. Armee-Corps mobil erklärt und zufolge Allerhöchster Entschließung vom 5. April die Zusammenstellung der Grenadier-

Compagnien in ein Bataillon, die Errichtung der 1., 7., 13. und 19. Compagnie und des Dépôt-Bataillons mit 4 Compagnien angeordnet.

Diesemnach rückten der Hauptmann Carl Petit von Königstern des Baron Mamula-Infanterie-Regiments Nr. 25 und Hauptmann Wilhelm Edler von Fodermayer des Baron Roßbach-Infanterie-Regiments Nr. 40 zu Majoren im Regimente vor.

Die Eintheilung der Stabs-Officiere war folgende:

Oberstlieutenant	Sertich	2.	Bataillon
Major	Janicki	3.	»
»	Baumbach	Dépôt-	»
»	Merkl	Grenadier-	»
»	Petit	1.	»
»	Fodermayer	4.	»

Anfangs April war das Regiment bereits vollkommen completiert, mit der Feld-Ausrüstung versehen und verließ am 16. April mittelst der Südbahn Wien.

Am 18. traf es zu Triest ein, ward daselbst noch am nämlichen Tage eingeschifft und landete am 19. vormittag unter endlosem Jubel und den Klängen des Radetzky-Marsches in Venedig.

Am 20. wurde der Marsch mit der Eisenbahn bis Somma Campagna fortgesetzt, daselbst und in den umliegenden Ortschaften bis 24. cantoniert und am 25. wieder mit der Eisenbahn nach Caravaggio marschiert. — Hier erfolgte auch die Zusammenstellung des Grenadier-Bataillons, einstweilen mit 3 Compagnien, da die 4., sowie die 1., 7. und 13. Feld-Compagnie noch nicht eingetroffen waren. Die Feld-Bataillone waren sonach nur 5 Compagnien stark.

Am 25. marschierte das Regiment nach Trescore, am 26. nach Lodi, wo demselben die Allerhöchste Entschließung vom 21. zukam, vermöge welcher der erkrankte Oberstlieutenant Josef Sertich in den Ruhestand versetzt und der Major Franz Friedrich von Stromfeld vom Erzherzog Wilhelm-Infanterie-Regimente Nr. 12 zum Oberstlieutenant im Regimente befördert wurde.

Hauptmann Alois Maurer rückte zum Major beim Baron Gorizutti-Infanterie-Regimente Nr. 56 vor.

Feldmarschall-Lieutenant Alois Ritter Maurer von Mörtelau ist am 21. Jänner 1817 in Drohobycz in Galizien geboren. Im September 1831 ins Fuhrwesen-Corps assentiert, wurde er 1832 zum Infanterie-

Regimente Nr. 9 transferiert, bei welchem er bis zu seiner Beförderung zum Major bei gleichzeitiger Transferierung zum Infanterie-Regimente Nr. 56 im April 1859 verblieb. In der Subaltern-Officiers-Charge wurde er als Conscriptions-Officier, Adjutant, Lehrer der Regiments-Cadetten- und Pionnierschule verwendet und war während der Waffenübungen 1842—1843 als Generalstabs-Officier beim General-Commando in Lemberg verwendet. Als Hauptmann commandierte er die Füsilier- und 2. Grenadier-Compagnie, dann die Grenadier-Compagnie beim Lehr-Bataillon in Mauer bei Wien. Im Jahre 1866 als Ergänzungsbezirks-Commandant beim Infanterie-Regimente Nr. 71 bewirkte er die Ausrüstung des ganzen Regimentes und übernahm im Juli als Oberstlieutenant das Regiments-Commando, wurde 1869 in den Ruhestand versetzt und mit dem Prädicate »von Mörtelau« in den österreichischen Adelstand erhoben. Für sein Verhalten vor dem Feinde im Gefechte bei Dub-Tobischau am 15. Juni 1866 wurde er mit dem Militär-Verdienstkreuz ausgezeichnet. Im Jahre 1875 rearbitriert und zum Obersten befördert, wurde er zum Commandanten des Invalidenhauses zu Wien und 1882 zum Generalmajor ernannt. Nach Vollendung des 50. Dienstjahres wurde er durch Se. Majestät mit dem Ritterkreuz des Leopold-Ordens ausgezeichnet und im Jahre 1889 unter Verleihung des Feldmarschall-Lieutenants-Charakters ad honores und dem Ausdrucke der Allerhöchsten Zufriedenheit in den Ruhestand versetzt.

Am 30. marschierte das Regiment nach Pavia, wo sich das 2., 3. und 8. Armee-Corps concentrierten.

Die eingeleiteten diplomatischen Verhandlungen, welche während dieser Märsche des Regiments unausgesetzt währten, hatten zu keinem friedlichen Resultate geführt; am 26. April hatte Sardinien die letzte Note des Wiener Cabinets ablehnend beantwortet.

Nach dieser Ablehnung erfolgte drei Tage später der Einmarsch der II. Armee in Piemont. Frankreich setzte gleichzeitig ein starkes Heer über den Mont Cenis und zur See nach Oberitalien in Bewegung. Beim Überschreiten des Tessin durch unsere Truppen erließ Se. Majestät der Kaiser am 28. April folgendes Manifest:

AN MEINE VÖLKER!

Ich habe Meiner treuen und tapferen Armee den Befehl gegeben, den von dem Nachbarstaate Sardinien seit einer Reihe von Jahren ausgehenden und in jüngster Zeit auf ihren Höhepunkt gelangten Anfeindungen unbestreitbarer Rechte Meiner Krone und des unverletzlichen Bestandes des Mir von Gott anvertrauten Reiches ein Ziel zu setzen.

Ich erfülle damit eine schwere, aber unvermeidliche Regenten-Pflicht. Ruhig in Meinem Gewissen kann Ich zu

Gott dem Allmächtigen aufblicken und Mich seinem Richterspruche unterwerfen. Ich stelle getrost Meinen Entschluss der unparteiischen Beurtheilung der Mit- und Nachwelt anheim; der Zustimmung Meiner treuen Völker bin ich gewiss.

Als vor mehr denn zehn Jahren der gleiche Feind mit Verletzung alles Völkerrechtes und Kriegsgebrauches, ohne irgend eine ihm gegebene Veranlassung, nur in der Absicht, das lombardisch-venetianische Königreich an sich zu reißen, in das Gebiet desselben mit Macht einfiel, als er, zweimal von Meinem Heere nach ruhmwürdigem Kampfe aufs Haupt geschlagen, der Macht des Siegers preisgegeben war, übte Ich nur Großmuth und reichte die Hand zur Versöhnung.

Ich habe keinen Zoll breit seines Landes Mir angeeignet, kein Recht, welches der Krone von Sardinien im Kreise der europäischen Völkerfamilie zukömmt, angetastet; Ich habe keine Gewähr gegen die Wiederholung ähnlicher Ereignisse Mir ausbedungen; in der Hand der Versöhnung, die Ich aufrichtig darreichte und die angenommen ward, habe Ich sie allein zu finden geglaubt.

Dem Frieden brachte Ich das Blut zum Opfer, welches von Meinem Heere für Österreichs Ehre und Recht vergossen wurde.

Die Antwort auf diese in der Geschichte einzig dastehende Schonung war die ungesäumte Fortsetzung der Feindschaft, eine von Jahr zu Jahr sich steigernde, mit allen Mitteln der Treulosigkeit ausgerüstete Agitation gegen die Ruhe und das Wohl Meines lombardisch-venetianisches Königreiches.

Wohl wissend, was Ich dem kostbaren Gute des Friedens für Meine Völker und für Europa schuldig bin, trat Ich auch diesen neuen Anfeindungen mit Geduld entgegen. Sie erschöpfte sich nicht, als die umfassenden Maßregeln, welche Ich in der jüngsten Zeit durch das Übermaß wühlerischer Aufreizung an den Grenzen Meiner italienischen Lande und innerhalb derselben für deren Sicherheit zu treffen gezwungen war, neuerdings als Anlass zu gesteigertem feindlichen Auftreten benützt wurden.

Der wohlwollenden Vermittlung befreundeter Großmächte für die Erhaltung des Friedens bereitwillig Rechnung tragend, willigte Ich in die Theilnahme an einem Congresse der fünf Großmächte.

Die von der königlich großbritannischen Regierung als Grundlage der Congressberathung vorgeschlagenen und Meiner Regierung übermittelten vier Punkte nahm Ich unter Bedingungen an, wie sie geeignet sein konnten, das Werk eines wahren, aufrichtigen und dauerhaften Friedens zu fördern.

In dem Bewusstein, dass kein Schritt von Seite Meiner Regierung geschehen, der nur im entferntesten zur Störung des Friedens hätte führen können, stellte Ich aber gleichzeitig das Verlangen, dass jene Macht vorläufig entwaffne, welche die Schuld an den Wirren und an der Gefahr der Friedensstörung trägt.

Auf das Andringen befreundeter Mächte gab Ich endlich Meine Zustimmung zu dem Vorschlage einer allgemeinen Entwaffnung. Die Vermittlung scheiterte an der Unannehmbarkeit der Bedingungen, an welche Sardinien seine Einwilligung band.

So blieb auch nur noch ein Schritt zur Erhaltung des Friedens übrig. Ich ließ unmittelbar an die königlich sardinische Regierung die Forderung richten, ihre Armee auf den Friedensfuß zu setzen und die Freischaren zu entlassen. Sardinien hat diesem Begehren nicht entsprochen. Damit ist der Zeitpunkt nun gekommen, wo nur noch in der Entscheidung der Waffen das Recht seine Geltung suchen muss. Ich habe Meiner Armee den Befehl gegeben, in Sardinien einzurücken.

Ich kenne die Tragweite dieses Schrittes und wenn je die Regentensorgen schwer auf Mir lasteten, so ist es in diesem Augenblicke der Fall.

Der Krieg ist eine Geißel der Menschheit.

Ich sehe mit bewegter Brust, wie sie Tausende Meiner treuen Unterthanen an Leben und Gut zu treffen droht; Ich fühle tief, welch' schwere Prüfung gerade jetzt der Krieg für Mein Reich ist, das auf der Bahn geordneter innerer Entwicklung fortschreitet und für diese der Fortdauer des Friedens bedarf. Allein das Herz des Monarchen muss schweigen, wo nur noch Ehre und Pflicht gebietet.

An der Grenze steht gewaffnet der Feind, im Bunde mit der Partei des allgemeinen Umsturzes und mit dem offenen Plane, Österreichs Besitz in Italien an sich zu reißen.

Zu seiner Unterstützung setzt der Herrscher Frankreichs, der unter nichtigen Vorwänden in die völkerrechtlich geregelten Verhältnisse der italienischen Halbinsel sich einmischt, seine Truppen in Bewegung; Abtheilungen desselben haben bereits die Grenzen Sardiniens überschritten.

Ernste Zeiten sind schon über die Krone weggegangen, die Ich von Meinen Ahnen fleckenlos ererbt, die glorreiche Geschichte Unseres Vaterlandes gibt Zeugnis, dass die Vorsehung, wenn die Schatten einer die höchsten Güter der Menschheit bedrohenden Umwälzung über den Welttheil sich auszubreiten drohen, oft des Schwertes Österreichs sich bediente, um mit seinem Blitze die Schatten zu zerstreuen.

Wir stehen wieder am Vorabende einer solchen Zeit, wo der Umsturz alles Bestehenden nicht bloß von Secten, sondern von Thronen herab in die Welt hinausgeschleudert werden will.

Wenn Ich nothgedrungen zum Schwerte greife, so empfängt es die Weihe — eine Wehr zu sein für die Ehre und das gute Recht Österreichs, für die Rechte aller Völker und Staaten, für die heiligsten Güter der Menschheit.

An Euch aber, Meine Völker, die Ihr durch Eure Treue gegen das angestammte Herrscherhaus ein Vorbild seid für all die Völker des Erdkreises, ergeht Mein Ruf, Mir mit altbewährter Treue, Hingebung und Opferwilligkeit in dem ausgebrochenen Kampfe zur Seite zu stehen; an Euere Söhne, die Ich in die Reihen Meines Heeres gerufen, sende Ich, ihr Kriegsherr, Meinen Waffengruß; mit Stolz dürft Ihr auf sie hinblicken; in ihren Händen wird der Adler Österreichs hoch in Ehren sich schwingen. Unser Kampf ist ein gerechter; Wir nehmen ihn auf mit Muth und Vertrauen; Wir hoffen in diesem Kampfe nicht allein zu stehen.

Der Boden, auf dem Wir kämpfen, ist auch mit dem Blute des deutschen Brudervolkes gedüngt, als eine seiner Schutzwehren errungen und bis auf diese Tage erhalten; dort haben Deutschlands arglistige Feinde zumeist ihr Spiel begonnen, wenn es galt, seine Macht im Innern zu brechen.

Das Gefühl einer solchen Gefahr durchzieht auch jetzt die deutschen Gaue, von der Hütte, bis zum Throne — von einer Grenze bis zur anderen.

Ich spreche als Fürst im deutschen Bunde, wenn Ich auf die gemeinsame Gefahr aufmersksam mache, und an die glorreichen Tage erinnere, wo Europa der allgemein aufflammenden Begeisterung seine Befreiung zu danken hatte.

»Mit Gott für's Vaterland!«

Gegeben in Meiner Residenz- und Reichshauptstadt Wien, am 28. April des Jahres 1859.

Franz Joseph m. p.«

Den 26. April um 3 Uhr nachmittags überschritt die Avantgarde die Gravellone-Brücke bei Pavia und es folgten ihr das 3., 8. und 2. Corps, während gleichzeitig das 5. und 7. Corps bei Bereguardo den Ticino passierten. Das 2. Armee-Corps lagerte an diesem Tage bei Gropello.

Statt des Generalmajor Baron Puffer wurde Generalmajor Baltin zum Brigadier des Regimentes ernannt, welches mit dem 10. Jäger-Bataillon und der Cavallerie-Batterie Nr. V des 9. Artillerie-Regimentes eine Brigade formierte.

Am 1. Mai rückte der Armee-Ober-Commandant Feldzeugmeister Graf Gyulay gegen die Agogna vor, das 2. Corps nach Cernago und am 2. langte dasselbe in Mede an. Die Armee stand von Robbio bis Pieve.

Noch am 3. Mai abends war bei Cornale eine Schiffbrücke über den Po geschlagen worden, welche das 8. Armee-Corps am 4. überschritt, worauf es gegen Castelnuovo vorrückte, während das Armee-Corps von Mede dem nunmehr gewonnenen Übergangspunkte genähert und nach S. Nazaro dirigiert wurde.

Als aber nach dem geänderten Operationsplane das 8. Armee-Corps wieder auf das linke Po-Ufer rückberufen wurde, marschierte auch das 2. Armee-Corps nach S. Giorgio zurück.

Feldzeugmeister Graf Gyulay hatte nämlich beschlossen, die Armee an der Sesia aufwärts zu führen und diesen Fluss bei Vercelli zu überschreiten.

Diesemnach rückte das 2. Armee-Corps am 7. von S. Giorgio nach Nicoro und am 8. nach Vercelli, wo sich auch das Hauptquartier befand. Turin selbst war durch diese Bewegung, welche die österreichische Armee in Märschen von wenigstens vier Meilen innerhalb zweier Tage dem linken Flügel der sardinischen Aufstellung gegenüber bei Vercelli zusammengezogen, ernstlich bedroht und schon eilte eine piemontesische Armee-Division von Occimanio nach der bedrängten Hauptstadt, als plötzlich die Nachricht einlief, dass 40.000 Franzosen nach Alessandria abgegangen seien, und dass die ganze franco-sardinische Armee sich dort concentriere.

Alle Anstrengungen waren nun vergebens gewesen, und es wurde der Rückmarsch beschlossen. Das 2. Armee-Corps kehrte am 9. wieder über die Sesia zurück und wurde nach Robbio dirigiert; am 10. marschierte es nach Albonese, woselbst demselben eine zweitägige Ruhe gewährt wurde.

Die andauernd ungünstige Witterung machte es wünschenswert, dass die Brigaden die nächstliegenden Ortschaften zu Cantonnements benützen, was am 12. auch geschah. Die Brigade Baltin wurde nach Parona verlegt, woselbst am 12. auch die noch abgängigen 4 Compagnien einrückten.

Die österreichische Armee hatte jetzt das Land zwischen der Sesia und dem Ticino inne, die bei Alessandria stehenden Verbündeten waren vollständig vereint. Napoleon III. war beim Heere eingetroffen.

Auf der ganzen Linie herrschte die vollkommenste Ruhe und die Truppen konnten sich unbehelligt der Quartiere erfreuen, was denselben umsomehr zu statten kam, als der Regen kein Ende nahm und Felder und Straßen erweichte.

Das Kanonenfeuer, welches Generalmajor Philippović am 18. auf eine Anzahl feindlicher Fahrzeuge bei Valenza eröffnen ließ und das im Hauptquartiere gehört wurde, war die Ursache, dass das 2. Armee-Corps am 18. plötzlich nach S. Giorgio beordert wurde, um dem 8. am Po stehenden Corps näher zu sein.

Die Truppen des Armee-Corps bezogen hier wieder ein Bivouak und wurden sogleich von einem durchdringenden Regen begrüßt, vor dem sie sich nur sehr mangelhaft schützen konnten, da das Abhauen der Maulbeerbäume strengstens verboten war. Nichtsdestoweniger war die Mannschaft doch guten Muthes, und wenn der Regen nur etwas nachließ, ließ die Regiments-Musik die nationalen Weisen erklingen und jubelnd tanzten die Soldaten auf dem durchweichten Boden ihren Nationalreigen.

Der Vorpostendienst an der Agogna wurde von den Compagnien des Regimentes abwechselnd versehen.

Am 22. rückte die Brigade Baltin zu einer Recognoscierung bis Valle vor, kehrte jedoch am anderen Morgen in das Lager bei S. Giorgio zurück. Die Witterung war bereits derart ungünstig geworden, der Regen fiel in solchen Strömen, der Boden war schon so durchweicht, dass für die Gesundheit der lagernden Truppen ernstliche Besorgnisse rege wurden und man sich veranlasst sah, Cantonierungen in S. Giorgio beziehen zu lassen.

Am 27. Mai begann die feindliche Armee den Linksabmarsch zur Umgehung des österreichischen rechten Flügels, am 30. überschritten die Piemontesen die Sesia bei Vercelli und griffen Palestro an, welches, nur schwach besetzt, nach tapferem Widerstande geräumt werden musste.

Infolge dessen war dem 2. Armee-Corps der Befehl ertheilt worden, mit der Division Jellačić nach Robbio zu rücken, wo bereits die Division Lilia des 7. Corps stand, während die Division Herdy am späten Abende des 30. S. Giorgio verließ, die ganze Nacht marschierte und am 31. um 5 Uhr morgens bei Mortara eintraf.

Die Franzosen hatten ihren Flankenmarsch fortgesetzt, die Stellung von Palestro sollte dessen Beendigung decken.

Es kam daher alles darauf an, sie zu behaupten, ebenso wie der österreichischen Armee daran gelegen sein musste, Palestro wieder zu nehmen.

4 Brigaden waren zum Angriffe bestimmt, welcher am 31. halb 11 Uhr vormittags begann. Die Division Herdy musste trotz des angestrengten Nachtmarsches von Mortara in der Richtung gegen Palestro als Reserve vorrücken, aber der Kampf war schon zu Ende, als sie nachmittags bei Castelnuetto eintraf. Das 1. Bataillon des Regimentes bezog die äußersten Vorposten bei Rosasco.

Am 1. Juni hatten bereits 3 französische Armee-Corps Novara erreicht, 2 standen bei Vercelli, eines und die Piemontesen bei Palestro, so dass im Hauptquartiere der Beschluss zum Rückzuge über den Ticino gefasst wurde.

Am 2. vormittags wurden die auf Vorposten befindlichen 2 Bataillone des Regimentes eingezogen und gegen Mittag begann das 2. Armee-Corps, gleich dem 5., 7. und 8., den Rückmarsch.

Spät abends traf das Corps in Vigevano ein, wo sich die 8. seit einigen Tagen detachierte Division an das Regiment anschloss, passierte nächst diesem Orte bei Fackelbeleuchtung die bereits zur Zerstörung hergerichtete Schiffbrücke über den Ticino und bezog um Mitternacht das Bivouak an der nach Mailand führenden Straße unweit des k. k. Grenz-Zollamtes in der Lombardie.

Am 3. Juni wurde der Rückzug der Armee über den Ticino vollständig beendet und das 2. Armee-Corps angewiesen, zur Unterstützung des bei Magenta mit einem Theile seines Corps stehenden Feldmarschall-Lieutenants Graf Clam dahin aufzubrechen, da die Franzosen, welche Novara bereits erreicht hatten, noch am 2. Detachierungen auf der Straße von Novara gegen den Ticino vornahmen und dort, Turbigo gegenüber, Vorbereitungen zum Brückenbau machten.

Mittags traf das 2. Armee-Corps in Magenta ein und die Brigade Baltin bezog am westlichen Ortsausgange — Front gegen den Ticino — das Lager.

Bei Magenta standen am Abende dieses Tages außer dem 2. Armee-Gorps die Divisionen Cordon und Reischach nebst der Reserve-Cavallerie, im ganzen 41.000 Mann.

Die übrigen Armee-Corps hatten die Linie Magenta-Bereguardo in einer Entfernung von dreieinhalb Meilen inne.

Da die Franzosen bei Turbigo bereits den Ticino überschritten hatten, so wurde noch am 3. Juni nachmittags 4 Uhr das eigene 3. Bataillon, welches in Erkrankung des Majors Janicki (der mit Allerhöchster Entschließung vom 7. Juni in den Ruhestand versetzt wurde) der Hauptmann Ferdinand von Bonjean commandierte, auf Vorposten nach Marcallo, nördlich von Magenta beordert, während die 13. Compagnie als Batterie-Bedeckung zurückblieb. Die 8. Division bezog die äußersten Vorposten bei C. Valisio und C. Mallastalla, die 14., 17. und 18. mit dem Bataillonsstabe blieben in Marcallo.

Die Vorposten bei Ponte vecchio di Magenta wurden von der Brigade Kintzl unterhalten, jene zwischen Ponte nuovo und Buffalora von der Brigade Burdina.

Der Morgen des 4. vergieng in aller Ruhe. Die Truppen kochten ohne Störung und es war bereits abgegessen, als die Nachricht einlief, dass französische Colonnen diesseits der Ticinobrücke vordrängen

Schlacht bei Magenta.

Demgemäß wurde die Brigade Baltin nach Buffalora beordert, wohin sie um 8 Uhr morgens in folgender Ordnung aufbrach: 10. Jäger-Bataillon—Brigade-Batterie.

Grenadier-Bataillon
1. Feld- » } Hartmann.
2. Feld- »

Die Brigade Koudelka folgte als Unterstützung bis C. Nuova.

Um halb 10 Uhr wurde Buffalora erreicht und nachstehende Stellung bezogen:

Das 10. Jäger-Bataillon besetzte Buffalora selbst, das Grenadier-Bataillon am linken Flügel der Jäger den Kirchhof des Ortes, das 1. Bataillon das vor der Nordwestseite Buffaloras gelegene Rideau Monte rotondo.

Als Reserve dienten 1 Bataillon Erzherzog Rainer, welches hinter dem Orte, und das eigene, mittlerweile von Marcallo herangezogene 3. Bataillon, welches rückwärts des nördlichen Dorfausganges stand.

Die Batterie postierte sich südlich vom Kirchhofe am Naviglio, der 30 Fuß breit, 5—6 Fuß tief, sehr schnell fließend und außer auf Brücken, schon wegen seiner steilen, an mehreren Stellen mit gemauerten, 25—30 Fuß hohen Böschungen versehenen Ufer nirgends zu passieren ist.

Das 2. Bataillon wurde zur Deckung des rechten Flügels entsendet; Oberstlieutenant von Stromfeld selbst führte die 5. Division gegen Casate, während Hauptmann Ochtzim mit der 6. Division gegen Bernate und Hauptmann Mayer mit der 4. Division gegen Guzzafame vorrückten.

Inzwischen hatten sich aber auch die französischen Truppenmassen bei Turbigo in Bewegung gesetzt. Während die Garde-Grenadier-Division Mellinet gegen Buffalora vorrückte, ließ Mac Mahon die Division Motterouge über Cuggione gegen Casate und die Division Espinasse über Mesero vorgehen, denen die Division Camon folgte.

Die Avantgarde-Brigade Leféбvre der Division Motterouge hatte bereits Casate besetzt, als die 5. Division vor diesem Orte ankam und, die feindliche Übermacht nicht ahnend, muthvoll zum Angriffe schritt.

Oberlieutenant Nerud und Lieutenant Riel führten die Plänklerschwärme zum Sturme vor, doch die Turkos warfen sich mit solcher Übermacht auf sie, dass sie weichen mussten, bei welcher Gelegenheit Lieutenant Riel schwer verwundet wurde.

Oberstlieutenant Stromfeld erkannte bald, dass er es mit weit überlegenen Streitkräften zu thun habe, gegen die er mit 2 Compagnien nichts ausrichten könne, ordnete demnach, der erhaltenen Instruction gemäß, den Rückzug gegen Buffalora an.

Da ihn die Franzosen zu sehr drängten, ließ er halten, einen Bajonnettangriff auf die Verfolger unternehmen und erzielte damit den ungehinderten weiteren Rückmarsch.

Hier muss des tapferen Feldwebels Kleisch Erwähnung gethan werden, welcher durch seine Bravour belebend auf den Geist der Mannschaft einwirkte und ungeachtet dreier Blessuren nicht zu bewegen war, den Kampfplatz zu verlassen, sich nothdürftig selbst verband und bis zu Ende der Schlacht weiterkämpfte, wo er noch 2 Bajonnettstiche erhielt und endlich vom Blutverluste entkräftet, zusammensank.

Auch die gegen Guzzafame vorgerückte 4. Division stieß auf einen Theil der Division Motterouge, und es gelang ihr, die feindlichen Tirailleurs zurückzudrängen, jedoch mit dem Verluste des Divisions-Commandanten Hauptmann Mayer, der, von drei Kugeln durchbohrt, fiel.

Oberlieutenant Mahr übernahm nun das Commando der Division, deren weiterer Gefechtsgang erst am Schlusse angeführt werden kann, da er mit den übrigen Regiments-Abtheilungen in keinem Zusammenhange stand.

Die 6. Division war endlich bis zu den Casinen am Naviglio, gegenüber von Bernate, marschiert und fand daselbst bei der Brücke das 1. Bataillon des 2. Banal-Grenz-Regimentes.

Kaum angelangt, vernahm Hauptmann Ochtzim in seiner rechten Flanke lebhaftes Gewehrfeuer, und ganz richtig vermuthend, dass die 5. Division angegriffen sei, eilte er mit seiner Division in der Richtung gegen Casate vor, da die linke Flanke bei Bernate durch das Grenz-Bataillon hinlänglich gesichert schien, stieß jedoch, kaum in Gefechtsform übergegangen, ebenfalls auf Turcos der Brigade Lefébvre, die bereits bis dahin, von kulturbedecktem Terrain begünstigt, vorgedrungen waren.

Nach einem halbstündigen Gefechte, in dem nur wenig Terrain gewonnen werden konnte, musste sich auch diese Division, da der Feind eine bedeutende Übermacht entwickelte und keine Unterstützung zu sehen war, kämpfend gegen Buffalora zurückziehen. Anfangs heftig, dann gar nicht verfolgt, vereinigte sie sich daselbst mit der 5. Division.

Die Armee-Division Motterouge folgte den 2 Divisionen des 2. Bataillons, die sich auf Buffalora zurückzogen, auf dem Fuße und glaubte den Ort im ersten Anlaufe nehmen zu können, fand aber den ernstlichsten Widerstand und wurde abgewiesen.

Hauptmann Grubisich stand mit der 3. Division und einer halben Batterie auf dem nordwestlich gelegenen Rideau Monte rotondo, während die 1. Division unter Hauptmann Grenso südöstlich der Höhe, an den Ort gelehnt, als Unterstützung und die 2. Division unter Hauptmann Bergmüller weiter rückwärts, auf dem nach Marcallo führenden Feldwege als Reserve postiert war.

Der feindlichen Übermacht gelang es zwar anfangs, die 3. Division vom Rideau Monte rotondo zu verdrängen, doch Hauptmann Grubisich, von einer Division Erzherzog Joseph Nr. 37 unterstützt, warf die Franzosen durch einen glänzenden Bajonnettangriff wieder zurück, besetzte die auf der Höhe gelegene Casine, beschoss von da, unter Mitwirkung der halben Batterie, den Feind auf das wirksamste und vertrieb ihn vollends.

Bei diesem Sturme zeichneten sich der Zugsführer Moses Brauner und Andrij Dankow der 6. Compagnie rühmlich aus, indem sie unter den ersten waren, die in die von Turcos besetzte Casine eindrangen, wobei noch bei letzterem hervorzuheben ist, dass er durch einen Bajonnettstich verwundet war,

Da es von großer Wichtigkeit war, diese Stellung zu behaupten, gegen die der Feind seine Hauptangriffe richtete, so wurde nebst der 6. Division auch die vom Oberlieutenant Reitzenstein commandierte 2. Grenadier-Compagnie auf das Rideau beordert, während die 2. Grenadier-Division, die ohne Hauptmann war, unter Commando des Oberlieutenants Regiments-Adjutanten Netoliczka, den Oberst Hubatschek auf seine Bitte hiemit betraut hatte, zur Unterstützung des 10. Jäger-Bataillons nach Buffalora abrückte, so dass nur die 1. Grenadier-Compagnie unter Hauptmann Wilhelm Schmidt zur Vertheidigung des Friedhofes zurückblieb.

Inzwischen wiederholte der Feind seinen Angriff auf Monte rotondo, wo nun Hauptmann Grubisich über 7 Compagnien disponierte, die folgende Stellung inne hatten:

Die Division Erzherzog Joseph am rechten Flügel.

Die 6. Division am linken Flügel.

Die 3. Division im Centrum in Plänkler mit Unterstützungen aufgelöst, links des Naviglio.

Die 2. Grenadier-Compagnie als Reserve und die halbe Batterie auf der Höhe, das vorliegende Terrain bestreichend.

Gegen diese Stellung lösten sich starke feindliche Abtheilungen in Plänkler auf und eröffneten ein heftiges Feuer, welches verheerend wirkte und dem auch Oberlieutenant Kirchhof und Lieutenant Tomiuk der 6. Division zum Opfer fielen; doch alle Versuche des Feindes hier vorzudringen, wurden zurückgewiesen, woran auch die 1. Division thätigen Antheil nahm.

Feldwebel Osiadacz nahm bei dieser Gelegenheit einen Turco gefangen, nachdem er vorher zwei getödtet hatte.

Die bei Casa nuova aufgestellte Brigade Koudelka, deren Position ganz geeignet erschien, die Division Motterouge von der Division Espinasse zu trennen, muss das Bedenken des Generals Motterouge erregt und ihn veranlasst haben, seine Kräfte erst vollständig zu sammeln, bevor er sich in ein ernstes Gefecht einließ.

Er beschränkte sich darauf, sich zwischen Casate und Buffalora zu entwickeln und zog die Turcos sogar ganz zurück, so dass auf diesem Punkte der Schlacht momentan ein Stillstand eintrat, während in Buffalora ein furchtbarer Kampf entbrannte.

Das 2. französische Grenadier-Regiment rückte auf dem dammartigen Wege gegen das Dorf an, welches, auf beiden Seiten des Canals gelegen, ziemlich vertheidigungsfähig ist.

Nur das linke Ufer des Naviglio war durch die Brigade Baltin besetzt.

Im Orte selbst standen nebst dem 10. Jäger-Bataillon nur die 2. Grenadier-Division und erst später wurde auch die 2. Füsilier-Division zur Vertheidigung des nördlichen Ortsabschnittes herangezogen.

Die Jäger hatten alle Häuser am Naviglio besetzt und unterhielten aus denselben ein kräftiges Feuer gegen die französischen Grenadiere, die sich am andern Ufer festgesetzt hatten.

Die 3. Grenadier-Compagnie bildete anfangs die Unterstützung, doch bald entdeckte der umsichtige Major Ritter von Merkl einen wichtigen Punkt, dessen stärkere Besetzung unumgänglich nöthig war, nämlich eine kurze Gasse, die mit einem offenen Thore am Canale endete; hier wurde die halbe 3. Grenadier-Compagnie mit der Bestimmung postiert, den stürmenden Feind mit dem Bajonnette zurückzuwerfen, während in der Verlängerung dieser Gasse, wo man durch den ebenerdigen Salon einer Villa ins Freie kommt, die 4. Grenadier-Compagnie als Reserve aufgestellt wurde.

Die Position war hier sehr stark und durch die hohen, steilen Canalufer begünstigt. Alle Anstrengungen der tapferen französischen Grenadiere, da vorzudringen, wurden mit den empfindlichsten Verlusten zurückgewiesen, bei welchem Anlasse sich Feldwebel Sielecki besonders kervorthat. Derselbe befand sich zwar als Schreiber der Regiments-Adjutantur bei der Bagage, doch die ersten Kanonenschüsse erweckten seine Kampflust und er eilte nach Buffalora, woselbst er an der Vertheidigung tapfer mitwirkte und auch verwundet wurde, jedoch den Kampfplatz nicht verließ.

Insbesondere bei der Gasse, wo die halbe 3. Grenadier-Compagnie postiert war, wurde sehr stark hereingefeuert, und die Absichten des Feindes, hier vordringen zu wollen, waren nicht zu verkennen, scheiterten aber an der tapferen und ausdauernden Vertheidigung, die vom Major Merkl geleitet wurde.

Während dieser Vorgänge war das 3. französische Grenadier-Regiment auf dem Eisenbahndamme vorgegangen, dem das 2. Garde-Zuaven-Regiment folgte, und bald entbrannte das Gefecht auch auf der Strecke von Buffalora bis Ponte nuovo di Magenta.

Die 1. Grenadier-Compagnie im Friedhofe von Buffalora war ebenfalls angegriffen worden; doch Hauptmann Schmidt vertheidigte diese Position muthvoll und wies alle Angriffe ab, wobei dem Feinde durch gedeckt postierte Schützen empfindliche Verluste beigebracht wurden.

Das 3. Bataillon, welches bis jetzt unthätig hinter dem nördlichen Dorfausgange stand, hatte die 14. und 16. Compagnie als Plänkler längs des Naviglio zwischen dem Orte und der 6. Division aufgelöst. Plötzlich wurde diese Plänklerkette durch eine feindliche Abtheilung heftig angegriffen und der Lieutenant Reiss war nahe daran, gefangen zu werden, als Feldwebel Becker, dies gewahrend, rasch einige Schwärme sammelte, sich muthvoll auf den Feind warf und dadurch den Officier rettete.

Es war halb 2 Uhr nachmittags.

Das Debouchieren der Franzosen über die Brücken hinaus wurde noch immer verhindert, als die Spitzen der Division Espinasse in der Richtung von Mesero sichtbar wurden, was den Generalmajor Baltin veranlasste, das 3. Bataillon dahin zu dirigieren, während die Brigade Rezniček von Magenta nach Marcallo vorrückte.

Die in Plänkler aufgelöste 9. Division stieß bei ihrem Vorgehen auf überlegene feindliche Cavallerie, vor der sie sich gegen Buffalora zurückziehen musste, dessen Einnahme der Feind neuerdings forcieren wollte.

Doch nicht einen Zoll breit Terrain gelang es ihm zu erobern, denn das Regiment, im Vereine mit dem tapferen 10. Jäger-Bataillon, focht mit einer so heldenmüthigen Ausdauer, Officiere und Soldaten wetteiferten so sehr an Tapferkeit und Bravour, dass es vergebene Mühe war, hier vordringen zu wollen.

Der tapfere Brigadier Generalmajor Baltin, der kaltblütige Oberst Hubatschek waren stets da zu finden, wo es die größte Gefahr gab und zweckmäßige Dispositionen am nöthigsten waren.

Um 4 Uhr nachmittags gab der Feind seine Versuche, von diesen Seiten, wo die Brigade Baltin vertheidigte, vorzudringen, auf und dirigierte alle verfügbaren Kräfte, die Grenadier-Division Mellinet und die Brigade Piccard, gegen Ponte nuovo di Magenta, denen die Brigade Burdina nicht gewachsen war, weshalb sie das Debouchieren auf das linke Canalufer nicht mehr hindern konnte.

Die Brigade Baltin ward hiedurch in ihrer Rückzugslinie ernstlich bedroht, denn sie lief Gefahr, von Magenta völlig abgeschnitten und von der Division Mellinet und der nördlich stehenden Division Motterouge erdrückt zu werden. Um diese Zeit überbrachte Major Döpfner des Generalstabes den Befehl zum schleunigen Rückzuge, welcher schon so gefährdet war, dass Major Döpfner nur mit Gefahr den Befehl überbringen konnte.

Unter diesen Umständen gieng die Batterie sogleich direct nach Magenta zurück, während das Regiment den Rückmarsch in der Richtung gegen Casa nuova in geschlossenen Colonnen antrat.

Das 10. Jäger-Bataillon und die 3. Grenadier-Compagnie, deren Commandant Oberlieutenant Jagiełłowicz bei dieser

Gelegenheit auch seinen ehrenvollen Tod fand, deckten diesen Rückzug.

Die 2. Division (Hauptmann Bergmüller) bildete die Unterstützung der in Tirailleurs aufgelösten vorbenannten Abtheilungen, welche sich längs des Naviglio in südlicher Richtung bewegten.

Nach der Räumung Buffaloras war es nunmehr dem 2. französischen Grenadier-Regimente möglich geworden, die hölzerne Brücke von Buffalora herzustellen, sich des am hohen östlichen Canalufer gelegenen Theiles des Ortes zu bemächtigen und dort festzusetzen.

Als die 2. Division durch den fortgesetzten Seitenmarsch ungefähr auf 300 Schritte bei der Casa nuova anlangte, kam sie mit den übrigen 2 Divisionen des 1. Bataillons wieder in taktischen Verband und nahm da Stellung, woselbst sich auch das ganze Regiment concentrierte.

Plötzlich wurde in dieser Stellung starkes Gewehrfeuer bei Marcallo vernommen, wo die Brigade Rezniček das Debouchieren der Division Espinasse zu hindern versuchte, jedoch gegen die Überzahl nicht lange Stand halten konnte. Deren Abtheilungen zogen sich bereits zurück.

In diesem Momente war der Corps-Commandant Feldmarschall-Lieutenant Fürst Eduard Liechtenstein bei der Casa nuova eingetroffen und gab den Befehl zum Sturm auf Marcallo.

Vor dem Grenadier-Bataillon sah man eine Plänklerkette (Grenzer) und der Generalstabs-Major Döpfner versicherte dem Major Ritter von Merkl, sie würde sich dem Bataillone beim Sturme anschließen. Reserven folgten keine, wenigstens sah man sie nicht.

Jedes Bataillon wählte sich ein Object zum Ziele und so wurde während eines heftigen Platzregens mit fliegenden Fahnen und klingendem Spiele vorgerückt, der tapfere Oberst Hubatschek an der Spitze des Regimentes.

Plötzlich zeigten sich in der Nähe von 50 Schritten unmittelbar vor Marcallo längs der ganzen Linie der vorrückenden Bataillone dichte feindliche Tirailleurschwärme, welchen ganz nahe geschlossene Abtheilungen folgten.

In diesem Augenblicke ertönte bei allen Bataillonen das Sturmsignal, und nachdem die Tête-Abtheilungen der Massen eine Decharge abgegeben hatten, warf sich das Regiment mit einem solchen Ungestüm auf den Feind (2. Zuaven-Regiment), dass derselbe dem Anpralle nicht widerstehen konnte und bis in den Friedhof von Marcallo zurückgeworfen wurde.

Der Feind, seinem Ziele so nahe, machte alle Anstrengungen, Herr des Terrains zu werden, dreimal führte er seine Zuaven vor, aber ebenso oft wurden sie zurückgeworfen, bis sich endlich die Division Espinasse mit ganzer Macht auf das Regiment warf, welches sie in verzweifelter Tapferkeit und Todesverachtung im weiteren Vorrücken aufhielt.

Von allen Seiten mit mörderischen Salven begrüßt, die ganze Reihen niederschmetterten, wurden die Colonnen erschüttert und ein wüthendes Handgemenge Brust an Brust begann.

Hauptmann Schubik, Oberlieutenant Drdacki fielen, Hauptmann Graf Hartmann, Oberlieutenant Hackhofer, Pöschl, Deagaro und Lieutenant Lipold wurden schwer verwundet, dem kühnen Major von Merkl, dessen Pferd bereits 2 Schüsse erhalten hatte, wurde der rechte Ellenbogen durch eine Gewehrkugel zertrümmert, das Regiment war nahezu decimiert.

Alle Tapferkeit, aller Heldenmuth war da vergebens, der feindlichen Übermacht von 2 Brigaden zu widerstehen eine Unmöglichkeit, das Regiment musste sich gegen Magenta zurückziehen, was unter harter Verfolgung durch den Feind, aber standhaft kämpfend durchgeführt wurde. Bei dieser Gelegenheit fiel Oberstlieutenant von Stromfeld schwer verwundet, nachdem er schon früher leicht blessiert worden war.

Oberst Hubatschek, der an diesem verhängnisvollen Tage überall war, wo es die größte Gefahr gab und wo es galt, mit seinem schon im Feldzuge 1848/9 in demselben Regimente bewährten Heldenmuthe und seiner wahrhaft seltenen Kaltblütigkeit die Gemüther neu zu beleben und zweckmäßige Anordnungen zu treffen, leitete den Rückzug bis vor Magenta, als auch er von einer feindlichen Kugel durchbohrt wurde. Dem Hauptmann Grubisich ward gleichzeitig der linke Oberarm zerschmettert, so dass er gleich vom Pferde stürzte, während der Oberst sich noch im Sattel erhielt.

In dieser Zeit erfolgte der Angriff der Franzosen, die mittlerweile auch über Ponte nuovo di Magenta vorgedrungen waren, von drei Seiten auch im Rücken, die 1. Division und das 3. Bataillon wurden ganz abgeschnitten, während sich die anderen Bataillone nach Magenta durchschlagen mussten, nachdem sie noch beim Eisenbahndamme, gegen welchen der

Feind auch schon vorgerückt war, einen blutigen Kampf zu bestehen hatten, den Major von Petit, welcher das Regiments-Commando übernommen hatte, mit Umsicht und Verachtung jeder Gefahr leitete.

In diesem Schlachtgewühle wurde das Pferd des Obersten Hubatschek durch einen Schuss niedergestreckt, er selbst, tödtlich getroffen, kam darunter zu liegen.

Da erblickte der Gemeine Olexa Kiernicki die Gefahr, in der sein Regiments-Commandant schwebte, und stürzte sich mit einigen Kameraden auf die am meisten drängenden Feinde, vertrieb sie, nahm ihnen ein Beutepferd wieder ab und half sodann nebst dem Hornisten Kopacz und dem Oberlieutenant Jonas, den Obersten auf das Pferd des Hauptmanns Grubisich aufzusetzen, worauf sich um den geliebten Führer sogleich eine Abtheilung sammelte, den anstürmenden Feind zurückdrängte und den Obersten vor der Gefangenschaft bewahrte.

Oberst Hubatschek, der durch vorzügliche Bildung, Geschicklichkeit und edlen Charakter eine besondere Achtung in der Armee sich erwarb, verband mit diesen höchsten und schönsten Zierden eines Soldaten auch noch andere eben so wertvolle als Achtung einflößende Eigenschaften. Voll Bescheidenheit gegen Vorgesetzte, behandelte er seine Untergebenen mit jener liebreichen und schonenden Rücksicht, die ihm die Herzen Aller erwerben musste; dabei war aber auch die strenge Gerechtigkeit sprüchwörtlich im Regimente geworden; die böse That entwich seiner Strenge nicht.

Zu Ende des Jahres 1858 von Graf Khevenhüller-Infanterie in gleicher Charge als Oberstlieutenant zum Regimente transferiert, rückte er, bereits decoriert, in Kronstadt ein und übernahm bald darauf von dem in Ruhestand versetzten Obersten Karl Edlen von Cornelius, das Regiments-Commando.

In den ersten Tagen des Jahres 1859 marschierte das Regiment Hartmann nach Wien, allwo Oberstlieutenant Hubatschek während des dreimonatlichen Aufenthaltes in der Residenz zum Obersten und Commandanten des Regimentes ernannt wurde.

Von Wien marschierte nun das Regiment im Monate April 1859 nach Italien. Zugewiesen der Brigade Baltin des 2. Armee-Corps, unter Anführung des Corps-Commandanten Feldmarschall-Lieutenant Fürst Eduard Liechtenstein, kam das Regiment bis zum 4. Juni 1859 in kein Treffen, sondern wurde auf sardinischem Boden en reserve verwendet.

Von der Zeit an, als Oberst Hubatschek das Commando des Regiments übernahm, arbeitete dieser edle Mann mit aller Aufopferung an der möglichsten Hebung der moralischen Kräfte des Regiments; kein Mittel ließ er unbenützt, um diese sich vorgesetzte Aufgabe rühmlich zu lösen. Welchen Erfolg seine hingebende Aufopferung im Dienste hatte, bewies nicht nur der treffliche Geist des Officierscorps, welches vor Begierde brannte dem Feinde entgegengeführt zu werden, sondern auch der während der zweimonatlichen Verwendung des Regimentes als Reserve in Sardinien vorgekommene Fall, dass im Lager bei San Giorgio im Namen der sämmtlichen Mannschaft die zwei ältesten Gemeinen des Regimentes ihren Obersten baten, sie höheren Vorgesetzten vorzustellen, um die Vorrückung des Regimentes Hartmann gegen den Feind zu erbitten.

Bald sollte nun der Augenblick kommen, wo der so mühsam ausgesäte Same Früchte für den Commandanten, Ruhm und Ehre für das ganze Regiment tragen sollte. Am 31. Mai zog sich die österreichische Armee über den Ticino zurück. Am 4. Juni nach Sonnenaufgang brach die Brigade Baltin aus dem Lager bei Magenta auf und marschierte gegen Buffalora. Schon auf dem Wege nach diesem Orte ließen sich Kanonenschüsse vernehmen. Rechts von Buffalora wurde die Brigade aufgestellt. Die einzelnen Bataillone des Regiments Hartmann nahmen die ihnen angewiesenen Positionen ein. Gleich darauf entspann sich ein äußerst heftiger und blutiger Kampf; und schon nach einer Stunde konnte man aus dem Munde der hin- und hermarschierenden Truppen laut die ehrenden Zeugnisse vernehmen: »Hartmann kämpft mit Bravour — Hartmann kämpft heldenmüthig«.

Oberst Hubatschek selbst bewies bis zum letzten Augenblicke eine unerschrockene persönliche Tapferkeit, die dem Regimente zum anspornenden Beispiele diente, sowie die lobenswerteste Kaltblütigkeit und Umsicht. Wo die größte Gefahr zu überwinden war, stürzte er der Erste hinein, um voran zu leuchten, »denn mein braves Regiment«, sagte er, »verdient einen braven Obersten«. Persönlich leitete er den Sturm bald bei diesem, bald bei jenem Bataillon, und die begeisterte Mannschaft ging mit Todesverachtung den feindlichen Dechargen und Bajonnetten entgegen. Den ganzen Tag hindurch kämpfte das Regiment mit beispielloser Tapferkeit aber auch mit großem Glücke zwischen Buffalora und Magenta, bis der mit einbrechender Dämmerung vom Feinde glücklich ausgeführte Flankenangriff die gesammte Armee zum Rückzuge bewog.

Alles zog sich nun nach Magenta zurück. Der auf einmal und unerwartet eingetretene Rückzug brachte unter den Truppenkörpern Verwirrungen hervor.

Auf der durch Magenta sich ziehenden Hauptstraße beschloss nun Oberst Hubatschek seine herankommenden, aber durch feindliche Kugeln gelichteten, und vom Blute triefenden Bataillone zu ordnen, um sie erneuert dem Feinde entgegenführen zu können. Hier fühlte und sah er am besten, beim ruhigen Betrachten seiner Abtheilungen, wie gewissenhaft das Regiment sich seines braven Commandanten würdig zu zeigen und verdient zu machen suchte. Compagnien, die mit vollem Kriegsstande zum Gefechte ausgerückt waren, kehrten 3, 5, 7, 10 Rotten stark, die Mannschaft öfters allein ohne Officier zurück. Die stärksten Compagnien zählten kaum die Hälfte ihres früheren Standes. Das 3. Bataillon, welches noch den überlegenen und vorwärts dringenden Feind, als schon die meisten Truppenkörper im Rückzuge begriffen waren, aufzuhalten suchte, um den sich zurückgezogenen Truppen Zeit zum Ordnen und erneuerten Vordringen zu geben, wurde beinahe ganz aufgerieben.

Jetzt begann Oberst Hubatschek die Reste seines braven Regiments zu ordnen. Wo ist der Hauptmann Graf Hartmann, wo der

Hauptmann Schubik, wo dieser und jener lautete die Frage aus dem Munde des um das Schicksal seiner Officiere besorgten Obersten, der von dem Officierscorps des Regimentes nur hie oder da einen Officier in den Reihen stehen sieht: »Todt auf dem Kampfplatz!« tönten düster die Stimmen der Soldaten.

Während dieser Zeit trug man vor der Front des Regiments dessen tödtlich verwundeten Oberstlieutenant vorüber, der dies ausdrücklich begehrte, und mit dem wehmüthigen Zurufe: »Lebet wohl, ihr braven Kameraden!« für immer von seinen Kampfgefährten Abschied nahm. Bald darauf reitet vor dem Regimente auf einem mit Wunden bedeckten Pferde der älteste Major des Regiments, dessen zerschmetterter rechter Arm sich hin- und herbewegt. Es war der tapfere Ritter von Merkl, der mit dieser schweren Verletzung durch längere Zeit die Reihen seiner braven Gefährten zu verlassen sich weigerte.

Mit Thränen im Auge nahm Oberst Hubatschek von seinen braven Stabsofficieren Abschied, eilte, da der Feind schon ganz nahe am Eingange des Ortes sich befand, vor die Front des Regiments, ergreift die Fahne des 1. Bataillons, ermahnt das Regiment bis zum letzten Augenblicke tapfer wie bisher auszuharren und treu dem Panier zu bleiben, zu dem es geschworen. Mit einem begeisterten Hurrah! nahm die Mannschaft die Worte ihres Helden auf, und in diesem verhängnisvollen Augenblicke — durchbohren zwei feindliche Kugeln die Brust des Obersten. Er sinkt, tödtlich verwundet, unter einem allgemeinen Wehgeschrei des Regiments zu Boden.

Sogleich in einen Sanitätswagen gebracht, wurde er nach Mailand und von dort nach Lodi transportiert, allwo er nach dreitägigem schweren Leiden seinen Heldengeist aufgab. Das Regiment Wasa erwies dem heldenmüthigen Obersten bei Bestattung seiner Leiche die letzte Ehre.

Während des dreitägigen schweren Leidens benahm sich Oberst Hubatschek als wahrer Held, der erfüllt von dem Bewusstsein erfüllter Pflicht mit Gleichmuth dem Tode entgegenschaut. Bis zum letzten Augenblicke kümmerte er sich um die Angelegenheiten des Regimentes, erkundigte sich mit besonderer Theilnahme nach dem Schicksale seiner Officiere, nahm den wärmsten Antheil an den Gefallenen und verschied ohne einen Laut des Schmerzes von sich zu geben, als wenn er in einen süßen Schlummer verfallen wäre.

Der Leopoldsorden, welcher seine Brust zieren sollte, fand den Helden nicht mehr am Leben.

Der klar sehende, Alles durchdringende Geist des Obersten, seine, jedes Soldatenherz einnehmenden Eigenschaften, sowie dessen herzhaftes, Muth einflößendes Benehmen versetzte das ursprünglich seinem Commando anvertraute Regiment für den ganzen Feldzug in derartige Begeisterung, dass selbes auch nach dem Tode des vielbetrauerten geliebten Helden unter der Zahl der tapfersten Regimenter genannt wurde und von unserem Monarchen beim Besuche desselben im Lager bei Tormene das glänzende Lob erhielt: »Ich nehme das heldenmüthige Benehmen des Regimentes Hartmann sowohl bei Magenta als Solferino mit besonderer Befriedigung zur Kenntnis«. (Aus dem »Streffleur«, 1862.)

Als das Regiment, d. i. das Grenadier-, das 2. Bataillon und 2 Divisionen des 1. Bataillons, um 7 Uhr abends in

Magenta einrückte, hatte sich schon ein großer Theil des 1. und 2. Armee-Corps daselbst gesammelt, welche Truppen es dem Corps Mac Mahon noch sehr schwer machten, sie aus ihren Positionen zu vertreiben.

Die an der Nord- und Westseite postierten Geschütze leisteten hiebei außerordentliche Dienste; als dieselben aber abzuziehen genöthigt waren, musste sich allmählich Haus um Haus ergeben, und um 8 Uhr waren die Franzosen im Besitze der Stellung.

Bei der Räumung Magentas trat das Regiment, gleich den übrigen Resten des 1. und 2. Armee-Corps, den Rückzug über Corbetta an, wo die Vorposten und lagernde Truppen des Benedek'schen Corps passiert wurden, und marschierte bis Cisliano, bei welchem Orte spät nachts das Bivouak bezogen wurde.

Wenden wir uns nun zu dem 3. Bataillon und zur 1. Division, die nach dem Sturme auf Marcallo beim Rückzuge vom Regimente abgeschnitten wurden und zwischen den feindlichen Divisionen Motterouge und Espinasse vollständig umzingelt waren.

Der tapfere Bataillons-Commandant Hauptmann von Bonjean verlor die Fassung nicht, ergriff die Fahne, stellte sich zu Pferd an die Spitze des Bataillons, ließ die Sturm-Colonne formieren, wobei die 18. Compagnie die Plänklerkette bildete und commandierte zum Sturme gegen den ihn im Rücken bedrohenden Feind, um sich da durchzuschlagen und Magenta zu erreichen.

Die feindlichen Tirailleurs zogen sich anfänglich zurück, machten aber unweit der Casa nuova Halt und erwarteten daselbst in einer gedeckten Stellung das stürmende Bataillon.

Hauptmann Hergeth, der die eigene Kette commandierte, blieb auf ungefähr 50 Schritte vom Feinde ebenfalls stehen, um sich mit der nachrückenden Sturm-Colonne zu vereinigen; aber der sehr überlegene Feind wartete deren Vorrückung nicht ab, sondern warf sich nach einer Decharge auf das Bataillon, welches auch gleichzeitig von einer Escadron Chasseurs d'Afrique in der Flanke attaquiert wurde.

Durch diesen heftigen Angriff etwas zurückgeworfen, versuchte das Bataillon, sich in einer anderen Richtung durchzuschlagen; doch auch hier stieß es auf weit überlegene feindliche Streitkräfte. Es war von allen Seiten umringt. Mit wahrer Todesverachtung warf sich das schon sehr zusammengeschmolzene Bataillon nochmals in die Reihen des Feindes, was wenigstens zur Vereinigung mit der gleichfalls abgeschnittenen 1. Division, bei der sich auch die Fahne des 1. Bataillons befand, führte.

Doch nun brachen von allen Seiten starke Infanterie-Colonnen auf das Bataillon herein, und im Rücken attaquierte wiederholt die Cavallerie.

Es wurden, so gut es gieng, Klumpen formiert, denn an eine Capitulation dachte die brave Truppe auch unter diesen misslichen Umständen nicht, und die Gegenwehr gegen die attaquierende Cavallerie wurde mit dem größten Heldenmuthe fortgesetzt.

Bald stürzte Oberlieutenant Langner mit zerschmettertem Fuße zusammen; gleichzeitig erhielt Hauptmann von Bonjean, der bereits am Fuße verwundet war, einen zweiten Schuss in den Unterleib, wodurch das Pferd scheu wurde, mit dem tödtlich verwundeten Reiter den Klumpen durchbrach und durchgieng. Der Wehrlose wurde durch die französische Cavallerie getödtet, und es konnte dem in der Nähe befindlichen Klumpen trotz aller Tapferkeit nicht gelingen, in den Besitz des Leichnams zu gelangen.

Mittlerweile waren die wenigen Klumpen, aus denen das Bataillon noch bestand, schon so sehr decimiert, die Angriffe des Feindes waren so mächtig, dass ein längerer Widerstand nicht mehr denkbar war.

In diesem Augenblicke warf sich der Führer Peter Petrów, der die höchste Gefahr für die ihm anvertraute Fahne einsah, mit derselben rasch zu Boden, riss sie von der Stange herab und verbarg sie. Gleich darauf wurde der Klumpen zersprengt, theils niedergehauen, theils gefangen; unter denen, die das letztere Schicksal traf, befand sich auch Petrów. Kriegsgefangen trug er die Fahne nach Frankreich und verwahrte sie, um den Leib gewickelt, so lange, bis er zum Regimente zurückkehrte.

Einige Klumpen unter den Hauptleuten Grenso, Bodyński und Goldmayer hielten sich noch einige Zeit, doch auch sie mussten der Übermacht endlich unterliegen, und die geringen Überreste des 3. Bataillons und der 1. Division fielen sonach, nach einer glänzenden Gegenwehr, die selbst dem Feinde laute Zurufe der Bewunderung entriss, in Kriegsgefangenschaft.

Glücklicher war die 18. Compagnie, die beim Sturme auf Casa nuova nebst noch anderer versprengter Mannschaft verschiedener Compagnien vom Bataillon abgeschnitten worden war, und sich mitten zwischen den feindlichen Plänklerschwärmen befand; es gelang ihr, sich durch dieselben durchzuschlagen, eine zweite Kette, auf welche sie stieß, ebenfalls zu durchbrechen, bei dieser Gelegenheit noch 8 Gefangene zu machen und — freilich mit dem Verluste von mehr als der Hälfte der Mannschaft — in dem Augenblicke Magenta zu erreichen, als das Regiminent daselbst zum Abmarsch bereit stand.

Jetzt erübrigt nur noch die Beschreibung der Actionen der 4. Division. Wie eingangs erwähnt, war diese Abtheilung um 10 Uhr vormittags gegen Guzzafame vorgerückt und hatte die feindlichen Avantgarde-Spitzen zurückgedrängt, worauf Oberlieutenant Mahr den Entschluss fasste, die Casine anzugreifen.

Er sendete eine Recognoscierungs-Patrouille voraus, die auf eine Cavallerie-Abtheilung stieß und sich zurückzog; die feindlichen Reiter folgten, kamen in einen gut gelegten Hinterhalt und blieben bis auf zwei am Platze.

Doch gleich darauf hatte die Division dem Angriffe einer Escadron Chasseurs à cheval Stand zu halten, den sie aber durch Formierung des Quarrés und Abgabe einiger Dechargen zurückschlug, wobei der Escadrons-Commandant und circa 40 Mann fielen. Die Division verfolgte hierauf die sich zurückziehenden feindlichen Reiter und wich erst dem Anrücken sehr überlegener Infanterie-Abtheilungen, Schritt für Schritt kämpfend.

In den Culturen angelangt, löste sich die Division in Tirailleurs auf und führte so mehrere Stunden gegen die Vortruppen der Division Motterouge mit abwechselndem Glücke den Kampf weiter fort.

Erst beim Andrängen des Corps Mac Mahon musste sie sich nach Magenta zurückziehen, wo sie fast gleichzeitig mit dem Regimente anlangte.

Oberlieutenant Makay war bei dieser Action schwer verwundet worden, verließ jedoch den Kampfplatz erst dann, als ihm der Körper den Dienst versagte.

Auch diese Division rückte über Corbetta nach Cisliano ab, wo noch in der Nacht der Gefreite Iwan Hallow eintraf, welcher während der Schlacht in Kriegsgefangenschaft gerathen war, jedoch aus derselben zu entkommen wusste. Trotz aller Mühsale des Tages, vergaß er auf jede Ruhe und gegen Mitternacht schlich er sich glücklich durch alle feindlichen Posten und Vedetten durch und gelangte zu den österreichischen Vorposten.

Der Verlust, welchen das Regiment bei Magenta erlitten, war leider ein sehr bedeutender; er ist der sprechendste Beweis für seine Ausdauer und Tapferkeit während des 9stündigen Kampfes.

Es blieben an diesem verhängnisvollen Tage, theils gleich auf dem Schlachtfelde todt, theils starben in kurzer Zeit an ihren Wunden:

Oberst Carl Hubatschek;

Oberstlieutenant Franz vom Stromfeld;

Hauptmann Ferdinand von Bonjean, Anton Ingerl, Heinrich Schubik, Johann Mayer, Prokop Graf Hartmann;

Oberlieutenant Carl Ritter von Drdacki, Franz Jagełłowicz, Aquilin Pöschl, Robert Reitzenstein, Leopold Kirchhof;

Lieutenant Alois Lipold, Patapi Tomiuk, Eduard Riel und 408 Mann vom Feldwebel abwärts.

Verwundet wurden: Major Friedrich Ritter von Merkl*[1]), Carl von Petit*;

Hauptmann Johann Grubisich, Philipp Goldmayer, Victor von Kéler;

Oberlieutenant Alfred Langner*, Eduard von Makay*, Alois Hackhofer*, Alfred Jonas*;

Lieutenant Gustav Deagaro*, Theodor Nechwalski, Adolf Kohmann, Julius Brosenbach, Josef Jaworsky*.

Die Oberlieutenante August Netoliczka und Johann Tomičić erlitten Contusionen.

Die Zahl der verwundeten Mannschaft vom Feldwebel abwärts kann nicht genau angegeben werden, da sie fast gänzlich in Kriegsgefangenschaft fiel, demnach in der Summe der Kriegsgefangenen mitbegriffen ist.

In Kriegsgefangenschaft geriethen:

Hauptmann Franz Grenso, Cornelius Bobikiewicz, Carl Hirnschall, Philipp Goldmayer, Ignaz Bodyński;

Oberlieutenant Regiments-Adjutant August Netoliczka, Sylvester Pelka, Eduard von Makay, Alois Hackhofer, Alfred Langner, Johann Tomičić, Carl Nerud, Carl Calita;

---

[1]) Die mit * bezeichneten wurden schwer verwundet.

Lieutenant: Gustav Deagaro, Rudolf Schneyder, Adolf Kohmann, Wilhelm Schröder, Johann Wittek, Julius Butterweck, Otto Paschek, Ignatz Schindler, Rudolf Dobsch, Ferdinand Reiss und 1149 Mann.

Hauptmann Nicolaus Gyurgyewich fiel im Spitale zu Mailand in Feindes-Hände.

Seine Majestät der Kaiser geruhten den in der Gefechts-Relation unter den Ausgezeichneten Genannten nachfolgende Decorationen zu verleihen:

Das Ritterkreuz des Leopold-Ordens: Oberst Carl Hubatschek und Major Carl von Petit.

Den Orden der eisernen Krone 3. Classe: Oberstlieutenant Franz von Stromfeld, Hauptmann Ferdinand von Bonjean Anton Ingerl [1]), Wilhelm Schmidt.

Das Militär-Verdienstkreuz: Major Friedrich Ritter von Merkl, Hauptmann Johann Grubisich, Franz Grenso, Leopold Bergmüller, Prokop Graf Hartmann, Oberlieutenant August Netoliczka, Alfred Langner, Lieutenant Gustav Deagaro, Leo Bilecki.

Das goldene geistliche Verdienstkreuz: Regiments-Caplan r. g. Clemens Lytiński für sein muthvolles und die Leute aneiferndes Benehmen im Kugelregen.

Das goldene Civil-Verdienstkreuz: Oberwundarzt Moses Jäger, der sich, keine Gefahr scheuend, bei der Pflege der vielen Verwundeten besonders thätig benommen hatte.

Die Allerhöchste Belobung wurde zutheil dem Hauptmanne Carl Ochtzim, Ferdinand Winterle, Oberlieutenant Johann Tomičić und Unterlieutenant Ferdinand Skwarczek.

Generalmajor Johann Ritter Tomičić von Gorica ist im Jahre 1836 in Ričice in Croatien geboren, wurde 1849 zum Infanterie-Regimente Nr. 9 assentiert und 1852 aus der Cadetten-Compagnie zu Graz ausgemustert. Im Jahre 1859 bei Magenta als Lieutenant verwundet und kriegsgefangen, wurde ihm für sein tapferes Benehmen in diesem Feldzuge die Allerhöchste belobende Anerkennung ausgesprochen. 1861 erfolgte seine Zutheilung zum Generalstabe, 1863 die Zutheilung zum 1. Grenz-Regimente. Wiederholt in vielseitiger Verwendung bei der Organisation der Landes-Miliz in Süddalmatien, zur Bekämpfung der Räuber in der Lika, wurde ihm 1871 neuerdings die Allerhöchste belobende Anerkennung zutheil. Als Major zum Infanterie-Regimente Nr. 80 transferiert, betheiligte er sich im Regimente 68 an den Kämpfen 1878 in Bosnien und wurde ihm für seine hervorragenden und tapferen Leistungen in den Gefechten bei Krepsić, Gorna und Brčka der Orden der eisernen Krone 3. Classe mit der Kriegs-

[1]) Dieser Officier war als Generalstabs-Officier der Brigade Szabó zugetheilt und hatte sich bereits im Gefechte bei Palestro am 31. Mai 1859 das Militär-Verdienstkreuz errungen.

Decoration verliehen. Im Jahre 1884 zum Commandanten des Gendarmerie-Corps für Bosnien und die Hercegovina ernannt, wurde ihm in Anerkennung seiner vorzüglichen Dienstleistung als solcher das Comthurkreuz des Franz-Joseph-Ordens Allergnädigst verliehen. Im Jahre 1890 erfolgte dessen Ernennung zum Commandanten der 7. Gebirgsbrigade und 1891 die Beförderung zum Generalmajor.

Endlich wurden noch nachstehende Decorationen an die Mannschaft verliehen:

1. Die goldene Tapferkeits-Medaille an den Feldwebel Michael Kleisch und Führer Peter Petrów, deren Thaten in der Gefechtsbeschreibung bereits verzeichnet wurden.

2. Die silberne Tapferkeits-Medaille 1. Classe an: den Feldwebel Ladislaus Sielecki, Gefreiten Iwan Hallow, Gemeinen Olexa Kiernicki, Feldwebel Timko Mielnik, Fahnenführer Dmitro Rudy, Gefreiten Ilko Bogdan, Gemeinen Haurillo Struck.

Erstere drei wurden in der Schlacht-Skizze genannt, letztere vier machten sich durch ihre besonders verwegene Tapferkeit, mit der sie den ganzen Tag hindurch der übrigen Mannschaft als schönes Beispiel vorleuchteten und auf ihren Muth einen überaus günstigen Einfluss nahmen, dieser Auszeichnung verdient.

Führer Hrni Wilk, welcher als Commandant einer Patrouille besondere Umsicht an den Tag gelegt und beim Sturme auf Marcallo 3 Zuaven gefangen genommen hatte.

3. Die silberne Tapferkeits-Medaille 2. Classe an: Feldwebel Ignaz Becker, Franz Osiadacz; Führer Moses Brauner, Andri Dankow, die gleichfalls in der Gefechtsbeschreibung vorkommen: dann an: Corporal Emil Halewicz. Bei dem Rückzuge von Buffalora gegen die Casa nuova befand sich derselbe bei der Arrièregarde, welche von 2 feindlichen Geschützen sehr belästigt wurde. Halewicz rückte mit 9 Mann gedeckt gegen diese Kanonen vor und eröffnete hinter einem Erdaufwurfe ein lebhaftes Feuer. In kürzester Zeit waren einige von der Bedienungsmannschaft und 2 Pferde getödtet.

Führer Michael Pauluk, der bei der Vertheidigung Buffaloras wesentliche Dienste leistete.

Gefreiter Johann Popowicz. Als Hauptmann Grubisich im letzten Momente der Schlacht schwer verwundet vom Pferde stürzte, sprang ihm Popowicz zu Hilfe, um ihn gegen die anrückenden Franzosen zu schützen, in welchem Augenblicke ihm eine Kanonenkugel den Czako vom Kopfe riss, so dass er bewusstlos zusammensank und in Gefangenschaft gerieth, wo er ebenfalls die treueste Anhänglichkeit an seine Officiere bewies.

Führer Gabriel Sosiak. Beim Rückzuge des Regimentes nach dem Sturme auf Marcallo kam die Fahne des Grenadier-Bataillons, die er trug, in die äußerste Gefahr, aber er disponierte über die ihm zunächst stehende Mannschaft mit solcher Gewandtheit, dass er das ihm anvertraute Panier in Sicherheit brachte.

Endlich wurde die gleiche Auszeichnung Nachbenannten für ihr herzhaftes, muthvolles und aufmunterndes Benehmen zutheil:

Feldwebel Johann Podlucki, Johann Smereczanski, Vincenz Dolleczek, Josef Silberstein;

Führer: Onufer Blaszkow, Kost Nikolak, Daniel Sczedryk, Bernhard Brauner, Iwan Wołos, Ignaz Rössler, Ignaz Butmanowicz, Titus Rozankowski, Iwan Niczka.

Corporale: Leo Andruszowski, Carl Michailewicz, Josef Rogoczinski, Procop Neumann, Andreas Mielnik.

Gefreite: Mathias Moisewicz, Johann Rozbirowski, Olexa Kiniarczuk, Nicol Boracki, Iwan Hallow II;

Gemeiner: Hrin Lodziak, Mathias Lagodicz, Iwan Krawciow, Wasil Makar, Haurilo Talama, Fedio Cypkow;

Hornist Fedio Witruk, Josef Ewig.

Die Hoffnung, welche Se. Majestät in Seinem Manifeste ausgesprochen hatte, dass Österreich in dem Kampfe nicht allein stehen werde, gieng leider nicht in Erfüllung. Die guten Absichten Bayerns wurden von den übrigen deutschen Mächten nicht unterstützt und reducierten sich auf eine theilweise Mobilisierung zur Vertheidigung deutscher Bundesgebiete.

Am Abende des 4. Juni stand die österreichische Armee in dem Kreisbogen von Carpenzago bis Corbetta, und die Franzosen beschränkten sich darauf, Magenta, Ponte nuovo und Ponte vecchio besetzt zu halten.

Erst am 5. Juni wurde der Rückzug südlich gegen den Po angetreten und zwar marschierten die Reste des 2. Corps und der Division Cordon nach Binasco, am 6. bis Gualdrasco und Torre vecchia und am 7. nach Borghetto.

Die österreichische Armee hatte die Adda erreicht, ohne vom Feinde nur im geringsten belästigt worden zu sein, weshalb für den 8. ein Ruhetag angeordnet wurde, der dem erschöpften Regimente, welches seit 9 Tagen fortwährend marschiert war und dabei noch die enormen Fatiguen des 4. Juni mitgemacht hatte, endlich die Gelegenheit bot, einige Ruhe zu genießen.

Am 9. überschritt das 1. und 2. Corps nebst der Division Cordon die Adda auf einer bei Porto Vinzachina geschlagenen Pontonbrücke und erreichten Gombito.

Am 10. passierten alle Truppen, die noch am rechten Adda-Ufer stehen geblieben waren, diesen Fluss, gegen welchen sich nun die feindliche Armee in Bewegung setzte, während die k. k. Armee am 11. ihren Rückzug mit der Direction nach Montechiari fortsetzte.

Am 10. lagerte das 2. Corps bei Castel Visconti, am 11. bei Villa chiara, am 12. bei Aqua lunga.

Am 13. waren alle Corps hinter dem Oglio angekommen, das 2. stand bei Quinzano, am 14. bei Praiboino; am 15. wurde die Chiese überschritten und das 2. Corps bei S. Cassiano postiert, wo das Regiment aus dessen Verbande ausgeschieden und zum 11. Armee-Corps (Feldmarschall-Lieutenant Veigl) eingetheilt wurde, welches bei Tormene hinter dem Mincio stand.

Das Regiment formierte mit dem 2. Bataillon des Peterwardeiner Grenz-Regimentes und 1 Raketen-Batterie die Brigade Baltin in der Division Blomberg.

Interims-Regiments-Commandant war Major Petit; während das Grenadier-Bataillon vom Hauptmann Conte di Bussi, das 1. vom Hauptmann Zelbr, das 2. vom Hauptmann Ochtzim und das 3. vom Hauptmann Hergeth commandiert wurde.

Der Stand des Regimentes war infolge der bei Magenta erlittenen großen Verluste ein sehr geringer und die Bataillone zählten kaum ein Drittel der vorgeschriebenen Kopfzahl.

Am 20. und 21. wurde die Concentrierung der Armee hinter dem Mincio, deren Oberbefehl Se. Majestät der Kaiser am 16. selbst übernommen hatte, ungehindert ausgeführt.

Das österreichische Heer war in 2 Armeen getheilt, von denen die erste Feldzeugmeister Graf Wimpffen, die zweite General der Cavallerie Graf Schlick commandierte. Das 11. Corps gehörte zur ersten Armee.

Die Verbündeten concentrierten sich an beiden Ufern der Chiese.

Die Stellung der österreichischen Armee erstreckte sich von Salionze bis Goito; das 11. Corps stand in der 2. Linie bei Roverbella, die aus Tirol herangezogene Brigade Reichlin, in der sich das eigene 4. Bataillon befand, in Peschiera.

Dieses Bataillon war anfangs in eine deutsche Bundesfestung bestimmt, verließ Stryj am 22. April, welcher Befehl jedoch später geändert wurde, indem dasselbe nach Salzburg dirigiert wurde, von wo es am 7. Juni abrückte und am 22. bei Peschiera eintraf.

Am 23. Juni überschritt die österreichische Armee in offensiver Absicht den Mincio. Nach der Disposition hatte das 8. Armee-Corps (Feldmarschall-Lieutenant Benedek), welches den rechten Flügel bildete, den Fluss bei Salionze und Monzambano zu übersetzen und bis Pozzolengo vorzugehen.

Die Brigade Reichlin wurde zur Unterstützung dieses Armee-Corps von Peschiera über Ponti nach Pozzolengo beordert und unter die Befehle des Feldmarschall-Lieutenants Benedek gestellt.

Das 11. Corps folgte dem den linken Flügel bildenden 9. Corps, welches gleich dem 3. bis Guidizzolo vorrückte, als Reserve und lagerte getheilt bei Cerlongo und Castel-Grimaldo, das Regiment bei letzterem Orte.

Die Armee war am Abende des 23. Juni zwischen Pozzolengo und Medole auf $1^1/_2$ Meilen zusammengezogen, die Hauptstärke befand sich auf der kurzen Linie Solferino-Rebecco.

Die Abtheilungen des Regimentes sehen wir auf beiden Flügeln. Nach der Disposition sollte am Morgen des 24. Juni das 8. Corps nach Lonato, das 11. gleich dem 3. und 9. nach Carpenedolo vorgehen. Schlacht bei Solferino.

Der Aufbruch war auf die 9. Stunde morgens bestimmt.

Da Kaiser Napoleon beschlossen hatte, seine Armee ebenfalls an diesem Tage gegen den Mincio vorrücken zu lassen, so war nun ein Zusammenstoß der beiden feindlichen Heeresmassen unvermeidlich, welcher auch um 5 Uhr morgens bei Le fontane bei den Vorposten des 5. Armee-Corps erfolgte, die zurückgedrückt wurden, worauf sich nun auf dem Westrande der Höhen von Solferino der Entscheidungskampf entspann.

Die Franzosen konnten hier zunächst keine weiteren Fortschritte machen.

Ungefähr gleichzeitig mit dem Kampfe bei Solferino hatte das Gefecht auch südlich dieser Position begonnen.

Das Corps Mac Mahon hatte sich gegen den linken österreichischen Flügel auf der Straße nach Mantua in Bewegung gesetzt und stieß um 5 Uhr morgens bei Casa Morino auf die Vorposten des 9. Corps, beschränkte sich aber bloß darauf, ein Plänklergefecht zu unterhalten, da es, in einer einzigen Colonne heranziehend, Zeit zum Aufmarsche bedurfte, womit mehrere Stunden vergiengen.

Erst gegen 7 Uhr schritt Mac Mahon zum ernstlichen Angriff auf Casa Morino, welches Gehöfte auch genommen wurde, da dort nichts als die Vorposten des 9. Corps (4. Jäger-Bataillon) standen. Hierauf rückte er bis an das Campo di Medole vor, an dessen Westrande er aufmarschierte und die Verbindung mit dem von Medole gegen Guidizzolo vorrückenden General Niel herstellte, welchen Truppen das 3. und 9. österreichische Armee-Corps bei Guidizzolo gegenüberstanden.

Es war halb 10 Uhr vormittags, um welche Zeit das Regiment, das gleich dem ganzen 11. Armee-Corps um 9 Uhr von Castel Grimaldo nach dem Abkochen aufgebrochen war, sich noch am Anmarsche befand.

Bald wüthete der Kampf auf der Linie Rebecco, Baite, Casa nuova, zwischen der Seriola Marchionale und der Straße nach Mantua, während der Feind Solferino fortwährend heftig angriff und auch von Castiglione neue Colonnen gegen diese Position vorschob, weshalb Seine Majestät der Kaiser um halb 12 Uhr den Feldzeugmeister Graf Wimpffen anwies, sich mit allen Kräften gegen Castiglione zu dirigieren.

Um 12 Uhr mittags erhielt der Feldzeugmeister diesen Befehl und um diese Zeit traf auch das 11. Armee-Corps in Guidizzolo ein, welches sofort zur Unterstützung des 3. und 9. Corps dirigiert wurde, bei welcher Gelegenheit die Brigade Baltin die Bestimmung erhielt, mit der Brigade Greschke, als Reserve für das 3. Corps theils gegen Casa nuova, theils gegen Casa Galli vorzugehen.

Sie nahm, in das freiere Terrain gelangt, folgende Gefechtsstellung an:

Das Grenadier- und 1. Bataillon Hartmann links, das 2. Bataillon rechts von der Chaussée im ersten Treffen, das 3. Bataillon Hartmann und das 2. Bataillon Peterwardeiner Grenzer im zweiten Treffen.

Zwei Divisionen des 1. und das ganze Grenadier-Bataillon wurden während der Vorrückung gegen Casa nuova in die Plänklerkette beordert, bei welcher sich bald ein heftiges Feuergefecht entspann, indem die Brigade in die vorderste Linie gezogen wurde und auf die feindlichen Abtheilungen stieß.

Es war das 4. französische Armee-Corps Niel, dessen Cavallerie auf dem linken Flügel um diese Zeit anfieng, mit vorgenommenen Batterien zu avancieren und dem es schon vorher gelungen war, Rebecco zu nehmen.

Das Regiment hatte von dem feindlichen Geschützfeuer sehr viel zu leiden, und eine Granate nach der anderen schlug in seine ohnehin schon sehr gelichteten Reihen, während die Plänklerketten sehr oft von feindlichen Cavallerie-Abtheilungen attaquiert wurden, aber jeden Angriff muthvoll und kaltblütig zurückwiesen.

Unerschüttert und voll Kampfesungeduld rückte das brave Regiment immer vorwärts und kam endlich in die Nähe der vom Feinde stark besetzten Häusergruppe Casa nuova, um deren Besitz schon so lange gekämpft wurde.

Rasch formierten sich unter dem Schutze der Plänkler die Sturm-Colonnen, und die Raketen-Batterie eröffnete ihr Feuer, welches gegen die festen Gebäude von geringer Wirkung war.

Der Angriff der Brigade wurde mit einer solchen Heftigkeit und Bravour ausgeführt, dass es trotz der numerischen Überzahl des Feindes, der sich in so starker Position befand, dennoch einigen Abtheilungen des Regimentes gelang, bis in den Hofraum der Casa einzudringen, wo sich ein wüthendes Handgemenge entspann.

Leider war aber die Entfaltung des größten Heldenmuthes vergebens; denn der ohnehin schon bedeutend stärkere Feind erhielt noch während des Gefechtes namhafte Verstärkungen, so dass das Regiment sich zurückziehen musste.

Es unternahm noch mehrere Angriffe auf die Casa nuova; doch konnte es ihm nicht gelingen, sich in den dauernden Besitz der Häusergruppe zu setzen. Seine Position aber behauptete es standhaft.

Der Brigadier Generalmajor von Baltin wurde an der Spitze des Regimentes durch einen Granatensplitter verwundet, und Major von Petit als der rangsälteste Stabsofficier der Brigade übernahm das Brigade-, Hauptmann Conte Bussi das Regiments-Commando.

Ebenso wüthete der Kampf bei Casa Baiti und die beiderseitigen Verluste waren sehr groß. Alle feindlichen Angriffe, welche Theile der Divisionen Luzy und Failly auf diesen Punkt der Schlachtlinie unternahmen, wurden zurückgewiesen. Man konnte nicht vorrücken, aber man wich auch nicht zurück. Erst das Vorrücken der feindlichen Cavallerie-Division Desvaux war die Veranlassung zum Rückzuge nach Giudizzolo.

Es war halb 5 Uhr nachmittags, ein heftiges Gewitter tobte und peitschte den ermatteten Truppen den Regen ins Antlitz.

Die Stellung bei Solferino und der Ort selber waren schon um halb 3 Uhr nachmittags nach heldenmüthiger Vertheidigung aufgegeben, um 5 Uhr war auch Cavriana geräumt worden, was nun die Stellung der 1. Armee bei Guidizzolo ebenfalls unhaltbar machte.

Es wurde demnach gleich den übrigen Theilen der Armee der Rückzug gegen den Mincio angetreten, doch behielt die Arrièregarde Guidizzolo bis um 10 Uhr nachts besetzt und trat dann erst, ohne verfolgt zu werden, den Rückmarsch an.

Das 11. Corps wurde über Cerlungo nach Goito dirigiert, wo die Brigade abends das Lager bezog.

Während dieser Vorgänge am äußersten linken Flügel der Armee war es auch am rechten bei San Martino zu einem, eine Episode für sich bildenden Kampfe gekommen, an dem das eigene 4. Bataillon theilnahm.

Das bekanntlich zur Vorrückung gegen Lonato bestimmte 8. Armee-Corps lagerte noch nordwestlich von Pozzolengo, als um halb 7 Uhr früh die Avantgarde der sardinischen Division Cuchiari bei Ponticello auf seine Vorposten stieß.

Die Truppen waren noch im Abkochen begriffen, doch die Avantgarde-Brigade eilte sofort zur Verstärkung der Vorposten vor, welchen es nun gelang, die Bersaglieri so lange aufzuhalten, bis Feldmarschall-Lieutenant Benedek die Offensive ergriff, der, unaufhaltsam die Piemontesen vor sich her drängend, schon um 9 Uhr früh auf den Höhen bei San Martino stand.

Das eigene 4. Bataillon war bei der ersten Vorrückung des 8. Armee-Corps dem 4. Bataillon des Erzherzog Rudolf 19. Infanterie-Regimentes als Unterstützung gegen die nordwestlich von Pozzolengo gelegene Höhe Monte Giacomo gefolgt, blieb jedoch beim weiteren Vorgehen Benedeks gegen S. Martino bei Pozzolengo zurück, um in westlicher Richtung die Verbindung mit dem 5. Corps im Centrum bei Solferino zu unterhalten.

Das Bataillon konnte demnach an den ebenso ruhm- als erfolgreichen Kämpfen des Feldmarschall-Lieutenants Ritter von Benedek, welcher die Pimontesen bis Rivoltella am Garda-See zurückwarf, keinen unmittelbaren Antheil nehmen.

Links vom Bataillon stand das 4. Bataillon Kronprinz, welches gleichfalls zur Brigade Reichlin gehörte.

Bis um 5 Uhr nachmittags, der Stunde, wo bereits das Centrum und der linke Flügel im Rückzuge gegen den Mincio begriffen waren, kam das Bataillon nicht in das Gefecht und nur einzelne Kanonenkugeln hatten seine Aufstellungslinie erreicht.

Als es die Kunde von dem allgemeinen Rückzuge erhielt, beschloss Major Fodermayer, zur Brigade einzurücken, war jedoch hinsichtlich der einzuschlagenden Richtung im Unklaren, da die culturenbedeckte Gegend jede Aussicht hemmte.

Gleichzeitig hörte man Kanonendonner in der rechten Flanke, wohin nun Major Fodermayer ohne weiteres seine Marschdirection nahm, und so gelangte das Bataillon an den Fuß der Höhe Rovizza, nördlich des Eisenbahndammes, gerade in dem Momente, als sich die Bespannung von 4 Geschützen vor dem Angriffe der feindlichen Übermacht zurückzog.

Die Höhe selbst wurde von einer kleinen Abtheilung des 9. Jägerbataillons mit bewundernswerter Tapferkeit gegen ein Bataillon des 14. piemontesischen Infanterie-Regiments, dem auch Geschütze beigegeben waren, vertheidigt, doch waren die tapferen Jäger nahe daran, der Übermacht zu erliegen.

Das in Doppelreihen-Colonne heranziehende 4. Bataillon konnte sich der Terrainbeschaffenheit wegen nicht so schnell entwickeln, und so warf sich nur die an der Tête befindliche 10. Division unter Commando des Hauptmanns Lachner mit gefälltem Bajonnette dem Feinde entgegen, erstieg das Plateau, und während die 19. Compagnie die dort befindlichen Gebäude stürmte, warf sich die 20. in des Feindes linke Flanke.

Ungeachtet des heftigsten feindlichen Geschützfeuers war dieser Sturm, bei welchem es zum Handgemenge kam, mit ebensoviel Tapferkeit als Entschlossenheit ausgeführt worden, und als auch noch die anderen mittlerweile aufmarschierten 2 Divisionen des Bataillons zur Unterstützung der 10. Division vorrückten, wurden die Piemontesen gänzlich vom Plateau vertrieben und von den Schwärmen der 10. Division gegen den Garda-See verfolgt.

Durch diesen muthvollen Angriff wurde nicht nur der Rückzug der vorerwähnten Jäger-Abtheilung geschützt, sondern auch 4 Kanonen gerettet, da sie durch die herbeigeeilte Bespannung, welche das Bataillon am Rückzuge aufgenommen hatte, zurückgebracht werden konnten.

Bei dieser Gelegenheit hatten sich nächst dem Hauptmann Lachner der Oberlieutenant Amort und Lieutenant Emil Medycki besonders hervorgethan. Letzterer, obschon Proviant-Officier, war auf den ersten Schuss freiwillig herbeigeeilt.

Inzwischen hatte sich aber das Gros des 8. Armee-Corps, nachdem Feldmarschall-Lieutenant Benedek den Piemontesen noch auf empfindliche Art gezeigt hatte, dass er nicht etwa ihnen, sondern strategischen Rücksichten weiche, schon gegen den Mincio zurückgezogen, und das eigene 4. Bataillon sah sich plötzlich in einer unbekannten Gegend, ganz vereinzelt, jeden Moment den Angriff des verstärkt wieder vorrückenden Gegners erwartend.

Es trat mit der Direction gegen Solferino den Rückmarsch mit der größten Vorsicht an und stieß bei bereits einbrechender Dunkelheit auf ein französisches Lager, jedoch ohne entdeckt zu werden. — Ein einzelnes Bataillon im Rücken des Feindes!

Hierauf wurde die Richtung gegen Pozzolengo eingeschlagen, und es gelang dem Bataillon, nicht nur mitten durch die feindlichen Streitkräfte glücklich an diesen Punkt zu gelangen, sondern unterwegs noch einen piemontesischen Officier, 2 Sergeanten und 7 Mann gefangen zu nehmen.

Oberlieutenant Amort führte mit ebensoviel Umsicht als Glück die Arrièregarde.

Als das Bataillon um Mitternacht in Pozzolengo eintraf, fand es den Ort durch eine Division vom 2. Bataillon des Kaiser-Jäger-Regimentes besetzt, mit welcher vereint es den Marsch nach Peschiera antrat, wo am 25. Juni morgens 2 Uhr am linken Ufer des Mincio das Bivouak bezogen und am selben Tage nachmittags 3 Uhr zu der bei Salionze stehenden Brigade Reichlin abgerückt wurde.

Diese war eben am Marsche nach Malavicina begriffen, so dass erst in diesem Orte das erschöpfte Bataillon im Bivouak zur Ruhe kam.

Die Armee hielt am Tage nach der Schlacht die Mincio-Linie besetzt, ja ihre Arrièregarden standen noch am rechten Ufer.

Die Verluste des Regimentes in dieser Schlacht betrugen: Beim Grenadier-, 1., 2. und 3. Bataillon: Todte: Lieutenant Clemens Kobak, Rudolf Baußner und 80 Mann.

Verwundete: Oberlieutenant Carl Bugarin, Paul Gärtler von Blumenfeld, Moritz von Bordolo, Lieutenant Franz Unzeitig, Leon Bilecki, Josef Kremla, Johann Schmidt und 191 Mann.

Beim 4. Bataillon: Todte: Unterlieutenant Schindler und 7 Mann, 16 Verwundete und Vermisste vom Feldwebel abwärts.

Von den Officieren wurden decoriert:

Hauptmann Carl Conte di Bussi mit dem Orden der eisernen Krone 3. Classe.

Major Wilhelm v. Fordermayer und Unterlieutenant Emil Medycki mit dem Militär-Verdienstkreuz.

Nachbenannten wurde die Allerhöchste Belobung zutheil:

Dem Major Carl Petit von Königstern, den Hauptleuten Adolf Hergeth, Carl Zelbr, Carl Ochtzim, August von Cywinski, Leopold Bergmüller, Ferdinand Winterle, Ignaz Csicserics; den Oberlieutenanten Ferdinand Biller und August Mahr; den Unterlieutenanten Leo Bilecki, Wenzel Rautzek, Dominik Rubeniczek, Carl Peterka, Johann Schmidt und Stefan Mazurak.

Von der Mannschaft hatten sich besonders hervorgethan und wurden mit der silbernen Tapferkeits-Medaille 1. Classe ausgezeichnet:

Feldwebel Anton Buchowski, welcher die Fahne des Grenadier-Bataillons, die von einer Zuaven-Abtheilung entrissen zu werden drohte, durch seine persönliche Tapferkeit rettete.

Feldwebel Anton Graf. Derselbe commandierte beim Vorrücken gegen Casa nuova eine in Plänkler aufgelöste Halb-Compagnie, mit welcher er auf eine weitüberlegene französische Abtheilung stieß. Muthvoll warf sich der wackere Feldwebel mit seiner Abtheilung dem überraschten Feinde entgegen, trieb ihn in die Flucht und machte 7 Gefangene.

Führer Andry Dańkow, der sich schon bei Magenta die silberne Tapferkeits-Medaille 2. Classe erworben, commandierte im Laufe der Schlacht die bis auf einige Rotten zusammengeschmolzene 6. Compagnie als älteste übriggebliebene Charge.

Vom Regimente durch einen Zufall getrennt, schloss er sich mit diesen wenigen Leuten einer Compagnie Rossbach-Infanterie des 9. Armee-Corps an, und mit dieser vereint, stürmte er, obwohl zweimal verwundet, gegen den andringenden Feind.

Erst als die Compagnie von Rossbach-Infanterie, sowie alle danebenstehenden Abtheilungen zum Rückmarsche gezwungen wurden, wich auch Dańkow mit seiner kleinen Schar.

Die silberne Tapferkeits-Medaille 2. Classe erhielten:

Feldwebel Carl Fuss. Er führte die Plänkler der 3. Feld-Compagnie gegen die Casa nuova, war der erste, der in deren Hofraum eindrang, und übte nicht nur da, sondern auch beim Rückzuge ermuthigenden Einfluss auf seine Mannschaft.

Cadet-Feldwebel Carl von Thelen. Er hatte sich beim Sturme auf die Casa nuova als Commandant der Plänkler der 5. Compagnie durch seinen Muth und die gute Vorführung seiner Leute mit bestem Erfolge hervorgethan, war bei der Vertheidigung derselben sehr thätig, und als endlich das Object in die Hände von Abtheilungen des Corps Niel fiel, wagte er, obwohl von einem Bombensplitter im Gesichte getroffen, noch einen Sturm, bis ihm der Befehl zum Rückzuge zukam.

Cadet-Feldwebel Julius Spachholz. Dieser hatte mit den Plänklern der 4. Compagnie an der rechten Flanke des Cadeten Thelen denselben Sturm tapfer mitgemacht.

Führer Ignaz Höttl. Derselbe befand sich beim Vorrücken der feindlichen Cavallerie-Division Desvaux in der Plänklerkette der 5. Compagnie, als sich plötzlich eine Abtheilung französischer Lanciers näherte und mit eingelegten Lanzen eine Attaque auf dieselbe unternahm. Doch beiläufig auf 150 Schritte von den mittlerweile gebildeten Klumpen blieben die feindlichen Reiter unschlüssig stehen. Diesen Moment benützte Führer Höttl, commandierte seinen 18 bis 20 Mann starken Klumpen zum Fällen des Bajonnetts und warf sich an dessen Spitze ebenso entschlossen als verwegen auf die Lanciers, welche aber den ungestümen

Angriff nicht abwarteten, sondern im gestreckten Galopp die Flucht ergriffen.

Gefreiter Iwan Hawryszków. Als bei der Vorrückung des Grenadier-Bataillons rechts von Guidizzolo ein Zuavenschwarm auf jenen Theil der Kette der 1. Grenadier-Compagnie stieß, wo sich Hawryszków befand, sammelte er rasch die nächsten Plänkler, stürzte sich entschlossen auf den überlegenen feindlichen Schwarm und trieb ihn in die Flucht.

Gefreiter Johann Zeltner. Dieser hieb bei vorerwähnter Gelegenheit mit dem Gewehrkolben mehrere Zuaven nieder.

Grenadier Iwan Sikoczynski that ein Gleiches.

Corporal Rudolf Riess. Derselbe wurde bei dem Sturme auf die Höhe Rivozzi bei San Martino vom 4. Bataillon abgeschnitten, durch eine piemontesische Infanterie-Abtheilung umzingelt und zur Übergabe aufgefordert. Er verweigerte jede Capitulation, schlug sich mit den beihabenden 12 Mann glücklich durch, traf unterwegs auf einen feindlichen Ochsentransport; nahm von der schwachen Bedeckung 2 Soldaten gefangen und brachte dem Bataillone 4 Stück Schlachtvieh zu.

Cadet-Feldwebel Max Soroczynski, Feldwebel Stanislaus Zatwarnicki, Gemeiner Basil Tkaczek und Nicol Potiuk für ihr herzhaftes, muthvolles und aufmunterndes Benehmen bei Erstürmung der Höhe von Rivozzi bei San Martino.

Führer Carl Enders. Während des Vorrückens des 2. Bataillons in die Gefechtslinie schlug eine Granate in die unmittelbare Nähe des Fahnenführers Rudy ein, der bewusstlos zusammensank. Enders ergriff sogleich freiwillig die Fahne und führte sie während der ganzen Dauer der Schlacht.

Endlich Nachbenannte für ihre während des ganzen Gefechtsganges überhaupt an den Tag gelegte Tapferkeit:

Feldwebel Anton Hummel, Basil Białowolski, Johann Wierzbicki, Franz Ballind, Johann Lagodicz, Ignaz Mrazek, Gustav Erben; Führer Gregor Kostkow, Friedrich Kantner, Michael Bygar, Michael Marcinkiewicz, Martin Dziugewicz, Olexa Zwir, Nicol Jaremko, Ivan Danczuk, Anton Tustanowski; Corporal Johann Rzadki, Stefan Holderbaum, Michael Hrab; Gefreite Hieronymus Posacki, Josef Stumpf, Franz Jandurek, Johann Begez; Hornist Woitek Tomkow; Gemeine Lutz Szuszniak, Wasil Kulik, Hrin Popowicz, Nicol Kulinski, Michael Mielnik, Ilko

Tigel, Michael Lew, Wasil Daniliscyn, Johann Bucmann und Anton Soroczyński.

Am 25. Juni morgens wurde aus dem Lager von Goito aufgebrochen und das 10. Armee-Corps marschierte nach Roverbella, am 26. nach Belvedere, am 27. nach Pellaloco, am 28. nach Pelegrina, am 29. nach Bonnavigo (Übergang über die Etsch), am 30. nach Villabella, bei welchen Orten Bivouaks bezogen wurden.

Am 1., 2. und 3. Juli lagerte das Armee-Corps bei San Martino, am 4. bei Tomba, vom 5. bis 10. bei Fort Hess nächst Verona, am 11. bei San Bonifacio, am 12. bei Montebello, am 13. bei Vicenza und am 14. rückte das Regiment, nachdem mittlerweile der Präliminar-Friede von Villafranca am 12. Juli der Fortdauer des Krieges ein Ziel setzte, in die Cantonierungsstation Tiene ab, wo der Regimentsstab mit dem Grenadier- und 1. Bataillon blieb, während das 2. nach Villaverta und das 3. nach Marano verlegt wurde.

Am selben Tage erschien folgender Armee-Befehl:

»Gestützt auf Mein gutes Recht bin Ich in den Kampf für die Heiligkeit der Verträge getreten, zählend auf die Begeisterung Meiner Völker, auf die Tapferkeit Meines Heeres und auf die natürlichen Bundesgenossen Österreichs.

»Meine Völker fand Ich zu jedem Opfer bereit; die blutigen Kämpfe haben der Welt den Heldenmuth und die Todesverachtung Meiner braven Armee erneuert gezeigt, die, in der Minderzahl kämpfend, nachdem Tausende von Officieren und Soldaten ihre Pflichttreue mit dem Tode besiegelt, ungebrochen an Kraft und Muth der Fortsetzung des Kampfes entgegensieht.

»Ohne Bundesgenossen weiche Ich nur den ungünstigen Verhältnissen der Politik, denen gegenüber es Mir vor allem zur Pflicht wird, das Blut meiner Soldaten, sowie die Opfer Meiner Völker nicht erfolglos in Anspruch zu nehmen.

»Ich schließe Frieden, ihn auf die Minciolinie basirend.

»Aus vollem Herzen danke Ich Meiner Armee; sie hat Mir auf's neue gezeigt, wie unbedingt Ich bei künftigen Kämpfen auf sie rechnen kann.

Verona, am 12. Juli 1859.

Franz Joseph, m. p.«

Das Regiments-Commando hatte der mit Allerhöchster Entschließung vom 23. Juni vom Baron Hess 49. Infanterie-Regimente hieher transferierte neubeförderte Oberstlieutenant Franz Graf Thun-Hohenstein übernommen, welcher schon mit Allerhöchster Entschließung vom 6. Juli zum Obersten und Regiments-Commandanten ernannt war. Gleichzeitig wurde der Major Adolf Baumbach zum Oberstlieutenant im Regimente befördert.

Franz Graf Thun-Hohenstein wurde 1826 zu Choltin in Böhmen geboren, trat 1844 als obligater Regiments-Cadet bei Latour-Infanterie Nr. 28 ein und wurde daselbst Unterlieutenant, 1847 Oberlieutenant bei Kaiser-Infanterie, 1849 Hauptmann, 1852 Ordonnanz-Offizier beim Feldmarschall Radetzky, wo er 1857 zum Major und Flügeladjutanten befördert wurde. 1858 zu Hess-Infanterie transferiert, wurde er am 23. Juni 1859 zum Oberstlieutenant und Commandanten des Infanterie-Regiments Nr. 9, und am 6. Juli zum Obersten befördert. 1864 trat Thun in mexikanische Dienste und wurde im December 1866 als Oberst rückübernommen, 1867 Generalmajor, 1873 Feldmarschall-Lieutenant, 1874 Militär-Commandant von Innsbruck und Landesvertheidigungs-Commandant von Tirol und Vorarlberg, 1877 Inhaber des 54. Infanterie-Regimentes, 1878 Geheimer Rath, 1881 Feldzeugmeister. 1884 mit Wartegebür beurlaubt, trat Thun 1887 in den Ruhestand. Er hatte die Feldzüge: 1848, 1849 und 1859 mitgemacht, besaß das Militär-Verdienstkreuz (K D), für 1859 das Ritterkreuz des Leopold-Ordens (K D), erhielt 1866 nach Rückkehr von Mexiko, den Kronen-Orden II. Classe und bei Versetzung auf Warte-Gebür den Kronen-Orden I. Classe. Feldzeugmeister Graf Thun-Hohenstein war seit 1877 mit der verwitweten Gräfin Enzenberg, geborne Württemberg, Fürstin von Urrach vermählt. Er starb am 30. Juli 1888 in Schwarz am Schlagflusse.

Hauptmann Albin Chiolich von Löwensberg war noch mit der Allerhöchsten Entschließung vom 13. Juni zum Major ernannt und hatte das infolge Armee-Obercommando-Rescriptes vom 14. Mai, Nr. 2875, Abth. 2 zu Stryj errichtete 5. Bataillon übernommen; mit der Allerhöchsten Entschließung vom 23. Juni war auch Hauptmann Adolf Hergeth zum Major im Regimente befördert und Major Eduard Wittmann von Neuborn des Erzherzog Leopold 53. Infanterie-Regimentes in das Regiment eingetheilt worden. Endlich avancierte mit Allerhöchster Entschließung vom 6. Juli Hauptmann Carl Zelbr zum Major im Regimente und Hauptmann Carl Bussi zum Major im Baron Hess 49. Infanterie-Regimente.

Die Stabsofficiersstellen waren nun im Regimente vollständig besetzt.

Oberstlieutenant Baumbach commandierte das 1., Major Wittmann das 2., Major Hergeth das 3., Major Fodermayer das 4., Major Zelbr das 5., Major Chiolich das Dépôt- und Major Petit das Grenadier-Bataillon, welche letzteren 2 Bataillone infolge der Allerhöchsten Entschließung vom 14. Juli mit Ende desselben Monates zur Auflassung bestimmt wurden.

Am 28. und 29. brach das Regiment aus seinen Quartieren in und bei Tiene auf und marschierte bataillonsweise über Vicenza, Casarza, Codroipo, Palma und Monfalcone nach Nabresina, wo es sich am 4. August concentrierte und noch am selben Tage mittelst Eisenbahn weiter befördert wurde.

Am 5. August traf es in Wien ein, hielt am 6. daselbst Rasttag und am 7. wurde in die Friedensgarnison Pest eingerückt, wo nun die Auflösung des Grenadier-Bataillons erfolgte und von wo am 26. das 1. und am 29. das 2. Bataillon nach Ofen verlegt wurden.

Das 3. Bataillon blieb hingegen bis 15. November in Pest und marschierte am 16. nach Sanok in Galizien ab.

Das Armee-Obercommando ernannte mit Erlass vom 5. September nachbenannte, ohne ihr Verschulden in Kriegsgefangenschaft gerathene und wieder eingerückte Officiere: zu Hauptleuten I. Classe: die Hauptleute II. Classe: Ignaz Budynski und Nicolaus Giurgevič; zu Hauptleuten II. Classe die Oberlieutenante: August Netoliczka, Sylvester Pełka, Eduard Makai und Alois Hackhofer; zu Oberlieutenanten die Unterlieutenante I. Classe: Gustav Deagaro, Julius Butterweck, Romuald Schneider, Carl Kalita und Ferdinand Reiß; endlich zu Unterlieutenanten I. Classe die Unterlieutenante II. Classe Ignaz Schindler, Johann Wittek und Alois Paschek. Auch der später aus der Kriegsgefangenschaft eingerückte Unterlieutenant II. Classe Rudolf Dobsch wurde zum Unterlieutenant I. Classe ernannt.

Feldmarschall-Lieutenant Julius Butterweck ist zu Lemberg im Jahre 1837 geboren. Im Jahre 1851 zum Infanterie-Regiment Nr. 30 assentiert, frequentierte er die Cadetten-Compagnie zu Olmütz und diente als Lieutenant und Oberlieutenant im Infanterie-Regimente Nr. 9, und wurde als Lehrer der Cadettenschule wiederholt verwendet. Nach Absolvierung der Kriegsschule als Hauptmann des Generalstabes, vorübergehend in Dienstleistung beim Infanterie-Regimente Nr. 75, diente er als Stabsofficier im Generalstabe, war vom Jahre 1876 bis 1880 Professor der Taktik an der k. k. Kriegsschule, führte das Reserve-Commando des Infanterie-Regiments Nr. 54 und das Regiments-Commando des Infanterie-Regimentes Nr. 13, worauf er zur Disposition des Chefs des Generalstabes und als Chef des Directions-Bureau verwendet wurde. Als

Commandant der 55., später der 11. Infanterie-Brigade wurde er dem 11. Corps-Commando zugetheilt und zum Feldmarschall-Lieutenant befördert. Er hatte den Feldzug 1859 in Italien und die Schlacht von Magenta im Regimente, den Feldzug gegen Dänemark 1864 als zugetheilter Generalstabs-Officier im Hauptquartier des Armee-Ober-Commandos und hiebei die Berennung und Beschießung von Fridericia, Erstürmung der Düppler-Schanzen, Sturm und Einnahme von Alsen mitgemacht und wurde hiefür mit dem preußischen rothen Adler-Orden 4. Classe mit den Schwertern decoriert. Als Generalstabs-Hauptmann im Hauptquartiere des 6. Armee-Corps, dann bei der Brigade Jonak hat er 1866 das Gefecht bei Nachod und die Schlacht bei Königgrätz mitgemacht und wurde für seine hervorragenden Leistungen in diesem Feldzuge mit dem Militär-Verdienstkreuze mit der Kriegsdecoration decoriert. Gegenwärtig ist er dem 11. Corps in Lemberg zugetheilt und wurde ihm in dieser Eigenschaft in Anerkennung seiner vorzüglichen Dienstleistung das Ritterkreuz des Leopold-Ordens verliehen.

Das Armee-Ober-Commando verlieh mit Erlass vom 15. September dem Corporal Andreas Danków und Gefreiten Iwan Halów der 2. Grenadier-Compagnie gegen Zurücknahme je einer Medaille 2. Classe, die silberne Tapferkeits-Medaille 1. Classe.

Im October wurden nachstehende Officiere der ungarischen Freiwilligen-Infanterie-Bataillone zum Regimente eingetheilt:

Hauptmann I. Classe Carl Kreybig von Rittersfeld, Oberlieutenant Ferdinand Rosenzweig Ritter von Drauwehr und Unterlieutenant Ludwig Purth; weiters wurde Unterlieutenant II. Classe Victor von Tison zum Regimente transferiert und dem Unterlieutenante I. Classe Hermann Elsner die Quittierung seiner Charge gestattet. Der Lieutenant Josef Szofalvi wurde zum 14. Husaren-Regimente transferiert.

Feldmarschall-Lieutenant Carl Kreybig von Rittersfeld ist 1832 zu Madar in Ungarn geboren. Nach Absolvierung von 5 Gymnasialclassen ließ er sich zum Pionnier-Corps freiwillig assentieren, frequentierte die Pionnier-Corpsschule in Tulln, wurde 1852 zum Infanterie-Regimente Nr. 35 transferiert und dortselbst 1853 zum Lieutenant befördert. 1859 errichtete er das erste und zweite Pester ungarische Freiwilligen-Bataillon und wurde zum 1. Freiwilligen-Bataillone als Hauptmann transferiert. Nach erfolgter Auflösung der Freiwilligen-Bataillone erfolgte seine Transferierung zum Infanterie-Regimente Nr. 9 und 1866 zum Infanterie-Regimente Nr. 62, in welchem er den Feldzug 1866 bei der Besatzungstruppe in der Festung Theresienstadt mitmachte, wobei er für die als Etappen-Commandant am Theresienstädter Bahnhofe geleisteten Dienste mit dem Ritterkreuz des Sächsichen Albrecht-Ordens ausgezeichnet wurde. 1872 zur königlichen ungarischen Landwehr transferiert und zum Major befördert, wurde er

1886 als Commandant der 46. ungarischen Brigade zum Generalmajor befördert. Nach 41jähriger Dienstzeit erfolgte seine Versetzung in den Ruhestand unter Verleihung des Feldmarschall-Lieutenant-Titels.

Zufolge des Armee-Obercommando-Rescriptes vom 11. October geruhten Se. Apostolische Majestät mit der Allerhöchsten Entschließung vom 8. October die Eintheilung der Armee in 8 Infanterie- und 1 Cavallerie-Armee-Corps anzuordnen.

Der Bereich des Armee- und Landes-General-Commandos in Ofen umfasste Ungarn mit den daselbst dislocierten 6 Infanterie- und 1 Cavallerie-Armee-Corps. Mit derselben Verordnung wurde angeordnet, dass die Mannschaft, welche ihre Linien-Dienstpflicht vollendet hat, in die Reserve zu übersetzen ist, und jene Reserve-Männer, welche die zweijährige Reservepflicht beendet haben, aus dem Militär-Verbande zu entlassen sind.

Demgemäß gelangten alle Leute des Assentjahrganges 1850 und 1851 zur Beurlaubung.

Den 13. November wurde dem Feldwebel Smereczański, Führer Moses Brauner, Führer Bernhardt Brauner und Gefreiten Popowicz und Bogdan die silberne Tapferkeits-Medaille 2. Classe für ihre hervorragende Tapferkeit im Feldzuge 1859 Allergnädigst verliehen.

Mit Verordnung des hohen Armee-Ober-Commandos vom 15. November wurde der Stand der Compagnie auf 80 Gemeine und der ganze Stand sammt Chargen auf 105 Mann gestellt.

Mit der Allerhöchsten Entschließung vom 8. October verfügte auch Seine Majestät die Auflösung des Dépôt-Bataillons, welche bis Ende November durchzuführen war, und es wurde das 4. Bataillon zum Abrücken in die Ergänzungsbezirks-Station Stryj beordert.

Dieses Bataillon war nach der Schlacht bei Solferino nach Roveredo beordert worden, wo es am 27. Juni eintraf, am 4. Juli in das Lager von Rivoli abrückte und nach dessen Auflassung am 11. Juli Cantonierungen an der Etsch, später am Garda-See bezog.

Am 1. August wurde es nach Arco, am 17. nach Mori verlegt, am 27. September marschierte es nach Nord-Tirol und traf am 5. October in Telfs ein, wo der Stab mit der 12. Division verblieb, während die 22. Compagnie nach

Stams, die 21. nach Sitz, die 20. nach Imst und die 19. nach Nassercut detachiert wurde.

Am 22. October erfolgte der Rückmarsch nach Galizien und zwar über Innsbruck, Salzburg, Wien etc., so dass das Bataillon mit dem rechten Flügel am 26., mit dem linken am 27. November in Stryj eintraf, wo dann die Auflösung des 5. Bataillons erfolgte.

Die Eintheilung der Stabs-Officiere war nun folgende:

1. Bataillon: Oberstlieutenant Baumbach.
2. Bataillon: Major Fodermayer.
3. Bataillon: Major Petit.
4. Bataillon und Ergänzungs-Bezirks-Commando: Major Chiolich.

Supernumerär die Majore: Hergeth, Wittmann und Zelbr.

Der in der Schlacht bei Magenta schwer verwundete Major Friedrich Ritter von Merkl wurde mit der Allerhöchsten Entschließung vom 1. November systemgemäß, da er den rechten Arm verloren, als Oberstlieutenant pensioniert.

Major Hergeth erhielt die Bewilligung, den herzoglich nassauischen Adolfs-Orden mit den Schwertern annehmen und tragen zu dürfen.

RANGS-LISTE

DER HERREN OFFICIERE DES INFANTERIE-REGIMENTES NR. 9 VOM JAHRE 1859.

Haupt-Werbbezirks- dann Dépôt- und Rechnungskanzlei-Station: Stryj.

Oberst und Regiments-Commandant: Frz. Graf v. Thun-Hohenstein (Ö.L.-O.-R., M.-V.-K., G.H.P.-O.-R., T.J.-O.-R., P.P.-O.-R., Kämmerer).

Oberstlieutenant: Adolf Baumbach.

Majore: Carl Petit v. Königstern (Ö. L.-O.-R.), Carl Edler v. Fodermayer, Carl Chiolich v. Löwensberg (Erg.-Bez.-Commandant), Eduard Wittmann v. Neuborn (M.-V.-K.), Adolf Hergeth (M.-V.-K., N. A.-O.-R.), Carl Zelbr.

Hauptleute I. Classe: Gust. Ritter v. Mayerberg, Ferd. Ritter v. Luerwaldt, Joh. Grubisich (M.-V.-K.), Carl Ochtzim, Frz. Grenso (M.-V.-K.), Prok. Pokorny (M.-V.-K., Adjutant beim Regiments-Inhaber), Corn. Bobikiewicz, Leop. Bergmüller (M.-V.-K.), Joh. v. Hrdina, Aug. Koch, Rom. Lazarewicz, Carl Hirnschall, Fried. Lachner, Philipp Goldmayer, Ig. Csicserics, Ant. Möraus, Wilh. Schmidt (Ö. E. K.-O.-R. 3. Cl.), Wil. Krebs, Heinr. Spalensky v. Minnenthal, Eduard Pelikan v. Plauenwald, Ig. Bodyński, Nic. Gyurgyević, Aug. Cywinski de Buchalla, Julian

Merunowic (M.-V.-K.), Ferd. Winterle, Victor v. Kéler, Frz. Makowski (Ö. E. K.-R. 3. Cl.), Ed. Makuszynski, Leon Müller, Jos. Beck, Ferd. Biller, Aug. Eugen Netoliczka (M.-V.-K.), Aug. Mahr.

Hauptleute II. Classe: Pius v. Stelzer, Joh. Pintner, Paul Gärtler v. Blumenfeld, Adolf Pappik, Frz. Brendl (S. T.-M. 1. und 2. Cl.), Sylv. Pelka, Carl Bugarin, Ant. Sippel, Ed. v. Makay, Jos. Adamczyk, Alois Hackhofer, Eduard Mazur, Carl v. Dzbański, Nic. Macukiewicz.

Oberlieutenante: Jos. Rewakowicz, Eduard Makay, Alfr. Jonas, Joh. Tomicić, Joh. Borzke, Jos. Freiherr v. Ehrenberg, Ig. Obst, Const. v. Sokołowski, Ant. Urbański, Carl Begg v. Albensberg, Carl Nerud, Wenzl Rautczek, Ant. Laforé, Mich. Boykiewicz, Leon Ikalowicz, Joh. Quiquerez, Jos. Herzog, Ludw. Perfler (S. T.-M. 1. Cl.), Adolf Amort, Adolf Wiesner, Felix v. Barański, Moriz Bordolo v. Abondi, Alois Ingerl, Frz. Freiherr v. Eynatten, Gust. Deagaro, Leop. Ihl, Emil Medycki (Regiments-Adjutant), Friedr. Purt (Rech.-Offc.), Frz. Unzeitig, Jul. Butterweck, Jos. Kosinski, Nicol. Klodnicki, Jul. Oberkamp, Heinr. Ritter v. Dydynski, Carl Peterka, Rud. Schneyder, Leon Bilecki (M. V.-K.), Carl Kalita, Moriz Höhenrieder, Jos. Podłuski, Ferd. Müller, Ig. Bothe, Dom. Bubeniczek, Joh. Gruber, Carl Wenzl, Joh. Mierczuk, Nic. Kossinski, Eduard Obst, Jos. Antoniewicz, Marcell Rozwadowski, Ferd. Reiss, Alex. Pokorny, Rud. Wolfshofer, Aug. Caspar, Julius Brosenbach.

Unterlieutenante I. Classe: Vinz. Brendl, Ig. Rössel, Jul. v. Smalawski, Ant. Funiak, Wilh. Schröder, Adalb. Ebert, Thaddäus Bobikiewicz, Gabri Marcalo, Sylv. Skulicz (Bataillons-Adjutant), Ferd. Skwarczek (Bataillons-Adjutant), Const. Korolowicz, Ig. Schindler, Frz. Grimm, Nic. Rudnicki (Bataillons-Adjutant), Bolesl. Przestrzelski, Octav. Ritter v. Trzcinski, Johann Schmidt (Bataillons-Adjutant), Theod. Nechwalsky, Vict. Zdanowicz, Adolf Kohmann, Joh. Wittek, Carl Müller, Jos. Jaworski, Jos. Łozinski, Lubin v. Grodski, Steph. Maciurak, Joh. Medycki, Joh. Łabowski, Leon Zygmóntowicz, Vinz. Prohaska, Ant. Köhler, Cypr. Pawlikiewicz, Bron. Macieszkiewicz, Albert Doskoczil, Rud. Dobsch, Ludw. Rószner, Emil Wittmann, Otto Alois Paschek, Herm. Elsner, Jos. Kremla, Mich. Ritter v. Wartarasiewicz (Bataillons-Adjutant), Carl Fuss (S. T.-M. 2. Cl.), Xaver Ritter v. Hankiewicz, Frz. Säganowicz, Christ. Battek, Joh. Steiner, Joh. Podłucki (S. T.-M. 2. Cl.), Adolf Paquet, Heinr. Behr, Rud. Bausnern, Albert Redlich, Carl Thelen, Jos. Pietrusiewicz.

Unterlieutenante: II. Classe: Julius Hild, Frz. Skliwa, Alex. Begazi, Frz. Bandrowki, Paul Manasterski, Gust. Erben (S. T.-M. 2. Cl.), Vic. Krenn, Alois Sedivy, Gust. Ratuj, Jos. Swata, Ig. Mrazek (S. T.-M. 2. Cl.), Wilh. Nistenberg, Julius Gerhart, Adolf Grimm, Adal. Hetsch, Sylv. Graf Bielski, Stan. Kulczycki, Joh. Łagodziec (S. T.-M. 2. Cl.), Frz. Osiadacz, Laur.

Kissling, Frz. Ballina (S. T.-M. 2. Cl.), Ludw. Lerch, Joh. Hirst, Adalb. Ziembowicz, Steph. Veressy, Jos. Freiherr Baum v. Apfelshofen, Ant. Plappert, Mich. Szczepański, Max. Soroczynski (S. T.-M. 2. Cl.), Frz. Xav. Hlava.

Cadetten: Julius Ebenführer v. Elfenberg, Wil. Glogau, Gust. Mayerhof, Julian Zukowski.

Vom Stabe:

Regiments-Caplan: kathol.: Ant. Tworkiewicz.
Regiments-Caplan: griech.: Clem. Lityński.
Regiments-Auditor: Franz Schibal.
Regiments-Ärzte: Dr. Wolfg. Taussig, Dr. Franz Lederhofer.
Regiments-Adjutant: Oberlieutenant Emil Medycki.
Rechnungs-Official: Jos. Pozehnany.

XI. PERIODE.

EREIGNISSE VOM JAHRE 1860—1866.

1860. Im Monat Jänner 1860 erfolgte die Neuformation der Infanterie in 80 Regimenter, welche Ende Jänner durchgeführt wurde.

Zu diesem Zwecke erfolgte die Transferierung des 2. und 3. Bataillons zu dem neuerrichteten Infanterie-Regimente Erzherzog Carl Salvator Nr. 77, hingegen des 3. Bataillons des Infanterie-Regimentes Graf Nugent Nr. 30 zum eigenen Regimente. Letzteres trat als 2. Feld-Bataillon in den Verband des Regimentes, während das bisherige 4. Bataillon, die Bezeichnung als 3. Bataillon erhielt.

Die Umwandlung des Regimentes geschah am 31. Jänner zu Ofen, die Neuerrichtung des Infanterie-Regimentes Nr. 77 zu Pest.

Infolge dieser Umwandlung wurden zum Infanterie-Regimente Nr. 77 transferiert:

Major Carl Chiolich von Löwenberg;

die Hauptleute 1. Classe: Carl Hirnschall, Franz Makowski, Ignatz Osieserics, August Cywinski, Eugen Pelikan, Franz Grenso, August Mahi, Johann Hrdina, Anton Möraus, Ignatz Bodynski, Siegfried Grimm, Roman Lazarewicz, Josef Beck;

die Hauptleute 2. Classe: Johann Pintner, Joseph Adamczek, Carl Bugarin, Victor v. Kéler, Peter Stelzer, Eduard Makay, Paul Partler, Carl Dzbansky;

die Oberlieutenante: Rudolf Schneider, Wenzel Bautschek, Julius Brosenbach, Carl Nerud, Carl Begg, Ferdinand Reiß, Alexander Pokorny, Constantin v. Dydynski, Johann Mierauk, Felix Baranski, Alfons Jonas, Gaston Lafore, Michael Boghiewicz, Moritz Bordolo, Joseph Ehrenburg, Ludwig Perfler, Alois Ingerl, Nikol. Kosinski, Eduard Obst, Johann Grüber, Leopold Ihl und Moritz Höhenrieder;

die Unterlieutenante 1. Classe: Constantin Koralewicz, Johann Labowski, Boleslaus Przestrzelski, Stefan Maziurak, Rudolf Dobsch, Ottokar v. Trzeinski, Ludwig Purt, Julius Schindler, Otto Paschek Heinrich Behl, Leon Zygmuntowicz, Wilhelm Schröder, Franz Sanganowicz, Nikolaus Łozinski, Joseph Kremla, Michael Warterasiewicz, Joseph Jaworski, Johann Podłuski, Gabriel Marcało, Ludwig Rösner, Ferdinand Skwarczyk, Christof Battek, Emil Wittmann, Vincenz Prohaska und Johann Schmidt;

die Unterlieutenante 2. Classe: Viktor Kren, Julius Held, Franz Balind, Johann Hirst, Stanislaus Kulczycki, Carl Bugarin, Julius Geehardt, Michael Szczepanski, Stephan Veressy, Ignaz Mrazek, Adolf Grimm, Anton Plappert, Laurenz Rissling, Joseph Baron Baum, Gustav Kertey, Gustav Erben, Johann Łagodriec;

ferner der Lieutenant 1. Classe Theodor Nechwalski zum Infanterie-Regimente Erzherzog Ferdinand d'Este Nr. 32.

Dagegen wurden nachstehende Officiere vom Infanterie-Regimente Graf Nugent Nr. 30 zum Regimente transferiert:

Die Hauptleute 1. Classe: Franz Brendl, Johann Bernazky, Emanuel Stricker, Johann Papich, Julius Ross, Johann Wittlin;

die Hauptleute 2. Classe: Wenzel Rosenbaum, Wladimir Schuster, Heinrich Lorenz, Viktor Nedomanski;

die Oberlieutenante: Emil Wandruszka, Joseph Robert Nietsche, Carl Tassier, Rudolf Freiherr v. Marschall-Greif, Gustav v. Neupauer, Joseph v. Bob, Ferdinand Simanthel, Philipp Graf Castel, Adolph Nibour, Emil Günther;

die Unterlieutenante 1. Classe: Franz Gruber, Joseph Münsterfeld, Franz Wottawa, Carl Tychi, Armand Kuciejewski, Franz Bühn, Ludwig Sękowski, Michael Miskulin, Joseph Weinhara;

die Unterlieutenante 2. Classe: Carl Weigel, Mathias Mliczko, Alexander Jellačić, Viktor v. Helly, Franz Defacis, Joseph Stammer, Rudolph Freiwillig, Jaromir v. Sandor;

endlich vom Infanterie-Regimente Graf Haugwitz Nr. 38 der Hauptmann 1. Classe Joseph Hruby.

Gleichzeitig wurden die Grenadier-Compagnien als solche aufgelassen und erhielten die Bezeichnungen 1., 7. und 13. Feld-Compagnie.

Oberstlieutenant Baumbach behielt das 1. Feld-Bataillon, hingegen übernahm Major Carl Petit das 2., Major

Fodermayer das 3. Bataillon und das Ergänzungsbezirks-Commando.

Mit 1. Februar wurde Major Hergeth in den Ruhestand versetzt, mit 30. September der überzählige Major Eduard Wittmann von Neuborn zum Commandanten des 15. Jäger-Bataillons ernannt und Hauptmann Markus Marvević des 5. Jäger-Bataillons zum supernumerären Major im Regimente befördert.

Das Regiment garnisonierte in Ofen, war in der Ferdinands- und Dreihasenkaserne untergebracht und in die Brigade Generalmajor Freiherr von Rumerskirch, Division Feldmarschall-Lieutenant Schwarzel eingetheilt. Das General-Commando zu Ofen führte Feldzeugmeister Ludwig Ritter von Benedek.

Mit Allerhöchster Entschließung haben Se. Majestät von dem Geschenke von 15.000 fl. in 5% Nationalanlehens-Obligationen einer ungenannt sein wollenden Dame für 15 Mann vom Feldwebel abwärts der k. k. österreichischen Armee, welche in dem Feldzuge 1859 sich besonders ausgezeichnet haben und in Folge schwerer Verwundung erwerbsunfähig wurden, den Invaliden-Corporal Johann Jewczuk der früheren 1. Compagnie mit einer 5% Nationalanlehens-Obligation von 1000 fl. sammt den bereits fälligen Interessen per 50 fl. in Silber von der Obligation Allergnädigst zu betheilen geruht.

Den 15. Jänner fand die feierliche Vertheilung der von Sr. Majestät dem Kaiser für die Verdienste des Jahres 1859 verliehenen Tapferkeits-Medaillen in der Ofner Garnisonskirche in Gegenwart Sr. k. k. Hoheit des Herrn Erzherzogs Albrecht, Militär- und Civil-Gouverneur von Ungarn, statt. Hiezu rückte das Regiment in Parade aus. Bei dem Festbankette, welchem die Generale der Garnison zugezogen wurden, nahmen die Decorierten die Ehrenplätze ein.

Zufolge hohen Armee-Ober-Commando-Rescriptes vom 4. September wurde der infolge der vor dem Feinde erhaltenen Verwundung, des Gebrauches seines linken Unterschenkels verlustig gewordene Hauptmann 2. Classe Alfred Langner zum Hauptmann 1. Classe ernannt und in den definitiven Ruhestand versetzt.

Behufs gründlicher Schulung im Felddienste erfolgte die Verlegung des Regimentes im Monate Juli in die Gebirgs-Ortschaften der Umgebung Ofens u. zw. der Regiments- und 1. Bataillonsstab und die 1. Division nach Vöresvár, die

2. Division nach St. Iván, die 3. Division nach Kovacsi, der 2. Bataillonsstab mit der 4. und 5. Division nach Solmar, die 6. nach Hidegkut.

Im Sinne der bestandenen Vorschriften fand am 16. September beim 1. Feld-Bataillon die Fahnenweihe in der glänzend decorierten Ofner Garnisonskirche im Beisein des General-Commandanten Feldzeugmeister Ludwig Ritter von Benedek und des Feldmarschall-Lieutenant Ludwig Grafen Crenneville, sowie zahlreicher Generale, Stabs- und Oberofficiere der Garnison Pest-Ofen in feierlicher Weise statt.

Gräfin Cavriani, Schwester Sr. Excellenz des Regiments-Inhabers, welche dem Bataillon ein prachtvolles Band verehrte, fungierte als Fahnenmutter. Die Weihe fand in einer vornehm feierlichen Weise statt. Die zündende Predigt des Regimentscaplan Tworkiewicz hob die glänzenden Verdienste des heldenhaften Regimentes hervor, während die markante Sprache des ritterlichen, jugendfrischen Obersten Grafen Thun alle Anwesenden zur Begeisterung entflammte.

Nach der kirchlichen Feierlichkeit fand ein Bankett statt, zu welchem die decorierte Mannschaft zugezogen wurde. Bei dieser Gelegenheit toastierte der commandierende General Feldzeugmeister Ludwig Ritter von Benedek auf das gedeihliche Fortbestehen des tapferen Regimentes und drückte den ihm zur Seite sitzenden Führer Petrów, als den tapfersten Soldaten des Regimentes, an seine Brust.

Das Regiment erhielt durch die neue Fahne den Ersatz für jenes denkwürdige Panier, welches, wie wir es in der Schilderung der Schlacht bei Magenta beschrieben, durch die Besonnenheit des Fahnenführers Petrów, glücklich gerettet worden war und der dasselbe hier am Tage der Fahnenweihe auf besonderen Befehl wieder trug.

Se. k. k. apostolische Majestät gestattete allergnädigst, dass diese alte Fahne zur Erinnerung an die in der Schlacht bei Magenta vom Regimente erlittenen großen Verluste und hiebei bewiesene Ausdauer und Tapferkeit, in der Pfarrkirche der heimatlichen Ergänzungsstation Stryj aufbewahrt werde. Leider ward diese alte Reliquie bei dem Brande Stryjs 1886 ein Opfer der Flammen.

Zufolge Erlasses Sr. Excellenz des Herrn Regiments-Inhabers Feldzeugmeister Grafen Hartmann-Klarstein wurde Oberlieutenant Emil Medycki des Dienstes als Regiments-

Adjutant enthoben. Mit demselben Erlass geruhten Se. Excellenz anzuordnen, dass dem genannten Oberlieutenant für seinen unermüdeten Eifer und Fleiß, mit dem er während seiner Verwendung dem Regiments-Commando an die Hand gieng, die vollste Anerkennung und Dank auszusprechen sei.

Infolge Kriegsministerial-Rescriptes vom 1. December wurden von dem aufgelösten Adjutanten-Corps in die Regiments-Evidenz eingetheilt: Oberst Johann Schmutz, Hauptmann 1. Classe Carl Dittl und Hauptmann 2. Classe Eduard v. Smalawski.

Weiters kamen in diesem Jahre nachstehende wesentliche Veränderungen vor:

Das Armee-Ober-Commando wurde in ein Kriegsministerium umgewandelt, an dessen Spitze Feldmarschall-Lieutenant Graf Degenfeld trat. Es wurde die bestandene Eintheilung der Armee in mehrere Armeen und die Quittierung der Officiers-Charge gegen Abfertigung aufgehoben. Für jede Officiers-Charge wurde ein Ernennungs-Decret eingeführt.

Die vor dem Feinde erworbenen Decorationen wurden mit einem Lorbeerkranz als Kriegs-Decoration gekennzeichnet. Die bestandenen Truppen-Divisions-Commanden wurden aufgelassen, Infanterie-Equitationen eingeführt, endlich die Schabraquen bei den Officierspferden aus rothem Tuche mit chargenmäßiger Golddistinction abgeschafft und statt dessen die Wallrappen aus schwarzem Lammfell eingeführt.

Mit Allerhöchster Enschließung vom 21. Mai geruhten Se. Majestät dem Major Edlen von Fodermayer für dessen hervorragende Dienstleistung in der Schlacht bei Solferino die Kriegsdecoration des Militär-Verdienstkreuzes zu verleihen.

Weiters erfolgte die Versetzung in den Ruhestand: die Hauptleute I. Classe Philipp Goldmayer, Wilhelm Krebs und Eduard Makuszynski. Die Hauptleute Wenzel Ritter von Rosenbaum und Nicolaus Giurgević; ferner die Lieutenante Josef Weinharer, Adolf Münsterfeld, Franz Wottava, Ludwig Lerch, Severin Graf Bielski quittierten ihre Chargen. Weiters erfolgte die Ernennung des Oberlieutenant-Auditor Franz Schibal zum Hauptmann-Auditor II. Classe und die Transferierung des Oberlieutenants Nicolaus Gilnreiner zum 13. Feld-Jägerbataillon.

RANGS-LISTE

DER HERREN OFFICIERE DES INFANTERIE-REGIMENTES NR. 9 VOM JAHRE 1860.

Oberst: Franz Graf Thun-Hohenstein, Regiments-Commandant.

Oberst: Johann Schmutz (Landes - General - Commando - Adjutant zu Hermannstadt).

Oberstlieutenant: Adolf Baumbach.

Majore: Carl Petit v. Königstern, Wilhelm Edler v. Fodermayer, Carl Zelber, Marcus Marvević.

Hauptleute I. Classe: Gustav Ritter v. Mayerberg, Ferdinand Ritter v. Luerwald, Carl Ochtzim, Franz v. Berndt, Prokop Pokorny, Leopold Bergmüller, Johann Bernatzky, August Koch, Eman. Stricker, Johann Gugenmoss, Joh. Pappich, Friedr. Lachner, Carl Dittl, Wilhelm Schmidt, Julius Merunowicz, Julius. v. Ross, Jonas Wittlin, Jos. Hruby, Ferd. Winterle, Leo Müller, Carl Kreybig v. Rittersfeld, Ferd. Biller, August Netoliczka.

Hauptleute II. Classe: Wladimir Schuster, Heinrich Lorenz, Eduard v. Smalawski (beim Landes-General-Commando in Brünn), Adolf Pappik, Franz Brendl, Sylvester Pełka, Anton Sippel, Vict. Nedomanski v. Nedoma, Alois Hackhofer, Eduard Mazur, Nicolaus Macukiewicz.

Oberlieutenante: Jos. Dworzak, Jos. Rewakowicz, Johann Tomičić, Joh. Borzke, Constantin v. Sokołowski, Jos. Robert Nitsche, Carl Tassier, Rudolf Freiherr v. Marschall-Greif, Gustav Neupauer Edler v. Fürnberg, Jos. v. Bob, Leo Ikalowicz, Joh. Quiquerez, Josef Herzog, Ferd. Simenthal, Adolf Amort, Alois Wiesner, Philipp Graf Castell, Franz Freiherr v. Eynatten, Gustav Deagaro, Ferdinand Purt (Rechnungs-Officier), Julius Butterweck (beim General-Quartiermeister-Stabe), Nicol. Klodnicki, Julius Oberkamp, Carl Peterka, Carl Kalita, Josef Podłuski, Ignaz Bothe, Dom. Bubeniczek, Carl Wenzl (Brigade-Adjutant), Adolf Niebour, Jos. Antoniewicz, Marcell Rozwadowski (Milit.-geogr. Institut), Nicol. Gilnreiner, Emil Freiherr v. Günther (Frequentant der Kriegsschule), Edmund Strohuber, Rudolf Wolfshofer, August Caspar.

Unterlieutenante I. Classe: Dominik Sagottnik, Vincenz Brendl, Ign. Rössel (Regiments-Adjutant), Anton Funiak, Adalbert Ebert, Thad. Bobikiewicz, Sylv. Skulicz (Bataillons-Adjutant), Franz Grimm, Nicol. Rudnicki, Vict. Zdanowicz, Adolf Kohmann, Johann Wittek, Lubin v. Grodzky, Franz Gruber, Carl Tichy, Armand v. Kuciejewski, Johann Hirnschall, Franz Bühn, Ludwig Sękowski, Mich. Miskulin, Joh. Medycki, Ant. Köhler, Cypr. Pawlikiewicz, Ludw. Macieszkiewicz, Bronis. Macieszkiewicz, Albert Doskoczil (Bataillons-Adjutant), Carl Fuß, Xaver Ritter v. Hankiewicz, Johann Steiner, Carl Thelen.

Unterlieutenante II. Classe: Carl Weigl, Math. Mliczko, Dom. Ritter v. Bohr, Victor Edler v. Helly, Franz Skliwa, Anton Begazi, Frz. Bandrowski, Paul Manasterski, Franz Defacis, Josef Swasta, Jos. Stammer, Carl Bosichkowich, Franz Osiadacz, Adolf

Ziembowicz, Rudolf Freiwillig, (Bataillons-Adjutant), Alex. Szoczynski, Robert Zaremba de Dobki, Josef Dobiasch, Gust. Hlava.

Cadetten: Ernst Biedermann, Deodat Bochdanowicz de Oroszeny, Eduard Cordier, Franz Dohnal, Adolf Domiczek, Adalbert Gaisler, Wilh. Glogau, Alfred Hauptmann, Heinrich Hawranka, Wilh. Horny, Josef Jacob, Mansuet Janiszewski, Eduard Koch, Steph. Kosinski, Johann Liss, Gustav Mayerhofer, Gustav Melzer, Alois Metzger, Carl Mochnacki, Franz Mravič, Ludw. Osberger, Wendel Peter, Jos. Pietrusiewicz, Rudolf Pikoll, Wilh. Pondeliczek, Ernst Roth, Anton Schmidt v. Schmidsfelden, Simon Schönfeld, Julius Strzelbicki, Gustav Tworowski, Ferd. Wallek, Andre Waschka, Alois Wisner, Eduard Wittmann, Carl Kossel.

Vom Stabe:

Regiments-Caplan: kathol.: Anton Tworkiewicz.
Regiments-Caplan: griech.: Clemens Litynski.
Regiments-Auditor: Hauptmann Franz Schibal.
Regiments-Arzt: Dr. Wolfgang Taussig.
Regiments-Arzt: Dr. Franz Lederhofer.
Regiments-Adjutant: Unterlieutenant Ignaz Rössel.
Rechnungsführer: Josef Požehnany.

1861. Die seit dem Jahre 1859 angebahnten Reformen zur Hebung der Schlagfertigkeit der Armee wurden fortgesetzt.

Es erschien ein neues »Dienst-Reglement« und wurde die »zerstreute Fechtart«, sowie der Kampf in lockeren Formen geschult. Der Einzelausbildung wurde eine ganz besondere Aufmerksamkeit geschenkt, die dreigliederige Rangierung aufgelassen und eine zweigliederige eingeführt.

Es traten ferner wesentliche Adjustierungsänderungen ein. Die neue Marschadjustierung ordnete das Einschlagen der Vorderschöße zur Erleichterung des Marschierens bei angezogenem Mantel, die Tragart der Mäntel en bandoulière, statt auf den Tornister geschnallt, an. Die Manschaft erhielt Feldflaschen von Blech. Officiere hatten die Feldbinde en bandoulière zu tragen (über den Mantel); auch die inländischen Ordens-Decorationen wurden auf den Mantel geheftet. Es erfolgte die Ausgabe einer neuen Censur-Vorschrift und die Systemisierung von 2 Compagnie-Schustern per Compagnie. Weiters wurden die Adjutanten mit ärarischen Dienstpferden betheilt.

Mittelst Allerhöchster Entschließung vom 28. September geruhte Se. Majestät eine neue Organisation der Linien-Infanterie anzubefehlen, wornach jedes der 80 Infanterie-Regimenter ein 4. Bataillon zu sechs Compagnien errichtete, dagegen die Dépôt-Divisionen aufgelöst wurden. Gleichzeitig mit dieser Maßregel fand eine Standesherabsetzung der drei ersten Feld-Bataillone um 30 Mann per Compagnie statt. Beim 4. Bataillon war die Zahl der Gemeinen auf 20 Mann per Compagnie festgesetzt.

Mit 1. December wurde Major Ferdinand Edler von Rueber des Herzog von Parma-Infanterie-Regimentes Nr. 24 zum Regimente transferiert. Nachdem Major Carl Zelbr schon früher zum Infanterie-Regimente Graf Mazzucheli Nr. 10 abtransferiert wurde, so waren die Bataillons-Commanden wie folgt verliehen:

1. Bataillon: Oberstlieutenant Adolf Baumbach.
2. Bataillon: Major Carl Petit von Königstern.
3. Bataillon: Major Ferdinand Edler von Rueber.
4. Bataillon: Major Wilhelm Edler von Fodermayer.

Letzterer hatte gleichzeitig das Commando des Ergänzungsbezirkes zu behalten. Zum Adjutanten des 4. Bataillons und des Ergänzungsbezirkes wurde der Lieutenant Franz Gruber ernannt.

Mit 9. November erfolgte die Übersetzung des Majors Markus Marvevich in den Ruhestand. Ferner wurde der zeitlich pensionierte Rittmeister I. Classe Johann Ritter von Gugenmoss als Hauptmann I. Classe zum Regimente wieder eingetheilt und der invalid anerkannte Hauptmann I. Classe Johann Grubisich bei Zuzählung von 10 Jahren zu seiner Dienstzeit mit dem Charakter und der Pension eines Majoren in den Ruhestand versetzt. Endlich wurde verlautbart, dass der Hauptmann I. Classe Graf Hartmann-Klarstein nicht als vermisst zu behandeln ist, sondern im Spitale zu Mailand starb.

RANGS-LISTE

DER HERREN OFFICIERE DES INFANTERIE-REGIMENTES NR. 9 MIT 31. DECEMBER 1861.

Regiments-Inhaber: Feldzeugmeister Prokop Graf Hartmann-Klarstein.

Oberste: Johann Schmutz (beim Landes-General-Commando in Hermannstadt), Franz Graf Thun-Hohenstein (Regiments-Commandant).

Oberstlieutenant: Adolf Baumbach (Commandant des 1. Bataillons).

Majore: Carl Petit v. Königstern (Commandant des 2. Bataillons), Wilhelm Edler v. Fodermayer (Commandant des 4. Bataillons), Ferdinand Edler v. Rueber (Commandant des 3. Bataillons).

Hauptleute I. Classe: Gustav Ritter v. Mayerberg, Ferdinand Ritter v. Luerwald, Carl Ochtzim, Franz v. Berndt, Prokop Pokorny

(Inhabers Adjutant), Leopold Bergmüller, Johann Bernatzky, August Koch, Emanuel Stricker, Johann Gugenmoss, Johann Pappich, Carl Dittl, Wilhelm Schmidt, Julian Merunowicz, Jonas Wittlin, Josef Hruby, Ferdinand Winterle, Leo Müller, Carl Kreybig Ritter v. Rittersfeld, August Netoliczka.

Hauptleute II. Classe: Wladimir Schuster, Heinrich Lorenz, Eduard v. Smalawski (Landes-General-Commando zu Brünn), Adolf Pappik, Franz Brendl, Sylvester Pełka, Anton Sippel, Victor Nedomanski von Nedoma, Alois Hackhofer, Eduard Mazur, Nicolaus Macukiewicz.

Oberlieutenante: Josef Dworzak, Johann Tomičić, Johann Borzke, Constantin v. Sokołowski, Josef Robert Nietsche, Carl Tassier, Rudolf Baron Marschall Greif, Gustav Neupauer Edler v. Fürnberg, Josef v. Bob, Leo Ikałowicz, Ferdinand Simenthal, Josef Herzog, Adolf Amort, Alois Wiesner, Philipp Graf zu Castell, Franz Baron Eynatten, Gustav Deagaro, Emil Medycki, Heinrich Purt, Julius Butterweck, Nikolaus Kłodnicki, Julius Oberkamp, Carl Peterka, Carl Kalita, Josef Podłuski, Dominik Bubeniczek, Adolf Nibour, Josef Antoniewicz, Marzell Rozwadowski, Emil Günther, Edmund Strohuber, Rudolf Wolfshofer, Felix Caspar.

Unterlieutenante I. Classe: Dominik Sagottnik, Vincenz Brendl, Ignaz Rössel, Anton Funiak, Adalbert Ebert, Thaddäus Bobikiewicz, Silvester Skulicz, Franz Grimm, Nikolaus Rudnicki, Viktor Zdanowicz, Adolf Kohmann, Johann Wittek, Lubin Grodzki, Carl Tichy, Armand v. Kuciejewski, Johann Hirnschall, Franz Bühn, Ludwig Sękowski, Michael Miskulin, Johann Medycki, Anton Köhler, Cyprian Pawlikiewicz, Ladislaus Macieszkiewicz, Albert Doszkocil, Carl Fuß, Xaver Ritter v. Hankiewicz, Johann Steiner, Carl Thelen.

Unterlieutenante II. Classe: Carl Weigl, Mathias Mliczko, Dominik Ritter v. Bohr, Alexander Begazi, Franz Bandrowski, Paul Manasterski, Franz Defacis, Josef Swasta, Josef Stammer, Carl Bosichkowich, Adalbert Ziembowicz, Rudolf Freiwillig, Max Sroczynski, Robert Zaremba de Dobki, Josef Dobiasch, Gustav Hlava.

Regiments-Cadetten: Johann Mravič, Wendelin Peter, Gustav Tworowski Ritter v. Pitawa, Johann Siß, Deodat Bochdanowicz, Gustav Melczer, Alfred Hauptmann, Peter Schönfeld, Andreas Waschka, Ernst Biedermann, Franz Donahl, Edmund Schmidt v. Schmiedsfelden, Ernst Roth, Julius Strzelbicki, Josef Wiesner, Carl Mochnacki, Eduard Koch, Alois Metzger, Adalbert Gaisler, Ludwig Osberger, Josef Jakob, Ferdinand Wallek, Anton Pietrusiewicz, Adolf Domiczek, Carl Gabrielli, Mansuet Janiszewski, Wilhelm Horny, Carl Zoßel, Edmund Cordier v. Löwenhaupt, Stefan Kosinski, Demeter Apostolovicz, Albin Nahorniak, Carl Wehrstein, Julius v. Nemethy.

Regiments-Capläne: Anton Tworkiewicz, Clemens Lityński.

Regiments-Auditor: Hauptmann 2. Cl. Franz Schibal.

Regiments-Arzt 1. Cl. Wolfgang Taussig.

Regiments-Arzt 2. Cl. Franz Lederhofer.
Rechnungs-Official: Josef Poželmany.
Rechnungs-Accessist: Ferdinand Urbanek.
Ober-Arzt: Hermin Fischer.
Ober-Wundarzt: Moses Jäger.
Unterärzte: Josef Wohlrath, Wolfgang Finkelstein, Faustin Lewicki, Maximilian Bybring.

In diesem Jahre gelangte ein neues »Abrichtungs- und Exercier-Reglement« zur Ausgabe. An sonstigen Neuerungen sind bemerkenswert: Die Auflassung der Unterlieutenants-Stellen I. Classe bei den 4. Bataillonen; Bewilligung zum Tragen des goldenen Porteepées und von Distinctionssternen für die Oberwundärzte und Unterärzte; Abschaffung der Zwilchkittel bei Officieren und Mannschaft, für welch' letztere weiße Ärmelleibel aus Wollstoff eingeführt wurden; endlich Herabsetzung des Standes bei den Musikbanden auf 10 Mann per Regiment, doch wurde gestattet, dass die Musikbanden auch fernerhin aus dem Locostande der Compagnien bis zur Höhe der früher normiert gewesenen Standesziffer ergänzt werden dürfen. 1862.

Mit Allerhöchstem Befehlsschreiben vom 23. Februar haben Se. Majestät zu genehmigen geruht, dass der Oberlieutenant Ferdinand Simanthel seinen Namen in »Simenthal« umwandeln dürfe.

Im Mai erfolgte die Zutransferierung des Majoren Josef Edlen von Mangold vom General-Quartiermeister-Stabe.

Am 1. September wurde der Zögling des vierten Jahrganges der Militär-Akademie zu Wiener-Neustadt, Alfred Ritter von Sypniewski zum Lieutenant im Regimente ernannt.

Schon seit längerer Zeit machte sich im Officiers-Corps der allgemeine Wunsch geltend, die Namen jener Braven, welche in dem zwar unglücklichen, aber durch ruhmreiche Kämpfe denkwürdigen Feldzuge 1859 auf dem Schlachtfelde geblutet haben, nicht nur im Herzen treu zu bewahren und sie traditionell den Nachfolgern zu überliefern, sondern ihr Andenken durch ein in der Ergänzungs-Bezirks-Station Stryj aufzustellendes Monument zu ehren und möglichst lange zu erhalten.

Dieser schöne Wunsch sollte am 4. Juni 1862, dem Jahrestage der Schlacht von Magenta, durch jenes Resultat gekrönt werden, welches kameradschaftliche Pietät angestrebt hatte.

An diesem Tage fand nämlich zu Stryj die Enthüllung des den Waffenbrüdern geweihten Monumentes statt, wozu die Officiere des Regimentes, sowie jene des ehemaligen 2. und 3. Bataillons, welche bekanntlich dem Infanterie-Regimente Erzherzog Carl Salvator von Toscana einverleibt worden waren, die erforderlichen Geldmittel beigesteuert hatten, und wozu die Stadt Stryj den Boden bereitwilligst unentgeltlich zur Verfügung stellte.

Die Enthüllungsfeier hatten durch ihre Anwesenheit verherrlicht: Generalmajor von Reichard als Stellvertreter des commandierenden Generals von Galizien, der in Stryj domicilierende pensionierte Feldmarschall-Lieutenant Ritter von Schantz, der Oberst und Regiments-Commandant Franz Graf Thun-Hohenstein, der Oberst Gustav von Fragnern des 51. Infanterie-Regimentes, Major Petit von Königstern an der Spitze einer Deputation des Officiers-Corps und der Mannschaft des eigenen, Hauptmann Lazarewicz mit einer Deputation des 77. Infanterie-Regimentes, viele Stabs- und Oberofficiere auswärtiger Garnisonen, besonders Lembergs, die Geistlichkeit aus Stryj und Umgebung, die k. k. Beamten sämmtlicher Behörden, der Magistrat und bürgerliche Ausschuss; das Lehrpersonale, sowie andere Notabilitäten, vorzüglich aber viele von den Eltern und Verwandten der in den Schlachten bei Magenta und Solferino Gefallenen, endlich eine große Anzahl der im letzten Feldzuge invalid gewordenen Krieger, sowie viele Decorierte des Urlauberstandes, die durch ihre Anwesenheit die ehrende Erinnerung für die gefallenen Kriegsgefährten deutlich an den Tag legten.

Schon am Vorabende der Enthüllungsfeier wurde ein militärischer Zapfenstreich und am Morgen der Feierlichkeit selbst eine Tagreveille von der eigens aus Lemberg nach Stryj beorderten 51. Infanterie-Regimentsmusik ausgeführt.

Hell und freundlich sandte die Sonne an diesem denkwürdigen Tage ihre Strahlen auf den durch vielfarbige Fahnen begrenzten Raum, in dessen Mitte sich das Monument, mit einer weißrothen Hülle bedeckt, erhob.

Ein Bataillon des eigenen Regimentes unter Commando des Majors Edlen von Rueber mit der Musik war gegenüber dem Monumente und an dessen linkem Flügel die aus der decorierten Mannschaft des Loco- und Urlauberstandes, dann den Invaliden gebildete Abtheilung, eine wahre Veteranen-Elite-Compagnie, aufgestellt, letztere unter Commando des im italienischen Feldzuge verwundeten, mit dem Militär-Verdienstkreuz ausgezeichneten Hauptmanns Paul Gertler von Blumenfeld des 77. Infanterie-Regimentes.

Um dreiviertel 9 Uhr erschienen Feldmarschall-Lieutenant von Schantz und Generalmajor von Reichard und schritten die Front der ausgerückten Truppe ab, bei welcher Gelegenheit Generalmajor Reichard an die Elite-Compagnie einige herzliche, feierliche Worte richtete, welche, in einer die Tapferkeit dieser Braven anerkennenden Weise gesprochen, ihre begeisternde Wirkung bei denselben nicht verfehlten.

Hierauf begaben sich alle Gäste gegen das geschmackvoll decorierte Capellenzelt.

Um 9 Uhr begann die kirchliche Feierlichkeit.

Nach einer vom Lemberger Garnisons-Spitals-Caplan von Wala gehaltenen inhaltsvollen Rede in polnischer Sprache, in welcher derselbe der Thaten und Opfer des Regimentes gedachte, das Andenken der Gefallenen pries, zur gleichen Tapferkeit und Aufopferung aneiferte, und welche mit einem Hoch für Seine Majestät unseren allergnädigsten Kaiser und Kriegsherrn schloss — die auch den hohen Ernst des Augenblickes noch mehr erhöhte — sank unter dreimaliger General-Decharge und den Klängen der Volkshymne die Hülle und das einfache Krieger-Denkmal, geweiht dem Andenken der Braven, stellte sich den Blicken der Anwesenden mit der schmerzlichen, aber auch stolzen Erinnerung an den blutigen Tag dar.

So manches Auge der hinterbliebenen Angehörigen der tapferen Todten wurde thränenfeucht — wehmuthsvoll richtete den Blick der Verwundete und Krüppel auf das Denkmal, so manches Soldatenherz erbebte mit dem Wunsche, es möge ihm baldigst gegönnt sein, das gegebene Beispiel aufopfernden Muthes nachahmen zu können — — — und alle Anwesenden beseelte nur ein Gefühl, — das Gefühl der hohen Achtung für die Gefallenen, welches in dem Monumente den bleibenden dauernden Ausdruck gefunden hatte.

Nun folgte die Einweihung des Monumentes und die Celebrierung des Hochamtes, nach dessen Schlusse das Bataillon vor der Generalität und der Elite-Abtheilung defilierte, hiemit jenen Beweis der Hochachtung zeigend, welche in der österreichischen Armee für den braven Krieger jeden Ranges herrscht.

Es war aber auch eine ehrenwerte Schar, diese Elite-Abtheilung: 30 Veteranen, Krüppel — theils ohne Arm, theils ohne Bein, — die andern beinahe alle mit sichtbaren Narben — die wohlverdienten Decorationen auf ihrer schlichten Landmannstracht — der mit einem wehmüthigen Gefühle gemischte Ausdruck eines edlen ungekünstelten Stolzes und des Bewusstseins redlich erfüllter Pflicht im sprechenden Blicke.

Hiemit schloss die einfache, rührende und erhebende Feier.

Das Denkmal selbst wurde vom Bildhauer Cyprian von Godebski ausgeführt. Es ist 15 Fuß hoch, besteht aus feinkörnigem Polauer Sandstein, und stellt eine Kriegs-Trophäe dar. Zwischen zwei ausgebreiteten, leicht drapierten, mit Eichenlaub bekränzten Fahnen erhebt sich der kaiserliche Doppelaar, ein Hauptschild mit der Aufschrift: »Unseren Waffenbrüdern" tragend; unter und neben diesem Schilde sind zu den Füßen des Adlers militärische Embleme angebracht.

Die ganze Gruppe ruht auf einem mit einem Sockel versehenen, auf 2 Stufen stehenden Piedestal, welches mit Festons von Immortellen umwunden ist.

Am Piedestal erblickt man auf der vordern und rückwärtigen Seite je ein Mittelschild, dann zwischen diesen 8 kleinere Schilde. Das vordere Mittelschild enthält die Aufschrift:

»Gefallen auf dem Felde der Ehre in den Schlachten des Jahres 1859 am 4. Juni bei Magenta und 24. Juni bei Solferino«.

Die 8 Seitenschilder tragen die Namen der gefallenen Officiere, und zwar: Oberst Carl Hubatschek, Oberstlieutenant Franz Friedrich von Stromfeld, Hauptmann Ferdinand Bonjean von Mondenheim, Heinrich Schubik, Anton Ingerl, Procop Graf Hartmann, Oberlieutenant Carl Drdacki Ritter von Ostrow, Franz Jagiełłowicz, Robert Reitzenstein, Leopold Kirchhof, Aquilin Pöschl, Lieutenant Edmund Riel, Alois Lipold, Clemens Kobak, Patapi Tomiuk, Josef Schindler, Rudolf Bausnern und 488 Mann vom Feldwebel abwärts.

Am rückwärtigen Mittelschilde liest man die Worte:

»Zur Erinnerung gewidmet vom Officiers-Corps des Graf Hartmann-Klarstein-Linien-Infanterie-Regiments Nro. 9«.

Endlich ist noch an der Rückseite des Monuments, zwischen den beiden Fahnen, gegenüber dem Hauptschilde ein zweites

Hauptschild mit nachstehender Aufschrift in polnischer Sprache: »Ku wiecznej pamięci poległym w roku 1859 w bitwach pod Magentą, i Solferino póśwíęca Korpus Oficerów pułku piechoty Hrabiègo Hartmann Nro. 9«.

Sämmtliche Inschriften sind vergoldet.

Das Monument steht auf einem 20 Quadrat-Klafter im Gevierte zählenden Plateau, welches von massiven, an steinernen Kanonenrohren angebrachten eisernen Ketten eingefasst ist.

Der Standplatz desselben konnte nicht glücklicher gewählt werden — die ganze Umgebung vereinigt sich, um das Denkmal voll hervortreten zu lassen.

Die gänzlich freie Lage in der Front, das Grün des Stadtparkes im Hintergrunde, die malerische Aussicht auf die nahen Karpathen, die unmittelbare Nähe der durch einen lebenden Zaun eingefassten Militär-Baracken und das helle Grün des sich zu Füßen ausbreitenden Schlossteichgrundes harmonieren in wohlthuender Weise.

So steht der schlichte Stein da, den Geist des Betrachters zur Bewunderung jener moralischen Kraft stimmend, welche sowohl die Gefallenen zu ihrer todesverachtenden Bravour und Selbstaufopferung geführt, als auch ihre Kameraden stets dahin führen wird, jener unvergänglichen Kraft, welche die ganze österreichische Armee beherrscht, die unabhängig von Nationalität und jeder Politik dasteht wie ein Fels im sturmgepeitschten Meere und in dem einzigen großen Gedanken sich verkörpert: Mit Gott für Kaiser und Vaterland!

Dieser Gedanke fand auch seinen sprechenden Ausdruck bei dem am Tage der Enthüllungsfeier stattgefundenen Diner in einem begeisterten Toaste auf Se. Majestät den Kaiser.

Wenige Tage nach der Enthüllungsfeierlichkeit erschien nachstehender Inhabers-Erlass:

»Durch eine Mittheilung des Herrn Obersten und Regiments-Commandanten Franz Graf Thun-Hohenstein de dato Stryj vom 4. Juni l. J. gelangte ich zur Kenntnis der am 4. Juni d. J. stattgehabten Feier des Enthüllungsfestes des vom Officiers-Corps des Regimentes zum Andenken an die in den Schlachten bei Magenta und Solferino gefallenen tapferen Waffengefährten errichteten Monumentes, was mich mit der innigsten Theilnahme erfüllt hat.

Ich danke allen und jedem, die sich bei dieser denkwürdigen Feier bethätigt haben, insbesonders aber dem mit der Errichtung des Monumentes betrauten Comité und zwar namentlich den Herren Hauptleuten Mayerberg, Bergmüller und Pappich, den Oberlieutenants Herzog und Medycki, sowie den Lieutenants Gruber und Hirnschall, welchen in meinem Namen nebst meinem aufrichtigsten Dank, die volle Anerkennung bekannt gegeben werden wolle«.

Hartmann m. p.
Feldzeugmeister.

1863. Das seit dem Jahre 1859 eingestellte Officiersavancement wurde theilweise 1863 wieder eröffnet, indem angeordnet wurde, dass von den in einer und derselben Charge sich ergebenden Stellen vom Hauptmanne abwärts, die erste und dritte Stelle durch Beförderung u. zw. die erste ohne, die dritte mit Nachrückung besetzt werde. Demgemäß wurden die Lieutenante August Kaspar, Dominik Sagottnik und Ignatz Rößl zu Oberlieutenanten, Dominik Ritter von Bohr zum Unterlieutenant 1. Classe; der Feldwebel Ignatz Becker, ferner die Cadetten Gustav Melczer und Alfred Hauptmann zu Unterlieutenanten 2. Classe befördert.

Es wurden Kochkessel aus Weißblech auf je 5 Mann eingeführt, welche, auf den Tornister geschnallt, zu tragen waren; endlich wurde angeordnet, dass bei den Regimentern, deren Stand per Compagnie 60 Gemeine betrug, die Officiersdiener auf den Stand der Gemeinen zu zählen haben. Den Officieren wurde weiters das Tragen des Radmantels gestattet. es wurde den Unterofficieren, welche stillschweigend fortdienten, eine Zulage bewilligt; endlich erfolgte die Ausgabe einer Vorschrift über die Behandlung unverbesserlicher Cadetten.

Mit Allerhöchster Entschließung vom 27. April 1863 ward Major Josef Edler von Mangold, mit jener vom 29. April, Major Wilhelm Edler von Fodermayer in den Ruhestand versetzt, letzterer mit Oberstlieutenants-Charakter ad honores. Kurze Zeit darauf am 6. Juli erfolgte die Pensionierung des Majors Carl Petit von Königstern als Titular-Oberstlieutenant, am 14. Juli die Anhertransferierung des Majors Gustav Baron de Vicq de Cumptich vom Kronprinz von Preußen Infanterie-Regimente Nr. 20, und am 29. October die Beförderung des Hauptmann Carl Ochtzim zum Major im Regimente.

Major Edler von Rueber übernahm das 4. Bataillons- und Ergänzungsbezirks-Commando, Major Baron de Vicq das 2. und Major Ochtzim das 3. Bataillon.

Überhaupt wurde das Regiment in diesem Jahre von vielseitigem Wechsel berührt.

Am 17. Juni verließ der Regimentsstab mit den ersten 2 Feld-Bataillonen die Garnison Ofen und rückte am 21. desselben Monates in die Festung Komorn als Besatzung ein, von wo aus das Regiment im Monat August den Truppenübungen im Lager bei Bruck a. d. Leitha — mit Ausnahme der Mittel-Divisionen, welche zur Versehung des Garnisonsdienstes in Komorn zurückblieben — beigezogen wurde.

Das 3. Bataillon war noch am 31. März von Stryj zur Bewachung der russisch-polnischen Grenze in das Krakauer Gebiet abmarschiert, da im anstoßenden Königreiche Polen der Aufstand ausbrach.

Es traf am 25. März in Krakau ein, von wo aus die Dislocierung an die Grenze stattfand, und zwar befand sich der Stab, abwechselnd mit 1 Compagnie, bis 15. Mai in Krzesowice, bis 6. Juli in Chrzanow, während die übrigen Abtheilungen halbcompagnie- und zugsweise in den Grenz-Ortschaften dislociert waren.

Am 7. Juli wurde das Bataillon vom Grenzdienste einberufen und im Fort Kosciusko bei Krakau untergebracht, von wo aus es am 30. November wieder an die Grenze abrückte und der Stab mit 3 Zügen nach Pradnik czerwony verlegt wurde.

Endlich sind auch noch in diesem Jahre Veränderungen beim 4. Bataillone zu verzeichnen.

Dasselbe wurde Ende Juni auf den Stand von 136 Mann per Compagnie gebracht und erhielt am 24. Juni den Befehl mit Zurücklassung des Bataillons-Commandanten und einer Division in Stryj, mit 2 Divisionen nach Lemberg zur Dienstleistung einzurücken.

Am 3. Juli war die anbefohlene Standeserhöhung durchgeführt und die 10. und 12. Division unter Commando des bei diesen 4 Compagnien rangsältesten Hauptmanns Leon Müller nach Lemberg in Marsch gesetzt, wo das Bataillon am 5. desselben Monats nach 2 forcierten Märschen eintraf und bis November zum Garnisonsdienste verwendet wurde.

Dann erhielt es ebenfalls die Bestimmung zur Grenzbewachung gegen Russisch-Polen, und es marschierte am 6. November die 19. Compagnie nach Uhnow, am 28. November die 20. nach Mikolajow am Dniester, die 23. und 24. am 29. nach Zolkiew.

Der Dienst, den beide vorgenannten Bataillone zu leisten hatten, war ein sehr schwieriger.

Im anstoßenden Königreiche Polen brach der Aufstand aus. Die Regierung sah sich deshalb aus Rücksicht der Vorsicht veranlasst, in Galizien den Belagerungszustand zu proclamieren und in jeder Kreisstadt ein Militär-Kreis-Commando zu errichten.

In Stryj übernahm solches Major Edler von Rueber.

Die in den Ortschaften vertheilten Abtheilungen waren oft wochenlang sich selbst überlassen. Trotzdem kam nie ein Anstand vor, der Dienst wurde pünktlich verrichtet und nie der Takt verletzt. Während der ganzen Dauer dieser zerstreuten Dislocation, wo die Mannschaft nur zu oft den lockendsten Verführungen ausgesetzt war, ist weder beim 3. noch 4. Bataillon ein Desertionsfall zu verzeichnen.

Zufolge Allerhöchster Entschließung vom 7. December
1864. 1863 wurde am 1. Februar 1864 für die im Kriegsfalle zu errichtenden Dépôt-Divisionen in der Ergänzungsbezirks-Station der Dépôt-Divisions-Cadre neu aufgestellt und die Kriegsstärke eines Infanterie-Regimentes mit 4 Feld-Bataillonen und einer Dépôt-Division festgesetzt. Der zur Errichtung gelangte Dépôt-Divisions-Cadre bestand aus: 1 Hauptmann I. Classe, 1 Unterlieutenant I. und 1 Unterlieutenant II. Classe, 2 Feldwebels, 2 Corporalen, 4 Gefreiten und 3 Officiersdienern. Gleichzeitig wurde die ganze Reservemannschaft in den Grundbuchsstand der Dépôt-Division eingetheilt. Im Mobilisierungsfalle waren die Reservisten zur Completierung der Dépôt-Division zu verwenden und hatte das im Frieden zur Versehung des Dépôtdienstes verwendete 4. Bataillon unverzüglich aus der Ergänzungsbezirks-Station abzurücken. Weiter wurde angeordnet, dass künftighin jeder Mann mit dem Übertritte in die Reserve zu jenem Regimente transferiert werde, in dessen Ergänzungsbezirk derselbe heimatszuständig ist.

Im Monat Februar wurde statt des Feldzeugmeisters Graf Degenfeld Feldmarschall-Lieutenant Ritter von Franck zum Kriegsminister ernannt.

An dem stattgefundenen schleswig-holsteinischen Kriege nahm das Regiment keinen Antheil.

Infolge der sehr bedeutenden Verluste an Officieren in diesem Kampfe wurde das Tragen der Feldbinde über dem Mantel, wodurch der Officier auf große Entfernung sichtbar war, aufgehoben. Endlich wurde das noch immer eingeschränkte Officiers-Avancement ganz frei gegeben und das Recht der Beförderung vom Hauptmann abwärts an den Regiments-Inhaber überlassen. Das Tragen der Kittel bei den Officieren wurde aufgehoben.

Am 1. März concentrierte sich das 3. Bataillon in Krakau und rückte am 13. über Lemberg nach Kolomea ab, wo es in Garnison verblieb und die 7. Division nach Sniatyn detachierte. Im selben Monate wurde auch die 20. Compagnie aus Mikołajów und die 19. aus Karow, wohin sie anfangs Jänner verlegt worden war, nach Stryj dislociert, wohin die 12. Division erst am 15. October einrückte.

Bei dem Regimentsstabe und den ersten 2 Feld-Bataillonen ergab sich — abgesehen von der am 13. December 1863 erfolgten Detachierung der 7. Compagnie nach Neutra — keine Dislocations-, wohl aber eine wichtige Personal-Veränderung.

Oberst Franz Graf Thun-Hohenstein folgte dem Rufe Maximilians I., Kaisers von Mexiko, und übernahm unter gleichzeitiger Ernennung zum Generalmajor das Commando des österreichischen Freiwilligen-Corps für Mexiko.

An seiner Stelle wurde mit der Allerhöchsten Entschließung vom 4. September der Oberstlieutenant Adolf Eduard Baumbach zum Obersten und Regiments-Commandanten, Major Ferdinand Edler von Rueber zum Oberstlieutenant und Hauptmann Franz von Bernd zum Major im Regimente ernannt.

Oberstlieutenant von Rueber übernahm das Commando des 1., Major Baron de Vicq jenes des 4. Bataillons und des Ergänzungsbezirkes, Major von Bernd das 2. Bataillon.

General Graf Thun schied nicht nur selbst schwer vom Regimente, auch dieses trennte sich schwer von ihm.

Er hatte sich in dem kurzen Zeitraume von 1859 bis 1864 durch sein echt ritterliches Wesen, durch seinen wahren Soldatensinn, gepaart mit gerechter Strenge, seine jeder Aufopferung fähige Kameradschaft, seine Leutseligkeit, seine unablässige Sorge für das Wohl seiner Untergebenen, mit einem

Worte durch alle Eigenschaften, wie man sie nur an einem geliebten Führer suchen mag, alle Herzen gewonnen.

Als er im Monate Juni 1864 die Organisierung des österreichischen Freiwilligen-Corps für Mexiko zu Wien begann, da wendeten sich Aller Augen auf den ritterlichen Obersten, der die Bestimmung übernahm, den Ruhm österreichischer Waffen nach jenseits des Oceans zu tragen, doch sein Regiment hatte nur für den Schmerz Sinn, seinen Commandanten zu verlieren.

Es gab bis zum letzten Augenblicke der Hoffnung Raum, ihn in seiner Mitte zu erhalten und an der Spitze zu sehen, wenn es wieder gelten würde, zu beweisen, dass jeder Einzelne stets bereit sei, für Kaiser und Vaterland todesmuthig in den Kampf zu gehen.

Leider gieng diese Hoffnung nicht in Erfüllung, und am 1. October traf der General in der Stabsstation Komorn ein, um sich von dem Regimente zu beurlauben.

Oberst Baumbach war ihm mit den Stabs- und berittenen Oberofficieren des Regimentes bis Ó-Gyalla entgegengeritten und diese Herren gaben ihm bis zum Absteigequartier im neuen Officiers-Pavillon das Geleite, wo das gesammte Officiers-Corps ihn erwartete und unter den Klängen der Regimentsmusik empfieng.

Um 2 Uhr nachmittags verfügte sich das Officiers-Corps nochmals zu seinem scheidenden, geliebten Führer, und Oberst Baumbach überreichte dem General im Namen des Officiers-Corps als Dankes- und Anhänglichkeitszeichen einen prachtvollen Säbel, worauf ein Diner im Officiers-Casino stattfand.

Der auf das Wohl des Scheidenden ausgebrachte Toast wurde durch nicht endenwollende Hochs! erwidert, und fand ein vielhundertstimmiges Echo in den Vivatrufen der zahlreich herbeigeströmten Mannschaft.

Nach dem Diner begab sich die gesammte Gesellschaft, die Musik an der Spitze, zur Officiers-Schießstätte und wurde vom Officiers-Corps der Regimenter Erzherzog Wilhelm und Baron Gorizzutti unter dem Schwingen aller Fahnen und dem Donner der Scheibenpöller auf das kameradschaftlichste begrüßt und von hier aus der General in seine Wohnung geleitet, in deren Vorhalle er von den Officieren emporgehoben und auf den Armen in die Zimmer getragen wurde.

Abends war im Casino noch eine Tombola und um ½9 Uhr trat General Graf Thun seine Abreise an.

Vom Officiers-Pavillon bis an die Waagbrücke stand in dichten Reihen längs der durch aufgestellte Lampen beleuchteten Straße die Mannschaft des Regimentes, donnernde Vivats tönten durch die stille Nacht, viele hundert Rufe: »Glückliche Reise!« folgten dem Wagen, der an der Brücke vom Officiers-Corps und der Musik erwartet wurde.

General Graf Thun stieg aus, umarmte nochmals jeden Einzelnen und unter den Klängen des Radetzky-Marsches, geleitet von den Segenswünschen des ganzen Regimentes, verschwand der Reisewagen im Dunkel der Nacht.

Der scheidende Commandant hatte Beweise von Liebe und Anhänglichkeit empfangen, wie sie nur wahre Aufrichtigkeit zollen konnte.

Unmittelbar vor der Abreise richtete der kaiserlich mexikanische General Graf Thun an den Obersten Baumbach nachstehendes Schreiben:

Geehrter Herr Oberst, mein treuer Freund!

»Es war mir ein Bedürfnis persönlich von einem Regiment Abschied zu nehmen, welches ich durch die Gnade Sr. Majestät unseres Kaisers durch fünf Jahre die Ehre hatte zu commandieren. Die vielen Beweise von persönlicher Zuneigung, welche mir in dieser Zeit und insbesonders in dem Momente, wo ich, einer anderen Bestimmung folgend, dasselbe verlasse, von Officieren und Mannschaft zutheil wurden, geben mir die Beruhigung, dass mein guter Wille, dem Allerhöchsten Dienste und dem Interesse jedes Einzelnen zu dienen, anerkannt wurde.

Indem ich Dir, meinem Nachfolger, dieses schöne Regiment anempfehle, ist es mir eine besondere Beruhigung, dieses Commando in die Hände eines tapferen und erfahrenen Soldaten zu übergeben.

Ich danke vor Allem Dir und dem Officiers-Corps für alle mir erwiesene Freundschaft und bitte Dich, jedem einzelnen Gliede des Regimentes ein aufrichtiges Lebewohl meines Namens zu sagen und zugleich die Versicherung beizufügen, dass ich unter allen Umständen dem Schicksale von Hartmann-Infanterie mit dem größten Interesse folgen werde.

Gott zum Gruß und auf ein freudiges Wiedersehen,
Dein aufrichtig ergebener Freund

Komorn, 1. October 1864.

Graf Thun, General.

Abermals erfolgte in diesem Jahre die grundsätzliche Vereinigung der ersten 3 Feld-Bataillone in einer Brigade und diesemnach verließ das 3. Bataillon am 27. Februar die Garnisonen Kolomea und Sniatyn, um am 18. März in Komorn einzurücken.

Die zu Neutra detachiert gewesene 7. Compagnie war noch am 26. Februar beim Regimentsstabe wieder eingetroffen, sonach alle 18 Compagnien in der Festung Komorn vereint.

Am 27. Juli starb zu Hermannstadt der Oberst und Vorstand der 1. Abtheilung beim dortigen Landes-General-Commando Johann Schmutz, welcher sich bekanntlich in der Rangsevidenz des Regimentes befand.

Endlich erhielt mit der Allerhöchsten Entschließung vom 4. Juli der beim Generalstabe zugetheilte Oberlieutenant Julius Butterweck, welcher während des Krieges in Dänemark im Hauptquartier des preußischen Feldmarschalls Graf Wrangel commandiert gewesen war, die Bewilligung zur Annahme und zum Tragen des königl. preußischen rothen Adler-Ordens 4. Classe mit den Schwertern.

1865. Mit 1. Jänner 1865 wurde eine Reducierung des k. k. Heeres, namentlich der Linien-Infanterie angeordnet.

Infolge dessen änderte sich der Stand des Regimentes wie folgt: bei jeder Compagnie der drei ersten Feld-Bataillone waren jetzt normiert: 4 Oberofficiere, 2 Feldwebel, 4 Zugsführer, 6 Corporale, 6 Gefreite, 70 Gemeine, 1 Tambour, 1 Hornist, 1 Zimmermann und 4 Officiersdiener. Das 4. Bataillon nahm im allgemeinen denselben Stand an, doch hatte jede Compagnie 3 Oberofficiere und 3 Officiersdiener, da die Unterlieutenante I. Classe dort aufgehoben wurden; auch zählte jede Compagnie um 16 Gemeine weniger als bei den drei ersten Feld-Bataillonen, also bloß 54 Gemeine.

Der Dépôt-Cadre bestand aus 3 Oberofficieren, 2 Feldwebeln, 4 Corporalen, 4 Gefreiten und 3 Officiersdienern.

Die Regiments-Musik wurde um einen Gefreiten und 26 Gemeine erhöht.

Im Februar trat eine abermalige Standesherabsetzung ein und zwar wurden die Compagnien der drei ersten Feld-Bataillone von 70 auf 54, jene des 4. Bataillons auf 20 Gemeine reduciert.

Am 18. April wurde der Belagerungszustand in Galizien aufgehoben. Demgemäß wurde das 3. Bataillon schon mit Ende März nach Komorn verlegt.

Zur Erwerbung des Anspruches auf das Militär-Dienstzeichen für Officiere hat Se. Majestät die Begünstigung eintreten lassen, dass jeder General, Admiral, Stabs- und Oberofficier der k. k. Land- und Seemacht, welcher in selber mit Zuzählung der zur Dienstzeit anrechnungsfähigen Feldzugsjahre fünfundzwanzig Jahre dient, das Militär-Dienstzeichen I. Classe, jener welcher in gleicher Weise eine fünfzigjährige Dienstleistung zurückgelegt hat, das gedachte Dienstzeichen II. Classe erhalte.

Als im galizischen Generalate eine vierte Brigade zur Formation gelangte, wurde das 4. Feld-Bataillon, das Ergänzungsbezirks-Commando, der Dépôt-Divisions-Cadre, das Truppen-Spital und Transporthaus unter das Commando des Generalmajor Josef Tomas gestellt, wobei der frühere Brigadier Generalmajor Reichard in seinem Abschiedsbefehle seine besondere Genugthuung aussprach, dieses brave Bataillon mit den genannten Anstalten in einem Zustande vollkommener Schlagfertigkeit und musterhafter Ordnung unter das neue Brigade-Commando treten zu sehen.

Im October unterzog der Herr Feldmarschall Erzherzog Albrecht in Begleitung des Landes-Commandierenden Herrn Generalen Feldmarschall-Lieutenant Baron Paumgartten und des Brigadiers Generalmajor Tomas das 4. Bataillon in Stryj einer Visitierung, wobei sich Se. kaiserliche Hoheit über die vorgefundene musterhafte Ausbildung der Truppe und Ordnung huldvollst aussprach. Desgleichen haben Se. kaiserliche Hoheit bei Besichtigung des Monumentes speciell sein Wohlgefallen über diesen das ganze Officiers-Corps im höchsten Grade ehrenden Akt militärischer Pietät und dankbarer Huldigung der kriegerischen Verdienste seiner auf dem Felde der Ehre gefallenen Kameraden ausgesprochen.

Im Herbste wurde das 4. Bataillon neuerdings aus dem Brigadeverbande des Generalmajors Tomas ausgeschieden und in die Brigade des Generalmajors Baron Dormus eingetheilt.

Mit dem Commando der im Monat October zur Aufstellung gelangten Regiments-Cadetten-Schule wurde Hauptmann August Netoliczka betraut und die Lieutenante Alfred

Ritter von Sypniewski und Zeno Ritter von Hankiewicz als Lehrer commandiert.

Zur Durchführung der Landtags-Deputierten-Wahlen in Ungarn wurden zahlreiche Assistenzen beigestellt.

Vom Regimente wurde im November das 2. Bataillon nach Totis und die erste Division unter Commando des Hauptmanns Emanuel Stricker nach Nemes-Ocsa verlegt. Beide Abtheilungen rückten anfangs December nach Komorn wieder ein.

Im Jänner hatte das Regiment den Tod des Lieutenants Gustav Hlava zu beklagen.

Major Eugen Kopfinger von Trebinau, Flügeladjutant des Feldmarschall Baron Hess, der im December 1864 in das Regiment eingetheilt wurde, und dem im März die Annahme und das Tragen des ihm verliehenen Officiers-Kreuzes des kaiserlich französischen Ehrenlegion-Ordens zutheil geworden war, avancierte am 7. Juli zum Oberstlieutenant mit Belassung in seiner Dienstesverwendung.

Mit dem Schlusse dieses Jahres erschien eine vom Hauptmann August Netoliczka zusammengestellte Geschichte des Regimentes. Schon im Jahre 1840 hatte Oberst Fichtel die Absicht, die Geschichte des Regimentes zu bearbeiten, konnte jedoch wegen Mangel an Quellen an die Durchführung nicht schreiten. Die Geschichte des Hauptmanns Netoliczka stützte sich auf die Akten des k. k. Archives, ältere österreichische militärische Zeitschriften, ein unvollständiges Tagebuch des Regimentes vom Jahre 1820—1842 und das Regiments-Archiv in Stryj.

Die Ausführung war kurz, tagebuchartig und behandelte eingehender nur die engste Geschichte des Regiments. Das Werk wurde in Komorn in Druck gelegt und enthielt 360 Seiten.

XII. PERIODE.

DAS JAHR 1866.

Den edlen Manen der Braven des Regimentes, welche im jüngsten großen Waffengange Österreichs den Heldentod für Kaiser und Vaterland gefallen, sind diese Blätter geweiht.

So wie Jene in ernster, schwerer Zeit die Schwerter ihrer Vorgänger würdig erprobt, in Hingebung und Pflichttreue ihre Wegweiser, in Ehre und ritterlicher Soldatengesinnung ihre steten Begleiter gefunden: so mögen auch ihre Söhne, bereichert durch die Erfahrungen des letzten unheilvollen Feldzuges, dem leuchtenden Vorbilde der Väter nacheifern und dem alten Ruhme des Regimentes einst einen neuen Fahnenschmuck hinzufügen.

Am Gedenktage des Treffens bei Wysokow.

Gustav Freiherr Vicq de Cumptich m. p., Major.

DER FELDZUG IM NORDEN.

Wie einst Sparta und Athen um die Hegemonie in Griechenland, so rangen schon seit länger denn ein Jahrhundert Österreich und Preußen um die Führerschaft in Deutschland. Dieser nimmer ruhende Antagonismus der zwei mitteleuropäischen Großmächte trat seit der diplomatischen Niederlage Preußens in den Olmützer Conferenzen immer schärfer hervor, bis zuletzt der Streit um die schleswig-holstein'schen Herzogthümer die Lösung des langjährigen historischen Processes durch die Waffen herbeiführte.

Hand in Hand waren beide Mächte, ihre alte Rivalität einen Augenblick vergessend, im Jahre 1864 in den Kampf gezogen, um einen deutschen Stamm von der demselben unerträglich gewordenen dänischen Fremdherrschaft zu befreien. Der Erfolg krönte ihr Unternehmen. Das besiegte Dänemark trat seine gesammten Rechte auf die Elbe-Herzogthümer an die beiden Vormächte ab.

Ehrlich und ohne einen Hintergedanken auf eigenen Vortheil, nur die Wahrung deutscher Ehre und deutschen Rechtes vor Augen, hatte Österreich die Hand zu diesem echt nationalen Werke geboten. Nicht so Preußen. Als der Krieg beendet war, warf es allmählich die Maske ab, welche seine Absichten verhüllt hatte, und wollte von einer Rückgabe jener Herzogthümer an den deutschen Bund nichts mehr wissen, sondern dieselben zu Gunsten einseitiger Ansprüche einfach dem eigenen Staate einverleiben.

Vergeblich bot die kaiserliche Regierung, den sich von Tag zu Tag steigernden Anmaßungen des Nachbarstaates die würdevollste Mäßigung und Nachgiebigkeit entgegensetzend, alles auf, eine solche Rechtsverletzung auf Kosten deutschen Bundeslandes hintanzuhalten und die schwebende Frage einem bundesgemäßen Abschlusse zuzuführen. Ihre beharrlich fortgesetzten, langmüthigen Bestrebungen scheiterten an dem rücksichtslosen Ehrgeize einer Macht, welche durch Wort und That deutlich zu erkennen gab, sie werde der Erfüllung ihres Willens mit dem Schwerte Nachdruck zu verleihen wissen.

So entzündete sich denn ein Krieg, in welchem beide Mächte, jüngst noch verbündet, einander zum Waffengange auf Tod und Leben entgegentraten; ein Krieg, von dessen Ausgange die Geschicke ganz Mittel-Europas abhingen; ein Krieg, der entscheiden musste, ob Recht, ob Gewalt in Hinkunft herrschen solle.

Viele Jahre hatte sich Preußen, in unablässiger Verfolgung seiner Vergrößerungspolitik, durch eine starke Machtentwicklung planmäßig zu diesem Kampfe vorbereitet. Sich jedoch dem gewaltigen Gegner nicht gewachsen fühlend, schloss es, um dessen Streitkräfte zu theilen, ein Kriegsbündnis mit Italien, dem alten unversöhnlichen Feinde Österreichs, ab, der seit lange nur auf eine passende Gelegenheit wartete, sich den norditalienischen Besitz des Kaiserstaates anzueignen und dessen politischen Einfluss auf der Halbinsel gänzlich zu brechen. Neben Preußen trat nun auch Italien in die Action ein; die Neutralität aller übrigen Großmächte war dem Berliner Hofe zugesichert.

Zu Österreich hielten Bayern, Sachsen, Hannover, Württemberg, die beiden Hessen, Baden und Nassau. Das muthvolle, thatkräftige Sachsen ausgenommen, welches in kürzester Zeit schlagbereit dastand, war jedoch die Hilfe aller übrigen Bundesgenossen eine sehr zweifelhafte und unsichere. Ihre Unentschlossenheit und Thatlosigkeit, der unendlich schleppende Gang ihrer Rüstungen griff hemmend und lähmend in alle Verhältnisse ein. Hiezu gesellte sich auch noch der Mangel an einheitlicher Führung und Organisation. Unter solchen Umständen wurde ein gemeinsames Zusammenwirken, die Feststellung eines gemeinsamen, den Verbündeten den richtigen Platz zur rechten Zeit in der allgemeinen Action zuweisenden Kriegsplanes um so weniger möglich, als — wieder mit alleiniger rühmlicher Ausnahme Sachsens — die meisten deutschen Staaten nur auf die Vertheidigung ihrer Einzel-Interessen bedacht waren und sich für vorkommende Fälle die Deckung des eigenen Gebietes durch ihr Contingent ausdrücklich vorbehielten.

Somit vor allem nur auf sein eigenes Schwert und auf den Beistand der wackeren Sachsen angewiesen, sonst inmitten der großen europäischen Völkerfamilie diplomatisch vereinsamt, den numerischen Streitkräften Preußens und Italiens nicht gewachsen, nahm Österreich den ungleichen Doppelkampf für sein gutes Recht im Norden und Süden gleichzeitig auf. Es zog an den bedrohten Landesgrenzen zwei Heere, das eine in Mähren, das andere in Venetien, zusammen. Selbst der letzte Reservemann wurde einberufen; dennoch stellte sich die vom großen Kaiserstaate entfaltete Waffenmacht noch immer als durchaus ungenügend heraus, um das Misverhältnis der Kräfte auszugleichen.

Versetzung des Regimentes auf den Kriegsstand.

Das Regiment war vor dem Ausbruche des Krieges mit dem Stabe und den ersten 3 Bataillonen in Komorn dislociert; das 4. Bataillon und der Dépôt-Cadre befanden sich in der Ergänzungsbezirks-Station Stryj.

Die in Komorn stationierten Abtheilungen des Regiments zählten folgenden Friedensstand:

Stab: 1 Oberst, 1 Oberstlieutenant, 2 Majore, 2 Regiments-Capläne, 1 Regiments-Auditor, 1 Regiments-Adjutant, 1 Regiments-Arzt, 2 Ober-Ärzte, 3 Unter-Ärzte, 1 Stabs-Feldwebel, 1 Regiments-Tambour, 1 Feldwebel, 4 Corporale, 5 Gefreite, 26 Gemeine, 1 Profoß, 2 Büchsenmacher, 3 Fahnenführer, 11 Officiersdiener, zusammen 4 Stabs-, 1 Oberofficier, 9 Ober-Parteien und 55 Mann vom Feldwebel abwärts.

Achtzehn Compagnien: 18 Hauptleute, 18 Oberlieutenante, 36 Lieutenante, 36 Feldwebel, 72 Führer, 108 Corporale, 108 Gefreite, 18 Tamboure, 18 Hornisten, 18 Zimmerleute, 972 Gemeine und 72 Officiersdiener — zusammen 72 Officiere und 1422 Mann vom Feldwebel abwärts.

Als aus dem Süden von Tag zu Tag bedenklichere Nachrichten über den Stand der italienischen Kriegsrüstungen einliefen, und auch der Conflict mit Preußen einen immer acuteren Charakter annahm, ergiengen rasch nacheinander folgende, auf die Mobilisierung des Regimentes bezugnehmende Maßregeln:

Mittelst Kriegsministerial-Rescriptes vom 16. April C.-K. Nr. 1451 wurde das Regiment beordert, die zu seiner feldmäßigen Ausrüstung gehörigen Fuhrwerke und Zuggeschirre nebst den für den Kriegsstand vorgeschriebenen Bespannungen auszufassen und die hierzu erforderliche Anzahl Fahrgemeiner vom Urlaube einzuberufen.

Am 28. April ordnete das Kriegsministerium die Ergänzung des 4. Bataillons auf den vollen Kriegsstand an Mannschaft, an demselben Tage die Aufstellung der Dépôt-Division mit dem vollen Kriegsstande an Officieren und Mannschaft an.

Bereits am 5. Mai war die Durchführung beider Erlässe bewirkt.

Die Übersetzung in die Reserve, die Entlassung aus derselben und aus der activen Dienstleistung, die Befreiung und Entlassung vom Militärdienste gegen Erlag der Befreiungstaxe, sowie die Reengagierung und die Entlassung von Stellvertretern wurde eingestellt.

Infolge Kriegsministerial-Telegrammes vom 2. Mai hatte sich auch der Regimentsstab mit den ersten 3 Bataillonen auf den vollen Kriegsstand zu setzen, und, sobald nahezu zwei Drittheile der Ergänzung eingerückt sein würden, hatte das Ergänzungsbezirks-Commando dem Kriegsministerium, behufs Herabgabe des Marsch- und Fahrentwurfes, die Anzahl der eingerückten Urlauber telegraphisch anzuzeigen.

Der Stab war somit um 4 Officiere und 14 Mann — die 18 Compagnien der ersten 3 Bataillone um 36 Corporale, 180 Gefreite, 18 Tamboure, 18 Zimmerleute, 1368 Gemeine, 45 Fahrgemeine, 36 Blessiertenträger und 36 Compagnieschuster, zusammen 1737 Mann — zu erhöhen.

Am 12. Mai setzte sich der erste Ergänzungs-Transport unter den Lieutenanten Sielecki und Seidl — 1145 Mann stark — am 23. Mai die 2. Ergänzung, in der Stärke von 595 Mann unter Oberlieutenant Johann Medycki, vollkommen bekleidet und ausgerüstet, von Stryj nach Mähren in Bewegung.

Gemäß des Kriegsministerial-Telegrammes vom 7. Mai gelangte auch die 2. Dépôt-Division, beziehungsweise das 5. (Dépôt-) Bataillon, zur Aufstellung, und fand die Besetzung der Officiersstellen auf den vorgeschriebenen Kriegsstand bei allen 5 Bataillonen statt.

Die außerordentliche Schnelligkeit, womit alle diese Anordnungen in der kürzesten Zeit durchgeführt wurden, ist das entschiedene Verdienst des Dépôt-Divisions-Commandanten Hauptmann Koch, welcher nach dem Abmarsche des 4. Bataillons aus Stryj das Ergänzungsbezirks-Commando übernahm. Ihm stand in seinen rastlosen Bestrebungen der durch gründliche Fachkenntnis und unermüdete Thätigkeit ausgezeichnete Ergänzungsbezirks-Officier Oberlieutenant Uhl würdig zur Seite.*)

Das Regiment zählte, nach den Standeslisten pro Mai, zu Ende dieses Monates folgenden Stand:

	Stabs-officiere	Ober-officiere	Ober-Parteien	Mann-schaft	Pferde
Stab und die ersten 3 Bataillone . . .	4	77	9	3153**)	89
4. Bataillon. . . .	1	32	3	1040	32
5. Bataillon ***) . .	1	14	1	1333	—
Zusammen .	6†)	123	13	5526	121

Die Compagnien rangierten über 70 Rotten. Die Stellung war zweigliederig. Die Infanterie hatte seit dem Feldzuge 1859 die in demselben von den Franzosen mit so gutem Erfolge angewandte Stoß- und Massentaktik angenommen — eine Gefechtsweise, welche den kräftigen Söhnen Galiziens besonders zusagte. Die Exercier- und Manövrier-Vorschriften waren einfach und zweckmäßig, nur wurde im allgemeinen bei deren Durchführung zu starr an Formen, ohne hinlängliche geistige Übung, festgehalten. Frontal-Bewegungen in entwickelter Linie fanden nach dem Exercier-Reglement vom Jahre 1862 nur mehr in sehr ausnahmsweisen Fällen und auf gänzlich unbedecktem Boden statt; an ihrer Stelle war, besonders in der Gefechts-Atmosphäre, das Manövrieren mit geöffneten

*) Sowie Oberlieutenant Uhl im Ergänzungsbezirke, leistete Oberlieutenant Regiments-Adjutant Purt beim Regimentsstabe die ersprießlichsten Dienste und unterstützte das Regiments-Commando mit Unverdrossenheit und Ausdauer auf das kräftigste während der ganzen mehrmonatlichen Dauer der Mobilisierungs- und Kriegsepoche.

**) Darunter 231 Unterofficiere, 2574 Gefreite und Gemeine, 91 Tamboure, Hornisten und Zimmerleute, 257 Non-Combattanten. Unter den oben ausgewiesenen 3153 Mann befanden sich 215 Reservisten.

***) Auf den Abschluss der Stand- und Dienst-Tabelle mit 11. Juni.

†) Ferner der im Hauptquartier der Südarmee zugetheilte Oberstlieutenant Eugen Kopfinger von Trebienau.

oder geschlossenen Divisions-Massenlinien und mit Divisions-Staffeln getreten.

Das Regiment besaß in seiner Mannschaft ein Material, edel und gehaltvoll, wie es sich nur wünschen ließ. Unvergleichlich im Nahkampfe, stand es aber in der zerstreuten Fechtart seinen beiden Gegnern im bevorstehenden Feldzuge — sowohl den Preußen, als den Italienern — weit nach, wenn es sich mit ihnen gleich an Tapferkeit und Todesverachtung in jeder Beziehung messen konnte. Dagegen versprach die Feuerverachtung des Ruthenen und Polen, seine derbe wuchtige Faust ein entschiedenes Übergewicht im Handgemenge; er zog es auch bei allen Gelegenheiten vor, ohne vieles Plänkeln immer gleich gerade auf den Gegner loszugehen und ihn mit Kolben und Bajonnett hart anzulaufen. Auf die gründliche Durchbildung der Truppe in den Übungen des kleinen Krieges war bisher überhaupt nicht das wünschenswerte Gewicht gelegt worden; das hierin Mangelnde ließ sich bei den mitgebrachten unvollkommenen Vorkenntnissen und der geringeren körperlichen Gewandtheit der Mannschaft um so schwerer ergänzen, als deren Präsenzzeit bei den Fahnen infolge der übermäßigen Budget-Abstriche durchschnittlich zwei, im günstigsten Falle drei Jahre — bei den vierten Bataillonen sogar nur wenige Wochen — währte.

Das Regiment war zur Nordarmee bestimmt und in das 6. Armee-Corps Feldmarschall-Lieutenant Freiherr von Ramming, Brigade Oberst Freiherr von Waldstätten, eingetheilt.

Oberst Adolph Baumbach war Regiments-Commandant. Oberstlieutenant Ferdinand Edler von Rueber befehligte das 1. Bataillon, Major Franz von Bernd das 2., Major Karl Ochtzim das 3., Major Gustav Freiherr de Vicq de Cumptich das 4., Major Edler von Manngold*) das 5. Bataillon.

Beritten waren: Beim 1. Bataillon die Hauptleute Emanuel Stricker und Jonas Wittlin; beim 2. die Hauptleute Johann Ritter von Gugenmoss und Karl Dittl, beim 3. die Hauptleute Leopold Bergmüller und Johann Bernatzky; beim 4. Hauptmann Leo Müller und zum Schlusse des Feldzuges noch Hauptmann August Koch.

Die Namen sämmtlicher übrigen, im Monate Mai mit dem Regiment ins Feld ausmarschierten Officiere und Ober-

*) Mit dem Kriegsministerial-Rescripte vom 9. Mai C.-K. Nr. 2006 aus dem zeitlichen Pensionsstande zum Regiment eingetheilt.

Parteien, sowie deren Eintheilung, sind nachstehend ersichtlich:

Regiments-Stab:

Oberst Regiments-Commandant Adolph Baumbach.
Hauptmann Auditor Johann Honal.
Regiments-Capläne Anton Tworkiewicz, Clemens Litynski.
Regiments-Adjutant Oberlieutenant Friedrich Purt.
Proviant-Officier Lieutenant Johann Schweyda.
Ober-Ärzte Dr. Theodor Fischer, Dr. Maximilian Hirschfeld.
Unter-Ärzte Franz Moßler, Franz Dostal, Hermann Meth.

Erstes Bataillon:

Commandant: Oberstlieutenant Ferdinand Edler v. Rueber.
Adjutant: Lieutenant Alfred Ritter v. Sypniewski.

1. Compagnie: Hauptmann Emanuel Stricker. Oberlieutenant Koloman v. Bolla. Lieutenant Alois Metzger (Commandant des Brigade-Sanitäts-Detachements), Friedrich Ritter v. Ruff.
2. Compagnie: Hauptmann August Netoliczka. Oberlieutenant Karl Weigl. Lieutenant Joseph Stammer, Joseph Labowski.
3. Compagnie: Hauptmann Wilhelm Prokopp. Oberlieutenant Dominik Sagottnik. Lieutenant Alexander Begazi, Stephan Kossiński.
4. Compagnie: Hauptmann Jonas Wittlin. Oberlieutenant Emanuel Ziegelheim. Lieutenant Karl Wehrstein, Bela Kuderna.
5. Compagnie: Hauptmann Heinrich Lorenz. Oberlieutenant Joseph Antoniewicz. Lieutenant Zeno Ritter v. Hankiewicz, Franz West.
6. Compagnie: Hauptmann Wilhelm Ziegler. Oberlieutenant Julius Oberkamp (Commandant der Brigade-Pionnier-Abtheilung). Lieutenant Adolph Strihafka, Joseph Frankowski.

Zweites Bataillon:

Commandant: Major Franz v. Bernd.
Adjutant: Lieutenant Robert Zaremba de Dobki.

7. Compagnie: Hauptmann Johann Ritter v. Gugenmoss. Oberlieutenant Franz Hammer. Lieutenant Joseph Salinger, Mathias Tuhaczek.
8. Compagnie: Hauptmann Rudolf Baron Marschall-Greiff. Oberlieutenant Karl Tichy. Lieutenant Ladislaus Sielecki, Franz Wittek (zweiter Proviant-Officier beim Regiment).
9. Compagnie: Oberlieutenant Joseph Herzog. Lieutenant Paul Ritter v. Manasterski Jendrzejkowicz, Ferdinand Janda.
10. Compagnie: Hauptmann Heinrich Zednik. Oberlieutenant Athanasius Mussakowski (Brigade-Proviant-Officier). Lieutenant Johann Steiner, Anton Pietruszewicz.
11. Compagnie: Hauptmann Joseph v. Bob. Oberlieutenant Johann Medycki. Lieutenant Karl Mochnacki, Michael Rastowski.
12. Compagnie: Hauptmann Karl Dittl. Oberlieutenant Ignaz Rössel. Lieutenant Ferdinand Edler v. Rueber. Joseph Wiesner.

Drittes Bataillon:

Commandant: Major Karl Ochtzim.
Adjutant: Lieutenant Alfred Hauptmann.

13. Compagnie: Hauptmann Karl Tassier. Oberlieutenant Julius Maxon de Rövid. Lieutenant Rudolph Hiller, Vincenz d'Endel.

14. Compagnie: Hauptmann Leopold Bergmüller. Oberlieutenant Nikolaus Klodnicki. Lieutenant Wilhelm Horny, Eduard Putzlacher.
15. Compagnie: Hauptmann Sylvester Pelka. Lieutenant Heinrich Kerpl, Michael Mejaski.
16. Compagnie: Hauptmann Johann Borszke. Oberlieutenant Nikolaus Rudnicki. Lieutenant Kaspar Seidl, Alexander Neupauer Edler v. Fürnberg.
17. Compagnie: Hauptmann Johann Bernatzky. Oberlieutenant Gustav Deagaro. Lieutenant Adolf Weydner.
18. Compagnie: Hauptmann Eduard Mazur. Oberlieutenant Karl Fuß. Lieutenant Gustav Melczer, Emerich Sebastianowich.

Ausmarsch des Regimentes.

Mit der Verordnung des Landes-General-Commandos für Ungarn vom 17. Mai, wurde der Regimentsstab mit den ersten 3 Bataillonen zum Abrücken nach Mähren beordert.

Alles jubelte dem lange und sehnlich erwarteten Befehle zu. Die Aussicht, nach sieben Jahren einförmigen Alltagslebens in der Garnison wieder einmal der eigentlichen Berufsbestimmung im Felde zugeführt zu werden; das heiße Verlangen, im Kampfe mit einem ebenbürtigen Gegner die eigene Tüchtigkeit zu erproben und zur Geltung zu bringen; der Drang nach Auszeichnung und Beförderung schwellten die Brust eines jeden Einzelnen, übten ihren unwiderstehlichen Zauber auf Alle aus. Wer ahnte damals, dass solch feuriger Muth, solch heißer Thatendurst nutzlos verschwendet sein, im vergeblichen Ankämpfen gegen ein widriges Verhängnis nur Misserfolge im Geleite haben würde!

In jeder Beziehung schlagfertig und vollkommen feldmäßig ausgerüstet, trat das Regiment den Marsch an.

Der Brigade- und Regimentsstab, das 1. Bataillon und der rechte Flügel des 2. brachen am 21., der Stab und linke Flügel des 2. nebst dem 3. Bataillon am 22. Mai von Komorn nach Ó.-Gyalla, tagsdarauf nach Neuhäusel auf. Von hier aus wurden beide Colonnen am 25. mittest Eisenbahn über Gänserndorf und Lundenburg nach Leipnik befördert. Die 1. Colonne traf daselbst nachmittags 6 Uhr, die 2. nachts 11 Uhr ein.

Alle Abtheilungen zogen, sogleich nach ihrer Ankunft, die ihnen zugehörigen Urlauber des am 16. Mai in Leipnik eingetroffenen ersten Ergänzungs-Transportes*) an sich und rückten noch dieselbe Nacht in ihre Cantonierungs-Stationen ab.

---

*) Wie bereits erwähnt, war derselbe am 12. Mai von Stryj aufgebrochen.

Der Brigade- und Regimentsstab mit dem 1. Bataillon verblieben in Leipnik;

das 2. Bataillon kam mit dem Stabe und der 4. Division nach Laučka, die 9. Compagnie nach Bohuslawek, die 10., 11. und 12. Compagnie nach Unter-Aujezd und Trnawka zu liegen;

das 3. Bataillon wurde mit dem Stabe, der 8. und 9. Division nach Ossek, die 7. Division nach Wesseličko verlegt.

Am 27. Mai stieß der zweite Ergänzungs-Transport*) aus Galizien zum Regiment, am 30. fasste dasselbe die Munitionswagen und dazu gehörigen Bespannungen in Leipnik und Prerau aus.

Der dienstbare Stand des Regimentsstabes und der ersten 3 Bataillone betrug am 31. Mai: 4 Stabsofficiere, 74 Oberofficiere, 226 Unterofficiere, 2484 Gefreite und Gemeine, 91 Tamboure, Hornisten und Zimmerleute, zusammen 2879 Mann, 89 Pferde, dann 253 Non-Combattanten.

In auswärtiger Verwendung oder undienstbar befanden sich:

Oberstlieutenant Kopfinger v. Trebienau, im Hauptquartier der Südarmee zugetheilt;

Oberlieutenant Mussakowski, Brigade-Proviant-Officier;

Oberlieutenant Strohuber, beim Generalstab des dritten Armee-Corps commandiert;

Lieutenant Pochowski, beim fünften Bataillon in Stryj zugetheilt.

Bei der 4. Disciplinar-Compagnie in Theresienstadt 1 Unterofficier; bei der Polizeiwache in Wien und Lemberg 1 Unterofficier, 1 Gemeiner; beim Thierarznei-Institute in Wien 1 Gefreiter; beim Cataster in Sambor 1 Gemeiner; auf dem Anmarsche von Urlaub 1 Unterofficier, 23 Gefreite und Gemeine; krank in den Spitälern zu Lemberg, Krakau, Komorn und Olmütz 2 Unterofficiere, 64 Gefreite und Gemeine; mithin im ganzen auswärts und undienstbar: 1 Stabs-, 3 Oberofficiere, 5 Unterofficiere, 90 Gefreite und Gemeine, 4 Non-Combattanten.

9 Unterofficiere, 140 Gefreite und Gemeine, 6 Tamboure, Hornisten und Zimmerleute — zusammen 155 Mann — waren vom Urlaube bis zur Einberufung noch nicht eingerückt.

*) Am 23. Mai von Stryj abgerückt.

Der linke Flügel des 2. Bataillons befand sich, weil zu gedrängt untergebracht, in sehr ungünstigen Cantonierungs-Verhältnissen. Zur Behebung der vielfachen, hieraus entspringenden Anstände wurden infolge des 6. Armee-Corps-Commando-Erlasses vom 28. Mai der 10. Compagnie die Stationen Unter-Aujezd und Skokie, der 12. Trnawka zugewiesen, die 11. Compagnie nach Dubec verlegt.

Am 2. Juni besichtigte der Armee-Corps-Commandant Feldmarschall-Lieutenant Freiherr von Ramming die Brigade in Leipnik, einige Tage später der Armee-Commandant Feldzeugmeister Ritter von Benedek das 3. Bataillon in Prerau.

Sämmtliche Regiments-Abtheilungen benützten die dreiwöchentliche Cantonierungsdauer in Leipnik und Umgebung auf das eifrigste, um die durch längere Beurlaubung des Waffendienstes entwöhnte Ergänzungs-Mannschaft wieder einzuschulen und entsprechend für den ersten Entscheidungskampf vorzubereiten, dessen Beginn man jetzt, wo die Verhältnisse bereits auf die Spitze des Schwertes gestellt waren, jeden Augenblick gewärtigen musste.

Aufmarsch der Armee.

Die Nordarmee hatte sich mittlerweile bei Brünn und Olmütz an der Eisenbahnlinie Oderberg-Prerau-Olmütz-Pardubic-Prag concentriert; ein Armee-Corps und eine leichte Cavallerie-Division standen in Böhmen, eventuellen Falles zur Aufnahme und Unterstützung des eben dahin bestimmten sächsischen Armee-Corps.

Die österreichische Heeresleitung hatte Mähren zum ersten strategischen Aufmarsche der Armee ausgewählt, weil diese Provinz dem Zuge unserer Eisenbahnen gemäß das schnellste Concentrieren aller Kriegsmittel unter dem Schutze des verschanzten Lagers von Olmütz möglich machte, und die Sammlung dieser weitvertheilten Mittel vorderhand für das Wichtigste erachtet wurde, indem man als natürliche Consequenz der kühnen Politik des Gegners besorgte, mit der ganzen Wucht seiner militärischen Kraft auf seiner kürzesten Operationslinie von Ober-Schlesien her durch das obere March-Thal überraschend angegriffen zu werden, ehe die in der Sammlung begriffene Nordarmee vollständig und schlagbereit entgegentreten konnte.

Es war eine der schönsten und zahlreichsten Armeen, die Österreich je aufgestellt hatte. An ihrer Spitze stand Feldzeugmeister Ritter von Benedek, getragen von dem vollsten Vertrauen des Monarchen, welcher ihn mit unbeschränkten

Vollmachten inbezug auf die vollkommenste Freiheit seiner Entschließungen und Actionen ausgestattet hatte, von dem Vertrauen des Heeres, dessen Stimme ihn allgemein als den berufensten Führer bezeichnete, und jenem des Volkes, in dessen Mund und Herzen er lebte. Ein trefflicher Geist beseelte die Truppen. Sie jubelten dem Kriege zu. Mit einem Benedek an der Spitze, dem bewährt tüchtigen, kriegserfahrenen Soldaten, der in seiner vielbewegten militärischen Laufbahn schon so glänzende Proben seltener Kühnheit abgelegt, hatte man das Gefühl moralischer Überlegenheit für sich. Freiwillige aus allen Ständen scharten sich um die kaiserlichen Fahnen.*) Alles hoffte auf kühne Offensive, vernichtende Entscheidungsschläge, auf rasches Einrücken in Feindesland. Allein, gewiegt in allzu stolze Siegeszuversicht, unterschätzte man den Gegner: ein Fehler, der die bittersten Früchte tragen sollte.

Die Preußen ergriffen die Initiative. Sie rückten am 16. Juni in Sachsen ein. Dieses Land, die wichtigste Position des ganzen Kriegstheaters, fiel ohne Schwertstreich in Feindeshände. Die sächsische Armee zog sich, der getroffenen Verabredung gemäß, nach Böhmen zurück und bewirkte am 19. ihre Vereinigung mit dem österreichischen 1. Armee-Corps. An demselben Tage standen schon drei preußische Heere, gewaltig durch die Großzahl ihrer Streiter, mächtig durch deren Intelligenz, hart an der Nord- und Nordostgrenze Böhmens. Am 23. begann die Elbe- und 1. Armee unter dem Prinzen Friedrich Karl ihren Vormarsch dahin über das Lausitzer- und Iser-Gebirge, 4 Tage später debouchierte die 2. Armee unter dem Kronprinzen von Preußen von Schlesien her in 3 Colonnen durch die Pässe der Sudeten.

Die Würfel waren gefallen, der Feldzug begann.

Feldzeugmeister von Benedek brach am 18. mit der Nordarmee von Mähren nach Böhmen auf. Eine kostbare Zeit war durch das längere unthätige Verweilen bei Olmütz bereits verloren gegangen. Die Armee bestand, außer den in Böhmen befindlichen Heerestheilen, aus dem 2., 3., 4., 6., 8. und 10. Armee-Corps, einer leichten und drei Reserve-Cavallerie-Divisionen, dann dem Armee-Munitionsparke. Die ange-

*) So bewarb sich z. B. nebst vielen anderen k. k. Beamten der Landesgerichtsrath Anton Bechel Edler von Bechelsheim, der bereits in den Jahren 1848—1849 bei dem k. k. 20. Linien-Infanterie-Regimente als Unterlieutenant gedient hatte, erneuert um die Eintheilung in die Armee auf die Dauer des Krieges, und wurde vom Kriegsministerium als Oberlieutenant dem Regiment in den Stand gegeben.

ordnete Flankenbewegung erfolgte in 3 Colonnen von Olmütz, Proßnitz und Brünn in der Richtung auf die beabsichtigte Aufmarschlinie Josephstadt - Königinhof - Miletin, um entweder in dieser Stellung dem Feinde eine Schlacht anzubieten oder unter günstigen Umständen aus ihr die Offensive zu ergreifen. Indem man kaum hoffen konnte, diesen Flankenmarsch einer Armee von 200.000 Mann mit einer großen Anzahl Geschützen und Fuhrwerken in Feindesnähe auf einer nur wenige Meilen von der Grenze des Reiches hinziehenden Operationslinie in der Längenausdehnung von 24 Meilen ohne Störung durchzuführen, hatte die Armee während dieses Linksabmarsches jeden Augenblick zur Schlacht bereit zu sein. Das 2. Armee-Corps und die 2. leichte Cavallerie-Division besorgten bei Gabel, Grulich und Mährisch-Rothwasser die Deckung der rechten Flanke gegen den glatzischen Gebietsvorsprung.

Das 6. Armee-Corps concentrierte sich bei Prerau und Leipnik. Es war bestimmt, auf der nördlichsten, der feindlichen Grenze nächsten Marschlinie über Olmütz, Müglitz, Landskron, Senftenberg, Reichenau, Solnic, Opočno und Josephstadt ohne Rasttag nach Schurz zu marschieren und hier eine Position zu beziehen. Dem 6. Armee-Corps voraus, bewegten sich auf der nämlichen Straße, in der Entfernung je eines Tagmarsches von einander, die 1. Reserve-Cavallerie-Division, das 10. und 4. Corps.

Das Regiment wurde am 18. des Morgens alarmiert. Es zog das, schon tagsvorher in Wesseličko concentrierte 3. Bataillon an sich und rückte mit den übrigen Truppenabtheilungen der Brigade Baron Waldstätten nach Bistrowan nächst Olmütz.

Die weiteren Marschstationen des Regimentes waren: am 19. Knibitz, am 20. Daubrawic, am 21. Dittersdorf. Beim Abmarsche von hier wurden die Gewehre und Geschütze geladen, ein Act, den die Mannschaft jubelnd vollzog. Der Marsch des 6. Armee-Corps wurde unter Einhaltung aller im Feld-Reglement vorgeschriebenen Vorsichtsmaßregeln, fortan durch die Brigade Jonas im Vereine mit dem Uhlanen-Regiment Graf Clam-Gallas Nr. 10 in der rechten Flanke gedeckt; bei dem Eintreffen in den Stationen wurden stehende Patrouillen unter Commando von Officieren zur Sicherung der Lagerplätze vorgeschoben.

Am 22. Olbersdorf und Zohsee bei Landskron.

Am 23. Geiersberg. Das Regiment bezog auf einer nassen Sumpfwiese das erste Freilager. Es regnete die ganze Nacht hindurch.

Am 24. Slatina. Das 3. Bataillon bildete von diesem Tage an die Bedeckung der Corps-Geschütz-Reserve unter Artillerie-Major Pilsak von Wellenau und lagerte unter dem Schutze von 5 als stehende Patrouillen vorpoussierten Zügen bei Kaměnica.

Am 25. Solnic. Das 3. Bataillon lagerte bei Reichenau.

Am 26. Mezrič. Das 3. Bataillon wurde mit dem Stabe und 5 Compagnien in Přepich, die 18. Compagnie in Dobřykow bequartiert. Dies war die letzte Cantonierung des Regimentes, das bis zum 22. Juli fortan im Freien lagerte.

Alle diese Märsche, auf einer zum Theile schlecht erhaltenen Gebirgs-Landstraße zurückgelegt, waren meist außerordentlich beschwerlich und anstrengend, wozu nicht so sehr die zurückzulegende Entfernung — durchschnittlich drei Meilen im Tage — als die große Ausdehnung der Marsch-Colonne des vorwärtigen Corps beitrug, dessen Train dieselbe Straße einschlagen musste, indem sich nur in sehr seltenen Fällen brauchbare Parallelwege zur Benützung für denselben vorfanden. Es ereignete sich daher fast täglich, dass die Tête des 6. Armee-Corps schon 2—3 Stunden nach dem Aufbruche auf die Queue des Colonnen-Magazins vom 4. Corps stieß. Die hiedurch veranlassten Aufenthalte und Verzögerungen waren schuld, dass die Hinterlegung von 3 Meilen meistens 12 höchst beschwerliche Marschstunden erforderte und auf diese Art die letzten Truppen-Abtheilungen erst bei Einbruch der Nacht in der Marschstation eintrafen.

Hierzu gesellte sich, nebst wiederholten wolkenbruchartigen Regengüssen, welche den glattgewaschenen und doch klebrigen Lehmboden aufweichten, noch eine mangelhafte Verpflegung. Infolge des Armee-Commando-Erlasses vom 1. Juni durften die Vorräthe des Colonnen-Magazins, sowie des Schlachtvieh-Dépôts, noch nicht zur Vertheilung an die Truppen gelangen, sondern diese sollten sich diese Etappen-Artikel, beziehungsweise den täglichen Mundbedarf, in der Regel gegen ein Pauschale von 24 Kreuzer per Kopf täglich durch Handeinkauf in den Marschstationen selbst beschaffen. Bei der großen Menge der Truppen, die sich in ununterbrochener Reihenfolge auf derselben Straße hintereinander bewegten, versiegten jedoch bald die Ressourcen der durchzogenen

Landesstrecke; namentlich fand das an der Queue der nördlichen Armee-Marschcolonne befindliche 6. Armee-Corps, trotz der stets vorausgesendeten Civil-Landes-Commissäre, Schwierigkeiten, sich die Verpflegung ordnungsmäßig zu verschaffen. Die Truppen waren wohl für Fälle der Noth ermächtigt, die nicht aufzutreibenden Naturalien den Colonnen-Magazinen zu entnehmen und das erforderliche Fleisch aus dem Schlachtvieh-Vertheilungs-Dépôt an sich zu ziehen; dennoch war es häufig nicht möglich, die nöthigen Fassungen rechtzeitig zu bewirken und es litten daher einzelne Abtheilungen manchmal selbst an den nothwendigsten Artikeln Mangel.

Es ist begreiflich, dass die vorerwähnten Einflüsse nicht dazu beitragen konnten, erhebend auf den guten Geist der Truppen einzuwirken. Zeigte sich derselbe auch allen Prüfungen gewachsen, so wurde doch das mitgebrachte Vertrauen zu den künftigen entscheidenden Ereignissen, jene Zuversicht in die Führung, welche allein große Erfolge anzubahnen vermag, hiedurch auf eine sehr harte Probe gestellt.

Treffen bei Wysokow.

Am 27. Juni morgens 2 Uhr 30 Minuten wurde die Brigade Baron Waldstätten in ihren Cantonierungs-Stationen alarmiert und brach, bloß die kleine Bagage mitnehmend, nach Skalic auf. Die große Bagage wurde nach Opočno gesendet.

Infolge der eingetretenen Verhältnisse war nämlich eine Änderung in der ursprünglichen Marsch-Disposition des Heeres nothwendig geworden.

Die Armee des Kronprinzen von Preußen hatte tagsvorher mit ihrer Vorhut theilweise die böhmische Grenze überschritten und rückte am Morgen des 27. in 3 Colonnen heran: der rechte Flügel (das 1. Armee-Corps) in südlicher Richtung von Liebau gegen Trautenau; der linke Flügel (das 5. und 6. Armee-Corps) in westlicher Richtung über Nachod gegen Skalic; das Gardecorps, welches die Verbindung zwischen beiden Flügeln zu erhalten bestimmt war, südwestlich von Braunau gegen Eipel und Kostelec.

Im österreichischen Hauptquartiere hatte man schon am 26. die Meldung von dem Anrücken bedeutender feindlicher Streitkräfte gegen die nordöstlichen Grenzpässe erhalten. Letztere wurden nur durch kleine Abtheilungen leichter Reiterei beobachtet. Man hatte es versäumt, diese eine kräftige Vertheidigung begünstigenden Défiléen durch Befestigungen, Wegabgrabungen u. dgl. noch zu verstärken. Um den noch nicht vollendeten strategischen Aufmarsch der Armee bei Josephstadt zu decken und die Vereinigung der feindlichen Corps zu verhindern, ergieng in derselben Nacht der Befehl an das 10. und 6. Armee-Corps, am folgenden Morgen Trautenau, beziehungsweise Skalic, unter Vorpoussierung einer Avantgarde gegen Nachod, zu besetzen und dem Gegner, wo er sich zeige, mit aller Energie auf den Leib zu gehen.

Das 6. Armee-Corps bestand aus den vier Brigaden Hertwek, Jonak, Rosenzweig und Baron Waldstätten, deren jede 2 Regimenter Linien-Infanterie, 1 Jäger-Bataillon und eine 4pfündige Fuß-Batterie von 8 Geschützen zählte; ferner aus 4 Escadronen Graf Clam-Gallas-Uhlanen Nr. 10, der Corps-Geschütz-Reserve von 40 Geschützen, 1 Compagnie des 5. Pionnier-Bataillons und 1 Kriegsbrücken-Equipage, mithin im ganzen aus 28 Bataillonen, 4 Escadronen, 72 Geschützen, 1 Compagnie Pionniere und 1 Brücken-Equipage. Außerdem wurde dem Corps am 27. früh noch die 1. Reserve-Cavallerie-Division Prinz Holstein, 26 Escadronen und 16 Geschütze zugetheilt. *)

Bei der Dringlichkeit der erhaltenen Ordre war es dem Corps-Commando vor allem darum zu thun, unter Festhaltung steter Schlagfertigkeit um jeden Preis vor dem Feinde in Skalic anzukommen. Feldmarschall-Lieutenant Baron Ramming theilte daher das Corps, um den Marsch zu erleichtern, in vier Colonnen, und traf zugleich die Einleitung des Marsches derart, dass die vier Colonnen in jedem Momente aus der Marsch- in die Gefechts-Ordnung, sowohl in der Richtung des Marsches, als auch in die rechte Flanke übergehen konnten.

Die Brigade Hertwek, bestimmt, in der vom Corps bei Skalic zu beziehenden Stellung die Avantgarde zu bilden, wurde nach Wysokow dirigiert, um zu erwähnten Behufe die Höhen zwischen diesem Orte und Altstadt und das dortige Défilé zu besetzen. Indem diese Brigade in der einzunehmenden Avantgarde-Stellung auf dem Plateau von Wysokow mit der Front gegen Nachod vom Gros des Corps bei Skalic zu weit entfernt und isoliert gewesen wäre, wurde die Brigade

*) Hievon war aber nur eine Cavallerie-Brigade (Fürst Solms) disponibel, die zweite (Schindlöcker) befand sich rückwärts bei Dolan nächst Josephstadt und traf erst beim Schlusse des Treffens ein.

Jonak nach Kleny bestimmt, um der ersteren zur eventuellen Unterstützung und Aufnahme zu dienen; die Brigaden Rosenzweig und Baron Waldstätten erhielten die Direction auf Skalic.

Die Brigade Baron Waldstätten setzte sich dahin auf dem Wege über Rohenic, Slawĕtin, Rostok, Nauzin, Mĕstec, Jesenic und Spita in Bewegung; die Corps-Geschütz-Reserve marschierte hinter der Brigade auf Řikow.

Die Brigade Hertwek, welche den äußersten rechten Flügel und somit die Flankendeckung des Corps bildete, stieß um 7 Uhr 30 Minuten bei Wrchowin auf den Feind. Die Vorhut der preußischen Avantgarde hatte noch am 26. abends Nachod besetzt und begann des folgenden Morgens zeitlich aus dem vorliegenden stundenlangen Défilé zu debouchieren. Die zur Beobachtung daselbst aufgestellten Abtheilungen der österreichischen 1. Reserve-Cavallerie-Division vermochten dies, wie in solchem Terrain begreiflich, nicht zu hindern, und so gelang es den Preußen, obwohl langsam, doch ununterbrochen vorrückend, das sich von Wysokow über den Wenzelsberg gegen Wrchowin hinziehende Rideau zu gewinnen. Der Gegner flankierte mithin senkrecht die Marschlinie des Corps, und befand sich im Besitze einer, für sein weiteres Debouchieren aus Nachod vortrefflichen Stellung, welche ihm zugleich den Vortheil einer dominierenden Geschützwirkung darbot, während das Corps, um die ihm gewordene schwierige Aufgabe zu lösen, einen Flankenmarsch gleichsam unter den Kanonen des Feindes nach Skalic vollziehen und gleichzeitig während des sich entspinnenden Kampfes eine Frontveränderung im rechten Winkel vornehmen musste.

Die Brigade Hertwek gieng sofort zum Angriffe auf die Höhen des Wenzelsberges über, indem sie nur im Besitze dieser Anhöhen den Marsch des Corps mit Sicherheit decken konnte. Ihr Angriff ward zurückgewiesen. Hiedurch sahen sich die beiden nächsten, allmählich in der Nähe des Gefechtsfeldes eintreffenden Brigaden Jonak und Rosenzweig zur unmittelbaren Unterstützung der Brigade Hertwek bestimmt, griffen nun auch in den immer heftiger entbrennenden Kampf ein, warfen den Gegner mit Entschiedenheit zurück und machten sich zu Herren des ganzen Plateaus südlich von Wysokow. Die Cavallerie-Brigade Fürst Solms sicherte den linken Flügel, führte eine gelungene Attaque auf die überlegene feindliche Reiterei aus, gerieth aber bei deren Verfolgung in ein so heftiges Infanteriefeuer, dass sie die errungenen Vortheile wieder aufgeben und das Plateau verlassen musste.

Preußischerseits war bisher nur die Division Löwenfeld engagiert gewesen; nun trafen aber auch die Bataillone der aus dem Défilé von Nachod debouchierenden Division Kirchbach auf dem Kampfplatze ein. Das Gefecht kam sofort zum stehen, und es wurde die letzte noch intacte Infanterie-Brigade Baron Waldstätten nebst der Corps-Geschütz-Reserve vorgezogen, um den drei anderen, im Kampfe begriffenen Brigaden Luft zu machen und den Gegner auf dem Plateau von Wysokow festzuhalten, von welchem er nach dem Rückzuge der österreichischen Cavallerie herabzusteigen und das Corps in zwei Theile zu zerreißen drohte.

Die Brigade Baron Waldstätten bestand nebst dem Regimente Graf Hartmann noch aus dem Regimentsstab, 1., 2. und 3. Bataillon des 79. Linien-Infanterie-Regimentes Ritter von Franck, dem 6. Jäger-Bataillon und der 4pfündigen Fuß-Batterie Nr. 1/X, zusammen 7 Bataillone und 1 Batterie, mit einem Verpflegsstande von 7618 Mann und 326 Pferden; der streitbare Stand betrug 6966 Mann und 8 Geschütze.*)

Die Brigade war, nach ihrem Eintreffen vor Skalic, eine kurze Strecke auf dem Eisenbahndamme fortmarschiert und dann in die seitwärts gelegenen Ackerfelder abgebogen. Gegen 8 Uhr morgens nahm sie auf den Höhen östlich von Skalic eine concentrierte Bereitschafts-Stellung zwischen der Chaussée und der Eisenbahn, im ersten Treffen links das 6. Jäger-Bataillon, dann das 1. und 2. Bataillon Hartmann; im zweiten Treffen das Regiment Franck. Die Regiments-Commandanten hielten während dieser Ruhepause eine kurze Ansprache an ihre Truppenkörper; einige Worte der Officiere thaten das Übrige, um die Kampfglut anzufachen: sämmtliche Abtheilungen brachen in ein dreimal wiederholtes enthusiastisches Hoch auf Seine Majestät den Kaiser aus.

Nach beiläufig einer halben Stunde gieng die Brigade in die Gefechts-Stellung Front nach Osten über. Das Jäger-Bataillon wurde mit einer halben Cavallerie-Batterie als Vortruppe bis zum Jägerhause Dubno vorgeschoben, um den Eisenbahndamm daselbst und die Lisière des Waldes vor dem

*) Nach der Ordre de bataille vom 15. Juni.

Jägerhause zu besetzen; das 1. Bataillon Hartmann von dem Generalstabs-Chef des 6. Armee-Corps, Oberst von Fröhlich, in nördlicher Richtung zunächst eines Bahnwächter-Häuschens unweit der Fasanerie dirigiert. Es blieb hier eine halbe Stunde stehen und konnte deutlich den Verlauf des Gefechtes bei der Brigade Rosenzweig überblicken. Oberstlieutenant von Rueber recognoscierte während dieses Momentes der Ruhe das vorliegende Terrain.

Es war gegen 9 Uhr 45 Minuten vormittags, als die Brigade den Befehl zum Vormarsche gegen Wysokow erhielt. Das 6. Jäger-Bataillon rückte, durch Plänkler gedeckt, in Divisions-Massen mit vorgeschobenem linken Flügel, eine Division in Reserve, auf die Höhen zwischen Wysokow und Starkoč, und besetzte den Saum eines dort gelegenen Wäldchens. Die Batterie fuhr südlich der Straße auf die Anhöhe nordwestlich von Kleny vor, wo sie um 10 Uhr 30 Minuten das Feuer eröffnete. Das Gros der Brigade bewirkte seinen Vormarsch zu beiden Seiten der Chaussée; nördlich derselben formierte sich neben dem 6. Jäger-Bataillon das 1. Bataillon Hartmann in der Bataillons-Masse, im zweiten Treffen stand zwischen dem Jäger- und dem letztgenannten Bataillon das 1., neben diesem rechts rückwärts das 2. Bataillon Franck; südlich der Straße marschierte das 2. Bataillon Hartmann, gefolgt vom 3. Bataillon Franck-Infanterie.

Um den von den Höhen östlich Wysokow debouchierenden Feind zur Räumung dieses Dorfes zu zwingen, wurde die Brigade links gegen die Höhe nördlich von Wysokow dirigiert, und das 2. Bataillon Hartmann nebst dem 3. Bataillon Franck über die Straße zum übrigen Theile der Brigade gezogen. Gleichzeitig fuhren drei 4pfündige Batterien der Corps-Geschütz-Reserve in scharfem Trabe vor und beschossen aus einer Aufstellung nordöstlich von Kleny die auf der Höhe von Wysokow placierten feindlichen Batterien mit Erfolg; später setzten sich auch die bisher in Reserve gehaltenen 8pfündigen Batterien ins Feuer. Die Wirkung dieser 40 Geschütze, welche das ganze Aufmarschterrain des Feindes mit einem Granathagel überschütteten, nöthigte die dort aufgefahrenen preußischen Batterien zum Rückzuge.

Mittlerweile erhielt das 2. Bataillon den Befehl, eine etwa 1000 Schritte südlich der Straße gelegene Waldparcelle südöstlich von Kleny zu besetzen. Es bildete, mit dem 3. Bataillon Franck als Unterstützung, den äußersten rechten Flügel der Brigade; Oberst Baumbach befehligte denselben. Während des Marsches von feindlicher Artillerie beschossen, ohne jedoch getroffen zu werden, fand das Bataillon, beim Anlangen im Walde, die Nachbar-Brigade Rosenzweig im Rückzuge dahin begriffen, konnte demnach nur einen Theil des Waldes besetzen.

Einstweilen war auf dem Plateau zwischen Wysokow und Wenzelsberg der bereits früher erwähnte Umschlag der Gefechtsverhältnisse eingetreten. Die Brigaden Jonak und Rosenzweig, welche sich nach langem, mit schweren Opfern verbundenem Kampfe, zu Herren der auf dem westlichen Abhange dieses Plateaus befindlichen Wälder gemacht hatten, waren bei ihrem weiteren Vordringen gegen den großen, an der Neustädter-Straße gelegenen Wald mit blutiger Stirne zurückgewiesen worden, dagegen der Feind um diese Zeit mit einer frischen Division und seiner gesammten Artillerie in den Kampf eingetreten; seine Bataillone trafen nach einander auf dem Gefechtsfelde ein, und wurden unverzüglich theils gegen Wysokow, theils gegen das Wäldchen südlich dieses Ortes dirigiert.

Als Feldmarschall-Lieutenant Baron Ramming die rückgängige Bewegung seines Centrums bemerkte, und feindliche Abtheilungen an der West-Lisière jenes Wäldchens erschienen, gab er dem Obersten Baumbach den Befehl, mit seinen 2 unterstehenden Bataillonen die Preußen aus der westlichen Waldspitze zu vertreiben.

Deren Saum war mit Gräben umgeben, worin sich dichte feindliche Plänklerschwärme, dem westphälischen Füsilier-Regiment Nr. 37 angehörig, verdeckt eingenistet hatten, so dass man ihrer nur zeitweilig ansichtig werden konnte; Geschütze waren auf den Höhen aufgefahren, der anzugreifende Wald vom Feinde sehr stark besetzt. Es standen hier und bei Wenzelsberg 3 Bataillone des niederrheinischen Infanterie-Regiments Nr. 46, 1 Halb-Bataillon des westphälischen Füsilier-Regiments Nr. 37 und 3 Bataillone des westpreußischen Grenadier-Regiments Nr. 6, zusammen 13 Halb-Bataillone. Generalmajor von Tiedemann befehligte diese Truppen.

Der Gegner hatte mithin, nebst dem Vortheile einer dominierenden Aufstellung hinter vortrefflichen Deckungen, auch eine mehr als doppelte numerische Überlegenheit (26 Compagnien gegen 12) für sich, während die Angreifenden, um an ihn zu gelangen, eine ausgedehnte, nach allen Seiten offene Strecke zu durchschreiten und schließlich eine Anhöhe zu ersteigen hatten.

Auf den guten Geist der Truppe und die bei derselben vorherrschende Kampflust vertrauend, rückte Oberst Baumbach mit seiner Angriffs-Colonne, unter Vorsendung einer Plänklerkette, zum Sturme gegen den anzugreifenden Waldvorsprung vor. Das 2. Bataillon unter Major von Bernd befand sich an der Tête in Divisions-Massenlinie, die 6. Division wurde als Unterstützung ausgeschieden und auf dem linken Flügel staffelförmig angehängt; das 3. Bataillon Franck folgte als Reserve.

Die Colonne marschierte in musterhafter Ordnung dem Angriffspunkte zu. Die Plänkler eröffneten das Feuer, meist wirkungslos, auf die gedeckt stehenden Schwärme des Gegners; desto verheerender war die Wirkung seines, erst auf eine Annäherung von beiläufig 200 Schritten abgegebenen Schnellfeuers. Das 2. Bataillon war bereits ziemlich nahe an den Feind gelangt, als es durch rasch auf einander folgende Salven des an den Waldrand in geschlossenen Abtheilungen hervortretenden Halb-Bataillons Heugel des westpreußischen Grenadier-Regiments Nr. 6, dem das 3. Bataillon dieses Regiments unter Oberstlieutenant von Gottberg folgte, mit einem verdoppelten Kugelhagel überschüttet wurde. Eine feindliche, in zerstreuter Fechtart aufgelöste Schützenabtheilung wandte sich aus dem nächstgelegenen Waldthale in einem westlich vorwärts der Waldspitze gelegenen Graben gegen die rechte Flanke des Bataillons und nahm es in ein heftiges Kreuzfeuer. Hauptmann Baron Marschall-Greiff, die Lieutenante Sielecki und Pietruszewicz blieben, theils todt, theils schwer verwundet, auf dem Kampfplatze; dem Hauptmann von Gugenmoss und Lieutenant Bataillons-Adjutanten von Zaremba wurden die Pferde unter dem Leibe erschossen, Ersterer verwundet. Die Verluste mehrten sich derart, dass die Hoffnung, den Wald zu erreichen, aufgegeben werden musste, und der Angriff zum stehen kam.

Die 6. Division hatte sich in diesem Augenblicke der leichter angreifbaren Flanke des Feindes bis auf 100 Schritte genähert und übergieng nun, vom 3. Bataillon Franck in der Staffelform gefolgt, unter Anführung des Hauptmanns Dittl zum Sturme. Es gelang ihr, die feindlichen Plänkler aus einem dem Waldrande nahe gelegenen Graben zu vertreiben. Sie wartete darin das Anschließen des 3. Bataillons

Franck ab und brach dann mit diesem, das Bajonnett fällend, ungestüm gegen die Waldspitze vor. Ein Feuerstrom, der an den Waldsaum herangetretenen, vielfach überlegenen feindlichen Abtheilungen mähte die Heranstürmenden nieder; gleichzeitig schwenkten die Halb-Bataillone Priebsch und Gallwitz des niederrheinischen Infanterie-Regimentes Nr. 46 aus Wenzelsberg gegen die rechte Flanke der angreifenden Colonne ein. Major Peinlich, Commandant des 3. Bataillons Franck, fiel nebst mehreren seiner Officiere, Lieutenant Rastowski wurde erschossen, Oberlieutenant Medycki schwer verwundet, dem Hauptmann Dittl das Pferd unter dem Leibe getödtet.

Umgangen in der Flanke, war alle Tapferkeit vergeblich. Noch einmal versucht Hauptmann Dittl, seine im Rückzuge begriffene Division vorzuführen. Mit geschwungenem Säbel vor dieselbe tretend, eifert er sie zum erneuerten Vorgehen an. Einige Worte der Erinnerung an Pflicht und Ehre genügen, um den gesunkenen Muth frisch zu beleben. Es gelingt ihm einen Theil seiner Leute zum Stehen zu bringen, und mit diesem kleinen Häufchen, welchem sich Oberlieutenant Ignaz Rössel und Lieutenant Wiesner anschließen, stürmt er nochmals dem Feinde vergeblich entgegen. Hauptmann Dittl selbst wird von zwei Kugeln getroffen, Lieutenant Wiesner schwer verwundet. Die ihrer Führer beraubte Abtheilung sieht sich zum Rückzuge gezwungen und verliert durch die nachgesendeten Gewehr- und Geschützprojectile des Gegners noch eine namhafte Anzahl von Leuten.

Oberlieutenant Rössel sieht, im Zurückgehen, seitwärts in einem vom Walde sich westlich herabziehenden Hohlwege den Fahnenführer Turkiewicz schwer verwundet mit der Fahne in der Hand, liegen. Er übernimmt das kostbare Kleinod und tritt, der letzte der Zurückgebliebenen, unter dem ununterbrochenen Feuer der feindlichen Geschosse, seinen weiteren Rückzug an. Später gesellten sich ihm noch Hauptmann von Bob, Lieutenant von Rueber, Feldwebel Rugolski und Führer Samson bei. Mit der geretteten Fahne in der äußersten Gefahr schwebend, eilen sie dem Walde nächst Kleny zu, wo sie Oberlieutenant Tichy mit einigen Leuten seiner Compagnie treffen und ihm die Fahne übergeben. Einige Augenblicke später stürzt Führer Samson vor Erschöpfung todt zusammen.

Bei den Angriffen des 2. Bataillons hatten sich nebst

dem, wegen seiner Entschlossenheit, Tapferkeit und Umsicht vor allem zu nennenden Divisions-Commandanten Hauptmann Karl Dittl und dem Oberlieutenant Ignaz Rössel noch durch Bravour besonders hervorgethan: die Oberlieutenante Karl Tichy, der nach der Verwundung der Hauptleute von Gugenmoss und Baron Marschall-Greiff das Commando der 4. Division übernahm, und Franz Hammer, bei Führung der Plänklerkette; dann Feldwebel Anton Rogulski, welcher im heftigsten Kugelregen dem schwer verwundeten Oberlieutenant Medycki hilfreich beisprang, bis ein zweiter Schuss, der diesen traf, den aufopfernden Willen des braven Feldwebels, seinen Vorgesetzten zu retten, unmöglich machte.

Mittlerweile hatte sich das Gros der Brigade unter persönlicher Führung des Obersten Baron Waldstätten zum Angriffe von Wysokow auf der Höhe westlich des Ortes formiert und war, sich immer mehr links ziehend, durch diese Höhe gedeckt, vorgerückt. Als das im ersten Treffen marschierende 1. Bataillon hinter der spitzigen Kuppe beim Wächterhause in die, zwischen Starkoč und Wysokow gelegene Einsattlung hinabstieg, wurde es von dem, im Westende des letzgenannten Dorfes auf der Höhe stehenden Feinde mit einem heftigen Kleingewehrfeuer empfangen; Hauptmann Netoliczka fand hier, von einer der ersten Kugeln getroffen, den Tod. Die Brigade setzte, um dem Gewehrfeuer nach Möglichkeit auszuweichen und Wysokow in der rechten Flanke fassen zu können, ihre Bewegung in nördlicher Richtung fort.

Um 1 Uhr kam der Brigade der Befehl zu, Wysokow mit Sturm zu nehmen. Dieser Ort war jetzt der wichtigste Punkt auf dem ganzen Gefechtsfelde, und nur, wenn es den kaiserlichen Truppen gelang, sich der dominierenden Höhen nördlich des Dorfes bleibend zu versichern, war es noch möglich, das Festsetzen der feindlichen Truppen vor Nachod zu verhindern.

Zur Vorbereitung dieses Angriffes nahm die Batterie der Brigade, unter dem Schutze der 1. Division des 6. Jäger-Bataillons, auf der Höhe unmittelbar nördlich von Wysokow Stellung. Die 3 vierpfündigen Batterien Nr. 5, 7 und 8 der Corps-Geschütz-Reserve, welche bisher bei Kleny gestanden waren, fuhren und zwar die Batterie Nr. 5 und die halbe Batterie Nr. 7 auf das Plateau nordöstlich von Starkoč, die zweite Hälfte der Batterie Nr. 7 auf die spitze Kuppe bei dem Wächterhause, die Batterie Nr. 8 an der Chaussée zunächst des Westendes von Wysokow auf, und eröffneten das Feuer. Gleichzeitig wurde das Kürassier-Regiment Kaiser Franz Joseph Nr. 11 der Cavallerie-Brigade Schindlöcker zur Umgehung des feindlichen rechten Flügels beordert, und nahm auf dem Plateau nordöstlich von Starkoč neben den dort aufgefahrenen 1½ Batterien Stellung.

Der Feind, dessen Reserve-Artillerie indessen auf dem Kampffelde eingetroffen war, hatte ebenfalls wieder eine namhafte Anzahl von Batterien auf dem Plateau zwischen Wysokow und der Neustädter-Straße ins Gefecht geführt. Es entspann sich ein sehr heftiger Geschützkampf auf nähere Distanzen, woran von preußischer Seite 42 gezogene Geschütze (eine 12pfünder-, zwei 6pfünder-, vier 4pfünder-Batterien) theilnahmen; überdies dürften auch noch die beiden reitenden Batterien der feindlichen Reserve-Artillerie, welche sich in der Folge gegen die Höhe nördlich von Wysokow in Bewegung setzten, um diese Zeit an dem Artilleriekampfe sich mit betheiligt haben.

Wysokow ist ein sich in der Richtung von Südwest nach Nordost ausdehnendes Längendorf, durch welches die Skalic-Nachoder Straße in einer tief eingeschnittenen Gebirgsschlucht fortläuft. Der nördliche Theil des Ortes, gegen den der Angriff der Brigade gerichtet werden sollte, liegt auf dem Südrande einer hohen, mit Ausnahme einiger Alleebäume gänzlich unbedeckten Platte, die gegen Westen und Nordwesten in einem bedeutenden Neigungswinkel, noch steiler aber gegen das Straßendéfilé selbst abfällt. Südlich des letzteren befindet sich der andere kleinere Dorftheil auf dem von Wysokow über Wenzelsberg gegen Wrchowin hinziehenden Rideau. Die geringe, einzig und allein auf das Straßendéfilé beschränkte Breite der Thalsohle lässt eine gegenseitige ergiebige Bestreichung der einander gegenüberliegenden Dorftheile durch Kleingewehrfeuer quer über den Engpass sehr gut zu.

Der Ort war damals von den Preußen, wie folgt, besetzt: Der Nordwestrand und die Scheuern am Westende durch das Detachement des Majors von Plötz, nämlich das Halb-Bataillon Kurowski des westphälischen Füsilier-Regimentes Nr. 37 und 1½ Compagnien des 1. schlesischen Jäger-Bataillons Nr. 5 unter Hauptmann von Sobbe, dann durch das Halb-Bataillon Runkel des brandenburgischen Infanterie-Regimentes Nr. 52 und das Halb-Bataillon Bronikowski des westpreußischen Grenadier-Regimentes Nr. 6; die nördliche Lisière des mittleren Dorftheiles durch die 2 Halb-Bataillone Webern und Thadden des westpreußischen Grenadier-Regimentes Nr. 6, dann durch das Halb-Bataillon Bendler des brandenburgischen Infanterie-Regimentes Nr. 52; endlich durch 2 später eingetroffene Bataillone des niederschlesischen Infanterie-Regimentes Nr. 47 unter Generalmajor Wittich — mithin im ganzen durch 21½ Compagnien, worunter 6 Grenadier- und 1½ Jäger-Compagnien. Hierzu kamen am Ausgange des Gefechtes noch 1 Bataillon des brandenburgischen Infanterie-Regimentes Nr. 52 und 1 Bataillon des Königs-Grenadier-Regimentes Nr. 7. Auf dem Plateau südlich von Wysokow stand die Cavallerie-Brigade Wnuk und wurde von General-Lieutenant von Kirchbach, welcher speciell bei Wysokow das Commando führte, beim Beginne des Angriffes auf die Höhe nördlich des Ortes beordert.

Langsam und in trefflicher Ordnung bewirkte das 1. Bataillon rechts von der 1. Division des 6. Jäger-Bataillons unter Hauptmann von Mainone seine Vorrückung. Die 2. Jäger-Division dehnte sich, von der 3. gefolgt, auf dem linken Flügel gegen die rechte Flanke des Feindes aus, mit dem sie ein äußerst lebhaftes Feuergefecht führte. Am Rande des Plateaus ließ Oberstlieutenant von Rueber einige Minuten halten und ordnete dann den Übergang aus der Bataillonsmasse in die Divisions-Massenlinie an. Mit größter Kaltblütigkeit commandiert, wurde diese Bewegung mit einer Ruhe und Präcision vollzogen, als wäre man auf dem Exercierplatze. Nach dieser Formations-Änderung gieng das Bataillon unter Vorsendung einer geöffneten Feuerlie zum Angriffe auf den nordwestlichen Dorftheil über.

Der numerisch überlegene Gegner (Detachement des Majors von Plötz dreieinhalb Compagnien, dann die 2 Halb-Bataillone Runkel und Bronikowski 4 Compagnien) machte von seiner ausgezeichneten, durch die Beschaffenheit des Terrains in ihrer Wirksamkeit unterstützten Feuerwaffe den erfolgreichsten Gebrauch. Salve auf Salve krachte; Löcher wurden in die Reihen der Colonnen gerissen, aber die Reihen hielten Stand und schlossen sich wieder. Dem schönen Beispiele seines ausgezeichneten Commandanten und des braven Officierscorps folgend, bemächtigte sich das Bataillon im ungestümen Anlaufe einer dem Dorfe vorliegenden, aus mehreren Gehöften bestehenden Häusergruppe.

Hiermit war jedoch auch dieser heldenmüthige Angriff an der Grenze des Erreichbaren angelangt. Der in den nächstgelegenen Häusern und Scheuern, sowie in einem seitwärts befindlichen Hohlwege verdeckt aufgestellte Gegner empfieng die im weiteren Vordringen begriffenen Abtheilungen des Bataillons mit einem überwältigenden Gewehrfeuer und räumte mit seiner mörderischen Waffe furchtbar unter ihnen auf. Ohnehin durch den zurückgelegten starken Marsch, die gefolgten mehrstündigen Bewegungen und die sengenden Sonnenstrahlen ermattet, waren sie, ihre Ermüdung bekämpfend, auf jedem Schritte Todte und Verwundete zurücklassend, den steilen Kletterweg hinangeeilt, ohne zu einer eigenen Kraftäußerung gelangen, ohne ihren Muth gegen den in seiner Ordnung noch ungebrochenen, in seiner Bergveste vortrefflich placierten Feind zur Geltung bringen zu können. Der ritterliche Oberstlieutenant von Rueber fiel, von zwei Kugeln schwer verwundet, nachdem ihm sein Pferd unter dem Leibe erschossen worden; Hauptmann Ziegler, Oberlieutenant Antoniewicz, Lieutenant Hankiewicz und Frankowski blieben todt auf dem Platze; Oberlieutenant Sagottnik, Lieutenant Kossiński wurden schwer, Hauptmann Lorenz leicht verwundet; dem Hauptmann Stricker und Bataillons-Adjutanten Lieutenant Ritter von Sypniewski wurden die Pferde unter dem Leibe erschossen.

Da musste selbst der Muth der Begeisterung erlahmen. Aber wenn gleich verblüfft durch den Fall ihrer Führer und die erlittenen ungeheuren Verluste, wankten die jungen Soldaten des Bataillons noch immer nicht, sondern waren bemüht, im Vereine mit dem durch Oberst Baron Waldstätten herangezogenen 1. Bataillon Franck die errungenen Vortheile gegen den Gegner festzuhalten. Erst als Oberstlieutenant von Rueber, auf den Boden niedergestreckt, wahrnahm, dass eine feindliche Abtheilung von bedeutender Stärke*) das Bataillon in der linken Flanke umgehe, und den Oberst Brigadier Baron Waldstätten auf die gefährlichen Folgen dieser Überflügelung aufmerksam machte, wandte sich das hiedurch in die bedrängteste Lage versetzte Bataillon zum Rückzuge, nachdem es in dem stattgefundenen erbitterten Kampfe die schönsten Beweise von Pflichttreue und Todesverachtung gegeben.

*) Einstweilen war nämlich auch der Angriff des weiter östlich mit den 2 Jäger-Divisionen vorgerückten 2. Bataillons Franck auf den nördlichen Dorfrand gescheitert, worauf 3 Compagnien des preußischen 6. Grenadier-Regimentes in die linke Flanke des ersten Bataillons Hartmann vorgiengen.

So hatte z. B. Hauptmann Wilhelm Prokopp selbst mitten im dichtesten Hagel der Geschoße ein belebendes Wort des Witzes auf der Zunge, ein Lächeln auf den Lippen und wusste die Mannschaft durch seinen mit unerschütterlicher Kaltblütigkeit gepaarten Humor zu elektrisieren. Oberlieutenant Koloman von Bolla, der die Plänklerkette der 1. Compagnie beim Bajonnettangriffe geführt hatte, vertheidigte unter kräftiger Mitwirkung des tapferen Zugsführers Vincenz Zub mit mehreren Leuten seiner Abtheilung ein von ihnen besetztes Haus nach dem Abzuge des Bataillons gegen die ihn von allen Seiten umringenden Preußen längere Zeit auf das standhafteste. Oberlieutenant Josef Antoniewicz war krank, rückte jedoch auf die erste Nachricht, dass es zum Kampfe kommen würde, bei Skalic zu seiner Abtheilung ein, an deren Spitze er einen ehrenvollen Tod fand.

Oberst Baron Waldstätten setzte, vom Feinde unverfolgt, seinen Rückzug unter dem Schutze des wohlgezielten Feuers der Brigade-Batterie gegen den Wald nördlich von Kleny fort, wo Oberst Baumbach mit dem 2. Bataillon Hartmann und 3. Bataillon Franck bereits eingetroffen war. Nachdem sich hier alle zum Angriffe auf Wysokow verwendeten Abtheilungen gesammelt hatten, rückte die Brigade auf das Plateau nördlich von Skalic und bezog dort, den linken Flügel des 6. Armee-Corps bildend, das Lager.

Das 3. Bataillon war morgens 3 Uhr 30 Minuten mit der Corps-Geschütz-Reserve über Opočno, Mezric und Wesselic nach Skalic aufgebrochen und hier gegen 11 Uhr vormittags eingetroffen. Die Corps-Geschütz-Reserve fuhr, da das Gefecht bereits engagiert war, sogleich in Galopp vor. Das Bataillon marschierte auf dem Platze auf und setzte nach Einziehung seiner Arrièregarde, den Marsch auf die Höhe östlich von Skalic fort. Ein Aufsuchen der bereits eine halbe Meile vorwärts in Action begriffenen Corps-Geschütz-Reserve wäre schwer möglich gewesen; Major Ochtzim schlug daher mit dem Bataillon die Richtung gegen den Dubno-Wald ein, rückte in der Divisions-Massenlinie durch denselben nach dem östlich gelegenen Schafberge und sofort — dem Kanonendonner folgend und von Geschütz-Projectilen begrüßt, die aber hinwegsausten, ohne Jemand zu treffen — über Starkoč auf das theilweise bewaldete Plateau nordöstlich dieses Ortes. Noch weiter gegen Norden stand das Kürassier-Regiment Kaiser

Franz Joseph Nr. 11 der Cavallerie-Brigade Schindlöcker mit der Front gegen Wysokow aufgestellt.

Das Bataillon befand sich nun auf dem äußersten linken Flügel des Corps. Es besetzte den südlichen Waldrand. Oberlieutenant von Maxon und Lieutenant Hiller, welche bisher als Vorhut mit zwei Zügen der 13. Compagnie das vorliegende Terrain aufgehellt hatten, unterhielten mit ihren Abtheilungen und zwei Zügen der 8. Division (je 1 der 15. und 16. Compagnie) unter Lieutenant Seidl außerhalb des Waldes, durch hohe Feldfrucht verdeckt, in zerstreuter Fechtart das Feuer gegen die in unmittelbarer Nähe befindlichen feindlichen Abtheilungen, welche der 20. Infanterie-Brigade unter Generalmajor Wittich zugehört haben dürften.

Der allgemeine Rückzug des Corps hatte um diese Zeit schon begonnen. Eine Abtheilung des 6. Jäger-Bataillons passierte den Wald; feindliche Reiterei streifte in der linken Flanke des Bataillons, und so verblieb diesem, wollte es nicht abgeschnitten werden, zuletzt ebenfalls nur die Wahl des Rückmarsches übrig. Hiebei anfänglich mit Shrapnels beschossen, wandte es sich gegen den Wald nördlich von Kleny. Hier traf es das 1. und 2. Bataillon an. Major Ochtzim erhielt den Befehl, umzukehren und östlich des Waldes eine Vorpostenaufstellung zu nehmen, um ein eventuelles Vorrücken des Feindes sogleich zu signalisieren und sich dann, ohne ein Gefecht zu engagieren, nach Skalic zurückzuziehen.

Dies war nachmittags zwischen 3 und 4 Uhr. Die Mannschaft war durch den, in der größten Hitze zurückgelegten Marsch und die darauf gefolgten Bewegungen derart erschöpft, dass 2 Mann todt liegen blieben. Es konnte von ihr füglich ein anstrengender Sicherheitsdienst nicht sogleich erwartet werden. Major Ochtzim begnügte sich mithin, vier Compagnien am Waldrande, die 9. Division als Reserve aufzustellen, schob dann stehende Officiers-Patrouillen vor und begab sich persönlich auf die östlich gelegene Anhöhe, die eine freie Aussicht auf Wysokow und gegen den Wenzelsberg bot. Der Feind, vom langen Marsche selbst äußerst erschöpft, hatte Bivouaks auf dem Gefechtsfelde bezogen. Es wurde daher dem Bataillone im Walde die dringend nothwendige Ruhe gegönnt, und die Aufstellung der Sicherheitsposten erst gegen Abend vorgenommen.

Um diese Zeit rückte Lieutenant Seidl, dessen halbe

Compagnie beim Rückzuge des Bataillons durch feindliche Cavallerie abgeschnitten worden, zum Bataillon ein. Es war ihm durch umsichtige Führung gelungen, nach Zurückweisung der Angriffe einiger kleinerer Reiter-Abtheilungen, die bewaldete Höhe westlich des Lhotker Maierhofes zu erreichen, von wo er, durch das Buschwerk gedeckt, zu seinem Truppenkörper gelangte.

Das Regiment erlitt im Treffen bei Wysokow Verluste, welche, auf die kurze Dauer des Kampfes, für unerhört gelten müssen.

Sie betrugen an Todten*): die Hauptleute August Netoliczka, Wilhelm Ziegler und Rudolf Baron Marschall-Greiff*; die Oberlieutenante Josef Antoniewicz und Johann Medycki*; die Lieutenante Zeno Ritter von Hankiewicz, Ladislaus Sielecki, Stefan Kossiński*; Josef Frankowski, Michael Rastowski, und 67 Mann vom Feldwebel abwärts.

An Vermissten**): 170 Mann vom Feldwebel abwärts.

An Verwundeten: Oberstlieutenant Ferdinand Edler von Rueber; die Hauptleute Johann Ritter von Gugenmoss, Carl Dittl und Heinrich Lorenz; die Oberlieutenante Koloman von Bolla und Dominik Sagottnik; die Lieutenante Anton Pietruszewicz, Josef Wiesner, Carl Mochnacki und 253 Mann.

In Kriegsgefangenschaft geriethen: Oberstlieutenant Edler von Rueber; Hauptmann Rudolf Baron Marschall-Greiff; die Oberlieutenante Koloman von Bolla und Johann Medycki; die Lieutenante Stefan Kossiński und Anton Pietruszewicz nebst 149 Mann, sämmtlich verwundet; ferner Lieutenant Josef Stammer und 106 Mann unverwundet.

Oberlieutenant Koloman von Bolla und Cadet-Feldwebel Johann Kratochwil (durch das rechte Schulterblatt geschossen) befreiten sich in der Folge selbst aus der Gefangenschaft.

Der Gesammtverlust des Regiments am 27. Juni beziffert sich daher auf 1 Stabs-, 19 Oberofficiere und 596 Mann, beträgt mithin, wenn man den, an einer früheren Stelle ausgewiesenen dienstbaren Stand von 4 Stabs-, 74 Oberofficieren und 2879 Mann entgegenhält und hievon den Stand des intact gebliebenen 3. Bataillons abschlägt, bei den 2 am

*) Die, erst nach einiger Zeit ihren Wunden erlegenen Officiere sind mit einem Sterne bezeichnet.

**) Die Vermissten waren bis zum Frühjahr 1870 nicht zu eruieren, und können deshalb zu den Todten gezählt werden.

Kampfe betheiligten Bataillonen die Hälfte der Hauptleute und ein Drittheil der Stabs- und Subaltern-Officiere, sowie der Mannschaft.

Oberst Baumbach wurde am 28. morgens von einem Schlaganfall gerührt *). Major Ochtzim übernahm das Regiments-Commando, Hauptmann Bernatzky, an Stelle des Oberstlieutenants von Rueber, das Commando des 1., Hauptmann Bergmüller jenes des 3. Bataillons.

Bald nach Tagesanbruch debouchierten preußische Abtheilungen aus dem Walde auf dem Wenzelsberge in der Richtung gegen Wysokow. Eine Stunde später erfolgte die weitere Vorrückung. Das 3. Bataillon wurde nach Skalic gezogen; seine letzten Abtheilungen standen noch im Walde, als feindliche Schützen die vorwärtigen Höhen besetzten und einen, vor dem linken Flügel aufgestellten Aviso-Posten von 1 Gefreiten und 3 Mann aufhoben.

Während des Rückmarsches wurde Lieutenant Melczer mit einem Zuge der 18. Compagnie einer, auf dem Plateau vor dem Osteingange von Skalic nördlich der Chaussée aufgefahrenen halben Cavallerie-Batterie der Corps-Geschütz-Reserve unter Oberlieutenant Trüsch als Bedeckung beigegeben. Außerdem befand sich noch 1 Zug von Kaiser Ferdinand Kürassieren Nr. 4 bei dieser Halb-Batterie.

Morgens zwischen 6 und 7 Uhr 30 Minuten traf das 8. Armee-Corps, zur Ablösung des 6., bei Skalic ein. An die Stelle der Brigade Waldstätten rückte die Brigade Oberst von Kreyssern auf die, gegen die vorliegende Niederung abfallende Platte unmittelbar nordöstlich von Skalic. Das 6. Armee-Corps nahm, als Reserve des 8., eine concentrierte Aufstellung bei Třebešow à cheval der Chaussée, und marschierte von hier, auf mündlichen Befehl des Armee-Commandanten, gegen Mittag mit den Brigaden Hertwek und Jonak nach Lančow ab; die Brigade Waldstätten brach erst nachmittags gegen 2 Uhr auf und bezog um 11 Uhr nachts ein Freilager bei Daubrawic.

Die halbe Cavallerie-Batterie, deren Bedeckung der Zug des Lieutenants Melczer bildete, war nebst dem Zuge Kaiser Ferdinand Kürassier von einer halben Batterie des 8. Corps

*) Oberst Baumbach war schon Ende März desselben Jahres von einem Schlaganfalle getroffen worden, hatte aber das Regiments-Commando vor dem Ausmarsche nach Leipnik wieder übernommen.

und einem Zuge Erzherzog Karl-Uhlanen Nr. 3 unter Lieutenant Schneider abgelöst, die Abtheilung des Lieutenants Melczer jedoch nicht gewechselt worden. Diese nahm, als Bedeckung jener 4 Geschütze, an dem Treffen von Skalic Theil. Erst nachmittags gegen 2 Uhr mit der Halb-Batterie nach Skalic zurückbeordert, stieß sie abends 5 Uhr in der Nähe von Jaroměř wieder zum Regiment.

Das 6. Armee-Corps erhielt am 28. den Befehl, den 29. über Ketzelsdorf nach Falgendorf, den 30. nach Lomnic zu marschieren.

Es lag nämlich in der Absicht des kaiserlichen Feldherrn, an der oberen Elbe nur 2 Corps gegen die Armee des Kronprinzen von Preußen zurückzulassen, mit allen übrigen Heerestheilen über Jičin und Falgendorf links abzumarschieren, sich mit den Sachsen und dem 1. Corps zu vereinigen und sofort über die westliche preußische Armee mit Überlegenheit herzufallen.

Diese Offensiv-Operation musste, der eingetretenen Verhältnisse wegen, aufgegeben werden.

Das 10. Armee-Corps hatte am 27. bei Trautenau einen Sieg über das preußische 1 Corps errungen, dieser schöne Triumph hat sich aber tagsdarauf in eine Niederlage verwandelt; denn, ohne Unterstützung gelassen und von Eipel her durch das unbeschäftigt gebliebene Garde-Corps in der rechten Flanke angefallen, wurde das 10. Corps, nach den Treffen bei Neu-Rognitz und Rudersdorf, mit fast gänzlicher Einbuße seiner Arrièregarde-Brigade von seiner directen Rückzugslinie abgedrängt, und musste sich gegen Westen über Pilnikau nach Neuschloss zurückziehen. Das 8. Corps verblutete an demselben Tage brigadeweise bei Skalic, und es stand somit der Vereinigung der vom Kronprinzen befehligten Heerestheile an der oberen Elbe nichts mehr entgegen.

Die Armee wäre daher, bei dem beabsichtigten Vormarsche gegen die Iser, in der rechten Flanke und selbst im Rücken den Angriffen des Kronprinzen bloßgestellt gewesen. Feldzeugmeister von Benedek beschloss nun, die Armee in der, ihr für den ersten Aufmarsch zugedachten Aufstellung an der oberen Elbe in der Linie Daubrawic-Liebthal-Sibojed-Kaschow-Salney Front gegen Osten zu versammeln.

Das 6. Armee-Corps erhielt noch in der Nacht auf den 29. den Befehl, bei Daubrawic stehen zu bleiben. Am folgenden Morgen traf die Disposition ein, welche den Aufmarsch der Armee regelte. Hienach sollte sich das 6. Corps bei Silberleuten und Liebthal, einem später einlangenden Befehle zufolge aber bei Sibojed und Kaschow aufstellen, und wurde zuletzt, nach der Einnahme von Königinhof durch das preußische Garde-Corps, nach Sibojed und Liebthal disponiert.

Die Brigade Baron Waldstätten nahm am 29. des Morgens Stellung auf der, eine freie Aussicht gegen Königinhof und das Elbe-Thal gewährenden Höhe nördlich Daubrawic. Eine Stunde später marschierte die Brigade auf den früher innegehabten Lagerplatz zurück und kochte ab. Man wurde in der Ferne große Staubwolken in der Richtung von Trautenau auf Rettendorf gewahr, welche auf das Heranrücken feindlicher Massen schließen ließen. Die Brigade bezog nach dem Abessen eine Stellung auf der Höhe nördlich Sibojed und setzte sich bei Einbruch der Nacht in Bataillons-Massenlinie gegen Liebthal in Bewegung. Das 1. Bataillon verlor in der Finsternis seine Verbindnng mit den anderen Regiments-Abtheilungen und erreichte erst nachts 2 Uhr wieder die Brigade.

Diese stellte sich am 30. mit dem Uhlanen-Regimente Graf Clam-Gallas Nr. 10 und 3 Batterien der Corps-Geschütz-Reserve westlich von Sibojed als Reserve der übrigen, vorwärts stehenden Brigaden des 6. Corps auf.

Mittlerweile hatte der linke Flügel der Nordarmee (1. Corps, 1. leichte Cavallerie-Division und die Sachsen), welcher zum Schutze der Iser-Linie aufgestellt gewesen war, dieselbe gegen die drängende doppelte Übermacht der preußischen 1. Armee nicht halten können, und repliirte sich nach den rühmlichen Kämpfen von Hühnerwasser, Podol, Münchengrätz, Podkost und Jičin in den Tagen vom 26. bis zum 29. Juni, lebhaft verfolgt, über Miletin, Hořic und Smidar auf die Hauptarmee. Deren Stellung an der oberen Elbe wurde nun, von Westen her in der Flanke und selbst im Rücken äußerst gefährdet, unhaltbar; sie musste geräumt werden.

Von zwei Seiten immer näher bedroht, fasste der kaiserliche Feldherr den Entschluss, bei der Ermüdung und mangelhaften Verpflegung der Truppen, als Folge der angestrengten Märsche und verlustvollen partiellen Kämpfe, die ganze Nordarmee mit Einschluss der Sachsen und des 1. Corps in einer weiter rückwärts gelegenen Aufstellung nordwestlich von Königgrätz zu sammeln, um ihr dort die nothwendige

Ruhe, Erholung und Verpflegung zukommen zu lassen, und dann neu gekräftigt mit vereinter Macht den Schlag der Entscheidung führen zu können.

Das 6. Armee-Corps wurde über Dubenec, Chotěborek, Žiželowes, Hořenowes nach Wšestar disponiert.

Die Brigade Waldstätten brach um 10 Uhr 30 Minuten nachts von Sibojed auf. Das drückende Gefühl, dass, trotz aller Anstrengungen der größten Tapferkeit, eine Rückzugsbewegung der Armee nothwendig geworden sei, lastete schwer auf den Gemüthern. Die bisherigen Misserfolge, welche als Erstlinge des Feldzuges auf dessen nachherigen Gang und Verlauf von entscheidendstem Einflusse sein mussten, wirkten um so deprimierender auf das moralische Element der Truppen, als bei dem sanguinisch erregten Zustande, in welchem jedes Heer sich zu Anfange eines Krieges befindet, alles auf die ersten Eindrücke ankommt, welche man den Soldaten in Bezug auf sich selbst und seinen Gegnern beizubringen weiß.

Kein Stern leuchtete dem nächtlichen Marsche der Colonne. Die Gegend rings umher lag in tiefes Dunkel gehüllt. Der Landweg, den die Brigade benützte, war durch den Regen der letzten Tage gänzlich aufgeweicht, von Wagenzügen und Gepäck verfahren. Dies veranlasste vielfache Kreuzungen, Stockungen und Unterbrechungen. Im Zustande höchster Erschöpfung traf die Brigade am 1. Juli vormittags bei Wšestar ein und bezog ein Gefechtslager in der geschlossenen Divisions-Massenlinie.

Am 2. war Ruhetag.

Schlacht bei Königgrätz.

Das Schicksal des Feldzuges war bereits entschieden. Die schöne Gelegenheit, mit allen verfügbaren Kräften einen Theilsieg über die vereinzelten Corps der preußischen 2. Armee zu erringen, war unbenützt entschlüpft, der größere Theil der Armee in nutz- und erfolglosen, äußerst aufreibenden Einzelnkräften numerisch und moralisch geschwächt, der Sinn der kaiserlichen Krieger, hoch und niedrig, ob des allenthalben an den Tag tretenden Mangels einer kräftigen und einheitlichen Führung des großen Heeresganzen, von trüben Ahnungen befangen, das Vertrauen in die Armeeleitung vernichtet.

Unter den Wällen von Königgrätz stand am 3. Juli die ganze Nordarmee auf dem rechten Ufer der Elbe in einem engen Halbkreise von beiläufig anderthalb Meilen zusammengedrängt. Es waren 200.000 Mann, die Kraft und Blüthe, der Stolz und die Hoffnung Österreichs, welche hier aus allen Gegenden des großen Vaterlandes auf dem, zur Entscheidung der Geschicke ganz Mittel-Europa's, auserlesenen Schlachfelde zusammengeströmt waren.

Die Stellung der Armee zog sich auf einem Höhenkranze von Charbusic über die Dörfer Přim, Problus, Střešetic, Langenhof, Lipa, Chlum, Maslowěd, Hořenowes, Sendrašic und Nedělišt bis an den Trotinka-Bach hin. Die 2 leichten Cavallerie-Divisionen standen auf beiden Flügeln, das 1. und 6. Armee-Corps, die 3 Reserve-Cavallerie-Divisionen und die Armee-Geschütz-Reserve hinter dem Centrum als Armee-Reserve. Die Bistritz, ein Bach, der an sehr vielen Stellen anstandslos ohne künstliche Vorrichtungen zu übersetzen ist, befand sich im Westen vor der Front; die, dieser vorliegenden, diesseits der Bistritz gelegenen Orte Mokrowous, Dohalička, Dohalic, Sadowa und Čistowes waren von 3 Brigaden besetzt, das Dorf Chlum auf dem dominierendsten Theile des Schlachtfeldes, wo, nach aller Wahrscheinlichkeit, die angestrebte Vereinigung der beiden feindlichen Armeen werde stattfinden müssen, in Eile zur Vertheidigung in Stand gesetzt, überdies die ganze Stellung im Zuge der voraussichtlichen Schlachtlinie und besonders auf dem rechten Flügel, als der Achilles-Ferse der Position, durch Vertheidigungsmittel möglichst gegen die bevorstehenden Angriffe verstärkt worden. Im Rücken der Armee befand sich die Elbe; fünf Brücken führten über dieselbe.

Die 3 preußischen Armeen standen, dieser Schlachtlinie gegenüber, in einem großen Viertelkreise von Smidar über Hořic, Miletin, Königinhof bis Gradlitz; der Mittelpunkt desselben lag ungefähr in der Mitte zwischen Königgrätz und Josephstadt.

Das Regiment erhielt am 3. des Morgens den Befehl, in aller Eile abzukochen. Es rückte, als dies bewirkt, gegen 11 Uhr auf den rechten Flügel des 6. Armee-Corps ab. Dieses stand mit dem 1. Corps, und zwar rechts davon, in einem vertieft gelegenen Terraintheile zwischen den Dörfern Langenhof vor der Front, Wšestar im Rücken, Chlum und Rozběřic in der rechten Flanke. Die Brigade Baron Waldstätten befand sich hinter der Brigade Rosenzweig, im zweiten Treffen auf dem äußersten rechten Flügel in geschlossener Divisions-Massenlinie, das 3. Bataillon im zweiten Treffen der Brigade in der Bataillons-Masse.

Dem Corps-Commandanten Feldmarschall-Lieutenant Baron Ramming drängte sich, gleich beim Beziehen der genommenen Stellung, die Überzeugung von der Wichtigkeit der in der Flanke des Corps gelegenen Anhöhen auf. Er erbat sich durch einen Adjutanten die Bewilligung des Armee-Commandos, dahin abrücken zu dürfen. Sein Antrag wurde genehmigt, jedoch das bereits im Seitenmarsche rechts begriffene 6. Armee-Corps später auf persönlichen Befehl des Armee-Commandanten leider wieder in die frühere Aufstellung zurückgezogen.

Das Wetter war trübe; wie im Vorgefühle der Schreckensscenen, die sie beleuchten sollte, verhüllte die Sonne sich in dichten Nebel. Es fiel ein feiner durchdringender Sprühregen, der vom frühen Morgen bis spät Nachmittags anhielt, die Äcker mit ihren durchnässten, niedergedrückten und die Bewegung hemmenden Feldfrüchten noch mehr durchweichte und die Wege vollends grundlos machte.

Vor Tagesanbruch setzten sich die Colonnen der preußischen I. Armee gegen das Schlachtfeld in Bewegung. Um 7 Uhr 30 Minuten fielen die ersten Kanonenschüsse, anfänglich von der kaiserlichen Artillerie nur schwach beantwortet; allmälich nahm der Geschützkampf an Heftigkeit immer mehr zu und wurde von den österreichischen, auf dem Höhenkranze aufgefahrenen Batterien aus ihrer überragenden Position mit zerschmetternder Wirkung fortgeführt. Gegen 9 Uhr 30 Minuten entwickelte sich auch das Infanteriegefecht in dem die beiden gewaltigen Heerescolosse trennenden Thale der Bistritz und auf den angrenzenden bewaldeten Höhen, gegen welche der Feind zum Angriffe vorgieng. Hier entbrannte der Kampf am heftigsten und ausdauerndsten, während auf den übrigen Punkten des Schlachtfeldes die Kämpfe mehr untergeordneter Natur waren, theils aus Ursache des relativ geringeren Wertes der besetzten Terraintheile und Gegenstände, theils der schwächeren, daselbst im Kampfe verwickelten Kräfte wegen. Gegen 10 Uhr griff auch die, von Smidar vorrückende Elbe-Armee in das Gefecht ein und drückte die gegenüberstehenden Vortruppen der Sachsen auf dem linken Flügel der österreichischen Schlachtlinie zurück. Aber erst gegen 3 Uhr nachmittags konnte sie nach andauerndem, rühmlich geführtem Kampfe das bereits sehr gefährlich in der linken Flanke bedrohte sächsische Armee-Corps aus seiner Aufstellung verdrängen.

Stundenlange wogte die Schlacht mit der äußersten Erbitterung unentschieden hin und her. Die preußische I. Armee vermochte keine Erfolge zu erringen. Die geringste Strecke Bodens musste mit Hunderten von Opfern erkauft werden, die Todten häuften sich und die Masse der Verwundeten, die sich beiderseits mühsam zurückschleppten, gab ein Bild, als wichen beide Theile. »Nicht eine Schlacht, ein Schlachten war's zu nennen«. Schon nahm der Gefechtsgang eine für die Preußen sehr bedenkliche Wendung und ihre auf das äußerste erschöpften Truppen standen auf dem Punkte, wieder über die Bistritz zurückgehen zu müssen; da fiel von Norden her der furchtbare Schlag der Entscheidung.

Die preußische II. Armee hatte sich morgens zwischen 6 und 8 Uhr von Gradlitz, Rettendorf, Königinhof und Ober-Praußnitz in Bewegung gesetzt. Um die Mittagszeit trafen ihre Spitzen auf dem Schlachtfelde ein. Das physische und moralische Übergewicht lag nun auf Seite des Feindes. Beinahe der ganze rechte Flügel der österreichischen Armee hatte, um den linken Flügel der preußischen I. Armee aufzurollen und ihm den hartnäckigst vertheidigten Swiepwald bei Maslowěd zu entreißen, seine ursprüngliche Hakenstellung Front gegen Norden verlassen und eine vollständige Linksschwenkung Front nach Westen angenommen. Dadurch stand der Zugang in den Rücken der kaiserlichen Armee den von Norden her frisch in den Kampf eintretenden Corps des Kronprinzen beinahe offen. Ein Theil seiner Heersäulen wandte sich gegen Račic-Sendrašic; die am meisten vorgeschobene 1. Garde-Division bemächtigte sich der nur schwach besetzten Orte Hořenowes und Maslowěd und drückte dann, verdeckt durch die vorhandenen Terrainfalten und das mannshoch auf den Feldern stehende Getreide durch die in der kaiserlichen Schlachtlinie entstandenen Lücke rasch gegen die Höhe von Chlum vor. Der Schlüssel der Stellung war in der Hand des Gegners, dieser auf dem dominierendsten Theile des Schlachtfeldes im Rücken des Centrums und zum Theile auch schon der Reserve.

Es galt jetzt, die unglückliche Katastrophe aufzuhalten und den Preußen die errungenen Erfolge, wenn noch möglich, zu entreißen. Feldmarschall-Lieutenant Baron Ramming ließ das 6. Armee-Corps zum Gefechte entwickeln. Die Brigaden

Rosenzweig und Baron Waldstätten führten eine Frontveränderung rechts aus und kamen hiedurch nebeneinander zu stehen und zwar die Brigade Waldstätten rechts mit dem eigenen rechten Flügel an das Dorf Wšestar gelehnt. Im 2. Treffen formierte sich rechts die Brigade Hertwek, links und weiter rückwärts die Brigade Jonak. Der Aufmarsch erfolgte unter dem heftigen Feuer von 8 Batterien (4 der 1. Garde-Division, 4 von der Reserve-Artillerie des Gardecorps), die auf der Höhe von Chlum aufgefahren waren.

Noch während des Aufmarsches erhielt das Corps vom Armee-Commando den Befehl, die brennenden Dörfer Chlum und Rozběřic zu nehmen. Die beiden Batterien der Brigaden Baron Waldstätten und Rosenzweig setzten sich in den Brigade-Intervallen in's Feuer, um den Sturm einigermaßen vorzubereiten. Dem Regiment fiel der Angriff auf Rozběřic zu. Das 1. Bataillon rückte mit den Sechser-Jägern nach Passierung der von Sadowa nach Königgrätz führenden Chaussée von der Ostseite, das 2. Bataillon gegen den südlichen Dorftheil vor. Das 3. Bataillon folgte im 2. Treffen in der Bataillonsmasse als Reserve.

Rozběřic war von den Preußen wie folgt, besetzt: Im südlichsten Ende standen 3 Füsilier-Compagnien des 2. Garde-Regimentes unter Major von Erkert und zwar die 10. am Ausgange nach der Chaussée, die 11. im westlich, die 12. im östlich anstoßenden Theile der Dorfspitze. Das obere Dorfende war im östlichen Theile durch das 2. Bataillon des 1. Garde-Regimentes, im westlichen Theile durch das 3. Bataillon des Garde-Füsilier-Regimentes und die 9. Compagnie des 2. Garde-Regimentes besetzt. Außerdem standen in Rozběřic noch die 4. und 9. Compagnie des 1. Garde-Regimentes unter Oberstlieutenant von Helldorf und die 2. des 3. Garde-Regimentes — im ganzen 15 Compagnien.

Die Anhöhen von Chlum und Nedělišt, wo Batterie auf Batterie auffuhr und sowohl das Garde- als das preußische 6. Corps allmählich ihre ganze Artilleriekraft entwickelten, glichen einem pot-à-feu, der einen Granatenhagel in die tief angehäuften Massen der dicht geschlossenen österreichischen Reserven schleuderte. Gleichzeitig knatterte ununterbrochen das Kleingewehrfeuer der preußischen Garde aus dem in Rauch und Flammen gehüllten Dorfe Rozběřic. In Front und Flanke beschossen, gerieth das 1. Bataillon in Unordnung. Ein großer Theil floh auseinander. Das Pferd des Bataillons-

Commandanten Hauptmann Bernatzky bäumte sich, vor einem explodierenden Hohlgeschosse schreckend, und setzte den Reiter ab; jenes des Hauptmanns Stricker wurde angeschossen.

Die Officiere, im Angriffe immer und immer voran, boten Alles auf, die Truppe schnell zu rallieren. Hauptmann Stricker sammelte rasch wieder die 1. Division und führte sie mit besonderer Bravour erneuert zum Sturme vor; auch Hauptmann Lorenz und Oberlieutenant Tichy zeichneten sich durch Thätigkeit aus. Schon waren die Plänkler des Bataillons in den östlichen Dorftheil eingedrungen, als bei der Brigade das Signal »Zurück« gegeben wurde. Denn auch über Nedělišt her drangen die schweren dunklen Massen der Preußen bereits direct auf die Rückzugslinie der Armee, welche ein längeres Verweilen in den vorwärtigen Stellungen mithin gänzlich von der Elbe abgeschnitten hätte. Das 1. Bataillon sammelte sich im heftigsten Geschützfeuer des Feindes zwischen den Dörfern Rozběřic und Wšestar.

Das 2. Bataillon hatte die ihm zugefallene Aufgabe glücklich gelöst. Von den Geschossen des Gegners empfangen, drang es gleichzeitig mit einem Bataillon des Linien-Infanterie-Regiments Hoch- und Deutschmeister Nr. 4 und mit dem 17. Jäger-Bataillon der Nachbar-Brigade Rosenzweig in den Südtheil des Dorfes Rozběřic. Die preußischen Garden setzten der Wuth der Angreifenden gleichen Widerstand entgegen. Beide Theile, durchdrungen von der Wichtigkeit der ihnen gewordenen Aufgabe, entwickelten seltene Proben von Tapferkeit. Das Dorf stand theilweise schon in Flammen. Dennoch wurde im erbitterten Nahkampfe, Mann gegen Mann, mit Bajonnett und Kolben in den Straßen gerungen. Von einer geregelten, einheitlichen Gefechtsführung war unter solchen Verhältnissen keine Rede. Jeder Dorfabschnitt wurde gleich einer kleinen Festung gestürmt und vertheidigt, der Gegner von Ruine zu Ruine, von Haus zu Haus gedrängt, bis das Dorf zuletzt genommen, der jenseitige Ausgang erreicht war.

Major von Bernd suchte nun, unter kräftiger Mitwirkung der Hauptleute Herzog, von Bob, Deagaro und Zednik, des Oberlieutenants Ignaz Rössel und des Lieutenants Salinger, das Bataillon nach Möglichkeit zu sammeln. Als beiläufig ein Drittheil beisammen war, führte er dieses zum Angriffe gegen die Höhe von Chlum. Der Feind beschoss jedoch aus den Dachungen des genommenen Dorfes die vorgehende Colonne im Rücken. Major von Bernd sandte sofort einige Abtheilungen zurück, welche die noch im Dorfe verbliebenen Preußen, beiläufig 200 an der Zahl, theils niedermachten, theils aufhoben und als Gefangene an einen Oberlieutenant des Linien-Infanterie-Regiments Hoch- und Deutschmeister Nr. 4 übergaben.

Mit dem Reste des Bataillons folgte Major von Bernd anderen Truppentheilen nach, die in vorwärtiger Linie die Anhöhen von Chlum von der Ostseite zu gewinnen suchten, während links das 30. Linien-Infanterie-Regiment Baron Martini und das 18. Jäger-Bataillon diese Höhen von der Südostseite, die Brigade Ringelsheim, gefolgt von den Brigaden Leiningen und Knebel, von der Südseite her stürmten. Vergebens. Alle Versuche, durchzudringen, scheiterten. Die preußischen Garde-Regimenter, durch frische Abtheilungen verstärkt, hielten Stand. Der Angriff der vorwärtigen Truppentheile wurde abgeschlagen. Ihr Rückzug gieng durch das 2. Bataillon und riss es mit fort.

Der Riesenkampf bei Chlum hatte ausgetobt. Das 2. Bataillon fand, als einer der am weitesten zurück befindlichen Waffenkörper, bei Wšestar den Weg bereits von der Brigade Hoffmann der preußischen 11. Infanterie-Division verlegt. Major von Bernd gerieth mit einigen Officieren verschiedener Regimenter in Gefangenschaft, wusste sich jedoch Tags darauf, während des Zurücktransportierens, bei Passierung des nächsten Dorfes, zwischen den Häusern den Blicken der Bedeckung zu entziehen und gelangte mitten durch die preußischen Truppen später glücklich zum Regiment.

Immer noch erfolgte der Rückzug der Armee mit Ruhe und Festigkeit. Einzelne Abtheilungen nahmen zur Deckung desselben erneuert Aufstellungen und wiesen mehrmals die Angriffe der nachdrängenden feindlichen Reiterei mit Erfolg zurück. Die brave Artillerie bediente mit beispielloser Todesverachtung, ganz sich selbst überlassen, bis an das Ende der Schlacht ihre Geschütze selbst mit dem Verluste des Materiales und als der Feind theilweise schon in die Batterie eingedrungen, fort, um den Gegner jede Handbreit Bodens streitig zu machen. Die Reserve-Cavallerie warf sich, den alten Ruhm der kaiserlichen Reiter blutig vertretend, wiederholt auf die zur Verfolgung vorbrechenden, allenthalben durch ihr eigene Infanterie schützend aufgenommenen Reitermassen des Feindes und bewirkte durch diese Angriffe, dass das retirierende Heer unbelästigt durch die feindliche Cavallerie seine Bewegungen gegen und über die Elbe fortsetzen konnte.

Erst als sich auf dem beschränkten Raume, vor den unter Wasser gesetzten Niederungen von Königgrätz die ungeheueren Massen der Zurückgehenden, durch die überzahlreichen, im durchweichten Boden stecken gebliebenen Fuhrwerke gehemmt, zusammendrängten, war die Trennung und Untermischung der Regimenter unvermeidlich. Grenzenlose Verwirrung riss unter den, in ein Labyrinth von Wasserzügen und Ansumpfungen eingekeilten Truppen ein, und, allen sichtbar, wurde sie allen ein Bild des Schreckens. Der taktische Verband löste sich mehr und mehr; zuletzt eilte der ganze Strom des Rückzuges in wildem Drängen den Elbe-Défiléen zu. Hunderte fanden in den Fluthen den Untergang.

So fiel eine herrliche, vertrauensvolle Armee durch eine Reihenfolge schwerer Unterlassungssünden und eine unselige Verkettung verhängnisvoller Umstände nie geahntem Unglücke anheim. Immer in der Minderzahl gegen verheerende Waffen mit einem in taktischer Beziehung überlegenen Gegner kämpfend, durch Hin- und Hermärsche überhetzt und dadurch zu keiner ordentlichen Verpflegung gelangend, endlich in einer in Flanke und Rücken bloßgegebenen Stellung, gefährliche Défiléen unmittelbar hinter sich, eine Entscheidungsschlacht kämpfend, war diese Armee ihrem Untergange nahe gebracht worden, hatte aber in ihrer moralischen Trefflichkeit, trotz aller in so großer Menge ungünstig einwirkenden Factoren, trotz des niederdrückenden Bewusstseins, dass es sich nicht mehr darum handle, den Sieg zu erringen, sondern nur noch, der Pflicht zu genügen und ehrenvoll zu sterben, bis zum letzten Augenblicke schwurgetreu ihre Pflicht erfüllt. »Niemals,« spricht sich ein französischer Fachschriftsteller aus, »ergaben sich Anzeichen niederer Schwäche. Die Verluste der Armee waren außerordentlich; aber eben diese Verluste bewiesen, dass sie Stand hielt, und sichern ihr ein Anrecht auf Achtung, sowie dass auf ihren in Blut getränkten Fahnen kein Platz für andere Flecken bleibt«.

Major Ochtzim bewährte sich an diesem schweren Tage als ein tüchtiger und besonnener Führer. Seine Geistesgegenwart und Ruhe verließ ihn selbst im Drange der größten Gefahren nicht einen Augenblick. Er überschritt mit den Trümmern des Regiments die Elbe bei Předměřic und zog das 3. Bataillon, welches mit einer Division der Sechser-Jäger beim Vorgehen auf Rozběric durch andere vorwärts befindliche und zum Rückzuge genöthigte Truppenkörper, sowie durch vorsprengende Cavallerie-Abtheilungen von den ersten zwei Bataillonen getrennt worden war, an sich. Bei dem Kirchhofe der Pouchow'er Vorstadt nächst Königgrätz sammelte sich das Regiment. Die Rückzugslinie der Armee war unbekannt, Major Ochtzim wusste aber, dass ein Theil des zur Brigade gehörigen 6. Jäger-Bataillons nach Swinarek marschiert sei. Er schlug mit dem Regimente dieselbe Richtung ein, vereinigte sich in Swinarek mit dem Reste der Brigade, übersetzte auf der dort befindlichen Ponton-Brücke die Adler und erreichte nachts 1 Uhr 30 Minuten Neu-Königgrätz.

Das Regiment verlor am Schlachttage von Königgrätz an Todten: 15 Mann vom Feldwebel abwärts; an Vermissten: 21 Mann; an Verwundeten: Hauptmann Johann Bernatzki, Oberlieutenant Alexander Begazi, Lieutenant Kasimir Smarzewski und Karl Tracikiewicz, dann 49 Mann vom Feldwebel abwärts.

In Kriegsgefangenschaft geriethen: Major Franz von Bernd, der sich selbst befreite, Hauptmann Heinrich Zednik, Oberlieutenant Ignaz Rössel, Lieutenant Ferdinand Edler von Rueber und Karl Tracikiewicz, ferner 126 Mann vom Feldwebel abwärts, darunter 47 Mann verwundet.

Der Gesammtverlust des Regiments beträgt mithin 7 Oberofficiere und 211 Mann.

Das vorzügliche Benehmen des Regiments im Treffen von Wysokow und in der Schlacht von Königgrätz fand seinen Lohn in nachstehenden Auszeichnungen:

Das Militär-Verdienstkreuz mit der Kriegs-Decoration erhielten vermöge Allerhöchster Entschließung de dato Ischl am 3. October 1866 für ihre »hervorragend tapferen und verdienstlichen Leistungen« in diesem Feldzuge Oberstlieutenant Ferdinand Edler von Rueber, Major Karl Ochtzim, Hauptmann Karl Dittl der, der Brigade Generalmajor Hahn in Deutschland als Generalstabs-Officier zugetheilte Hauptmann Eduard Ritter von Smalawski und Oberlieutenant Koloman von Bolla.

Die belobende Allerhöchste Anerkennung wurde ausgesprochen: dem Major Franz von Bernd, den Hauptleuten

Emanuel Stricker, Heinrich Lorenz und Wilhelm Prokopp, dem Oberlieutenant Franz Hammer, dem Regiments-Arzt Doctor Theodor Fischer und dem Ober-Arzt Doctor Maximilian Hirschfeld.

Der Unter-Arzt Franz Dostal erhielt für seine »verdienstlichen Leistungen« in diesem Feldzuge das goldene Verdienstkreuz.

Was die Mannschaft anbetrifft, so war bei den stattgefundenen Massenkämpfen für den Einzelnen wenig Gelegenheit gewesen, sich durch hervorragende Waffenthaten auszuzeichnen. Von Denjenigen, welche sich durch besondere Tapferkeit und das belebende Beispiel verwegenen, kaltblütigen Auftretens vor allen anderen namhaft hervorthaten, wurden gemäß des, vom 6. Armee-Corpscommando am 30. August herabgegebenen Verzeichnisses die Nachstehenden decoriert.

Mit der silbernen Tapferkeits-Medaille 1. Classe: Führer Qua-Feldwebel Karl Gurski der 1., und Führer Fed Iwanow der 7. Compagnie.

Mit der silbernen Tapferkeits-Medaille 2. Classe: Führer Vincenz Zub der 1., Feldwebel Adalbert Gaisler, Führer Adolf Schlesinger und Gemeiner Stanislaus Antonow der 2., Führer Franz Göbel und Corporal Anton Berger der 3., Feldwebel Anton Kobilinski und Hippolit Brenner, dann Führer Jakob Becker der 4., Feldwebel Alexander Arlamowski und Corporal Michael Hrebeniak der 5., Corporal Anton Altmann, Gemeiner Johann Thomas, Peter Markiewicz und Hrin Borys der 6., Führer Joseph Stankiewicz und Gefreiter Andreas Eibin der 7., Feldwebel Johann Pietróchowicz der 8. und Gemeiner Paul Szystka der 15. Compagnie.

Öffentlich belobt wurden: Gemeiner Jurko Halabutnik der 1., Gefreiter Valentin Tom und Georg Becker der 2., Führer Fedor Hawrylak der 5., Feldwebel Demeter Jacura der 7., Feldwebel Franz Gugubauer und Gemeiner Nikol Lesiow der 8., Cadet-Corporal Adolph Kallaus, Feldwebel Eduard Beranek, Corporal Paul Gedzyn und Andreas Seyfried, Gemeiner Johann Janda und Marek Mazurkiewicz der 9., Feldwebel Alexander Lazowski der 10., Feldwebel Joseph Strohalm der 11., Cadet-Feldwebel Marcell Sydlowski und Gemeiner Ivan Lazorkow der 12. Compagnie.

Erwähnenswert ist noch die Rettung einer Fahne des 13. Romanen-Banater-Infanterie-Regiments durch den Gemeinen Paul Szystka der 15. Compagnie. Er sah dieselbe, beim Rückzuge nach Königgrätz, in dem mit der Elbe parallel laufenden Mühlgraben östlich von Plotišt, bereits vielfältig mit Füßen getreten, liegen, hob sie auf und trug sie während des weiteren Rückmarsches abwechselnd mit seinem Zugsführer Michael Krupka bis Mährisch-Trübau, wo sie am 7. Juli von einem Officier jenes Regiments mit einem Zuge abgeholt wurde. Hiefür mit der silbernen Tapferkeits-Medaille 2. Classe belohnt, erhielt Gemeiner Szystka überdies, als der Retter und Träger jener Fahne, vom Officiers-Corps des genannten Regiments eine Belohnung von 30 Gulden österr. Währ. Der gleiche Betrag wurde dem Führer Krupka zutheil.

Die österreichische Armee sammelte sich jenseits der Elbe und setzte in den folgenden Tagen ihre Rückzugsbewegung in drei großen Marsch-Colonnen auf den Straßen über Týništ, Hohenmauth und Pardubic-Chrast in der Richtung auf Olmütz fort, um die gelichteten und erschütterten Heerestheile dort wieder zu ordnen und ihnen wenigstens eine theilweise Ergänzung ihrer materiellen Kräfte zuzuführen. Nur das 10. Armee-Corps, die 1. leichte und die 3 Reserve-Cavallerie-Divisionen wurden zum Schutze der Reichshauptstadt gegen Wien dirigiert.

Die preußische 2. Armee folgte der Nordarmee, um sie zu beobachten; die 1. Armee bewegte sich über Brünn, die Elbe-Armee über Iglau gegen die Donau.

Das Regiment rückte am 4. Juli nach Hohenmauth, dem Sammelplatze des 6. Armee-Corps. Hier befand sich auch das Armee-Hauptquartier. Hauptmann Stricker übernahm statt des in Kriegsgefangenschaft gerathenen Hauptmanns Bernatzky das Commando des 1. Bataillons. Manche Compagnien zählten nur noch 1—2 Officiere und 50—80 Mann.

Am 5., in Leitomischl, hatte das Regiment den größten Theil seiner zersprengten Abtheilungen wieder an sich gezogen. Mit Wehmuth musterten die Bataillons-Commandanten den Rest jener Schar von Braven, die den Bluttagen von Wysokow und Königgrätz entgangen waren. Wohl war ihr Muth noch nicht gebrochen, und ihre Faust noch kräftig genug, um zu beweisen, dass die Truppe eines besseren Schicksals würdig war, als ihr geworden; aber tiefe Niedergeschlagenheit, der überwältigende Eindruck der erlittenen Unglücksfälle lastete schwer auf allen Gemüthern: stolze Hoffnungen waren zertrümmert worden, schreckliche Enttäuschung an ihre Stelle getreten. Es war eine Zeit, die dem Gedächtnisse derjenigen, welche sie miterlebt, stets unauslöschlich eingeprägt bleiben wird.

Das Regiment bezog mit dem 6. Armee-Corps am 6. ein Freilager bei Nikel; am 7. nordöstlich von Mährisch-Trübau an der Straße nach Altstadt; am 8. östlich von Gewitsch nördlich des Weges nach Jaroměřic.

Am 9. marschierten die Brigaden Baron Waldstätten und Hertwek über Liebstein und Jessenetz in die Umgebung von Laschkau; am 10. die Brigade Waldstätten über Namiescht und Tieschetitz nach Toppolan; hier wurde eine Rastpause gemacht und sofort in das, dem Corps nächst Hodolein zwischen der Eisenbahn, dem Bistritza-Flusse, der March und der Holitzer Wiese zugewiesene Lager abgerückt.

Am 11. Juli bezog die Brigade Waldstätten ein Freilager bei der »Neuen Welt«.

Den folgenden Tag wurde bei dem Regiment eine Standesausgleichung vorgenommen. Jede Compagnie der ersten 2 Bataillone erhielt, je nach der Größe der erlittenen Verluste, vom dritten, bisher noch intact verbliebenen Bataillone eine Anzahl Leute in Zutheilung.

Ein Ergänzungs-Transport von 100 Mann unter Feldwebel Haar stieß um diese Zeit von der 2. Dépôt-Division aus Wien zum Regimente.

Die Katastrophe von Königgrätz hatte die Abtretung Venetiens an Frankreich zur unmittelbaren Folge, um die dadurch disponibel werdenden Kräfte zur Unterstützung des Heeres im Norden, wo die weitaus wichtigeren Interessen des Reiches auf dem Spiele standen, verwenden zu können.

Der erlauchte Sieger von Custoza, der Feldmarschall Erzherzog Albrecht übernahm das Commando über sämmtliche k. k. Streitkräfte, und gab dies den Truppen mit nachstehendem Armee-Befehle vom 13. Juli bekannt:

»Seine Majestät der Kaiser haben allergnädigst mir das Commando der gesammten operativen Armee anzuvertrauen geruht und ich übernehme dasselbe mit heutigem Tage.

Soldaten vom Norden und Süden! treue, wackere Verbündete aus Sachsen! Vereint wie unsere Gefühle stets gewesen, wird nun auch unser Wirken sein! Mächtiger als je zuvor sammelt sich eine Armee aus kampfgeübten, an Tapferkeit und Ausdauer gleichbewährten Kriegern, die mit dem Bewusstsein einerseits schon errungenen Sieges, und andererseits mit dem heißen Verlangen, ein unverdientes Missgeschick zu rächen, sich nach der Gelegenheit sehnen, dem Übermuthe des Feindes ein Ende zu machen!

Lasst uns mit vereinten Kräften das große Werk vollbringen und uns hiebei stets in Erinnerung halten, dass der Erfolg demjenigen zutheil wird, der Kopf und Herz zugleich am rechten Flecke hat, der gleichzeitig ruhig zu denken und energisch zu handeln weiß, und dass — möge das Glück begünstigen, wen es wolle — nur derjenige verloren ist, der sich einschüchtern lässt und sich selbst aufgiebt.

Lasst uns also unerschütterlich vertrauen auf Gott, der die gerechte Sache schützt, auf unsere Monarchen, welche von uns die Wahrung der Wohlfahrt ihrer Völker erwarten, lasst uns vertrauen auf unsere eigene Kraft, die sich mit jeder neuen Aufgabe neu belebt, und dann getrost zum Entscheidungskampfe schreiten mit dem alten Rufe! Es lebe der Kaiser!

(gez.) Erzherzog Albrecht.

Der Erzherzog traf nun alle Anstalten, um, wenn es nöthig, den Kampf bis auf das äußerste fortsetzen zu können. Eine wirksame Vertheidigung des Reiches war nur mehr durch die Concentrierung aller verfügbaren Streitkräfte an der Donau möglich. Es wurde daher der Rückzug der ganzen Nordarmee gegen diesen Strom beschlossen, Feldzeugmeister von Benedek angewiesen, nach entsprechender Verstärkung der Festungbesatzung von Olmütz mit allen Truppen der Nordarmee, zur Deckung der Reichshauptstadt gegen die unaufgehalten vordringende preußische Elbe- und 1. Armee, ungesäumt über Pressburg in die neugewählte Stellung bei Wien zu rücken; überdies das 5. und 9. Armee-Corps nebst der Cavallerie-Brigade Pulz aus Italien, theils mit Benützung der Eisenbahn, theils in Fußmärschen an die Donau befördert.

Das 6. Armee-Corps, das anfänglich die Bestimmung erhalten hatte, in Olmütz zurückzubleiben, wurde über Leipnik, Wsetin, den Wlarpass nach Trencsin instradiert, von wo es durch das Waagthal am 24. Juli Pressburg erreichen sollte. Alle übrigen Heeresabtheilungen setzten sich am 14. und 15. Juli in 2 großen Echellons auf dem von der preußischen II. Armee bereits sehr gefährdeten rechten Marchufer in Bewegung; sämmtliche bei den Truppen entbehrliche Fuhrwerke und Anstalten wurden auf das linke Marchufer oder in das Waagthal dirigiert.

Die Brigade Baron Waldstätten brach am 15. Juli nach Leipnik auf. Der Marsch-Sicherheitsdienst wurde auf das strengste gehandhabt, da sowohl von Nordosten her aus Oberschlesien, als von Nordwesten seitens der gegen Olmütz vordringenden Abtheilungen des Kronprinzen ernstliche Angriffe zu gewärtigen waren. Die Brigade lagerte in der Nähe von Leipnik in Gefechtsbereitschaft, bis gegen Abend sichere Nachrichten einliefen, dass Prerau, welches nach Aussagen von Versprengten des 1. Corps schon in Feindeshände gefallen sein sollte, noch von den kaiserlichen Truppen besetzt sei.

Am 16. wurde unter dem Schutze der als Flankendeckung der Brigade verwendeten 7. und 9. Division nach Weißkirchen gerückt, hier abgekocht und sofort der Marsch bis Walachisch-Meseritsch fortgesetzt.

Am 17. bildete die Brigade Waldstätten die Arrièregarde des 6. Corps, brach um 10 Uhr nach dem Abessen auf und bezog ein Lager bei Wsetin; am 18. eines zwischen Potetsch und Klobauk an der ungarischen Grenze.

Diese am 19. mittags überschreitend, rückte die Brigade durch den Wlarpass nachmittags zwischen 4—5 Uhr in das Lager bei Ijezdo und hielt dort am 20. einen Ruhetag.

Am 21. campierte die Brigade bei Drytoma. Major Ochtzim bezog im ungünstigsten Wetter mit dem 1. und 2. Bataillon, 1 Escadron Clam-Uhlanen und einer halben Batterie eine Vorpostenaufstellung etwa 2000 Schritte nordwestlich Drytoma beiderseits der Straße.

Am 22. kam das Regiment nach 26 Tagen wieder das erstemal unter Dach in Zsolna-Fálva, wo das 3. Bataillon um 4 Uhr 30 Minuten nachmittags, das 2. erst um 10 Uhr nachts eintraf. Das 1. Bataillon wurde in Komarno untergebracht.

Am 23. cantonierten das 1. und 2. Bataillon in Stráže; das 3. lagerte außerhalb des Ortes.

Am 24. wurde nach Rakovice, am 25. nach Groß-Schenkwitz marschiert*), am 26. die Donau bei Pressburg nach 2 Uhr nachmittags mittelst Dampfer passiert und sofort in ein Freilager bei Kitsee abgerückt.

Nach einer von Seiner kaiserlichen Hoheit dem Feldmarschall Erzherzog Albrecht abgehaltenen Besichtigung setzte das Regiment am 27. den Marsch nach Potzneusiedel fort, wo es am 28. den größten Theil der aufgelösten 2. Dépôt-Division unter Oberlieutenant Bühn aus Wien an sich zog.

Am 29. brach das Regiment in die ihm zugewiesene Cantonierungs-Station Gattendorf auf. Hier rückten Major von Manngold aus Stryj und Hauptmann Pokorny aus Wien**) zum Regimente ein. Major von Manngold übernahm am 31. das Regiments-Commando, Major Ochtzim das Commando des 3., Hauptmann Pokorny das des 1. Bataillons.

Oberst Baumbach wurde mit der Allerhöchsten Entschließung vom 1. August in den zeitlichen Ruhestand versetzt.

Am 22. Juli wurde zwischen Österreich und Preußen eine fünftägige Waffenruhe, vier Tage später zu Nikolsburg eine Waffenstillstands-Convention und ein Präliminar-Frieden abgeschlossen.

Der Territorial-Bestand des Kaiserstaates, mit Ausnahme des abgetretenen lombardo-venetianischen Königreiches blieb unverändert; Österreich schied aus dem deutschen Bunde, begab sich aller seiner Rechte auf die Elbe-Herzogthümer zu Gunsten Preußens und zahlte diesem eine Kriegsentschädigung von 20 Millionen Thalern.

Die Kriegsoperationen waren somit zu Ende.

Es konnte nun der Bequemlichkeit der Truppen größere Rechnung getragen werden. Für das 6. Armee-Corps wurde statt der bisherigen außerordentlich gedrängten und dadurch gesundheitsschädlichen Unterkunft in Gattendorf eine erweiterte Cantonierung auf dem linken Donau-Ufer ausgemittelt.

---

*) Ein fünfzehnstündiger Marsch.

**) Hauptmann Pokorny war durch eine lange Reihe von Jahren als Adjutant beim Oberst-Inhaber des Regiments, Feldzeugmeister Grafen Hartmann-Klarstein, commandiert. Bei dem Ausbruche des Krieges vom Drange beseelt, sich in einem erhöhteren Grade nützlich zu machen, stellte er sich anfänglich dem Kriegsministerium, später dem Landes-General-Commando für Böhmen zur Verfügung, und wurde dem Prager Stadt- und Festungs-Commando zur Dienstleistung zugetheilt. Als Prag von den kaiserlichen Truppen geräumt werden musste, eilte Hauptmann Pokorny nach Drahenitz, um sich vom Oberst-Inhaber die Bewilligung zu erbitten, nunmehr seinen Platz in den Reihen des Regiments einnehmen zu dürfen, und traf dieses, nach langem vergeblichem Suchen, schließlich in Gattendorf.

Das Regiment rückte am 10. August über Pressburg und Wartberg (11.) nach Diószeg und Tyrnau (12.) ab.

Der Regiments- und 3. Bataillonsstab verblieb mit der 14. und 15. Compagnie in Diószeg; die 13. Compagnie kam nach Klein-Macséd, die 16. und 17. nach Kossuth, die 18. nach Hégy und Vizkelet; der Stab des 2. Bataillons mit der 6. Division nach Galantha, die 5. Division nach Taksóny, die 7. Compagnie nach Hody und Nebojsza, die 8. nach Barakony und Gány; das 1. Bataillon, anfänglich in die Stationen Szered, Ober-, Mittel- und Unter-Csöpöny, Szerdahély und Nagy-Macséd bestimmt, wurde nach Tyrnau detachiert.

Der Aufenthalt in diesen Standorten, wo sich das Regiment einige Tage der Ruhe und Erholung nach den langen harten Strapazen und Entbehrungen des Feldzuges versprach, war von kürzester Dauer.

Die preußische Regierung hatte, im Kampfe gegen Österreich kein Mittel zur Niederwerfung des Gegners unversucht lassend, im Monate Juli aus einer Schar ungarischer Emigranten und 3—4000 mit allen Mitteln der Verführung und der Härte zum Treubruche verleiteten kriegsgefangenen kaiserlichen Soldaten ungarischer Nationalität ein sogenanntes »königlich preußisches Parteigänger-Corps« unter Klapkas Anführung organisiert. Dieses brach während der eingetretenen Waffenruhe zu Anfang August von Schlesien her in Ungarn ein, wurde aber von den kaiserlichen Truppen binnen wenigen Tagen wieder hinausgeworfen.

Um einem erneuerten Einbruchsversuche der hart an der österreichisch-schlesischen Grenze stehenden Legion Klapkas begegnen zu können, wurden die Brigaden Baron Waldstätten und Jonak beordert, der, bereits anfangs August mit dem Regimente Kaiser-Uhlanen Nr. 6 nach dem oberen Waag-Thal detachierten Brigade Hertwek zu folgen.

Das Regiment zog am 13. August in der Nacht noch den Rest der aufgelösten 2. Dépôt-Division unter Oberlieutenant Köhler an sich, und bewirkte den Marsch nachstehend:

Regimentsstab und 3. Bataillon am 14. August abends nach Geszt, am 15. nach Trakovice, am 16. nach Stráže, am 17. nach Bohuslavice, am 18. nach Trencsin, am 19. der Regimentsstab nach Illava, das 3. Bataillon nach Kossetz.

Das 2. Bataillon am 14. August nach Szered, am 15. nach Drahovice, am 16. nach Waag-Neustadtl, am 17. nach

Trencsin, am 18. nach Klobusice, am 19. nach Bellus, die 10. Compagnie nach Koczkótz, die 12. nach Viszolay.

Das 1. Bataillon, dem der telegraphische Befehl am 14. August abends 7 Uhr zukam, noch in derselben Nacht nach Velki-Kostelany, am 15. nach Waag-Neustadtl, am 16. nach Trencsin, am 17. nach Pruszkau, am 18. nach Puchow. Dieser Tag, das Geburtsfest Seiner k. und k. Apostolischen Majestät, wurde in einfach militärischer Weise gefeiert. Während einer Rastpause wurde der gefasste Etappenwein unter die Mannschaft vertheilt, die Officiere begaben sich vor die Mitte des angetretenen Bataillons; dessen Commandant, Hauptmann Pokorny, brachte ein Hoch auf Seine Majestät den Kaiser aus, welches alle Abtheilungen unter Trommelschall und Hörnerklang mit stürmischer Begeisterung und donnernden Vivatrufen erwiderten.

Von Puchov wurde am 19. die 3. Division unter Hauptmann Lorenz in das Gebirge nach Lisza und den umliegenden Dörfern, zur Sicherung des gleichnamigen Passes und der Gebirgs-Übergänge, detachiert.

Den folgenden Tag traf der Befehl zum Rückmarsche ein. Ebenso rasch, als früher aufwärts, gieng es nun Waagabwärts. Der 20. August wurde jedoch allen Abtheilungen als Ruhetag gegönnt. Die Mannschaft war der Erholung sehr bedürftig. Die Beschuhung befand sich durchgehends im elendesten Zustande; die Leute hatten, bei dem schleunigen Abmarsche aus den zuletzt innegehabten Cantonierungen, die zweite Wäsche entweder ganz zurückgelassen oder von der Wäscherin weg in noch nassem Zustande in die Tornister gepackt; die Märsche von Gattendorf an wurden meist bei drückender Hitze und, mit Ausnahme des kurzen Verweilens in Diószeg und Tyrnau, ohne Rasttag, ohne geregelte Verpflegung zurückgelegt; ein neuer Feind, die Cholera, trat überdies im Regimente auf und raffte viele Opfer hinweg.*)

Die in das Gebirge entsendete 3. Division wurde noch in der Nacht auf den 20. August durch Eilboten zurückberufen. Das 1. Bataillon rückte am 21. nach Illava, von dort vereint mit dem Regimentsstab über Nagy-Zablath (22.) und Waag-Neustadtl (23.) nach Pistyan (24.).

Der 25. sollte ein Ruhetag sein.

*) Besonders bösartig trat diese Epidemie beim 2. Bataillon auf; am 23. August erkrankten bei diesem Bataillon allein 16 Mann daran.

Infolge eines telegraphischen Gegenbefehles setzte der Regimentsstab mit dem 1. Bataillon nachmittags 4 Uhr den Marsch nach Freistadtl fort, wo eben, zur Zeit des nächtlichen Einrückens, eine Feuersbrunst ausbrach, durch die thätige Hilfeleistung der Mannschaft aber rasch gedämpft wurde. Die weiteren Marschstationen waren Mocsonok (26.), Tardoskedd (27.) und Neuhäusel, das dem Regimentsstabe zugewiesene Standquartier, wo derselbe gerade hundert Tage nach dem Ausmarsche aus Komorn eintraf. Hier befand sich auch der Brigadestab und die Brigade-Batterie; außerdem verblieb noch der Stab des 1. Bataillons mit der 1. Division in Neuhäusel; die 3. Compagnie wurde nach Nagy-Surány, die 4. nach Várad und Bánkeszi, die 3. Division nach Udvard verlegt.

Die Marschstationen des 2. Bataillons waren: am 21. August Tepla, am 22. Bohuslavice, am 23. Stráže und Krakovany, am 24. Městečko. — Hier traf ein Haltbefehl ein; der Cholera wegen wurde die 4. Division nach Beregszegh, die 5. nach Trakovice detachiert, um die Abtheilungen geräumiger unterzubringen.

Am 25. mittags erhielt das Bataillon den Befehl zur Fortsetzung des Marsches, und rückte nach Báb; die 12. Compagnie, wegen Überhandnahme der Cholera für sich allein nach Romanova; am 26. nach Hosszúfalu, am 27. nach Tóth-Megyer, die 12. Compagnie nach Udvard, am 28. und 29. Rasttage; die 4. Division wurde nach Andód detachiert; am 30. nach Perbete; am 31. nach Kémend, wo der Bataillonsstab und die 5. Division verblieben; die 4. Division kam nach Nagy-Bény, die 11. Compagnie nach Köhid-Gyarmath, die 12. nach Kéty.

Der Rückmarsch des 3. Bataillons erfolgte über Nagy-Zablath (21.), Neustadtl (22.), Pistyan (23.), Bucsány (24.), Szered (25.), Tornócz (26.), Neuhäusel (27.) und Perbete (29.) nach Magyar-Szölgyén (30.). Hier blieb der Bataillonsstab mit der 7. Division; die übrigen Compagnien wurden in die nächsten Ortschaften bequartiert.

Zu Folge Kriegsministerial-Rescriptes vom 2. September wurde Major von Bernd zur Übernahme des Ergänzungsbezirks-Commandos bestimmt. Das Commando des 2. Bataillons übergieng einstweilen an Hauptmann Lorenz, jenes des 1. an Hauptmann Stricker. Hauptmann Pokorny trat in sein früheres Dienstverhältnis als Adjutant des Oberst-Inhabers zurück.

Mittlerweile war am 12. August auch ein Waffenstillstands-Vertrag mit Italien abgeschlossen worden.

Erzherzog Albrecht erließ am 17. August folgenden Armee-Befehl:

»Soldaten! Der Abschluss des Waffenstillstandes im Norden wie im Süden hat voraussichtlich den kriegerischen Operationen nunmehr ein Ende gemacht.

In der ersten Periode dieses Krieges hattet Ihr Gelegenheit, in großen Schlachten, wie in kleineren Gefechten Euren Heldenmuth, Eure aufopfernde Hingebung zu beweisen. Am südlichen Kriegsschauplatze hat der Erfolg gesprochen, der unseren Fahnen zu Wasser, wie zu Lande gegen einen tapferen und überlegenen Feind zutheil geworden. Aber auch im Norden, wo das Glück uns nicht begünstigte, war die Welt einig in Anerkennung der Tapferkeit, welche Ihr einer nicht unerheblichen Überzahl, einer überlegenen Feuerwaffe und den ungünstigsten, die Ausdauer des Soldaten auf die härtesten Proben stellenden Verhältnissen entgegengesetzt.

Der bedrohten Reichshauptstadt vom Norden wie vom Süden zu Hilfe eilend, hat die am Donaustrande versammelte Armee durch ihre achtunggebietende Stellung dem Vordringen des Feindes ein Ziel gesetzt.

Als inzwischen der Gegner in Italien, den Abmarsch der Südarmee benützend, mit frisch gesammelten Kräften den offenen Theil Venetiens überschwemmte und über die Grenzen der deutschen Provinzen vorzudringen begann, hat sich wieder dort mit bisher beispielloser Schnelligkeit aus dem Norden eine Armee ihm entgegengeworfen, deren Erscheinen, im Vereine mit der tapferen, ausdauernden Gegenwehr in Tirol, ihn zum Rückzuge auf allen Punkten und zum Begehren eines Waffenstillstandes veranlasste.

Die österreichische Armee hat, auf zwei Seiten angegriffen von den Heeren mächtiger Staaten und am entscheidenden Kriegsschauplatze vom Unglücke heimgesucht, unter den obwaltenden Umständen das Möglichste geleistet und erreicht.

Der Krieg hat dem Kaiserstaate schwere Opfer gekostet; das Blut von Tausenden seiner Helden ist aber nicht umsonst geflossen. Es hat dem Stolze und Schilde Österreichs, seiner Armee, ruhmvolle Erinnerungen und wichtige Lehren, die dankbare Theilnahme des Vaterlandes, die Anerkennung seiner Gegner, die Achtung der ganzen Welt erkauft. Bereichert durch die gemachten Erfahrungen möge die Armee mit unerschütterlicher Zuversicht in die Zukunft blicken. Des Rufes unseres erhabenen Monarchen gewärtig, werden wir selbem stets wieder freudig folgen mit der gleichen Losung, mit welcher wir diesen Krieg begonnen haben und beschließen wollen:

Hoch Österreich! Es lebe der Kaiser!

(gez.) Erzherzog Albrecht,
Feldmarschall.

Am 4. September gab Feldmarschall-Lieutenant Baron Ramming nachstehende erhebende Worte des Dankes an das 6. Armee-Corps herab:

Seine k. k. Apostolische Majestät haben mit dem Allerhöchsten Befehlschreiben vom 2. d. M. mich zum commandierenden Generalen für Böhmen allergnädigst zu ernennen geruht.

Indem ich das Commando des 6. Armee-Corps ad interim an den zugetheilten Herrn Generalmajor Kochmeister übergebe und sogleich an den Ort meiner neuen Bestimmung abgehe, nehme ich hiemit Abschied von den Truppen des 6. Armee-Corps.

Sämmtlichen Herren Generalen, Stabs- und Oberofficieren drücke ich meinen Dank aus für den regen Diensteifer, für die Thätigkeit und den stets bewiesenen guten Willen, mit welchem sie mich unterstützt und im Frieden, wie im Kriege, zum Besten des Allerhöchsten Dienstes mitgewirkt haben.

Die Freundschaft und Anhänglichkeit, welche sie bei so vielen Gelegenheiten gegen mich an den Tag gelegt haben, wird mir unvergesslich sein.

Soldaten des 6. Armee-Corps!

Ihr habt Euch in dem Feldzuge in Böhmen durch Standhaftigkeit, Ausdauer und Tapferkeit ausgezeichnet und Euch die allgemeine Anerkennung erworben.

Obgleich unsere Anstrengungen nicht vom Glücke begleitet waren, so muss Euch Allen doch das ehrenvolle Zeugnis ausgesprochen werden, dass Ihr, treu Eurer Pflicht, mit seltener Hingebung und wahrer Aufopferung gekämpft und geblutet habt.

Es gereicht mir zum Stolze, solche Truppen befehligt zu haben, und ich hege die feste Überzeugung, dass Ihr unter allen Verhältnissen diese Soldatentugenden bewahren und in einem künftigen Feldzuge auch den Sieg an Eure Fahnen ketten werdet.

Indem ich Euch Lebewohl sage, gedenke ich mit Wehmuth der vielen Braven, welche den Heldentod auf dem Felde der Ehre gefunden.

(gez.) Ramming,
Feldmarschall-Lieutenant.«

Mit Allerhöchster Entschließung vom 11. September wurde der, nach Schluss des Feldzuges disponibel gewordene Truppen-Brigadier Oberst Ottokar Freiherr von Procházka zum Commandanten des Infanterie-Regimentes Graf Hartmann ernannt. Er übernahm am 14. das Regiments-, und Major von Manngold sofort das 2. Bataillons-Commando.

Versetzung auf den Friedensfuß.

Auf Allerhöchsten Befehl Seiner Majestät des Kaisers wurde mit dem Kriegsministerial-Rescripte vom 6. September, Abtheilung 2, Nr. 6404, die Armee vom Kriegs- auf den Friedensfuß versetzt und zugleich angeordnet, dass ein Linien-Infanterie-Regiment im Frieden aus 4 Bataillonen zu je 4 Compagnien und aus 1 Dépôt-Cadre zu bestehen habe.

Es wurden demnach aus den 12 Compagnien der ersten 2 Bataillone 3 Bataillone zusammengestellt, und zwar aus der 1., 2., 3. und 4. Compagnie das 1., aus der 5., 6., 7. und 8. das 2., aus der 9., 10., 11. und 12. Compagnie das 3. Bataillon. Die 13., 14., 15. und 16. Compagnie bildete das, in die Ergänzungsbezirks-Station Stryj zu verlegende 4. Bataillon. Die 17. und 18. Compagnie hatten, sowie das bisher bestandene 4. Bataillon aufgelöst zu werden.

Der neu systemisierte Friedensstand des Regimentes war folgender:

Regimentsstab: 1 Oberst, 1 Oberstlieutenant, 2 Majore, 2 Regiments-Capläne, 1 Auditor, 1 Regiments-Adjutant, 1 Proviant-Officier, 3 Bataillons-Adjutanten, 1 Regiments-Arzt, 2 Ober-Ärzte, 3 Unter-Ärzte, 1 Rechnungs-Stabs-Feldwebel, 1 Profoß, 3 Fahnenführer, 2 Büchsenmacher, 3 Bataillons-Tamboure, 3 Bataillons-Hornisten, 1 Regiments-Tambour, 1 Feldwebel, 4 Corporale, 5 Gefreite, 36 Gemeine (letztere 47 Mann zum Musikkörper gehörig) und 15 Officiersdiener — im ganzen 93 Köpfe.

1., 2. und 3. Bataillon: 12 Hauptleute, 12 Oberlieutenante, 24 Unterlieutenante, 24 Feldwebel, 48 Führer, 144 Corporale, 96 Gefreite, 24 Hornist-Gefreite, 24 Tamboure, 840 Gemeine, 48 Officiersdiener — im ganzen 1296 Köpfe; mithin Regimentsstab und die 12 Compagnien zusammen: 1389 Köpfe.

Viertes Bataillon. Stab: 1 Major, 1 Proviant-Officier, 1 Bataillons-Adjutant, 1 Subaltern-Arzt, 1 Bataillons-Tambour, 1 Bataillons-Hornist, 1 Büchsenmacher, 1 Fahnenführer, 3 Officiersdiener — zusammen: 11 Köpfe.

Compagnien: 4 Hauptleute, 4 Oberlieutenante, 8 Unterlieutenante, 8 Feldwebel, 8 Führer, 16 Corporale, 16 Gefreite, 4 Hornist-Gefreite, 4 Tamboure, 80 Gemeine, 16 Officiersdiener — zusammen 168 Köpfe; mithin sammt dem Stabe: 179 Köpfe.

Dépôt-Cadre: 1 Ergänzungsbezirks-Officier, 1 Regiments-Arzt, 1 Rechnungsführer mit 5 Hilfsarbeitern, 2 Officiersdiener; ferner 1 Hauptmann, 2 Unterlieutenante, 2 Feldwebel, 4 Corporale, 4 Gefreite und 3 Officiersdiener, zusammen . . . . 26 Köpfe,
hiezu das 4. Bataillon . . . . 179 »
Regimentsstab und die ersten 3 Bataillone . . 1389 »
Mithin betrug der ganze Friedensstand des Regimentes . . . . 1594 Köpfe.

In Durchführung der ergangenen Allerhöchsten Anordnung trat das alte 3. Bataillon unter Hauptmann Tassier am 20. den Marsch aus den verschiedenen Bequartierungs-Stationen nach Neuhäusel an, und wurde von hier am 22. in 2 Colonnen*) mittels Eisenbahn nach Galizien befördert. Der Stab des aufgelösten 3. Bataillons übersiedelte am 20. nach Kémend; Hauptmann Bergmüller übernahm hier das Commando des neugebildeten 3. Bataillons.

Unmittelbar nach Annahme des neuen Friedensstandes, setzte sich das Regiment nach den, ihm mit der Landes-General-Commando-Verordnung für Siebenbürgen vom 11. September zugewiesenen Friedens-Dislocationen Hermannstadt und Karlsburg in Bewegung.

Der Regimentsstab und das 1. Bataillon fuhren am 22. um halb 9 Uhr abends von Neuhäusel mittels Eisenbahn

*) Oberlieutenant Rudnicki führte die 2. Colonne.

nach Arad und trafen dort am folgenden Abende nach 10 Uhr ein. Die Abfahrt des 2. Bataillons erfolgte am 22. um halb 7 Uhr morgens, dessen Ankunft in Arad am 23. um halb 4 Uhr früh. Das 3. Bataillon rückte am 21. zu Fuß von Kémend nach Gran-Nána, von hier am 22. um 7 Uhr morgens mit Benützung der Eisenbahn nach Arad ab, wo es am 23. um halb 7 Uhr früh eintraf.

Von Arad setzte das Regiment den Marsch zu Fuß nach folgendem Tableau fort:

	2. und 3. Bataillon.	Regimentsstab und 1. Bataillon.
24. Sept.	O-Paulis.	
25. »	Odvos.	O.Paulis.
26. »	Monorostia und Kaprucza.	Odvos.
27. »	Ruhetag.	Ruhetag.
28. »	Tót-várad.	Kaprucza.
29. »	Zám-mik.	Soborsin.
30. »	Maros-Illye.	Zám-mik.
1. Octob.	Deva.	Maros-Illye.
2. »	Ruhetag.	Ruhetag.
3. »	Broos.	Nagy-Barcsa.
4. »	Felkenyér.	Broos.
5. »	Karlsburg, wo das 3. Bataillon in Garnison verblieb. Das 2. nach Mühlenbach.	Ruhetag.
6. »	Ruhetag.	Felkenyér.
7. »	2. Bataillon nach Großpold.	Mühlenbach.
8. »	Szecsel.	Ruhetag.
9. »	Hermannstadt.	Dobring.
10. »		Szecsel.
11. »		Hermannstadt.

Die Fuhrwerke des Regimentes waren schon von Neuhäusel an das Zeugs-Artillerie-Commando Nr. 7 zu Komorn abgeführt worden. Die dazu gehörigen Bespannungspferde wurden in Hermannstadt und Karlsburg veräußert.

Das Regiment verblieb im Verbande der Brigade Generalmajor Baron Waldstätten*) und wurde in die 16. von Feldmarschall-Lieutenant Baron Packenj befehligte Division ein-

*) Außerdem war noch das 55. Linien-Infanterie-Regiment Graf Gondrecourt in der Brigade eingetheilt. Dessen Standorte waren Kronstadt, Kezdi-Vásárhely und Csik-Szereda.

getheilt. Feldmarschall-Lieutenant Baron Ramming war commandierender General in Siebenbürgen.

Mit der Allerhöchsten Entschließung vom 3. October wurde dem Obersten Ottokar Freiherrn von Procházka in Anerkennung seiner »hervorragend tapferen und verdienstlichen Leistungen im Feldzuge gegen Preußen« das Ritterkreuz des Leopold-Ordens mit der Kriegs-Decoration; dem im Hauptquartier der Südarmee zugetheilt gewesenen Oberstlieutenant Eugen Kopfinger von Trebienau für seine »verdienstvollen Leistungen« während des Feldzuges in Italien das Militär-Verdienstkreuz mit der Kriegs-Decoration verliehen.

Indem die oben erwähnten ausgezeichneten Leistungen des Obersten Freiherrn von Procházka durch seine nachgefolgte Übersetzung zum Regiment ein Eigenthum des letzteren geworden sind, fühlen wir uns im Interesse unseres Leserkreises verpflichtet, in eine nähere Würdigung jener Leistungen in diesen Blättern einzugehen und lassen zu diesem Behufe eine wortgetreue Abschrift des Ordensgesuches, welches von Oberst Baron Procházka dem Capitel des Militär-Maria-Theresien-Ordens eingereicht worden ist, folgen.

ORDENSGESUCH DES OBERSTEN BARON PROCHÁZKA.

Species facti.

Am 1. Juli 1866 4 Uhr nachmittags erhielt ich im Bivouak südlich von Sadowa den Befehl, als Avantgarde-Brigade die Vorposten auf der Straße gegen Hořic aufzustellen und mich diesfalls mit der in meiner linken Flanke liegenden schweren Cavallerie-Division Generalmajor Graf Coudenhoven in das Einvernehmen zu setzen.

Meine Brigade bestand aus 3 Bataillonen des 13. Romanen-Banater-Grenz-, dem 4. Bataillon des Infanterie-Regimentes Graf Gondrecourt Nr. 55, dem 4. Bataillon des Infanterie-Regimentes Baron Gorizzutti Nr. 56, den beiden combinierten Jäger-Bataillonen Nr. 33 und 34, endlich der 4pfündigen Fuß-Batterie Nr. 6 des 3. Regimentes.

Im Befolge des vorerwähnten Befehles beorderte ich das 34. Jäger-Bataillon, bei Dub die Vorposten zu beziehen; gleichzeitig entsandte ich eine Compagnie des 33. Jäger-Bataillons in den bei 800 Schritte östlich von Sadowa gelegenen kleinen Wald mit der Weisung, die rechte Flanke der Brigade zu decken.

Am Morgen des 2. Juli zeigten sich feindliche Infanterie- und Cavallerie-Abtheilungen in der Richtung von Hněvčoves, die sich längs meiner rechten Flanke außer Schussbereich südlich bewegten. — Es mag eine Brigade gewesen sein.

Gegen 10 Uhr näherte sich eine Colonne, ungefähr ein Bataillon stark, dem von meiner Jäger-Compagnie besetzten Wäldchen; ich begrüßte selbe durch meine mittlerweile herbeigezogene Batterie mittelst einigen Kanonenschüssen, worauf sich Cavallerie und Infanterie außer Schussbereich zurückzog.

Ununterbrochen ausgesandte Patrouillen beobachteten diesen für meine rechte Flanke sehr gefährlichen Gegner; bei dieser Gelegenheit fiel Oberlieutenant Merz des 33. Jäger-Bataillons nebst 2 Jägern infolge eines Zusammenstoßes mit einer feindlichen Patrouille.

Kurz nach den ersten gefallenen Kanonenschüssen meiner Batterie erschien Se. kaiserliche Hoheit der Herr Erzherzog Ernst, Corps-Commandant, und überzeugte sich persönlich vom Sachverhalte.

Den 3. Juli halb 5 Uhr kam mir die Meldung vom Vorposten-Commando zu, dass starke feindliche Abtheilungen auf der Straße von Hořic gegen Dub und Sadowa anrücken; eine gleiche Meldung erhielt ich von der Vorposten-Abtheilung aus Hněvčoves.

Das Vorposten-Bataillon zog sich fechtend aus Dub nach Aufnahme der ausgedehnten Posten den früher von mir erhaltenen Weisungen zufolge auf Sadowa und südlich dieses Ortes, um in dem hinter demselben befindlichen Walde eine Aufnahmsstellung zu nehmen.

Wenngleich der Brigade vom hohen Corps-Commando die Weisung zugekommen war, Sadowa zu besetzen, ohne jedoch den überlegenen feindlichen Streitkräften entschiedenen Widerstand zu leisten, beschloss ich dennoch in Hinblick auf die gute Stellung und Haltbarkeit Sadowas, dem Feinde den hartnäckigsten Widerstand zu leisten.

Sadowa wurde mit 2 Bataillonen Grenzern und dem 4. Bataillon Gondrecourt Nr. 55 besetzt; das 3. Bataillon Grenzer mit dem 34. Jäger-Bataillon besetzten den südlich gelegenen Wald und dienten gleichzeitig als Reserve für die im Orte befindlichen Bataillone; das 33. Jäger-Bataillon besetzte das östlich von Sadowa gelegene Wäldchen, in welchem bereits eine Compagnie dieses Bataillons sich als Flankendeckung befand; das 4. Bataillon Gorizzutti verblieb in der

Niederung vollkommen gedeckt, als nach allen Richtungen hin disponible Reserve; die Batterie nahm ihre Aufstellung vor dem Walde auf einer Anhöhe beiläufig 400 Schritte östlich von Sadowa, und zwar mit 4 Geschützen südlich, mit den anderen 4 Geschützen nördlich der Chaussée.

Der Ort Sadowa wurde auf meine Anordnung durch Major Josiphović und Hauptmann Bataillons-Commandanten Seracsin des 13. Romanen-Banater-Grenz-Regiments schon am 2. Juli in den Vertheidigungszustand gesetzt, die Zugänge verrammelt, Brückendecken abgetragen, neue Communicationen für die Reserven eröffnet, Schießscharten in den Mauern durchbrochen, Banquets errichtet; kurz alle Mittel, welche Zeit und Umstände gestatteten, wurden in Anwendung gebracht, um die Widerstandsfähigkeit dieses zur Vertheidigung sehr geeigneten Ortes zu erhöhen.

Gegen halb 6 Uhr rückte der Feind mit dichten Plänklerketten und geschlossenen Abtheilungen gegen Sadowa vor und eröffnete ein lebhaftes Kleingewehrfeuer; seinem Vorrücken wurde durch die am äußeren Umfange von Sadowa aufgestellte eigene Feuerlinie Einhalt gethan, und es entwickelte sich ein Feuergefecht stehenden Fußes, bei welchem der Feind gar keinen Vortheil erringen konnte, indem die eigene Truppe aus vortheilhaften gedeckten Stellungen ihr Feuer ohne bedeutende Verluste abgab.

Die eigene Batterie unterhielt ein lebhaftes Feuer gegen die geschlossenen feindlichen Abtheilungen, und ihren wohlgezielten Schüssen gelang es wiederholt, die feindlichen Angriffs-Abtheilungen in Unordnung zu bringen und zum schleunigen Aufgeben ihres Vorhabens zu zwingen.

Da der Feind nach allen bis nun gemachten Versuchen des Ortes Sadowa Herr zu werden nicht vermochte, brachte er nach und nach bedeutende Artillerie (sieben Batterien) in den Kampf, welchen ich aufnahm und mit Glück durch mehr denn 4½ Stunden fortführte.

Auf der Anhöhe beiläufig 1800 Schritte rückwärts meiner rechten Flanke (in der Richtung östlich von Sovětic) war die Brigade-Batterie Generalmajor Appiano aufgefahren und unterhielt kurze Zeit das Feuer in dieser Richtung, zog sich jedoch aus mir unbekannten Gründen bald aus dem Gefechte zurück.

Da der Feind trotz des mörderischen Kanonen- und Kleingewehrfeuers keine Vortheile erringen konnte, brachte er nun, es mochte gegen 9 Uhr gewesen sein, dichte Plänklerketten ins Feuer, in der Absicht, sich Sadowas zu bemächtigen; doch weder diesen, noch den unmittelbar nachrückenden geschlossenen Abtheilungen gelangen die versuchten Bajonnettangriffe.

In dieser Gefechtsstellung verblieb die Brigade mit ababwechselndem Glücke bis halb 10 Uhr vormittags, als mir unerwartet die Meldung zukam, dass die als Staffel nordöstlich von Lipa gestandene Brigade Appiano, trotz der gegenseitigen Verabredung, nicht ohne vorherige Mittheilung die innehabenden Stellungen zu verlassen, in der Richtung gegen Lipa abrückte und so meine ohnedem schwierige Stellung nur noch, namentlich was meine rechte Flanke betraf, gefährlicher machte und vollkommen bloßstellte.

Die Wichtigkeit der Stellung Sadowas erkennend und durchdrungen von dem gewiss offensiven Vorhaben unserer Armee, wollte ich nicht ein wichtiges Object aufgeben, das bei einer glücklichen Wendung der Schlacht nur mit schweren Opfern hätte wieder erobert werden müssen, und entsandte sofort das 1. Romanen-Banater-Grenz-Bataillon zur Verstärkung in meine rechte Flanke, dem das 4. Bataillon Gorizzutti als Reserve diente. Ich hatte hiedurch eine harte schwierige Vertheidigungsstellung in Front und Flanke, hoffte auch selbe zu behaupten, wenn das 3. Corps-Commando mir die vor einer Stunde nachgesuchte Batterie-Verstärkung bald zukommen ließ.

Der Feind brachte mittlerweile immer stärkere Abtheilungen in meine rechte Flanke, so zwar, dass ich mich endlich doch entschließen musste, den Befehl zu geben, Sadowa langsam zu räumen; doch kaum hatte sich meine Truppe angeschickt, den erhaltenen Befehl zu vollziehen, langten die ersehnten Cavallerie-Batterien der Corps-Geschütz-Reserve an; ich ließ sie sogleich auf der von der Batterie der Brigade Appiano verlassenen Stelle auffahren und ein heftiges Feuer gegen den in meiner rechten Flanke stark vorrückenden Feind eröffnen, gleichzeitig aber befahl ich, Sadowa wieder zu besetzen und zu halten, was auch rasch und muthig geschah.

Gegen 10 Uhr 45 Minuten verließen jedoch auch diese beiden Batterien, ohne irgend einen Befehl von mir erhalten zu haben, ihre, meine rechte Flanke deckende Stellung, das zunehmende Geschütz- und Kleingewehrfeuer, sowie das nun ungestörte Ansammeln bedeutender Infanterie-Massen in jener Richtung, zwang mich, durch die Unmöglichkeit mit meinen geringen Kräften nach zwei Seiten hin länger die Stirn zu bieten, gegen meinen Willen zum zweiten Male den Befehl zum Rückzuge und der Räumung Sadowas zu ertheilen. Kaum hatten die ersten Truppen Sadowa verlassen, eröffnete ein zahlreiches Geschütz ein heftiges Feuer von jener Höhe, wo die beiden Cavallerie-Batterien gestanden waren.

Da die Brigade durch mehr denn 4½ Stunden das Gefecht gegen weit überlegene feindliche Truppen geführt und hiedurch der Armee genügende Zeit zum Aufmarsche in die Schlachtordnung geboten hat, ordnete ich den Rückmarsch in die Reservestellung südlich der Chaussée von Lipa an, der auch in bester Ordnung mit unbedeutendem Verluste ausgeführt wurde.

Die Brigade traf um 11 Uhr 15 Minuten in ihrer Reservestellung ein.

Nach dem vollkommen misslungenen Bajonnettangriffe der Brigade Kirchsberg rückte die eigene Brigade in die erste Linie ein, um der Brigade Kirchsberg Zeit zum Sammeln zu bieten.

Gegen halb 5 Uhr kam der Brigade die Weisung zu, dass Chlum stark vom Feinde besetzt sei und dass ich nach dieser Richtung die größte Vorsicht anzuwenden habe; doch gleichzeitig mit diesem Aviso wurde ich direct im Rücken beschossen, das Kleingewehrfeuer wurde von Chlum aus mit jedem Augenblicke heftiger, und es war jedes weitere Verbleiben der Brigade in dieser Richtung vollkommen unhaltbar, umsomehr, als ich bemerkte, dass der Sturmangriff der Brigade Benedek auf diese Höhe vollkommen misslang.

In diesem Augenblicke erhielt ich vom 3. Corps-Commando durch den Generalstabs-Hauptmann Seracsin den Befehl, den Rückzug anzutreten, der auch unter dem Schutze des 33. Jäger-Bataillons, welches eine dichte Plänklerkette bildete, in der Richtung von Langenhof in vollkommenster Ordnung erfolgte.

Der Andrang von allen Seiten, das ungeregelte Zurückgehen von Abtheilungen aller Waffengattungen ließ eine arge Katastrophe befürchten, wenn dem Vordringen des Feindes nicht Einhalt gethan würde; ich ließ in Erkenntnis dessen nordöstlich von dem Gehöfte Langenhof die Brigade halten und nahm eine Defensivstellung mit dem vorgeschobenen 33. Jäger-Bataillon, welches sich in eine dichte Feuerlinie auflöste; die Batterie nahm links vorwärts Stellung.

Ich behauptete diese durch Unebenheiten des Terrains ziemlich deckende Stellung, bis sich die ungeordneten Massen anderer Truppenkörper zurückgezogen und einen Vorsprung gewonnen hatten.

In Front und namentlich in Flanke außerordentlich heftig beschossen, musste ich nach geraumer Zeit den Rückzug antreten, der auch successive vollkommen geordnet und zwar mit dem zweiten Treffen begonnen wurde. Ich nahm nun hinter Langenhof eine zweite Stellung zwischen 2 aufgefahrenen Batterien; das erste Treffen wurde vom zweiten aufgenommen und ins zweite disponiert. Ich deckte so neuerdings als einzige vollkommen geordnete Brigade den Rückzug.

Doch auch hier war ein langes Ausharren gegen das heftige Andrängen des Feindes von zwei Seiten in der innehabenden Stellung nicht durchführbar, und ich gab dem Hauptmann des Generalstabs Seracsin, der von dem Augenblicke des Falles Chlums sich mir anschloss, den erneuerten Befehl, eine dritte Stellung beiläufig 800 Schritte rückwärts mit dem zweiten Treffen in einer deckenden Terrainbildung zu nehmen, als ich gegen 7 Uhr von einem Granatsplitter in meiner linken Schulter schwer verwundet wurde, das Schlachtfeld verlassen musste und das Commando meiner bis dahin vollkommen geordneten Brigade dem Obersten Villecz des 13. Romanen-Banater-Grenz-Regiments übergab.

Gestützt auf vorerwähnte Facta, welche durch die von mir angestrebten Leistungen erreicht wurden, unterlege ich anverwahrt 4 Stück Tapferkeits-Zeugnisse als Beweise, dass das viereinhalbstündige Ausharren in der Stellung von Sadowa, wodurch dem Feinde trotz seiner numerisch bedeutenden Übermacht ein bedeutender Schaden beigefügt und dem großen Theile der Armee Zeit gegeben wurde, in die Schlachtlinie aufzumarschieren, ohne speciellen Befehl erfolgte, sowie zum Schlusse der Schlacht meine genommene zweimalige Stellung zur Deckung des allgemeinen Rückzuges ohne irgend einen Befehl geschah: wage ich in tiefster Ehrfurcht dem hohen Ordens-Capitel dieses Species facti zur hochgeneigten Entscheidung zu unterlegen, ob ich würdig bin, als Ritter in den hohen Maria-Theresien-Orden aufgenommen zu werden.

Wien, den 16. September 1866.

(gez.) Ottokar Baron Procházka,
Oberst des Graf Hartmann 9. Linien-Infanterie-Regiments.

TAPFERKEITS-ZEUGNIS.

Ich bestätige, dass Oberst Brigadier Ottokar Baron Procházka am 3. Juli 1866 in der Schlacht von Königgrätz von mir den Befehl erhielt, mit seiner Brigade wohl den Ort Sadowa zu besetzen, jedoch überlegenen feindlichen Streitkräften keinen entschiedenen Widerstand zu leisten.

Gleichwohl hat Oberst Baron Procházka, unter den eingetretenen Umständen, die Wichtigkeit des Ortes und der Stellung von Sadowa erkennend, den Kampf gegen einen mehr als vierfach überlegenen Gegner aufgenommen, durch richtiges Disponieren seiner Kräfte denselben durch volle viereinhalb Stunden aufgehalten und dadurch den Aufmarsch anderer Abtheilungen in die Gefechtsstellung unterstützt und gedeckt.

Ich bezeuge ferner, dass Oberst Baron Procházka nach dem Verluste von Chlum und während des allgemeinen Rückzuges, ohne einen Befehl dazu abzuwarten, zweimal mit seiner vollkommen geordneten Brigade vortheilhafte Stellungen nahm und dem Andrängen des Feindes nachhaltigen Widerstand leistete, wodurch es anderen, großentheils in Unordnung gerathenen Abtheilungen möglich wurde, sich theilweise wieder zu sammeln.

Görz, am 20. September 1866.

(gez.) Erzherzog Ernst, Feldmarschall-Lieutenant.

DER KAMPF IM SÜDEN.

VIERTES BATAILLON.

Auch dem 4. Bataillon war ein ehrenvoller Antheil an den Kämpfen in diesem Jahre, wenngleich auf einem anderen Kriegsschauplatze, vorbehalten.

Dasselbe befand sich vor dem Ausbruche des Krieges mit dem eigenen Dépôt-Cadre und der 3. Division des 67. Linien-Infanterie-Regimentes Ritter von Schmerling in Stryj. Die genannten Truppenabtheilungen waren sämmtlich in den Militär-Baraken untergebracht.

Major Baron de Vicq befehligte, in der gleichzeitigen Eigenschaft als Ergänzungsbezirks- und Stations-Commandant, das Bataillon, Hauptmann August Koch den Dépôt-Cadre.

Der Stand war äußerst gering. Er betrug beim Stabe: 1 Major, 1 Rechnungsführer, 1 Regiments-, 1 Subaltern-Arzt, 1 Büchsenmacher, 1 Fahnenführer und 4 Officiersdiener, zusammen 1 Stabsofficier, 3 Ober-Parteien und Beamte, 6 Mann; bei den 6 Compagnien: 6 Hauptleute, 6 Oberlieutenante, 6 Lieutenante, 6 Feldwebel, 12 Führer, 24 Corporale, 24 Gefreite, 120 Gemeine, 6 Tamboure, 3 Hornisten, 3 Zimmerleute und 18 Officiersdiener, zusammen 18 Oberofficiere, 216 Mann.

Der Dépôt-Cadre bestand aus: 1 Hauptmann, 2 Lieutenanten, 2 Feldwebeln, 4 Corporalen, 4 Gefreiten und 3 Officiersdienern, zusammen 3 Oberofficieren, 13 Mann.

Am 22. März rückte die 3. Division Schmerling-Infanterie Nr. 67 nach Lemberg ab, um zu dem von Stanislau ebendahin gezogenen 1. und 2. Bataillon jenes Regimentes zu stoßen. Es war eine wohlgeschulte, in musterhafter Ordnung befindliche Truppe, die das schöne Regiment, welchem sie angehörte, in Stryj würdig zu vertreten gewusst und jederzeit im brüderlichsten Einvernehmen mit dem Bataillon gelebt hatte.

Diesem fiel sofort die Bestreitung des Wachdienstes und aller Commanden ganz allein zu. Abgesehen von der großen Anzahl Schreib- und Arbeitskräfte, welche den in Stryj befindlichen Militär-Etablissements, Filial-Verpflegs- und Betten-Magazin, Spital und Transporthaus, den verschiedenen Kanzleien in der Ergänzungs-Bezirks-Station, sowie dem Augmentations-Magazine beigestellt werden mussten, befanden sich auch mehrere Commandierte bei den 2 Assent-Commissionen im Stryjer Kreise und im Samborer Kreisantheile zugetheilt, zudem waren, infolge der geographischen Lage Stryjs an dem Vereinigungspunkte der vier Straßen von Lemberg, Stanislau, Munkács und Sambor, stets sehr viele kleinere Commanden unterwegs. Indem nun auch die Beistellung der Wach-Detachements beim Fuhrwesens-Material-Dépôt in Drohobycz, 1 Unterofficier, 2 Gefreite, 18 Gemeine, und beim Militär-Hengsten-Dépôt in Drohowyze, 1 Corporal, 1 Gefreiter, 9 Gemeine, dem Bataillon zufiel, überdies im Monate April der erste Rekrutenturnus in der Stärke von 70 Mann, gegen Beurlaubung einer gleichen Anzahl älterer Mannschaft, zur Abrichtung vom Urlaube einberufen wurde, befand sich das Bataillon bei seinem schwachen Stande factisch ganz aufgelöst, und es konnte unter solchen Verhältnissen von einer taktischen Ausbildung desselben gar keine Rede sein*).

Bald ergab sich eine Abhilfe. Mit dem Kriegsministerial-Telegramme vom 21. April C.-K. Nr. 1425 wurde die Aufstellung der Dépôt-Division, vorläufig ohne Officiere und bloß mit einem Mannschaftsstande von je 2 Feldwebeln, 4 Führern, 8 Corporalen, 10 Gefreiten, 40 Gemeinen einschließlich des Compagnie-Schusters, 2 Tambouren, 1 Hornisten und 2 Zimmerleuten per Compagnie, angeordnet. Die 40 Gemeinen hatten aus älteren, abgerichteten Soldaten zu bestehen.

Schon zu Anfang März, als die politischen Verhältnisse einen drohenden Charakter annahmen, hatte das Ergänzungsbezirks-Commando alle Vorbereitungen getroffen, sämmtliche Urlauber und Reservemänner auf den ersten ergehenden Befehl schleunigst einberufen zu können. Es wurden sofort die Chargen für die Dépôt-Division vollzählig aus dem Reservestande, desgleichen an Gemeinen jene Leute der zweijährigen Reservepflicht, die gleichzeitig ledigen Standes waren, in der festgesetzten Anzahl einberufen, die abgängigen Feldwebel zur Besetzung aus dem Stande des Regimentes vorgeschlagen, die gesammte Mannschaft des 4. Bataillons einer genauen chefärztlichen Untersuchung unterzogen, die minder kriegsdiensttauglich befundenen Leute**) in die Dépôt-Division eingetheilt, und der letzteren überdies an Officieren einstweilen aus dem Stande des 4. Bataillons Hauptmann Winterle, unter gleichzeitiger Fortführung des Commandos der 21. Compagnie und der Oberaufsicht über die in der Abrichtung befindliche Rekrutenabtheilung, Oberlieutenant Emil Medycki, Lieutenant Putalkiewicz und Mrazek beigegeben.

Annahme des Kriegsstandes.

Mit dem Kriegsministerial-Telegramme vom 28. April C.-K. Nr. 1748 wurde das 4. Bataillon beordert, sich mit Mannschaft vom Feldwebel abwärts, jedoch ohne Fahrge-

*) Wir gehen bei der Darstellung der Ereignisse beim 4. Bataillon, für welche uns ein viel reichlicheres Quellen-Material zu Gebote stand, in die geringsten Einzelnheiten ein, indem sie ein klares Licht auf alle die Schwierigkeiten werfen, mit denen das Bataillon zu kämpfen hatte, und weil wir der Ansicht sind, dass größte Genauigkeit in Angabe von Stärke, dienstlichen Verhältnissen, taktischer Ausbildung und moralischem Gehalte einer Truppe die unumgänglichsten Elemente zu einer eingehenden Würdigung ihrer Leistungen bilden, und nur durch Erwägung und Vergleichung des Zusammenwirkens aller, auch der kleinsten Umstände, ein richtiger Maßstab an das kriegerische Wirken eines Waffenkörpers gelegt werden kann. Überdies dürften selbst die geringfügigsten Details, welche auf Selbsterlebtes, Selbstgesehenes Bezug nehmen, allen Mitgliedern des Regimentes — und nur für solche ist ja dieses Buch geschrieben — wohl nicht unwillkommen sein.

**) 2 Feldwebel, 5 Führer, 1 Corporal, 1 Tambour, 13 Gemeine.

meine*), auf den vollen Kriegsstand zu setzen und, sobald die Ergänzung nahezu bewirkt sein würde, dem Landes-General-Commando zu Lemberg den telegraphischen Bericht zu erstatten.

Es war somit der Stand des Bataillons um 1 Bataillons-Tambour, 2 Bataillons - Führer, 6 Feldwebel, 12 Führer, 24 Corporale, 72 Gefreite, 6 Tamboure, 3 Hornisten, 9 Zimmerleute, 660 Gemeine, 12 Blessiertenträger, 12 Compagnie-Schuster und 7 Officiersdiener, zusammen 826 Mann, zu erhöhen. Hiezu kamen in der Folge noch 8 Officiere**) und 15 Fahrgemeine.

Auch die Dépôt-Division hatte vermöge des Kriegsministerial-Telegrammes vom 28. April C.-K. Nr. 1769 nunmehr den vollen Kriegsstand von 8 Officieren und 400 Mann vom Feldwebel abwärts***) anzunehmen, und die etwa über die normierte Kriegsstärke mehr vorhandenen unabgerichteten Rekruten sammt dem für dieselben bewilligten Mehrausmaße an Chargen†) überzählig zu führen.

Sämmtliche zur Dienstleistung bei den Armee-Anstalten chefärztlich classificierte Mannschaft des eigenen Regimentes wurde sofort an die 1., jene der fremden Truppenkörper ohne Unterschied der Waffengattung an die 2. Dépôt-Compagnie übergeben und bei ersterer als überzählig, bei letzterer als zugetheilt geführt, desgleichen die bei den Compagnien des 4. Bataillons in Abrichtung stehenden Rekruten, 73 Mann, an die Dépôt-Division, als auf deren Stand zählend, abgegeben, wogegen das 4. Bataillon den hiedurch entfallenden Standesabgang durch eine gleiche Anzahl Reservemänner ersetzte.

Hauptmann Koch übernahm das Commando der 1., Hauptmann Winterle, unter gleichzeitiger Übergabe der 21. Compagnie an Oberlieutenant Grimm, definitiv jenes der 2. Dépôt-Compagnie.

Als sich gemäß des Kriegsministerial - Rescriptes vom 2. Mai C.-K. ad Nr. 1832 auch der Regimentsstab und die

---

*) Dieselben wurden erst später, bei Ausfassung der Fuhrwerke, einberufen.

**) 1 Bataillons-Adjutant und 1 Proviant-Officier beim Stabe, 6 Lieutenante bei den Compagnien.

***) Nämlich, außer den bereits früher specificierten Chargen und Mannschaft, noch je 6 Gefreite, 120 Gemeine und 4 Officiersdiener per Compagnie.

†) Für je 10 überzählige Gemeine 1 Gefreiter,
„ „ 20 „ „ 1 Corporal,
„ „ 50 „ „ 1 Führer,
„ „ 100 „ „ 1 Feldwebel.

ersten 3 Bataillone auf den vollen Kriegsstand versetzten, wurden Oberlieutenant Hirnschall, Lieutenant Putalkiewicz und Domiczek aus dem Stande des 4. Bataillons dem Dépôt-Divisions-Commando einstweilen zur Verfügung gestellt, von letzterem einem jeden dieser Officiere je 1 Gefreiter zum Quartiermacher für die einrückenden Ergänzungen der ersten 3 Bataillone auf die Bedarfszeit beigegeben, alle Urlauber dieser Bataillone, die als gesund und diensttauglich anerkannt worden waren, an jene 3 Officiere *), sämmtliche Reservemänner, bis zur vollständigen Completierung des Regimentes, der 2. Dépôt-Compagnie in die Verpflegungszutheilung übergeben, um durch dieselben jeden Augenblick den Abgang des Regimentes decken zu können; die in gerichtlicher Untersuchung befindliche Mannschaft des 4. Bataillons aber, **) indem sie betreffs ihrer Kriegsdiensttauglichkeit nicht untersucht werden konnte, vom Ergänzungsbezirks-Commando zur Dépôt-Division transferiert.

Die taktischen Übungen wurden mit größter Energie wieder aufgenommen. Sie währten täglich vormittags von halb 7 bis halb 11, nachmittags von 2 bis 5 Uhr (die Zeit des Ein- und Ausrückens nicht mit eingerechnet). Das Scheibenschießen fand vormittags mit den Rekruten partienweise von 6 bis 12, nachmittags mit den Compagnien des 4. Bataillons abwechselnd von 2 bis 6 Uhr statt.

Die Reconvalescierungen aus dem Spitale erfolgten, wegen des sich durch die große Anzahl der einrückenden Urlauber häufenden Krankenstandes, nunmehr täglich.

Allen Kranken und Commandierten wurde nebst der kriegsmäßigen Marschadjustierung die vollständige Armatur und Rüstung beigegeben; ferner, um das 4. Bataillon jeden Augenblick marschbereit zu machen, die Ablösung der meisten in Stryj und aller auswärts Commandierten desselben, sowie auch der beiden Wach-Detachements in Drohobycz und Drohowyze, durch die Dépôt-Division bewirkt.

Letztere erhielt sämmtliche Localitäten der Militär-Baraken zur Unterkunft ihrer Mannschaft; ein Rest von 500 Mann jener Division und die 6. Compagnie des 4. Bataillons wurden wegen Mangels an Belagsraum am 30. April nach dem Menage-Abessen gemeinschaftlich beim Bürger bequartiert,

*) Jene vom 1. Bataillon an Lieutenant Domiczek, jene des 2. an Lieutenant Putalkiewicz, und die des 3. an Oberlieutenant Hirnschall.

**) Im Garnisons-Stockhause zu Lemberg.

und als sich auch dieser erweiterte Bequartierungs-Rayon als ungenügend herausstellte, die 20. und 21. Compagnie am 4. Mai in die nächstgelegenen Dörfer verlegt.

Hand in Hand mit der Standesergänzung und taktischen Ausbildung schritt auch die von seite des äußerst thätigen und umsichtigen Magazin-Verwalters, Oberlieutenant Modřitzky, geleitete Bekleidung und Ausrüstung der einrückenden Urlauber und Reservemänner vor.

Am 29. April fasste die 10. Division, tagsdarauf die 11., am 1. Mai die 12. Division alle auf den vorgeschriebenen Kriegsstand abgängigen Monturen, Rüstungen und Armaturen aus dem Augmentations-Magazine ab. Die Dépôt-Division hatte diese Fassung bereits einige Tage früher bewirkt. *)

Es ergab sich nun noch die dringende Nothwendigkeit, die über den normierten vollen Kriegsstand einberufene und präsentierte Mannschaft, so gut es bei den beschränkten Montursmitteln eben möglich war, zu adjustieren. Alle kleinlichen ökonomischen Rücksichten hintansetzend, nur das Interesse des Ganzen vor Augen, stellten die Compagnie-Commandanten des 4. Bataillons ihren gesammten Vorrath an zweiter Montur zur Bekleidung der Übercompleten zur Verfügung, und zwar wurden die disponiblen Monturen des rechten Flügels an die 1., jene des linken an die 2. Dépôt-Compagnie abgegeben.

Auch die ersten 3 Bataillone des Regiments sandten am 1. Mai 594 Garnituren zweiter Montur zur Bekleidung der Rekruten von Komorn nach Stryj ab; diese Sendung traf jedoch sehr verspätet ein.

Ein großer Theil der bei der Mannschaft des 4. Bataillons im Gebrauche befindlichen Bekleidungsstücke befand sich in einem bereits sehr schadhaften, diese Sorten nicht mehr für einen Kriegsfall eignenden Zustande. Über den Antrag des Ergänzungsbezirks-Commandos wurde vom Landes-General-Commando zu Lemberg der angesuchte Umtausch dieser Monturen zwischen den Compagnien des 4. Bataillons und der Dépôt-Division bewilligt, jedoch nur auf die Monturen der

---

*) Die Verausgabung der Monturen, Rüstungen und Armaturen an die einrückenden Urlauber der ersten drei Bataillone erfolgte anfangs Mai und derart, dass Oberlieutenant Hirnschall, Lieutenant Putalkiewicz und Domiczek, in deren Vepflegsabtheilung sich die Ergänzungen jener Bataillone befanden, die Namen der ihnen zur Verpflegung übergebenen Leute in eine Bekleidungs-Consignation compagnieweise eintrugen, diese Consignation dem Magazin-Verwalter Oberlieutenant Modřitzky zur Zusammenstellung der Haupt-Consignation täglich übergaben, letzterer aber die erforderlichen Monturen und Rüstungen dann sortenweise zur weiteren Verausgabung an die Ergänzungsmannschaft vorbereitete und sofort ausfolgte.

50 älteren, zu Kriegsfatiken minder geeigneten Gemeinen der 2. Dépôt-Compagnien beschränkt, indem die übrige Mannschaft dieser Division zur Ergänzung der im Felde stehenden ersten 3 Bataillone des Regimentes bestimmt und daher seinerzeit, mit den neuen Sorten des Augmentations-Vorrathes versehen, in Marsch zu setzen war. Es gab daher der rechte Flügel des 4. Bataillons per Compagnie je 16 bis 17 Garnituren der am stärksten abgenützten Bekleidungsstücke an die erste, der linke Flügel ebensoviel an die 2. Dépôt-Compagnie, gegen Einwechslung einer gleichen Anzahl neuer Sorten, ab.

Zur Abfassung der Armatur und Munition für die über den Stand zu führen erlaubten Chargen und Rekruten der Dépôt-Division, gieng Lieutenant Mrazek am 3. Mai mit dem Bataillons-Büchsenmacher Chomicki, 1 Unterofficier, 1 Gefreiten, 5 Gemeinen und 1 Zimmermann jener Division nach Lemberg ab. Die Fassung der Kriegsmunition für das 4. Bataillon wurde, zur Vermeidung überflüssiger Transportauslagen für den Staatsschatz, auf den Zeitpunkt des Durchmarsches in Lemberg verschoben, und, als dies bei der Kürze der Zeit in der Folge nicht thunlich war, nachträglich in Wien bewirkt.

Bereits am 4. Mai, also sechs Tage nach dem Einlangen des ersten telegraphischen Befehles, hatte sich das Bataillon, bis auf die noch neu zu befördernden Officiere, einige dreißig abgegangene Chargen und 15 Fahrgemeine, auf den vollen Kriegsstand ergänzt und stand vollkommen schlagfertig da.

Ihres Kaisers treueste Unterthanen, waren Galiziens edle Söhne auf den ersten Ruf ihres obersten Kriegsherrn freudig zu den Fahnen geeilt, auch diesmal die angestammte Treue und Hingebung für das Allerhöchste Kaiserhaus herrlich bewährend. Jede andere Rücksicht bei Seite setzend, verließen sie den heimatlichen Herd und ihre Familien, um sich in die Reihen ihrer bereits in Waffen stehenden Brüder zu scharen und mit ihrem Blute für das heilige Recht ihres Landesherrn, für die bedrohten Interessen ihres großen Gesammt-Vaterlandes einzustehen.

Das Bataillon war vorläufig als Besatzungstruppe nach Wien bestimmt. Um den Compagnien die dringend nothwendige Zeit zur vollständigen Ausrüstung und Gliederung ihrer Abtheilungen zu gönnen, erstattete Major Baron de Vicq erst 24 Stunden nach erfolgter Completierung des Bataillons

Ausmarsch des 4. Bataillons.

— nämlich am 5. Mai — den telegraphischen Bericht hierüber an das Landes-General-Commando zu Lemberg.

Noch den nämlichen Vormittag langte auf gleichem Wege der Befehl herab, mit dem Bataillon am folgenden Tage den Marsch nach Mikolajow anzutreten, wohin der weitere Marschplan mittels Post befördert werde.

Major Baron de Vicq übergab sofort das Ergänzungsbezirks- und Stations-Commando an Hauptmann Koch; Oberlieutenant Hirnschall und Lieutenant Domiczek die in ihrer Verpflegung stehende Mannschaft des ersten und dritten Bataillons sammt allen bezüglichen Documenten und Geldresten an Lieutenant Putalkiewicz, dem die Weisung ertheilt wurde, selbe an die von Komorn zur Abholung der Augmentations-Transporte auf dem Wege befindlichen Officiere gleich nach deren Eintreffen in Stryj zu übergeben und dann ungesäumt zum Bataillon zu stoßen.

Oberlieutenant Hirnschall brach denselben Nachmittag mit den Quatiermachern nach Mikolajow auf.

Abends traf ein Befehl des Regiments-Commandos aus Komorn ein, womit dem Bataillon 356 Rekruten der letzten Stellung in Stand gegeben wurden. Diese Anordnung war nicht mehr durchführbar. Das Ergänzungsbezirks-Commando hatte sämmtliche Rekruten an die Dépôt-Division übergeben und die Standeslücken des Bataillons durch Reservemänner ergänzt. Der Abmarsch sollte in wenigen Stunden stattfinden; der plötzliche Standeswechsel von 60 Mann per Compagnie, die dadurch bedingte Umtauschung und Anpassung aller Bekleidungstücke an eine Anzahl anderer Leute, die neue Gliederung der Züge etc. würden alle von den Compagnie-Commandanten bisher mit persönlichen finanziellen Opfern aufgebotenen Anstrengungen wieder zu nichte gemacht haben, das Bataillon mit einer so großen Anzahl gänzlich unabgerichteter Rekruten nicht in der Lage gewesen sein, das Regiment in der Reichshauptstadt würdig zu repräsentieren.

Dem Regiments-Commando waren diese Verhältnisse, als der betreffende Befehl erlassen wurde, unbekannt. Es billigte, auf den hierüber zuerst telegraphisch, dann schriftlich erstatteten motivierten Bericht, alle bereits erwähnten, von Major Baron de Vicq unter eigener Verantwortung getroffenen Verfügungen und ertheilte ihm überdies mit dem Befehlschreiben vom 7. Mai C. Nr. 53 die Genehmigung, auf die Dauer der bestehenden Ausnahmsverhältnisse auch den Chargen-Abgang des Bataillons vom Feldwebel abwärts durch Beförderung gegen nachträgliche Bestätigungs-Vorlage zu ergänzen, und die etwa nothwendig befundenen Transferierungen derselben im Bataillon selbständig durchzuführen.

In der Nacht auf den 6. Mai kam dem Bataillon mittels Estafette der Marschplan bis Lemberg zu.

Der Abmarsch erfolgte um 5 Uhr früh. Das Officierscorps der Dépôt-Division, sämmtliche in Stryj domilicierende k. k. Officiere des Ruhestandes, die Behörden und Notabilitäten der Stadt nebst dem größten Theile von deren Bevölkerung geleiteten auf eine weite Strecke die abziehende Truppe, die sich seit ihrem Bestande durch ein würdiges, taktvolles Auftreten bei jeder Gelegenheit die allgemeine Achtung zu sichern gewusst hatte. Bis Mikolajow bewegte sich der lange Zug mitgehender Landleute, dort an der Grenze des Ergänzungsbezirkes ihren scheidenden Söhnen, Brüdern und Gatten ein mit den herzlichsten Glückwünschen verbundenes Lebewohl zu sagen.

In Mikolajow stieß Hauptmann Simenthal aus Komorn zum Bataillon und übernahm von Oberlieutenant Grimm das Commando der 21. Compagnie. Oberlieutenant Johann Medycki und Ebert, Lieutenant Sielecki, Seidl und Pochowski, gleichfalls von Komorn kommend und theils zur Dépôt-Division übersetzt, theils zur Abholung der Ergänzungs-Transporte für die ersten drei Bataillone bestimmt, setzten nach kurzem Aufenthalte ihre Weiterreise nach Stryj fort.

Am 7. marschierte das Bataillon nach Chrusno, Tags darauf nach Lemberg, und wurde von dem Feldmarschall-Lieutenant von Schwartz, dem Adlatus des commandierenden Generals, besichtigt.

Gemäß des dem Bataillon in Lemberg zugestellten Continuations-Marschplanes war es am 9. morgens 8 Uhr 33 Minuten mit dem Militär-Separat-Zuge Nr. 8 nach Krakau abzufahren bestimmt und sollte daselbst am 10. um 2 Uhr 45 Minuten früh eintreffen. Als längere Aufenthalte während der Fahrt waren Grodek (16 Minuten), Mosciska (15 Minuten), Przemsyl (25 Minuten), Lancut (15 Minuten), Rszeszow (15 Minuten), Dembica (20 Minuten) und Tarnow (30 Minuten) festgesetzt.

Der landescommandierende General in Galizien und der Bukowina, Feldmarschall-Lieutenant Freiherr von Paumgartten, besichtigte das Bataillon vor der Abfahrt. Bei dieser Gelegenheit sein Bedauern zu erkennen gebend, eine so brave Truppe aus dem Verbande des Generalates scheiden zu sehen, sprach er gleichzeitig die Überzeugung aus, dass das Bataillon in seinem neuen Bestimmungsorte Wien die galizische Armee, als deren einziger Repräsentant in der Haupt- und Residenzstadt des Reiches, auf eine würdige Weise zu vertreten wissen werde.

Das Bataillon erreichte Krakau zur festgesetzten Zeit, setzte nach einem anderthalbstündigen Aufenthalte am 10. morgens ½4 Uhr die Fahrt nach Wien fort, traf hier Tags darauf um 6 Uhr früh ein und wurde in der Leopoldstadt bequartiert.

Feldmarschall-Lieutenant Crenneville, erster General-Adjutant Seiner Majestät des Kaisers, begegnete das Bataillon nach dessen Einrücken, auf dem Marsche nach dem Bequartierungs-Rayon und drückte des anderen Tages gelegenheitlich der dienstlichen Aufwartung des Majors Baron de Vicq demselben sein besonderes Wohlgefallen über die vom Bataillon beobachtete musterhafte Ordnung und das feste Geschlossensein sämmtlicher Abtheilungen mit dem Bemerken aus, dass er die schöne Haltung des Bataillons nach so anstrengenden Marschverhältnissen zur Allerhöchsten Kenntnis Seiner Majestät des Kaisers gebracht habe.

Den 14. Mai nachmittags bezog das Bataillon die durch den Abmarsch des Linien-Infanterie-Regiments Baron Rossbach Nr. 40 leer gewordenen Localitäten der Stiftskaserne in der Vorstadt Mariahilf.

Noch immer war eine große Anzahl Chargen beim Bataillon abgängig. Deren Mangel machte sich äußerst fühlbar.

Die tüchtigsten und verlässlichsten Unterofficiere hatten bei der Rechnungs- und Ergänzungsbezirks-Kanzlei, dann im Regiments-Magazine in Stryj zugetheilt zurückbelassen werden müssen, um keine Stockung im Geschäftsgange hervorzubringen; eine größere Anzahl Unterofficiere war vom Urlaube eingerückt und wurde, als es in der Folge geschah, zur 2. Dépôt-Division transferiert; mehrere andere, als minder kriegsdiensttauglich Anerkannte waren schon vor dem Abmarsche von Stryj in die erste Dépôt-Division eingetheilt worden. Der bestehende bedeutende Chargen-Abgang konnte durch Beförderung im Bataillon selbst um so schwerer ergänzt werden, als die Mannschaft zwar sehr vielen guten Willen, aber, bei einer Präsenzzeit von 2 bis 4, bei Einzelnen höchstens 6 Monaten, sehr geringe Dienstroutine besaß, während die Reservemänner nach einer meist mehrjährigen Urlaubszeit beinahe alles nachzuholen hatten, und in die neuen Abrichtungs- und Exercier-Vorschriften erst eingeschult werden mussten.

Dies waren Übelstände, deren Behebung die ganze Thätigkeit und Energie der Compagnie-Commandanten, die sich zudem mit dem administrativen Dienste größtentheils selbst befassen mussten, erforderte. Der Unterofficier, der als der eigentliche Träger des Dienstes, als der Lehrer des Mannes und der Wahrer des guten Geistes in einer Truppe, das Mittelglied jener Kette bildet, die dem Officier, die Seele des Heeres, mit der Mannschaft, als dessen Leibe, auf das engste verknüpft; der dienstgeübte, tüchtige Unterofficier, der einen so wesentlichen Einfluss auf seine Untergebenen ausübt, und als Vertrauensmann des Staates die ergehenden Befehle zur unabweichlichen Ausführung bringt, ist nicht in wenigen Wochen herangebildet, kann es umsoweniger bei der geringen Bildungsstufe der Elemente, woraus sich ein galizisches Regiment rekrutiert, sein. Es wird sich in dieser Zeit im günstigsten Falle höchstens eine oberflächliche Kenntnis der taktischen, vielleicht auch der Dienstesvorschriften, anzueignen im Stande sein, aber der belebende Geist, welcher den Soldaten erst stempelt, welcher die willenlose Maschine mit sich fortreißt und ihr die eigentliche Spannkraft verleiht, zeigt sich beim ungebildeten Menschen nicht in so kurzer Zeit, ist erst das Ergebnis eines tiefgewurzelten Pflichtgefühles und still fortwirkender Erfolge.

Auch keinen Büchsenmacher besaß das Bataillon, jetzt, wo es dessen am meisten bedurfte. Er war im Interesse des Regiments, zur Abfassung der Gewehre für die 2. Dépôt-Division, in Lemberg noch weiters zurückbelassen worden und stieß erst Mitte Juni wieder zur Truppe.

Desgleichen war Regimentsarzt Doctor Lederhofer, zur Versehung des chefärztlichen Dienstes in der Ergänzungsbezirks-Station, Ober-Wundarzt von Kuilowski aber krankheitshalber in Stryj zurückgeblieben, das Bataillon daher factisch ohne Arzt. Über Verwendung des Bataillons-Commandos wurde Unterarzt Heidenreich des Großherzog Leopold von Toscana 71. Linien-Infanterie-Regimentes dem Bataillon zur Versehung des ärztlichen Dienstes zugewiesen, und erst in den letzten Tagen des Mai Oberarzt Doctor Johann Zocher,

Mitte Juni überdies noch Unterarzt Johann Zaczek zum Bataillon eingetheilt.

Dasselbe fasste am 14. die Kriegsmunition und die Wachpatronen aus.

Mit Generals-Befehl Nr. 136 vom 16. wurde das Bataillon in die Local-Truppen-Brigade Generalmajor Baron Hammerstein-Gesmold eingereiht. Dieselbe bestand noch aus folgenden Waffenkörpern: Deutsch-Banater Grenz-Infanterie-Regiment Nr. 12 mit 3 Bataillonen*); 4. Bataillon des Linien-Infanterie-Regiments Prinz zu Holstein Nr. 80; eine 4pfündige Fuß-Batterie des Artillerie-Regiments Kronprinz Erzherzog Rudolf.

An demselben Tage wurden vom Bataillon die Commandierten des Linien-Infanterie-Regimentes Prinz zu Holstein Nr. 80, 2 Unterofficiere, 3 Schreiber**), 30 Gemeine und 2 Schneider abgelöst, Lieutenant Putalkiewicz zur Übernahme des Spitals-Commando zu Möllersdorf, Lieutenant Schmidt und Domiczek als Inspections-Officiere in die Garnisonsspitäler Nr. 1 und 2 bestimmt. Oberlieutenant Podluzki war mit der Kasern-Verwaltung, der Evidenthaltung der Quartiere, Bettfournituren und Kaserngeräthschaften betraut, Lieutenant Dobiasch Bataillons-Adjutant; Lieutenant Noskiewicz versah das Proviantgeschäft; Lieutenant Rössel war zweiter Proviant-Officier.

Die taktischen Übungen des Bataillons wurden nach der mit der Landes-General-Commando-Verordnung Nr. 134 vom 14. Mai herabgegebenen Tages-Eintheilung vorgenommen, nämlich Dienstag und Freitag von 7 bis halb 9 Uhr früh auf der Schmelz, Donnerstag die gleiche Zeit auf dem Paradeplatze, Mittwoch und Samstag im Kasernhofe exerciert, Montag eine Feldübung im Prater abgehalten, zum Scheibenschießen die Brigitten-Au benützt.

Den rastlosen Anstrengungen der in jeder Richtung unermüdet thätigen Compagnie-Commandanten war es zu verdanken, dass das Bataillon bei allen Gelegenheiten seines Auftretens in Wien den ungetheilten Beifall aller Höheren einerntete.

---

*) Traf am 19. Mai in Wien ein.

**) Da das Bataillon an schreibkundigen Individuen gänzlich auflag, wurden, auf die Vorstellung des Bataillons-Commandos, 2 Schreiber nach wenigen Tagen durch das Deutsch-Banater Grenz-Infanterie-Regiment wieder abgelöst.

So rückte es z. B. am 25. Mai nachmittags 2 Uhr in der Stärke von vier Compagnien, im Vereine mit den beiden ersten Bataillonen der zwei Linien-Infanterie-Regimenter Großherzog Leopold von Toscana Nr. 71 und Graf Nobili Nr. 74, dann des Deutsch-Banater Grenz-Infanterie-Regiments Nr. 12 nebst der Musikbande letzteren Regiments und 12 achtpfündigen Geschützen zum Leichenbegängnisse des Generals der Cavallerie Landgrafen Fürstenberg aus. Seine königliche Hoheit General der Cavallerie Prinz zu Württemberg, welcher den Conduct befehligte, rief, als er die Front des Bataillons abgeritten hatte, Major Baron de Vicq die Worte zu: »Ich gratuliere, Herr Major, Sie haben da ein schönes, ein fertiges Bataillon!«

Am 28. Mai wurde die Brigade Generalmajor Baron Hammerstein um 9 Uhr vormittags auf dem Paradeplatze in Waffenröcken, mit Feldzeichen von Eichenlaub und mit vollständiger Feldausrüstung von Sr. Majestät dem Kaiser besichtigt. Allerhöchstderselbe sprach nach beendeter Revue, im Kreise des versammelten Officiers-Corps der Brigade die vollste Zufriedenheit mit dem Aussehen, der Adjustierung und Ausrüstung der ausgerückten Truppe aus. Die Mannschaft vom Feldwebel abwärts erhielt eine fünftägige Gratislöhnung.

Infolge des um diese Zeit beginnenden Abmarsches der in Wien und Umgebung befindlichen Truppen des 8. Armee-Corps nach dem Norden, wurde das Bataillon beordert, am 29. Mai eine Division nach Laxenburg und Guntramsdorf zu verlegen und schon einen Tag früher die Schlosswache im ersteren Orte mit 1 Officier und 42 Mann zu beziehen. Es wurde hiezu Hauptmann Brendl mit der 11. Division bestimmt. Das bezeichnete Wachquantum rückte am 27. nach dem Menage-Abessen nach Laxenburg ab, am 28. aber wieder nach Wien ein, indem gemäß des General-Befehles Nr. 147 vom 27. Mai, an Stelle der angeordneten Detachierung der 11. Division, die Absendung von 2 Officieren und 84 Mann des Deutsch-Banater Grenz-Infanterie-Regimentes Nr. 12 erfolgte.

Dagegen gieng am 27. Mai vom Bataillon ein Wach-Detachement von 2 Unterofficieren, 2 Gefreiten, 24 Gemeinen und 1 Koch zur Raketenanstalt am Wasser bei Wiener-Neustadt, dann ein zweites Detachement in der Stärke von 2 Gefreiten, 12 Gemeinen und 1 Koch, in die Schießwollfabrik zu Hirtenberg ab.

Abmarsch nach Italien.

Am 29. nachmittags erhielt das Bataillon den Befehl, sich marschbereit zu halten, mit der Weisung, des anderen Tages die zur vollständigen Kriegsausrüstung erforderlichen Fuhrwerke sammt Zuggeschirren, mit alleiniger Ausnahme des Munitionswagens, beim Fuhrwesens-Standesdépôt in Korneuburg, — die dazu gehörigen Zug- und Bespannungspferde aber von der stabilen Remonten-Assentcommission Nr. 1 in Wien auszufassen.

Es wurde augenblicklich an das Ergänzungsbezirks-Commando in Stryj telegraphiert, 15 Mann an Stelle der aus dem Stande der Combattanten fürgewählten Fahrgemeinen auszurüsten und nach Wien in Marsch zu setzen; Lieutenant Mrazek gieng noch denselben Abend mit 1 Unterofficier, 6 Gemeinen nach Korneuburg ab; Oberlieutenant Grimm bewirkte am 30. die Ausfassung der Pferde, Lieutenant Rössel die Abfuhr der Exercier-Munition; Lieutenant Wallek war bereits einige Tage früher zur Ausfassung der Reserveschuhe noch Stockerau abgegangen, jedoch wegen Mangels an Vorräthen unverrichteter Dinge zurückgekommen. Die Verbandgeräthschaften wurden unverzüglich an die Blessiertenträger hinausgegeben, am 31. sämmtliche Commandierte des Bataillons in Wien, nämlich 3 Officiere, 1 Unterofficier, 1 Gefreiter, 46 Gemeine und 1 Schreiber, vom Deutsch-Banater Grenz-Infanterie-Regiment Nr. 12 und vom 4. Bataillon Prinz zu Holstein Nr. 80 abgelöst.

Am 31. rückte das Bataillon, in der angeordneten Stärke von 6 Compagnien zu je 40 Rotten, mit dem Deutsch-Banater Grenz-Infanterie-Regiment Nr. 12 und den 4. Bataillonen der Linien-Infanterie-Regimenter Baron Hess Nr. 49 und Prinz zu Holstein Nr. 80, unter Commando des Generalmajors Baron Hammerstein, zur Feier des Frohnleichnamfestes aus und wurde als Spalier verwendet.

Es war die letzte Parade des Bataillons in Wien.

Das Landes-General-Commando gab an demselben Tage mit der Verordnung, Abtheilung 1, ad Nr. 5636, den Marschplan herab, wonach das Bataillon am 1. Juni um 8 Uhr 15 Minuten abends mit dem Militär-Separatzuge Nr. 1006 nach Laibach abfahren und dort am 3. um 2 Uhr 45 Minuten nachts eintreffen sollte. Als längere Aufenthalte während der Fahrt waren bezeichnet: Gloggnitz (49 Minuten), Mürzzuschlag, gleichzeitig Etappen-Frühstücksstation (von 3 Uhr 45 Minuten bis 6 Uhr 10 Minuten früh), Bruck (44 Minuten), Graz

(41 Minuten), Marburg, Etappen-Mittagsstation (von 4 Uhr 13 Minuten bis 6 Uhr 25 Minuten abends).

Der eigentliche Bestimmungsort des Bataillons war noch unbekannt; mit Gewissheit ließ sich jedoch schon jetzt voraussetzen, dass der Süden der Schauplatz seiner künftigen Thätigkeit sein, und sich bei der numerischen Schwäche der dort operierenden Armee vielleicht auch dem Bataillon die ersehnte Gelegenheit bieten werde, nicht bloß zum Besatzungsdienste verwendet, sondern auch den kämpfenden Feldtruppen beigezogen zu werden. Freude schwellte alle Herzen bei dem Gedanken, nach der moralischen Versumpfung eines langjährigen Garnisons-Werkeltagtreibens im Ergänzungsbezirke, in welchem »des Dienstes ewig gleichgestellte Uhr« als Herrscherin thronte, endlich das thatenreiche Feld eigentlicher Soldatenbestimmung betreten zu können, wenngleich jeder, die allgemeine Überzeugung theilend, den Kampfplatz im Norden vorgezogen hätte, da im Süden, einer dreifachen Übermacht gegenüber, voraussichtlich nur wenige Lorbeern einzuernten waren. Im Buche der Vorsehung stand es anders geschrieben. Die kleine Armee im Süden sollte unter der kräftigen Führung, deren sie sich erfreute, Österreichs Kriegsgeschichte durch einen der glänzendsten Siege und eine ununterbrochene Reihe der kühnsten gelungenen Waffenthaten verherrlichen, während der großen, schönen Armee im Norden, wider alles Erwarten, das herbe, unverdiente Los beschieden war, trotz aller aufgebotenen Tapferkeit und Pflichttreue im Kampfe mit einem von Hause aus viel zu sehr unterschätzten Gegner zu unterliegen.

Die letzten Anordnungen zum Abmarsche wurden nun getroffen, Oberlieutenant Emil Medycki mit den Quartiermachern nach Laibach vorausgesandt, die Detachements in der Raketenanstalt am Wasser und in Hirtenberg angewiesen, sich dem Bataillon in Wiener-Neustadt während der Durchfahrt anzuschließen.

Um halb 6 Uhr nachmittags rückte das Bataillon aus der Stiftskaserne in den Matzleinsdorfer Frachtenbahnhof ab, wohin sich die Fuhrwerke bereits früher in Bewegung gesetzt hatten.

Der Gesammtstand des Bataillons betrug um diese Zeit 1 Stabs-, 32 Oberofficiere, 3 Ober-Parteien, 1040 Mann (darunter 337 Reservemänner) und 32 ärarische Pferde.

Hievon befanden sich in auswärtiger Verwendung und undienstbar: Hauptmann Pokorny, als Adjutant des Oberst-Inhabers des Regiments; Hauptmann Smalawski, bei der Brigade Generalmajor Hahn in Deutschland als Generalstabs-Officier; Oberlieutenant Uhl, als Ergänzungsbezirks-Officier in Stryj commandiert, und Lieutenant Služar, beim 5. Bataillon zugetheilt, sämmtlich mit Dienern; Oberlieutenant Binder, krankheitshalber beurlaubt.

Regiments-Arzt Doctor Lederhofer, als Chef-Arzt*), Oberwund-Arzt von Knilowski, krankheitshalber, Rechnungsführer von Senkowski, als Chef der Rechnungs-Kanzlei, in Stryj zurückgeblieben.

In der Rechnungs-Kanzlei zu Stryj als Hilfsarbeiter, 2 Unterofficiere. In der Ergänzungsbezirks-Kanzlei zu Stryj als Schreiber, 3 Unterofficiere. Als Aufsichtscharge und als Schreiber im Regiments-Magazine zu Stryj 2 Unterofficiere. Als Manipulant beim Tyrnauer Invalidenhause 1 Unterofficier. Mit Anspruchscertificaten auf Staatsdienste betheilt, bis zur definitiven Anstellung beurlaubt, 2 Unterofficiere. Bei der Gewehrfassung in Lemberg 1 Büchsenmacher. Als Aufsichtscharge bei den in Wien zurückbleibenden Compagnie-Bagagen 1 Unterofficier. Auf dem Anmarsche von Stryj 1 Unterofficier, 2 Gefreite. Auf laufenden Commanden 2 Unterofficiere, 1 Gemeiner. Krank in Stryj, Lemberg, Wien und Hirtenberg 1 Unterofficier, 3 Gefreite, 20 Gemeine, 1 Non-Combattant.

Zusammen in auswärtiger Verwendung und undienstbar: 5 Officiere, 3 Ober-Parteien, 16 Unterofficiere, 27 Gefreite und Gemeine, 6 Non-Combattanten.

Der marschierende Stand des Bataillons betrug somit: 1 Stabs-, 27 Oberofficiere, 63 Unterofficiere, 836 Gefreite und Gemeine, 30 Tamboure, Hornisten und Zimmerleute, 62 Non-Combattanten (Compagnie-Schuster, Blessiertenträger, Fahrgemeine und Officiersdiener), im ganzen 28 Officiere, 991 Mann; ferner 2 ärarische Reit-, 28 Zug- und 2 Reserve-Pferde, mit 4 Bagagekarren, 1 Cassa-Deckelwagen und 3 Rüstwagen.

Das Bataillon traf am 3. Juni um dreiviertel 3 Uhr morgens in Laibach ein und verblieb tagsüber hier. Die Mannschaft wurde in 6 Sälen der Zuckerfabrik, die taghabenden

*) Sammt Diener.

Officiere in einem zunächst befindlichen Hause, alle übrigen Officiere im Coliseum, je zwei bis vier in einem Zimmer, bequartiert; die Fuhrwerke mit ihren Bespannungen blieben einwaggoniert auf dem Bahnhofe.

In Laibach erhielt das Bataillon den weiteren Marschplan bis Verona, wohin es als Besatzungstruppe bestimmt war. Oberlieutenant Emil Medycki ging denselben Nachmittag mit den Quartiermachern; Hauptmann Brendl, zur Umtauschung des in der Bataillonscasse befindlichen Papiergeldes gegen Silber, mit einer entsprechenden Bedeckung nach Udine ab, und schloss sich hier später dem Bataillone wieder an.

Letzteres setzte am 4. Juni um 6 Uhr früh die Fahrt von Laibach nach Verona, mit längeren Aufenthalten in Nabresina, Udine, Mestre und Vicenza, fort. In Udine wurde vom Etappen-Commando das Etappen-Relutum für die Mittags- und Abendbeköstigung der Mannschaft ausgefasst.

Am Morgen des nächstfolgenden Tages langte das Bataillon um 6 Uhr 7 Minuten in Verona an und marschierte in der Stille in die ihm zugewiesenen Kasernen ab. Die 19. Compagnie wurde mit je zwei Zügen in die Blockhäuser Trinità und Riformati zu beiden Seiten der Porta nuova, die 20. Compagnie in die Communal-Kaserne Rivanelli, der Bataillonsstab mit der 11. und 12. Division in die Pallone-Kaserne *) verlegt, die Officiere compagnieweise in Gasthäusern bequartiert, die Fuhrwerke und Bespannungen in der Vorstadt Borgo San Giorgio untergebracht.

Den Schluss-Phasen des österreichisch-preußischen Conflictes vorgreifend, hatte Italien bereits im Monate März seine Rüstungen in großartigem Maßstabe begonnen und mit fieberhaftem Eifer fortgesetzt.

Die italienische Armee bewirkte gegen die Mitte Mai ihren Aufmarsch, sich in zwei große Massen zerlegend, von denen die stärkere in der Lombardie, die andere am unteren Po sich sammelte, während die Freiwilligen auf dem linken Flügel des Hauptheeres zum Angriffe auf Tirol concentriert wurden.

Das kaiserliche Heer im lombardisch-venetianischen Königreiche war erst am 21. April auf den Kriegsstand gesetzt worden. Mitte Juni war es vollzählig und vollkommen aus-

*) Sämmtliche Kasernen wurden vom ausmarschierenden Linien-Infanterie-Regiment Baron Maroičić Nr. 7, übernommen.

gerüstet. Seine kaiserliche Hoheit Feldmarschall Erzherzog Albrecht befehligte dieses Heer, die Süd-Armee genannt.

Es bestand aus der eigentlichen Operationsarmee (5., 7., 9. Armee-Corps und Reserve-Cavallerie-Brigade Oberst Pulz), welche im Manövrier-Terrain zwischen dem Festungs-Vierecke lagerte; aus 2 Truppen-Divisionen in Tirol und Istrien; aus einer mobilen Streif-Brigade im Bellunesischen, um die Verbindung zwischen Tirol und Istrien einerseits, mit der mobilen Armee anderseits zu unterhalten und etwaigen Insurrectionsversuchen im Rücken der Armee zu begegnen; aus 2 Brigaden in Laibach und Klagenfurt, dann aus den Festungsbesatzungen, Dépôt- und Sicherheitstruppen.

Nur klein war dieses Heer im Vergleiche mit der mehr als dreimal überlegenen Feindesmacht; allein es zählte Männer von geprüfter Kriegserfahrung, ersetzte durch kräftige Führung und trefflichen Geist, was ihm an Zahl abgieng, und fand in dem gewaltigen Festungs-Vierecke eine Basis, welche seine Widerstandskraft noch erhöhte.

Verona, zu beiden Seiten der Etsch gelegen, bildete den wichtigsten und zugleich Central-Punkt der österreichischen Vertheidigungsfront. Den sturmfreien Bastionair-Systemen des Noyaus (nach alt-italienischer Manier, ohne Ravelins erbaut und in neuerer Zeit mit freistehenden Mauern und Koffern zur Grabenflankierung versehen), lagen noch zwei Reihen permanent erbauter Lager-Forts vor, und zwar: auf dem rechten Etsch-Ufer in erster Linie die Forts Albrecht, Franz Joseph, Strassoldo, Rudolph, Gisela, Neu-Wratislaw, Stadion und Hess; hinter diesen in zweiter Linie die Forts Procolo, Radetzky, Liechtenstein, d'Aspre, Schwarzenberg, Alt-Wratislaw und Clam; auf dem linken Etsch-Ufer die Forts Elisabeth und John mit den vier Thürmen (A, B, C und D) zwischen Pojano und Avesa in erster —, das Fort Scholl, Biondella, Castell S. Pietro und S. Felice, die beiden Forts mit dem Thurme nördlich und südlich von S. Leonardo, in zweiter Linie. Die Wirksamkeit dieser Werke wurde durch neu erbaute Feld-Forts bei Bellina (auf dem linken Etsch-Ufer, 21 Geschütze), Ca vecchia (auf dem rechten Etsch-Ufer, 31 Geschütze), dann durch Umwandlung des alten Schlosses von Montorio in ein Lagerwerk, endlich durch Aufführung von Zwischen-Batterien (auf je 7 bis 9 Geschütze) bei Fenilone, Casa Martinella, Torcolo, auf der Straße von Legnago und bei Casa Pallazina nahezu auf das Vollständigste ergänzt, außerdem vom Festungs-Commando auf Anlage von Gegenwerken für den Fall eines feindlichen Angriffes Bedacht genommen. Von den mit Angriff bedrohten Forts sollten nämlich beiderseits zu Ausfällen eingerichtete, durch Erd-Batterien geschützte Tranchéen ausgehoben, ebenso Zwischen-Batterien und selbständige Erdwerke an einzelnen, die locale Vertheidigung begünstigenden Punkten errichtet werden. Ein angesammelter Schanzzeug-Vorrath auf 30.000 Arbeiter verbürgte die Möglichkeit der schnellen Ausführung obiger Arbeiten im Bedarfsfalle.

Alle jene Werke waren mit 758 Geschützen versehen. Außerdem gehörte zum Bereiche Veronas auch die Befestigung von Pastrengo (4 Forts mit 54 Geschützen) und jene der Etsch-Klause bei Ceraino (mit 1 Thal-, 3 Berg-Forts und 57 Geschützen). Bei ersteren waren noch 10 passagere Batterie-Stellungen erbaut worden.

Die Besatzung Veronas zählte am 25. Mai einen streitbaren Stand von 12 Bataillonen, 14 Compagnien, 2 Escadronen Cavallerie und 1 Feld-Batterie, mit 10.176 Mann Infanterie, 152 Pferden und 8 Feldgeschützen. Der Effectivstand betrug 13.000 Mann.

Der Approvisionierungs-Vorrath der Festung bestand in 3.510 Schlachtochsen, 2.600 Centnern Büchsenfleisch, 26.874 Centnern Backmehl, 3.900 Centnern Zwieback und 13.211 Eimern Wein. Außerdem war in Verona auch der größte Theil der Verpflegs-Vorräthe für die mobile Armee aufgespeichert.

Feldmarschall-Lieutenant Ritter Jacobs von Kantstein war Festungs-Commandant, Oberstlieutenant von Friedberg Generalstabs-Chef, Oberst Thiel Artillerie-, Oberstlieutenant von Tunkler Genie-Director.

Das Bataillon war in die Brigade Generalmajor Graf Daun eingetheilt. Zu deren Verbande gehörten außerdem noch folgende Truppenkörper: das Warasdiner St. Georger Grenz-Infanterie-Regiment Nr. 6 mit 3 Bataillonen, die zwei 4. Bataillone der Linien-Infanterie-Regimenter Dom Miguel Nr. 39 und Erzherzog Ernst Nr. 48, die 2. Escadron des Prinz Carl von Bayern Husaren-Regimentes Nr. 3, die vierpfündige Fuß-Batterie Nr. 6/V, der Stab und die Dépôt-Division des 2. Genie-Regimentes, die Dépôt-Compagnie des 3. Pionnier-Regimentes und das Pionnier-Felddépôt.

Auch das am 11. Juni aus Lemberg eingetroffene 4. Bataillon des Linien-Infanterie-Regimentes Baron Martini Nr. 30

wurde in die Brigade eingetheilt, dagegen der Besatzung von Verona das Linien-Infanterie-Regiment Graf Degenfeld Nr. 36 mit 3 Bataillonen entnommen und aus diesem Regimente, dem ursprünglich zur Besatzung von Venedig gehörigen Linien-Infanterie-Regiment Prinz Hohenlohe Nr. 17, dem 36. und 37. neuformierten combinierten Jäger-Bataillon und den 2 Ausfalls-Batterien der Festungen Verona und Venedig, eine Infanterie-Reserve-Division errichtet, die — zur Operationsarmee bestimmt — am 13. Juni activiert war.

An diesem Tage rückten die beiden 4. Bataillone Graf Hartmann und Baron Martini Nr. 30 unter Commando des Majors Baron de Vicq in der Marschadjustierung um 6 Uhr 30 Minuten früh auf dem großen Exercierplatze zur Besichtigung durch Seine kaiserliche Hoheit den Armee-Commandanten Feldmarschall Erzherzog Albrecht aus, welcher nach einigen von beiden Truppenkörpern gemeinsam ausgeführten Bewegungen am Schlusse der Revue dem Bataillon die ehrendsten Worte des Beifalles spendete, sich die Decorierten und Veteranen vorstellen und jeden mit einer Tapferkeits-Medaille gezierten Mann mit einer Gratification von je 2 Gulden in Silber betheilen ließ.

Vom 13. Juni angefangen traten die Berittenen in den Genuss der Kriegsgebür an Fourage. Der Mannschaft wurde das Etappen-Relutum im Betrage von 24 Kreuzern Silber täglich, gleichfalls von diesem Tage an, an Stelle des Menagegeldes und der Durchzugskost ausgezahlt; das Fleisch unter Intervenierung eines Officiers täglich vom Schlachtvieh-Dépôt gegen die dafür entfallende Vergütung ausgefasst.

Den 14. Juni begann die Lichtung des Außenfeldes. Das Terrain vor den Facen und Flanken der Werke Bellina, Elisabeth, Ca vecchia, Stadion, Neu-Wratislaw, Gisela, Rudolph, Stassoldo, Franz Joseph und Albrecht wurde auf 500 Schritte vom Kamme des Glacis vom Baumwuchse befreit und zu dieser Arbeit in allen besetzten Werken die Infanterie-Besatzung unter Leitung ihrer Officiere nach Weisung der Genie-Direction beigezogen. Das Bataillon gab hiezu täglich mehrere Hundert Mann*), nebstdem auch zu den übrigen Militär-Etablissements — Zeugs-Artillerie-Commando Nr. 14, Garnisons-

*) Am 18. 5 Officiere, 500 Mann zum Glacis bei Fort Gisela.
„ 19. 6 „ 450 „ „ „ „ „ „
„ 20. 6 „ 300 „ „ Fort Clam.
„ 21. 6 „ 360 „ nach Pallazina St. Andrea.
„ 22. 6 „ 600 „ zum Fort Rudolph.

spital sammt Feldspitälern, Schlachtvieh-Dépôt, Betten- und Verpflegs-Magazin, Etappen-Commando etc. — eine sehr beträchtliche Anzahl Arbeiter ab.

Die ärarischen Pferde und Fuhrwerke des Bataillons wurden zu Localfuhren für das Bettenmagazin, Transporthaus, Garnisonsspital, Schlachtvieh-Dépôt, Zeugs-Artillerie-Commando Nr. 14, die Festungs-Artillerie- und Genie-Direction, das Verpflegs- und Festungs-Monturs-Approvisionierungs-Magazin, dann für das Etappen-Commando benützt, daher das Bataillon, wenn es die eigenen Rüstwagen zu Fassungen benöthigte, derzeit tagsvorher dem Festungs-Commando eine Eingabe mit der detaillierten Nachweisung über die beabsichtigte Verwendung der angesprochenen Rüstwagen verfassen musste.

Auch der sonstige Garnisonsdienst war sehr anstrengend. Das tägliche Wachquantum des Bataillons bis zum Ausbruche der Feindseligkeiten bestand durchschnittlich in 2 Officieren, 9 Unterofficieren, 4 Gefreiten, 1 Tambour, 64 Gemeinen. — 1 Officier und 15 Mann hielten abwechselnd mit dem 4. Bataillon Dom Miguel Nr. 39 täglich die strenge, 1 Officier und 15 Mann die leichte Bereitschaft in der Pallone-Kaserne. 1 Officier des Bataillons war täglich zur Abholung der Losung, 1 Feldwebel zur Festungs-Commando-Abfertigung bestimmt.

Dagegen wurde der Mannschaft jede mögliche, mit den Dienstes-Interessen nur immer vereinbare Erleichterung gestattet. Alle Wachen, mit Einschluss jener zum Armee-Hauptquartiere, zogen, selbst die Sonn- und Feiertage nicht ausgenommen, in Ärmelleibeln auf. Die Wachablösung erfolgte um 2 Uhr. Den Officieren und der Mannschaft war es erlaubt, der sengenden Hitze wegen, sowohl zu allen Übungen, als auch außer Dienst, ohne Halsbinden zu erscheinen. Die Waffenröcke und die im Frieden zu tragen erlaubten Schirmmützen der Mannschaft wurden, für den Fall eines Ausmarsches, auf dem Dachboden der Infanterie-Campone-Kaserne deponiert. Die Exercitien fanden von halb 6—7 Uhr morgens in Ärmelleibeln ohne Mäntel, mit überzogenen Csákos, wöchentlich einmal mit Tornister, auf dem großen Exercierplatze hinter der Porta nuova statt. Um 7 Uhr musste die Truppe wieder in die Kasernen eingerückt sein. Zu allen Detail-Übungen und zu jenen in der zerstreuten Fechtart wurde in Lagermützen ohne Tornister, zu Felddienst-Übungen und Übungsmärschen in vollkommener Marsch-Adjustierung ausgerückt. Zu den Übungen im Felddienste und in der zerstreuten Fechtart war dem Bataillon der Raum zwischen dem vom Fort Clam über Silvestrin-Torcolo-Vigasio und dem von Tombetta über Vignol nach Ca di Aprili führenden Wege mit der südlichen Begrenzungslinie la Ca Nuova-Campagnol zugewiesen; zu den Übungen im Scheibenschießen benützte das Bataillon den Schießstand Nr. 8 bei Chievo und den Graben der Bastion Procolo, zum Baden die beiden Anstalten auf der Campagnola und vor der Porta Vescovo, an den festgesetzten Tagen.

Jenen dem Wohle des Mannes gezollten Rücksichten und der kräftigen, nahrhaften Kost war es zu danken, dass der Sanitätszustand des Bataillons sich in jeder Beziehung sehr befriedigend gestaltete. Obgleich Officiere sowohl, als Mannschaft, an die tropische Hitze Italiens nicht gewohnt, sich erst acclimatisieren mussten, zählte das Bataillon in Verona, bei einem Präsenzstande von mehr als 1000 Mann, durchschnittlich höchstens 40—50 Kranke, also nicht einmal ein halbes Percent.

Hauptmann Hackhofer*) musste am 10. Juni krankheitshalber das Commando der 20. Compagnie an Oberlieutenant Emil Medycki übergeben. Oberlieutenant Podluzki besorgte das Bettengeschäft und die Evidenthaltung der Quartiere und Kasernen, Oberlieutenant Kohmann das Einfahren der Pferde beim Bataillon. Lieutenant Dohnal übernahm am 12. Juni die Bataillons-Adjutantur von dem aus Gesundheitsrücksichten um Enthebung von diesem Dienste bittlich gewordenen Lieutenant Dobiasch. Lieutenant Wallek wurde denselben Tag in das Garnisonsspital als Inspections-Officier commandiert, wohin ihm am 18. Juni die gesammte Sanitätsmannschaft des Bataillons zur Krankenwartung folgte, während die Reserve-Blessiertenträger mit Beiziehung sämmtlicher Officiersdiener durch Ober-Arzt Dr. Zocher täglich anderthalb Stunden im Feld-Sanitätsdienste unterrichtet, die Zimmerleute des Bataillons dem Pionnier-Arbeits-Detachement zu Ca vecchia in Diensteszutheilung und Verpflegung übergeben wurden.

*) Dieser brave Officier war ungeachtet dreier, 1859 in der Schlacht bei Magenta erhaltenen schweren Kopf- und Halswunden mit dem Bataillon ausmarschiert, hatte jedoch seinen Kräften zu viel zugetraut und konnte — namentlich in Folge seiner Verwundung am Kopfe — das heiße Klima Italiens nicht vertragen.

Mittlerweile war die Nachricht vom ersten militärischen Gewaltacte der Preußen gegen das von kaiserlichen Truppen besetzte Herzogthum Holstein eingegangen. Der zunehmende Ernst der Situation spiegelte sich täglich mehr in den von Oben erlassenen Anordnungen.

Das Festungs-Commando gab, zur einheitlichen Auffassung des Dienstesverhältnisses, am 15. Juni nachstehende Festsetzungen für die Forts-Besatzungen heraus:

»In sämmtlichen detachierten Werken ist die Besatzung aus Infanterie-, Artillerie- und Genie-Abtheilungen zusammengesetzt.

Jede Truppen-Abtheilung untersteht einem Commandanten der eigenen Waffe, bei Beginn des Krieges aber alle Abtheilungen dem Befehle des Forts-Commandanten.

Der Forts-Commandant untersteht in allen auf die Vertheidigung des Werkes, auf Geschütz, Munition, Defensionsarbeiten, Verproviantierung, Telegraphen etc. bezugnehmenden Fragen direct — in taktischer und administrativer Beziehung dagegen, im gewöhnlichen Dienstwege dem Festungs-Commando.

Das Festungs-Commando versieht im Wege des Brigade- und Bataillons-Commandos jeden Forts-Commandanten mit der für sein Werk entworfenen Instruction, welche von den Officieren jeder Besatzung genau gekannt sein muss, wovon sich die Herren Brigadiere und Bataillons-Commandanten gelegentlich der Visitierungen überzeugen werden.

In jedem Fort, wo mindestens eine Infanterie-Compagnie Besatzung, hält ein Officier die Inspection rücksichtlich der Dienstesordnung, sowohl bei der eigenen, als der Mannschaft der anderen Waffen. Magazine, Dépôts etc. sind jedoch kein Gegenstand dieser Inspection und können, außer vom Commandanten, nur von den speciell mit der Obsorge betrauten Individuen betreten werden.

Vom Ausbruche des Krieges angefangen darf keinerlei Ausrückung der Besatzung eines Werkes stattfinden, außer sie wäre ausdrücklich vom Festungs-Commando angeordnet oder gestattet.

(gez.) Jacobs,
Feldmarschall-Lieutenant«.

Die Festung war um diese Zeit bereits vollständig armiert und verproviantiert; nur an dem Werke Ca vecchia gegenüber des Lazzaretto auf dem rechten Etsch-Ufer, dann am Schlosse Montorio und der neu angelegten geschlossenen Batterie bei Bellina zur Vervollständigung der ersten Linie, wurde noch mit außerordentlicher Thätigkeit gearbeitet.

Mit dem Armee-Commando-Erlasse Nr. 670 op. vom 17. wurden die beiden 4. Bataillone Graf Hartmann und Baron Martini Nr. 30 in die Brigade Oberst Drechsler eingetheilt. Diese bestand außerdem noch aus den zwei 4. Bataillonen der Linien-Infanterie-Regimenter König von Bayern Nr. 5 und Großherzog von Mecklenburg-Strelitz Nr. 31, aus der 1. und 2. Festungs-Compagnie des 5. Artillerie-Regimentes, drei Fünftheilen der 1. Festungs-Compagnie des 6., aus der 1. und 2. Festungs-Compagnie des 7., der 1. und 4. des 8., der 1., 2., 3. und 4. Festungs-Compagnie des 11. Artillerie-Regimentes, aus der Kriegs-Transportsdivision Nr. 93, dem 4. Bataillonsstabe, der 15. und 16. Compagnie des 2. Genie-Regimentes.

Die Gesammtbesatzung von Verona und Dependenz zählte nunmehr 9 Bataillone, $15^{3}/_{5}$ Compagnien, 1 Escadron, 1 Batterie, mit einem Effectivstande von 12.936 Mann, 564 Pferden, wovon 7533 Mann, 152 Pferde, 8 Geschütze streitbar.

Um für einzelne Werke den Belag voller Kriegsbesatzung zum Abschlusse zu bringen, fanden am 18. mehrere Dislocationsveränderungen statt. Die 20. Compagnie wurde aus der Rivanelli-Kaserne mit je einer halben Compagnie in die Blockhäuser S. Zeno und Procolo zu beiden Seiten der Porta Zeno, die Bespannungspferde des Bataillons sammt der Wartmannschaft am 21. aus der Cittadella-Kaserne nach Borgo S. Giorgio verlegt.

Den 18. erfolgte die Aufhebung des freien Grenzverkehres mit Fremd-Italien; am 19. das Verbot auf Beförderung von Privattelegrammen und die Proclamierung des Belagerungszustandes für das Verwaltungsgebiet der lombardisch-venetianischen Provinzen und Süd-Tirol, dann im Statthaltereigebiete von Triest; mit 22. wurde der Feldpostdienst eingeführt.

Von diesem Tage an hatten alle Officiere der in den Forts und Thürmen eingetheilten Besatzungen die Unterkunft bei ihrer Truppe zu nehmen; in jedem Werke so viele Mannschaft, als es der Stand des Artillerie-Detachements und der Geschütze gestattete, der Abrichtung in der Geschützbedienung beigezogen, die in jedem Werke befindlichen Sandsäcke durch Infanterie von der Vorrathserde gefüllt und durch die Artilleriemannschaft zu beiden Seiten jedes Geschützes oder sonst an entsprechenden Orten zur Hand deponiert, die Gießkannen bei jedem Geschütze und stets mit Wasser gefüllt, aufbewahrt zu werden.

Am 23. wurde Lieutenant von Schellerer mit 2 Unterofficieren des Bataillons zur Überwachung der in das Lazzaretto vecchio zu übergebenden Kriegsgefangenen, Lieutenant Lohinski mit 1 Unterofficier zur Begleitung eines Krankentransportes nach Tirol bestimmt.

Am 20. Juni übergab der Sous-Chef des Generalstabes der italienischen Armee, Oberst Chevalier Bariola, den österreichischen Vorposten vor Mantua die Kriegserklärung Italiens an Österreich, welche zugleich die Eröffnung enthielt, dass die Feindseligkeiten nach Ablauf von drei Tagen beginnen sollten.

Der Erzherzog Armee-Commandant gab den Truppen die feindliche Kriegserklärung mit nachstehendem Tagesbefehle bekannt:

> »Soldaten! Der längst erwartete Augenblick ist endlich gekommen; der Krieg beginnt!
>
> Von neuem streckt der räuberische Nachbar die Hand nach diesem schönen Juwel in der Krone unseres Monarchen, welches Eurem Schutze anvertraut ist.
>
> Die Ehre der Armee, die Ehre jedes Einzelnen unter uns ist an die Behauptung dieses Pfandes geknüpft. Ich kann Euch keinen kräftigeren Beweis Meines Vertrauens geben, als indem Ich Euch offen sage, dass der Feind mächtig gerüstet und uns an Zahl bedeutend überlegen ist.
>
> Schwer mag unsere Aufgabe sein, aber sie ist Euerer würdig. Mit entschlossener Tapferkeit im Kampfe, mit unermüdlicher Ausdauer in Anstrengungen aller Art, mit alt-österreichischer Zähigkeit, die noch nie an sich gezweifelt, werden wir sie mit Gottes Hilfe auch diesmal ruhmvoll lösen, denn unser ist das heilige Recht, welches zuletzt siegen muss.

Was immer auch sich ereignen möge, nichts wird Eueren feurigen Muth, nichts das feste Vertrauen auf den endlichen Triumph in Euch erschüttern.

Verblendet durch leichte Erfolge, die unser Gegner im Bunde mit Verrath, Treubruch und Bestechung anderwärts gefunden, kennt er in seiner Anmaßung, seiner Raubsucht keine Grenzen, vermeint er seine Fahne auf dem Brenner und auf den Höhen des Karstes aufpflanzen zu können; doch diesmal giebt es offenen Kampf mit einer Macht, welche fühlt, dass es sich jetzt um Sein oder Nichtsein handelt, welche entschlossen ist, zu siegen oder ruhmvoll zu fallen, wenn es sein muss.

Mögt Ihr den Feind erneuert daran erinnern, wie oft er schon vor Euch geflohen!

Auf denn, Soldaten! Erwartungsvoll sehen Kaiser und Vaterland, mit begeisterter Theilnahme Euere Mütter, Euere Frauen und Kinder auf uns!

Auf denn zum Kampfe in Gottes Namen und mit dem weithin schallenden Rufe: Es lebe der Kaiser!

(gez.) Erzherzog Albrecht, Feldmarschall«.

Die Worte zuversichtlichen Vertrauens, die der Erzherzog an sein Heer gerichtet, verhallten nicht wirkungslos. Alle Flammen der Vaterlandsliebe, des Pflichtgefühles und der Begeisterung für den erlauchten Feldherrn anfachend, schlugen sie wie zündende Wetterstrahlen in die Herzen der Armee und fanden dort ein tausendstimmiges Echo. Des geliebten Führers gewaltiger Kriegergeist pflanzte sich fort vom Höchsten bis zum Niedersten. Keiner verbarg sich das gewagte Spiel, aber fest war in der Brust eines Jeden der Entschluss, für die Ehre des Heeres bei jedem Ereignisse bis auf das äußerste einzustehen und, wenn es nothwendig, rühmlich zu fallen. Veteranen wie Rekruten konnten den Augenblick kaum erwarten, vor den Feind geführt zu werden und auf dem lebensvollen Feld der Gefahr das Gewicht ihrer Schwerter, ihrer Bajonnette, ihrer Feuerrohre in die Wagschale des Kampfes zu werfen. — Der Wunsch sollte nicht lange unerfüllt bleiben.

Am 23. Juni des Morgens verkündete eine hohe, im Westen senkrecht aufsteigende Rauchsäule dem eben in einer Feldübung zwischen Ca di David und Tomba begriffenen Bataillon, dass die Feindseligkeiten eröffnet seien.

Die italienische Hauptarmee hatte unter dem persönlichen Oberbefehle des Königs, noch vor Ablauf der ausgesprochenen Frist von drei Tagen, den Mincio überschritten, um das zwischen diesem Flusse und der Etsch gelegene Terrain zu besetzen und dem General Cialdini, der mit 5 Armee-Divisionen von Süden her über den unteren Po in das österreichische Gebiet einfallen sollte, die Hand zu reichen.

Der Erzherzog Armee-Commandant blieb die Antwort keinen Augenblick schuldig.

Durchdrungen von der Wahrheit, »dass der schon halb gesiegt, der das Unerwartete versucht«, hatte der Erzherzog, auf zwei Seiten von weit überlegenen Massen bedroht, bereits am 14. Juni die Armee auf dem linken Ufer der mittleren Etsch concentriert, um die Trennung der feindlichen Kräfte zu einem raschen Angriffe mit seiner gesammten Streitmacht zu benützen und so die außerordentliche Ungleichheit des Stärkeverhältnisses zu paralysieren. — Der feindlichen Hauptarmee sollte der erste Schlag gelten. Am 23. abends standen sämmtliche mobile Corps der Südarmee, mit Ausnahme weniger zur Beobachtung des Po zurückgelassenen leichten Truppen, auf dem rechten Etsch-Ufer zunächst Verona versammelt.

Denselben Nachmittag wurden sämmtliche Generale und Stabsofficiere der Infanterie-Truppen, dann der Festungs- und Zeugs-Artillerie, des Geniestabes und der Genietruppe der Garnison Verona, ferner die Feldspitals-Commandanten, der Commandant der 2. Escadron Bayern-Husaren Nr. 3, der Verpflegs-Controlor und der Fuhrwesens-Commandant um halb 5 Uhr zum Festungs-Commando berufen. Feldmarschall-Lieutenant von Jacobs theilte denselben die Absicht des Erzherzogs Armee-Commandanten mit, am folgenden Tage die italienische Hauptarmee unter allen Verhältnissen anzugreifen, wo und wie man sie auch immer treffen mochte. Die Besatzung von Verona hatte ein kleines Contingent, bestehend aus einem combinierten Bataillon mit je einer Division der 4. Bataillone Graf Hartmann, Großherzog von Mecklenburg-Strelitz Nr. 31 und Dom Miguel Nr. 39, dann aus 4 Compagnien des Warasdiner Grenz-Infanterie-Regiments Nr. 6 und einer halben Ausfall-Batterie, ferner 1 Zug der 2. Escadron Bayern-Husaren Nr. 3 zur Recognoscierung des Vorterrains, zu der bevorstehenden Schlacht beizustellen. Diesen Truppen fiel die Aufgabe zu, Sta. Lucia zu besetzen, um eventuell, bei einem unglücklichen Ausgange der Schlacht, einen Stützpunkt für den linken Flügel der Armee abzugeben, welche in diesem Falle ihren Rückzug oberhalb Verona bei

Ponton, Pastrengo und Pescantina auf das linke Etsch-Ufer bewirken sollte. Oberst von Dossen des Warasdiner St. Georger Grenz-Infanterie-Regiments Nr. 6 wurde von Feldmarschall-Lieutenant von Jacobs zum Commandanten des ganzen Detachements, Major Baron de Vicq zu jenem des combinierten Bataillons bestimmt.

Ein furchtbares Gewitter gieng in der Nacht auf den 24. Juni hernieder. Desto heiterer war der folgende Sonntagsmorgen, der mit der ganzen Pracht italienischer Sommerherrlichkeit heranbrach.

Schlacht bei Custoza.

Um 4 Uhr früh rückten die 4 Compagnien Warasdiner-Grenzer und die 11. Division des Regiments*) aus Verona gegen Sta. Lucia ab, wo die 2 Divisionen Mecklenburg-Strelitz und Dom Miguel, sowie die halbe Ausfalls-Batterie schon eingetroffen waren.

Oberst von Dossen setzte sofort die Vorrückung in der Richtung auf Villafranca fort, um nach Umständen eine Demonstration in der rechten Flanke des Feindes zu unternehmen. Der Zug Bayern-Husaren eclairierte das Terrain.

Gegen halb 6 Uhr morgens zog eine Abtheilung der Cavallerie-Brigade Oberst Pulz an den Colonnen des Detachements vorüber. Es waren 2 Escadronen Graf Trani-Uhlanen, desselben Regiments, welches, an Bravour unübertroffen, anderthalb Stunden später, seinen Namen durch Thaten der glänzendsten Tapferkeit verherrlichen sollte. Es war ein herzerfreuender Anblick, diese stattliche Reiterschar, von Kampflust und Siegeszuversicht erfüllt, im Glanze der Morgensonne dahinreiten und durch die dichte Baumcultur über Gräben, Hecken und Dämme mit einer Leichtigkeit hinwegsetzen zu sehen, die Zeugnis von der vollendeten Meisterschaft der Reiter über ihre edlen Rosse ablegte. Bald waren sie dem Auge der Infanterie entschwunden.

Der Vormarsch des Detachements lief eigentlich der demselben zugewiesenen Aufgabe zuwider. Es wurde daher durch Generalmajor Graf Daun wieder nach Sta. Lucia zurückbeordert. Mit schwerem Herzen gehorchte die Truppe, welche den Ruhm und die Gefahren des Tages mit ihren bereits im Kampfe begriffenen Kameraden zu theilen sich sehnte, diesem

*) Mit nachstehenden Officieren: Oberlieutenant Franz Grimm als Bataillons-Adjutant; Hauptmann Franz Brendl und Ferdinand Simenthal, Oberlieutenant Adolph Kohmann, Lieutenant Joseph Dobiasch, Anton Putalkiewicz und Franz Zaplatyński.

Befehle. Die Abtheilungs-Commandanten bestiegen den Kirchthurm von Sta. Lucia und überblickten von diesem, eine weite Aussicht gewährenden Standpunkte mit wechselnden Gefühlen den südöstlichen Höhenrand in der Linie von Somma Campagna-Custoza, wo die Entscheidung des Tages zu suchen war, und die Schlacht am hartnäckigsten wüthete. Dumpf dröhnte, gleich dem Rollen eines fernen Gewitters, der Donner der Geschütze herüber; dichte weiße Rauchwolken bezeichneten die Stellen, von denen sie ihre tödtliche Saat ausstreuten. Jubelnd gewahrte man das siegreiche Vordringen der 3 Brigaden Weckbecker, Böck und Scudier, mit unbeschreiblicher Beklemmung ihr allmähliches Zurückwerfen von den eben gewonnenen Höhen durch die sich entwickelnden überlegenen Kräfte des Gegners.

Erneuert brach das Detachement in der früher eingeschlagenen Richtung auf und nahm eine gedeckte Stellung unter den Kanonen des Forts Gisela; Oberst von Dossen und Major Baron de Vicq aber ritten über Dossobuono voraus, um den Gang der Schlacht in der Nähe zu beobachten und danach rechtzeitig die erforderlichen Dispositionen treffen zu können.

Schon um 7 Uhr morgens waren die beiden äußersten Flügel der beiderseits im Vormarsche begriffenen Heersäulen aufeinander gestoßen; bald darauf wüthete auf der ganzen, von den aufmarschierenden österreichischen Corps eingenommenen Linie der Geschützkampf. Der Feind setzte sich allenthalben in starken, gut gewählten Positionen fest. Sein Widerstand war des Angriffes würdig. Mit äußerster Erbitterung und wechselvollem Erfolge wurde um den Sieg gerungen. Beiderseits war, bei der das ganze Schlachtfeld bedeckenden dichten Baumcultur und den sich an derselben fortschlingenden Weinreben-Guirlanden die Aussicht und Bewegung vielfach beschränkt, der taktische Zusammenhang der Truppenkörper, die einander hier entgegentraten, in hohem Grade gestört, daher auch die Gefechtsleitung ungemein schwierig. Durch diesen Charakter des Terrains bedingt, löste sich die Schlacht in eine Menge kleinerer Einzelngefechte auf, in denen die vorzügliche Führung der kaiserlichen Armee, das kräftige Ineinandergreifen und die gegenseitige Unterstützung der verschiedenen Heerestheile, verbunden mit der glänzenden Bravour der Truppen, die nur vorwärts wollten und nur vorwärts geführt wurden, zuletzt den Ausschlag gab. Zudem waren, wie im Norden die Preußen, so hier die Österreicher durch topographische Vorstudien, überdies auch durch die vollständige Überraschung des keinen Angriff gewärtigenden Gegners in überwiegendem Vortheile.

Um 3 Uhr nachmittags, als die Niederlage des linken Flügels und des Centrums der italienischen Armee bereits ausgesprochen war, während der eigene linke Flügel unerschüttert den mit äußerster Kraftanstrengung ausgeführten Angriffen des Feindes Stand hielt und die zwei letzten intacten Brigaden sich anschickten, den entscheidenden Ausschlag zu geben, erhielt das Detachement des Obersten von Dossen den Befehl, nach Verona einzurücken. Die Schlacht wogte noch bis spät Abends fort und endete mit dem allgemeinen Rückzuge der italienischen Armee. Am Morgen des 25. Juni stand kein feindlicher Soldat mehr auf dem linken Ufer des Mincio.

Der Tag von Solferino war gesühnt. Der »Degen von Goito, Pastrengo, Palestro und S. Martino« hatte seinen alten Meister wieder gefunden.

In Verona trat die bisherige Bereitschaftsordnung nun außer Wirksamkeit. Es wurden vom 25. an nur zwei Bereitschaften gehalten und zwar: 2 Compagnien auf dem rechten Etschufer in der Halle des Casinogebäudes, 1 Compagnie auf dem linken Ufer in der Allee zwischen Ponte Nave und Ponte Vittoria. 1 halbe Compagnie bewachte das Arsenal und war in der Schwimmschule Campagnola untergebracht.

Die große Anzahl der in der Schlacht von Custoza gemachten Gefangenen — über 4000 Mann — fand vorläufig ihre Unterkunft in der Arena, wohin die Bereitschaft des rechten Etschufers täglich 1 Officier mit 1 Zuge als Wache, nebstdem 1 Feldwebel, 1 Gefreiten und 6 Mann in die Casa Lisca, den zugewiesenen Aufenthaltsort der kriegsgefangenen italienischen Officiere, beistellte. Die Verpflegsleitung sämmtlicher Gefangenen übernahm Hauptmann Gentschik des Infanterie-Regimentes Dom Miguel Nr. 36 und Lieutenant von Schellerer.

Eine Schlacht, welche nahezu vierzehn Stunden gewährt, musste nothwendig auch blutige Früchte in ihrem Gefolge tragen. Die Anzahl der vom Kampffelde nach Verona transportirten beiderseitigen Verwundeten war sehr groß. Zu deren Verbande fanden sich täglich nebst dem Feldsanitäts-Personale auch sämmtliche Oberwund- und Unterärzte der Besatzung

— mit Einschluss jener, welche in den Forts bequartiert waren — um 6 Uhr morgens in den ihnen zunächst gelegenen Feldspitälern ein. Überdies wurden auch die gefangenen italienischen Ärzte und Seelsorger zum Spitalsdienste verwendet und denselben daher die vollen Gebüren sammt je einem Diener gleich den äquiparierenden Chargen der k. k. Armee erfolgt. Ohne schriftliche Ermächtigung des Festungs-Commandos durfte kein Verwundeter in Civilpflege übergeben werden. Alle mit solcher Ermächtigung Übergebenen wurden in genauer Evidenz geführt. Als Grundsatz galt, dass kein österreichischer Unterthan, der im feindlichen Heere gedient, in Privatpflege übergehen durfte und dass nur jenen Parteien die Übernahme gestattet war, welche sich die gleiche Anzahl eigener und feindlicher Verwundeter zu versorgen erboten.

Selbstverständlich fiel auch den Besatzungstruppen die heilige Pflicht der Verwundetenpflege und Krankenwartung nun in erhöhtem Maßstabe zu. Das Bataillon allein stellte in den letzten Tagen des Juni nachstehende commandierte Officiere und Mannschaft bei: Lieutenant Schmidt, 1 Unterofficier und 8 Gemeine ins Feldspital Nr. 33; 2 Unterofficiere und 10 Gemeine in das Filialspital Maria della Scala; 1 Unterofficier und 11 Gemeine in das Feldspital Nr. 32 für die Filiale Nicolo und Scala; Oberlieutenant Dobiasch und Lieutenant Mrazek mit je 1 Unterofficier in das Feldspital Nr. 33 zur Transportierung von Verwundeten; Hauptmann Simenthal zur Überwachung der vermehrten Anzahl Wartwagen in der Campone-Kaserne; Hauptmann Müller mit 2 Zügen der 24. Compagnie, zur Escortierung eines Transportes von 1000 Kriegsgefangenen nach Laibach; Lieutenant Lohinski zur Führung eines Transportes von 400 Kranken und Leichtverwundeten nach Botzen.

Endlich wurden vom Bataillon zur Reinigung und Reparatur der auf dem Schlachtfelde aufgelesenen Waffen 3 des Schlosserhandwerkes kundige Gemeine dem Zeugs-Artillerie-Commando Nr. 14 auf die Dauer des Bedarfes zugetheilt.

Die italienische Hauptarmee zog sich nach dem Schlage von Custoza hinter den Oglio, die Divisionen am Po nach Modena zurück. Die kaiserliche Armee verblieb vorläufig in engen Cantonierungen im Hügellande auf dem linken Mincioufer und verschanzte für den Fall eines erneuerten Kampfes die Höhen von Somma Campagna über Custoza bis Valeggio.

Eine am 30. Juni durch Abtheilungen der Cavallerie-Brigade Pulz vorgenommene Recognoscierung ergab die Gewissheit, dass der ganze Raum zwischen dem Oglio, Mincio, Chiese und Garda-See nur von feindlichen Reiterabtheilungen überwacht sei. Um die Truppen auf einige Zeit aus der ungesunden Luft des Schlachtfeldes zu entfernen und gleichzeitig durch eine Aufstellung in der Flanke der italienischen Hauptoperationslinie den etwa im Zuge begriffenen Bewegungen des Gegners eine andere Richtung zu geben oder denselben einen nachtheiligen Aufenthalt zu bereiten, beschloss die österreichische Heeresleitung eine Vorrückung mit der ganzen Armee auf das rechte Mincio-Ufer. Vor allem aber war man bestrebt, durch Einfügung neuer Kräfte, die in der Schlacht erlittenen Verluste zu ersetzen, um einem zweiten Angriffe des noch immer doppelt stärkeren Gegners wenigstens nicht mit minderer Macht als das erstemal entgegentreten zu können.

Es wurde daher die Brigade Oberst Zastavnikovich aus Padua nebst dem größten Theile der zur Bewachung des Po zurückgelassenen leichten Truppen zur Armee herangezogen, das stark gelichtete Deutsch-Banater Grenz-Infanterie-Regiment Nr. 12 der Besatzung von Verona einverleibt, und dieser dafür die 4. Bataillone Graf Hartmann, Baron Martini Nr. 30 und Erzherzog Ernst Nr. 48 entnommen.

Die Bataillone Graf Hartmann und Baron Martini erhielten mit dem Erlasse des Commandos der Südarmee vom 29. Juni Nr. 169 op. ihre Eintheilung in die Brigade Generalmajor Baron Benko, das Bataillon Erzherzog Ernst in die Brigade Oberst Zastavnikovich. Beide Brigaden und die ad interim von Oberst von Bienerth befehligte Brigade Prinz Weimar gehörten zur Infanterie-Reserve-Division Feldmarschall-Lieutenant von Rupprecht, welche nun im ganzen $16^5/_6$ Bataillone, 1 Escadron Kaiser-Husaren Nr. 1, mit 3 Batterien und 1 Sanitätszuge*) zählte und später (vom 3. Juli an) die Benennung »Reserve-Armeecorps« erhielt. Bei der Brigade Generalmajor Baron Benko befanden sich, außer den zwei vierten Bataillonen Graf Hartmann und Baron Martini, letzteres unter Major Malinowski, noch das 1., 2. und 4. Bataillon des Linien-Infanterie-Regimentes Prinz Hohenlohe Nr. 17 unter Oberst Graf Attems, das 37. Jäger-

*) Jeder Brigade der Division war eine Sanitätsabtheilung mit 4 zweispännigen Blessiertenwagen zugewiesen.

Bataillon unter Major Weinsberg und die achtpfündige Fuß-Batterie Nr. 9/V, im ganzen 6 Bataillone, 1 Batterie.

Alle zur Operationsarmee gehörigen Truppen marschierten in Lagermützen aus, über Anordnung des Erzherzogs die Csákos in Verona zurücklassend. Das Ausladen und Übertragen derselben in die verschiedenen Dépôts*) erfolgte am 30. Juni nachmittags durch die gesammte dienstfreie Mannschaft der Besatzung unter Führung einer entsprechenden Anzahl von Officieren.

Zur Conservierung des Mannes hatte der Erzherzog Armee-Commandant gestattet, dass bei allen Märschen und operativen Bewegungen die Leute sich Tücher derart unter die Kopfbedeckung legen konnten, dass selbe frei auf Schultern und Nacken des Mannes herabhiengen, um in dieser Weise das Hinterhaupt vor dem sehr empfindlichen und mitunter nachtheiligen Einflusse der Sonne zu schützen. Diese Nackentücher wurden vom Erzherzog aus eigenen Mitteln für die ganze Südarmee aus blauem oder weißem Baumwollstoffe angeschafft. Desgleichen waren auch die Halsbinden der Officiere und der Mannschaft gleich beim Antritte des Marsches oder der Bewegung zu versorgen.

Nachdem es ferner der Erzherzog Armee-Commandant den Truppenbefehlshabern ganz freigestellt hatte, nach eigenem Ermessen in Mänteln oder in Ärmelleibeln mit Mänteln en bandoulier marschieren zu lassen, wenn nur die Gleichheit in der ganzen Abtheilung hergestellt sei, wurde, auf den ausgesprochenen Wunsch der Mannschaft, im Bataillon die erstere Tragweise angenommen.

In Bezug auf die Verpflegung hatten die Brigaden stets mit einem fünftägigen Vorrath an Naturalien, Etappen und Fourage versehen zu sein. Hievon hatte sich ein zweitägiger Verpflegsbedarf bei der Mannschaft, ein zweitägigerauf den Regiments- und Bataillons-Proviantwagen zu befinden. Auch das Schlachtvieh, das jeder Truppenkörper auf fünf Tage vorräthig haben musste, war jeden zweiten Tag durch Nachfassung zu ergänzen. Beim Bataillon wurde (vom 3. Juli an) Lieutenant Rössel, auf die Dauer der Etappen-Verpflegung in natura, mit der Fleisch-Regie betraut, indem der Proviant-Officier, Lieutenant Noskiewicz, mit seinen Dienstobliegen-

*) Dachböden der Infanterie- und Cavallerie-Campone-, dann der Tomaso-Kaserne, sowie auch der zweite Stock der Porta Nuova-Kaserne.

heiten vielseitig in Anspruch genommen war, und das Bataillons-Commando der Verpfegung der Mannschaft in jeder Richtung die größtmögliche Sorgfalt zugewendet wissen wollte.

Am 1. Juli morgens 5 Uhr war das Bataillon zunächst der Bastion und des Thores Porta Zeno in einer rechtsformierten Doppelreihen-Colonne zum Abmarsche gestellt und schloss sich in Croce bianca der Brigade Generalmajor Baron Benko an. Die auf Wache befindliche Mannschaft war noch zurück, da sie erst um 4 Uhr früh durch andere Truppenkörper abgelöst wurde. Sie rückte später unter Commando des Oberlieutenant Grimm dem Bataillon nach, ebenso auch Oberlieutenant Podluzki, der mit den manipulierenden Feldwebeln die Übergabe der Localitäten, Kaserngeräthschaften und Bettensorten in Verona besorgt hatte.

Das Bataillon setzte mit der Brigade Generalmajor Baron Benko seinen Marsch bis Cavalcaselle fort und bezog hier nachmittags halb 3 Uhr ein Freilager mit den übrigen Truppen der Infanterie-Reserve-Division. Das 5. Armee-Corps rückte an diesem Tage nach Peschiera, wo sich auch das Armee-Hauptquartier befand; das 7. Armee-Corps nach Pozzolengo, das 9. nach Volta, die Reserve-Cavallerie-Brigade Generalmajor Pulz nach Goito und poussierte bis Castiglione delle Stiviere.

Am 2. Juli überschritt die Infanterie-Reserve-Division den Mincio. Der Divisionsstab kam nach Cavalli zu stehen; die Brigade Generalmajor Baron Benko bezog ein Freilager bei Palazzina di Cavalli, die Brigade Oberst von Bienerth campierte bei Broglio, die Brigade Oberst Zastavnikovich bei Ponti. Das Armee-Hauptquartier etablierte sich in Pozzolengo; die Armee marschierte im Bogen um Peschiera auf, und zwar stand das 7. Armee-Corps im Centrum bei Pozzolengo; das 5. bildete den rechten Flügel in der Linie Villa Onofrio — S. Giacomo und lehnte sich an den See; das 9. Armee-Corps postierte sich am linken Flügel auf den Höhen nördlich von Monzambano und schloss sich mit seinem linken Flügel bei diesem Orte an den Mincio an. Valeggio, Volta, Cavriana, Solferino, Castel Venzago, auf dem vorliegenden Höhenrande, und Rivoltella am Seeufer wurden leicht besetzt; die Cavallerie durchstreifte von Medole und Guidizzolo aus die Ebene gegen Süden und Westen.

Sämmtliche zur Brigade Generalmajor Baron Benko gehörige Stabsofficiere und der Batterie-Commandant unternahmen gegen Abend mit dem Brigade-General einen Recognoscierungsritt gegen San Martino, Pozzolengo und Castellano.

Auf die telegraphische Nachricht von den ersten nachtheiligen Gefechten auf dem nördlichen Kriegsschauplatze trat die Armee am 3. Juli, um für alle Eventualitäten vorbereitet zu sein, wieder ihren Rückmarsch über den Mincio in eine mehr centrale Lage zwischen den Vertheidigungsmitteln ihrer Basis an.

Die Brigade Generalmajor Baron Benko bezog enge Cantonierungsquartiere in Sta. Giustina, von wo Oberlieutenant Kohmann zur Abfassung der Kopf-Schutztücher für das Bataillon nach Verona abgieng; die Brigade Bienerth lagerte bei Pastrengo, die Brigade Zastavnikovich bei Sandrà.

Das Armee-Hauptquartier kam nach Cola; das 5. Armee-Corps cantonierte in Lacise und Cavalcaselle, das 7. Armee-Corps in Sona, Castelnuovo, S. Rocco die Palazzuolo, das 9. in Valleggio, die Reserve-Cavallerie-Brigade in Quarderni.

Am Morgen des 4. versammelte Generalmajor Baron Benko die Stabsofficiere der Brigade bei Barbarago, dem Lagerplatze der Brigade-Batterie, und nahm mit ihnen einen Recognoscierungsritt nach Sona, Somma Campagna und Zerbare vor, um das Terrain, auf welchem man in der Folge vielleicht noch einmal zu schlagen berufen sein konnte, genau kennen zu lernen.

Die unglücklichen Ereignisse im Norden übten ihren Rückschlag auf den Süden aus. Alle vom Erzherzog getroffenen Dispositionen, einem zweiten, wahrscheinlich viel wuchtigeren Angriffe der italienischen Armee auf einem vorbereiteten Schlachtfelde die Stirne bieten zu können, wurden durch den Tag von Königgrätz paralysiert. Bei dem gänzlichen Mangel einer strategischen Armee-Reserve im Herzen des Reiches war es unausweichlich, die Südarmee aus Venetien zurückzuziehen und zur möglichsten Herstellung des Kräftegleichgewichtes auf dem wichtigeren Kriegschauplatze zu benützen.

Es wurde daher am 6. Juli, unter dem Schutze des in der Stellung zwischen Valeggio und Somma Campagna verbleibenden 5. Armee-Corps, das 7. nach Croce bianca und

S. Massimo, das 9*) nach S. Michele zurückgenommen, das Reserve-Corps aber aufgelöst.

Die Brigade Bienerth wurde in das 5. Armee-Corps eingetheilt; die Brigaden Benko und Zastavnikovich erhielten die Bestimmung, als mobile Division unter Feldmarschall-Lieutenant von Rupprecht, die Basatzung Veronas zu verstärken. Der Brigade Benko wurde statt des 37., nun das 36. Jäger-Bataillon unter Major von Kuhn, statt der Batterie Nr. 9/V die Batterie Nr. 1/VIII zugewiesen.

Die Brigade bezog am 6. ein Freilager bei Chievo. Zwei Tage später bewirkte sie ihren Rückmarsch nach Verona; nur das Bataillon brach am 8., nach Voraussendung der beiden Oberlieutenante Dobiasch und Binder zur Abfassung von Zelten und zur Lageraussteckung, mit dem 4. Bataillon Baron Martini Nr. 30 in ein Zeltlager von der Porta Zeno zunächst des Forts Procolo unter dem Lager-Commando des Majors Baron de Vicq auf, von wo das 4. Bataillon Martini am 10. nachmittags, das Bataillon Hartmann am 11. abends 8 Uhr nach Verona abrückte.

Der Stab und die 10. Division wurden in die Cavallerie-Campone-, die 11. Division in die Infanterie-Campone-, die 12. Division in die Capuccini-Kaserne, die ärarischen Pferde anfänglich in die Casa Moranda, später zu den Fuhrwerken des Bataillons in die Cavallerie-Campone-Kaserne verlegt, die Zelte noch denselben Abend von Oberlieutenant Binder abgebrochen und an das Festungs-Montur-Dépôt, das vorräthige Schlachtvieh von Lieutenant Rössel an das Schlachtvieh-Dépôt zu Verona abgeführt.

Der größte Theil der Operationsarmee brach mittlerweile nach Wien auf; nur das 7. Armee-Corps blieb in Venetien und concentrierte sich, in der Folge diese Provinz räumend, hinter dem Isonzo, um die Südgrenzen der Erbprovinzen zu sichern.

Der Erzherzog erließ vor seiner Abreise nachstehenden Armee-Befehl (am 11. Juli):

»Soldaten der Südarmee!

Unsere Waffen im Norden waren bei den ersten Kämpfen vom Glücke nicht begünstigt, doch vermochte der Unfall, der sie betroffen, das Vertrauen unseres

---

*) Dasselbe war Tags vorher in Cantonnements bei Villafranca, Somma Campagna und Custoza abgerückt, während eine Brigade des 5. Armee-Corps nach Valeggio aufbrach und hier den Mincio von Salionze bis Pozzolo überwachte.

erhabenen Monarchen auf Gott, unser gutes heiliges Recht und unsere Kraft nicht zu erschüttern, und unerschütterlich wie Er, ist die ganze Armee, ist ganz Österreich zum Kampfe auf das Äußerste entschlossen, so lange kein ehrenvoller, Österreichs Machtstellung sichernder Friede erreicht wird.

Durch den im kaiserlichen Manifeste vom 10. Juli verkündeten Allerhöchsten Entschluss wird uns eine veränderte Aufgabe zu Theil. Während die nothwendigen Kräfte zurückbleiben, um die hierländigen Festungen zu behaupten und im Vereine mit der treuen und muthigen Bevölkerung die Grenzen Tirols, Inner-Österreichs und der Küste zu schützen, ziehe Ich mit dem Reste der Armee zur Verstärkung Unserer Streitmacht nach Norden, wo die Entscheidung liegt.

Waffengefährten! Ich weiß, Ihr könnt den Schauplatz Eueres jüngsten Triumphes nur mit schwerem Herzen verlassen; doch möge hiefür die Hoffnung auf neue Siege Eueren freudigen Muth, Euere Kraft auch neu beleben. Ihr seid berufen, im Norden zu vollenden, was Ihr im Süden so glänzend begonnen! Soldaten der Besatzungen der venetianischen Festungen, in Tirol und im Küstenlande! Euch mache Ich zu Erben unseres Sieges von Custoza; Euch lasse Ich als die treuen und tapferen Hüter des begonnenen Werkes zurück. Haltet das ruhmvolle Vermächtnis mit unerschütterlicher Zähigkeit fest. Was auch kommen möge, haltet mit der Ausdauer Euerer Vorfahren die Fahnen unseres theueren Österreichs hoch! Euere Aufgabe ist so nothwendig im Süden, als die unsere im Norden; Allen wird gleiche Ehre, gleiche Anerkennung zutheil werden. Voll ruhigen Vertrauens rufe Ich Euch in Meinem und im Namen aller Scheidenden ein herzliches Lebewohl zu, doch gleichzeitig auch auf Wiedersehen!

Und Ihr, die Ihr mit Mir gegen Norden zieht, lasst Uns im Vereine mit unseren dortigen tapferen Waffenbrüdern zeigen, dass Österreichs Kraft noch ungebrochen, lasst uns zum Entscheidungskampfe gehen mit dem Vertrauen auf Gott und unsere eigene Kraft, welches uns bereits die größten Schwierigkeiten siegreich überwinden gelehrt.

(gez.) Erzherzog Albrecht, Feldmarschall«.

Die Besatzung von Verona bestand nun aus folgenden Truppenkörpern: Regimentsstab, 1, 2. und 4. Bataillon Prinz Hohenlohe Nr. 17, Regimentsstab, 1, 2., 3. Bataillon Graf Wimpffen Nr. 22, die 4. Bataillone der Linien-Infanterie-Regimenter König von Bayern Nr. 5, Graf Hartmann, Baron Martini Nr. 30, Großherzog von Mecklenburg-Strelitz Nr. 31, Dom Miguel Nr. 39, Erzherzog Ernst Nr. 48, Regimentsstab, 1., 2., 3. Bataillon Warasdiner St. Georger Nr. 6, Regimentsstab, 1., 2. und 3. Bataillon Deutsch-Banater Nr. 12, Regimentsstab und 1 Bataillon Warasdiner-Kreutzer Nr. 5, 36. Jäger-Bataillon, die 2. Escadron Bayern-Husaren Nr. 3, die 1. Escadron Sicilien-Uhlanen Nr. 12, Batterien Nr. 1/VIII und 2/VIII — im ganzen 20 Bataillone, 2 Escadronen und 2 Batterien.

Diese Truppen formierten 4 Brigaden, wovon 3 zum Vorpostendienste und als Besatzungen in den Forts verwendet wurden. Die Vertheilung war nach Terrainabschnitten geregelt, und zwar der Brigade Graf Daun der westliche, der Brigade Oberst Zastavnikovich der östliche Theil des rechten, der Brigade Generalmajor Drechsler das linke Etsch-Ufer zugewiesen, die Brigade Generalmajor Baron Benko in der Festung selbst mit ganzer Stärke, als für mobile Dienstleistungen verfügbare Reserve concentriert.

Die Seressaner-Abtheilung — 24 Mann, 24 Pferde — wurde der Escadron Bayern-Husaren zugetheilt und zu Recognoscierungen und Patrouillen beigezogen; die aus 3 Officieren, 88 Mann bestehende 3. Compagnie des lombardisch-venetianischen Polizeiwach-Corps den Befehlen des Landes-Gendarmerie-Commandanten Oberst Greipel untergeordnet und dem letzteren der innere Sicherheitsdienst in der Festung bezüglich der Aufrechthaltung der öffentlichen Ordnung, sowie im Außenfelde innerhalb der Vedettenlinie mittelst Patrouillen, Durchsuchung von Gehöften u. dgl. zugewiesen.

Das Alarmsignal für eine von der ganzen Garnison anzutretende Gefechtsbereitschaft waren 6 Kanonenschüsse in Pausen von je einer Minute, welche vom Castell Vecchio zu geben, vom Castell S. Pietro zu wiederholen und auf den Werken Franz Joseph, Gisela, Stadion und Montorio abzunehmen waren. Auf dieses Signal hatte sich das Bataillon sogleich zu ralliieren, mit dem ganzen Stande, ausschließlich der Garnisonswachen, auf die Piazza Brà abzurücken und dort in geschlossener Divisions-Massenlinie aufzustellen. Zur

Verhütung einer falschen Allarmierung war jedes Exercieren im Feuer untersagt.

Der Besatzungsdienst der selbständigen Werke war durch eigene Instructionen geregelt. Jede Besatzung derselben bildete für sich ein abgeschlossenes, dem Festungs-Commando direct unterstehendes Ganzes, das zwar in administrativer Beziehung unbedingt, in taktischer jedoch nur bedingt den betreffenden Brigade- und Regiments-, beziehungsweise Bataillons-Commanden, unterstand. Alle äußeren Werke wurden vom 10. Juli an gesperrt und nur gegen die vorgeschriebene Abfertigung mit Losung und Feldruf geöffnet. Die Forts-Commandanten waren jedoch, unter eigener persönlicher Verantwortung, ermächtigt, einzelnen Officieren oder einer kleinen Anzahl von Leuten der Besatzung eine mehrstündige, immer aber genau festgesetzte Absentierung zu bewilligen. In jenen Forts, wo zwei Eingänge bestanden, blieb der eine derselben sammt der Aufzugsbrücke stets geschlossen; beim anderen aber und in allen Werken, wo sich nur ein Eingang befand, hatte das Thor stets geschlossen, die Aufzugsbrücke jedoch von der Tagreveille bis zum Zapfenstreich herabgelassen und nur nachts aufgezogen zu sein.

Mit verdoppelter Energie ließ das Festungs-Commando die Lichtung des Außenfeldes wieder aufnehmen *), beschränkte dagegen die Zahl der Civilarbeiter in den Werken auf das Minimum. So wurden z. B. die letzten Bonnetierungen in den Forts Albrecht und Strassoldo nur durch die Besatzungs-Artillerie und Infanterie allein hergestellt, zum Baue der Batterie vor dem Gehöfte Fenilone 1 Officier, 100 Mann permanent commandiert und von jeder anderen Dienstleistung befreit, in den neu erbauten Werken Montorio, Bellina und Ca vecchia nur eine geringere Anzahl Arbeiter verwendet, als der Besatzungstand betrug.

Alle Thürme der Festung wurden vom 11. an abgesperrt, das Glockengeläute aller Kirchen eingestellt. Nur in der Domkirche durfte zum Ave Maria früh und abends, dann um 6, 8, 10, 11 Uhr vormittags, sowie um halb 6 Uhr nachmittags kurz geläutet werden.

---

*) Das Bataillon stellte zum Schanzenbau beim Fort Elisabeth

am	10.	Juli	6	Officiere,	3	Unterofficiere,	3	Gefreite,	480	Mann,	
„	11.	„	6	„	3	„	3	„	480	„	
„	12.	„	6	„	3	„	3	„	480	„	
„	13.	„	6	„	6	„	6	„	600	„	bei.

Die Überfuhren, Schiffe etc. zwischen Verona und Ca vecchia wurden beseitigt, jedes Übersetzen des Flusses, außer beim Fort Hess, untersagt.

Inbezug auf die Verpflegung begann vom 11. Juli angefangen die Ausfassung des für die Etappenkost erforderlichen Rindfleisches in ausgeschrotetem Zustande aus dem Schlachtvieh-Dépôt der Festung durch sämmtliche Truppenkörper, desgleichen am 17. die Abfassung des Weines aus den Approvisionierungs-Vorräthen gegen Vergütung des entfallenden Beköstigungspreises. Das Festungs-Commando hatte beim Abmarsche der Armee den Auftrag erhalten, sich noch für einen vierten Monat mit allem zu verproviantieren, und zwar, sofern die Armee-Intendanz den Bedarf nicht zu decken vermochte, im Wege der Requisition. Der letztere Fall trat zwar nicht ein; es lag jedoch aus Verpflegsrücksichten im eigenen Interesse, Aus- und Einpassierenden, so lange noch keine unmittelbare Feindesgefahr vorhanden, keine Hindernisse in den Weg zu legen. Die Passage bei den Vorposten wurde mithin von 5 Uhr früh bis zum Einbruche der Dunkelheit freigegeben; bei der Nacht blieb jede Communication untersagt.

Die klimatischen Verhältnisse begannen allmählich, trotz der strengsten gesundheits-polizeilichen Maßregeln, ihren nachtheiligen Einfluss geltend zu machen. Die Zahl der Kranken und Maroden mehrte sich. Am übelsten war die in der Capuccini-Kaserne unmittelbar an der Etsch bequartierte 12. Division daran. Auf die Vorstellungen des Bataillons-Commandos ordnete das Festungs-Commando am 18. die Übersiedlung der 23. Compagnie in die Porta Nuova-, tags darauf jene der 24. in die Rivanelli-Kaserne an. Zur besseren Überwachung der Maroden wurde überdies in einem Locale der 21. Compagnie ein eigenes Marodezimmer mit 24 Betten für die in der Infanterie- und Cavallerie-Campone-Kaserne bequartierte 10. und 11. Division, desgleichen in den Compagnie-Nummern der 12. Division je ein Marodezimmer mit 6 Betten etabliert. Bei den ersteren 4 Compagnien besorgte Oberarzt Doctor Zocher, bei der 12. Division Unterarzt Zaczek*) die Maroden-Visitierung und den ärztlichen Dienst im Marodezimmer.

---

*) Demselben war überdies auch der subalterne ärztliche Dienst bei der Militär-Polizeiwach-Mannschaft und bei der 22. Compagnie des Linien-Infanterie-Regiments Erzherzog Ernst Nr. 48 vom Festungs-Commando zugewiesen.

Die italienische Regierung hatte beschlossen, den Krieg zu Wasser und zu Lande bis auf das Äußerste fortzusetzen. Die Armee überschwemmte nach dem Abzuge der kaiserlichen Truppen mit frisch gesammelten Kräften den offenen Theil Venetiens. 84.000 Mann unter General Lamarmora beobachteten die Festungen und sicherten die Operationslinie der Hauptarmee, welche, 180.000 Mann stark, unter dem Oberbefehle des Generals Cialdini gegen den Isonzo vorrückte, um nach Möglichkeit durch die Alpenpässe in die deutschen Erbstaaten einzudringen.

Die Division Medici bildete den äußersten linken Flügel dieser Armee. Sie wandte sich nach dem oberen Brentathal mit der Bestimmung, durch die Val Sugana in Südtirol einzubrechen und von Osten her auf Trient vorzugehen, während das Freiwilligen-Corps Garibaldis — 35—40.000 Mann stark — sich von Westen her durch Judicarien und Val Ampola gleichfalls gegen Trient in Bewegung setzte.

Die österreichischen Streitkräfte in Tirol zählten im ganzen einen streitbaren Stand von 12.228 Mann mit 141 Pferden und 32 Geschützen an regulären Truppen, nebst 4465 Mann an Landesschützen und Freiwilligen.*) Generalmajor Baron Kuhn befehligte diese Truppen und sah sich nun durch den von zwei Seiten her mit einer unverhältnismäßigen Übermacht gleichzeitig unternommenen feindlichen Angriff bemüssigt, in der Nacht auf den 23. Juli das Festungs-Commando in Verona telegraphisch zu ersuchen, sogleich 2 Bataillone mittelst Eisenbahn nach Trient zu befördern, worauf dieses das Eintreffen der 4. Bataillone Hartmann und Martini in Trient für den 23. vormittags zusagte.

Abmarsch nach Tirol.

Am 23. Juli morgens 3 Uhr 45 Minuten erhielt Major Baron de Vicq vom Besatzungs-Truppen-Commando in Verona den schriftlichen Befehl, augenblicklich mit dem ganzen verfügbaren Stande des Bataillons nach dem Eisenbahnhofe vor der Porta Vescovo, und sofort mit Benützung des Schienenweges nach Südtirol abzurücken. Der Wachdienst und die Commandierten, sämmtliche Fuhrwerke und das Gepäck waren zurückzulassen.

---

*) Die regulären Truppen bestanden aus 12 Bataillonen, $12^{3}/_{6}$ Compagnien, 1 Escadron, 1 vierpfündigen Fuß-, 4 dreipfündigen Gebirgs- und 1 Raketen-Batterie mit einem Verpflegsstande von 16.485 Mann, 1150 Pferden und 433 Tragthieren; das Landes-Aufgebot aus 35 Landesschützen-Compagnien, der Freiwilligen-Innsbrucker-Studenten-Compagnie, den zwei Wien-Tiroler- und der Innsbruck-Sonnenberger-Scharfschützen-Compagnie, mit einem Verpflegsstande von 4531 Mann.

Das Bataillon war in vier Kasernen untergebracht. Es wurde alarmiert und brach gegen 6 Uhr morgens mittelst Eisenbahn nach Trient auf, unmittelbar gefolgt vom 4. Bataillon Baron Martini.

Das Eintreffen fand um die Mittagszeit statt. Der Stadt-Commandant von Trient, Oberst Graf Beckers des 11. Linien-Infanterie-Regimentes Kronprinz von Sachsen empfieng das Bataillon auf dem Bahnhofe und beorderte Major Baron de Vicq, nach bewirktem Abkochen den Doppelmarsch nach Borgo in der Val Sugana anzutreten. Das Bataillon hatte sich dort noch in derselben Nacht der Halb-Brigade Major von Pichler anzuschließen und, gemäß einer schriftlichen Anordnung des Truppen-Commandos für Tirol und Vorarlberg, ohne Rücksicht auf die Rangsverhältnisse der Commandanten, den Befehlen des Majors von Pichler als mit den Terrainverhältnissen auf das genaueste bekannt, unterzuordnen.

Die Localitäten des damals in der Erbauung begriffenen Waisenhauses wurden dem Bataillon einstweilen zur Unterkunft zugewiesen. Es fasste die zum Abkochen erforderlichen Lebensmittel von der 2. Dépôt-Division Kronprinz von Sachsen aus und bewirkte während der kurzen Rastpause auch die Abfassung von Brod, 4 Stücken Schlachtvieh, mehreren Fässern Wein und anderen Etappen-Artikeln für den Feldbedarf aus dem Verpflegs-Magazine und Schlachtvieh-Dépôt zu Trient.

Nachmittags 4 Uhr setzte sich das Bataillon wieder in Bewegung. Unmittelbar hinter der Stadt wurden die Gewehre scharf geladen. Einstweilen schloss sich auch das 4. Bataillon Martini an die Queue von Hartmann an und folgte dessen Beispiele.

Nach einem mit Beobachtung aller Vorsichtsmaßregeln ununterbrochen fortgesetzten Marsche traf die Colonne gegen halb 8 Uhr abends vor Pergine ein, als eine Cavallerie-Ordonnanz von Graf Trani-Uhlanen von entgegengesetzter Richtung in scharfem Trabe heranreitend an Major Baron de Vicq einen mit Bleistift geschriebenen Zettel nachstehenden Inhaltes übergab: »Starke feindliche Abtheilungen rücken in der rechten Flanke vor; ein Bataillon dahin auf die Höhen disponieren, mit dem anderen Bataillon und der Batterie*) im Thale vor-

---

*) Wahrscheinlich war jene Rohr-Batterie gemeint, welche mit GM. von Kaim nach Mitternacht in Pergine eintraf.

rücken«. Durch diese Ordonnanz brachte man auch in Erfahrung, dass die Pichler'sche Halb-Brigade von den Italienern hart gedrängt werde und im Rückzuge von Borgo auf Levico begriffen sei.

Major Baron de Vicq ließ die Colonne einige Minuten rasten und beorderte das 4. Bataillon Martini, die Vorrückung des Bataillons Hartmann im Gebirgsdéfilé zwischen Pergine und Levico auf der Anhöhe in der rechten Flanke zu cotoyieren.

Die Straße nach Borgo ist hinter Pergine von steilen Berghängen eingeengt: auf der Ostseite die Abfälle des Selvot-Berges, auf der Westseite der zwischen den Seen von Caldonazzo und Levico gegen Masi del Ponte hinziehende Höhenrücken. Dieser tritt eine halbe Meile weiter südlich etwas zurück, und der See von Levico begleitet nun in seiner ganzen Längenausdehnung gegen Süden bis Masi del Ponte die, auf einer Wurzel des Selvot quer fortlaufende Straße, von derselben nur durch eine bewaldete Bergwand getrennt.

Das Bataillon hewirkte daher, nach Passierung von Pergine, seinen Weitermarsch in der Colonne mit Halbzügen, als den breitesten Abtheilungen, die der schmale Weg erlaubte. Die Nacht war indessen hereingebrochen. Um bei dem beschleunigten Vorgehen die Ordnung während der eingetretenen Finsternis besser aufrecht und die Abtheilungen unter sich fest geschlossen zu erhalten, marschierten die einzelnen Divisionen in Abständen von je 40—50 Schritt hinter einander, jeden Augenblick bereit, in die Gefechts-Formation überzugehen.

Die 12. Division befand sich an der Tête; zwei Züge der 24. Compagnie bildeten die Avantgarde. Die 10. Division war an der Queue, mit einem Zuge der 19. Compagnie als Nachhut. Die 20. und 23. Compagnie stellten Seiten-Patrouillen zur Eclairierung der linken Flanke, die 11. Division 1 Officier mit einem halben Zuge als Seitenhut in der rechten Flanke bei, um die Verbindung mit dem 4. Bataillon Martini zu unterhalten. Diese wurde jedoch vergebens angestrebt. Jenes Bataillon hatte im Dunkel der Nacht den auf den Höhen über Zaca, Ischia und Tenna auf Masi del Ponte einzuschlagenden Seitenweg verfehlt und sich im Gebirge verirrt, wodurch die Mitwirkung dieser braven Truppe für die bevorstehende Action verloren gieng.

Je weiter das Bataillon vorrückte, desto ungünstiger lauteten die Nachrichten. Einzelne Landleute und ein aus Levico flüchtender k. k. Beamter sagten aus, dass der Ort vom Feinde bereits genommen, der Rückzug der Pichler'schen Colonne abgeschnitten sei. Beides bestätigte sich nicht. Gegen dreiviertel 9 Uhr begegnete das Bataillon einzelnen, mit Verwundeten gegen Pergine abfahrenden Trainwagen jener Halb-Brigade. Um ihnen die Passage frei zu machen, wurde in die Doppelreihen-Colonne abgefallen.

Es war beiläufig einviertel 10 Uhr, als das Bataillon Levico erreichte. Die Halb-Brigade Pichler war etwas früher eingetroffen und lagerte, unter dem Schutze einer am Ortsausgange aufgestellten Abtheilung, beim Badhause westlich des Ortes.

Die Halb-Brigade bestand aus folgenden Waffenkörpern:

1. und 6. Compagnie Erzherzog Rainer Nr. 59 (weniger 1 Zug)	240 Mann,
3. und 4. Compagnie Graf Wimpffen Nr. 22 (weniger 1 Zug) *)	280 »
2. Dépôt-Division Erzherzog Rainer	124 »
1. Zug der 13. Pionnier-Compagnie des 2. Genie-Regiments	50 »
Landesschützen-Compagnie Landeck	101 »
Landesschützen-Compagnie Dornbirn	112 »
Zusammen	907 Mann,

ferner aus 12 Mann Trani-Uhlanen und 4 Geschützen der Raketen-Batterie Nr. 11/IX.

Mit heldenmüthiger Tapferkeit hatte dieses kleine Häufchen unter seinem vorzüglichen Führer in einem 48stündigen Rückzugsgefechte von Cismon aus über Primolano, le Tezze und Borgo, nur Schritt für Schritt weichend und jede sich darbietende Gelegenheit zur Erneuerung des hartnäckigsten Widerstandes benützend, den Angriffen der ganzen italienischen Armee-Division Medici an diesem und dem vorhergegangenen Tage Stand gehalten, und Major von Pichler beabsichtigte nun, wenn möglich, seine von der Blutarbeit eines so langen und ungleichen Kampfes im Zustande äußerster Erschöpfung befindlichen Truppen einige Stunden ruhen und dann nach Pergine zurückgehen zu lassen.

---

*) Die beiden fehlenden Züge waren detachiert und stießen erst am 26. Juli wieder zur Halb-Brigade.

Major Baron de Vicq erhielt den Befehl, mit dem Bataillon als Arrièregarde der Halb-Brigade den Ausgang des Ortes zu besetzen und den Feind, falls er angreifen sollte, in einem hinhaltenden Gefechte nach Möglichkeit solange zu beschäftigen, bis die rückwärtigen Abtheilungen sich wieder in Kampfbereitschaft gesetzt und einen hinlänglichen Vorsprung gewonnen haben würden. Dann sollte das Bataillon der Rückzugs-Bewegung auf Pergine folgen und vor diesem Orte eine Vorpostenaufstellung nehmen.

Major Baron de Vicq zog nun sämmtliche Außentrupps ein und rückte in beschleunigtem Schritte durch die Stadt, deren Ausgang von drei Zügen der 6. Compagnie des 59. Infanterie-Regimentes Erzherzog Rainer besetzt war.

Nachtgefecht bei Levico.

Levico, beiderseits der von Trient nach Borgo in östlicher Richtung führenden Straße gelegen, dehnt sich sowohl gegen Norden, als gegen Süden, bedeutend in die Länge aus. Mehrere enge Gassen durchschneiden den Ort parallel mit der Chaussée und stehen mit dieser sowohl, als unter sich, durch einzelne, meist sehr schmale Seitengassen in Verbindung. Die Stadt ist auf allen Seiten mit Maisfeldern und Weinculturen umgeben, die ein verdecktes Anschleichen des Feindes, besonders in der nächtlichen Finsternis, sehr erleichtern. Nur im Süden, wo der Thalgrund eine Entwicklung bedeutender Streitkräfte und selbst eine Gefechtsthätigkeit von Cavallerie-Abtheilungen zulässt, befinden sich große Wiesenstrecken, die sich bis Caldonazzo, Masi del Ponte und an den See von Levico hinziehen. Im Norden treten die Berghänge näher an den Ort, in dessen nördlicher Verlängerung die Abfälle des Selvot-Berges und des Monte Panaroto eine tief eingeschnittene Thalschlucht bilden.

Die Stadt konnte von dieser Seite von Selva aus, mit noch größerer Leichtigkeit aber auf der Südseite über Sta. Juliana umgangen werden. Es genügte ein bloßes Vorrücken feindlicher Abtheilungen in dieser Richtung, um den Vertheidiger zur Räumung Levicos zu zwingen, wollte er nicht von seiner einzigen Rückzugslinie, dem nach Pergine führenden Gebirgsdéfilé, abgeschnitten werden.

Das Bataillon entbehrte jeder Ortskenntnis; überdies war während des kurzen Aufenthaltes in Trient weder Zeit noch Gelegenheit gewesen, sich mit einer genauen Specialkarte zu versehen. So viel ließ sich jedoch aus der allgemeinen Gestaltung der im Dunkel der Nacht nur in unbestimmten Umrissen sich zeichnenden Terraintheile folgern, dass, bei der bedeutenden Längenausdehnung Levicos auf der Ostseite, von wo der Feind kommen sollte, der Ort mit der geringen Anzahl Streiter, welche das Bataillon zählte, gegen die entgegenstehende unverhältnismäßige Übermacht*) nicht ernstlich zu halten sei; dass die Zersplitterung der Abtheilungen in die einzelnen Stadttheile bei der gänzlichen Unbekanntheit der Truppe mit den localen Verhältnissen in der Finsternis nur zu Verwirrungen Anlass geben, und der eventuelle Durchbruch des Feindes auf einem Punkte verhängnisvolle Folgen für alle übrigen an der Orts-Lisière zerstreuten, einer einheitlichen Leitung gänzlich entrückten Abtheilungen haben müsse.

Major Baron de Vicq rückte daher über Levico hinaus. Hauptmann Gatterer, Commandant der dem Bataillon beigegebenen 3 Züge Erzherzog Rainer, der mit den Örtlichkeiten besser bekannt war, führte die Colonne an eine Stelle, wo sich das Gebirgsthal mehr schließt und die, einerseits durch eine niedrige Gartenmauer, anderseits durch eine aus lose übereinander gefügten Steinen gebildete Einfriedung eingeengte Straße eine Art Défilé bildet.

Hier erwartete man in einer, so gut als es bei der Kürze der Zeit und der unvollkommenen Orientierung in der Nacht möglich war, gewählten Aufstellung den Angriff des Gegners. Die Abtheilung Erzherzog Rainer-Infanterie wurde in der Richtung auf Selva vorgeschoben, um das Anrücken des Feindes rechtzeitig zu signalisieren. Hinter derselben auf der Straße, zunächst einer links seitwärts gelegenen Kapelle, stand die 12. Division in Zugs-Colonne. Als deren Unterstützung, beiläufig 200 Schritte weiter rückwärts, war die 11. Division in der Massenformation hinter einer Gartenmauer an einem in südlicher Richtung abzweigenden Feldwege aufgestellt, um nach Umständen in den Flanken gegen feindliche, aus den Maisfeldern hervorbrechende Abtheilungen verwendet zu werden oder den Rückzug der vorwärtigen Colonne in einer Aufnahmsstellung zu decken. Als Reserve wurde am Ausgange von Levico die 10. Division nebst zwei, dem Bataillon von Major von Pichler nachgesendeten Raketen-Geschützen zurückgelasssen.

*) „Wir gratulieren! Ihr kommt gerade recht zum Handkuss; 10.000 Piemontesen rücken mit Feldmusik gegen uns an", riefen die Officiere der Pichler'schen Halb-Brigade den vorübermarschierenden Abtheilungen des Bataillons zu.

Dieser Aufstellung in die Tiefe lag die Absicht zugrunde, etwaigen Flankenangriffen mit den rückwärtigen Abtheilungen zu begegnen, oder im Falle die vorwärtigen Abtheilungen geworfen würden, die Gefechtslinie auf den von der Unterstützung und Reserve besetzten Abschnitten wieder herzustellen und auf diese Art den Kampf bis zum Eintreffen der erwarteten Verstärkungen von Martini-Infanterie möglichst hintanzuhalten, um der rückwärtigen Halb-Brigade Luft zu machen und Zeit zum Abzuge zu geben.

Noch herrschte von der feindlichen Seite her tiefe Stille — aber diese Stille glich jener, die einem Gewittersturme voranzugehen pflegt. Schwarze Wolken jagten gespensterhaft am Firmamente; nur zuweilen wurde das Flimmern eines einzelnen Sternes sichtbar. Durch das ganze Seitenterrain zur Rechten zog ein geheimnisvolles Regen. Auf den Thalabhängen der Südseite und auf der ihnen zunächst gelegenen Thalsohle sah man Lichter erglänzen; sie bekundeten die unmittelbare Nähe des Feindes in der rechten Flanke des Bataillons.

Lautlos stand dieses in strengster Gefechtsbereitschaft, jeden Augenblick des Commandos zum blutigen Zusammenstoße gewärtig. Mit stillem Ernste, wie er der nahen Umarmung eines Entscheidungskampfes voranzuschreiten pflegt, warf jeder einzelne Krieger noch einen letzten prüfenden Blick auf seine schussbereite Waffe. Ein jeder fühlte das Herannahen bedeutungsvoller Augenblicke.

Major Baron de Vicq war der Abtheilung des Hauptmannes Gatterer vorgeritten und von diesem aufmerksam gemacht worden, hauptsächlich für die Flankendeckung Sorge zu tragen, indem der Feind seine Angriffe in der Front durch starke, weitausgreifende Umgehungs-Colonnen auf den Thalhängen vorzubereiten pflegte.

Ungern nur fügte sich Major Baron de Vicq, noch immer die Hoffnung auf das Eintreffen der mit Sehnsucht erwarteten 6 Compagnien Martini nicht aufgebend, der Nothwendigkeit, sein Bataillon bei dessen geringem Stande durch Detachierung noch mehr zu schwächen und die Front der Aufstellung, auf Kosten der Aufstellung in die Tiefe, zu verlängern. Er disponierte Hauptmann Brendl mit der 11. Division, zur Deckung gegen die feindlichen Seiten-Colonnen, in die rechte Flanke, zog dagegen in die von der Division verlassene Aufstellung die ganze Reserve vor. Deren letzte Abtheilungen

— 2 Züge der 19. Compagnie unter Oberlieutenant Kohmann — wurden auf den nördlichen Thalhang in der linken Flanke detachiert. Die beiden Raketen-Geschütze fuhren links von der 10. Division auf der Straße vor, um den Feind nach dem Rückzuge der vorderen Abtheilung mit Kartätschen zu beschießen.

Während diese Anordnungen durchgeführt wurden, ließ Major Baron de Vicq durch Bataillons-Adjutanten Oberlieutenant Grimm dem Major von Pichler die drohende Flankenbewegung des Feindes melden und nachfragen, ob die Halb-Brigade in der am Eingange Levicos genommenen Stellung noch ferner verbleiben oder den Rückzug auf Pergine antreten werde. Für den letzteren Fall wurde ein specieller Befehl erbeten, wie lange das Bataillon, welches auf der einen Seite bereits umgangen war, selbst unter den ungünstigsten Verhältnissen die Position von Levico behaupten solle, um seine Aufgabe zu lösen. Major von Pichler ließ erwidern, dass die Halb-Brigade sogleich den Rückmarsch antreten werde und es zur Sicherung eines ausgiebigen Marschvorsprunges genüge, wenn sich das Bataillon noch eine halbe Stunde in der vorwärts eingenommenen Position halten könne.

Hauptmann Brendl hatte sich indessen mit der 11. Division südlich von Levico, rechts seit- und rückwärts des Bataillons, in der Nähe eines von S. Juliana nach Masi del Ponte führenden Landweges aufgestellt. Die 21. Compagnie stand in vorwärtiger Linie; die 22. bildete deren Reserve. Oberlieutenant Binder und Hirnschall deckten mit je einem Zuge die Front und rechte Flanke der Division.

Oberlieutenant Kohmann war mit seiner Abtheilung durch Levico zurückgegangen und erkletterte, von zwei Landesbewohnern geleitet, den steilen Abhang des Selvot-Berges. Er nahm auf dessen Kuppe eine Aufstellung weit links seit- und rückwärts der Haupttruppe. Auf diese Art ganz außerhalb der Gefechts-Sphäre gerathen, verlor er die Verbindung mit dem Bataillon, das nun in der linken Flanke ganz bloßgestellt war.

Das Bataillon zählte im ganzen einen Verpflegsstand von 1 Stabs-, 20 Oberofficieren, 2 Feldärzten und 742 Mann.*)

*) Stab: Major Baron de Vicq, Oberlieutenant Bataillons-Adjutant Grimm, Lieutenant Franz Rössel als Officier der Fleisch-Regie, Ober-Arzt Dr. Zocher, Unter-Arzt Zaczek, 6 Mann. Ferners:

Hierunter befanden sich 41 Non-Combattanten (Officiersdiener, Compagnie-Schuster und Blessiertenträger).

Der streitbare Stand des Bataillons belief sich mithin auf: . . . . 20 Officiere*) 701 Mann.
Hiezu 3 Züge der 6. Compagnie
Erzherzog Rainer**) . . . 2 » 97 »

Mithin zählte das Detachement des Majors Baron de Vicq im ganzen 22 Officiere, 798 Mann Infanterie, ferner 3 Mann Graf Trani-Uhlanen und 2 Raketen-Geschütze.

Hievon befanden sich: 15 Officiere, 496 Mann und 2 Raketen-Geschütze in der Mitte der Stellung, 6 Officiere, 251 Mann in der rechten, 1 Officier, 54 Mann in der linken Flanke detachiert.

Dieses kleine Häufchen hatte eben noch Zeit gefunden, die früher geschilderte Gefechtsstellung zu nehmen***), als die Feldmusik der Italiener hörbar wurde und die feindlichen Truppen zum Angriffe anrückten.

Es war die ganze 15. Armee-Division unter General-Lieutenant Medici. Sie bestand aus folgenden Truppentheilen:

---

19. Compagnie: Hauptmann Ikalovich, Oberlieutenant Kohmann, Lieutenant Schmidt, 111 Mann.

20. Compagnie: Hauptmann Emil Medycki, Lieutenant Mrazek und Zaplatýnski, 115 Mann.

21. Compagnie: Hauptmann Simenthal, Oberlieutenant Binder, Lieutenant Putalkiewicz, 142 Mann.

22. Compagnie: Hauptmann Brendl, Oberlieutenant Hirnschall, Lieutenant von Schellerer, 122 Mann.

23. Compagnie: Hauptmann von Sokolowski, Oberlieutenant Podluzki, Lieutenant Dohnal, 133 Mann.

Lieutenant Dohnal war eigentlich Bataillons-Adjutant, jedoch des Reitens unkundig, daher Oberlieutenant Grimm, den Dienst zu Pferde versah.

24. Compagnie: Hauptmann Müller, Oberlieutenant Dobiasch, Lieutenant Gabrielli, 113 Mann.

In Verona waren krank und commandiert zurückgeblieben: Lieutenant Noskiewicz als Proviant-Offizier, dann die Lieutenante von Cordier, Wallek, Domiczek, Lohinski und 281 Mann.

*) Nach Abschlag des Officiers der Fleisch-Regie.

**) Die Stärke dieser 3 Züge ist nur approximativ angegeben. Das österreichische Generalstabs-Werk gibt die ganze Stärke der beiden Compagnien EH. Rainer nach Abschlag des fehlenden Zuges mit 234 Mann an. Indem am Gefechte bei Levico nur 3 Züge EH. Rainer betheiligt waren, haben wir deren Stärke mit $^3/_7$ der oben ausgewiesenen 234 Köpfe angenommen.

***) Mit Ausnahme des Oberlieutenants Kohmann, der erst viel später den von ihm gewählten Aufstellungspunkt erreichte.

Brigade Pavia:

27. Infanterie-Regiment	 2067	Mann
28. » »	 1225	»

Brigade Sicilien:

61. Infanterie-Regiment	 2413	»
62. » »	 2266	»
23. Bersaglieri-Bataillon	 608	»
25. » »	 581	»
2 Escadronen Lancieri di Milano	. . . 186	»
3 Batterien des 9. Regimentes	. . . 18	Geschütze

Zusammen: 9160 Mann, 186 Pferde und 18 Geschütze.

Außerdem die 13. Compagnie des 2. Genie-Regimentes: 118 Mann.

3 Compagnien des 25. Bersaglieri-Bataillons unter Major Fumagallo, das 28. Infanterie-Regiment, Oberst Nedbal, die beiden Lancieri-Escadronen, Major Porcara, und 1 Batterie bildeten die Avantgarde.

Das 23. Bersaglieri-Bataillon, Major Depreto, gieng in der rechten Flanke auf dem längs der Höhen gegen das Nordende Levicos ziehenden Wege vor; 1 Compagnie des 25. Bersaglieri-Bataillons und das 61. Infanterie-Regiment, Oberst Negri, nahmen in der linken Flanke die Richtung auf Caldonazzo; der Rest der Division folgte auf der Straße.

Die Avantgarde war um halb 10 Uhr abends in der Höhe von Selva angelangt, und eine Abtheilung Lancieris auf der Straße vorgesprengt, aber nachdem sie sich die Überzeugung von der Anwesenheit der kaiserlichen Truppen verschafft hatte, wieder zurückgejagt.

General Medici ließ nun 1 Compagnie des 25. Bersaglieri-Bataillons zur Verbindung mit dem 23. Bersaglieri-Bataillon rechts, die beiden anderen Compagnien links der Straße in geöffneter Ordnung, endlich das 1. Bataillon des 28. Regimentes in Colonne auf der Straße selbst, zum Angriffe auf Levico vorrücken. Auf etwa 100 Schritte hinter jedem Flügel folgte 1 Bataillon des 28. Regimentes. Oberst Nedbal führte das Commando über diese Abtheilungen. Das 27. und 62. Regiment, Oberst Casuccini und Oberstlieutenant Steffaneo, blieben in Colonne auf der Straße, die Batterien und Cavallerie bildeten die Queue.

Gegen 10 Uhr begann der Angriff. Die Vortruppen von Erzherzog Rainer zogen sich, nach einem gegen die weit überlegenen feindlichen Plänklerschwärme lebhaft fortgeführten Feuergefechte beiderseits der Straße zurück; ihr Commandant, Hauptmann Gatterer, ein durch Tapferkeit, Entschlossenheit und Umsicht gleich ausgezeichneter Officier, erhielt bei der rühmlichen Vertheidigung seines Postens einen Bajonnettstich in die Brust.

Jetzt warfen sich die vorrückenden Colonnen des Gegners auf die 12. Division. Aber Hauptmann Müller wartete ihren Angriff nicht erst ab. Nach einer von dem vordersten Zuge seiner Colonne abgegebenen Salve stürzte er sich unter lautem »Hurrah!«-Rufe mit dem Bajonnette auf den Feind. Zweimal wankte die Division, von den in die Linie der Plänklerschwärme vorgezogenen geschlossenen Abtheilungen der Italiener mit einem Kugelhagel überschüttet, welcher übrigens bei der herrschenden Finsternis meist wirkungslos war. Sie wurde aber eben so oft wieder durch das Beispiel persönlicher Bravour und kühner Entschlossenheit ihres Commandanten, dem sich Oberlieutenant Dobiasch, Lieutenant Gabrielli und Dohnal würdig anreihten, mit fortgerissen. Es gelang Hauptmann Müller, nach einem hartnäckigen Handgemenge, die vorderen Abtheilungen des Feindes auf deren Unterstützungen zurückzudrängen; als jedoch auch diese in den Kampf mit eingriffen, erlag er dem übermächtigen Gegner.

Major Baron de Vicq ließ nun die in Reserve gehaltene 10. Division eine Linksschwenkung vornehmen, um sie den vordringenden feindlichen Colonnen in die Flanke zu werfen. Zuvor sollten die letzteren noch, der ursprünglichen Idee gemäß, durch eine Kartätschen-Salve der beiden Raketen-Geschütze erschüttert werden. So war der leitende Gedanke; anders reifte die Durchführung.

Der Rückzug der vorderen Division drohte nämlich auch die rückwärtigen, bisher intact gebliebenen Abtheilungen mit fortzureißen. Die beiden Raketen-Geschütze fuhren ab; eine plötzliche Panique, hervorgerufen durch das Bewusstsein, einer erdrückenden Übermacht gegenüber zu stehen, bemächtigte sich auch der sechs Züge der 10. Division. Die jungen Soldaten derselben, deren Gemüther durch das längere, die Phantasie peinigende Warten auf die Gefahr abgespannt worden waren, stoben beim unmittelbaren Herantreten derselben, erschüttert durch das heftige Kleingewehrfeuer von allen Seiten und alle die übrigen, mächtig auf das Gemüth einwirkenden Eindrücke eines nächtlichen Gefechtes, auseinander.

Der gute Geist der Truppe gewann jedoch schnell wieder die Oberhand über eine momentane Regung von Schwäche. Die Disciplin half über die gefährliche Krisis glücklich hinweg. Der Opfersinn und die Pflichttreue der Officiere, unter denen die Hauptleute Ikalovich und Medycki, Bataillons-Adjutant Oberlieutenant Grimm und Lieutenant Zaplatýnski besonders thätig einwirkten, stellten die erschütterte Ordnung in kurzem wieder her.

Major Baron de Vicq warf sich nun persönlich mit den ersten, in der Schnelligkeit zusammengerafften Abtheilungen den unaufgehalten vordringenden Italienern entgegen, sowohl um das moralische Gefühl der eigenen Truppe zu heben, als jenes des Gegners zu dämpfen, während Hauptmann Medycki mit der Fahne und dem noch in der Sammlung begriffenen Reste der Division als Reserve stehen blieb. Der ungünstige Erfolg dieses Angriffes war leicht vorauszusehen. Die Italiener gaben stehenden Fußes auf 10 Schritte Distanz eine Salve*) auf das kleine Häufchen ab und umwickelten es in den Flanken. Die außer jedem Verhältnis stehende Kräfte-Überzahl entschied. Die Stürmenden kamen stark ins Gedränge und wurden nach einem kurzen aber erbitterten Nahkampfe geworfen. Der Zweck ihres Angriffes jedoch: Zeitgewinn und die Rettung der beiden sehr gefährdet gewesenen Raketen-Geschütze, war erreicht.

Hauptmann Müller hatte sich bei dieser Gelegenheit den Angreifenden aus freiem Antriebe erneuert angeschlossen, die Sorge für die Ralliierung seiner geworfenen Division an einem rückwärtigen Punkte den übrigen Officieren derselben überlassend.

Hauptmann Ikalovich hatte an der Spitze der vordersten Abtheilung durch das in unmittelbarer Nähe abgegebene Salvenfeuer des Gegners einen Schuss in den linken Unterschenkel erhalten, machte aber, um nicht in die feindliche Kriegsgefangenschaft zu gerathen, trotz seiner schweren schmerzlichen Verwundung, die seinen späteren Rücktritt von dem activen Dienste nach sich zog, mit größter Selbstüberwindung noch den Rückzug bis hinter Levico mit.

---

*) Glücklicherweise wurde die angreifende Colonne von dem in unmittelbarer Nähe abgegebenen Feuer des Gegners überschossen; sonst wären ihre Verluste sehr groß gewesen.

Ebenso hielt auch Gefreiter Nikolaus Korczewski der 19. Compagnie, obgleich verwundet, bei der Truppe so lange aus, bis er, durch den Blutverlust geschwächt, weggeführt werden musste.

Gefreiter Basil Semkow der 20. Compagnie führte, nach dem abgeschlagenen Angriffe einer der Letzten zurückbleibend, den durch einen kurze Zeit vorher erlittenen zweifachen Bruch des linken Fußgelenkes geschwächten und durch die vorausgegangenen Anstrengungen gänzlich erschöpften Major Baron de Vicq*) aus dem Gefechte und entzog ihn der Gefahr, in feindliche Gefangenschaft zu gerathen.

Die 12. Division hatte sich mittlerweile am Eingange von Levico ralliiert und hier Stellung genommen. Unter ihrem Schutze zog sich die 10. Division zurück und nahm, an einem geeigneten Ortsabschnitte rückwärts eine neue Gefechtslinie beziehend, später die vorderen Abtheilungen wieder auf, als der Feind seine Offensivstöße mit fortwährend gesteigerten Kräften erneuerte.

Ungebeugt, unerschüttert und dicht geschlossen, mit Ruhe und Festigkeit nur Schritt für Schritt weichend und immer wieder von neuem frontierend, die blutige Klinge stets am Gegner, zogen sich auf diese Art die 3½ im Gefechte stehenden Compagnien Hartmann, unter einem ununterbrochen fortwährenden lebhaften Feuergefechte mit den hitzig nachdrängenden Italienern bis in die Nähe der mitten im Orte gelegenen Kirche zurück.

Es war ¼12 Uhr. Das Bataillon hatte seine Aufgabe gelöst. Es hatte den Feind fünf Viertelstunden hingehalten, somit der Colonne des Majors von Pichler hinlängliche Gelegenheit zur Gewinnung eines bedeutenden Marschvorsprunges verschafft.

Die Rechnung zwischen Kühnheit und Vorsicht war zum Abschlusse gelangt, die Rolle des Bataillons jetzt, wo dessen Ziel erreicht, ausgepielt. Auch der letzte Mann war

*) Das Pferd des Majors Baron de Vicq war im Défilé vor Levico von der Deichsel eines in Galopp abfahrenden Trainwagens der Pichler'schen Colonne verletzt worden, und hatte sich mit dem Reiter überschlagen. Hiedurch schon geschreckt, war dies in noch weit erhöhterem Grade der Fall, als Major Baron de Vicq nach dem Beginne des Kampfes mit Bataillons-Adjutanten Oberlieutenant Grimm und den 3 Cavallerie-Ordonnanzen vorritt, um den Verlauf des Gefechtes zu übersehen. Das Geschrei der Stürmenden, das Knattern des Kleingewehrfeuers und das Pfeifen der Kugeln, verbunden mit den allenthalben aus dem nächtlichen Dunkel grell aufleuchtenden Pulverblitzen machte die Pferde scheu. Die drei Ordonnanzen jagten zurück; Major Baron de Vicq und Oberlieutenant Grimm aber sahen sich genöthigt, abzusitzen, wollten sie nicht ihre ausschließliche Aufmerksamkeit den Thieren zuwenden und in dem schmalen Engwege die eigenen Abtheilungen behindern.

ins Gefecht gezogen, mit jeder Minute wurde der Widerstand schwieriger. Die zunehmende Ansammlung der feindlichen Streitkräfte machte es unmöglich, den Kampf länger fortzusetzen; nichts vermochte mehr die Heftigkeit des italienischen Angriffes zu hemmen, welcher mit ganzer Kraft und der nachdrücklichsten Energie durchgeführt wurde. Während das 23. Bersaglieri-Bataillon sich bereits dem Westende Levicos näherte, die Bersaglieri vom 25. Bataillon und 2 Bataillone des 28. Infanterie-Regiments, dicht gefolgt vom ganzen 27. und 62. Regiment, unter dem stürmischen Rufe »Evviva l'Italia!« theils in der Hauptgasse, theils in den Seitengassen der Stadt mit unwiderstehlicher Kraft vordrangen, unterbrach das 3. Bataillon des 28. Infanterie-Regiments die Verbindung zwischen der 10. Division und den in Levico kämpfenden Abtheilungen von Hartmann. Die Gefahr, in den engen Gassen auf allen Seiten umsponnen und von der Rückzugslinie abgedrängt zu werden, wuchs mit jedem Augenblicke. Es war die höchste Zeit, sich durch einen schnellen Rückzug der verderblichen Situation zu entziehen.

Die ganze Gefahr eines längeren Verweilens in Levico erkennend, entschied sich Major Baron de Vicq dafür, das Gefecht ungesäumt abzubrechen. Das Bataillon räumte den Ort. Hauptmann Müller deckte mit einer aus Leuten aller Compagnien zusammengesetzten Abtheilung den Rückzug, wobei sich Führer Paul Sokolowski der 24. Compagnie durch besondere Tapferkeit hervorthat.

In dem Straßen-Défilé hinter der Stadt wurde ein längerer Halt gemacht, um sämmtliche Abtheilungen, welche während des Straßenkampfes zum großen Theile untereinandergerathen waren und sich schließlich in einen wirren Knäuel zusammengeballt hatten, wieder zu ordnen, und sofort, vom Feinde unverfolgt, der Rückmarsch auf Pergine fortgesetzt.

Hauptmann Medycki bezog vor diesem Orte mit den sechs Zügen der 10. Division die Vorposten. Die 12. Division stellte sich auf einer Anhöhe seitwärts der Straße zunächst einer kleinen Kapelle auf.

Allein noch fehlte die Abtheilung des Oberlieutenants Kohmann, noch fehlte die von ihrer Detachierung südlich Levico nicht eingerückte 11. Division, und bange, nur durch das Vertrauen auf die Tüchtigkeit ihres Führers etwas gemilderte Sorge um deren Schicksal erfüllte das Bataillons-Commando.

Da traf gegen halb 4 Uhr morgens die bereits für verloren gehaltene Truppe ein. Die Division war in der höchsten Gefahr geschwebt, vom Feinde aufgehoben zu werden. Ihrem wackeren Commandanten, Hauptmann Brendl, gebürt das entschiedene Verdienst, sie durch geschickte Führung vor einer sonst unvermeidlichen Katastrophe bewahrt zu haben.

Wie bereits erwähnt, rückte in der rechten Flanke dieser Division das 61. Infanterie-Regiment mit 1 Compagnie des 25. Bersaglieri-Bataillons in der Richtung auf Caldonazzo vor. Die Division hatte sich dadurch nicht beirren lassen, sondern war in der genommenen Aufstellung verblieben, bis Oberlieutenant Binder den Hauptmann Simenthal schließlich aufmerksam machte, dass sich die Umgehungs-Colonne des Gegners beinahe schon im Rücken der eigenen Truppe befinde. Da überdies aus dem von links herübertönenden Geschrei der stürmenden Italiener und aus dem Schalle des Kleingewehrfeuers zu entnehmen war, dass das Gros des Bataillons schon im Rückzuge begriffen sei, repliierte sich Hauptmann Simenthal gleichfalls auf seine Reserve und meldete dem Hauptmann Brendl die gemachten Wahrnehmungen. Dieser zog unverweilt den rechts aufgestellten Flankenposten unter Oberlieutenant Hirnschall an sich und schlug einen in nördlicher Richtung gegen Levico führenden schmalen Feldweg ein, um zum Bataillon zu stoßen.

Noch rechtzeitig durch einen Landmann in italienischer Sprache gewarnt, dass ein feindliches Bataillon*) vor kurzem diesen Weg passiert habe, wandte sich die Division in einem rechten Winkel gegen Westen. Masi del Ponte war von Abtheilungen des 61. Infanterie-Regiments bereits besetzt; feindliche Cavallerie durchstreifte das Terrain südlich von Levico; die Division fand sich mithin auf allen Seiten vom Feinde umstellt. In dieser kritischen Lage zog sich Hauptmann Brendl um das Südende des Sees von Levico herum und marschierte dann hart am westlichen Uferrande fort. Es musste, da das Terrain kein anderes Fortkommen gestattete, einzeln abgefallen werden. Die Colonne beobachtete die größte Stille; der geringste Laut konnte verderblich werden, konnte bei der gänzlichen Unbereitschaft zum Widerstande und der unmittelbaren Feindesnähe die Zersprengung und Aufhebung

*) Wahrscheinlich jenes Bataillon des 28. Infanterie-Regiments, welches mit 2 Compagnien des 23. Bersaglieri-Bataillons links von der Straße zum Angriffe auf Levico vorgerückt war.

der Truppe im Gefolge haben. So gieng es in einem unwegsamen, unbekannten, vielfältig zerklüfteten Terrain abwechselnd über Gräben, Schluchten und Sumpfstellen, durch Schilf und Weinculturen im Dunkel der Nacht fort, bis man endlich das Straßen-Défilé in der Höhe von Ischia erreichte. Ein kleiner Trupp Lancieri, der im Straßenbuge aufgestellt war, sprengte bei der Annäherung der Infanterie eilig davon. Feldwebel Pisarski besetzte schnell mit der Spitze der Vorhut die Straße; die Division setzte ihren Weitermarsch zum Gros des Bataillons unbehelligt fort.

Minder glücklich war das linke Flanken-Detachement — die zwei Züge der 19. Compagnie — obgleich demselben bis zur Mittagszeit des künftigen Tages der Rückzug gegen Pergine auf dem Rücken des Selvot-Berges vollkommen unbehindert offen stand. Oberlieutenant Kohmann sandte von seiner Aufstellung auf dem Monte Selvot nach Mitternacht den Corporalen Dzulowicz mit 3 Gemeinen nach Levico, um auszuspähen, ob der Ort noch von den eigenen oder von feindlichen Truppen besetzt sei. Corporal Dzulowicz näherte sich der Stadt bis auf ungefähr eine Viertelstunde Entfernung, nahm von der Höhe aus feindliche Abtheilungen sowohl in Levico selbst, als außerhalb, gewahr, hielt jedoch diese in ihren dunklen Mänteln für Tiroler Landesschützen und kehrte, ohne sich näher zu überzeugen, mit der Meldung zurück, dass der Ort sich noch im Besitze der kaiserlichen Truppen befinde. Oberlieutenant Kohmann rückte sofort gegen Morgen, um seine Verbindung mit dem Bataillon herzustellen, vom Selvot-Berge herab, sah sich binnen kurzer Zeit auf allen Seiten von feindlichen Abtheilungen umzingelt, jeden Rückzug abgeschnitten, und gerieth, nach einem vergeblichen Versuche, sich durchzuschlagen, in Gefangenschaft.

Die Vorposten der 10. Division wurden in der Nacht durch eine feindliche Patrouille alarmiert. Nach Mitternacht traf Generalmajor von Kaim in Begleitung des Artillerie-Chefs Oberstlieutenant Barth mit der halben 4pfündigen Fuß-Batterie Nr. 5/V in Pergine ein. Morgens halb 4 Uhr wurde die 12., eine Stunde später auch die 11. Division dahin zurückgezogen.

Das Gros des Bataillons befand sich nun in Pergine. Major Baron de Vicq verfügte sich, um Einholung näherer Befehle, eben dahin und geleitete später Generalmajor von

Kaim zur Vorpostenaufstellung der 10. Division. Der General gewann die Überzeugung, dass die Terrainverhältnisse bei Pergine zu einer hartnäckigen Vertheidigung gegen den so sehr überlegenen Gegner nicht geeignet seien und traf danach seine Dispositionen.

Die Situation war kritisch. Sämmtliche Streitkräfte waren im Westen gegen Garibaldi engagiert; Trient lag entblößt von Truppen und Befestigungen; die aus den Judicarien, der Val di Ledro und Val Arsa herbeigerufenen Verstärkungen konnten frühestens erst um die Mittagszeit mit ihren Spitzen in Trient eintreffen; der Weg von Caldonazzo über Vigolo und die Val Sorda ins Etschthal stand dem Feinde unvertheidigt offen, seinem directen Anmarsche auf Trient nichts anderes, als die Brust der tapferen Truppen Pichlers entgegen; aber zu gering an Zahl und auf das äußerste erschöpft durch die vorhergegangenen Kämpfe und Anstrengungen, genügte diese Handvoll Tapferer nicht zur Vertheidigung der wichtigen Zugänge von Civezzano, Roncogno und der Val Sorda; fiel nur einer dieser Pässe im Kampfe gegen die Überzahl, war Trient und damit auch der größte Theil Wälsch-Tirols verloren.

Hier galt rasches Handeln.

Generalmajor von Kaim ließ die Colonne des Majors von Pichler in die günstige Vertheidigungsstellung von Civezzano zurückgehen und zog das 4. Bataillon Martini eben dahin; Major Baron de Vicq wurde mit der 11. Division und 2 Geschützen der Raketen-Batterie Nr. 11/IX unter Hauptmann Čižek in die rechte Flanke zur Besetzung des Gebirgssattels von Roncogno mit der Weisung detachiert, dieses Défilé auf das äußerste zu vertheidigen, indem dessen Fall unvermeidlich auch die Räumung der Hauptstellung bei Civezzano nach sich ziehen musste; Hauptmann Müller mit der 12. Division und der Landesschützen-Compagnie Dornbirn beordert, den Pass von Calceranica, und falls dieser schon in Feindeshänden, Matarello zu besetzen. Hauptmann Medycki hatte, zur Maskirung des Abmarsches, einstweilen mit den 6 Zügen der 10. Division in der genommenen Vorpostenaufstellung zu verbleiben und erst später nach Civezzano zu folgen.

Diese Bewegungen wurden sämmtlich rasch und pünktlich ausgeführt.

Die feindlichen Truppen, unbekannt mit den Verhältnissen und durch den hartnäckigen Widerstand*), auf den sie allenthalben gestoßen waren, zur Vorsicht gemahnt, überdies von den vorhergehenden Märschen und Gefechten, gleich den österreichischen, erschöpft, verblieben am Vormittage in ihren Aufstellungen bei Levico und Caldonazzo, und begnügten sich, Abtheilungen nach Ischia und Calceranica vorzuschieben. Erst um die Mittagszeit brach General-Lieutenant Medici von Levico auf und besetzte gegen Abend Pergine; seine Vortruppen dehnten sich in der Linie von Viarago über Vigalzano gegen den Caldonazzo-See aus.

Die Krisis war vorüber. Generalmajor Baron Kuhn, der Garibaldis Freischaren gegenüber bei Comano in den Judicarien gestanden war und ihnen noch am 21. eine derbe Schlappe bei Bececca beibrachte, hatte auf die erste Nachricht von der im Osten drohenden Gefahr die bei Tre Arche, Campi, Cavrasto und Campomaggiore lagernden Truppen alarmiert und noch am 23. Juli um die Mitternachtszeit in Bewegung gesetzt, um gegen einen neuen Gegner Front zu machen. Um 11 Uhr vormittags traf die Halb-Brigade Oberst Baron Montluisant, eine Stunde später die Halb-Brigade Oberst Möraus, bedeutende Strecken über das unwegsame Gebirge zum Theile im Laufschritte durcheilend, in Trientein, wo sich die kaiserlichen Truppen in der ganzen Zone zwischen der Val Sorda und der Straße von Civezzano immer mehr zusammenzogen.

Die Stadt war gerettet. Die aufopfernde Hingebung einer kleinen Heldenschar gegen eine zehnfache Übermacht, die bewundernswerte Kraft, Beweglichkeit und Ausdauer der Truppen, der rasche und kühne Entschluss des Truppen-Commandanten und die energische Durchführung desselben hatten dieses ebenso ehrenvolle, als in seinen Folgen wichtige Resultat erzielt und dem Reiche eine seiner schönsten Provinzen erhalten. Mit gerechtem Stolze konnte die Truppe Tirols und ihr hochherziger Führer auf ihre Leistungen in jenen bewegten Tagen zurückblicken.

Major Baron de Vicq fand die ihm zugewiesene Stellung bereits von der 2. Dépôt-Division des 11. Linien-Infanterie-Regimentes Kronprinz von Sachsen unter Hauptmann

*) Im Hauptquartiere Medicis schätzte man nach dem hartnäckigen Widerstande, den die kleine Colonne Pichlers leistete, am 23. die Stärke der Österreicher auf 5—6000 Mann.

Brem besetzt. Sie stand, beiläufig 200 Mann stark, halben Weges zwischen der Einsattlung von Roncogno und dem gleichnamigen Orte, mit ihrer Vorpostenlinie längs einer bogenförmig von Nordwest gegen Südwest sich hinziehenden steilen Schlucht, die eine weite Aussicht über das Vorterrain bis Pergine hin gewährte. Die 11. Division bezog als Reserve in einer angemessenen Entfernung rückwärts ein Lager in der geschlossenen Divisions-Colonne; die 2 Raketen-Geschütze wurden in die Linie der Vorposten an einen verdeckten Punkt vorgezogen, von wo sie durch ein weiteres Vornehmen auf 200 Schritte die Straße von Pergine nach Roncogno wirksam bestreichen konnten.

Die Stellung war stark und hatte an den steilen Hängen des Celva- und Chegul-Berges in beiden Flanken sichere Anlehnungspunkte; der im Rücken gelegene Gebirgssattel bot, falls der Feind forcierte, eine zweite günstige Vertheidigungslinie. Beide Stellungen aber hatten den Nachtheil einer zu großen Ausdehnung für die kleine Anzahl Vertheidiger, und konnten über Costa savina, den Chegul-Berg und Pantè in der rechten Flanke und im Rücken umgangen werden.

Auf die von Major Baron de Vicq hierüber dem Truppen-Commando nach Trient erstattete Meldung disponierte Generalmajor Baron Kuhn sogleich 3 Compagnien vom 1. und 4. Bataillon des 59. Linien-Infanterie-Regimentes Erzherzog Rainer unter Hauptmann Baron Baselli nach Sprè bei Pantè als Rückhalt des im vorwärtigen Défilé stehenden Detachements und verstärkte dieses durch 4 Geschütze der Gebirgs-Raketen-Batterie Nr. 1, welche unter Hauptmann Appelt in der Nacht auf den 25. eintrafen und ihre Aufstellung neben den zwei anderen Raketen-Geschützen erhielten.

Während der Nacht wurden die Vorposten vielfältig durch feindliche Patrouillen alarmiert. Der Regen goss in Strömen herab. Es wurden keine Lagerfeuer angezündet, um dem Feinde die Aufstellung nicht zu verrathen.

In den Vormittagsstunden sah man starke feindliche Colonnen aus Pergine debouchieren. Die ausgesandten Patrouillen stießen im Thale des Fersinabaches auf größere feindliche Abtheilungen.

Die wahrgenommenen Bewegungen im feindlichen Lager, dessen Kochfeuer bei Pergine von den besetzten Höhen aus deutlich sichtbar waren, ließen folgern, dass der Gegner einen

Angriff auf die Position der kaiserlichen Truppen beabsichtige.

Um gegen eine Überrumpelung in der rechten Flanke geschützt zu sein und die Gegend gegen Costa savina und Susa genau im Auge zu behalten, disponierte Major Baron de Vicq die 21. Compagnie unter Hauptmann Simenthal auf die nördliche Lehne des Chegulberges.

Gegen 11 Uhr vormittags wurde Hauptmann Appelt mit der Gebirgs-Raketen-Batterie Nr. 1 von Generalmajor von Kaim nach Civezzano einberufen und Major Baron de Vicq beordert, falls es noch nicht geschehen sein sollte, eine Aufstellung im Gebirgssattel zwischen Roncogno und Pantè zu nehmen. Derselbe zog sofort seine unterstehenden Abtheilungen aus der innegehabten Vorposition auf den östlichen Lehnen des Celva- und Chegulberges einige hundert Schritte bis an deren westlichen Abhang hinter die in der Einsattlung befindliche Kapelle zurück. Die 11. Division befand sich nun in vorwärtiger Linie, die 2. Dépôt-Division Kronprinz von Sachsen in der Reserve.

Nach Pantè wurden von Trient aus noch zwei 4pfündige Geschütze der Fuß-Batterie Nr. 5/V, ferner die 1. Wien-Tiroler Scharfschützen-Compagnie als Verstärkung vorgeschoben. Oberst Baron Montluisant des Tiroler Kaiserjäger-Regimentes übernahm sofort das Commando über die in Pantè sowohl, als in der Einsattlung von Roncogno stehenden Truppen. Er besichtigte um die Mittagszeit die neue Aufstellung der letzteren, und besprach die erforderlichen Maßregeln für den Fall eines Angriffes.

Major Baron de Vicq erhielt nachmittags 3 Uhr von Generalmajor von Kaim den schriftlichen Befehl, das Commando seines Detachements an Hauptmann Brem zu übergeben und jenes der eigenen 10. und 12. Division in Civezzano zu übernehmen.

Die erstere war am 24. Juli, den Abmarsch der in Pergine gestandenen Truppen maskierend, erst eine Stunde nach deren Abrücken nach dem Gehöfte Casa Cire gerückt, wo sich die von Trient nach Civezzano führende alte und neue Straße vereinigen. Hier erhielt Hauptmann Medycki eine halbe Stunde später von Generalmajor von Kaim die mündliche Weisung, erneuert den Sicherheitsdienst für die auf den Höhen von Civezzano lagernden Truppen zu besorgen.

Am 25. Juli morgens griff der Feind mit zwei Abtheilungen in der beiläufigen Stärke von je einer halben Compagnie Infanterie die Vorposten der 10. Division sowohl von Pergine her auf der Straße, als auch in der linken Flanke gleichzeitig an. Hauptmann Medycki wies beide Angriffe mit Nachdruck zurück. Mittags wurde die Division von der 12. Division des Infanterie-Regimentes Baron Martini Nr. 30 abgelöst und vereinigte sich gegen halb 12 Uhr in Civezzano mit der bereits dort eingetroffenen eigenen 12. Division. Postengefecht bei Civezzano.

Diese war am 24. Juli morgens von Generalmajor von Kaim mit der Landesschützen-Compagnie Dornbirn zur Deckung der Val Sorda nach Calceranica disponiert worden; falls sie den Ort von den Italienern schon besetzt fände, sollte sie durch die Val Sorda nach Matarello marschieren und hier die weiteren Befehle abwarten. Oberst Negri hatte von Caldonazzo aus das 4. Bataillon des 61. Infanterie-Regimentes nach Calceranica vorpoussiert. Ein Zug Dornbirner Landesschützen, den Hauptmann Müller zur Recognoscierung des Ortes vorsandte, wurde von jener Abtheilung angegriffen und zurückgeworfen. Bei den überlegenen Kräften des Gegners und der Erschöpfung der eigenen Colonne war geringe Aussicht auf einen günstigen Angriffserfolg vorhanden; Hauptmann Müller zog sich daher nach einem kurzen Feuergefechte in die Val Sorda zurück. Er erreichte Matarello um 11 Uhr vormittags. Der Feind folgte bis Vigolo und besetzte diesen Ort.

Nachmittags traf Hauptmann Cramolini von Kaiserjäger mit 2 Compagnien des 7. Tiroler Kaiserjäger-Bataillons, der Landesschützen-Compagnie Zell-Fügen und der Innsbruck-Sonnenberger Scharfschützen-Compagnie aus Roveredo und der Val Arsa in der Val Sorda ein und nahm bei Vigolo Stellung. Hauptmann Müller erhielt um 5 Uhr von Generalmajor Baron Kuhn den schriftlichen Befehl, als Unterstützung des Hauptmanns Cramolini bei S. Rocco auf dem längs des Bergabhanges von der Val Sorda nach Trient führenden Wege eine Aufstellung zu nehmen.

Hier verblieb die Division, sich auf der Südseite mit Vorposten sichernd, bis zum 25. morgens 4 Uhr und brach dann auf Befehl des Truppen-Commandos nach Trient und sofort nach Civezzano auf.

An demselben Nachmittage griff ein Theil der Brigade Sicilien die Stellung in der Val Sorda an. Hauptmann Cramolini warf die Angreifenden mit bedeutendem Verluste bis über Vigolo zurück. Das 23. Bersaglieri-Bataillon rückte um 3 Uhr gegen Roncogno, wurde aber zurückberufen, da inzwischen im italienischen Hauptquartier die Verständigung von dem Abschlusse einer achttägigen Waffenruhe eingelaufen war.

General-Lieutenant Medici setzte hievon das Truppen-Commando in Trient sogleich durch einen Parlamentär in Kenntnis: überdies wurde Generalmajor Baron Kuhn auch auf telegraphischem Wege von Wien sowohl, als von Legnago, officiell vom Abschlusse der Waffenruhe verständigt.

Die 10. und 12. Division marschierten noch denselben Abend von Civezzano nach Trient und bezogen ein Freilager auf der Piazza d'armi, wohin ihnen am 27. Juli abends auch die 11. Division*) folgte.

Der Verlust des Bataillons in den vorhergegangenen Tagen betrug, und zwar: im Nachtgefechte bei Levico am 23. Juli 5 Mann todt. Hierunter befinden sich 2 Gemeine, welche schwer verwundet in feindliche Gefangenschaft geriethen und, gemäß einer späteren Mittheilung der General-stabs-Abtheilung der Division Medici, im Civilspitale zu Levico ihren Wunden erlagen; ferner 2 Gemeine, welche als vermisst nach mehreren Jahren noch nicht eingerückt, ebenfalls den Todten zugezählt werden können.

Hauptmann Leo Ikalovich und 35 Mann verwundet, von denen 19 Mann infolge der erhaltenen schweren körperlichen Verletzungen in die Hände des Feindes fielen. 33 Mann gefangen. Im ganzen: 1 Oficier 73 Mann. †)

---

*) Das Detachement im Gebirgssattel von Roncogno erhielt erst am 26. um 5 Uhr früh die Kunde von der eingetretenen Waffenruhe. Hauptmann Brem wurde noch am 25. abends 10 Uhr von Oberst Baron Montluisant erneuert schriftlich beordert, die Position für den Fall eines feindlichen Angriffes auf das äußerste zu vertheidigen, und rückte den folgenden Morgen mit seiner Division nach Trient ein; die 11. Division wurde von einer Compagnie Kronprinz von Sachsen Nr. 11. am 27. gegen 5 Uhr nachmittags abgelöst.

†) Dieser Verlust beziffert sich auf die einzelnen Compagnien folgendermaßen:

19. Compagnie: Corporal Wojtěch Rozkrut, Ferdinand Limberger*, Gefreiter Nicolaus Korczewski, Gemeiner Mathias Kluszník*, Gidali Grusz*, Hritz Mak* und Ivan Hladun* verwundet.

20. Compagnie: Gemeiner Lukas Lemec todt; Corporal Ivan König, Franz Großkopf, Gefreiter Ivan Bilan*, Gemeiner Paul Ivanczuk*, Michael Kulik*, Jan Baszak, Danilo Dydin, Fedor Dziwczur, Demeter Kluczny, Ivan Stogrin, Ferdinand Sawczyn*, Peter Dmytryszyn, Johann Lesczynski, Ivan Wladyka, Olexa Semaniszyn* und Wasil

Am 24. Juli morgens: Die detachierte Abtheilung des Oberlieutenant Kohmann — 1 Officier, 56 Mann ††) — ferner 5 Gemeine der 24. Compagnie, die auf dem Marsche von Calceranica nach der Val Sorda aus Erschöpfung liegen blieben, in feindliche Kriegsgefangenschaft geriethen.

Der Gesammtverlust des Bataillons am 23. und 24. Juli beträgt mithin 2 Officiere und 134 Mann, also mehr als den 6. Theil des ganzen Standes.

Schmerzlich war dieser Verlust, jedoch er war nicht resultatlos geblieben. Das Bataillon hatte unter den ungünstigsten Gefechtsverhältnissen die ihm zugefallene schwierige Aufgabe ehrenvoll gelöst; es hatte sein Scherflein mit beigetragen, im Vereine mit der Halb-Brigade Pichler dem Gegner die zur Rettung der bedrängten Hauptstadt Süd-Tirols nöthige Zeit mit den Waffen abzuringen.

Nach einem erschöpfenden, von morgens 4 Uhr bis abends halb 10 Uhr fortgesetzten Gewaltmarsche, in der Finsternis der Nacht in einer ganz unbekannten Gebirgsgegend eingetroffen, von mehr als zehnfach überlegenen Kräften angegriffen, in beiden Flanken umwickelt, in der Rückzugslinie auf das ernstlichste gefährdet, im Gebrauche der Feuerwaffe

---

Zuk verwundet; 2 Gefreite, 2 Gemeine von den Seiten-Colonnen der Italiener abgeschnitten und gefangen.

21. Compagnie: Gemeiner Jurko Kinasz vermisst; Gemeiner Hrin Cichulak* verwundet; 9 Gemeine beim Rückzuge der detachierten 11. Division gefangen.

22. Compagnie: Gemeiner Andreas Nawrocki vermisst; 1 Gefreiter, 5 Gemeine beim Rückzuge der detachierten 11. Division in Feindeshände gefallen.

23. Compagnie: Gemeiner Wasil Maychrowicz*, Janko Kiedyk*, Adam Schuster* und Ivan Sulima* verwundet; 1 Führer, 1 Corporal und 5 Gemeine gefangen, und zwar 1 Führer, 1 Gemeiner, als sie dem schwer verwundeten Corporalen Limberger und Gemeinen Ivanczuk Beistand leisteten; 1 Gemeiner, der, an Nachtnebel leidend, von seiner Abtheilung getrennt wurde; die Übrigen bei der Vertheidigung eines Gehöftes abgeschnitten wurden und in Feindeshände fielen.

24. Compagnie: Gemeiner David Szustak und Danilo Demko todt; Gefreiter Abraham Gronewetter, Tambour Ivan Bezega, Gemeiner Alexander Ferenz*, Olexa Hawryloski*, Ivan Ivankow*, Ilko Wierzbicki und Ivan Winiarczuk verwundet; 1 Corporal, 6 Gemeine beim Rückzuge in einer Seitengasse von den Flanken-Colonnen des Feindes abgeschnitten.

Die mit einem Sternchen Bezeichneten geriethen in Gefangenschaft.

††) 2 Führer, 3 Corporale, 5 Gefreite, 42 Gemeine, 3 Non-Combattanten der 19., 1 zugetheilter Hornist der 20. Compagnie.

durch das nächtliche Dunkel und die Culturbedeckung des Bodens paralysiert, hatte das Bataillon mit dem geringen Stande von 700 Mann und mit 3 Zügen Erzherzog Rainer vereinzelt den Kampf gegen eine ganze, aus allen Waffengattungen zusammengesetzte, über 9000 Mann zählende Armee-Division durch länger als eine Stunde hingehalten und in wiederholten Angriffen mit der blanken Waffe dem Andrängen des Gegners zu wehren und Zeit zu gewinnen getrachtet. Der ungleiche Kampf war unglücklich, aber er war nicht unrühmlich für die Truppe, so ihn gekämpft. Sie erlag der Ungunst der Verhältnisse, musste ihr erliegen; dass sie sich aber nach mehreren abgeschlagenen Bajonnett-Angriffen unter solchen Umständen nicht völlig auflöste, sondern fest geschlossen zusammenhielt und dem Feinde noch in ihrem Rückzuge imponierte; dass dieselbe Truppe, welche nach den gewaltigen Anstrengungen eines so heißen Tages die ganze Nacht über, jeden Augenblick eines Angriffes gewärtig, unter den Waffen gestanden hatte, mit dem Grauen des kommenden Morgens ungebrochenen Muthes und in vollkommen schlagbereitem Zustande die ihr zugewiesenen Stellungen im Gebirge wieder beziehen konnte, spricht mehr denn alles für ihren moralischen Wert, sowie der Umstand, dass die meisten vorgekommenen Verwundungen von Bajonnettstichen herrührten*), ein weiteres ehrendes Zeugnis für ihre Tapferkeit abgiebt. Bei ungenügender Verpflegung**), ohne Wäsche zum Wechseln***), tagsüber mit allem Ungemach einer tropischen Hitze kämpfend, bei der Nacht auf den höchsten Bergen unter freiem Himmel den eisigen Schauern der heftigsten Regengüsse trotzend, hatte diese Truppe ihre Leistungsfähigkeit auch inbezug auf freudiges Ertragen von Entbehrungen und Beschwerden dargethan, und sich als würdige Repräsentantin der kernigen Söhne Galiziens auch im fernen Süden bewährt.

---

*) Ein Mann hatte allein 7 Bajonnettstiche, mehrere Andere deren 3—4, Gefreiter Bilan 4 Schusswunden aufzuweisen.

**) Der Proviant-Officier war mit den Fuhrwerken des Bataillons am 24. Juli von Verona nachgesendet worden und stieß erst am 25. nachmittags wieder zum Bataillon, während der Officier der Fleisch-Regie das von Trient mitgenommene Schlachtvieh sammt den übrigen dort gefassten Etappen-Artikeln auf das Krachen der ersten Schüsse, bei der drohenden Gefahr, in Feindeshände zu gerathen, eiligst wieder nach Trient zurückbewegt hatte. Die Abtheilungs-Commandanten halfen sich daher, so gut sie konnten. Die 2. Division Kronprinz von Sachsen Nr. 11 theilte ihr vorräthiges Büchsenfleisch brüderlich mit der 11. Division; die 10. Division fasste ihre Victualien im Lager von Civezzano aus; für die 12. Division requirierte Hauptmann Müller die erforderlichen Lebensmittel in Matarello.

***) Die zweite Wäsche war beim schleunigen Ausmarsche aus Verona bei der Wäscherin zur Reinigung zurückgelassen worden.

Infolge der vom Truppen-Commando in Tirol und Vorarlberg eingereichten Relation geruhte Seine Apostolische Majestät der Kaiser mit der Allerhöchsten Entschließung vom 4. October dem Bataillon nachstehende Auszeichnungen zu verleihen:

Das Militär-Verdienstkreuz mit der Kriegs-Decoration erhielten: Major Gustav Baron de Vicq de Cumptich, Hauptmann Leo Müller uud Leo Ikalovich (letzterer mit Allerhöchster Entschließung vom 28. October).

Die Allerhöchste Belobung wurde zutheil: dem Hauptmann Franz Brendl, dem Oberlieutenant Joseph Dobiasch, dem Lieutenant Karl Gabrielli.

Ferner wurde dem Major Baron de Vicq, Hauptmann Müller, Brendl und Ikalovich nachträglich von der k. k. Landes-Vertheidigungs-Oberbehörde für Tirol und Vorarlberg mit dem Erlasse de dato Innsbruck den 13. Jänner 1868 Z. 1. pr./L. D. die Erinnerungs-Medaille für die Tirol-Vorarlberger Landesvertheidigung im Jahre 1866 verliehen.

Vonseite der Mannschaft wurden nachstehende Individuen decoriert, welche sich theils durch ihr hervorragend tapferes Verhalten bei den unternommenen Stürmen und den, sowohl durch aneifernde Worte, als ihren rücksichtslosen Muth auf die jungen Soldaten des Bataillons ausgeübten Einfluss, theils durch die ausdauernde Zähigkeit, womit sie beim Rückzuge gegen die nachdrängende Übermacht des Feindes Stand gehalten, ausgezeichnet hatten:

Mit der silbernen Tapferkeits-Medaille 1. Classe: Führer Michael Mazurkiewicz der 19. Compagnie.

Mit der silbernen Tapferkeits-Medaille 2. Classe: Gefreiter Nikolaus Korczewski der 19., Cadet-Feldwebel Ferdinand Prziborski, Führer Leopold Jankowski und Corporal Ivan König der 20., Führer Paul Sokolowski der 24. Compagnie.

Öffentlich belobt wurden: Corporal Peter Rebakowski, Gefreiter Thomas Cybulski und Wojtěch Kardaszewski der 19. und Gemeiner Ivan Kieryk der 24. Compagnie.

Am 26. Juli morgens 8 Uhr besichtigte der Truppen-Commandant in Tirol und Vorarlberg, Generalmajor Baron Kuhn, das mit mehreren anderen Truppenkörpern auf der Pizza d'armi lagernde Bataillon.

Es wurde in Trient kaserniert und in die Brigade Oberst von Zastavnikovich eingetheilt. Zu dieser gehörten außerdem noch der Regimentsstab, das 2., 3. Bataillon *) und die 2. Division des Linien-Infanterie-Regimentes Graf Wimpffen Nr. 22, das 4. Bataillon Baron Martini Nr. 30, das 1. Bataillon des Tiroler Kaiser-Jäger-Regimentes mit 4 Compagnien, die 4pfündige Fuß-Batterie Nr. 5/V, die Gebirgs-Raketen-Batterie Nr. 2, dann die Landesschützen-Compagnien Botzen, Neumarkt, Schwatz, Rattenberg und Kitzbühl-Hopfgarten.

Am 29. Juli übernahm Oberst Erhardt von Wimpffen-Infanterie das Commando dieser Brigade, dagegen Oberst von Zastavnikovich jenes der Brigade Kaim. **)

Major Baron de Vicq erstattete dem Kriegsministerium auf telegraphischem Wege die Anzeige der erlittenen Verluste, mit der Bitte um baldigen Ersatz. Oberlieutenant Podluzki übernahm das Commando der 19. Compagnie; deren abgängige zwei Züge wurden durch Standes-Zutheilung einer entsprechenden Anzahl Chargen und Mannschaft anderer Compagnien ergänzt, sämmtliche Tornister des Bataillons, als in einem Gebirgskriege nur hinderlich, auf Befehl des Truppen-Commandos mittels Eisenbahn nach Verona geschafft, der Munitionswagen gegen einen Gebirgs-Munitionswagen umgetauscht.

Generalmajor Kuhn erließ am 27. Juli nachstehenden Truppen-Commando-Befehl Nr. 42:

»Die vom Feinde begehrte, nunmehr eingetretene Waffenruhe schließt eine für uns ruhmreiche Epoche dieses Krieges ab.

Mit Stolz und Befriedigung blicke ich auf die hinter uns liegenden Ereignisse, welche, frei von dem Makel irgend welchen Misserfolges, Zeugnis geben von der heldenmüthigen Tapferkeit, von der Ausdauer, Kraft und Disciplin der mir unterstehenden Truppen.

Seit Ausbruch des Krieges in der angestrengtesten Thätigkeit, mussten wir, um dem an verschiedenen Punkten mit außerordentlicher Überzahl eindringenden Feinde entgegentreten zu können, in Gewaltmärschen auf die entferntesten Punkte und wieder zurück eilen, um entweder durch unser bloßes Erscheinen oder durch einen kräftigen Schlag den zahlreichen Gegner zurückzutreiben.

In einer ununterbrochenen Reihe glücklicher und ruhmreicher Gefechte auf allen Punkten des Landes habt

*) Diese Abtheilungen waren in der Nacht zum 26. Juli unter dem Commando des Oberst Brigadiers v. Zastavnikovich aus Verona in Trient eingetroffen.

**) G.-M. v. Kaim wurde vom Armee-Commando am 28. Juli nach Verona beordert.

Ihr den Feind mit blutigem Verluste zurückgeschlagen und im Kampfe mit zehnfacher Übermacht den Schrecken Euerer Unüberwindlichkeit in seine Reihen getragen.

Als denkwürdiges Ereignis in den Blättern der Kriegsgeschichte wird das am 21. Juli bei Bececca und Pieve di Ledro gelieferte Treffen dastehen. In der Nacht vom 20. auf den 21. Juli habt Ihr den 6000 Fuß hohen Monte Pichea überschritten, seid in das Thal hinabgestiegen und habt Euch mit zerschmetternder Kraft unvermuthet auf den im Vorrücken begriffenen, fünffach überlegenen Feind geworfen, die Orte Bececca und Pieve di Ledro mit Sturm erobert, den Feind in regelloser Flucht zurückgetrieben, ihm 1100 Gefangene, darunter 16 Stabs- und Oberofficiere, Waffen und Munition abgenommen, und seid noch am selben Tage in die von mir anbefohlene Stellung jenseits des Monte Pichea zurückgekehrt, die verwundeten Kameraden mit der aufopferndsten Theilnahme und Liebe mit Euch führend, und bereit, nach Osten geworfen zu werden, da von dort noch größere Gefahr drohte.

Durch einen gewaltigen Nachtmarsch von mehr als zwölf Stunden, theils im Lauftritt mit nur kurzer Rast ausgeführt, seid Ihr dem verrätherischen Feinde in dem Besitze Trients zuvorgekommen, seid glücklich mit frohem Muthe in die Euch zugewiesenen Positionen auf den Bergen gerückt, seid die Nacht im heftigsten Gewitterregen unter den Waffen gestanden und habt am rechten Flügel den Angriff der Brigade Sicilien mit Energie zurückgewiesen.

Truppen, welche solche Leistungen aufzuweisen haben, werden jede Aufgabe lösen. Ich sehe daher mit dem vollsten Vertrauen in Euere Tapferkeit und Kraft den kommenden Ereignissen entgegen, welche uns neuen Ruhm bringen und die Thaten der tapferen Truppen in Tirol der Geschichte überliefern sollen, Zeugnis gebend von Euerer durch alle kriegerischen Tugenden getragenen Treue für unseren ritterlichen Kaiser«.

(gez.) Kuhn,
Generalmajor.

Das Truppen-Commando in Tirol benützte die Zeit der eingetretenen Waffenruhe auf das thätigste zur Erhöhung der Vertheidigungsfähigkeit des Landes, und traf insbesondere alle Maßregeln, Trient, als den Centralpunkt, bis auf das äußerste halten zu können. Es wurden unter Leitung des

Genie-Directors Oberstlieutenant von Wolter, durch die k. k. Geniewaffe und unter Mitwirkung mehrerer Hunderte von Civilarbeitern in der Eile alle Vertheidigungsanstalten getroffen, außer dem bestehenden Castell noch 6 geschlossene Schanzen, 13 Erd-Batterien, 2 Geschütz-Stellungen für Gebirgs-, 7 derlei Emplacements für Raketen-Geschütze erbaut, 7 größere außer der Stadt befindliche Gebäude, sowie die Stadt selbst, zur Vertheidigung hergerichtet, die nöthigen Sprengungen einzelner vorliegender Gebäude vorgenommen, Gräben ausgehoben, Brustwehren aufgeworfen, die Eingänge barrikadiert, die Thüren und Fenster der Häuser bis auf eine gewisse Höhe vermauert, dagegen in den Seitenwänden Verbindungen ausgebrochen, die im Mittelalter erbauten alten Stadtmauern in die Befestigungsarbeiten mit einbezogen, Sturmleitern herbeigeschafft, um den Vertheidigern das Ersteigen der eben so hohen, als schwer zugänglichen und schmalen Wälle zu erleichtern, mit einem Worte, alle Anstalten getroffen, um mit den geringen Kräften die Stadt in einen möglichst haltbaren Waffenplatz umzuschaffen. Die Mauern derselben sollten durch den Muth und die Ausdauer der sie vertheidigenden Truppen ein würdiges Seitenstück zu Saragossa abgeben.

Angesichts der hohen Landesgefahr bereitete sich alles zu einem wahren Vernichtungskampfe gegen den Feind vor. Dem von Seiner Majestät dem Kaiser ergangenen Aufrufe zur hartnäckigen Vertheidigung des heimatlichen Bodens schnelle Folge leistend, erhob sich das feste urwüchsige Gebirgsvolk wie ein Mann. »Schützen auf! Es ruft der Kaiser!« tönte es von den fernsten Thälern, widerhallte es von Berg zu Berg. Der Landsturm organisierte sich. Binnen kurzem standen über 43.000 Mann*) unter den Waffen. Die ganze kriegerische Jugend stellte sich, zur Vertheidigung der heiligsten Güter des Menschen, den Truppen zur Seite, um mit ihnen zu wetteifern und die fremden Eindringlinge über die Grenzen zurückzuwerfen. Der letzte Mann wurde aufgeboten, der letzte Gulden flüssig gemacht, der Sache des Vaterlandes im ernsten Augenblicke zu dienen. Alles war rührig; an allen Orten krachten die Stutzen; überall wurden die von der Regierung vertheilten Gewehre eingeschossen. Jedermann wollte den Krieg. Jedermann war zu jedem Opfer bereit. Der glor-

*) Mit Einschluss der Landesschützen- und Scharfschützen-Compagnien.

reichen Ahnen würdig im Lande der Treue zeigten sich die Enkel.

Den 2. August morgens 4 Uhr gieng die mit den Italienern eingegangene Waffenruhe zu Ende. An demselben Tage traf die Brigade Oberst Baron Kleudgen, 7 Bataillone und 1 Batterie, als Verstärkung in Süd-Tirol ein.

Das Bataillon wurde am 1. August in die Brigade Oberst Baron Montluisant eingetheilt. Es sollte nachmittags nach der Val Sorda, dem Sammlungsplatze der Brigade, aufbrechen, um des anderen Tages angriffsweise gegen Vigolo und Calceranica vorzugehen. Lieutenant von Schellerer mit 3 Corporalen, 6 Gefreiten und 42 Gemeinen löste ein gleich starkes Detachement eines anderen Truppenkörpers der Brigade Erhardt an der Etsch-Brücke ab und schob 3 Gefreite und 18 Gemeine nach Sardagna vor. Führer Moncibowicz und sämmtliche Blessiertenträger des Bataillons wurden dem Oberarzt Doctor Zocher zur Verfügung zugewiesen.

Alle Truppen-Fuhrwerke, mit alleiniger Ausnahme der Munitionswagen, rückten schon am 1. August früh 5 Uhr unter dem Train-Commandanten, Rittmeister Brinke des Fuhrwesen-Corps, in die Gegend zwischen Salurn und Neumarkt ab; die Truppen behielten den Verpflegs-Vorrath für den 2. und 3. bei sich, und zwar das Fleisch für den 2. im geschroteten, jenes für den 3. im lebenden Zustande. Der sonstige Reserve-Verpflegs-Vorrath war in der vorgeschriebenen Weise verpackt. Indem Generalmajor Baron Kuhn unmittelbar nach Ablauf des Waffenstillstandes den Feind anzugreifen beabsichtigte, und daher das Abkochen am 2. August leicht nicht möglich werden durfte, hatte bei allen Truppen am 1. abends ein zweitesmal gekocht zu werden. Die Suppe war von der Mannschaft am 2. um 3 Uhr morgens zu genießen, das gekochte Fleisch nebst Brod und Salz in den Brodsäcken, der Wein in den Feldflaschen mitzunehmen *), um beim Vorrücken nicht aller Nahrung entbehren zu müssen und jede Erholungspause zur Stärkung benützen zu können.

Überhaupt wurde in Tirol für die Verpflegung der Truppen vorzüglich gesorgt. Sie fassten, die Zeit der Waffenruhe ausgenommen, täglich eine doppelte Etappen-Portion **).

*) Die gleiche Maßregel wurde in Tirol überhaupt jederzeit, wenn Gefechte bevorstanden, getroffen.

**) Das Relutum für eine Etappen-Portion betrug in Tirol 30¾ Kreuzer per Kopf täglich.

Die Csákos, Waffenröcke und Tornister waren deponiert. Die scharfen Patronen wurden in den Patrontaschen, 20 Stücke nebst der Wäsche in die Brotsäcke verpackt, die auf die Lagermützen gerollten Schutztücher im Gefechte unter die beiden Lappen der Mütze gebunden, da sie sonst durch ihre blendende Weiße weit sichtbar geworden wären und dem Feinde ein sicheres Ziel geboten hätten. Die Truppe, bloß mit dem zweiten Paar Schuhe, den Kochkesseln und dem Schanzzeuge ausgerüstet, marschierte daher leicht und war imstande, all den großen, an sie gestellten Anforderungen des Gebirgskrieges zu entsprechen.

Ein frischer, kräftiger Soldatengeit gab sich bei allen Vertheidigern Tirols kund. Vom jugendlichen Hauche kampflustiger Begeisterung durchweht, war ein jeder, vom ältesten Officier bis zum jüngsten Gemeinen, mit unbedingtem Vertrauen in die geniale und bewährte Leitung des geliebten Führers erfüllt, der seine Bataillone in den vorhergegangenen Jahren des Friedens so trefflich für die ernste Hochschule des Krieges und für die Ausführung seiner kühnen Entschlüsse vorzubilden verstanden hatte, jedem Truppen-Commandanten seinen zustehenden Wirkungskreis im ausgedehntesten Maße einräumte und, nur das Ganze stets vor Augen, väterliche Sorge für das Wohl seiner Soldaten trug, dieselben jedoch mit allen kleinlichen Nergeleien verschonte.

Über Ansuchen der Italiener wurde die Waffenruhe bis zum 10. August verlängert. Das Bataillon erhielt seine frühere Eintheilung in die Brigade Oberst Erhardt mit der Bestimmung in die Judicarien. Es rückte am 3. dahin ab; die Pionniere des Bataillons blieben in Trient bei der, der Genie-Direction zugewiesenen Brigade-Pionnier-Abtheilung zurück, desgleichen zwei combinierte Züge als Geschütz-Bedeckung der Gebirgs-Batterie Nr. 2/V.

Der Stab kam mit der 11. Division nach Spor maggiore, die 19. Compagnie nach Spor minore, die 20. nach Campo, die 12. Division nach Denno.

In diesen Cantonierungen verblieb das Bataillon vier Tage. Bei der 11. und 12. Division hielt täglich abwechselnd je 1 Officier mit einem Zuge, bei der 19. und 20. Compagnie je 1 Officier mit einem halben Zuge die Bereitschaft. Die Mannschaft war in allen Stationen abtheilungsweise in größeren, zu Schemalien hergerichteten Localitäten untergebracht. Von den auswärtigen Stationen wurden 2 Ordonnanzen mit vierundzwanzigstündiger Ablösung zur Abholung der Befehle nach Spor maggiore beigestellt.

Täglich wurden zu verschiedenen Stunden, selbst auch zur Nachtzeit, Officiers-Patrouillen nach Molveno und in anderen Richtungen entsendet, sowohl um sich gegen einen Handstreich der im Süden und Westen lagernden Freischaren Garibaldis zu sichern und Nachrichten vom Feinde einzuziehen, als auch um sich mit den Terrainverhältnissen vertraut zu machen*). Damit durch diese Streifungen das Nachdenken der jungen Officiere desto mehr angeregt werde, waren die Patrouille-Commandanten gehalten, bei ihrer Rückkunft dem Bataillons-Commando kurze Recognoscierungs-Berichte über die von ihnen durchstreifte Gegend sammt Croquis vorzulegen.

Das Bataillon hatte sich von Trient aus nur für den Tag des Abmarsches mit Fleisch und Wein versehen. In den ärmlichen Gebirgs-Cantonements war der erste der beiden Artikel nicht zu bekommen; das lebende Schlachtvieh wurde für einen eintretenden Nothfall reserviert. Das Bataillons-Commando schloss daher während des Durchmarsches in Mezzo Tedesco einen Accord mit einem Fleischhauer ab, kraft dessen er sich verpflichtete, täglich den ihm am Abende vorher bekannt zu gebenden Fleischbedarf um 6 Uhr morgens beim Fort Rocchetta**), als dem Centralpunkte der verschiedenen Cantonierungs-Stationen des Bataillons, beizustellen, wohin alle Abtheilungen zur selben Zeit die erforderliche Anzahl Leute mit Kochkesseln***) entsandten und wo sofort die Fleischvertheilung unter Intervention eines Officiers der 11. Division, als der nächstgelegenen Abtheilung, vor sich gieng. Die Fassung der übrigen Naturalien erfolgte auf gleiche Weise. Statt des Weines wurde der Relutionspreis erfolgt.

---

*) So ging am 4. 1 Officier der 11., am 5. 1 Officier der 12. Division, am 6. vormittags 1 Officier der 20., abends 1 Officier der 19. Compagnie, desgleichen am 7. 1 Officier derselben Compagnie auf Streifung nach Molveno ab, das von Spor maggiore 3½, von Denno 5 starke Meilen entfernt liegt. Die 19. Compagnie entsandte am 4. eine Officiers-Patrouille in der Richtung über Lover und Termon, die 20. über Portolo, die 12. Division über Teres, und am 7. nach Cles. Am 6. unternahm das ganze Bataillon einen mit einer Feldübung verknüpften Übungsmarsch längs des Sporeggio-Baches bis an den Fuß der von der Cima Tosa zum Monte Gallin hinziehenden Gebirgswand.

**) Thal- und Straßensperre an der Ausmündung des Nons-Thales in das Etsch-Thal 2 Werke mit 8 Geschützen, wo sich ein Artillerie-Oberlieutenant als Forts-Commandant mit der erforderlichen Bedienungs-Mannschaft befand.

***) Die Gebirgswege waren so ungangbar, dass die Rüstwagen des Bataillons zur Transportierung der Naturalien in die verschiedenen Stationen nicht verwendet werden konnten.

Mit Truppen-Commando-Befehlsschreiben vom 5. August Nr. 3051 wurde dem Bataillon das Verzeichnis derjenigen Mannschaft herabgegeben, welche gemäß einer Mittheilung der Generalstabs-Abtheilung der italienischen Armee-Division im Civilspitale den erhaltenen Wunden erlegen war, und jener, welche sich noch dort in ärztlicher Behandlung befand.

Am 7. August abends halb 6 Uhr erhielt das Bataillon den Befehl, des anderen Morgens nach Trient aufzubrechen und ein Lager nördlich der Stadt zu beziehen. Oberlieutenant Binder sammelte noch an demselben Abende die Köche, denen von sämmtlichen Abtheilungen die Kochkessel sammt den zur Menage-Zubereitung erforderlichen Etappen-Artikeln beigegeben wurden, beim Fort Rocchetta, und bewirkte während des Durchmarsches in Mezzo Tedesco den Fleisch-Einkauf für den folgenden Tag.

Die detachierten Abtheilungen vereinigten sich am 8. August früh 7 Uhr in einer rechtsformierten Doppelreihen-Colonne beim Fort Rocchetta. Das Bataillon zog, im Vorübermarsche an Mezzo Lombardo, seine dort aufgefahrenen Fuhrwerke an sich und erreichte um 3 Uhr nachmittags Trient.

Die Stadt hatte ganz das Aussehen eines belagerten Waffenplatzes. Überall Gräben, Palissaden, Verschanzungen; alle Plätze, alle Straßen, alle Gassen mit lagernden Truppen bedeckt. Generalmajor Baron Kuhn hatte, nur die Val Arsa mit einem größeren Detachement besetzt haltend, seine ganze verfügbare Truppenmacht in und zunächst Trient concentriert, um nach Ablauf der Waffenruhe offensiv gegen die Division Medici vorzugehen.

Das Bataillon lagerte auf der Reitschule*) der Piazza d'armi. Hier waren sämmtliche Geschütze und Fuhrwerke des ganzen Truppen-Corps aufgefahren, hier lagerte auch das 2. Bataillon Graf Wimpffen Nr. 22 und das 4. Bataillon Baron Martini Nr. 30. Den Officieren war gestattet, sich

---

Mit unendlicher Mühe und nur mit Zuziehung von Menschenkräften war es möglich geworden, am Abende des Einrückens die schweren Fuhrwerke des Bataillons die steile Höhe von Spor maggiore hinauf zu schaffen. Hier mussten sie, in Ermangelung jedes anderen Raumes, auf dem Platze auffahren. Indem sie jedoch, bei den steilen, engen und winkeligen Zugängen von allen Seiten, im eventuellen Falle einer Feuersbrunst unrettbar verloren gewesen wären, ließ sie Major Baron de Vicq am 5. nach Mezzo Lombardo — der Cantonierungs-Station des 4. Bataillons Martini — verlegen, und einen Posten von 1 Unterofficier, 1 Gefreiten und 6 Gemeinen aus Spor maggiore mit täglicher Ablösung dahin beistellen.

*) Indem dieser Raum noch disponibel war, wurde er dem Bataillon, statt des ursprünglich bestimmten Lagerplatzes außerhalb der Stadt, zur Campierung zugewiesen.

durch Vermittlung des Platz-Commandos Quartiere im nächsten Bereiche des Lagers anweisen zu lassen; 1 Officier per Compagnie und 1 Hauptmann per Bataillon mussten bei der lagernden Truppe verbleiben.

Das Bataillon erhielt den Befehl, am 9. um 1 Uhr mittags in die Val Sorda abzumarschieren. Es wurde, wie am 1. August, in die Brigade Montluisant eingetheilt: eine ehrende Auszeichnung, indem dieser Brigade beim Angriffe auf die Stellungen des Gegners eine der schwierigsten Aufgaben, nämlich die Forcierung der Pässe von Vigolo und Calceranica, zugedacht war.

Am 10. August morgens 3 Uhr sollte die eingegangene Waffenruhe zu Ende gehen. Sie wurde, auf Verlangen der Italiener, noch um 24 Stunden verlängert. Der Abmarsch des Bataillons wurde daher erst für den 10. nachmittags 1 Uhr festgesetzt.

Am 9. abends wurden sämmtliche Trainfuhrwerke, mit alleiniger Ausnahme der Munitionswagen, an Rittmeister Brinke des Fuhrwesens-Corps übergeben und nach Salurn aus dem Bereiche der operierenden Truppen gebracht.

Hauptmann Koch rückte denselben Nachmittag aus Lemberg ein und übernahm den folgenden Morgen das Commando der 19. Compagnie. Durch ihn erhielt das Bataillon seit dem 17. Juni wieder die ersten directen Nachrichten und Befehle vom eigenen Regimente.

Am 10. August wurde vormittags für den folgenden Tag im vorhinein abgekocht, das gekochte Fleisch in den Brodsäcken, der Wein in den Feldflaschen aufbewahrt, die Etappen und Naturalien für den 11. und 12. an die Mannschaft ausgetheilt und mitgenommen. Nachmittags 2 Uhr marschierte das Bataillon von Trient über Matarello nach der Val Sorda. Oberlieutenant Podluzki führte die Avantgarde, zwei Züge der 19. Compagnie. Sie hielt, auf Befehl des Truppen-Commandos, von der Straße und den Seitenwegen jedes Fuhrwerk, außer Munitions- und Wagen für Verwundete, fern.

Das Bataillon gelangte um 8 Uhr abends bei einem heftigen Regengusse auf seinen Bivouak-Platz. Sämmtliche zur Brigade Montluisant gehörige Truppen hatten sich bereits im Lager concentriert. Abends 10 Uhr trafen noch vier Compagnien des 6. Tiroler Kaiser-Jäger-Bataillons unter dem tapferen Hauptmann von Gredler ein und wurden im Vorübermarsche an dem Lager des eigenen Bataillons mit einem stürmischen Vivatrufe begrüßt, den sie eben so feurig erwiderten.

Die Tiroler Jäger bezogen die Vorposten gegen Vigolo. Hinter ihnen standen in erster Linie 2 Bataillone Kronprinz von Sachsen Nr. 11 mit der Gebirgs-Raketen-Batterie Nr. 1 und der 3pfündigen Gebirgs-Batterie Nr. 4/V, dann dem 6. Landesschützen-Bataillon*), aus den Landesschützen-Compagnien Kufstein, Hall, Telfs und Zell-Fügen bestehend, dann das 4. Bataillon Baron Martini, und in der rückwärtigsten Linie das 4. Bataillon Graf Hartmann.

Der Regen strömte die ganze Nacht unaufhörlich nieder. Ein Theil des Officiers-Corps suchte seine Unterkunft in dem leeren Viehstall einer verlassenen, im Lagerraume des Bataillons befindlichen, gesperrten Hütte. Die Stimmung war allgemein eine gehobene, durch die Aussicht auf die zu ergreifende Offensive freudig bewegte. Bis Mitternacht wurde gelacht und gesungen.

Als ein Beweis des vorzüglichen militärischen Geistes, der im Bataillon herrschte, verdient hier angeführt zu werden, dass die beim Abmarsche nach Tirol commandiert zu Verona zurückgebliebenen Officiere alle Triebfedern in Bewegung gesetzt hatten, um schleunigst abgelöst zu werden, und dass selbst die dort krank zurückgelassenen, noch nicht genesen, dem Bataillon nachgeeilt waren, um den Ruhm und die Gefahren ihrer Kameraden zu theilen und bei ihnen bis zu den letzten Grenzen physischer Möglichkeit auszuharren.

Es sei uns erlaubt, an dieser Stelle noch zweier Officiere ehrend zu erwähnen, welche sich schon früher bei gleichem Anlasse auf gleiche Art benommen hatten. Oberlieutenant Binder, der vor dem Ausbruche der Feindseligkeiten auf drei Monate krankheitshalber beurlaubt gewesen, dem Bataillon aber noch im Zustande der Reconvalescenz nach Verona nachgeeilt war, lange bevor seine Urlaubszeit abgelaufen; und Hauptmann Simenthal, welcher, als das Bataillon anfangs Juli mit der Brigade Benko an den Mincio aufbrach, in Verona als commandiert, vom Festungs-Commando durch unausgesetztes Bitten seine ungesäumte Ablösung und Ein-

*) Indem die Disposition mit den vielen vereinzelten Landesschützen-Compagnien mit großen Schwierigkeiten verknüpft war, hatte G.-M. Baron Kuhn wärhend der Zeit der Waffenruhe aus denselben 8 Bataillone (7 Bataillone zu 4 und 1 Bataillon zu 5 Compagnien) formiert.

rückung zum Bataillon zu erwirken gewusst hatte. So verdient auch der Dépôt-Cadre-Commandant Hauptmann Koch rühmend genannt zu werden, der bereits im Jahre 1864 aus Familien-Rücksichten Verzicht darauf geleistet hatte, in die Zahl der berittenen Hauptleute mit aufgenommen zu werden, sich jedoch durch den ausgebrochenen Krieg bewogen fand, vom Regiments-Commando seine Eintheilung zu der im Felde stehenden Truppe zu erbitten.

Den 11. August morgens 3 Uhr, eine Stunde vor dem Ablaufe der Waffenruhe, versammelten sich sämmtliche Stabsofficiere und selbständige Commandanten der Brigade im Lager des Infanterie-Regimentes Kronprinz von Sachsen, wo Oberst Baron Montluisant jedem Truppenkörper die ihm bei dem beabsichtigten Angriffe auf die feindliche Stellung zufallende Rolle zuwies.

Die Brigade war bestimmt — als der rechte Flügel des in 2 Colonnen auf der Hauptstraße und von Roncogno gegen Pergine vorrückenden Gros des Truppen-Corps — durch eine Staffel-Vorrückung rechts vorwärts, nach Wegnahme der Punkte Vigolo und Calceranica sich Levicos zu bemächtigen. Gleichzeitig mit diesen Angriffen sollten 2 Seiten-Colonnen von den südlichen Begleitungshöhen des Fleimserthales ausgehen, und zwar sollte die eine von Besalga aus über Vigalzano in die rechte Flanke des Gegners bei Pergine stoßen, die andere von Cavalese aus über Primiero, Ronco, Strigno und Borgo ihm in den Rücken fallen. Der Angriff war so combiniert, dass alle Colonnen beiläufig um dieselbe Stunde auf den Feind stießen. Die Zahl der hiezu verwendeten Truppen betrug bei 19.000 Mann, 60 Pferde und 42 Geschütze (ohne den Landsturm).

Oberst Baron Montluisant traf seinerseits folgende Dispositionen: Die beiden Bataillone Sachsen-Infanterie unter Oberstlieutenant Graf Grünne und Major von Krynicki sollten nebst den Landesschützen auf den Höhen südlich von Vigolo die linke Flanke des Feindes umgehen und ihm nach Umständen bei Calceranica den Rückzug abschneiden. Die 4 Compagnien Kaiserjäger unter Hauptmann von Gredler hatten, unterstützt vom 4. Bataillon Hartmann, Vigolo von vorn anzugreifen, das 4. Bataillon Martini als allgemeine Hauptreserve der Bewegung zu folgen.

Auf dem äußersten rechten Flügel der Brigade Montluisant bewegte sich eine selbständige Colonne von 6 Compagnien und 2 Geschützen unter Hauptmann Walter von den Kaiserjägern von St. Sebastian aus über Lavarone und den Hohenleitenberg gegen Caldonazzo.

Mit dem Schlage der vierten Morgenstunde begann der allgemeine Vormarsch. Einzelne Schüsse fielen auf den bewaldeten Anhöhen in der rechten Flanke, vom Feinde jedoch war nichts mehr zu sehen. Er hatte im Laufe des vergangenen Tages den Rückmarsch angetreten. Die Brigade rückte nach Calceranica und entlang des Sees von Caldonazzo nach Levico. Auch hier war vom Feinde nichts mehr zu erblicken, wohl aber die von den Höhen in das Thal debouchierenden Seiten-Detachements der Brigade und des Hauptmanns Walter. Die Hauptcolonne unter der persönlichen Anführung des Generalmajors Baron Kuhn hatte unterdessen Pergine, jene des Majors von Pichler Borgo besetzt. Generalmajor Baron Kuhn war nach letzterem Orte vorausgeeilt. Auch hier fand man nichts mehr von den Italienern, denen im Falle ihres längeren Verbleibens in Südtirol übel mitgespielt worden wäre.

Allenthalben wurde der Einmarsch der Truppen von der Bevölkerung mit enthusiastischer Freude unter den jubelnden Zurufen: »Evviva l'Imperatore! Evviva l'Austria! Evvivano i nostri liberatori!« begrüßt.

Die Brigade bezog Cantonierungsquartiere in Levico, dessen Bewohner den Befreiern zu Ehren noch denselben Abend einen Ball improvisierten. Den 4. Bataillonen Hartmann und Martini wurde ein Freilager südlich des Ortes zugewiesen. Beide Bataillone rückten abends halb 7 Uhr nach Caldonazzo ab, wohin Oberlieutenant Binder mit den Quartiermachern vorausgegangen war.

Am 12. vormittags wurden die Gewehre des Bataillons entladen. Abends halb 6 Uhr erhielten die beiden Bataillone Hartmann und Martini durch eine Cavallerie-Ordonnanz den Befehl, sogleich nach Trient aufzubrechen. Es wurde Alarm geschlagen. Die beiden Bataillone rückten sofort über Pergine, hier eine Rastpause von einer Stunde haltend, um 1 Uhr nachts in Trient ein und bezogen ein Freilager auf der Piazza d'armi.

Der mittlerweile abgeschlossene Waffenstillstand, welcher am 13. August mittags begann, machte den Feindseligkeiten sowohl auf dem italienischen Kriegsschauplatze, als auch in Tirol ein Ende.

Das Bataillon wurde am 13. August mittags mit Benützung der Eisenbahn von Trient nach Verona zurückbefördert. Generalmajor Baron Kuhn besichtigte in Begleitung sämmtlicher übrigen Truppen-Commandanten und in Trient anwesenden Stabsofficiere das Bataillon auf dem Bahnhofe unmittelbar vor der Abfahrt, ließ sich alle Individuen, die sich ausgezeichnet hatten, persönlich vorstellen und drückte im Kreise des versammelten Officierscorps seine vorzügliche Zufriedenheit und Anerkennung der vor dem Feinde bewiesenen Bravour und bei allen Bewegungen an den Tag gelegten kräftigen Haltung und militärischen Disciplin des Bataillons aus.

Ein Adjutant übergab an Major Baron de Vicq den nachstehenden, eben aus der lithographischen Presse gekommenen, das Bataillon hoch ehrenden Truppen-Commando-Befehl*) Nr. 54 de dato Hauptquartier Trient am 13. August 1866:

»Seine k. k. Hoheit der durchlauchtigste Herr Erzherzog Armee-Commandant hat mit Höchstem Erlasse Nr. 899/op. vom 12. d. M. den Rückmarsch der aus Verona nach Tirol berufenen Bataillone**) anbefohlen.

»Ich bedauere, so brave und schöne Truppen aus meinem Commando scheiden zu sehen, noch mehr aber, dass ich nur dem kleinen Theile derselben Gelegenheit geben konnte, ihre bekannte Tapferkeit wieder glänzend zu bewähren.

»Ich würde, falls die Feindseligkeit wieder ausbrechen sollte, die Rückkehr dieser Bataillone in die Reihen der tapferen Truppen Tirols mit Freude begrüßen, um sie alle solchen Erfolgen zuzuführen, wie sie das brave 4. Bataillon Hartmann-Infanterie am denkwürdigen 23. Juli bei Pergine mit der Halb-Brigade Major Pichler errungen hat.

Der Mannschaft ist meine vollste Zufriedenheit und Anerkennung für die bewiesene Marschtüchtigkeit bei den vielen und großen Bewegungen, sowie für die Ordnung

---

*) Derselbe wurde überdies dem Bataillon auch im Dienstwege nach Verona nachgesendet.

**) Es waren dies: die 4. Bataillone Hartmann und Martini, das 2. und 3. Bataillon Graf Wimpffen-Infanterie Nr. 22. Von allen diesen Truppenkörpern war jedoch das Bataillon Hartmann der einzige, der in die Action kam.

und Disciplin, welche sie überall bewahrt hat, bekannt zu geben«.

(gez.) Kuhn,
Generalmajor.

Das Bataillon traf um 6 Uhr abends in Verona ein und wurde in der Infanterie- und Cavallerie-Campone-Kaserne, die ärarischen Pferde in der Strada S. Zeno, Casa Moranda, untergebracht.*) Der Vorrath an lebendem Schlachtvieh war noch in Trient unmittelbar vor dem Abmarsche von Lieutenant Rössel an das Schlachtvieh-Dépôt abgeführt worden.

Das Bataillon trat wieder in den Verband der Brigade Generalmajor Baron Benko.

Die durch den eingetretenen Waffenstillstand veränderten Verhältnisse hatten für die Garnisonstruppen in Verona vielfache allmähliche Vereinfachungen und Erleichterungen des Sicherheitsdienstes im Gefolge.

Alle Vorposten wurden eingezogen, die Passage auf allen Straßen freigegeben, und nur von den Werken in erster Linie, sowie von den äußeren Dislocationen, unregelmäßig sowohl bei Tag, wie Nacht, kleine Patrouillen zur Durchstreifung des vorliegenden Terrains entsendet.

Die Infanterie-Besatzungen der Zwischenbatterien wurden überall auf einen Zug vermindert, und dieser alle 24 Stunden abgelöst.

Alle äußeren Werke blieben von der Tagwache bis zu einbrechender Dunkelheit geöffnet, alle Militärs wurden ohne Abfertigung eingelassen. Fremden, sowie Civilpersonen blieb der Eintritt untersagt. Bei geschlossenen Thoren fand der Einlass nur nach vorschriftsmäßiger Abfertigung statt.

Dort, wo eine halbe Compagnie oder mehr als Besatzung, konnte der Hälfte der Truppe, wo weniger als eine halbe Compagnie lag, dem dritten Theile der Mannschaft das Ausgehen gestattet werden.

Die Bereitschaft bestand in den äußeren Forts aus $^1/_6$ bis $^1/_8$ der Infanterie-Besatzung.

Die Gendarmerie überwachte sowohl auf den Hauptstraßen, als bei den Thoren den Fremdenverkehr und überzeugte sich von den Legitimationen.

---

*) Im Monate September wurden sie in die Stallungen der Cavallerie-Campone-Kaserne verlegt.

Das Geläute der Kirchenglocken, sowie das Öffnen aller versperrt gewesenen Kirchen und Stadtthore wurde wieder gestattet.

Die in Verona anwesenden kriegsgefangenen Officiere wurden auf freien Fuß erklärt, durften jedoch keinerlei Festungswerke betreten. Sie giengen nebst jener Mannschaft der italienischen Armee, deren Gesundheitszustand die Rückkehr gestattete, am 21. August nach Peschiera ab.

Die Zwischenbatterien Palazzina St. Andrea und Legnago wurden am 27. August desarmiert. Deren Artillerie-Besatzung rückte zu den Compagnien ein; von der Infanterie wurde bei jeder dieser Batterien nur 1 Wachposten von 1 Unterofficier, 1 Gefreiten und 6 Gemeinen unterhalten. Am 18. September wurde in allen äußeren Werken die Geschützbereitschaft eingezogen, und die Bewachung der Geschütze durch Artillerie-Inspectionen besorgt. Auf den Wällen der Hauptumfassung blieb der bisherige Dienst noch aufrecht.

Vom Bataillon wurde Oberlieutenant Hirnschall zur Übernahme des Commandos des Brigade-Sanitäts-Detachements, Lieutenant Putalkiewicz, 1 Unterofficier und 2 Gemeine zur Anlegung der Inhalts-Verzeichnisse der in Verona deponierten Acten bestandener Stadt- und Platz-Commanden bestimmt; Lieutenant von Schellerer in das Garnisonsspital, Oberarzt Dr. Zocher zur Dienstleistung in das Paduaner Garnisons-Spital, Kaserne Catarina, commandiert und demselben später auch die periodische Broduntersuchung in den Verpflegs-Bäckereien S. Catarina und Gold übertragen.

Oberlieutenant Kohmann rückte am 18. August mit dem größten Theile der in italienische Kriegsgefangenschaft gerathenen Mannschaft zum Bataillon ein. 4 Tage später folgten wieder einige, am 2. September der Rest, sämmtliche Verwundete, von denen übrigens diejenigen, welche untransportabel gewesen, beim Rückzuge der Italiener im Civil-Spitale zu Levico zurückgelassen worden waren und erst viel später reconvalescierten.

Am 22. August stieß ein Ergänzungs-Transport von der 3. Dépôt-Compagnie, 143 Köpfe stark, unter Corporal Rogoczinski zum Bataillon und wurde in der Hauptwach-Kaserne untergebracht, übersiedelte 2 Tage später in die Porta Nuova-, am 19. September in die Infanterie-Campone-Kaserne. Diese Rekruten wurden in einen Turnus zusammengestellt und dem Hauptmann Medycki, unter Beigabe der Lieutenante

Schmidt, Kittel und Gabrielli, zur Abrichtung zugewiesen.

Am 28. August fasste Oberlieutenant Dobiasch die Gewehre sammt Armaturen und Munition für die aus der Gefangenschaft eingerückte Mannschaft vom Zeugs-Artillerie-Commando Nr. 14 zu Verona; Lieutenant Zaplatynski an demselben Tage die jenen Leuten abgängigen Monturs- und Rüstungs-Sorten, Kochkessel und gläsernen Feldflaschen aus dem Monturs-Feld-Dépôt und Festungs-Approvisionierungs-Vorrathe aus.

Am 6. October wurde die Rekruten-Abtheilung aufgelöst und die Mannschaft rückte zu ihren Compagnien ein.

Was die taktische Ausbildung betrifft, so begannen seit Mitte August die Exercitien in Verona wegen der kühleren Morgen-Temperatur erst um halb 7 Uhr früh, alle anderen taktischen Übungen um 6 Uhr. Jede Woche fand ein größerer, meistens mit einem Feldmanöver verbundener Übungsmarsch in der Brigade statt. Zur Vornahme des Scheibenschießens waren der Brigade die Schießstände Nr. 2 und 6 in Chievo und jener im Graben vor der Porta Catena zugewiesen.

Die ganze Garnison sammt den dienstfreien Truppen der umliegenden Cantonierungen rückte am 18. August zur Feier des Allerhöchsten Geburtsfestes Seiner Majestät des Kaisers, am 25. desselben Monates zur feierlichen Medaillen-Vertheilung an jene Individuen des Mannschaftsstandes, die sich in der Schlacht bei Custoza hervorgethan, auf dem großen Exercier-Platze vor der Porta Nuova in Parade aus.

Vom 11. September an wurden auch die größeren Fortsbesatzungen, bei Zurücklassung von je einer halben Compagnie als Wache, allen Truppenübungen beigezogen; vom 16. September, anlässlich des bevorstehenden Abmarsches mehrerer Truppen und der hiedurch nöthig gewordenen Dislocations-Veränderungen, alle Truppen-Übungen eingestellt.

Was die Verpflegung anbelangt, so wurden, vom 26. August an, die gesammten Etappen für die Mannschaft in natura erfolgt, und mit diesem Tage die Auszahlung des Etappen-Relutums, sowie die der Kriegsgebüren eingestellt und nur mehr die Bereitschafts-Zulage erfolgt. Am 30. August erfolgte auch die Einstellung der Etappengebür; an deren Stelle trat die Menagekost-Gebür mit Zugabe eines Seidel Wein per Tag und Kopf. Ferner wurden den Truppen der Garnison bewilligt, zur Verbesserung des Trinkwassers und zum Säuern einzelner Speisen täglich eine Maß Essig per Compagnie unentgeltlich aus den Festungs-Approvisionierungs-Vorräthen auszufassen. Vom 10. October an wurde die Weinration der Mannschaft, vom 11. die Bereitschafts-Zulage eingestellt.

Generalmajor Baron Benko, der hochverehrte Brigadier des Bataillons, gieng anfangs October, zur Übernahme einer Grenz-Brigade, nach Weißkirchen im Banate ab und gab am 2. jenes Monates nachstehendes Abschiedsschreiben an die Truppen seiner Brigade ab:

»Infolge telegraphisch erhaltenen Befehles des hohen Armee-Ober-Commandos verlasse ich morgen früh Verona, um zur Wiederübernahme der Grenz-Brigade nach Weißkirchen abzugehen und übergebe das Brigade-Commando hier dem Herrn Obersten Adler.

Ich kann nicht von den braven Truppen der Brigade scheiden, ohne denselben einen herzlichen Soldatengruß, ein freundliches Lebewohl zuzurufen.

Mit Vergnügen ergreife ich diese Gelegenheit, um dem Herrn Obersten Graf Attems, sowie den übrigen Herren Truppen-Commandanten, Stabs- und Oberofficieren meinen Dank für den erfolgreichen Eifer zu sagen, welchen sie alle, jeder in seiner Sphäre, in der Führung und Ausbildung der Truppe in jeder Richtung an den Tag gelegt haben, für den guten Einfluss, welchen sie in jeder Beziehung auf dieselben genommen und dessen Wirkung sich in der braven Haltung der Truppen im Gefechte, in der musterhaften Ordnung und Disciplin in der Garnison gezeigt hat.

Ich danke auch den Unterofficieren und der Mannschaft für den guten Willen, den sie ihren Vorgesetzten entgegengebracht, für die eifrige Pflichterfüllung, für die gezeigte Unverdrossenheit in Ertragung von Strapazen, kurz für alle in der Zeit unseres Beisammenseins gegebenen Beweise militärischer Tüchtigkeit.

Mit Bedauern verlasse ich so brave, verlässliche Truppen, und ich glaube dies nicht besser ausdrücken zu können, als indem ich den aufrichtigen Wunsch ausspreche, es möchten mir wieder ebensolche Truppen anvertraut werden, wenn ich noch einmal zur Führung eines Truppen-Commandos vor dem Feinde berufen werden sollte.

Und hiemit nochmals Lebewohl! Mögen mir alle Mitglieder der Brigade ein freundliches Andenken bewahren«.

(gez.) Benko,
Generalmajor.

Abrüstung. Unruhen in Verona.

Am 3. October wurde der Friede zwischen Österreich und Italien geschlossen.

Schon früher waren, je nach dem Fortschreiten der Friedens-Unterhandlungen, mehrere auf Reduction der Truppen bezugnehmende Erlässe herabgegeben und die ungesäumte Beurlaubung der aus dem Reservestande zur activen Dienstleistung einberufenen Mannschaft — ohne Rücksicht auf die Dienstesverhältnisse — angeordnet worden.

Das Bataillon fasste für seinen Urlauber-Transport eine Anzahl italienischer, auf dem Schlachtfelde von Custoza aufgelesener Monturen aus. Die Reservemänner des Bataillons fuhren unter Führung des Lieutenants Zaplatýnski am 29. September vormittags dreiviertel 12 Uhr mit dem Eisenbahn-Militär-Separatzuge Nr. 387 von Verona ab. Sie eilten der theueren Heimat zu, um das Schwert mit dem Pfluge, den mit Ehren getragenen Soldatenrock wieder mit dem schlichten Kleide des Landmannes zu vertauschen.

Denselben Zug benützte Lieutenant Mrazek mit einem zweiten, nach Prag bestimmten Transport von Reservemännern anderer Truppenkörper von Verona und Legnago, welche in die nördlich von Prag gelegenen Ergänzungsbezirke abzugehen bestimmt waren.

Das Brigade-Sanitäts-Detachement wurde am 1. October aufgelöst, tagsdarauf der optische Telegraphendienst auf sämmtlichen Werken Veronas eingestellt.

Der Abmarsch der Truppen aus Verona war auf die Mitte des Monates October festgesetzt. Früher sollten noch italienische technische Truppen-Abtheilungen in der Festung einrücken, um im Vereine mit zurückbleibenden Genie- und Artillerie-Detachements, Fuhrwesens-Abtheilungen und Organen des Platz-Commandos, der Verpflegs-Branche und mit Ärzten für die Nachsendung dessen, was an Kranken, dann an Materiale zurückblieb, Sorge zu tragen. Am 9. sollte Peschiera, am 10. und 11. Mantua, am 12. Legnago, am 13. Palmanuova geräumt werden.

Der Aufenthalt in Verona gestaltete sich von Tag zu Tag unangenehmer für die Besatzungs-Truppen. Die Aussicht auf die nahe bevorstehende Räumung Venetiens und dessen Einverleibung mit Italien riss einen Theil der leicht erregbaren Bevölkerung zu allen Arten von Demonstrationen hin, die zuletzt selbst in offene Thätlichkeiten ausarteten.

Die Garnison bewahrte — erzogen in der ehernen Charakterschule militärischer Selbstverleugnung — den schönsten Appell. Im Bewusstsein ihrer Kraft und in Berücksichtigung der bestehenden schwierigen Verhältnisse, setzte sie allen jenen herausfordernden Vorgängen einen würdigen Gleichmuth und ein taktvolles, ernstes, von jeder Provocation fernes Benehmen entgegen. Das Festungs-Commando ersuchte überdies zur Vermeidung unnöthiger Reibungen das Municipium, mit einem Theile der Guardia civica den Bereitschafts-Posten auf der Piazza Signori zu beziehen und durch Patrouillierung in den belebteren Stadttheilen am inneren Sicherheitsdienste theilzunehmen.

Dies ermuthigte jene verblendete, sich auf den Unrath des Pöbels stützende Partei, in ihrem trotzigen Übermuthe nur noch weiter zu gehen: sie hielt für Schwäche, was die aufopferndste Selbstverleugnung, was eine beispiellose Mäßigung war.

Den 6. October kam die gleich einem Waldbrande fortglimmende Gährung zum offenen Ausbruche. An diesem Tage traf in der 9. Abendstunde der italienische General-Lieutenant Graf Thaon de Revel mit den übrigen, zur Übernahme der venetianischen Festungen bestimmten Commissions-Mitgliedern ein. Ihre Ankunft war für die Italianissimi der verabredete Augenblick zum Losschlagen. Einzelne Schüsse fielen in den Gassen. Das beim Militär-Kaffeehause auf der Piazza Brà versammelte Officiers-Corps wurde von den Pöbelhaufen, die den Platz bedeckten, ohne irgend eine Veranlassung thatsächlich insultirt, mit Steinen und Dachziegeln beworfen.

Durch die Beleidigten gieng ein Schrei der tiefsten Entrüstung. Sie machten von der Waffe Gebrauch. In wenigen Minuten war die ganze Piazza Brà geräumt. Der Hauptwache-Commandant ließ Alarm schlagen. Die Garnison trat in den Kasernen unter die Waffen; starke Patrouillen durchstreiften die ganze Stadt und verhafteten mehrere der Rädelsführer, 2 Personen wurden getödtet, eine große Anzahl verwundet. *)

Ein solches, selbst von den italienischen Officieren auf das entschiedenste missbilligte Vorgehen der Bevölkerung rief energische Maßregeln von Seite des Festungs-Commandos ins Leben, um die Ruhestörer wieder in die Schranken der Ordnung zurückzuführen. Feldmarschall-Lieutenant von Jacobs erließ am folgenden Morgen nachstehende Proclamation:

»Die Rücksichten, welche ich während des Krieges der Bevölkerung zugewendet und nach jeder Richtung bis an die äußerste Grenze meiner Befugnisse ausgedehnt, hatten zu der gegründeten Erwartung berechtigt, dass bei Wiederkehr friedlicher Verhältnisse und nachdem einmal die Abtretung des Landes schon entschieden war, meine oft wiederholte dringende Mahnung ruhigen Zuwartens würde beachtet werden.

Meine Erwartung ist getäuscht worden. Es haben in letzter Zeit nächtliche Angriffe stattgefunden gegen einzelne Officiere und Soldaten, offene Beleidigungen und herausfordernde Vorgänge von unverkennbar politischer Tendenz ohne irgend eine entfernte Veranlassung unsererseits. Diese Scenen erreichten gestern abends ihren Höhepunkt.

Die Insultierung des Officiers-Corps vor dem Militär-Kaffeehause war eine absichtliche, das Schleudern schwerer Steine von Fenstern und Balconen erster Stockwerke gab den Beweis reiflicher Vorbereitung.

Es ist Blut geflossen, ich beklage es tief; aber die Garnison, welche gegenüber so vielen Aufreizungen letzter Zeit stets eine Mäßigung und Selbstverleugnung an den Tag gelegt, welche die höchste Anerkennung verdienen, die Garnison trägt keine Schuld an diesem Blute; sie war im vollen Rechte, Ehrenbeleidigungen mit den Waffen zurückzuweisen.

Da die bisherige Vorgangsweise nicht ausreicht, werden fortan andere Maßregeln eintreten.

Die Ruhe in Verona, so lange ich die Ehre habe, im Namen meines Kaisers hier den Befehl zu führen, wird aufrecht erhalten bleiben, und ich werde mit der

*) Amtlich wurden deren nur 26 constatiert.

vollen Schwere des Gesetzes Denjenigen zu treffen wissen, der sie zu stören wagt.

Dem Municipium, welches bisher mit der größten Bereitwilligkeit meine wohlgemeinten Bestrebungen unterstützt, und allen gut denkenden Einwohnern, denen die Ruhe und das Beste der Stadt am Herzen liegt, muss ich es überlassen, jene Verblendeten, welche die schwere Schuld der traurigen Vorgänge trifft, wieder in die Schranken der Ordnung zu führen«.

Verona, am 7. October 1866.

(gez.) Jacobs, Feldmarschall-Lieutenant.

Feldmarschall-Lieutenant von Jacobs war der Mann, seinen Worten Nachdruck zu verleihen. Er traf folgende Verfügungen:

Das Tragen aller politischen Abzeichen und Demonstrationen jeder Art, jedes Tragen der in den letztvergangenen Tagen sichtbar gewordenen dicken Stöcke, alles Schreien, Lärmen, Singen auf den Straßen wurden untersagt; die Kaffeehäuser Ferrari und Zampi gesperrt; mit Ausnahme der größeren Gasthäuser, alle anderen Wirtshäuser und Weinschänken um 10 Uhr abends geschlossen. Jede Ansammlung von mehr als vier Menschen wurde verboten und war durch die Patrouillen zu zerstreuen, jeder, der sich widersetzte, zu verhaften. Die Posten und Patrouillen waren beauftragt, in Widersetzlichkeitsfällen von den Waffen Gebrauch zu machen. Die ohne Ermächtigung nach Verona zurückgekehrten Garibaldischen Freiwilligen waren, wo sie sich öffentlich zeigten, zu verhaften und vor das Kriegsgericht zu stellen. Oberst Greipel, als Commandant der gesammten Gendarmerie und Polizeiwache, wurde mit dem Vollzuge dieser Verfügungen betraut.

In jeder Kaserne blieb die Hälfte der Mannschaft consigniert; die dienstfreie Mannschaft durfte nur in größeren Partien ausgehen; einzelne im Dienste versendete Leute mussten ihre Gewehre mitnehmen.

Sämmtliche Thore*) wurden, außer der gewöhnlichen Thorwache, mit je einem Zuge, ebenso auch sämmtliche Etsch-Brücken auf der linken Uferseite mit je einem Zuge besetzt, auf den belebteren Plätzen und Straßen strenge Bereitschafts-

*) Es waren deren sechs, nämlich: Porta Nuova, Porta S. Zeno, Porta Catena, Porta S. Giorgio, Porta Vescovo und Porta Vittoria.

Abtheilungen in der Stärke von 1 bis 2 Zügen unterhalten.*)

Das Bataillon stellte am 7. October die Bereitschafts-Abtheilung am S. Zeno-Platze, an den folgenden Tagen jene unter den Laubengängen des Casino-Gebäudes**) bei.

Ungeachtet aller dieser Maßregeln währten die Anfeindungen der Bevölkerung ununterbrochen fort. Die Energie der Führer der bewaffneten Macht war durch die Verhältnisse gelähmt; der Wunsch, die letzten Tage des Aufenthaltes der kaiserlichen Truppen in Verona in würdiger, versöhnlicher Form ihren Abschluss finden zu sehen, wurde durch tumultuarische, sich täglich in allen Stadttheilen wiederholende Auftritte paralysiert; endlich wurde auch die Stimmung der Garnison, wie wohl begreiflich, infolge dessen von Tag zu Tag eine gereiztere, so dass es bei der gegenseitigen Aufregung der Gemüther nur eines geringfügigen Anlasses bedurfte, um die blutigsten und folgenschwersten Conflicte herbeizuführen, Conflicte, welche wohl mit leichter Mühe zu bewältigen gewesen wären, allein nach dem Abzuge der Garnison sehr unangenehme Folgen für die letzten in der Stadt zurückgebliebenen Detachements und einzelnen Militärs nach sich ziehen konnten, denen dann kein ausreichender Schutz mehr zur Seite stand.

Beim Bataillon ergab sich in dieser Beziehung auch nicht ein einziger unangenehmer Zwischenfall. Es rechtfertigte den erworbenen Ruf als einer der bestdisciplinierten Truppenkörper der ganzen Besatzung, und den ihm wiederholt von den Generalen Baron Benko und von Kaim beigelegten Namen eines wahren Muster-Bataillons. Auch kann es unter solchen Verhältnissen nur als ein neuer Beweis ehrenden Vertrauens für das Bataillon angesehen werden, dass es nebst

---

*) Vor dem Festungs-Commando-Gebäude 1/2 Compagnie; unter dem Laubengange des Casino-Gebäudes 1 Compagnie; auf dem S. Zeno-Platze 1/2 Compagnie; unter dem Laubengange der Kaserne Sta. Anastasia 1/2 Compagnie; 1 Zug auf Piazzetta ai leoni; 1 Zug bei Porta Borsari; 1/2 Compagnie vor dem Stockhause S. Tomaso; 1/2 Compagnie bei Porta aqua morta; 1/2 Compagnie auf Campo fiore. Alle diese Abtheilungen wurden alle sechs Stunden abgelöst.

**) Diese Bereitschafts-Abtheilung unterhielt eine stehende Patrouille am Eingange der Via Nuova und eine an der Gabelung der Via Nuova und Via dietro Via Nuova, und entsandte Patrouillen durch die Via Nuova bis Piazza Erbe und über Corso Porta Borsari durch die Via Gran Zara über Corso Vecchio und Teatro filarmonico und in die Nebengassen. Diesen Dienst bestritten am 8. October mittags von 12 bis 6 Uhr abends Hauptmann Brendl, dann in den weiteren Ablösungen die Hauptleute Simenthal, Koch, Medycki und v. Sokolowski mit je drei Zügen ihrer unterstehenden Compagnien. Vom 9. October abends 6 Uhr angefangen, wurde bloß 1 Officier mit 1 1/2 Zügen, mit sechsstündiger Ablösung wie bisher, vom Bataillon beigestellt, am 13. mittags diese Bereitschaft ganz eingezogen.

dem 4. Bataillon Martini, seinem in Freud und Leid treuen Gefährten während des ganzen Feldzuges, zu den letzten Truppen gehörte, welche Verona räumten. Beide Bataillone waren die einzigen Truppenkörper galizischer Nationalität bei der Südarmee gewesen. Aus benachbarten Ergänzungsbezirken ausgehoben, während des Feldzuges stets in derselben Brigade vereint, hatten beide Bataillone die gleichen Schicksale getheilt, waren beide von den Linien-Truppen die letzten, so Italien verließen, hatten beide die vom commandierenden General in Galizien, Feldmarschall-Lieutenant Freiherrn von Paumgartten, beim Abmarsche aus Lemberg ausgesprochene Überzeugung, sie würden die galizische Armee würdig vertreten, zum Wahrworte zu machen gewusst.

Am 11. October stellte die Gendarmerie und Militär-Polizeiwache, wegen Durchführung ihrer Auflösung, ihren Dienst ein; derselbe übergieng nun auf die Municipal-Garde.

Am 13. rückten die ersten italienischen Truppen, eineinhalb Artillerie- und eineinhalb Genie-Compagnien, in Verona ein. 1 Artillerie- und 1 Genie-Compagnie wurden im Fort Procolo, der Rest im Fort Clam untergebracht.

Die Besatzung von Verona wurde mit jedem Tage kleiner. Die 2 Escadronen Bayern-Husaren Nr. 3 und Sicilien-Uhlanen Nr. 12 waren schon in den ersten Tagen des Monates October abmarschiert; die 4. Bataillone der Regimenter Bayern Nr. 5, Dom Miguel Nr. 39 und Erzherzog Ernst Nr. 48, die Infanterie-Regimenter Prinz Hohenlohe Nr. 17 und Graf Wimpffen Nr. 22 denselben successive gefolgt. Am 14. October rückten das 4. Bataillon Mecklenburg-Strelitz Nr. 31 und alle übrigen noch in Verona befindlichen kleineren Abtheilungen stationatim über Tirol ab; am 15. sollten das Bataillon Hartmann, die 4 Pfünder-Fuß-Batterie Nr. 1/VIII und sämmtliche Festungs-Compagnien aus Verona und Mantua in sechs Zügen, am 16. das 4. Bataillon Martini Nr. 30, alle sieben Grenz-Bataillone und die 4pfündige Fuß-Batterie Nr. 2/VIII, und zwar die Grenzer über Görz, die übrigen Truppen über Tirol den Marsch mit Benützung der Eisenbahn antreten.

Feldmarschall-Lieutenant von Jacobs stellte am 15. seine Functionen als Festungs-Commandant ein. Dieselben übergiengen an Generalmajor von Kaim, als Präses der zur Übergabe der lombardisch-venetianischen Soldaten in Verona zurückbleibenden Commission. Oberstlieutenant von Tunkler des Genie-Corps blieb als Präses einer zweiten, mit italienischen Delegierten gemischten Commission in Verona zurück, um den Wert des vorhandenen beweglichen Materiales jeder Art *) und jener Armeebedürfnisse festzustellen, welche zur Ersparung der großen Transport-Auslagen, an die italienische Regierung gegen eine angemessene Geldentschädigung überlassen wurden.

Feldmarschall-Lieutenant von Jacobs erließ, vor Übergabe des Festungs-Commandos, am 14. October nachstehenden Besatzungs-Truppen-Commando-Befehl:

»In diesen Tagen scheiden die Grenz-Infanterie-Regimenter Nr. 5, 6 und 12, die 4. Bataillone Nr. 9, 30 und 31, die Feld-Batterien Nr. 1 und 2/VIII, die Festungs-Artillerie-Compagnien, das Zeugs-Artillerie-Commando Nr. 14, das 4. Bataillon des 2. Genie-Regiments, die 1. Compagnie des 3. Pionnier-Bataillons etc. etc. aus der Festung Verona.

Indem ich allen diesen braven Truppen bei ihrem Scheiden aus dem Verbande der Besatzung Veronas ein herzliches Lebewohl zurufe, spreche ich allen für ihre, ohne Ausnahme, unter den schwierigsten Verhältnissen stets bewährte Disciplin und musterhaftes Benehmen, wie auch bewiesenen Takt und gute Haltung gegenüber der Bevölkerung, durch welche es allein möglich war, in der so aufgeregten Zeit Ruhe und Ordnung aufrecht zu erhalten und jeden Conflict zu vermeiden, den Artillerie- und Genie-Abtheilungen insbesondere noch für den bei den Vertheidigungs-Arbeiten an den Tag gelegten unverdrossenen Eifer und Ausdauer, im Namen des Dienstes meinen Dank und die vollste Anerkennung aus«.

(gez.) Jacobs,
Feldmarschall-Lieutenant.

Abmarsch nach Galizien.

Mit dem Kriegsministerial-Erlasse vom 2. October, Abth. 3, Nr. 7180, war das Bataillon angewiesen worden, sämmtliche Fuhrwerke und Zuggeschirre sammt den Bespannungspferden auf dem Marsche durch Tirol bis zur nächsten Eisenbahnstation, als welche wahrscheinlich Villach bezeichnet ward, mitzunehmen. Dort sollten die Bespannungspferde nach Classificationsbefund behandelt **), die Fuhrwerke und Zug-

*) Die ärarischen Rüstwagen des Bataillons und aller anderen Truppenkörper wurden seit Anfang October unausgesetzt zur Fortschaffung des massenhaft vorhandenen Materiales aus den verschiedenen Dépôts nach dem Bahnhofe benützt.

**) Dieselben waren am 12. September in Verona der Brigade-Classification unterzogen worden.

geschirre per Bahn nach Marain, der Infanterie-Munitionswagen nach Graz abgeführt werden.

Major Baron de Vicq hatte hierauf noch am 9. October den Lieutenant Schmidt mit einem kleinen Commando nach Innsbruck gesendet, um die deponierten Waffenröcke und Czákos des Bataillons*) an sich zu ziehen und dort die weiteren telegraphischen Anordnungen abzuwarten, indem es noch unbestimmt war, ob die Instradierung des Bataillons über Villach oder Innsbruck erfolgen werde.

An demselben Tage gieng Lieutenant von Cordier mit einem Transporte von 120 Kranken nach Botzen ab.

Am 13. erhielt das Bataillon den Marschplan bis Botzen, wohin es am 15. früh um halb 9 Uhr mit dem Militär-Separatzuge Nr. 385 befördert werden sollte. Lieutenant Gabrielli gieng am 14. morgens mit den Quartiermachern ab.

Mit dem Festungs-Commando-Befehle vom 14. Nr. 5344/Op. wurde das Bataillon verständigt, dass es schon in Roveredo auszuwaggonieren sei und den Marsch bis Botzen stationatim zurückzulegen habe.

Die Gewehre des Bataillons wurden nachmittags im Graben von Porta Catena entladen, Lieutenant Gabrielli telegraphisch angewiesen, in Botzen zu verbleiben und erst für den 22. Quartiere dort auszumitteln; Oberlieutenant Dobiasch mit einer zweiten Partie Quartiermacher nach Roveredo vorausgesendet; Oberlieutenant Kohmann mit 2 Unterofficieren und 24 Mann als Bedeckung der vierpfündigen Fuß-Batterie Nr. 1/VIII commandiert, die am 15. mit dem Militär-Separatzuge Nr. 387 um 11 Uhr 45 Minuten mittags nach Botzen abfuhr.

Am 15. morgens halb 7 Uhr erfolgte der Abmarsch des Bataillons. Generalmajor von Kaim, ehemals selbst ein Mitglied des Regimentes Hartmann, gab dem Bataillon, welches ihm durch das Zusammenleben in Südtirol und Verona theuer geworden war, das Geleite bis zum Bahnhofe und nahm dort vom Officiers-Corps einen herzlichen Abschied. Die italienischen Truppen riefen dem Bataillon beim Vorüberfahren an dem Fort Franz Joseph ein »Evviva l'Austria!« von den Wällen nach.

Das Bataillon traf um die Mittagszeit in Roveredo ein. Der Stab mit dem rechten Flügel wurde in der Stadt, der

*) Die von den Truppen in Verona deponierten Csákos und Waffenröcke waren bei Annäherung der Feindesgefahr nach Tirol transportiert worden.

linke Flügel in den umliegenden Ortschaften untergebracht.

Den 16. kam der Stab mit dem linken Flügel nach Villa Nogaredo, der rechte Flügel nach Chiusole und Nomi.

Den 17. fuhr Feldmarschall-Lieutenant Baron Kuhn an der Marsch-Colonne des Bataillons während einer Rastpause bei Romagnano vorüber. Er verbat sich alle Honneurs, stieg vom Wagen aus, gieng zu Fuß entlang der ruhenden Truppe und setzte der Erste die Officiere in Kenntnis von den dem Bataillon für dessen tapferes Verhalten in der Val Sugana Allerhöchst gewordenen Auszeichnungen. Vor Trient kamen mehrere dem Bataillon von den Julitagen her befreundete Stabsofficiere in Begleitung der Capelle des 66. Infanterie-Regimentes Großherzog von Toscana entgegengeritten; in der Stadt selbst wurde es von Feldmarschall-Lieutenant Baron Kuhn besichtigt. Derselbe ließ das Bataillon vor seiner Wohnung aufmarschieren, die Betstunde schlagen, sofort sämmtliche Officiere vortreten und las ihnen persönlich die im Armee-Verordnungsblatte herabgekommenen Auszeichnungen vor, die dem Bataillon bis zu diesem Tage ganz unbekannt geblieben waren.

Den 18. war der Stab mit der 22. und 24. Compagnie in Salurn bequartiert, wo auch ein Bataillon des Infanterie-Regimentes Erzherzog Albrecht Nr. 44, von entgegengesetzter Richtung kommend, eintraf; die 23. Compagnie befand sich in Laag, der rechte Flügel des Bataillons in Margreid.

Den 19. und 20. war das ganze Bataillon in Neumarkt untergebracht. Oberlieutenant Podluzki gieng von hier als Quartiermacher voraus.

Den 21. kam der Stab mit der 11. Division nach Branzoll, die 10. und 12. Division nach Pfaten und Leifers.

Den folgenden Tag in Botzen war der Empfang durch die dort stationierten Abtheilungen des Infanterie-Regimentes Prinz Hohenlohe Nr. 17, mit dem das Bataillon so lange im Brigade-Verbande und in den kameradschaftlichsten Verhältnissen gestanden, ein äußerst herzlicher und auszeichnender. Oberst Graf Attems und Oberstlieutenant von Feldegg kamen mit dem 1. Bataillon und der Capelle jenes Regimentes dem Bataillon bis über zwei Wegstunden entgegen und gaben demselben auch am folgenden Morgen mit einem großen Theile des Officiers-Corps und der Musik-Capelle eine sehr weite

Wegstrecke das Geleite*). Die Mannschaft wurde in den Baracken einquartiert. Die Detachements des Oberlieutenants Kohmann und Lieutenants Gabrielli rückten zu ihren Compagnien ein. An demselben Tage trafen auch die 4. Bataillone Martini Nr. 30 und Mecklenburg-Strelitz Nr. 31 in Botzen ein.

Den 23. erreichte das Bataillon nach einem langen beschwerlichen Marsche gegen Abend Klausen, wo der Stab und die 20. Compagnie nebst dem Bataillonsstabe und Abtheilungen von Martini-Infanterie untergebracht wurden. Die Bequartierung der übrigen Compagnien war außerordentlich ausgedehnt in den sich längs des Eisackthales und auf den Höhen hinziehenden Hütten.

Den 24. kam der Stab mit der 10. Division nach Brixen, die übrigen 4 Compagnien nach Vahrn zu liegen. Das 4. Bataillon Martini war ebenfalls in Brixen einquartiert. Die von Lieutenant Schmidt aus Innsbruck nach Brixen übersandten 22 Kisten mit den deponierten Waffenröcken und Csákos**) wurden commissionell geöffnet. Es stellte sich heraus, dass die Csákes nicht dem Bataillon, sondern dem Regimente Erzherzog Ernst Nr. 48 zugehörig seien.

Major Baron de Vicq traf daher die Verfügung, dass die Mannschaft diese Csákos bis zur nächsten Eisenbahnstation Villach zu tragen, dagegen die Lagermützen im Tornister zu versorgen habe und ersuchte auf telegraphischem Wege das Ergänzungsbezirks-Commando des Regimentes Erzherzog Ernst Nr. 48 zu Kanizsa, jene Csákos am 5. November durch einen Officier in Villach abholen zu lassen. Oberlieutenant Kohmann gieng von Brixen als Quartiermacher voraus.

Am 26. traf das Bataillon nach einem sehr starken Marsche abends in Brunnecken ein und wurde hier mit seinem ganzen Stande bequartiert.

Die weiteren Marschstationen des Bataillons waren:

Am 27. Stab und 10. Division Niederndorf; 12. Division Welsberg; 11. Toblach.

Am 28. Stab und 11. Division Abfaltersbach; 12. Division Panzendorf; 10. Straßen. Lieutenant von Schellerer als Quartiermacher.

---

*) Auch in Brixen, wo das 3. Bataillon des Infanterie-Regiments Nr. 17 unter Major Tormin in Garnison lag, wurde das Bataillon auf ähnliche herzliche Weise aufgenommen.

**) Lieutenant Schmidt hatte diese Kisten von Innsbruck nach Brixen gesendet, und war nach Kufstein gefahren, wo sich vom Bataillon noch 6 Fässer mit Csákos und 1 Fass mit Tornistern deponiert befanden.

Am 30. Stab und rechter Flügel Lienz; der linke Flügel compagnieweise in den umliegenden Dörfern.

Am 31. Stab und linker Flügel Ober-Drauburg; rechter Flügel Dellach.

Am 1. November Stab und rechter Flügel Steinfeld; 22. Compagnie Greifenberg; 12. Division Radlach. Oberlieutenant Podluzki, Quartiermacher.

Am 3. November Stab und linker Flügel Spital; 22. Compagnie St. Peter; 12. Division Mauthbrücke. Das 4. Bataillon Mecklenburg-Strelitz war ebenfalls in Spital bequartiert.

Am 4. Stab und 12. Division Paternion; 10. und 11. Division in den umliegenden Ortschaften.

Am 5. Villach. Hier wurden die für das 4. Bataillon Erzherzog Ernst mitgenommenen Csákos an einen Officier jenes Bataillons übergeben. Lieutenant Noskiewicz gieng mit 2 Unterofficieren, sämmtlichen Fahrgemeinen, Fuhrwerken und Bespannungen mittelst Eisenbahn nach Klagenfurt zur classificationsmäßigen Behandlung der Pferde ab, übergab, die Route über Graz fortsetzend, dort den Infanterie-Munitionswagen des Bataillons, endlich in Marain sämmtliche Fuhrwerke, und folgte sofort dem Bataillon nach Stryj. Hauptmann Müller fuhr mit Lieutenant Domiczek (letzterer als Quartiermacher) nach Wien voraus, um die Einleitung wegen Ansichziehung der von Kufstein dahin gelangten, deponiert gewesenen Csákos und Tornister*), dann der in Wien in Aufbewahrung zurückgelassenen Compagnie- und Officiers-Bagagen rechtzeitig zu treffen.

Am 6. übergab Major Baron de Vicq das Bataillons-Commando an Hauptmann Koch und gieng mit den zu den ersten drei Feld-Bataillonen transferierten Officieren — Hauptmann Simenthal und von Sokolowski, Oberlieutenant Grimm, Kohmann, Dobiasch, Lieutenant von Cordier, Rössel und Kittel — nach Siebenbürgen ab. Ebendahin führte Feldwebel Namaczyński einen zum Regimente bestimmten Chargen- und Mannschafts-Transport.

Das Bataillon setzte sich denselben Abend mit Benützung der Eisenbahn über Wien und Krakau nach Lemberg in Bewegung, brach von dort in Fußmärschen nach Stryj auf, langte dort am 13. November an und wurde, den ergangenen Anordnungen zufolge, am 15. aufgelöst.

---

*) Letztere (141 Stück) waren vom Ergänzungs-Transporte des Corporals Rogoczinski auf höheren Befehl während des Durchmarsches in Kufstein deponiert worden.

DAS DÉPÔT-BATAILLON.

In Folge des Kriegsministerial-Telegrammes vom 21. April 1866 C.-K. Nr. 1425 wurde die Dépôt-Division des Regimentes mit den Chargen, ohne Officiere, auf den vollen Kriegsstand aufgestellt, erhielt jedoch vorläufig nur 10 Gefreite und 40 älter gediente, minder kriegsdiensttaugliche Gemeine per Compagnie.

Sieben Tage später folgte mit dem Kriegsministerial-Telegramme C.-K. Nr. 1769 die Anordnung, die Dépôt-Division habe den vollen Kriegsstand von 2 Hauptleuten, 2 Oberlieutenanten, 4 Unterlieutenanten, 4 Feldwebeln, 8 Führern, 16 Corporalen, 32 Gefreiten, 4 Tambouren, 2 Hornisten, 4 Zimmerleuten, 320 Gemeinen, 2 Compagnie-Schustern und 8 Officiersdienern, zusammen 8 Officieren und 400 Mann anzunehmen und nebstdem die etwa über den normierten Stand vorhandenen unabgerichteten Rekruten sammt dem für selbe bewilligten Mehrausmaße von Chargen*) übercomplet zu führen.

Die Aufstellung der Division wurde sowohl von Seite des Ergänzungsbezirks-Commandos, als auch von den Abtheilungs-Commandanten, mit aller Energie betrieben. Indem bei der, mit den Kriegsministerial-Telegrammen vom 28. April C.-K. Nr. 1748 und vom 2. Mai C.-K. ad Nr. 1832 gleichzeitig angeordneten Versetzung des 4. Bataillons, dann des Regimentsstabes und der ersten 3 Feld-Bataillone auf den vollen Kriegsstand, alle nur halbwegs kriegsdiensttauglichen Chargen, sowie auch alle älter gedienten Gemeinen an die Feld-Abtheilungen abgegeben werden mussten, verblieben der Division nur sehr wenige Chargen des activen Dienststandes; die bei weitem größere Zahl musste dem Reservestande entnommen werden. Die meisten von diesen Chargen hatten, während der Zeit ihrer längeren, selbst 6—7jährigen Beurlaubung, alle Dienstes- und Exercier-Vorschriften ganz vergessen, sich auch aller Mannszucht entwöhnt; sie konnten mithin nur einen eher nachtheiligen als fördernden Einfluss auf die Heranbildung und Disciplin der zahlreichen Rekruten — 120 Mann und darüber per Compagnie — ausüben.

---

*) Für je 10 überzählige Gemeine 1 Gefreiter.
„ „ 20 „ „ 1 Corporal.
„ „ 50 „ „ 1 Führer.
„ „ 100 „ „ 1 Feldwebel.

Die Schwierigkeiten, welche sich in dieser Richtung, insbesondere bezüglich der Aufrechthaltung der Disciplin, den Compagnie-Commandanten entgegenstellten, wurden dadurch noch vergrößert, dass nach dem Ausmarsche des 4. Bataillons, von der Dépôt-Division nicht allein die auswärtigen Wach-Detachements zu Drohobycz und Drohowyze (zusammen 2 Unterofficiere, 3 Gefreite, 27 Gemeine) und ein Theil der Commandierten in den verschiedenen Kanzleien des Ergänzungsbezirkes, des Transporthauses und Truppen-Spitales, durch intelligentere, theilweise zum Schreibgeschäfte verwendbare Chargen und älter gediente Gemeine abgelöst, sondern auch der Garnisonsdienst und die häufigen laufenden Commanden bestritten werden mussten.

Zu allen diesen Umständen gesellte sich noch der äußerst fühlbare Mangel an Officieren. Es waren von den 8 zur Dépôt-Division gehörigen Officieren nicht weniger denn 6 in verschiedenen anderen Dienstesverwendungen commandiert, und zwar:

von der ersten Dépôt-Compagnie Hauptmann Koch mit der Führung des Ergänzungsbezirks-Commandos, Lieutenant Freiwillig mit dem Truppen-Spitals-Commando, Lieutenant Pochowski mit der Präsentierung der Urlauber für die Standeserhöhung der ersten 3 Bataillone;

von der 2. Dépôt-Compagnie Oberlieutenant Bühn mit einer Montursfassung in Jaroslau, Lieutenant Wierzbicki mit dem Transporthaus-Commando zu Stryj betraut, Lieutenant Služar zur Aushilfe in der Ergänzungsbezirks-Kanzlei commandiert.

Durch diese vielen anderseitigen Dienstesverwendungen von Officieren und Chargen waren die Compagnie-Commandanten, Oberlieutenant Ebert und Hauptmann Winterle, aller Kräfte, die sie in ihrer schwierigen Lage hätten unterstützen können, beraubt. Ohnehin durch den Andrang der Geschäfte so vielseitig in Anspruch genommen, dass sie ihren Obliegenheiten kaum nachzukommen im Stande waren, mussten sie, wegen Mangels an untergeordneten Organen, auch noch deren Dienste versehen, und es wurde auf diese Art die Überwachung und Heranbildung der jungen Mannschaft den Compagnie-Commandanten nahezu unmöglich gemacht.

Mit dem Kriegsministerial-Rescripte vom 7. Mai ad C.-K. Nr. 1481 wurde die Aufstellung eines 5. (Dépôt-)Bataillons in der Ergänzungsbezirks-Station Stryj angeordnet. Dasselbe hatte aus der bereits systemisierten und durch Errichtung einer 2. Dépôt-Division gebildet zu werden und nachstehenden Stand anzunehmen:

Stab: 1 Major, 1 Subaltern-Arzt, 1 Büchsenmacher, 1 Führer, 1 Officiersdiener.

4 Compagnien: 4 Hauptleute, 4 Oberlieutenante, 6 Lieutenante, 8 Feldwebel, 16 Führer, 32 Corporale, 64 Gefreite, 8 Tamboure, 4 Hornisten, 8 Zimmerleute, 520 Gemeine, 4 Compagnie-Schuster, 14 Officiersdiener.

Im ganzen 697 Köpfe.

In die neu aufzustellende 2. Dépôt-Division wurden zum Theile Officiere aus dem Ruhestande eingetheilt; der Rest war durch die etwa vorhandenen minder kriegdiensttauglichen, jedoch nicht dienstunfähigen Officiere zu ergänzen, eine Anordnung, die beim Regimente, wo sich keine derlei Officiere befanden, ohne Anwendung blieb.

Es wurde nunmehr der ganze, als Überzahl auf den vorgeschriebenen Kriegsstand noch nicht einberufene Rest des Grundbuchs- und Reservestandes, ja selbst die wegen Kränklichkeit, Schwächlichkeit, oder wegen ihrer Eignung zu Armee-Anstalten auf Urlaub gesetzte Mannschaft eingezogen und in die vier, auf eine gleiche Stärke gebrachten Compagnien des 5. Bataillons gleichmäßig eingetheilt. Bei einer jeden dieser Compagnien befanden sich mindestens 25 abgerichtete ältere, wenn auch minder kriegsdiensttaugliche Leute im Stande. Die Chargen waren sämmtlich dem Reserve- und Urlauberstande entnommen.

Das Bataillon erreichte zu Anfang des Monates Juni einen Stand von 1363 Köpfen, darunter meistens neu assentirte Rekruten und 230 Reservemänner. Es befanden sich mithin beim Bataillon 666 Mann über den normierten Kriegsstand von 697 Köpfen. Durch die zweite Heeres-Ergänzung im Monate Juli wurde der Stand des Bataillons bis auf 2071 Mann, darunter 1374 Übercomplete, gebracht*)

*) Die beim 5. Bataillon eingetheilten Officiere waren:

1. Dépôt-Compagnie: Hauptmann Koch, Oberlieutenant Ebert, Lieutenant Freiwillig und Pochowski.

2. Dépôt-Compagnie: Hauptmann Winterle, Oberlieutenant Bühn, Lieutenant Wierzbicki und Služar.

3. Dépôt-Compagnie: Hauptmann Lachner (aus dem Ruhestande reactiviert), Oberlieutenant Prišik, Lieutenant Modřitzky.

4. Dépôt-Compagnie: Hauptmann Edler v. Le Clair (aus dem Ruhestande reactiviert), Oberlieutenant Köhler, Lieutenant Gabrielli.

Die Bestimmung des Bataillons war die Ergänzung der im Felde stehenden Bataillone des Regimentes durch kriegstüchtige Leute, welche nach erfolgter militärischer Ausbildung in größere Transporte zusammenzustellen und als Ersatz für die vor dem Feinde erlittenen Verluste, den Feld-Abtheilungen nachzuschieben waren.

Leider konnte, trotz der aufopferndsten Mühewaltung, dieser angestrebte Zweck nur verspätet und unvollkommen erreicht werden. Die vorgenommenen übermäßigen Budget-Abstriche hatten die Beischaffung der Ausrüstung für neue Aushebungen unmöglich gemacht. Es mangelte an allem und jedem. Bei der bedeutenden Überzahl an verfügbarer Mannschaft konnten mehr als zwei Drittheile der Leute nicht bekleidet, ausgerüstet, nicht mit Waffen versehen, folglich die vorhandenen Kräfte nicht entsprechend verwertet werden. Das Bataillon zählte 1347 Mann vom Feldwebel abwärts. Im Regiments-Magazine zu Stryj befand sich aber nur der vorgeschriebene Augmentations-Vorrath für die im Kriege mit 400 Mann aufzustellende Dépôt-Division. Es fehlten mithin mehr als 940 Monturen und Rüstungen. Die Vorräthe der Monturs-Commissionen reichten, ungeachtet die Erzeugungen mit Zuziehung von Civilarbeitern Tag und Nacht auf das energischeste fortgesetzt wurden, bei den massenhaften Errichtungen und Truppenaufstellungen des Kaiserstaates bei weitem nicht aus.

Von den ersten drei Bataillonen des Regimentes wurden wohl 594 Garnituren älterer Leibes-Monturen*) von Komorn aus zur Bekleidung der Dépôt-Abtheilungen nach Stryj gesendet, gelangten aber erst am 1. Juni an diese Abtheilungen. Die Abfassung der Gewehre und der Munition für die zweite Dépôt-Division und die übercomplete Mannschaft musste ebenfalls erst nachträglich in Lemberg bewirkt werden; besonders aber machte sich der Mangel an Wäsche und Beschuhung äußerst fühlbar.

Alle diese Umstände, verbunden mit der zerstreuten Unterkunft und der auf einen so großen Mannschaftsstand in keinem Verhältnisse stehenden geringen Anzahl von Officieren, die überdies, wie früher erwähnt, bei dem überhäuften Ge-

---

Außerdem wurde auch Hauptmann Bommer des Ruhestandes vom Kriegsministerium reactiviert und in das Dépôt-Bataillon eingetheilt, nach 14 Tagen aber wieder in den Ruhestand rückversetzt.

*) Von diesen 594 Garnituren fehlten 140 Lagermützen und 34 Kittel.

schäftsbetriebe im Ergänzungsbezirke vielseitig durch andere Dienstesverwendungen in Anspruch genommen und dadurch verhindert waren, sich der Abrichtung eines jeden einzelnen Mannes so gründlich zu widmen, wie es der gänzliche Mangel an genossener Vorbildung, der dadurch bedingte geringe Intelligenzgrad und das beschränkte Fassungsvermögen der Leute erfordert hätte, wirkten selbstverständlich lähmend auf die Ausbildung der Rekruten, zumal auch die Reservemänner und die dem Reservestande entnommenen Unterofficiere, infolge jahrelanger Beurlaubung, zum größten Theile wieder neu abgerichtet werden mussten.

Gleichzeitig mit dem telegraphischen Befehle zur Aufstellung des 5. Bataillons war das General-Commando-Telegramm vom 7. Mai, Abtheilung 1, Nr. 3245 eingetroffen, welches anordnete, die erste Dépôt-Division habe sich marschbereit zu halten, in den nächsten Tagen unverzüglich nach Lemberg abrücken zu können.

Durch den Abmarsch mehrerer vierten Bataillone fand sich nämlich das General-Commando bemüssigt, die ersten Dépôt-Divisionen der Regimenter Hartmann, Herzog von Parma Nr. 24, Graf Gondrecourt Nr. 55 und Erzherzog Stephan Nr. 58 zur Versehung des Garnisonsdienstes nach Lemberg zu berufen; auch war mit dieser Verfügung die Absicht verbunden, die erwähnten, in ihren Ergänzungsbezirks-Stationen von einer Schienenverbindung mehr oder weniger entfernt gelegenen Dépôt-Divisionen in die unmittelbare Nähe der Eisenbahn zu ziehen, um den Feld-Abtheilungen ihren eventuellen Bedarf an Mannschafts-Ergänzungen ohne Zeitverlust zusenden zu können.

Am 9. Mai folgte der Marschplan. Die Division hatte am 11. aufzubrechen und in drei Märschen über Mikolajow und Chrusno nach Lemberg abzurücken.

Die Division marschierte, theilweise noch mangelhaft montiert und ausgerüstet, unter dem Befehle des Hauptmanns Winterle ab. Der marschierende Stand bestand aus 4 Officieren*), 2 Feldwebeln, 9 Führern, 7 Corporalen, 19 Gefreiten, 2 Tambouren, 2 Hornisten, 3 Zimmerleuten, 253 Gemeinen (darunter 228 Rekruten), 1 Compagnie-Schuster und 4 Officiersdienern — im ganzen 4 Officiere, 302 Mann. Die

*) Hauptmann Winterle, Oberlieutenant Ebert, Lieutenant Služar und Pochowski, welche infolge des Abmarsches von ihren Commandierungen eingezogen wurden.

Division ließ in Stryj ein Wach-Detachement von 1 Feldwebel, 3 Corporalen, 3 Gefreiten, 40 Gemeinen zurück, und nebstdem die beiden Wach-Detachements zu Drohobycz und Drohowyze.

In Lemberg wurden von den wenigen präsenten Chargen der Division wieder mehrere, theils durch Commandierungen in Kanzleien, theils durch den Garnisons- und Kasernendienst der Rekruten-Abrichtung entzogen. Die aus dem Reservestande eingetheilten Chargen waren, wie früher bemerkt, bezüglich ihrer Leistungsfähigkeit Rekruten gleich zu halten. Es ruhte daher die ganze Last der Abrichtung auf den wenigen Officieren und nur deren rastloser Thätigkeit konnte es gelingen, den Anforderungen der Zeitverhältnisse zu entsprechen und in kürzester Frist aus Rekruten für den Krieg brauchbare Soldaten heranzubilden.

Als Beleg hiefür dient, dass die Division trotz der geschilderten großen Schwierigkeiten schon am 25. Mai einen Ergänzungs-Transport von 40, im Monate Juli zwei Ergänzungs-Transporte von je 50 abgerichteten Rekruten zum Regimente absenden konnte, wobei noch zu berücksichtigen kommt, dass die Rekruten schon achtzehn Tage nach dem Einrücken in Lemberg zum Garnisonsdienste verwendet und auf diese Art häufig dem Unterrichte entzogen wurden.

Am 22. Mai traf Lieutenant Wittek vom Regimente aus Komorn, am 31. Oberlieutenant Bühn von der Montursfassung aus Jaroslau bei der 1. Dépôt-Division ein. Der Rekruten-Abrichtung wurden hiedurch nicht mehr Kräfte zugeführt, weil am 22. Mai Lieutenant Služar zu einer Montursfassung nach Jaroslau abgieng, Lieutenant Wittek schon am 4. Juni wieder telegraphisch zum Regimentsstabe nach Leipnik, Oberlieutenant Bühn aber am 7. Juni in der Eigenschaft als k. k. Telegraphist nach Pest berufen wurde. Lieutenant Služar rückte am 7. Juni aus Jaroslau ein und gieng sieben Tage später nach Stryj in die Ergänzungsbezirks-Kanzlei ab, um sich die für das Assentgeschäft nöthigen Kenntnisse anzueignen, indem ihm die Bestimmung zufiel, bei der Allerhöchst angeordneten zweiten Rekrutenstellung für das Jahr 1866 im Monat Juli als Assent-Officier im Samborer Kreisantheile zu fungieren.

Am 28. Mai übernahm Major Joseph Edler von Manngold, welcher auf seine Bitte beim bevorstehenden Ausbruche des Krieges aus dem Ruhestande reactiviert worden war, das

Commando des 5. Bataillons, Lieutenant Pochowski die Adjutantur. Dadurch entgieng der 1. Dépôt-Division der einzige außer den beiden Compagnie-Commandanten noch dienstbare Officier, und jene waren somit wieder ganz auf sich allein beschränkt, obwohl die Zahl der Rekruten theils durch freiwillig Eintretende, theils durch verspätet vom Urlaube Eingerückte von Tag zu Tag stieg, während die Zahl der zur Abrichtung berufenen Chargen durch Erkrankung und auswärtige Commanden von Tag zu Tag abnahm.

Die 2. Dépôt-Division befand sich noch immer in Stryj. Sie erhielt mit dem Regimentsbefehle vom 29. Mai ihren Chargenstand, konnte mithin eigentlich erst von diesem Zeitpunkte an als formiert betrachtet werden.

Nur theilweise und auf das allernothdürftigste mit den vorgeschriebenen Bekleidungs- und Ausrüstungsstücken versehen, brach diese Division am 5. Juni in Eilmärschen nach Lemberg auf. Den folgenden Tag stieß sie zum Stabe des 5. Bataillons.

Der Gesammtstand des Bataillons betrug um diese Zeit 1 Stabsofficier, 14 Oberofficiere, 1 Subaltern-Arzt, 1333 Mann.

Hievon befanden sich in auswärtiger Verwendung und undienstbar: Hauptmann Koch als Ergänzungsbezirks-Commandant in Stryj; Lieutenant Freiwillig als Spitals- und Detachements-Commandant in Stryj; Lieutenant Wierzbicki als Transporthaus-Commandant in Stryj; Lieutenant Modřitzki als Magazins-Officier in Stryj; Lieutenant Wittek, zugetheilt beim Regimentsstabe zu Leipnik; — sämmtlich mit Dienern. Lieutenant Gabrielli und Rozwadowski, zugetheilt beim 4. Bataillon in Verona.*) Oberlieutenant Bühn als Telegraphist 1. Classe beim Telegraphen-Amte zu Pest.

Als Wach-Detachement in Stryj 3 Unterofficiere, 3 Gefreite, 40 Gemeine; in Drohobycz 1 Unterofficier, 2 Gefreite, 18 Gemeine; in Drohowyze 1 Unterofficier, 1 Gefreiter, 9 Gemeine. Als Wache auf Assent-Commando-Assistenz 1 Unterofficier, 10 Gemeine. Als Schreiber: in der Rechnungskanzlei zu Stryj 2 Unterofficiere, beim Truppen-Spitale zu Stryj 1 Unterofficier, im Transporthause zu Stryj 1 Unterofficier, beim Ergänzungsbezirks-Commando zu Stryj 1 Gefreiter, beim

*) Dagegen waren von den ersten drei Bataillonen die Lieutenante Služar und Pochowski beim 5. Bataillon zugetheilt. Ersterer war als Assent-Officier bei der zweiten Rekruten-Aushebung im Samborer Kreisantheile bestimmt und der Ergänzungsbezirks-Kanzlei zugetheilt, Letzterer versah die Dienste als Adjutant und Proviant-Officier beim Bataillon.

Transporthause in Lemberg 1 Gemeiner. Als Aufsichts-Charge im Transporthause in Lemberg 1 Unterofficier. Als Ordonnanz in der Lithographie beim General-Commando in Lemberg und als Handlanger in der Invalidenhaus-Apotheke daselbst je 1 Gemeiner.

Zugetheilt bei den ersten 3 Feld-Bataillonen 12 Gemeine, beim 4. Feld-Bataillon 7 Gemeine. Auf dem Anmarsche 1 Unterofficier, 8 Gefreite, 40 Gemeine.

Im Spital zu Lemberg als Krankenwärter 4 Gemeine. Im Bade zu Pistyan 3 Unterofficiere, 3 Gemeine. Krank 3 Unterofficiere, 4 Gefreite, 22 Gemeine. Krankheitshalber beurlaubt 1 Unterofficier, 1 Gemeiner. Bis zur Entlassung beurlaubt 2 Gemeine. Bis zur Einberufung beurlaubt und für Armee-Anstalten vorgemerkt 5 Gemeine. In gerichtlicher Untersuchung 1 Gefreiter, 2 Gemeine. Undienstbar bis zur erfolgten Superarbitrirung 1 Gefreiter. Non-Combattanten (Officiersdiener und Compagnieschuster) 14 Mann.

Zusammen in auswärtiger Verwendung und undienstbar: 8 Officiere, 9 Unterofficiere, 21 Gefreite, 178 Gemeine, 19 Non-Combattanten.

Der dienstbare Stand belief sich somit auf 1 Stabsofficier, 6 Oberofficiere, 45 Unterofficiere, 16 Tamboure, Hornisten und Zimmerleute, 1035 Gefreite und Gemeine.

91 Chargenstellen (5 Feldwebel, 12 Führer, 27 Corporale und 47 Gefreite) waren auf die beim Bataillon über den completen Stand vorhandene Mannschafts-Überzahl von 640 Gemeinen abgängig, konnten aber wegen Mangels an beförderungsfähigen Individuen nicht besetzt werden.

Am 15. Juni begann die zweite Rekruten-Aushebung im Stryjer Kreise. Major von Manngold wurde vom Landes-General-Commando in Lemberg zur Übernahme des Ergänzungsbezirks-Commandos und als Präses der Assentierungs-Commission bestimmt, wogegen Hauptmann Koch nach Lemberg abgieng und das Commando des 5. Bataillons übernahm.

Am 5. Juli begann auch im Samborer Kreisantheile die Assentierung. Hauptmann Winterle fungierte als Präses der Militär-Abtheilung. Am 10. war die Rekruten-Aushebung in den Bezirken Rudki und Komarno, am 20. in den drei Bezirken Podbusz, Medenice und Drohobycz beendet.

Die Stellung und Assentierung gieng in allen Bezirken, sowohl des Stryjer Kreises, als des Samborer Kreisantheiles, ohne Anstände vor sich. Indem man bei der zweiten Stellung von dem gesetzlich bestimmten Körpermaße von 60 Zoll für Rekruten der beiden ersten, und von 61 Zoll für jene der drei übrigen Altersclassen abgegangen war und für sämmtliche 5 Altersclassen nur 59 Zolle als Minimal-Körpermaß bestimmte, wurde es möglich, das Rekruten-Contingent in der gleichen Stärke, wie jenes der ersten Assentierung, nämlich 708 Köpfe für das Regiment allein, aufzubringen.

Mit dem Kriegsministerial-Telegramme C.-K. Nr. 4032 wurde Major von Manngold am 14. Juli angewiesen, unverzüglich zum Regimente abzugehen, Hauptmann Winterle an demselben Tage vom General-Commando mit telegraphischem Erlasse Nr. 666 3/1 beordert, nach beendeter Assentierung das Ergänzungsbezirks-Commando zu übernehmen.

Dies geschah sofort am 22. Juli. Hauptmann Winterle machte es sich beim Antritte seines Commandos zur ersten Pflicht, für die auf den Schlachtfeldern Böhmens gefallenen Kameraden des Regimentes in der Pfarrkirche zu Stryj eine Trauerandacht zu veranstalten, waren doch die furchtbaren Schreckensnachrichten, welche Donnerschlägen gleich von Westen herüberkamen und sich leider bewahrheiteten, nur zu sehr geeignet, das Herz eines jeden Patrioten, umsomehr aber jedes Soldatenherz auf das tiefste zu erschüttern. Am 23. Juli — demselben Tage, an welchem wieder mehrere Brave des Regimentes in der Val Sugana den Heldentod fanden — hielt der Pfarr-Cooperator von Dembinski ein feierliches Todtenamt ab. Treu und liebevoll die Erinnerungsfeier für die in Erfüllung ihrer erhabenen Pflicht gefallenen Waffenbrüder begehend, wohnten die wenigen in Stryj commandierten Officiere des Regimentes, sämmtliche dort befindliche Officiere des Ruhestandes und die Beamten aller Dicasterien diesem Gottesdienste bei.

Lieutenant Služar rückte gleichfalls nach beendeter Assentierung im Samborer Kreisantheile am 21. Juli in Stryj ein und wurde dem Ergänzungsbezirks-Officier Oberlieutenant Uhl zur Ausarbeitung des Assent-Operates beigegeben. Er gieng, nach Beendigung dieser Arbeit, zur 1. Dépôt-Division nach Lemberg ab.

Dem schönen Beispiele ihres Commandanten folgend, lösten die wenigen in Stryj zurückgebliebenen Officiere ihre schwierige Aufgabe mit einer bewundernswerten Ausdauer und in einer Weise, die alles Lob verdient.

Oberlieutenant Uhl versah nebst den Ergänzungsbezirks-Kanzleigeschäften zugleich die Dienste eines Adjutanten und zeichnete sich während dieser ganzen bewegten Epoche durch seine vorzügliche, von besonderem Erfolge begleitete Dienstleistung aus. Oberlieutenant Modřitzky war bei der Augmentations-Magazinsverwaltung, Proviantur, Localcontrole und mit der Geldverrechnung der Officiers-Uniformierung des 4. Bataillons und der Dépôt-Divisionen; Oberlieutenant Freiwillig mit dem Truppen-Spitals-Commando, der Führung des Regiments-Archivs, der Regiments-Officiers-Uniformierung, der Officiers-Sparcasse und Officiers-Bibliothek; Oberlieutenant Wierzbicki mit dem Transporthaus- und Wach-Detachements-Commando, Stationsofficiers-Geschäfte und der Verwaltung der Officiers-Uniformierungs-Vorräthe des 4. Bataillons und der Dépôt-Divisionen betraut.

Infolge Befehles der Local-Truppenbrigade Freiherr von Dormus gieng Oberlieutenant Wierzbicki am 16. August zur 1. Dépôt-Division ab. Dessen Geschäfte fielen daher den beiden Oberlieutenants Modřitzky und Freiwillig auch zu, die nun infolge ihrer vielseitigen Verwendung im buchstäblichen Sinne des Wortes mit Arbeiten überbürdet waren.

Oberlieutenant Uhl erhielt die Bestimmung, zum Regimente abzugehen, um die Dienste des Regiments-Adjutanten zu übernehmen, welche Hauptmann Purt bisher fortgeführt hatte. Der zu seinem Nachfolger bestimmte Oberlieutenant Haubtmann traf am 22. August in Stryj ein. Er war in kürzester Zeit im Ergänzungsbezirks-Geschäfte eingeführt und übernahm dasselbe am 15. September im vollen Umfange von Oberlieutenant Uhl, welcher sofort zum Regimente nach Neuhäusel abgieng.

Am 17. September übernahm der, drei Tage vorher in Stryj eingetroffene Major von Bernd das Ergänzungsbezirks-Commando von Hauptmann Winterle.

Die 2. Dépôt-Division unter Hauptmann von Le Clair hatte sich — mit der Bestimmung nach Wien — am 22. Juni mittags von Lemberg aus mittels Eisenbahn nach Krakau in Bewegung gesetzt, wo die weitere Instradierung erfolgen sollte. Um Mitternacht in Dembica angelangt, wurde die Division telegraphisch verständigt, dass Oderberg von den Preußen besetzt, die Eisenbahn daselbst zerstört und der Weitermarsch auf dieser Strecke gefährdet sei. Hauptmann von Le Clair ließ auswaggonieren und erstattete dem Landes-General-Commando telegraphisch die Anzeige. Er erhielt den Befehl, von der eingeschlagenen Route abzulenken und in Eilmärschen über die Karpathen nach Kaschau zu rücken. Die Division brach am 23. morgens 5 Uhr nach Brzostek auf, erreichte sofort über Zmygrod (24.) am 25. die ungarische Grenze und hielt, nach Zurücklegung dieser drei Doppelmärsche, in Álso Komarnik einen Rasttag, indem keine weitere Marschordre herabgelangt war.

In der Nacht auf den 27. traf vom Landes-General-Commando zu Ofen die Fortsetzung des Marschplanes mittelst Estafette ein. Die Division marschierte über Swidnik (27.) und Girald (28.) nach Eperies (29.). Hier wurde der Mannschaft ein Rasttag gegönnt, der um so nothwendiger war, als die Fußbekleidungen bereits vielfacher Herstellungen bedurften und die Division nach einem achttägigen, in der ärmsten Gebirgsgegend zurückgelegten anstrengenden Marsche zum erstenmale die Gelegenheit fand, eine Brodfassung zu bewirken.

Am 1. Juli wurde nach Lemes, am 2. nach Kaschau gerückt, am 3. morgens halb 8 Uhr die Division mittels Eisenbahn nach Pest befördert. Die Ankunft erfolgte am 4. morgens halb 7 Uhr, die Fortsetzung der Fahrt über Pressburg gegen Wien abends um halb 9 Uhr. Am 5. Juli in der vierten Nachmittagsstunde zu Floridsdorf eingetroffen, erhielt die Division von einem auf dem Bahnhofe inspectionierenden Stabsofficier des Generalstabes die Weisung, auszuwaggonieren und ein Freilager auf der Mühlschüttel-Aue an der Donau zu beziehen.

Mit Kriegsministerial-Rescript Abtheilung 5, Nr. 2125 vom 23. Juni war die Formation von 20 combinierten Infanterie-Bataillonen, durch Zusammenziehung der entsprechenden 2. Dépôt-Divisionen der 5. Bataillone, und ihre kriegsmäßige Ausrüstung angeordnet worden, um aus diesen 20 Bataillonen 3 mobile Brigaden, mit der Bestimmung als Besatzung des Brückenkopfes von Floridsdorf, zusammenzustellen.

Der Kriegsstand der 10 ersten dieser Bataillone war mit 1090 Mann, jener der Nummern 11—20 nach dem, für die 5. Bataillone bestimmten systemisiert. Die Rekruten der zweiten Stellung waren nicht mehr bei den 2. Dépôt-Divisionen einzutheilen; ebenso durften diese zur Abgabe von Nachschüben an die Feld-Bataillone nicht mehr in Anspruch genommen werden.

Die 2. Dépôt-Divisionen der Infanterie-Regimenter Hartmann, Herzog von Nassau Nr. 15 und Graf Gondrecourt Nr. 55 bildeten das 4. combinierte Infanterie-Bataillon unter Commando des Majors von Kövess letztgenannten Regiments. Es wurde mit dem 5., 6., 9., 18., 19. und 20. Bataillon und mit der 4pfündigen Fuß-Batterie Nr. 12/II in die Brigade Generalmajor Ritter von Lebzeltern und in das Brückenkopf-Vertheidigungs-Corps des Feldzeugmeister Grafen Degenfeld eingetheilt.

Hauptmann von Le Clair bewirkte ungesäumt die Fassung der Fuhrwerke, Bespannungen und Feldgeräthe. Die Division wurde am 6. Juli in das verschanzte Lager von Floridsdorf verlegt und erhielt die Objecte Nr. VIII und IX zur Vertheidigung zugewiesen. Die Mannschaft erhielt die Etappen-Verpflegung.

Am 8. Juli besichtigte der Brückenkopf-Vertheidigungs-Corps-Commandant Feldzeugmeister Graf Degenfeld die Division und ordnete die Nachfassung der noch abgängigen Stücke an. Oberlieutenant Köhler gieng zu diesem Behufe nach Stockerau ab, kehrte aber unverrichteter Dinge zurück, indem die Monturs-Commission wegen der drohenden Feindesgefahr nach Ungarn verlegt worden war.

Am 9. wurden die, der Division zugewiesenen Vertheidigungs-Objecte von Feldmarschall-Lieutenant Baron Gablenz, tagsdarauf das Lager von Seiner Majestät dem Kaiser besichtigt.

Die Abrichtung der Rekruten, die durch die eingetretenen Marschbewegungen eine Unterbrechung gelitten hatte, wurde mit aller Energie betrieben, jedoch lediglich auf die Vertheidigungsweise der Feldschanzen beschränkt.

Als nach der Abtretung Venetiens der größte Theil der Südarmee an die Donau aufbrach, und in der Folge auch die Nordarmee sich eben dahin zurückzog, wurde die Verwendung der Dépôt-Divisionen im Brückenkopfe zu Floridsdorf entbehrlich. Die Brigaden Lebzeltern und Anthoine wurden vom 10. Armee-Corps abgelöst, und das 4. combinierte Infanterie-Bataillon nach Wien in die Vorstadt Landstraße verlegt. Noch in derselben Nacht sandte die Division eine Ergänzung von 100 Mann unter Feldwebel Haar mittelst

Eisenbahn zum Regimente nach Olmütz ab und benützte die kurze Dauer ihres Aufenthaltes in Wien auf das eifrigste zur fortgesetzten Abrichtung der Mannschaft.

Infolge der großen Verluste, welche die Nordarmee erlitten hatte, wurden mit dem Kriegsministerial-Rescripte Abtheilung 2, Nr. 5157, am 11. Juli alle combinierten Infanterie-Bataillone, mit dem Kriegsministerial-Rescripte vom 16. Juli, Abtheilung 1, Nr. 7687, alle 2. Dépôt-Divisionen der 80 Infanterie-Regimenter als solche aufgelöst und zur Ausfülluug der bei ihren Regimentern entstandenen Lücken verwendet. Ein Theil der hiedurch entbehrlich gewordenen Bataillons-Commandanten übernahm die Überwachung und Leitung der Abrichtung der aus den Dépôt-Divisionen ausgeschiedenen, noch nicht ganz ausgebildeten Rekruten; die anderen disponiblen Stabsofficiere hatten die Reste der zu ein und demselben Armee-Corps gehörigen Dépôt-Divisionen zu übernehmen und sie den betreffenden Armee-Corps zuzuführen. Auflösung.

Infolge dieser Anordnung wurden die Oberlieutenante Köhler und Prišik mit der noch nicht vollkommen abgerichteten Mannschaft dem Major von Resič des 79. Infanterie-Regimentes Ritter von Franck zugewiesen und nach Bruck an der Leitha verlegt; Hauptmann von Le Clair gieng an seine neue Bestimmung zur 1. Dépôt-Division des 20. Linien-Infanterie-Regiments Kronprinz von Preußen nach Neu-Sandec ab; Hauptmann Lachner mit dem Reste der Dépôt-Division verblieb in der Ergänzungs-Colonne des Majors von Kövess eingetheilt, und bewirkte die Abfuhr aller gefassten Fuhrwerke, Bespannungen und Feldgeräthe.

Jene Ergänzungs-Colonne bestand aus den Dépôt-Resten der Infanterie-Regimenter Hartmann, Kronprinz von Preußen Nr. 20, Graf Gondrecourt Nr. 55, Baron Gorizzutti Nr. 56, Prinz Wasa Nr. 60 und Ritter von Franck Nr. 79, des 17. Jäger-Bataillons, dann aus geringen Abtheilungen von Artillerie und Pionnieren, im ganzen über 1500 Mann. Sie setzte sich am 19. Juli von Wien aus gegen Pressburg in Marsch, um zum 6. Armee-Corps zu stoßen, und nächtigte in Schwechat und Umgebung. Am 20. kam die Colonne nach Maria Elend. Die Abtheilungen von Hartmann- und Franck-Infanterie wurden nach Haslau vorgeschoben, um Vorposten auf dem rechten Donau-Ufer zu beziehen, indem preußische Patrouillen auf Kähnen einen Übergang versuchten.

Am 21. wurde nach Altenburg marschiert. Tagsdarauf erhielt die Colonne vor Hainburg durch einen Courier (Stabsofficier von Kaiser Ferdinand-Kürassieren Nr. 4) die Kunde vom Gefechte bei Blumenau und den Befehl zur beschleunigten Vorrückung auf Pressburg. Eine Abtheilung überbot sofort die andere im Wetteifer, schneller in den Kampfbereich zu gelangen, um auch ihr Scherflein für Fürst und Vaterland beizutragen. Die gedrückte Stimmung, die bisher wie ein schwerer Alp auf allen Gemüthern gelastet hatte, wich einem Gefühle freudiger Kampflust und machte sich in einem ohrzerreißenden Gemenge von polnischen, ruthenischen, ungarischen, böhmischen, slovakischen und italienischen Gesängen Luft. Noch vor der Mittagszeit traf die Colonne bei Pressburg ein und erhielt eine Aufstellung in der Reserve; die Hoffnung jedoch, sich activ am Gefechte betheiligen zu können, wurde durch den eingetretenen Waffenstillstand getäuscht. Die Colonne trat unmittelbar darauf den Rückmarsch nach Hainburg an.

Am 24. versahen die Abtheilungen von Hartmann- und Gorizzutti-Infanterie Nr. 56 den Sicherheitsdienst und besetzten die auf dem rechten Donauufer stromabwärts gegen Pressburg gelegenen 3 Ruinen. Sie wurden am 25. von den Abtheilungen des 55. Infanterie-Regimentes Graf Gondrecourt abgelöst.

Hauptmann Lachner übergab am nämlichen Tage das Commando des Dépôt-Restes von Hartmann-Infanterie an Oberlieutenant Bühn, um nach Lemberg abzugehen und dort das Commando der ersten Dépôt-Division an Stelle des zum 4. Bataillon transferierten Hauptmannes Koch zu übernehmen.

Im Monate August lösten sich die Dépôt-Reste von Hartmann-Infanterie durch Absendung der Ergänzungs-Contingente an das Regiment und an das 4. Bataillon auf.

Am 5. September trat die 1. Dépôt-Division den Rückmarsch aus Lemberg in die Ergänzungsbezirks-Station Stryj an und wurde dort am 30. September aufgelöst.

Werfen wir einen Blick auf das kriegerische Wirken des Regimentes im Jahre 1866, so sehen wir die ersten 3 Bataillone unter der Führung auserlesener Stabs-Officiere, wenngleich unglücklich, so doch allenthalben mit Auszeichnung kämpfen und die Fahnenehre des Regimentes hochhalten; wir sehen auch das 4. Bataillon bei allen Gelegenheiten seinen Platz in den Reihen der österreichischen Armee würdig einnehmen; wir sehen endlich die vorzüglichen, im Ergänzungsbezirke der Reihe nach zurückgebliebenen Commandanten, unterstützt von ihren trefflichen Organen und dem Officierscorps der Dépôt-Divisionen, aus dem Kampfe mit den größten Hindernissen und zu überwindenden Schwierigkeiten erfolgreich hervorgehen und kräftig ihr Scherflein zur Schlagfertigkeit und Kriegstüchtigkeit der Feld-Abtheilungen mit beitragen.

Das Regiment kann demnach, wenn sich diesmal auch keine neuen Siegeskränze um unsere Fahnen wanden, mit ruhigem Soldatengewissen, wie auf seine ganze ruhmreiche Vergangenheit, so auch auf seinen Antheil an den kriegerischen Operationen des Jahres 1866 zurückblicken.

Der Gesammtverlust des Regimentes beläuft sich auf 1 Stabs-, 28 Oberofficiere und 945 Mann vom Feldwebel abwärts, ohne diejenigen zu rechnen, welche der Cholera und anderen Krankheiten erlagen.

An Auszeichnungen wurden dem Regimente für dessen Leistungen in dem Doppel-Feldzuge 1866 zutheil: 1 Leopold-Ordens-Ritterkreuz, 9 Militär-Verdienstkreuze, 4 Erinnerungs-Medaillen für die Tirol-Vorarlberger Landesvertheidigung, 10 Allerhöchste Belobungen von Officieren und Ober-Parteien, 1 goldenes Verdienstkreuz, 3 silberne Tapferkeits-Medaillen I. Classe, 24 silberne Tapferkeits-Medaillen II. Classe, 21 Allerhöchste Belobungen der Mannschaft.

Wir schließen hiemit unsere Aufzeichnungen über die Geschicke und das Wirken des Regimentes im Unglücksjahre 1866.

Im Auftrage eines theueren, der Armee leider zu früh durch den Tod entrissenen Freundes zusammengestellt, sollen sie als ein Beitrag zur Geschichte des Regimentes dienen.

Möge der kleine Kameradenkreis, für welchen diese Blätter*) bestimmt sind, der aus treuer und wärmster Soldaten-

*) »Die Schicksale und Leistungen des k. k. 9. Linien-Infanterie-Regimentes Graf Hartmann-Klarstein im Doppelfeldzuge 1866«. – Prag, 1870.

brust dargebrachten Gabe eine freundliche Aufnahme, eine wohlwollende Beurtheilung gönnen.

Ist es uns gelungen, damit auf unsere jüngeren Kameraden anregend und zugleich belehrend einzuwirken, den älteren Waffengefährten aber eine Stunde angenehmer Rückerinnerung zu bereiten, so ist unser vorgesteckter Zweck erfüllt.

XIII. PERIODE.

FRIEDENS-EPOCHE BIS ZU DEN KÄMPFEN DES JAHRES 1882.

Mit dem Jahre 1867 begann für die Armee ein neuer Zeitabschnitt der Geschichte: Die in den Feldzügen gemachten Erfahrungen sollten praktisch verwertet werden. Die Befreiung von der Wehrpflicht wurde eingeschränkt, jene durch Erlag einer Taxe, sowie die Reengagierung von Stellvertretern ganz aufgehoben. Die Dienstzeit wurde auf 6 Jahre in der Linie und 6 Jahre in der Reserve festgestellt. 1867.

Die Alterszulagen wurden aufgehoben, dagegen erhielten solche Unterofficiere, die sich nach Vollstreckung der gesetzlichen Dienstpflicht zu einer weiteren Dienstleistung verpflichteten, eine »Unterofficiers-Dienstesprämie« und wurde dieselbe mit 15 Kreuzer täglicher Zulage und einem Abfertigungs-Capital bemessen, welches nach dem ersten Jahre 60 Gulden, nach dem zweiten 120 Gulden und bei fortgesetzter freiwilliger Dienstleistung nach zurückgelegtem zwölften Jahre 1060 Gulden erreichte.

Alle Soldaten, die freiwillig über die Dienstpflicht fortdienten, erhielten eine weißtuchene Granate am Rockkragen und wurden »Grenadiere« genannt. Es erschien eine neue Beförderungsvorschrift. Laut derselben sollten nur solche Individuen zu Officieren befördert werden, welche durch eine gut abgelegte Prüfung die Eignung hiezu erwiesen und die neu systemisierte Charge eines Officiers-Aspiranten erlangt hatten. Die Ernennung zum Officiers-Aspiranten erfolgte mittels Dekret. Das Avancement der Ober-Officiere erfolgte innerhalb der Regimenter. Die Hauptleute, Majore und Oberstlieutenante der gesammten Linien-Infanterie, der Grenz- und Jäger-Truppen bildeten, wie bisher die Oberste und Generale, innerhalb der bezüglichen Waffe einen Concretualstatus, in welchem sie nach der Anciennetät zu Beförderung gelangten.

Im April erschien ein neues provisorisches »Abrichtungs«- und im Juni ein »Exercier-Reglement für die k. k. Fußtruppen«. Seine Grundzüge basierten auf der Wirkung des Hinterladers, welcher mit System »Wänzl« in der Armee Eingang fand. In diesem Reglement wurde auf das Schießwesen der größte Nachdruck gelegt und durch die Einführung der Compagnie-Colonnen eine große Manövrierfähigkeit geschaffen. Den Hauptleuten wurde eine große taktische Selbständigkeit gewahrt.

Während vordem die von den Officieren begangenen Handlungen oder Unterlassungen, wenn sie der Standesehre zuwiderliefen, dadurch gesühnt wurden, dass die Kameradschaft ohne höhere Einflussnahme den Betreffenden durch moralische Einwirkung zur Ablegung der Officiers-Charge zwang, wurden im October die Militär-Ehrengerichte ins Leben gerufen.

Den 11. October 1866 war das 1. Feld-Bataillon in die neue Garnison Hermannstadt, das 2. Feld-Bataillon in Carlsburg eingerückt.

Regiments-Commandant: Oberst Ottokar Freiherr von Procházka; Commandant des 1. Feld-Bataillons: Oberstlieutenant Ferdinand Edler von Rueber; des 2. Major Edler von Mangold; des 3. Major Carl Ochtzim; des 4. Major Freiherr de Vicq de Cumptich.

Das Regiment bildete mit dem Regimente Graf Gondrecourt Nr. 55 eine Brigade unter Commando des Generalmajor Baron Waldstätten und wurde in die dem Feldmarschall-Lieutenant Baron Packenj unterstellte 16. Infanterie-Truppen-Division eingetheilt. Feldmarschall-Lieutenant Baron Ramming war commandierender General in Siebenbürgen.

Nach einer kurzen Erholung von den Strapazen des Krieges und der Märsche, erfolgte in allen Theilen des Regimentes eine rege Thätigkeit. Der unglückliche Feldzug hatte in jeder Richtung Schäden und Mängel klargelegt, die nun durch ernste Arbeit behoben werden sollten.

Vor allem sollten alle jene jüngeren Officiere und Cadetten, welche im Feldzuge 1866 ohne Prüfung in höhere Chargen vorgerückt waren, gründlich geschult werden. Zu diesem Zwecke wurde in Hermannstadt eine Brigade-Cadetten-Schule aufgestellt. Mit der unmittelbaren Leitung dieser Schule wurde Generalmajor Baron Waldstätten betraut und dem Hauptmann Carl Dittl das Commando übertragen. Als

Lehrer wurden commandiert: Hauptmann Julius Oberkamp, die Oberlieutenante Josef Dobiasch, Alfred Ritter von Sypniewski, Johann Schweyda, und Heinrich Kerpl; Lieutenant Josef Salinger, Hauptmann-Auditor Johann Honal und Regiments-Caplan Anton Tworkiewicz.

Der Stand der Officiere und Oberparteien, sowie deren Eintheilung am 1. Jänner ist aus folgendem Schema ersichtlich:

Regiments-Stab:

Oberst Regiments-Commandant Ottokar Freiherr von Pocházka.
Regiments-Caplan 1. Classe Anton Tworkiewicz.
Regiments-Caplan 2. Classe Clemens Lityński.
Hauptmann Auditor 2. Classe Johann Honal.
Regiments-Adjutant Oberlieutenant Rudolf Uhl.
Proviant-Officier Oberlieutenant Johann Schweyda.
Regiments-Arzt 1. Classe Dr. Franz Zawodzky.
Regiments-Ärzte 2. Classe Dr. Franz Stuchlik, Dr. Theodor Fischer.
Rechnungsführer Gustav Werner.

Bataillone	Bataillons-Commandant	Bataillons-Adjutant	Compagnien	Hauptleute 1. Classe	Hauptleute 2. Classe	Oberlieutenante	Unterlieutenante 1. Classe	Unterlieutenante 2. Classe	Cadetten
I. Bataillon	Oberstlieutenant Ferdinand Edler v. Rueber	Unterlieutenant 1. Cl. Carl Wehrstein		Stricker	Purt	Tichy	Rueber	Nowak	Riedlinger
			1.			Melczer	Wittek	Wayer	Dubski
					Simenthal	Bolla	Metzger	Kratochwil	Schwer
					Musakowski	Weigl	Weydner	Blondein	Wenzel
			2.						Przyborski
				Gugenmoss		Sagoltnik	Wallek	Neupauer	Wodnianski
			3.	Prokopp		Stammer	Labowski		König
				Witlin		Strohuber	Domiczek	Franuszkiewicz	Weitzmann
			4.	Pełka		Prisik	West		Wagner
II. Bataillon	Major Joseph Edler v. Mangold	Unterlieutenant 1. Cl. Michael Mejawski		Lorenz		Rössel	Seidl	Smarzewski	Pondeliczek
				Sokołowski		Dobiasch	Tuháček	Bauer	Rudnicki
			5.						Waymann
				Bernatzky	Oberkamp	Maxon	Střihafka	Pekárek	Bubda
						Köhler	Rössel		Kawecki
			6.						Schindler
				Smalawski		Hammer	Pietrusiewicz	Jaworski	Sanét
				Mazur		Sypniewski	Ruff	Tracikiewicz	Kobyliński
			7.						Krzeczkowski
					Deagaro	Grimm	Kuderna	Eidner	Mrazek
						Kerpl	Schmidt	Gugubauer	Gadziński
			8.						Stiger
III. Bataillon	Major Karl v. Ochtzim	Unterlieutenant 1. Cl. Eduard Putzlacher		Bergmüller	Herzog	Bühn	Salinger	Janda	Jabłoński
						Manasterski	Wiesner	Białowolski	Kallaus
			9.						Binder
				Pokorny		Zigelheim	Cordier	Judex	Krwarwicz
				Borzke		Steiner		Tissma	Scherer
			10.						Dwornikiewicz
					Bob	Gruber	Horny	Kittel	Jakob
						Zaremba		Ahsing	Romankiewicz
			11.						Kram
				Dittl	Kłodnicki	Kochmann	Hiller	Lohinski	Tyszynski
							Sebastianovich		Szydłowski
									Andruchowicz
			12.						Roskurnicki

Bataillone	Bataillons-Commandant	Bataillons-Adjutant	Compagnien	Hauptleute 1. Classe	Hauptleute 2. Classe	Oberlieutenante	Unterlieutenante 1. Classe	Unterlieutenante 2. Classe	Cadetten
IV. Bataillon	Major Gust. Frh. de Vicq de Cumptich	Unterlieutnt. 1. Cl. Franz Dohnal	13.	Brendl		Ebert	Mochnacki	Metzger	
				Tassin		Wierzbicki	Zapłatyński	Ilnicki	
			14.	Winterle		Binder	Putalkiewicz	Janiszewski	
				Zednik		Begazy	Gabrielli	Dąbrowski	
			15.		Ikałowicz	Hirnschall	Mrazek	Rozwadowski	
					Medycki	Fuß	D'Endel	Nemethy	
			16.	Müller		Rudnicki	Noskiewicz	Czyzewicz	Nahorniak
						Freiwillig	Schellerer	Ostapowicz	
Dépôt-Cadre				Koch			Pochowski	Kaczkowski	

Den 3. Jänner 1867 trat Oberst Ottokar Freiherr von Procházka einen längeren Urlaub an und übergab das Commando des Regimentes dem Helden von Wysokow, dem vom ganzen Regimente hochgeehrten und geliebten Oberstlieutenant Ferdinand Edlen von Rueber, der dieses Commando mit fester Hand, für Jedermann wohlwollend, leider nur zu kurze Zeit führte.

Der gute Geist des Regimentes, die Kameradschaft, welche sich im Feldzuge so schön bethätigt hatte, trieben jetzt im Friedens-Garnisonsleben neue und feste Wurzeln. Es entwickelte sich ein Band aufrichtiger, ritterlicher Gesinnung und warmer Freundschaft unter den Officieren, das sich bei jeder Gelegenheit harmonisch kundgab. Ein erhebender Moment war es, als Oberstlieutenant Ferdinand Edler von Rueber nach Hermannstadt einrückte. Er war nach seiner Genesung aus der Kriegsgefangenschaft gekommen. Die gehobene Stimmung, welche bei dem ihm zu Ehren veranstalteten Festmahle herrschte, ist aus den Schlussstrophen folgender Widmung zu entnehmen, welche der Verfasser, Lieutenant Béla Kuderna, unter begeisterndem Jubel des Officiers-Corps vortrug:

Von Wunden blutend, wollt' er doch nicht weichen,
Hielt höher als das Leben seine Pflicht;
Umthürmt von einem Walle starrer Leichen,
Verzagt und bebt und wankt er dennoch nicht.
Kann schön're That dem Manne wohl gelingen,
Kann Höheres des Helden Muth vollbringen?

Zum Tod' getroffen, sinkt sein treues Pferd;
Er schenkt ihm einen Blick voll milder Trauer,
Und dann, gebettet auf die harte Erd'
Durchrieselt ihn selbst der Entkräftung Schauer;
Uns zwang das launige Geschick zum Weichen,
Ihn fand der Feind ohnmächtig unter Leichen.

Doch als das blut'ge Tagewerk zu Ende
Und sich gesammelt wieder uns're Reih'n,
Da drückten wir uns schmerzbewegt die Hände
Und dachten wehmuthsvoll und trauernd sein.
So lebte er in unsern Herzen fort,
Bis ihn zurück uns gab des Friedens Wort.

Und als er dann an uns're Spitze trat,
Geziert mit seines Ruhmes Ehrenzeichen,
Ein Helfer uns in Wort und Rath und That,
Dem wenige sich können nur vergleichen,
Da jubelte ihm jeder froh entgegen,
Und wünscht ihm Glück auf seinen weit'ren Wegen.

Wenige Wochen nach seiner Rückkehr aus der Kriegsgefangenschaft übernahm Oberstlieutenant Ferdinand Edler von Rueber für bleibend das Regiments-Commando, da infolge Allerhöchster Entschließung vom 4. Februar 1867 Oberst Ottokar Freiherr von Proházka zum Generalmajor ernannt wurde.

Eine der ersten Handlungen des neuen Commandanten war die Decorierung des Feldwebels Hyppolit Brenner der 4. Feldcompagnie, welchem für sein vorzügliches Benehmen im Gefechte bei Wysokow die silberne Tapferkeits-Medaille 2. Classe verliehen wurde. Die feierliche Decorierung erfolgte angesichts des in Parade ausgerückten Regimentes.

Im Monate Februar erfolgten zwei wesentliche organische Änderungen: eine neue Eintheilung der Ergänzungsbezirke und die Neuformation der Infanterie. Infolge der Neueintheilung fielen von dem Ergänzungsbezirke des Regiments die Stellungsbezirke Drohobycz, Komarno, Medenice, Podbóż und Rudki des Samborer, dann Mikołajów des Stryjer Kreises weg und übergiengen an das Ergänzungsbezirks-Commando des Infanterie-Regimentes Erzherzog Carl Salvator Nr. 77, hingegen erhielt das Regiment die Stellungsbezirke Bóbrka, Chodorów und Przemyślany des Brzeżaner Kreises zugewiesen.

Es umfasste demnach der Ergänzungsbezirk des Regimentes nachstehende Stellungsbezirke: Bolechów, Dolina, Kałusz, Rożniatów, Skole, Stryj, Wojniłów und Zurawno des Stryjer, Bóbrka, Chodorów und Przemyślany des Brzeżaner Kreises.

Die Neuformation bestand darin, dass das Bataillon bei allen Linien-Infanterie-Regimentern, dem Tiroler Jäger-Regiment und den Feldjäger-Bataillonen nunmehr aus 4 Compagnien zusammengesetzt wurde. Der Kriegsstand der ersten 4 Bataillone der Linien-Infanterie-Regimenter sollte in der Regel aus der liniendienstpflichtigen abgerichteten Mannschaft und, soferne diese nicht ausreicht, aus Leuten der ersten Reserve gedeckt werden. Die bei der Kriegsausrüstung zur Aufstellung gelangende Dépôt-Division sollte aus der Mannschaft der ersten Reserve und unabgerichteten Rekruten bestehen. Die 5. Bataillone waren grundsätzlich aus der Mannschaft der ersten, die 6. Bataillone aus der der zweiten Reserve zu formieren. Aus der liniendienstpflichtigen abgerichteten Mannschaft und, soweit diese nicht ausreicht, durch Leute der ersten Reserve waren die 7. Bataillone zu completieren.

Das Dépôt-Bataillon war aus der Mannschaft der ersten Reserve und aus abgerichteten Rekruten zu formieren.

Als Grundsatz wurde festgestellt, dass bei den ersten 3 Bataillonen der Infanterie unter normalen Verhältnissen jeder Gemeine mindestens 3 Jahre im Präsenzstande zu dienen habe.

Der Friedenstand einer Infanterie-Compagnie ist aus nachfolgendem Schema ersichtlich:

Und zwar:			Eine Feld-Compagnie Mann	Eine Dépôt-Compagnie Mann
Ober-officiere	Hauptmann	1./2. Classe	1	1
	Oberlieutenant		1	1
	Unterlieutenant	1. Classe	1	1
		2. Classe	1	1
Mannschaft mit Feuergewehr	Feldwebel		2	2
	Führer		4	4
	Corporale		12	12
	Gefreite		18	18
	Hornisten (Gefreite)		2	2
	Gemeine		180	180
Mannschaft ohne Feuergewehr	Tambours		2	2
	Officiersdiener		4	4
		Summa	228	228

Die Dépôt-Compagnie konnte nach Umständen unter verhältnismäßiger Vermehrung der Chargen bis auf 300 Gemeine erhöht werden.

Der Kriegsstand eines Infanterie-Regimentes sollte 6 Bataillone und 1 Dépôt-Division, zusammen 26 Compagnien, 7

Stabsofficiere, 1 Caplan, 1 Auditor, 13 Ärzte, 9 Reit-, 74 Zug-, 15 Reservepferde, im ganzen 118 Officiere, 6008 Mann und 98 Pferde zählen. Der streitbare Stand bezifferte sich auf 118 Officiere, 5738 Mann und 7 Pferde.

Der Train eines Regimentes bestand aus 1 einspännigen leichten Cassawagen, 1 zweispännigen Bagage-Deckelwagen; ferner per Bataillon aus 1 vierspännigen Munitionswagen, 2 zweispännigen leichten Bagage-Deckelwagen, 2 dreispännigen Proviantwagen.

Zur gründlichen Schulung des Pionnierdienstes wurde am 6. Mai eine Brigade-Pionnier-Abtheilung unter Commando des Hauptmannes Julius Oberkamp, welchem Lieutenant Franz Rössel beigegeben wurde, aufgestellt und nach Orláth verlegt.

Behufs Feststellung der neuen Reichsgrenze zwischen Österreich und Italien, wurde nach Artikel 4 des Friedensvertrages vom 3. October 1866 die Zusammenstellung einer österreichisch-italienischen Militär-Commission Allergnädigst angeordnet und der damals bei der Liquidierungs-Commission verwendete Oberstlieutenant Kopfinger von Trebinau zum Mitgliede der Commission ernannt.

Im weiteren Ausbau der Organisation der Infanterie-Truppen wurden im Monat Mai bei jeder Compagnie zwei im Pionnierdienste abgerichtete Gemeine ohne Feuergewehr neu ausgerüstet. Der Stand der Pionniere betrug seither 48 Mann bei einem Linien-Infanterie-Regimente.

Auf Grund der bisher gemachten Erfahrungen erfolgte infolge Rescriptes des Armee-Obercommandos vom 11. Juli die Umwandlung der bestandenen Brigade-Cadettenschulen in Truppen-Divisionsschulen, welche am 1. October ins Leben traten. In Hermannstadt wurde zum Commandanten Major Gustav Freiherr de Vicq de Cumptich, als Lehrer Oberlieutenant Alfred Ritter von Sypniewski, Joseph Dobiasch, Heinrich Kerpl, dann Regiments-Caplan Anton Tworkiewicz bestimmt.

Mit Allerhöchster Entschließung vom 15. October wurde angeordnet, dass von nun an die gesammte Mannschaft mit »Sie« anzusprechen sei. Der »Gemeine« sollte von nun an »Infanterist« heißen und wurde die körperliche Züchtigung abgeschafft. Weiters wurden 3 Blessiertenträger per Compagnie systemisiert.

Am 17. November wurde Oberstlieutenant Ferdinand Edler von Rueber zum Obersten und Regiments-Commandanten, Major Joseph Edler von Mangold zum Oberstlieutenant, Hauptmann Carl Görtz von Zertin des Infanterie-Regimentes Freiherr von Gorizzutti Nr. 56 zum Major und Oberstlieutenant Eugen Kopfinger von Trebinau zum Obersten und Commandanten des Infanterie-Regimentes Wimpffen Nr. 22 ernannt.

Infolge obigen Avancements verlieh Se. Excellenz der Regiments-Inhaber Feldzeugmeister Graf Hartmann-Klarstein die Bataillons-Commanden wie folgt:

1. Bataillon: Oberstlieutenant Joseph Edler von Manngold;
2. » Major Carl Ochtzim;
3. » Major Gustav Freiherr de Vicq de Cumptich;
4. » Major Carl Görtz von Zertin.

Mit 3. December wurde dem Hauptmann Julius Oberkamp der Austritt aus dem Militär-Verbande bei gleichzeitigem Übertritt in Civilstaatsdienste bewilligt. Statt des in den Ruhestand getretenen Generalmajors Baron Waldstätten übernahm Mitte December Generalmajor Anton Baron Kleudgen das Brigade-Commando.

Im Verlaufe dieses Jahres fanden nachstehende Transferierungen und Personalveränderungen statt:

Den 16. Jänner übernahm Major Gustav Freiherr de Vicq de Cumptich das Commando des 2., Major Carl Ochtzim jenes des 1. Bataillons. Gleichzeitig wurde Hauptmann 2. Classe Gotthard Ludwik vom Infanterie-Regiment Graf Degenfeld Nr. 36, dann Oberlieutenant Eduard Resch des Infanterie-Regimentes Graf Gondrecourt Nr. 55 zum Regimente eingetheilt. Weiters wurden Hauptmann 2. Classe Friedrich Purt zum Infanterie-Regimente Ritter von Franck Nr. 79, Oberlieutenant Julius Maxon de Rövid zum Infanterie-Regimente Graf Haugwitz Nr. 38, die Lieutenants Carl Gabrielli, Emerich Sebastianović, Julius von Nemethy zum Infanterie-Regimente Freiherr von Wernhardt Nr. 16 und Nikolaus Ostapowicz zum Infanterie-Regimente Prinz zu Schleswig-Holstein Nr. 80 transferiert. Endlich wurde Oberarzt Dr. Maximilian Hirschfeld zum Infanterie-Regimente Graf Coronini Nr. 6 und Oberarzt Dr. Leo Gottlieb vom Infanterie-Regimente

Großherzog von Baden Nr. 50 zum Regimente transferiert. Mitte März wurde Regimentsarzt 1. Classe Dr. Franz Zawodzky vom Infanterie-Regimente Erzherzog Leopold Nr. 53 zum eigenen Ergänzungsbezirk eingetheilt. Am 5. März wurde Cadet qua Feldwebel Ladislaus Jablonski zum Unterlieutenant 2. Classe ernannt. Weiters erfolgte die Versetzung des Hauptmannes Thomas Witlin in den Ruhestand. Den 25. April starb in Hermannstadt der Unterlieutenant 2. Classe Eduard Blondein. Im Monate Mai wurde Lieutenant Adolf Ginz vom Gendarmerie-Corps zum Regimente eingetheilt.

Im Juni erfolgte die Eintheilung des Hauptmannes Eduard Smalawski zum Generalstabe mit der Diensteseintheilung in die Operations-Kanzlei des Armee-Obercommandos.

Mit 30. Mai schied Major Franz von Berndt aus dem Verbande des Regimentes, infolge seiner Transferierung zum Infanterie-Regimente Erzherzog Ludwig Victor Nr. 65. Ferner wurde Hauptmann Prokop Pokorny und Hauptmann Leo Ikałowicz, ersterer unter Verleihung des Majors-Charakters ad honores, in den Ruhestand versetzt.

Mit 16. Juli übernahm Hauptmann Ritter von Gugenmoss das Commando des 2. Feld-Bataillons.

Zufolge Ministerial-Erlasses vom 4. September wurde Hauptmann-Auditor Vincenz Wosolsobič zum Garnisons-Auditoriat zu Temesvar und Oberlieutenant-Auditor Joseph Schabenbeck zum Regimente transferiert. Endlich erfolgte die Pensionierung des Hauptmannes Heinrich Lorenz und der Oberlieutenants Alfred Binder und Carl Weigl.

Die organisatorischen Arbeiten des vorigen Jahres wurden 1868. auf allen Gebieten fortgesetzt und theilweise vollendet. So wurde im Jänner das Armee-Ober-Commando aufgelöst und die Inspicierung der Armee Sr. kaiserlichen Hoheit dem Herrn Erzherzog Albrecht mit dem Titel: Armee-Commandant übertragen.

In diesem Jahre erfolgte die Wiederherstellung der ungarischen Verfassung. Die österreichische Monarchie wurde in die »Königreiche und Länder diesseits der Leitha« und die Länder der »ungarischen Krone« getheilt. Das Kriegs-Ministerium erhielt demnach, da es als gemeinsame Centralstelle verblieb, die Bezeichnung »Reichs-Kriegsministerium«. Gleichzeitig wurde zum Reichs-Kriegsminister Feldmarschall-

Lieutenant Franz Freiherr Kuhn von Kuhnenfeld ernannt, der in der Reihe der folgenden Jahre zielbewusst die Neugestaltung des Heerwesens durchführte.

Im Monat Juni wurden Cadres für das 5. Bataillon aufgestellt und hatten die Linien-Infanterie-Regimenter nachstehenden Friedensstand anzunehmen:

	1. bis 12. Compagnie:	13. bis 20. Compagnie:
Hauptmann	1	1
Oberlieutenant	1	
Unterlieutenante	2	1
Feldwebel	2	1
Führer	4	2
Corporale	7	7
Gefreite	6	7
Hornist	1	1
Gemeine	70	10
Tambour	1	1
Officiersdiener	4	2
Summa	99	33

Beim 4. und 5. Bataillon wurde nur die Hälfte der Compagnien von Hauptleuten, die anderen von Oberlieutenanten commandiert; das Commando des 5. Bataillons wurde durch den rangsältesten Hauptmann geführt. Als Adjutant fungierte ein Unterlieutenant von den Compagnien des 5. Bataillons, unberitten. Demgemäß wurde Hauptmann Wilhelm Prokopp zum Commandanten des 5. Bataillons ernannt.

Mit Allerhöchster Entschließung vom 9. Juni wurde das Beförderungs-Befugnis des Regiments-Inhabers aufgehoben und bestimmt, dass das Avancement zweimal im Jahre und zwar im Mai und November vor sich gehe.

Im Monat Mai trat das neue Abrichtungs-Reglement für die Fußtruppen in Kraft. Das im Jahre 1867 eingeführte Exercier-Reglement wurde durch ein neues im Monate Juni ersetzt. Die wesentlichen Änderungen des neuen Reglements basieren auf einer theilweisen Umgestaltung der Gefechtslehre. Die Entwicklung ins Gefecht sollte von nun an auf weite Distanzen erfolgen und wurde der Terrainbenützung eine bedeutende Wichtigkeit beigelegt. Mit dem Grundsatz: zuerst aufmarschieren und dann angreifen, wurde gebrochen und das Formenwesen mehr in den Hintergrund gedrängt. Auf Grund des neuen Abrichtungs-Reglements wurde Hauptmann Carl Tassier zum Regiments-Waffenofficier ernannt.

Jedes Bataillon ernannte gleichzeitig einen Bataillons-Waffenofficier, der den theoretischen Unterricht über das Gewehr- und Schießwesen zu leiten hatte. Den 10. Juni langten an das Regiment die ersten Hinterlader-Gewehre, System Wänzl, ein und es begann sofort die Betheilung und Abrichtung der Mannschaft mit diesen Gewehren. Zum Zwecke der genauen Ausbildung in der rationellen Behandlung der neuen Hinterlader wurde in diesem Jahre eine Schießschule in Bruck aufgestellt, wohin vom Regimente Oberlieutenant Anton Köhler befohlen wurde.

Gleichzeitig mit den Hinterlader-Gewehren erhielt die Mannschaft ein neuartiges Riemenzeug, Patrontaschen und kleinere Tornister. Statt der bisherigen weißen Waffenröcke wurden solche aus dunkelblauem Tuche mit Stehkrägen, später auch blaue wollene Blousen und Ärmelleibel eingeführt. Die Pantalons verloren die weißen Passepoils. Unteroffierskappen wurden abgeschafft. Die Lagermütze, »Feldkappe«, erhielt einen anderen Schnitt, Schirm und Röschen. Die Mäntel wurden von blaugrauem Tuche erzeugt. Den Cadetten wurde ein goldenes Börtchen als Auszeichnung verliehen. Die Feldbinde der Officiere, die bis nun von der rechten Schulter zur linken Hüfte getragen wurde, war wieder um den Leib anzulegen. Die Officiere erhielten Cavallerie-Säbelkuppeln. Die Mannschaft der Regimentsmusik legte die Achselschnüre ab. Ferner wurden die Granaten bei den Grenadieren abgeschafft; endlich hatten von nun an bei jedem Linien-Infanterie-Regimente nur zwei Fahnen zu sein; u. zw. die Leibfahne und eine gelbe Fahne beim 4. und 5. Bataillon. Die Fahnen waren durch Officiers-Aspiranten zu tragen, weshalb die Fahnenführer entfielen. Dafür wurden bei dem Bataillone je ein Stabsführer creiert. Die Fahnen des 2. und 3. Bataillons wurden an das k. k. Arsenal nach Wien mit der Bestimmung abgegeben, in Zukunft, wenn eine Fahne des Regimentes vollkommen unbrauchbar würde, eine dort aufbewahrte als Ersatz anzusprechen.

In diesem Jahre wurden die Schützenabzeichen eingeführt und ist das erste Abzeichen am 8. September an das Regiment gelangt.

Auch wurden den Unterofficieren viele Begünstigungen zugestanden, so das Ausbleiben der Chargen vom Zugsführer aufwärts über die Retraite, separates Schlafen und Menagieren.

Weiters gelangte eine Gymnastikschule zur Aufstellung; als Frequentanten wurden 4 Gefreite oder Infanteristen bestimmt. Im Februar wurde eine Pflanzschule errichtet und Hauptmann Carl Tassier mit deren Leitung betraut. Gleichzeitig erfolgte eine Reorganisation der Cadetten-Schulen, in welche Oberlieutenant Carl Tichy und Alfred Ritter von Sypniewski, Lieutenant Carl Rueber, Theophil Kratochwill und Carl Tracikiewicz als Lehrer bestimmt wurden.

In weiterer Ergänzung zu den Bestimmungen bezüglich der Inhabersrechte wurde Nachstehendes angeordnet:

Das bis dahin vom Inhaber ausgeübte gerichtsherrliche Recht wurde an das General-Commando, das Recht der Heiratsbewilligung an den Reichs-Kriegsminister übertragen. Dem Regiments-Commandanten wurde das Recht der Verleihung der Compagnien übertragen. Die Inhaberschaft wurde als eine Ehrenstellung festgestellt, welche mit keiner dienstlichen Function verbunden ist. Dem Inhaber wurde lediglich das Recht eingeräumt, die Oberstens-Uniform zu tragen und bei Ausrückungen vor Sr. Majestät oder höchsten Herrschaften an die Spitze des Regimentes zu treten. An Stelle der Musterungen wurden Inspicierungen eingeführt.

Der Personalarrest als Disciplinararrest wurde für die Officiere abgestellt, die Kettenstrafe im Heere aufgehoben und durfte die Fesselung nur bei Widerspänstigen und Fluchtverdächtigen zur Anwendung gelangen. Infolge dessen wurden am 29. December die Eisen den im Regiments-Strafhaus Inhaftierten sogleich abgenommen.

Auf Allerhöchsten Befehl wurden zum Zwecke der möglichst vollkommenen Ausnützung der verfügbaren Präsenzzeit die Ehrenposten beschränkt. Weiters wurde in den Titulaturen die Schreibweise vereinfacht.

Im September wurde das bis nun vorgeschriebene Regiments-Avancement abgeschafft und der Concretual-Status angeordnet, demzufolge das Officiers-Avancement nicht mehr auf einzelne Truppenkörper, sondern innerhalb ganzer Waffengattungen vom Oberstlieutenant abwärts sich bewegen sollte.

Gleichzeitig wurde bei den Linien-Infanterie-Regimentern für den completen Kriegsstand statt der Waffenröcke Blousen eingeführt und angeordnet, dass die vorgeschriebenen Waffenröcke und Csákos nur für den normalen Friedensstand beizubehalten und im Mobilisierungsfalle zu deponieren sind. Analog der Mannschaft wurde auch für die Officiere die Blouse eingeführt und angeordnet, dass der Leibriemen von der Mannschaft in und außer Dienst über den Mantel, beziehungsweise Waffenrock, Ärmelleibel oder Blouse zu tragen ist. Ferner hatte die Mannschaft beide Patrontaschen und, wenn der Soldat ohne Gewehr erscheint, eine Patrontasche zu tragen.

Weiters wurde die Anordnung einer neuen Ausrüstung für den Train publiciert, gemäß welcher ein Linien-Infanterie-Regiment 17 Fuhrwerke, 60 Pferde und 32 Fahrgemeine zugewiesen erhielt und die Wagen und Pferdegeschirre von nun an in der Verrechnung der Regimenter blieben, was deren Mobilisierung bedeutend erleichterte.

Eine der wichtigsten Änderungen bezüglich der Wehrverfassung der Monarchie, welche nicht nur auf die Entwicklung der Wehrkraft entscheidend einwirkte, sondern auch in das Völkerleben tief eingriff, war die mit Armee-Befehl vom 5. December publicierte Einführung des neuen Wehrgesetzes.

»Die Monarchie bedarf des Friedens; wir müssen ihn zu erhalten wissen. Zu diesem Zwecke habe Ich beiden Reichsvertretungen einen Gesetzentwurf vorlegen lassen, nach welchem die waffenfähige Bevölkerung im gegebenen Augenblicke ihre ganze Kraft in die Wagschale legen wird, um der Monarchie der Erfüllung ihrer erhabenen Mission, Meinen getreuen Völkern die Wahrung ihrer theuersten Interessen zu sichern.

Die beiden Reichsversammlungen haben Meinen Erwartungen im vollsten Maße entsprochen. Von echt patriotischem Gefühle durchdrungen, haben sie das neue Wehrgesetz angenommen. Ich habe demselben Meine Sanction ertheilt und dessen Durchführung angeordnet.

Die staatsrechtliche Neugestaltung hat das Reich auf jene historische Grundlage zurückgeführt, auf der es ruhte zu den Zeiten, wo es die schwersten Kämpfe erfolgreich bestanden und glänzende Siege errungen hat. Beide Theile Meines Reiches treten jetzt mit gleichem Interesse für die Größe, Macht und Sicherheit der Monarchie ein. Meine Armee hat dadurch einen Bundesgenossen gewonnen, der sie im Glück und Unglück kraftvoll unterstützen wird. Meine Völker werden, dem Rufe des Gesetzes folgend, ohne Unterschied des Standes, mit Stolz und berechtigtem Selbstgefühle sich um Meine Fahnen scharen, um die edelste ihrer Pflichten zu erfüllen.

Die Armee soll die Schule jener Tugenden sein, ohne welche die Nationen ihre Größe, die Reiche ihre Macht nicht zu bewahren vermögen.

Neben der Armee tritt ein neues Element, die Landwehr, als ein ergänzender Theil zur gemeinsamen Wehrkraft hiezu. Sie dient dem gleichen Zwecke wie die Armee, sie geht aus gleichen Elementen, sogar theilweise aus dieser selbst hervor.

Vertrauungsvoll wende Ich Mich an Mein Heer. Ich will, dass die neue Bahn freudig und kraftvoll von allen denen betreten werde, welche dem Vaterlande schon in Waffen dienen; Ich will, dass das theuere Erbtheil des Heeres, dessen treue und innige Kameradschaft in allen dessen Abtheilungen lebendig erhalten werde, dass die Armee, die Kriegsmarine und die Landwehr als treue Waffengefährten zusammenhalten, getragen von gleichen Pflichten, berechtigt zu gleichen Ehren. Ich erwarte daher von jedem Officier der Armee und Landwehr, dass er die neuen Institutionen in diesem Geiste auffasse, besonders aber von den Generalen, den Führern, dass sie das Band beider Theile festzuknüpfen streben, den Geist der Ordnung und Disciplin beleben, jeder etwa aufkeimenden falschen Richtung gleich im Beginne entgegentreten.

Schwere Missgeschicke haben Meine Armee getroffen, harte Prüfungen hat dieselbe zu bestehen gehabt, doch ungebrochen blieb ihr Muth und unerschüttert Mein Glaube an ihren Wert. Der Pfad der Treue und der Ehre, welchen die tapferen Söhne Meines Reiches gewandelt, soll stets derselbe bleiben, die Armee soll ihre Vergangenheit nicht verleugnen, sondern die glorreichen Erinnerungen von Jahrhunderten in die Gegenwart hinübertragen. Fortschreitend mit Zeit und Wissenschaft, verstärkt durch den Zutritt neuer Elemente, soll sie Achtung gebieten dem Feinde, schirmen das Reich und den Thron«.

Ofen, am 5. December 1868.

Franz Joseph m. p.

Die Dienstpflicht wurde nun eine allgemeine und wurde mit 3 Jahre Linie, 7 Jahre Reserve und 2 Jahre Landwehr festgesetzt.

Ein großer Fortschritt wurde ferner durch die Directiven für die Art des Vorganges bei der Ausbildung der Rekruten angebahnt. Um diese Ausbildung zu fördern, ordnete das Reichs-Kriegsministerium an, dass dieselbe von nun an bei den Compagnien zu geschehen habe, stets mit 1. October beginne und die Rekruten nicht nach schablonartiger Tagesordnung instruiert, sondern bei der Ausbildung eine gründliche, auf den Geist einwirkende Heranbildung angestrebt werde.

Im Monate September fand der Wechsel des 2. und 3. Feld-Bataillons statt, indem ersteres nach Hermannstadt, letzteres nach Carlsburg verlegt wurde.

Für die Theilnahme an dem Feldzuge 1866 in Tirol wurde Major Gustav Freiherr de Vicq de Cumptich, Hauptmann Leo Müller und Franz Brendl von der Tiroler Landesvertheidigungs-Oberbehörde mit der Erinnerungs-Medaille betheilt.

Eine tiefe und aufrichtige Trauer bemächtigte sich aller Mitglieder des Regimentes, als Oberst Ferdinand Edler von Rueber am 13. März während eines Übungsmarsches vom Schlage getroffen in kürzester Zeit verschied.

In ihm verlor das Regiment einen wohlwollenden, gütigen Vorgesetzten und einen tapferen kriegserprobten Commandanten.

Oberstlieutenant Joseph Edler von Manngold übernahm ad interim das Regiments-Commando.

Durch die Versetzung in den Ruhestand des Majors Gustav Freiherr de Vicq de Cumptich verlor das Regiment weiters einen hochangesehenen, kriegserfahrenen und in den weitesten Kreisen hochgeachteten Stabsofficier. Dieser besonders begabte ungemein thätige und unermüdliche Officier erwarb sich im Regimente trotz seiner kurzen Dienstzeit außerordentliche Verdienste und sein Name wird zu allen Zeiten die Geschichte des Regimentes zieren. In den fünf Jahren seines Wirkens hat er in allen Gebieten das beste und nachahmungswürdigste geleistet. Mit tiefem Wissen und seltener Sprachkenntnis ausgestattet, war er ein Musterbild den jungen Officieren. Seine Vorträge und Ansprachen waren mustergiltig. Durchdrungen von nobler, echt ritterlicher Gesinnung, war er immer voran, wo es galt das Regiment zu vertreten. Seine Verdienste als Commandant des 4. Feld-Bataillons im Jahr 1866 in Italien, hat er in dem von ihm verfassten Theile der Geschichte des Regimentes nur in zu bescheidener Form geschildert, denn die glänzenden Erfolge des unter seinem Commando gestandenen Bataillons waren der Ausfluss seines hervorragenden militärischen Wissens, gepaart mit den Tugenden eines braven Kriegers. Darum wurde sein Scheiden vom ganzen Officiers-Corps tief bedauert. Leider war Major Baron de Vicq infolge eines Fußleidens, das er sich in seinen Jugendjahren im Dienste zugezogen hatte, gezwungen, seine militärische Carrière viel zu früh abschließen zu müssen.

Den 24. April wurde Oberst Rudolf Kräutner Freiherr von Thatenburg des Infanterie-Regimentes Nr. 33 zum Regiments-Commandanten ernannt. Gleichzeitig erfolgte die Ernennung der Hauptleute Leopold Bergmüller und Emanuel Stricker zu Majoren; letzterer wurde zum Infanterie-Regimente Nr. 58 abtransferiert. Demgemäß wurde Major Bergmüller mit der Führung des 3. Bataillons betraut.

Zum Zwecke der Übergabe der siebenbürgischen Contumaz-Ortschaften an das königlich ungarische Ministerium wurde Oberst Baron Kräutner als Vertreter der Militär-Verwaltung commandiert.

Weiters kamen nachstehende Personal-Veränderungen vor: Oberlieutenant Wilhelm Horny und Lieutenant Joseph Wiesner wurden zum Dragoner-Regimente Nr. 9 tranferiert.

Lieutenannt Josef Salinger zum Regiments-Adjutanten, die Lieutenante Gustav Kittel und Adolf Domiczek zu Bataillons-Adjutanten ernannt.

Im Monate September ist Oberlieutenant Johann Steiner aus dem Regiments-Verbande geschieden und Rechnungsführer 5. Classe Ludwig Fröhlich zum Uhlanen-Regimente Nr. 6 transferiert worden. Statt des letzteren wurde der Rechnungsführer Franz Janiszewski vom Infanterie-Regimente Nr. 67, weiters Unterlieutenant Johann Jaminski vom Militär-Fuhrwesens-Corps und Oberarzt Dr. Schlauf zum Regimente transferiert.

Dem Lieutenant Franz Putzlacher wurde die Umänderung des Namens in Pawlik gestattet.

Schließlich erfolgte die Versetzung in den Ruhestand des Hauptmannes Franz Brendl, des Oberlieutenants Dominik Sagottnik und der Lieutenante Hiller und Noskiewicz.

Endlich wurde Unterlieutenant Carl Stary in den Stand des Cadetten-Institutes nach St. Pölten übersetzt.

Für die Theilnahme in dem austro-mexikanischen Corps wurde im Mai dieses Jahres Führer Franz Baumann mit der französischen Erinnerungs-Medaille betheilt.

Den 22. December starb auf seiner Besitzung Feldzeugmeister Prokop Graf Hartmann-Klarstein im Alter von 84 Jahren.

Innerhalb achtundzwanzig Jahren, während welcher das Regiment diesen ehrenvollen Namen trug, hatte es sich am meisten Auszeichnung und Verdienste erworben und diesen Namen zu außerordentlichen Ehren gebracht.

Darum klang der Name »Hartmann« noch lange Jahre unter den Soldaten des Regimentes fort.

Infolge dieses Trauerereignisses wurden die Fahnen des Regimentes durch 6 Wochen mit dem Trauerflor umhüllt.

Seine k. u. k. Apostolische Majestät geruhten nachstehendes Allerhöchstes Handschreiben allergnädigst zu erlassen: 1869.

»Lieber Herr Vetter Erzherzog Albrecht!

Indem Ich Euer Liebden, Ihrer Bitte entsprechend, von der Stelle eines Armee-Ober-Commandanten in Gnaden enthebe und Ihnen für die Mir in dieser Stellung mit Hingebung geleisteten vorzüglichen Dienste danke, ernenne Ich Sie zum General-Inspector Meines Heeres. In dieser Eigenschaft übertrage Ich Ihnen die Inspicierung des stehenden Heeres inbezug auf dessen Ausbildung und Manövrierfähigkeit, wie auch die Überwachung und Leitung jener größeren Truppenübungen, bei welchen Euer Liebden anwesend sind«.

Wien, 24. März 1869.

Franz Joseph m. p.

In diesem Jahre erfolgte eine Änderung der Eintheilung und Benennung der Militärbezirke. Die Monarchie wurde in 17 Territorialbezirke eingetheilt und in jedem derselben ein General- oder Militär-Commando eingesetzt. Demgemäß wurde in Hermannstadt das 16. Truppen-Divisions- und Militär-Commando aufgestellt und Feldmarschall-Lieutenant Baron Rodich mit der Führung dieses Commandos betraut. Weiters erfolgte die Creierung von »Militär-Intendanzen«. Die Regiments-Seelsorgen wurden aufgelassen und bei den Territorialbezirken Militär-Curaten und Militär-Capläne eingeführt.

Im Regimente fanden verschiedene Translocierungen und wesentliche Veränderungen statt. Mit Allerhöchster Entschließung vom 18. Jänner hat Seine Majestät den Feldzeugmeister Carl Freiherrn von Mertens zum Inhaber des Regimentes ernannt.

Der neuernannte Inhaber richtete demgemäß den 11. Februar an das Regiment nachstehenden Erlass:

»An mein inhabendes
k. k. 9. Infanterie-Regiment.

Durch die mir zutheil gewordene Allergnädigste Ernennung zum Inhaber eines Regimentes, welches meinen Namen zu führen hat, finde ich mich hochgeehrt; insbesondere aber beglückt es mich, mich an der Spitze des Infanterie-Regimentes Nr. 9 zu erblicken, welches seit langer Zeit einen so ausgezeichneten Platz in der Geschichte der österreichischen Armee einnimmt und sich bis in die neueste Zeit durch Tapferkeit und Ausdauer vor dem Feinde, sowie durch Ordnung, Disciplin und vorzüglichen Geist in den Friedensgarnisonen einen so ehrenvollen Ruf erworben hat. Inhaber eines solchen Truppenkörpers zu sein, kann mich nur mit Stolz erfüllen, und wenn auch nicht in der Lage, auf das Wohl des Regimentes irgend einen dienstlichen Einfluss zu nehmen, wird es mich doch jederzeit freuen, wenn mir Gelegenheit geboten wird, ein oder dem anderen Individuum, welches sich an mich wendet, nützlich sein zu können.

Empfangen Sie demnach alle meinen herzlichsten Gruß und die Versicherung meiner aufrichtigsten Theilnahme und Bereitwilligkeit«.

Baron Mertens m. p.,
Feldzeugmeister.

Mitte Jänner erfolgte die Verlegung der 1. und 2. Compagnie nach Hatceg. Der Abmarsch erfolgte unter Commando des Hauptmannes Tassier den 17. Jänner und gieng mittelst Fußmärschen über Szeczell, Reißmark, Mühlbach, Tölkenyer, Broos, Batic nach Hatceg.

Im Sommer wurde das Regiment in das Lager nach Bruck a/L. und hierauf in die neue Garnison nach Olmütz bestimmt. Der Marsch wurde den 11. Juli angetreten und in zwei Colonnen zu Fuß und mit Bahn zurückgelegt. Es marschierte der Regimentsstab, die 3. und 4. Compagnie und das 3. Bataillon über Szeczell, Reißmark, Mühlbach nach Alvinz und von hier mittelst Bahn nach Arad; die 1. und 2. Compagnie mit dem 2. Bataillon von Hatceg, beziehungsweise Carlsburg über Vajda-Hunyad nach Deva und von hier mittelst Bahn nach Arad.

Schwer fiel dem Regimente das Scheiden von Hermannstadt, schwer ließ die Bevölkerung das Regiment ziehen. Zu Ehren desselben veranstaltete die Stadt einen Festball in den Räumlichkeiten des städtischen Theaters. Am 9. Juli langte an das Regiments-Commando vom Stadtmagistrate nachstehende Zuschrift:

»Indem das seit drei Jahren in der Stadt Hermannstadt in Garnison stehende k. k. Baron Mertens 9. Infanterie-Regiment infolge der neuen Dislocation im Begriffe steht, diese Stadt zu verlassen und an seinen neuen Bestimmungsort abzugehen, kann die Municipalbehörde dieser Stadt es nicht unterlassen, nebst dem aufrichtigsten Bedauern über das Ausscheiden des löblichen Regimentes aus unserer Mitte, zugleich im Namen der Gesammtbürgerschaft den anerkennenden Dank für das freundliche und willfährige Entgegenkommen eines löblichen Regiments-Commandos und des gesammten Officiers-Corps gegen das Civile, sowie das musterhafte Benehmen der unterstehenden Mannschaft auszusprechen.

Möge der schöne Geist der Eintracht und der gegenseitigen Achtung, welchen das 9. Infanterie-Regiment der österreichischen Armee gegenüber den Bewohnern dieser Stadt, sowohl im dienstlichen Verkehr als auch im socialen Leben so vielfältig an den Tag gelegt hat, demselben überall, wohin seine Bestimmung es führen mag, jene wahre Sympathie zuwenden, welche Hermannstadts Bevölkerung wohldemselben stets bewahren wird«.

Gibel m. p.,
Bürgermeister.

In Alvinz, bis wohin damals die Siebenbürger Bahn ausgebaut war, wurde das Regiment einwaggoniert, um nach Budapest befördert zu werden. Die Fußmärsche von dort bis ins Brucker Lager zeigten einerseits die Marschtüchtigkeit des Regimentes in glänzendem Lichte, anderseits gestaltete sich unter dem Commando des äußerst humanen und seinem

Officiers-Corps in warmer Kameradschaft geneigten Obersten Baron Kräutner dieser Marsch zu einem Vergnügen.

Der Marsch gieng von Budapest über Vöresvar, Leanyvar, Neudorf, Neszmely, Uj-Szöny, Gönyö, Raab, Dunaszeg, Halaszi, Strassomerein, Neudorf nach Bruck a/L., woselbst das Regiment den 1. August eintraf und das Zeltlager bezog.

In Uj-Szöny ist das Regiment vom Festungs-Commandanten Feldmarschall-Lieutenant Gaißler, sowie von zahlreichen Officieren der Garnison Komorn, endlich auch von einer zahlreichen Civilbevölkerung, der das Regiment vom Jahre 1864—1866 bekannt war, freundlichst empfangen worden.

Commandant des Lagers war Feldzeugmeister Freiherr von Maroičić; das Regiment wurde in die Division Feldmarschall-Lieutenant Freiherr von Ziemięcki, Brigade Generalmajor Udvarnoki eingetheilt. Den 8. August traf der Regiments-Inhaber Feldzeugmeister Freiherr von Mertens im Lager ein, besichtigte das Regiment und beschenkte den besten Schützen einer jeden Compagnie mit einem Ducaten.

In dieser Lagerperiode hatte das Regiment die Ehre, am 9. August unter den Augen Seiner Majestät die Übung mitzumachen. Den 15. August übergieng das Commando der combinierten Division an Feldmarschall-Lieutenant Philippović, das Brigade-Commando an Oberst Schwab.

Das Geburtsfest Seiner Majestät erhielt durch die Anwesenheit Sr. kaiserlichen Hoheit des Herrn General-Inspectors Feldmarschall Erzherzog Albrecht eine besondere Weihe.

Seine kaiserliche Hoheit hielt die Revue über die ausgerückten Truppen ab und nahm nach Beendigung derselben die Defilierung entgegen. Hierauf wurde die decorierte Mannschaft von Sr. kaiserlichen Hoheit beschenkt und die übrige Mannschaft mit einer Gratislöhnung betheilt.

Am 26. kam Seine Majestät abermals nach Bruck und wohnte hier den Schlussmanövern bei.

Den 27. nachmittags besuchte Seine Majestät zu Pferd das Zeltenlager. Sämmtliche Mannschaft sammelte sich vor den Zelten und empfing unter Hurrah-Rufen den Allerhöchsten Kriegsherrn. Beim Zelte der 12. Feld-Compagnie war das gesammte Officiers-Corps aufgestellt. Seine Majestät blieb stehen, beehrte mehrere Officiere allergnädigst mit einer Ansprache und erkundigte sich nach dem Zustande des Regimentes.

Nach beendeter Lagerübung erfolgte der Abmarsch nach Olmütz und zwar den 30. August nach Wildungsmauer mittelst Fußmarsches und von hier, nach Übersetzung der Donau, per Bahn weiter.

Den 1. September traf das Regiment in der neuen Garnison ein und wurde wie folgt dislociert: 1. Bataillon, 9. und 10. Compagnie im Fort Tafelberg; 5., 6. und 8. Compagnie in der Spitalskaserne, 7., 11. und 12. Compagnie im Werk 15.

Das Regiment trat unter das General-Commando Brünn, beziehungsweise Feldmarschall-Lieutenant Baron Ramming, Division Feldmarschall-Lieutenant Packenj, Brigade Generalmajor von Kirchsberg. In Olmütz führte das Festungs-Commando Feldmarschall-Lieutenant Jablonski.

Nach dem Einrücken in Olmütz wurde das Regiment noch zu den Schlussmanövern der 5. Infanterie-Truppen-Division eingetheilt.

Die im October des Jahres 1868 vom Reichstage aufgenommenen Verhandlungen führten zur Annahme des neuen Wehrgesetzes, welches den Kriegsstand auf 800.000 Mann feststellte.

Eine wesentliche organisatorische Änderung, welche die Vermehrung der Armee vor Augen hatte, war die Verlautbarung des Landwehrgesetzes für die Länder der ungarischen Krone, die den Übertritt activer Officiere zur Bildung des Officiers-Corps dieser Landwehrtruppe gestattete. Fast gleichzeitig erfolgte die Publication des neuen Wehrgesetzes. Weiters erhielten die Festungsstockhäuser die Bezeichnung Festungsstrafhäuser, die sonstigen Strafhäuser Arreste. Oberwund- und Unterärzte erhielten die Benennung Subaltern-Ärzte. Es erfolgte ein neues Verrechnungswesen und die Creierung der Verwaltungs-Commissionen.

Im weiteren Ausbau der Organisation wurde im Monate April der Friedenstand der drei ersten Feld-Bataillone wie folgt festgesetzt:

Eine Compagnie bestand aus:

1 Hauptmann, 2 Subaltern-Officieren, 1 Cadet-Officiers-Stellvertreter, 1 Feldwebel, 4 Zugsführern, 5 Corporalen, 5 Gefreiten, 70 Infanteristen, 1 Rechnungs-Feldwebel, 1 Hornisten, 1 Tambour, 3 Officiers-Dienern. Summe: 95 Mann.

Gleichzeitig wurde angeordnet, dass die Officiers-Aspiranten von nun an den Titel »Cadetten« anzunehmen haben.

Die »Regiments-Cadettenschule« erhielt den Namen Vorbereitungsschule.

Durch die Vereinigung der Artillerie- und Genie-Akademie wurde eine »Technische Militär-Akademie« in Wien und durch Zusammenziehung der bestandenen 4 Artillerie-Schul-Compagnien eine militär-technische Schule in Mährisch-Weißkirchen gebildet.

Eine der gleichfalls wesentlichen organisatorischen Änderungen war die Trennung der Regimenter in zwei Theile: die ersten 3 Bataillone unter dem Regiments-Commando und das 4. und 5. Bataillon unter dem Reserve-Commando. Das Regiments-Commando führte der Oberst, die Reserve-Commanden wurden zur Hälfte von Obersten und Oberstlieutenanten commandiert.

Alle 5 Bataillone waren gleichmäßig organisiert und bestanden aus je 4 Compagnien mit den fortlaufenden Nummern von 1—20. Im Kriege sollte das 4. und 5. Bataillon bei getrennter Verwendung das »Reserve-Regiment« bilden. Der Reserve-Commandant sollte im Falle der Vereinigung sämmtlicher 5 Bataillone in die Eigenschaft des Adlatus des Regiments-Commandanten treten.

Mit Allerhöchster Entschließung Seiner k. und k. Apostolischen Majestät vom 28. Mai wurde Oberstlieutenant Edler von Mangold mit dem Reserve-Commando betraut. Major Carl Görtz von Zertin führte das Commando des 4., Hauptmann Wilhelm Prokopp jenes des 5. Bataillons.

Vom Jahre 1867 bis 1869 war Hauptmann Koch beim Ersatz-Bataillonscadre eingetheilt, ihm folgte Hauptmann Winterle. Als Ergänzungsbezirks-Officier fungierte vom Jahre 1867—1871 Oberlieutenant Hauptmann, hierauf bis 1872 Lieutenant Judex.

Am 4. Februar kam die im Wehrgesetz begründete Institution der »Einjährig-Freiwilligen« zur Durchführung. Diese Einrichtung hatte den Zweck, gebildete Wehrpflichtige, unter der Begünstigung einer bloß einjährigen Präsenz-Dienstleistung beim Heere, so rasch als möglich zu brauchbaren Reserve-Officieren, Unter-Officieren, sowie Reserve-Ärzten und Beamten für den Kriegsbedarf heranzubilden. Je nach den Privatmitteln gab es solche auf Staats- oder eigene Kosten.

Mit Allerhöchster Entschließung vom 3. December 1868 wurde angeordnet, dass mit Ausnahme der berittenen Officiere und der bei der Truppe dienenden Hauptleute, allen Officieren und Parteien die Wahl zwischen der Beistellung des Officiersdieners in Person oder dem Äquivalente, welches auf 8 fl. per Monat festgestellt wurde, freistehe.

Das bisher schwerfällige Verrechnungs- und Control-System wurde durch eine neue vereinfachte Geld- und Naturalien-Verrechnung ersetzt.

Der bei jedem Regimente als Censur-Behörde eingesetzten Verwaltungs-Commission oblag die Anweisung und Verabfolgung des Geldes und der Naturalien an die Unterabtheilungen, welche ihre Erfordernisse von 10 zu 10 Tagen mittels eines Standes- und Gebürennachweises nachzuweisen hatten.

Eine fernere Anordnung gestattete jenen Individuen, welche zu Rechnungsführern ernannt wurden, ein Equipierungspauschale von 80 fl.

Im September spendete Se. kaiserliche Hoheit Feldmarschall Erzherzog Albrecht 100.000 fl. als Stammvermögen zur Gründung eines »Officiers-Darlehens-Fonds«, ferner 10.000 fl. für einen Reserve-Fonds. Das hochherzige Beispiel des durchlauchtigen kaiserlichen Prinzen fand in hohen und höchsten Kreisen einen edlen Wetteifer und Nachahmung und zahlreiche Freunde der Armee beeilten sich ein Werk zu unterstützen, welches den Edelmuth des hohen Gründers noch in ferner Zukunft preisen wird.

Auch in der Adjustierung wurden einige Änderungen angeordnet. So wurde das Tragen der Mannschaftskappen nach dem Muster der Officiere aufgehoben. Als Auszeichnung für jene Unter-Officiere, welche über die gesetzliche Dienstzeit hinaus freiwillig im Präsenzstande verblieben, wurden Armstreifen eingeführt. Diese Auszeichnung hatten nach vollstreckter 3jähriger Dienstzeit aus einem, nach sechs aus zwei, nach neun Jahren aus drei Armstreifen zu bestehen.

Weiters sollten bei Märschen die Schuhe nicht mehr im Tornister, sondern an beiden Seiten desselben getragen werden. Es wurde der Gewehrschutzlappen eingeführt. Die Mannschaft, welche die gesetzliche Liniendienstpflicht vollendet hatte und weiter diente, wurde berechtiget, die weißtuchene Granate am Rockkragen weiter zu tragen und die Benennung »Grenadier« zu führen. Mit 14. October wurde das Tragen des Vollbartes gestattet, doch durfte hiedurch die Distinction nicht verdeckt werden.

Mit Rücksicht auf die kurze Präsenzzeit wurde die Anzahl der zu begehenden Feiertage bei den Regimentern griechisch-katholischen oder griechisch orientalischen Glaubens eingeschränkt. Es erschien ein neues Instructionsbuch der Felddienstausgabe über Märsche, Lager-, Nachrichten- und Sicherungsdienst. Das bestandene Waffeninspectorat wurde aufgelassen und übergiengen dessen Functionen an die Armee-Schützen-Schule, welche in Bruck a. d. Leitha zur Aufstellung gelangte. Zur Frequentierung wurde Lieutenant Ferdinand Wallek bestimmt.

Zur gründlichen Übung der Ladegriffe wurden hölzerne Pfröpfe eingeführt, ferner eine neue Instruction über die Einrichtung, Conservierung, Visitierung und Behandlung der Infanterie-Gewehre verlautbart.

In die mit 1. November aufgestellte Vorbereitungs-Schule wurde Lieutenant Kuderna als Lehrer für die deutsche Sprache, Waffenwesen, Taktik und Felddienst bestimmt.

Im November erfolgte die Durchführung der neuen organisatorischen Bestimmungen, die Ernennung der Cadetführer qua Feldwebel Alexander Hladjk, Carl König, Johann Rössel und Reinhard Scherer zu Cadet-Officiers-Stellvertretern.

Im October erhielt Oberlieutenant Alfred Ritter von Sypniewski seine Zutheilung als Lehrer der Geschichte in die Cadetten-Schule nach Brünn, desgleichen wurde Lieutenant Smarzewski für die Leitung des Turn- und Fechtunterrichtes dahin commandiert. Mit dem Erscheinen der Vorschrift über die Disciplinar-Strafen wurde das Kurz- und Langschließen abgeschafft.

Dies sind die wesentlichsten Änderungen, welche infolge der Organisation eingetreten und es erübrigt noch die Personalveränderungen zu schildern. Hiebei ist vor allem die Versetzung des Regiments-Profosen Leon Chodacznik in den Ruhestand zu erwähnen. Derselbe hat dem Regimente durch 28 Jahre angehört, alle Feldzüge mitgemacht, sich Ehre, Verdienste und Auszeichnungen erworben.

Mit Allerhöchster Entschließung vom 17. April geruhten Seine k. u. k. Apostolische Majestät mit 1. Mai den Major Carl Ochtzim zum Oberstlieutenant, den Hauptmann Ritter v. Gugenmoss zum Major zu ernennen; Hauptmann Carl Dittl, ein hervorragend befähigter und verwendbarer Officier wurde bei seiner Beförderung zum Major zum Infanterie-Regimente Nr. 41 transferiert. Oberlieutenant Carl van der Abeele wurde unter Beförderung zum Hauptmann 2. Classe vom Infanterie-Regimente Nr. 60 zum Regimente transferiert, Lieutenant Adolf Günz zum Oberlieutenant befördert.

Ferner wurden die Hauptleute 1. Classe Adolf Maas vom Jäger-Bataillone Nr. 28, Carl Riegler vom Jäger-Bataillone Nr. 31 und Siegmund Neumayer vom Jäger-Bataillone Nr. 28 zum Regimente transferiert.

Infolge dieser Beförderung wurde dem Major Johann Gugenmoss das 2., und dem Oberstlieutenant Ochtzim das 1. Bataillons-Commando verliehen. Hauptmann Wilhelm Prokopp erhielt ad interim das Commando des 5. Feld-Bataillons.

Mit Verordnung des k. k. Reichs-Kriegs-Ministeriums vom 23. October wurde Hauptmann Josef Časek vom Infanterie-Regimente Nr. 40 zutransferiert, mit Verordnung vom 27. October Hauptmann 2. Classe Josef Bob zum Hauptmann 1. Classe ernannt und mit Verordnung vom 19. November Hauptmann-Auditor 2. Classe Otto Lawatschek zum Regimente eingetheilt und wurde dem Hauptmann Josef Časek das Commando der 19., dem Hauptmann Otto Lawatschek das 6. Feld-Compagnie-Commando übertragen.

Mit Allerhöchster Entschließung vom 11. März wurde Kriegs-Commissariats-Adjunkt 2. Classe Josef Stenzl zum Hauptmann 2. Classe ernannt und der Rechnungsführer Franz Janiszewski zum Rechnungsführer 2. Classe, endlich der provisorische Rechnungs-Stabsfeldwebel Franz Wessely zum Lieutenant-Rechnungsführer ernannt.

Mit Verordnungsblatt des k. k. Reichs-Kriegsministeriums wurde mit 1. Mai Hauptmann 1. Classe Friedrich Braun vom Infanterie-Regimente Nr. 37 zum Regimente und Hauptmann 2. Classe Gustav Deagaro zum Infanterie-Regimente Nr. 62 transferiert.

Weiters wurde Oberlieutenant Emanuel Ostoić vom Grenz-Infanterie-Regimente Nr. 11 zum Regimente übersetzt. Mit 1. Juli wurde Regiments-Arzt 1. Classe Dr. Samuel Max und Ober-Arzt Johann Sapara zum Regimente, Regiments-Arzt 2. Classe Franz Stuchlich zum Infanterie-Regimente Nr. 62 transferiert.

Mit 1. November erfolgte die Ernennung der Führer Julius Hoffmann und Johann Wenzl zu Cadetten; ferner die Transferierung des Ober-Wundarztes Josef Demmel zum Regimente, dagegen des Unter-Arztes Libor Röszner zum Infanterie-Regimente Nr. 74.

Im Monate December erfolgte die Transferierung des Lieutenants Franz Dohnal zum Infanterie-Regimente Nr. 44.

In den Ruhestand wurden versetzt: Hauptmann 1. Classe Constantin Sokolowski, Hauptmann 2. Classe Ferdinand Simenthal, Oberlieutenant Josef Hammer, Johann Hirnschall, Carl Fuss, die Lieutenante Rudolf Hiller, Johann Kaczkowski, Johann Jamiński und Johann Koczurabski. Lieutenant August Kittel wurde in die Reserve übersetzt.

Die Lieutenante Ritter v. Ruff, und Lohiński legten ihre Charge nieder. Ober-Arzt Dr. Gottlieb wurde zum Reserve-Commando Nr. 50 transferiert. Weiters wurde der Unterlieutenant Carl Stary vom Stande des Cadetten-Institutes zu St. Pölten definitiv in den Stand des Regimentes eingetheilt. Endlich erhielt, nachdem die bestandene Seelsorge bei den Regimentern aufgehoben wurde, Regiments-Caplan 2. Classe Anton Tworkiewicz seine Eintheilung beim Garnisons-Spital Nr. 9, während der Regiments-Caplan 2. Classe Clemens Lityński zum Caplan 1. Classe ernannt und nach Temesvar transferiert wurde.

Am Schlusse dieses Jahres und zwar am 20. December wurden die 4. und 5. Compagnie nach Sternberg unter Commando des Hauptmanns Josef Herzog verlegt, wo sie bis zum 12. August 1870 verblieben und in einem ehemaligen Kloster untergebracht wurden.

1870. Das Jahr 1870 wurde von der Armee mit Freude begrüßt. Die Bezüge der Officiere waren bis zu diesem Zeitpunkte gering und es war kaum möglich, mit dem kleinen Einkommen seine Standesauslagen zu bestreiten. Der Lieutenant 2. Classe hatte 36 fl., Lieutenant 1. Classe 40 fl., Oberlieutenant 44 fl., Hauptmann 2. Classe 62 fl., 1. Classe 75 fl., Major 106 fl., Oberstlieutenant 140 fl., Oberst 210 fl.

Mittelst Allerhöchster Entschließung vom 14. October 1869 hat Seine Majestät vom 1. Jänner nachstehende Gebüren genehmigt: Lieutenant bei gleichzeitiger Auflassung der minderen Gebürs-Kategorie 50 fl., Oberlieutenant 60 fl.,

Hauptmann 2. Classe 75 fl., Hauptmann 1. Classe 100 fl., Major 140 fl.

Diese Erhöhung hatte auch auf die Militär-Ärzte und Truppen-Rechnungsführer Anwendung. Dagegen verloren die Subaltern-Officiere das Brennholz, die Majore eine Fourage-Portion.

Diese Gebürenänderung machte sich im gesellschaftlichen Leben der Officiere sehr fühlbar und war es nunmehr dem Officier ermöglicht, nach den Mühsalen des Dienstes sich auch einiges gesellschaftliches Vergnügen zu schaffen. Diesem Umstande ist es zuzuschreiben, dass in der Garnison Olmütz sich ein sehr fröhliches Garnisons-Leben entwickelte, welches wieder ein sehr günstiges Einvernehmen mit der Bevölkerung der Stadt hervorrief.

Ferner wurde in diesem Jahre der Central-Infanterie-Curs errichtet. Seine Bestimmung war, den Hauptleuten Gelegenheit zu geben, sich die Eignung zur Beförderung in höhere Chargen zu erwerben. Es erschien ferner eine Instruction für Truppenschulen, wodurch die Ausbildung der Officiere und Mannschaft systematisch geregelt wurde.

In diesem Jahre wurde die letzte noch bestandene Disciplinar-Compagnie aufgelöst.

In die aufgestellte Armee-Schützenschule in Bruck an der Leitha wurde Oberlieutenant Ignaz Rössel commandiert. Weiters fand in diesem Jahre die Ausbildung der Rekruten für das ganze Regiment in Stryj statt, zu welchem Zwecke eine größere Anzahl Officiere und Unterofficiere dahin abgesendet wurde.

Mit 1. März erfolgte die Eintheilung des Hauptmannes 2. Classe Gotthard Ludwik des zeitlichen Ruhestandes zum Regimente, die Übersetzung des Lieutenants Neupauer Edlen von Fürnberg in die Reserve des Regimentes und der Austritt des Hauptmannes Athanasius Muszakowski aus dem Verbande des Regimentes.

Mit Allerhöchster Entschließung Seiner k. k. Apostolischen Majestät wurde mit 1. Mai Hauptmann Franz Pessler zum Major und Oberlieuteuant Coloman von Bolla zum Hauptmann im Infanterie-Regimente Erzherzog Ferdinand d'Este befördert.

Weiters wurde Hauptmann Carl Spinar vom Infanterie-Regimente Nr. 8 zum Regimente transferiert. Demgemäß wurde dem Major Pessler das 2. Bataillons-Commando übertragen.

Im Monate Juni wurde Hauptmann Sigismund Neumayer der Austritt aus dem Heeresverbande bewilligt; ferner wurden Hauptmann August Koch und Lieutenant Carl Tracikiewicz als halbinvalid in den Ruhestand und Lieutenant Eduard Pawlin beim Übertritte in den Civil-Staatsdienst in den Reservestand übersetzt.

Dagegen wurde Oberlieutenant Hirnschall aus dem zeitlichen Ruhestande in das Regiment eingetheilt. Im September wurdeLieutenant Béla Kuderna als Lehrer in die Cadettenschule nach Brünn commandiert. Mit 1. November wurden die Hauptleute 2. Classe Gotthard Ludwik und Josef Herzog zu Hauptleuten 1. Classe, die Oberlieutenante Philipp Dausch und Ignaz Rössel zu Hauptleuten 2. Classe, die Cadetten Alexander Hladjk, Carl König und Johann Rössel zu Unterlieutenanten, die Qua-Führer Josef Roček, Adam Wagner und der Vice-Corporal Jakob Arnold zu Cadetten ernannt. Ferner wurde Hauptmann 2. Classe Ferdinand Ritter von Mallik vom Infanterie-Regimente Nr. 24 zum Regimente, dagegen Lieutenant Edmund Cordier von Löwenhaupt zum Infanterie-Regimente Nr. 41, Oberlieutenant Eduard Strohuber unter gleichzeitiger Ernennung zum Hauptmann 2. Classe zum Infanterie-Regimente Nr. 11, endlich Regiments-Arzt Dr. Schlauf zum Infanterie-Regimente Nr. 38 und Hauptmann Rechnungsführer Josef Stenzel zum Garnisons-Spital in Komorn transferiert. Hauptmann Carl Richter wurde mit 1. October in den Ruhestand versetzt. Im Monate November erfolgte die Transferierung des dem Generalstabe zugetheilten Hauptmanns 1. Classe Eduard Ritter von Smalawski zum Infanterie-Regimente Nr. 40, die Wiedereintheilung des Oberlieutenants Carl Weigl vom zeitlichen Ruhestande und die Eintheilung des Oberlieutenants Alois Eder von der Monturs-Verwaltungsbranche zum Regimente. Schließlich wurde Lieutenant Franz Wittek zur probeweisen Verwendung in den Central-Infanterie-Curs und Oberlieutenant Gustav Melczer in den Urlauberstand der ungarischen Landwehr übersetzt.

1871. Am 6. März 1871 gelangte die neue Beförderungs-Vorschrift für die Personen des Soldatenstandes zur Publication. Es fand eine tourliche und außertourliche Beförderung statt. Die erforderlichen Kenntnisse zu einer außertourlichen Beförderung mussten durch eine Prüfung nachgewiesen werden. Es trat eine neue Gebüren-Vorschrift in's Leben. Die Gagen der Oberste wurden mit 3000, der Oberstlieutenante mit 2100 Gulden festgestellt. Die Beurlaubung mit Wartegebür wurde creiert. Es wurde die neue Adjustierungs-Vorschrift publiciert. Die Officiers-Ehrengerichte wurden aufgelassen nnd statt derselben ein Ehrenrath eingeführt; demgemäß die ehrenräthliche Untersuchung nur über Beschluss eines Officiers-Corps stattzufinden hatte.

In diesem Jahre erfolgte ferner die Aufhebung der croatisch-slavonischen und Banater Militärgrenze. Aus den 14 Grenz-Infanterie-Regimentern wurden die Regimenter Nr. 16, 17 und 79 formiert. Die überzähligen Grenzofficiere erhielten ihre Eintheilung bei den Linientruppen.

Es erfolgte weiters die Aufstellung von 10 Truppen-Divisions- und 20 Brigadestäben mit der Bestimmung, dass die Truppen-Divisionen und Brigaden je nach ihrer Zusammensetzung als Infanterie- oder Cavallerie-Truppen-Divisionen, beziehungsweise Brigaden benannt und mit Nummern zu bezeichnen sind.

Zum Zwecke der Ausbildung der Truppen erschien im April eine Instruction für die praktischen Übungen der Infanterie und gleichzeitig wurde zur Erreichung der möglichst vollendeten Ausbildung der Termin für die Compagnie-Ausbildungs-Periode vom Ende Mai auf das Ende des Monates Juni ausgedehnt. Weiters erfolgte die Aufstellung eines Telegraphen-Curses in Bruck a. L., wohin Oberlieutenant Robert Zaremba bestimmt wurde. In diesem Jahre wurden die ersten Kriegsspielpläne eingeführt. Statt der Bezeichnung »qua« und »Vice«-Chargen wurde der Titel »Titular« angeordnet. Im Monate Jänner wurden die Leibbinden aus Schafwolle und Kaputzen aus Kautschukstoff, ferner die Feldkappe aus Tuch und Farbe der Beinkleider mit einem Sonnenschirm aus Leder für die Mannschaft aller zum stehenden Heere gehörenden Truppen eingeführt. Zur Schonung dieser Feldkappe wurde eine Komodkappe von gleicher Farbe und mit gleichem Schirm wie die neue Feldkappe, jedoch mit einem bloßen in der Form nachgemachten Nackenschutze in der Kaserne und bei sonstigen kleinen Diensten gestattet. Zum genauen Anpassen der Schuhe wurden diese in fünfzehn Größenclassen eingetheilt.

In diesem Jahre erfolgte die Verlegung der 9. und 10. Compagnie sammt dem 3. Bataillonsstabe nach Mährisch-Schönberg, wohin es mittelst zweier Fußmärsche über Hohenstadt marschierte. Da die für dieses Halbbataillon bestimmte Kaserne von der eingerückten Mannschaft des 16. Landwehr-Bataillons belegt war, wurde auf die Zeit vom 2. September bis Ende October die 9. und halbe 10. Compagnie nach Frankstadt, die halbe 10. Compagnie nach Schönbrunn verlegt und bei den Bürgern bequartiert.

Vom 5. October bis zum 16. November wurden die Rekruten des Landwehr-Bataillons Nr. 15 in Olmütz unter der Leitung des Hauptmannes Medycki durch die Lieutenante Zaplatynski und Smarzewski und 23 Chargen abgerichtet.

Endlich kamen nachstehende Personalveränderungen vor:

Seine k. k. Apostolische Majestät geruhten allergnädigst den Major Friedrich Freiherrn von Zezschwitz des Generalstabes als »übercomplet« in den Stand des Regimentes einzutheilen und anzubefehlen den Hauptmann 1. Classe Ferdinand Winterle für eine Majors-Localanstellung vorzumerken; ferner wurde Oberlieutenant Johann Hirnschall beim Übertritte in den Civil-Staatsdienst in die Reserve übersetzt.

Im Monate April wurden in's Regiment eingetheilt: die Oberlieutenante Emil Beischläger, Rudolf Uhl, Josef Stammer; die Lieutenante Alfred Zachar, Carl Rozwadowski, Rudolf Hiller; die Oberärzte Dr. Moriz Weiß und Anton Urbanek und Oberlieutenant-Rechnungsführer Josef Rösch.

Mit 1. Mai wurden ernannt zum Hauptmann 1. Classe: Hauptmann 2. Classe Emil Medycki; zu Hauptleuten 2. Classe die Oberlieutenante Alois Eder und Emanuel Ziegelheim; zum Lieutenant: Cadet-Officiers-Stellvertreter Reinhard Scherer; ferner mit dem Range vom 1. Mai zu Cadetten: die Titular-Feldwebel Julius Keltscha, Alexander Wasilewski, Rudolf Riedlinger, Valentin Beck, Josef Nechay Ritter von Felseis und Josef Pistol.

Infolge dieser Veränderungen wurde dem Hauptmanne Emanuel Ziegelheim das Commando der 15. Feld-Compagnie verliehen.

Mit Verordnungsblatt Nr. 43 vom 1. December geruhten Seine k. k. Apostolische Majestät allergnädigst den Commandanten der V. Infanterie-Truppen-Division, Feldmarschall-Lieutenant Friedrich Freiherr Packenj von Kilstädten zum Commandanten der XIV. Truppen-Division und Militär-Commandanten zu Pressburg und an dessen Stelle den Feldmarschall-Lieutenant Hugo Freiherrn von Weckbecker zum Commandanten der V. Infanterie-Truppen-Division zu ernennen.

Abtransferiert wurden: Hauptmann 1. Classe Adolf Maas und Oberarzt Dr. Moriz Weiß; Lieutenant Eduard Pawlik wurde zur Landwehr transferiert und die Lieutenants Carl Rozwadowski und Fridolin Dąbrowski in den Ruhestand, der Oberarzt Dr. Victor Maucka vom Reserve-Commando zur k. k. Hofburgwache und Regimentsarzt 2. Classe Dr. Alexander Zawadzki von der militär-technischen Schule zu Weißkirchen zum Reserve-Commando transferiert.

Schließlich wurde dem Regimentsarzt Dr. Samuel Max für seine verdienstliche Leistung während der letzten Kriegsperiode im Jahre 1866 die Allerhöchste belobende Anerkennung ausgesprochen. Zu Lieutenanten in der Reserve wurden mit 1. Jänner ernannt: die Einjährig-Freiwilligen Robert Bretter, Wilhelm Rock, Lothar Strobl, Anton Mader, Robert Epstein, Heinrich Hayderer, Josef Hulka und Carl Swoboda. Im März wurde Cadet-Officiers-Stellvertreter Josef Jakob zur Sanitäts-Truppe übersetzt.

Mit 1. Juni erfolgte die Beurlaubung des Oberlieutenants Carl Weigl mit Wartegebür und die Transferierung des Cadeten Jakob Arnold zum Dragoner-Regimente Nr. 11.

Mit 1. September wurde Oberwundarzt Hirsch Schrenzl zum Regimente transferiert.

Endlich wurde Oberlieutenant Eduard Resch dem militär-geographischen Institute zugetheilt.

Eine der wesentlichsten Veränderungen im Jahre 1872 1872.
war die Betheilung des Regimentes mit Gewehren System Werndl, welche im März durch den Oberlieutenant von Zaremba aus dem k. k. Artillerie-Arsenal gefasst wurden. Gleichzeitig wurde eine neue Schieß-Instruction verlautbart.

Mit Manifest vom 9. Juni geruhten Seine k. k. Apostolische Majestät allergnädigst anzubefehlen, dass das 12. Deutsch-Banater Grenz-Regiment, das 15. Romanen-Banater und das 14. Serbisch-Banater Grenz-Regiment, dann das Titler Grenz-Bataillon aufgelöst werden.

Am 4. August nachmittags wurde das Festungs-Commando in Olmütz telegraphisch verständigt, dass Se. Majestät nachts eintreffen und im erzbischöflichen Palais residieren werde.

Am 5. früh rückte die gesammte Garnison von Olmütz auf der Enveloppe aus und wurde von Seiner Majestät besichtigt. Bei dieser Besichtigung und unmittelbar vor der Defilierung geruhten Seine Majestät das Regiment in Bezug auf seine vorzügliche Haltung und sehr gutes Aussehen zu beloben. Nach der Defilierung producierte sich das 1. Feld-Bataillon unter Commando des Oberstlieutenants Carl Ochtzim vor dem Monarchen und wurde infolge der präcise durchgeführten Evolutionen wiederholt belobt.

Bei der Hoftafel, zu welcher der Regiments-Commandant Oberst Baron Kräutner zugezogen wurde, nahm Seine Majestät den Anlass, den genannten Regiments-Commandanten zu seinem vorzüglichen Regimente zu beglückwünschen.

Am 6. August hatte das Regiment die Ehre, unter den Augen seines Allerhöchsten Kriegsherrn eine Gefechtsübung bei Schnobolin durchzuführen. Das 1. Bataillon unter Commando des Oberstlieutenants Ochtzim besetzte die Südostlisière von Schnobolin und wurde vom 2. und 3. Feld-Bataillon unter Commando des Oberst Baron Kräutner angegriffen. Nach beendeter Übung befahl Seine Majestät die ausgerückten Officiere zu sich und sprach diesen Seine vollste Anerkennung für die vorzügliche Ausbildung des Regimentes aus.

Am 7. August wurde der gesammten Mannschaft im Divisions-Commando-Befehle das Lob Seiner Majestät bekannt gegeben und aus der Allerhöchsten Privat-Chatulle eine fünftägige Gratislöhnung verabfolgt.

Am 9. und 10. September fanden die Divisions-Schluss-Manöver in der Gegend bei Groß-Aujezd in Gegenwart des commandierenden General Feldmarschall-Lieutenant Baron Ramming statt. Am 17. September marschierte der 3. Bataillonsstab mit der 11. und 12. Feld-Compagnie nach Mährisch-Schönberg in die ständige Garnison.

Der in der Cadettenschule zu Brünn als Lehrer verwendet gewesene Lieutenant Béla Kuderna wurde im Herbst über seine vorgebrachte Bitte von dieser Anstellung enthoben und wurde ihm vom k. k. General-Commando zu Brünn für seine vorzügliche Verwendung die Anerkennung ausgesprochen. Auch wurde diesem Officier von Sr. Majestät die Bewilligung ertheilt, das ihm verliehene Ordenskreuz IV. Classe mit den Schwertern des herzoglich-nassauischen Militär- und Civilordens annehmen und tragen zu dürfen. Lieutenant Kuderna hatte das Glück, einer der Instructoren Sr. Hoheit des Erbprinzen von Nassau zu sein, welcher sich für die Schlussprüfung der Cadettenschule vorbereitete.

Am 23. Juli wurde die 2. Feld-Compagnie unter Commando des Hauptmanns Ludwik nach Walachisch-Meseritsch verlegt, von wo sie den 28. wieder einrückte.

In diesem Jahre kamen sehr viele Personal-Veränderungen vor. Vor allem wurde Hauptmann Ferdinand Winterle unter Verleihung des Majors-Charakters ad honores in den Ruhestand versetzt. Dieser Officier hatte 33 Jahre dem Regimente angehört und schmerzerfüllt nahm er Abschied von einem Truppenkörper, mit dem er so manche Freude, so manches Leid in ernster Zeit getheilt hatte. In einem an das Officiers-Corps gerichteten Schreiben nahm Hauptmann Winterle mit schlichten Worten Abschied von seinen Regiments-Kameraden und sprach aus, dass ihm der Schmerz des Scheidens nur durch den Umstand gemildert werde, dass er den ihm so lieb gewordenen Aufschlag im Ruhestande tragen werde und sich mithin für immer als ein Mitglied des Regimentes betrachten könne. Dieser Abschied mag bekunden, in welch' hohem Grade die Kameradschaft im Officiers-Corps des Regimentes Wurzel gefasst hatte und welche Ehre und Ansehen das Regiment genoss.

Nach der Versetzung des Hauptmann Ferdinand Winterle in den Ruhestand führte Hauptmann Alois Eder die Geschäfte beim Ersatz-Bataillons-Cadre bis zum Jahre 1876. Den Dienst des Ergänzungsbezirks-Officiers versah vom Jahre 1871—1872 Lieutenant Mathias Judex und nach dessen in diesem Jahre erfolgten Übersetzung in die nichtactive Landwehr der Oberlieutenant Faustin Pochowski, welchen Posten er mit seltener Fachkenntnis bis zum Jahre 1875 versah. Den 1. Jänner erfolgte die Transferierung des Cadeten Hussakowski zum Infanterie-Regimente Nr. 80. Mit Verordnungsblatt Nr. 2 wurden zu Lieutenanten in der Reserve ernannt, die Einjährig-Freiwilligen: Thaddäus Wojnarowski, Felix Hönigsmann und Michael Guzalewicz. Den 16. Februar wurde dem Lieutenant Ludwig Zerbowski der Übertritt in den Civil-Staatsdienst gestattet und wurde im Monate

März der dem geographischen Institute zugetheilte Oberlieutenant Eduard Reseg zum Regimente einrückend gemacht. Gleichzeitig wurde Lieutenant Rudolf Hiller mit Wartegebür beurlaubt, dem Lieutenant Mathias Judex der Übertritt in den Civil-Staatsdienst und dem Lieutenant Gustav Ritter Schellerer von Pettendorf der Austritt aus dem Heeresverbande bewilligt.

Seine k. k. Apostolische Majestät geruhten Allergnädigst mit Verordnungsblatt Nr. 15 den Oberstlieutenant und Reserve-Commandanten Josef Edlen von Manngold zum Obersten, die Hauptleute 2. Classe Nikolaus von Kłodnicki und Carl Spinar zu Hauptleuten 1. Classe zu ernennen. Mit Verordnung des k. k. Reichs-Kriegsministeriums vom 17. Mai wurde Hauptmann 1. Classe Friedrich Praun zum Infanterie-Regimente Nr. 47 und Hauptmann Adolf Rosenkranz vom Infanterie-Regimente Nr. 57 zum Regimente transferiert.

Mit 5. Juli wurde Cadet-Officiersstellvertreter Julius Hoffmann, mit Belassung seiner Zutheilung beim Landes-Gendarmerie-Commando Nr. 4, zum Lieutenant befördert.

Den 1. August erfolgte die Beurlaubung mit Wartegebür des Oberlieutenant Carl Weigl und die Versetzung des Oberwundarztes Leon Ritter von Kniłowski in den Ruhestand. Gleichzeitig erfolgte die Übersetzung des Oberwundarztes Basilius Radzikiewicz vom Militär-Invalidenhaus zu Lemberg zum Reserve-Commando. Dagegen wurde Oberarzt Dr. Franz Mossler zum Husaren-Regimente Nr. 6 transferiert und Lieutenant Julius Hoffmann zum Landes-Gendarmerie-Commando Nr. 4 übersetzt. Dem Lieutenant Johann Franuszkiewicz wurde der Übertritt in den Civil-Staatsdienst bewilligt. Mit 1. November wurden Felix Mosingiewicz und Titular-Zugsführer Albin Walenta zu Cadetten ernannt und Hauptmann 1. Classe Silvester Pełka mit Wartegebür beurlaubt.

Seine Majestät geruhten Allergnädigst den Brigadier Generalmajor Emanuel Freiherr von Mondel zum Commandanten der XXXVI. Infanterie-Truppen-Division und Generalmajor Emanuel Ritter von Maravič zum Brigadier; die Oberlieutenante Adalbert Ebert und Franz Grimm zu Hauptleuten 2. Classe, die Lieutenante Novak Werbasky des Titler Grenz-Infanterie-Bataillons, Ferdinand Wallek und Carl Stary zu Oberlieutenanten zu ernennen und den Regimentsarzt 1. Classe Samuel Dr. Max mit Wartegebür zu beurlauben. Seine k. k.

Apostolische Majestät geruhten Allergnädigst in den Stand der activen Landwehr zu übersetzen: den Oberlieutenant Rudolf Freiwillig, die Lieutenante Casimir Smarzewski und Peter Ilnicki, ferner den Oberlieutenant Johann Mathievics zum Regimente zu transferieren. Mit 1. December erfolgte die Übersetzung des Oberwundarztes Hirsch Schrenzel zum Regimente; endlich geruhten Seine k. k. Apostolische Majestät zu befehlen, dass der Hauptmann 1. Classe Victor Gavin-Niesiołowski de Niesiołowice für eine Majors-Localanstellung in Vormerkung genommen werde. Infolge dieser Veränderungen wurde dem Hauptmanne Franz Grimm das Commando der 5., Adalbert Ebert das der 7. und Adolf Rosenkranz jenes der 13. Feld-Compagnie verliehen.

Die vorgekommenen Personal-Veränderungen dieses Jahres sind aus nachfolgender Rangs-Liste ersichtlich.

RANGS-LISTE
VOM 31. DECEMBER 1872.

Regiments-Inhaber: Feldzeugmeister Carl Freiherr v. Mertens.

Oberst Regiments-Commandant: Rudolf Freiherr Kräutner v. Thatenburg.

Reserve-Commandant: Oberst Josef Edler v. Manngold.

Oberstlieutenant: Carl Ochtzim (Commandant des 1. Feld-Bataillons).

Majore: Carl Görtz v. Zertin (Commandant des 4. Feld-Bataillons), Leopold Bergmüller (Commandant des 3. Feld-Bataillons), Johann Ritter v. Gugenmoss (Commandant des 5. Feld-Bataillons), Friedrich Freiherr v. Zezschwitz (übercomplet), Franz Pessler (Commandant des 2. Feld-Bataillons).

Hauptleute I. Classe: Victor Gavin-Niesiołowski de Niesiołowice, Leo Müller, Sylvester Pełka (beurlaubt mit W.-G.), Wilhelm Prokopp, Carl Tassier, Josef v. Bob, Adolf Rosenkranz, Gotthard Ludwik, Josef Herzog, Emil Medycki, Nikolaus v. Kłodnicki, Carl Spinar.

Hauptleute II. Classe: Otto Ławatschek, Josef Cásek, Carl van der Abeele, Ferdinand Ritter Mallik v. Dreyenburg, Philipp Dausch, Ignaz Rössel, Alois Eder, Emanuel Ziegelheim, Adalbert Ebert, Franz Grimm.

Oberlieutenante: Nikolaus Rudnicki, Adolf Kohmann, Franz Gruber, Franz Hammer, Carl Tichý, Anton Köhler (Proviant-Officier), Rudolf Uhl (beurlaubt mit W.-G.), Nikolaus Prisik, Emanuel Ostoič, Ferdinand Modřicky (Magazins-Officier), Robert Zaremba de Dobki, Josef Dobiasch, Alfred Ritter v. Sypniewski, Alfred Hauptmann, Eduard Resch, Johann Schweyda (Adjutant in der Kriegsschule), Emil Beischläger, Adolf Ginz, Johann Mathievics, Novak Werbaßky, Ferdinand Wallek, Carl Stary.

Lieutenante: Adolf Strihafka, Anton Mrazek, Edmund Schmidt, Josef Salinger (Regiments-Adjutant), Carl Wehrstein (Reserve-Commando-Adjutant), Adolf Domiczek, Kaspar Seidl, Alfred Zachar (Adjutant des 4. Bataillons), Faustin Pochowski (Ergänzungs-Bezirks-Officier), Franz Wittek, Franz Zapłatyński, Adolf Weydner, Franz West, Mathias Tuhaček, Vincenz D'Endél, Béla Kuderna (Adjutant des 2. Bataillons), Franz Rössel, Alexander Neupauer Edler v. Fürnberg, August Kittel, Mansuet Janiszewski, Franz Pékarek, Alois Czazewicz, Johann Kratochwill (Adjutant des 3. Bataillons), Maximilian Metzger, Camillo Weyer (Adjutant des 5. Bataillons), Franz Gugubauer, Basil Białowolski, Ladislaus Jabłoński, Alexander Hladjk, Carl König, Johann Rössel (Adjutant des 1. Bataillons), Reinhard Scherer.

Cadet-Officiers-Stellvertreter: Johann Wenzl, Arthur Jakesch, Josef Roček, Adam Wagner, Julius Keltscha, Alexander Wasilewski, Rudolf Riedlinger, Valerian Beck, Josef Nechay Ritter v. Felseis, Josef Pistol.

Cadetten: Johann Pecher, Philipp Mosingiewicz, Casimir Macieszkiewicz, Albin Wallenta.

Rechnungsführer: Hauptmann 1. Cl. Franz Janiszewski, Oberlieutenant Josef Rösch, Lieutenant Franz Wessely.

Regiments-Ärzte 1. Cl.: Dr. Ignaz Ulrich, Dr. Samuel Max, Dr. Moriz Schwarz.

Regiments-Ärzte 2. Cl.: Dr. Johann Sapara, Dr. Alexander Zawadzky.

Ober-Arzt: Dr. Alexander Urbanik.

Capellmeister: Franz Tutsch.

1873. Im Jahre 1873 erfolgte die Erhöhung des Friedensstandes bei den Compagnien der 4. und 5. Feld-Bataillone um je 2 Zugsführer und 40 Infanteristen und die Vermehrung der berittenen Hauptleute um einen per Regiment, welcher die Eintheilung beim 4. oder 5. Bataillon erhielt.

Im October gelangte das neue Dienst-Reglement zur Ausgabe, welches wegen seiner Gediegenheit von der Armee mit Freuden begrüßt wurde.

Infolge des unten angeführten Stiftsbriefes trat in diesem Jahre für das Regiment nachstehende Stiftung in Kraft:

»Es habe der am 18. Februar 1871 verstorbene Feldmarschall-Lieutenant Joseph von Herdy im achten Absatze seines Testamentes vom 1. Februar 1866 den Betrag von 2600 Gulden zur Errichtung einer Stiftung für Invaliden vermacht, für welche folgende Bestimmungen zu gelten haben:

1. Die Stiftung hat stets den Namen des Stifters Feldmarschall-Lieutenants Joseph von Herdy zu führen.

2. Die jährlichen Interessen sind an zwei Invaliden vom Linien-Infanterie-Regimente Freiherr von Mertens Nr. 9, welche der Schlacht von Magenta am 4. Juni 1859 beigewohnt, und an zwei Invaliden, welche das Seegefecht am 9. Mai 1864 auf der Höhe von Helgoland gegen die Dänen mitgemacht haben, gleichmäßig zu vertheilen.

Wenn aus diesen vorberührten Zeitperioden seinerzeit keine Invaliden mehr am Leben sein werden, sind aus den Jahresinteressen zwei sonstige Invaliden der Landtruppen, beziehungsweise zwei Invaliden der Marine alljährlich zu betheilen. Nachdem nun für die vom Feldmarschall-Lieutenant Joseph von Herdy gewidmeten 2400 Gulden, respective für den über erfolgte Gebüren-Entrichtung verbliebenen Betrag per 2256 Gulden die auf das Universal-Zahlamt normierte Stiftung des Feldmarschall-Lieutenants Joseph von Herdy für zwei Invaliden des Infanterie-Regimentes Freiherr von Mertens Nr. 9, welche der Schlacht bei Magenta am am 4. Juni 1859 beigewohnt, dann für zwei Invaliden, welche das Seegefecht am 9. Mai 1864 auf der Höhe von Helgoland gegen die Dänen mitgemacht haben, eventuell für zwei Invaliden der Marine überhaupt lautende Notenrente Nr. 75.348 verzinslich vom 1. August 1872 per 3000 Gulden angekauft und der Universal-Militär-Depositen-Administration übergeben wurde, so genehmigt das Reichs-Kriegs-Ministerium diese Stiftung und verpflichtet sich, für die genaue Erfüllung der stifterischen Anordnungen, sowie für die ungeschmälerte Erhaltung des Stiftungs-Capitals als eines für immerwährende Zeiten unangreifbaren Fondes Sorge zu tragen.

Urkund dessen wurde der gegenwärtige Stiftbrief errichtet und der Militär-Depositen-Administration zur Aufbewahrung übergeben.

Freiherr von Kuhn m. p.,
Feldzeugmeister.

Im Monate September feierten zwei Veteranen des Regimentes ihr 40jähriges Dienstjubiläum. Diese waren der Oberstlieutenant Carl Ochtzim und Major Leopold Bergmüller. Bei dieser Gelegenheit zeigte sich neuerdings, mit welcher Liebe das Officiers-Corps an seinen Kameraden hieng, wie es aber vornehmlich solche zu ehren wusste, welche durch längere Zeit — hier volle 40 Jahre — alle wichtigen Epochen des Regimentes mitgemacht hatten.

Nach herzlicher Gratulation des gesammten Officiers-Corps versammelte sich dasselbe am Abend in den Räumen des Redoutensaales zu einem festlichen Banquette, an welchem der Festungs-Commandant Feldzeugmeister Baron Jablonski mit der ganzen Generalität theilnahm. Nachdem der Festungs-Commandant die beiden Jubilare in einer warmen und herzlichen Ansprache gefeiert, wurde vom Lieutenant Béla Kuderna nachstehender Toast gesprochen:

Wer für ein edles Werk gestritten und gerungen,
Und festen Sinnes treu verfolgt sein Ziel,
Den feiert man, sobald das Werk gelungen,
In Wort und That mit Lob und Dankgefühl.
Doch einen gibt's, den wir ob allen preisen,
Wenn pflichttreu dem Berufe er gelebt:
Der Krieger ist's, den wahrlich mit Beweisen
Des ird'schen Glück's das Schicksal nicht umwebt;
Wer seines Landes Marken freudig schirmet,
Mit seinem Schwert des Bürgers Habe schützt,
Wer, wenn Verrath des Herrschers Thron umthürmet,
Als Felsen dasteht, d'ran das Reich' sich stützt;
Wer, ob ihn heit'rer Sonnenschein umlacht,
Ob Drangsal ihm bedräut den Kreis von Tagen,
In stiller Zeit, wie im Gewühl der Schlacht
Den Ehrenrock stets makellos getragen:
Dem kann der höchsten Achtung Zoll nicht wehren
Die Welt, bewundernd blickt sie zu ihm auf
Und schmückt mit einem Kranze heller Ehren
Ihm seinen rauhgefügten Lebenslauf.
Ihr, die Ihr heute, folgend uns'rer Bitte
Als Jubilare weilt in uns'rer Mitte,
Ihr habt durch volle schwere vierzig Jahre
Dies ernste Los nun Euer schon genannt
Und sollt, so hoffen wir's, noch fern're Jahre
Treu angehören unserem Verband.
Doch was noch mehr — fast klingt's wie eine Märe —
Den grünen Aufschlag tragt Ihr immer noch;
Drum feiert doppelt Ihr den Tag der Ehre
Drum lebet hoch, lebt laut und jubelnd hoch!

Im Juni wurde die 1. und 2. Compagnie unter Commando des Oberstlieutenant Ochtzim nach Mährisch-Schönberg verlegt.

Im Monate September erfolgte die Detachierung der 3. und 4. Compagnie nach Mährisch-Neustadt. In diesem Jahre machte das Regiment die Manöver zwischen Brünn und Olmütz vor Seiner Majestät mit und hatte die Ehre, infolge seiner vorzüglichen Ausbildung, tadellosen Führung und musterhaften Ordnung sich die Allerhöchste Anerkennung in hervorragender Weise zu erwerben, sowie es auch bei den Kaiser-Manövern bei Raitz belobt wurde.

Den 2. December feierte Seine Majestät die 25jährige Feier Seiner Thronbesteigung. In allen Gauen des weiten Reiches wurde dieses Jubelfest würdig und begeistert begangen.

Am 1. December, als am Vorabende des großen Festes, spielten alle Musikbanden in den reich decorierten Gassen von Olmütz die Retraite. Bei der Tagwache des folgenden Tages wurden einhundertein Kanonenschüsse gelöst, worauf ein feierlicher Gottesdienst abgehalten wurde. Die Mannschaft erhielt eine dreitägige Gratislöhnung.

Seine Majestät der Kaiser geruhten an diesem Tage nachstehenden Armee-Befehl zu erlassen:

»Ein Vierteljahrhundert Meiner Regierungszeit findet heute, unter Meinem Herzen wohlthuenden Kundgebungen, seinen Abschluss.

Viele und schwere Kämpfe fallen in diese Epoche, in denen Meine Armee und Kriegs-Marine glänzende Beweise heldenmüthiger Tapferkeit und unerschütterlicher Treue gegeben haben.

Es ist Mein Wunsch, alle jene, die in welch' immer Charge und Eigenschaft an den Kriegen dieser Zeit theilgenommen haben, durch ein sichtbares Zeichen ehrend auszuzeichnen.

Ich habe daher beschlossen, eine Erinnerungs-Medaille zu stiften, wegen deren Ausführung und Zuwendung an die Anspruchsberechtigten Ich die Statuten und Befehle erlasse.

Franz Joseph m. p.«

An der Spitze aller activen Generale und sehr vieler Stabsofficiere der ganzen Armee brachte der durchlauchtigste Erzherzog Albrecht am selben Tage um 11 Uhr vormittags seine ehrfurchtsvollen Glückwünsche dar, wobei der erlauchte fürstliche Führer nachstehende Ansprache hielt:

»Geruhen Eure Majestät die ehrfurchtsvollsten Glückwünsche der gesammten Wehrmacht der Monarchie zum heutigen Fest- und Ehrentage entgegen zu nehmen, sowie die Versicherung unwandelbarer Treue und Anhänglichkeit für Eure Majestät, eifriger Pflichterfüllung im Allerhöchsten Dienste und opfermüthiger Hingebung unter allen Verhältnissen.

Es wird die stete Sorge eines jeden von uns sein, diese Tugenden, von jeher die Zierde und der Stolz der k. k. Kriegsmacht, auf die vaterländische Jugend so zu übertragen, wie wir sie von den Vorfahren übernommen haben. Für dieses Streben erbitten wir uns die Fortdauer jener väterlichen Fürsorge und Zuneigung, mit welcher seit einem Vierteljahrhundert unser oberster Kriegsherr die Armee, sowie jeden Einzelnen beglückte.

Dankerfüllt flehen wir zu Gott, dass Euer Majestät nach abermals 25 Jahren in vollster Kraft und Gesundheit unter glücklichen Auspicien erneuert dieses Fest begehen mögen«.

Auf diese Ansprache erwiderte Seine Majestät folgendes:

»Ich danke Ihnen für die Mir zu einem Zeitabschnitte von 25 Jahren dargebrachten Glückwünsche.

Ich danke vor allem dem siegreichen Feldherrn, der heute an Ihrer Spitze steht, für die Mir und dem Vaterlande während dieses Zeitabschnittes geleisteten hingebungsvollen und ausgezeichneten Dienste.

Ich danke Ihnen allen, Ich danke Meiner gesammten Armee und Marine für die in guten und bösen Tagen bewährte Treue und Anhänglichkeit.

Trotz harter Schicksalsschläge, trotz vieler unverdienter Anfeindungen, trotz der nothwendigen Umwandlungen hat sich der alte, gute, feste Geist unerschüttert erhalten, mit frischem Muthe und aufopfernder Ausdauer arbeiten Sie alle an der Heranbildung und Vervollkommnung Meiner Kriegsmacht.

Auch hiefür Meinen Dank.

Ich danke den beiden Landwehren für den in der Periode ihrer Entwicklung dargebrachten Eifer, der Mir die Bürgschaft giebt, dass dieselben in den Tagen der Gefahr die Armee mit Erfolg unterstützen werden.

Ich danke allen denjenigen, die nicht mehr im activen Dienste sind, für die Mir geleisteten treuen und guten Dienste.

Mit Wehmuth und in dankbarer Erinnerung gedenke Ich derer, die nicht mehr sind; der ruhmreichen Führer

Meiner Armee in vielen Schlachten, derer, die ihr Leben und Wirken dem Besten der Armee geweiht haben.

Ich gedenke des unvergesslichen Admirals, der Meine Flotte zu Sieg und Ruhm geführt, der Tausende, die ihr Leben auf dem Felde der Ehre gelassen haben.

Ich spreche die Zuversicht aus, dass auch künftig die Wehrkraft die festeste Stütze des Thrones und Vaterlandes sein wird, dass sie der Felsen bleibt, an welchem im Sturme die Wogen sich brechen, dass sie Meinem Sohne dieselbe Liebe und Treue weihen wird, die sie Mir stets bewiesen hat.

Lassen Sie Mich es Ihnen noch sagen, wie warm Mein Herz für Sie alle schlägt und so schließe Ich mit dem aus dem Innersten dieses Herzens kommenden Wunsche:

Gott segne und beschütze Meine braven Truppen, Gott knüpfe den Sieg an ihre Fahnen«.

Im Sommer fand zur Verherrlichung des 25jährigen Regierungs-Jubiläums Seiner Majestät in der Residenz zu Wien eine Weltausstellung statt, welche durch Seine Majestät eröffnet wurde. Um den großen Fortschritt auf allen Gebieten der Kunst und Wissenschaft kennen zu lernen, wurde allen Officieren vom Reichs-Kriegs-Ministerium die Inanspruchnahme von Urlauben nach Wien bis zu 14 Tagen auch während der Ausbildungszeit gestattet.

In diesem Jahre wurde die Unterofficiers-Dienstesprämie unter Wegfall des bisherigen Abfertigungs-Capitals geregelt und für den Feldwebel mit 17 fl., Zugsführer 14 fl., Corporal 9 fl. 50 kr. festgestellt.

Weiters wurde den Unterofficieren die bisher gewährte Begünstigung des Ausbleibens über die Retraite aufgehoben und angeordnet, dass nur die Zugsführer, Feldwebel, Oberjäger etc., dann die Cadet-Officiers-Stellvertreter zwei Stunden über die Retraite ausbleiben dürfen.

Seine k. u. k. Apostolische Majestät geruhten mit Allerhöchster Entschließung vom 23. April den Obersten und Commandanten der 1. Infanterie-Brigade bei der 5. Infanterie-Truppen-Division Freiherr Teuchert-Kauffmann Edler von Traunsteinburg zum Generalmajor zu ernennen.

Im Regimente kamen nachstehende Personal-Veränderungen vor:

Mit Allerhöchster Entschließung vom 23. April wurde Oberst Manngold zum Reserve-Commandanten im Infanterie-Regimente Nr. 80 ernannt; statt seiner wurde Oberst Georg von Deésy vom Infanterie-Regimente Nr. 8 zum Regimente transferiert und ihm das Reserve-Commando verliehen.

Am 1. April wurde infolge Allerhöchster Entschließung Seiner Majestät Major Ritter von Gugenmoss in den Ruhestand versetzt. Mit ihm schied ein braver Soldat, der seit dem Jahre 1840 dem Regimente angehörte und in dieser langen Zeit sowohl im Frieden, wie in vier Feldzügen stets mit Muth und Auszeichnung gewirkt hat.

Mit Allerhöchster Entschließung Seiner Majestät vom 13. März wurde Major Pessler in den Ruhestand versetzt. Dagegen wurde mit Allerhöchster Entschließung vom 23. April Hauptmann Reinhard Buchwald vom Infanterie-Regimente Nr. 20 zum Regimente transferiert und zum Major befördert. Gleichzeitig erfolgte die Ernennung des Hauptmannes Leo Müller zum Major.

Demgemäß wurde das 2. Feld-Bataillons-Commando dem Major Reinhard Buchwald, das 4. Feld-Bataillons-Commando dem Major Leo Müller verliehen.

Weiters wurden transferiert:

Hauptmann	Carl Schmidl	vom	Infanterie-Regimente		Nr.	8
»	Ferd. Zuber	»	»	»	»	24
»	Franz Gruber	»	»	»	»	58
»	Adalbert Ebert	zum	»	»	»	58
»	Franz Grimm	»	»	»	»	24

Ernannt wurden zu Hauptleuten 1. Classe die Hauptleute 2. Classe: Ferdinand Simenthal, Otto Lawatschek, Josef Ćasek; zu Hauptleuten 2. Classe die Oberlieutenante: Franz Gruber und Johann Schweyda; zu Oberlieutenanten die Lieutenante: Anton Mrázek, Edmund Schmidt, Josef Salinger, Carl Wehrstein, Adolf Domiczek, Franz Zapłatyński, Caspar Seidl, Alfred Zachar, Faustin Pochowski, Adolf Weydner; zu Lieutenanten die Cadet-Officiers-Stellvertreter: Johann Pecher, Julius Keltscha, Johann Wenzl, Arthur Jakesch, Josef Roček, Adam Wagner, Alexander Wasylewski, Valerian Beck, Josef Nechay Ritter von Felseis und nach Absolvierung der Militär-Akademie zu Wiener-Neustadt der Zögling des 4. Jahrganges Franz Neumayer; zu Cadet-Officiers-Stellvertretern die Cadet-Feldwebel: Felix Mosingiewicz und Albin Wallenta.

Seine Majestät geruhten Allergnädigst die Übernahme des Festungs-Commandanten zu Olmütz Josef Freiherrn Jabloński del Monte Berico mit Allerhöchster Entschließung vom 4. October in den Ruhestand anzuordnen und mit 1. November den Feldmarschall-Lieutenant Anton Freiherr Benko von Boinik zum Festungs-Commandanten in Olmütz Allergnädigst zu ernennen.

Hauptmann Franz Grimm wurde wieder rücktransferiert und statt seiner Hauptmann Tassier zum 24. Infanterie-Regimente übersetzt.

Mit 1. April wurde Oberlieutenant Ferdinand Wallek zur Landwehr, Oberlieutenant Alfred Hauptmann zum Infanterie-Regimente Nr. 15 transferiert; Oberlieutennnt Ostoič und Rudolf Uhl in den Ruhestand versetzt; Lieutenant Janiszewski und Johann Kratochwill mit Wartegebür beurlaubt.

Am 10. April wurde Reserve-Assistenzarzt Dr. Beer, recte Bernhardt, auch Hermann Wieselthier genannt, in den Reservestand des Regimentes eingetheilt.

Zu Cadet-Officiers-Sellvertreter wurden ernannt: Cadet-Titular-Feldwebeln August Schmeisser, Elias Hryncza k, Alexander Petschacher und Adolf Albrich.

Regimentsarzt 2. Classe Dr. Sapara rückte bei gleichzeitiger Transferierung zum Uhlanen-Regimente Nr. 7 in die 1. Classe vor; desgleichen erfolgte die Abtransferierung des Oberarztes Dr. Urbanik vom Regimente und die Zutransferierung des Oberarztes Dr. Mauder zum Regimente.

Mit Verordnung des k. k. Reichs-Kriegsministeriums vom 9. October wurde der pensionierte, nunmehr kriegsdiensttauglich anerkannte Hauptmann 2. Classe Ferdinand Simenthal zum Regimente wieder eingetheilt.

Endlich wurden zu Lieutenanten in der Reserve ernannt: Clemens Polmann von Daniłowicz, Franz Ćernik, Arthur Ritter von Bandrowski-Nowosielice, Johann Kolda, Casimir Ritter von Rudnicki, Bronislaus Ritter von Nartowski von Trzaska und Johann von Orłowski. Schließlich wurde der bei dem militär-geographischen Institute in Zutheilung stehende Lieutenant Vincenz d'Endél in den übercompleten Stand des Regimentes übersetzt.

Den 1. Jänner 1874 trat die neuregulierte Unterofficiers-Dienstesprämie in Wirksamkeit. 1874.

Den 5. März erfolgte in feierlicher Weise die Vertheilung der im vorigen Jahre gestifteten Kriegsmedaille an die hiezu berechtigten Officiere und Mannschaft der gesammten Garnison Olmütz durch den Festungs-Commandanten Feldmarschall-Lieutenant Freiherr von Benko, wozu die 11. und 12. Compagnie unter Commando des Majors Bergmüller mit Fahne und Musik ausrückte. Nach einer kräftigen und warmen Ansprache an alle Truppen erfolgte während des Abspielens der Volkshymne und Präsentieren der Gewehre die Vertheilung der schönen und jeden Soldaten stolz erhebenden Erinnerungszeichen.

In Mährisch-Neustadt erfolgte die Vertheilung der Kriegsmedaille gleichfalls in feierlicher Weise durch Hauptmann Wilhelm Prokopp. Im Monate Juni vereinigten sich die in Mährisch-Neustadt und Schönberg stationierten Halbbataillone in der Regimentsstation Olmütz.

Im April gelangte der 2. Theil des neuen Dienst-Reglements und im Mai der 1. Theil des Exercier-Reglements zur Ausgabe. Die charakteristischen Momente dieses Reglements basieren auf den gemachten Erfahrungen des deutsch-französischen Krieges, welche eine rationelle Behandlung des Schwarmgefechtes, das Streben, die Truppen mit möglichst geringem Verluste an den Feind zu bringen und größere Beweglichkeit der geschlossenen Abtheilungen anordnen.

Als bleibende Erinnerung an die 25jährige Regierung Sr. Majestät des Kaisers erfolgte in diesem Jahre die Herausgabe eines Gedenkblattes durch das k. k. geographische Institut an die Truppen. Unter dem wohlgetroffenen Brustbilde des Monarchen ist auf einem von allegorischen Kriegsgöttinnen getragenen Fahnentaffet, das durch die beiderseits zur Anschauung gelangenden Kriegsmedaillen geziert ist, der Wortlaut der Anrede des durchlauchtigsten Erzherzogs Albrecht, welche derselbe in Gegenwart der versammelten Generale am 2. December 1873 an den Kaiser hielt, sowie die Antwort des Monarchen an die versammelten Vertreter der gesammten Armee. Seit jener Zeit ziert dieses Gedenkblatt alle Räume militärischer Unterkünfte als bleibende Erinnerung an jene warmen Worte, welche der Kaiser zu seinen Soldaten sprach.

Mit Allerhöchster Entschließung Seiner k. k. Apostolischen Majestät vom 25. Jänner wurde Feldzeugmeister Freiherr Ramming von Riedkirchen, commandierender General zu Brünn, zum Hauptmann der Ersten Arcieren-Leibgarde ernannt, dagegen Feldmarschall-Lieutenant Josef Freiherr Philippović von Philippsberg, Commandant der 8. Infanterie-Truppen-Division, Militär-Commandant zu Innsbruck und Landesvertheidigungs-Commandant für Tirol und Vorarlberg, zum Feldzeugmeister und commandierenden General in Brünn ernannt.

In diesem Jahre riss der Tod große Lücken in die Reihen der Officiere des Regimentes. Den 25. März starb in Wien der Regiments-Inhaber Feldzeugmeister Freiherr von Mertens, worauf am 3. April die Ernennung Sr. Excellenz des Feldmarschall-Lieutenants Friedrich Freiherr Packenj von Kilstädten zum Inhaber erfolgte. Aus dieser Ursache erließ der neuernannte Inhaber folgendes Schreiben an das Regiment:

»Se. k. k. Apostolische Majestät unser allergnädigster Kaiser und Kriegsherr haben mich mit der Allerhöchsten Entschließung vom 3. d. M. zum Oberst-Inhaber dieses Regimentes zu ernennen geruht. Die frühere mehrjährige dienstliche Verbindung, in welcher ich zu dem Regimente gestanden, hat mir die schönsten Beweise von dem wahrhaft militärischen Geiste und dem kriegerischen Werte desselben bereits wiederholt gegeben, und gerade dies ist es, welches mich die Allerhöchste Gnade noch tiefer und freudiger fühlen macht.

Ich begrüße daher das Regiment nicht als Fremder, ich trete als Mitglied desselben, als alter Bekannter und Verehrer seiner echt militärischen Tugenden, seiner früher erworbenen Lorbeeren und Verdienste für Kaiser und Vaterland, mit dem stolzen Bewusstsein ein, dass das Regiment auch ferner in allen Gelegenheiten bestrebt sein wird, seinen altbewährten Ruhm mit neuen Thaten der Tapferkeit und treuesten Aufopferung zu erhöhen, um so auch seinen neuen Namen der Geschichte der österreichischen Armee zu sichern, welchen es den Vorgängern zu erwerben gewusst hat.

Meinerseits bringe ich dem Regimente die Versicherung des aufrichtigsten Wohlwollens, des wärmsten Interesses an den Schicksalen des ganzen Regimentes, sowie jedes einzelnen Mitgliedes entgegen«.

Packenj m. p.,
Feldmarschall-Lieutenant.

Friedrich Freiherr Packenj v. Kilstädten. Ritter des Ordens der eisernen Krone erster Classe (Kriegsdecoration zweiter Classe) und des Maria Theresien-Ordens, Besitzer des Militär-Verdienstkreuzes (Kriegs-Decoration), der Kriegsmedaille und des Officiers-Dienstzeichens zweiter Classe, Großkreuz des königl. niederländischen Ordens der Eichenkrone, Ritter des Verdienstordens der königl. bayerischen Krone; k. k. wirklicher geheimer Rath, Oberst-Inhaber des k. k. Infanterie-Regiments Graf Clerfayt Nr. 9, Feldzeugmeister. In Graz am 31. Jänner 1817 geboren, trat Packenj am 28. October 1828 in die Neustädter Militärakademie, wurde am 23. October 1835 Fähnrich im Infanterie-Regimente Nr. 36, in welchem er am 1. April 1841 zum Lieutenant vorrückte. Seit 30. October 1838 dem Generalstabe zugetheilt, wurde er am 7. Februar 1843 zum Oberlieutenant befördert und rückte am 5. Mai 1847 zum Hauptmann vor. In den Jahren 1848 und 1849 zeichnete er sich in Italien sehr hervorragend aus. Für die Gefechte bei Sorio (8. April), bei Santa Lucia, Montanara, Vicenza, Sona und Sommacampagna, bei Custoza und Volta, ferner bei Piacentina am 2. und vor Mailand am 3. und 4. August wurde ihm die wohlverdiente Anerkennung und für sein ausgezeichnetes Benehmen bei Custoza und Volta am 30. November 1848 der Orden der eisernen Krone dritter Classe zutheil. Bei Mortara am 21. März 1849 in die Disivion des Erzherzogs Albrecht eingetheilt, bemerkte Packenj, dass die Cavallerie-Batterie Nr. 2 ihre Direction verfehlte; er führte dieselbe auf den entsprechenden Punkt und kam in dem Augenblicke an den südlichen Eingang der Stadt, als eine starke feindliche Truppe im Rückzuge nach Mortara begriffen war, wodurch der im Straßenkampfe in der Stadt engagierte Oberst Benedek in Gefahr gerieth, vom überlegenen Feinde eingeschlossen zu werden. Rasch entschlossen, disponierte Packenj gegen den erhaltenen Auftrag das bereits außer Gefecht befindliche erste Bataillon des Infanterie-Regimentes Nr. 33 zum Eindringen in die Stadt, wodurch der Gegner, im Rücken gefasst, gezwungen wurde, die Waffen zu strecken. Beim Beginne der denkwürdigen Schlacht von Novara am 23. März hatte das Infanterie-Regiment Nr. 52 den Feind verdrängt, konnte sich aber gegen die vom Feinde mit Übermacht unternommenen Angriffe zur Wiedereroberung nicht halten. Da disponierte Packenj die seiner Führung anvertraute Raketen-Batterie so vortheilhaft, dass dieselbe durch ihr wirksames Feuer den Feind aufhielt, wodurch das Regiment die aufgegebenen Objecte wieder besetzen konnte. Während er nun bemüht war, die Unterstützungen in die Gefechtsstellung zu bringen, dauerte der Kampf längere Zeit, bis endlich der Feind, seine numerische Überlegenheit benützend, die linke Flanke hart bedrängte; ohne einen Befehl abzuwarten, entsendete Packenj das dritte Bataillon der steirischen Schützen auf den linken Flügel, wodurch es möglich wurde, zur Offensive überzugehen. Für diese schöne Waffenthat, die wesentlich zum Siege bei Novara beitrug, wurde ihm nebst der am 2. Mai 1849 erfolgten außertourlichen Beförderung zum Major das Ritterkreuz des Maria-Theresien-Ordens verliehen, in Folge dessen am 7. Mai 1857 seine Erhebung in den Freiherrnstand erfolgte. Später machte Packenj die Expedition nach Parma, dann nach Pontremoli, Massa, Lucca und Pisa mit und kämpfte bei der Einnahme von Livorno. Für die Gesammtleistungen 1849 vor dem Feinde wurde ihm der Ausdruck der Allerhöchsten Zufriedenheit und am 31. Jänner 1850 das Militär-Verdienstkreuz zutheil. Am 30. November 1850 zum Oberstlieutenant und am 23. Mai 1854 zum Obersten befördert, war Packenj vorerst als Generalstabschef der dritten Armee, später als Kanzlei-Director des Generalstabes zur ganz besonderen Zufriedenheit verwendet. Am 27. Mai 1859 zum Generalmajor ernannt, machte Packenj den Feldzug in Italien als Generalstabschef der ersten Armee mit, und am 15. August 1859 wurde er für seine hervorragenden Leistungen in der Schlacht bei Solferino mit dem Orden der eisernen Krone zweiter Classe ausgezeichnet. Am 31. Jänner 1860 als Brigadier nach Linz und am 20. Juni 1861 nach Kaschau übersetzt, kam er am 14. April 1865 als präsidierender Bevollmächtigter zu der Militär-Bundes-Commission nach Frankfurt, in welcher schwierigen Stellung er bis zur Auflösung des deutschen Bundes verblieb. Am 10. September 1866 mit dem Commando der 16. Truppen-Division betraut, rückte er fünf Tage darauf zum Feldmarschall-Lieutenant vor, wurde am 10. October 1868 Commandant der 5. Truppen-Division, am 26. November 1871 Militär-Commandant in Pressburg, am 3. April 1874 Oberst-Inhaber des Infanterie-Begimentes Nr. 9, am 9. April 1876 geheimer Rath und am 1. November desselben Jahres Feldzeugmeister. Am 19. October 1878 zum Stellvertreter des Ober-Commandanten der Landwehr ernannt, wurde ihm am 10. October 1882 bei Gelegenheit des fünfzigjährigen Dienstjubiläums in besonderer Anerkennung seiner stets ersprießlichen, vor dem Feinde ausgezeichneten Dienstleistung der Orden der eisernen Krone erster Classe mit der Kriegsdecoration der zweiten Classe verliehen und bei seiner am 24. October 1885 auf sein Ansuchen erfolgten Übernahme in den Ruhestand von Seiner Majestät für seine mehr als fünfzigjährigen, in mannigfacher Verwendung im Frieden wie vor dem Feinde ausgezeichneten Dienste die Allerhöchste Zufriedenheit ausgedrückt. Er starb am 29. März 1889 zu Meran.

Mit 16. Februar wurde Hauptmann 1. Classe Adolf Rosenkranz zum Generalstabe commandiert.

Weiters verlor das Officier-Corps drei andere brave Mitglieder. Den 25. September starb Oberlieutenant Johann Matiević in Stryj und den 15. October Oberlieutenant Robert Zaremba de Dobki eines plötzlichen Todes. Kurz darauf starb in Stryj Oberwundarzt Basil Radzikiewicz. Weiters fanden in diesem Jahre wesentliche Personalveränderungen statt. Mit Allerhöchster Entschließung vom 1. October geruhten Seine k. k. Apostolische Majestät allergnädigst den Oberstlieutenant Carl Ochtzim in den Ruhetand zu versetzen. Weiters geruhten Seine k. k. Apostolische Majestät zu ernennen: Den Major Eduard Linder von Bienenwald, Carl Görtz von Zertin und Leopold Bergmüller zu Oberstlieutenants, letzteren bei gleichzeitiger Übersetzung zum Infanterie-Regimente Nr. 15.

Es war dem Regimente schmerzhaft, diese zwei ältesten Regimentsmitglieder, die seit 40 Jahren dem Verbande des

Regimentes angehörten, zu verlieren. Ein warmer Nachruf des Regiments-Commandanten gab den Empfindungen aller Mitglieder den lebhaftesten Ausdruck und der Regiments-Inhaber Feldmarschall-Lieutenant Baron Packenj schloss sich dem im Regiments-Tagesbefehle zum Ausdrucke gebrachten Bedauern des Officiers-Corps über das Ausscheiden der zwei ältesten würdigen und hochgeschätzten Veteranen des Regimentes in einem speciellen Erlasse an das Regiment an.

Zur Charakterisierung der in Rede stehenden Stabsofficiere seien hier zwei einfache, aber gewiss interessante Episoden aus deren Kriegsleben angeführt. Es war am 3. Juli 1866 während der Schlacht bei Königgrätz, als das Regiment, das in Reserve stand, im entscheidenden Momente den schwierigen Befehl erhielt, gegen Rozvěritz vorzurücken. Während dieser Bewegung wurde es ins feindliche Artilleriefeuer genommen und ein wohlgezieltes Feuer riss starke Lücken unter seinen Leuten. Mit größter Ruhe ritt Major Bergmüller an der Seite seiner Colonnen, und als er wahrnahm, dass seine Leute in Besorgnis geriethen, da rief er mit größter Kaltblütigkeit unter Lachen seinem Bataillon zu: »Mir scheint, die schießen«. Trotz des großen Ernstes, in welchem sich das Bataillon befand, belebten diese Worte den Muth der Soldaten, welche mit Todesverachtung ihrem kaltblütigen Commandanten folgten. Nicht minder ruhig war Major Ochtzim in derselben Schlacht. Der Muth war gesunken, denn der Rückzug hatte bei einzelnen Truppentheilen schon begonnen. Schwer gieng es demnach vorwärts. Aber Major Ochtzim bewahrte gleich einem Helden trotz aller düsteren Eindrücke die größte Ruhe und rief seinem Bataillon in der Muttersprache zu: »Schaut nur auf mich, Kinder, mir geschieht nichts, bleibt mit mir und Euch wird nichts geschehen!« Und wenn auch jeder Augenblick neue Lücken riss, gieng es dennoch muthig vorwärts.

Mit derselben Allerhöchsten Entschließung Sr. k. k. Apostolischen Majestät wurde Oberst Georg von Déesy, Reserve-Commandant des Regimentes, zum Commandanten des Infanterie-Regimentes Nr. 8, dagegen Oberstlieutenant Franz Gämmerler des Infanterie-Regimentes Nr. 13 zum Reserve-Commandanten, ferner Hauptmann 1. Classe Franz Gruber und Carl Schmidl zu Majoren ernannt, letzterer zum Infanterie-Regiment Nr. 8 transferiert. Hauptmann 2. Classe Carl van der Abeele rückte in die 1. Classe vor, Oberlieutenant

Adolf Kohmann und Franz Hammer wurden zu Hauptleuten 2. Classe, die Lieutenante Adolf Strihafka, Franz West, Mathias Tuchaczek und Vincenz d'Endel zu Oberlieutenanten, Cadet-Officiersstellvertreter Josef Pistol, Felix Mosingiewicz, Kasimir Macieszkiewicz und August Schmeisser zu Lieutenanten befördert; Adolf Schmeisser und Adolf Ulbrich zu Cadet-Officiers-Stellvertretern; Corporal-Titular-Zugsführer Anton Stephan, Michael Michalowicz und Corporal Titular-Feldwebel Gustav Türdischek und Wilhelm Petschacher zu Cadetten befördert; Lieutenant Franz Gugubauer zum Adjutanten des 2. Feld-Bataillons ernannt und Lieutenant Maximilian Metzger dem Staatshengsten-Dépôt in Drohobycz zugetheilt; Hauptmann-Rechnungsführer Salic zum Infanterie-Regimente Nr. 20, Lieutenant Rudolf Riedlinger und Josef Roček zur Gendarmerie, die Oberlieutenante Emanuel Schmidt und Adolf Domiczek zu den Landwehr-Bataillonen Nr. 68 und 69 übersetzt. Dagegen wurde am 1. September Lieutenant Josef Kastner aus der Neustädter Militär-Akademie in das Regiment eingetheilt, Lieutenant-Rechnungsführer Nikolaus Kovačević zum Regimente transferiert und Oberwundarzt Hirsch Schrenzl in den Ruhestand versetzt, endlich der Titular-Oberarzt Dr. Anton Wrabac zum Regimente transferiert. Mit 1. November wurde Hauptmann 1. Classe Josef Haun zum Regimente und mit Verordnungsblatt Nr. 43 vom 18. November die Oberlieutenante Edmund Schmidt von Schmidsfelden und Adolf Domiczek in den Stand der activen k. k. Landwehr übersetzt. Lieutenant Johann Pecher legte seine Charge nieder.

Endlich wurden zu Lieutenanten in der Reserve ernannt: Johann Kučera, Ferdinand Otfinowski, Franz Schindler, Heinrich Wachmann, Carl Swarowski, Josef Kurowski, Josef Abgarowicz, Hilarius Holubowicz.

Mit Allerhöchster Entschließung Seiner k. u. k. Apostolischen Majestät vom 30. September wurde dem Majoren des Generalstabes, übercomplet im Regimente, Friedrich Freiherr von Zezschwitz die Bewilligung zur Annahme und zum Tragen des demselben verliehenen Ritterkreuzes des schwedischen Schwertordens ertheilt.

Am 29. Juni 1875 starb zu Prag Seine Majestät Kaiser Ferdinand I. im 83. Lebensjahre. 1875.

Es fanden nachstehende Veränderungen statt. Es gelangte der II. Theil des neuen Exercier-Reglements, welcher die Grundsätze für die Verwendung größerer Körper vom Bataillone aufwärts enthält, zur Ausgabe. — Den auf eigene Kosten berittenen Hauptleuten wurde gestattet, bei Ausrückungen jeder Art zu Pferd zu erscheinen. — Weiters wurden die Cadetten- und Vorbereitungs-Schulen zu vierclassigen Cadettenschulen vereinigt. — Die Adjutanten bei den Reserve-Commanden wurden mit ärarischen Pferden beritten gemacht. Es kam eine neue Beförderungsvorschrift für die Personen des Soldatenstandes zur Ausgabe, in welcher die außertourliche Beförderung eingeschränkt, die Concretual-Standesgruppen neu geregelt wurden. Hinsichtlich der Ausbildung wurde angeordnet, dass die Mannschaft der Musik zeitweise den Übungen bei den Compagnien beigezogen werde. — Zum Zwecke des allgemeinen Verständnisses der metrischen Maße und Gewichte, deren ausschließliche Anwendung mit 1. Jänner 1876 in's Leben zu treten hatte, wurde die Ausbildung der Mannschaft durch Anschauungsunterricht angeordnet. — Weiters erfolgte die Ausgabe der neuen Instruction für die praktischen Übungen der Infanterie.

Den 29. August wurde das Regiment durch Seine Excellenz den commandierenden General Feldzeugmeister Freiherrn Philippović von Philippsberg inspiciert. — Am 5. und 6. September betheiligte sich das Regiment an den Marschmanövern in dem Raume zwischen Leipnik und Dub. Das Regiment bildete eine selbständige Brigade unter Commando des Generalmajors Baron Teuchert. — Nach den diesjährigen Waffenübungen wurde das 2. Feld-Bataillon nach Ungarisch-Hradisch als Garnison verlegt. — Beim Reserve-Commando fanden in den beiden Monaten Mai und Juni Übungen mit den Reservisten statt und sind circa 200 Mann per Compagnie eingerückt. — Den 23. August marschierte das Reserve-Commando nach Sambor und betheiligte sich von dort an den Marschmanövern der XXIV. und XI. Truppen-Division zwischen Sambor und Lemberg. Am 12. September erschien nachstehender Divisionsbefehl:

»Mit heutigem Tage treten die bei Sambor concentriert gewesenen Truppen den Rückmarsch in ihre Garnisonen an. Diese Truppen haben während der Zeit ihres Beisammenseins eine so musterhafte Aufführung, einen so vorzüglichen Geist, ein so freudiges und eifervolles Eingehen in die Intentionen ihrer Höheren und insbesonders einen so hohen Grad taktischer Ausbildung an den Tag gelegt, dass ich mich auf das angenehmste verpflichtet fühle, ihnen beim Scheiden nicht nur mein herzlichstes Lebewohl zuzurufen, sondern ihnen im Namen des Dienstes meine vollste Anerkennung auszusprechen.

Döpfner m. p., Generalmajor«.

An weiteren Veränderungen fanden folgende statt: Mit Allerhöchster Entschließung Seiner k. u. k. Apostolischen Majestät vom 29. Juni wurde der Commandant der V. Infanterie-Truppen-Division Feldmarschall-Lieutenant Friedrich Freiherr von Weckbecker in den Ruhestand versetzt und Generalmajor Anton Freiherr von Schönfeld, welcher mit 1. November zum Feldmarschall-Lieutenant vorrückte, zum Commandanten der Division ernannt.

Mit Allerhöchster Entschließung Seiner k. u. k. Apostolischen Majestät vom 16. April wurde der allgemein geliebte und hochgeehrte Regiments-Commandant Oberst Rudolf Freiherr Kräutner von Thatenburg zum Commandanten der 2. Infaterie-Brigade bei der IX. Infanterie-Truppen-Division und Oberst Guido von Kober des Infanterie-Regimentes Nr. 1 zum Commandanten des Regimentes ernannt.

Der scheidende Regiments-Commandant erließ am 24. April nachstehenden Befehl:

»Mit Allerhöchster Entschließung Seiner k. u. k. Apostolischen Majestät vom 16. April d. J. zum Commandanten der 2. Infanterie-Brigade der IX. Infanterie-Truppen-Division ernannt, übergebe ich einstweilen das Commando des Regimentes an den Herrn Oberstlieutenant Linder von Bienenwald und hat der Herr Hauptmann Prokopp das Commando des 1. Bataillons zu führen. Es fällt mir schwer, das Regiment, welches ich durch 7 Jahre zu commandieren die Ehre hatte, zu verlassen. Ich scheide hiemit aus einem Kreise, welcher mir wert und theuer geworden und gereicht es mir in dieser Lage zum Trost, dass ich wohl die Gewissheit mit mir nehmen darf, es werden mir alle Mitglieder des Regimentes, als dessen Angehöriger ich mich stets betrachten werde, eine freundliche Erinnerung bewahren. Mit diesem frohen Bewusstsein nehme ich hiemit von allen Mitgliedern den herzlichsten Abschied!

»Ich danke den Herren Stabs- und Oberofficieren aller Gruppen für die mir stets bewiesene offenherzige Anhänglichkeit, für den besonderen Eifer und das aufopfernde

Pflichtgefühl, welches sie in der Durchführung der Anforderungen des Allerhöchsten Dienstes stets an den Tag gelegt haben und wodurch sie, mir stets treu zur Seite stehend, für die Ehre und den Ruf des Regimentes gemeinsam wirkten und so die Erfüllung der Pflichten der Commandoführung wesentlich erleichterten.

»Ich danke endlich den Unterofficieren und der Mannschaft im Namen des Allerhöchsten Dienstes für die stets bewiesene tadellose Haltung, für den bethätigten guten Willen und die aufrichtige Anhänglichkeit an meine Person sowie an ihre Vorgesetzten.

»Meine letzten Wünsche für das Wohl eines jeden Einzelnen sowie der Gesammtheit werden das Regiment auch hinkünftig stets begleiten und möge mir dasselbe jene freundliche Erinnerung bewahren, die ihm von meiner Person auch stets bewahrt werden wird.

»Mein herzlichstes Lebewohl dem Regimente und jedem einzelnen Mitgliede«.

Als Sohn eines k. k. Officiers, 1829 zu Chlumetz in Böhmen geboren, wurde Kober 1847 aus der bestandenen Cadetten-Compagnie in Graz als Regiments-Cadet in das Infanterie-Regiment Graf Kinsky Nr. 47 eingetheilt.

Mit dem genannten Regimente machte er den Feldzug 1848 in Italien mit und wurde am 14. April zum Lieutenant befördert. Den Feldzug 1849 machte er mit seinem Regimente in Italien im 2. Corps mit, wurde für sein Benehmen in der Schlacht von Novara am 23. März 1849 vom Feldmarschall Graf Radetzky in der Schlachtrelation namhaft gemacht und mit dem Militär-Verdienstkreuze ausgezeichnet und zum Oberlieutenant befördert. Im Jahre 1849 machte er den Sturm auf Livorno und die Occupation des Kirchenstaates mit. Im Jahre 1854 dem Generalstabe zugetheilt, erhielt er die Eintheilung in der Operations-Kanzlei in Siebenbürgen, allwo er außer der Tour zum Hauptmann im Infanterie-Regiment Baron Culoz Nr. 31 befördert wurde. Als Rittmeister des Adjutanten-Corps machte er den Feldzug 1859 als Adlatus des Corps-Adjutanten des 5. Armee-Corps mit. 1860 wurde er beim Landes-General-Commando in Brünn verwendet.

1863 zum Majoren beim General-Commande Zara ernannt, machte er den Feldzug 1866 beim Truppen-Commando in Dalmatien mit.

Im Jahre 1873 zum Obersten befördert, wurde er mit 1. Mai 1875 zum Commandanten des Infanterie-Regiments Baron Packenj Nr. 9 in Olmütz ernannt, von wo er mit Allerhöchster Entschließung vom 25. Juni 1876 zum Vorstand der 1. Abtheilung des Reichs-Kriegs-Ministeriums ernannt wurde. — In dieser Verwendung wurde er mit dem Orden der Eisernen Krone 3. Classe ausgezeichnet.

Mit 15. September 1878 zum Generalmajor befördert, zum Commandanten der 5. Infanterie-Brigade ernannt, wurde er 1882 mit dem Commando der 44. Infanterie-Truppen-Division in Trebinje betraut, von wo er im März in die Krivošije nach Crkvice vordrang und zur Unterwerfung der Krivošije beitrug. Für diese tapfere Leistung wurde er mit dem Eisernen Kronen-Orden 2. Classe ausgezeichnet und zum Commandanten der 7. Division ernannt.

1883 zum Feldmarschall-Lieutenant befördert, wurde er 1888 dem Corps-Commando in Graz zugetheilt und anlässlich seines 50-jährigen Militär-Dienstjubiläums 1889 mit dem Commandeur-Kreuz des Leopold-Ordens ausgezeichnet.

Im Jahre 1890 erfolgte seine Versetzung in den Ruhestand unter Verleihung des Feldzeugmeister-Titels ad honores.

In Folge Allerhöchster Entschließung vom 25. October wurde dem im übercompleten Stande des Regimentes befindlichen Major und Generalstabsofficier Friedrich Freiherrn von Zezschwitz in huldvollster Anerkennung seiner vorzüglichen Dienstleistung im Bureau für Eisenbahn-, Dampfschiffahrt- und Telegraphenwesen das Ritterkreuz des Franz Joseph-Ordens verliehen und gestattet, das ihm verliehene Ritterkreuz des französischen Ehrenlegion-Ordens, sowie das Officiers-Kreuz des kön. italienischen St. Mauritius- und Lazarus-Ordens annehmen und tragen zu dürfen.

Mit Allerhöchster Entschließung Seiner k. u. k. Apostolischen Majestät von 23. October wurde Hauptmann 1. Classe Josef Hauer zum Major ernannt und ihm das Commando des 2. Feld-Bataillons übertragen. Weiters wurden befördert: die Hauptleute 2. Classe: Ferdinand Mallik von Dreienburg, Ignaz Rössel, Emanuel Ziegelheim und Philipp Dausch, letzterer mit Belassung in seiner Dienstesverwendung an der Akademie zu Wiener-Neustadt, zu Hauptleuten 1. Classe; Oberlieutenant Carl Tichy zum Hauptmann 2. Classe; die Lieutenante: Béla Kuderna, Franz Rössel, Franz Pekárek und Camillo Wayer Edler von Stromwell zu Oberlieutenanten; die Cadet-Officiersstellvertreter Alexander Petschacher, Adolf Albrich, Wilhelm Petschacher, Gustav Türdischek und Michael Michajlewicz zu Lieutenanten; die Corporale tit. Feldwebel: Carl Schön, Julius Ritter von Lewicki, Peter Ptaček, Jacob Krejczy, Franz Milis, Anton Serwacki, Michael Nazar und Josef Přikryl zu Cadetten, Assistenzarzt Dr. Andreas Borsos wurde zum Oberarzten in der Reserve, der tit. Oberarzt Dr. Winbac zum wirklichen Oberarzt ernannt und Oberlieutenant Anton Mrázek mit Wartegebür auf ein Jahr beurlaubt. Zum Oberlieutenant-Rechnungsführer wurde der Lieutenant-Rechnungsführer Franz

Wessely und Wladimir Schön zum Rechnungs-Accessisten ernannt. Weiters haben Seine k. u. k. Apostolische Majestät mit Allerhöchster Entschließung vom 20. October die Transferierung des Oberstlieutenants Carl Görtz von Zertin zum Infanterie-Regimente Freiherr von Kellner Nr. 41 und die Beurlaubung mit Wartegebür des Hauptmannes Ferdinand Simenthal angeordnet. Der dem militär-geographischen Institute zugetheilte Oberlieutenant Vincenz d'Endel ist zum Regimente dienstbar eingerückt. Der Lieutenant Alois Czyzewicz wurde beim Übertritte in Civil-Staatsdienste in die nichtactive Landwehr übersetzt.

Mit Allerhöchster Entschließung Seiner k. u. k. Apostolischen Majestät vom 21. September wurde der Generalstabsofficier Major Friedrich Freiherr von Zezschwitz, übercomplet beim Regimente, zum Commandanten der Militär-Oberrealschule zu Weißkirchen ernannt.

Endlich wurde mit Reichs-Kriegs-Ministerial-Erlass vom 17. November Lieutenant Johann Rössel zum ständigen Lehrer an der provisorischen Cadettenschule zu Brünn und Oberlieutenant Béla Kuderna zum ständigen Lehrer an der Cadettenschule zu Triest ernannt. Gleichzeitig wurde Oberlieutenant Josef Dobiasch von seiner Commandierung als Lehrer an der Brünner Cadettenschule enthoben.

Dem Hauptmann Alois Eder wurde das 14. Compagnie-Commando verliehen und Hauptmann Franz Hammer die Geschäfte beim Ersatz-Bataillons-Cadre übertragen, welche er bis zum Jahre 1878 führte.

In derselben Zeit versah Lieutenant Adam Wagner den Dienst des Ergänzungsbezirks-Officiers.

Zum Lieutenant in der Reserve wurde der Einjährig-Freiwillige Michael Kociuba, und zum Militär-Verpflegs-Accessisten in der Reserve der Einjährig-Freiwillige Bronislaus Adjukiewicz ernannt.

RANGS-LISTE

VOM JAHRE 1875.

Regiments-Inhaber: Feldmarschall-Lieutenant Friedrich Freiherr Packenj von Kilstädten.

Regiments-Commandant: Oberst Rudolf Freiherr Kräutner v. Thatenburg.

Oberstlieutenante: Franz Edler von Gämmerler, Eduard Linder von Bienenwald, Carl Görtz von Zertin.

Majore: Friedrich Freiherr von Zezschwitz, (ü. c.) Reinhardt Buchwald, Leo Müller, Franz Gruber.

Hauptleute I. Classe: Victor Gavin Niesiołowski de Niesiołowice, Josef Hauer, Wilhelm Prokopp, Ferdinand Zuber, Josef von Bob, Ferdinand Simenthal, Adolf Rosenkranz, Gotthard Ludwik, Josef Herzog, Emil Medycki, Nikolaus von Klodnicki, Karl Spinar, Otto Lawatschek, Josef Časek, Carl van der Abéele.

Hauptleute II. Classe: Ferdinand Ritter Mallik von Dreyenburg, Filipp Dausch, Ignatz Rössel, Alois Eder, Emanuel Ziegelheim, Franz Grimm, Franz Gruber, Johann Schweyda, Adolf Kohmann, Franz Hammer.

Oberlieutenante: Carl Tichy, Anton Köhler, Nikolaus Prisik, Ferdinand Modřicky, Josef Dobiasch, Alfred Ritter von Sypniewski, Emil Beischläger, Adolf Gintz, Ferdinand Wallek, Carl Stary, Anton Mrazek, Josef Salinger, Carl Wehrstein, Caspar Seidl, Alfred Zachar, Faustin Pochowski, Franz Zapłatynski, Adolf Weydner, Adolf Strihafka, Franz West, Mathias Tuhaček, Vincenz D'Endel.

Lieutenante: Béla Kuderna, Franz Rössel, Franz Pekarek, Alois Czyzewicz, Johann Kratochwill, Camillo Wayer, Franz Gugubauer, Basil Białowolski, Ladislaus Jabłonski, Alexander Hladik, Carl König, Johann Rössel, Robert Bretter*), Wilhelm Rock*), Lothar Strobl*), Anton Mader*), Robert Epstein*), Heinrich Edler von Hayderer*), Carl Swoboda*), Reinhard Scherer, Felix Hönigsmann*), Clemens Polmann v. Danilowicz*), Alfred Arthur Bandrowski de Nowosielce*), Casimir Ritter von Rudnicki*), Bronislaus Nartowski Ritter v. Trzaska*), Julius Johann Orłowski*), Johann Pecher, Julius Keltscha, Johann Wenzl, Arthur Jakesch, Adam Wagner, Franz Neumayer, Alexander Wasylewski, Valerian Beck, Josef Nechay Ritter von Felseis, Johann Kučera*), Franz Schindler*), Heinrich Wachmann*) Carl Swarowski*), Josef Kurowski*), Josef Abgarowicz*), Hilarius Hołubowicz*), Josef Pistol, Felix Mosingiewicz, Casimir Macieszkiewicz, Josef Kastner, August Schmeisser.

Cadet-Officiers-Stellvertreter: Albin Wallenta, Adolf Albrich.

Cadetten: Elias Hrynczak, Alexander Petschacher, Ferdinand Otfinowski*), Wilhelm Petschacher, Anton Stefan, Gustav Türdischek, Michael Michalewicz.

Oberlieutenant-Rechnungsführer: Josef Rösch.

Lieutenant-Rechnungsführer: Franz Wessely, Nikolaus Kovačević.

Regimentsarzt I. Classe: Dr. Ignaz Ulrich, Dr. Moritz Schwartz.

Regimentsarzt II. Classe: Dr. Alexander Zawadzki.

Oberärzte: Dr. Georg Mauder, Dr. Friedrich Oelberg, Dr. Anton Wrabec.

Oberwundarzt: Josef Demmel.

Reserve-Assistenzarzt: Beer recte Bernhardt auch Hermann Wieselthier.

---

*) In der Reserve.

1876. Das Jahr 1876 weist wenig bedeutende Begebenheiten auf, dagegen fanden wichtige und zahlreiche Personalveränderungen statt. Es gelangte eine neue Vorschrift für die Superarbitrierung der Personen des k. k. Heeres zur Ausgabe; ferner erschien eine neue Auflage der Gebüren-Vorschriften und der III. Theil des Dienst-Reglements, die persönlichen Verhältnisse der einzelnen Chargengrade enthaltend. Weiters erhielten die Brigaden eine mit der Bezeichnung ihrer Truppen-Divisionen correspondierende Nummer. Es wurde das metrische Maß und Gewicht eingeführt und dementsprechend die bisherigen Bezeichnungen des Calibers der Feld- und Gebirgs-Batterien durch metrische ersetzt.

Mit Allerhöchster Entschließung Seiner Majestät des Kaisers vom 9. April wurde dem Regiments-Inhaber die geheime Rathswürde verliehen. — Im Herbste erfolgte die Vereinigung des 2. Bataillons mit dem Regimente durch seine Einrückung von Ungarisch-Hradisch nach Olmütz. — Im Monate Juli rückte das ganze Regiment im Verbande der Garnison Olmütz unter Commando des Generalmajors Baron Teuchert vor Seiner kaiserlichen Hoheit dem Herrn Feldmarschall Erzherzog Albrecht aus und hatte hiebei die Ehre, für seine militärische Haltung belobt zu werden. — Infolge Allerhöchster Entschließung Seiner k. u. k. Apostolischen Majestät vom 4. Juni wurde Feldmarschall-Lieutenant Anton Freiherr von Schönfeld, Commandant der V. Infanterie-Truppen-Division, zum Chef des Generalstabes und Feldmarschall-Lieutenant Adolf Freiherr von Catty zum Commandanten der V. Infanterie-Truppen-Division ernannt.

Mit Allerhöchster Entschließung Seiner k. u. k. Apostolischen Majestät vom 25. Juni wurde der allgemein geliebte und hochgeehrte Regiments-Commandant Oberst Kober als Vorstand der 1. Abtheilung in das Reichs-Kriegs-Ministerium berufen. Bei seinem den 1. Juli erfolgten Abschiede wurden ihm vom gesammten Officiers-Corps die herzlichsten Ovationen dargebracht.

Der zum Regiments-Commandanten ernannte Oberst Ferdinand Much wurde schon nach einigen Monaten in den Ruhestand versetzt, worauf im Monate August die Ernennung des Obersten Nikolaus Lauppert des Infanterie-Regimentes Nr. 15 zum Commandanten des Regimentes erfolgte.

Im Herbste desselben Jahres hat das Regiment die Kaiser-Manöver zwischen den Truppen des mährischen Generalates und der Wiener Garnison bei Nikolsburg mitgemacht. Während des Hinmarsches defilierte das Regiment bei Drausenhofen, südlich von Nikolsburg, vor Seiner Majestät dem Kaiser, Allerhöchstwelcher durch lebhafte Zurufe den Abtheilungen seine Zufriedenheit mit ihrer Haltung ausdrückte. Bei der am Schlusse der Manöver abgenommenen Revue über sämmtliche daran betheiligt gewesene Truppen führte der Regiments-Inhaber Freiherr von Packenj das Regiment persönlich Seiner Majestät vor.

In der Ergänzungs-Bezirks-Station Stryj wurde in diesem Jahre das neuerbaute Augmentations-Magazin übernommen und die Augmentations-Vorräthe aus dem bisherigen hölzernen Gebäude nächst der »Olszyna« dorthin übertragen.

Mit Allerhöchster Entschließung Seiner k. u. k. Apostolischen Majestät vom 27. September wurde Major Leo Müller und mit Allerhöchster Entschließung vom 1. October Oberstlieutenant Eduard Linder von Bienenwald in den Ruhestand versetzt, wobei letzterem bei dieser Gelegenheit in Anerkennung seiner langjährigen pflichttreuen und vor dem Feinde ausgezeichneten Dienstleistung der Ausdruck der Allerhöchsten Zufriedenheit bekanntgegeben wurde.

Dagegen wurde mit Allerhöchster Entschließung Seiner k. u. k. Apostolischen Majestät vom 19. October Oberstlieutenant Franz Watteck des Generalstabes zum Regimente eingetheilt und wurde mit der Führung des 1., Major Franz Gruber mit jener des 5., Major Prokopp mit der des 3. Bataillons betraut.

Feldmarschall-Lieutenant Franz Watteck Ritter von Hermannshort ist im Jahre 1830 in Dolnawies in Galizien geboren. Er erhielt die Erziehung in der Militär-Akademie zu Wr.-Neustadt, aus welcher er im Jahre 1849 als Lieutenant in das Pionnier-Corps ausgemustert wurde. Schon in dieser Charge wurde er dem Generalstabe zugetheilt und 1850 im Hauptquartier des III. Armee-Corps und im Jahre 1854 im Hauptquartier des I. Cavallerie-Armee-Corps verwendet. Im Jahre 1855 wirkte er als Objects-Commandant bei den Befestigungsbauten in Zaleszczyki, im Jahre 1856—1857 bei den Barackenbauten in der Bukowina mit, worauf seine Commandierung in die Genie-Akademie als Lehrer erfolgte. Nach Frequentierung der Kriegsschule als Hauptmann wurde er im Generalstabe bis 1865 verwendet, im Jahre 1866 zum Infanterie-Regimente Nr. 63 übersetzt und hierauf wieder dem Generalstabe zugetheilt. Den Feldzug 1866 machte er bei der Süd-Armee mit. Als Stabsofficier im Generalstabe wurde er Generalstabs-Chef der 6. Infanterie-Truppen-Division, als Oberstlieutenant unter Belassung im Generalstabe im Jahre 1876 zum Infanterie-Regimente Nr. 9 eingetheilt. Vorübergehend zum Reserve-Commandanten des Infanterie-Regimentes Nr. 15 ernannt, wurde er als Oberst in das Präsidial-

Bureau des Reichs-Kriegsministeriums einberufen, von wo 1883 seine Ernennung zum Generalstabs-Chef des 4. Corps erfolgte. Als Generalmajor wurde er Commandant der 69. Infanterie-Brigade, worauf 1889 dessen Ernennung zum Divisionär und Feldmarschall-Lieutenant erfolgte. Im Jahre 1890 erfolgte dessen Versetzung in den Ruhestand. Er wurde für seine vorzüglichen Dienstleistungen mit dem Orden der eisernen Krone III. Classe und mit der Verdienst-Medaille am rothen Bande decoriert.

Weiters wurden mit derselben Allerhöchsten Entschließung ernannt: Oberstlieutenant Franz Gämmerler zum Obersten, Hauptmann Wilhelm Prokopp zum Major, Hauptmann 2. Classe Franz Grimm zum Hauptmann 1. Classe; die Oberlieutenante Anton Köhler und Prisik zu Hauptleuten 2. Classe, letzterer bei gleichzeitiger Transferierung zum Infanterie-Regiment Nr. 70; zu Oberlieutenanten die Lieutenante Alexander Hladjk, Johann Rössel, Carl König, Carl Tracikiewicz, Franz Gugubauer, Basyl Białowolski und Ladislaus Jabłonski; zu Lieutenanten Cadet-Officiers-Stellvertreter Jacob Krejči, Franz Mitis, Anton Serwacki, Michael Nazar, Josef Přikryl, Johann Sobota und Carl Schön, letzterer bei gleichzeitiger Transferierung zum Infanterie-Regimente Nr. 65; zu Cadetten nach vollständiger Absolvierung der Cadettenschulen die Frequentanten: Ferdinand Deutschel, Ferdinand Otfinowski und Eduard Baderl.

Mit Allerhöchster Entschließung Seiner k. u. k. Apostolischen Majestät vom 24. October wurde der Regiments-Inhaber Feldmarschall-Lieutenant Friedrich Freiherr Packenj von Kilstädten, Militär-Commandant zu Pressburg, zum Feldzeugmeister ernannt. Zutransferiert wurden: Oberlieutenant Doppler vom Infanterie-Regimente Nr. 79 und Lieutenant Julius Hoffmann von der Gendarmerie. Abtransferiert wurden: Hauptmann 1. Classe Ignaz Rössel zum Infanterie-Regiment Nr. 8, Hauptmann 1. Classe Viktor Niesiołowski zum Infanterie-Regimente Nr. 40, Lieutenant-Rechnungsführer Nikolaus Kovačević zum Infanterie-Regimente Nr. 71; Rechnungsfeldwebel Franz Rzizek bei gleichzeitiger Ernennung zum Lieutenant-Rechnungsführer zum Landesfuhrwesen-Commando Nr. 5; Lieutenant-Rechnungsführer Franz Lötz zum Montur-Dépôt Nr. 1; weiters wurde Oberlieutenant Peter Ilnicki vom Landwehr-Bataillon Nr. 64 in's Regiment eingetheilt, Oberlieutenant Vincenz d'Endel mit Wartegebür beurlaubt. Statt des in den Ruhestand versetzten Regimentsarztes Dr. Ulrich wurde der Oberarzt Dr. Georg Mauder zum Regimentsarzt 2. Classe ernannt. Ersterem wurde der Titel und Charakter eines Stabsarztes ad honores verliehen. Weiters erfolgte die Abtransferierung des Regimentsarztes 1. Classe Dr. Moriz Schwarz, dagegen wurde Regimentsarzt 1. Classe Dr. Richard Ardelt und Dr. Jacob Eisenberg zum Regimente transferiert.

Im Mai wurde Lieutenant Johann Kratochwill in den Ruhestand versetzt und dem Lieutenant Felix Mosingiewicz die Ablegung der Officiers-Charge bewilligt. An Stelle des in die 1. Abtheilung des Reichs-Kriegs-Ministeriums übersetzten Regiments-Adjutanten Oberlieutenant Josef Salinger wurde Oberlieutenant Franz Rössel zum Regiments-Adjutanten ernannt. Hauptmann Franz Hammer übernahm das Ergänzungs-Bataillon, Oberlieutenant Carl Stary wurde zum Lehrer an der Cadettenschule zu Prag ernannt.

Im November erfolgte noch die Zutransferierung des Oberarztes Dr. Ignaz Link vom Feldartillerie-Regimente Nr. 9 zum Regimente. Endlich wurde Oberarzt Dr. Friedrich Velberg in die Reserve übersetzt.

Zum Lieutenant in der Reserve wurde Julius Kostecki ernannt.

Im Jahre 1877 wurde der schriftliche Geschäftsgang infolge der neu erschienenen Geschäftsordnung vereinfacht; ein Hinterlade-Gebirgsgeschütz mit 7 cm Caliber aus Stahlbronze eingeführt, schließlich der eiserne Vorrath des Mannes mit einer halben Portion Zwieback, einer Fleischconserve und einer Doppelportion Salz bemessen. 1877.

Zwei Befehle Seiner Majestät des Kaisers wurden im Jahre 1877 allen Truppen publiciert. Obwohl sie kein specielles Eigenthum des Regimentes sind, gebürt es ihnen doch, der Regimentsgeschichte an dieser Stelle einverleibt zu werden, damit zu allen Zeiten auch jeder Regimentsangehörige die Liebe und Wärme zu ermessen vermag, mit welcher der Monarch seinen Feldherrn und seine braven und verdienten Soldaten ehrte.

Am 17. April geruhten Se. k. u. k. Apostolische Majestät nachfolgenden Allerhöchsten Befehl zu erlassen:

»Mein Herr Vetter, der Feldmarschall Erzherzog Albrecht, feiert sein fünfzigjähriges Jubiläum als Soldat. Ich habe bei diesem für Mich und Meine Armee so erfreulichen Anlasse das nachstehende Handschreiben an Se. kaiserliche Hoheit erlassen und befehle, dass dasselbe allen Theilen der bewaffneten Macht in nachstehender Weise kundgemacht werde.

Franz Joseph m. p.«

»Lieber Herr Vetter
Feldmarschall Erzherzog Albrecht!

Eine erhebende Feier ist es, die Ich in freudiger Erinnerung, dass Euer Liebden nunmehr ein halbes Jahrhundert Meiner Armee angehören, zu begehen im Begriffe bin.

Das warme Soldatenherz, welches der Jüngling in fernliegender Zeit der Armee entgegenbrachte, Sie haben es ihr bis zum heutigen Tage unverändert bewahrt.

In Zeiten des Friedens war Ihre hingebungsvolle Thätigkeit, Ihr Sinnen und Streben stets der Wohlfahrt und der Ausbildung des Heeres geweiht, galt es aber in ernsten Tagen für Kaiser und Reich einzutreten, dann sind Sie, ein leuchtendes Vorbild der Selbstverleugnung und Aufopferung, freudig Meinem Rufe gefolgt und haben Österreichs Krieger zu Sieg und Ruhm geführt.

Die Überlieferung und Verherrlichung Ihrer Thaten und Verdienste bleibt der vaterländischen Geschichte vorbehalten und wird gewiss in den schönsten Blättern ihren würdigen Platz finden. Ich aber will dem Drange Meines Herzens folgen und mit dankbarem Rückblick auf solch eine ruhmvolle Vergangenheit Euer Liebden Meine eigenen und die nicht minder herzlichen und aufrichtigen Glückwünsche Meiner Armee hiemit darbringen.

Möge die Gnade des Allmächtigen Euer Liebden zu Meiner Freude und zum Heile des Vaterlandes noch lange Jahre in ungebrochener Kraft erhalten.

Wien, am 17. April 1877.

Franz Joseph m. p.«

In diesem sonst so ruhig abgelaufenen Jahre gieng eine große Adjustierungsänderung vor. Die historisch bekannten und den Soldaten so vornehm kleidenden weißen Röcke gelangten zur Abfuhr, während die blauen Röcke ausgefasst wurden. Hiemit wurde ein altehrwürdiges, jedem alten Soldaten theures Kleid — eine Zierde der historischen Armee — zu Grabe getragen.

Es erschien eine neue Vorschrift über Munitionsersatz. Die Unterrichtsdauer in den Militär-Akademien wurde von vier auf drei Jahre herabgesetzt. — Im September erschien das wohlthätige Wuchergesetz. — Es erfolgte die Errichtung des Militär-Waisenhauses zu Fischau bei Wiener-Neustadt. — Im December gelangte ein neues Zimmergewehr zur Einführung und fand die Einführung des antiseptischen Verbandes in der Sanitätsausrüstung des k. u. k. Heeres statt.

Endlich geruhten Seine Majestät anzuordnen, dass der zu den Insignien des Ordens der Eisernen Krone 1. Classe gebürende silberne Stern in brillantierter Form hergestellt und erfolgt werde.

Zufolge Allerhöchster Entschließung Sr. k. u. k. Apostolischen Majestät vom 18. Februar wurde der Brigadier des Reserve-Commandos Generalmajor Emanuel Freiherr von Henniger in den Ruhestand versetzt. Nur mit Schmerz schied das Officiers-Corps von diesem ritterlichen General, der alle Soldatentugenden in sich vereinigte und dieselben auch fortzupflanzen wusste. An seiner Stelle wurde Oberst Josef Latterer Ritter von Lintenburg zum Commandanten der 48. Infanterie-Brigade ernannt.

Im Herbste betheiligte sich das Reserve-Commando an den Marsch-Manövern bei Sambor im Verbande der 24. Infanterie-Truppen-Division unter Commando des Feldmarschall-Lieutenants Josef Freiherr von Döpfner.

Mit Allerhöchster Entschließung Sr. k. u. k. Apostolischen Majestät vom 26. März wurde Oberst Franz Edler von Gämmerler mit 1. Mai zum Commandanten des Linien-Infanterie-Regimentes Nr. 67 und an seine Stelle Oberstlieutenant Adolf Krzisch von Kulmthal vom Infanterie-Regimente Nr. 67 zum Reserve-Commandanten ernannt.

Mit Allerhöchster Entschließung Sr. k. u. k. Apostolischen Majestät vom 7. März wurde Major Franz Gruber in den Ruhestand versetzt und mit Allerhöchster Entschließung vom 24. April Hauptmann 1. Classe Ferdinand Zuber zum Major befördert; demgemäß hat das k. u. k. Reichs-Kriegsministerium dem Major Ferdinand Zuber das Commando des 5. Feld-Bataillons übertragen.

Mit 1. September ist Hauptmann 2. Classe Alfred Ritter von Sypniewski zur Frequentierung der k. k. Kriegsschule nach Wien abgegangen.

Se. k. u. k. Apostolische Majestät geruhten allergnädigst mit 5. September zu ernennen:

den commandierenden General zu Agram, Feldzeugmeister Anton Freiherrn Mollinary von Monte Pastello zum commandierenden General zu Brünn und den commandierenden General daselbst, Feldzeugmeister Philippovič von Philippsberg, zum commandierenden General zu Agram.

Mit Verordnung vom 20. October wurde Oberstlieutenant Franz Kolb von Frankenstein, ein Enkel des gewesenen Obersten und Regiments-Commandanten, unter dessen Führung das Regiment die Feldzüge 1812, 1813 und 1814 mitmachte, vom Regimente Nr. 28 zum Regimente transferiert und wurde ihm das Commando des 4., dem Major Josef Hauer jenes des 2. Feld-Bataillons verliehen.

Generalmajor Franz von Kolb ist im Jahre 1827 zu Josefstadt geboren. Im Jahre 1846 aus der Militär-Akademie zu Wiener-Neustadt als Lieutenant zum Infanterie-Regimente Nr. 28 ausgemustert, machte er die Feldzüge 1848, 1849 und 1866 in Italien mit. Für sein tapferes Benehmen als Bataillons-Commandant in der Schlacht bei Custoza wurde er mit dem Militär-Verdienstkreuze decoriert. Im Jahre 1877 erfolgte seine Transferierung als Oberstlieutenant zum Infanterie-Regimente Freiherr von Packenj Nr. 9 und 1878 als Reserve-Commandant zum Infanterie-Regimente Nr. 80. Im Jahre 1878 erfolgte dessen Ernennung zum Obersten und 1882 zum Commandanten des Infanterie-Regimentes Graf Auersperg Nr. 40 und 1884 die Versetzung in den Ruhestand. Er starb 1893 zu Königliche Weinberge bei Prag.

Mit Allerhöchster Entschließung Seiner k. u. k. Apostolischen Majestät vom 27. October wurde Oberstlieutenant Adolf Krzisch mit 1. November zum Obersten befördert.

Weiters wurden ernannt:

zu Hauptleuten 1. Classe die Hauptleute 2. Classe: Franz Gruber, Johann Schweyda, Adolf Kohmann, Franz Hammer; zu Hauptleuten 2. Classe die Oberlieutenante: Victor Pankiewicz vom Infanterie-Regimente Nr. 24, Josef Dobiasch, Alfred Ritter von Sypniewski, Franz Lyszkowski des Infanterie-Regimentes Nr. 58, Ludwig Doppler des Infanterie-Regimentes Nr. 91, Ferdinand Petrović beim Infanterie-Regimente Nr. 6, Franz Modřický, Adolf Güntz, Casimir Pomiankowski; zu Oberlieutenanten die Lieutenante: Reinhard Scherer und Julius Hoffmann, zu Lieutenanten die Cadet-Officiers-Stellvertreter: Julius Lewicki im Regiment, Ferdinand Deutschel beim Infanterie-Regimente Nr. 3, Ferdinand Otfinowski, Edmund Baderl und Peter Ptaček.

Mit Verordnung des k. k. Reichskriegs-Ministeriums vom 18. September wurden nach Absolvierung der Cadetten-

Schulen zu Cadetten ernannt deren Frequentanten: Emil Ratschitzky, Gabriel Hřiwna, Alois Wainmann, Josef Braun und Vincenz Cunz Ritter von Kronhelm.

Transferiert wurden:

Hauptmann Mallik von Dreyenburg zum Infanterie-Regimente Nr. 31, Hauptmann 2. Classe Carl Tichy zum Infanterie-Regimente Nr. 75, Oberlieutenant Emil Beischläger zum Infanterie-Regimente Nr. 8, Oberlieutenant Casimir Pomiankowski des Pionnier-Regimentes zum Regimente, Hauptmann-Rechnungsführer Michael Tuskan zum Regimente, Oberlieutenant-Rechnungsführer Josef Rösch zum Tiroler Jäger-Regiment.

Mit Allerhöchster Entschließung Seiner k. u. k. Apostolischen Majestät vom 25. August wurde Zögling Edmund Bobik des vierten Jahrganges der Militär-Akademie zu Wr.-Neustadt mit 1. September zum Lieutenant ernannt.

Hauptmann 2. Classe Viktor Pankiewicz wurde mit 1. December dem militär-geographischen Institute zugetheilt und die Lieutenante Julian Lewicki des Regimentes und Josef Radawiecki des Infanterie-Regimentes Nr. 56, ferner die Regiments-Ärzte 2. Classe Dr. Emanuel Kiesewetter und Dr. Georg Mauder gegenseitig übersetzt.

In den Ruhestand wurden versetzt:

Die Hauptleute 1. Classe: Emanuel Ziegelheim, Nikolaus von Klodnicki und Carl Spinar.

Der mit Wartegebür beurlaubte Oberlieutenant Vincenz d'Endel wurde unter gleichzeitiger Übersetzung zum Infanterie-Regimente Nr. 13 diensttauglich anerkannt. Ober-Arzt Dr. Anton Wrabec wurde zum Infanterie-Regimente Nr. 3 und Oberarzt Dr. Franz Frank zum Regimente transferiert.

Lieutenant Valerian Beck wurde mit Wartegebür beurlaubt.

In die Reserve wurde übersetzt: Oberlieutenant Carl König; der militärärztliche Eleve Dr. Josef Odstrčilik wurde zum Oberarzt in der Reserve ernannt.

Zu Lieutenanten in der Reserve wurden nachbenannte Reserve-Unterofficiere ernannt:

Mathias Kolerykiewicz, Eduard Swoboda Edler von Fernow, Ignaz Wacht, Rudolf Kollik und Johann Schubert. Der Reserve-Unterofficier Johann Ritter von Kunaszowski wurde zum Reserve-Cadeten ernannt.

Infolge obiger Personalveränderungen wurde den Hauptleuten: Adolf Güntz das Commando der 6., Franz Modřicky das der 8., Ludwig Doppler das der 9., Josef Dobiasch das der 10., Casimir Pomiankowski das der 15., Franz Lyszkowski das der 18. und Alfred Ritter von Sypniewski das der 20. Feld-Compagnie verliehen.

1878. Das wichtigste Ereignis des Jahres 1878 ist die Occupation Bosniens und der Hercegovina. Infolge des Berliner Vertrages wurde Österreich von den Vertretern der Großmächte mit der Occupation dieser türkischen Provinzen betraut. Das Regiment marschierte nicht aus, sondern blieb in Olmütz.

Mittels Gesetzes vom 25. Juni wurden die Personal- und Dienstesverhältnisse der Civil-Staatsbediensteten mit Bezug auf deren Verpflichtung zur activen Dienstleistung im stehenden Heere, in der Kriegsmarine, Landwehr und im Landsturm geregelt.

Die im Jahre 1864 von dem im Garnisonsspitale zu Komorn verstorbenen Cadet-Corporal Leopold Blaschke errichtete Stiftung trat in diesem Jahre in's Leben. Laut Stiftbriefes hat diese Stiftung den Namen des Cadet-Corporals Leopold Blaschke zu führen und sind die jährlichen Interessen des Stiftungscapitales von 214 fl. 28 kr., für welchen Betrag eine Notenrente der einheitlichen Staatsschuld à 300 fl. angekauft wurde, zur Bildung eines Stipendiums für einen Frequentanten der Infanterie- oder Pionnier-Cadettenschule bestimmt. Das Verleihungsrecht übt das Regiments-Commando aus und ist zum Bezuge des Stipendiums derjenige Frequentant berufen, welcher dem Stande des 9. Infanterie-Regimentes angehört und beim ganzjährigen Abschluss mindestens einen sehr guten Erfolg erzielt hat. Unter mehreren Bewerbern hat derjenige den Vorzug, dessen Vater im 9. Infanterie-Regimente dient oder gedient hat, dann jener, welcher mittellos ist und sich in einem höheren Jahrgange der Cadettenschule befindet. Das Stipendium wird jährlich neu verliehen, was nicht ausschließt, dass der bereits Betheilte solches abermals erhält.

Zur gründlichen Schulung und Pflege des Schießwesens wurde in Bruck a. L. ein Lehrcurs der Armee-Schützenschule in diesem Jahre activiert und der Oberlieutenant Adolf Waydner des Regimentes zur Frequentierung desselben bestimmt. Weiters wurde Oberlieutenant Béla Kuderna zum ständigen Lehrer an der Infanterie-Cadettenschule zu Wien ernannt.

In diesem Jahre kamen sehr viele Personal-Veränderungen vor.

Infolge Allerhöchster Entschließung Sr. k. u. k. Apostolischen Majestät vom 19. October wurde der commandierende General von Brünn Feldzeugmeister Anton Freiherr Mollinary von Monte Pastello zum commandierenden General in Lemberg, dagegen der Feldmarschall-Lieutenant Josef Freiherr von Ringelsheim zum commandierenden General in Brünn, der Militär-Commandant zu Pressburg, Regiments-Inhaber Feldzeugmeister Friedrich Freiherr Packenj von Kilstädten zum Stellvertreter des Ober-Commandanten der Landwehr ernannt.

Zufolge Allerhöchster Entschließung Sr. k. u. k. Apostolischen Majestät vom 11. Februar wurde der Commandant der 9. Infanterie-Brigade Generalmajor Friedrich Teuchert-Kaufmann Edler von Traunsteinburg zum Commandanten der 24. Infanterie-Truppen-Division und Oberst Friedrich von Baumgarten des Infanterie-Regimentes Nr. 40 zum Commandanten der 9. Infanterie-Brigade ernannt. Leider starb er schon im Monat Mai, worauf dem Obersten Wilhelm Pilati Edlen von Tassulen des Infanterie-Regimentes Nr. 86 mit Allerhöchster Entschließung vom 12. Juni das Commando der 9. Infanterie-Brigade verliehen wurde.

Se. k. u. k. Apostolische Majestät geruhten Allergnädigst die Übernahme des Obersten Nikolaus Lauppert, Commandanten des Regimentes, mit 26. Juni in den Ruhestand anzuordnen und mit Allerhöchster Entschließung vom 7. Juli den Obersten Adalbert Ritter Schönowsky von Schönwiese des Infanterie-Regimentes Nr. 15 zum Commandanten des Regimentes zu ernennen.

Dieser Oberst rückte zum Regimente nicht ein, da ihm die ehrende Aufgabe zutheil wurde, ein Instructions-Commando in der persischen Armee zu übernehmen. Hiezu wurde diesem Obersten im October ein dreijähriger Urlaub nach Persien von Seiner Majestät genehmigt, worauf mit Allerhöchster Entschließung Sr. k. u. k. Apostolischen Majestät vom 28. October Oberst Heinrich Pelican des Linien-Infanterie-Regimentes Nr. 36 zum Commandanten des Regimentes ernannt wurde.

Schönowsky von Schönwiese Adalbert Ritter von, geboren zu Troppau 1826, wurde 1845 aus der Theresianischen Militär-Akademie als Lieutenant zum Infanterie-Regimente Nr. 56 eingetheilt, 1848 zum Oberlieutenant, 1854 zum Hauptmann ernannt und zum Infanterie-Regimente Nr. 20 transferiert. Am 31. Juli 1864 übertrat Schönowsky in kaiserlich-mexikanische Dienste, avancierte dort 1865 zum Major und erhielt das Officiers-Kreuz des Guadelupe-Ordens und die bronzene Militär-Verdienst-Medaille. Im Mai 1867 wurde Schönowsky als Hauptmann I. Classe in die österreichische Armee rückübernommen und erhielt für seine als Major in kaiserlich-mexikanischen Diensten an den Tag gelegte Tapferkeit das Militär-Verdienstkreuz. Er wurde 1868 Major beim Infanterie-Regimente Nr. 15, 1873 zum Infanterie-Regimente Nr. 77 transferiert, 1874 zum Oberstlieutenant, 1876 zum Reserve-Commandanten und am 1. Mai 1877 zum Obersten ernannt. Am 6. Juli 1878 erfolgte seine Ernennung zum Regiments-Commandanten beim Friedrich Freiherr von Packenj-Regimente Nr. 9, welches Commando er nicht übernahm, da er mittlerweile zum Chef der nach Persien zur Organisierung der dortigen Armee abgehenden Officiersmission designiert wurde. Für die in dieser Verwendung geleisteten Dienste mit dem Großkreuz I. Classe des Sonnen- und Löwenordens decoriert, kehrte Schönowsky im Jahre 1880 nach Österreich zurück und trat am 1. Juni 1882 in den Ruhestand. Er starb 1891 in Jellowetz bei Marburg.

Nach Beendigung der diesjährigen Waffenübungen erfolgte die Verlegung des 3. Feld-Bataillons nach Eibenschütz. Der beim Reichs-Kriegsministerium als Vorstand der 1. Abtheilung verwendete Oberst Guido Kober, sowie der Oberst-Brigadier Wilhelm Pilati Edler von Tassulen wurden zu Generalmajoren ernannt. Auch beim Reserve-Commando erfolgten namhafte Veränderungen. Der commandierende General und Corps-Commandant, Se. Erlaucht General der Cavallerie Erwin Graf Neipperg, wurde infolge Allerhöchsten Handschreibens Sr. k. u. k. Apostolischen Majestät vom 13. October von seinem Dienstesposten enthoben und, wie bereits erwähnt, durch den commandierenden General von Brünn ersetzt.

Infolge Allerhöchster Entschließung Sr. k. u. k. Apostolischen Majestät vom 26. Februar wurde der Reserve-Commandant Oberst Adolf Krzisch von Kulmthal in den Ruhestand versetzt und gleichzeitig Oberstlieutenant Franz Kolb von Frankenheld zum Reserve-Commandanten des Infanterie-Regimentes Nr. 80, dagegen Oberstlieutenant Johann Della Torre zum Reserve-Commandanten des eigenen Regimentes ernannt. Oberstlieutenant Franz Watteck wurde mit dem Reserve-Commando des Infanterie-Regimentes Nr. 15 betraut.

Mit Allerhöchster Entschließung Sr. k. u. k. Apostolischen Majestät vom 23. April wurde Hauptmann 1. Classe Josef von Bob zum Major beim Infanterie-Regiment Nr. 10 ernannt und Oberlieutenant Erwin Meier, zugetheilt dem Generalstabe, übercomplet beim Infanterie-Regimente Nr. 8, zum Regimente übersetzt, Hauptmann 1. Classe Heinrich Czetsch von Lindenwald des Infanterie-Regimentes Nr. 24 zum Major im Regimente ernannt. — Weiters wurden befördert: Hauptmann 2. Classe Anton Köhler zum Hauptmann 1. Classe, die Oberlieutenante: Ferdinand Wallek und Carl Stary zu Hauptleuten 2. Classe; die Lieutenante: Julius Keltscha, Johann Wenzel, Arthur Jakesch, Franz Neumayer, Johann Radawiecki, Josef Nechay Ritter von Felseis und Josef Pistol zu Oberlieutenanten; Cadet-Officiers-Stellvertreter: Emil Ratschitzky, Gabriel Hřiwna, Alois Weinmann und Josef Braun, ferner der Zögling der Wiener-Neustädter-Akademie Carl Kempski von Rakoszyn und die Cadet-Officiers-Stellvertreter: Leon Mykitink, Ludwig Dietz und Cunz Ritter von Kronhelm zu Lieutenanten; endlich die Corporale: Ludwig Ditz, Cornel Martini, Ferdinand Sušicky, Carl Zurbuch, Stanislaus Ritter von Rozvadowski, Josef Kwiatkowski, Sigmund Skrypuch und Josef Stasyszyn zu Cadetten ernannt.

Hauptmann Gotthard Ludwik und Victor Pankiewicz wurden mit Wartegebür beurlaubt, Hauptmann Johann Grüber zum Regimente übersetzt; dem Lieutenant Adam Wagner der Übertritt in Civil-Staatsdienste gestattet. — Oberlieutenant-Rechnungsführer Franz Wessely wurde nach Ablegung des Intendanz-Curses zum Kriegsministerium transferiert. — Weiters wurde Hauptmann Franz Ritter Leth von Lethenau zum Infanterie-Regimente Nr. 54 transferiert, Lieutenant Mitis auf 6 Monate mit Wartegebür beurlaubt, Hauptmann Franz Gruber und Oberlieutenant Anton Mrazek in den Ruhestand versetzt; die Oberärzte Dr. Josef Demel und Dr. Franz Frank, dann der Cadet Cornel Martini abtransferiert, dagegen der Oberarzt Dr. Anton Wrabec zum Regimente übersetzt. Endlich erfolgte der Tausch des Lieutenants Mathias Tuhaček des eigenen mit dem Lieutenant Burghard Brázda des Infanterie-Regimentes Nr. 54. In den Ruhestand wurde Lieutenant Sigmund Ratzer übersetzt.

Mit Allerhöchster Entschließung Sr. k. u. k. Apostolischen Majestät vom 14. September wurde Major Johann Bissinger des Infanterie-Regimentes Nr. 30 zum Oberstlieutenant ernannt und zum Regiment transferiert; ferner mit Verordnung des k. u. k. Reichs-Kriegsministeriums vom 1. November Hauptmann 1. Classe August Freiherr v. Hohenbühel genannt Heufler zu Rasen des Generalstabs-Corps zur Truppen-Dienstleistung zum Regimente eingetheilt.

Infolge obiger Veränderungen wurde dem

Oberstlieutenant	Bissinger	das	1.	Bataillons-Commando	
Major	Hauer	»	2.	»	»
»	Prokopp	»	3.	»	»
»	Czetsch	»	4.	»	»
»	Zuber	»	5.	»	»

ferner dem Hauptmann Ferdinand Wallek das Commando der 2., dem Hauptmann August Baron Hohenbühel das Commando der 11. und endlich dem Hauptmann Johann Gruber das Commando der 16. Compagnie verliehen.

Weiters wurden:

der Oberlieutenant-Rechnungsführer Anselm Szabovič zum Regimente, dagegen Oberlieutenant-Rechnungsführer Stanislaus Dörfler zum Uhlanen-Regimente Nr. 13 transferiert;

zum Lieutenant-Rechnungsführer der Cadet alten Systems, Rechnungsfeldwebel Emerich von Rudnicki, ernannt;

der Lieutenant der Reserve Adam Wagner zum Oberlieutenant befördert;

die Einjährig-Freiwilligen und Reserve-Unterofficiere: Johann Jahn, Josef Krommer, Stefan Stella, Michael Sowinski, Titus Nyiry und Wilhelm Odstrčil zu Lieutenanten in der Reserve ernannt;

Lieutenant Titus Nyiry mit 11. December in die nicht active Landwehr übersetzt und Lieutenant in der Reserve Wilhelm Odstrčil zum Infanterie-Regimente Nr. 32 transferiert;

die militär-ärztlichen Eleven Dr. Alois Smolei und Dr. Vincenz Navrátil zu Oberärzten in der Reserve ernannt;

dem Lieutenant Ferdinand Otfinowski mit 1. December die Ablegung der Officiers-Charge genehmigt.

1879. Im Jahre 1879 besuchte der Regiments-Inhaber Olmütz, bei welcher Gelegenheit er eine Vorstellung des Officiers-Corps entgegennahm. — Beim Reserve-Commando fanden wesentliche Veränderungen statt. Laut Verordnungsblatt vom 10. August geruhten Se. Majestät die Enthebung des Feldzeugmeisters Anton Freiherrn Mollinary von Monte Pastello, commandierenden General zu Lemberg, auf sein aus

Gesundheitsrücksichten gestelltes Ansuchen von diesem Dienstposten anzuordnen und den Feldmarschall-Lieutenant Eduard Freiherrn von Litzelhofen, Militär-Commandanten in Krakau, zum commandierenden General in Lemberg zu ernennen.

Der neuernannte Commandierende erließ am 18. August nachstehendes Befehlsschreiben:

»Durch die besondere Huld und Gnade Sr. k. und k. Apostolischen Majestät unseres Allergnädigsten Kriegsherrn zum commandierenden General und Landwehr-Commandanten zu Lemberg ernannt, übernahm ich mit heutigem Tage, dem Tage, an welchem alle Völker des weiten Reiches den Geburtstag des allgeliebten Monarchen mit begeistertem Jubel feiern, das mir allergnädigst anvertraute Commando«.

»Der Wichtigkeit und hohen Verantwortung dieser Stellung bewusst, werde ich mit allen meinen Kräften bestrebt sein, das in mich gesetzte Allerhöchste Vertrauen zu rechtfertigen, ein Bestreben, das nur gelingen kann, wenn mich alle Herren Generale, Stabs- und Oberofficiere durch hingebenden Eifer und das regste Pflichtgefühl bei der formellen und geistigen Ausbildung der Truppe, bei der Aufrechthaltung der Manneszucht, der Weckung und Erhaltung des echten militärischen Geistes auf das werkthätigste unterstützen«.

»Auf diese Unterstützung, sowie auf den bewährten guten Willen und den Geist des Gehorsams der gesammten Mannschaft mit Zuversicht rechnend, trete ich mit froher Hoffnung mein Commando an und begrüße Sie alle auf das herzlichste.«

Am 27. April wurde mit Verordnungsblatt nachfolgendes Allerhöchste Handschreiben erlassen:

»Lieber Graf Bylandt-Rheidt!

»Aus Anlass der Feier Meiner silbernen Hochzeit finde Ich Mich bestimmt, ein Capital von dreimalhundertzehntausend Gulden in notenverzinslichen Rentenobligationen der einheitlichen Staatsschuld aus meinem Privatvermögen zu widmen, aus dessen Erträgnisse zwanzig Freiplätze in den Officierstöchter-Instituten zu Hernals und Ödenburg, welche allmählich nach Zulässigkeit der Räumlichkeiten zu besetzen sein werden, und zehn Freiplätze im Militär-Waisenhause zu Fischau zu bestreiten sind«.

»Die Verleihung dieser Plätze, welche den Namen Franz-Joseph-Elisabeth-Stiftsplätze zu führen haben, behalte Ich mir über Ihre Anträge vor«.

»Sie haben Mir daher bei Erledigung solcher Plätze Ternavorschläge zu erstatten und die von Mir resolvierten Verleihungen jederzeit Meiner Privat- und Familienfonds-Direction zur Ausfertigung der Verleihungs-Decrete mitzutheilen«.

»Bezüglich der sofortigen Deponierung des obigen Widmungscapitales bei Meinen Fondscassen erlasse Ich gleichzeitig die erforderliche Weisung an Meinen Fondsdirector«.

Wien, am 21. April 1879.

Franz Joseph m. p.«

Im November erschien eine neue Schieß-Instruction für die Infanterie- und Jägertruppe und wurde gleichzeitig der Distanzmesser des Roksandić für Unterrichtszwecke genehmigt.

Mit Allerhöchster Entschließung Seiner k. und k. Apostolischen Majestät wurde Feldmarschall-Lieutenant Adolf Freiherr von Catty, Commandant der V. Infanterie-Truppen-Division, als solcher zur IV. Infanterie-Truppen-Division übersetzt und Feldmarschall-Lieutenant Ludwig Fröhlich von Elmbach zum Commandanten der V. Infanterie-Truppen-Division ernannt.

Mit Allerhöchster Entschließung Seiner k. und k. Apostolischen Majestät vom 20. April wurde Oberstlieutenant und Reserve-Commandant Johann Della Torre zum Obersten, Hauptmann 1. Classe Emil Medycki beim Infanterie-Regimente Nr. 40 und Hauptmann 1. Classe Johann Grüber beim Infanterie-Regimente Nr. 75 zu Majoren ernannt.

Infolge Allerhöchster Entschließung Seiner Majestät vom 15. September wurde Oberst und Reserve-Commandant Johann Della Torre in den Ruhestand versetzt und Oberstlieutenant des Generalstabes Hans Graf von der Schulenburg bei Belassung im Generalstabs-Corps zum Regimente transferiert und zum Reserve-Commandanten ernannt.

Mit diesem neuen Reserve-Commandanten begann für das Officiers-Corps in Stryj ein höheres geistiges Leben. Militärwissenschaftliche Besprechungen, Vorträge, Kriegsspiele wechselten miteinander und regten namentlich die jungen Officiere zum Studium an. Generalmajor Ritter von Latterer und Oberstlieutenant Graf von der Schulenburg widmeten der Ausbildung der Unterofficiere eine seltene Sorgfalt.

Mit Allerhöchster Entschließung Seiner k. und k. Apostolischen Majestät vom 23. October erfolgte die Ernennung des Oberstlieutenants Graf von der Schulenburg zum Obersten und des Hauptmanns 1. Classe Erwin Niemetz zum Major.

Weiters wurden befördert: Die Hauptleute 2. Classe Victor Pankiewicz, Josef Dobiasch, Alfred Ritter von Sypniewski, Alfons Makowiczka des Generalstabes, Franz Lyszkowski, Ludwig Doppler, letzterer vom Infanterie-Regimente Nr. 4 und Ferdinand Petrović bei gleichzeitiger Transferierung zum Infanterie-Regimente Nr. 6 zu Hauptleuten 1. Classe;

die Oberlieutenante Constantin Ivančević des Infanterie-Regimentes Nr. 46, Franz Zapłatyński, Josef Salinger, Carl Wehrstein, Alfred Zachar, Faustin Pochowski und Adolf Weydner zu Hauptleuten 2. Classe;

die Lieutenante Josef Kastner, August Schmeisser und Alexander Petschacher zu Oberlieutenanten;

der Cadet Hubert Dutka des Infanterie-Regimentes Nr. 8, die Zöglinge der Militär-Akademie zu Wiener-Neustadt: Ludwig Fuglewicz und Eugen Hinneck, die Cadetten Ferdinand Sušicki, Carl Zurbuch, Stanislaus Ritter von Rozwadowski, Josef Kwiatkowski und Simon Skrypuch zu Lieutenanten; die Cadetten Ottmar Spielvogel und Heinrich Hacha zu Officiers-Stellvertretern;

endlich nach Absolvierung der Cadettenschulen deren Frequentanten: Wilhelm Hübner, Marian Orzelski, Ludwig Türk, Johann Obermayer und Carl von Engel zu Cadetten.

Mit 1. Mai wurde Hauptmann 1. Classe Felix Ritter von Manasterski vom Infanterie-Regimente Nr. 30 zum Regimente, und Hauptmann 2. Classe Carl Stary zum Infanterie-Regimente Nr. 10 transferiert, Oberlieutenant Franz Neumayer dem Generalstabe und Oberlieutenant Wilhelm Petschacher dem militär-geographischen Institute zugetheilt.

In den Ruhestand wurden der Oberlieutenant-Rechnungsführer Anselm Szabović und Lieutenant Mitis versetzt; Lieutenant Clemens Ritter Pollmann von Daniłowice wurde in den Stand des Regimentes gegeben und gleich wieder abtransferiert; die Lieutenante Arthur Jakesch, Gustav Türdischek und Regimentsarzt Richard Ardelt wurden mit Wartegebür beurlaubt.

Weiters erfolgte mit 1. August die Transferierung des Hauptmann-Rechnungsführers Michael Tuscan zum Landesfuhrwesens-Commando und der Hauptleute-Rechnungsführer Carl Bach und Josef Rohr zum Regimente. Die Rechnungs-Feldwebel Bartholomäus Hudeček und Stanislaus Passianowicz wurden zu Lieutenanten-Rechnungsführern ernannt; die Regimentsärzte Dr. Ferdinand Sonnenwendt und Dr. Georg Mauder, sowie Oberwundarzt Johann Habrich wurden zum Regimente, dagegen Regimentsarzt Dr. Emil Kiesewetter zum Infanterie-Regimente Nr. 77 transferiert.

Im Februar starb Lieutenant-Rechnungsführer Emerich Rudnicki und im Juni Major Ferdinand Zuber in Carlsbad.

Infolge dieser Personalveränderungen wurde den Hauptleuten: Carl Wehrstein das Commando der 3., Alfons Makowiczka jenes der 8., Ludwig Doppler das der 9., Adolf Weydner das der 13., Felix Manasterski das der 16., Konstantin Ivančević das der 19. und Alfred Zachar das der 20. Feld-Compagnie verliehen. Zum Ergänzungsbezirks-Officier wurde Oberlieutenant Julius Hofmann ernannt.

Mit Allerhöchster Entschließung Seiner k. u. k. Apostolischen Majestät vom 27. October wurden zu Lieutenanten in der Reserve ernannt: Rudolf Jelinek, Anton Rantasch, Johann Auspitzer, Samuel Bein, Eduard Schölzig, Camillo Kubelka, Franz Prokop, Josef Fritz und Andreas Grabowicz. Der Einjährig-Freiwillige Johann Bełaj wurde zum Reserve-Cadeten ernannt.

Mit 1. December wurden die Lieutenante in der Reserve: Wilhelm Bock, Lothar Ritter Strobl von Albeg, Robert Epstein, Heinrich Edler von Hayderer und Carl Swoboda, und der Oberarzt in der Reserve Theodor Dr. Hrynczak in die nicht active Landwehr übersetzt.

Dem Lieutenant Leon Mikitnik und dem Lieutenant in der Reserve Kasimir Macieszkiewicz wurde der Austritt aus dem Heeresverbande bewilligt.

1880. Infolge Erlasses des Reichs-Kriegs-Ministeriums vom 3. September 1880 haben Seine k. u. k. Apostolische Majestät zu genehmigen geruht, dass aus den bestehenden Reserve-Compagnien der Jäger-Truppe zehn Jäger-Bataillone formiert werden. Diese Neuformation wurde am 1. October durchgeführt. In diesem Jahre erhielten alle Infanterie-Regimenter je einen Auditor in der Hauptmanns- oder Oberlieutenants-Charge als Beirath in Justiz-Angelegenheiten. Diese Auditore haben auch die Verpflichtung, den Regiments-Mitgliedern in Rechtssachen hilfreich beizustehen. — Es erfolgte die Auflösung des Militär-Fuhrwesens-Corps und die Errichtung von 3 Train-Regimentern. Weiters gelangte eine »Waffen-Instruction für die Infanterie- und Jägertruppen«, ferner das Gesetz über die Militär-Taxe, den Militär-Taxfonds und die Unterstützung der hilfsbedürftigen Familien von Mobilisierten zur Ausgabe. — Endlich erschien im September eine Neuausgabe des Exercier-Reglements I. und II. Theil für die Fußtruppen, welches mit 1. October in Kraft trat.

Im Monate März wurde dem Regimente die Bestimmung der Verlegung nach Bosnien bekanntgegeben. Dieser Dislocationswechsel hatte am 31. März zu beginnen und war ohne Unterbrechung mit normalem Friedensstande durchzuführen. — Die Familien sowie die großen Bagagen blieben zurück.

Am 23. März erschien vom General-Commando Brünn nachstehender Befehl:

»Während ununterbrochener 11jähriger Garnisonierung im General-Commando-Bereiche hat sich dieser brave Truppenkörper durch militärischen Geist, musterhafte Mannszucht, gründliche Ausbildung und eifrige Pflichterfüllung ausgezeichnet. Es gereicht mir daher zur wahren Befriedigung, diesem Regimente bei seinem Scheiden im Namen des Allerhöchsten Dienstes meine volle Zufriedenheit und Anerkennung hiemit öffentlich auszusprechen, und danke ich insbesonders den Stabs- und Oberofficieren für ihre vortreffliche Einwirkung, sowie für die schöne echt kameradschaftliche Haltung, die sie während der ganzen Zeit unverändert bewahrt haben«.

Den 30. März feierte das Officiers-Corps ein glänzendes Abschiedsfest. — Tags darauf besichtigte der Divisionär, Seine Excellenz Feldmarschall-Lieutenant Ludwig Fröhlich von Elmbach, das in Marschadjustierung ausgerückte Regiment und verabschiedete sich in der herzlichsten Weise.

Am 1. April erfolgte der Abmarsch des Regimentes mittelst Bahn nach Wien, woselbst Seine Excellenz der Regiments-Inhaber Feldzeugmeister Freiherr von Packenj das

Regiment begrüßte. — Dasselbe wurde in Fünfhaus bequartiert. — Am 3. April erfolgte der Weitermarsch in zwei Staffeln über Wiener-Neustadt, Kanisza, Villany, Esseg nach Slavonisch-Brod, wo sich das Regiment wieder vereinigte. — Den 5. April rückte das Regiment über die Savebrücke zu Fuß nach Bosnien. — Die 9. Compagnie unter Commando des Hauptmanns Alfred Ritter von Sypniewski blieb in Bosnisch-Brod, das Regiment rückte auf der Etappenlinie weiter in folgende Stationen: Regiments- und 1. Bataillons-Stab, 1. und 2. Compagnie nach Maglaj, 3. und 4. Compagnie nach Doboj, 2. Bataillons-Stab mit der 5. und 6. Compagnie nach Zenica, 7. und 8. Compagnie nach Zepče, 3. Bataillons-Stab, 11. und 12. Compagnie nach Dervent, 10. Compagnie nach Kotorsko. — Eine schmalspurige Eisenbahn führte damals von Brod nach Zenica, die weitere Strecke bis Sarajevo war nur traciert. — Das Regiment war mit Ausnahme von Brod und Dervent, wo die ehemalige türkische Karaula, ein Zollhaus und eine gemauerte Kaserne bestand, in den anderen Stationen in hölzernen, provisorisch erbauten Baracken bequartiert. — Das Regiment erhielt seine Eintheilung in die 26. Infanterie-Brigade, Generalmajor Peter Kukulj, und XIII. Infanterie-Truppen-Division des Feldmarschall-Lieutenants Stransky. An der Spitze des General-Commandos stand Seine königliche Hoheit Herzog Wilhelm von Württemberg. — Im Juli wurde das Regiment in den verschiedenen Stationen durch Seine königliche Hoheit inspiciert und hat derselbe über die Haltung und den Grad der Ausbildung des Regimentes seine vollste Zufriedenheit ausgesprochen.

Mit Allerhöchster Entschließung Seiner k. u. k. Apostolischen Majestät vom 11. Juli wurde der Commandant der 26. Infanterie-Brigade Generalmajor Peter Kukulj in gleicher Eigenschaft zur 1. Infanterie-Brigade übersetzt und mit Allerhöchster Entschließung vom 26. September Oberst Theodor von Risch zum Commandanten der 25. Infanterie-Brigade ernannt, unter welche das Regiment gestellt wurde.

Im Monate August wurde der XIII. Infanterie-Truppen-Divisions-Stab von Dolna Tuzla nach Laibach verlegt. — Der in Dolna Tuzla verbliebene Brigade-Stab wurde dem General-Commando direct unterstellt. — Im Monate September fand ein theilweiser Wechsel in den einzelnen Stationen statt, u. zw. wurde die 1. und 2. Compagnie von Maglaj nach Doboj, die 3. und 4. Compagnie von Doboj nach Maglaj, die

10. Compagnie von Kotorsko nach Dervent und die 11. Compagnie von Dervent nach Kotorsko verlegt. — Im Verlaufe des Sommers wurde eine Compagnie nach Orahowica dislociert, im September jedoch nach Zepče verlegt. — In Orahowica blieb nur ein Detachement von 24 Mann unter Commando des Lieutenants Rozwadowski zurück. Das Regiment hatte die specielle Aufgabe, die Sicherheit des Verkehres zu erhalten. — Es wurde demnach längs der Eisenbahnlinie, welche keine Bahnwächter hatte, ununterbrochen patrouilliert. — Auch wurden öfters Streif-Commanden entsendet. — Die Streifungen sollten auf den Hauptverkehrslinien der Landbevölkerung gegenüber moralischen Einfluss hervorrufen; manchmal hatten diese Streifungen besondere Aufgaben und Bestimmungen. — In diesem Jahre wurden Streifungen vom Oberlieutenant Białowolski, Lieutenant Kempski und Lieutenant Wasilewski vorgenommen. — Am 8. October übernahm Generalmajor Theodor Braunmüller von Tannbruck das Commando der XIII. Infanterie-Truppen-Division und wurde dasselbe nach Banjaluka verlegt. — Im October trat das Regiment, wie bereits gesagt wurde, unter das Commando der 25. Infanterie-Brigade in Trawnik.

In diesem Jahre fanden keine größeren Übungen statt. Trotz der neuen und eigenartigen Verhältnisse, in welche das Regiment getreten, und der vielseitigen Entbehrungen, aufopfernden und mannigfaltigen Dienste, war es den Officieren in kürzester Zeit gelungen, sich in die Zustände hineinzufinden. Zwischen Soldaten und Landbevölkerung herrschte das allerbeste Einvernehmen und insbesondere das Officierscorps wusste sich durch sein würdevolles Benehmen und Achtung der religiösen Sitten und Gebräuche hohes Ansehen und Anerkennung bei allen Nationen zu verschaffen.

Laut Personal-Verordnungsblatt Nr. 2 vom 15. Jänner geruhten Seine k. u. k. Apostolische Majestät dem Regimentsarzt Dr. Ferdinand Sonnenwend in Anerkennung hervorragender Leistungen im Militär-Sanitätsdienste das goldene Verdienstkreuz mit der Krone allergnädigst zu verleihen.

Das Reserve-Commando hat in diesem Jahre die Übungen der XXIV. Infanterie-Truppen-Division in Przemysl mitgemacht, worauf ein Marschmanöver — Armeecorps gegen Armeecorps — im Beisein Seiner Majestät des Kaisers vom 5. bis 10. September zwischen Lemberg und Przemysl stattfand.

Die XII. und XXIV. Truppen-Division und die 1. Cavallerie-Truppen-Division unter Commando des Feldmarschall-Lieutenants Bienerth bildeten das Westcorps, die Truppen Ostgaliziens unter Commando des Feldmarschall-Lieutenants Freiherrn von Litzelhofen das Ostcorps. Das Regiment bildete mit den Reserve-Commanden Nr. 77 und 45 die 48. Brigade unter Commando des Generalmajors Latterer. Die XXIV. Division commandierte Feldmarschall-Lieutenant Baron Teuchert-Kaufmann. Die Compagnien waren durch Einberufung von je 40 Mann Reserve auf 100 Mann gebracht. Das 4. Bataillon war im Fort Dankowiszki, das 5. im Fort Orzechowce untergebracht. — Während der Schlussmanöver cantonierten die Bataillone in Medyka, Tulygłowy und Dołhemosciska. — Am letzten Manövertage wurde das Reserve-Commando der Colonne des Generalmajors Nikolaus Herzog von Württemberg zugetheilt, war von 4 Uhr früh bis 7 Uhr abends ohne Abkochen am Marsche und hatte trotz dieser Strapaze keine Maroden. Nach Schluss dieser Manöver geruhten Seine Majestät der Kaiser an den commandierenden General zu Lemberg, Feldmarschall-Lieutenant Freiherrn von Litzelhofen nachstehendes Allerhöchstes Handbillet zu erlassen:

Lieber Feldmarschall-Lieutenant Freiherr von Litzelhofen!

Während Meiner Anwesenheit in Galizien und bei Gelegenheit der großen Manöver habe Ich Mich von der gründlichen Ausbildung, dem guten Aussehen und der militärischen Haltung der Truppen des Ihren Befehlen unterstehenden Generalates überzeugt, wie nicht minder in den von Mir besichtigten Militär-Anstalten und Etablissements mit Befriedigung musterhafte Ordnung und einen geregelten Dienstbetrieb wahrgenommen.

Ebenso haben auch die anlässig der Manöver vereinigten Landwehrabtheilungen Mich in jeder Hinsicht zufriedengestellt.

Speciell muss Ich ferner noch die richtige Führung der Generale, sowie die correcte Befehlgebung und die aufmerksame Leitung der Truppen im Terrain lobend hervorheben.

Indem Ich Ihnen aus diesem Anlasse für Ihre instructive Einwirkung Meinen Dank und Meine volle Anerkennung ausspreche, beauftrage Ich Sie, allen Generalen, den Stabs- und Oberofficieren, sowie der Mannschaft des stehenden Heeres und der Landwehr Meine besondere Zufriedenheit bekanntzugeben.

Krysowice am 10. September 1880.

Franz Joseph m. p.«

Vorstehendes Allerhöchstes Handschreiben wurde vom commandierenden General nachstehend verlautbart: »Indem ich dieses Allergnädigste hochbeglückende Handschreiben zur allgemeinen Kenntnis bringe, danke ich allen Herren Generalen, Stabs- und Oberoffcieren für ihre erfolgreiche Einwirkung auf die Mannschaft, für das rege Pflichtgefühl, das sie stets an den Tag legten; der Mannschaft aber für den guten Geist und für die unverdrossene Ausdauer, mit welcher sie sich der theoretischen und praktischen Ausbildung und den damit, sowie mit den großen Waffenübungen verbundenen unvermeidlichen Anstrengungen unterzogen«.

»Dieser Befehl ist an die Mannschaft in der Muttersprache bei der Befehlausgabe bekanntzugeben«.

»Litzelhofen m. p., Feldmarschall-Lieutenant.«

Das Reserve-Commando kehrte von Grodek mittelst Eisenbahn nach Stryj zurück.

Laut Verordnungsblatt vom 21. Februar wurde der Brigadier Generalmajor Wilhelm Pilati Edler von Tassulen in den Ruhestand versetzt und Generalmajor Ed. Mingazzi di Modigliano zum Brigadier ernannt.

Ernannt wurden:

zu Hauptleuten 2. Classe die Oberlieutenante: Adolf Střihafka und Franz West; zum Oberlieutenant der Lieutenant Alexander Wasilewski; zu Lieutenanten: die Cadet-Officiers-Stellvertreter Josef Stasyszyn, Ottmar Spielvogel und Heinrich Hacha; zu Cadetten nach Absolvierung der Cadetten-Schulen deren Frequentanten: Adalbert Schneider, Eduard Bezdiczka, Josef Dybel, Alois Ormezowski, Adolf Uxa, Franz Kwapil, Alfred Edler von Ruckstuhl, Johann Diwisch, Carl Ortwein, Carl Swoboda und Anton Ritter von Schätzel. Die Hauptleute 1. Classe Alphons Makowiczka und August Freiherr von Hohenbühel genannt Heufler zu Rasen wurden zum Generalstabe einrückend gemacht.

Hauptmann 1. Classe Adolf Weydner wurde zum Infanterie-Regimente Nr. 41 transferiert; Oberlieutenant Julius

Keltscha dem Generalstabe zugetheilt; weiter Hauptmann Franz Grimm zum Infanterie-Regimente Nr. 77 und Hauptmann Franz Antony zum Regimente transferiert.

Mit Wartegebür wurde beurlaubt Hauptmann 1. Classe Viktor Pankiewicz. Oberlieutenant Johann Wenzel wurde dem militär-geographischen Institute zugetheilt, Hauptmann 1. Classe Alois Eder in den Ruhestand versetzt. Zu Lieutenanten in der Reserve wurden die Cadetten-Officiers-Stellvertreter Alexander Kobrynski und Anton Urbanek, zum Cadeten in der Reserve der Reserve-Unterofficier Basil Didoszak ernannt.

In die nicht active Landwehr wurden übersetzt die Lieutenante in der Reserve: Felix Hönigsmann, Alfred Bandrowski de Nowosielce, Casimir Ritter von Rudnicki, Bronislaus Ritter Nartowski de Trzaska, Engelbert Kořistka, und nach bereitsvollstreckter Wehrpflicht, auf eigenes Ansuchen, der Oberlieutenant der Reserve Carl König.

Weiters fanden nachstehende Transferierungen statt: Die Regiments-Ärzte 2. Classe Dr. Ferdinand Sonnenwend, Dr. Georg Mauder und der Ober-Wundarzt Johann Habrich wurden vom Regimente abtransferiert, dagegen der Regiments-Arzt 1. Classe Dr. Josef Reichert, die Regiments-Ärzte 2. Classe Dr. Franz Voita, Dr. Florian Löhnert, Dr. Heinrich Klier, die Ober-Ärzte Dr. Alexander Kropsch und Dr. Wenzel Novak zum Regimente eingetheilt.

Weiters wurde Hauptmann-Rechnungsführer Carl Bach abtransferiert, dagegen der Oberlieutenant-Rechnungsführer Andreas Herth und Lieutenant-Rechnungsführer Ludwig Vestner zum Regimente übersetzt.

RANGSLISTE
VOM 31. DECEMBER 1880.

Oberst-Inhaber: Friedrich Freiherr Packenj v. Kilstädten.
Regiments-Commandant: Oberst Heinrich Pelican.
Reserve-Commandant: Oberst Hans Graf von der Schulenburg.
Oberstlieutenant: Johann Bissinger.
Majore: Wilhelm Prokopp, Heinrich Czetsch von Lindenwald, Erwin Niemetz, Felix Ritter von Manasterski.
Hauptleute 1. Classe: Adolf Rosenkranz (ü.-c. beim Generalstabe), Gotthard Ludwik (Wartegebür), Otto Lawatschek, Josef Časek, Carl van der Abeele, Philipp Dausch, Franz Antony, Johann Schweyda (Kriegsschul-Adjutant), Adolf Kohmann, Franz Hammer, Anton Köhler, Viktor Pankiewicz, Josef Dobiasch, Alfred

Ritter von Sypniewski, Franz Lyszkowski, Adolf Günz, Casimir Pomiankowski.

Hauptleute 2. Classe: Erwin Maier, Johann Zotter, Ferdinand Wallek, Konstantin Ivančević, Josef Salinger (ü.-c. im Ministerium), Carl Wehrstein, Alfred Zachar, Faustin Pochowski, Adolf Strihafka, Franz West.

Oberlieutenante: Béla Kuderna (Cadettenschule zu Wien,) Franz Rössel, Peter Ilnicki, Franz Pekarek, Camillo Wayer Edler von Stromwell, Carl Tracikiewicz (Unterrealschule zu St. Pölten), Franz Gugubauer, Basil Białowolski, Ladislaus Jabłoński, Alexander Hladjk, Carl König (Reserve), Johann Rössel, Reinhard Scherer, Julius Hoffmann, Julius Keltscha (zugetheilt dem Generalstabe), Johann Wenzel, Franz Neumayer (ü.-c. beim Generalstabe), Alexander Wasilewski, Josef Radawiecki, Josef Nechay Ritter von Felseis, Josef Pistol, Josef Kastner, August Schmeisser (Intendanzcurs), Alexander Petschacher, Wilhelm Petschacher.

Lieutenante: Jacob Krejči, Anton Serwacki, Josef Přikryl, Burghard Brázda, Edmund Baderle, Edmund Bobik, Peter Ptaček, Emil Ratschitzky, Gabriel Hřiwna, Andreas Warchot, Alois Weinmann, Josef Braun, Vincenz Cunz Ritter von Kronhelm, Carl Kempski von Rakoszyn, Ludwig Dietz, Hubert Dutka, Ludwig Fuglewicz, Ferdinand Sušicki, Carl Zurbuch, Stanislaus Ritter von Rozwadowski, Eugen Hinnek, Josef Kwiatkowski, Simon Skrypuch, Josef Stasyszyn, Ottomar Spielvogel, Heinrich Hacha, Wilhelm Hübner.

Cadet-Officiers-Stellvertreter: Marian Orzelski, Johann Obermeier, Albert von Engel.

Regiments-Adjutant: Oberlieutenant Franz Rössel.

Reserve-Adjutant: Lieutenant Alois Weinmann.

Ergänzungsbezirks-Officier: Oberlieutenant Julius Hoffmann.

Proviant-Officier: Oberlieutenant Josef Přikryl.

Regimentsärzte I. Classe: Dr. Jacob Eisenberg, Dr. Richard Ardelt, Dr. Josef Reichert.

Regimentsärzte 2. Classe: Dr. Franz Vojta, Dr. Florian Löhnert, Dr. Heinrich Klier, Dr. Ignaz Link.

Oberärzte: Dr. Josef Odstričilik, Dr. Vincenz Nawratil, Dr. Alexander Kropsch, Dr. Wenzel Nowak.

Assistenzärzte: Bernhardt auch Hermann Dr. Beer recte Wieselthier, Dr. Alexander Jacobi.

Hauptmann-Rechnungsführer: Josef Rohr.

Oberlieutenant-Rechnungsführer: Andreas Herth.

Lieutenant-Rechnungsführer: Lud. Vestner, Bartholomäus Hudeček.

Mit Allerhöchster Entschließung Seiner k. u. k. Apostolischen Majestät vom 21. März wurde Generalmajor Josef Latterer Ritter von Lintenburg, Commandant der 48. Infanterie-Brigade, in den Ruhestand versetzt und ihm bei diesem Anlasse der Feldmarschall-Lieutenants-Charakter ad 1881.

honores und weiter in Anerkennung seiner langjährigen im Frieden und im Kriege vorzüglichen Dienstleistungen das Ritterkreuz des Leopold-Ordens Allergnädigst verliehen. Mit derselben Allerhöchsten Entschließung wurde Oberst Wilhelm Gruhl, Commandant des Infanterie-Regimentes Nr. 55, zum Commandanten der 48. Infanterie-Brigade ernannt.

Mit 1. Jänner wurde ein Frühstückgeld von 1·25 Kreuzern normiert.

Im Regimente fanden in diesem Jahre keine größeren Übungen statt; nur die Bataillone wurden in ihren Stabsstationen concentriert. Zu den großen Marschmanövern nächst Sarajevo, in der Zeit vom 10. bis 20. September, wurde nur das 2. Feldbataillon aus Zenica zugelassen.

Das Reserve-Commando machte dagegen in diesem Jahre die Übungen mit gemischten Waffen in Sambor unter Commando des Generalmajors Wilhelm Gruhl mit. Die Divisions-Übungen fanden in Przemsyl unter Commando Sr. Excellenz des Feldmarschall-Lieutenants Teuchert-Kaufmann statt. Das Reserve-Commando wurde während dieser Zeit in Dunkowieczki untergebracht.

Mit Allerhöchster Entschließung vom 6. April wurde Se. Excellenz der commandierende General von Lemberg, Feldmarschall-Lieutenant Eduard Freiherr von Litzelhofen, zum commandierenden General in Prag, und Seine königliche Hoheit Feldzeugmeister Wilhelm Herzog von Württemberg, commandierender General in Sarajevo und Chef der Landesregierung für Bosnien und die Hercegovina, zum commandierenden General in Lemberg ernannt.

Mit derselben Allerhöchsten Entschließung wurde der Stellvertreter des commandierenden Generals in Sarajevo und Chef der Landes-Regierung für Bosnien und die Hercegovina, Feldmarschall-Lieutenant Hermann Freiherr Dahlen von Orlaburg zum commandierenden General in Sarajevo und zum Chef der Landesregierung für Bosnien und Hercegovina ernannt.

Seine k. u. k. Apostolische Majestät geruhten Allergnädigst mit Allerhöchster Entschließung vom 16. April dem Hauptmann 1. Classe Carl van der Abeele in Anerkennung der seit mehreren Jahren belobten, besonders eifrigen und erfolgreichen Truppendienstleistung das Militär-Verdienstkreuz zu verleihen.

Am 5. Mai geruhten Seine k. u. k. Apostolische Majestät Allergnädigst das nachfolgende Allerhöchste Befehlsschreiben zu erlassen:

»Aus Anlass der Vermählung Meines Herrn Sohnes, des Kronprinzen Erzherzog Rudolph, habe Ich Mich bestimmt gefunden, im Namen Meines Herrn Sohnes zehn Freiplätze in den Officiers-Töchter-Erziehungs-Instituten zu Hernals und Ödenburg zu stiften, welche für immerwährende Zeiten den Namen Rudolph-Stephanie-Stiftplätze zu führen haben werden.

Mein Fonds-Director wurde angewiesen, für die Deponierung des erforderlichen Stiftungs-Capitals von Einmalhundert-Tausend Gulden in fünfpercentiger österreichischer Noten-Rente Sorge zu tragen.

Die Verleihung der Stiftungsplätze habe Ich vorläufig Mir vorbehalten und wird bezüglich der Verleihungs-Vorschläge und der Ausfertigung der Verleihungs-Decrete genau derselbe Vorgang einzuhalten sein, welcher bezüglich der Franz-Joseph-Elisabeth-Stiftungsplätze in Meinem Befehlsschreiben vom 21. April 1879 angeordnet wurde.

Wien, den 5. Mai 1881.

Franz Joseph m. p.«

Am 10. Mai 1881, am Vermählungstage des Kronprinzen Rudolph mit der Erzherzogin Stephanie, wurde in allen Stationen des Regimentes ein feierlicher Gottesdienst abgehalten, zu welchem die Spitzen der Behörden geladen wurden. 1881.

Im Sommer kam aus unbekannten Ursachen in der Transportshauskaserne in Stryj Feuer zum Ausbruch, welches den größten Theil der Magazins-Vorräthe des 4. Feld-Bataillons vernichtete.

Die Ausbildung der Rekruten erfolgte in diesem Herbst für das ganze Regiment in Stryj, worauf dieselben im Monat November unter Commando des Hauptmannes Casimir Pomiankowski nach Bosnien geführt wurden.

Infolge Allerhöchster Entschließung Seiner k. u. k. Apostolischen Majestät vom 27. März wurde der bisherige Commandant der 30. Infanterie-Brigade, Generalmajor Josef Krzisch, zum Commandanten der XIII. Infanterie-Truppen-Division ernannt.

Seine k. und k. Apostolische Majestät geruhten Allergnädigst mit Allerhöchster Entschließung vom 19. Juni die Übernahme des Oberstlieutenants Johann Bissinger in den Ruhestand anzuordnen und demselben bei diesem Anlasse in Anerkennung seiner langjährigen, ersprießlichen und vor dem Feinde ausgezeichneten Dienstleistung den Obersten-Charakter ad honores zu verleihen.

Mit Allerhöchster Entschließung Seiner k. und k. Apostolischen Majestät vom 26. December wurde ernannt: zum Oberstlieutenant der Major Wilhelm Prokopp; zum Major der Hauptmann 1. Classe Van der Abeele.

Weiters wurde ernannt: zum Hauptmann 1. Classe der Hauptmann 2. Classe Erwin Meier; zu Hauptleuten 2. Classe die Oberlieutenante: Mathias Franič des Infanterie-Regimentes Nr. 12, Alexander West des Infanterie-Regimentes Nr. 68 und Béla Kuderna; zu Oberlieutenanten die Lieutenante: Jacob Krejči, Anton Serwacki, Josef Přikryl, Burghard Brázda; zu Lieutenanten die Cadet-Officiers-Stellvertreter: Marian Orzelski, Josef Jiru und Johann Obermayer; zu Cadetten nach Absolvierung der Cadettenschulen deren Frequentanten: Wilhelm Glümpler, Ottokar Wolf, Alois Thiel, Wenzel Henneberg, Ignatz Kosch, Georg Sertić und Josef Jelen; zum Regimentsarzt 2. Classe der Oberarzt Dr. Wenzel Horák; zu Lieutenanten in der Reserve: Wolf Brandler und Eduard Schiffer.

Übersetzt wurden: Hauptmann 1. Classe Emanuel Löschner vom Infanterie-Regiment Nr. 35; die Lieutenante: Ladislaus Ritter von Kaminski vom Infanterie-Regimente Nr. 45; die Oberlieutenant-Rechnungsführer: Franz Neumann vom Feld-Artillerie-Regimente Nr. 1 und Maximilian Popović vom Infanterie-Regimente Nr. 78; die Regimentsärzte 2. Classe: Dr. Florian Löhnert, Dr. Anton Pečenka und Dr. Wladimir Witwicki Ritter von Waszkiewicz zum Regimente.

Mit Wartegebür wurde Hauptmann 2. Classe Carl Wehrstein beurlaubt. Der im Stand der Theresianischen Akademie zu Wiener-Neustadt im Regimente übercomplet geführte Hauptmann 1. Classe Philipp Dausch wurde mit 16. August zum Regimente einrückend gemacht. Hauptmann Johann Schweyda wurde mit 1. September zum Generalstabe commandiert.

In den Ruhestand wurden versetzt: Hauptmann 1. Classe Philipp Dausch, Hauptmann 2. Classe Alfred Zachar und Regimentsarzt 1. Classe Dr. Jacob Eisenberg.

In die nicht active Landwehr wurden nachstehende Lieutenante der Reserve übersetzt: Heinrich Wachmann, Carl Svarowsky, Josef Kurowski, Rudolf Kollik und Josef Krammer.

Infolge angeführter Änderungen wurde dem Major Carl Van der Abeele das Commando des 1. Feld-Bataillons, dem Hauptmann Emanuel Löschner das Commando der 11., dem Hauptmann Alexander West jenes der 12. und dem Hauptmann Mathias Franič das der 20. Feld-Compagnie verliehen.

XIV. PERIODE.

DAS JAHR 1882.

Die in den occupierten Provinzen ausgebrochenen Unruhen veranlassten das 15. Corps-Commando, das 2. Feld-Bataillon des Regimentes nach Sarajevo zu verlegen. Den 7. Jänner erhielt das Bataillon den Marschbefehl, worauf es bis Blažuj vorrückte. In Beurlaubung des Majors Felix Ritter von Manasterski führte Hauptmann Heinrich Janovski das Commando. Es commandierten:

die 5. Compagnie Hauptmann Adolf Gintz,
» 6. » Oberlieutenant Ladislaus Jabłoński,
» 7. » Hauptmann Casimir Pomiankowski,
» 8. » » Adolf Kohmann.

Die Compagnien hatten einen durchschnittlichen Stand von 80 Mann.

Von Blažuj marschierten die 5. und 6. Compagnie nach Sarajevo, die 7. und 8. nach Tarčin.

Über Befehl des General-Commandos Sarajevo wurde den 20. Jänner die 8. Compagnie nach Konjica verlegt, woselbst eine Compagnie des Infanterie-Regimentes Nr. 1. stationiert war, um die Militär-Etablissements an beiden Narenta-Ufern zu schützen. Verschiedene untrügliche Anzeichen ließen voraussetzen, dass die Insurgenten von der Vrabac planina einen Überfall dieses Ortes planten.

Obwohl sich die Bewohner anscheinend ruhig verhielten, wurde doch constatiert, dass sie durch Lichtsignale mit den Aufständischen Verbindung unterhielten. Konjica musste daher nach Möglichkeit gesichert werden; eine am rechten Narenta-Ufer gelegene und nicht mehr benützte Moschee, welche den östlichen Orts-Eingang beherrschte, wurde durch Oberlieutenant Reinhard Scherer mit 30 Mann, eine zweite Moschee durch die k. k. Gendarmerie besetzt. Auch das günstig gelegene Pfarrhaus erhielt eine Besatzung.

Von diesen Maßregeln verständigt, unterließen die Insurgenten den geplanten Angriff.

Am 23. erfuhr Hauptmann Adolf Kohmann in Konjica, dass ein Überfall neuerdings bevorstehe. Er sandte demnach einen vertrauten Boten nach Tarčin und verlangte eine entsprechende Unterstützung. Hauptmann Casimir Pomiankowski marschierte demnach, die Gefahr erkennend, ohne jeden Befehl, unter Zurücklassung von 7 Mann und der Bagage, mit seiner Compagnie nach Konjica, wo er mit Jubel von der schwachen Garnison und der Bevölkerung empfangen wurde. Insbesonders waren die im Konak versammelten Familien der Beamten erfreut, da für die Nacht ein Überfall allgemein besorgt wurde. Es sammelten sich thatsächlich Insurgenten auf den umliegenden Höhen von Konjica. Man sah ihr Lagerfeuer und konnte deutlich ihr Lärmen vernehmen.

In dieser Situation erhielt das Militär-Stations-Commando am 25. Jänner vom 18. Infanterie-Truppen-Divisions-Commando den Befehl, mit allen zu Gebote stehenden Mitteln in Erfahrung zu bringen, wo das Gros der Insurgenten in dem Raume Glavatičevo — Ulok — Zimje Lagerfeuer unterhalte; das Resultat war schon am nächsten Tage zu melden.

Dieser Befehl bedingte eine nächtliche scharfe Recognoscierung gegen Borke, von wo aus ein günstiger Überblick zu erhoffen war.

Gefecht auf der Vrabac-Planina.*)

Da es weiters dem Stations-Commando bekannt war, dass auf dem Vrabac-Berg Knez Johann Smerki mit etwa 100 Insurgenten stehe, so war es gewiss, dass die Durchführung des Auftrages nur durch ein Gefecht bei Nacht zu ermöglichen sei.

Hauptmann Pomiankowski bestimmte zu diesem Unternehmen die 7. und 8. Compagnie, während die 1. Compagnie des Infanterie-Regimentes Nr. 1 als Besatzung in Konjica zurückblieb. Die Absicht des Hauptmannes Pomiankowski war, auf dem Saumwege nach Han Borke vorzurücken.

Das Detachement bestand aus 6 Officieren und 131 Mann. Die Mannschaft war feldmäßig ohne Tornister ausgerüstet, für jedes Gewehr wurden 98 Patronen und per Mann Brod und Conserven mitgenommen.

Der Aufbruch erfolgte den 23. Jänner um 4 Uhr nachmittags.

Die Schilderung der kriegerischen Begebenheiten dieses Jahres aus: »Episoden aus den Kämpfen der k. k. Truppen im Jahre 1882«. Von Karl Kandelsdorfer, Oberlieutenant. — Wien, Selbstverlag.

Die Hauptgruppe, die 7. Compagnie unter dem Commando des Hauptmannes Pomiankowski mit Oberlieutenant Jakob Krejči und Lieutenant Stanislaus Ritter von Rozwadowski, rückte gegen den höchsten Punkt des Vrabac-Berges, auf welchem der linke Flügel der Insurgenten stand. 2 Züge der 8. Compagnie unter Hauptmann Adolf Kohmann mit Lieutenant Ottmar Spielvogel bildeten die rechte Seiten-Colonne und sollten eventuell den gegnerischen linken Flügel umfassen. 1 Zug der 8. Compagnie unter Oberlieutenant Reinhard Scherer, die linke Seiten-Colonne, erhielt die Direction Borke. Jeder Colonne waren zwei Gendarmen als Führer beigegeben.

Die Vorrückung der 7. Compagnie über den pfadlosen und steilen Westabfall der Vrabac-Planina war unendlich beschwerlich. Nur mit großer Anstrengung konnte nach zweieinhalb Stunden Bjela erreicht werden, woselbst diese Colonne zwar angeschossen wurde, aber dennoch ihren Marsch bis vor das Défilé fortsetzen konnte. Vor demselben blieb Hauptmann Pomiankowski stehen und wartete das Anlangen der rechten Seiten-Colonne ab. Mittlerweile recognoscierte er das Vorterrain, wobei er mehrere Lagerfeuer und Lichtsignale gewahrte.

Nach dem Eintreffen der rechten Seiten-Colonne setzte Hauptmann Pomiankowski um dreiviertel 9 Uhr abends die Vorrückung fort, um vor allem das etwa 200 Schritt lange, 20 Schritt breite, von Abgründen und steilen Felswänden gebildete und hie und da bebuschte Défilé zu passieren.

Oberlieutenant Krejči mit der Vorpatrouille wurde alsbald vom Gegner beschossen. Das Aufblitzen der Schüsse ließ die Ausdehnung der gegnerischen Stellung mit vorgeschobenem rechten Flügel erkennen. Trotz des hiedurch entstandenen Kreuzfeuers schaffte Oberlieutenant Krejči durch sein entschlossenes Vorgehen den nöthigen Entwicklungsraum, worauf sich die Colonne ins Gefecht setzte. Hiebei musste wiederholt das Feuer, um nicht durch jenes der eigenen Leute zu leiden, eingestellt werden, was jedesmal mit großer, geübte Feuerdisciplin bekundender Präcision bewerkstelligt wurde.

Oberlieutenant Krejči näherte sich mit seinen Leuten sprungweise bis auf 50 Schritt der feindlichen Feuerlinie und leuchtete seiner Abtheilung als glänzendes Beispiel heroischen Muthes voran. Leider wurde aber dieser brave Officier bald von einer feindlichen Kugel am Kopfe getroffen und stürzte schwer verwundet zusammen. Mit dem Sinken des Führers sank auch für einen Augenblick der Muth der Seinen; allein Cadet-Feldwebel Ottokar Wolf, welcher in diesem kritischen Momente mit der Unterstützungs-Abtheilung energisch vorbrach, riss die schwankende Mannschaft mit sich fort, wobei sich auch Schwarmführer Anton Pilch ganz besonders durch gute Einwirkung auf die Soldaten hervorthat.

Hauptmann Casimir Pomiankowski sah ein, dass die Entscheidung rasch herbeigeführt werden müsse; er befahl daher dem Hauptmann Adolf Kohmann, den rechten Flügel zu verstärken und vorzurücken. Da die Insurgenten in diesem Momente jedoch den linken Flügel ernstlich bedrohten, warf sich Hauptmann Kohmann gegen diesen.

An der Spitze seines letzten Zuges stürzt nun Hauptmann Pomiankowski mit lautem Hurrah gegen den Feind. Begeistert durch das Verhalten ihres Commandanten, erklimmen die tapferen Soldaten die steilen Höhen, um dem Gegner an den Leib zu rücken. Dieser jedoch, eingeschüchtert durch das entschlossene Vorgehen der Truppe, räumt eilig die Stellung und verschwindet, 6 Todte zurücklassend, im Dunkel der Nacht. Hauptmann Pomiankowski rückt nun mit seiner siegreichen Abtheilung auf dem Wege über den östlichen Abhang des gegen die Čičeva-Kula ziehenden Gebirgsrückens weiter, um sich mit der linken Seiten-Colonne zu vereinigen.

Diese musste auf den felsigen, wild zerklüfteten und pfadlosen Abhängen des Vrabac-Berges gegen Borke vorrücken. Trotz der vielen, den Marsch verzögernden Hindernisse stand die Colonne schon um 7 Uhr abends bei Čaič, also fast im Rücken jener Insurgenten, gegen welche Hauptmann Pomiankowski kämpfte, und wirkte durch ihr Erscheinen auf den Gegner ein. Es gelang dieser Colonne ebenfalls die bei Glavatičevo sichtbaren zahlreichen Lagerfeuer abzuzählen.

Am 26. früh vereinigten sich beide Colonnen bei Han Borke, von wo das Detachement nach einstündiger Rast den Rückmarsch nach Konjica antrat, wo es um 9 Uhr vormittags eintraf.

Die Verlust-Eingabe des Halb-Bataillons-Commandanten über das Gefecht auf der Vrabac-Planina weist nach: Oberlieutenant Jacob Krejči, schwer verwundet, Schuss durch den

Kopf; Infanterist Olexa Kałynów, schwer verwundet, Schuss in der Brust; Infanterist Sidor Petrasz, leicht verwundet am rechten Arm; Infanterist Nicol Sikan, schwer verwundet, Schuss durch die rechte Hüfte; Infanterist Maxim. Kunda, schwer verwundet, Schuss in die Nase; Infanterist Michael Müller, schwer verwundet, Schuss durch die rechte Wade.

Unter denjenigen, welche sich während des Gefechtes rühmlich hervorgethan haben, muss vor allem Hauptmann Casimir Pomiankowski genannt werden, welcher durch kluge Dispositionen und Energie im Handeln in einem unbekannten Terrain gegen einen wohlgedeckten, schwer sichtbaren Feind zu siegen verstand. Zum Gelingen dieser schwierigen Expedition setzten die Officiere ihre ganzen Kräfte ein; sowohl Hauptmann Adolf Kohmann als Oberlieutenant Reinhard Scherer haben ihre Aufgaben in der Führung ihrer Abtheilungen glänzend gelöst. Insbesonders muss das Benehmen des Oberlieutenants Scherer hervorgehoben werden, da er durch das Besetzen und Verbleiben im Han Borke dem Commandanten Hauptmann Pomiankowski die sichere Bürgschaft für den vollständigen Rückzug der Insurgenten verschaffte. Laut Gefechts-Relation des Hauptmanns Pomiankowski trug Oberlieutenant Jacob Krejči den hervorragendsten Antheil zu dem glücklichen Erfolge bei. Er führte mit Begeisterung und seltener Todesverachtung seinen Zug an den Feind vor, bis ihn eine feindliche Kugel zu Boden streckte und ihn hinderte, der Erste zu sein auf jener Kuppe, welche er sich, in richtiger Beurtheilung der Gefechts- und Terrainverhältnisse, als Direction genommen hatte und deren Besitz für die Truppen von höchstem Werte war.

Zugsführer Johann Turczyn und die beiden Infanteristen Olexa Kałynów und Sidor Petrasz, welch' letztere in der Nähe des Oberlieutenants Krejči schwer verwundet wurden, gaben während des Vorgehens zum Angriffe Beweise der schönsten Kriegertugenden: Herzhaftigkeit und Tapferkeit, mit denen sie ihre Kameraden mit fortrissen. Zugsführer Turczyn sammelte den Zug des verwundeten Oberlieutenants Krejči hinter einer Deckung, so dass er schon nach wenigen Augenblicken wieder in der Verfassung war, vorzugehen.

Zugsführer Nikolaus Myssiów hatte während des Gefechtes seine Eintheilung hinter dem 3. Zuge, da er die Stelle des Feldwebels vertrat. Kaum hörte er von der Verwundung des Oberlieutenants Krejči, so verließ er sofort seinen Platz und eilte im feindlichen Feuer zum rechten Flügel, um dort das Commando über den 1. Zug zu übernehmen, den er dann erneuert gegen jene Kuppe vorführte, von der Oberlieutenant Krejči vor seiner Verwundung Besitz ergreifen wollte.

Besonders hervorgehoben zu werden verdient weiters das entschlossene Verhalten des Cadet-Feldwebels Wolf und seines Schwarmführers, des Gefreiten Anton Pilch, welche nach dem Zurückweichen des 1. Zuges durch herzhaftes Zureden und durch das eigene Beispiel den momentan gesunkenen Muth ihrer Mannschaft neu belebten. Es bedurfte nur eines solchen Beispieles, um die Mannschaft von dem zum ersten Male empfundenen Eindrucke, den der Fall ihres Officiers verursachte, zu befreien und ihr die gewohnte Ruhe und den alten Muth wieder einzuflößen.

Infanterist Anton Mikulski war bei jeder Vorrückung des 3. Zuges der erste und eiferte seine Kameraden durch Wort und That zum energischen Vorgehen an.

Hornist Peter Zapłatynski und Infanterist Onysko Wołczak, letzterer mit der Sanitäts-Tragbahre ausgerüstet, giengen ihrem Compagnie-Commandanten nicht von der Seite, ersparten demselben die Gefechts-Ordonnanzen und gaben nebst dem Beweise muthiger Pflichterfüllung noch jenen treuer Anhänglichkeit an die Person ihres Hauptmanns; hauptsächlich war dies bei dem Infanteristen Wołczak der Fall, der seine Eintheilung eigentlich hinter der Unterstützung hatte, es aber freiwillig vorzog, seinem Compagnie-Commandanten überall zu folgen.

Von den beiden Zügen der 8. Compagnie, welche anfänglich die Unterstützung bildeten, zeichneten sich Feldwebel Carl Skarda und Infanterist Marko Łopianecki, von der linken Flügel-Colonne Gefreiter Bernhard Zwiefelhofer durch besondere Entschlossenheit, Umsicht und lebhafte Aneiferung der Mannschaft aus.

Es verdient an dieser Stelle das überaus loyale Benehmen des römisch-katholischen Pfarrers von Konjica, Fra Andrea Saravania, hervorgehoben zu werden. Er war den Truppen stets willfährig, sorgte für gute und verlässliche Führer und spendete, trotz eigener Armuth, der am Gefechte theilgenommenen Mannschaft 40 Oka Wein.

Noch sei das Schicksal der 5. und 6. Compagnie nachgetragen. Nach dem Eintreffen in Sarajevo erhielt dieses

Halbbataillon den Befehl, nach Goražda vorzurücken, von wo die 5. Compagnie mit dem Bataillonsstabe nach Prača, die 6. nach Pale verlegt wurde.

Gefecht am Mrezica-Sattel.

Den 31. Jänner 1882 erhielt die halbe 6. Compagnie den Befehl, eine am Mrezica-Sattel detachierte halbe Compagnie des Infanterie-Regimentes Nr. 80 abzulösen. Diesem Auftrage gemäß marschierte Oberlieutenant Ladislaus Jabłonski mit dem Cadet-Officiers-Stellvertreter Johann Diwisch und 32 Infanteristen in das Kolinathal, wo er bei Goljević in der linken Flanke und gleich darauf in der Front beschossen wurde, aber trotzdem trachtete, den Marsch fortzusetzen.

Da der Gegner jedoch nach und nach 200 Gewehre ins Gefecht brachte und immer ernstlicher die linke Flanke der Halb-Compagnie bedrohte, so musste Oberlieutenant Jabłonski nach einstündigem hartnäckigen Gefechte den Rückzug antreten. Unter dem Schutze einer vom Cadet-Officiers-Stellvertreter Diwisch geführten kleinen Abtheilung zog sich Oberlieutenant Jabłonski auf eine rückwärts befindliche Höhe der rechten Thalseite, wurde aber auch hier von etwa 50 Insurgenten angegriffen.

Vor 50 Insurgenten weichen 25 Österreicher nicht zurück. Dies bewies der tapfere Oberlieutenant, indem er den weiteren Rückzug erst antrat, nachdem er seinen jetzigen unmittelbaren Gegner, jene 50 Insurgenten, in die Flucht geschlagen hatte, worauf er weiters unbehelligt nach Ustikolina zog.

War es diesem kleinen Detachement auch nicht möglich, den auf der linken Thalseite getroffenen siebenmal stärkeren und gut postierten Gegner zu bewältigen, so hat dasselbe doch glänzende Proben treuer Opferwilligkeit und großen Muthes abgelegt.

Insbesonders zeichnete sich von der Halbcompagnie aus: Hornist Jurko Bycmann durch Muth und Selbständigkeit; als zu Beginn des Kampfes Zugsführer Emil Koupil gefallen war, übernahm Bycmann ohne Befehl das Commando des Schwarmes, eiferte die Leute zum standhaften Ausharren und zur Abgabe eines gutgezielten Feuers an und commandierte diesen Schwarm während des ganzen Gefechtes mit gezogenem Pioniersäbel. Weiters der Gefreite Philipp Bischof und Infanterist Jan Bobowski durch Aneiferung der Mannschaft und durch das eigene Beispiel großer Kaltblütigkeit; endlich Infanterist Johann Krebs durch besonderes ruhiges und sicheres Schießen, sowie durch persönlichen Muth und Unerschrockenheit während des Rückzuges.

Alle diese hervorragend tapferen und verdienstlichen Leistungen geruhte Seine Majestät der Kaiser huldvollst zu belohnen und wurde mit Allerhöchster Entschließung vom 14. Mai verliehen: der Orden der eisernen Krone 3. Classe mit der Kriegsdecoration dem Hauptmann Casimir Pomiankowski; das Militär-Verdienstkreuz mit der Kriegsdecoration dem Hauptmann Adolf Kohmann, ferner angeordnet, dass die Allerhöchste belobende Anerkennung ausgesprochen werde: dem Oberlieutenant Alexander Wasylewski und Jakob Krejči.

Ferner wurde verliehen:

die silberne Tapferkeits-Medaille 1. Classe: dem Hornisten Jurko Bycmann, die silberne Tapferkeits-Medaille 2. Classe: dem Cadet-Feldwebel Ottokar Wolf, Feldwebel Carl Skarda, Zugsführer Nikolaus Myssiow und Johann Turczyn, den Gefreiten Philipp Bischof, Anton Pilch und Bernhard Zwiefelhofer, Infanteristen Johann Krebs, Jan Bobowski, Nachmann Melzer, Anton Mikulski, Sidor Petrasz, Alexander Kalynow, Onysko Wołczak, Hornisten Peter Zaptatynski und Marko Lopianecki.

Endlich wurde dem Pfarrer Andreas Saravania für seine den Truppen geleisteten Dienste das Ritterkreuz des Franz Joseph-Ordens und dem Insassen Georg Zofko, welcher der Colonne des Hauptmannes Adolf Kohmann als Führer erfolgreich diente, das silberne Verdienstkreuz mit der Krone Allergnädigst verliehen.

Den 26. Jänner gelangte vom 18. Infanterie-Truppen-Divisions-Commando folgendes Telegramm an das Militär-Stations-Commando Konjica:

»Heute nachts 12 Uhr haben 2 Compagnien von Konjica aufzubrechen, mit den Insurgenten bei Borke Fühlung zu nehmen, nöthigenfalls gegen Glavatičevo vorzugehen, da am 27. Jänner ein combinierter Angriff der k. k. Truppen aus Mostar-Nevesinje unter Generalmajor von Czveits gegen die Insurgenten bei Glavatičevo stattfinden wird. Jedenfalls ist aber das Durchbrechen der Insurgenten im Narentathale mit aller Macht hintanzuhalten«.

Zur Durchführung dieses Befehles wurde die 7. eigene und die 2. Compagnie des Infanterie-Regimentes Nr. 1 unter Commando des Hauptmanns Wilhelm von Loy bestimmt. Diese rückten bis Jezero vor und besetzten das Narentathal. In dieser Stellung blieb das Detachement bis zum 29. Jänner früh, um welche Zeit der Befehl zum Einrücken nach Konjica eintraf. Hier verdient des braven Zugsführers Josef Fietz der 2. Compagnie des Infanterie-Regimentes Nr. 1 erwähnt zu werden, welcher mit fünf Infanteristen der eigenen und fünf Mann des Infanterie-Regimentes Nr. 1 mit besonderer Bravour und Entschlossenheit gegen Glavatičevo zur Recognoscierung vorrückte und für seine ebenso umsichtige als energische Führung mit der silbernen Tapferkeits-Medaille 1. Classe ausgezeichnet wurde.

Nach Durchführung der geschilderten Recognoscierungen versahen die beiden Compagnien fortwährend einen anstrengenden Patrouillen- und Postbegleitdienst. Den 12. Februar erfolgte die Verlegung derselben nach Blažuj und die Entwaffnung der Ortschaften Glavagodina, Kovači und Hrastnica im Zelaznicathale. — Den 7. März wurde die 7. Compagnie nach Tarčin verlegt. — Den 16. März marschierten die 7. und 8. Compagnie nach Blažuj, woselbst sie mit dem zur Completierung auf den erhöhten Friedensstand eingetroffenen Reservemännern sich vereinigten. Nun erfolgte den 18. der Rückmarsch nach Kiseljak, den 19. nach Buzovača, den 20. nach Zenica und die Fahrt mittelst Bahn nach Maglaj.

Während dieser ganzen Epoche blieb das Regiment in seiner vorjährigen Dislocation, nahm jedoch im Monate Februar einen erhöhten Friedensstand an, welcher per Compagnie auf 4 Officiere und 150 Mann festgestellt wurde. Den 2. März erfolgte die Auszahlung des einfachen Feldausrüstungs-Beitrages.

Denselben Tag wurde nachstehender General-Commando-Befehl publiciert;

»Seine Majestät der Kaiser geruhten allergnädigst den Commandanten, den Officieren und der Mannschaft aller Truppentheile für die unter schwierigen Verhältnissen an den Tag gelegte Ausdauer und in den Kämpfen bewiesene Entschlossenheit die Allerhöchste Zufriedenheit auszusprechen.

Ich bin hoch beglückt, diese überaus huldvollen Worte, mit welchen Se. Majestät der Kaiser, unser Allergnädigster Kriegsherr, die bisherigen Leistungen der Truppen anzuerkennen geruhte, zur allgemeinen Kenntnis bringen zu können.

Dahlen, Feldmarschall-Lieutenant.«

Den 22. Juni fand zu Maglaj die feierliche Vertheilung der Decorationen statt, wozu sämmtliche Officiere nebst Mannschafts-Deputationen dortselbst eintrafen. Das malerisch gelegene Lager an den herrlichen Ufern der Bosna wurde in einen prächtigen Park umgewandelt und decoriert. Das Fest wurde durch eine Retraite und Tagwache mit Musik eingeleitet. Die in Maglaj dislocierten 5 Compagnien rückten mit Fahne und Musik unter Commando des Majors Felix Ritter von Manasterski um 8 Uhr früh aus, worauf ein feierlicher Gottesdienst celebriert wurde. Hierauf hielt Oberst Heinrich Pelican eine zündende Ansprache an das Regiment, in welcher er auf die Tapferkeit der Soldaten und die außerordentliche Huld und Gnade des geliebten Monarchen hinwies, welcher so großmüthig deren Thaten belohnte.

Sodann erfolgte die Defilierung des Regimentes vor den decorierten Kriegern. Bei dem darauf folgenden Diner und der Bewirtung der gesammten Mannschaft gaben zahlreiche Toaste Beweise der stets gleichen, unerschütterlichen Liebe der Soldaten zu ihrem erhabenen Herrn und Kaiser.

Nachdem die zur Niederwerfung des Aufstandes eingeleiteten größeren militärischen Actionen im allgemeinen ihr Ende erreicht hatten, erfolgte im Monate Juli eine theilweise Beurlaubung der Reserve-Mannschaft.

In demselben Monate wurde der 1. Bataillonsstab nach Doboj und die 3. Compagnie nach Gračanica verlegt.

Zufolge a. h. Entschließung Sr. k. u. k. Apostolischen Majestät vom 27. März wurde der bisherige Commandant der 18. Infanterie-Truppendivision Feldmarschall-Lieutenant Joseph Czveits zum Commandanten der 33. Infanterie-Truppendivision undst att seiner Feldmarschall-Lieutenant Freiherr v. Joelson zum Commandanten der 13. Infanterie-Truppendivision in Banjaluka ernannt.

Noch im Monate März wurde die halbe 9. Compagnie aus Bosnisch-Brod nach Prnjavor und die halbe 10. Compagnie von Prnjavor nach Dervent verlegt.

In allen Regimentsstationen versahen die Truppen bis zu ihrem Ausmarsche einen sehr mühsamen Dienst infolge zahlreicher Streifungen und Patrouillierungen, die stets unter dem Commando von Officieren stattfanden.

Laut Verordnungsblatt Nr. 35 vom 7. August haben Seine k. u. k. Apostolische Majestät anzubefehlen geruht, dass den im Occupationsgebiet befindlichen Truppen, welche an den Kämpfen und der Niederwerfung des Aufstandes theilgenommen haben, das Jahr 1882 als ein Kriegsjahr anzurechnen sei.

Mit Ende August erfolgte die Enthebung Sr. Excellenz des Feldzeugmeisters Freiherrn von Dahlen von der Stelle des commandierenden Generals und Chefs der Landesregierung für Bosnien und die Hercegovina und wurde Se. Excellenz General der Cavallerie Freiherr von Appel zum Nachfolger ernannt.

Den 18. September erfolgte die theilweise Verlegung des Regimentes in seine neue Garnison Lemberg, woselbst es den 24. mittelst Eisenbahn eintraf, während das 3. Feld-Bataillon unter Commando des Oberstlieutenants Wilhelm Prokopp als Mobil-Bataillon auf den Stand von 4 Officieren und 232 Mann per Compagnie, damals abnormer Friedensstand genannt, erhöht wurde und in Bosnien verblieb. Das Bataillon wurde zur 8. Gebirgs-Brigade eingetheilt und befand sich mit dem Bataillonsstabe, der 9., 10. und 11. Compagnie in Goražda, mit der 12. in Čajnica.

In diesen Stationen verblieb das Bataillon bis zum November 1883 und wurde zur Sicherung der Straße Sarajevo-Plevlje gegen Foča und Višegrad verwendet, wobei es fortwährend den schwierigen Dienst der Vorposten und der Patrouillierungen versah. Im Jahre 1883 betheiligte sich die Mannschaft am Straßenbau bei Čajnica. Im November 1883 erhielt das Bataillon, bei gleichzeitiger Versetzung auf den normierten Friedensstand, seine Bestimmung nach Brzezan.

Das nach Lemberg translocierte Regiment erhielt zufolge hinausgegebener Ordre de bataille die Eintheilung bei der 22. Infanterie-Brigade der 11. Infanterie-Truppen-Division. Das 11. Corps-Commando führte Se. königliche Hoheit Feldzeugmeister Herzog von Württemberg, die Division befehligte Se. Durchlaucht Feldmarschall-Lieutenant Lamoral

Prinz Thurn-Taxis, das Brigade-Commando Generalmajor Villecz.

Das Regiment wurde in Lemberg nachstehend untergebracht: Regimentsstab, 1. und 2. Compagnie in der Jablonowski'schen, 3. Compagnie in der Feuerpiquet-, 4., 5. und 6. Compagnie in der Chemalie am Ziemarstynów und 7. und 8. Compagnie in der Domsi'schen Kaserne.

Zum Zwecke einer raschen Mobilisierung wurde in diesem Jahre das Territorial-System angenommen, welches eine durchgreifende Reform der Infanterie nach sich zog. Aus den 80 Infanterie-Regimentern à 5 Bataillonen und den Feldjäger-Bataillonen Nr. 24, 33, 34, 35, 36, 37, 38 und 39 wurden 102 Infanterie-Regimenter à 4 Bataillone formiert. Das eigene 5. Bataillon wurde zur Bildung des Infanterie-Regimentes Nr. 89 in dienstlicher Beziehung am 1. October, in administrativer aber erst am 1. Jänner 1883 abgetrennt.

Mit dem 5. Bataillon kamen folgende Officiere zum Infanterie-Regiment Nr. 89:

Major Erwin Niemetz; Hauptmann 1. Classe: Franz Xaver Łyszkowski und Ferdinand Wallek; Hauptmann 2. Clase: Adolf Střihafka und Mathias Franič; Oberlieutenant: Edmund Baderle, Josef Radawiecki, Peter Ptaček und Anton Serwacki; Lieutenant: Alois Weinmann, Bataillons-Adjutant Vincenz Ritter Kunz von Kronhelm, Johann Obermayer, Joseph Dybel und Ludwig Fuglewicz; Regimentsarzt 2. Classe Rudolf Laska; Cadet-Officiers-Stellvertreter: Adolf Uxa; Johann Diwisch; Anton Ritter von Schätzl; Cadet-Infanterist Titular-Corporal Heinrich Jirant; Cadet-Officiers-Stellvertreter Alois Thiel; Cadet-Infanterist Titular-Corporal Ludwig Ostrowski, nebst 256 Mann vom Loco-, 114 vom Urlauber- und 510 Mann vom Reservestande.

Infolge dieser Heeresreform erlitt auch die bisherige Bezirkseintheilung eine wesentliche Veränderung. Das Regiment trat von den politischen Bezirken, aus welchen es sich ergänzte, den Bezirk Bóbrka dem Infanterie-Regimente Nr. 55 ab.

Gleichzeitig wurden die bisherigen General- und Militär-Commanden, mit Ausnahme jenes zu Zara, aufgelassen und an deren Stelle die Monarchie in 14 Corps-Commanden eingetheilt; das Occupationsgebiet bildete das 15. Corps-Commando. Infolge dieser Eintheilung trat das Regiment, wie bereits erwähnt, in den Bereich des 11. Corps-Commandos.

Für das Jahr 1882/3 wurde die Einjährig-Freiwilligen-Schule der 11. Infanterie-Truppen-Division beim Regimente aufgestellt und Hauptmann Sypniewski, Oberlieutenant Kastner und Kempski und Lieutenant Stasyszyn als Lehrer bestimmt.

Bei den zahlreichen Transferierungen der Officiere muss insbesonders der Abgang des Obersten und Reserve-Commandanten Hanns Graf von der Schulenburg erwähnt werden, welcher mit Allerhöchster Entschließung vom 4. Februar als Regiments-Commandant zum Infanterie-Regimente Nr. 3 berufen wurde. Im Verlaufe seines kurzen Wirkens im Verbande des Regimentes hatte er das Reserve-Commando auf eine sehr hohe Stufe gebracht. Unter ihm entfaltete sich ein reges geistiges Leben im Officierscorps, welches er anzufachen und zu nähren verstand. Sein Scheiden wurde von dem ganzen Regimente, insbesonders dem Reserve-Commando, auf das tiefste bedauert. An dessen Stelle wurde mit derselben Allerhöchsten Entschließung Oberstlieutenant Emil Edler von Anders vom Infanterie-Regimente Nr. 56 zutransferiert und mit dem Reserve-Commando des Regimentes betraut.

Feldmarschall-Lieutenant Hans Daniel Mathias Graf von der Schulenburg ist in Hohenliebenthal in Preußisch-Schlesien 1834 geboren. Er diente vom Jahre 1853 bis 1858 in der preußischen Armee. Im Jahre 1859 trat er in die kaiserliche Armee ein, um als Infanterist und Lieutenant im Infanterie-Regiment Nr. 49 an dem Feldzuge theilzunehmen. Zum Regimente Nr. 76 transferiert, besuchte er die Kriegsschule und machte als Hauptmann des Generalstabes beim 5. Corps den Feldzug 1866 in Italien mit, wohnte der Schlacht bei Custoza bei und wurde für sein tapferes Benehmen mit dem Militär-Verdienstkreuze (K.-D.) ausgezeichnet. Nach verschiedenen Verwendungen im Generalstabe rückte er 1872 zum Infanterie-Regiment Nr. 22 ein, wurde 1873 außertourlich zum Major befördert und machte als Generalstabs-Chef des 4. Armee-Corps den Feldzug in Bosnien 1878 und die Gefechte bei Šamac, Brčka und auf der Maljevica-Planina mit. Für sein vorzügliches Benehmen wurde er mit dem Ritterkreuze des Leopold-Ordens decoriert. 1879 wurde er zum Reserve-Commandanten des Infanterie-Regiments Nr. 9 ernannt und zum Obersten befördert. Im Jahre 1882 zum Commandanten des Infanterie-Regiments Nr. 3 ernannt, nahm er Antheil an den Streifungen und Expeditionen in der Hercegovina und wurde durch die Allerhöchste Belobung für seine umsichtsvolle Führung ausgezeichnet. 1884 zum Generalmajor und 1889 zum Commandanten der 33. Infanterie-Division und Feldmarschall-Lieutenant ernannt, wurde er für seine hervorragende vorzügliche Dienstleistung mit dem Orden der Eisernen Krone 2. Classe decoriert.

Mit Personal-Verordnungsblatt Nr. 3 wurde Hauptmann 1. Classe Gotthard Ludwik in den Ruhestand versetzt, den 1. März Oberlieutenant Johann Sobota der Militär-Bau-Direction in Lemberg zugetheilt und den 1. April Hauptmann 1. Classe Anton Köhler mit Wartegebür beurlaubt.

Mit Allerhöchster Entschließung Seiner Majestät des Kaisers wurden mit 1. Mai ernannt zu Hauptleuten 1. Classe die Hauptleute 2. Classe: Ferdinand Wallek und Constantin Ivančević; zum Hauptmann 2. Classe der Oberlieutenant Franz Rössel; zu Oberlieutenanten die Lieutenante: Edmund Baderle und Edmund Bobik; zu Lieutenanten die Cadet-Officiers-Stellvertreter Adalbert von Engel und Adalbert Schneider; zum Oberlieutenant-Rechnungsführer Lieutenant-Rechnungsführer Ludwig Vestner. Mit Personal-Verordnungsblatt Nr. 18 wurde Oberlieutenant Edmund Dienstl zum Infanterie-Regimente Nr. 41 transferiert; Oberlieutenant August Schmeisser mit Wartegebür beurlaubt und Hauptmann 1. Classe Adolf Rosenkranz in den Ruhestand versetzt.

Mit Allerhöchster Entschließung (Verordnungs-Blatt Nr. 21) wurde der überzählige Oberst Adalbert Ritter Schönowsky von Schönwiese in den Ruhestand versetzt. — Mit 9. August Oberarzt Dr. Wilhelm Benedikt vom Garnisons-Spitale Nr. 17 zum Regimente transferiert.

Laut Verordnungs-Blatt des k. u. k. Reichs-Kriegs-Ministeriums vom 6. August wurden nach Absolvierung der Cadetten-Schule zu Cadetten ernannt: Friedrich Scholz, Johann Rieger, Michael Jaeger, Carl Zieritz, Alfred Paulus, Heinrich Jürant, Ludwig Ostrowski.

Mit Allerhöchster Entschließung vom 17. October haben Seine k. u. k. Apostolische Majestät dem Regiments-Inhaber Feldzeugmeister Friedrich Freiherrn Packenj von Kilstädten den Orden der eisernen Krone 1. Classe Allergnädigst verliehen. — Mit derselben Allerhöchsten Entschließung wurde Oberlieutenant Camillo Wayer Edler von Stromwell in die active Landwehr übersetzt und Oberlieutenant Julius Keltscha zum Hauptmann 1. Classe im Generalstabs-Corps ernannt. Weiters wurden ernannt: zum Hauptmann 1. Classe der Hauptmann 2. Classe Josef Salinger; zu Hauptleuten 2. Classe die Oberlieutenante Peter Ilnicki, Franz Pekarek, Carl Tracikiewicz; zum Oberlieutenant der Lieutenant Peter Koček; zu Lieutenanten die Cadet-Officiers-Stellvertreter

Eduard Berdiczka und Josef Dybel. Transferiert wurden: Oberlieutenant Johann Rössel zum Infanterie-Regimente Nr. 10, Oberlieutenant-Auditor Bohumil Zelbr zum Regimente und der mit Wartegebür beurlaubte Hauptmann 1. Classe Anton Köhler zum Infanterie-Regimente Nr. 30; der Lieutenant in der Reserve Samuel Bein zum Infanterie-Regimente Nr. 77 und Lieutenant-Rechnungsführer Bartholomäus Hudeczek zum Train-Regimente Nr. 1; Hauptmann 2. Classe Carl Wehrstein wurde in den Ruhestand versetzt und Infanterist Tit.-Corporal Emil Penther zum Cadeten übersetzt.

Dem Lieutenant in der Reserve Anton Mader wurde der Austritt aus dem Heeresverbande bewilligt.

Mit 1. November wurden zu Lieutenanten in der Reserve ernannt die Einjährig-Freiwilligen: Leopold Hofer, Adolf Katz, Cyrill Selibowsky, Wenzel Pohl, Alfred Gluth, Josef Ritter von Jaxa-Bobowski.

Mit Allerhöchster Entschließung Seiner k. u. k. Apostolischen Majestät vom 22. December wurden ernannt: zum Obersten der Oberstlieutenant Emil von Anders; zum Hauptmann 1. Classe der Hauptmann 2. Classe Faustin Pochowski; zu Oberlieutenanten die Lieutenante: Emil Ratschitzky und Andreas Warchot; zu Lieutenanten die Cadetten: Alois Ormerowski und Franz Kwapil.

Infolge dieser Personal-Verordnungen wurde dem Oberst Emil von Anders das Commando des 4. Feld-Bataillons, dem Hauptmann Peter Ilnicki das Commando der 6. und dem Hauptmann Franz Pekarek das der 8. Feld-Compagnie verliehen.

XV. PERIODE.

DIE FRIEDENSJAHRE 1883—1894.

Mit Allerhöchster Entschließung vom 12. Juni 1883 haben Seine k. u. k. Apostolische Majestät eine neue Monturs-Wirtschafts- und Verrechnungs-Vorschrift für das k. u. k. Heer, ferner mit Allerhöchster Entschließung vom 6. August die Einführung von Zugslaternen nach einem einheitlichen Modell bei den Infanterie-Regimentern, dann der Jäger- und Sanitäts-Truppe Allergnädigst zu genehmigen geruht. 1883.

Im Sinne der Allerhöchsten Resolution vom 21. April geruhten Seine k. u. k. Apostolische Majestät anzuordnen, dass sämmtliche in activer Dienstleistung stehenden Reservemänner des Assentjahrganges 1878 und der älteren Jahrgänge dieser Kategorie beim selbständig detachierten 3. Feld-Bataillon in das nicht active Verhältnis versetzt werden.

Am 14. November traf das in Goražda zurückgebliebene 3. Feld-Bataillon vormittags mittels Bahn in Lemberg ein und setzte nach kurzem Aufenthalt dortselbst die Fahrt in seine neue Garnison nach Brzezany fort.

Gelegentlich dieses Garnisons-Wechsels wurde vom Corps-Commando in Sarajevo nachstehendes Befehlsschreiben publiciert:

»Die Truppen haben im vorigen Jahre mehr oder minder durchwegs Gelegenheit gefunden, sich an der Bekämpfung der Unruhen zu betheiligen und sich hiebei sowohl im Kampfe, als auch im Ertragen von Strapazen bestens bewährt.

Sie waren während ihres Aufenthaltes im Occupationsgebiete stets bestrebt, allen an sie herantretenden, mitunter harten Anforderungen des Dienstes getreulich nachzukommen. Sie haben der militärischen Ausbildung, der Pflege der militärischen Tugenden alle ihre besten Kräfte geweiht, sich mit anerkennenswertem Eifer an den hierzulande nothwendigen culturellen Arbeiten be-

48*

theiligt, und auch ihr Verkehr mit der Bevölkerung dieses Landes war stets correct und taktvoll.

Es gereicht mir zur Befriedigung, den Commandanten, den Officieren und der Mannschaft dieser Truppenkörper hiefür meine volle Anerkennung im Namen des Allerhöchsten Dienstes auszusprechen.«

Appel m. p.,
General der Cavallerie.

In Gemäßheit der Verordnung des k. k. 11. Corps-Commandos wurde gelegentlich der diesjährigen Waffenübungen das 4. Feld-Bataillon von Stryj nach Lemberg und das 2. von Lemberg nach Stryj verlegt.

Die Schlussmanöver fanden in Gegenwart Seiner kaiserlichen Hoheit des Feldmarschalls Erzherzog Albrecht in der Zeit vom 13. bis 15. September nächst Starysioło statt, worauf das 2. Feld-Bataillon mittels Bahn nach Stryj abgieng.

Mit Reichs-Kriegsministerial-Erlass Nr. 7887 vom 24. December vorigen Jahres wurde dem Major Carl van der Abeele das Ergänzungs-Bezirks-Commando definitiv verliehen.

Am 16. Februar wurde der Lieutenant Heinrich Hacha zum Ersatz-Bataillons-Cadre mit der Bestimmung als Magazins-Officier übersetzt.

Den 31. Juli starb Lieutenant Bataillons-Adjutant Josef Jiru zu Goražda.

Laut Personal-Verordnungsblattes Nr. 48 vom 21. November geruhten Seine k. u. k. Majestät den Obersten Heinrich Pelican Allergnädigst zum Commandanten der 54. Infanterie-Brigade und den Obersten Emil von Anders zum Regiments-Commandanten zu ernennen. Aus diesem Anlasse erschien nachstehender Regiments-Commandobefehl:

»Es ist mir ein inniges Bedürfnis, den Herren Stabs- und Oberofficieren für die thatkräftige Unterstützung, womit sie mein Streben, die Ausbildung des Regimentes auf einen möglichst hohen Grad zu bringen und den guten Ruf desselben nicht nur zu erhalten, sondern noch zu vermehren, erleichterten, meinen aufrichtigsten und wärmsten Dank auszusprechen. Nicht minder fühle ich mich verpflichtet, den Herren Officieren des Regiments-Stabes für die Thätigkeit, Umsicht und Ausdauer, womit sie die Dienstgeschäfte ihrer Ressorts auch unter nicht gewöhnlichen Umständen leiteten, meine besondere Anerkennung und meinen besten Dank auszusprechen.

Den Unterofficieren und der Mannschaft spreche ich für ihren bei jeder Gelegenheit an den Tag gelegten guten Willen, für ihre sehr gute Haltung im Frieden und vor dem Feinde meine vollste Zufriedenheit aus.

Ich scheide von dem braven Regimente, welches durch 5 Jahre zu commandieren ich die Ehre hatte, mit betrübtem Herzen, aber mit den besten Wünschen für sein stetes Gedeihen und werde an allen seinen Schicksalen wie bisher auch in der Zukunft den aufrichtigsten Antheil nehmen.

Pelican m. p.,
Oberst.

Feldmarschall-Lieutenant Heinrich Pelican ist zu Graz im Jahre 1829 geboren. Im Jahre 1843 zum Infanterie-Regiment Nr. 27 assentiert, absolvierte er die Cadetten-Compagnie zu Graz und machte im Jahre 1848 beim Infanterie-Regiment Nr. 45 den Straßenkampf in Mailand mit, bei welcher Gelegenheit er für sein tapferes Verhalten mit der silbernen Tapferkeits-Medaille 2. Classe ausgezeichnet wurde. Als Lieutenant nahm er Antheil an dem Angriff auf die verschanzte Linie von Curtatone und Montanara, an dem Gefechte bei Goito und der Einnahme von Vicenza. Im Jahre 1856 ins Adjutanten-Corps übersetzt, blieb er in diesem bis zu dessen Auflösung im Jahre 1860 und machte den Feldzug 1866 beim Infanterie-Regimente Nr. 80 mit, wobei er das Gefecht von Kukus und die Schlacht von Königgrätz mitmachte. Im Jahre 1869 zum Major im Infanterie-Regiment Nr. 30 befördert, führte er bis zum Jahre 1877 das Commando der Cadettenschule zu Lemberg, worauf er im Jahre 1878 zum Commandanten des Infanterie-Regiments Baron Packenj Nr. 9 ernannt wurde. Im Jahre 1883 zum Commandanten der 54. Brigade ernannt, führte er das Commando bis zu seiner im Jahre 1888 erfolgten Ernennung zum Commandanten der 2. Infanterie-Truppen-Division. Im selben Jahre erfolgte jedoch dessen Enthebung von diesem Posten und Ernennung zum Festungs-Commandanten in Komorn. In Anerkennung seiner vorzüglichen Dienstleistungen im Kriege und im Frieden wurde ihm am 16. März 1892 das Ritterkreuz des Leopold-Ordens verliehen. — Gelegentlich der Vollstreckung des fünfzigsten Dienstjahres geruhten Se. Majestät demselben in Anerkennung seiner im Kriege und Frieden ausgezeichneten Dienstleistungen mit Allerhöchster Entschließung vom 13. September 1893 den Ausdruck der Allerhöchsten Zufriedenheit bekannt zu geben. Mit 1. November desselben Jahres erfolgte endlich seine Übernahme in den wohlverdienten Ruhestand, wobei ihm in Anerkennung seiner außergewöhnlich langen vorzüglichen Dienstleistung der Orden der eisernen Krone 2. Classe verliehen wurde.

Mit Verordnungsblatt Nr. 47 vom 13. October geruhten Seine k. u. k. Apostolische Majestät die Versetzung des Majors Heinrich Czetsch von Lindenwald auf die Dauer eines

Jahres in das Verhältnis der Beurlaubten und die Einrückung des mit Wartegebür beurlaubten Majors Alexander Strauß Edlen von Eichenlaub des Infanterie-Regimentes Herzog zu Nassau Nr. 15, bei gleichzeitiger Übersetzung desselben zum Regimente, Allergnädigst anzuordnen. Demgemäß wurde dem Major Alexander Strauß Edlen von Eichenlaub das Commando des 1. Feld-Bataillons verliehen.

Mit 1. März erfolgte die Beurlaubung des Lieutenants Josef Braun mit Wartegebür und mit 1. April die Versetzung des Oberlieutenants Jakob Krejči in den Ruhestand.

Laut Personal-Verordnungsblatt Nr. 18 vom 27. April wurden mit 1. Mai ernannt:

die Oberlieutenante Basil Białowolski und Ladislaus Jabłonski zu Hauptleuten 2. Classe; Lieutenant Carl Kempski zum Oberlieutenant; Cadet-Officiers-Stellvertreter Alois Buntner des Infanterie-Regimentes Graf Huyn Nr. 13, Cadet-Officiers-Stellvertreter Alfred Edler von Ruckstuhl und Carl Swoboda zu Lieutenanten; ferner wurde der Lieutenant in der Reserve Josef Fritz zum Eleven der Militär-Bau-Rechnungs-Beamten-Branche ernannt.

Demgemäß wurde dem Hauptmann Ladislaus Jabłonski das Commando der 2., dem Hauptmann Basil Białowolski jenes der 13. Feld-Compagnie verliehen.

In den Activstand der königlich ungarischen Landwehr wurden übersetzt: Cadet-Officiers-Stellvertreter Wenzel Henneberg, Georg Sertić, Friedrich Scholz und Michael Jaeger; abtransferiert wurden: Regimentsarzt 2. Classe Dr. Anton Pečenka zum Infanterie-Regimente Nr. 75 und Oberarzt Wilhelm Benedikt zum Infanterie-Regiment Nr. 6; ferner wurde Oberwundarzt Josef Syrowy vom Infanterie-Regimente Nr. 68 zum Regimente transferiert und Oberarzt in der Reserve Dr. Vincenz Navrátil in die nichtactive Landwehr übersetzt.

Zur Frequentierung der Armee-Schützenschule im Monate Juni, wurde für dieses Jahr Hauptmann 2. Classe Ladislaus Jabłonski bestimmt.

Laut Personal-Verordnungs-Blattes für das k. k. Heer Nr. 63 wurden mit 1. Jänner im Regimente übersetzt: Lieutenant Josef Bartfeld vom Infanterie-Regimente Nr. 98, Hauptmann-Rechnungsführer 1. Classe Josef Rohr zum Militär-Invalidenhaus zu Lemberg; Oberlieutenant-Rechnungsführer Ludwig Vestner zum Infanterie-Regimente Graf Jellačić Nr. 69; Lieutenant-Rechnungsführer Samuel Pehr vom Infanterie-Regimente Erzherzog Ludwig Victor Nr. 65; und Lieutenant-Rechnungsführer Leopold Stauber vom Invalidenhaus zu Wien ins Regiment. Ferner in die nichtactive k. k. Landwehr die Lieutenant in der Reserve: Franz Schindler, Hilarius Hołubowicz und Michael Sowiński.

Laut Personal-Verordnungs-Blattes Nr. 22 vom 19. Mai wurde der Lieutenant in der Reserve Stanislaus Ritter von Kozłowski vom Infanterie-Regimente Nr. 89 zum Regimente übersetzt. Mit 22. März wurde Cadet-Corporal Titular-Feldwebel Carl Zieritz und am 23. Juni Cadet-Infanterist Titular-Feldwebel Emil Penther zum Cadet-Officiers-Stellvertreter ernannt.

Mit Verordnungs-Blatt Nr. 27 von 18. August wurde Hauptmann 2. Classe Béla Kuderna in den Stand der Militär-Akademie zu Wr.-Neustadt transferiert und der Hauptmann 1. Classe Erwin Mayer mit Wartegebür beurlaubt.

Mit 18. August haben Seine k. u. k. Apostolische Majestät zu ernennen geruht: zum Lieutenant den Zögling des dritten Jahrganges der Militär-Akademie zu Wr.-Neustadt Ferdinand Breith; zu Cadetten nach Absolvierung der Cadettenschulen deren Frequentanten: Alfred Redl des Infanterie-Regimentes Nr. 89, Thomas Kustroń, Eduard Peter, Johann Tischler, Felix Mreule und Carl Anders.

Mit Personal-Verordnungs-Blatt vom 28. October wurde mit 1. November übersetzt: Major Josef Metzger vom Infanterie-Regiment Graf Gondrecourt Nr. 55 zum Regimente; ernannt: Hauptmann Franz West zum Hauptmann 1. Classe; Oberlieutenant Alexander Hladjk zum Hauptmann 2. Classe; Lieutenant Josef Braun zum Oberlieutenant beim Infanterie-Regimente Ludwig Prinz zu Windisch-Grätz Nr. 90.

Am 7. December erfolgte die Versetzung des Hauptmannes 1. Classe Adolf Gintz in den Ruhestand und den 21. die Transferierung des Lieutenant-Rechnungsführers Bartholomäus Hudeczek zum Train-Regiment Nr. 1. Den 13. December ist Oberlieutenant Wilhelm Petschacher vom militär-geographischen Institute zum Regimente dienstbar eingerückt.

Endlich wurden nachstehende Reserve-Unterofficiere mit dem Range vom 1. November zu Lieutenanten in der Reserve ernannt: Franz Golob, Ludwig Lukas und Anton Berwid.

RANGS-LISTE

VOM ANFANG 1883.

Oberst-Regiments-Commandant: Heinrich Pelican (S. T.-M. 2. Cl., K.-M., O. D.-Z. 1. Cl.).

Oberst: Emil v. Anders (K.-M., O.-D.-Z. 1. Cl., 4. Bataillons-Commandant).

Oberstlieutenant: Wilhelm Prokopp (K.-M., O.-D.-Z. 1. Cl., 3. Bataillons-Commandant).

Majore: Heinrich Czetsch v. Lindenwald (K.-M., O.-D.-Z. 1. Cl., 1. Bataillons-Commandant), Felix Ritter v. Manasterski (M.-V.-K., K.-D., K.-M., O.-D.-Z. 1. Cl., 2. Bataillons-Commandant), Carl van der Abeele (M.-V.-K., K.-M., O.-D.-Z. 1. Cl., Ergänzungs-Bezirks-Commandant).

Hauptleute 1. Cl.: Johann Schweyda (K.-M., O.-D.-Z. 1. Cl, commandiert beim Generalstabe, ü. c.), Adolf Kohmann (M.-V.-K., K.-D., K.-M., O.-D.-Z. 1. Cl.), Franz Hummel (K.-M., O.-D.-K. 1. Cl.), Heinrich Janovski (K.-M.), Victor Pankiewicz (K.-M., W.-G.), Josef Dobiasch (K.-M., O.-D.-K. 1. Cl.), Alfred Ritter v. Sypniewski (K.-M.), Emanuel Loeschner (K.-M.), Casimir Pomiankowski (Ö. E. K.-O.-R. 3. Cl., K.-M.), Erwin Meier (K.-M.), Constantin Ivančević (K.-M.), Josef Salinger (K.-M., ü. c., beim Reichs-Kriegsministerium), Faustin Pochowski.

Hauptleute 2. Cl.: Franz West (K.-M.), Anton Sertić (K.-M.), Alexander West (K.-M.), Adalbert Kuderna (N V.-O. 4. Cl., Lehrer an der Wiener-Neustädter Militär-Akademie), Franz Rössel (K.-M., ü. c., beim Reichs-Kriegs-Ministerium), Peter Ilnicki (K.-M.), Franz Pekarek (K.-M.), Carl Tracikiewicz (K.-M., Lehrer an der Militär-Unterrealschule zu Kaschau, ü. c.).

Oberlieutenante: Basil Białowolski (S. T.-M. 2. Cl., K-M., O.-D.-Z. 1. Cl.), Ladislaus Jabłonski (K.-M.), Alexander Hladik (K.-M., im Militär-geographischen Institut), Reinhard Scherer (K.-M.), Julius Hofmann (Frequentant der Kriegsschule zu Wien), Joh. Wenzel (K.-M., im Militär-geographischen Institut), Franz Neumayer (ü. c., beim Generalstabe), Alexander Wasilewski (K.-M.), Josef Nechay Ritter v. Felseis (E.-B.-O.), Josef Pistol, Josef Kastner (K.-M.), August Schmeisser (ü. c., W. G.), Alexander Petschacher, Wilhelm Petschacher (zugetheilt dem Militär-geographischen Institut), Edmund Dienstl, Johann Sobota, Jacob Krejči (K.-M.), Josef Přikryl, Burghard Brazda, Edmund Bobik (Regiments-Adjutant), Emil Ratschitzky (Proviant-Officier beim 3. Bataillone), Andreas Warchoł.

Lieutenante: Mathias Kolczykiewicz*), Eduard Swoboda v. Fernów*), Ignaz Wacht*), Reinhold Rakowitsch*), Johann Ritter v. Kunaszowski*), Johann Jahn*), Gabriel Hrziwna, Josef Braun, Carl Kempski v. Rakoszyn (1. Bataillons-Adjutant), Valerian Heck*), Ferdinand Sušicky, Carl Zurbuch (Proviant-Officier), Stanislaus Ritter v. Rozwadowski (K.-M.), Eugen Hinnek (K.-M.), Josef Kwiatkowski, Zdzislaus Ritter Kaminski v. Topor, Rudolf Jelinek*), Anton Rantasz*), Johann Auspitzer*),

---

*) In der Reserve.

Eduard Černy*), Eduard Scholzig*), Camillo Kubelka*), Franz Prokop*), Josef Fritz*), Andreas Grabowicz*), Josef Stasyszyn (K.-M., Bataillons-Adjutant), Ottomar Spielvogel (K.-M.), Heinrich Hacha, Wilhelm Hübner, Albert Fried*), Anton Urbanek*), Carl Czermak*), Carl Boczek*) Rudolf Winkler*), Raimund Tenschert*), Anton Holeczek*), Rudolf Swoboda*), Vincenz Lässig*), Marian Orzelski, Josef Jiru (3. Bataillons-Adjutant), Wolf Brandler*), Eduard Schiffer*), Albert v. Engel, Josef Bartfeld, Adalbert Schneider, Eduard Bezdiczka, Leopold Hofer*), Adolf Katz*), Carl Selibowski*), Wenzel Pohl*), Alfred Gluth*), Josef Ritter v. Jaxa Bobowski*), Alois Ormezowski, Franz Kwapil, Emil Lachner.

Cadetten: Johann Bełej*), Alfred Edler v. Ruckstuhl, Carl Swoboda (K.-M.), Josef Novy*), Wenzel Henneberg, Wilhelm Glumpler, Ottokar Wolf (S. T.-M. 2. Cl., K.-M.), Ignaz Kosch, Georg Sertić, Josef Jelen, Friedrich Scholz, Johann Rieger, Michael Jagar, Carl Zieritz, Alfred Paulus, Emil Penther.

Regiments-Auditor: Oberlieutenant Bohumil Zelbr.

Regiments-Arzt 1. Cl.: Dr. Eduard Porias (K.-M., Regiments-Chefarzt).

Regiments-Ärzte 2. Cl.: Dr. Franz Vojta (K.-M., Ergänzungs-Bataillons-Cadre), Dr. Anton Pećenka (K.-M., 3. Bataillon), Dr. Wladimir Ritter Wiłwicki v. Waszkiewicz (4. Bataillon).

Ober-Ärzte: Dr. Wilhelm Benedikt (3. Bataillon), Dr. Vincenz Navratil*).

Assistenz-Arzt: Dr. Lucian Alexander Jacobi*).

Unter-Arzt: Adolf Leder*).

Rechnungsführer: Lieutenant Samuel Pehr (K.-M.), Lieutenant Leopold Stauber.

Am 11. December erschien der neue erste und zweite 1884.
Theil der Gebürenvorschrift, welche mit 1. Jänner 1885 in Wirksamkeit zu treten hatte.

Zufolge Allerhöchster Entschließung Seiner k. u. k. Apostolischen Majestät wurde der Lieutenant in der Reserve Stanislaus Ritter von Kozlowski mit 1. Jänner zum Berufs-Officier übersetzt. — Mit 1. Februar wurden zu Cadet-Officiers-Stellvertretern ernannt die Cadetten: Alfred Paulus, Alfred Redl, Thomas Kustroń, Eduard Peter und Johann Tischler.

Mit 18. Februar wurde in Lemberg ein Lehrcurs im Trainwesen für Pionnier-Officiere activiert, zu dessen Frequentierung Oberlieutenant Burghard Brazda bestimmt wurde.

In diesem Jahre erfolgte die Verlegung des Regimentes aus seinen verschiedenen Ubicationen auf die Citadelle.

Am 1. März wurden die Cadetten Felix Mreule und Carl Anders zu Cadet-Officiers-Stellvertretern ernannt und Cadet-Officiers-Stellvertreter Emil Penther zum Dragoner-

*) In der Reserve.

Regimente Nr. 10 transferiert. Zur Frequentierung der mit 22. Mai activierten Armee-Schützenschule wurde Oberlieutenant Alexander Petschacher bestimmt.

Infolge Allerhöchster Entschließung Seiner Majestät des Kaisers vom 7. März wurde Generalmajor Friedrich Freiherr von Villecz, Commandant der 22. Infanterie-Brigade, zum Commandanten der 35. Infanterie-Truppen-Division und Oberst Heinrich Freiherr von Pittel zum Commandanten der 22. Infanterie-Brigade ernannt. Laut Personal-Verordnungsblattes Nr. 20 geruhten Seine k. u. k. Apostolische Majestät Allergnädigst zu ernennen: zum Generalmajor den Obersten Heinrich Pelican, übercomplet im Regimente, als Commandant der 54. Infanterie-Truppen-Brigade; ferner zu Hauptleuten 2. Classe die Oberlieutenante: Reinhard Scherer und Julius Hofmann; zu Oberlieutenanten die Lieutenante: Gabriel Hřiwna im Regimente, Ferdinand Sušický beim Infanterie-Regimente Nr. 40 und Carl Zurbuch; zum Lieutenant den Cadet-Officiers-Stellvertreter Ottokar Wolf beim Infanterie-Regimente Nr. 40; zum Hauptmann-Auditor 2. Classe den Oberlieutenant-Auditor Bohumil Zelbr; zum Regimentsarzt 1. Classe den Regimentsarzt 2. Classe Dr. Franz Vojta; endlich wurde Lieutenant Adalbert Schneider zum Infanterie-Regiment Graf Auersperg Nr. 40 übersetzt.

Infolge obiger Ernennungen wurde dem Hauptmann Reinhard Scherer das Commando der 16. und dem Hauptmann Julius Hofmann jenes der 1. Feld-Compagnie verliehen.

Laut Verordnungsblattes Nr. 27 wurde Oberlieutenant Gottfried Zwilling des Infanterie-Regimentes Nr. 74 und laut Personal-Verordnungsblattes Nr. 48 vom 30. October Hauptmann 2. Classe Wladislaus Jedynakiewicz vom Infanterie-Regimente Nr. 39 zum Regimente transferiert.

Seine k. u. k. Apostolische Majestät geruhten mit 1. November zu ernennen: zum Major den Hauptmann 1. Classe Franz Hammer beim Infanterie-Regimente Nr. 80; zum Hauptmann 1. Classe den Hauptmann 2. Classe Anton Sertić; zu Oberlieutenanten die Lieutenante: Stanislaus Ritter von Rozwadowski und Eugen Hinnek; zum Lieutenant den Cadet-Officiers-Stellvertreter Ignaz Kosch; zu Oberlieutenant-Rechnungsführer die Lieutenant-Rechnungsführer: Samuel Pehr und Leopold Stauber; zum Lieutenant-Rechnungsführer den Rechnungs-Unterofficier 1. Classe Anton Frank beim Regimente. Demgemäß wurde dem Hauptmann Heinrich Janovski das Commando des 4. Feld-Bataillons ad interim und dem Hauptmann Wladislaw Jedynakiewicz das Commando der 2. Feld-Compagnie, dem Hauptmann Adolf Kohmann jenes der 14. Compagnie verliehen und der Lieutenant Josef Bartfeld in der Eigenschaft als Adjutant vom 3. zum 2. Feld-Bataillon übersetzt.

Im Monate August marschierte das 3. Feld-Bataillon über Pomorzany nach Złoczów, woselbst es im Verbande der 21. Infanterie-Brigade in der Zeit vom 7. bis 23. August die Übungen mit gemischten Waffen vornahm; am 24. marschierte das Bataillon nach Gliniany, am 25. nach Biłka królewska und rückte am 26. zu den Übungen der Truppen-Division und den Schlussmanövern in Lemberg ein. Das 2. Feld-Bataillon traf den 19. Juli aus Stryj in Lemberg ein und wurde in einem Zeltenlager am Jabłonowskischen Exercierplatz untergebracht. Die Marschmanöver fanden am 4., 5. und 6. September westlich von Lemberg in dem Raume nördlich der Straße nach Grodek und beiderseits der Straße über Janów nach Jaworów unter der Leitung Seiner königlichen Hoheit des Feldzeugmeisters Wilhelm Herzog von Württemberg statt. Den 6. September erfolgte die Abrüstung und der Abmarsch des 2. Feld-Bataillons in die stabile Garnison nach Stryj.

Mit Verordnungsblatt Nr. 36 haben Se. k. u. k. Apostolische Majestät mit 18. August zu ernennen geruht: zum Lieutenant den Zögling des dritten Jahrganges der technischen Militär-Akademie Philipp Epstein; ferner nach Absolvierung der Cadettenschule deren Frequentanten: zum Cadet-Officiers-Stellvertreter: Franz Törk; zu Cadetten: Eduard Slavik, Josef Panković, Anton Bezdek, Franz Kilbert, Rudolf Reiner und Marian Herbert.

Mit Präsidial-Erlass des k. u. k. Reichs-Kriegsministeriums vom 20. August wurde der gegenseitige Wechsel des Oberstlieutenants Wilhelm Prokopp und des Majors Felix Ritter von Manasterski angeordnet.

Mit Allerhöchster Entschließung Seiner k. u. k. Apostolischen Majestät vom 20. October wurde der mit Wartegebür beurlaubte Major Heinrich Czetsch von Lindenwald in den Ruhestand versetzt. Am 1. November wurde Hauptmann 1. Classe Johann Schweyda (übercomplet im Regimente, commandiert beim

Generalstab) zum Infanterie-Regimente Nr. 28 und am 25. November der Oberlieutenant-Rechnungsführer Leopold Stauber zum Feldjäger-Bataillon Nr. 16 transferiert. — Laut Personal-Verordnungsblattes Nr. 57 wurden zu Lieutenanten in der Reserve ernannt: Sigmund Ritter von Nowosielecki und Casimir Jarosiewicz; zu Cadetten in der Reserve die Reserve-Einjährig-Freiwilligen: Valerian Hoszek, Adam Rawski, Johann Mikschc, Juvenal Turek und Ladislaus Ritter von Radwan-Janowicz. Zum Regimente wurden transferiert die Lieutenante in der Reserve: Carl Hannemann, Adalbert Klaunzner, Hubert Brännlich, Oskar Wytásek und Adalbert Holausch.

Zum Commandanten der zur Aufstellung gelangten Feldsignal-Abtheilung wurde Oberlieutenant Edmund Dienstl bestimmt. Mit 31. December erfolgte die Versetzung des Hauptmanns 1. Classe Adolf Kohmann in den Ruhestand und wurde ihm mit Allerhöchster Entschließung Seiner k. u. k. Apostolischen Majestät vom 22. December der Majors-Charakter ad honores verliehen.

RANGS-LISTE
VOM JAHRE 1884.

Oberst-Regiments-Commandant: Emil v. Anders (K.-M., O.-D.-Z. 1. Classe).

Oberstlieutenant: Wilhelm Prokopp (K.-M., O.-D.-Z. 1. Cl., 3. Bataillons-Commandant).

Majore: Heinrich Czetsch v. Lindenwald (K.-M., O.-D.-Z. 1. Cl., WG.), Alexander Strauß Edler v. Eichenlaub (M.-V.-K., K.-D., K.-M., O.-D.-Z. 1. Cl., 1. Bataillons-Commandant), Felix Ritter v. Manasterski (M.-V.-K., K.-D., K.-M., O.-D.-Z. 1. Cl., 2. Bataillons-Commandant), Carl van der Abeele (M.-V.-K., K.-M., O.-D.-Z. 1. Cl., Ergänzungs-Bezirks-Commandant), Josef Metzger (K.-M., O.-D.-Z. 1. Cl., Commandant der Cadetten-Schule zu Łobzów).

Hauptleute 1. Classe: Johann Schweyda (K.-M., O.-D.-Z. 1. Cl., commandiert beim Generalstabe, ü. c.), Adolf Kohmann M.-V.-K., K.-D. (K.-M., O.-D.-Z. 1. Cl.), Franz Hammer (K.-M., O.-D.-Z 1. Cl.), Heinrich Janovski (K.-M., O.-D.-Z. 1. Cl.) Victor Pankiewicz (K.-M., O.-D.-Z. 1. Cl., WG.), Josef Dobiasch (K.-M., O.-D.-Z. 1. Cl.), Alfred Ritter v. Sypniewski (K.-M.), Emanuel Loeschner (K.-M., O.-D.-Z- 1. Cl.), Casimir Pomiankowski (Ö. E. K.-O.-R. 3. Cl., K.-M., O.-D.-Z. 1 Cl.), Erwin Meier (K.-M., O.-D.-Z. 1. Cl. WG.,), Constantin Ivančević (K.-M.), Josef Salinger (K.-M., beim Reichs-Kriegsministerium), Faustin Pochowski (K.-M.), Franz West (K.-M.).

---

*) In der Reserve.

Hauptleute 2. Classe: Anton Sertić (K.-M.), Alexander West (K.-M., O.-D.-Z. 1. Cl.), Adalbert Kuderna (N. V.-O. 4. Cl., Lehrer an der Militär-Akademie in Wiener-Neustadt), Franz Rössel (K.-M., beim Reichs-Kriegsministerium, ü. c.), Peter Ilnicki (K.-M., O.-D.-Z. 1. Cl.), Franz Pekarek (K.-M.), Karl Tracikiewicz (K.-M., Lehrer an der Militär-Unter-Realschule zu Kaschau, ü. c.), Basil Białowolski (S. T.-M. 2. Cl., K.-M., O.-D.-Z. 1. Cl.), Ladislaus Jabłoński (K.-M.), Alexander Hładik (K.-M., Militär-geographisches Institut).

Oberlieutenante: Reinhard Scherer (K.-M.), Julius Hofmann, Johann Wenzel (K.-M., Militär-geographisches Institut), Franz Neumayer (beim Generalstabe, ü. c.), Alexander Wasilewski (K.-M.), Josef Nechay Ritter v. Felseis (Ergänzungs-Bezirks-Officier), Josef Pistol, Josef Kastner (K.-M.), August Schmeisser (WG., ü. c.), Alexander Petschacher, Wilhelm Petschacher, Edmund Dienstl, Johann Sobota, Josef Přikryl, Burghard Brázda, Edmund Bobik (Regiments-Adjutant), Emil Ratschitzky, Andreas Warchoł, Karl Kempski v. Rakoszyn (1. Bataillons-Adjutant).

Lieutenante: Mathias Kolczykiewicz*), Ignatz Wacht*), Reinhold Rakowitsch*), Johann Ritter v. Kunoszowski*), Johann Jahn*), Gabriel Hřiwna, Valerian Heck*), Ferdinand Sušický, Carl Zurbuch (Proviant-Officier), Stanislaus Ritter v. Rozwadowski (K.-M.), Eugen Hinnek (K.-M.), Josef Kwiatkowski, Rudolf Jelinek*), Anton Rantasz*), Johann Auspitzer*) Eduard Černy*), Eduard Schölzig*), Camillo Kubelka*), Franz Prokop*) (K.-M.), Andreas Grabowicz*), Josef Stasyszyn (K.-M., 2. Bataillons-Adjutant), Ottomar Spielvogel (K.-M.), Heinrich Hacha, Wilhelm Hübner, Albert Fried*), Anton Urbanek*) (K.-M.), Carl Czermak*), Carl Boczek*), Rudolf Winkler*) (K.-M.), Raimund Tenschert*), Anton Holeczek*), Rudolf Swoboda*), Marian Orzelski, Wolf Brandler*) (K.-M.), Stanislaus Ritter v. Kozłowski*) (act. effect.), Eduard Schiffer*) (K.-M.), Albert v. Engel (4. Bataillons-Adjutant), Josef Bartfeld (3. Bataillons-Adjutant), Adalbert Schneider, Eduard Bezdiczka, Leopold Hofer*), Adolf Katz*), Carl Selibowský*), Wenzel Pohl*), Alfred Gluth*), Josef Ritter v. Jaxa-Bobowski*), Alois Ormezowski, Franz Kwapil, Alois Buntner, Alfred Edler v. Ruckstuhl (K.-M.), Karl Swoboda (K.-M.), Ferdinand Breith, Emil Lachner, Karl Franz Gołąb*), Ludwig Lukas*), Anton Berwid*).

Cadetten: Johann Belej*), Josef Novy*), Wilhelm Glumpler, Ottokar Wolf (S. T.-M. 2. Cl., K.-M.,), Ignaz Kosch, Josef Jeleń, Johann Rieger, Karl Zieritz, Alfred Paulus, Emil Penther, Alfred Redl, Thomas Kustroń, Eduard Peter, Johann Tischler, Felix Mreule, Carl v. Anders.

Regiments-Auditor: Oberlieutenant Bohumil Zelbr.

Regiments-Arzt 1. Cl.: Dr. Edmund Porias (K.-M., Regiments-Chefarzt).

Regiments-Ärzte 2. Cl.: Dr. Franz Vojta (K.-M., Ersatz-Bataillons-Cadre), Dr. Wladimir Witwicki Ritter v. Waszkiewicz (2. Bataillon).

Ober-Arzt: Dr. Basil Büben*).

*) In der Reserve.

Assistenz-Arzt: Dr. Lucian Alexander Jacobi*).
Oberwund-Arzt: Josef Syrowy (K.-M., 3. Bataillon).
Unter-Arzt: Adolf Leder*)
Rechnungsführer: Oberlieutenant Maximilian Poppović (K.-M.), Lieutenant Samuel Pehr, Leopold Stauber.

Mit 25. Februar erschien die Neuauflage der Instruction
1885. für die Truppenschulen I. und II. Theil, welche mit 1. October in Kraft trat.

Mit Allerhöchster Entscheidung vom 23. April erschien eine Neuauflage der Vorschrift über die Beurlaubung der im Gagebezuge stehenden Personen des k. u. k. Heeres; auf Grund dieser Vorschrift können Urlaube zum Vergnügen und in Familienangelegenheiten auch im Sommer nach Zulässigkeit des Dienstes bis inclusive der Übungen im Regimente ertheilt werden.

Zum Zwecke der Erprobung der Gewehre mit Gradzug-Verschluss in größerem Maßstabe wurde je ein Infanterie-Bataillon in den Corpsbereichen Wien, Budapest, Prag, Graz und Pressburg mit diesen Gewehren betheilt.

Das Regiment blieb mit dem 1., 3. und 4. Bataillon auf der Citadelle in Lemberg, während das 2. Bataillon in Stryj mit der 5. und 6. Compagnie in den Baracken, mit der 7. und 8. in städtischen Nothkasernen untergebracht wurde.

Im Sommer wurde das Regiment durch Seine kaiserliche Hoheit Herrn Erzherzog Albrecht inspiciert.

An den in diesem Jahre stattgefundenen Corps-Übungen hat das 2. Bataillon theilgenommen.

Zum Zwecke der Ausbildung zum Fachlehrer der französischen Sprache für die k. k. Erziehungs- und Bildungsanstalten wurde Hauptmann Julius Hofmann vom 30. October bis zum 31. August 1886 nach Paris entsendet.

Seine k. u. k. Apostolische Majestät geruhten mit Verordnungs-Blatt Nr. 11 vom 3. April dem Zugsführer Casimir Szim der 4. Feld-Compagnie, in Anerkennung vorzüglicher Dienstleistung in der Verwendung beim bosnisch-hercegovinischen Streif-Corps, das silberne Verdienstkreuz mit der Krone allergnädigst zu verleihen. Den 28. April erfolgte die Decorierung des genannten Unterofficiers durch Seine Durchlaucht den Herrn Divisionär Feldmarschall-Lieutenant Prinz Thurn und Taxis auf dem Reduitplatze der Citadelle.

Laut Personal-Verordnungsblattes Nr. 3 vom 26. Jänner wurden zu Lieutenanten in der Reserve ernannt:

*) In der Reserve.

Der Reserve-Cadet-Infanterist Titular-Feldwebel Valerian Hoszek, Reserve-Cadet-Infanterist Titular-Corporal Adam Rawski, Reserve-Cadet-Infanterist Titular-Feldwebel Juvenal Turek und der Reserve-Cadet-Infanterist Titular-Feldwebel Ladislaus Ritter von Radwan-Janowicz.

Zufolge Verordnungsblattes Nr. 16 und 17 haben Seine k. u. k. Apostolische Majestät die Versetzung der Majore Alexander Strauß von Eichenlaub und Felix Ritter von Manasterski, in das Verhältnis der Überzähligen auf ein Jahr mit Wartegebür Beurlaubten anzuordnen geruht.

Infolge Allerhöchster Entschließung Seiner k. u. k. Apostolischen Majestät wurden mit Verordnungsblatt Nr. 20 vom 26. April die Hauptleute Heinrich Reisky vom Infanterie-Regiment Nr. 8 und Josef Heldmann vom Infanterie-Regiment Graf Thun-Hohenstein Nr. 54, unter gleichzeitiger Ernennung zu Majoren, zum Regimente transferiert. Zu Hauptleuten 1. Classe rückten die Hauptleute 2. Classe Alexander West und Béla Kuderna vor, zum Hauptmann 2. Classe wurden die Oberlieutenante Johann Wenzel, ü. c., zugetheilt dem militär-geographischen Institute in diesem Dienstesverhältnisse, und Friedrich Haslinger des Infanterie-Regimentes Graf Huyn Nr. 13, bei gleichzeitiger Transferierung zum Regimente; zum Oberlieutenant der Lieutenant Josef Kwiatkowski befördert; endlich wurde Regimentsarzt Dr. Eduard Porias, bei Übersetzung zum Garnisonsspitale Nr. 11 in Lemberg, zum Stabsarzt ernannt und der chefärztliche Dienst dem Regimentsarzte Dr. Wladimir Witwicki von Waszkiewicz übertragen.

Infolge dieser Personalveränderungen hat das k. u. k. Reichs-Kriegsministerium mit Erlass Nr. 2000 vom 7. Mai dem Major Heinrich Reisky das Commando des 1. und dem Major Josef Heldmann das Commando des 3. Feld-Bataillons verliehen. Gleichzeitig wurde dem Hauptmann Friedrich Haslinger das Commando der 15. Feld-Compagnie verliehen.

Mit Personal-Verordnungsblatt Nr. 19 vom 26. April wurde Oberlieutenant Johann Matzek vom Infanterie-Regimente Freiherr von Rodich Nr. 68 zum Regimente übersetzt und dem Lieutenant Marian Orzelski die angesuchte Ablegung der Officiers-Charge bewilligt.

Laut Personal-Verordnungsblattes Nr. 21. vom 2. Mai wurde Hauptmann 1. Classe Franz West in den Ruhestand versetzt.

Mit Personal-Verordnungsblatt Nr. 45 vom 26. October wurden ernannt: der Hauptmann 2. Classe Franz Rössel zum Hauptmann 1. Classe; Oberlieutenant Franz Neumayer zum Hauptmann 2. Classe bei gleichzeitiger Transferierung zum Infanterie-Regimente Nr. 10; die Lieutenante Josef Stasyszyn, Ottmar Spielvogel und Heinrich Hacha zu Oberlieutenanten; Hauptmann-Auditor 2. Classe Bohumil Zelbr zum Hauptmann-Auditor 1. Classe; zu Lieutenanten die Cadetten: Franz Zahradniczek des Infanterie-Regimentes Nr. 3., Heinrich Patzelt des Infanterie-Regimentes Nr. 1 und Carl Zieritz im Train-Regimente Nr. 2. Hauptmann Vincenz Luttna wurde vom Infanterie-Regimente Nr. 28 zum Regimente eingetheilt und Lieutenant-Rechnungsführer Anton Frank zum Dragoner-Regiment Nr. 10 übersetzt. Dagegen wurde der Rechnungs-Unterofficier 1. Classe Gabriel Wallerstein des Infanterie-Regimentes Freiherr von Mollinary Nr. 38 zum Lieutenant-Rechnungsführer mit der Eintheilung beim Regimente ernannt.

Infolge obiger Personal-Veränderungen wurde dem Hauptmann Vincenz Luttna das Commando der 10. Feld-Compagnie übertragen.

Laut Personal-Verordnungsblattes Nr. 53 vom 23. December wurden die Reserve-Infanteristen Tit.-Feldwebels zu Lieutenanten in der Reserve ernannt: Alexander Krüger, Ladislaus Groczyński und Witold Barewicz.

RANGS-LISTE

VOM ANFANGE 1885.

Oberst Regiments-Commandant: Emil v. Anders (K.-M., O.-D.-Z. 1. Classe).

Oberstlieutenant: Wilhelm Prokopp (K.-M., O.-D.-Z. 1. Cl., 2. Bataillons-Commandant).

Majore: Alexander Strauß Edler v. Eichenlaub (M.-V.-K., K.-D., K.-M. O.-D.-Z. 1. Cl., 1. Bataillons-Commandant), Felix Ritter v. Manasterski (M.-V.-K., K.-D., K.-M., O.-D.-Z. 1. Cl., 3. Bataillons-Commandant), Carl van der Abeele (M.-V.-K., K.-M., O.-D.-Z. 1. Cl., Ergänzungs-Bezirks-Commandant), Josef Metzger (K.-M., O.-D.-Z. 1. Cl., Commandant der Cadetten-Schule zu Łobzów).

Hauptleute 1. Classe: Heinrich Janovski (K.-M., O.-D.-Z. 1. Cl., Int.-Com. d. 4. Bataillons), Victor Pankiewicz (K.-M., O.-D.-Z. 1. Cl., WG.), Josef Dobiasch (K.-M., O.-D.-Z. 1. Cl.), Alfred Ritter v. Sypniewski (K.-M.), Emanuel Loeschner (K.-M., O.-D.-Z. 1. Cl.), Casimir Pomiankowski (Ö. E. K.-O.-R. 3. Cl., K.-M., O.-D.-Z. 1. Cl.), Josef Salinger (K.-M., beim Reichs-Kriegsministerium, ü. c.), Faustin Pochowski (K.-M., O.-D.-Z. 1. Cl.), Franz West (K.-M., O.-D.-Z. 1. Cl.), Anton Sertić (K.-M.).

Hauptleute 2. Classe: Alexander West (K.-M., O.-D.-Z. 1. Cl.), Adalbert Kuderna (N. V.-O. 4. Cl., Lehrer an der Militär-Akademie in Wiener-Neustadt, ü. c.), Franz Rössel (K.-M., beim Reichs-Kriegsministerium), Peter Ilnicki (K.-M., O.-D.-Z. 1. Cl.), Franz Pekarek (K.-M.), Karl Tracikiewicz (K.-M., Lehrer an der Militär-Unter-Realschule zu Kaschau, ü. c.), Wladislaus Jedynakiewicz (K.-M.), Basil Białowolski (S. T.-M. 2. Cl., K.-M., O.-D.-Z. 1. Cl.), Ladislaus Jabłoński (K.-M., Regiments-Waffen-Officier), Alexander Hladik (K.-M., Militär-geographisches Institut, ü. c.), Reinhard Scherer (K.-M.), Julius Hofmann.

Oberlieutenante: Johann Wenzel (K.-M., Militär-geographisches Institut, ü. c.), Franz Neumayer (Generalstab, ü. c.), Gottfried Zwilling (K.-M.), Alexander Wasilewski (K.-M.), Josef Nechay Ritter v. Felseis, Josef Pistol, Josef Kastner (K.-M.), Alexander Petschacher, Wilhelm Petschacher, Edmund Dienstl, Johann Sobota, Josef Přikryl, Burghard Brázda, Edmund Bobik (Regiments-Adjutant), Emil Ratschitzky, Andreas Warchoł (Ergänzungs-Bezirks-Officier), Karl Kempski v. Rakoszyn, Gabriel Hřiwna, Karl Zurbuch (Regiments-Proviant-Officier), Stanislaus Ritter v. Rozwadowski (K.-M.), Eugen Hinnek (K.-M.).

Lieutenante: Mathias Kolczykiewicz*), Johann Ritter v. Kunaszowski*), Josef Kwiatkowski, Rudolf Jelinek*), Anton Rantasz*), Johann Auspitzer*), Eduard Černy*), Eduard Schölzig*), Kamillo Kubelka*), Franz Prokop*) (K.-M), Andreas Grabowicz*), Josef Stasyszyn (K.-M), Ottomar Spielvogel (K.-M., 3. Bataillons-Adjutant), Heinrich Hacha (Augm.-Mag.-Offc.), Wilhelm Hübner, Albert Fried*), Anton Urbanek*) (K.-M.), Karl Czermak*), Karl Boczek*), Rudolf Winkler*) (K.-M.), Raimund Tenschert*), Anton Holeczek*), Rudolf Swoboda*), Marian Orzelski, Wolf Brandler*) (K.-M.), Eduard Schiffer*) (K.-M.), Albert v. Engel*), Josef Bartfeld (2. Bataillons-Adjutant), Eduard Bezdiczka (1. Bataillons-Adjutant), Leopold Hofer*), Karl Selibowský*), Wenzel Pohl*), Alfred Gluth*), Josef Ritter v. Jaxa-Bobowski*), Alois Ormezowski, Franz Kwapil, Alois Buntner, Alfred Edler v. Ruckstuhl (K.-M.), Karl Swoboda (K.-M.), Ferdinand Breith, Franz Karl Gołąb*), Ludwig Lukas*), Anton Berwid*), Emil Lachner (4. Bataillons-Adjutant), Philipp Epstein, Ignaz Kosch, Karl Hannemann*), Adalbert Klausner*), Hubert Bräunlich*), Oskar Wytasek*), Albert Hollausch*) Sigmund Ritter v. Nowosielecki*), Casimir Jarosiewicz*), Stanislaus Ritter v. Kozłowski.

Cadetten: Johann Bełej*), Josef Novy*) Josef Jeleń, Johann Rieger, Karl Zieritz, Alfred Paulus, Alfred Redl, Thomas Kustroń, Eduard Peter, Johann Tischler, Felix Mreule, Karl v. Anders, Franz Törk, Eduard Slavik, Josef Pauković, Anton Bezděk, Franz Kilbert, Rudolf Reiner, Marian Herbert, Valerian Hoszek*),

*) In der Reserve.

Johann Miksche*), Adam Rawski*), Juvenal Turek*) Ladislaus Ritter v. Radwan-Janowicz*).

Regiments-Auditor: Hauptmann 2 Cl. Bohumil Zelbr.

Regiments-Ärzte 1. Cl.: Dr. Ed. Porias (K.-M., Regiments-Chefarzt), Dr. Franz Vojta (K.-M., Ersatz-Bataillons-Cadre).

Regiments-Arzt 2. Cl.: Dr. Wladimir Witwicki Ritter v. Waszkiewiez (Regimentsstab).

Ober-Arzt: Dr. Basil Büben*).

Oberwund-Arzt: Josef Syrowy (K.-M., 2. Bataillon).

Unter-Arzt: Adolf Leder*).

Rechnungsführer: Oberlieutenant Victor Chrupek (Ersatz-Bataillons-Cadre), Samuel Pehr (Regimentsstab), Lieutenant Anton Frank (Regimentsstab).

1886. Mit 1. Jänner wurden die Bestimmungen über die Systemisierung eines Subsistenzbeitrages für Officiere vom Hauptmann 2. Classe abwärts, die Erhöhung der Diensteszulagen für Cadet-Officiers-Stellvertreter und die Creïerung einer Diensteszulage für die übrigen Cadetten verlautbart. Der Subsistenzbeitrag wurde mit 10 fl. ö. W., die erhöhte Diensteszulage der Cadet-Officiers-Stellvertreter mit 12 fl. und die Zulage für die übrigen Cadetten mit 8 fl. monatlich festgestellt.

In diesem Jahre wurde die Adjustierungs-Vorschrift für die bosnisch-hercegovinischen Infanterie-Truppen genehmigt und den Officieren des Ruhestandes gestattet, bei allen Gelegenheiten, bei welchen sie in Uniform erscheinen, die Adjustierung jenes Standeskörpers, welchem sie zuletzt angehörten, beizubehalten.

Mit Allerhöchster Entschließung vom 20. Juni wurde der 2. Auflage des Dienst-Reglements für das k. u. k. Heer vom Jahre 1873 die Allerhöchste Sanction ertheilt.

Eine furchtbare Brandkatastrophe äscherte am 17. April die Stadt Stryj fast vollkommen ein. Das Feuer brach in der Nähe der ruthenischen Kirche aus. Infolge des herrschenden Sturmwindes und des vollständigen Mangels an Löschmaterials breitete sich das Feuer derart aus, dass in kaum zwei Stunden $^3/_4$ der gesammten Stadt dem Elemente zum Opfer fiel. Unter den vom Feuer Betroffenen waren auch viele Officiere, von denen die meisten nur das nackte Leben zu retten vermochten. Das Augmentations-Magazin des Landwehr-Bataillons Nr. 65 rettete nur die Gewehre und einen Theil der Beschuhung; die römisch-katholische Kirche, die israelitische Synagoge,

*) In der Reserve.

das Realschulgebäude, das Stadthaus und sämmtliche Amtsgebäude brannten vollkommen nieder.

An den Löscharbeiten betheiligten sich ausschließlich Leute des 2. Bataillons mit einer kleinen Feuerspritze und den sonstigen ärarischen Lösch-Vorrichtungen. Unter Commando ihrer Officiere arbeiteten die Leute, mit Todesverachtung der Gefahr trotzend, bis es ihnen thatsächlich gelang, an zwei Punkten der weiteren Ausbreitung des Feuers eine Grenze zu setzen. Die von Boluzów, Drohobycz und Lemberg eingetroffenen Feuerwehren konnten das Feuer nicht mehr einschränken. Was die Mannschaft des 2. Bataillons an diesem ersten Brandtage geleistet hat, konnten nur diejenigen beurtheilen, welche diese Arbeit gesehen hatten. Das Eindämmen des Elementes, die Rettung des Verbliebenen, zahllose Lebensrettungen hilfloser Kinder und Greise waren das Werk ihrer persönlichen Aufopferung. Nach geschehener Localisierung des Feuers hatte die Arbeit der braven Leute noch nicht ihr Ende erreicht; jetzt erst begann ein weiterer schwerer Dienst. Ein Theil hatte das Gerettete zu bewahren, ein Theil zu patrouillieren, der Rest der Leute hatte in der Nacht und den folgenden Tag hindurch das glimmende und durch die schreckliche Hitze neu auflodernde Feuer zu löschen.

Infolge der Übermüdung der gesammten Mannschaft und der fortwährend herrschenden Feuersgefahr traf, über Befehl des 11. Corps-Commandos, am 19. nachmittags das 3. Feld-Bataillon unter Commando des Majors Josef Heldmann mittelst Eisenbahn in Stryj ein und versah den Lösch- und Sicherungsdienst bis zum 21., an welchem Tage es wieder, unter Zurücklassung der vereinigten Pionnierabtheilung des Regimentes, nach Lemberg abrückte.

Die Pionniere blieben zum Löschen und Demolieren bis zum 7. Mai in Stryj.

Die außerordentlichen Leistungen der braven Mannschaft des 2. Feld-Bataillons wurden mittelst Corps-Commando-Befehles vom 4. Mai nachstehend rühmlichst anerkannt:

»Seine Excellenz der Herr Statthalter von Galizien hat mit Zuschrift Nr. 3927 vom 1. Mai l. J. dem Corps-Commando mitgetheilt, dass laut der Seiner Excellenz von amtlichen Organen zugekommenen und von Augenzeugen erstatteten Meldungen die Militär-Garnison in Stryj während der daselbst am 17. April d. J. wüthenden Feuersbrunst, der ein großer Theil der Stadt zum Opfer fiel, sich an der Rettungs-Action in rühmlichster Weise betheiligt hat.

Vor keiner Gefahr zurückschreckend und keine Mühe scheuend, setzte die in Stryj garnisonierende Militärmannschaft unter energischer und verständnisvoller Leitung ihrer Herren Offciere vom Ausbruche des Feuers an bis zum Eintreffen der auswärtigen Feuerwehren fast ausschließlich und hernach im Vereine mit letzteren alles daran, um dem mit beispielloser Schnelligkeit und verheerender Wuth um sich greifenden Elemente Schranken zu setzen, die dem Flammentode ausgesetzten Stadteinwohner vor dem sicheren Untergange zu retten und deren Habseligkeiten, insoweit dies bei der Wucht und den Dimensionen der Feuersbrunst nur zulässig war, zu bergen.

Den mit dem Aufgebote aller Kräfte an den Tag gelegten Bemühungen des k. k. Militärs ist auch zu verdanken, dass das Feuer endlich doch nur auf einen Stadttheil beschränkt und nach Localisierung des Brandes das, was von den Effecten überhaupt noch zu retten war, auch gerettet werden konnte.

Das Gleiche gilt auch von dem am 19. vorigen Monates zur Assistenz nach Stryj commandiert gewesenen 3. Bataillon des Infanterie-Regimentes Freiherr von Packenj Nr. 9 und der noch heute daselbst in Verwendung stehenden combinierten Pionnierabtheilung.

Indem ich diese hervorragenden Leistungen zur allgemeinen Kenntnis bringe, spreche ich allen an dieser Rettungsaction betheiligt gewesenen Stabs- und Oberofficieren, Cadetten und der Mannschaft meinen wärmsten Dank und die volle belobende Anerkennung aus.

In Beurlaubung des Corps-Commandanten und commandierenden Generals

Lamoral Prinz Taxis, Feldmarschall-Lieutenant.«

Mit Rücksicht darauf, dass die Regimentsfahne im Verlaufe der Zeit unbrauchbar geworden ist, hat das Reichs-Kriegsministerium bewilligt, diese Fahne gegen die seinerzeit an das Heeresmuseum abgeführte Fahne des 4. Feld-Bataillons umzutauschen.

Mit der Abholung dieser Fahne aus dem Heeresmuseum zu Wien wurde Hauptmann Reinhard Scherer betraut, welcher am 11. August in Lemberg eintraf. Zur Übernahme der Fahne rückte die 1. Compagnie mit der Regimentsmusik unter Commando des Oberlieutenants Ritter Nechay von Felseis auf den Bahnhof aus. Das Regiment war am Reduitplatze der Citadelle unter Commando des Obersten von Anders ausgerückt und wurde die neue Fahne mit militärischen Ehrenbezeigungen feierlich übernommen. Hierauf hielt Oberst Anders an das Regiment eine würdige Anrede in deutscher Sprache, welche Hauptmann Pomiankowski ins Polnische übersetzte, worauf der Eid geleistet wurde.

Um 3 Uhr nachmittags vereinigte sich das Officiercorps in den Menagelocalitäten zu einem gemeinsamen Bankette.

Dieser militärischen Feierlichkeit wohnte der Corps-Commandant und commandierende General des 11. Corps, Seine königliche Hoheit Feldzeugmeister Wilhelm Herzog von Württemberg, und Oberst Brigadier Carl Geissner bei.

Zur Theilnahme an den Herbstübungen in Lemberg rückte das 2. Feld-Bataillon am 11. August dortselbst ein. Den 7. September erfolgte der Abmarsch des Regimentes zu den Kaiser-Manövern des 1. und 11. Corps nach Grodek, bei welcher Gelegenheit das Regiment wiederholt das Glück hatte, unter den Augen des Allerhöchsten Kriegsherrn zu erscheinen und für seine vorzügliche Haltung und sein schönes Aussehen die Allerhöchste Zufriedenheit zu erlangen.

Den 14. September erfolgte der Abmarsch des zweiten Bataillons über Szczerrec mittelst Bahn nach Stryj, des Regimentes über Lubienwielki nach Lemberg.

Mittelst Verordnung des 11. Corps-Commandos wurde nachstehendes an Seine kaiserliche Hoheit den General-Inspector des Heeres Feldmarschall Erzherzog Albrecht ergangene Allerhöchste Handschreiben veröffentlicht:

»Lieber Herr Vetter, Feldmarschall Erzherzog Albrecht!

Die unter Ihrer Oberleitung soeben beendeten Manöver haben Mich sehr befriedigt.

Sowohl die in den ersten Tagen von den beiden Truppen-Divisionen durchgeführten Bewegungen, als die am 10., 11., 13. und 14. September stattgehabten Corps-Manöver geben mir den erfreulichen Beweis der kriegstüchtigen Ausbildung der Truppen des 1. und 11. Corps, sowie der zu den Übungen herangezogenen Abtheilungen der Landwehr.

Insbesonders anerkennenswert waren: die entsprechende Verwendung der Kräfte seitens der beiden Corps-Commandanten, die richtige Führung im großen und kleinen bei der Cavallerie und Artillerie, die vollkommen befriedigende Terrainbenützung seitens der Infanterie, sowie die Ausdauer und Marschleistungen aller Truppen unter schwierigen Verhältnissen.

Ich spreche Euer Liebden für die erneuerte Mühewaltung Meinen wärmsten Dank aus und beauftrage Sie, den beiden Corps-Commandanten, sowie allen übrigen den Manövern beigezogenen Commandanten, den Truppen und Anstalten, ferner in gleicher Weise dem Generalstabe und den Schiedsrichtern für ihre Mitwirkung meine Anerkennung bekanntzugeben.

Franz Joseph.«

Mit Allerhöchster Entschließung vom 24. April geruhten Seine Majestät der Kaiser den Generalmajor Heinrich Freiherrn von Pittel, Commandanten der 22. Infanterie-Brigade, in gleicher Eigenschaft zum Commandanten der 16. Infanterie-Brigade, und den Obersten Carl Geissner, Commandanten des Genie-Regimentes Erzherzog Leopold Nr. 2, zum Commandanten der 22. Infanterie-Brigade zu ernennen.

Seine k. u. k. Apostolische Majestät geruhten Allergnädigst mit Allerhöchster Entschließung vom 29. December 1885 die Übernahme des Oberstlieutenants Wilhelm Prokopp in den Ruhestand anzuordnen und demselben bei diesem Anlasse in Anerkennung seiner langjährigen, im Frieden, wie im Kriege pflichtgetreuen Dienstleistung den Obersten-Charakter ad honores zu verleihen.

Nach einer 42jährigen Dienstzeit, während welcher er 25 Jahre dem Regimente angehörte, schied mit Oberst Prokopp ein hervorragend verdienter Soldat aus dem Regimente. Mit seltenen Tugenden ausgestattet, verstand dieser stramme Officier nicht nur die Disciplin zu erhalten, sondern auch in Kampf und Gefahr, im Kugelregen den Muth zu beleben und zu erhalten. Als im Jahre 1866 das Regiment im Waagthale am Marsche gegen Pressburg sich befand, infolge der unglücklichen Katastrophen, Verluste und Cholera, moralisch gebrochen sich langsam vorwärts bewegte und nur mit Mühe die Strapazen der Märsche, Lager und Vorposten ertrug, da war es Hauptmann Prokopp, der es verstand, Officiere und Mannschaft zu beleben und ihr sinkendes Vertrauen zu heben.

Eingedenk dieser seltenen Soldatentugenden fiel dem ganzen Regimente das Scheiden von diesem beliebten Officier sehr schwer.

Infolge Verordnung des k. k. 11. Corps-Commandos wurde Lieutenant Bataillons-Adjutant Eduard Berdiczka zur Frequentierung des Proviant-Officiers-Curses bestimmt; demgemäß wurde Oberlieutenant Carl Kempski von Rakoszyn mit den Geschäften des Bataillons-Adjutanten beim 1. Feld-Bataillon betraut.

Den 11. März wurde Lieutenant Hübner von der Stelle des Bataillons-Adjutanten enthoben und Lieutenant Ferdinand Breith zum Adjutanten des 4. Feld-Bataillons ernannt.

Zur Frequentierung des Lehrcurses der Armee-Schützenschule wurde Hauptmann Reinhard Scherer bestimmt.

Laut Personal-Verordnungsblattes Nr. 16. vom 24. April geruhten Seine Majestät Allergnädigst anzuordnen:

den Hauptmann 1. Classe des Generalstabs-Corps Wilhelm Lyczkowski zum Regimente; den Lieutenant in der Reserve Rudolf Winkler zum Infanterie-Regimente Kronprinz Erzherzog Rudolph Nr. 19 zu übersetzen. Ferner geruhten Seine k. u. k. Apostolische Majestät laut Personal-Verordnungsblattes Nr. 15 vom 24. April Allergnädigst zu ernennen: den Major Ludwig Ritter von Gröller des Infanterie-Regimentes Freiherr von Reinländer Nr. 24 zum Oberstlieutenant im Regimente; die Hauptleute 2. Classe Peter Ilnicki und Franz Pekarek zu Hauptleuten 1. Classe; den Lieutenant Wilhelm Hübner zum Oberlieutenant; den Cadet-Officiers-Stellvertreter Johann Rieger zum Lieutenant.

Laut Erlasses des k. k. Reichs-Kriegsministeriums vom 23. April wurde der Bataillons-Adjutant Ottmar Spielvogel im Einvernehmen mit dem k. k. Ministerium für Landes-Vertheidigung dem galizischen Landwehr-Bataillon Nr. 66 in Kolomea zugetheilt.

Infolge dieser Personal-Änderungen wurde dem Oberstlieutenant Ludwig Ritter von Gröller das Commando des 4. Feld-Bataillons, dem Hauptmann Wilhelm Lyczkowski das 15., dem Hauptmann Alexander West das 6. und dem Hauptmann Peter Ilnicki das 12. Compagnie-Commando verliehen. Infolge Zutheilung des Oberlieutenants Ottmar Spielvogel zur Landwehr wurde Lieutenant Stanislaus Ritter von Kozłowski zum Adjutanten beim 4. Feld-Bataillon ernannt.

Laut Personal-Verordnungsblattes Nr. 18 vom 29. Mai wurde Regiments-Arzt 1. Classe Dr. Franz Lipez vom Infanterie-Regimente Adolf Herzog zu Nassau zum Regimente und Regimentsarzt 2. Classe Dr. Wladimir Witwick Ritter von Waszkiewicz des Regimentes zum Infanterie-Regimente Adolf Herzog zu Nassau Nr. 15 transferiert.

Mit Personal-Verordnungsblatt Nr. 22 vom 30. Juni wurde Oberlieutenant Gottfried Zwilling auf sechs Monate beurlaubt.

Laut Personal-Verordnungsblattes Nr. 30 vom 29. August wurde Hauptmann 2. Classe Julius Hofmann in den Stand der Militär-Unter-Realschule in St. Pölten übersetzt.

Den 15. September wurde Lieutenant Carl Swoboda zum Adjutanten des 2. Feld-Bataillons ernannt bei gleichzeitiger Enthebung des Lieutenants Josef Bartfeld von diesem Dienstposten.

Mit Reichs-Kriegsministerial-Erlass vom 10. September wurde Oberlieutenant Heinrich Hacha zum Post-Assistenten im Bezirke der k. k. Post- und Telegraphen-Direction Prag ernannt.

Laut Personal-Verordnungsblattes Nr. 38 vom 27. October geruhten Seine k. u. k. Apostolische Majestät Allergnädigst zu ernennen: den Obersten Carl Geissner, Commandanten der 22. Infanterie-Brigade, zum Generalmajor; zu Hauptleuten 2. Classe: den Oberlieutenant Josef Nechay Ritter von Felseis und den Oberlieutenant Josef Pistol; zum Oberlieutenant: den Lieutenant Adalbert Dobia des Infanterie-Regimentes Nr. 95; zum Lieutenant: den Cadet-Officiers-Stellvertreter Stanislaus Bastgen des Infanterie-Regimentes Nr. 5.

Infolge dieser Personal-Veränderungen wurde dem Hauptmann Josef Ritter Nechay von Felseis das Commando der 1. und dem Hauptmann Josef Pistol das Commando der 12. Compagnie übertragen.

RANGS-LISTE

VOM ANFANG 1886.

Oberst Regiments-Commandant: Emil v. Anders (K.-M., O.-D.-Z. 1. Cl.).

Majore: Alexander Strauß Edler v. Eichenlaub (M.-V.-K., K.-D., K.-M.), O.-D.-Z. 1. Cl.), Felix Ritter v. Manasterski (M.-V.-K., K.-D.,

K.-M., O.-D.-Z. 1. Cl.), Carl van der Abeele (M.-V.-K., K.-M., O.-D.-Z. I. Cl.), Josef Metzger (K.-M., O.-D.-Z. 1. Cl., Commandant der Infanterie-Cadetten-Schule zu Łobzów,), Heinrich Reisky (M.-V.-K., K.-M., O.-D.-Z. 1. Cl., Commandant des 1. Bataillons), Josef Heldmann (M.-V.-K., K.-M., O.-D.-Z. 1. Cl., Commandant des 3. Bataillons).

Hauptleute I. Cl.: Heinrich Janovski (K.-M., O.-D.-Z. 1. Cl., Interims-Commandant des 2. Bataillons), Josef Dobiasch (K.-M., O.-D.-Z. 1 Cl., Interims-Commandant des 4. Bataillons), Alfred Ritter v. Sypniewski (K.-M.), Wilhelm Mayer (M.-V.-K., K.-M., O.-D.-Z. 1. Cl., Emanuel Loeschner (K.-M., O.-D.-Z. 1. Cl.), Casimir Pomiankowski (Ö. E. K.-O.-R. 3. Cl., K.-M., O.-D.-Z. 1. Cl.), Vincenz Luttna (K.-M.), Jos. Salinger (K.-M., beim Reichs-Kriegsministerium, ü. c.), Anton Sertić (K.-M.), Alexander West (K.-M., O.-D.-Z. 1. Cl.), Adalbert Kuderna (N.-V.-O. 4. Cl., Lehrer an der Wiener Neustädter Milit.-Akademie), Franz Rössel (K.-M., beim Reichs-Kriegsministerium).

Hauptleute 2. Cl.: Peter Ilnicki (K.-M., O.-D.-Z. 1. Cl.), Franz Pekarek (K.-M.), Wladislaus Jedynakiewicz (K.-M.), Basil Białowolski (S. T.-M. 2. Cl., K.-M., O.-D.-Z. 1. Cl.), Ladislaus Jabłonski (K.-M., O.-D.-Z. 1. Cl.), Alexander Hladik (K.-M.), Reinhard Scherer (K.-M.), Julius Hofmann, Johann Wenzel (ü. c., im Milit.-geograph. Institut), Friedrich Haslinger (K.-M.).

Oberlieutenante: Gottfried Zwilling (K.-M.), Alexander Wasilewski, (K.-M.), Josef Nechay Ritter v. Felseis, Josef Pistol, Josef Kastner (K.-M., Regiments-Waffen-Officier), Alexander Petschacher, Wilhelm Petschacher, Edmund Dienstl, Johann Sobota, Josef Přikryl, Burghard Brázda, Edmund Bobik (Regiments-Adjutant), Emil Ratschitzky, Andreas Warchoł (Ergänzungs-Bezirks-Officier), Carl Kempski v. Rakoszyn, Johann Matzek, Gabriel Hřiwna, Carl Zurbuch (Regiments-Proviant-Officier), Stanislaus Ritter v. Rozwadowski (K.-M.), Eugen Hinnek (K.-M.), Josef Kwiatkowski, Josef Stasyszyn (K.-M.), Ottomar Spielvogel (K.-M., 3. Bataillons-Adjutant), Heinrich Hacha.

Lieutenante: Rudolf Jelinek*), Anton Rantasz*), Johann Auspitzer*), Eduard Černy*), Eduard Schölzig*), Camillo Kubelka*), Franz Prokop*), (K.-M.), Andreas Grabowicz*), Wilhelm Hübner (4. Bataillons-Adjutant), Albert Fried*), Anton Urbanek*), Carl Czermak*), Carl Boczek*), Rudolf Winkler*) (K.-M.), Emil Lachner*), Raimund Tenschert*), Anton Holeczek*), Rudolf Swoboda*), Wolf Brandler*) (K.-M.), Eduard Schiffer*), Albert Edler v. Engel*), Josef Bartfeld (2. Bataillons-Adjutant), Eduard Bezdiczka (1. Bataillons-Adjutant), Dr. Leopold Hofer*), Carl Selibowský*), Wenzel Pohl*), Alfred Gluth*), Josef Ritter v. Jaxa-Bobowski*), Franz Kwapil, Alois Buntner, Alfred Edler v. Ruckstuhl (K.-M.), Carl Swoboda (K.-M.), Ferdinand Breith, Franz Carl Gołab*), Ludwig Lucas*), Anton Berwid*),

*) In der Reserve.

Philipp Epstein, Ignaz Kosch, Carl Hannemann*), Adalbert Klaunzner*), Hubert Bräunlich*), Oskar Wytásek*), Valerian Hoszek*), Adam Rawski*), Juvenal Turek*), Albert Hollausch, Sigmund Ritter v. Nowosielecki*), Casimir Jarosiewicz*), Ladislaus Ritter v. Radwan-Janowicz*), Carl Raimann, Franz Zahradniczek, Heinrich Patzelt, Stanislaus Ritter v. Kozłowski, Alexander Krüger*), Ladisl. Sroczynski*), Witold Barewicz*).

Cadet-Officiers-Stellvertreter: Johann Bełej*), Josef Jelén, Johann Rieger, Alfred Paulus, Alfred Redl, Thomas Kustroń, Eduard Peter, Johann Tischler, Felix Mreule, Carl v. Anders, Franz Törk, Eduard Slavik, Josef Pauković, Franz Kilbert, Johann Miksche.*)

Cadetten: Rudolf Reiner, Carl Mrazek, Martin Grbanović, Julius Salomon v. Friedberg, Michael Mihaljević.

Regiments-Auditor: Hauptmann 1. Cl. Bohumil Zelbr.

Regiments-Arzt 1. Cl.: Dr. Franz Vojta (K.-M., Ergänzungsbezirk-Cadre).

Regiments-Ärzte 2. Cl.: Dr. Wladimir Ritter Witwicki v. Waszkiewicz (Regiments-Chefarzt), Dr. August Soika (Regimentsstab).

Ober-Arzt: Dr. Wasil Büben*).

Ober-Wundarzt: Josef Syrowy (K.-M., 2. Bataillon).

Unter-Arzt: Adolf Leder*).

Rechnungsführer: Oberlieutenant Victor Chrupek (Ergänzungs-Bataillons-Cadre), Lieutenant Samuel Pehr (Regimentsstab), Lieutenant Gabriel Wallerstein (K.-M., M.-D.-Z. Regimentsstab).

1887. Den 22. Jänner 1887 wurde die Organisation des Landsturmes für die im Reichsrathe vertretenen Königreiche und Länder angeordnet.

Am 26. April begieng Seine kaiserliche Hoheit der Herr Feldmarschall Erzherzog Albrecht sein sechzigjähriges Dienstjubiläum.

Am 25. April erschien im Personal-Verordnungsblatte nachstehender Armee-Befehl:

»Mein Herr Vetter, der General-Inspector des Heeres, Feldmarschall Erzherzog Albrecht, begeht die Feier seines sechzigjährigen Jubiläums als Soldat. Ich habe bei diesem für Mich und Meine Armee so erfreulichen Anlasse das nachstehende Handschreiben an Seine kaiserliche Hoheit erlassen und befehle, dass dasselbe allen Theilen Meiner bewaffneten Macht in entsprechender Weise kundgemacht werde.

Wien, am 25. April 1887.

Franz Joseph m. p.«

---

*) In der Reserve.

»Lieber Herr Vetter
Feldmarschall Erzherzog Albrecht!

In voller Rüstigkeit, ungebrochen an Willen und Kraft, begehen Euer Liebden heute den 60. Gedenktag Ihres Eintrittes in das Heer. Ich und mit Mir Meine Armee, welche Sie oft zum Ruhme und Siege geführt, schreiten freudigen und bewegten Herzens zu dieser so seltenen, erhebenden Feier.

In allen Lagen Ihres viel bewegten Lebens boten Euer Liebden das leuchtende Vorbild lautersten Patriotismus, und dankerfüllt gedenke Ich Ihrer glänzenden Thaten, Ihrer edlen und selbstlosen Hingabe für Meine Person und Meine Armee.

Ihr gefeierter Name wird bis in die fernsten Zeiten die Ruhmesblätter der vaterländischen Geschichte zieren, unvergessen bleibe aber auch Ihre warme Liebe und opferbereite Fürsorge für die Angehörigen der Armee.

So bringe Ich denn Euer Liebden meine herzlichsten Glückwünsche zur heutigen Feier dankbarst entgegen und knüpfe an dieselben die freudige Zuversicht, Sie durch die Gnade des Allmächtigen noch eine Reihe von Jahren Mir und Meiner Armee erhalten zu sehen.

Wien, am 25. April 1887.

Franz Joseph m. p.«

Mit Verordnungsblatt vom 5. Mai wurde das Gesetz, betreffend die Versorgung der Witwen und Waisen von Officieren und der Mannschaft des Heeres, der Kriegsmarine, der Landwehr und des Landsturmes, verlautbart und damit ein gerechter Wunsch der Armee erfüllt.

Mit 1. October trat die neue, dem Kriegsfalle angepasste, Vorschrift für den ökonomisch-administrativen Dienst bei den Unterabtheilungen des Heeres in Kraft.

Mit Allerhöchster Entschließung vom 28. December 1886 haben Seine Majestät die Bewaffnung der dienstthuenden Feldwebel mit dem Infanterie-Officierssäbel und mit dem Revolver an Stelle des nach den organischen Bestimmungen für dieselben bisher normierten Feuergewehres Allergnädigst zu genehmigen geruht.

Infolge Allerhöchster Entschließung Seiner Majestät vom 18. Februar wurden an Stelle der im Gebrauch stehenden Bataillons-Munitionswagen Compagnie-Munitionswagen eingeführt.

Mit Verordnungsblatt Nr. 15 vom 25. April geruhten Seine k. u. k. Apostolische Majestät Allergnädigst in Anerkennung seiner seit mehreren Jahren belobten, besonders eifrigen und erfolgreichen Truppen-Dienstleistung in der Eigenschaft als Unterabtheilungs-Commandant dem Hauptmanne Alfred Ritter von Sypniewski das Militär-Verdienstkreuz zu verleihen.

Am 16. April wurde der Oberlieutenant Bobik von den Geschäften des Regiments-Adjutanten enthoben und Oberlieutenant Eugen Hinnek zum Regiments-Adjutanten ernannt.

Um vor der Ausgabe der Repetier-Gewehre eine größere Anzahl von Officieren mit der Beschaffenheit und dem Gebrauche desselben vertraut zu machen, wurden mit Erlass des Reichs-Kriegsministeriums vom 26. März an Stelle des ersten Lehr-Curses der Armee-Schießschule drei Informations-Curse in der Dauer von je 10 Tagen aufgestellt. Zur Frequentierung derselben wurden die Hauptleute Reinhard Scherer, Josef Kastner, die Oberlieutenante Alexander Petschacher und Josef Přikrýl bestimmt.

Schließlich wurde der Oberst Emil von Anders in den am 3. August beginnenden Informations-Curs für die Truppen-Commandanten nach Bruck a. d. Leitha auf acht Tage einberufen.

Mit Allerhöchster Entschließung vom 25. Juni haben Seine k. u. k. Apostolische Majestät die Versetzung Seiner Durchlaucht des Feldmarschall-Lieutenants Fürst Lamoral v. Thurn und Taxis, Commandanten der 11. Infanterie-Truppen-Division, in den wohlverdienten Ruhestand angeordnet und demselben bei diesem Anlasse in Anerkennung seiner langen, stets pflichttreuen und vorzüglichen Dienstleistung das Commandeurkreuz des Leopold-Ordens verliehen, dann den Generalmajor Othmar Crusiz, Commandanten der Militär-Akademie in Wr.-Neustadt, zum Commandanten der 11. Infanterie-Truppen-Division zu ernennen geruht.

Am 3. Juli traf Seine k. k. Hoheit der durchlauchtigste Herr Kronprinz Erzherzog Rudolph in Lemberg ein.

Den 4. fand eine Paradeausrückung der Garnison statt, und geruhte Seine kaiserliche Hoheit die vollste Zufriedenheit über die Haltung und das Aussehen der Truppen kund zu geben und anzubefehlen, dass der in Lemberg am 4. Juli ausgerückt gewesenen Mannschaft des stehenden Heeres und der Landwehr eine dreitägige Gratislöhnung auszufolgen ist.

Mit Allerhöchster Entschließung vom 6. Juni haben Seine k. u. k. Apostolische Majestät der zweiten Auflage des zweiten Theiles des Dienst-Reglements für das k. u. k. Heer vom Jahre 1874 die Allerhöchste Sanction zu ertheilen geruht. Diese neue Auflage ist mit 1. August ins Leben getreten.

Mit Verordnungsblatt Nr. 25 vom 18. Juli geruhten Seine k. u. k. Apostolische Majestät den krankheitshalber beurlaubten Generalmajor Carl Geissner über seine Bitte vom Commando der 22. Infanterie-Brigade zu entheben und den Obersten Joseph Kraumann, Commandanten des Infanterie-Regimentes Ritter von Rodakowski Nr. 95, zum Commandanten der 22. Infanterie-Brigade zu ernennen. — Gleichzeitig wurde die Übernahme des Majors Carl van der Abeele nach dem Ergebnisse der Superarbitrierung in den Ruhestand angeordnet und demselben der Oberstlieutenants-Charakter ad honores verliehen. Schließlich wurde Hauptmann Joseph Dobiasch mit Hauptmann Carl Kolitscher des Infanterie-Regimentes Graf Auersperg Nr. 40 gegenseitig transferiert.

Infolge dieser Veränderungen hat das Reichs-Kriegsministerium den Major Heinrich Reisky zum Commandanten des Ergänzungsbezirkes in Stryj bestimmt, dem Hauptmann Kolitscher wurde das Commando der 7. Feld-Compagnie verliehen.

Zu den Herbstmanövern wurde das 2. Feld-Bataillon aus Stryj beigezogen, welches am 20. August in Lemberg eintraf.

In diesem Jahre fanden die Schlussmanöver in der Umgebung Lembergs statt.

Laut Personal-Verordnungsblattes Nr. 37 vom 17. October geruhten Seine k. u. k. Apostolische Majestät allergnädigst die Versetzung des Obersten und Regiments-Commandanten Emil von Anders über sein Ansuchen auf die Dauer von sechs Monaten in das Verhältnis der überzählig mit Wartegebür Beurlaubten anzuordnen und an dessen Stelle den Obersten Friedrich Prawda des Infanterie-Regimentes Nr. 57 zum Commandanten des Regimentes zu ernennen. — Mit 1. November geruhten Seine k. u. k. Apostolische Majestät den Generalmajor Othmar Crusiz, Commandanten der 11. Infanterie-Truppen-Division, zum Feldmarschall-Lieutenant zu ernennen. — Ferner haben Seine k. u. k. Apostolische Majestät den Hauptmann Alfred Ritter von Sypniewski zum Major außer der Rangstour allergnädigst zu ernennen geruht und wurde ihm das Commando des 2. Feld-Bataillons übertragen.

Nach einem langen und schmerzhaften Leiden starb der vor kuzem mit Wartegebür beurlaubte Oberst Emil von Anders den 6. December in Wien. Zur Theilnahme an dem Leichenbegängnisse wurden die Oberlieutenante Karl Zurbuch, Lieutenant Philipp Epstein und Ferdinand Breith, Oberlieutenant-Rechnungsführer Samuel Pehr als Deputation nach Wien entsendet, woselbst sich denselben die in Wien befindlichen Hauptleute Josef Salinger, Franz Rössel und Julius Hofmann anschlossen.

RANGS-LISTE

VOM ANFANGE 1887.

Oberst-Regiments-Commandant: Friedrich Prawda.

Oberstlieutenant: Ludwig Ritter v. Gröller.

Majore: Joseph Metzger (Commandant der Infanterie-Cadetten-Schule in Łobzów), Heinrich Reisky (M.-V.-K., Ergänzungs-Bezirks-Commandant), Joseph Heldmann (M.-V.-K.), Alfred Ritter v. Sypniewski (M.-V.-K.).

Hauptleute 1. Classe: Johann Fröhlich (M.-V.-K.), Emanuel Loeschner, Vincenz Luttna, Wilhelm Łyczkowski, Joseph Salinger (ü. c., beim Reichs-Kriegsministerium), Anton Sertić (WG.), Alexander West, Adalbert Kuderna (ü. c., Lehrer an der Militär-Akademie in Wiener-Neustadt), Franz Rössel (zugetheilt dem Reichs-Kriegsministerium), Franz Pekarek, Wladislaus Jedynakiewicz, Basil Białowolski (S. T.-M. 2 Cl.), Ladislaus Jabłoński, Alexander Hladik, Reinhard Scherer, Julius Hofmann (ü. c., Lehrer an der Militär-Unter-Realschule in St. Pölten).

Hauptleute 2. Classe: Friedrich Haslinger, Carl Kolitscher, Joseph Nechay Ritter v. Felseis, Joseph Pistol, Joseph Kastner, Alexander Petschacher.

Oberlieutenante: Alexander Wasilewski, Wilhelm Petschacher, Edmund Dienstl, Johann Sobota, Joseph Přikryl, Burghard Brázda, Emil Ratschitzky (WG.), Andreas Warchoł (Ergänzungs-Bezirks-Officier), Carl Kempski v. Rakoszyn, Johann Matzek, Gabriel Hřiwna, Carl Zurbuch, Stanislaus Ritter v. Rozwadowski, Eugen Hinnek (Regiments-Adjutant), Joseph Kwiatkowski, Joseph Stasyszyn, Heinrich Hacha (Res.), Wilhelm Hübner, Adalbert Dobija, Joseph Bartfeld.

Lieutenante: Anton Rantasz *), Eduard Černý *), Camillo Kubelka *), Andreas Grabowicz *), Albert Fried *), Anton Urbanek *), Carl Czermak *), Carl Boczek *), Emil Lachner *), Anton Holeczek *), Wolf Brandler *), Eduard Schiffer *), Albert Edler v. Engel *), Eduard Bezdiczka (Proviant-Officier), Leopold Hofer *) (Dr. d. R.), Carl Selibovský *), Wenzel Pohl *), Alfred Gluth *),

*) In der Reserve.

Joseph Ritter v. Jaxa-Bobowski*), Franz Kwapil, Alois Buntner, Alfred Edler v. Ruckstuhl, Carl Swoboda, Ferdinand Breith (Bataillons Adjutant), Franz Gołąb*), Ludwig Lukas*), Anton Berwid*), Philipp Epstein, Ignaz Kosch, Adalbert Klaunzner*), Hubert Bräunlich*), Oskar Wytásek*), Valerian Hoszek*), Adam Rawski*), Juvenal Turek*), Albert Hollausch*), Sigmund Ritter v. Nowosielecki*), Casimir Jarosiewicz*), Ladislaus Ritter v. Radwan-Janowicz*), Carl Raimann (Bataillons-Adjutant), Franz Zahradniczek, Heinrich Patzelt (Bataillons-Adjutant), Stanislaus Ritter v. Kozłowski (Bataillons-Adjutant), Alexander Krüger*), Ladislaus Sroczyński*), Witold Barewicz*), Johann Rieger, Stanislaus Bastgen, Joseph Hornstein*), Franz Scheiter*), Isidor Kuncewicz*), Miecislaus Rossowski*), Julius Misiakiewicz*), Benvenuto Tonelli, Alfred Redl, Carl Haas, Thomas Kustroń, Eduard Peter, Johann Hoosz-Tischler.

Cadetten: Ludwig Ostrowski**), Felix Mreule**), Carl v. Anders**), Franz Törk**), Eduard Slavik**), Joseph Pauković**) Franz Kilbert**), Rudolf Reiner**), Johann Miksche**) (Res.), Carl Mrázek**), Martin Grbanović**), Julius Salomon v. Friedberg**), Michael Mihaljević**), Bronislaus Medycki, Carl Simić, Marian Puchalik (Res.), Edmund Hauser**), Eduard Bláha, Maximilian Kostka

Regiments-Auditor: Hauptmann 2. Cl. Carl Finkel.

Regiments-Ärzte 1. Cl.: Dr. Franz Lipež, Dr. Franz Patzelt, Dr. Eugen Mironowicz.

Rechnungsführer: Oberlieutenant Victor Chrupek, Samuel Pehr, Lieutenant Marian Kawecki.

Über Allerhöchsten Befehl Seiner Majestät fand am 13. Mai die feierliche Enthüllung des Denkmales weiland Ihrer Majestät der Kaiserin und Königin Maria Theresia statt. 1888.

Aus diesem Anlasse erschien nachstehender Armee-Befehl:

»Der heutige Tag, an welchem die Hülle von dem Denkmale fällt, welches Ich im Namen des dankbaren Vaterlandes der Kaiserin und Königin Maria Theresia in Wien errichten ließ, überliefert eine glanz- und ruhmvolle Epoche aus Österreich-Ungarns Geschichte der sichtbaren und bleibenden Erinnerung der Mit- und Nachwelt.

Um diesen weihevollen Tag, welcher gleichzeitig ein Ehrentag für Meine gesammte Wehrmacht ist, für dieselbe zu einem ewig denkwürdigen zu gestalten und in der Absicht, das Andenken Meiner Ahnen, sowie der hervorragendsten Heerführer und Kriegsmänner des Va-

---

*) In der Reserve.

**) Officiers-Stellvertreter.

terlandes in der Armee wach zu erhalten und zu ehren, finde Ich anzuordnen, dass folgende Regimenter auf immerwährende Zeiten die nachstehenden Namen zu führen haben: Das Infanterie-Regiment Nr. 32 »Kaiserin und Königin Maria Theresia«; das Meinen Namen führende Uhlanen Regiment Nr. 6 »Kaiser Josef II.«; das Infanterie-Regiment Nr. 33 »Kaiser Leopold II.«; das Meinen Namen führende Dragoner-Regiment Nr. 1 »Kaiser Franz I.«; Das Dragoner-Regiment Erzherzog Albrecht Nr. 4 »Kaiser Ferdinand I.«; das Dragoner-Regiment Graf Sternberg Nr. 8 »General-Lieutenant und Feldmarschall Raimund Graf von Montecuccoli, Reichsfürst und Herzog von Melfi«; das Infanterie-Regiment Graf Thun-Hohenstein Nr. 54 »Feldmarschall Ernst Rüdiger Graf von Starhemberg«; das Dragoner-Regiment Nr. 7 »General-Lieutenant und Feldmarschall Carl V. Leopold Herzog von Lothringen und Bar«; das Infanterie-Regiment Graf Huyn Nr. 13 »Feldmarschall Guidobald Graf von Starhemberg«; das Infanterie-Regiment Freiherr von Döpfner Nr. 23 »General-Lieutenant und Reichs-Feldmarschall Ludwig Wilhelm I., Markgraf von Baden-Baden«; das Infanterie-Regiment Graf Welsersheimb Nr. 21 »Feldmarschall Otto Ferdinand Graf von Abensberg und Traun«; das Infanterie-Regiment Nr. 7 »Feldmarschall Ludwig Andreas Graf Khevenhüller von Aichelburg auf Frankenburg«; das Corps-Artillerie-Regiment Ritter von Schmarda Nr. 9 »Feldmarschall Josef Wenzel Fürst von Liechtenstein«; das Infanterie-Regiment Freiherr von Ziemięcki Nr. 36 »Feldmarschall Maximilian Ulysses Reichsgraf Browne, Freiherr von Mountany und Camus«; das Husaren-Regiment Prinz von Thurn und Taxis Nr. 9 »Feldmarschall Franz Graf Nadasdy auf Fogaras«; das Infanterie-Regiment von Baumgarten Nr. 56 »Feldmarschall Leopold Josef Maria Graf Daun, Fürst von Thiano«; das Husaren-Regiment Prinz von Thurn und Taxis Nr. 3 »Feldmarschall Andreas Graf Hadik von Futak«; das Infanterie-Regiment Freiherr von Scudier Nr. 29 »Feldmarschall Gideon Ernst Freiherr von Loudon«; das Infanterie-Regiment Freiherr von Weber Nr. 22 »Feldmarschall Franz Moriz Graf von Lacy«; das Infanterie-Regiment Freiherr von Packenj Nr. 9 »Feldmarschall Carl Joseph Graf Clerfayt de Croix«;

das Infanterie-Regiment Ritter von Graef Nr. 67 »Feldzeugmeister Paul Freiherr Kray de Krajova et Topolya«; das Infanterie-Regiment Nr. 57 »Feldmarschall Friedrich Josias Prinz zu Sachsen-Coburg-Saalfeld« und das Dragoner-Regiment Fürst von Montenuovo Nr. 10 »Feldmarschall Johannes Josef Fürst von Liechtenstein«.

Wien, am 13. Mai 1888. Franz Joseph«.

Seine k. u. k. Apostolische Majestät haben mit Allerhöchster Entschließung vom 9. April 1888 mit Rücksicht auf die Einführung des Repetiergewehres M. 1888 und die dadurch bedingte Vermehrung der Taschen-Munition eine Reform der Infanterie-Ausrüstung im Principe Allergnädigst zu genehmigen geruht, durch welche eine entsprechende Ausgleichung der Belastungsverhältnisse des Mannes und eine Erleichterung in der Tragart des Gepäckes herbeigeführt wurde.

Auch in diesem Jahre wurde in Bruck an der Leitha ein Informations-Curs errichtet und wurden zur Frequentierung desselben für die Zeit vom 24. Juni bis 7. Juli die Hauptleute Ladislaus Jabłonski, Carl Kolitscher, Josef Nechay Ritter von Felseis und der Oberlieutenant Carl Kempski von Rakoszyn bestimmt.

Mit Personal-Verordnungsblatt für das k. k. Heer Nr. 10 vom 21. März geruhten Seine k. u. k. Apostolische Majestät Allergnädigst das nachstehende Allerhöchste Befehlsschreiben zu erlassen:

»Um der Infanterie als Hauptwaffe des Heeres einen Beweis Meiner besonderen Fürsorge zu geben, finde Ich die Stelle eines General-Infanterie-Inspectors zu systemisieren und ernenne hiezu Meinen Herrn Sohn, den Kronprinzen Feldmarschall-Lieutenant Erzherzog Rudolph.

Wien, am 18. März 1888.

Franz Joseph m. p.«

Dieser Allerhöchste Befehl rief in den Herzen der gesammten Infanterie-Truppe eine seltene Freude hervor, da diese Waffe darin nebst der außerordentlichen Huld und Gnade des obersten Kriegsherrn eine specielle Vertretung und hierin ein Mittel zu ihrer gedeihlichen Entwickelung erblickte.

Kurze Zeit nach dieser freudigen Publication, am 29. Juli, traf Seine k. k. Hoheit der durchlauchtigste Kronprinz Feldmarschall-Lieutenant Erzherzog Rudolph, General-Infanterie-

Inspector, in Lemberg ein und inspicierte das Regiment am 30. auf dem Gefechtsübungsplatze.

Mit Personal-Verordnungsblatt Nr. 11 vom 16. März geruhten Seine k. u. k. Apostolische Majestät die Enthebung des krankheitshalber beurlaubten Feldmarschall-Lieutenants Othmar Crusiz — vorbehaltlich seiner Wiedereintheilung nach Herstellung seiner Gesundheit — von dem Commando der 11. Infanterie-Truppen-Division anzuordnen; ferner zu ernennen: die Generalmajore: Josef Watteck, Commandant der 6. Infanterie-Brigade, zum Commandanten der 11. Infanterie-Truppen-Division; Heinrich Pelican, Commandant der 54. Infanterie-Brigade, zum Commandanten der 2. Infanterie-Truppen-Division.

Laut Personal-Verordnungsblattes Nr. 17. vom 27. April geruhten Seine Majestät zu ernennen: zum Oberstlieutenant den Major Josef Metzger; zu Hauptleuten 2. Classe die Oberlieutenante: Alexander Wasilewski, Wilhelm Petschacher im Regimente, Edmund Dienstl beim Infanterie-Regimente Adolf Herzog zu Nassau Nr. 15; zum Oberlieutenant den Lieutenant Eduard Bezdiczka im Regimente; zu Lieutenanten die Cadet-Officiers-Stellvertreter: Ludwig Ostrowski und Felix Mreule, beide im Regimente, Carl von Anders beim Infanterie-Regiment Großfürst Michael von Russland Nr. 26, Franz Törk im Regimente, Eduard Slavik beim Infanterie-Regimente Adolf Herzog zu Nassau Nr. 15.

Die Ausrückung der gesammten Garnison von Lemberg am 18. August als dem Allerhöchsten Geburtsfeste Seiner Majestät des Kaisers unter dem Commando Seiner königlichen Hoheit des Corps-Commandanten Feldzeugmeister Herzog Wilhelm von Württemberg erhielt in diesem Jahre eine besondere Weihe durch die Anwesenheit Seiner kaiserlichen Hoheit des Herrn Feldmarschalls Erzherzog Albrecht und es erschien an dem genannten Tage nachstehender Corps-Commando-Befehl:

»Der heutige Tag, an dem das Herz jedes Soldaten höher schlägt, weil es die Feier des Geburtsfestes seines vielgeliebten Kaisers und Allerhöchsten Kriegsherrn gilt, erhält dadurch, dass Seine kaiserliche Hoheit der durchlauchtigste Herr Erzherzog Albrecht in unserer Mitte weilt, eine besondere Weihe und Bedeutung.

Mit mir wird jeder Angehörige des 11. Corps in der höchsten Anwesenheit des sieggekrönten Feldherrn einen

Beweis besonders ehrender, in der kaiserlichen Armee viel beneideter Auszeichnung und einen mächtigen Sporn erblicken, auch in Zukunft sein Bestes einzusetzen für den Allerhöchsten Dienst.

Ich bringe hiemit zur allgemeinen Kenntnis, dass ich diesen Gefühlen, welche alle Glieder des 11. Corps am heutigen Tage beseelen, bei Seiner kaiserlichen Hoheit Ausdruck gegeben habe und dass Höchstderselbe sie huldvoll entgegenzunehmen geruhte.

Württemberg m. p.,
Feldzeugmeister«.

Gleichzeitig wurde nachstehende Corps-Commando-Verordnung, Präs. Nr. 931 vom 18. August verlautbart:

»Seine kaiserliche Hoheit der durchlauchtigste Herr Feldmarschall Erzherzog Albrecht haben Seiner Majestät im eigenen Namen, wie in jenem der Officiere des 11. Corps die ehrfurchtvollsten Glückwünsche zum Allerhöchsten Geburtsfeste dargebracht, worauf die nachfolgende Antwort Seiner Majestät an Seine kaiserliche Hoheit eingelangt ist, die ich über Höchste Ermächtigung, hochbeglückt durch dieses Zeichen Allerhöchster Huld und Gnade, hiemit vollinhaltlich verlautbare:

Der Kaiser an Seine kaiserliche Hoheit Erzherzog Albrecht Lemberg.

Bitte für den Ausdruck treuer Gefühle Meinen herzlichsten Dank entgegenzunehmen und diesen allen bekannt zu geben, welche sich den dargebrachten Glückwünschen angeschlossen haben.

Franz-Joseph m. p.

Württemberg m. p.,
Feldzeugmeister«.

Laut Personal-Verordnungsblattes Nr. 31 vom 17. August geruhten Seine k. u. k. Apostolische Majestät allergnädigst zu ernennen: zum Major den Hauptmann 1. Classe Johann Fröhlich im Regimente; zum Hauptmann 1. Classe den Hauptmann 2. Classe Friedrich Haslinger im Regimente; zum Hauptmann 2. Classe den Oberlieutenant Johann Sobota beim Infanterie-Regimente Erzherzog Sigmund Nr. 45; zu Oberlieutenanten die Lieutenante: Franz Kvapil, Alois Buntner, Alfred Edlen von Ruckstuhl und Karl Swoboda im Regimente; zu Lieutenanten die Cadet-Officiers-Stellvertreter Josef Paukovič und Franz Kilbert im Regimente; zu Cadet-Officiers-Stellvertretern nach Absolvierung der Cadettenschulen die Frequentanten: Johann Mrázek des Infanterie-Regimentes Freiherr von Waldstädten Nr. 81, Johann Bochdalek des Infanterie-Regimentes Nr. 100, Franz Sobota des Feldjäger-Bataillons Nr. 25, Carl Vesely des Infanterie-Regimentes Graf von Abensberg und Traun Nr. 21, Georg Klenk des Infanterie-Regimentes Ferdinand IV. Großherzog von Toscana Nr. 66, Adalbert Piechura des Infanterie-Regimentes Freiherr von Vecsey Nr. 41 und Vincenz Ritter von Trzciński, alle im Regimente.

Ferner wurde Hauptmann Julius Hofmann, übercomplet im Regimente, vom Stande der Militär-Unterrealschule zu St. Pölten mit 1. September in den Stand des Infanterie-Regimentes Freiherr von Bauer Nr. 84 transferiert, zu welchem derselbe einzurücken hatte.

Mit Corps-Commando-Befehl Nr. 30 vom 22. August wurde dem Feldwebel Ludwig Rudolf der 6. Feld-Compagnie für die bewirkte Rettung eines Menschen vom Tode des Ertrinkens die belobende Anerkennung ausgesprochen.

In diesem Jahre fanden in der Zeit vom 2. bis 17. September die Manöver nächst Złoczow statt. Nach der Wiedereinrückung des Regimentes nach Lemberg erfolgte dessen Verlegung in die neuen Garnisonen Jaroslau und Radymno.

Bevor das Regiment Lemberg verließ, begieng es in einfacher, doch würdiger Weise die Feier der 40jährigen Dienstzeit des Hauptmannes Basil Białowolski, welcher vom Gemeinen an im Regimente gedient, alle Feldzüge mitgemacht, vor dem Feinde wiederholt tapfer gekämpft hatte und für sein hervorragendes Benehmen in der Schlacht bei Solferino mit der silbernen Tapferkeits-Medaille 2. Classe decoriert wurde.

Nach einer Aufwartung des Officiers-Corps beim Jubilar versammelte sich dasselbe im Officiersmenage-Locale zu einem Banquette, dem auch Mannschafts-Deputierte beigezogen wurden. In einer warmen Ansprache hob Oberst Anders die Verdienste des stets pflichttreuen Veteranen hervor, der unermüdet ein Vater seiner Compagnie und ein Muster dem jungen Officier war. Eine freiwillige Illumination der Citadelle durch die Mannschaft des Regimentes, sowie eine Ovation durch einen Fackelzug und Defilierung vor dem Jubilar schloss dieses einfache, jedoch aus der Tiefe des Herzens dem braven Krieger dargebrachte Fest.

Den 20. September erfolgte der Abmarsch des 2. Feld-Bataillons mittelst Eisenbahn nach Radymno, woselbst es im Baracken-Lager das 2. Bataillon des Infanterie-Regimentes Nr. 10 ablöste. Der Regimentsstab, das 3. und 4. Bataillon marschierten gleichfalls mittelst Bahn den 1. October nach Jaroslau und bezogen die dortselbst neu erbaute Baracken-Kaserne.

Infolge dieses Dislocationswechsels trat das Regiment in den Verband des 1. Corps-Commandos Krakau, welches von Seiner Durchlaucht dem General der Cavallerie Prinzen Ludwig Windisch-Grätz befehligt wurde; ferners der 2. Infanterie-Truppen-Division und der 4. Infanterie-Brigade. — Das 2. Divisions-Commando führte Generalmajor Heinrich Pelican, wurde jedoch noch vor dem Eintreffen des Regimentes in Jaroslau als Commandant der 4. Infanterie-Truppen-Division abtransferiert, während der Generalmajor Hugo Milde von Helfenstein zum Commandanten der 2. Infanterie-Truppen-Division ernannt wurde.

Das Commando der 4. Infanterie-Brigade führte Generalmajor Carl Freiherr von Salis-Samaden.

Mit 14. September wurde Oberlieutenant Franz Kvapil zur Frequentierung des Militär-Fecht- und Turnlehrer-Curses für das Schuljahr 1888/89 nach Wr.-Neustadt einberufen.

Mit Ende des Monates November erfolgte die Fassung der Repetier-Gewehre M. 1888 beim Artillerie-Zeugs-Dépôt in Wien durch den Hauptmann Johann Kastner. Die entbehrlichen Werndlgewehre wurden theils an das k. k. Landwehr-Infanterie-Bataillon Nr. 44 in Jičin, theils an das Landwehr-Infanterie-Bataillon Nr. 88 in Turnau abgeführt.

Mit Allerhöchster Entschließung vom 16. October haben Seine Majestät anzubefehlen geruht, dass vom Jahre 1889 an bis auf weiteres alljährlich zwei Lehrcurse in der jeweiligen Dauer von 5 Monaten am Stabsofficierscurse stattzufinden haben.

Zur Ausbildung der Reservemannschaft mit dem Repetiergewehre erfolgte die Einberufung derselben in zwei je siebentägigen Turnussen in der Zeit vom 14. bis 21. December und wurde die Reservemannschaft des Regimentes, theils beim Regimente, theils bei den Regimentern Nr. 15, 30, 55, 80 und 95 instruiert.

Laut Personal-Verordnungsblattes Nr. 46 vom 30. November wurde Hauptmann Anton Sertić als invalid und zu jedem Landsturmdienste ungeeignet in den Ruhestand versetzt; ferner Regimentsarzt Dr. Franz Lipež zum Militär-Invalidenhause in Lemberg, Regimentsarzt Dr. Hermann Reiss vom Militär-Invalidenhause in Lemberg zum Regimente transferiert.

RANGS-LISTE

VOM ANFANGE 1889.

Oberst Regiments-Commandant: Friedrich Prawda.

Oberstlieutenante: Ludwig Ritter v. Gröller, Joseph Metzger (Commandant der Infanterie-Cadetten-Schule in Łobzów).

Majore: Heinrich Reisky (M.-V.-K., Ergänzungs-Bezirks-Commandant), Joseph Heldmann (M.-V.-K.), Alfred Ritter v. Sypniewski (M.-V.-K.), Johann Fröhlich (M.-V.-K.).

Hauptleute 1. Classe: Emanuel Loeschner, Vincenz Luttna, Wilhelm Łyczkowski, Joseph Salinger (ü. c., beim Reichs-Kriegsministerium), Adalbert Kuderna (ü. c., Lehrer an der Militär-Akademie in Wiener-Neustadt), Franz Rössel (ü. c., beim Reichs-Kriegsministerium), Franz Pekarek, Wladislaus Jedynakiewicz, Basil Białowolski (S. T.-M. 2. Cl.), Ladislaus Jabłoński, Alexander Hladjk, Friedrich Haslinger, Carl Kolitscher.

Hauptleute 2. Classe: Joseph Nechay Ritter v. Felseis, Joseph Pistol, Joseph Kastner, Alexander Petschacher, Alexander Wasilewski, Wilhelm Petschacher, Joseph Přikryl, Burghard Brázda.

Oberlieutenante: Emil Ratschitzky, Andreas Warchoł (Ergänzungs-Bezirks-Officier), Carl Kempski v. Rakoszyn, Johann Matzek (WG.), Gabriel Hřiwna, Carl Zurbuch, Stanislaus Ritter v. Rozwadowski, Eugen Hinnek (Regiments-Adjutant), Joseph Kwiatkowski, Joseph Stasyszyn, Heinrich Hacha (Res.), Wilhelm Hübner, Adalbert Dobija, Eduard Bezdiczka (Proviant-Officier), Franz Kvapil, Alois Buntner, Alfred Edler v. Ruckstuhl, Carl Swoboda, Ferdinand Breith (Bataillons-Adjutant), Anton Urbanek (Res.), Carl Boczek (Res.).

Lieutenante: Albert Fried*), Wolf Brandler*), Eduard Schiffer*), Leopold Hofer*) (Dr. d. R.), Carl Selibowský*), Wenzel Pohl*), Alfred Gluth*) Joseph Ritter v. Jaxa-Bobowski*), Franz Gołąb*), Ludwig Lukas*), Anton Berwid*), Philipp Epstein, Ignaz Kosch, Adalbert Klaunzner*), Hubert Bräunlich, Oskar Wytásek*), Valerian Hoszek*) Adam Rawski*), Juvenal Turek*), Albert Hollausch*), Sigmund Ritter v. Nowosielecki*), Casimir Jarosiewicz*), Ladislaus Ritter v. Radwan-Janowicz*), Carl Raimann, Franz Zahradniczek, Heinrich Patzelt (Bataillons-Adjutant), Stanislaus Ritter v. Kozłowski (Bataillons-Adjutant) Alexander Krüger*), Ladislaus Sroczyński*), Witold Barewicz*), Johann Rieger, Emil Lachner, Stanislaus Bastgen, Joseph Hornstein*), Franz Scheiter*), Miecislaus Rossowski*),

*) In der Reserve.

Julius Misiakiewicz*), Benvenuto Tonelli, Alfred Redl, Carl Haas, Thomas Kustroń, Eduard Peter, Johann Hoosz-Tischler (Bataillons-Adjutant), Johann Miksche*), Michael Grabowski*), Adam Grabowski*), Joseph Lehm*), Ludwig Ostrowski, Felix Mreule, Franz Törk, Joseph Pauković, Franz Kilbert, Carl Mrázek, Martin Grbanović (ü. c., beim bosn.-herceg. Inf.-Bat. Nr. 1), Julius Salomon v. Friedberg, Isidor Kuncewicz.

Cadetten: Michael Mihaljević**) (ü. c., beim bosn.-herceg. Inf.-Bat. Nr. 4), Bronislaus Medycki**), Marian Puchalik**) (Res.), Edmund Hauser**), Eduard Bláha**), Maximilian Kostka**), Carl Schnerch**) (Res.), Johann Mrázek**), Johann Bochdalek**), Franz Sobota, Carl Wesselý, Georg Klenk, Adalbert Piechura, Vincenz Ritter v. Trzciński.

Regiments-Ärzte 1. Cl.: Dr. Hermann Reiss, Dr. Eugen Mironowicz.

Ober-Arzt: Dr. Heinrich Rump.

Rechnungsführer: Oberlieutenant Victor Chrupek, Samuel Pehr.

Egalisierung apfelgrün wie Nr. 54, 79 und 85 (gelbe Knöpfe).

Das Jahr 1889 begann für die Völker Österreich-Ungarns mit einem tieferschütternden Unglücke. Den 31. Jänner durchlief die weite Monarchie die schmerzliche Nachricht, dass der einzige, vielgeliebte Sohn unseres obersten Kriegsherrn und Kaisers, der durchlauchtigste Kronprinz Erzherzog Rudolph plötzlich gestorben sei. Gleich einer Familie trauerten die Völker mit ihrem Monarchen, welcher, den allzufrühen Hintritt seines theuren Sohnes beweinte. In der gesammten Armee rief diese Schreckensbotschaft eine große Trauer hervor. 1889.

Aus den fernsten Gauen des weiten Reiches eilten Deputationen nach Wien, um an der Bahre des theuren Prinzen mit dem unglücklichen Monarchen zu weinen, um den Schmerz des gebeugten Vaters durch die innigste Theilnahme zu lindern.

Den 6. Februar erschien nachstehender Allerhöchster Armee-Befehl:

»Es hat Meinem tief betrübten Herzen unendlich wohlgethan, in den Tagen der schweren Prüfung, welche die göttliche Vorsehung Mir auferlegte, von Meinem Heere, Meiner Kriegsmarine und Meinen beiden Landwehren neue Beweise unerschütterlicher Treue, rührender Anhänglichkeit und pietätvoller Hingebung empfangen zu haben.

In wahrhaft würdiger und herzlicher Weise haben die Angehörigen Meiner bewaffneten Macht den Gefühlen

*) In der Reserve.

**) Officiers-Stellvertreter.

der Trauer und des Schmerzes um Meinen theuren Sohn Ausdruck verliehen.

Aus den entferntesten Marken Meines Reiches sind ihre Vertreter, dem Drange des Herzens folgend, nach Wien geeilt, um dem theuren Dahingeschiedenen ihre Pietät zu bezeigen, ihm die letzte Ehre zu erweisen und um zu manifestieren, dass Leid und Freud Meines Hauses in Meinem Heere und in Meiner Kriegsmarine, sowie in den Reihen Meiner Landwehr allzeit einen lauten Wiederhall findet.

Ich entbiete hiefür allen Meinen innigsten Dank.

Nach wie vor schlägt Mein Herz warm für jeden Einzelnen Meiner gesammten bewaffneten Macht; mit Stolz blicke Ich auf sie herab und auch in Zukunft bleibt ihr Meine ganze Liebe und Fürsorge gewahrt.

Franz Joseph m. p.«

Am Vortage der unglücklichen Katastrophe lief beim Regimente das Telegramm ein, dass Seine Excellenz der Regiments-Inhaber Feldzeugmeister Freiherr Packenj von Kilstädten am 30. Jänner morgens in Meran verschieden sei.

Zum Leichenbegängnisse nach Wien, wohin die Leiche überführt wurde, begab sich eine Deputation, bestehend aus dem Obersten Friedrich Prawda, Major Josef Heldmann, den Hauptleuten Białowolski, Haslinger und Kastner, dem Oberlieutenant Bezdiczka und Lieutenant Törk, welche einen Kranz im Namen des Officiers-Corps auf den Sarg des Dahingeschiedenen niederlegten.

Infolge des Ablebens Seiner k. u. k. Hoheit des Kronprinzen Erzherzog Rudolph geruhten Seine k. u. k. Apostolische Majestät den Feldzeugmeister Gustav Freiherrn von König mit den Agenden des General-Infanterie-Inspectors zu betrauen.

Mit Circular-Verordnung des Reichs-Kriegsministeriums vom 15. April wurde die Heranziehung der Reservemannschaft zu den periodischen Waffenübungen gestattet.

Um die Truppen in den Stand zu setzen, unter Umständen das für den eigenen Bedarf erforderliche Brot selbst zu erzeugen, hat das Reichs-Kriegsministerium mit dem Erlasse vom 1. December 1888 angeordnet, dass bei jedem Infanterie-Regimente 50 Mann im Grundbuchsstande zu führen sind, welche in der Broterzeugung bewandert sind. Zu diesem

Zwecke wurde die entsprechende Anzahl Leute zu einem Verpflegs-Magazin commandiert.

Mit Circular-Verordnung des Reichs-Kriegsministeriums vom 16. December 1888 wurde in jedem Infanterie-Regimente die Stelle eines Hauptmannes 1. Classe für besondere Verwendung systemisiert. Hiezu wurde Hauptmann Alexander Hladjk bestimmt und das Commando der 5. Feld-Compagnie dem Hauptmann Burghard Brázda verliehen.

Ferner wurde mit derselben Verordnung der Stand der Regimenter noch um zwei Officiere — Regiments-Pionnier- und 2. Ergänzungsbezirks-Officier — vermehrt.

Zum Zwecke der gründlichen Einschulung mit dem Gewehr Modell 1888 wurden im Monate Jänner und Februar Officiere der Reserve und die Reservemannschaft in 4 je 7 Tage dauernden Turnussen zum Präsenzdienste einberufen,

Zur Ausbildung der Unterabtheilungen im Gefechte im waldigen Terrain wurde der Regimentsstab mit dem 3. und 4. Bataillon in der Zeit vom 19. Mai bis 1. Juni nach Podklasztor nächst Leżajsk verlegt.

Den 20. Juli traf das 2. Feld-Bataillon zur Theilnahme an den Manövern aus Radymno in Jaroslau ein. Das 1. Bataillon gieng dagegen nach Lemberg, woselbst es im Verbande des 11. Corps bis September in Lemberg verblieb und hierauf nach Stryj zurückkehrte.

In Jaroslau fanden in der Zeit vom 3. bis 9. September in Gegenwart Seiner k. u. k. Apostolischen Majestät Manöver zwischen der 2. und 24. Infanterie-Division statt. Se. Majestät geruhten den 5. September die Ubicationen des Regimentes Allergnädigst zu besichtigen und sich wiederholt sowohl über die schöne Haltung und Ausbildung der Mannschaft, als über die musterhafte Ordnung innerhalb der Baracken-Kaserne Allergnädigst auszusprechen.

Den 6. September erschien mittelst Erlasses des 1. Corps-Commandos die Veröffentlichung des nachstehenden Allerhöchsten Handschreibens:

»Lieber General der Cavallerie Prinz zu Windisch-Grätz!

»Indem Ich den von Ihnen geleiteten Manövern der 2. und 24. Infanterie-Truppen-Division nächst Jaroslau beiwohnte, überzeugte Ich Mich von der vortrefflichen kriegsgemäßen Ausbildung und dem zielbewussten Zusammenwirken aller Waffen, sowie deren eingehender Schulung auch in den höheren Verbänden.

»Ebenso bin Ich befriedigt von der Haltung, Ordnung und dem echt soldatischen Geiste, welcher sich bei den genannten, wie bei allen, Ihrem Commando unterstellten Truppen stets kundgiebt.

»Sie wussten in den Truppen des Corps all' jene militärischen Tugenden, welche sich in freudiger Hingabe an ihre Aufgabe äußern, in reger Sorgfalt und selbst voranleuchtend, zu erhalten und zu fördern.

»Ich spreche Ihnen hiefür Meinen warmen Dank und Meine volle Anerkennung aus und beauftrage Sie, dies in Ihrem Commandobereiche allgemein zu verlautbaren.

Franz Joseph m. p.«

Das Corps-Commando fügte diesem Allerhöchsten Handschreiben bei:

»Indem ich diese anerkennenden Worte Sr. Majestät unseres Allerhöchsten Kriegsherrn, welche sowohl den jüngsten Soldaten des 1. Corps wie mich betreffen, über Allerhöchsten Befehl verlautbare, vermag ich nur in dankender Ehrfurcht beizufügen, dass ich die Überzeugung hege, ein jeder von uns werde für immer alles daran setzen, dieselben zu verdienen.

Windisch-Grätz m. p., General der Cavallerie.

Infolge Allerhöchster Entschließung Seiner k. u. k. Apostolischen Majestät vom 13. März und des Allerhöchst sanctionierten Delegations-Beschlusses wurde das 10. Corps-Commando mit 1. October von Brünn nach Przemyśl verlegt und sind vom 30. September an die in den neuen Bereich dieses Corps - Commandos translocierten Behörden, Commanden, Truppen und Anstalten unter das genannte Commando getreten. Das 10. Corps-Commando führte Seine Excellenz Feldmarschall-Lieutenant Wilhelm Freiherr von Reinländer.

Infolge der durch diese Translocierung erfolgten Ausscheidung einiger Truppen aus dem Verbande des Corps-Commandos und Übersetzung des Corps - Commandanten von Krakau nach Lemberg, erschien am 24. September nachstehender Corpsbefehl:

»Seit mehr als 15 Jahren in meiner soldatischen Thätigkeit an Krakau gebunden, seit nahezu 5 Jahren an der Spitze des 1. Corps, habe ich keinen anderen Wunsch und keinen anderen Ehrgeiz gekannt, als mich und die mir unterstellten Truppen für einen bevorstehenden Krieg vorzubereiten, darauf rechnend, mein Soldatenleben an ihrer Spitze zu beschließen und mit der Hoffnung, dieselben in ernsten Stunden vor den Feind zu führen.

Der Allerhöchste Wille Seiner Majestät des Kaisers ruft mich auf einen anderen Posten.

Der gemeinsamen Thätigkeit allzeit gedenkend, mit welcher seitens der Generale, Stabs- und Oberofficiere, wie der gesammten Mannschaft des stehenden Heeres und der Landwehr, unser Streben dem gesteckten Ziele zugewendet blieb, danke ich allen aus ganzem Soldatenherzen für das mir bei jeder Gelegenheit entgegengebrachte Vertrauen, für den hervorragend schönen Geist, den die Allergnädigsten Worte Seiner Majestät des Kaisers erst kürzlich anerkannten, und übergebe mein Commando vertrauensvoll in die Hände bewährter, in der Armee hochgeachteter und von mir persönlich hochgeschätzter Kameraden.

Ich zweifle nicht, dass, wenn ich und die mir unterstellt gewesenen Truppen von einander hören werden, die Kunde keine andere sein wird, als die von tapferen und für den Erfolg des Ganzen mit Leib und Seele hingebenden Soldaten.

Windisch-Grätz m. p.,
General der Cavallerie«.

Laut Mittheilung des k. k. Ministeriums des Innern vom 16. Juli haben Seine k. u. k. Apostolische Majestät mit Allerhöchst unterzeichnetem Diplome dem Major Joseph Heldmann den Adelstand mit dem Ehrenworte »Edler« Allergnädigst zu verleihen geruht.

Mit Allerhöchster Entschließung Seiner Majestät vom 24. September wurde der Commandant der 4. Infanterie-Brigade, Generalmajor Freiherr von Salis-Samaden, zum Commandanten der 14. Infanterie-Truppen-Division ernannt.

Laut Personal-Verordnungsblattes Nr. 36 haben Seine k. u. k. Apostolische Majestät den Oberst des Infanterie-Regimentes Reichsgraf Browne Nr. 36, Franz Hartmann, Commandanten der Theresianischen Militär-Akademie zu Wiener-Neustadt, zum Commandanten der 4. Infanterie-Brigade zu ernennen und anzubefehlen geruht, dass demselben bei diesem Anlasse in Anerkennung der auf dem bisher innegehabten

Posten geleisteten sehr ersprießlichen Dienste der Ausdruck der Allerhöchsten Zufriedenheit bekannt gegeben werde.

Laut Verordnungsblattes Nr. 39 vom 20. October geruhten Seine k. u. k. Majestät Allergnädigst das nachfolgende Befehlschreiben zu erlassen:

»Von nun an haben Meine Armee und Meine Kriegsmarine, deren Theile, Organe und Anstalten, statt der bisherigen, die Benennung »kaiserlich und königlich« anzunehmen und zu führen.

Wien, am 17. October 1889.

Franz Joseph m. p.«

Seine k. u. k. Apostolische Majestät haben mit Allerhöchst unterzeichnetem Diplome dem Major Heinrich Reisky den Adelstand mit dem Ehrenwort »Edler« Allergnädigst zu verleihen geruht.

Infolge Erkrankung des Oberst Regiments-Commandanten Friedrich Prawda erfolgte mit Personal-Verordnungsblatt Nr. 17 vom 30. April dessen Beurlaubung mit Wartegebür auf die Dauer von sechs Monaten und wurde laut Erlasses des k. u. k. Reichs-Kriegsministeriums vom 19. Mai, infolge Allerhöchster Entschließung Seiner k. u. k. Apostolischen Majestät vom 17. Mai, Oberst Leopold Ritter von Grivičić, Commandant des Feldjäger-Bataillons Nr. 25, zum Commandanten des Regimentes ernannt.

Im Monate Jänner erfolgte die Ernennung des Oberlieutenants Adalbert Dobija zum Post-Assistenten im Bezirke der k. k. Post- und Telegraphen-Direction Lemberg.

Mit 1. März erfolgte die Übersetzung des Lieutenants in der Reserve Adam Grabowski nach zurückgelegter Probedienstleistung zum Berufs-Officier im Regimente.

Zur Frequentierung des in Przemyśl aufgestellten Curses zur Ausbildung von Proviant-Officieren wurde der Lieutenant-Bataillons-Adjutant Heinrich Patzelt bestimmt.

Laut Personal-Verordnungsblattes Nr. 16 vom 28. April geruhten Seine k. u. k. Apostolische Majestät Allergnädigst zu ernennen: zum Obersten den Oberstlieutenant Ludwig Ritter von Gröller; zum Hauptmann 1. Classe den Hauptmann 2. Classe Josef Kastner; zum Hauptmann 2. Classe den Oberlieutenant Josef Ratschitzky beim Infanterie-Regimente Nr. 10; zum Oberlieutenant den Lieutenant Alfred Kafka des Infanterie-Regimentes Georg Prinz von Sachsen Nr. 11 und den Lieutenant Carl Raimann; zum Lieutenant den Cadet-

Officiers-Stellvertreter Bronislaus Medycki; zum Regiments-Arzt 1. Classe den Regiments-Arzt 2. Classe Dr. Wilhelm Strzechowski; zum Hauptmann-Rechnungsführer 2. Classe den Oberlieutenant-Rechnungsführer Victor Chrupek; endlich wurde Oberlieutenant-Bataillons-Adjutant Ferdinand Breith mit 1. Mai dem Generalstabe zugetheilt. An Stelle des genannten Oberlieutenants wurde Lieutenant Carl Haas zum Adjutanten des 4. Feld-Bataillons ernannt.

Den 18. Mai erfolgte die Ernennung des Lieutenants Johann Rieger zum Augmentations-Magazins-Officier an die Stelle des Oberlieutenants Ignatz Kosch und wurde dem letzteren für die auf diesem durch 3 Jahre und 4 Monate innegehabten schwierigen Dienstposten stets bewährte exacte Pünktlichkeit, seinen unermüdlichen Fleiß und den erzielten besten Erfolg im Namen des Allerhöchsten Dienstes vom k. u. k. Regiments-Commando die vollste Anerkennung ausgesprochen.

Den 12. Juli wurde Oberlieutenant Warchoł von der Stelle des Ergänzungsbezirks-Officiers enthoben und Oberlieutenant Josef Stasyszyn hiezu ernannt.

Mit 15. October erfolgte die Übersetzung des Oberlieutenants Alois Buntner in den Activstand des Landwehr-Bataillons Nr. 65.

Seine k. u. k. Apostolische Majestät geruhten Allergnädigst laut Personal-Verordnungsblattes Nr. 40 vom 29. October zu ernennen: zum Feldzeugmeister und Commandanten des 10. Corps und commandierenden Generalen in Przemyśl Seine Excellenz den Feldmarschall-Lieutenant Wilhelm Freiherr von Reinländer; zum Feldmarschall-Lieutenant und Commandanten der 2. Infanterie-Truppen-Division den Generalmajor Hugo Milde von Helfenstein; zum Generalmajor und Commandanten der 4. Infanterie-Brigade den Obersten Franz Hartmann des Infanterie-Regimentes Reichsgraf Browne Nr. 36, ferner zu Hauptleuten 1. Classe die Hauptleute 2. Classe Alexander Petschacher und Wilhelm Petschacher; zu Hauptleuten 2. Classe die Oberlieutenante Andreas Warchoł und Eduard Karress des Infanterie-Regimentes Herzog zu Nassau Nr. 15; zu Oberlieutenanten die Lieutenante: Franz Zahradniczek, Heinrich Patzelt, Stanislaus Ritter von Kozłowski und Johann Rieger; zu Lieutenanten die Cadet-Officiers-Stellvertreter: Edmund Hauser, Eduard Blaha, Rudolf Nosalek des Infanterie-Regimentes Freiherr von Ringelsheim Nr. 30. In der Reserve: zum Oberlieutenant den Lieutenant Eduard Schiffer. Lieutenant Salomon von Friedberg wurde zum Infanterie-Regimente Freiherr von Ringelsheim Nr. 30, Lieutenant Mieczislaus Gorecki vom Infanterie-Regimente Freiherr von Bouvard Nr. 74 zum Regimente, Lieutenant in der Reserve Ignaz Beller zum Infanterie-Regimente Freiherr von Pürcker transferiert. — Hauptmann 1. Classe Ladislaus Jabłonski wurde mit Wartegebür auf ein Jahr beurlaubt und dem Hauptmann Andreas Warchoł das Commando der 10. Feld-Compagnie verliehen.

Mit 1. November wurde an Stelle des Oberlieutenants Ritter von Kozłowski Lieutenant Felix Mreule zum Adjutanten des 3. Feld-Bataillons ernannt. Endlich wurde Lieutenant Franz Törk bei gleichzeitiger Enthebung des Oberlieutenants Eugen Hinnek vom Regiments-Adjutanten an dessen Stelle hiezu ernannt.

1890. Mit Allerhöchstem Befehlsschreiben vom 12. März 1890 geruhten Seine k. u. k. Apostolische Majestät die Einführung einer Militär-Verdienstmedaille als sichtbares Zeichen der Allerhöchsten belobenden Anerkennung, beziehungsweise des Ausdruckes der Allerhöchsten Zufriedenheit anzuordnen.

Seine k. und k. Apostolische Majestät haben mit Allerhöchster Entschließung vom 27. Januar zum Zwecke der Erhöhung des Feuergewehrstandes die Bewaffnung der Compagnie-Hornisten, Pionniere, Hilfsarbeiter, Stabsführer und Fleischhauer der Infanterie- und der Jägertruppe mit Repetiergewehren Allergnädigst zu genehmigen geruht.

Mit Allerhöchster Entschließung vom 24. Februar haben Seine Majestät die zweite Auflage der Schieß-Instruction für die Infanterie und die Jägertruppe vom Jahre 1879 allergnädigst zu genehmigen geruht.

Infolge Allerhöchster Entschließung vom 15. Juli gelangte eine Neu-Auflage der organischen Bestimmungen für die Infanterie und die Ergänzungs-Bezirks-Commanden zur Ausgabe.

Seine k. und k. Apostolische Majestät geruhten laut Verordnungsblattes Nr. 2 vom 22. Januar allergnädigst dem Hauptmann 1. Classe Basil Białowolski anlässlich der auf sein Ansuchen erfolgten Übernahme in den Ruhestand in Anerkennung seiner langen, hervorragend pflichttreuen und ersprießlichen Dienstleistung das Militär-Verdienstkreuz zu verleihen.

Mit aufrichtigem Bedauern sah das Officiers-Corps diesen Officier aus seiner Mitte scheiden, der durch 40 Jahre dem

Regimente angehörte, in dieser langen Zeit in allen Chargen stets mustergiltig seinen Dienst versah, in allen Feldzügen tapfer und mannhaft gekämpft hat und bis zum letzten Tage seiner activen Dienstzeit trotz seines Alters alle Strapazen ertrug.

Von seinen Leuten hoch verehrt und geliebt, war er den jungen Officieren stets ein wohlwollender, väterlicher Rathgeber.

Mit Erlass des k. und k. Reichs-Kriegsministeriums vom 20. Jänner wurde dem Lieutenant in der Reserve Sigismund Ritter von Parfanowicz die erbetene Probedienstleistung behufs Übersetzung zum Berufsofficier bewilligt.

Den 29. Januar wurde Lieutenant Carl Haas vom Dienste des Bataillons-Adjutanten enthoben und Lieutenant Eduard Bláha zum Adjutanten des 4. Feld-Bataillons ernannt.

Laut Personal-Verordnungsblattes Nr. 16. vom 27. April geruhten Seine Majestät zu ernennen: zum Oberstlieutenant den Major Heinrich Edler von Reisky; zum Major den Hauptmann Vincenz Luttna im Infanterie-Regiment Heinrich Prinz von Preußen Nr. 20; zu Hauptleuten 2. Classe die Oberlieutenante: Carl Kempski von Rakoszyn im Infanterie-Regimente Nr. 55, Johann Matzek, Heinrich Glässer des Feldjäger-Bataillons Nr. 30; zu Oberlieutenanten die Lieutenante: Emil Lachner, Wenzel Pospišil des Infanterie-Regimentes Nr. 75, Stanislaus Bastgen und Benvenuto Tonelli; zum Lieutenant den Cadet-Officiers-Stellvertreter Maximilian Kostka. Gleichzeitig wurde Hauptmann 1. Classe Johann Terlikowski des Infanterie-Regimentes Nr. 30 zum Regimente transferiert.

Laut Ministerial-Erlasses vom 24. Februar wurde Lieutenant in der Reserve Heinrich Fischer nach vollstreckter Probedienstleistung und entsprechend abgelegter Ergänzungs-Prüfung zum Berufsofficier übersetzt und mit 1. März vom Infanterie-Regimente Prinz zu Windisch-Grätz Nr. 90 zum Regimente transferiert.

Mit Personal-Verordnungsblattes Nr. 25 vom 13. August wurde Hauptmann Johann Matzek in den Ruhestand versetzt.

Laut Personal-Verordnungsblattes Nr. 26 vom 17. August geruhten Seine Majestät allergnädigst zu ernennen: zum Lieutenant den Zögling des dritten Jahrganges der Militär-Akademie in Wiener-Neustadt Wilhelm Zahradniczek; zu Cadet-Officiers - Stellvertretern nach Absolvierung der Cadettenschulen deren Frequentanten: Gottlieb Wejmelka und Theodor Hyra.

Mit Allerhöchster Genehmigung wurde der Lieutenant in der Reserve Otto Praunseis mit 31. August zum Berufsofficier im Regimente übersetzt.

Laut Personal-Verordnungsblattes Nr. 39 vom 27. October geruhten Seine k. und k. Apostolische Majestät Allergnädigst zu ernennen: zum Obersten den Oberstlieutenant Otto Lawatschek des Infanterie-Regimentes Freiherr von Ringelsheim Nr. 30 im Regimente; zum Oberstlieutenant den Major Josef Edlen von Heldmann im Infanterie-Regimente König Milan I. von Serbien Nr. 97; zum Major den Hauptmann 1. Classe Ferdinand Smola des Infanterie-Regimentes Graf von Abensberg und Traun Nr. 21 im Regimente; zu Hauptleuten 2. Classe die Oberlieutenante: Carl Stell des Infanterie-Regimentes Graf von Abensperg und Traun Nr. 21, Carl Knobloch des Infanterie-Regimentes Großfürst Constantin von Russland Nr. 18, Johann Zikan des Infanterie-Regimentes Erzherzog Carl Nr. 3, alle drei im Regimente, und Carl Zurbuch im Regimente; zu Oberlieutenanten die Lieutenante: Alfred Redl und Carl Haas; zu Lieutenanten die Cadet-Officiers-Stellvertreter: Johann Mrázek, Franz Sobota und Carl Vesely, zum Regimentsarzt 2. Classe den Oberarzt Dr. Heinrich Rump. Ferners geruhten Seine Majestät Allergnädigst die Übernahme des Obersten Ludwig Ritter von Gröller in den wohlverdienten Ruhestand anzuordnen und demselben bei diesem Anlasse in Anerkennung seiner langen pflichttreuen und vor dem Feinde bewährten Dienstleistung das Militär-Verdienstkreuz zu verleihen.

Laut Verordnungsblattes Nr. 38 vom 27. October wurde Hauptmann 1. Classe Heinrich Plass vom Infanterie-Regimente Nr. 72 zum Regimente transferiert, dagegen Hauptmann Ladislaus Jabłonski in den Ruhestand versetzt.

Laut Verordnungsblattes Nr. 40 vom 31. October wurde der mit Wartegebür beurlaubte Oberlieutenant Franz Kvapil in den Präsenzstand übersetzt und der Hauptmann 1. Classe Josef Kastner mit Wartegebür auf 6 Monate beurlaubt.

Laut Personal-Verordnungsblattes Nr. 42 vom 22. November geruhten Seine Majestät allergnädigst dem Hauptmanne 1. Classe Emanuel Löschner anlässlich seiner erfolgten Übernahme in den Ruhestand den Majorscharakter ad honores zu verleihen.

Infolge der angeführten Personal-Veränderungen hat das k. und k. Reichs-Kriegsministerium mit Erlass vom 5. November dem Obersten Otto Lawatschek das Commando des 1., dem Oberstlieutenant Heinrich Edlen von Reisky das Commando des 3. und dem Major Ferdinand Smola das Commando des 4. Feld-Bataillons verliehen und zum Ergänzungs-Bezirks- und Ersatz-Bataillonscadre-Commandanten den Major Johann Fröhlich bestimmt.

Mit Erlass des k. und k. Reichs-Kriegsministeriums vom 26. November wurde der mit Wartegebür beurlaubte Hauptmann Eduard Karress in den mit 1. December beim Eisenbahnbureau des k. und k. Generalstabes activierten Vorbereitungscurs für Eisenbahnlinien-Commandanten eingetheilt.

Im Verlaufe des Jahres 1891 hat Oberst Leopold Ritter 1891.
von Grivičić das im Stryjer Stadtpark befindliche Regiments-Monument würdig herrichten und renovieren lassen. Zu diesem Zwecke überließ das k. u. k. Reichs-Kriegsministerium schon im Jahre 1890 dem Regimente 8 Stück altartige Geschützrohre unentgeltlich, welche zur passenden Einfriedung des schönen Monumentes verwendet wurden. Aber auch die erforderlichen Geldmittel wusste der genannte Oberst zur Durchführung der erforderlichen Arbeiten zu beschaffen, indem er an die Gnade Seiner Majestät appellierte, welcher in gewohnter Huld diesem Zwecke 600 Gulden als Unterstützung allergnädigst bewilligte. Außerdem hat Seine kaiserliche Hoheit der durchlauchtigste Herr Feldmarschall Erzherzog Albrecht den Betrag von 200 Gulden ö. W. diesem Zwecke gnädigst gespendet.

Die Renovierungsarbeiten wurden vom Baumeister Markowski ausgeführt und bestanden:

1. im Ausputzen des Denkmales und Zurückführen desselben in seinen ursprünglichen Zustand.

2. Erbauung breiter Stufen um das ganze Denkmal herum aus hartem Tarnopoler Stein.

3. Anbringung von dreizehn Stück Marmor-Inschriften und Vergoldung der letzteren.

4. Grundierung des ganzen Denkmales mit Firniss und Überstreichen mit Steinfarbe.

RANGS-LISTE
VOM ANFANGE 1891.

Oberste: Friedrich Prawda (K.-M., O. D.-Z. 1. Cl., WG.)

Regiments-Commandant: Leopold Ritter v. Grivičić (Franz Joseph-Orden, R., M.-V.-K., K.-M., O. D.-Z. 2. Cl.). Otto Lawatschek (K.-M., O. D.-Z., Commandant des 1. Bataillons).

Oberstlieutenante: Josef Metzger (M.-V.-K., K.-M., O. D.-Z. 3. Cl., Commandant der Infanterie-Cadetten-Schule zu Łobzów), Heinrich Edler v. Reisky (M.-V.-K., K.-M., O. D.-Z. 3. Cl., Commandant des 3. Bataillons).

Majore: Alexander Strauß Edler v. Eichenlaub (M.-V.-K., K.-D., K.-M., O. D.-Z. 3. Cl., WG.), Alfred Ritter v. Sypniewski (M.-V.-K., K.-M., O. D.-Z. 3. Cl., Commandant des 2. Bataillons), Johann Fröhlich (M.-V.-K., K.-M., O. D.-Z. 3. Cl., Ergänzungs-Bezirks-Commandant), Ferdinand Smola (K.-M., O. D.-Z. 3. Cl., Commandant des 4. Bataillons).

Hauptleute 1. Classe: Wilhelm Łyczkowski (K.-M., O. D.-Z. 3. Cl.), Josef Salinger (K.-M., O. D.-Z. 3. Cl., beim Reichs-Kriegsministerium, ü. c.), Adalbert Kuderna (K.-M., N. V.-O., Lehrer an der Militär-Akademie in Wiener-Neustadt, ü. c.), Franz Rössel (K.-M., O. D.-Z. 3. Cl., beim Reichs-Kriegsministerium, ü. c.), Wladislaus Jedynakiewicz (K.-M., O. D.-Z. 3. Cl.), Alexander Hladjk (K.-M., O. D.-Z. 3. Cl., Waffen-Officier, Administrator), Heinrich Plass, Friedrich Haslinger (K.-M., O. D.-Z. 3. Cl.), Karl Kolitscher (Bataillons-Waffen-Officier), Josef Nechay Ritter v. Felseis (Bataillons-Waffen-Officier), Josef Pistol, Johann Terlikowski, Josef Kastner (WG.), Alexander Petschacher, Wilhelm Petschacher.

Hauptleute 2. Classe: Alexander Wasilewski (K.-M., WG.), Josef Přikryl (WG.), Burghard Brázda (Administrator in Radymno), Andreas Warchoł, Eduard Karress (WG.), Heinrich Glässer, Karl Stell, Karl Knobloch, Johann Zikan, Karl Zurbuch.

Oberlieutenante: Gabriel Hřiwna, Stanislaus Ritter v. Rozwadowski (K.-M.), Eugen Hinnek (K.-M.), Josef Kwiatkowski, Josef Stasyszyn (K.-M., 1. Ergänzungs-Bezirks-Officier), Wilhelm Hübner (WG.), Eduard Bezdiczka (Regiments-Proviant-Officier), Franz Kvapil, Karl Swoboda (K.-M., WG.), Ferdinand Breith (ü. c.), zugetheilt dem Generalstabe), Philipp Epstein (Regiments-Proviant-Officiers-Stellvertreter), Ignatz Kosch, Alfred Kafka, Karl Raimann, Franz Zahradniczek (K.-M. Truppen-Transporthaus-Commandant und Administrator in Stryj, Ökonomie-Officier), Heinrich Patzelt (K.-M.), Johann Rieger (Augm.-Mag.-Offc.), Emil Lachner, Wenzel Pospišil, Stanislaus Bastgen (2. Ergänzungs-Bezirks-Officier), Benvenuto Tonelli, Alfred Redl (Bataillons-Adjutant), Karl Haas.

Lieutenante: Thomas Kustroń, Eduard Peter (Bataillons-Adjutant), Johann Hoosz-Tischler, Ludwig Ostrowski, Felix Mreule (Bataillons-Adjutant), Franz Törk (Regiments-Adjutant), Mieczisłaus Gorecki, Josef Pauković (Regiments-Pionnier-Officier), Franz

Kilbert, Karl Mrázek, Martin Grbanović (zug. dem bosn.-herceg. Inftr.-Bat. Nr. 5 in Trawnik), Michael Michaljević (zug. dem bosn.-herceg. Inftr.-Bat. Nr. 2 in Domanović), Bronislaus Medycki, Isidor Kuncewicz, Eduard Hauser, Eduard Bláha (Bataillons-Adjutant), Rudolf Nosalek, Maximilian Kostka, Wilhelm Zahradniczek, Michael Grabowski, Adam Grabowski, Johann Mrázek, Franz Sobota, Karl Veselý, Camillo Spannbauer, Heinrich Fischer, Otto Praunseis.

Cadet-Officiers-Stellvertreter: Georg Klenk, Adalbert Piechura, Vincenz Ritter v. Trzcinski, Adolf Oswald, Gottlieb Wejmelka.

Cadet: Theodor Hyra.

Reservestand:

Oberlieutenant: Adalbert Dobija.

Lieutenante: Anatol Łucyk, Karl Selibowský, Alfred Gluth, Ludwig Lukas, Adalbert Klausner, Hubert Bräunlich, Oskar Wytásek, Valerian Hoszek, Adam Rawski, Albert Hollausch, Sigmund Ritter v. Nowosielecki, Kasimir Jarosiewicz, Ladislaus Ritter v. Radwan-Janowicz, Alexander Krüger, Ladislaus Sroczyński, Franz Scheiter, Miecislaus Rossowski, Julius Misiakiewicz, Johann Miksche, Josef Lehm, Anton Olszewski, Josef Opolski, Wenzel Vozáb, Hugo Guth, Friedrich Prochaska, Michael Mitrofanowicz, Adolf Siegel, Karl Stefl, Anton Janoušek, Franz Fabry, Josef Schönnett, Ludwig Adamek, Eduard Bugno, Adolf Münzberg, Nikolaus Hornicki, Michael Morawiecki, Leopold Pustowka, Isak Gartenberg, Sigismund Ritter v. Parfanowicz, Peter Ritter v. Buszyński, Franz Wustinger, Josef Gorgosch, David Engel, Rudolf Dellin, Anton Walter, Wenzel Vanča, Julius Spitz, Hugo Ružek, Wenzel Milota, Alois Karlach, Georg Leipen, Johann Ružička, Wilhelm Vordren, Vincenz Janiczek, Adolf Meistřik, Johann Šavrda.

Cadet-Officiers-Stellvertreter: Marian Puchalik, Karl Schnerch, Wenzel Caba.

Cadet: Theodor Sydoryk.

Regiments-Ärzte 1. Cl.: Dr. Hermann Reiss (Regiments-Chefarzt), Dr. Eugen Mironowicz (2. Bataillon), Dr. Wilhelm Strzechowski (Ersatz-Bataillons-Cadre).

Regiments-Arzt 2. Cl.: Dr. Heinrich Rump.

Ober-Ärzte: Dr. Karl Schneck (Res.), Dr. Rafael recte Rudolf Hammerschlag (Res.).

Assistenz-Ärzte: Dr. Richard Edler v. Engel (Res.), Dr. Josef Thenen (Res.).

Rechnungsführer: Oberlieutenant Samuel Pehr (Regimentsstab), Lieutenant Ulrich Lieferant (Ersatz-Bataillons-Cadre).

Laut Personal-Verordnungsblattes Nr. 2 geruhten Seine k. und k. Apostolische Majestät allergnädigst die Enthebung des Oberstlieutenantes Josef Metzger von dem Commando der Infanterie-Cadettenschule zu Łobzów bei gleichzeitiger Transferierung zum Infanterie-Regimente Freiherr von Ringelsheim

Nr. 30 anzuordnen und demselben bei diesem Anlasse in Anerkennung seiner mehrjährigen vorzüglichen Dienstleistung als Cadettenschul-Commandant das Militär-Verdienstkreuz zu verleihen.

Laut desselben Verordnungsblattes wurde Oberlieutenant Wilhelm Hübner auf sechs Monate mit Wartegebür beurlaubt.

Mit Verordnungsblatt Nr. 3 geruhten Seine k. und k. Apostolische Majestät allergnädigst die Übernahme des mit Wartegebür beurlaubten Obersten Friedrich Prawda in den Ruhestand anzuordnen.

Der zur Einschulung in den Dienst eines Eisenbahn-Linien-Commandanten im Eisenbahnbureau des Generalstabes commandierte Hauptmann 2. Classe Eduard Karress wurde auf Grund des Reichs-Kriegs-Ministerial-Erlasses vom 17. Februar zur Versehung der Dienste des Eisenbahn-Linien-Commandanten beim 10. Corps-Commando bestimmt.

Laut Personal-Verordnungsblattes Nr. 7 wurde Oberarzt Dr. Gustav Goldberger vom Garnisons-Spital Nr. 14 in Lemberg zum Regimente transferiert.

Laut Personal-Verordnungsblattes Nr. 8 geruhten Seine k. und k. Apostolische Majestät die Übersetzung des Obersten Otta Lawatschek in den Activstand der k. k. Landwehr allergnädigst anzuordnen.

Laut Personal-Verordnungsblattes Nr. 9 wurde der mit Wartegebür beurlaubte Hauptmann 2. Classe Josef Přikryl in den Präsenzstand des Regimentes übersetzt und wurde ihm das Commando der 16. Feld-Compagnie verliehen.

Am 1. April wurde unter Enthebung des Lieutenants Franz Törk von dem Dienste des Regiments-Adjutanten Oberlieutenant Eduard Bezdiczka an dessen Stelle ernannt.

Zur Frequentierung des Proviant-Officiers-Curses wurden die Oberlieutenante Franz Kvapil und Ignaz Kosch bestimmt.

Laut Personal-Verordnungsblattes Nr. 16 geruhten Seine k. und k. Apostolische Majestät allergnädigst zu ernennen:

zum Major den Hauptmann Alois Nyiry des Infanterie-Regimentes Ritter von Rodakowski Nr. 95 beim Regimente und den Hauptmann Wilhelm Łyczkowski beim Infanterie-Regimente Ritter von Rodakowski Nr. 95;

zu Hauptleuten 1. Classe die Hauptleute 2. Classe Josef Přikryl und Burghard Brázda;

zu Hauptleuten 2. Classe die Oberlieutenante: Gabriel Hřiwna, Stanislaus Ritter von Rozwadowski beim Infanterie-Regimente Christian IX. König von Dänemark Nr. 75, Eugen Hinnek beim Infanterie-Regimente Edler von Krieghammer Nr. 100, Josef Kwiatkowski im Regimente;

zu Oberlieutenanten die Lieutenante: Thomas Kustron, Eduard Peter, Ludwig Ostrowski und Felix Mreule;

zum Hauptmann-Rechnungsführer 2. Classe den Oberlieutenant-Rechnungsführer Samuel Pehr.

Mit demselben Verordnungsblatte wurden vom Regimente transferiert: Hauptmann Andreas Warchoł zum Infanterie-Regimente Ferdinand IV. Großherzog von Toscana Nr. 66; die Lieutenante in der Reserve: Franz Fabry zum Infanterie-Regimente Prinz zu Schleswig-Holstein-Glücksburg Nr. 80, Leopold Pustowka zum Infanterie-Regimente Freiherr von Ringelsheim Nr. 30, Sigmund Ritter von Parfanowicz zum Infanterie-Regimente Adolf Großherzog von Luxemburg Nr. 15, Anton Olszewski zum Infanterie-Regimente Erzherzog Eugen Nr. 41; endlich wurde Oberlieutenant Carl Mehrle vom Infanterie-Regimente Constantin Großfürst von Russland Nr. 18 zum Regimente transferiert.

Infolge dieser Veränderungen erfolgte die Transferierung des Hauptmannes Burghard Brázda von der 5. Feld-Compagnie zum Ersatz-Bataillons-Cadre als Unterabtheilungs-Commandant; ferner

die Verleihung des Commandos der 4. Compagnie an Hauptmann Gabriel Hřiwna, jenes der 5. Compagnie an Hauptmann Josef Kwiatkowski; die Enthebung des Oberlieutenants Felix Mreule vom Bataillons-Adjutanten und die Ernennung des Lieutenants Wilhelm Zahradniczek zum Adjutanten des 3. Feld-Bataillons.

Zu den größeren Übungen wurden die beiden Bataillone aus Stryj und Radymno nach Jaroslau herbeigezogen und trafen am 23. und 20. Juli in der Stabsstation ein. Den 26. August wurde das Regiment vom General-Infanterie-Inspector, Feldzeugmeister Freiherrn von König, inspiciert.

Den 3. und 4. September fanden größere Manöver zwischen der 2. und 24. Infanterie-Truppen-Division unter der Leitung des Corpscommandanten und commandierenden Generals, Feldzeugmeister Freiherr von Reinländer, zwischen Jaroslau und Przemyśl statt.

Zu diesen Übungen wurden per Compagnie 36 Reservemänner einberufen. Den 3. September erfolgte der Rückmarsch des 1. und 2. Feld-Bataillons in ihre ständigen Garnisonen Radymno und Stryj und die Berurlaubung der Reserve-Mannschaft.

Laut Personal-Verordnungsblattes Nr. 36 geruhten Seine k. u. k. Apostolische Majestät Allergnädigst die Übernahme des Majors Ferdinand Smola in den wohlverdienten Ruhestand anzuordnen und anzubefehlen, dass demselben bei diesem Anlasse in Anerkennung seiner im Kriege wie im Frieden bewährten Dienstleistung der Ausdruck der Allerhöchsten Zufriedenheit bekanntgegeben werde.

Mit demselben Verordnungsblatte wurde Oberlieutenant Carl Swoboda in den Ruhestand versetzt.

Laut Personal-Verordnungsblattes Nr. 29 wurden zu Cadet-Officiers-Stellvertretern nach Absolvierung der Cadettenschulen ernannt: Carl Kuhn des Infanterie-Regimentes Edler von Stransky Nr. 98, Eduard Stroff des Regimentes, Felix Ullmann des Infanterie-Regimentes Erzherzog Carl Nr. 3, Hugo Spalený des Infanterie-Regimentes Freiherr von Bouvard Nr. 74 beim Regimente.

Mit 1. November wurde an die Stelle des Oberlieutenants Alfred Redl Lieutenant Johann Sobota zum Adjutanten des des 1. Feld-Bataillons und an Stelle des Oberlieutenants Eduard Peter Lieutenant Pauković zum Adjutanten des 2. Feld-Bataillons ernannt.

Laut Personal-Verordnungsblattes Nr. 42 geruhten Seine k. u. k. Apostolische Majestät Allergnädigst zu ernennen: zum Major den Hauptmann Julius Rieger des Infanterie-Regimentes Adolf Großherzog von Luxemburg Nr. 15 im Regimente; zu Oberlieutenanten die Lieutenante: Franz Törk, Franz Lang des Infanterie-Regimentes Freiherr von Pürcker Nr. 25 im Regimente und Mieceslaus Gorecki; zu Lieutenanten die Cadet-Officiers-Stellvertreter: Georg Klenk, Adalbert Piechura, Vincenz Ritter von Trzcinski und Adolf Oswald; ferner wurde der dem Generalstab zugetheilte Oberlieutenant Ferdinand Breith in den Stand des Regimentes genommen und die Oberlieutenante Hugo Goessing und Josef Bartunek, beide des Infanterie-Regimentes Freiherr von Pürcker Nr. 25, zum Regimente, endlich der Lieutenant in der Reserve Ignaz Gibiš vom Infanterie-Regimente

Constantin Großfürst von Russland Nr. 18 zum Regimente transferiert.

In Folge dieser Veränderungen hat das k. u. k. Reichs-Kriegs-Ministerium dem Major Julius Rieger das Commando des 4. Feld-Bataillons verliehen.

Laut Zuschrift des Oberst-Kämmerer-Amtes Seiner k. u. k. Apostolischen Majestät vom 7. October Nr. 941 geruhten Allerhöchstderselbe das von Hauptmann Béla Kuderna herausgegebene poetische Werk »Gewappnete Klänge« der allergnädigsten Annahme für die Familien-Bibliothek zu würdigen, und wurde dem genannten Hauptmann für diese »neuerlich manifestierte loyal-patriotische Kundgebung« die Anerkennung des Oberst-Kämmerer-Amtes ausgesprochen.

Mit Allerhöchster Genehmigung Seiner k. u. k. Apostolischen Majestät wurde Lieutenant in der Reserve Ignaz Gibiš mit 1. November zum Berufs-Officier im Regimente übersetzt.

Infolge Allerhöchster Entschließung Seiner k. u. k. Apostolischen Majestät vom 28. November wurde Feldmarschall-Lieutenant und Commandant der 2. Infanterie-Truppen-Division Hugo Milde von Helfenstein zum Präsidenten des Militär-Obergerichtes und Generalmajor und Commandant der 21. Infanterie-Brigade Ludwig Ritter Gaupp von Berghausen zum Commandanten der 2. Infanterie-Truppen-Division ernannt.

Laut Personal-Verordnungsblattes Nr. 41 geruhten Seine 1892.
k. u. k. Apostotische Majestät Allergnädigst zu ernennen:

zum Oberstlieutenant den Major Johann Fröhlich; zum Major den Hauptmann Franz Lischtiak des Infanterie-Regimentes Erzherzog Carl Nr. 3; zu Hauptleuten 2. Classe die Oberlieutenante: Ludwig Fuchs des Infanterie-Regimentes Graf Abensperg und Traun Nr. 21; Franz Moser-Seeland des Infanterie-Regimentes Guidobald Graf von Starhemberg Nr. 13; Georg Putnik des Infanterie-Regimentes Prinz Croy Nr. 94; zu Oberlieutenanten die Lieutenante: Wenzel Böhm des Infanterie-Regimentes Reichsgraf Browne Nr. 36; Carl Wagner des Infanterie-Regimentes Humbert I. König von Italien Nr. 28; Carl Mrazek und Martin Grbanović; zu Lieutenanten die Cadet-Officiers-Stellvertreter Alois Konečny, Gottlieb Wejmelka und Franz Kautecky.

Laut Personal-Verordnungsblattes Nr. 39 geruhten Seine k. u. k. Apostolische Majestät Allergnädigst den Major Julius

Rieger zum Commandanten der Armee-Schießschule bei Übercompletführung im Regimente zu ernennen.

Infolge angeführter Personaländerungen hat das k. u. k. Reichs-Kriegsministerium dem Major Franz Lischtiak das Commando des 4. Feld-Bataillons, ferner wurde dem Hauptmann Ludwig Fuchs das Commando der 14., dem Hauptmann Moser-Seeland das der 11. und Georg Putnik das der 12. Feld-Compagnie verliehen.

Laut Reichs-Kriegsministerial-Erlasses vom 14. December wurde der Lieutenant in der Reserve Georg Schuster des Regimentes und der Lieutenant in der Reserve Josef Halka des Infanterie-Regimentes Nr. 41 mit 1. Jänner 1893 zur Probedienstleistung auf ärarische Kosten behufs seinerzeitiger Übersetzung zum Berufs-Officier beim Regimente zugelassen.

Laut Personal-Verordnungsblattes Nr. 49 geruhten Seine k. u. k. Apostolische Majestät allergnädigst zu ernennen:

zu Lieutenanten in der Reserve, die Reserve-Unterofficiere: Ladislaus Ritter von Obmiński, Johann Sejk, Wilhelm Roubitschek, Camillo Eisner, Casimir Dutczyński, Adam von Karchesy, Johann Milkowski, Ludwig Hraba, Franz Mejsnar, Friedrich Vocásek, Victor Binder und Casimir Ritter von Wasilewski; zu Reserve-Cadet-Officiers-Stellvertretern die Reserve-Unterofficiere: Leon Šlepowron-Lopatyński und Josef Stasina.

Mit Circular-Verordnung vom 16. Jänner wurde eine neue Vorschrift für die Verpflegung des k. u. k. Heeres verlautbart und hiemit präcise Grundsätze hinsichtlich der Beschaffenheit der Verpflegsartikel und der Ausübung des Verpflegsdienstes bei der Truppe in den einzelnen Phasen der Mobilität festgestellt.

Desgleichen erfolgte in diesem Jahre eine Neuausgabe der Trainvorschrift für die Armee im Felde.

Zufolge Personal-Verordnungsblattes Nr. 2 wurde Oberlieutenant Felix Mreule zum Infanterie-Regimente Prinz zu Hohenlohe-Schillingsfürst Nr. 87 transferiert. Im Monate Februar erfolgte die definitive Diensteseintheilung des Hauptmannes Eduard Karress als Eisenbahn-Linien-Commandant bei Aufrechterhaltung seiner bisherigen Dienstteintheilung und Übercompletführung im Regimente.

Laut Personal-Verordnungsblattes vom 27. Februar wurde Hauptmann Wilhelm Petschacher auf ein Jahr mit Wartegebür beurlaubt, Oberlieutenant Wilhelm Hübner in den Präsenzstand übersetzt und Lieutenant in der Reserve Albert Holausch zum Eisenbahn- und Telegraphen-Regiment transferiert.

Laut Personal-Verordnungsblattes Nr. 17 geruhten Seine k. u. k. Apostolische Majestät zu ernennen: zum Feldmarschall-Lieutenant den Generalmajor Ludwig Ritter Gaupp von Berghausen, Commandanten der 2. Infanterie-Truppen-Division; zum Oberstlieutenant den Major Alfred Ritter von Sypniewski; zum Major den Hauptmann 1. Classe Alexander Hladjk beim Infanterie-Regimente Freiherr von König Nr. 92; zum Hauptmann 1. Classe den Hauptmann 2. Classe Eduard Karress; zum Hauptmann 2. Classe den Oberlieutenant Josef Stasyszyn, ferner den Oberlieutenant Josef Kauba des Infanterie-Regimentes Erzherzog Carl Stefan Nr. 8 und Franz Wallner des Infanterie-Regimentes Freiherr von Ringelsheim Nr. 30 beim Regimente; zu Oberlieutenanten die Lieutenante Josef Pauković und Franz Kilbert; zum Lieutenant den Cadet-Officiers-Stellvertreter Otto Ekler des Infanterie-Regimentes Freiherr von Reinländer Nr. 24.

Endlich wurde mit Verordnungsblatt vom 28. April Hauptmann Carl Kolitscher zum Infanterie-Regiment Graf Jellačić Nr. 79 und Lieutenant Vincenz Ritter von Trzcińzki zum Uhlanen-Regimente Kaiser Franz Joseph Nr. 4 transferiert.

Infolge dieser Personalveränderungen wurde als Hauptmann für besondere Verwendungen, Administrator und Leiter der Unterofficiers-Bildungsschule Hauptmann Heinrich Plass bestimmt; das Commando der 4. Compagnie dem Hauptmann Josef Stasyszyn, das der 7. dem Hauptmann Franz Wallner, das der 11. dem Hauptmann Josef Přikryl, das der 14. dem Hauptmann Josef Kauba und das der 16. Feld-Compagnie dem Hauptmann Gabriel Hřiwna verliehen.

Mit Personal-Verordnungsblatt Nr. 20 wurde Oberlieutenant Benvenuto Tonelli und mit Personal-Verordnungsblatt Nr. 23 Oberlieutenant Franz Kvapil auf die Dauer eines Jahres mit Wartegebür beurlaubt.

Laut Personal-Verordnungsblattes vom 27. Juli wurde Hauptmann Carl Zurbuch nach Absolvierung des Intendanz-Curses der Intendanz des 5. Corps zugetheilt und Lieutenant Isidor Kuncewicz in die Reserve des Regimentes übersetzt.

Zufolge Reichs-Kriegsministerial-Erlasses vom 6. Juli wurde Major Julius Rieger über Antrag des Inspectors der Armee-Schießschule für die seinerzeitige Übernahme des Commandos der Armee-Schießschule in Bruck a. d. L. dahin commandiert.

Nach Absolvierung der Cadettenschulen wurden mit 1. September nachstehende Frequentanten zu Cadet-Officiers-Stellvertretern ernannt: Adolf Hübner, Friedrich Rölz, Jaroslav Indrak und Richard Weidt.

Im Verlaufe dieses Jahres wurden große Manöver zwischen dem 11. und 10. Corps in Aussicht genommen und war die Ankunft Seiner Majestät hiezu festgesetzt. Die beiden in Stryj und Radymno dislocierten Bataillone trafen den 15. Juli in der Stabsstation ein. Die Compagnien ergänzten sich durch Einberufung der Reservemannschaft auf 120 Mann per Compagnie. Infolge der in Russland wie auch in einzelnen Gebieten Galiziens aufgetretenen Cholera wurden jedoch alle Übungen abgesagt und den 23. August die Reservemannschaft beurlaubt. Bei dieser Gelegenheit erfolgte der Wechsel der Bataillone und es wurde das 3. Feld-Bataillon nach Stryj, das 4. nach Radymno verlegt, während das 1. und 2. in der Stabsstation Jaroslau verblieb.

Anlässlich des Austrittes Seiner k. u. k. Hoheit des Herrn Erzherzogs Joseph Ferdinand aus der Militär-Akademie zu Wiener-Neustadt, woselbst Höchstderselbe zum Officier herangebildet wurde, geruhte Höchstdessen Vater, Seine k. u. k. Hoheit der Herr Erzherzog Ferdinand IV. Großherzog von Toscana dem in der Akademie commandierten Hauptmann Béla Kuderna in Anerkennung seiner Verdienste als Lehrer das Officierskreuz des Toscanischen Militär-Verdienstordens zu verleihen.

Mit Verordnungsblatt Nr. 32 wurde der in Civil-Staatsdienste übergetretene Oberlieutenant Franz Kilbert in die Reserve des Regimentes übersetzt.

Am 1. November erfolgte die Beurlaubung des Hauptmannes 1. Classe Josef Přikryl mit Wartegebür auf ein Jahr.

Mit Erlass des k. u. k. Reichs-Kriegsministeriums vom 21. October wurde dem Lieutenant in der Reserve Rudolf Schmeiser die Ableistung der erbetenen Probedienstleistung auf ärarische Kosten behufs seinerzeitiger Übersetzung zum Berufs-Officier bewilligt.

RANGS-LISTE

VOM ANFANGE 1892.

Oberst Regiments-Commandant: Leop. Ritter v. Grivičić (F.-J.-O.-R., M.-V.-K., K.-M., O.-D.-Z. 2. Cl.).

Oberstlieutenant: Heinrich Edler v. Reisky (M.-V.-K., K.-M., O.-D.-Z. 3. Cl., Commandant des 3. Bataillons), Alfred Ritter v. Sypniewski (M.-V.-K., K.-M., O.-D.-Z. 3. Cl., Commandant des 2. Bataillons).

Majore: Johann Fröhlich (M.-V.-K., K.-M., O.-D.-Z. 3. Cl., Ergänzungs-Bataillons-Commandant), Alois Nyiry (M.-V.-K., K.-M., O.-D.-Z. 3. Cl., Commandant des 1. Bataillons), Julius Rieger (M.-V.-K., K.-M., O.-D.-Z. 3. Cl., Commandant des 4. Bataillons).

Hauptleute 1. Cl.: Josef Salinger (K.-M., O.-D.-Z. 3. Cl., beim Reichs-Kriegsministerium, ü. c.), Adalbert Kuderna (N. V.-O., K.-M., Lehrer an der Wiener-Neustädter Militär-Akademie, ü. c.), Franz Rössel (K.-M., O.-D.-Z. 3. Cl., beim Reichs-Kriegsministerium, ü. c.), Wladislaus Jedynakiewicz (K.-M., O.-D.-Z. 3. Cl.), Heinrich Plass (K.-M., Regiments-Waffen-Officier), Friedrich Haslinger (K.-M., O.-D.-Z. 3. Cl.), Carl Kolitscher (Bataillons - Waffen - Officier), Josef Ritter Nechay v. Felseis (Bataillons-Waffen-Officier), Josef Pistol, Johann Terlikowski, Alexander Petschacher, Wilhelm Petschacher, Josef Přikryl, Burghard Brázda, Eduard Karress.

Hauptleute 2. Cl.: Heinrich Glässer (K.-M.), Carl Stell (K.-M.), Carl Knobloch, Johann Zukan (K.-M.), Carl Zurbuch, Gabriel Hřiwna, Josef Kwiatkowski, Josef Stasyszyn.

Oberlieutenante: Wilhelm Hübner, Eduard Bezdiczka (Regiments-Adjutant), Carl Mehrle, Franz Kvapil, Ferdinand Breith, Philipp Epstein, Ignaz Kosch (Regiments-Proviant-Officier), Hugo Goessing (K.-M.), Alfred Kafka (K.-M.), Carl Raimann, Franz Zahradniczek (K.-M.), Heinrich Patzelt (K.-M.), Johann Rieger (Augment.-Magaz.-Officier), Emil Lachner, Josef Bartunek, Wenzel Pospišil, Stanislaus Bastgen (1. Ergänzungs-Bezirks-Officier), Benvenuto Tonelli, Alfred Redl, Carl Haas, Thomas Kustroń, Eduard Peter, Ludwig Ostrowski, Felix Mreule, Franz Törk, Franz Lang, Miecislaus Gorecki.

Lieutenante: Johann Hooß-Tischler, Josef Pauković, Franz Kilbert, Carl Mrazek, Martin Grbanović (bosn.-herceg. Inf.-Bat. Nr. 5), Michael Michaljević (bosn.-herceg. Inf.-Bat. Nr. 5), Bronislaus Medycki, Isidor Kuncewicz, Edmund Hauser (1. Bataillons-Adjutant), Eduard Bláha (4. Bataillons-Adjutant), Rudolf Nosalek, Maximilian Kostka (Truppen-Transporthaus-Commandant), Wilhelm Zahradniczek (3. Bataillons-Adjutant), Michael Grabowski (Ersatz für den Regiments-Proviant-Officier), Adam Grabowski (2. Ergänzungs-Bezirks-Officier), Johann Mrázek, Franz Sobota (2. Bataillons-Adjutant), Carl Veselý (Regiments-Pionnier-Officier), Georg Klenk, Adalbert Piechura, Vincenz Ritter v. Trzciński, Camilo Spannbauer, Heinrich Fischer, Adolf Oswald, Otto Praunseis, Ignaz Gibiš.

Cadet-Officiers-Stellvertreter: Gottlieb Wejmelka, Theodor Hýra, Carl Kuhn, Eduard Stroff, Felix Ullmann, Hugo Spálený.

Reservestand:

Lieutenante: Ludwig Lukas, Adalbert Klaunzner, Hubert Bräunlich, Oskar Wytásek, Valerian Hoszek, Adam Rawski, Albert Hollausch, Casimir Jarosiewicz, Ladislaus Ritter v. Radwan-Janowicz, Alexander Krüger, Ladislaus Sroczyński, Franz Scheiter, Miezislaus Rossowski, Julius Misiakiewicz, Johann Miksche, Jos. Lehm, Jos. Opolski, Wenzel Vozáb, Hugo Guth, Friedrich Prochaska, Michael Mitrofanowicz, Adolf Siegel, Carl Stefl, Anton Janoušek, Josef Schönnett, Ludw. Adámek, Eduard Bugno, Adolf Münzberg, Nicolaus Hornicki, Michael Morawiecki, Isaak Gartenberg, Peter Ritter v. Buszynski, Franz Wustinger, Josef Gorgosch, David Engel, Rudolf Dellin, Anton Walter, Wenzel Vanča, Julius Spitz, Hugo Ružek, Wenzel Milota, Alois Karlach, Georg Leipen, Johann Ružička, Wilhelm Vordren, Vincenz Janiček, Adolf Meistřik, Joh. Šavrda, Miezislaus Walichiewicz, Georg Schuster, Emil Ullmann, Jaroslav Šlechta, Rudolf Schmeiser, Isaak Meisels, Johann Getter, Jaroslav Böhm.

Cadet-Officiers-Stellvertreter: Marian Puchalik, Carl Schnerch, Wenzel Caba, Johann Michalik, Heinrich Richter, Theodor Sydoryk.

Cadet: Vincenz Jakubu.

Regiments-Arzt 1. Cl.: Dr. Hermann Reiss (Regiments-Chefarzt).

Regiments-Arzt 2. Cl.: Dr. Heinrich Rump (Ers.-Bat.-Cadre).

Ober-Ärzte: Dr. Gustav Goldberger (2. Bataillon). Dr. Alfred Toniatti, Dr. Rafael Hammerschlag (Res.).

Assistenz-Ärzte: Dr. Richard Edler v. Engel (Res.), Dr. Josef Thenen (Res.).

Rechnungsführer: Oberlieutenant Josef Pazdirek (beim Stabe), Lieutenant Ullrich Lieferant (beim Cadre).

1893. Im Jahre 1893 wurden neue organische Bestimmungen betreffs Reorganisation der höheren Commanden und Behörden von Seiner k. u. k. Apostolischen Majestät genehmigt. Es erschienen neue organische Bestimmungen für die Armee im Felde.

Zu den Übungen im Regimente trafen am 14. Juli das 3. Feld-Bataillon mittels Fußmarsches von Radymno, das 4. mit Bahn von Stryj in Jaroslau ein. Am 15. marschierte das vereinigte Regiment nach Sieniawa, wohin es bis zum 28. zur Vornahme der Felddienstübungen und des feldmäßigen Schießens verlegt wurde.

Den 22. Juli hatte Oberst Heinrich Reisky das Unglück, mit seinem Pferde zu stürzen, was seine spätere Undienstbarkeit herbeiführte.

Die Übungen in der Brigade und Division währten vom 16. bis zum 29. August, worauf bis zum 8. September zwischen Mościska und Lubaczów ein Marschmanöver, Armee-Corps gegen Armee-Corps, im Beisein Seiner Majestät des Kaisers stattfand.

Hiezu wurden schon für den 19. August je 40 Reservisten per Compagnie auf 20 Tage einberufen.

Beim Ausmarsch aus Jaroslau wurde jeder Mann mit 100 Stück Patronen, 3 Kriegsverpflegs- und 1 Reserveverpfegs-Portion betheilt, außerdem trugen je 3 Mann die Bestandtheile des neu eingeführten und nunmehr zu erprobenden Zeltes. Die gesammte Ausrüstung des Mannes betrug somit circa 30 Kilogramm.

Die 2. und 24. Infanterie-, die 46. Landwehr- und die 6. Cavallerie-Truppen-Division bildeten das Süd-Corps unter Commando des Feldmarschall-Lieutenants Anton Galgótzy, welches sich am 2. September in und südlich Mościska concentrierte.

Das Regiment verließ den 30. August Jaroslau mit einem Stande von 2015 Mann und marschierte am 30. nach Ostrów, am 31. nach Suzawica, am 31. September über Przemysl, woselbst der Festungs-Commandant Feldmarschall-Lieutenant Julian von Roszkowski die Defilierung der vereinigten 2. Infanterie-Truppen-Division abnahm, nach Pnikut. In allen Stationen wurde das Regiment in gedrängten Cantonnements untergebracht.

Der 2. September war Rasttag.

Den Corps-Manövern lag folgende, für beide Parteien gleichlautende Annahme zugrunde:

»Ein Corps ist bei Bełżec-Jarczów in Galizien eingebrochen. Eine gegnerische Cavallerie-Truppen-Division ist, von der Einbruchsstelle weichend, von Oleszyce hinter die Lubaczówka gegen Radymno zurückgegangen; ein gegnerisches Corps ist im Bahntransporte aus Ungarn über Mezö-Laborcz nach Galizien.«

Das 10. Corps hatte den Auftrag, den Gegner über die Grenze zurückzudrängen, schlimmstenfalls sich am San bei Przemysl zu behaupten; demgemäß sollten vor allem die Skło-Übergänge in Besitz genommen werden.

Bei der Vorrückung aus dem Cantonnement Pnikut bildete das Regiment die Vorhut der 2. Infanterie-Truppen-Division und hatte an diesem Tage Vorposten bei Sarny zu beziehen, während die Haupttruppe Sokole erreichen sollte. Das 11. Corps hatte vorerst die Absicht, in der Richtung auf Radymno vorzurücken. Mit der Haupttruppe sollte je nach Umständen der Übergang bei Nowa grobla oder Lubaczów forciert werden, um gegen Radymno vorzugehen.

In Ausführung der beiderseitigen Anforderungen überschritt die gegnerische 8. Cavallerie-Truppen-Division die Lubaczówka und debouchierte, südwärts vordringend, gegen Kobelnica wołoska. Die eigene 6. Cavallerie-Truppen-Division war bei Miękisz nowy concentriert und schob sich gegen Wielkie oczy vor. Als sie der feindlichen Cavallerie gewahr wurde, warf sie sich derselben sofort entgegen.

Bei Mielniki traf Oberst Graf Salm, Commandant der vorausgesendeten zwei Escadronen der 2. Infanterie-Truppen-Division, um 10 Uhr 40 Minuten vormittags auf die Vorhut der Haupt-Colonne der 2. Infanterie-Truppen-Division unter Commando des Obersten Grivičić, welchem er sich unterstellte. Oberst Grivičić verstärkte Graf Salm durch dreiviertel Escadronen seiner Vorhut, worauf dieser erneuert auf Krakowiec vorgieng, welchen Ort er um 12 Uhr mittags erreichte und vom Feinde frei fand. Oberst Grivičić war mit der Vorhut bis Sarny marschiert. Hier angelangt, hörte er heftiges Geschützfeuer von Norden her, worauf er den Entschluss fasste weiter zu rücken, um thunlichst in den Kampf unterstützend einzugreifen und sich der Skło-Übergänge nördlich Krakowiec zu versichern. Oberst Grivičić erreichte mit dem Regimente um 1 Uhr nachmittags Krakowiec und besetzte die Skło-Brücke.

Die aus der Initiative des Obersten Grivičić hervorgegangene Fortsetzung des Marsches involvierte zwar eine sehr beträchtliche Marschleistung — gegen 40 Kilometer — war aber für die so wichtige Festhaltung der Skło-Übergänge von unleugbarer Bedeutung.

Im Lager bei Krakowiec wurden die neu eingeführten tragbaren Zelte zum ersten Male benützt und haben sich infolge ihrer raschen Aufstellung, ihres genügenden Schutzes gegen Wind und Wetter, als vollkommen praktisch bewährt.

Am 5. September kam es zur Wiederaufnahme des Kampfes um die Skło-Übergänge nächst Budzyn.

Schon um 5 Uhr Früh hatte Oberst Grivičić ein Bataillon seiner Reserve von Krakowiec zur Brücke bei Budzyn, welche das Feld-Jäger-Bataillon Nr. 4 hielt, vorgesendet. Als er gegen 6 Uhr früh heftiges Gewehrfeuer aus der genannten Richtung hörte, fasste er den Entschluss, auch noch mit den beiden anderen Bataillonen der Reserve in dieses Gefecht einzugreifen, deren Leitung er nun selbst übernahm. Das Regiment rückte auf die Höhen nördlich und nordwestlich Hrycków vor, wobei das halbe 1. Bataillon beiderseits des Fahrweges nach Wielkie oczy das erste Treffen bildete, während das 2., drei Viertel des 3. und drei Viertel des 4. Bataillons als Gruppen-Reserve hinter dem rechten Flügel Aufstellung nahmen. Die Übergänge bei Czaplaki und Horanka hielten je 1 Compagnie des 3. und 4. Bataillons besetzt.

Gegen 8 Uhr früh erschien Seine Majestät, von Krakowiec kommend, bei dem Regimente, ritt auf Obersten Grivičić zu und sprach sich ihm gegenüber über das schöne Aussehen des Regimentes, sowie dessen Haltung überaus lobend aus. Hierauf ritt er vor die Front des 2. Feld-Bataillons und wiederholte sein Lob sowohl in deutscher als in polnischer Sprache. Insbesonders hat Seine Majestät die hervorragende Marschleistung des vorangegangenen Tages anerkannt. Auch Seine kaiserliche Hoheit der Erzherzog Albrecht spendete dem Regimente huldvolle Worte der Anerkennung.

An diesem Tage eröffnete die Artillerie der 2. Infanterie-Truppen-Division und die Corps-Artillerie des 10. Corps das Feuer von der Bereznikhöhe östlich Ruda Kobelnica gegen die feindliche Artillerie. Während dieses bis 2 Uhr dauernden Artilleriekampfes kam es zwischen den beiderseitigen Infanterie- und Cavallerie-Divisionen zu heftigen Kämpfen und wurde die Demarcationslinie an diesem Tage derart bestimmt, dass die Skło-Übergänge in der Hand der Südpartei verblieben.

Das Regiment kam in das Cantonnement Czaplaki.

Den 6. September setzten beide Corps die Offensive fort, das 11. Corps in der allgemeinen Richtung gegen Süden, das 10. Corps rückte gegen Wielkie oczy vor und entwickelte sich mit der 2. Infanterie-Truppen-Division auf der Höhe Bereznik. Als der Commandant des 10. Corps bemerkte, dass sich in der Front des Gegners eine beträchtliche Lücke gebildet hatte, führte er mit der 24. Infanterie-Truppen-Division einen Verstoß aus, welcher den Rückzug der gegnerischen Landwehr-Division zur Folge hatte. Das Regiment erreichte die Höhen nordöstlich Wielkie oczy. Durch diesen Durchbruch kam der gegnerische Angriff zum Stehen und blieben beim Abbruche des Gefechtes die der Skło-Linie vorliegenden Höhen im Besitze des 10. Corps; das Regiment wurde in das Cantonnement nach Wielkie oczy verlegt.

In der Nacht vom 6. auf den 7. September concentrierte sich das Nord-Corps in dem Raum Oleszyce-Lubaczów und gab mit Rücksicht auf die Erfolge des 10. Corps die Offensive auf. Das 10. Corps schickte sich an, den im Rückzuge befindlichen Gegner in der Richtung auf Lubaczów zu verfolgen und ihn in seiner Verbindung auf Belzec abzudrängen. Das 11. Corps nahm sonach auf den Höhen östlich von Lukawice Stellung. Das 10. Corps gieng mit seiner Hauptkraft von Wielkie oczy gegen die erwähnte Vertheidigungsstellung vor. Es kam zu einem kräftig angesetzten Angriffe des 10. Corps über Tarnowska und Lipina in des Gegners linke Flanke, den abzuwehren das 11. Corps seine gesammte Kraft einzusetzen in der Lage war.

Das Regiment befand sich an diesem Tage im Verbande der 2. Infanterie-Truppen-Division und rückte bis nördlich Lipina vor. Hier wurde gegen 10 Uhr 30 Minuten vormittags abgeblasen; das Regiment marschierte in das Cantonnement nach Wielkie oczy und hierauf nach dem Abessen um 6 Uhr abends in das Cantonnement nach Miękisz nowy. Den 8. früh rückte von hier das 3. und 4. Feld-Bataillon, sowie die Reservemannschaft des 1. und 2. Feld-Bataillons nach Radymno, woselbst am 9. September die Einwaggonierung und Abschiebung des 4. Feld-Bataillons sowie aller Reservemannschaft nach Stryj erfolgte. Das 1. und 2. Feld-Bataillon marschierten dagegen um 8 Uhr früh mittelst Fußmarsches nach Jaroslau. Den 9. erfolgte die Absendung der Urlauber nach Stryj.

Während der Manöver befand sich das Allerhöchste Hoflager vom 3. bis 5. September in der Baracken-Kaserne des Regimentes zu Jaroslau, hierauf bis zum Schluss im Schloss zu Krakowiec. Seine Majestät bezog die Wohnung des jeweiligen Regiments-Commandanten. Zur Unterbringung des Allerhöchsten Hofstaates wurden sämmtliche Officierswohnungen, sowie 6 Mannschafts-Baracken benützt.

Seine kaiserliche Hoheit Feldmarschall Erzherzog Albrecht schlug sein Hauptquartier vom 2. bis zum 4. September in dem Barackenlager zu Radymno, vom 5. bis zum Schluss in der Cavallerie-Baracken-Kaserne zu Krakowiec auf.

Am 8. morgens befahl Seine Majestät sämmtliche Generale in das Allerhöchste Hoflager. Seine Majestät sprach der Armee-Oberleitung, den Generalen der beiden in Action getretenen Corps, sowie den Schiedsrichtern seine Zufriedenheit über die Durchführung der sehr interessanten und lehrreichen Manöver aus. An die beiden Corps-Commandanten richtete Seine Majestät Worte der Befriedigung über den vollkommen kriegsmäßigen Zustand ihrer Truppen, über deren außerordentliche Ausdauer und die Ertragung der mit den Manövern verbundenen Strapazen. Seine Majestät hob rühmend die ruhige, vorzügliche Haltung und gute Gefechtsführung der Infanterie, die große ausdauernde Leistung der Cavallerie und ihre beträchtlichen Fortschritte im Aufklärungsdienste, die durchaus entsprechende Feuerleitung, sowie schnelle und ausdauernde Beweglichkeit der Artillerie selbst auf schwierigem Boden hervor. Seine Majestät dankte vornehmlich dem Herrn Erzherzog Albrecht für die hingebungsvolle Leitung der Übungen, dem General der Cavallerie Fürst Windisch-Grätz und Feldmarschall-Lieutenant Anton Galgótzy für den vortrefflichen Zustand ihrer Corps und dem Chef des Generalstabes Feldzeugmeister Freiherrn von Beck für die Anlage der Manöver und die Auswahl des so besonders interessanten Manöverterrains. Auch äußerte sich Seine Majestät höchst anerkennend über die Leistungen der Officiere des Generalstabes.

Am 9. September erschien nachstehender Corps-Commando-Befehl:

»Seine Majestät der Kaiser geruhten mich zu beauftragen, bekanntzugeben, dass Allerhöchstdieselben von dem Aussehen, der Ordnung, kriegsmäßigen Ausbildung, dann von der Führung der Abtheilungen und der Leistungsfähigkeit der an den Manövern des 10. Corps betheiligten Truppen sehr hefriedigt waren.

Galgótzy m. p., Feldmarschall-Lieutenant.«

Nach Beendigung der größeren Manöver erschien am 23. September nachstehender Armee-Befehl:

»Mit lebhaftem Interesse habe Ich den größeren Waffenübungen des 10., 11., 7., 2., 3., 5., 13. und eines combinierten Corps beigewohnt.

»Die kriegsmäßige Anlage und Durchführung der Manöver befriedigten Mich in hohem Grade; alle bei denselben in Verwendung gewesenen Truppen des Heeres und beider Landwehren bekundeten jene Kriegstüchtigkeit, welche Ich in Meinem Armee-Befehl am 15. September 1891 anerkennend hervorgehoben habe.

»Es gereicht Mir zur besonderen Beruhigung, dass, Dank des zielbewussten Vorgehens aller berufenen Organe und der herrschenden Mannszucht, der Gesundheitszustand der Truppen auch dort ein vorzüglicher blieb, wo diesfalls Besorgnisse gehegt werden konnten.

»Ich und mit Mir die Monarchie blicken vertrauensvoll auf die gesammte Wehrmacht, die, in steter Hingebung, der Vervollkommnung ihrer Ausbildung sich widmend, all' ihrer Pflicht sich bewusst ist.

Güns, am 21. September 1893.

Franz Joseph m. p.«

Seine k. und k. Apostolische Majestät geruhten mit Allerhöchster Entschließung vom 18. October dem Oberst und Regiments-Commandanten Leopold Ritter von Grivičić in Anerkennung seiner durch mehrere Jahre bethätigten hervorragenden Leistungen als Regiments-Commandant den Orden der eisernen Krone 3. Classe zu verleihen.

Seine k. und k. Apostolische Majestät geruhten Allergnädigst mit 1. Mai zu ernennen: den Oberstlieutenant Heinrich Edlen von Reisky zum Obersten; den im Regimente übercompleten Hauptmann 1. Classe und Lehrer an der Theresianischen Akademie zu Wiener-Neustadt Béla Kuderna zum Major bei gleichzeitiger Transferierung in den Armeestand.

Mit Major Kuderna schied ein tüchtiger Officier und ein braver Kamerad aus dem Regimente. So ernst er seine Dienstespflichten, was immer für eine Thätigkeit sie ihm zuwiesen, erfasste, so heiter und gesellig gab er sich im Kameradenkreise, immer gleich anhänglich dem Regimente, in dessen Reihen er vor dem Feinde gestanden.

Seine sprachliche Gewandtheit, die sich bald auch in schriftstellerischem Schaffen bekundete, veranlasste die Kriegsverwaltung, ihn zumeist im Lehr- und Erziehungsfache zu verwenden, wobei er, oft auf die schwierigsten Posten gestellt, stets nur Vorzügliches leistete. Seit 11 Jahren wirkt er an der Theresianischen Militär-Akademie zu Wr.-Neustadt.

Mancher der heute noch im Regimente dienenden Officiere hat Major Kuderna seine stilistische Ausbildung zu danken und Tausende von Officieren im Heere bewahren ihm ein treues Angedenken als einem zwar strengen, aber peinlich unparteiischen und stets nur um das wirkliche Wohl des Zöglings besorgten Vorgesetzten und Lehrer.

Die schriftstellerische Thätigkeit des Majors Kuderna erstreckte sich nicht nur auf Arbeiten in Militär-Journalen, wobei er wiederholt den Dichter mit dem Officier harmonisch vereinte, sondern er schuf auch verschiedene selbständige Werke. So verfasste er 1881 im Auftrage des

Reichs-Kriegs-Ministeriums das »Lesebuch für die k. u. k. Cadettenschulen« in 3 Bänden. 1889 gab er im Vereine mit Obersten Bancalari die seither officiell vorgeschriebene »Militär-Stilistik« heraus. 1892 erschien unter dem Titel »Gewappnete Klänge« ein Band soldatisch-patriotischer Dichtungen von ihm.

Alle diese Werke, namentlich aber die »Gewappneten Klänge«, die auch Se. Majestät der Annahme für die Allerhöchste Privat-Fideicommiss-Bibliothek für würdig befand, erfuhren durchwegs die günstigste Kritik. Major Kuderna verabschiedete sich bei seiner Beförderung und der damit gleichzeitig erfolgten Übersetzung in den Armeestand in einem längeren, äußerst herzlich abgefassten Telegramm von den Angehörigen des Regimentes. Er hätte sich dabei nicht zu erbitten gebraucht, was ihm das Officierscorps des Regimentes gewiss von selbst gewährt hätte: ein ungetrübtes freundliches Andenken.

Ferner wurden ernannt die Hauptleute 2. Classe Heinrich Glässer und Carl Stell zu Hauptleuten 1. Classe; die Lieutenante Johann Hoosz-Tischler und Michael Michajlević zu Oberlieutenanten, letzteren bei gleichzeitiger Transferierung zum Infanterie-Regimente Nr. 78; die Cadet-Officiers-Stellvertreter Theodor Hyra und Carl Kuhn zu Lieutenanten, letzteren bei gleichzeitiger Transferierung zum Infanterie-Regimente Nr. 10; den Cadet-Officiers-Stellvertreter der Reserve Heinrich Richter zum Lieutenant in der Reserve.

Infolge des im Monate Juli erfolgten Ablebens des Reichs-Kriegsministers Feldzeugmeister Ferdinand Freiherr von Bauer erfolgte mit Allerhöchster Entschließung vom 23. September die Ernennung des Generals der Cavallerie Edlen von Krieghammer zum Reichs-Kriegsminister.

Mit Allerhöchster Entschließung vom 15. August wurde Major Maximilian Heyss des Geniestabes zum Regimente transferiert und mit Allerhöchster Entschließung vom 18. August der Zögling Rudolf Häfner nach Absolvierung des 3. Jahrganges der Theresianischen Militär-Akademie zu Wiener-Neustadt zum Lieutenant; ferner die Zöglinge: August Veitmann, Ladislaus Batysta, Adalbert Kindl und Franz Gärtner zu Cadet-Officiers-Stellvertretern im Regimente ernannt.

Weiters wurden mit 1. November ernannt: die Hauptleute 2. Classe: Carl Knobloch, Johann Zikan und Carl Zurbuch, letzterer als zugetheilt der Militär-Intendantur bei Belassung in diesem Dienstverhältnisse, zu Hauptleuten 1. Classe; Lieutenant Bronislaus Medycki zum Oberlieutenant; Cadet-Officiers-Stellvertreter Eduard Stroff zum Lieutenant; Oberarzt Dr. Gustav Goldberg zum Regimentsarzte 2. Classe;

Lieutenant-Rechnungsführer Ulrich Lieferant zum Oberlieutenant-Rechnungsführer.

In diesem Jahre wurden die beiden Oberlieutenante Ferdinand Breith und Carl Haas dem Generalstabe zugetheilt.

Transferiert wurden: Oberlieutenant Martin Grbanović zum Infanterie-Regimente Nr. 53 und Oberlieutenant Johann Rieger zum Infanterie-Regimente Nr. 30; die Lieutenante Adalbert Pucherna und Gotfried Wejmelka zum Infanterie-Regimente Nr. 10; Oberarzt Dr. Alfred Toniath zum Corps-Artillerie-Regimente Nr. 13 und Oberarzt Gustav Unsing vom obgenannten Regimente zum eigenen Regiment.

Mit Wartegebür wurden beurlaubt: Oberlieutenant Wilhelm Hübner und Alfred Kafka auf ein Jahr, Oberlieutenant Wenzel Böhm auf sechs Monate.

In den Ruhestand wurden versetzt: die Oberlieutenante Franz Lang, Benvenuto Tonelli und Franz Kvapil.

Den 23. Jänner starb der brave und hoffnungsvolle Cadet-Officiers-Stellvertreter Felix Ullmann und im Sommer nach langem und schwerem Leiden der Hauptmann Johann Terlikowski im Garnisonsspitale Nr. 3 zu Przemyśl.

Im Verlaufe dieses Jahres frequentierten die Hauptleute Heinrich Plass, Friedrich Haslinger, Josef Nechay Ritter von Felseis und Josef Pistol den Stabsofficier-Curs. Im September wurde Lieutenant in der Reserve Rudolf Schmeiser und im November wurden die Lieutenante in der Reserve Georg Schuster und Jaroslav Šlechta zu Berufs-Officieren ernannt.

Mit 1. November wurde dem Hauptmann Josef Stasyszyn das Commando des Ersatz-Bataillons-Cadres, dem Hauptmann Burghard Brázda das der 6. und dem Hauptmann Georg Putnik das der 4. Compagnie verliehen.

RANGS-LISTE

VOM ANFANGE 1893.

Oberst Regiments-Commandant: Leopold Ritter v. Grivičić (Franz Joseph-Ordens-R., M.-V.-K., K.-M., O.-D.-Z. 2. Cl.).

Oberstlieutenante: Heinrich Edler v. Reisky (M.-V.-K., K.-M., O.-D.-Z. 3. Cl., Commandant des 3. Bataillons), Alfred Ritter v. Sypniewski (M.-V.-K., K.-D., O.-D.-Z. 3. Cl., Commandant des 2. Bataillons), Johann Fröhlich (M.-V.-K., K.-M., O.-D.-K. 3. Cl., Ergänzungs-Bezirks-Commandant).

Majore: Alois Nyiry (M.-V.-K., K.-M., O.-D.-Z. 3. Cl., Commandant des 1. Bataillons), Julius Rieger (M.-V.-K., K.-M., O.-D.-Z. 3. Cl., Commandant der Armee-Schießschule in Bruck a. L., ü. c.), Franz Lischtiak (K.-M., O.-D.-Z. 3. Cl., Commandant des 4. Bataillons).

Hauptleute 1. Classe: Josef Salinger (K.-M., O.-D.-K. 3. Cl., beim Reichs-Kriegsministerium, ü. c.), Adalbert Kuderna (K.-M., N. V.-O., Lehrer an der Wiener-Neustädter Militär-Akademie, ü. c.), Franz Rössel, (K.-M., O.-D.-Z. 3. Cl., beim Reichs-Kriegsministerium, ü. c.), Wladislaus Jedynakiewicz (K.-M., O.-D.-Z. 3. Cl., Stabsofficiers-Aspirant), Heinrich Plass (K.-M., O.-D.-Z. 3. Cl., Hauptmann für besond. Verwendg.), Friedrich Haslinger (K.-M., O.-D.-Z. 3. Cl.), Josef Nechay Ritter v. Felseis (K.-M., O.-D.-Z. 3. Cl.), Josef Pistol (K.-M., O.-D.-Z. 3. Cl.), Johann Terlikowski, Alexander Petschacher, Wilhelm Petschacher (WG.), Josef Přikryl (WG.), Burghard Brázda, Eduard Karress (K.-M., Eisenbahnlinien-Commandant in Przemyśl, ü. c).

Hauptleute 2. Classe: Heinrich Glässer (K.-M.), Carl Stell (K-M.), Carl Knobloch, Johann Zikan (K.-M.), Carl Zurbuch (bei der Intendantur des 5. Corps), Gabriel Hřiwna, Josef Kwiatkowski, Josef Stasyszyn (K.-M.), Franz Wallner, Ludwig Fuchs, Franz Moser-Seeland, Georg Putnik.

Oberlieutenante: Wilhelm Hübner, Eduard Bezdiczka (Regiments-Adjutant), Carl Mehrle (K.-M.), Franz Kvapil (WG.), Ferdinand Breith (Frequentant der Kriegsschule), Philipp Epstein, Ignaz Kosch (Regiments-Proviant-Officier), Hugo Goessing (K.-M.), Alfred Kafka (K.-M.), Carl Raimann, Franz Zahradniczek Heinrich Patzelt (K.-M.), Johann Rieger (Aug.-Mgz.-Offc.). Emil Lachner, Josef Bartunek, Wenzel Pospišil, Stanislaus Bastgen (1. Ergänzungs-Bezirks-Officier), Benvenuto Tonelli (WG.), Alfred Redl (Frequentant der Kriegsschule), Carl Haas (Frequentant der Kriegsschule), Thomas Kustroń, Eduard Peter, Ludwig Ostrowski, Franz Törk, Franz Lang, Miecislaus Gorecki, Josef Pauković, Wenzel Böhm, Carl Wagner, Carl Mrázek, Martin Grbanović.

Lieutenante: Johann Hoosz-Tischler, Michael Michaljević (ü. c., beim bosn.-herceg. Inft.-Bat. Nr. 8 in Mostar), Bronislaus Medycki, Eduard Hauser (Bataillons-Adjutant), Eduard Bláha (4. Bataillons-Adjutant), Rudolf Nosalek (Administrator der Adm.-Commision Nr. 21 in Stryj), Maximilian Kostka, Wilhelm Zahradniczek (3. Bataillons-Adjutant), Michael Grabowski, Adam Grabowski (2. Ergänzungs-Bezirks-Officier), Johann Mrázek, Franz Sobota (2. Bataillons-Adjutant), Carl Veselý (Regiments-Pionnier-Officier), Georg Klenk, Adalbert Piechura, Camillo Spannbauer, Heinrich Fischer, Adolf Oswald, Otto Ekler, Otto Praunseis, Alois Konečny, Gottlieb Wejmelka, Franz Kautecký, Ignaz Gibiš.

Cadet-Officiers-Stellvertreter: Theodor Hýra, Carl Kuhn, Eduard

Stroff, Felix Ullmann, Hugo Spálený, Adolf Hübner, Friedrich Rölz, Jaroslav Indrak, Richard Weidt.

Reservestand:

Oberlieutenant: Franz Kilbert.

Lieutenant: Oscar Wytásek, Valerian Hoszek, Adam Rawski, Casimir Jarosiewicz, Ladislaus Ritter v. Radwan-Janowicz, Alexander Krüger, Ladislaus Sroczyński, Isidor Kuncewicz Miecislaus Rossowski, Julius Misiakiewicz, Johann Miksche, Josef Lehm, Josef Opolski, Wenzel Vosáb, Hugo Guth, Friedrich Prochaska, Michael Mitrofanowicz, Adolf Siegel, Carl Stefl, Anton Janoušek, Josef Schönnett, Ludwig Adámek, Eduard Bugno, Adolf Münzberg, Nicolaus Hornicki, Michael Morawiecki, Isaak Gartenberg, Peter Ritter v. Buszyński, Franz Wustinger, Josef Gorgosch, David Engel, Rudolf Dellin, Anton Walter, Wenzel Vanča, Julius Spitz, Hugo Ružek, Wenzel Milota, Alois Karlach, Georg Leipen, Johann Ružička, Wilhelm Vordren, Vincenz Janiček, Adolf Meistřik, Johann Šavrda, Miecislaus Walichiewicz, Georg Schuster, Emil Ullmann, Jaroslaw Šlechta, Rudolf Schmeiser, Isaak, Meisels, Johann Getter, Jaroslaw Böhm, Ladislaus Ritter v. Obmiński, Johann Sejk, Wilhelm Roubitschek, Camillo Eisner, Casimir Dutczyński, Adam v. Karchesy, Johann Milkowki, Ludwig Hraba, Franz Mejsnar, Friedrich Vocásek, Victor Binder, Casimir Ritter v. Wasilewski.

Cadet-Officiers-Stellvertreter: Marian Puchalik, Carl Schnerch, Theodor Sydoryk, Wenzel Caba, Johann Michalik, Heinrich Richter, Leon Ślepowron-Łopatyński, Josef Stasina.

Cadet: Vincenz Jakubu.

Regiments-Arzt 1. Cl.: Dr. Hermann Reiss (Regiments-Chefarzt).

Regiments-Arzt 2. Cl.: Dr. Heinrich Rump (Ersatz-Bataillons-Cadre).

Ober-Ärzte: Dr. Gustav Goldberger (4. Bataillon), Dr. Alred Toniatti, Dr. Rafael Hammerschlag (Res.).

Assistenz-Ärzte: Dr. Richard Edler v. Engel (Res.), Dr. Josef Thenen (Res.).

Assistenz-Arzt-Stellvertreter: Dr. Leo Loewy (Res.), Dr. Michael Alt (Res.).

Rechnungsführer: Oberlieutenant Josef Pazdirek (Vorstand der V. C. b. Stab.), Lieutenant Ulrich Lieferant (Vorstand der V. C. b. Cadre).

Im Verlaufe der letzten Jahre haben sich sämmtliche Regiments-Institute wesentlich entwickelt und hat sich insbesonders in dem jungen Officiers-Corps ein nicht zu verkennendes geistiges Streben und der Eifer nach höherer Ausbildung bekundet, was sich durch eine größere Anzahl Bewerber zur Aufnahme in die k. u. k. Kriegsschule manifestierte. Alle im Regimente befindlichen Fonds haben sich in dieser Zeit wesentlich vermehrt, die Regiments-Bibliothek wurde geordnet und durch Anschaffung gediegener Werke namhaft bereichert.

Oberst Friedrich Prawda hatte schon im Jahre 1888 sowohl dem Officiers-Corps in Jaroslau als jenem in Stryj ein künstlerisch in Ölfarben ausgeführtes lebensgroßes Portrait des Regiments-Inhabers Feldmarschalls Grafen Clerfayt gewidmet. Um das Andenken sämmtlicher Inhaber späteren Nachkommen bleibend zu erhalten, haben die Stabs-Officiere des Regimentes durch den Maler Bronislaus Abramovicz aus Krakau sämmtliche Regiments-Inhaber anfertigen lassen, welche nunmehr das schöne Local der Officiers-Messe in vornehmer Weise zieren. Oberst Leopold Ritter von Grivičić ließ den Feldzeugmeister Friedrich von Packenj, Oberstlieutenant Alfred Ritter von Sypniewski die Inhaber: Feldmarschall Marquis Los Rios, Feldmarschall Adam Fürst Czartoryski von Sangusco und Feldmarschall-Lieutenant Fürst Bentheim-Steinfurt; Major Alois Nyiry den Feldzeugmeister Graf Hartmann und Major Julius Rieger den Feldzeugmeister Carl Freiherrn von Mertens in Lebengröße malen.

Das Officiers-Corps des Regimentes besitzt dermalen eine Bibliothek von 2248 Werken mit 3291 Bänden, darunter sowohl die neuesten Autoren als auch zahlreiche sehr wertvolle Werke aus dem vorigen Jahrhunderte in französischer und flämischer Sprache;

einen Officiers-Sparfonds im Betrage von 4000 fl. ö. W.;

einen Musikfonds von 6400 fl. ö. W. und ein reich ausgestattetes Service.

RANGS-LISTE

VOM 1. AUGUST 1894.

Oberst Regiments-Commandant: Arthur Jonak v. Freyenwald.

Oberstlieutenant: Alfred Ritter v. Sypniewski (2. Bataillons-Commandant), Johann Fröhlich (3. Bataillons-Commandant).

Majore: Alois Nyiry (1. Bataillons-Commandant), Julius Rieger (Commandant der Armeeschießschule), Franz Lischtiak (Ergänzungs-Bezirks-Commandant), Maximilian Heyss (4. Bataillons-Commandant).

Hauptleute 1. Classe: Josef Salinger (im Reichs-Kriegsministerium), Franz Rössel (im Reichs-Kriegsministerium), Heinrich Plass, (für besondere Verwendungen), Friedrich Haslinger (3. Compagnie-Commandant), Josef Nechay Ritter v. Felseis (Cadre-Commandant), Josef Pistol (1. Compagnie-Commandant), Josef Přikryl (mit Wartegebür), Burghard Brázda (6. Compagie-Commandant), Heinrich Glässer (13. Compagnie-Commandant), Carl Stell (15. Compagnie-Commandant), Carl Knobloch (3. Compagnie-Commandant), Johann Zikan (2. Compagnie-Commandant), Carl Zurbuch (zugetheilt der Mil.-Intendanz).

Hauptleute 2. Classe: Gabriel Hřiwna (16. Compagnie-Commandant), Jos. Kwiatkowski (5. Compagnie-Commandant), Jos. Stasyszyn (10. Compagnie-Commandant), Adolf Jelinek (8. Compagnie-Commandant), Franz Wallner (7. Compagnie-Commandant), Ludwig Fuchs (14. Compagnie-Commandant), Franz Moser-Seeland (11. Compagnie-Commandant), Georg Putnik (4. Compagnie-Commandant), Anton Bilek (12. Compagnie-Commandant), Eduard Bezdiczka.

Oberlieutenante: Wilhelm Hübner (beurlaubt mit Wartegebür), Carl Mehrle, Ferdin. Breith (Generalstabs-Officier bei der 8. Gebirgs-Brigade), Philipp Epstein, Ignaz Kosch (Proviant-Officier), Hugo Goessing, Carl Raimann, Franz Zahradniczek, Heinrich Patzelt, Emil Lachner, Josef Bartunek, Wenzel Pospišil, Stanisl. Bastgen (1. Ergänzungs-Bezirks-Officier), Alfred Redl (Frequentant der Kriegsschule), Carl Haas (Generalstabs-Officier bei der 6. Gebirgs-Brigade), Thom. Kustroń, Eduard Peter, Ludwig Ostrowski, Franz Törk, Miecislaus Gorecki, Josef Pauković, Wenzel Böhm, Carl Wagner, Carl Mrázek (Regiments-Adjutant), Johann Hoosz-Tischler, Bronislaus Medycki, Edmund Hauser, Eduard Bláha.

Lieutenante: Rudolf Nosálek (3. Bataillons-Adjutant), Maximilian Kostka (Augment.-Magaz.-Officier), Wilhelm Zahradniczek, Michael Grabowski (4. Bataillons-Adjutant), Adam Grabowski (2. Ergänzungs-Bezirks-Officier), Johann Mrázek (in Probedienstleistung bei der Gendarmerie), Franz Sobota, Carl Veselý Pionnier-Officier), Georg Klenk, Camillo Spannbauer (1. Bataillons-Adjutant), Heinrich Fischer, Adolf Oswald, Otto Ekler, Otto Praunseis (2. Bataillons-Adjutant), Alois Konečny, Franz Kautecky, Theodor Hýra, Rudolf Häfner, Eduard Stroff, Rudolf Schmeiser, Georg Schuster, Jaroslav Šlechta, Adolf Hübner, Jaroslav Indrák.

Cadet-Officiers-Stellvertreter: Hugo Spálený, Richard Weidt, Aug. Veitmann, Adalbert Kindl, Franz Gärtner.

Reservestand:

Oberlieutenant: Franz Kilbert.

Lieutenante: Ladisl. Sroczýnski, Isidor Kuncewicz, Miecisl. Rossowski, Julius Misiakiewicz, Josef Opolski, Wenzel Vozáb, Hugo Guth, Friedrich Prochaska, Adolf Siegel, Carl Stefl, Dr. Josef Schönnett, Dr. Ludwig Adámek, Eduard Bugno, Adolf Münzberg, Nicolaus Hornicki, Michael Morawiecki, Isaak Gartenberg, Anton Ritter v. Buszyński, Franz Wustinger, Josef Gorgosch, David Engel, Rudolf Dellin, Anton Walter, Dr. Wenzel Vanča, Julius Spitz, Hugo Ružek, Wenzel Milota, Alois Karlach, Georg Leipen, Joh. Ružička, Wilhelm Vordren, Vincenz Janiček, Adolf Meistřik, Johann Šavrda, Emil Ullmann, Isaak Meisels, Johann Getter, Jaroslav Böhm, Ladislaus Ritter v. Obmiński, Johann Sejk, Wilhelm Roubitschek, Camillo Eisner, Casimir Dutczyński, Adam Edler v. Karchesy, Johann Milkowski, Ludwig Hraba, Franz Mejsnar, Friedrich Vocásek, Victor Binder, Casimir Ritter v. Wasilewski, Heinr. Richter, Johann Prochaska, Johann Pfleger, Hugo Rössler, Emil Iserle, Wenzel Šimonek, Josef Dietze, Carl Bucher, Josef Ladislav, Valerian Gürtler, Manfred Huttrer, Jacob Sokol, Friedrich Schiller, Ladislaus Molnár.

Cadet-Officiers-Stellvertreter: Marian Puchalik, Carl Schnerch, Theodor Sydoryk, Wenzel Caba, Johann Michalik, Leon Šlepowron-Lopatyński, Josef Stasína, Wilhelm Duck, Bretislav Václavik.

SCHLUSSWORT.

Hiemit wären die wechselnden Geschicke des Regimentes in einer Zeitperiode von 168 Jahren getreulich geschildert und all jene Thaten verzeichnet, durch welche der einzelne Regimentsangehörige oder aber das Regiment in seiner Gesammtheit dazu beigetragen haben, das Ansehen und den Ruf des Truppenkörpers zu erhöhen und dem Lorbeerkranze des Heeres neue Blätter einzufügen.

Was den Ruhm der österreichischen Armee für alle Zeiten begründete: das treue, liebevolle Festhalten am angestammten Herrscherhause, das entsagungsvolle Aufgehen in den Pflichtgeboten des Dienstes, die unerschütterliche Standhaftigkeit in Drangsalen und Gefahren, der männliche, bis zur Selbstaufopferung sich erhebende Kriegsmuth — aus diesen Blättern strahlt es uns wiederholt in reinstem Lichte entgegen, eine glänzende Verkörperung der höchsten Soldatentugenden.

Aber indem wir dem Einzelnen unsere Aufmerksamkeit widmen, schweift unser Blick gleichzeitig über die Allgemeinheit, umspannt das Gefüge unserer ganzen dermaligen Kriegsorganisation und haftet mit stolzer Freude auf dem einheitlichen Bilde, das die Zusammensetzung, Gliederung und

Eigenart des heutigen Heeres bietet, eines Heeres, welches den Fortschritten der Zeit vollkommen gerecht geworden und doch dabei das alte, treue und starke geblieben ist.

Wohl hat die allgemeine Wehrpflicht ein Volksheer geschaffen, aber nicht in jenem verwerflichen Sinne, dass durch den verstärkten Zuwachs schädliche Strömungen von außen in die Armee geleitet würden; sie bewirkt im Gegentheile, dass durch die Tausende, welche jährlich nach vollstreckter Dienstzeit den Kriegsrock mit dem bürgerlichen Kleide vertauschen, Nützliches in die Massen hineingetragen wird. Mit erweitertem Geisteshorizont, mit gefestigtem Charakter, mit geläutertem Patriotismus, mit dem Feingefühl für Ehre und Pflicht verlässt heute der Soldat die Reihen des Heeres und verpflanzt diese Eigenschaften auf seine Nachkommen — ihnen zum Wohle, dem Gesammtstaate zum Heil.

Vertrauen in die Kriegsverwaltung, Anerkennung der Gediegenheit und Leistungsfähigkeit unseres Heeres herrschen allseitig vor und finden wiederholt ihren Ausdruck in den Sitzungen der Delegationen wie in den über unsere Armee gefällten Urtheilen — auch des Auslandes.

Dies in Verbindung mit der imponierenden Stärke unserer Kriegsmacht, welche sich aus 1,150.000 Mann des stehenden Heeres, 461.000 Mann der Landwehr und etwa 6,000.000 Landsturmmännern zusammensetzt, haben Österreich zu seiner heutigen achtunggebietenden Stellung verholfen, es zu einem bestimmenden Factor im politischen Gefüge Europas gemacht.

Die Landwehr ist ein homogener Theil des stehenden Heeres geworden, wie dieses berufen, den Kampf außerhalb der Landesgrenze zu führen. In ihrer Organisation baut sie sich daher in gleicher Weise aus wie das stehende Herr, und eben in der letzten Zeit wurde durch die Errichtung der Landwehr-Divisionen ein neuer entscheidender Schritt hiezu gethan.

Mit dem Landsturme ist ein neues Element in die Armee getreten, das nicht nur durch die Masse zur Verstärkung beiträgt, sondern auch seinem ethischen Gehalte nach, der aus dem Zwecke der Vertheidigung des engeren Heimatslandes resultiert, eine schätzenswerte Ergänzung der bewaffneten Macht bildet.

Der Mannschaftsnachwuchs für das Heer ist ein guter, die Leute sind willig und lenksam und werden von Officieren wie Chargen human behandelt; die Bewaffnung der Fußtruppen mit dem Mannlicher-Gewehre, der Artillerie mit dem Stahlbronze-Geschütz ist eine vorzügliche, die Verpflegung im Frieden, soweit es die Staatsmittel erlauben, zufriedenstellend, für den Krieg wohl vorbereitet. Die territoriale Dislocation der Truppen gestattet, diese, beziehungsweise die Armeekörper, rasch und geordnet auf den Kriegsstand zu versetzen und schon vollständig fertige Formationen in den Aufmarschraum zu bringen.

Das Officierscorps steht durchwegs auf einer hohen socialen Stufe, weist neben seinen ritterlichen Tugenden, die es immer ausgezeichnet haben, auch eine bedeutende geistige Entwicklung auf und versteht in der Gesellschaft auf's beste zu repräsentieren. Nicht der geringste Makel auf dem Ehrenkleide des Officiers wird geduldet. Die Institution der Ehrengerichte hat sich hiebei vorzüglich bewährt.

Der Civilbevölkerung stehen Officier und Mann heute nicht mehr fremd und exclusiv gegenüber.

Sowie jene sich dem Geiste des Kastenwesens entwunden haben, nimmt diese warmen Antheil an den Geschicken der Armee, in deren Reihen ja ihre eigenen Blutsverwandten zu stehen bestimmt sind.

Durch 13 Infanterie-, 1 Cavallerie-, 1 Artillerie- und 1 Pionnier-Cadettenschulen wird die Masse des Officiersnachwuchses herangebildet; in den Militär-Realschulen und deren Fortsetzung: der Theresianischen Militär-Akademie zu Wiener-Neustadt und der technischen Militär-Akademie in Wien, erhalten die Zöglinge eine erweiterte scientivische Bildung, durch welche es ihnen erleichtert werden soll, als Officiere höheren Fachstudien zu obliegen.

Der bisher bestandene Stabsofficiers-Curs, welcher eben einer zweckgemäßen Reorganisierung unterzogen wird, sorgt dafür, dass nur erprobte Hauptleute zu Bataillons-Commandanten gemacht werden, während den höheren Officieren durch die jährlich stattfindenden großen Herbstmanöver die Gelegenheit geboten wird, größere Heereskörper zu führen und, den Kriegsverhältnissen angepasst, zur Verwendung zu bringen.

Durch die verschiedenen Fachbildungsanstalten endlich wird der allgemein geistige Zug, der die Wissenschaften im heutigen Zeitalter mit Riesenschritten vorwärts treibt, auch der Armee zugeführt und Anstalten, wie der Telegraphen- und Luftschiffer-Curs, die Eisenbahn-Abtheilungen etc. zeigen, dass der Staat nicht mehr in der rohen Kraft allein die Bürgschaft für den Erfolg im Kriege sieht.

Aber auch für die Allgemeinheit des Officierscorps sind Förderungsmittel in geistiger Beziehung entstanden. So vor allem die nun in jeder größeren Garnison bestehenden militärwissenschaftlichen und Casino-Vereine, welche durch ihre reichhaltigen Bibliotheken und durch die während der Wintersaison abgehaltenen mannigfaltigen Vorträge den Officieren die Gelegenheit bieten, ihre wissenschaftlichen Kenntnisse zu erweitern und zu vervollkommnen. Außerdem dienen diese Vereine zur Förderung des geselligen Lebens.

Dem kameradschaftlichen Geiste, der in keiner Armee so gehütet und gepflegt wird, wie in der österreichischen, wurde durch die Etablierung der Officiersmessen, an denen der höchste wie der niederste Officier gleichmäßig theilnimmt, ein neuer kräftiger Antrieb geschaffen, welcher gleichzeitig den unbemittelten Officier in die Lage versetzt, sich mit geringen Kosten gut zu verpflegen.

Den Krystallisationspunkt aber für die Zusammengehörigkeit der Mitglieder des Heeres bildet die Liebe und Ehrfurcht für den obersten Kriegsherrn, der keine Gelegenheit vorübergehen lässt, durch Acte der Huld und Gnade sein warmes Interesse für die Armee zu beweisen. Ihm schlägt jedes Soldatenherz mit unerschütterlicher Treue entgegen, für ihn steigen die heißesten Wünsche zum Lenker des Alls empor, mit seinem Namen auf den Lippen stürzt sich der Kriegsmann in die dräuendste Gefahr, verhaucht sein Leben freudig auf dem Kampfplatze. Die Blätter der Geschichte des österreichischen Heeres sind vollgefüllt mit dem Beweismaterial für diese Gesinnung und kein geringer Theil davon fällt auf die Sondergeschichte des 9. Infanterie-Regimentes.

So möge denn diese hiemit zu vorläufigem Abschlusse gelangte Geschichte des Regiments der kommenden Generation ein Erbauungsbuch werden, aus dem sie den Antrieb zu gleich ruhmreichen Thaten schöpft, wie deren hier in so großer Menge verzeichnet stehen, so mögen sich die Nachkommen bilden und läutern an dem in diesen Blättern verewigten Beispiele der Vorfahren, damit sie wie jene treu leben und freudig sterben

für Gott, Kaiser und Vaterland!

www.ingramcontent.com/pod-product-compliance
Lightning Source LLC
LaVergne TN
LVHW011437190726
843642LV00010B/3048

* 9 7 8 1 0 1 8 7 2 3 3 3 4 *